lonely planet

Israel & Palästina

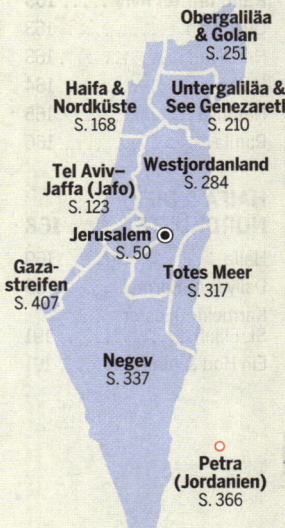

Obergaliläa & Golan S. 251

Haifa & Nordküste S. 168

Untergaliläa & See Genezareth S. 210

Tel Aviv–Jaffa (Jafo) S. 123

Westjordanland S. 284

Jerusalem S. 50

Gazastreifen S. 407

Totes Meer S. 317

Negev S. 337

Petra (Jordanien) S. 366

Daniel Robinson, Orlando Crowcroft, Anita Isalska, Dan Savery Raz, Jenny Walker

REISEPLANUNG

Willkommen in Israel & Palästina 4
Karte von Israel & Palästina 6
Top-Erlebnisse 8
Gut zu wissen 20
Was gibt's Neues? 22
Monat für Monat 24
Reiserouten 29
Aktivitäten 33
Sabbat 36
Grenzübergänge 38
Reisen mit Kindern 44
Israel & Palästina im Überblick 46

REISEZIELE IN ISRAEL & PALÄSTINA

JERUSALEM 50
Rund um Jerusalem ...119
Abu Ghosh............. 120
Latrun................. 121
Neot Kedumim 122
Soreq-Höhle 122
Nationalpark Beit Guvrin-Maresha 122

TEL AVIV-JAFFA (JAFO) 123
Rund um Tel Aviv 163
Gush Dan.............. 163
Herzliya 163
Holon 164
Netanya 165
Ramla................. 166

HAIFA & DIE NORDKÜSTE 168
Haifa.................. 169
Daliyat Al-Karmel....... 189
Karmeliterkloster St. Elijah............... 191
Ein Hod & Ain Hud 191
Atlit................... 192
Zichron Ya'akov......... 194
Mey Kedem 196
Caesarea 197
Akko (Akkon) 200
Kibbuz Lohamei HaGeta'ot.............. 207
Nahariya 208

UNTERGALILÄA & SEE GENEZARETH 210
Nazareth 211
Kafr Kana.............. 220
Sepphoris (Zippori)..... 221
Rund um den Berg Tabor............. 221
Jesreelebene & Ebene von Beit She'an 225
Tiberias 230
See Genezareth 240
Nordwestufer 241
Ostfer 247
Südwestufer 249

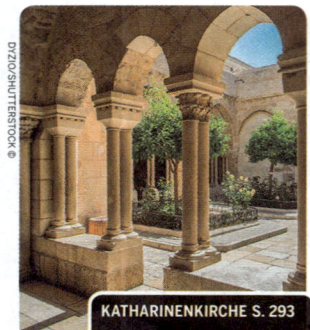
KATHARINENKIRCHE S. 293

HUMMUS S. 412

Inhalt

DIE REGION VERSTEHEN

OBERGALILÄA & GOLAN 251
Obergaliläa 253
Safed (Tsfat) 253
Rund um den
Berg Meron 262
Rosh Pina 266
Hulatal 268
Galiläischer Finger 270
Golanhöhen 274
Katzrin 274
Südlicher Golan 276
Zentraler Golan 278
Nördlicher Golan 280

WESTJORDAN-LAND 284
Bethlehem 290
Ramallah 299
Taybeh 305
Jericho 306
Hebron 309
Nablus 312
Jenin 315

TOTES MEER 317
Ein Gedi 320
Nordwestküste 325
Masada 326
Ein Bokek 329
Sodom 334
Neot HaKikar 335

NEGEV 337
Be'er Sheva 339
Negev-Gebirge 342
Mitzpe Ramon 346
Arava 352
Eilat 355

PETRA 366
Die antike Stadt 368
Wadi Musa 372
Siq Al-Barid
("Klein-Petra") 379

Geschichte 382
Volksgruppen in
Israel & Palästina 401
Der Gazastreifen 407
Regionale
Spezialitäten 412
Lebensart 417
Regierung & Politik ... 421
Religion 425
Kunst & Kultur 429
Natur & Umwelt 436

PRAKTISCHE INFORMATIONEN

Sicherheit 442
Allgemeine
Informationen 446
Verkehrsmittel
& -wege 456
Gesundheit 461
Sprache 464
Register 473
Kartenlegende 482

CORONA-PANDEMIE

Wir haben für jeden im Buch genannten Betrieb überprüft, ob er nach Ausbruch der Coronavirus-Pandemie 2020 noch geöffnet ist. Die Pandemie wird jedoch langfristige wirtschaftliche und gesellschaftliche Auswirkungen haben, und Betriebe, Dienstleistungen und Veranstaltungen könnten weiteren Beschränkungen unterliegen. Betriebe könnten zeitweise schließen, Öffnungszeiten und Angebote ändern oder Reservierungen erfordern; andere könnten dauerhaft geschlossen bleiben. Wir empfehlen, vor einem Besuch die aktuelle Lage direkt bei den jeweiligen Örtlichkeiten zu checken.

SPECIALS
Tempelberg/Al-Haram Ash-Sharif in 3D 60

Religiöse Stätten ... 237

Petra-Rundgang in 3D 376

Rechts:
Altstadt (S. 58),
Jerusalem

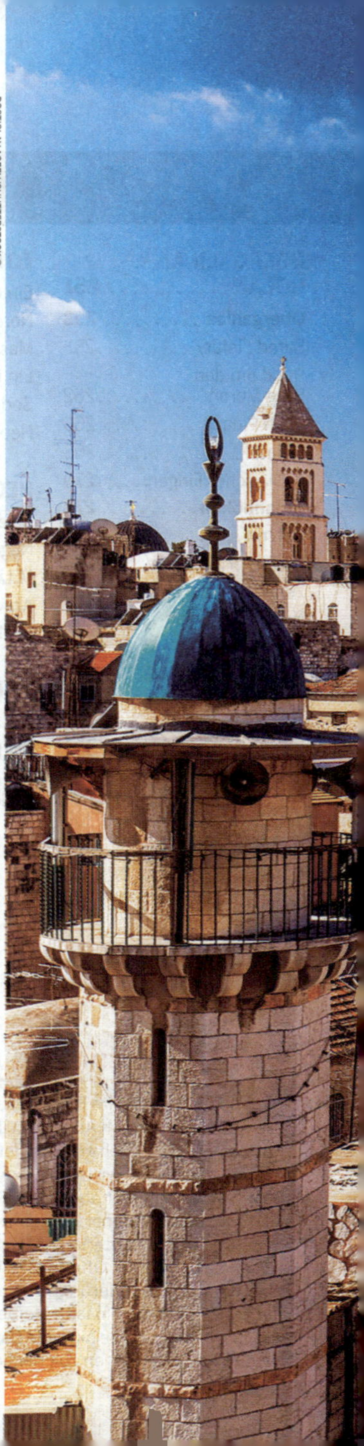
ROSTISLAV AGEEV/SHUTTERSTOCK ©

WILLKOMMEN IN

Israel & Palästina

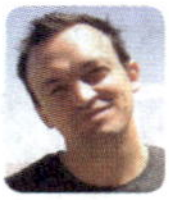

Israel und Palästina können wirklich schwierig sein, doch wenn die Gebetsrufe durch die Straßen Jerusalems schallen, über der Altstadt von Nablus die Düfte der Gewürze wabern oder über den Hügeln Galiläas die Sonne untergeht, kann es hier auch wirklich zauberhaft sein. Die Region ist ebenso faszinierend wie frustrierend und ebenso verlockend wie zerrissen. Aber wer genau hinschaut, entdeckt bei den Menschen zwischen Jordan und Mittelmeer das, was sie alle vereint: eine unerschütterliche Liebe zum Land.

Orlando Crowcroft, Autor

Mehr über unsere Autorinnen und Autoren gibt's auf S. 483

Israel & Palästina

See Genezareth
Himmelblaue Kulisse für Jesus' Wirken (S. 240)

Nazareth
Heilige Stätte und Fusionsküche (S. 211)

Beit She'an
Spektakuläre römische Ruinen (S. 225)

Jerusalem
Geschichtsträchtig, heilig und heiß umkämpft (S. 50)

Totes Meer
Der tiefste, salzigste Ort auf Erden (S. 317)

Safed (Tsfat)
Altes Zentrum der jüdischen Mystik (S. 253)

Akko (Akkon)
Kreuzritterruinen, Stadtmauern der Osmanen (S. 200)

Bahai-Gärten
Wunderschön angelegte Rasenflächen und Rabatten (S. 171)

Caesarea
Antikes römisches Theater und Hafen (S. 197)

Tel Aviv
Strände, Cafés und Bauhaus-Architektur (S. 123)

Bethlehem
Die originale Krippenszene (S. 290)

Top-Erlebnisse in Israel & Palästina

1 HEILIGE ORTE

Was immer der Anlass für eine Reise nach Israel und Palästina ist – Neugier, spirituelle Suche oder Wallfahrt – die Region wartet mit heiligen Orten diverser Religionen auf, und der Mix aus inspirierender Architektur und der besonderen Atmosphäre hinterlässt einen bleibenden Eindruck. Jerusalem ist ein religiöses Epizentrum. Millionen christliche Pilger bevölkern Jericho, Bethlehem und Nazareth, und Haifa lockt mit prächtigen Gärten und Bauten der Baha'i.

Über Jerusalems Altstadt staunen

Die strahlende Schönheit des Tempelbergs/Al-Haram Ash-Sharif bildet einen schmerzlichen Kontrast zu seinem erbittert umkämpften Status. Für Muslime ist er das „edle Heiligtum", von dem Mohammed in den Himmel aufstieg, für Juden ist er der Ort, an dem Abraham sich darauf vorbereitete, seinen Sohn zu opfern.
S. 58

Rechts: Der Tempelberg/Al-Haram Ash-Sharif über der Klagemauer

Die Klagemauer berühren

Die heiligste Gebetsstätte des Judentums (Foto oben) übt eine magnetische Anziehungskraft aus. Wer dem Menschenstrom folgt, kann seine Hände auf die 2000 Jahre alten Steine legen, zusehen, wie die Gläubigen Bittzettel in die Ritzen stecken, und das Gemurmel orthodoxer Juden im Gebet vernehmen. S. 71

Gegenüber: Der Felsendom (S. 63)

Die Anfänge der Christenheit sehen

Christliche Pilger strömen in die vibrierende Altstadt von Bethlehem, doch dieses laternenbeschienene Heiligtum ist für Besucher aller Religionen höchst stimmungsvoll. Gläubige ducken sich unter der „Demutspforte" hindurch und steigen hinab in die Grotte (Foto oben), in der, so glauben sie, Jesus geboren wurde. S. 291

2 ZAUBERHAFTE STRÄNDE

Entlang Israels Mittelmeerküste spielt sich ein ausgelassenes Strandleben ab, von Surfen bis Sundowner – mit einer Partie *matkot* (Beachball) zwischendurch. Noch faszinierendere Stranderfahrungen warten rund um den großen Salzsee im Binnenland. Das bromreiche Wasser des Toten Meeres sorgt für ein Openair-Spa-Erlebnis, mitsamt goldenen Stränden und heilender Wirkung. Im Hochsommer ist es brütend heiß; bestes Strandwetter herrscht von April bis Juni und dann wieder im September und Oktober.

Im Toten Meer schweben

Zahllose Besucher kommen, um sich vom ultrasalzigen Wasser im Toten Meer (Foto unten) tragen zu lassen. Nach dem Dümpeln im heilsamen See locken Spaziergänge entlang rostroter Felsen und salzverkrusteter Strände und Übernachtungen im Spa-Hotel. S. 317

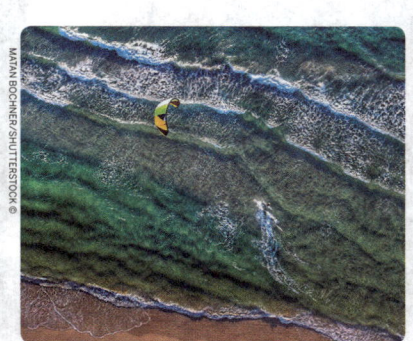

Vor Korallenriffen schnorcheln

Mit Schnorchel oder Tauchanzug ausgerüstet geht es hinein ins kristallklare Rote Meer (Foto oben rechts), wo Rochen gleiten und Buntbarsche durch Korallenwälder schießen. Eilat ist für Tauchnovizen geeignet, und es gibt reichlich Tauchschulen, die PADI-Kurse anbieten. S. 355

Im Mittelmeer surfen und schwimmen

Beit Yanai wird von Wellen umschmeichelt und von steifen Brisen gekühlt, die Kitesurfer (Foto oben links) zu luftigen Pirouetten antreiben. Vierzig Kilometer nördlich von Tel Aviv lockt dieser lange Strand mit seiner guten Ausstattung Spaziergänger, Surfer und Schwimmer auf seinen goldenen Sand. S. 193

REISEPLANUNG TOP-ERLEBNISSE IN ISRAEL & PALÄSTINA

3 KÖSTLICHES GEBÄCK

Foodies wähnen sich im Paradies, wenn sie ein israelisches Frühstück verdrücken, Märkte durchstreifen oder ihre Lieblingsfalafel entdecken. Auch die süßen Versuchungen sind endlos, von Rosengelee über sirupgetränkten Käsekuchen bis zu *muhallebi*, duftenden Reispudding. Alte Konditoreien bieten köstliches Gebäck, Halva wird auf dem Markt von großen Blöcken geschnitten, und jüdische Cafés stellen saftiges *sufganiyah* (Schmalzgebäck) her. s

REISEPLANUNG TOP-ERLEBNISSE IN ISRAEL & PALÄSTINA

Knusprigen *kunafeh* kosten

Dieser reichhaltige Käsekuchen (Foto oben links) wird gekrönt von Filoteigfäden und ein paar Nüssen für den Extra-Crunch. Mit einer gewagten Portion Sirup übergossen ergibt das einen unvergesslichen Zuckerrausch. Nablus ist berühmt dafür. S. 315

Paneuropäisch schlemmen

Wellen von Einwanderern brachten Rezepte mit nach Israel: französische *tartlets*, österreichische Vanilleschnitten oder osteuropäische *babka*. In vielen Cafés, vor allem in Haifa, kann man aus dem Vollen schöpfen. S. 184

Oben: Babka mit Aprikosen

In Baklava und Halva schwelgen

Warum zwischen Halva und Baklava entscheiden? Cafés in und um Jerusalem bieten eine Auswahl von beidem. Am besten bestellt man einen Kaffee dazu, um den Gaumen zwischen den zuckerlastigen Häppchen zu erfrischen. S. 107

Unten: Gebäck mit Datteln

4. GEOLOGISCHE WUNDER

Dass diese nahöstliche Region vor Kulturschätzen und religiösen Stätten nur so strotzt, ist allgemein bekannt. Doch auch die Natur trägt zu ihrer atemberaubenden Schönheit bei. Die extremen Wüstentemperaturen, das Rumoren tektonischer Platten und die Aktivität des glitzernden Mittelmeers haben gemeinsam spektakuläre Landschaften geformt. Auf Wanderungen, Rad- oder Autotouren lässt sich ihre Erhabenheit aus der Nähe erleben: von elfenbeinweißen Höhlen an der Nordküste bis zu unheimlichen Salzformationen in der Wüste.

Kolossale Wüsten-Canyons bestaunen

In über 200 Millionen Jahren erodierte das sich langsam zurückziehende Meer den monumentalen, altrosafarbenen Makhtesh Ramon (Foto unten) in die heutige Negev-Wüste.
S. 346

Eine Oase in der Wüste erleben

Ein Gedi (Foto oben links) wird ganzjährig von Quellen gespeist, auch Steinböcke schauen hier gern vorbei. Wanderwege führen auf das Plateau mit spektakulärem Panoramablick.
S. 320

In Meereshöhlen hinabfahren

In den stimmungsvollen unterirdischen Rosh Ha-Nikra-Grotten (Foto oben rechts) nahe der Grenze zum Libanon sieht man das Meer von hellem Kalkstein eingerahmt leuchten.
S. 208

5 UNVERGESSLICHE WANDERUNGEN

Von Wasserfällen bis zu ariden roten Canyons, die landschaftliche Vielfalt der Region macht sie zu einem tollen Wanderziel. Mit Hunderten von Wanderwegen, darunter gepflegte Fernwanderrouten, ist das Wegenetz exzellent. Viele Touren verbinden bedeutende historische und religiöse Stätten und geben so dem Naturgenuss einen kulturellen Rahmen. Einige Touren dauern Wochen, geht man sie komplett, aber man kann sich auch einzelne Abschnitte als Tagesausflug herauspicken.

Unten links: Wandern im Negev (S. 349)

Den Israel National Trail in Angriff nehmen

Der Israel National Trail schlängelt sich 1100 km vom Kibbuz Dan im Norden bis Eilat im Süden durch klaffende Canyons, abgelegene Felder und blumengetupfte Wiesen. Wer nicht mehrere Wochen zur Verfügung hat, kann einen Tagesabschnitt durch Krater, Schluchten oder über den grünen Berg Tabor wandern. S. 221

Die Eilat-Berge erkunden

Wanderwege erschließen die Gipfel um Eilat. Der Red Canyon Trail ist ein zweistündiger Weg durch einen hügeligen Sandstein-Canyon, herausfordernder ist die Tour auf den Shlomo (Foto oben rechts). S. 362

Auf dem Jesusweg der Geschichte begegnen

Der 65 km lange Weg (Foto rechts) erstreckt sich von Nazareth bis an den See Genezareth. Dabei passiert die Route Olivenhaine und Ackerland ebenso wie aufragende Felsen. S. 217

6 MAJESTÄTISCHE RÖMISCHE RUINEN

Das Auf und Ab der Geschichte hat ein Puzzle aus bröckelnden Festungen, historischen Moscheen und uralten Tempeln hinterlassen. Besonders reich ist die Region an gut erhaltenen römischen Ruinen: Einige sind in Jerusalem verstreut, besonders bemerkenswert sind jene in Avdat oder Mamshit. Ob sie nun auf Wüstenfelsen thronen oder aufs Mittelmeer blicken – viele römische Stätten beeindrucken ebenso sehr mit ihrer Lage wie mit ihrer Größe.

Durchs legendäre Beit She'an streifen

Beit She'an hat über 6000 Jahre Geschichte auf dem Buckel, doch die beeindruckendsten Ruinen stammen aus seiner römischen Blütezeit im 1. Jh. n. Chr.: Säulenstraßen, Badehäuser, Originalmosaike und ein Theater mit 7000 Sitzen. S. 226

Sich Gladiatorenkämpfe ausmalen

Caesarea (Foto oben) ist gespickt mit römischen Ruinen, unvergesslich ist der Aqueduct Beach, wo ein antiker Kanal über den goldenen Sand verläuft. Ein weiteres Highlight ist ein riesiges Amphitheater aus der Zeit Herodes' des Großen. S. 198

Über Wüstenruinen nachsinnen

Auf diesem schwindelerregenden Tafelberg fochten 1000 Juden ihr letztes Gefecht – und zogen der Unterwerfung unter die Römer den Suizid vor. Im Tal unterhalb von Masada sind die Überreste der römischen Feldlager zu erkennen. S. 326

7 VERFÜHRERISCHE MÄRKTE

Märkte in Israel und Palästina sind Buffets für alle Sinne. Weihrauch wabert durch die Gassen der Suks von Akko und Nazareth, in Nablus türmen sich glänzende Oliven und Schafskäsestücke. Basare in Jerusalem (Foto unten rechts) und Tel Aviv glitzern derweil vor lauter poliertem Nippes und edlen Antiquitäten. Souvenir-Jäger werden nur zu gern ihre Brieftaschen plündern, obwohl man keinen Schekel ausgeben muss, um den stimmungsvollen Trubel zu genießen.

Auf Flohmärkten stöbern

Auf Jaffas Flohmarkt Vintage-Klamotten durchforsten, um Töpferware feilschen und, wenn es zu heiß wird, in Pop-up-Bars abhängen. S. 141

Oben links: Mosaik-Handtaschen

Jerusalems bunte Mischung kosten

Die Cafés des Mahane Yehuda servieren Espresso und Cocktails, Restaurants produzieren Tapas, georgisches Gebäck oder nahöstliche Kost. S. 87

Unten links: Gewürze zum Verkauf

Sich von Akkos Suk bezaubern lassen

Akkos „Weißer Markt" aus osmanischen Zeiten ist ein Gewirr von weihrauchgesättigten Gassen, gesäumt von Gewürz-, Leder und Imbisshändlern. S. 204

8 WEINPROBEN

Bereits seit biblischen Zeiten wird in der Region Wein produziert, die moderne israelische Rebkultur entstand im 19. Jh. Die luftigeren Golanhöhen und die Mittelmeerküste eignen sich besonders gut für den Weinbau, intensive Bewässerung ermöglicht ihn auch im Judäischen Bergland und im Negev. Durstig? Viele Weingüter öffnen ihre Türen für Weinproben, oftmals in hübschen Verkostungsräumen oder schattigen Freisitzen mit Blick auf die Hügellandschaft.

Hochlandweingüter besuchen

Im trockenen Negev-Hochland wachsen heute beste Merlot- und Cabernet-Sauvignon-Weine. Auf der Boker Valley Vineyards Farm sind kräftige Rotweine zu verkosten, bei der Carmey Avdat Winery werden auch Roséfans fündig. S. 347

Israels Toskana entdecken

Das Dalton-Plateau ist eine der renommiertesten Weinregionen Israels. Die Dalton Winery bietet 40-minütige Führungen und Weinproben in einer gemütlichen Blockhütte, bei Adir gibt's Wein- und Ziegenkäseverkostungen. S. 266

Auf die Geschichte des Weins trinken

Israels moderne Weinszene nahm ihren Anfang im romantischen Zichron Ya'akov. In der Carmel Winery kann man mit leichten Rieslingen und trockenen Roten auf die oenophile Renaissance anstoßen. S. 195

Oben: Weinberge bei Latrun (S. 121)
Unten: Fässer in einem Weinkeller

Gut zu wissen

Weitere Infos siehe „Praktische Informationen" (S. 441)

Währung
Israel & Palästina: Schekel (NIS oder ILS); Jordanien & Westjordanland: Jordanischer Dinar (JD oder JOD)

Sprache
Israel: Hebräisch & Arabisch (Amtsspr.), Englisch; Palästina, Jordanien: Arabisch (Amtsspr.), Englisch

Visa
Deutsche, Österreicher und Schweizer brauchen für eine Reise nach Israel kein Visum. Nachfragen bei offiziellen Stellen schadet aber nicht.

Geld
Geldautomaten gibt's überall, außer an den Grenzen zu Jordanien und Ägypten. Kreditkarten werden fast überall akzeptiert.

Handy
Außer in sehr entlegenen Gebieten gute Netzabdeckung. Lokale Prepaid-SIM-Karten erhältlich.

Zeit
MEZ +1 Std.

Reisezeit

Warme bis heiße Sommer, milde Winter
Trockenes Klima
Trockenes Wüstenklima

- Tiberias **REISEZEIT** Okt.–Juni
- Tel Aviv **REISEZEIT** Okt.–Juni
- Jerusalem **REISEZEIT** Sept.–Juni
- Totes Meer **REISEZEIT** Okt.–Mai
- Eilat **REISEZEIT** Okt.–Juni

Hochsaison
(Juli & Aug.)

➡ Warm in Jerusalem, schwül in Tel Aviv, unerträglich heiß in Tiberias, in Jericho, am Toten Meer und in Eilat

➡ Die Hotels sind teuer und Zimmer rar

➡ Um die Feiertage Pessach, Rosch Ha-Schana und Sukkot herum ist ebenfalls Hauptsaison

Zwischensaison
(Sept.–Nov. & März–Juni)

➡ Gelegentlich Regen, meist aber warm und sonnig

➡ Wegen der Blumen sind März und April super zum Wandern

Nebensaison
(Dez.–Feb.)

➡ Kühl bis richtig kalt im Norden, besonders in größeren Höhen

➡ Zu Weihnachten strömen Pilger nach Bethlehem

➡ Zu dieser Zeit machen sich viele auf in die Wärme Eilats und ans Tote Meer

Infos im Internet

Israelische Umwelt- & Parkbehörde (www.parks.org.il) Naturschutzgebiete und archäologische Stätten

Tourismusministerium (www.goisrael.com) Hintergründe, Events und eine virtuelle Tour

This Week in Palestine (www.thisweekinpalestine.com) Artikel und Kulturevents

ILH-Israel Hostels (www.hostels-israel.com) Unabhängige Hostels

Lonely Planet (www.lonelyplanet.com/israel) Infos zum Land, Hotelkritiken u. v. m.

Wichtige Telefonnummern

Polizei	100
Krankenwagen	101
Feuerwehr	102
Landesvorwahl Israel	972
Landesvorwahl Palästina	972 oder 970

Wechselkurse

	NIS	JOD
Eurozone	1 €	3,76	0,77
Schweiz	1 SFr	3,77	0,78

Aktuelle Wechselkurse gibt's unter www.xe.com.

Tagesbudget

Budget: unter 350 NIS
➡ Dormbett: 100 NIS
➡ Essen: Falafel oder Hummus und Picknickzutaten aus dem Supermarkt: 100 NIS (pro Tag)
➡ Reisen per Bus oder *sherut* (Sammeltaxi): 50 NIS
➡ Gratis baden an öffentlichen Stränden

Mittelklasse: 350–600 NIS
➡ DZ in einem Mittelklassehotel: 150–220 NIS pro Pers.
➡ Essen in Mittelklasserestaurants: 100–150 NIS
➡ Taxifahrten: 100–150 NIS

Gehoben: über 600 NIS
➡ Luxuriöses DZ oder B&B: ab 300 NIS pro Pers.
➡ Essen in feinen Restaurants: 300 NIS
➡ Reisen mit Mittelklassemietwagen oder mit Guide: 400 NIS

Öffnungszeiten (Israel)

Banken Mo–Do 8.30–12.30, gelegentlich auch 16–18.30 Uhr. Viele Filialen haben auch sonntags geöffnet, manche auch freitagvormittags.

Bars und Clubs 12–24 Uhr

Einkaufszentren So–Do 10–21.30, Fr bis 14 oder 15 Uhr

Geschäfte So–Do 9–18, Fr bis 14 oder 15 Uhr

Postämter So–Do 8–12.30, gelegentlich auch 15.30–18, Fr 8–12 Uhr. Kürzere Öffnungszeiten in Ferien und Juli/August

Restaurants 8–22 Uhr, am Sabbat geschlossen. Im Ramadan sind fast alle Restaurants in muslimischen Gebieten außer in Hotels tagsüber geschlossen.

Ankunft in Israel & Palästina

Flughafen Ben-Gurion (Tel Aviv) Taxi nach Jerusalem/Tel Aviv (110/300 NIS), *sherut* nach Jerusalem (64 NIS), Zug nach Tel Aviv (13,50 NIS)

Jordan/Sheikh Hussein Bridge (Jordanien) Taxi nach Beit She'an (40 NIS, nach hartem Feilschen)

Allenby/King Hussein Bridge (Jordanien) *Sherut* nach Jerusalem (35 NIS, 30 Min.)

Yitzhak Rabin/Wadi Araba (Jordanien) Taxi nach Eilat (35 NIS, 20 Min.)

Checkpoint 300 (Jerusalem–Bethlehem) Bus beim Damaskustor, dann Taxi nach Bethlehem (20 NIS)

Checkpoint Qalandia (Jerusalem–Ramallah) Bus beim Damaskustor in Jerusalem

Unterwegs vor Ort

Israel bietet große öffentliche Nahverkehrsnetze; Infos zu Strecken und Fahrplänen auf www.bus.co.il. Am Sabbat und an jüdischen Feiertagen fahren keine Busse und Züge. Das Westjordanland wird von regelmäßig verkehrenden Bussen und Sammeltaxis bedient.

Auto Toll für Ausflüge, aber in den größeren Städten kann das Parken ein echtes Problem sein.

Bus Umfangreiches Busnetz.

Sherut (Servees) Die Sammeltaxis fahren los, wenn sie voll sind, und sind auf den Hauptstrecken im Allgemeinen schneller als Busse.

Zug Intercity- und Vorortzüge fahren entlang der Küste, zum Flughafen Ben-Gurion und nach Jerusalem.

Mehr Infos zum Thema **Unterwegs vor Ort** s. S. 457

Was gibt's Neues?

Nachdem Israel im März 2020 seine Grenzen für Touristen geschlossen hatte, verbrachte es beinahe ein Jahr ohne internationale Besucher. Manche Einrichtungen beschäftigten sich mit Hygiene-Konzepten für die Rückkehr der Touristen, andere peppten bestehende Attraktionen auf und immer wieder kommen neue Trends zum Vorschein.

Neue Wanderwege

Der Emmaus Trail (https://saxum.org/emmaus-trail) verläuft über 30 km von Abu Ghosh bis Emmaus-Nikopolis, wo Jesus nach seiner wundersamen Auferstehung von zwei seiner Jünger erkannt worden sein soll. Entlang der von Olivenbäumen gesäumten Route passiert man römische Gräber. Der Weg ist leicht erreichbar, gut ausgeschildert und es gibt eine kürzere, 18 km lange Strecke, ideal für eine Tageswanderung.

Aufgemöbelte Museen in Jerusalem

Die Schließzeit während des Corona-Lockdowns wurde genutzt, um die Renovierung des Davidsturm-Museums (S. 64) in der Jerusalemer Altstadt voranzutreiben. Zur Zeit der Recherche gehörte zu den vorgesehenen Verbesserungen ein neuer Eingang, verbesserter Zugang für Personen mit eingeschränkter Mobilität und eine Aktualisierung der Dauerausstellung im Turm. Derweil wächst das **Terra Sancta Museum** (058 550-2736; www.terrasanctamuseum.org; Via Dolorosa; 15NIS), zusätzlich zur archäologischen und der Multimedia-Abteilung soll 2023 eine historische Abteilung eröffnen.

Festival Revival

Israels erfolgreiches Impfprogramm erlaubte dem Land, frühzeitig das Revival der regen Festival-Szene zu planen. Ob Wüsten-Musikfestival InDnegev, Red Sea Jazz Festival oder Genesis Festival, sie finden alle wieder statt.

INSIDERWISSEN

WAS IST LOS IN ISRAEL & PALÄSTINA

Anita Isalska, Lonely Planet Autorin

Israel und Palästina zu besuchen ist für Reisende immer mit Wachsamkeit und der sehnlichen Hoffnung auf Frieden verbunden. Nach Unruhen und Gewaltausbrüchen gilt das umso mehr.

Immer wieder wird die Region von Gewalt erschüttert. Wachsende Spannungen nach Zwangsräumungen führten zu eskalierenden Protesten in Jerusalem, gefolgt von Raketenangriffen mit Hunderten von Toten.

Der Coronapandemie hat Israel mit strengen Einreisebeschränkungen und einer zügigen Impfkampagne die Stirn geboten. Der Tourismus hat sich unterdessen vergleichsweise schnell wieder erholt.

Und so lassen die jüngsten Ereignisse die Einheimischen einerseits mit Frust und Unsicherheit in die Zukunft blicken, aber immer auch mit Entschlossenheit und Hoffnung.

Schöner radeln

Das regionale Trend hin zu immer besseren Radwegen geht weiter, jedes Jahr kommen neue Strecken dazu. Wer mag, schließt sich der Fahrrad-Community zum siebentägigen Israel Ride (https://israelride.org) an.

Tel Aviv Tech

Lockdowns während der Pandemie konnten die Co-Working-Kultur in Tel Aviv nur kurzzeitig unterbrechen, die Start-up-Szene ist stark wie eh und je und zur Zeit der Recherche nahm der Trend zu gemeinschaftlich genutzten Büroräumen schon wieder an Fahrt auf.

Neue Apps

Wie man es von einer Start-up-Hauptstadt erwarten würde, sind die Leute in Israel und Palästina verrückt nach Apps und benutzen ihre Smartphones für alles, von Transport bis zu Restaurantreservierungen. Gett ist praktisch, um Taxis zu buchen, Waze hilft Fahrern beim Navigieren, Cellopark bei der Parkplatzsuche und Morfix ist ein nützlicher Hebräisch-Englisch-Übersetzer.

Vegane Kost

Einst waren sie eine Seltenheit, aber inzwischen eröffnen im ganzen Land vegane Restaurants, viele davon gekennzeichnet mit „Vegan-friendly"- oder „HappyCow"-Aufklebern (www.happycow.net).

Craft-Bier-Renaissance

Anspruchsvolle Hopfen-Liebhaber haben ein neues Reiseziel … Craft-Bier-Kneipen sind in den letzten Jahren überall in Israel aus dem Boden geschossen, vor allem in Jerusalem und Tel Aviv. Ein guter Start sind hausgemachte Ales und Weißbier bei Libira (S. 186) in Haifa – eine weitere Stadt mit einer blühenden Brauszene.

HÖREN, SEHEN & FOLGEN

Inspiration bietet www.lonelyplanet.com/israel-and-the-palestinian-territories/articles.

Ecotourism Israel (www.ecotourism.org.il) Nachhaltige Einrichtungen und Ratschläge fürs Reisen mit kleinem Fußabdruck

Efrat Lichtenstadt (www.instagram.com/lichtenstadt) Jerusalemer Foodblogger und Instagrammer mit Vorliebe für Süßes

Jerusalem Post (www.jpost.com) Topaktuelle Quelle für Events plus Kommentare

Secret Tel Aviv (www.secrettelaviv.com) Restaurantkritiken, Tipps für Touristen und Sehenswertes abseits des Mainstreams in Tel Aviv

KURZ & BÜNDIG

Tiefster Punkt −430,5 m (Totes Meer)

Siege beim Eurovision Song Contest 4

Einwohner 8,79 Millionen

Einwohner pro km^2

≈ 400 Personen

Monat für Monat

TOP-EVENTS

Purim, März
Midburn, Mai
Israel Festival, Mai/Juni
Gay Pride Parade, Juni
Lights in Jerusalem, Juni/Juli
Red Sea Jazz Festival, August

Januar

Der kühlste und feuchteste Monat des Jahres. In Jerusalem und im Norden ist es kalt, an der Küste scheint gelegentlich die Sonne, am Toten Meer und in Eilat fast durchgängig. In Jerusalem und Safed kann es auch schneien. Bei den Unterkünften gelten Nebensaisonpreise.

🏃 Tu BiSchevat

Tu BiSchevat, das jüdische Baumfest, steht in Israel ganz besonders für Erneuerung. Die Menschen versammeln sich in den Nationalparks Israels, um Bäume zu pflanzen und Nüsse und Trockenobst zu essen – eine tolle Gelegenheit für Wanderungen in den Wäldern um Jerusalem. Für Baumpflanzungen mit dem Keren Kayemet Fund siehe www.kkl-jnf.org.

Februar

Im Februar beginnt der Frühling. Die Mandelbäume blühen und in den Hügeln um Jerusalem erscheinen rote Mohnblumen. Es kann aber immer noch kalt und regenerisch sein und aus der Wüste können Winde blasen.

🏃 Tel Aviv Marathon

An einem Freitagvormittag Ende Februar steht die ganze Stadt im Zeichen des großen Tel Aviver Marathons. Zehntausende Teilnehmer laufen dann am Meer und die Hauptstraßen entlang und durch den HaYarkon Park. Viele Straßen sind gesperrt – am besten ist man also zu Fuß oder mit dem Rad unterwegs.

⊙ Lailat Al-Miradsch

Der Feiertag erinnert an Mohammeds „Nachtreise" von Mekka nach Jerusalem und von dort in den Himmel – dies ist einer der heiligsten Tage des Islam. Tausende strömen zum Felsendom, um den Fußabdruck zu sehen, den Mohammed angeblich hier oben hinterließ. Der Tempelberg ist dann für Besucher gesperrt.

März

Nach dem Winterregen ergrünen die Hügelhänge und Täler und die Wildblumen blühen – eine wunderbare Zeit zum Wandern. In Jerusalem kann es kalt und nass sein, aber an der Küste ist das Wetter perfekt.

⊙ Purim

Purim ist ganz anders als andere jüdische Festtage. Diesmal geht's nicht ums Essen, sondern um Verkleidungen und Alkohol. Im ganzen Land verkleiden sich die Menschen und strömen auf die Straßen. Der größte der besonders bei Kindern beliebten Purim-Umzüge findet in Holon südlich von Tel Aviv statt, für Erwachsene sind die besten Straßenpartys in Tel Aviv, gewöhnlich rund um den Kikar HaMedina oder Florentin, wo DJs den Mengen einheizen.

April

Auf den Hügeln und in den Tälern stehen die Wildblumen in voller Blüte – der ideale Monat zum Wandern. Während Pessach und – in der Nähe von christlichen Stätten – rund um Ostern steigen die

Unterkunftspreise. An der Küste ist das Wetter immer noch perfekt.

👁 Pessach

Die Juden feiern eine Woche lang den Auszug der Israeliten aus Ägypten. Am ersten und siebten Tag sind fast alle Läden geschlossen. Der Verkauf von Brot und anderen Weizenprodukten ist verboten und in den Supermärkten werden sie mit Plastikplanen abgedeckt, doch in manchen Cafés in Tel Aviv sind trotzdem Sandwiches erhältlich. Am schönsten ist es, wenn man zu einem Sederabend eingeladen wird, an dem die Geschichte des Auszugs aus Ägypten vorgelesen, Lieder gesungen und viel Wein getrunken wird. Viele Israelis machen Urlaub, sodass die Übernachtungspreise in die Höhe schnellen.

👁 Karfreitag

Der Feiertag erinnert an die Kreuzigung Jesu. Um Ostern ist es in Jerusalem sehr voll, aber auch spannend. Ab Mittag drängen sich Tausende Pilger auf der Via Dolorosa und abends kann man sich in der Grabeskirche die Lichterprozession anschauen.

👁 Ostern

Feiertag zum Gedenken der Auferstehung Jesu Christi am dritten Tag nach seiner Kreuzigung; markiert das Ende der 40-tägigen Fastenzeit. Ostern wird in allen großen Kirchen in Jerusalem, Bethlehem und Nazareth gefeiert. In Jerusalem sind die wichtigsten Events der Umzug armenischer Blaskapellen mit Dudelsäcken und Trommeln am Ostersamstag und Sonnenaufgangs-Gottesdienste am Gartengrab am Ostersonntag.

✨ Zorba Festival

Das Zorba (www.desert ashram.co.il) ist ein jährliches fünftägiges Festival voller Musik und Spiritualität im Desert Ashram im südlichen Negev. Tagsüber finden verschiedene Workshops statt (Yoga, Malerei und Meditation sowie Aktivitäten für Kinder), abends verwandelt sich das Ganze in eine riesige Tanzparty unter dem Sternenhimmel.

Mai

Die Tage sind lang und sonnig, aber es ist nicht zu heiß. Es stehen keine Schulferien an, darum sind nur wenige Familien unterwegs. Anfang Mai gibt es häufig die letzten Regenfälle.

👁 Ramadan

Für Muslime ist dies der heilige Monat des Fastens von Sonnenauf- bis Sonnenuntergang. Nach Einbruch der Dunkelheit finden dann Festmahle statt. Tagsüber sind viele Geschäfte und Restaurants in Ostjerusalem (inkl. der Altstadt), der Westbank und den arabischen Orten in Israel geschlossen, aber abends herrscht dann eine muntere Stimmung, da die Muslime essen gehen. In arabischen Gegenden sind die Häuser mit Lichtern geschmückt und es herrscht vielleicht mehr Verkehr, da Familienangehörige an anderen Orten besucht werden.

✨ Israelischer Unabhängigkeitstag

Der Tag zum Andenken an die Erklärung der Unabhängigkeit Israels 1948 ist einer der wichtigsten weltlichen Feiertage des Landes. Geschäfte und Restaurants sind wie sonst auch geöffnet und auch die Busse fahren. Der Tag vor dem Unabhängigkeitstag ist der nationale Gedenktag: Dann wird der gefallenen Soldaten gedacht. Nach Sonnenuntergang wechselt die Stimmung dann: In allen größeren Städten finden wie etwa auf dem Rabin Sq in Tel Aviv Straßenpartys mit Feuerwerk statt.

RELIGIÖSE KALENDER

Jüdische Feiertage werden nach dem hebräischen Lunisolarkalender terminiert, was eine Verschiebung in einem Zeitfenster von vier Wochen zum gregorianischen Kalender zur Folge hat.

Der islamische Kalender ist ein Mondkalender, daher liegen alle Feiertage elf oder zwölf Tage früher als im gregorianischen Kalender. Die exakten Daten werden anhand der Beobachtung des Mondes festgelegt.

Jüdische und muslimische Feiertage beginnen zum Sonnenuntergang und dauern bis zum Sonnenuntergang des folgenden Tages.

Östlich-orthodoxe Kirchen benutzen eine Kombination aus julianischem Kalender und Osterzyklus.

🎭 DocAviv

DocAviv, einst ein Nischenfestival, aber inzwischen ein großes Event, ist das größte Dokumentarfilmfest im Nahen Osten. In der Cinematheque in Tel Aviv laufen Filme auf Englisch, Arabisch und Hebräisch. (S. 144)

🎭 Midburn

Beim Midburn (www.midburn.org/en) strömen Tausende zu Kunst, Musik und radikaler Selbstentfaltung in die Wüste Negev. Wie beim US-Original wird für sechs Tage in der Wüste bei Sde Boker eine provisorische Stadt errichtet, in der alles Verrückte und Wunderbare möglich ist.

🎭 Israel Festival

Drei Wochen voller Musik, Theater und Tanz Ende Mai und Anfang Juni in Jerusalem und Umgebung; einige Veranstaltungen sind kostenlos. In der Altstadt gibt's quasi an jeder Ecke Musik und Theater. (S. 98)

👁 Eid Al-Fitr

Das Ende des Ramadan wird mit drei Tagen der Festlichkeiten mit Familie und Freunden begangen. In arabischen Gegenden sind die meisten Geschäfte usw. geschlossen, da viele Muslime Ferien machen.

Juni

Der Juni bringt lange Tage mit sonnigem Wetter. An der Küste ist es nicht so heiß und schwül wie im Juli und August. Regen fällt fast nie. Teils zahlt man die Übernachtungspreise der Hauptsaison.

👁 Schawuot

Schawuot ist eines der letzten großen jüdischen Feste vor dem Sommer. An den Stränden und an Touristenstätten sind mehr Einheimische zu finden als sonst. Es werden Milchprodukte verspeist, u. a. alle möglichen Arten Käsekuchen, und auf dem Tel Aviver Rabin Sq findet ein Bauernmarkt statt. Da es sich um ein religiöses Fest handelt, bei dem der Empfang der Zehn Gebote am Berg Sinai gefeiert wird, sind viele Geschäfte wie am Sabbat geschlossen und auch die öffentlichen Verkehrsmittel fahren nur beschränkt. Unterkünfte sind rar und teuer.

🎭 Gay Pride Parade

Bei Israels größtem, buntestem Schwulen- und Lesben-Event in der zweiten Juniwoche wehen in Tel Aviv die Regenbogenflaggen, die Bars sind brechend voll, am Strand ist jede Menge los und Besucher aus aller Welt strömen in die Stadt. (S. 144)

☆ Weiße Nacht

Bei der Weißen Nacht (*Laila Lavan* auf Hebräisch), einer Tel Aviver Straßenparty mit Gratis-Livemusik am letzten Donnerstag im Juni, spielen auf den Straßen, Plätzen und Stränden der Stadt die ganze Nacht heimische Bands, es legen DJs auf und klimpern klassische Pianisten und manchmal ist auch ein bekannter Act zu Gast. (S. 144)

🎭 Lights in Jerusalem

Beim kostenlosen Lights in Jerusalem Ende Juni und Anfang Juli wird die alte Stadt mit bunten Videoprojektionen und 3-D-Lichtinstallationen beleuchtet. Besonders die Altstadtmauern lohnen dann eine Erkundung. (S. 98)

Juli

An der Küste ist es feucht und schwül, in Jerusalem dagegen trocken, wenn auch immer noch heiß. Im warmem Meer tummeln sich die Quallen. Brütende Hitze liegt über dem See Genezareth, dem Toten Meer und Eilat. Die Unterkünfte sind teuer, v. a. die B&Bs im Norden.

🎭 Jerusalem Film Festival

Mitte Juli laufen seit 1984 beim Jerusalem Film Festival Dokumentar- und Spielfilme aus aller Welt. Dazu kommen Seminare, allerlei Treffen und eine muntere Preisverleihung. Karten weit im Voraus besorgen! (S. 98)

☆ Opera in the Park

In der größten Sommerhitze strömen fast 100 000 Leute in den Tel Aviver Park HaYarkon zu einer kostenlosen Aufführung der Israeli Opera. Man sollte früh da sein, um sich ein Plätzchen zum Picknicken und Weintrinken auf dem Grashügel zu sichern.

August

Der heißeste Monat. An der Küste ist es schwül, in Jerusalem etwas kühler, während über dem See Genezareth, dem Toten Meer und Eilat schier unerträgliche Hitze lastet. Die Unterkünfte sind teuer, v. a. die B&Bs im Norden.

🔵 Eid Al-Adha

Beim Opferfest gedenken die Muslime der Bereitschaft Ibrahims (Abrahams), seinen Sohn Ismael zu opfern. Dieses Fest ist zugleich das Ende der Hadsch, der jährlichen Pilgerfahrt nach Mekka. Da viele Palästinenser in die Ferien fahren, ist auf dem Weg ins oder vom Westjordanland mit Staus zu rechnen.

🎆 Tsfat International Klezmer Festival

Festival osteuropäischer Klezmer-Musik hoch oben in Galiläa: An drei Abenden spielen in Safed Musiker aus dem ganzen Land. Die Konzerte beginnen um 21 Uhr und dauern bis weit nach Mitternacht; es kann gezeltet werden. (S. 260)

🎆 Red Sea Jazz Festival

In der letzten Augustwoche knistert es in Eilat vier Abende lang nur so vor coolem Jazz. Das Festival hatte schon Musiker wie Al McKay's Earth Wind & Fire Experience, Brian Blade & The Fellowship Band und Dutzende andere zu Gast (S. 359)

🎆 Jerusalem Wine Festival

Für vier Tage im Jahr öffnet das Israel-Museum seinen Skulpturengarten für das Jerusalem Wine Festival. Gewöhnlich fällt das Fest mit dem israelischen Valentinstag Tu B'Av zusammen. Im Eintrittspreis inbegriffen sind Verkostungen von Weinen der führenden Produzenten Israels und Livemusik. (S. 98)

September

In Israel sind die Ferien vorbei und damit weniger Familien unterwegs, doch steigen die Zimmerpreise zu Rosch HaSchana und Sukkot. Rund um Rosch HaSchana und Jom Kippur sind Flüge oft ausgebucht.

🔵 Rosch HaSchana

Rosch HaSchana, das jüdische Neujahr, ist ein großes Familienfest. Ab dem ersten Abend sind fast alle Geschäfte und Restaurants geschlossen, worauf sich Reisende entsprechend einstellen müssen. Viele Einheimischen fahren in die Ferien oder besuchen Angehörige. Es gibt keine großen Straßenpartys, doch in einigen der letzten Jahre haben große Clubs wie das Block in Tel Aviv besondere DJ-Nächte veranstaltet. (S. 155)

Oktober

Der Herbst beginnt, aber an den meisten Tagen ist es sonnig und trocken. Die Unterkunftspreise steigen, falls die Ferienzeit um Sukkot in den Oktober fällt. Im Norden und in Jerusalem kann es kühl sein.

🔵 Jom Kippur

Der Versöhnungstag ist der besinnlichste Feiertag im jüdischen Kalender. Traditionell wird 25 Stunden gefastet, die Synagogen sind den ganzen Tag zum Gebet geöffnet und am Ende wird das Schofarhorn geblasen. In Tel Aviv radeln die Kinder auf den leeren Straßen und Besucher können in der autofreien Stadt seltene Momente der Stille genießen. Für Reisende ist Jom Kippur stark spürbar: In jüdischen Gegenden schließen alle Geschäfte (selbst die amprn-Läden) und es fahren keine öffentlichen Verkehrsmittel. Auch die Flughäfen und Landübergänge sind geschlossen.

🔵 Sukkot

Beim einwöchigen Laubhüttenfest sind an den Straßenecken provisorisch errichtete Hütten oder Zelte mit Blätterdach zu sehen, wo man sogar ein Picknick abhalten kann. Diese Hütten erinnern an die 40-jährige Wanderung der Israeliten durch die Wüste. Gleichzeitig ist dies das größte Erntefest; der erste und der siebte Tag sind öffentliche Feiertage, an denen Geschäfte geschlossen sind). Am letzten Tag, Simchat Torah, endet der jährliche Zyklus der Thora-Lesungen; besonders in Jerusalem wird dazu in den Synagogen getanzt. Da die Israelis frei haben, finden zu Sukkot oft besondere Ausstellungen und Musikfestivals statt.

🎆 Tamar Festival

Zum Tamar, einem von Israels größten Musikfestivals, treffen sich jedes Jahr in den Sukkot-Ferien einige der bekanntesten Acts der Region. In Masada finden vom späten Abend bis zum Sonnenaufgang mit Blick auf die rote Felswüste und das Tote Meer Konzerte statt. Die Festivalbesucher können zelten oder in einem der Hotels am Strand von Ein Bokek übernachten. (S. 322)

✨ InDNegev Festival

InDNegev (Indie Negev, www.indnegev.co.il) ist ein großes jährliches Musikfestival, das Mitte Oktober drei Tage lang in Mitzpe Gvulot stattfindet, 30 km westlich von Be'er Sheva im Negev. Dabei spielen die besten Underground-Bands Israels mehr als 100 Gigs, darunter viele Indie-Rock-Bands, aber es gibt auch Hip-Hop, Psychedelic, Electronica u. v. m.

🏃 Sovev TLV

In den Tagen vor dem Sovev TLV ist Tel Aviv ein paar Tage lang fahrradverrückt. Der Höhepunkt ist eine 42-km-Fahrt ab Sonnenaufgang an einem Freitag Mitte Oktober. Für das Hauptevent sind viele Straßen gesperrt und werden den Radlern und Skatern überlassen.

November

Manchmal ist es kühl und regnerisch, häufig aber auch sonnig, besonders an der Küste, am Toten Meer und in Eilat. In Jerusalem und im Hochland kann es kühl sein. Es gelten Nebensaisonpreise.

☉ Jitzchak-Rabin-Gedenktag

Mit einer großen Friedenskundgebung mit Reden und Livemusik auf dem Tel Aviver Rabin Sq wird des am 4. November 1995 ermordeten Ministerpräsidenten Jitzchak Rabin gedacht: Er fiel einem rechtsextremen Israeli zum Opfer, der nicht einverstanden war mit Rabins Bemühungen um einen Frieden mit den Palästinensern. Die Stimmung ist trotzig, aber traurig, da Frieden für viele nur noch ein Traum ist.

☆ Jerusalem International Oud Festival

Das zehntägige Jerusalem International Oud Festival (www.confederationhouse.org) ist der Oud gewidmet, einem orientalischen Saiteninstrument, und findet im Confederation House Centre for Ethnic Music and Poetry und an anderen Orten in der Stadt statt.

Dezember

Manchmal ist es kühl und regnerisch, aber nicht selten auch sonnig und sogar warm. Bei Unterkünften herrschen Nebensaisonpreise, außer in christlichen Gebieten rund um Weihnachten – dort sind Zimmer dann besonders rar. Die Tage sind kurz.

☉ Chanukka

Beim stimmungsvollen Lichterfest entzünden die Juden acht Abende lang Kerzen am neunarmigen Leuchter. In den meisten Städten finden Gottesdienste bei Kerzenlicht statt und die Bäckereien bersten vor Ölgebackenem. Die Geschäfte sind geöffnet.

✨ The Holiday of Holidays

Haifas Stadtviertel Wadi Nisnas feiert an den letzten drei Dezember-Wochenenden mit Kunst, Kindertheater und Musik Chanukka, Weihnachten und die muslimischen Feiertage der Saison. Neben Konzerten, die gewöhnlich im Kulturzentrum Beit Hagefen stattfinden, gibt's auch einen einzigartigen arabischen Weihnachtsmarkt. (S. 180)

☉ Weihnachten

Eine der wichtigsten Pilgerreisen für Christen ist die Fahrt nach Bethlehem zu Weihnachten. Hauptattraktionen hier sind die Geburtskirche und der riesige Weihnachtsbaum auf dem Manger Sq. Ansonsten ist Weihnachten in Israel und Palästina ein gewöhnlicher Arbeitstag, sodass alle Geschäfte geöffnet sind und die öffentlichen Verkehrsmittel fahren. Die Pilger können auch an Weihnachtsmessen in Kirchen in Jerusalem und Nazareth teilnehmen. In den letzten Jahren haben sich ein paar israelische Läden weihnachtlich geschmückt, in manchen Cafés gibt's Glühwein und am Uhrturm in Jaffa wurde ein großer Weihnachtsbaum aufgestellt. Orthodoxe Christen feiern Weihnachten Anfang Januar. (S. 139)

Reiserouten

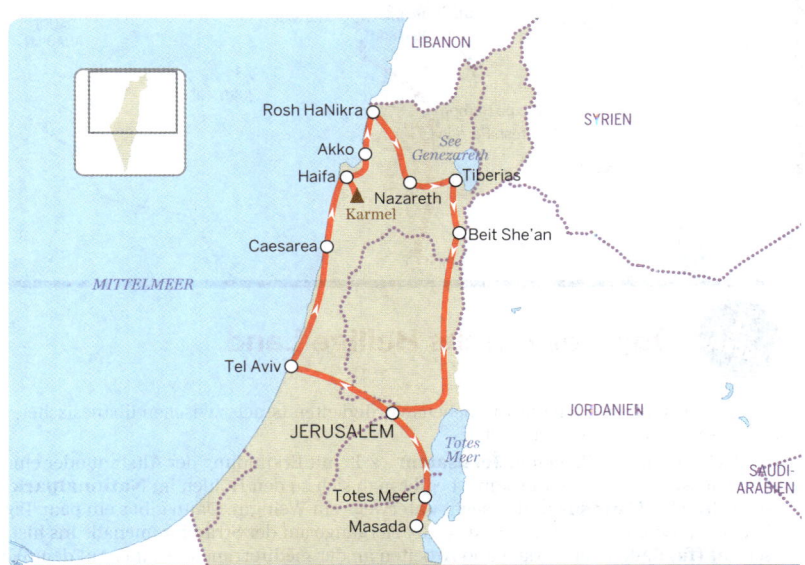

 **Best of Israel**

Diese Tour bietet eine rasante Einführung zu den bedeutendsten historischen, religiösen und natürlichen Stätten Israels.

Während der ersten vier Tage in und rund um **Jerusalem** bummelt man durch die Gassen der Altstadt, erkundet die Klagemauer und den angrenzenden Tempelberg und folgt der Via Dolorosa bis zur Grabeskirche. Es folgt ein Ganztagesausflug hinunter zum **Toten Meer** und zur legendären Festung **Masada** – Badezeug und Wanderschuhe nicht vergessen! Für drei Tage geht's anschließend ans Mittelmeer rund um **Tel Aviv**, die man mit Radtouren, ausgedehnten Spaziergängen, Faulenzen am Strand und feinem Dinieren verbringen könnte – oder man lässt einfach die Welt an sich vorbeiziehen. Als nächstes fährt man die Küste hinauf, um auf dem Weg nach **Haifa** das römische **Caesarea** zu besichtigen. Haifa selbst punktet mit Gipfelblick vom Berg Karmel und mit den Bahai-Gärten. Ziele des folgenden Tagestrips sind **Akko** mit seinen Altstadtmauern und die Grotten von **Rosh HaNikra**. Der nächste Tag in **Nazareth** endet mit einem gaumenkitzelnden Fusionsmenü. Nun steht noch ein Tag in **Tiberias** auf dem Programm, um die Ufer des **Sees Genezareth** zu erkunden. Auf der Rückfahrt nach Jerusalem bilden die römischen Ruinen von **Beit She'an** den Abschluss.

 Odyssee durchs Heilige Land

Auf dieser Route werden die Top-Sehenswürdigkeiten Israels zwischen libanesischer Grenze und Rotem Meer erkundet.

Nach vier bis fünf Tagen in **Jerusalem** – z.B. mit Erkundung der Altstadt oder einem Halbtagestrip ins Israel-Museum – begibt man sich zu den Höhlen im **Nationalpark Beit Guvrin–Maresha** und besucht unterwegs ein Weingut. Dann gibt's ein paar Tage lang Aktivitäten in und um **Tel Aviv**: Spaziergänge auf der Strandpromenade ins historische **Jaffa**, Radeln am Yarkon und Arbeiten an der mediterranen Bräune. Auf dem Weg gen Norden bzw. **Haifa** empfehlen sich Abstecher zu den römischen Ruinen von **Caesarea** und zum malerischen Ort **Zichron Ya'akov**, der für sein altes Weingut berühmt ist. Nach einer Führung durch die Bahai-Gärten besucht man den Berg Karmel und das Drusendorf **Daliyat Al-Karmel**. Am folgenden Tag geht's weiter nordwärts nach **Akko** mit seinem zauberhaften Mix aus Kreuzfahrerruinen und osmanischen Überresten. Dann reist man – so weit es die Politik erlaubt – nach Norden zu den Grotten von **Rosh HaNikra** und landeinwärts nach **Nazareth**: Dort warten die Erkundung christlicher Stätten sowie arabische Köstlichkeiten und Ost-West-Fusionsküche. Von **Tiberias** aus wird ein paar Tage lang am **See Genezareth** relaxt – für Abwechslung sorgen uralte Synagogen, christliche Stätten, ruhige Strände und nach Lust und Laune ein Raftingabenteuer auf dem Jordan. Nun führt der Weg ostwärts zu den Golanhöhen, um die Hügelruinen von **Gamla**, das Archäologische Golan-Museum in **Katzrin** und die mächtige **Nimrodsburg** zu besuchen. Westwärts geht's weiter durch die üppige Vegetation des **Naturschutzgebietes Banias** zu den Feuchtgebieten des Hulatals mit ihren Zugvögeln. Nächste Stationen sind die idyllischen Straßen von **Rosh Pina** sowie **Safed**. Durch die Jordansenke südwärts wird die Fahrt fortgesetzt; unterwegs schlendert man in **Beit She'an** an den römischen Kolonnaden entlang. Nach einer Nacht unterm Sternenzelt am Ufer des **Toten Meeres** steht man früh auf, um den Sonnenaufgang hoch droben in **Masada** zu genießen. Weiter südwärts in der Wüste **Negev** verbringt man ein bis zwei Tage im Umkreis von **Mitzpe Ramon**, wo man auch in den Krater **Makhtesh Ramon** wandern sollte. Der Trip endet in **Eilat** mit Sonne, Meer und Schnorcheln.

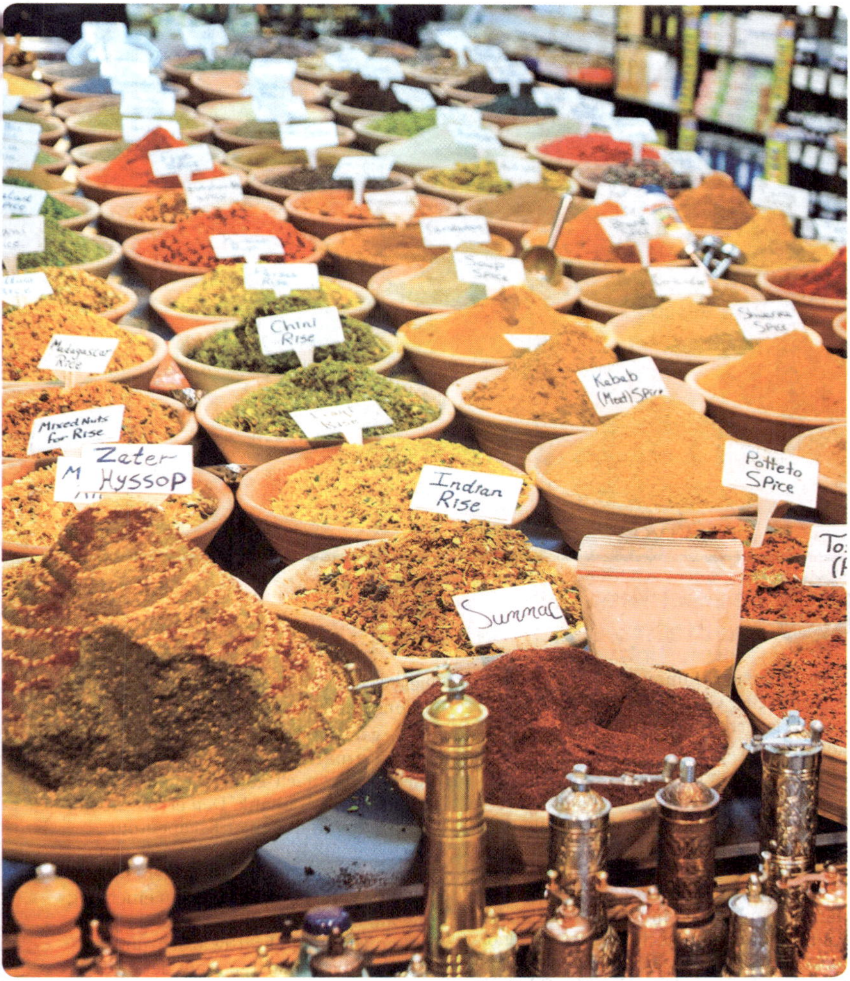

ANDREW V MARCUS / SHUTTERSTOCK ©

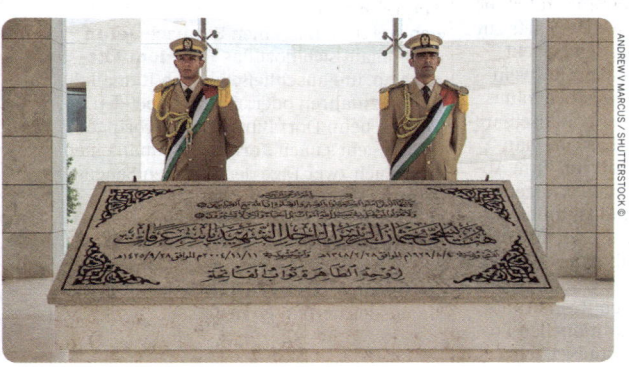

Oben: Gewürze, Mahane-Yehuda-Markt (S. 87), Jerusalem

Links: Grabmal von Jassir Arafat (S. 299), Ramallah

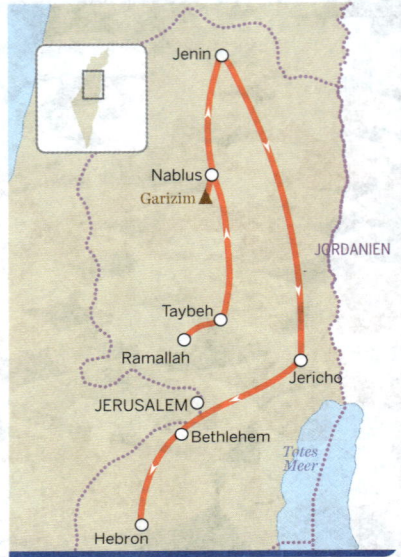

Feinschmeckerrundfahrt

10 TAGE

Vom einfachen Hummus bis zu arabisch-französischer Gourmetkost: Auf dieser kulinarischen Rundreise lernt man die köstlichsten Speisen kennen.

Erste Station ist **Jerusalem**: Hier wetteifern in der Altstadt viele Lokale um den Titel „bestes Hummus"; zudem lohnt die kulinarische Szene rund um den Mahane-Yehuda-Markt einen Besuch. Das leckerste klebrig-süße *kunafeh* gibt's weiter nördlich in **Nablus** im Westjordanland, während in **Jenin** hochwertiges Olivenöl lockt. **Nazareth** wiederum ist bekannt für seine Fusionsküche. Von hier führt die kulinarische Pilgerfahrt nordostwärts zum **See Genezareth** sowie zu den perfekt abgehangenen Steaks und dem Rotwein der **Golanhöhen**. Weiter westlich lohnt ein Stopp in **Jish** mit seiner galiläisch-arabischen Küche; alternativ besucht man die Vegetariersiedlung **Amirim**. Zum Abschluss geht's an die Mittelmeerküste, wo in **Akko** Meeresfrüchte und Hummus und in **Haifa** kreative arabische Kost aufgefahren wird; in **Tel Aviv** konkurriert die moderne israelische Küche der glamourösen, von Promiköchen geführten Restaurants mit den Klassikern der traditionellen Lokale wie Hummus, Falafel und Sabich.

Willkommen im Westjordanland

1 WOCHE

Diese Route führt zu den wichtigsten Städten und Sehenswürdigkeiten Palästinas.

Los geht's mit dem Jassir-Arafat-Museum in **Ramallah**, danach fährt man mit einem *sherut* nach **Taybeh** in die älteste Brauerei der Westbank. Den ersten Abend verbringt man mit einer Kneipentour durch Ramallah oder in den Cafés beim Manara Sq. Am nächsten Tag geht's mit dem Bus nach **Nablus**, wo man einen Tag lang auf dem Markt stöbert, sich in einem uralten Hammam kräftig abschrubben lässt und die Samaritaner auf dem **Berg Garizim** besucht. Früh am folgenden Morgen steigt man in einen Bus nach **Jenin** und schaut sich dort das **Freedom Theatre** an, um anschließend nach Ramallah zurückzufahren oder einen Tag bei den Bauern beim Dorf Burqi'in zu verbringen. Weiter geht's nach **Jericho**, wo man einen oder auch zwei Tage den dortigen Sehenswürdigkeiten widmet. Den Abschluss der Tour bilden zwei oder drei Nächte in **Bethlehem** mit seinen verwinkelten Gassen und uralten Kirchen sowie ein Ausflug ins unruhige **Hebron**, das Juden und Muslimen gleichermaßen heilig ist.

Mountainbiken im Timna-Park (S. 352)

Reiseplanung
Aktivitäten

Eine vielfältige Topografie auf vergleichsweise kleinem Raum macht Israel zu einem ausgezeichneten Ziel für Aktivurlauber, die hier vom Wüstenradeln übers Bergwandern bis zum Wassersport alles machen können. Die Israelis selbst sind ebenfalls sehr naturverbunden, sodass die Infrastruktur erstklassig ist.

Die schönsten kurzen Wanderungen

Naturschutzgebiet Ein Gedi (S. 322) Dank ganzjährig sprudelnden Quellen erblühen die zwei Schluchten oberhalb des Toten Meeres in üppiger Vegetation. Toll, um Steinböcke zu beobachten.

Naturschutzgebiet Banias (S. 281) Sprudelnde Quellen, Wasserfälle und schattige Bäche sowie ein römischer Palastkomplex.

Naturschutzgebiet Majrase (S. 247) An der Nordostecke des Sees Genezareth kann man durch Wasser und dichtes Schilf wandern.

Wadi Qelt (S. 308) Durch eine Schlucht, durch die Wasser aus einer Quelle fließt, wandert man zum Kloster St. Georg, das im 5. Jh. in den Fels gebaut wurde.

Naturschutzgebiet Yehudiya (S. 277) Von den beiden Parkeingängen führen verschiedene Tageswanderungen durch dramatische Wadis auf den Golanhöhen.

Burg Montfort (S. 209) Die imposante Kreuzfahrerburg liegt nicht weit vom Mittelmeer in Westgaliläa.

Archäologische Grabungen

Infos über archäologische Grabungen, bei denen zahlende Freiwillige willkommen sind, gibt's auf diesen Websites:

Biblical Archaeology Society (http://digs.bibarch.org/digs)

Hebräische Universität Jerusalem (http://archaeology.huji.ac.il/excavations/excavations.asp)

Israelisches Außenministerium (www.mfa.gov.il) Nach „archaeological excavations" suchen.

Radfahren

Mountainbiken ist in Israel immer beliebter geworden. Durch vom Jewish National Fund (www.kkl.org.il) verwaltete Wälder führen zahlreiche Trails – Näheres auf der Website unter „Cycling Routes". Shvil Net (www.shvilnet.co.il) veröffentlicht Radführer auf Hebräisch mit detaillierten topografischen Karten.

An Orten wie dem Toten Meer finden regelmäßig Rennen statt, viele davon gesponsert von der Israel Cycling Federation (www.israelcycling.org.il), dazu kommen jährliche Fernfahrten. Der Radlerverband Israel Spokes (www.israelspokes.com) organisiert Gruppenfahrten. Beliebte hebräische Radfahrerforen wie Shvoong (www.shvoong.co.il), Groopy (http://groopy.co.il) und Harim (www.harim.co.il) sind toll, um örtliche Clubs, Gruppenfahrten und Ausrüstung zu finden.

Die folgenden Anbieter und Gruppen bieten Fahrten und organisierte Touren in ganz Israel:

Cyclenix (www.cyclenix.com)
EcoBike Cycling Vacations (www.ecobikes.co.il)
Genesis Cycling (www.genesiscycling.com)
Israel Cycling Tours (www.israelcycling.com)
Israel Pedals (www.israelpedals.co.il)
SK Bike Tours (www.skbike.co.il)

Tauchen

Das Rote Meer umfasst einige der spektakulärsten und artenreichsten Korallenriffe der Welt. In Eilat werden preiswerte Tauchkurse und -arrangements angeboten, doch beeindruckender ist die Unterwasserwelt auf der anderen Seite der Grenze am Sinai. Allerdings raten viele Länder von Sinai-Reisen ab, außer per Flugzeug nach Sharm El-Sheikh. Das Mittelmeer ist bei Weitem nicht so bunt, doch an Orten wie Caesarea lassen sich alte Unterwasserruinen erkunden.

Vogelbeobachtung

Die Mittelmeerküste, das Hulatal in Galiläa und die Region um Eilat zählen zu den besten Vogelbeobachtungsgebieten weltweit. Treffen für Vogelfreunde sind z. B. das Hula Valley Bird Festival und das Eilat Bird Festival (www.birds.org.il).

Wandern

Mit seinem vielfältigen Terrain – von den alpinen Hängen des Hermon bis zu den ausgedörrten Wadis der Negev – und fast 10 000 km markierten Wanderwegen bietet Israel einige tolle Wandermöglichkeiten. Mindestens die Hälfte des Jahres regnet es kaum oder gar nicht, sodass man Ausflüge ohne Gedanken an Regen planen kann. Jedoch braucht man überall eine Kopfbedeckung und viel Wasser und sollte so planen, dass man es vor Anbruch der Dunkelheit zurück schafft.

In vielen Nationalparks und Naturschutzgebieten (www.parks.org.il) erhält man einfache Wanderkarten mit englischem Text. Anderswo sind die besten Karten – u. a. weil sie die genauen Grenzen von Minenfeldern und Übungsplätzen der Armee anzeigen – die topografischen Karten (1:50 000) der Society for the Protection of Nature in Israel (SPNI), erhältlich in Buchläden, den SPNI-Zentren und einigen Naturschutzgebieten.

Die Website www.tiuli.com bietet Infos auf Englisch zum Wandern im Land (die hebräische Version ist sehr viel umfangreicher). Auf der SPNI-Seite Mokedteva (www.mokedteva.co.il) gibt's aktuelle Informationen auf Hebräisch zu Wetter, Wanderrouten, Schwierigkeitsgrad, Sperrungen und besonderen Events.

Im Westjordanland sollte man aus Sicherheitsgründen nicht ohne Begleitung durch die Gegend laufen. Organisationen wie Walk Palestine (www.walkpalestine.com) bieten Infos zu Guides und zu Gebieten, die gerade als sicher gelten; meist ist das Umland von Jericho eine gute Wahl.

Beliebte Fernwanderwege von Nord nach Süd:

Israel National Trail (Shvil Yisra'el; www.israelnationaltrail.com) Führt 940 km durch Israels am dünnsten besiedelte und schönste Gegenden, vom Kibbuz Dan im Norden bis Taba am Roten Meer.

Sea-to-Sea Hike (Masa MiYam l'Yam; www.touristisrael.com/yam-lyam-hike) Eine 70 km lange Route vom Mittelmeer (Akhziv Beach) zum See Genezareth (bei Ginosar) via Meron und Nahal Amud, Dauer: drei bis fünf Tage.

Jesus Trail (www.jesustrail.com) Die 65 km lange Strecke von der Verkündigungskirche in Nazareth bis nach Kapernaum passiert christliche, jüdische, muslimische, Beduinen- und Drusengemeinden.

Gospel Trail (www.goisrael.com) Die 63 km lange Jesusweg-Variante des israelischen Tourismusministeriums führt vom Mount Precipice (Abgrundberg) in Nazareth nach Kapernaum, v. a. durch unbebaute Gebiete.

Wandern im Negev (S. 342)

Umrundung des Sees Genezareth (Shvil Sovev Kineret, Kinneret Trail) Führt rund um den See Genezareth. Von den 60 geplanten Kilometern sind bisher 45 km markiert worden.

Nativity Trail 160 km von Nazareth nach Bethlehem, größtenteils durch die hübschen Landschaften des nördlichen Westjordanlands. Kann nur mit Guide gegangen werden – Infos bei Hijazi Travel (http://hijazih.wordpress.com), Walk Palestine (www.walkpalestine.com) oder Green Olive Tours (www.toursinenglish.com).

Abraham Path (Masar Ibrahim Al-Khalil; www.masaribrahim.ps, www.abrahampath.org) Bis dieser Weg, der einmal quer durch den Nahen Osten führen soll, auf ganzer Länge geöffnet ist, wird es wohl noch Jahre dauern, aber ein fertiges Teilstück führt von Nablus über Jericho nach Hebron.

Jerusalem Trail Der 42 km lange Rundweg verbindet den Israel National Trail mit Jerusalem und führt durch die Jerusalem Hills und durch die Altstadt.

Windsurfen

Das Land bietet erstklassige Bedingungen zum Windsurfen, z. B. am Mittelmeer und Roten Meer, aber auch am See Genezareth.

Reiseplanung
Sabbat

Sowohl für religiöse als auch für nichtreligiöse Juden ist der Sabbat ein Familientag. Im ganzen Land kommen jüdische Israelis am Freitagabend zur Entzündung der Sabbatkerzen, zur Segnung des Weins und zu einem Festmahl zusammen. Für Touristen ist der Sabbat alles von etwas unpraktisch, wenn man nichts zu essen auftreiben kann, bis katastrophal, wenn man keine öffentlichen Verkehrsmittel zurück zur Unterkunft findet. Doch der Sabbat ist auch ein erinnerungswürdiger Teil der Reise.

Die Sabbatregeln
Am Sabbat halten sich religiöse Juden an die 39 „Arbeitsverbote": Dazu zählen das Entzünden und Löschen von Feuer, die Nutzung von Elektrizität, das Fahren mit einem motorisierten Fahrzeug, Schreiben, Kochen, Backen, Säen, Ernten, geschäftliche Handlungen und der Umgang mit Geld.

Flughäfen & öffentliche Verkehrsmittel
Israels Flughäfen sind am Sabbat wie gewohnt in Betrieb. Die meisten Fern- und Stadtbusse und Züge, auch von und zu den Flughäfen, stellen vom Freitag- bis Samstagnachmittag den Betrieb ein – oft fahren die Busse wieder ab mehrere Stunden vor Sonnenuntergang. In gemischten jüdisch-arabischen Städten wie Haifa verkehren einige Stadtbusse.

Grenzübergänge & Westbank-Kontrollposten
Kontrollposten zwischen Israel und dem Westjordanland und Grenzübergänge nach Jordanien und Ägypten sind am Sabbat geöffnet, jedoch kann dann viel los sein, besonders in Jalameh in der Westbank. Der Allenby-Übergang nach Jordanien schließt freitag- und samstagnachmittags recht früh – also rechtzeitig da sein!

Wahrung des Sabbat

Der Sabbat beginnt 18 Minuten vor Sonnenuntergang am Freitag (in Jerusalem 36 Min.) und endet eine Stunde nach Sonnenuntergang am Samstag – theoretisch, wenn am Himmel drei Sterne zu sehen sind. In dieser Zeit herrscht auf den Straßen vieler israelischer Städte – auch im überwiegend säkularen Tel Aviv – spürbar weniger Verkehr, doch außer den orthodoxen halten sich nur wenige israelische Juden an die Sabbatverbote.

Da Israel kulturell sehr vielfältig ist, wird die Sabbatruhe von Ort zu Ort unterschiedlich stark beachtet. In Tel Aviv ist der Freitag einer der beliebtesten Ausgehtage. In Städten mit mehrheitlich arabischer Bevölkerung wie Nazareth, Akko und Jaffa sowie in Ostjerusalem spielt der Sabbat kaum eine Rolle – doch da der Freitag der muslimische Ruhetag ist, kann weniger los sein als sonst.

Einen traditionellen Sabbat erlebt man am besten in Safed und Jerusalem, wo er durch das laute Blasen des Schofarhorns eingeläutet wird. In der Altstadt strömen dann junge und alte Charedim in schwarzen Anzügen zum Sonnenuntergangsgebet an der Klagemauer.

Da der Sabbat in Israel unterschiedlich eingehalten wird, ist im Folgenden angegeben, wie stark das in den einzelnen Regionen der Fall ist – 5 steht für eine starke Wahrung des Sabbat, 1 für eine schwache.

Jerusalem

Am Sabbat wird die Trennung zwischen koscheren und nichtkoscheren Restaurants in Jerusalem wirklich bedeutsam: Die koscheren schließen am Freitagnachmittag ihre Pforten und öffnen teils erst wieder am Sonntag. Dazu zählen – mit einigen Ausnahmen – die meisten Esslokale in Westjerusalem, auch an der Jaffa St. In einigen Hotels schließt die Rezeption und man wird vielleicht gebeten, die Hotelrechnung vor Sonnenuntergang am Freitag zu begleichen.

Am Sabbat fahren keine Busse, dafür aber *sheruts*. Es fahren auch viele Taxis, aber die Preise liegen 25 % höher als sonst und die Taxifahrer verspüren noch weniger Lust, das Taxameter einzuschalten. Am besten nimmt man dann ein Taxi im Osten der Stadt. Die Nesher-Busse zwischen Jerusalem und dem Flughafen Ben-Gurion verkehren am Sabbat ebenso wie *sheruts* nach Tel Aviv, jedoch von der Jaffa St westlich des Jerusalem Hostel.

Am Sabbat durch orthodoxe Viertel zu fahren ist nicht nur unklug, sondern kann auch gefährlich sein: Viele der Straßen sind gesperrt und Jugendliche haben Autos schon mit Steinen beworfen.

Punkte: 5 von 5

Tel Aviv

Zwar ist die Stadt säkular, doch auch hier kann man den Sabbat spüren. Auf den Straßen ist weniger los und einige Buslinien werden durch *sheruts* ersetzt. Zum Flughafen muss man gewöhnlich ein Taxi (250 NIS) nehmen, was man bei der Flugbuchung im Hinterkopf behalten sollte.

Die meisten Bars und Restaurants sind geöffnet und Jaffa ist fast vollständig „normal".

Punkte: 2 von 5

Nordküste

In Haifa und Akko kann es sein, dass man gar nichts vom Sabbat merkt – in Haifa tobt weiter das Nachtleben und in Akko gibt's wegen des großen muslimischen Bevölkerungsanteils kaum spürbare Änderungen. In Zichron Ya'akov dagegen macht sich der Sabbat stark bemerkbar und die Holocaust-Gedenkstätten im Kibbuz Lohamei HaGeta'ot sind geschlossen.

Punkte: 2 von 5

> **WAS IST AM SABBAT OFFEN?**
>
> Praktische Infos zum Sabbat in Jerusalem und im restlichen Land sind auf S. 106 und S. 448 zu finden.

Untergaliläa

In Nazareth ist alles offen, doch in Tiberias ist außer einer Handvoll Restaurants alles geschlossen. Alle touristischen Stätten rund um den See Genezareth (christliche Stätten, Nationalparks, Naturschutzgebiete, kostenpflichtige und kostenlose Strände) sind geöffnet, jedoch kann es an den Stränden voll sein. Freitagabends zum Essen nach Nazareth zu fahren ist eigentlich eine gute Idee, doch die Verkehrsstaus können ein Alptraum sein.

Punkte: 3 von 5

Obergaliläa & Golan

In Safed ist am Sabbat alles dicht, ebenso die Weingüter in der Dalton-Ebene. In Rosh Pina ist das meiste geöffnet, genauso wie die Naturschutzgebiete im Hulatal und an der libanesischen Grenze. Auch die meisten Restaurants sind geöffnet. In Katzrin auf den Golanhöhen ist außer zwei Restaurants alles geschlossen, doch die vielen Naturreservate und fast alle Touristenstätten sind geöffnet und auch in den Drusendörfern ist alles offen.

Punkte: 3 von 5

Totes Meer

Fast alles ist geöffnet, u. a. Naturschutzgebiete, Restaurants, Geschäfte und Strände.

Punkte: 1 von 5

Negev

Im Strandpartymekka Eilat ist fast alles geöffnet und an der Küste des Roten Meeres ist vom Sabbat nicht viel zu spüren. In Be'er Sheva sind zwar die meisten touristischen Stätten geöffnet, doch in der Stadt sind die Geschäfte und einige Restaurants geschlossen und es fahren keine öffentlichen Verkehrsmittel. In Mitzpe Ramon kann man freitagabends und samstags einiges unternehmen. Viele Naturschutzgebiete sind geöffnet.

Punkte: 2 von 5

Israelisch–ägyptische Grenze

Reiseplanung
Grenzübergänge

Israel mag sich zwar mit zwei seiner vier arabischen Nachbarn im Frieden befinden (Ägypten und Jordanien), doch die Grenzübergänge sind trotzdem militärisch stark gesichert und können durchaus furchteinflößend wirken. Wer von Jordanien oder Ägypten über Land nach Israel einreist, erhält zumeist an der Grenze ein Visum, doch die Vorschriften für die Einreise aus Israel v. a. nach Jordanien ändern sich ständig. Am besten erkundigt man sich in seiner Unterkunft. In den Libanon oder nach Syrien einzureisen ist nicht zu empfehlen bzw. derzeit gar nicht möglich.

Friedliche Grenzen

Die Grenzübergänge zwischen Israel und Ägypten sowie Jordanien, jenen beiden Ländern, mit denen Israel Friedensverträge unterzeichnet hat, stehen sowohl Touristen als auch Einheimischen offen. (Achtung: Wegen Angriffen radikaler Islamisten auf Touristen empfehlen die Regierungen der meisten westlichen Länder, von Reisen auf die nördliche Sinai-Halbinsel abzusehen.)

Blue, Purple & Green Line

Die von den Vereinten Nationen anerkannte Landesgrenze Israels zum Libanon wird als „Blue Line" bezeichnet, die israelisch-syrische Waffenstillstandslinie von 1974 als „Purple Line" und die Grenzlinie von vor 1967 zwischen Israel und dem Westjordanland als „Green Line".

Geschichte der Grenzziehung

Bei dem geheimen Sykes-Picot-Abkommen von 1916 legten Großbritannien und Frankreich die zukünftigen Grenzen von Palästina, Syrien, dem Libanon, Transjordanien (Jordanien) und dem Irak fest.

Reiseplanung

Visa, Sicherheit & Einreisestempel

Infos zu Visabestimmungen für Israel und Jordanien siehe S. 454.

Hinweise zu israelischen Sicherheitsmaßnahmen S. 442.

Touristen erhalten bei der Einreise nach Israel keinen Stempel mehr in den Pass, sondern stattdessen ein spielkartengroßes Papier. Verliert man dieses, kann das bei der Ausreise zu erheblichen Schwierigkeiten führen. Reisende mit Stempeln von arabischen Ländern im Pass werden bei der Ein- und Ausreise eingehend befragt.

Auf dem Landweg

➡ **Israel–Jordanien:** Jordan/Sheikh Hussein Bridge südlich des Sees Genezareth; Yitzhak Rabin/Wadi Araba nördlich von Eilat/Aqaba

➡ **Westjordanland–Jordanien:** Allenby/King Hussein Bridge östlich von Jericho (von Israel kontrolliert)

➡ **Israel–Ägypten**: Taba am Roten Meer südlich von Eilat

Gebühren für Landgrenzübergänge (ohne Visumsgebühr, falls erforderlich):

	Einreise	Ausreise
Israel	keine	101 NIS (Allenby-/König-Hussein-Brücke 175 NIS)
Sinai, Ägypten	keine	keine
restliches Ägypten	Visumsgebühr 25 US$	keine
Jordanien	42 JOD	Jordan/Sheikh Hussein Bridge 8 JOD, Allenby/King Hussein Bridge 10 JOD

Grenzschließungen

➡ **Jom Kippur** Sämtliche israelischen Landgrenzübergänge und alle Flughäfen sind geschlossen.

➡ **Eid Al-Hidschra/Muslimisches Neujahr** Die Landgrenzübergänge zu Jordanien sind geschlossen.

➡ **Eid Al-Adha/Opferfest** Der Grenzübergang Taba nach Ägypten und der palästinensische Teil der Allenby/King Hussein Bridge sind geschlossen.

➡ **Ramadan** Sämtliche Grenzübergänge machen vielleicht schon früh dicht.

Nordgrenze

Sofern man kein Angehöriger der UN-Friedensmission ist, sind Israels Grenzen zu Syrien und dem Libanon absolut dicht.

Von/nach Jordanien

An den beiden Übergängen zwischen Israel und Jordanien werden die Formalitäten schnell abgewickelt, am Übergang Allenby/King Hussein Bridge funktioniert das jedoch nicht immer reibungslos.

Die israelische Ausreisegebühr kann man an der Grenze in verschiedenen Währungen oder per Kreditkarte bezahlen. Um die Bearbeitungsgebühr von 5 NIS zu umgehen, zahlt man die Ausreisegebühr vorab in einem israelischen Postamt (nur Barzahlung) oder online (http://border pay.co.il).

Jordan/Sheikh Hussein Bridge

Dieser Grenzübergang im Jordantal befindet sich 8 km östlich von Beit She'an, 30 km südlich vom See Genezareth, 135 km nordöstlich von Tel Aviv und 90 km nordöstlich von Amman. Hier ist weit weniger los als auf der Allenby/King Hussein Bridge. Jordanien stellt für die Bürger vieler Länder vor Ort Visa aus. Der Grenzübergang ist geöffnet: So–Do 7–20.30, Fr & Sa 8.30–18.30 Uhr; geschlossen an Jom Kippur & Eid Al-Hidschra (muslimisches Neujahr).

Auf der israelischen Seite gibt es keinen Geldautomaten; man kann sich am Geldwechselschalter mit Bargeld versorgen.

Für die Ausreiseformalitäten benötigt man auf der israelischen Seite nicht mehr als eine halbe Stunde. Danach bringt einen ein Bus rüber zum jordanischen Ufer (die Grenze zu Fuß zu überqueren ist verboten).

An- & Weiterreise

Von der Grenze bringen Taxis Reisende nach Beit She'an (50 NIS, hart feilschen!) oder auch nach Tiberias, Jerusalem und Tel Aviv. Zwischen Beit She'an und dem Kibbuz Ma'oz Haim (7 NIS, 10 Min., So–Fr 5- bis 6-mal tgl.) 3 km westlich des Grenzübergangs verkehrt der Kavim-Bus 16.

Auf jordanischer Seite fahren Taxis zum Westlichen Busbahnhof von Irbid.

Nazarene Tours (S. 220) fährt von Nazareth über den Grenzübergang Jordan/Sheikh Hussein Bridge nach Amman (Di, Do, Sa & So). Abfahrt in Nazareth ist um 8.30 Uhr vor dem Büro von Nazarene Tours nahe der Bank of Jerusalem und dem Nazareth Hotel (nicht mit dem Büro von Nazarene Transport & Tourism im Stadtzentrum verwechseln!) und in Amman um 14 Uhr vor dem Royal Hotel (University St). Wer mitfahren will, muss mindestens zwei Tage im Voraus telefonisch reservieren.

In der Nähe des Grenzübergangs im Jordantal

Yitzhak Rabin/Wadi Araba

Der nur 3 km nordöstlich von Eilat gelegene Grenzübergang ist praktisch für Trips nach Aqaba, Petra und ins Wadi Rum. Hier werden jedoch keine jordanischen Visa mehr ausgestellt, sodass man diese vorher besorgen muss. Die meisten Hotels und Hostels in Eilat bieten Tagesausflüge nach Petra an. Der Übergang ist geöffnet: So–Do 6.30–20, Fr & Sa ab 20 Uhr.

An- & Weiterreise

Ein Taxi von/nach Eilat (10 Min.) kostet 35 NIS. Wer mit dem Bus aus dem Norden kommt, kann sich an der Rte 90 an der Ausfahrt zur Grenze oder am Kibbuz Eilot absetzen lassen, von wo aus man aber entlang der Rte 109 noch 2 km zu Fuß durch die Wüste stapfen muss.

In Jordanien kann man mit dem Taxi nach Aqaba und von dort mit einem Minibus (Abfahrt 6–7 & 11–12 Uhr) weiter ins 120 km entfernte Petra fahren. Alternativ heuert man für die ganze Strecke von der Grenze bis nach Petra ein Taxi an.

Grenzübergang Yitzhak Rabin/Wadi Araba nahe Eilat

Allenby/King Hussein Bridge

An diesem Übergang zwischen der israelisch besetzten Westbank und Jordanien herrscht reger Betrieb. Er befindet sich 46 km östlich von Jerusalem, 8 km östlich von Jericho und 60 km westlich von Amman und ist der einzige, den Personen mit palästinensischem Pass nutzen dürfen, um nach Jordanien oder in ein anderes Land zu reisen. Daher ist hier ziemlich viel los, vor allem an Sonn- und Feiertagen sowie werktags zwischen 11 und 15 Uhr.

Am besten kommt man so früh wie möglich zur Grenze – die Zeiten, zu denen Touristen den Übergang benutzen dürfen, können begrenzt sein. Israelische Staatsbürger (auch mit doppelter Staatsbürgerschaft) dürfen diesen Grenzübergang nicht nutzen.

Jordanien stellt am Grenzübergang Allenby/King Hussein Bridge keine Visa aus. Die Einreiseformalitäten muss man vorab in einer jordanischen Botschaft erledigen, z. B. in Ramat Gan bei Tel Aviv. Wer jedoch von Jordanien aus ins Westjordanland und/oder nach Israel eingereist ist, benötigt bei der Rückkehr nach Jordanien über die Allenby/King Hussein Bridge kein jordanisches Einreisevisum, wenn die Gültigkeitsdauer des Visums nicht überschritten wurde – in diesem Fall sollte man einfach den Ausreisestempel vorzeigen.

Die Busfahrt über die Grenze kostet 7 JOD (zzgl. 1,50 JOD pro Gepäckstück). Die Preise für jordanische Visa haben sich von 30 auf 60 JOD verdoppelt.

Ausreichend Bar- (am besten jordanische Dinar) und Kleingeld dabeihaben. Es gibt keine Geldautomaten, aber auf beiden Seiten der Grenze Wechselstuben.

Dieser Übergang kann frustrierend sein, v. a. bei der Einreise ins Westjordanland bzw. nach Israel. Warteschlangen, penible Kontrollen und ungehaltene Beamte sind eher die Regel als die Ausnahme. Wer in seinem Pass Stempel aus z. B. dem Libanon hat oder in weniger touristische Gebiete im Westjordanland reisen will, muss mit strenger Befragung durch die israelischen Sicherheitsleute rechnen. Für Palästinenser und Touristen gibt es getrennte Bereiche.

Die Grenze ist offiziell geöffnet: So–Do 8–24, Fr & Sa 8–15 Uhr; wer jedoch nach 18 Uhr auftaucht, riskiert, die Grenze nicht mehr überschreiten zu können.

Wachposten in Taba

An- & Weiterreise

Die Sammeltaxis von Abdo (02-628 3281) und Al-Nijmeh (02-627 7466) verkehren am häufigsten vor 11 Uhr und verbinden den blau-weißen Busbahnhof am Jerusalemer Damaskustor mit der Grenze (40 NIS, 30 Min., zzgl. 5 NIS pro Koffer). Private Taxis können bis zu 300 NIS kosten.

Die Egged-Busse 948, 961 und 966 fahren vom Zentralen Busbahnhof in Westjerusalem nach Beit She'an (und weiter nach Norden) und halten an der Rte 90 an der Ausfahrt zur Allenby-Brücke (12,50 NIS, 40 Min., etwa stündl.). Die letzten Kilometer zu laufen, ist allerdings verboten, sodass man ein Taxi nehmen muss (50 NIS).

Auf der Fahrt von/nach Jerusalem können Shuttle-Dienste wie Amman 2 Jerusalem (www.amman2jerusalem.com) den Organisationsaufwand etwas lindern (4-/7-Sitzer 250/350 US$), doch die Grenzkontrollen bleiben natürlich gleich.

Von Amman aus gelangt man vom Abdali- oder vom Südlichen Busbahnhof per Sammeltaxi oder Minibus (8 JOD, 45 Min.) zur Grenze; ein Taxi kostet rund 22 JOD. JETT (www.jett.com.jo) betreibt täglich einen Bus von Abdali zur Grenze (8,50 JOD, 1 Std., Abfahrt 7 Uhr).

Von/nach Ägypten

Taba

Dieser Übergang 10 km südlich von Eilat ist derzeit die einzige für Touristen geöffnete Grenze zwischen Israel und Ägypten (geöffnet rund um die Uhr). Auf ägyptischer Seite gibt's eine Wechselstube. Auf jeden Fall die Reisewarnungen checken, da die Lage im Sinai sehr unbeständig ist!

Man erhält hier eine Einreisegenehmigung für 14 Tage, die nur für den Sinai gilt; man kann die Resorts am Roten Meer zwischen Taba und Sharm El-Sheikh besuchen und zum Katharinenkloster reisen.

Wegen der Sicherheitslage kann man auf dem Landweg nicht mehr über den Sinai nach Kairo reisen. Man kann jedoch von Sharm El-Sheikh nach Kairo fliegen, doch dann muss man sich vor der Einreise ein Visum besorgen, entweder im Konsulat in Eilat oder bei der Botschaft in Tel Aviv.

An- & Weiterreise

Der Stadtbus 15 fährt vom Zentralen Busbahnhof in Eilat zum Übergang Taba (30 Min., So–Do 8.10–21.10, Fr 8.10–16.10, Sa 9.10–19.10 Uhr stündl.). Von der Grenze zurück nach Eilat fährt der Bus 16 (Abfahrt jeweils 50 Min. später). Ein Taxi kostet rund 30 NIS.

Israelische Grenzkontrollen

Israels rigorose Einreisemodalitäten sind für manche ein großes Ärgernis, für andere ein Klacks. Man muss mit Fragen nach dem Grund der Reise, nach den letzten Reisen, nach dem Beruf und nach Bekannten in Israel und Palästina rechnen.

Wer in Israel Freunde oder Familienmitglieder trifft, sollte deren Namen, Adresse und Telefonnummer zur Hand haben (ideal ist auch ein Brief, der den Besuch bei ihnen bestätigt). Bei einer Hotelreservierung kann ein Ausdruck helfen.

Sollte man bei den Grenzkontrollen in den Verdacht geraten, an pro-palästinensischen Aktivitäten teilnehmen zu wollen,

KEINE ISRAELISCHEN EINREISESTEMPEL MEHR

Arabische und muslimische Länder gehen ganz unterschiedlich mit Reisenden um, in deren Pass es Beweise für einen Aufenthalt in Israel gibt. In Jordanien und Ägypten, die Friedensverträge mit Israel geschlossen haben, entstehen keine Probleme. Das gleiche gilt für die Türkei, Tunesien, Marokko und viele der Golfstaaten sowie für Malaysia und Indonesien.

Andererseits sind der Libanon und Iran bekannt dafür, Traveller gleich wieder ins nächste Flugzeug zu setzen, wenn sie Indizien für eine Reise nach Israel finden, z. B. einen kürzlich in Amman ausgestellten Reisepass oder auch nur ein hebräisch beschriftetes Kaugummipapier. Saudi-Arabien ist teils besonders streng.

Wenn also die geringste Möglichkeit besteht, dass man mit seinem Reisepass noch in ein arabisches oder muslimisches Land reisen wird, dann sollte man darauf achten, im Pass keine Spuren zu hinterlassen, die zeigen, dass man in Israel war. Insofern vereinfacht es die Sache, dass Israel Touristenpässe inzwischen nicht mehr abstempelt. Stattdessen erhält man das Visum auf einem Stück Papier. Jordanien geht in der Regel genauso vor. Ägypten ist allerdings nicht so flexibel, und ein ägyptischer Stempel vom Grenzübergang Taba ist genauso ein Beweis für den Aufenthalt in Israel wie ein israelischer Stempel. Wer ohne den Taba-Stempel von Eilat nach Sinai will, kann zunächst nach Jordanien ausreisen und von Aqaba die Fähre nehmen.

Einige Länder, darunter Deutschland, stellen ihren Bürgern unter Umständen mehr als einen Reisepass aus – einen für Israel, den anderen für den Rest der Welt.

oder einen arabischen Namen haben, muss man sich auf eingehende Befragung (inkl. Durchsuchung des Laptops) gefasst machen. Auch libanesische oder iranische Einreisestempel im Pass können Argwohn erregen. Wer den Fragen ausweicht oder sich in Widersprüche verstrickt, wird sicher ausführlich unter die Lupe genommen. Immer ruhig und höflich bleiben!

Die israelische Flughafensecurity ist die strengste der Welt. Sie setzt ganz offen auf Profiling, aber nicht unbedingt so, wie man annimmt. 1986 wurde im Gepäck einer schwangeren Irin kurz vor ihrem Flug mit der El Al 747 in London Semtex-Sprengstoff entdeckt – es war ohne ihr Wissen von ihrem jordanischen Freund dort platziert worden, der noch immer in Großbritannien im Gefängnis sitzt. Seitdem schauen sich die israelischen Sicherheitsleute am Flughafen Ben-Gurion und an Flughäfen im Ausland immer auch nach Personen um, die ohne eigenes Wissen als Selbstmordattentäter fungieren könnten. Junge, unverheiratete Frauen aus dem westlichen Ausland stehen bei diesen Überlegungen ganz oben auf der Liste des Sicherheitspersonals.

Reiseplanung
Reisen mit Kindern

Mit Kindern zu reisen ist in Israel und Palästina wirklich ein Kinderspiel: Das Essen ist vielfältig und lecker, die Entfernungen sind kurz, an jeder Ecke locken kinderfreundliche Aktivitäten und die Einheimischen sind ganz vernarrt in Kinder. Allgemeine Tipps zum Reisen mit dem Nachwuchs finden sich in *Travel with Children* von Lonely Planet.

Top-Aktivitäten für Kids

Underwater Observatory Marine Park (S. 356) Riffblick ganz ohne nass zu werden; außerdem gibt's ein Streichelbecken.

Rosh HaNikra (S. 208) Kids werden von der Seilbahn an den Klippen und dem tiefblauen Wasser der vom Meer ausgewaschenen Grotten begeistert sein.

Wanderungen am Wasser Eine Tour entlang eines Bachs (und hindurch) ist im Sommer ein Vergnügen (z. B. in den Schutzgebieten Ein Gedi, Banias, Yehudiya und Majrase).

Radfahren in der Wüste Auf Mountainbiketouren durch die Wüste entlang eines trockenen Wadi-Bettes haben ältere Kinder und Teenager viel Spaß. Die Judäische Wüste lockt mit zahlreichen Routen, die man am besten auf einer organisierten Tour angeht.

Gan-Garoo Australian Park (S. 229) In der Jesreelebene kann man Kängurus streicheln und Loris füttern.

Mini-Israel (S. 121) Dieser Park auf halbem Weg zwischen Jerusalem und Tel Aviv hat 350 der bekanntesten Attraktionen Israels auf Modellgröße geschrumpft.

Spielplätze in Malls Die meisten Einkaufszentren haben eine *meeschakiya* (Spielbereich) für Babys und Kleinkinder – eine tolle Gelegenheit, einheimischen Kindern zu begegnen, besonders an Regentagen.

Israel mit Kindern

Die israelische Gesellschaft ist sehr familien- und kinderfreundlich. An jeder Ecke begegnet der Nachwuchs einheimischen Kids, die mit ihren Eltern auf Achse sind, besonders samstags und an jüdischen Feiertagen sowie im Juli und August.

Die Strände sind in der Regel sauber und gut mit Cafés und Spielplätzen ausgestattet. Immer großzügig Sonnenschutz auftragen, vor allem im Sommer, und während der Mittagshitze im Schatten bleiben! (Am Toten Meer ist die Sonnenbrandgefahr geringer, doch hier sollten die Kinder kein Wasser in die Augen bekommen.)

Die meisten Naturschutzgebiete sind für Kids ein fantastisches Abenteuer und die größeren haben sicher Freude an Wanderungen. In den letzten Jahren hat sich für Rollstuhlfahrer der Zugang in die Parks verbessert; damit ist auch der Besuch mit einem Kinderwagen einfacher geworden.

Tel Aviv, Jerusalem, Mitzpeh Ramon und Eilat bieten eine breite Auswahl von Dingen für Kinder. Die Jerusalemer Altstadt ist mit dem Kinderwagen allerdings nur schwer zu meistern.

Reiseplanung

Notwendige Dinge wie Wegwerfwindeln (*chitulim*), Feuchttücher (*magavonim*), Babynahrung (*formoola*), Babyfläschchen (*bakbukim l'tinok*) und Schnuller (*motze-*

tzim) bekommt man in Supermärkten und Apotheken, allerdings meist teurer als zu Hause. Ist das Baby wählerisch, lohnt es sich, das vertraute Milchpulver mitzubringen. Babynahrung in Gläschen ist ebenfalls verfügbar, wenn auch oft nur in wenigen Geschmacksrichtungen, ebenso teils Bio-Babynahrung. Die normalen Arzneimittel für Kinder sind leicht zu erhalten; fast alle Apotheker sprechen Englisch und helfen gern mit Tipps weiter.

Ein leichter, zusammenklappbarer Kinder-Buggy ist auf Reisen eigentlich so gut wie immer praktisch. Für die Kopfsteinpflastergassen und Treppen der alten Städte sind Kindertragen bzw. Tragetücher jedoch erheblich einfacher.

Schlafen

Mit Ausnahme von ein paar B&Bs *(tzimmerim)*, die nur Paare bewirten (z. B. in Rosh Pina), sind Kinder überall gern gesehen. In den meisten Hotels, Gästehäusern und B&Bs können Babys und Kleinkinder ohne Aufpreis im Zimmer der Eltern schlafen (Kinderbetten werden gestellt); für ältere Kinder gilt das manchmal nicht. Die meisten Zimmer in Hostels und in den SPNI-Unterkünften haben mindestens vier Betten – ideal für Familien!

Essen

Kinder sind in nahezu allen Restaurants willkommen. Sowohl Kellner als auch die anderen Gäste nehmen Kinder und die üblichen Begleiterscheinungen beim Essen gelassen in Kauf. Fast alle Lokale haben Kinderstühle und einige bieten Kinderteller zu kleinen Preisen an. Die meisten Restaurants, mit Ausnahme der gehobeneren, sind den ganzen Tag über geöffnet. Man ist also flexibel, was die Essenszeiten angeht. Ein israelisches Frühstück ist bekanntlich reichhaltig; eine Auswahl von Frühstücksflocken gehört in der Regel dazu.

Viele Kinder begeistern sich schnell für Falafel, Hummus, Sabich (Auberginen, gekochte Eier, Kartoffeln und Salat in einem Pita-Brot) und Shawarma. Zu Beginn sollte man etwas vorsichtiger sein, da dieses Fastfood (einschließlich der Saucen und Salate) häufiger als andere Mahlzeiten ein Tummelplatz für Mikroben sein kann – Mikroben, die der eigene Körper von zu Hause nicht kennt.

ERMÄSSIGUNGEN

Kinder bis zu vier Jahren erhalten in Naturschutzgebieten, archäologischen Stätten und Museen in der Regel freien Eintritt, und für Kinder zwischen fünf und 17 oder 18 Jahren sind die Eintrittspreise erheblich günstiger. Kleine Kinder erhalten in Bussen und Zügen geringe Ermäßigungen. Einrichtungen, die hauptsächlich auf Kinder abzielen, z. B. Vergnügungsparks, verlangen meistens schon bei Kindern ab drei Jahren den vollen Eintrittspreis.

Mit dem Auto unterwegs

➡ Babys von bis zu einem Jahr (empfohlen sogar bis zwei Jahre) oder leichter als 9 kg müssen in einem rückwärts gerichteten Babysitz sitzen *(moshav b'tichut)*. Ein tragbarer Babysitz, der auf dem Rücksitz und im Kinderwagen befestigt werden kann, heißt auf Hebräisch *salkal*.

➡ Kinder im Alter von zwei bis drei Jahren (empfohlen bis vier Jahre) müssen in einem vorwärts oder rückwärts gerichteten Kindersitz sitzen.

➡ Kinder zwischen drei und acht Jahren müssen auf einer Kindersitzerhöhung sitzen.

➡ In Taxis sind Kindersitze allerdings nicht vorgeschrieben.

➡ Kindersitze dürfen nicht auf Sitzplätzen befestigt werden, die mit einem Airbag ausgestattet sind.

Palästina mit Kindern

Kinder werden im Westjordanland herzlich willkommen geheißen – oft sogar mit Keksen oder Kuchen. Kontakte mit einheimischen Kindern ergeben sich hier schnell. Andererseits werden die meisten Reisenden es sich wohl zweimal überlegen wollen, ob sie sich der besonderen Herausforderung stellen möchten, mit dem Kinderwagen durch Städte im Westjordanland wie Ramallah, Nablus und Bethlehem zu zuckeln, denn angenehm ist das nicht – von den Kontrollen an den Checkpoints mal ganz zu schweigen.

In jedem Fall sollte man den Kinderreisepass mitnehmen – und natürlich auch den eigenen Pass!

Israel & Palästina im Überblick

Jerusalem

**Geschichte
Religion
Kultur**

Altstadt
In der Altstadt laden das christliche, armenische, jüdische und muslimische Viertel samt Zitadelle (Davidsturm) und Via Dolorosa zur Erkundung ein.

Heilige Stätten
Die Klagemauer, die Grabeskirche oder der Felsendom: Mit Jerusalems vielen religiösen Stätten könnte man sich wochenlang beschäftigen.

Vielfalt
Ultraorthodoxe Juden mit *schtreimel* (Pelzhüten), säkulare Juden in kurzen Hosen und Muskelshirts, palästinensische Muslime auf dem Weg zur Al-Aqsa-Moschee, christliche Geistliche in langen Roben, feministische orthodoxe Juden, Aktivisten für Schwulenrechte und freigeistige Künstler: Auf Jerusalems wunderbar facettenreichen Straßen trifft man sie alle.

S. 50

Tel Aviv-Jaffa (Jafo)

**Essen
Shoppen
Nachtleben**

Gaumenfreuden
Tel Avivs Strände sind traumhaft, die wahre Leidenschaft der Stadt ist jedoch das Essen. Falafelstände, Hummusimbisse, Eisdielen, Cafés nach europäischer Art, Sushibars und Lokale von Promiköchen gibt's zuhauf.

Boutiquen
Tel Aviv ist Israels Shoppingparadies. Hier bringen Basare, moderne Malls und Designerboutiquen auf der Sheinken, Dizengoff und Shabazi St die Kreditkarte zum Glühen.

Nachtleben
Das weltberühmte Nachtleben der Stadt tummelt sich am supertrendigen Rothschild Boulevard und in den Bars und Clubs an den beiden Tel Aviver Schlagadern Ben-Gurion und Dizengoff St.

S. 123

Haifa & Nordküste

**Geschichte
Heilige Stätten
Landschaft**

Alte Häfen
Caesarea war einer der großen Häfen der Antike und 1000 Jahre später eine ummauerte Festung der Kreuzfahrer. Akko, das Marco Polo auf seinem Weg nach China besuchte, strotzt vor mittelalterlicher und osmanischer Geschichte.

Spirituelle Gärten
Haifas unglaubliche Bahai-Gärten sind ein spirituelles Highlight für Besucher jedes Glaubens. Die Elija-Höhle gilt Juden, Christen und Muslimen als heilig.

Meeresgrotten
Die Meeresgrotten von Rosh HaNikra schillern in allen erdenklichen Blautönen. Eindrucksvolle Panoramablicke aufs Mittelmeer aus der Vogelperspektive bieten sich von Haifas Promenade hoch oben auf dem Berg Karmel.

S. 168

Untergaliläa & See Genezareth

**Christentum
Archäologie
Essen**

Spuren Jesu
Maria ereilte die Verkündigung wohl in Nazareth, wo Jesus seine Kindheit verbrachte. Die Verklärung des Herrn soll auf dem Tabor geschehen sein, das Wirken Jesu konzentriert sich rund um den See Genezareth.

Historische Stätten
Zu den wichtigsten Stätten zählen die römisch-byzantinische Stadt Beit She'an, antike Synagogen im Hamat Tiberias, in Korazim, Kapernaum und Sepphoris sowie die Kreuzfahrerburg Belvoir.

Weltküche
Nazareth ist für Fusionsküche aus Ost und West und tolle Altstadtrestaurants bekannt. Das beste ist das AlReda auf dem Gelände einer 200 Jahre alten osmanischen Villa.

S. 210

Obergaliläa & Golan

**Wandern
Vogelwelt
Wein**

Naturpfade
Wege für jedes Fitnesslevel warten in alpinen Höhen auf dem Hermon (2000 m), am Jordan (200 m) und zwischen den von Klippen gesäumten Canyons der Schutzgebiete Banias und Yehudiya.

Zugvögel
Eine halbe Milliarde Vögel ziehen durch das Hulatal. Hiesige Arten und Zugvögel sind in den Sumpfgebieten der Naturschutzgebiete Hula und Agamon HaHula zu sehen, besonders im Frühling und Herbst.

Weingüter
Viele der besten Weingüter der Region, u. a. kleine Betriebe in Katzrin, Ein Zivan und Odem auf den Golanhöhen sowie in der Dalton-Ebene nordwestlich von Safed, sind für Besucher geöffnet.

S. 251

Westjordanland

**Shoppen
Essen
Religion**

Basare
Der Mittelpunkt der Städte im Westjordanland sind die Basare. Auf den Märkten in Hebron, Nablus und Bethlehem kann man Obst kaufen, Süßigkeiten testen und um Kunsthandwerk feilschen.

Regionalküche
Einst in der Westbank schwer zu finden, aber inzwischen ist traditionelles palästinensisches Essen in Bethlehem und Ramallah viel häufiger. In Nablus sollte man auf jeden Fall die berühmte örtliche Spezialität *kunafeh* probieren.

Heilige Stätten
Für Juden und Muslime ist die Höhle Machpela eine wichtige Pilgerstätte. Zu den christlichen Stätten zählen die Geburtskirche, der Berg der Versuchung und der Berg Garizim.

S. 284

Totes Meer

**Strände
Archäologie
Wandern**

Totes Meer
Auf dem Rücken liegend im Wasser die Zeitung lesen: Das ist zwar ein Klischee, aber in dem stark salzhaltigen Wasser des Toten Meeres absolut machbar.

Masada
Jerusalem war bereits zerstört, aber in der Bergfestung Masada widerstanden noch 1000 Juden der Belagerung durch die zehnte römische Legion. Am Ende zogen sie den Tod der Sklaverei vor.

Wüstenoasen
Das ganze Jahr über speisen Quellen die dramatischen Wüstenoasen von Ein Gedi und Ein Bokek. Wanderer finden hier kühle Bäche, üppige Vegetation, paradiesische Wasserfälle und seltene Tiere wie die majestätischen Syrischen Steinböcke.

S. 317

Negev

**Wandern
Tauchen
Archäologie**

Wüstentouren
Der Negev ist voller Leben. Auf einer Wanderung durch die Wildnis des Makhtesh Ramon ab Sde Boker oder Ein Avdat lassen sich oft Kamele, Steinböcke und kreisende Greifvögel entdecken.

Korallenriffe
Wer Korallenriffe besuchen und mit tropischen Fischen schwimmen möchte, für den ist ein Schnorchel- oder Tauchausflug im Roten Meer das Richtige. Einfach untertauchen und das Spektakel genießen!

Nabatäische Stätten
Mit biblischen Ruinen wie Tel Be'er Sheva und Tel Arad sowie antiken nabatäischen Städten wie Avdat, Shivta und Mamshit gewährt die Wüste Einblicke in ihre Geheimnisse.

S. 337

Petra

**Ruinen
Wandern
Landschaft**

Rosarote Stadt
Die antike Stadt Petra ist ein Weltwunder. Am besten besucht man frühmorgens das Schatzhaus, picknickt mittags in luftigen Höhen, bewundert bei Sonnenuntergang das Kloster und spaziert abends durch den kerzenbeleuchteten Siq.

Wüstenwanderungen
Von Petra aus sind einige der schönsten Wanderungen Jordaniens möglich. Engagiert man einen örtlichen Beduinen als Führer, wird die jüngere Geschichte Petras richtig lebendig.

Natürliche Zierde
Bunter Sandstein, vom Wind geformte Steilwände und mit Oleander bewachsene Wadis: Petras Landschaft bildet die ideale Kulisse für die alte Architektur.

S. 366

Reiseziele in Israel & Palästina

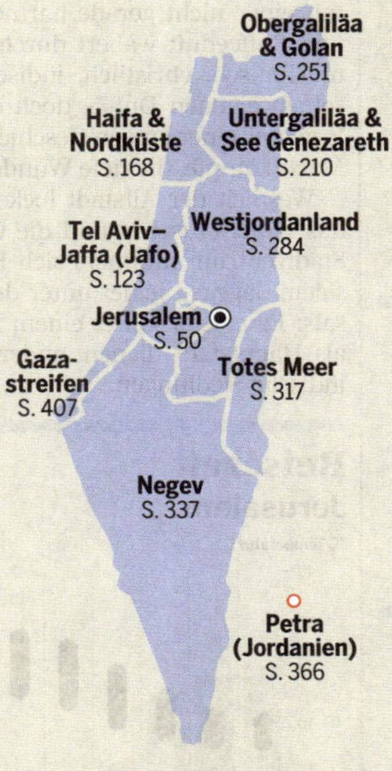

Obergaliläa & Golan
S. 251

Haifa & Nordküste
S. 168

Untergaliläa & See Genezareth
S. 210

Tel Aviv–Jaffa (Jafo)
S. 123

Westjordanland
S. 284

Jerusalem
S. 50

Gazastreifen
S. 407

Totes Meer
S. 317

Negev
S. 337

Petra (Jordanien)
S. 366

Jerusalem ירושלים القدس

02 / 865 721 EW.

Inhalt
Sehenswertes	57
Kurse	97
Geführte Touren	97
Feste & Events	98
Schlafen	98
Essen	107
Ausgehen & Nachtleben	112
Unterhaltung	114
Shoppen	115
Rund um Jerusalem	119

Gut essen
➜ Machneyuda (S. 111)
➜ Abu Shukri (S. 107)
➜ Modern (S. 112)
➜ Pinati (S. 109)
➜ Anna Cafe (S. 110)

Schön übernachten
➜ American Colony Hotel (S. 100)
➜ Abraham Hostel (S. 101)
➜ Österreichisches Pilger-Hospiz (S. 99)
➜ Post Hostel (S. 104)
➜ YMCA Three Arches Hotel (S. 105)

Auf nach Jerusalem!

Jerusalems Altstadt ist ein spiritueller Hotspot: Sie ist Juden, Muslimen und Christen heilig. Pilger strömen in die Stadt, um an Stätten zu beten, die mit den Ursprüngen ihres Glaubens in Verbindung stehen. Kirchenglocken, islamische Gebetsrufe und das jüdische Schofarhorn elektrisieren die Luft mit einer nicht gerade harmonischen Melodie. Weihrauch- und Kaffeeduft wabert durch die Märkte. Jedes Viertel, ob muslimisch, christlich, jüdisch oder armenisch, verströmt seinen eigenen Duft – doch die Vielfalt Jerusalems ist das Ergebnis einer langen Geschichte blutiger Belagerungen und Machtkämpfe, die tiefe Wunden hinterlassen haben.

Westlich der Altstadt locken Topsehenswürdigkeiten wie das Israel-Museum und die Gedenkstätte Yad Vashem, im Stadtzentrum tummeln sich Bars und Restaurants. Ostjerusalem dagegen leidet unter der Ungewissheit seines Schicksals: Einerseits soll es einem zukünftigen Palästinenserstaat als Hauptstadt dienen, andererseits entstehen hier weitere jüdische Siedlungen.

Reisezeit
Jerusalem

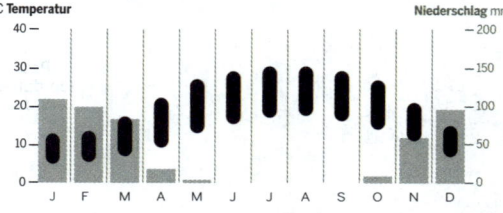

April & Mai Angenehme Temperaturen und sonnig, massenhaft Besucher, hohe Zimmerpreise.

Juli Beleuchtung der Altstadt und ein Filmfestival, aber große Hitze.

Sept. & Okt. Tolles Wetter und verhältnismäßig wenig Touristen, außer zu einigen jüdischen Feiertagen.

Geschichte

Erster Tempel

Die erste Siedlung auf dem Gebiet des heutigen Jerusalem befand sich rund um die Gihonquelle im Kidrontal, direkt südöstlich des heutigen Jüdischen Viertels. Eine kleine kanaanäische Stadt wird in ägyptischen Texten aus dem 20. Jh. v. Chr. erwähnt. Um das Jahr 1000 v. Chr. herum wurde sie Bibelquellen zufolge von den Israeliten unter König David erobert, der den Ort zu seiner Hauptstadt machte.

Unter Davids Sohn Salomo wurde die Stadt der Bibel zufolge nach Norden erweitert und umfasste seither auch das Gebiet des heutigen Tempelbergs. Um das Jahr 950 v. Chr. begann die Errichtung des Ersten Tempels.

Der biblischen Überlieferung gemäß spalteten sich die zehn nördlichen israelitischen Stämme rund 17 Jahre nach Salomos Tod ab und bildeten das Königreich Israel, sodass Jerusalem nur mehr die Hauptstadt des südlichen Königreichs Juda blieb. Im Jahr 586 v. Chr. eroberte der babylonische König Nebukadnezar II. Jerusalem, zerstörte den Ersten Tempel und führte die Bewohner Jerusalems in die Babylonische Gefangenschaft. Drei Generationen später erlaubte ihnen der persische Großkönig Kyros II. die Rückkehr und steuerte sogar Geld zur Wiedererrichtung des Tempels bei – in der Hoffnung, dass die Judäer zu seinen Verbündeten würden.

Zweiter Tempel

Der zweite Tempel wurde ab 516 v. Chr. errichtet, ab 445 v. Chr. ließ Nehemia, der Statthalter von Juda, die Stadtmauern wiederaufbauen.

Das nächste wichtige Kapitel in der Stadtgeschichte begann mit der Eroberung Jerusalems durch Alexander den Großen im Jahre 332 v. Chr. Nach seinem Tod (323 v. Chr.) ergriffen zunächst die Ptolemäer, dann 198 v. Chr. die Seleukiden die Macht in Judäa. Ihrer Herrschaft setzten die Makkabäer, die in der jüdischen Literatur auch als Hasmonäer bezeichnet werden, 165 v. Chr. ein Ende. Eine der ersten Handlungen dieser über 100 Jahre herrschenden Dynastie war die Wiederherstellung des Tempels, der von den Seleukiden wenige Jahre zuvor entweiht worden war.

Die Römer

Um 63 v. Chr. belagerten und eroberten die Römer unter der Führung des Pompeius die Stadt. Im Jahr 37 v. Chr. wurde Herodes der Große, ein Idumäer, als Klientelkönig über das Gebiet eingesetzt, aus dem später die römische Provinz Judäa (Iudaea) wurde. Als blutrünstiger Tyrann ließ Herodes seine Frau, einige seiner Kinder wie auch Pharisäer, die sich seiner Herrschaft widersetzten, hinrichten. Zugleich ist er jedoch für seine ehrgeizigen Bau- und Infrastrukturprojekte bekannt, zu denen auch der weitere Ausbau des Tempelbergs gehörte.

Nach dem Tod des Herodes übernahmen die Römer wieder die direkte Herrschaft und ernannten Präfekten zur Verwaltung der Stadt; der fünfte war Pontius Pilatus, der vor allem dafür bekannt ist, dass er um 30 n. Chr. die Hinrichtung Jesu in Jerusalem anordnete.

Der Große Jüdische Krieg gegen die Römer begann im Jahr 66. Er dauerte vier Jahre und endete mit einem Sieg des römischen Heerführers und späteren Kaisers Titus. Zu seinen Ehren wurde später in Rom der Titusbogen errichtet, auf dessen berühmten Reliefs römische Legionäre beim Abtransport des erbeuteten Tempelgeräts zu sehen sind.

Nach der Zerstörung des Zweiten Tempels und der Feuersbrunst, der Jerusalem zum Opfer fiel, gerieten viele Juden in die Sklaverei und noch mehr verließen ihre Heimat. Die in Ruinen liegende Stadt diente weiter als Verwaltungs- und Militärzentrum der römischen Provinz Judäa. Gleichzeitig entwickelte sich Jerusalem zu einem Zentrum des Frühchristentums.

Um 130 beschloss Kaiser Hadrian, Jerusalem wiederaufzubauen – jedoch nicht als jüdische Stadt, da er ein erneutes Aufflackern nationaler Ambitionen befürchtete, sondern als römische mit heidnischen Tempeln und allem, was dazu gehört. In der Folge kam es unter Simon Bar Kochba zu dem misslungenen, blutigen Bar-Kochba-Aufstand (132–135). Nach dessen Niederschlagung wurde Jerusalem in Aelia Capitolina und Judäa in Syria Palaestina umbenannt. Die Römer bauten Jerusalem zwar wieder auf, verbannten die Juden aber aus der Stadt.

Byzantiner & Muslime

313 trafen sich die beiden Römischen Kaiser, Konstantin und Licinius, in Mailand und beschlossen, dass alle einst verfolgten Religionen zu tolerieren seien. Im elf Jahre später tobenden Bürgerkrieg besiegte Konstantin Licinius und wurde alleiniger Kaiser des Römischen Reiches, das nach der Reichsteilung von 395 in der Osthälfte als

Highlights

❶ Tempelberg/Al-Haram Ash-Sharif (S. 59) Die architektonische Pracht dieser Muslimen und Juden heiligen Stätte bewundern

❷ Klagemauer (S. 71) Die spirituelle Kraft der heiligsten Stätte des Judentums spüren

❸ Grabeskirche (S. 65) In einer der bedeutendsten Kirchen des Christentums hohe Gewölbe und kerzenbeleuchtete Kapellen bewundern

❹ Mahane-Yehuda-Markt (S. 87) Sich an Bergen mit frischem Obst, Halva-Ständen und winzigen Cafés vorbeischlängeln

❺ Yad Vashem (S. 94) Über das Schicksal, das Böse, die Widerstandskraft der Menschen und die Fähigkeit zur Aussöhnung nachsinnen

❻ Israel-Museum (S. 91) Eine außergewöhnliche Sammlung von Kunst und Artefakten bewundern

❼ Muslimisches Viertel (S. 74) Durch die stimmungsvollen und bunten Märkte der Altstadt bummeln

❽ Zitadelle (S. 64) Im Museum zur Geschichte Jerusalems alles über die lange Vergangenheit der Stadt erfahren

❾ Via Dolorosa (S. 65) In den Fußstapfen Jesu wandeln

❿ Davidsstadt (S. 81) Auf einer archäologischen Stätte voller Tunnel in den Untergrund gehen

Byzantinisches Reich fortbestand. Während Konstantin das Christentum legalisierte, besuchte seine Mutter Helena 326–328 auf der Suche nach christlichen Stätten das Heilige Land und behauptete, das „Wahre Kreuz" gefunden zu haben, an dem Jesus gekreuzigt wurde. Es entstanden neue Basiliken und Kirchen und Jerusalem nahm schnell wieder die Ausmaße an, die es einst unter Herodes dem Großen hatte.

Nach langen Kriegen musste sich das Byzantinische Reich den Persern geschlagen geben, die Jerusalem im Jahr 614 einnahmen. Ihre Herrschaft währte aber nicht einmal 15 Jahre. Die Byzantiner erlangten noch einmal die Kontrolle über Jerusalem, ehe 638 die arabischen Truppen des Kalifen Omar ibn Al-Khattab unter dem Banner des Islams durch Palästina zogen. 688 wurde der Felsendom an der Stelle errichtet, an der einst der jüdische Tempel stand. Unter den ersten muslimischen Herrschern entwickelte sich Jerusalem zu einem Zentrum für jüdische, christliche und muslimische Pilger, ab Ende des 10. Jhs. aber wehte ein neuer Wind: Der launenhafte Fatimiden-Kalif Al-Hakim ließ Nichtmuslime verfolgen und Kirchen und Synagogen zerstören – Ereignisse, die eine Ursache für den Beginn der Kreuzzüge 90 Jahre später waren.

Kreuzfahrer, Mamelucken und Osmanen

Im Jahre 1099 eroberten die Kreuzfahrer Jerusalem von den Fatimiden, die gerade erst den Seldschuken wieder die Herrschaft über Palästina entrissen hatten. Nach einer fast 90 Jahre währenden Herrschaft wurde das christlich-lateinische Königreich Jerusalem 1187 von Saladin (Salah Ad-Din) geschlagen, was wiederum zwei Jahre später den Dritten Kreuzzug auslöste, in dem Richard I. (Löwenherz) mit Saladin um das Heilige Land rang. Er konnte zahlreiche Gebiete erobern, nicht jedoch Jerusalem.

Unter Saladins effizienter Verwaltung durften Muslime und Juden nach Jerusalem zurückkehren. Vom 13. bis zum 16. Jh. errichteten die Mamelucken in der Stadt eine Reihe wichtiger Moscheen und Medresen.

Aber auch wenn Jerusalem ein Zentrum muslimischer Gelehrsamkeit war, ging es mit der Stadt bergab. 1517 besiegten die Osmanischen Türken die Mamelucken und fügten Palästina ihrem großen Reich hinzu. Obwohl die osmanische Verwaltung später als ineffizient kritisiert wurde, werden die ersten Zeichen der osmanischen Herrschaft in Jerusalem auch heute noch bewundert: Die heute noch imposanten Mauern um die Altstadt ließ Sultan Süleyman der Prächtige Mitte des 16. Jhs. erbauen. Nach Süleymans Tod allerdings kümmerte man sich nicht sonderlich um die Stadt und die gesamte Region; ein schleichender Niedergang setzte ein. Die Gebäude und Straßen wurden nicht instand gesetzt, Korruption in der Verwaltung war an der Tagesordnung.

1856 verkündete der türkische Sultan im Zuge der als Tanzimat bezeichneten Reformen die rechtliche Gleichstellung der Untertanen ungeachtet ihrer Religion. Den Juden in Jerusalem – die zu jener Zeit die Mehrheit unter den 25 000 Einwohnern der Stadt stellten – wurde die Errichtung eines neuen Stadtviertels außerhalb der Stadtmauern erlaubt. Einige der ersten in den 1860er-Jahren begonnenen Projekte gingen auf die Initiative des in Italien geborenen jüdischen Engländers Sir Moses Montefiore zurück und wurden von ihm finanziert. Mit der schnellen Zunahme der jüdischen Einwanderung wuchsen die Viertel zum heutigen Stadtzentrum zusammen.

Britische Mandatsherrschaft & Teilung

Ende 1917 eroberten britische Truppen unter dem Befehl General Edmund Allenby Jerusalem von den Türken und machten die Stadt zur Verwaltungshauptstadt des vom Völkerbund geschaffenen Mandatsgebiets Palästina. In diesen Zeiten des inbrünstigen arabischen und jüdischen Nationalismus wurde die Stadt zu einer Brutstätte politischer Spannungen und zum Schauplatz von Terrorismus und mitunter auch offenen Kriegshandlungen, sowohl zwischen Juden und Arabern als auch zwischen rivalisierenden arabischen Gruppen (z. B. den Familien Nashashibi und Husseini) sowie zwischen Zionisten und Briten.

Nach dem Teilungsplan der Vereinten Nationen von 1947 sollte Jerusalem einen internationalen Sonderstatus erhalten und weder Teil des jüdischen noch des arabischen Staates werden, die auf Vorschlag der Vereinten Nationen auf palästinensischem Boden entstehen sollten. Prinzipiell akzeptierten die Zionisten diesen Plan, die arabischen und palästinensischen Führer wandten sich dagegen. Der Teilungsplan blieb schließlich auf der Strecke, als die Stadt und das ganze Land 1948 von den Ereignissen des Palästinakriegs erfasst wurden.

Während des Kriegs von 1948 wurden die Altstadt und Ostjerusalem mitsamt dem

JERUSALEM IN ...

... vier Tagen

Der erste Tag beginnt um 8.45 Uhr mit einem Überblick über die Altstadt auf einem kostenlosen Rundgang mit **Sandemans** (S. 97). Weiter geht's zur Saleh Al-Din St und – mit einer Flasche Wasser bewaffnet – zum **Tempelberg** (S. 59; für Nichtmuslime gibt's nur zwei begrenzte Zugangszeiten am Tag). Danach stärkt man sich bei **Abu Shukri** (S. 107) mit tollem Hummus und bummelt zur majestätischen **Grabeskirche** (S. 65). Schließlich verlässt man die Altstadt durchs **Jaffator** (S. 64) und macht an der Jaffa Rd einen Bummel durch die Bars.

Der zweite Tag beginnt mit einem Besuch an der **Klagemauer** (S. 71; Führungen durch den Klagemauer-Tunnel müssen reserviert werden). Mittags lockt dann die stimmungsvolle **Armenian Tavern** (S. 108). Den Nachmittag vertrödelt man in den verschlungenen Gassen des **Jüdischen Viertels**, mit Panoramablicken von der **Hurva-Synagoge** (S. 73), sowie in den Suks des **Muslimischen Viertels**.

Am dritten Tag geht's mit der Straßenbahn zur Holocaust-Gedenkstätte **Yad Vashem** (S. 94). Auf der Rückfahrt steigt man am **Mahane-Yehuda-Markt** (S. 87) aus, inspiziert die Auslagen und genießt bei einem Eiskaffee oder Bier den allgemeinen Trubel. Abends schaut man sich die **Sound-and-Light-Show** in der **Zitadelle** (S. 64; buchen!) an.

Der vierte Tag wird mit einem frühen Besuch im großen **Israel-Museum** (S. 91) eingeläutet; zum Mittagessen bietet sich das schicke Restaurant **Modern** (S. 112) an. Zurück im Stadtzentrum nimmt man einen Bus zur **Davidsstadt** (S. 81) und erkundet die archäologischen Ausgrabungen. Schließlich stößt man in den Bars rund um die Horkanos St auf den erlebnisreichen Tag an.

---

ganzen Westjordanland von Jordanien besetzt, während die Israelis den größten Teil des heutigen Stadtzentrums halten konnten; zwischen den beiden Linien lag Niemandsland. Der neue Staat Israel erklärte seinen Teil Jerusalems zur Hauptstadt des Landes.

19 Jahre lang teilte Jerusalem das Schicksal Berlins und war eine geteilte Stadt. Das Mandelbaum-Tor nördlich der westlichen Altstadtgrenze war der einzige offizielle „Grenzübergang" zwischen West- und Ostjerusalem, durfte aber nur von wenigen passiert werden. Im Sechstagekrieg von 1967 eroberte Israel schließlich die Altstadt von Jordanien. Anschließend begannen die Israelis ein umfassendes Restaurierungs-, Sanierungs- und Bauprogramm.

Umstrittene Hauptstadt

Da der Status Jerusalems nach wie vor umstritten ist, unterhalten alle Länder mit Botschaften in Israel diese in Tel Aviv. Im Dezember 2017 erklärte US-Präsident Donald Trump, dass er Jerusalem als Hauptstadt Israels anerkenne und die amerikanische Botschaft demnächst in die Stadt verlegen wolle.

Sowohl Israelis als auch Palästinenser betrachten Jerusalem als ihre Hauptstadt. Derzeit hat die Palästinensische Autonomiebehörde ihren Sitz im nahe gelegenen Ramallah, hofft aber, eines Tages nach Ostjerusalem umziehen zu können. Israel betrachtet Jerusalem jedoch als seine unteilbare Hauptstadt. Die israelische Regierung errichtete einen Sicherheitszaun, der die Stadt praktisch vollständig vom Westjordanland abschottet, und führt trotz internationaler Proteste ihr Siedlungsprogramm fort.

Rund 300 000 palästinensische Jerusalemer leben in Vierteln Ostjerusalems, so in der Altstadt, in At Tur am Ölberg, in Silwan und Ras Al-Amud unweit des Südrands der Altstadt sowie in Sheikh Jarrah und Shuafat nördlich der Altstadt. Aus einem Bericht über die palästinensische Wirtschaft in Ostjerusalem, der 2013 von der Konferenz der Vereinten Nationen für Handel und Entwicklung verfasst wurde, geht hervor, dass die israelischen Behörden eine Politik der materiellen, politischen und ökonomischen Trennung Ostjerusalems vom Westjordanland verfolgen. Die Bewohner werden von offizieller Seite mit Problemen konfrontiert, wenn es um Unterkunft, Ausbildung, Jobs, Steuern und Interessenvertretungen geht. In dem Bericht heißt es weiter, dass die Infrastruktur Ostjerusalems – also Wasserversorgung, Kanalisation, Straßenwartung, Postdienste und Müllabfuhr – deutlich unterentwickelt ist.

Altstadt

Durch die Eingliederung von Teilen des Westjordanlands hat Israel die Stadtgrenze Jerusalems erheblich erweitert. In Ostjerusalem wurden inzwischen zahlreiche jüdische Siedlungsviertel errichtet. Dieses Vorgehen wird weltweit größtenteils als rechtswidrig betrachtet: Die Palästinenser, einige Israelis und fast die gesamte internationale Gemeinschaft kritisieren die Siedlungspolitik als Hindernis für den Friedensprozess. Heute leben rund 200 000 Israelis in Ostjerusalem.

Verschiedene Friedenspläne schlagen eine Teilung der Stadt vor, nach der die jüdischen Viertel in Israel und die arabischen in Palästina liegen würden. Zankapfel ist allerdings die Altstadt und vor allem der Tempelberg (S. 59), der zugleich die heiligste Stätte des Judentums und nach Mekka und Medina die drittheiligste Stätte des Islams ist.

Gewalttätige und tödliche Ausschreitungen zwischen Extremisten beider Bevölkerungsgruppen gehörten in den letzten Jahren leider zum Alltag. Nach der Ermordung zweier israelischer Polizisten im Juli 2017 wurden an den Zugängen zur Al-Aqsa-Moschee (S. 63) Metalldetektoren installiert. Dies führte zu heftigen Protesten und gewalttätigen Auseinandersetzungen, bei denen mehrere Israelis und Palästinenser zu Tode kamen. Daraufhin wurden die Metalldetektoren wieder abgebaut und es wurde heftig um alternative Sicherheitsmaßnahmen gestritten. Auf scharfen internationalen Protest stieß die Entscheidung der israelischen Regierung, palästinensischen Angreifern und deren gesamten Familien die Aufenthaltsgenehmigung für Jerusalem zu entziehen.

Einige Israelis und Palästinenser versuchen mit Projekten der Zusammenarbeit auf so unterschiedlichen Gebieten wie Tourismus und Kunsthandwerk sowie mit religiösem Austausch und geselligen Treffen, die Wunden zu heilen, doch die Kluft zwischen den Bewohnern Ost- und Westjerusalems scheint eher zu wachsen.

◉ Sehenswertes

Die wichtigsten Sehenswürdigkeiten Jerusalems verteilen sich über das gesamte Stadtgebiet. Die meisten Attraktionen befinden sich in der Altstadt. Das Zentrum von Ostjerusalem, die Davidsstadt und der Berg Zion sind von der Altstadt aus problemlos zu Fuß zu erreichen.

Auch das Stadtzentrum in Westjerusalem hat Sehenswertes zu bieten, während andere Sehenswürdigkeiten wie das Israel-Museum,

Altstadt

◎ Highlights
 1 Grabeskirche C3
 2 Zitadelle (Davidsturm) B5
 3 Felsendom F4
 4 Tempelberg/Al-Haram Ash-
   Sharif F3
 5 Klagemauer F4
 6 Klagemauer-Tunnel E4

◎ Sehenswertes
 7 1. Kreuzwegstation, Via Dolorosa E2
 8 2. Kreuzwegstation, Via Dolorosa E2
 9 3. Kreuzwegstation, Via Dolorosa D2
10 4. Kreuzwegstation, Via Dolorosa D2
11 5. Kreuzwegstation, Via Dolorosa D3
12 6. Kreuzwegstation, Via Dolorosa D3
13 7. Kreuzwegstation, Via Dolorosa C3
14 8. Kreuzwegstation, Via Dolorosa C3
15 9. Kreuzwegstation, Via Dolorosa C3
16 Al-Aqsa-Moschee F5
17 Verbranntes Haus E5
18 Cardo Maximus D6
19 Christuskirche C5
20 Johanneskirche C4
21 Davidsstadt F6
22 Äthiopisches Kloster C3
23 Vier sephardische Synagogen D6
24 Herodesviertel-Museum D5
25 Hurva-Platz D6
26 Hurva-Synagoge D5
27 Archäologischer Park Jerusalem
   & Davidson Center E6
28 Evangelisch-lutherische
   Erlöserkirche C4
29 Muristan C4
30 Mauerweg B5
31 Suk Al-Qattanin E4
32 Jakobuskathedrale C6
33 Markuskapelle C5
34 Via Dolorosa E2

◎ Schlafen
35 Österreichisches Pilger-Hospiz D2
   Christ Church Guesthouse .... (s. 19)
36 Citadel Youth Hostel C5
37 Golden Gate Inn C2
38 Hashimi Hotel D3
39 Hotel New Imperial B5
40 Lutheran Guesthouse C5
41 Notre Dame Guest House A3

◎ Essen
42 Abu Shukri D3
43 Armenian Tavern C5
   Café der Christuskirche .... (s. 19)
44 Family Restaurant D3
45 Ja'far Sweets C2
46 Lina Restaurant C3
   Notre Dame Cheese & Wine
   Restaurant .... (s. 41)
47 Rossini's Restaurant B4
48 Zalatimo C3

◎ Ausgehen & Nightlife
   Versavee .... (s. 39)
   Viennese Café .... (s. 35)

◎ Shoppen
49 Alan Baidun D3
50 Bint Al Balad Workshop & Café A3
51 Heifetz D5
52 Sandrouni Armenian Art Centre A3

der Herzlberg, Yad Vashem und Ein Kerem weit auseinanderliegen und am besten mit der Jerusalem Light Rail (JLR), dem Bus oder dem Taxi zu erreichen sind.

◎ Altstadt

Rund um die Altstadt röhren die Busse, doch innerhalb der majestätischen Stadtmauern schreitet das Leben in vielerlei Hinsicht wie noch vor Jahrhunderten voran. Morgens brummt die Altstadt vor Energie: Pilger aus der ganzen Welt besuchen die Klagemauer (S. 71), den Felsendom (S. 63) oder die Grabeskirche (S. 65), um dort zu beten. Touristen erkunden die vier Viertel der Altstadt (das Christliche, Muslimische, Jüdische und Armenische) und feilschen – zumindest nehmen sie das an! – bis zum späten Nachmittag auf den Märkten. Dann zeigt sich die Altstadt von ihrer reizvollsten Seite: Ihre Steinmauern sind in kupferfarbenes Sonnenlicht getaucht. Vor dem Sonnenuntergang schließen die Märkte, die Geschäfte werden verrammelt und nur ein paar wenige Restaurants haben noch geöffnet.

Die Altstadt hat vier Haupteingänge: das Jaffator (S. 64), das Damaskustor (S. 74), das Dungtor (Altstadt) und das Löwentor (Stephanstor, S. 75). Die meisten Besucher betreten die Altstadt durch das Jaffator, das direkt in das Christliche und das Armenische Viertel führt. Den Rest der Altstadt erreicht man von hier nach einem kurzen Spaziergang bergab. Durch das Damaskustor gelangt man ins Muslimische Viertel, durch das Löwentor an den Anfang der Via Dolorosa und durch das Dungtor ins Jüdische Viertel (Klagemauer) sowie an den Touristeneingang zum Tempelberg. Die meisten Straßen in der Altstadt sind Fußgängerzonen – und können zuweilen recht rutschig sein!

☉ Tempelberg/Al-Haram Ash-Sharif

★ Tempelberg/Al-Haram Ash-Sharif
RELIGIÖSE STÄTTE
(Karte S. 56; ⊙ April–Sept. So–Do 8.30–11.30 & 13.30–14.30 Uhr, Okt.–März So–Do 7.30–10 & 12.30–13.30 Uhr) GRATIS Es gibt nur wenige Orte auf Erden, die so heilig – und zugleich so umkämpft – sind wie dieser. Auf einem Berg am Südostrand der Altstadt, den die Muslime Al-Haram Ash-Sharif (Das Edle Heiligtum) und die Juden Har HaBayit (Tempelberg) nennen, befindet sich ein mit Zypressen bestandener Platz, auf dem zwei der heiligsten Gebäude des Islam stehen: der Felsendom (S. 63) und die Al-Aqsa-Moschee (S. 63). Von den Juden wird der Berg hingegen als der Ort verehrt, an dem sich der Erste und der Zweite Tempel befanden. Am besten stellt man sich schon früh in die Warteschlange und auf jeden Fall sollte man sich züchtig kleiden!

Für Nichtmuslime gelten nur sehr begrenzte Öffnungszeiten. Es werden gründliche Sicherheitschecks durchgeführt.

Nach talmudischer Vorstellung ist der Tempelberg mit dem Berg Morija identisch. Von diesem soll Gott die Erde entnommen haben, aus der er Adam formte; später brachten Adam, Kain, Abel und Noah hier ihre ersten Opfer dar. Die wohl bekannteste Geschichte steht im Buch Mose (22,1–19): Um Abrahams Glauben auf die Probe zu stellen, befahl Gott ihm, seinen Sohn Isaak zu opfern. Kurz vor Vollzug des Opfers erschien jedoch ein Engel und an Isaaks Stelle wurde ein Widder geopfert. Das Alte Testament berichtet, dass David hier später einen Altar errichten ließ (2 Sam 24,18–25).

An dessen Stelle soll Salomo den Ersten Tempel errichtet haben. Archäologische Hinweise gibt es dafür keine – und wahrscheinlich wird sich dies auch nicht ändern, da Ausgrabungsarbeiten wegen religiöser Empfindsamkeiten außer Frage stehen. Aus dem Talmud geht hervor, dass der Bau siebeneinhalb Jahre dauerte. Aus unbekannten Gründen blieb das fertige Gebäude aber 13 Jahre ungenutzt. Als es schließlich geweiht wurde, ließ Salomo die Bundeslade darin aufbewahren und ordnete ein siebentägiges Fest an.

Nachdem der Tempel mehrere Angriffe überstanden hatte, wurde er 587 v. Chr. vom babylonischen König Nebukadnezar II. zerstört. Nach Babylons Fall wurde auf Anordnung von Serubbabel, den der Perserkönig Kyros II. zum Statthalter von Juda ernannt hatte, der Zweite Tempel errichtet. Rund 500 Jahre später ließ König Herodes der Große (reg. 39–4 v. Chr.) diesen prunkvoll umgestalten und erweitern: Es wurde eine Mauer um den Berg errichtet und der riesige (noch heute vorhandene) Platz mithilfe von

---

❶ BESUCH DES TEMPELBERGS/AL-HARAM ASH-SHARIF

Neun Tore gewähren von den umliegenden schmalen Gassen Zugang zum Tempelberg. Nichtmuslimen steht als Eingang nur das Bab Al-Maghariba/Sha'ar HaMugrabim (Maurentor) zur Verfügung, das über einen überdachten Bohlenweg an der Südseite des Klagemauerplatzes zu erreichen ist. Man sollte sich früh in die Schlange der Wartenden einreihen (andernfalls besteht die Gefahr, nicht hereingelassen zu werden). Zu bedenken ist außerdem, dass die Stätte an muslimischen Feiertagen geschlossen und während des Ramadans nur vormittags geöffnet ist. Um an den Sicherheitskontrollen vorbeizukommen, benötigt man seinen Reisepass. Es ist möglich, das Gelände durch alle offenen Tore und nicht nur durch das Bab Al-Maghariba wieder zu verlassen.

Aufpasser versuchen, Besucher, die ihrer Meinung nach nicht respektvoll genug gekleidet sind, völlig überteuerte Umhängetücher aufzunötigen. Um dies wirkungsvoll zu umgehen, sollten sowohl Männer als auch Frauen lange Hosen bzw. lange Röcke tragen (bitte keine Shorts). Auch Schultern, Ellbogen, Rücken und Dekolletés müssen bedeckt sein.

Taschen werden am Eingang gründlich durchsucht – nichtmuslimische religiöse Gegenstände sind auf dem Tempelberg nicht erlaubt! Also keine religiösen Schriften mitnehmen oder religiöse Symbole tragen; manchmal werden sogar Touristenbroschüren über die Klagemauer konfisziert.

Nichtmuslimen ist es nicht erlaubt, die Al-Aqsa-Moschee oder den Felsendom zu betreten – wer es dennoch versucht, handelt respektlos und töricht.

In politisch unruhigen Zeiten ist die Anlage oft für Besucher geschlossen.

Tempelberg/ Al-Haram Ash-Sharif

EINE TOUR ÜBER DEN TEMPELBERG

Der Tempelberg/Al-Haram Ash-Sharif birgt auf einer Fläche so groß wie ein oder zwei Häuserblocks verschiedenste bedeutende Stätten. Ein Besuch erfordert ein wenig Planung und möglicherweise benötigt man zwei Tage, um alles ausführlich anzuschauen.

Vom Platz vor der Klagemauer steigt man die wacklige Holzrampe hinauf, um den Tempelberg/Al-Haram Ash-Sharif über das Bab al-Maghariba (Dungtor) zu erreichen. Nachdem man das Tor passiert hat, geht man weiter geradeaus, um einen Blick auf die schlichte Fassade der ❶ **Al-Aqsa-Moschee** und die opulenten Details des ❷ **Felsendoms** zu werfen. Bei einem geruhsamen Rundgang um den Dom bewundert man die Gebäude in der Nähe, z. B. den sonderbaren ❸ **Kettendom** und den eleganten ❹ **Sabil Qaitbay**. Durch den Steinbogen, die als ❺ **Seelenwaagen** bekannt sind, hat man einen tollen Blick auf den Ölberg.

Schließlich verlässt man den Tempelberg/Al-Haram Ash-Sharif über das ❻ **Bab Al-Qattanin (Baumwolltor)** und kehrt zum Klagemauer-Platz zurück, um einige Zeit an der ❼ **Klagemauer** zu verbringen und den ❽ **Archäologischen Park Jerusalem** samt **Davidson Center** zu besichtigen.

TOP-TIPPS

➡ Der Tempelberg/Al-Haram Ash-Sharif ist für Nicht-Muslime nur eingeschränkt zugänglich. Im trubeligen Sommer können die Warteschlangen lang sein – also früh anstellen (die Tore öffnen um 7.30 Uhr).

➡ Eine interessante Weise, den Archäologischen Park zu erreichen, ist der Weg durch den Tunnel, der in 600 m Entfernung in der Davidsstadt beginnt (Tickets für den Park gibt's in der Davidsstadt).

Seelenwaagen
Muslime glauben, dass an den säulengestützten Bogen Waagschalen aufgehängt werden, um die Seelen der Verstorbenen zu wiegen.

Bab Al-Qattanin (Baumwolltor)
Dies ist das beeindruckendste Tor des Heiligtums. Wer das Areal hier verlässt, gelangt zum arkadengesäumten Souq Al-Qattanin (Markt der Baumwollhändler) aus der Zeit der Mamelucken.

Sabil Qaitbay
Ägypter errichteten 1482 das dreistufige, 13 m hohe Gebäude als wohltätigen Akt zum Gefallen Allahs. Es weist die einzige mit Arabesken verzierte Kuppel außerhalb Kairos auf.

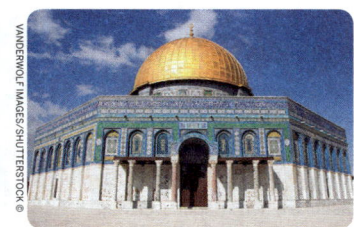

Kettendom

Manche glauben, dass der Kettendom als Testlauf für den Felsendom gebaut worden ist. Der Legende zufolge hat Salomo hier eine Kette aufgehängt. Wer sie berührte und vor Gericht einen Meineid schwor, wurde vom Blitz getroffen.

Felsendom

Das architektonische Kronjuwel Jerusalems: Unter der Kuppel befindet sich der gigantische Fels, der für Juden das Zentrum der Welt darstellt und von dem Muslime glauben, dass Mohammed von hier in den Himmel gefahren ist.

Al-Aqsa-Moschee

Die „Fernste Moschee" ist eine der ältesten weltweit. Sie ist 75 m lang und bietet über 5000 Gläubigen Platz. Die Kreuzfahrer benannten die Moschee in „Salomos Tempel" um und nutzten sie als Königspalast und Pferdestallung.

Bab Hitta

Salomos Thron

② ③

Sommerkanzel

④ ⑤

Yussufdom

Mameluckenarkade

Bab Al-Maghariba

Al-Kas-Brunnen

Musala-Marwani-Moschee (Ställe Salomos)

①

⑦

Klagemauer-Platz

⑧

Archäologischer Park Jerusalem & Davidson Center

Hier kann man den Robinsonbogen sehen, die Stufen, die zum Tempelberg führten, und antike Mikwen (jüdische Ritualbäder), in dem sich die Pilger wuschen, bevor sie den heiligen Tempel betraten.

Klagemauer

Heute ist sie für Juden die heiligste Stätte der Welt und zum Sabbat zentraler Versammlungspunkt: Juden aus der ganzen Stadt kommen dann hier zusammen, um zu singen, zu tanzen und zu beten.

AL-KAS-BRUNNEN

Der Al-Kas-Brunnen, zwischen Al-Aqsa-Moschee und Felsendom, wird für rituelle Waschungen vor dem Gebet genutzt.

TEMPELBERG/AL-HARAM ASH-SHARIF: WER IST ZUSTÄNDIG?

Die Verwaltungs- und Sicherheitskontrolle des Tempelbergs ist sowohl für Juden als auch für Muslime ein heikles Thema. Nach dem Sechstagekrieg im Jahr 1967 überließ Israel die Verwaltung des Tempelbergkomplexes der von Jordanien kontrollierten Jerusalem Islamic Waqf, einer Stiftung unter der Aufsicht des Großmufti von Jerusalem und des Supreme Muslim Council.

1994 unterzeichneten Israel und Jordanien in der Aravasenke einen Friedensvertrag, durch den Jordanien die administrative Kontrolle über alle muslimischen Stätten in Jerusalem erhielt. Dieser Vertrag ist noch immer in Kraft, obgleich die Israelis über die Sicherheit im Muslimischen Viertel und auf dem Tempelberg wachen. Nach israelischen Regeln dürfen Nichtmuslime auf dem Gelände nicht beten (was ultranationalistische Juden erbost); muslimischen Männern unter 45 wird der Zutritt versagt, wenn die Sicherheitslage ungewiss erscheint. Palästinenser aus dem Westjordanland benötigen eine israelische Genehmigung und genießen an islamischen Feiertagen leichteren Zugang – aber auch dann wird nur Männern über 35 und Frauen Zugang gewährt. Die zeitweilige Einführung von Metalldetektoren durch die Israelis im Juli 2017 sorgte für einen Aufschrei und löste gewalttätige Auseinandersetzungen aus – eine Erinnerung daran, wie umstritten das Thema der Kontrolle über den Tempelberg nach wie vor ist.

Bruchsteinen und Pfeiler-Substruktionen angelegt. Die größten Steine der Umfassungsmauer des Tempelbergs (z. B. in der Klagemauer) wiegen mehr als 500 t!

Jüdische Gläubige näherten sich dem Tempelberg von Süden. Die Pilger mussten zunächst einmal die Mikwe (rituelles Tauchbad) aufsuchen, ehe sie die steilen Stufen zum Berg erklimmen durften; eine Stufe ist im nahe gelegenen Archäologischen Park (S. 72) ausgestellt. Inschriften auf Steinen warnten alle Nichtjuden, dass sie beim Betreten des Tempelbergs mit dem Tod rechnen müssten. Das Allerheiligste im Tempel durfte nur der Hohepriester betreten, und zwar nur einmal im Jahr zu Jom Kippur.

Herodes' Werk blieb nicht lange bestehen, denn schon 70 n. Chr. zerstörten die Römer den Zweiten Tempel fast vollständig.

Als Symbol ihres Sieges – und vielleicht auch, weil sie die spirituelle Kraft des Ortes verspürten – ließen die Römer auf dem Tempelberg einen Jupitertempel errichten, der später in eine christliche Kirche umgewandelt wurde.

Im 7. Jh. soll der Prophet Mohammed seinen Mitbürgern in Mekka erklärt haben, er sei in einer einzigen Nacht zur „fernsten Moschee" gereist und habe dort andere Propheten beim Gebet angeleitet. Obwohl Mohammed Jerusalem nicht namentlich erwähnte, glauben die Muslime, dass sich die „fernste Moschee" auf den Haram Ash-Sharif beziehe, weswegen Jerusalem auch für Muslime eine heilige Stadt ist (der Tempelberg gilt als die drittheiligste Stätte des Islam nach Mekka und Medina). Unter den Byzantinern lag die Stätte jedoch brach, denn für sie verlor sie an religiöser Bedeutung. Nachdem Kalif Umar jedoch die Kapitulation der Stadt 638 akzeptiert hatte, richtete sich sein Interesse sofort auf den Tempelberg, auf dem er eine kleine Moschee errichten ließ. Diese wurde später durch den Felsendom (erbaut 691) und die Al-Aqsa-Moschee (erbaut 705–715) ersetzt.

Unter dem Pflaster haben Forscher im 19. Jh. mehr als 30 Zisternen entdeckt, von denen einige 15 bis 20 m tief und bis zu 50 m lang sind. Aufgrund religiöser Bestimmungen sind sie heutzutage aber tabu.

Unmittelbar nach dem Ende des Sechstagekriegs von 1967 übergab der israelische General Mosche Dajan die religiöse Verwaltung über den Tempelberg an die Führer der Muslime in Jerusalem. Dass eine muslimische Waqf (Stiftung) den Berg verwaltet, ist ultraorthodoxen und konservativen Juden seit jeher ein Dorn im Auge. Es gab zahlreiche Demonstrationen und Ausschreitungen, darunter auch in den frühen 1980er-Jahren gescheiterte Versuche, muslimische heilige Stätten in die Luft zu sprengen. Nach Meinung vieler orthodoxer Rabbiner ist es Juden verboten, den Tempelberg zu besichtigen, da sie dabei unbeabsichtigt auf die heilige Stelle treten könnten, wo einst das Allerheiligste des Tempels stand. Nichtmuslimen ist es nach wie vor verboten, auf dem Tempelberg zu beten.

Wer nicht in die Auseinandersetzungen um diese Stätte verwickelt ist, für den ist der Tempelberg ein Ort der stillen Ehrfurcht – nachdem man das Warten und die Sicherheitskontrollen dann endlich hinter sich gebracht hat. Das ebene, gepflasterte Areal erstreckt sich über 56 ha und ist von einer Handvoll hübscher mameluckischer Gebäude gesäumt. Der Felsendom markiert grob die Mitte der Anlage. Hier herumzuschlendern bildet einen schönen Kontrast zu dem Lärm und dem Gedränge in den umliegenden Gassen. Heute ist die Anlage der größte öffentliche Raum in Ostjerusalem: Hier wird nicht nur gebetet, sondern Kinder spielen auch Fußball und Erwachsene kommen hierher, um sich zu entspannen.

★ Felsendom RELIGIÖSE STÄTTE

(Karte S. 56; Qubbet Al-Sakhra) Wenn der Tempelberg ein Schmuckkästchen ist, dann ist der Felsendom das wertvollste Juwel darin. Er ist das Symbol der Stadt und eines der am häufigsten fotografierten Gebäude der Welt. Wie der Name schon sagt, steht er auf einem Felsen, der sowohl den Muslimen als auch den Juden heilig ist. Nach der jüdischen Überlieferung soll dies die Stelle sein, an der Abraham seinen Sohn opfern wollte. Nach der islamischen Überlieferung soll hier der Prophet Mohammed in den Himmel aufgestiegen sein.

Nur Muslime dürfen den Felsendom betreten, doch sittsam gekleidete Besucher aller Glaubensrichtungen können sich das Gebäude bei ihrem Bummel über den Tempelberg von außen anschauen.

Das Gebäude entstand zwischen 688 und 691 mit Unterstützung des Umayyaden-Kalifen Abd Al-Malik. Seine Motive waren praktischer und religiöser Natur – der Kalif wollte der hiesigen muslimischen Bevölkerung etwas Stolz einhauchen, damit sie dem Islam treu blieben. Und er wollte sich an hiesigen die Juden und Christen richten: Der Islam war gerecht und so allmächtig, dass ein Bauwerk errichtet werden konnte, prächtiger als jede christliche Kirche und an einem Ort, an dem sich das jüdische Allerheiligste befand.

Abd Al-Malik befahl seinen byzantinischen Architekten, sich beim Bau an der Rotunde der Grabeskirche zu orientieren, ohne dabei das dunkle, triste Innere oder die nüchternen Steinfassaden christlicher Bauten zu kopieren. Stattdessen sollte die Moschee innen und außen mit hellen Mosaiken und verschnörkelten Koranversen versehen und die Kuppel mit reinem Gold überzogen werden – als leuchtendes Zeichen des Islam.

Eine Gedenktafel im Inneren erinnerte an Abd-Al-Malik und das Entstehungsdatum des Bauwerks. Zwei Jahrhunderte später veränderte der Abbasiden-Kalif Al-Mamun die Inschrift und ließ seinen Namen eingravieren, versäumte jedoch, das ursprüngliche Datum entsprechend anzupassen. Unter den Kreuzfahrern wurde der Felsendom kurzfristig als Kirche genutzt, im 12. Jh. wurde er unter Saladin jedoch sofort wieder zum islamischen Schrein. 1545 ließ Sultan Süleyman I. die stark verwitterten Mosaike außen entfernen und durch Kacheln ersetzen. Diese wurden Anfang des 20. Jhs. während einer großen Restauration abermals erneuert. Die ursprüngliche Goldkuppel existiert ebenfalls nicht mehr – die heutige Kuppel ist mit 5000 Goldplatten überzogen, die König Hussein von Jordanien stiftete. Die insgesamt 80 kg Gold kosteten den König damals 8,2 Mio. US$. Er verkaufte eigens eines seiner Häuser in London, um diese Summe aufzubringen.

Prinzipiell sind Konstruktion und Aufbau des Felsendoms noch genauso erhalten, wie Abd Al-Malik es einst angeordnet hatte: Unter der 20 m hohen Kuppel liegt, umgeben von einem Holzzaun, der Felsblock, an dem Mohammeds *miradsch* (Himmelfahrt) begonnen haben soll. Im Koran heißt es, Mohammed habe den Stein mit der Sohle auf den Boden gedrückt, wobei er einen Fußabdruck zurückgelassen habe (angeblich ist dieser an einer Ecke des Felsens zu erkennen). Auch der jüdischen Überlieferung zufolge markiert der Stein im Felsendom den Mittelpunkt der Erde. Ein paar Stufen unterhalb des Felsens führen zu einer Höhle, die als Seelenbrunnen bezeichnet wird. Einer mittelalterlichen Legende zufolge sind hier die Stimmen der Verstorbenen zu hören, die in den Paradiesfluss fallen und sich in die Ewigkeit aufmachen. Der Mihrab (Gebetsnische) in dieser heiligen Stätte soll der älteste in der islamischen Welt sein.

Der gesamte Tempelberg ist in Zeiten politischer Unruhe oft komplett für Besucher geschlossen.

Al-Aqsa-Moschee MOSCHEE

(Karte S. 56) Während der Felsendom eher die Funktion eines Schreins als einer Moschee hat, wird die Al-Aqsa-Moschee, in der bis zu 5000 Menschen Platz finden, intensiv von Gläubigen genutzt. Der Name Al-Aqsa bedeutet „entfernteste Moschee" und bezieht sich auf den Ort, von dem aus Mohammed in den Himmel ritt, um Unterweisungen

Allahs zu empfangen. Die Moschee ist für Nichtmuslime tabu, kann aber von außen bewundert werden.

Die ursprünglich von dem Umayyaden-Kalifen Al-Walid (reg. 705–715) in Auftrag gegebene Al-Aqsa-Moschee befindet sich an der Stelle, an der die Kreuzfahrer den Ersten Tempel vermuteten. Andere hingegen sind der Auffassung, dass sich hier einst der Markt am Rand des Tempels befunden hat; einige Christen verehren den Ort als die Stelle, wo Jesus die Tische umstieß und die Geldwechsler aus dem Tempelareal vertrieb (Mt 21,13).

Die durch mehrere Erdbeben zerstörte Moschee wurde mindestens zweimal wiederaufgebaut und – nachdem die Kreuzfahrer die Stadt 1099 übernommen hatten – schließlich in den Sitz der Könige von Jerusalem umgewandelt. Als Balduin II. 1131 starb, ging das Gebäude an einen zehn Jahre zuvor gegründeten Ritterorden über, dessen Mitglieder sich aufgrund ihres neuen Hauptquartiers schon bald als Tempelritter bezeichneten. Der Orden vergrößerte das Gebäude und fügte u. a. das heute noch vorhandene Refektorium an der Südmauer der Anlage hinzu; die anderen Bauten der Kreuzfahrer wurden von Saladin zerstört. Aus dessen Zeit stammt der mit aufwendigen Schnitzereien verzierte Mihrab (Gebetsnische), der nach Mekka zeigt.

Im letzten Jahrhundert wurde die Moschee wiederholt von tragischen Ereignissen heimgesucht. König Abdullah von Jordanien (1882–1951) wurde ermordet, während er hier am Freitagsgebet teilnahm. 1969 wurden durch einen Brandanschlag eines Australiers wertvolle religiöse Gegenstände irreparabel beschädigt. Im Juli 2017 installierten die Israelis als Reaktion auf die Ermordung von zwei israelischen Polizisten für kurze Zeit Metalldetektoren an den Eingängen zur Al-Aqsa-Moschee; daraufhin brachen blutige Unruhen aus, die mehrere Todesopfer forderten.

◉ Jaffator

Jaffator TOR

(Karte S. 56) Das Jaffator ist eines der sechs ursprünglichen Tore, die auf Veranlassung von Süleyman dem Prächtigen errichtet wurden. Es ist eigentlich ein im rechten Winkel abknickender Fußgängertunnel durch die Stadtmauer – diese Wegführung sollte eindringenden Feinden das Vorankommen erschweren. Die Bresche in der Mauer, durch die heute die Straße führt, wurde 1898 geschaffen, um dem deutschen Kaiser Wilhelm II. zu ermöglichen, mit Glanz und Gloria in die Stadt einzureiten. Heute verkehren hier gewöhnliche Taxis.

★ Zitadelle MUSEUM

(Davidsturm; Karte S. 56; ☏ Infos 02-626-5333, Tourbuchung 02-626-5347; www.tod.org.il; Omar Ibn Al-Khattab Sq; Erw./Stud./Kind 40/30/18 NIS; ⊙ Sa–Do 9–16 Uhr, Juli & Aug. bis 17 Uhr, Fr 9–14 Uhr)

Die etwas irreführend als „Davidsturm" bezeichnete Zitadelle in herausragender Lage mit Blick über die Altstadt wurde ursprünglich als Palast für Herodes den Großen errichtet. Sie diente später den Römern und Kreuzfahrern und wurde von den Mamelucken und Osmanen umfangreich umgestaltet. Heute beherbergt die Zitadelle das beeindruckende **Davidsturm-Museum zur Geschichte Jerusalems**, in dem die Stadtgeschichte vom 2. Jahrtausend v. Chr. bis 1948 anhand von chronologisch angeordneten Exponaten nacherzählt wird.

Herodes konnte es nie groß und prächtig genug sein: Er ließ drei gewaltige Türme bauen; der größte war angeblich dem Leuchtturm von Alexandria nachempfunden, einem der Sieben Weltwunder der Antike. Die Überreste der gemeißelten Steinblöcke eines der kleineren Türme bilden nach wie vor das Fundament des wichtigsten Burgfrieds. Nach Herodes' Tod residierten römische Präfekten in dem Palast; es heißt, Pontius Pilatus soll Jesus hier verurteilt haben (Joh 18,28–19,6). Im Jahre 66 wurde die Anlage nahezu vollständig von jüdischen Aufständischen zerstört. Christen, die gut 250 Jahre später nach Jerusalem kamen, nahmen fälschlicherweise an, dass es sich bei den Ruinen um den Palast Davids auf dem Berg Zion handele – daher der Name Davidsturm. Sie errichteten an dieser Stelle eine neue Festung.

Die Zitadelle wechselte im Lauf der Geschichte mehrmals den Besitzer: Sie fiel in die Hände der Muslime und wurde später von den Kreuzrittern kontrolliert, die den Bau des Burggrabens veranlassten. Ein Großteil der erhaltenen Anlage entstand 1310 unter der Ägide des Mamelucken-Sultans Malik an-Nasir. Weitere Bauten kamen zwischen 1531 und 1538 unter Sultan Süleyman dem Prächtigen hinzu, u. a. das Tor, durch das man heutzutage in die Zitadelle gelangt. Auch im 19. Jh. wurde die Zitadelle noch fälschlicherweise mit David in Verbindung gebracht: Die Europäer hielten das osmanische Minarett für den Turm Davids. Auf den Stufen der Zitadelle nahm General Edmund Allenby am

9. Dezember 1917 die Kapitulationserklärung der Türken an, die die 400-jährige Herrschaft der Osmanen über Jerusalem beendete.

Von der Zitadelle bietet sich ein Rundumpanorama von Jerusalem – eine ebenso gute Einführung in die Stadt wie die Ausstellungen im Museum. Es lohnt sich also, gleich zu Beginn des Jerusalem-Besuchs hier vorbeizuschauen. Im Museum ist kostenlos ein guter Audioguide erhältlich oder man lädt sich auf der Website des Museums eine Smartphone-App herunter. Im begrünten Hof befindet sich ein **Café** (geöffnet So–Do 9–16, Fr bis 14 Uhr) mit kostenlosem WLAN.

An fünf Tagen der Woche findet zweimal täglich im Innenhof der Zitadelle eine beliebte 45-minütige Sound-and-Light-Show statt: Das **Night Spectacular** (Erw./Stud. & Kind 55/45 NIS) widmet sich der Geschichte Jerusalems. Der Beginn richtet sich nach dem Sonnenuntergang; weitere Infos gibt es auf der Website. Das Night Spectacular ist auch für Besucher mit Behinderung zugänglich, genauso wie Teile des Museums.

Mauerwanderung   HISTORISCHE STÄTTE
(Karte S. 56; Erw./Kind 18/8 NIS; ⊙ beide Abschnitte Okt.–März Sa–Do 9–16 Uhr, April–Sept. 9–17 Uhr, südliche Mauern ganzjährig Fr 9–14 Uhr) Die schattenlose Wanderung über die Altstadtmauern ist in der Mittagshitze eine echte Herausforderung, zu anderen Tageszeiten jedoch eine angenehme Art, sich die zeitlose Stadt anzuschauen: Die beiden begehbaren Abschnitte erstrecken sich vom Jaffator (S. 64) Richtung Süden zum Dungtor sowie vom Jaffator Richtung Norden und Westen zum Löwentor (S. 75). Die Mauern des Tempelbergs sind tabu. Tickets gibt's in der Touristeninformation (S. 117) am Jaffator.

Mit dem Ticket kann man innerhalb eines Tages beide Mauerabschnitte begehen. Der nördliche Abschnitt ist freitags geschlossen, der südliche ist im Juli und August bis 22 Uhr geöffnet. Die besten Ausblicke hat man von dem Teil zwischen Jaffa- und Damaskustor, doch noch schöner sind die Ausblicke – inklusive Schutz vor der Sonne – von der Zitadelle (S. 64) und von der Erlöserkirche (S. 68) sowie von den Dachterrassen einiger Hostels und Restaurants.

⊙ Christliches Viertel

Das 18 ha große Christliche Viertel ist eine interessante Mischung aus engen Gassen mit Souvenirläden, Werkstätten, Hospizen, Herbergen und religiösen Einrichtungen, die von 20 verschiedenen christlichen Gemeinden betrieben werden. Zentrum ist die hochwürdige Grabeskirche, eine der weltweit bedeutendsten Wallfahrtsorte. Wenn man durch das Jaffator in die Altstadt kommt, führen links die ersten beiden Straßen mit den Namen Latin Patriarchate Rd und Greek Catholic Patriarchate Rd in die ruhige Gegend rund um das Neue Tor, wo die hiesige christliche Verwaltung ansässig ist.

Wer vom Jaffator kommend geradeaus über den Omar Ibn Al-Khattab Sq spaziert, gelangt über einen schmalen Durchgang zur David St mit dem Touristenbasar. Hier haben sich die Händler offenbar das Ziel auf die Fahnen geschrieben, die Koffer der Touristen mit überteuertem Ramsch zu füllen (unbedingt feilschen!). Etwa auf halber Strecke zweigt links die Christian Quarter Rd ab, eine weitere schmale Gasse voller Andenkenläden, die zur Grabeskirche führt.

Die David St endet an einer chaotischen Verkehrskreuzung: Links geht's zur Souq Khan Al-Zeit St, einer der wichtigsten Verkehrsadern des Muslimischen Viertels, rechts zum Cardo Maximus (S. 72) und ins Jüdische Viertel. Weiter bergab erreicht man nach einer scharfen Kurve die Bab Al-Silsila St, die zur Klagemauer (S. 71) und zum Tempelbergeingang Al-Silsila (S. 59) führt.

Freitags findet entlang der **Via Dolorosa** (Weg der Schmerzen, Leidensweg; Karte S. 56) eine Kreuzprozession der Franziskaner statt. Los geht's am Pilgrims Reception Centre 300 m hinter dem Stephanstor (Löwentor) (Okt.–März um 15 Uhr, April–Sept. um 16 Uhr). Die Prozession lockt die Massen an, weshalb es vielleicht besser ist, den in diesem Kapitel vorgeschlagenen Stadtspaziergang (S. 68) nicht an einem Freitagnachmittag zu unternehmen.

Ein praktischer Führer zu den christlichen Stätten findet sich auf www.cicts.org.

★ **Grabeskirche**   KIRCHE
(Karte S. 56; ☏ 02-626-7000; ⊙ Ostern–Sept. 5–21 Uhr (So bis 20 Uhr), Okt.–Ostern 4–19 Uhr) Vier prächtige Bögen, deren Stürze mit Kreuzfahrerkreuzen geschmückt sind, markieren den Eingang zu einer der heiligsten Stätten des Christentums. Das Gotteshaus soll nach christlicher Überlieferung am biblischen Kalvarienberg bzw. Golgatha-Felsen stehen, also an jenem Ort, an dem Jesus Christus gekreuzigt wurde und wieder auferstanden ist. In den vergangenen 16 Jahrhunderten haben christliche Pilger aus aller Welt diesen Ort aufgesucht. Wer sich einen Moment der

inneren Einkehr oder des ruhigen Gebets erhofft, wird wohl enttäuscht sein – die Kirche ist außer frühmorgens immer rappelvoll. Am einfachsten erreicht man die Kirche über die Christian Quarter Rd.

Die Kirche schmiegt sich an einen engen Hof am Rand des Christlichen und Muslimischen Viertels und scheint wie aus dem Nichts aufzutauchen. In der Kirche befinden sich auch die letzten fünf Kreuzwegstationen, die Stationen 10 bis 14 der Via Dolorosa.

Helena, die Mutter Kaiser Konstantins, soll 300 Jahre nach der Kreuzigung Jesu verfügt haben, die Kirche an dieser Stelle zu errichten. Während ihrer Pilgerfahrt in die Heilige Stadt besuchte sie Hadrians Venustempel (erbaut um 135 n. Chr.) und das Heilige Grab und zog die Schlussfolgerung, dass der Tempel errichtet worden war, um frühe Christen zu verjagen, die zuvor auf diesem Gelände gebetet hatten. Helena suchte daraufhin den Bischof von Jerusalem, Makarios, mit dem Ersuch des Kaisers auf, den Tempel zu zerstören, den Leichnam Christi auszugraben und eine Kirche für das Grab Christi zu errichten.

Bei Ausgrabungen vor Ort wurden drei Kreuze freigelegt – für Helena der endgültige Beweis, dass der legendäre Golgatha-Felsen entdeckt wurde. Der Bau der Kirche begann 326, neun Jahre später wurde sie geweiht. Bleibt die Frage, warum Jesus mitten in der Stadt gekreuzigt wurde: Doch vor 2000 Jahren erstreckte sich hier unbebautes Gelände außerhalb der früheren Stadtmauern. Erst ab dem 4. Jh. entstanden Schreine und Kirchen auf dem Gelände, die immer wieder Invasoren zum Opfer fielen und anschließend wieder aufgebaut wurden.

Als Kalif Omar Jerusalem im Jahr 638 erobert hatte, lud man ihn ein, in der Kirche zu beten. Er lehnte mit der Begründung ab, sein Volk würde die Kirche in eine Moschee umwandeln, falls er der Einladung Folge leistete, und verlieh so seinem Wohlwollen gegenüber den Christen Ausdruck. Anders sah das wohl der Kalif Al-Hakim, auf dessen Veranlassung 1009 die Kirche zerstört wurde.

Schon ein Jahr später wurde mit dem Wiederaufbau begonnen. Da es aber an Geld fehlte, gingen die Arbeiten nur langsam voran. Ganze 20 Jahre später stellte die kaiserliche Schatzkammer von Byzanz dann die notwendige Unterstützung bereit. Die Mittel aber reichten für eine vollständige Rekonstruktion der Originalkirche nicht aus, sodass ein Großteil des ursprünglichen Gebäudes nicht wiederaufgebaut wurde. Als eine Art Kompensation wurde in der Rotunde eine Empore und an der Ostseite eine Apsis errichtet. Am 15. Juli 1099 wurde genau diese Kirche von den Kreuzfahrern, den neuen Herrschern über die Stadt, übernommen. Sie ließen bedeutende Änderungen vornehmen, weshalb die heutige Kirche mehr oder weniger als ein Werk der Kreuzfahrer bezeichnet werden kann, das byzantinische Wurzeln hat. Damals hatte der Haupteingang zwei Zugänge: die heutige Eingangstür und einen weiteren oben an der aus der Kreuzfahrerzeit stammenden Treppe, die in eine kleine Kapelle führte. Diese diente als zeremonieller Zugang zum Kalvarienberg und wurde nach der Niederlage der Kreuzfahrer im Jahre 1187 ummauert; der geschnitzte Türsturz kann jetzt im Rockefeller Museum (S. 87) bewundert werden.

Ein Feuer 1808 und ein Erdbeben 1927 richteten große Schäden an. Anhaltende Differenzen zwischen den verschiedenen christlichen Konfessionen – das Gotteshaus teilen sich Katholiken, Griechisch-Orthodoxe, Armenisch-Orthodoxe, Syrer, Kopten und Äthiopier – standen bis 1959 einem umfassenden Sanierungsprogramm im Weg. Es dauerte Jahrzehnte, bis man sich auf die jüngsten Instandsetzungsarbeiten geeinigt hatte: 2016 wurde für 4 Mio. US-Dollar die Grabeskapelle stabilisiert. Aufgrund der Rivalitäten zwischen den Konfessionen befinden sich die Schlüssel zur Kirche bereits seit der Zeit Saladins im Besitz der muslimischen Familie Nusseibeh – angeblich die älteste muslimische Familie Jerusalems. Ihre Aufgabe ist es, die Kirche morgens auf- und abends wieder abzuschließen.

In der Kirche befinden sich seit eh und je von den Gläubigen hochverehrte Reliquien. Ursprünglich wurde auch das von Helena entdeckte Kreuz ausgestellt, doch für besonders eifrige Pilger war anscheinend die Versuchung, ein Stückchen des Kreuzes abzubrechen – oder gar abzubeißen! – und als Erinnerungsstück mit nach Haus zu nehmen, zu groß. Heute beschränken sich die Pilger darauf, Öl auf den Salbungsstein zu gießen und mit einem Taschentuch abzureiben, das sie dann als Reliquie mit nach Hause nehmen.

Besucher der Kirche sollten sittsam gekleidet sein; die Wächter lassen niemanden hinein, der an Beinen, Schultern oder Rücken unverhüllte Haut zeigt. Den Haupteingang erreicht man über die Christian Quarter Rd. Es gibt aber auch Zugänge über die Dabbaga Rd (der Zugang erfolgt von der Souq Khan

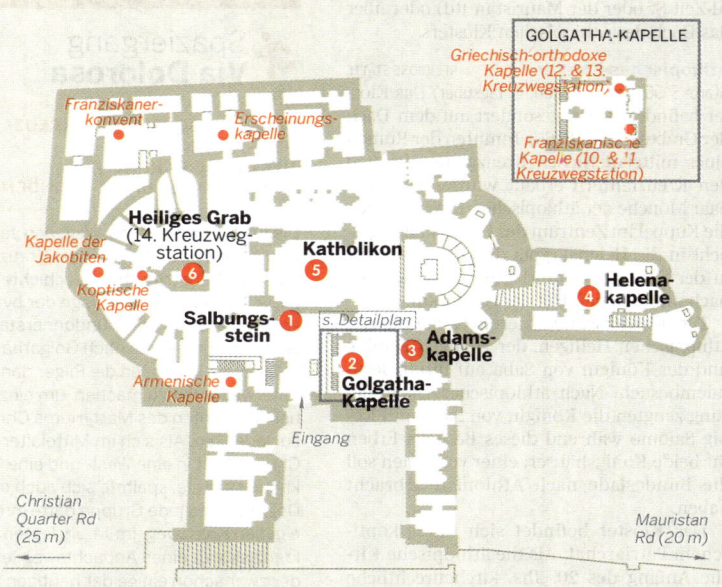

Kirchentour
Grabeskirche

START SALBUNGSSTEIN
ZIEL HEILIGES GRAB
DAUER 1 STUNDE

Direkt hinter dem Kircheneingang befindet sich der ❶ **Salbungsstein**, auf dem der Leichnam Jesu gesalbt worden sein soll. Der heutige Stein datiert aus dem Jahr 1810; von ihren Emotionen überkommene Pilger werfen sich manchmal über ihn.

Über die steile Treppe rechts neben dem Haupteingang erreicht man die zweischiffige ❷ **Golgatha-Kapelle**. Am Eingang zur ersten (franziskanischen) Kapelle befindet sich die 10. Kreuzwegstation (Jesus wird entkleidet). Die 11. Kreuzwegstation markiert die Stelle der Kreuzigung Christi, die 12. in der zweiten (griechisch-orthodoxen) Kapelle den Ort, an dem Jesus am Kreuz gestorben sein soll. In der Mitte befindet sich der Kalvarienberg, an dem ein Altar errichtet wurde; durch ein Loch im Altar können die Pilger den darunter liegenden Fels berühren. Aufpasser sorgen dafür, dass sich die Schlange zügig vorwärtsbewegt. Links vom Altar kommt man zur 13. Kreuzwegstation (Jesu Leichnam wird vom Kreuz genommen und Maria übergeben).

Anschließend geht es die Treppe an der griechisch-orthodoxen Kapelle hinunter und dann rechts zur ❸ **Adamskapelle**, der Originalgrabstätte der ersten beiden Kreuzritterführer, Gottfried von Bouillon und Balduin I. (ihre Gräber wurden 1809 entfernt). Ein paar Stufen weiter unten befindet sich die ❹ **Helenakapelle**. Der Legende zufolge ließ Helena hier den Boden aufgraben, wobei drei Kreuze zu Tage befördert wurden – das Kreuz Christi soll bestimmt worden sein, indem ein Kranker, der alle drei Kreuze berührt hatte, von einem geheilt wurde.

Weiter geht's entlang der Ostmauer des zentralen ❺ **Katholikon** zu einer Holzrotunde mit der 14. und letzten Kreuzwegstation, dem ❻ **Heiligen Grab**. Da immer nur wenige Personen gleichzeitig in die Grabkammer dürfen, bildet sich vor dem Eingang meist eine lange Warteschlange. Im Innern darf man dann einige Augenblicke verharren, bevor man von einem Priester aufgefordert wird, zügig weiterzugehen.

Al-Zeit St oder der Mauristan Rd) oder über das Dach des Äthiopischen Klosters.

Äthiopisches Kloster
RELIGIÖSE STÄTTE

(Karte S. 56; Deir Es Sultan; ⊙ tagsüber) Das Kloster befindet sich abgesondert auf dem Dach der Grabeskirche (S. 65). Inmitten der Ruinen eines mittelalterlichen Kreuzgangs, der von den Kreuzfahrern erbaut wurde, leben ein paar Mönche der äthiopischen Kirche. Durch die Kuppel im Zentrum des Dachs fällt Tageslicht in die Helenakrypta darunter. Eine Tür in der Südostecke führt durch eine Kapelle nach unten in den Hof der Grabeskirche.

Die Klosterwände zieren Gemälde von äthiopischen Heiligen, der Heiligen Familie und der Königin von Saba auf ihrem Jerusalembesuch. Nach äthiopischer Überlieferung zeugten die Königin von Saba und König Salomo während dieses Besuchs Erben für beide Königshäuser; einer von ihnen soll die Bundeslade nach Äthiopien gebracht haben.

Das Kloster befindet sich unter koptischem Patriarchat. Als die äthiopische Kirche Anfang des 20. Jhs. kirchenrechtliche Eigenständigkeit erlangte, wurden die Mönche aus dem koptischen Kloster verwiesen und zogen in die Hütten auf dem Dach.

Das Kloster erreicht man von der Souq Khan Al-Zeit St über eine Treppe (Ausschau halten nach einem Saftstand und dem maroden Eingang zu der bekannten Konditorei Zalatimo; S. 108). Am oberen Ende der Treppe steht man direkt vor der Kapelle. Der Eingang zur Zisterne befindet sich auf der rechten, das Kloster auf der linken Seite.

Muristan
HISTORISCHE STÄTTE

(Karte S. 56) Das Wort Muristan bezeichnet im Persischen ein Krankenhaus oder Hospiz. Der Muristan ist gesäumt von Läden und in seiner Mitte steht ein Springbrunnen aus dem 19. Jh. Über den Platz erreicht man zwei Suks (einer ist voll von Metzgerständen), die zur David St führen. Unter den Römern befand sich hier ein städtischer Markt. Die Kreuzfahrer errichteten dann Kirchen mit angeschlossenen Hospizen. Eine dieser Kirchen, die Johanneskirche, gibt es noch immer, das dazugehörige Hospizgebäude steht allerdings schon lange nicht mehr. Heute sorgen hier Stände mit bunter Kleidung und Souvenirs für Farbtupfer.

Erlöserkirche
KIRCHE

(Karte S. 56; ☎02-626-6800; Mauristan Rd; Krypta & Turm Erw./Kind unter 14 J. 15/7,50 NIS; ⊙ Mo-Sa 10-17 Uhr) Der rechteckige Glocken-

Spaziergang Via Dolorosa

START VIA DOLOROSA, 1. KREUZWEGSTATION
ZIEL GRABESKIRCHE
LÄNGE 600 M; 1 BIS 1½ STUNDEN

Die Via Dolorosa ist der Weg, den Jesus gegangen sein soll, als er sein Kreuz zum Kalvarienberg trug. Ihre Geschichte reicht zurück bis in die frühen Tage der byzantinischen Pilger, die am Gründonnerstag vom Garten Gethsemane nach Golgatha zogen.

Im 8. Jh. begannen die Pilger dann, unterwegs Halt zu machen, um einzelnen Momenten des Martyriums Christi zu gedenken. Als sich im Mittelalter die Christenheit in eine West- und eine Ostkirche spaltete, spaltete sich auch die Via Dolorosa und jede Gruppe hatte ihren eigenen Kreuzweg. Im 14. Jh. legten die Franziskaner einen Andachtsweg fest, der zwar schon einige der heutigen Kreuzwegstationen berücksichtigte, aber an der Grabeskirche begann. Diese Route war fast 200 Jahre lang die Standardstrecke. Dann aber setzten sich die europäischen Pilger mit dem Wunsch durch, dem Ablauf der Geschehnisse in den Evangelien zu folgen. Der Endpunkt war nunmehr der mutmaßliche Ort der Kreuzigung. Heute sind die allgemein anerkannten Stationen an runden Metallplatten zu erkennen.

Die ❶ **1. Kreuzwegstation** (Jesus wird von Pontius Pilatus zum Tod am Kreuz verurteilt) befindet sich auf dem Gelände der islamischen Schule Al-Omariyeh in der Nähe des Stephanstors (Löwentor). Der Eingang, eine braune Tür, befindet sich oben an der Rampe an der Südseite der Via Dolorosa neben dem Ecce-Homo-Bogen. Der Zugang wird nicht immer gestattet und viele Pilgergruppen beten einfach draußen; am ehesten wird nach Schulschluss zwischen 15 und 17 Uhr Einlass gewährt.

Die ❷ **2. Kreuzwegstation** (Jesus nimmt das Kreuz) befindet sich gegenüber beim Eingang der Verurteilungskapelle. Die 1929 errichtete Geißelungskapelle rechter Hand soll die Stelle markieren, an der Jesus gegeißelt wurde. Hier ist an der Gewölbedecke über dem Altar eine Dornenkrone zu sehen, die Fenster rund um den Altar zeigen die Menschenmenge, die den Er-

eignissen beiwohnte. Für 15 NIS extra erzählt eine Multimediaschau die ganze Geschichte.

Einen kleinen Hügel geht es hinab zur Al-Wad St. Nachdem man links in diese eingebogen ist, erreicht man nach wenigen Schritten die ❸ **3. Kreuzwegstation** (Jesus fällt zum ersten Mal); eine kleine Kapelle links des Eingangs zum Hospiz des Armenisch-Katholischen Patriarchats kennzeichnet die Stelle – zur Krypta hinabsteigen! Am Eingang zur Kapelle befindet sich die ❹ **4. Kreuzwegstation** (Jesus erblickt seine Mutter in der Menge der Zuschauer).

Während die Al-Wad St weiter Richtung Süden auf die Klagemauer zuläuft, zweigt die Via Dolorosa nach Westen ab. Direkt an der Abzweigung gelangt man zur ❺ **5. Kreuzwegstation** (Simon von Cyrene wird von den Römern gezwungen, Jesus beim Tragen des Kreuzes zu helfen). Eine lateinische Inschrift über einem steinernen Türrahmen markiert die Stelle.

Weiter die Straße hinunter kennzeichnet eine braune Holztür auf der linken Seite die ❻ **6. Kreuzwegstation** (Veronika trocknet mit einem Tuch das Gesicht Jesu). Das „Schweißtuch der Veronika" wird heute in einem Pfeiler des Petersdoms in Rom aufbewahrt.

Nach ein paar Schritten erreicht man die belebte Souq Khan Al-Zeit St. Die ❼ **7. Kreuzwegstation** (Jesus fällt zum zweiten Mal) ist eine kleine Kapelle, auf die Schilder an der Mauer des Suks hinweisen. Im 1. Jh. befand sich hier die Stadtgrenze, durch ein Tor gelangte man hinaus ins Umland. Dieser Umstand untermauert den Anspruch der Grabeskirche als tatsächlichen Ort der Kreuzigung, Grablegung und Auferstehung.

Weiter geht es quer über die Souq Khan Al-Zeit St und die Aqabat Al-Khanqah St. Nach ein paar Metern sieht man in der Steinmauer auf der linken Seite einen mit einem roten Zeichen gekennzeichneten Stein und ein lateinisches Kreuz, die die ❽ **8. Kreuzwegstation** (Jesus tröstet die weinenden Frauen) markieren.

Danach geht's wieder zurück zur Souq Khan Al-Zeit St, wo man nach rechts (gen Süden) abbiegt. Zur Rechten befindet sich eine Treppe, an deren Ende ein Pfad zur koptischen Kirche führt. Die Überreste einer Säule an der Tür kennzeichnen die ❾ **9. Kreuzwegstation** (Jesus fällt zum dritten Mal).

Die restlichen fünf Stationen der Via Dolorosa befinden sich in der ❿ **Grabeskirche** (S. 65). Dorthin geht man zurück zur Hauptstraße oder durchs Äthiopische Kloster.

turm dieser evangelischen Kirche (der zweiten, die in Jerusalem erbaut wurde) schmückt die Skyline der Altstadt seit 1898. Sie wurde von Kaiser Wilhelm II. in Auftrag gegeben und an einer Stelle errichtet, wo schon seit dem 11. Jh. ein Gotteshaus gestanden hatte. Vom Turm – Bauch einziehen! Die Treppe ist eng! – bietet sich ein toller Panoramablick auf die Altstadt.

Christuskirche KIRCHE
(Karte S. 56; 02-627-7727; www.cmj-israel.org; Omar ibn al Khattab Sq) Die 1849 fertiggestellte neugotische anglikanische Kirche wartet mit Buntglasfenstern auf, die mit jüdischen Symbolen verziert sind, und zeigt wie alle Synagogen in Jerusalem zum Tempelberg. Die Verschmelzung von jüdischen und christlichen Elementen war Absicht: Die Gründer der Christuskirche beflügelte der Glaube daran, dass die Juden irgendwann wieder in das damals von den Türken besetzte Palästina zurückkehren und viele von ihnen dann Jesus Christus als Messias anerkennen würden. Heute betont die Christuskirche, dass ihre Mission eine des Dialogs zwischen den Religionen sei und nicht die Bekehrung der Juden zum Christentum.

Sonntags finden um 9.30 und 19 Uhr Gottesdienste auf Englisch statt.

Jüdisches Viertel

Das Jüdische Viertel (12 ha) wurde während des Palästinakriegs 1948 schwer von der Arabischen Legion beschossen und anschließend in der jordanischen Besatzungszeit vollständig zerstört. Der größte Teil des Viertels wurde daher nach 1967 völlig neu bebaut. An den hübschen Steinstraßen rund um den **Hurva Square** (Karte S. 56) leben gut 2000 Menschen – im frühen 20. Jh. hatte das Viertel etwa zehnmal so viele Bewohner. Unter dem heutigen Straßenniveau wurden interessante archäologische Funde gemacht, von denen einige bis in die Zeit des Ersten Tempels (ca. 1000–586 v. Chr.) zurückreichen. Ein Teil davon ist im Herodesviertel-Museum (S. 73) ausgestellt.

Das Jüdische Viertel ist derjenige Teil der Altstadt, der mit Rollstuhl am einfachsten zu erkunden ist; am Parkplatz südlich des

---

DAS JERUSALEM-SYNDROM

Alljährlich kommen Millionen Touristen nach Jerusalem, um auf den Spuren von Heiligen zu wandeln. Ein paar gelangen auf der Reise aber auch zu der Überzeugung, sie selber seien Heilige. Diese medizinisch anerkannte Erkrankung, das sogenannte Jerusalem-Syndrom, tritt ein, wenn Besucher von der metaphysischen Bedeutung der Stadt überwältigt werden.

Die Krankheit wurde erstmals in den 1930er-Jahren von dem Jerusalemer Psychiater Dr. Heinz Herman dokumentiert. Unter den Betroffenen befinden sich Angehörige aller Glaubensrichtungen; die meisten Fälle treten rund um das Pessachfest und Weihnachten auf. Zunächst zeigen sich Symptome wie Angst und Desorientierung, am Ende folgen dann Wahnvorstellungen einer göttlichen Berufung. Im Lauf der Jahre haben sich Besucher eingebildet, sie wären der biblische Samson oder die schwangere Jungfrau Maria, und es gab auch schon zahlreiche Reiter der Apokalypse.

Die meisten Betroffenen sind harmlos: Sie geben sich spontanen Gebeten hin und legen ein unberechenbares Benehmen an den Tag. 1969 jedoch ereignete sich der bisher folgenschwerste Fall, als ein christlicher Fanatiker aus Australien Feuer in der Al-Aqsa-Moschee legte. Er glaubte, Gott habe ihn geschickt, um den Tempelberg von allen nichtchristlichen Gebäuden zu reinigen und so der Wiederkunft des Messias den Weg zu bereiten.

Ärzte schätzen, dass pro Jahr über 50 Personen am Jerusalem-Syndrom erkranken. Bei vielen waren zwar schon vorher psychische Erkrankungen aufgetreten, bei einigen – dem sogenannten „Typ III" – gibt es aber keine entsprechende Vorgeschichte.

Die meisten Kranken werden in die staatliche psychiatrische Klinik Kfar Shaul am Rand von Westjerusalem gebracht. Dort werden sie überwacht und anschließend wieder nach Hause geschickt, sofern sie für sich selbst und andere kein Risiko darstellen.

Als Auslöser scheint das zeitlose Ambiente der Jerusalemer Altstadt zu fungieren, das in vielen Besuchern tiefe Gefühle auslöst. Dadurch wird das limbische System, das emotionale Zentrum des Gehirns, überstimuliert. Das Syndrom verschwindet in der Regel genauso schnell, wie es aufgetreten ist – mit der Abreise aus Jerusalem.

Hurva Sq beginnt ein markierter Weg. Weitere Informationen hält die Touristeninformation (S. 117) bereit. Genauere Infos zu jüdischen Stätten liefert www.rova-yehudi.org.il.

★ Klagemauer
JÜDISCHE STÄTTE

(Karte S. 56; www.thekotel.org; ⊙ 24 Std.) An der heiligsten Gebetsstätte des Judentums scheint die Luft unter Strom zu stehen: Hier rezitieren die Gläubigen Bibelstellen, legen ihre Hände auf 2000 Jahre alte Steine und sprechen inbrünstige Gebete. Die Klagemauer ist eine Stützmauer des Tempelbergplateaus, auf dem einst der Zweite Tempel stand. Die Erbauer der Mauer hätten sich wohl niemals träumen lassen, dass ihre massige Schöpfung eines Tages zu einer so bedeutsamen religiösen Stätte werden sollte. Rabbinische Texte besagen, dass die Schechina (Einwohnung Gottes) die Mauer nie verlassen hat. Die Klagemauer ist das ganze Jahr über für Angehörige aller Glaubensrichtungen zugänglich; man sollte sich jedoch sittsam kleiden.

Nach der Zerstörung des Tempels im Jahre 70 zogen die Juden in die Diaspora, die genaue Lage des Tempels geriet in Vergessenheit. Bei ihrer Rückkehr mieden sie den Tempelberg aus Furcht, das Gelände des Allerheiligsten zu betreten, das einzig der Hohepriester betreten durfte. So begannen sie an dem Relikt des Areals zu beten.

In osmanischer Zeit entwickelte sich die Klagemauer schließlich zum wichtigsten Wallfahrtsort der Juden, die zur Mauer kommen, um zu trauern und die Zerstörung des Tempels zu beklagen (daher die deutsche Bezeichnung Klagemauer, die von den Juden nicht verwendet wird). Einst standen Häuser bis dicht an die Mauer, sodass für die Betenden nur eine schmale Gasse blieb.

1948 verloren die Juden den Zugang zur Klagemauer, als Jordanien die Altstadt okkupierte und die Bewohner des Jüdischen Viertels vertrieb. Als 19 Jahre später im Sechstagekrieg israelische Fallschirmjäger das Gelände stürmten und sich direkt bis zur Klagemauer durchkämpften, bestand eine ihrer ersten Handlung zur Sicherung der Altstadt darin, die benachbarten arabischen Häuser abzureißen und so den Freiraum für den heutigen Platz zu schaffen.

Das Areal unmittelbar vor der Mauer fungiert heute als große Synagoge unter freiem Himmel und übt auch auf ungläubige Besucher eine große Faszination aus. Es ist in zwei Bereiche aufgeteilt: Der kleine südliche Abschnitt ist der Frauen, der große nördliche Abschnitt den Männern vorbehalten. Schwarz gekleidete ultraorthodoxe Männer wippen oft auf den Absätzen vor und zurück, wiegen ihre Köpfe im Gebet und pressen sich ab und zu gegen die Mauer, um die Steine zu küssen. Für Frauen ist es erheblich schwieriger, ohne Probleme an der Klagemauer zu beten. Die orthodoxen Wächter hegen einen tiefen Unwillen gegenüber hier erklingenden weiblichen Gebetsstimmen. Heiß umstritten sind daher auch Pläne für einen gemischten Gebetsbereich an der Mauer. Die Gruppe „Women of the Wall" wendet sich gegen die Trennung der Geschlechter an der Mauer und dagegen, dass den Frauen nur ein kleiner Teil zugewiesen ist, und hält Gebete und Protestaktionen ab. Das Problem der Geschlechtertrennung an der Mauer treibt besonders amerikanische Juden und Jüdinnen um, für israelische scheint es kaum eine Rolle zu spielen. Von einem viel gepriesenen und lang erfochtenen Kompromiss, der einen gemeinsamen Gebetsbereich schaffen sollte, trat die israelische Regierung kürzlich wieder zurück.

Freitags bei Sonnenuntergang findet sich hier stets eine große Menschenmenge ein, um den Sabbat zu begrüßen. Der Platz ist auch ein beliebter Ort für Bar-Mitzwa-Feiern, die entweder am Sabbat oder am Montag- oder Donnerstagvormittag stattfinden – eine tolle Zeit, um das Gelände zu besuchen, singen und tanzen die Familien doch, während sie sich der Mauer nähern.

Man sollte auch einen Blick auf das nicht einheitliche Mauerwerk werfen. Die großen Steine der unteren Schichten stammen aus herodianischer Zeit, die Steine darüber aus der Zeit der Errichtung der Al-Aqsa-Moschee. Aus der Nähe sind auch die „Kvittelchen" sichtbar, kleine Papierzettel, die die Gläubigen in die Ritzen zwischen den Steinen stecken. Die darauf geschriebenen Gebete und Bitten sollen eine bessere Chance auf Erhörung haben. Diese Gebetszettelchen werden nie fortgeworfen: Regelmäßig sammeln die Mauerwärter die Zettel, die zu Boden gefallen sind, auf – sie werden zusammen mit der nächsten Person, die auf dem Ölberg bestattet wird, vergraben. Gläubige können auch auf digitalem Weg Gebete abliefern: Über ein Online-Formular auf der Kotel-Website kann man den Mauerwärtern Gebete schicken, die sie ausdrucken und mit zur Klagemauer nehmen.

An dem Männern vorbehaltenen Abschnitt der Mauer führt ein kleiner Durchlass unter den Wilsonbogen, den einst Pries-

KOMBITICKET FÜRS JÜDISCHE VIERTEL

Mit einem **Kombiticket** (Erw./Kind 60/45 NIS) kann man bei vier Sehenswürdigkeiten im Jüdischen Viertel Geld sparen: dem Herodesviertel-Museum, der Hurva-Synagoge (S. 73), dem Verbrannten Haus und dem Archäologischen Park & Davidson Center. Das Ticket ist an allen vier Stätten erhältlich und gilt 48 Stunden.

---

ter nutzten, um in den Tempel zu gelangen. Beim Blick hinunter in die beiden beleuchteten Schächte bekommt man eine Vorstellung davon, wie hoch die Mauer ursprünglich war. Frauen haben zu diesem Bereich keinen Zutritt.

An der Mauer wird angemessene Kleidung erwartet – am besten bedeckt man sich von den Schultern bis zu den Knien. Männer müssen eine Kopfbedeckung tragen (Papier-Kippot sind vor Ort erhältlich). Am Sabbat ist Fotografieren verboten; zu anderen Zeiten sollte man nur mit großer Rücksicht fotografieren. Wer am Sabbat zur Klagemauer kommt und ein Gebetszettelchen in der Mauer hinterlassen möchte, sollte es vorher beschriften, da am Sabbat an der Mauer nicht geschrieben werden darf.

★ Klagemauer-Tunnel   ARCHÄOLOGISCHE STÄTTE

(Karte S. 56; 02-627-1333; www.thekotel.org; Erw./Stud. & Kind 35/19 NIS; ⊙8.30–17 Uhr, nur mit Führung) Die Führungen durch den Klagemauer-Tunnel gewähren einen völlig anderen Blickwinkel auf den epischen Bau des Herodes: Der 488 m lange Gang folgt der nördlichen Verlängerung der Mauer. Der von Archäologen freigelegte Tunnel verläuft auf dem ursprünglichen Straßenniveau, und so hat man hier die Möglichkeit, dort herumzulaufen, wo auch in der Antike schon gebummelt wurde. Außerdem erhält man interessante Einblicke in die Art und Weise, wie diese mächtigen Mauern errichtet wurden – die Steinmetze des Herodes schufen Blöcke von bis zu 14 m Länge, die jeweils fast 600 t wogen!

Man kann den Tunnel nur im Rahmen einer Führung besichtigen (hebräisch- und englischsprachige Führungen werden mehrmals täglich angeboten, französische, spanische und russische weniger häufig und nur im Sommer). Sie dauern ca. 75 Minuten. Da sie sehr beliebt und schnell ausgebucht sind, sollte man sich mindestens eine Woche im Voraus anmelden.

Archäologischer Park Jerusalem & Davidson Center   HISTORISCHE STÄTTE

(Karte S. 56; 02-627-7550; www.archpark.org.il; Erw./Stud. & Kind 30/16 NIS, Führung 160 NIS, Audioguide 5 NIS; ⊙So–Do 8–17, Fr bis 14 Uhr) Die Stätte unweit des Dungtors birgt Überreste von Straßen, Säulen, Toren, Mauern, Plätzen und Mikwen. Für den Freiluftteil der Stätte gibt's einen guten Audioguide; im Besucherzentrum geben interessante Filme auf Hebräisch und Englisch einen Überblick über die Ausgrabungsarbeiten der 1970er-Jahre und zeigen die Stätte, wie sie vor 2000 Jahren aussah.

Beim Betreten der Stätte sieht man links die Reste der früheren Hauptstraße Jerusalems, die dem Verlauf der Klagemauer des Tempels folgte. Ausschau halten sollte man nach den Resten eines aus der herodianischen Mauer vorspringenden Bogens. Der nach einem amerikanischen Forscher aus dem 19. Jh. benannte **Robinsonbogen** war einst Teil einer Brücke, die den Tempelberg mit dem wichtigsten Geschäftszentrum der Stadt verband. Die Steine auf der Straße aus herodianischer Zeit unter dem Bogen sollen Teile der Klagemauer sein, die herunterfielen, als römische Soldaten den Tempel im Jahre 70 zerstörten. Ganz in der Nähe führt eine Doppeltreppe hinunter in eine Mikwe aus der gleichen Zeit. Die eine Seite war für die Badenden auf dem Weg ins Bad bestimmt, die andere für die bereits Gereinigten.

Im hinteren Teil des Geländes (also am Ölberg) stehen die **Huldahtore**, die aus der Zeit des Zweiten Tempel stammen. Durch sie gelangte man ursprünglich in Tunnel, die zum Gelände des Tempelbergs führten. Die in der Nähe befindliche, größtenteils wieder aufgebaute Treppe war einst der Haupteingang für Pilger auf dem Weg zum Tempelberg. Unten bei den Stufen sind noch einige weitere Mikwen zu sehen.

Führungen sollten rechtzeitig gebucht werden.

Cardo Maximus   HISTORISCHE STÄTTE

(Karte S. 56) Ursprünglich handelte es sich beim Cardo Maximus um einen 22 m breiten, von Kolonnaden gesäumten Boulevard, die Hauptstraße des römischen und byzantinischen Jerusalem. Nach Ausgrabungen des Jahres 1975 wurde der südliche Abschnitt der 2,5 m unter dem heutigen Straßenniveau gelegenen Straße rekonstruiert, während ein anderer Teil zu einer Arkade voller Läden umgewandelt wurde.

Einst durchquerte der Cardo wohl die ganze Stadt bis zum heutigen Damaskustor. Heute beginnt der Cardo südlich der David St, dem Touristen-Suk, und dient aus dem Muslimischen bzw. Christlichen Viertel kommend als Hauptzugang ins Jüdische Viertel. Schächte bieten Besuchern die Möglichkeit, einen Blick auf die Bereiche unterhalb des jetzigen Straßenniveaus zu werfen. Dort kann man Teile einer Mauer ausmachen, die aus der Zeit des Ersten und Zweiten Tempels stammt.

Vier sephardische Synagogen SYNAGOGEN
(Karte S. 56; ☎02-628-0592; 2 Mishmerot Ha-Kehuna; Erw./Kind 10/7 NIS; ☉So–Do 9.30–15.30, Fr bis 13 Uhr) Dieser Synagogenkomplex ermöglicht den Zugang zu vier Gotteshäusern mit nur einer einzigen Eintrittskarte. Die beiden ältesten stammen aus dem ausgehenden 16. Jh. Alle vier lagen vor ihrem Wiederaufbau zwischen 1967 und 1972 in Trümmern. Zusammen mit den dazugehörigen Studierhäusern und Wohlfahrtseinrichtungen bildeten die Synagogen bis Ende des 19. Jhs. das Zentrum des geistigen und kulturellen Lebens der hiesigen sephardischen Gemeinde.

Auch heute werden die Synagogen für Gottesdienste und Feiern genutzt.

Ein früheres Gesetz sah vor, dass Synagogen benachbarte Gebäude nicht überragen durften – und Moscheen schon gar nicht. Aus diesem Grund wurden die Gotteshäuser tief in den Boden eingelassen – was sicherlich die Rettung dieser Bauten bedeutete, fielen sie doch der Bombardierung des Viertels im Jahr 1948 nicht zum Opfer. Allerdings wurden sie von Jordaniern geplündert und als Schafställe benutzt. Nach dem Sechstagekrieg wurden die Synagogen restauriert, wobei Überreste italienischer Synagogen, die im Zweiten Weltkrieg beschädigt wurden, zum Einsatz kamen.

Die erste Synagoge, die **Eliahu-Hanavi-Synagoge** gleich beim Ticketschalter, ist die älteste der vier Synagogen. Ihre Bögen und die Kuppel verweisen auf byzantinische Gebäude. Die **Yokhanan-Ben-Zahai-Synagoge** aus dem frühen 17. Jh. ist nach dem bekannten jüdischen Weisen benannt, dessen Studiersaal hier gestanden haben soll. Die längliche **Emtza'i-Synagoge** („mittlere" Synagoge) ist die kleinste der vier. Sie entstand, als Mitte des 18. Jhs. ein Dach über dem Hof zwischen zwei der Synagogen gebaut wurde.

Durch die Türen in der Emtza'i-Synagoge gelangt man in eine kleine Ausstellung, die sich der Geschichte der Synagogen widmet, und zur **Istanbuli-Synagoge**. Die größte und jüngste der vier Synagogen wurde in den 1760er-Jahren von Immigranten aus der Stadt am Bosporus gegründet.

Verbranntes Haus MUSEUM
(Karte S. 56; Das Haus von Kathros; ☎02-626-5921; Tiferet Israel St; Erw./erm. 29/15 NIS; ☉So–Do 9–17, Fr 9–13 Uhr) Jahrhunderte unter Schutt und Geröll begraben, wurde das Haus erst kürzlich freigelegt. Zerstört wurde es im Jahr 70 n. Chr., als die Römer die Stadt niederbrannten. Zu den ausgestellten archäologischen Funden gehören Münzen, Steintafeln, Öfen, Kochtöpfe und ein Speer sowie ein Steingewicht mit der Aufschrift „Kathros" (Kathros ist der Name einer Priesterfamilie, die damals in Jerusalem lebte).

In dem Museum werden viele historische Puzzleteilchen zusammengesetzt. Auch gibt es eine Multimedia-Präsentation (25 Min.) in mehreren Sprachen, u. a. auf Englisch. Die Filmvorführungen beginnen alle 40 Minuten. Das Verbrannte Haus ist im Kombiticket fürs Jüdische Viertel (60 NIS) inbegriffen, genauso wie der Turm der Hurva-Synagoge und das Herodesviertel-Museum.

Herodesviertel-Museum ARCHÄOLOGISCHE STÄTTE
(Karte S. 56; Archäologisches Museum Wohl; ☎072-393-2833; 1 HaKara'im St; Erw./erm. 20/10 NIS; ☉So–Do 9–17, Fr 9–13 Uhr) In diesem kleinen unterirdischen Museum geht's hinab zu den antiken Schichten der Stadt. Zu den eindrucksvoll intakten archäologischen Stätten zählt eine 600-m²-Villa aus herodianischer Zeit mit Ritualbädern, die einem Hohepriester gehört haben soll. Andere Teile des Museums erlauben einen faszinierenden Blick in die Vergangenheit: Ein Mosaik zeigt Spuren von Brandschäden, die vom Brand des Ersten Tempels stammen sollen. Es lohnt sich, sich für 5 NIS einen Audioguide auszuleihen.

Hurva-Synagoge SYNAGOGE
(Karte S. 56; Ruinensynagoge; ☎02-626-5900; www.rova-yehudi.org.il; Hurva Sq; Erw./Stud. 20/10 NIS; ☉Winter So–Do 9–17, Fr 9–13 Uhr, Sommer So–Do bis 19, Fr bis 13 Uhr) Für die jüdische Gemeinde ist die rekonstruierte Hurva-Synagoge ein Symbol der Widerstandskraft. Die älteste Synagoge an dieser Stelle wurde im frühen 18. Jh. zerstört und ihr Nachfolgebau aus dem 19. Jh. ereilte im Palästinakrieg 1948 dasselbe Schicksal. Das heutige

Gebäude mit seiner breiten Kuppel wurde 2010 geweiht; vom Turm bieten sich unschlagbare Ausblicke über die Dächer des Jüdischen Viertels.

Zionstor TOR

(Karte S. 56) Das verwitterte Tor an der Südmauer der Altstadt war im Palästinakrieg 1948 von großer strategischer Bedeutung: Von den heftigen Kämpfen hier zeugen noch immer die zahlreichen Einschusslöcher. Die Mesusa (Schriftkapsel) am Türpfosten wurde aus Patronenhülsen gefertigt, die nach den Kämpfen aufgesammelt worden waren. Auf Hebräisch heißt das Tor Sha'ar Tziyon (Zionstor), auf Arabisch Bab Haret Al-Yahud (Tor des Jüdischen Viertels).

◉ Muslimisches Viertel

Das Muslimische Viertel ist mit 3 ha das größte Altstadtviertel und hat die Fähigkeit, Besucher innerhalb ein und derselben Minute zu verzücken und zur Verzweiflung zu treiben. Auf der Via Dolorosa drängeln sich die Pilger, die Händler locken Passanten zu ihren Ständen und mittendrin wuseln Kinder herum und spielen Fußball. Die Luft ist erfüllt vom Duft von Weihrauch, Gewürzen und frischen Backwaren.

Das Viertel hat 22 000 Einwohner und erstreckt sich vom ständig verstopften Damaskustor bis zur Bab Al-Silsila St in der Nähe des Tempelbergs (S. 59). Etwa 100 m hinter dem Tor erreicht man eine Straßengabelung: Linker Hand führt die Al-Wad St an unzähligen Läden vorbei, in denen von Bauchtanztüchern bis zu Burkas und von Gebäck bis zu Granatapfelsaft so ziemlich alles angeboten wird – darunter auch zahllose Andenken mit Palästina-Motto, von alten Reiseplakaten bis zu mit Slogans bedruckten T-Shirts. Diese Straße kreuzt die Via Dolorosa (S. 65) und führt direkt zur Klagemauer (S. 71). Rechts der Gabelung herrscht auf der Souq Khan Al-Zeit St noch mehr Betrieb als auf der Al-Wad St. Man findet hier Läden für Obst, Gemüse, Süßigkeiten, Kleidung, Gewürze und Nüsse.

Wer einen interessanten Einblick in diesen Teil der Stadt bekommen möchte, sollte sich freitags um die Mittagszeit hier einfinden. Am besten postiert man sich in der Nähe des Damaskustors oder am unteren Ende der Aqabat Al-Takiya St und beobachtet die Massen muslimischer Gläubiger, die durch das Viertel in Richtung Al-Haram Ash-Sharif zum Gebet strömen.

Damaskustor TOR

(Karte S. 56) Die Geräusche und Gerüche des Muslimischen Viertels werden immer intensiver, je mehr mal sich dem Damaskustor in der Nordmauer der Altstadt nähert. Die dreieckigen Zinnen verleihen dem Tor das Aussehen einer Krone. Den besten Anblick hat man, wenn man durchs Tor zu einem kleinen Steinplatz an der Derekh Shchem (Nablus) Rd geht, der von bewaffneten israelischen Soldaten bewacht wird.

Das Tor in seiner heutigen Gestalt stammt aus der Ära Süleymans des Prächtigen, doch schon lange vor dem Eintreffen der Osmanen hatte es hier ein Tor gegeben. Schon in augusteischer Zeit befand sich hier der Hauptzugang zur Stadt; unter der Herrschaft des Kaisers Hadrian wurde das Tor dann erheblich vergrößert. In den 1960er-Jahren wurden bei Ausgrabungen die Reste eines römischen Tors mit drei Bögen zu Tage gefördert.

Eine lange verschwundene Säule, die Hadrian hatte aufstellen lassen, schmückte einst den Platz. Deshalb heißt das Tor auf Arabisch auch Bab Al-Amud (Säulentor). Auf Hebräisch ist es unter dem Namen Sha'ar Shchem (Damaskustor) bekannt.

Heute kann man hier wunderbar das allgemeine Treiben beobachten. Händler bieten Passanten lautstark ihre Waren an, Einheimische und Touristen feilschen um den Preis von Gemüse und SIM-Karten und ältere Palästinenserinnen eilen überraschend behände durchs Tor.

St.-Anna-Kirche KIRCHE

(Karte S. 78; Sha-ar HaArayot Rd; Erw./Stud. & Kind 10/8 NIS; ⊙ April–Sept. 8–12 & 14–18 Uhr, Okt.–März Mo–Sa bis 17 Uhr) Die St.-Anna-Kirche gilt als das schönste Beispiel für den Baustil der Kreuzfahrer in Jerusalem. Sie wurde 1138 an der Stelle fertiggestellt, wo die einst Joachim und Anna, die Eltern der Jungfrau Maria, gelebt haben sollen. Der Überlieferung zufolge ist eines der tiefer liegenden Becken, die man von dem Gelände hinter der Kirche erreicht, der biblische **Bethesda-Teich**, an dem Jesus einen Kranken geheilt haben soll (Joh 5,1–18).

Drinnen in dem geheimnisvollen romanischen Bau lenken schlanke Gewölbe den Blick nach oben. Durch die berühmt gute Akustik fühlen sich viele Besucher, insbesondere christliche Pilgergruppen, dazu animiert, Gesänge anzustimmen.

Die ältesten Spuren an dieser Stätte lassen auf einen heidnischen Schrein aus römischer Zeit schließen; im Garten von St. Anna sind

MAMELUCKEN-ARCHITEKTUR

Im Muslimischen Viertel gibt es unzählige Gebäude, die aus dem Goldenen Zeitalter der islamischen Architektur stammen. Die meisten befinden sich in einem bedauernswerten Zustand, nichtsdestotrotz sind Spuren ihrer einstigen Pracht zu erkennen.

Dieser Teil der Altstadt wurde zu Zeiten der Mamelucken (1250–1517) errichtet, einer Militärdynastie ehemaliger Sklaven, die von Ägypten aus regierten. Nachdem sie die Kreuzfahrer aus Palästina und Syrien vertrieben hatten, errichteten sie Unmengen von Moscheen, Medresen (Koranschulen), Unterkünften, Klöstern und Mausoleen und konsolidierten so die Stellung des Islam im Nahen Osten. Das Markenzeichen ihrer Architektur ist der Wechsel von dunklen und hellen Steinstreifen (eine als *ablaq* bezeichnete Technik). Typisch sind auch die kunstvollen Schnitzereien und Muster rund um die Fenster und an den Portalen.

All diese Charakteristika kann man am **Palast der Prinzessin Tunshuq** (Aqabat Al-Takiya St) bewundern. Er wurde 1388 erbaut und befindet sich an der Aqabat Al-Takiya. Zwar ist die Fassade sehr verfallen, doch am obersten der drei großen Tore gibt es noch ein paar wunderschöne Marmorintarsien. Die dritte Tür unten weist ein weiteres typisches Merkmal der Mamelucken-Architektur auf: steinerne „Stalaktiten", sogenannte *muqarnas*. Der Palastkomplex lässt sich nur von außen bewundern, denn er beherbergt heute eine Schule für Waisenkinder. Gegenüber vom Palast befindet sich das **Grab der Prinzessin Tunshuq** aus dem Jahr 1398 – sehenswert ist die geschnitzte Platte über der verschlossenen grünen Tür.

Weiter unten an der Kreuzung mit der Al-Wad St steht rechts Jerusalems jüngstes Beispiel für mameluckische Architektur, das **Ribat Bayram Jawish** (Aqabat Al-Takiya). Die Fassade dieses Gebäudes von 1540 weist schöne *ablaqs* und flache *muqarnas* auf. Interessant ist der Vergleich dieses Bauwerks mit den ältesten Mamelucken-Gebäuden der Stadt in der Tariq Bab an-Nazir Stunweit der Al-Wad St. Sie entstanden bereits in den 1260er-Jahren, noch bevor die *ablaq*-Technik angewandt wurde. Die Straße ist nach dem Tor an ihrem Ende benannt, das (nur Muslimen) Zugang zum Tempelberg/Al-Haram Ash-Sharif gewährt.

Zurück auf der Al-Wad St geht man weiter Richtung Süden am Suk Al-Qattanin vorbei und sieht dann auf der gleichen Seite den **Sebil Süleyman**, einen öffentlichen Brunnen aus osmanischer Zeit. Der türförmige Brunnen wurde auf Geheiß von Süleyman dem Prächtigen errichtet, und zwar zum Teil aus den Überresten von Kreuzfahrergebäuden; den Sockel bildet ein römischer Sarkophag. Die Straße endet an einem Polizeikontrollpunkt am Eingang zu dem Tunnel, der zum Platz vor der Klagemauer führt. Über die Treppe links gelangt man auf die belebte Bab Al-Silsila St und zum Bab Al-Silsla (ein weiterer Eingang zum Tempelberg). Kurz vor dem Tor befindet sich das winzige **Grab der Turkan Khatun** (Bab Al-Silsila St) von 1352. Die Fassade ist mit ungewöhnlich asymmetrischen geometrischen Mustern verziert. Weitere schöne Mamelucken-Gebäude mit *muqarnas* und *mashrabiyyas* (vorspringende Erkerfenster mit geschnitztem Holzgitterwerk) gibt es schließlich in der Bab Al-Silsila St zu sehen.

---

noch Ruinen zu sehen. Nachdem Jerusalem von Saladins Mannen eingenommen worden war, diente die Kirche als Koranschule – was die Inschrift über dem Eingang belegt. Die folgenden Herrscher ließen die Kirche links liegen, sodass sie nach und nach verfiel und im 18. Jh. schließlich bis zum Dach in Unrat gehüllt war. 1856 schenkten die Osmanen die Kirche den Franzosen als Dank für ihre Unterstützung gegen die Russen im Krimkrieg. Erst zu diesem Zeitpunkt wurde das Gebäude aus dem Müllberg befreit. Auch heute ist die Kirche in französischem Besitz.

Löwentor
TOR

(Stephanstor; Karte S. 78) Durch dieses östliche Altstadttor kommt man zum Ölberg und zum Garten Gethsemane. Ursprünglich hieß das Tor Bab Al-Ghor (Jordantor), es wurde dann aber als Stephanstor bekannt, nach dem ersten christlichen Märtyrer, der ganz in der Nähe gesteinigt wurde. Der hebräische Name Sh'ar Ha'Arayot (Löwentor) bezieht sich auf die beiden heraldischen Löwenreliefs an der Außenseite des Torbogens.

Man nimmt an, dass die „Löwen", bei denen es sich eigentlich um Leoparden handelt, auf Süleyman den Prächtigen zurückgehen: Er hatte von furchteinflößenden Bestien geträumt und dies dahingehend interpretiert, dass er die Altstadt von Jerusalem befestigen solle. Einige Historiker sind jedoch der Meinung, dass die Kätzchen älter sind als das Tor und ursprünglich von einem älteren mameluckischen Gebäude stammen.

Von den Stellungen an diesem Tor erkämpften sich israelische Fallschirmjäger am 7. Juni 1967 ihren Weg in die Altstadt.

Am Palmsonntag führt eine christliche Prozession vom Ölberg durch das Löwentor in die Altstadt.

Suk Al-Qattanin
MARKT

(Baumwollmarkt; Karte S. 56; ☉ tagsüber) In dieser Einkaufspassage von der Mitte des 14. Jhs. verkauften Lebensmittel- und Kleidungshändler ihre Waren unter hoch aufragenden Gewölben. Der am dichtesten an der Al-Wad St gelegene Teil datiert aus der Zeit der Kreuzfahrer; die Mamelucken bauten den Suk dann um die Mitte des 14. Jhs. aus. Einst befand sich hier ein Baumwollbasar, doch heute werden hier auch Lampen, Andenken, Imbisse und Trödel verkauft – eine stimmungsvolle Abwechslung für Besucher des Muslimischen Viertels.

◉ Armenisches Viertel

Etwas versteckt hinter hohen Mauern und riesigen Holztüren nimmt das Leben im Armenischen Viertel (1 ha) seit fast 2000 Jahren weitgehend unbeachtet seinen Lauf.

Armenien war das erste Land der Welt, das offiziell das Christentum annahm, als sich König Trdat III. um das Jahr 300 herum bekehren ließ. Die Armenier kamen irgendwann im folgenden Jahrhundert in die Heilige Stadt. Als das Königreich Armenien am Ende des 4. Jhs. verschwand, wurde Jerusalem zur spirituellen Hauptstadt der Armenier. Seit jener Zeit haben immer Armenier hier gelebt, die hiesige Gemeinde umfasste einst bis zu 25 000 Menschen.

Ursprünglich beschränkte sich ihre Präsenz auf geistliche Würdenträger. Anfang des letzten Jahrhunderts strömten aber viele weltliche Armenier ins Land, um die Fliesen im Felsendom (S. 63) auszubessern und der osmanischen Verfolgung zu entkommen. Viele Bewohner des Viertels sehen es als ihre Aufgabe an, unter den Besuchern ein Bewusstsein für die Gräueltaten zu schaffen, die das armenische Volk zwischen 1915 und 1918 unter osmanischer Herrschaft erleiden musste – hier sind jede Menge mehrsprachige Plakate zu sehen, die sich mit dem Völkermord an den Armeniern befassen. Zwar benutzen viele Wissenschaftler und Staaten diesen Begriff, doch einige Länder wie die Türkei lehnen ihn weiterhin ab. Heute gehören der armenischen Gemeinde, die sich noch immer stark abschottet, weniger als 2000 Personen an. Sie haben ihre eigenen Schulen, eine eigene Bibliothek und ein eigenes Priesterseminar und leben in einer für Besucher nicht zugänglichen „gated community".

Jakobuskathedrale
KIRCHE

(St. James' Cathedral; Karte S. 56; ☐ Infos zu Gottesdiensten 02-628-2331; https://armenian-patriar chate.com; Armenian Orthodox Patriarchate Rd; ☉ Morgengebet 6.30 Uhr, Abendgebet 15 Uhr, Messe Sa 8 & So 8.30 Uhr) Das Innere der nur zu Gottesdiensten zugänglichen Kathedrale aus dem 12. Jh. ist erfüllt vom Geruch des Weihrauchs. Blau-weiße Kacheln und glitzernde Ikonen schmücken die Wände und reich gemusterte Teppiche bedecken die Fußböden. Die restliche Zeit über kann man vom Hof aus die Fassade bewundern, die mit *khatchkars,* gemeißelten armenischen Steinkreuzen, und Fliesenbildern des Jüngsten Gerichts und der Apostel verziert ist.

Die ursprünglichen Baumeister stammten aus Georgien: Sie errichteten eine Kirche zu Ehren von Jakobus an einer Stelle, von der sie annahmen, dass er dort enthauptet wurde. Er war der erste Jünger, der den Märtyrertod erlitt. Im 12. Jh. übernahmen die Armenier die Kirche im Einvernehmen mit den herrschenden Kreuzfahrern und restaurierten sie. Die Fliesen im Innenraum stammen aus dem 18. Jh.

Wer einen Gottesdienst besuchen möchte, sollte ordentlich gekleidet sein, Frauen mit Kopfbedeckung.

Markuskapelle
KIRCHE

(Karte S. 56; ☉ April–Sept. Mo–Sa 9–12 & 14–17 Uhr, Okt.–März Mo–Sa 7–16, So 11–16 Uhr) Die mittelalterliche Kapelle ist der Sitz der kleinen syrisch-orthodoxen Gemeinde in Jerusalem. Nach der Überlieferung befand sich hier das Haus von Markus' Mutter Maria, das Petrus aufsuchte, nachdem er von einem Engel aus dem Gefängnis befreit worden war (Apg 12,12–17).

Sehenswert ist im Inneren der kleinen Kapelle aus dem 12. Jh. die Marienikone, die dem Evangelisten Lukas zugeschrieben wird.

ARMENISCHE KERAMIK

Die Restaurierung des prachtvollen Felsendoms (S. 63) im Jahre 1919 war Anlass für die Eröffnung der ersten armenischen Keramikwerkstätten in der Stadt. Damit wurde eine Kunsthandwerkstradition in Jerusalem begründet, die bis heute nicht in Vergessenheit geraten ist.

Armenische Keramiktechniken erreichten ihren Höhepunkt bereits im 17. und 18. Jh. in der Türkei, als viele armenische Familien Werkstätten in den bedeutenden Keramikzentren Kütahya und İznik betrieben. Nachdem die türkischen Armenier während des Ersten Weltkriegs zwangsdeportiert, enteignet und ermordet wurden, bewog David Ohannessian (1884–1953) einige armenische Töpfer und ihre Familien, nach Jerusalem überzusiedeln. Der armenische Keramikmeister David Ohannessian hatte zuvor selbst in Kütahya gearbeitet und war 1919 aus der Türkei nach Jerusalem geflohen. Nach seiner Ankunft war es ihm gelungen, mit Hilfe der Pro-Jerusalem-Gesellschaft in der Via Dolorosa eine Keramikwerkstatt zu eröffnen. Diese Gesellschaft wiederum war 1918 von Sir Ronald Storrs, dem Militärgouverneur von Jerusalem, und Charles Robert Ashbee, einem Architekten und führenden Designer des Arts and Crafts Movement, gegründet worden. Ohannessian und seine armenischen Meisterhandwerker begannen fortan mit der Herstellung neuer Fliesen, die die verblassten und beschädigten Originale am Felsendom ersetzen sollten.

Hiesige Handwerker behaupten, Jerusalem sei heutzutage der weltweit einzige Ort, in dem echte armenische Keramiken hergestellt werden. An den alten Techniken hat sich über die Jahrhunderte hinweg kaum etwas geändert. Sie werden noch heute für die Produktion farbenfroher Keramiken benutzt (die Blumen-, Tier- und geometrischen Muster sind handgemalt).

In der Jakobuskathedrale kann man bei einem Gottesdienst wunderschöne Beispiele armenischer leuchtend blau-weißer Fliesen bewundern. In der leichter zugänglichen Andreaskirche (S. 89) sind am Eingang zur Kirche und zum Gästehaus ebenfalls schöne Fliesen zu sehen. Wer Keramiken kaufen möchte, sollte das Sandrouni Armenian Art Centre (S. 115) in der Altstadt, Armenian Ceramics (S. 116) in Ostjerusalem oder Arman Darian (S. 116) in Westjerusalem ansteuern.

◉ Berg Zion

Der Berg Zion wird von Christen als Stätte des Letzten Abendmahls verehrt. Ferner befindet sich hier eine kleine Gebetshalle, wo nach Meinung vieler Juden König David bestattet wurde. Der Komplex ist also für beide Glaubensgemeinschaften ein bedeutsamer Wallfahrtsort. Einst wurden alle Bereiche der oberen Altstadt (inkl. Zitadelle) dem Berg Zion zugerechnet. Heute beschränkt sich diese Bezeichnung jedoch auf den Hügel südlich der Altstadt, jenseits des Ziontors.

Davidsgrab — RELIGIÖSE STÄTTE

(Karte S. 78; ⊗ So–Do 8–17, Fr 8–13 Uhr) GRATIS Die 2000 Jahre nach dem Tod Davids von Kreuzfahrern errichtete ebenerdige Grabstätte ist Juden und Christen heilig, obwohl es fragwürdig ist, ob seine sterblichen Überreste überhaupt hier liegen. Die Gebetshalle ist in einen Bereich für Frauen und einen für Männer unterteilt – beide führen zu einem in Samt gehüllten Grabmal. Dahinter befindet sich ein kleiner Alkoven, bei dem es sich möglicherweise um eine Synagoge aus dem 5. Jh. handelt.

In der Bibel wird Davids Bestattung bei seinen Vorfahren in der Davidsstadt erwähnt (1 Kön 2,10); die meisten Archäologen und Historiker halten es jedoch für wahrscheinlich, dass David unter dem Hügel des ursprünglichen Bergs Zion östlich der Davidsstadt (S. 81) begraben wurde.

Das Grab befindet sich außerhalb des Hofs vor dem Franziskanerkloster. Man erreicht es durch einen Zugang links des Wegs in den Hauptkomplex, vorbei an einem Bogen und der zum Abendmahlssaal führenden Treppe.

Abendmahlssaal — CHRISTLICHE STÄTTE

(Cenacle, Coenaculum; Karte S. 78; ⊗ 8–18 Uhr) GRATIS Auf der Grundlage mittelalterlicher Vorstellungen über den Ort des Letzten Abendmahls hielt das Coenaculum (lateinisch für Speisesaal) Einzug in die christliche Tradition. Die meisten Historiker sind

Jerusalem Innenstadt

sich darüber einig, dass dieser Saal eher nicht an der Stelle erbaut wurde, wo Christus seine letzte Mahlzeit einnahm. Dennoch sind in dem eleganten Raum mit Rippengewölbe, der einst zur Zionskirche aus dem 4. Jh. gehörte, immer jede Menge Pilger zugegen. Das aus den Zeiten der Kreuzfahrer im 14. Jh. erhaltene Gebäude, das die ursprüngliche Kirche ablöste, wurde unter den Osmanen in eine Moschee umgewandelt.

Das Gebäude wartet mit Buntglasfenstern und einem Mihrab (Gebetsnische) aus

dem 16. Jh. auf – ein schöner Kontrast zum ansonsten gotischen christlichen Ambiente.

Etwas wahrscheinlicher ist es, dass an diesem Ort die Jünger am 50. Tag nach der Auferstehung Christi den Heiligen Geist empfingen und begannen, in „fremden Zungen" zu reden (Apg 2), was sie in die Lage versetzte, das Christentum zu verbreiten. Heute erinnert das Pfingstfest an das Ereignis.

Der Saal befindet sich über dem Davidsgrab und ist über eine Treppe in der Nähe zu erreichen.

Jerusalem Innenstadt

Highlights
1 Mahane-Yehuda-Markt G6
2 Palestinian Heritage
   Museum E1

Sehenswertes
3 Ades-Synagoge B3
4 Dormitio-Kirche & -Kloster E5
5 Kirche aller Nationen und
   Garten Gethsemane G3
6 Maria-Magdalena-Kirche G3
7 Kirche St. Peter in Gallicantu F5
8 Paternosterkirche H3
9 Himmelfahrtsmoschee
   (Himmelfahrtskapelle) H3
10 Gartengrab E2
11 Grab von Oskar Schindler E5
12 Jakobusgrotte G4
13 Davidsgrab und
   Abendmahlssaal E5
14 Knesset A4
15 L.-A.-Mayer-Museum
   für Islamische Kunst B6
16 Löwentor G3
17 Kreuzkloster A5
18 Montefiore-Windmühle D5
19 Museum on the Seam E2
20 Rockefeller-Museum F2
21 Russische Himmelfahrtskirche H3
22 Andreaskirche D6
23 St.-Anna-Kirche G3
24 Georgskathedrale E1
25 Gräber der Propheten H4
26 Mariengrab G3
27 Grab des Sacharja G3
28 Tal Joschafat G4

Aktivitäten, Kurse & Touren
29 Smart Tour D6
30 Ulpan Beit Ha'Am B3

Schlafen
31 Abraham Hostel B2
32 American Colony Hotel E1
33 Dan Boutique Hotel E6
34 Jerusalem Hotel E2
35 King David Hotel D4
36 Legacy Hotel E2
37 Little House in Rehavia B4
38 National Hotel F2
   St Andrew's Scottish
   Guesthouse .... (s. 22)
   St George's Guesthouse .... (s. 24)
39 YMCA Three Arches Hotel D4

Essen
   Adom .... (s. 44)
40 Al Mihbash E2
41 Angelica D5
42 Anna Cafe C2
43 Azura G5
44 First Station D6
45 Ishtabach G5
46 Machneyuda G5
47 Mousseline G6
48 Pasta Basta H6
49 Sarwa Street Kitchen E1
50 Yudale G5

Ausgehen & Nachtleben
51 Beer Bazaar H4
52 Casino de Paris H4
53 Etrog Man H6
54 Roasters H6
55 Talbiye C6

Unterhaltung
56 Cinematheque E5
57 Jerusalem Theatre C6

Shoppen
58 Armenian Ceramics E2
59 Educational Bookshop
   & Cafe E2
60 Halva Kingdom H5

Dormitio-Kirche & -Kloster KIRCHE
(Karte S. 78; 02-565-5330; www.dormitio.net; Mo–Sa 9–17, So ab 10 Uhr) GRATIS Mit ihrem runden Sandsteinturm und den anmutigen romanischen Bögen ist diese Kirche eine der markantesten Wahrzeichen Jerusalems. Sie steht an der Stelle, an der die Jungfrau Maria gestorben sein soll – „Dormitio" steht für einen friedlichen Schlaf oder schmerzlosen Tod. Die heutige Kirche und das Kloster gehören dem deutschen Benediktinerorden und wurden 1906 geweiht. Wer sich nach Betreten der Kirche links hält, gelangt zur **Krypta** mit dem Marienschrein. Besucher sollten sich angemessen kleiden!

Der vollständige lateinische Name des Komplexes lautet Dormitio Sanctae Mariae („Entschlafung Mariens"). Das Gebäude wurde während der Gefechte in den Jahren 1948 und 1967 beschädigt. 1967 besetzten israelische Soldaten den Turm und hatten von dort die Stellungen der jordanischen Armee auf den Festungswällen der Altstadt im Blick. Die Soldaten nannten den Turm „Bobby", da sie seine Form an die Helme der Londoner Polizisten erinnerte.

Im oberen Teil der Apsis befindet sich ein goldenes Mosaik mit der Jungfrau Maria und dem Jesuskind, darunter sind die Propheten Israels zu sehen. Die Kapellen sind jeweils einem oder mehreren Heiligen geweiht: dem hl. Willibald; einem englischen Benediktiner, der das Heilige Land im Jahr 724 besuchte; den Drei Weisen; dem hl. Josef, dessen Kapelle mit Medaillons geschmückt ist, die Könige Judas als Jesu Ahnen zeigen; und Johannes dem Täufer. Den Boden zieren Namen von Heiligen und Propheten sowie Tierkreiszeichen.

Grab von Oskar Schindler GEDENKSTÄTTE
(Karte S. 78; Mo-Sa 8-12 Uhr) Dem österreichischen Industriellen Oskar Schindler (1908-1974) wurde der Ehrentitel eines „Gerechten unter den Völkern" verliehen, den der Staat Israel an Nichtjuden vergibt, die ihr Leben aufs Spiel setzten, um während des Holocaust Juden zu retten. Schindler rettete mehr als 1200 Juden vor dem Tod in der Gaskammer, indem er sie in seiner Fabrik anstellte. Sein Grab befindet sich auf dem christlichen Friedhof auf dem Zionsberg. Den Friedhof erreicht man, indem man vom Zionstor direkt geradeaus den Hügel hinab geht. Im Friedhof geht man dann hinunter zur dritten (untersten) Ebene. Schindlers Grab ist leicht zu erkennen: Es ist stets mit etlichen kleinen Steinen bedeckt, was nach jüdischem Brauch den Respekt für den Toten signalisiert.

Steven Spielberg verfilmte seine Geschichte in dem mit einem Oscar ausgezeichneten Film *Schindlers Liste*. Der Film wiederum basierte auf dem gleichnamigen Roman von Thomas Keneally; auf der berühmten Liste standen die Namen von Juden, die Schindler vor dem Verderben nach Brünnlitz in seine Fabrik in Sicherheit bringen konnte.

Kirche St. Peter in Gallicantu KIRCHE
(Karte S. 78; 02-673-1739; www.stpeter-gallicantu.org; Erw./Kind 10/5 NIS; Mo-Sa 8.30-17 Uhr) Diese Kirche steht dort, wo Jesus angeblich von seinem Jünger Petrus verleugnet wurde: „Ehe der Hahn kräht, wirst du mich dreimal verleugnen" (Mk 14,66-72) (Gallicantu leitet sich vom lateinischen Wort für „Hahnenschrei" ab). Von hier bieten sich atemberaubende Ausblicke auf die Davidsstadt und das palästinensische Dorf Silwan.

Die Kirche wurde auf den Fundamenten älterer Kirchen der Byzantiner und Kreuzfahrer errichtet. Die 1930 fertiggestellten breiten Kuppeln und Bögen des modernen Gebäudes wirken byzantinisch. Im Kircheninneren gibt's einige ungewöhnliche Buntglasfenster; unten sind Fundamente und Mosaiken früherer Kirchen zu sehen sowie die Stelle, an der drei Kreuze aus byzantinischer Zeit gefunden wurden. Die Kirche wird von einem französischen Orden betrieben.

Man erreicht sie, indem man der Straße, die vom Berg Zion hinunter und um diesen herum zum Teich des Sultans führt, ostwärts folgt. Stufen aus römischer Zeit führen vom Kirchgarten hinunter zur Gihonquelle im Kidrontal.

Kidrontal

Das östlich der Altstadt gelegene Kidrontal und seine westlichen Hänge sind der älteste Teil Jerusalems: Die archäologischen Funde und Gräber reichen hier mehr als 4000 Jahre in die Vergangenheit. Dies ist der Ort der legendären Davidsstadt, die allerdings schon lange bestand, ehe David mit Steinen um sich warf. In der Gegend gibt es außerdem eine Reihe von Gräbern und Grabmälern, vor allem im Tal Joschafat. Durch seine Abschüssigkeit ist das Tal aus der übrigen Stadt nicht gut zu erreichen (den besten Zugang hat man über das Dungtor oder das Löwentor), aber für Archäologiefans mit festem Schuhwerk lohnt es sich allemal, das Gelände zu erkunden.

Davidsstadt ARCHÄOLOGISCHE STÄTTE
(Karte S. 56; Infos 02-626-8700, Tourbuchung 077-996-6726; www.cityofdavid.org.il; Erw./Kind 29/15 NIS, Führung Biblische Stadt Erw./Kind 60/45 NIS; Okt.-März So-Do 8-17, Fr bis 14 Uhr, April-Sept. So-Do 8-19, Fr bis 16 Uhr; 1, 2, 38) Die heiß umstrittene Stätte strotzt nur so vor Geschichte und ist eine der archäologischen Stätten Jerusalems, an denen am meisten gearbeitet wird. Beim ältesten Teil Jerusalems handelt es sich um eine kanaanäische Siedlung, die David eingenommen haben soll. Auch soll er vor 3000 Jahren die Bundeslade hierhergebracht haben. Die Ausgrabungen begannen in den 1850er-Jahren und sind noch immer nicht beendet, genauso wie die Kontroversen über die Erschließung und Ausweitung der Stätte nach Silwan in Ostjerusalem. Für den Besuch sollte man mindestens drei Stunden einplanen.

Vom Dungtor geht es zunächst gen Osten (bergab) und dann in die nach rechts führende Straße. Der Eingang befindet sich auf der linken Seite. Im Besucherzentrum sollte man sich (vor allem im Sommer) Wasser kaufen und sich den 15-minütigen 3D-Film über die Stadt anschauen. Wer den Hiskia-Tunnel durchwaten will – was wirklich empfehlenswert ist –, kann sich in den Waschräumen Badesachen anziehen und seine Kleidung in einem Schließfach verstauen (10 NIS). Alternativ kann man natürlich auch Shorts tragen. Außerdem sollte man geeignetes Schuhwerk tragen (Flip-Flops oder wasserdichte Schuhe). Kleine Schlüsselanhängerlampen sind am Ticketschalter erhältlich, doch am besten bringt man eine Taschenlampe mit.

Im Eintrittspreis enthalten ist die Besichtigung der unterirdischen Bereiche (Warren-Schacht, Hiskia-Tunnel, Teich von Siloah, Tempelbergstufen). Die Erkundung der oberirdischen Bereiche ist kostenlos. Da hier auch weiterhin noch gegraben wird, weiß man oft nicht, was man vor sich hat – viele Besucher entscheiden sich daher, an einer Führung teilzunehmen.

Am Fuß des Hügels angekommen, kann man die Tempelbergstufen oder die Straße zurücklaufen, die durch das palästinensische Dorf Silwan führt.

➧ Königliches Viertel (Areal G)

Areal G, auch als Königliches Viertel bekannt, entstand im 10. Jh. v. Chr. Wahrscheinlich wurde hier eine befestigte Mauer für einen Palast auf dem Grat hochgezogen. Zur Zeit des Ersten Tempels stand das Haus eines Aristokraten (Achiels Haus) an dieser Mauer, es wurde jedoch – genauso wie der Tempel – 586 v. Chr. zerstört. In einer der Kammern, wegen seiner Ascheschicht **Verbrannter Raum** genannt, wurden Pfeilspitzen von judäischen und babylonischen Bogenschützen entdeckt; sie erinnern an die blutige Schlacht, die hier geschlagen wurde. Archäologen haben weiterhin 51 königliche Siegel in althebräischer Schrift gefunden. Eines soll von Gemarja Ben Schafan stammen, dem Schreiber des Propheten Jeremia, der in dessen Buch Erwähnung findet (Jer 36,10).

➧ Warren-Schacht

Der lange, abschüssige Schacht wurde 1867 vom britischen Ingenieur Sir Charles Warren entdeckt. Er führt unterhalb der Davidsstadt zur Gihonquelle und ermöglichte den Kanaanitern in kriegerischen Zeiten einen geschützten Zugang zu Trinkwasser. Und vielleicht ist dies der Tunnel, den Davids Soldaten passierten, um die Stadt zu erobern (2 Sam 5). Archäologen gehen heutzutage allerdings davon aus, dass seine Truppen einen anderen Tunnel nutzten. Vom Warren-Schacht kann man bergab zum Hiskia-Tunnel am Fuß des Hügels laufen. Der Schacht wird eine Stunde vor der offiziellen Schließungszeit der Davidsstadt geschlossen.

➧ Hiskia-Tunnel

Der 500 m lange unterirdische nasse Durchgang endet am Jüngeren Teich von Siloah, an dem Jesus einen Blinden geheilt haben soll (Joh 9,6-11). Dem Tunnel kam die Aufgabe zu, das Wasser der temperamentvollen Gihonquelle zu bändigen, das für jeweils etwa 30 Minuten in rauen Mengen aus dem Boden schießt, bevor die Quelle anschließend für mehrere Stunden versiegt – Gihon bedeutet denn auch so viel wie „hervorsprudelnd".

Vor allem wegen dieser Quelle ließen sich die Kanaaniter in dem Tal nieder und nicht auf dem höher gelegenen Gelände in der Nähe. Der Tunnel wurde um 700 v. Chr. von König Hiskia gebaut, um das Wasser von der Quelle in die Stadt zu leiten und im Jüngeren Teich von Siloah aufzufangen. So sollte verhindert werden, dass Eindringlinge – insbesondere die Assyrer – die Wasserquelle orten und von der Stadt abtrennen konnten (Berichte dazu im 2. Chr 32,30).

Der Tunnel ist stellenweise schmal und niedrig, kann jedoch problemlos durchwatet werden. Der Wasserspiegel liegt zwischen 50 cm und 1 m Tiefe. An manchen Stellen ist der Tunnel nicht breiter als 60 cm. Hat man die ersten 20 m hinter sich, knickt der Tunnel scharf nach links ab. Dort blockiert eine brusthohe Mauer einen weiteren Kanal, der zum Warren-Schacht führt. Zum Ende des Tunnels hin ist die Decke etwas höher. Das liegt wohl daran, dass sich die Tunnelgräber von beiden Seiten durch das Gestein vorarbeiteten und eine Gruppe von Arbeitern die Höhe der Passage falsch einschätzte. Der Boden musste daher tiefer ausgegraben werden, damit das Wasser ungehindert fließen konnte. In dem Tunnel hat man eine hebräische Inschrift von Hiskias Ingenieuren entdeckt, die von den Bauarbeiten berichtet (eine Kopie ist im Israel-Museum ausgestellt, S. 91).

Um den Tunnel zu passieren, benötigt man ca. 20 Minuten – 40 Minuten, wenn es voll ist. Wer keine nassen Füße bekommen möchte, kann einen anderen, trockenen Tunnel passieren (15 Min.); diesen findet man, wenn man sich unmittelbar vor dem Eingang des Hiskia-Tunnels nach links wendet. Größere Kinder können durch den Hiskia-Tunnel gehen, man sollte sich aber vorher nach dem Wasserstand erkundigen. Der Tunnel muss mindestens eine Stunde vor Schließung der Davidsstadt betreten werden.

➧ Jüngerer Teich von Siloah

Beim Ausgang aus dem Hiskia-Tunnel stößt man auf ein kleines Teichbecken mit runden

Steinen. Das Becken stammt aus byzantinischer Zeit: Es wurde im 5. Jh. erbaut, um dem Ort der Heilung des Blinden (Joh 9) zu gedenken. Der wahre Teich ließ sich nicht auffinden, da er unter Schutt begraben lag.

➡ Älterer Teich von Siloah

Vom byzantinischen Teich führt eine Treppe zu einem offenen Gelände mit verfallenen Stufen. Über diese gelangt man zu einem kleinen Teich hinab, dem eigentlichen Teich von Siloah. Er wurde bei Ausgrabungen 2004 entdeckt, stammt aus der Zeit des Zweiten Tempels und wurde für rituelle Waschungen genutzt. Archäologen und Historikern zufolge ist dies der Teich aus der Erzählung des Johannesevangeliums.

➡ Östliche Stufenstraße

Vom Älteren Teich von Siloah führt eine Holztreppe hinauf zur Östlichen Stufenstraße, einer antiken Steintreppe. Das Treppenmuster – jeweils zwei kurze Stufen und dann ein größerer Abstand – soll für Tiere gedacht gewesen sein, sodass Opfertiere problemlos hinaufgeführt werden konnten. Ein Kanalisationsgraben liegt unter den Stufen. Hier fanden Archäologen Münzen und Töpferwaren aus der Römerzeit. Es wird daher vermutet, dass der Graben während der Plünderung der Stadt 70 n. Chr. Juden als Versteck diente.

➡ Tempelberg-Stufen

Dieser kürzlich entdeckte, 650 m lange Tunnel ist ein Entwässerungsgraben, der Wasser aus dem Bereich des Tempelbergs abführte. Das untere Ende des Tunnels liegt in der Nähe des Älteren Teichs von Siloah; von dort kann man bergauf zurück in die Altstadt laufen. Der Ausgang befindet sich nahe dem Dungtor. Die Decke ist niedrig und der Tunnel an manchen Stellen eng! Wer besonders groß oder sehr breit gebaut ist oder unter Klaustrophobie leidet, verzichtet besser auf die Besichtigung.

Tal Joschafat
RELIGIÖSE STÄTTE

(Karte S. 78; Jericho Rd; Spende; ⊙ tagsüber) Das Wort Joschafat (hebräisch Yehoschafat) bedeutet „Der Herr hat gerichtet"; bei dem schmalen Landstreifen zwischen dem Tempelberg und dem Ölberg soll es sich um den Ort handeln, an dem das Jüngste Gericht stattfinden und über alle Völker gerichtet werden soll (Joel 3,12). Am südlichen Ende befinden sich einige Gräber aus der Zeit des Zweiten Tempels. Das nördlichste ist das **Grab des Joschafat**, eine mit einem beeindruckenden Fries über dem Eingang geschmückte Grabhöhle aus dem 1. Jh. Direkt

> ### STREIT OHNE ENDE
>
> Um zahlreiche der antiken Stätten Jerusalems ranken sich Streitigkeiten, doch besonders bitter tobt die Auseinandersetzung um die Davidsstadt. Als Besucher wird man sicher bemerken, dass die Stätte wie eine jüdische Insel in ansonsten überwiegend palästinensischen Vierteln wirkt. Die Davidsstadt wird von Elad verwaltet, einer Organisation, die Jerusalem als Reiseziel bewirbt und archäologische Grabungen finanziert. Die Gruppe unterstützt außerdem die Ausdehnung jüdischer Siedlungen in Ostjerusalem, sodass ihre Verwaltung der Davidsstadt zahlreiche Kritiker hat. Auch Historiker haben Zweifel hinsichtlich der Objektivität geäußert, mit der hier archäologische Entdeckungen benutzt werden, um biblische Geschichten zu untermauern. Viele Besucher haben den Eindruck, dass die offiziellen Darstellungen, wie sie einige Guides in der Davidsstadt verlautbaren lassen, zu einseitig sind.

gegenüber befindet sich das **Grabmal des Abschalom**, der Legende nach das Grab von Davids Sohn (2 Sam 18,17). Gleich dahinter liegt die **Jakobusgrotte**, in der sich Jakobus versteckt haben soll, als Jesus in der Nähe verhaftet wurde. Neben der Grotte befindet sich das aus dem Fels gehauene **Grab von Sacharja**, wo nach jüdischer Überlieferung der Prophet Sacharja begraben sein soll (2 Chr 24,25).

Höchstwahrscheinlich wurden in den Gräbern – allen prominenten Namen zum Trotz – wohlhabende Adlige aus der Zeit des Zweiten Tempels bestattet.

⊙ Ölberg

Im Buch Sacharja heißt es, dass Gott hier die Toten erlösen wird, wenn der Messias am Tag des Jüngsten Gerichts zurückkehrt. Daher haben viele Juden beschlossen, sich hier bestatten zu lassen. Zurzeit haben auf diesem Berg etwa 150 000 Menschen ihre letzte Ruhe gefunden – angeblich kosten die besten Grabstellen mehr als 100 000 US-Dollar. Dies ist wahrscheinlich der älteste kontinuierlich genutzte Friedhof der Welt. Auf dem Gelände befinden sich außerdem zahlreiche Kirchen und Stätten, die u. a. der Festnahme

Jesu und – in christlicher Überlieferung – Christi Himmelfahrt gedenken.

Himmelfahrtskirche   KIRCHE
(www.evangelisch-in-jerusalem.org; Ecke Anbar St & Martin Buber St; 5 NIS; ⊗ Mo-Sa 8-13 Uhr; 🚌 275) 1898 überließen die Osmanen den Deutschen 8 ha Land auf dem Ölberg. Das Gelände wurde für den Bau einer Kirche und eines Hospizes verwendet. Benannt wurde der Komplex nach Auguste Viktoria, der Frau Kaiser Wilhelms II. Die 1910 fertiggestellte Kirche ist mit Mosaiken und Fresken geschmückt. Der 60 m hohe Glockenturm (203 Stufen) kann bestiegen werden. Während des Ersten Weltkriegs besetzte die türkische Armee das Hospiz, das später von den Briten in ein Militärkrankenhaus umgewandelt wurde. Bis heute ist hier ein Krankenhaus untergebracht.

Himmelfahrtsmoschee/ Himmelfahrtskapelle   RELIGIÖSE STÄTTE
(Karte S. 78; ⊗ 7.30-10.30 & 13.30-14.30 Uhr) Diese winzige, baufällige Kapelle übersieht man schnell. Auch sie soll die Stelle kennzeichnen, an der Jesus Christus zum Himmel aufgefahren ist (Luk 24,50-51). In byzantinischer Zeit errichtet, wurde sie von den Kreuzfahrern umgestaltet und 1198 von Saladin in eine Moschee umgewandelt. Das heutige Gebäude ist eine Rotunde auf einem achteckigen Sockel mit Steinminarett. Das Gotteshaus ist unregelmäßig geöffnet, vormittags stehen die Chancen aber gut, dass man jemanden antrifft, der das Gebäude aufschließen kann.

Im Steinfußboden des Innenraums befindet sich ein Fußabdruck, der von Jesus stammen soll. Dass heute kaum noch etwas zu erkennen ist, liegt vielleicht daran, dass Pilger in byzantinischer Zeit Stücke mitnehmen durften. Heute ist nur der rechte Fußabdruck sichtbar, der linke wurde im Mittelalter in die Al-Aqsa-Moschee (S. 63) gebracht.

Paternosterkirche   KIRCHE
(Karte S. 78; ☏ 02-626-4904; 8 NIS; ⊗ April-Sept. Mo-Sa 8.30-12 & 14.30-16.30 Uhr, Okt.-März Mo-Sa ab 8 Uhr) Majolikaplatten mit dem Vaterunser zieren die Wände und des angeschlossenen Kreuzgangs. Helena, Mutter von Konstantin dem Großen, hielt dies für den Ort, an dem Jesus seinen Jüngern das Vaterunser beigebracht haben soll, und ließ hier eine Kirche errichten. Diese wurde zerstört, doch die Kreuzfahrer errichten dann 1152 eine neue Kirche, welche anschließend wiederum von den Mamelucken zerstört wurde. Das heutige Gebäude ist eine teilweise Rekonstruktion der byzantinischen Kirche mit einem Kreuzgang aus dem 19. Jh. Auf den Majolikaplatten ist das Vaterunser in 132 Sprachen zu lesen – je nach Zählweise, denn einige Sprachen sind zusätzlich auch in Blindenschrift vertreten.

Gräber der Propheten   GRABSTÄTTE
(Karte S. 78; Spende 5 NIS pro Pers.; ⊗ Mo-Do 9-15 Uhr) In dem Friedhofsabschnitt unterhalb der Aussichtspromenade – zu erreichen über die Treppe – befinden sich antike Felsengräber. Nach jüdischer Überlieferung soll es sich dabei um die Gräber der Propheten Haggai, Sacharja und Maleachi handeln, die im 5. und 6. Jh. v. Chr. lebten – was wie so oft von Archäologen angezweifelt wird: Sie datieren die Gräber auf spätere Zeit.

ⓘ ÖLBERG: PRAKTISCHE TIPPS

Den Ölberg zu Fuß in Angriff zu nehmen, kann vor allem im Sommer recht anstrengend sein. Wer sich in Jerusalem nur eine geführte Tour leisten möchte oder kann, sollte diese zum Ölberg unternehmen: Sandemans (S. 97) bietet eine ausgezeichnete dreistündige Exkursion (21 € inkl. Transfer). Oder man nimmt an der Bushaltestelle gegenüber vom Herodestor in der Sultan Suleiman St in Ostjerusalem den arabischen Bus 275 (5 NIS) oder hält ihn vor dem Damaskustor an und fährt bis zur Himmelfahrtskirche (zu erkennen an dem Schild „Augusta Victoria Hospital"). Oder man fährt noch zwei Haltestellen weiter und kommt so näher zu den geschichtsträchtigsten Stätten am Ölberg: Geht man von der Haltestelle bergab, kommt man zur **Russischen Himmelfahrtskirche** (Karte S. 78; ☏ 02-628-4373; ⊗ unterschiedlich, gewöhnlich 9-12 Uhr), zur Himmelfahrtsmoschee, zur Paternosterkirche und zu den Gräbern der Propheten. Geht man wieder Richtung Löwentor (S. 75) und Altstadt hinauf, kommt man am Garten Gethsemane (S. 85) und am Mariengrab (S. 85) vorbei.

Die meisten Kirchen und Gärten sind vormittags geöffnet, ab etwa 12 Uhr dann für mindestens zwei Stunden geschlossen und nachmittags ab ca. 15 Uhr wieder geöffnet.

Maria-Magdalena-Kirche   KIRCHE

(Karte S. 78; ⊙ Di & Do 10–12 Uhr) Ein Stückchen Petersburg auf dem Ölberg: Diese formschöne Kirche wurde im Stil einer russisch-orthodoxen Kirche des 17. Jhs. errichtet. Die 1888 von Zar Alexander III. zum Andenken seiner Mutter gestiftete Kirche gehört heute zu einem Kloster und verwahrt die Reliquien zweier russischer Heiliger. Die sieben goldenen Zwiebeltürme gehören zu den hübschesten Wahrzeichen von Jerusalem.

Kirche aller Nationen   KIRCHE

(Todesangstbasilika; Karte S. 78; ⊙ April–Sept. 8–17.50 Uhr, Okt.–März bis 16.50 Uhr) Auf den Überresten zweier Vorgängerkirchen thront an der Stelle, an der Jesus die Nacht hindurch gebetet haben soll, bevor er verraten wurde (Mt 26,36), eine franziskanische Basilika. Drinnen in der auch Todesangstbasilika genannten Kirche wird das Licht durch Buntglasfenster gedämpft, und von den Gewölbedecken funkeln Sterne, um die Stimmung der nächtlichen Gebete Jesu im Garten Gethsemane hervorzuzaubern.

An dem Felsen beim Altar soll Jesus gebetet haben.

Garten Gethsemane   GARTEN

(Karte S. 78; ⊙ Mo–Mi, Fr & Sa 8.30–12 & 14.30–17, So & Do bis 16 Uhr) GRATIS In dem heute zur Kirche aller Nationen gehörenden Garten, so heißt es, soll Jesus nach einer Nacht fieberhaften Betens gefangen genommen worden sein (Mk 14,32–50). In ihm stehen einige der ältesten Olivenbäume der Welt (*gat shmanim* bedeutet auf Hebräisch „Ölpresse"). Jedoch konnte nicht wissenschaftlich untermauert werden, dass es sich bei den Bäumen um diejenigen handelt, unter denen Jesus betete und seine Jünger schliefen. Ein Gitter schützt die verbleibenden Bäume vor Besuchern, die früher oft gerne Zweige abbrachen. Der Eingang befindet sich in einer schmalen Gasse, die auf den Ölberg führt.

Mariengrab   CHRISTLICHE STÄTTE

(Karte S. 78; ⊙ April–Sept. 5–12 & 14.30–17 Uhr, Okt.–März ab 6 Uhr) GRATIS Der Kerzenrauch von Jahrhunderten hat die Wände dieses unterirdischen Schreins geschwärzt, der einer der heiligsten Stätten der Christenheit ist. Der Überlieferung zufolge ist dies die letzte Ruhestätte von Maria, der Mutter Jesu. Zwar hängen hier unzählige Leuchten und wertvolle Ikonen, doch ist der Raum nur schummrig beleuchtet. Der Schrein in der Mitte ist mit rotem Samt bedeckt.

Ein Denkmal wurde erstmals im 5. Jh. errichtet, wie aber mehrere Nachfolger zerstört. Die Fassade des aktuellen Grabmals geht auf die Zeit der Kreuzritter im 12. Jh. zurück; die Krypta stammt hingegen aus byzantinischen Zeiten. Unter dem Boden liegt eine antike Zisterne.

Bei den Eiern auf den hängenden Öllampen der Grabstätte handelt es sich nicht um Osterdekorationen: Sie bilden ein Hindernis, das es Ratten erschweren soll, die Ketten hinunterzuklettern.

⊙ Ostjerusalem

Das vorwiegend von Arabern bewohnte Ostjerusalem ist Gegenstand heftiger Debatten. Es umfasst das Gebiet, das im Zuge des Waffenstillstandsabkommens von 1949 nach dem Palästinakrieg zu Jordanien gehörte. Die Grüne Linie (Demarkationslinie 1948–1967) zwischen den israelisch und jordanisch verwalteten Stadtgebieten verlief entlang der Chel Handasa St, auf der heute die Straßenbahn fährt. Nach dem Sechstagekrieg 1967 gelangte Ostjerusalem unter israelische Kontrolle, und die internationale Gemeinschaft hält das Gebiet zum größten Teil für von Israel unrechtmäßig besetztes Territorium.

Was Neuankömmlinge oft verwirrt: „Ostjerusalem" kann sich auf Gebiete nördlich, östlich und südlich der Altstadt beziehen. Die Ostjerusalemer Stätten rund um die Altstadt sind Brennpunkte von Spannungen und Gewalt zwischen der vorwiegend arabischen Bevölkerung und allgegenwärtigen israelischen Sicherheitskräften.

Bei einem Spaziergang durch diese Gegend sollte man in dem historischen American Colony Hotel (S. 100) einen Zwischenstopp einlegen und sich stärken. Einer Legende zufolge soll der osmanische Befehlshaber Jerusalems, als er vor den Briten kapitulieren musste, eines der Betttücher des Hotels genommen und als weiße Fahne verwendet haben (das Hotel diente damals als Krankenhaus). Diese „Flagge" befindet sich heute im Imperial War Museum in London.

★ Palestinian Heritage Museum   MUSEUM

(Dar Al-Tifel Al-Arabi Foundation; Karte S. 78; ☏ 02-627-2531; www.dta-museum.org American Colony, Al-Jarrah St; Erw./Kind 20/10 N S; ⊙ Mo–Do & Sa 8–16 Uhr) Dieses Museum in einem Gebäude aus dem 19. Jh. im Komplex der American Colony bietet einen nützlichen Überblick in die palästinensische Kultur in Vergangenheit und Gegenwart. Ausstellungen zu Stickerei, Korbflechterei und Landwirtschaft lassen uralte Dorftraditionen lebendig werden. Das Museum erzählt außerdem von der Vertreibung der Palästinenser, u. a. anhand von Listen ehemals arabischer Dörfer, und erinnert an Ereignisse wie das Deir-Yassin-Massaker des Jahres 1948.

Georgskathedrale KIRCHE
(Karte S. 78; www.j-diocese.org; Derekh Shchem/Nablus Rd; unterschiedlich; Shivtei Israel) Der Überlieferung zufolge soll der hl. Georg, der Schutzpatron Englands, Anfang des 4. Jhs. in Palästina als Märtyrer gestorben sein. Die nach ihm benannte Georgskathedrale wurde 1898 geweiht und wird von einer gemischt arabisch- und englischsprachigen Gemeinde besucht. Der Kirchenkomplex birgt Erinnerungen an die britische Mandatsherrschaft und Symbole für die Präsenz der Briten.

Museum on the Seam GALERIE
(Karte S. 78; 02-628-1278; www.mots.org.il; 4 Chel Handasa St; Erw./Stud. 30/25 NIS; Mo, Mi & Do 10–17, Fr bis 14, Di 14–20 Uhr; Shivtei Israel) Diese an der „Naht" (Grenze) zwischen Ost- und Westjerusalem gelegene Galerie zeigt zeitgenössische Kunstausstellungen, die oft Themen erkunden, die mit Identität und Glauben zu tun haben – das kann alles sein von Multimedia-Installationen bis zu dramatischen Darstellungen von Bibelszenen, aber auf jeden Fall regt es immer zum Nachdenken an. An dem Gebäude, das die israelische Armee von 1948 bis 1967 als vorgeschobene Stellung nutzte, sind noch die Narben des Krieges sichtbar.

Auf dem Dach befindet sich ein Café; im Erdgeschoss geht ein Souvenirladen seinen Geschäften nach. Einige Werke sind nichts für Kinderaugen.

Gartengrab GARTEN
(Karte S. 78; 02-539-8100; www.gardentomb.org; Ostjerusalem; Mo–Sa 8.30–17.15 Uhr; Damascus Gate) **GRATIS** Die ruhige Grünfläche abseits des Trubels auf der Derekh Shchem (Nablus) Rd wird von anglikanischen und freikirchlichen Christen als möglicher Ort der Wiederauferstehung Jesu Christi angesehen. Wenngleich sie für ihre Sicht der Dinge nur wenig Unterstützung bekommen, haben sie eine ummauerte, schön gestaltete Anlage geschaffen, die für viele eher ein Ort der inneren Einkehr ist als die von den Massen besuchte Grabeskirche (S. 65). Außerdem gibt es hier interessante archäologische Grabungen.

General Charles Gordon (bekannt als Gordon von Khartum) hegte Zweifel, dass die Grabeskirche tatsächlich auf dem Kalvarienberg thront, und wies stattdessen diesem Ort eine biblische Bedeutung zu: Nachdem er einen schädelförmigen Hügel direkt nördlich des Damaskustors (S. 74) ausgemacht hatte, veranlasste er dort Ausgrabungen. Die alten Gräber, die dabei freigelegt wurden, darunter eine mit einem Rollstein versiegelte Kammer, bestärkten ihn in seiner Überzeugung, den richtigen Ort gefunden zu haben.

Mittlerweile haben Archäologen die Gräber aber ins 7. bis 5. Jh. v. Chr. datiert – dagegen wird wiederum argumentiert, dass Gräber im Heiligen Land oft wiederverwendet wurden. Manch Zyniker behauptet, die ständigen Diskussionen um das Gartengrab würden nur deshalb aufrechterhalten, weil dies die einzige heilige Stätte Jerusalems sei, die sich in protestantischem Besitz befinde.

Von der Sultan Suleiman St nimmt man die Nablus Rd nach Norden und biegt gegenüber von der Bushaltestelle nach rechts in die Schick St ab. Die Stätte ist auch für Rollstuhlfahrer zugänglich.

> #### SICHER UNTERWEGS
>
> Die meisten Reisenden haben in Jerusalem keinerlei Probleme, aber Vorsicht: Die stets latent herrschenden Spannungen können sich jederzeit entladen, teils mit Gewalt.
>
> ➸ Demonstrationen und Aufmärsche von Juden und Arabern sind in Jerusalem nichts Ungewöhnliches. Auch wenn es im Allgemeinen ruhig bleibt, sollte man sich von Demonstrationen fernhalten. Unruheherde sind oft das Damaskustor, das Löwentor und der Tempelberg.
>
> ➸ Viele Reisende fühlen sich rund um den Ölberg unsicher und einige Frauen haben von Belästigungen berichtet. Wenn möglich, sollte man dort nicht allein herumlaufen.
>
> ➸ Ultraorthodoxe jüdische Gruppen bewerfen mitunter Busse mit Steinen und legen sich in Me'a Sche'arim mit der Polizei an. Selbst an ruhigen Tagen kann die Stimmung kippen, wenn Touristen – vor allem in aufreizenden Klamotten – dort herumschlendern.

Rockefeller-Museum MUSEUM
(Karte S. 78; 02-670-8074; 27 Sultan Suleiman St, Ostjerusalem; So, Mo, Mi & Do 10–15, Sa bis 14 Uhr; Damascus Gate) GRATIS Das Rockefeller-Museum steht auf der To-do-Liste der Jerusalem-Touristen nicht gerade sehr weit oben, aber es ist still und nicht überlaufen und befindet sich nur einen Katzensprung vom Herodestor entfernt. Das Ambiente ist hier genauso ansprechend wie die Ausstellungsstücke. So sind im Kreuzgang rund um einen Brunnen Stücke aus römischer Zeit arrangiert.

Stadtzentrum

Das Stadtzentrum erstreckt sich nordwestlich der Altstadt. Die zentrale Achse ist die Jaffa Rd, die vom Tzahal Sq zum Gebiet des Mahane-Yehuda-Markts verläuft. Zwischen dem Tzahal Sq und dem Markt liegt mit dem Zion Sq ein praktischer Orientierungs- und Treffpunkt. Die Innenstadt lässt sich gut zu Fuß erkunden.

★ Mahane-Yehuda-Markt MARKT
(Karte S. 78; www.machne.co.il; Jaffa Rd, Stadtzentrum; So–Do 8–19, Fr 9–15 Uhr; Mahane Yehuda) Auf diesem Markt trifft sich halb Jerusalem, von Touristen bis zu Einheimischen, die sich hier mit Obst und Gemüse versorgen. Außerdem ächzen die Marktstände unter Halva (Sesampastennougat), großen Oliven, glänzendem Sesamgebäck und fast allem, was in der Region angebaut und hergestellt wird. Abends mutiert der Markt dann zu einem Treffpunkt mit Restaurants und Bars für Feinschmecker und Touristen.

Auf dem Markt gibt es zwei Hauptstraßen: Die Mahane Yehuda St mit dem Freiluftmarkt hat v. a. Lebensmittel im Angebot, die Etz Chayim St mit dem überdachten Basar bietet jede Menge Möglichkeiten, Gebäck, Pfannkuchen, Säfte usw. zu probieren.

Einen Markt gibt es hier schon seit osmanischer Zeit. Während der britischen Mandatsherrschaft wurde versucht, den Markt auf Vordermann zu bringen, was aber misslang, sodass er sich bis heute sein chaotisches Erscheinungsbild bewahren konnte. In der Vergangenheit bezogen sich die Namen der Gassen auf die Produkte, die verkauft wurden, doch heute trifft das nicht mehr zu: So gibt's in der HaAfarsek („Pfirsichstraße") Stoffe, in der HaTut („Beerenstraße") einen Metzger und in der Ha'Egoz („Walnussstraße") Süßigkeiten, Kaffee und Blumen.

Das meiste Gewusel herrscht donnerstags und freitags, wenn die Einkäufe für den Sabbat getätigt werden – aber dann ist es auch wirklich sehr voll!

Russian Compound HISTORISCHE STÄTTE
(Karte S. 88; Shivtei Israel St, Stadtzentrum; Dreifaltigkeitskirche April–Sept. Mo–Sa 9–13 Uhr, Okt.–März Mo–Fr 9–13, Sa bis 12 Uhr; City Hall) Dieses Gelände, das von den grünen Kuppeln der **Dreifaltigkeitskirche** beherrscht wird, wurde 1860 von der Russisch-Orthodoxen Kirche erworben, um die Präsenz des Zaren im Heiligen Land zu stärken. In den letzten Jahren der britischen Mandatsherrschaft wurden das Gelände und die umliegenden Straßen in eine befestigte Verwaltungszone verwandelt, die von den Juden Palästinas nach dem verhassten britischen Außenminister Ernest Bevin spöttisch „Bevingrad" genannt wurde. Heute befinden sich hier Jerusalems Polizeizentrale und Gerichtsgebäude.

Museum für italienisch-jüdische Kunst MUSEUM
(Karte S. 88; 02-624-1610; http://ijamuseum.org; 25 Hillel St, Stadtzentrum; Erw./Kind 25/15 NIS; So, Di & Mi 10–17, Do 12–21, Fr 10–13 Uhr; Jaffa Center) Den Kern dieses oft übersehenen Museums bildet eine barocke Synagoge mit goldenen Weinranken und dekorativen Bögen. Die Synagoge wurde aus Conegliano Veneto, wo sie ursprünglich gestanden hatte, Stück für Stück über das Mittelmeer verschifft und hier 1951 wiederaufgebaut. Im selben Gebäude befindet sich außerdem eine Sammlung von Judaika aus Italien von der Renaissance bis heute.

Ades-Synagoge SYNAGOGE
(Karte S. 78; Ecke Be'ersheva & Shilo St; unterschiedlich) Diese Synagoge wurde 1901 von Juden aus der syrischen Stadt Aleppo (Halab) erbaut und ist nach Ovadia und Yosef Ades benannt, den Brüdern aus Aleppo, die den Bau finanzierten. Sie entwickelte sich schnell zu einem Zentrum der syrischen *hazzanut* (Synagogengesang), in dem viele Jerusalemer Kantoren ausgebildet wurden. Bis heute wird hier die seltene Tradition der *bakashot* gepflegt, kabbalistischer Gesänge, die in den Wintermonaten in den frühen Morgenstunden des Sabbats angestimmt werden.

Die Synagoge wird vorwiegend von Gläubigen besucht, auch wenn es den einen oder anderen Touristen hierher verschlägt. Wer möchte, kann einen der Gottesdienste besu-

Jerusalem Zentrum

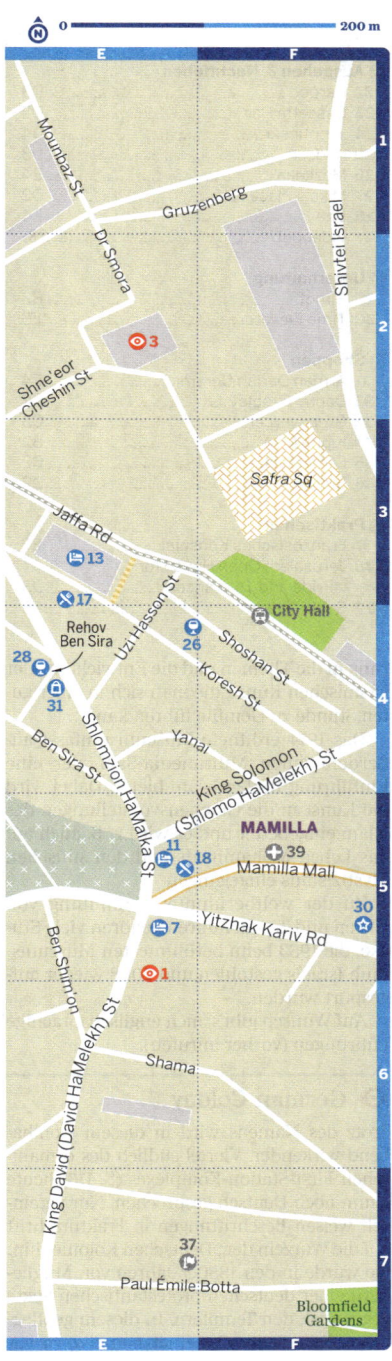

chen: Vormittags finden zwei statt, nachmittags/abends einer – die Zeiten sind draußen ausgehängt.

◉ King David Street

Die begehrtesten Grundstücke außerhalb der Altstadt liegen an der King David (David HaMelekh) St auf einem Hügel westlich des Jaffators. In der vom King David Hotel (S. 105) dominierten Gegend gibt's Parks, Gärten und exklusive Restaurants. Im benachbarten Viertel Mamilla reihen sich neue Apartmenthäuser mit Luxuswohnungen und Blick auf die Wälle der Altstadt aneinander. Viele dieser Wohnungen gehören Juden, die die meiste Zeit des Jahres im Ausland leben. Zu den wichtigsten Wahrzeichen gehören der Komplex der Reformbewegung mit dem **Hebrew Union College** (Beit Shmuel; Karte S. 88; www.beitshmuel.co.il; 6 Eliyahu Shama St), dessen Gebäude teilweise von Mosche Safdie (1986) entworfen wurden, der auch in der Mamilla Mall und in Yad Vashem baute, sowie das 1933 errichtete YMCA-Gebäude (S. 105), das Arthur Loomis Harmon plante, Architekt des Empire State Building.

Montefiore-Windmühle WAHRZEICHEN
(Yemin-Moshe-Windmühle; Karte S. 78; ☏ 02-625-1258; Yemin Moshe; ⊙ Museum So-Do 9-16, Fr bis 13 Uhr) GRATIS Dieses Viertel, Mishkenot Sha'ananim („Ruhige Behausungen"), war Teil eines Erschließungsplans des englischen jüdischen Philanthropen Sir Moses Montefiore. Die Mühle wurde 1857 als eines der ersten Bauwerke außerhalb der sicheren Mauern der Altstadt errichtet.

Andreaskirche KIRCHE
(Karte S. 78; ☏ 02-673-2401; www.standrewsjerusalem.org; 1 David Remez St, German Colony; ⊙ Kirche So-Do 9-16, Fr bis 13 Uhr) Die wie eine Burg der schottischen Highlands aufragende Andreaskirche stellt seit 1927 ein Stückchen Schottland in Jerusalem dar. Die „Schottische Kirche" wurde im Andenken an die schottischen Soldaten erbaut, die im Ersten Weltkrieg im Heiligen Land gefallen waren. Auch im Zweiten Weltkrieg wurde die Kirche von Schotten genutzt, doch heute sind hier Menschen aus aller Herren Länder zugegen, die vielleicht auch im ausgezeichneten Gästehaus (S. 105) nächtigen.

Das Gebäude vermählt östliche und westliche Stilelemente und wartet mit Kirchenfenstern im Stil der Kreuzfahrer mit blauem Glas aus Hebron, armenischen Kacheln und einer breiten byzantinischen Kuppel auf.

Jerusalem Zentrum

◎ Sehenswertes
1. Hebrew Union College E5
2. Museum für italienisch-jüdische Kunst C3
3. Russian Compound E2

🛌 Schlafen
4. 7 Kook Hotel & Suites C1
5. Arthur Hotel B2
6. City Center Hotel A2
7. David Citadel Hotel E5
8. Harmony Hotel C3
9. Jerusalem Hostel & Guest House C2
10. Jerusalem Inn D2
11. Mamilla Hotel E5
12. Palatin Hotel A1
13. Post Hostel E3
14. Shamai Suites B2

✖ Essen
15. Darna D2
16. Focaccia Bar B3
17. Hamarakia E3
18. Mamilla Rooftop Restaurant E5
19. Pinati A2
20. T'mol Shilshom C2
21. Village Green D2

◉ Ausgehen & Nachtleben
22. Barood D3
23. Cassette Bar D2
24. Jabotinski D4
25. Kadosh D3
26. Mazkeka E4
27. Mike's Place D2
28. Sira E4
    Videopub .... (s. 23)

✪ Unterhaltung
29. Bimot B3
30. Time Elevator F5

🛍 Shoppen
31. Arman Darian Ceramic E4
32. Danny Azoulay C2
33. Greenvurcel C3
34. Kippa Man B2
35. Lametayel C2
36. Steimatzky D2

ℹ Praktisches
37. Französisches Konsulat E7
38. Jerusalem Open House for
    Pride and Tolerance D3
39. Super-Pharm F5

◎ Rehavia & Talbiyeh

Die beiden Viertel wurden Anfang des 20. Jhs. errichtet und gehören zu den besseren Wohnvierteln. Talbiyeh wurde von wohlhabenden arabischen Christen, Rehavia von jüdischen Intellektuellen gegründet. Hier befinden sich auch die offiziellen Residenzen des Ministerpräsidenten und des Staatspräsidenten. Im oberen (nordöstlichen) Abschnitt der Gaza (Aza) Rd, der alten Straße nach Gaza, und in der Ramban St gibt es zahlreiche beliebte Bars und Cafés.

Beide Viertel liegen südlich der Bezalel St und westlich der King George V St und der Keren HaYesod St.

L.-A.-Mayer-Museum für Islamische Kunst MUSEUM

(Karte S. 78; ☏ 02-566-1291; www.islamicart.co.il; 2 HaPalmach St, Rehavia; Erw./Stud./Kind 40/30/ 20 NIS; ⊕ Mo–Mi 10–15, Do bis 19, Fr & Sa bis 14 Uhr; ☐ 13) In diesem Kunstmuseum am Südrand von Rehavia lädt die reich verzierte Kunst zu einer genauen Betrachtung ein. Das Museum zeigt Schätze aus der islamischen Welt, von Glasarbeiten des 11. Jhs. bis zu Keramiken der Mamelucken – am schönsten sind jedoch die persischen Kacheln. Das Museum bietet auf drei Etagen eine schöne Einführung in die Themen und die Entwicklung der islamischen Kunst, die man sich in einer guten Stunde zu Gemüte führen kann.

Das 1974 eröffnete Museum umfasst außerdem einen Multimedia-Saal, der eine Einführung in den Islam bietet. Dabei wird die Kunst in die Glaubensvorstellungen des Islam eingebettet und es wird z. B. auch auf das Leben Mohammeds und den sufischen Mystizismus eingegangen.

Zu der weltberühmten Sammlung von Uhren und Taschenuhren gehören viele Stücke, die 1983 beim berühmtesten Museumsraub Israels gestohlen und 2008 wieder aufgespürt wurden.

Auf Wunsch gibt's auch englischsprachige Führungen (vorher anrufen).

◎ German Colony

Trotz des Namens wird in diesem wohlhabend wirkenden Viertel südlich des osmanischen First-Station-Komplexes (S. 113) heute kaum noch Deutsch gesprochen. Nur vereinzelt weisen Beschriftungen in Frakturschrift auf die Wurzeln der „Deutschen Kolonie" hin: Sie wurde in den 1880er-Jahren von Mitgliedern einer deutschen protestantischen Sekte gegründet, den Templern. In diesem gepflegten, weltläufigen Viertel sitzt man gern vor und in Cafés und blättert in der Zeitung *Ha'aretz*. Abends lohnt sich der Bummel durch die Straßen ganz besonders, gibt es hier doch zahlreiche Restaurants und Cafés, die sich als Zwischenstopp eignen.

Von der King George V St in der Innenstadt fährt man mit Bus 7 oder 34 bis zur Emek Refa'im St.

⊙ Talpiot

Haas-Promenade   AUSSICHTSPUNKT
(Talpiot) Von der Haas-Promenade bieten sich unter Zypressen Ausblicke auf Jerusalem: auf die Altstadt, dahinter Wohnblocks und in der Ferne Täler mit Dörfern. Von mehreren Spazierwegen bieten sich unterschiedliche Blickwinkel auf dieses Panorama. Am schönsten ist die Aussicht am späten Nachmittag, wenn das Ganze in kupferfarbenes Licht getaucht ist.

Vom Zentralen Busbahnhof mit Bus 78 bis zur Ecke Daniel Yanovski St und HaAskan St fahren.

⊙ Givat Ram & Museum Row (Museumsmeile)

Der Sitz der israelischen Regierung und zwei der bedeutendsten Museen befinden sich in dem Regierungs- und Universitätsviertel Givat Ram südlich des Zentralen Busbahnhofs.

★ Israel-Museum   MUSEUM
(☏ 02-670-8811; www.imj.org.il; 11 Ruppin Blvd, Museum Row; Erw./Stud./Kind 5–17 J. 54/39/27 NIS; ⊙ Sa–Mo, Mi & Do 10–17, Di 16–21, Fr 10–14 Uhr; ▯ 7, 9, 14, 32) Im riesigen Israel-Museum sind Kulturschätze aus mehr als 5000 Jahren versammelt. Zu den Highlights zählen die mächtigen Statuen im **Archäologischen Flügel**, während im **Kunstflügel** israelische Kunst des 20. Jhs. zu sehen ist, von Teppichweberei bis zu Bildhauerei. Für Leute, die sich mit jüdischer Kultur nicht so gut auskennen, sind besonders die Ausstellungen zu Geburts-, Hochzeits- und Bestattungszeremonien im **Lebensrhythmussaal** interessant. Das absolute Glanzlicht sind jedoch die **Schriftrollen vom Toten Meer**: Sie zählen zu den ältesten Bibeldokumenten weltweit.

Für eine Besichtigungstour sollte man mindestens einen halben Tag einplanen. Bevor es losgeht, empfiehlt es sich, im Besucherzentrum einen der kostenlosen Audioguides mitzunehmen. Wer den ganzen Tag im Museum bleibt – was viele Besucher tun –, kann in dem ausgezeichneten Restaurant Modern (S. 112) zu Mittag essen. Außerdem gibt es zwei (billigere) Cafés im Museum.

➤ Schrein des Buches
Das auffällige, an den Deckel eines Topfes erinnernde Dach dieses Pavillons ist ein symbolischer Verweis auf die Gefäße, in denen die Schriftrollen vom Toten Meer aufbewahrt wurden. Die ersten von insgesamt mehr als 900 Schriftrollen wurden 1947 gefunden. Diese können in den Zeitraum vom 3. Jh. v. Chr. bis zum Bar-Kochba-Aufstand (132–135 n. Chr.) datiert werden. Die Texte behandeln sowohl weltliche als auch religiöse Themen. Es wird vermutet, dass sie von einer asketischen jüdischen Gruppe, den Essenern, verfasst wurde, die wohl rund 300 Jahre am Toten Meer gelebt haben. Das bedeutendste Schriftstück ist die Jesaja-Rolle: Von der mit 7,3 m längsten und auch am besten erhaltenen Rolle kann eine Kopie im Museum bewundert werden. Die Ausstellung erzählt die Geschichte der Schriftrollen und der Essener. Es sind auch einige Originaldokumente zu sehen.

➤ Archäologischer Flügel
Die Exponate der weltweit umfassendsten Sammlung an biblischen Stücken und archäologischen Funden aus dem Heiligen Land sind chronologisch von vorgeschichtlicher Zeit bis zum Osmanischen Reich angeordnet. Mehrere Keramiksärge in Menschenform aus dem 13. Jh. v. Chr. empfangen die Besucher im ersten Saal. Zu den weiteren beeindruckenden Exponaten zählen beispielsweise ein Mosaikfußboden von Nablus (3. Jh.) mit Szenen aus dem Leben des Achilles und die „Haus David"-Sie-

---

NAHLA'OT

Das in den 1860er-Jahren gegründete Viertel südlich des Mahane-Yehuda-Markts ist ein Labyrinth aus schmalen Gassen, in denen sich zahlreiche alte Synagogen und Jeschiwas (jüdische Religionsseminare) verstecken, manche davon in großen, von Steinmauern umgebenen Komplexen. In der interessantesten Straße des Viertels, der Ha-Gilboa, gibt es eine Reihe historischer Wohnhäuser zu sehen; Gedenktafeln informieren jeweils über die Familie, die das Haus errichtete. Eine Straße weiter, in der HaCarmel, steht die reizvolle Synagoge Hased veRahamim mit ihren unverwechselbaren Silbertüren.

ME'A SHE'ARIM

Wer von der Jaffa Rd entlang der Strauss St Richtung Norden geht, gelangt nach kurzer Zeit in ein Gebiet mit niedrigen Steinhäusern, auf deren Balkonen Wäsche zum Trocknen aufgehängt ist. Auf den Straßen sieht man schwarz gekleidete Männer mit Schläfenlocken und Frauen in langen Kleidern, denen Kinder in Anzügen hinterhertrotten. Wer glaubt, in ein osteuropäisch-jüdisches Schtetl der 1880er-Jahre geraten zu sein, befindet sich wahrscheinlich irgendwo in der Nähe des Kikar Shabbat, der wichtigsten Kreuzung von Me'a Sche'arim, Jerusalems ältestem ultraorthodoxem (Charedim-) Viertel.

Das altertümlich anmutende Me'a Sche'arim wurde von ultraorthodoxen Juden aus Osteuropa geschaffen, die ihr neues Zuhause in Jerusalem der Welt nachgestalteten, die sie aus Polen, Russland oder Ungarn kannten. Auch nach ihrem Umzug ins Heilige Land haben die Einwohner die Gebräuche, Sitten und Kleidung beibehalten, die in der jüdisch-osteuropäischen Welt des 19. Jhs. üblich waren. Die Mode ist konservativ: Die Männer tragen schwarze Anzüge und Hüte, die Frauen bodenlange Kleider und selbst im Hochsommer tragen die chassidischen Männer üblicherweise *schtreimels* (Pelzhüte) am Sabbat und an Feiertagen.

Da die Familien meist kinderreich sind, ist Me'a Sche'arim eines der am schnellsten wachsenden Viertel in Jerusalem. Ferner trägt es so dazu bei, dass die Religion einen immer stärkeren Einfluss in der Stadt hat. Jiddisch ist die bevorzugte Sprache im Alltag, da nach Ansicht der Ultraorthodoxen die hebräische Sprache eine heilige Sprache ist, die nur für religiöse Zwecke verwendet werden sollte. Die Tage werden oft mit Gebeten verbracht, Arbeit und Geschäfte stehen an zweiter Stelle. Das religiöse Studium wird häufig von Staatszuschüssen und ultraorthodoxen Gemeinden im Ausland finanziert.

In den konservativsten Familien rasieren sich verheiratete Frauen den Kopf und verhüllen ihn im Namen der Sittsamkeit mit einem Schal oder einer Perücke. Einigen reicht dies aber nicht. 2011 versuchten extremistische Gruppen eine Geschlechtertrennung auf einigen Bürgersteigen in Me'a Sche'arim – Männer sollten nur die eine, Frauen die andere Seite benutzen. Selbst viele ultraorthodoxe Juden des Mainstreams lehnen dieses Vorgehen ab, das von Israels Verfassungsgericht für verfassungswidrig erklärt wurde.

Nichtsdestotrotz sollten sich Besucher des religiösen Viertels konservativ kleiden und verhalten. Auf großen Schildern sind die Bekleidungsvorschriften aufgeführt: Frauenröcke müssen bis übers Knie reichen, bei Männern und Frauen müssen Schultern und Ellbogen bedeckt sein. Außerdem sollte man keine Fotos der Bewohner machen – sie mögen es nicht, sich als Touristenattraktion zu fühlen. Auch sollte man keine Kinder oder Mitglieder des jeweils anderen Geschlechts ansprechen. Arm in Arm zu gehen oder selbst Händchenhalten sollte man unterlassen, Küssen in der Öffentlichkeit ist absolut tabu. Wer sich nicht an die örtlichen Bräuche hält, muss mit Beschimpfungen rechnen oder wird gar mit Steinen beworfen. Und wenn sich eine Auseinandersetzung zwischen Bewohnern und Polizei anzubahnen scheint, sollte man unbedingt Land gewinnen – zur Zeit der Recherche hatten gerade einige aggressive Begegnungen zwischen der Polizei und Einheimischen stattgefunden.

Der meiste Betrieb herrscht freitags: Die Familien strömen zum Markt, um die Vorbereitungen für den Sabbat zu treffen. Und freitagabends sind die Straßen rappelvoll mit Menschen, die eine Pause während des Sabbat-Festessens einlegen. Am Sabbat sollte man nicht in diese Viertel fahren: Die Stadt errichtet dazu außerdem Straßensperren. Wer hier zu Fuß unterwegs ist, sollte nicht auf dem Smartphone nach dem Weg suchen – das wäre ein Verstoß gegen die Sabbatvorschriften.

Me'a She'arim ist sowohl vom Damaskustor als auch von der Kreuzung Jaffa Rd/King George V St in einer Viertelstunde zu Fuß zu erreichen.

---

gesstele, die in Tel Dan entdeckt wurde; die darauf erhaltene Inschrift aus der Zeit des Ersten Tempels enthält die einzige bislang gefundene außerbiblische zeitgenössische Erwähnung der Dynastie Davids.

➡ Abteilung für jüdische Kunst & jüdisches Leben

Die Highlights dieser Abteilung sind vier vollständige Synagogen, die aus verschiedenen Orten stammen und hier wiederaufgebaut wurden. Die aus dem 18. Jh. stammende Vittorio-Veneto-Synagoge ist mit Gold und Stuck verziert und wurde 1965 aus der italienischen Stadt Vittorio Veneto nach Jerusalem geschafft. Die drei anderen Gotteshäuser standen einst in Cochin in Indien, Paramaribo in Surinam und Horb am Main in Deutschland. Ebenfalls sehenswert ist die bemalte Sukka der Familie Deller. Die provisorisch für die Zeit des Laubhüttenfestes errichtete Holzunterkunft stammt aus dem 19. Jh. und wurde 1935 aus Deutschland nach Jerusalem geschmuggelt. Die Räume im hinteren Teil des Flügels sind jüdischen Trachten und Schmuck gewidmet.

➡ **Abteilung für Bildende Kunst**

Highlight dieser Abteilung ist die impressionistische und postimpressionistische Galerie mit Werken von Renoir, Pissarro, Degas, Sisley, Monet und Cézanne. In der Galerie für Moderne Kunst sind Werke von Schiele, Rothko, Motherwell, Pollock, Modigliani und Bacon zu bewundern. Der Pavillon für Israelische Kunst schließlich zeigt bemerkenswerte Gemälde von Reuven Rubin und Yosef Zaritsky.

➡ **Kunstgarten**

Vom Schrein des Buches führt eine gepflasterte Promenade zu dem weitläufigen Skulpturengarten, der von dem japanischen Künstler und Landschaftsarchitekten Isamu Noguchi entworfen wurde. Hier können Werke aus dem 19., 20. und 21. Jh. bewundert werden, u. a. sind Künstler wie Moore, Kapoor, LeWitt, Oldenburg, Serra, Rodin und Picasso vertreten.

Mit einer Eintrittskarte zum Bible Lands Museum erhält man beim Ticketkauf 10 % Rabatt.

Bible Lands Museum　　　MUSEUM
(☎ 02-561-1066; www.blmj.org; 21 Stefan Wise St, Museum Row; Erw./Stud. & Kind 44/22 NIS; ⊙ So-Di & Do 9.30–17.30, Mi 9.30–21.30, Fr & Sa 10–14 Uhr; 🚌 7, 9, 14, 35, 66) Dieses große Museum versucht, eine Verbindung zwischen archäologischen Funden und den in der Bibel dargestellten Ereignissen herzustellen, und umfasst eine Fülle von Skulpturen und Alltagsgegenständen aus verschiedenen antiken Kulturen. Die Anordnung der Exponate ist etwas verwirrend: Am besten nimmt man einen Audioguide zu Hilfe oder man nimmt an einer der kostenlosen englischsprachigen Führungen teil, die von Sonntag bis Freitag um 10.30 Uhr und mittwochs um 17.30 Uhr angeboten werden.

Zu den interessantesten Exponaten des Museums zählen die ägyptische Sammlung mit reich verzierten Sarkophagen und blau glasiertem Schmuck, syrische Fruchtbarkeitsfiguren aus der Jungsteinzeit sowie ein Gefäß, dessen Beschriftung Historikern dabei half, die Keilschrift zu entschlüsseln.

Kinder unter 18 Jahren haben samstag- und mittwochnachmittags freien Eintritt.

Knesset　　　WAHRZEICHEN
(Karte S. 78; ☎ 02-675-3337; www.knesset.gov.il; Ruppin Rd, Givat Ram; 🅿; 🚌 7, 7A, 14, 35) GRATIS Israels 120 Abgeordnete debattieren und entscheiden in der Knesset, einem Gebäude von 1966, bei dem man leider unweigerlich an die Architektur eines mehrstöckigen Parkhauses denken muss. Im Rahmen der kostenlosen einstündigen Führung sieht man die Ausschussräume, den Plenarsaal und die Chagall-Halle (mit drei Wandteppichen und mehreren Mosaiken des großen jüdischen Künstlers aus dem 20. Jh.). Die Teilnehmer können auch einen Blick auf die Unabhängigkeitserklärung werfen. Das Gebäude bildet einen Teil des Regierungsviertels Kiryat Ben Gurion.

Führungen finden sonntags und donnerstags in mehreren Sprachen statt, u. a. auch auf Deutsch. Genaue Zeiten stehen auf der Website. Führungen für Kinder mit einem Schwerpunkt auf jüdischen Symbolen und Bräuchen werden sonntags angeboten – Näheres auf Nachfrage. Von einer Besuchergalerie aus kann man montags und dienstags ab 16 und mittwochs ab 11 Uhr Knesset-Sitzungen beiwohnen.

Besucher müssen ihren Reisepass mitbringen und angemessen gekleidet sein (keine Shorts, kurzärmeligen Hemden, T-Shirts mit politischen Slogans oder Flip-Flops). Es kann sein, dass man kurz befragt wird – selbst wenn man nur am Parlament vorbeiläuft.

Neben der Bushaltestelle gegenüber der Knesset steht eine riesige **Bronze-Menora**, ein Geschenk der britischen Labour Party aus dem Jahr 1956. Ihre Reliefs zeigen wichtige Personen und Ereignisse aus der jüdischen Geschichte.

Kreuzkloster　　　KLOSTER
(Karte S. 78; ☎ 054-520-2281; 15 N S; ⊙ Okt.–März Mo–Sa 10–16 Uhr, April–Sept. bis 18 Uhr; 🚌 15) Die Ursprünge dieses festungsartigen Klosters liegen im Dunkeln. Man nimmt an, dass das Kreuz, an dem Jesus starb, aus Holz aus diesem Tal gezimmert wurde. Daher wurde

hier im 4. Jh. ein Kloster gegründet. Einige Historiker führen die Entstehung auch auf Kaiserin Helena zurück, die Mutter von Konstantin dem Großen. Der derzeitige Bau entstand im 11. Jh. auf Veranlassung von König Bagrat IV. von Georgien – so ist auch die Kapelle im georgischen Stil gehalten.

⊙ Har Hazikaron

Am westlichen Stadtrand erhebt sich zwischen Wohnblocks und Stadtwald der Har Hazikaron (Berg der Erinnerung). Zu dem hügeligen Gelände mit bewaldeten Hängen und wunderbarer Aussicht gehören auch der Herzlberg, ein Militärfriedhof und Yad Vashem.

★ Yad Vashem  GEDENKSTÄTTE, MUSEUM

(📞 Infos 02-644-3749, Tourbuchung 02-644-3802; www.yadvashem.org; Hazikaron St, Har Hazikaron; ⊙ So–Mi 9–17, Do 9–20, Fr 9–14 Uhr; 🚇 Mt. Herzl) **GRATIS** Israels offizielle Gedenkstätte für die 6 Mio. jüdischen Opfer der Nazis ist eindrucksvoll, ergreifend und ein Meisterwerk der Museumsarchitektur. Der aus dem Alten Testament stammende Name des Museums bedeutet „ein Denkmal und ein Name" (Jes 56,5). Doch hier wird nicht nur der Namen der Ermordeten gedacht: Das Forschungszentrum von Yad Vashem arbeitet unermüdlich weiter daran, die Identität von Opfern in Erfahrung zu bringen, die niemanden hinterlassen haben, der um sie trauern könnte. Für den Besuch der 18 ha

---

ULTRAORTHODOXE KLEIDERORDNUNG

„Sittsame", nicht einmal im Ansatz freizügige Kleidung ist ein zentrales Thema im Leben der Charedim (ultraorthodoxe Juden). Frauen tragen lange Röcke oder Kleider und langärmelige Hemden oder Blusen, niemals aber Hosen. Männer tragen meist schwarze Anzüge und weiße Hemden, aber keine Krawatten. Verheiratete Charedim-Frauen bedecken ihren Kopf meistens mit einer Perücke, einem Kapuzenschal oder einem Tuch. Alle Charedim-Männer tragen irgendeine Kopfbedeckung, meistens eine der folgenden:

Kippa (*jarmulke* oder *kappl* auf Jiddisch) Sie wird von allen jüdischen Männern in Synagogen und heiligen Stätten getragen, von besonders frommen Männern auch die restliche Zeit. Die Kippa erinnert daran, dass Gott ständig über den Träger wacht. Gestrickte oder gehäkelte Kippot werden von modernen orthodoxen oder religiösen zionistischen Männern getragen. Männliche Charedim tragen oft eine schwarze Samt- oder Stoffkippa und darüber einen Hut. Einige Gruppen, etwa die Bratslaver, bevorzugen weiße Kippot. In den letzten Jahrzehnten haben auch weibliche Mitglieder der Reformistischen und Konservativen Bewegungen mit dem Tragen von Kippot begonnen.

Schtreimel Diese großen runden Pelzhüte sollen ursprünglich von den Tataren stammen. Sie werden am Sabbat oder an Feiertagen von verheirateten Chassidim und „Yerushalmi"-Juden (Mitgliedern der konservativen Aschkenasen-Gemeinde der Stadt) getragen. Traditionelle *schtreimel* aus Fuchs- oder Zobelpelzen können mehrere Tausend Euro kosten, weshalb sie ihre Träger bei Regen in riesige Badekappen hüllen.

Spodik Ein weiterer Pelzhut, der am Sabbat und an Feiertagen von einigen Charedim getragen wird. Er ist höher und dünner als ein *schtreimel* und stammt ebenfalls aus Osteuropa.

Fedora An Wochentagen tragen Charedim-Männer und -Jungen schwarze Hüte. Sie haben im Allgemeinen die Form eines breitkrempigen Fedoras aus Kaninchenfell oder eines runden Huts mit breiter Krempe.

Ein weiteres religiöses Kleidungsstück ist der **tallit katan**, ein viereckiges Unterhemd mit *tzitziot* (mehr als diese geknoteten Fransen ist meistens nicht sichtbar). Die Knoten werden nach einem im Talmud beschriebenen Muster geknüpft, einige werden mit einem speziellen blauen Farbstoff, dem *t'chelet*, eingefärbt (4 Mose 15,38).

Die **peot** (*pejes* auf Jiddisch), die Schläfenlocken, die viele Chassidim und traditionelle jemenitische Männer und Jungen tragen, gehen zurück auf eine Interpretation der biblischen Vorschrift, nach der die „Ecke" (*peot*) am Kopf (3 Mose 19,27) nicht rasiert werden dürfe. Laut Mischna gilt diese Vorschrift nur für Männer.

großen Anlage sollte man mindestens drei Stunden einplanen.

Das Hauptgebäude von Yad Vashem ist eine riesige, in den Boden versenkte Betonarche mit dem **Museum zur Geschichte des Holocaust**. In dem prismaartigen Gebäude erzählen neun unterirdische Galerien die Vorgeschichte der Schoah und die Geschichte des tief verwurzelten Antisemitismus in Europa. Die auch mit englischen Erläuterungen versehenen Galerien stellen die Geschichte chronologisch und thematisch anhand von Artefakten, Filmen, Videos mit Berichten von Zeitzeugen, Fotos und Kunstinstallationen dar. Die Besucher gelangen aus der Dunkelheit langsam hinaus auf eine Terrasse mit Blick auf den Jerusalemer Wald.

Die Decke der **Halle der Namen** ist mit Fotos von Opfern bedeckt und überall finden sich Bücher mit ihren Namen. Ein Loch im Fußboden symbolisiert die Opfer, deren Namen man niemals erfahren wird, weil sie und ihre Familie, Freunde und überhaupt alle, die sie kannten, ermordet wurden, weshalb keiner übrig blieb, der von ihnen berichten oder für sie das Kaddisch (jüdisches Totengebet) sprechen konnte.

Unweit des Museumsausgangs befindet sich ein einzelnes Gebäude, in dem das **Museum für Holocaust-Kunst** untergebracht ist, mit einer Sammlung von Kunstwerken, die in Ghettos und Lagern entstanden. Ganz in der Nähe gelangt man zu einem **Ausstellungspavillon** mit Wechselausstellungen und zu einer **Synagoge**, in denen Besucher beten können; sie ist mit Gegenständen geschmückt, die aus zerstörten europäischen Synagogen stammen.

In der **Halle der Erinnerung** im Erdgeschoss brennt eine ewige Lampe nahe der Krypta, die die Asche von in den Vernichtungslagern Ermordeten enthält. Im Fußboden sind die Namen von 22 der berüchtigtsten Lager eingelassen. Hinter der Halle gibt es weitere Gedenkstätten, u. a. das **Viehwagendenkmal**, ein Originalwaggon, der für den Transport der Juden aus den Ghettos in die Lager benutzt wurde. Der **Garten der Gerechten unter den Völkern** wurde zur Ehren der vielen Nichtjuden errichtet, die ihr Leben aufs Spiel setzten, um Juden vor den Nazis zu retten.

In der Nähe des Besucherzentrums befindet sich das bewegende **Denkmal für die Kinder**, das den 1,5 Mio. jüdischen Kindern gewidmet ist, die im Holocaust sterben mussten. Die düstere, in den Felsen gebaute unterirdische Gedenkstätte enthält eine einzige Flamme, deren Licht von Hunderten von Spiegeln reflektiert wird. Im Hintergrund werden die Namen ermordeter Kinder von einem Tonband abgespielt. Die Augen müssen sich hier erst an die Dunkelheit gewöhnen. In der Nähe steht auf dem **Warschauer-Ghetto-Platz** ein imposantes Denkmal aus rotem Backstein, das an den Aufstand im Warschauer Ghetto 1943 erinnert.

Die Straßenbahn-Haltestelle „Mount Herzl" befindet sich ganz in der Nähe der Gedenkstätte; die Fahrt von der Station City Hall dauert 15 Minuten. An der Haltestelle angekommen, überquert man die Straße in Richtung Wald und läuft dann ca. 10 Minuten die sanft ansteigende Hazikaron St hinauf. Alternativ kann man auch auf den kostenlosen, alle 20 Minuten fahrenden Shuttle warten.

Bitte beachten: Donnerstags schließen viele der Gedenkstätten um 17 Uhr; das Museum zur Geschichte des Holocaust, das Museum für Holocaust-Kunst, der Ausstellungspavillon und die Synagoge sind allerdings bis 20 Uhr geöffnet. Kinder unter zehn Jahren sind im Museum zur Geschichte des Holocaust nicht erlaubt.

Herzl-Museum MUSEUM

(☏ 02-632-1515; www.herzl.org.il; Herzl Blvd, Har Hazikaron; Erw./Stud. & Kind 25/20 NIS; ⊙ So–Mi 8.30–17, Do 8.30–19, Fr 8.30–12.15 Uhr; 🚋 Mt. Herzl) Die Geschichte des zionistischen Traums zeichnet das Herzl-Museum nach, das einen multimedialen Einblick in das Leben von Theodor Herzl, des Vaters des modernen Zionismus, gewährt. Während der einstündigen, mehrsprachig angebotenen Führung erfährt man alles Wissenswerte über Herzls Biografie. Unbedingt im Voraus buchen!

Der im Museum behandelte Weg Herzls nahm seinen Anfang im Fin de Siècle in Paris, wo Herzl, ein in Budapest geborener, säkular gesinnter Journalist, als Korrespondent einer Wiener Tageszeitung arbeitete. Nachdem er die antisemitischen Ausschreitungen im Zusammenhang mit dem Hochverratsprozess gegen Alfred Dreyfus (1894) miterlebt hatte, beschloss er sein Leben der Schaffung eines Judenstaates zu widmen, in dem Juden vor solchen Verfolgungen und Anfeindungen geschützt wären. Seine dreijährigen Bemühungen führten 1897 zum ersten Zionistischen Weltkongress in Basel. Auch in den folgenden Jahren bis zu

GOTTESDIENSTE IN JERUSALEM

Eine Vorstellung von der enormen spirituellen Bedeutung Jerusalems kann man gut bei einem Sabbatgottesdienst, einem Freitagsgebet oder Sonntagsgottesdienst bekommen. Angemessene respektvolle Kleidung versteht sich von selbst.

Der Sabbatgottesdienst beginnt in der Regel freitags kurz nach dem Anzünden der Lichter (36 Minuten vor Sonnenuntergang) sowie samstagmorgens zwischen 8.30 und 9.30 Uhr (in sephardischen und vor allem jemenitischen Synagogen kann es auch etwas früher losgehen). In jedem jüdischen Stadtviertel finden sich mehrere Synagogen, die meisten gehören zu orthodoxen oder ultraorthodoxen Gemeinden. Nahla'ot ist bekannt für die Verschiedenartigkeit der vielen winzigen Gebetshäuser; u. a. gibt es hier auch eines, das die Traditionen von Aleppo (Syrien) achtet.

Zu den traditionell nicht orthodoxen Synagogen Jerusalems gehören:

Har El (www.kharel.org.il) Israels erste Reform-Synagoge, gegründet 1958

Kol HaNeshama (www.kolhaneshama.org.il) Große Reformkongregation

Moreshet Yisrael (www.moreshetyisrael.org) Konservativ/Masorti

Shira Hadasha (www.shirahadasha.org.il) Feministisch-orthodox

Einzelheiten zu christlichen Gottesdiensten stehen auf der Website des Christian Information Centre (www.cicts.org): „Masses and Services" anklicken!

Muslime können sich dem Freitagsgebet in der Al-Aqsa-Moschee (S. 63) anschließen, allerdings nur dann, wenn keine Sicherheitsbeschränkungen bestehen. Vorher bei der Touristeninformation am Jaffator (S. 117) nachfragen.

---

seinem Tod im Jahr 1904 setzte sich Herzl unermüdlich für sein Ziel ein. Herzls Grab, ein schlichter schwarzer Gedenkstein mit seinem Namen, findet sich auf einer kleinen Anhöhe westlich des Museums. In der Nähe befinden sich die Grabstätten mehrerer israelischer Ministerpräsidenten und Staatspräsidenten, darunter Golda Meir und Jitzchak Rabin.

Ein kurzer Weg Richtung Norden führt zum Militärfriedhof, Richtung Westen geht es einen unbefestigten Weg hinunter nach Yad Vashem.

Ein Kerem

Das hübsche Dorf liegt versteckt in einem Tal am westlichen Stadtrand Jerusalems. Die arabischen Steinhäuser stehen inmitten von Libanon-Zedern und heimischen Kiefern. In der kleinen Gemeinde gibt es mehrere Kirchen, die im Bezug zu Johannes dem Täufer stehen; nicht weit entfernt davon befinden sich die Fenster von Marc Chagall. Die Geschichte des Orts verlief recht unbedeutend, bis in der Mitte des 6. Jhs. christliche Pilger glaubten, hier den Wohnort Elisabeths, der Mutter Johannes des Täufers, gefunden zu haben. Natürlich wurden nun Schreine und Kirchen über den heiligen Stätten errichtet. Während des Israelischen Unabhängigkeitskriegs flohen die hiesigen Araber aus dem Ort; ihre Wohnungen wurden später von Einwanderern aus Marokko und Rumänien übernommen. Die wachsende Zahl an Studenten haucht dem Ort neues Leben ein.

Man erreicht Ein Kerem mit dem Bus 28 vom Zentralen Busbahnhof und vom Herzlberg.

Johanneskirche KIRCHE

(02-632-3000; Ein Kerem; April–Sept. So–Fr 9–12 & 14.30–17 Uhr, Okt.–März bis 16.45 Uhr) Mit ihren blau-weißen Kacheln im Innern mutet die franziskanische Johanneskirche europäisch an – kein Wunder, wurde die Kirche doch Mitte des 19. Jhs. vom spanischen Königshaus gestiftet. So stammen auch die Malereien von spanischen Künstlern und über dem Eingang befindet sich das Wappenschild der spanischen Könige. Vorne in der Kirche findet sich die Grotte, in der Johannes geboren worden sein soll (Lk 1,5–25 & 57–80); ein kleiner Marmorkreis unter dem Altar markiert die Stelle.

Die Kirche steht unmittelbar östlich der Hauptstraße von Ein Kerem – einfach auf den Glockenturm zuhalten!

Kirche der Heimsuchung KIRCHE

(02-641-7291; Ein Kerem; Okt.– März 8–11.45 & 14.30–17 Uhr, April–Sept. bis 18 Uhr) Die moderne Franziskanerkirche befindet sich an der Stelle, an der das Wohnhaus von Zacharias und Elisabet, den Eltern Johannes des Täufers, gestanden haben soll. Ihren Namen verdankt sie dem Besuch Marias bei Elisabet (Lk 1,39–49), als beide Frauen schwanger waren. Das Gebet, das Maria gesprochen haben soll („Meine Seele preist die Größe des Herrn"; Lk 1,46–56), steht in über 40 Sprachen an den Wänden der Kirche.

Von der Hauptkreuzung in Ein Kerem nimmt man die schmale Straße südwärts. Nach etwa zehn Gehminuten erblickt man links die Kirche.

Chagall-Fenster SYNAGOGE
(02-677-6271; www.hadassah-med.com; Ein Kerem; So–Do 8–13 & 14–15.30 Uhr) GRATIS Als Geschenk an das jüdische Volk schuf der Künstler Marc Chagall zwölf Buntglasfenster für die Synagoge des Hadassah Medical Centre in Ein Kerem (nicht zu verwechseln mit dem Hadassah Medical Centre auf dem Skopus am anderen Ende der Stadt). Basierend auf dem 1. Buch Mose, Vers 49 und dem 5. Buch Mose, Vers 33 stellen Chagalls traumhafte Glasfenster die Stämme Israels dar.

Man fährt vom Zentralen Busbahnhof mit der Straßenbahn Richtung Westen bis zur Endhaltestelle (Mt. Herzl). Von dort geht es weiter mit Bus 27 bis zum Krankenhaus.

Kurse

Ulpan Or SPRACHKURSE
(02-561-1132; http://ulpanor.com/hebrew-courses/hebrew-learning-jerusalem; 2. OG, 43a Emek-Rafa'im St, German Colony) Diese *ulpan* (Hebräisch-Sprachschule) ist stolz auf ihre Unterrichtsmethoden, mit denen man die Sprache blitzschnell erlernen können soll. Nach dem 90-minütigen Einzelunterricht „Cup O'Hebrew" (116 US$), bei dem auch Kaffee serviert wird, soll man über Grundkenntnisse in hebräischer Konversation verfügen. Die Schule hat auch auf Familien und Gruppen zugeschnittene Kurse im Angebot.

Ulpan Beit Ha'Am SPRACHKURSE
(Karte S. 78; 02-545-6891, 02-624-0034; ulpanbeithaam@gmail.com; Gerard Behar Center, 11 Betsal'el St, Stadtzentrum; 2/3/5 Tage wöchentl. 394/613/920 NIS pro Monat; So–Do 8–12.30 Uhr) Von der Jerusalemer Stadtverwaltung organisierter Hebräisch-Unterricht.

Ulpan der Hebräischen Universität SPRACHKURSE
(02-588-2603; https://overseas.huji.ac.il/hebprograms; Rothberg International School, Boyar Bldg, Hebräische Universität Jerusalem, Mt. Scopus; Kursgebühren 1730–2385 US$) Bietet Sommer-Intensivkurse in Hebräisch (Ende Juni–Ende Sept.) mit bis zu elf Wochen Länge. Die Lernmethode ist hier akademischer als in nichtuniversitären *ulpanim*. In den Gebühren ist die Unterbringung nicht enthalten.

Ulpan Etzion SPRACHKURSE
(02-636-7310, 02-636-7326; www.jewishagency.org/ulpanetzionjerusalem; General Pierre Koenig St; 7200 NIS pro Pers.) Israels erste Hebräischschule wurde 1949 gegründet und präsentiert sich recht gesellig. Sie wendet sich an Universitätsabsolventen zwischen 22 und 35 Jahren. Die fünfmonatigen Kurse beginnen im Januar und im Juli. In den Gebühren sind die Unterbringung in Gemeinschaftsunterkünften und die Mahlzeiten inbegriffen.

Al-Quds Centre for Jerusalem Studies SPRACHKURSE
(Karte S. 56; 02-628-7517; www.jerusalem-studies.alquds.edu; Muslimisches Viertel, Altstadt) Die Kurse dieses Instituts finden auf dem stimmungsvollen Altstadt-Campus der Al-Quds-Universität statt. Das Zentrum bietet 60- und 75-stündige Kurse (495–860 US$) in gesprochenem Arabisch und modernem Hocharabisch für Anfänger und Fortgeschrittene an.

Geführte Touren

Auf der Website der Stadtverwaltung sind kostenlose Karten und eine App für 15 selbstgeführte englischsprachige Audio-Stadtspaziergänge durch die Altstadt erhältlich (www.itraveljerusalem.com/trs/old-city-self-guided-audio-tours). Fünf Touren im Jüdischen Viertel sind auch für Rollstuhlfahrer geeignet. Die App ist für Apple und Android erhältlich.

Führer, die ihre Dienste vor dem Jaffator anbieten, haben oft keine Zulassung und behaupten vielleicht, dass sie einem kostenlosen Zutritt zu verschiedenen Monumenten verschaffen können – keins der von ihnen angesteuerten Monumente verlangt Eintritt. Wer einen Guide benötigt, sollte in der Touristeninformation nachfragen oder sich an einen zuverlässigen Anbieter wie Abraham Tours (www.abrahamtours.com; verbandelt mit dem Abraham Hostel, S. 101) oder Green Olive Tours wenden.

★ Sandemans New Jerusalem Tours STADTRUNDGANG
(www.newjerusalemtours.com; 8.45, 11 & 14 Uhr) GRATIS Die gut organisierten, freundlichen

und fachkundigen kostenlosen Führungen von Sandemans finden dreimal täglich statt und bieten eine äußerst empfehlenswerte Einführung in die Altstadt. Außer in der Hochsaison ist gewöhnlich keine Buchung erforderlich. Trinkgelder werden gern angenommen – angemessen sind 50 NIS pro Person. Die meisten Führungen beginnen am Jaffator (S. 64). Die Führer erkennt man an ihren roten T-Shirts.

Green Olive Tours STADTRUNDGANG
(03-721-9540; www.greenolivetours.com) Das angesehene Unternehmen in israelisch-arabischer Hand organisiert täglich Stadtspaziergänge durch die Altstadt (3 Std., 165 NIS), zweimal wöchentlich eine Kombi-Tagestour (zu Fuß und per Tram) durch Westjerusalem mit Besuch der Gedenkstätte Yad Vashem (260 NIS) sowie einen Spaziergang entlang der Grenze zwischen Ost- und Westjerusalem (3 Std., 140 NIS). Es werden auch Ausflüge ins Westjordanland angeboten, u. a. eine Banksy-Tour durch Bethlehem und ein Besuch in Hebron.

Free Saturday Tours STADTRUNDGANG
(050-593-1450; www.itraveljerusalem.com/free saturday-tours; Sa 10–13 Uhr) GRATIS Die dreistündigen Stadtspaziergänge, die im Auftrag der Stadtverwaltung von lizenzierten Guides durchgeführt werden, erkunden jede Woche ein anderes Viertel. Sie beginnen am Safra Sq (26 Jaffa St) in der Nähe der Palmen und finden meist auf Englisch statt.

Feste & Events

Israel Festival DARSTELLENDE KÜNSTE
(http://israel-festival.org; Ende Mai–Mitte Juni) Dreiwöchiges Festival mit Konzerten, Tanz- und Theateraufführungen von israelischen und internationalen Künstlern. Das renommierte Festival fand 1961 zum ersten Mal statt.

Jerusalem Film Festival FILM
(www.jff.org.il; Mitte Juli) Eines der größten Filmfestivals im Nahen Osten. Die Filme werden im Juli in Kinosälen und im Freien gezeigt.

Jerusalem Sacred Music Festival MUSIK
(http://en.mekudeshet.com; Ende Sept.) Vier Tage lang wird unter dem Motto des Friedens zwischen den Religionen Musik aus der ganzen Welt präsentiert. Zum Festival gehört auch eine Nachtaufführung in der Zitadelle.

★ Lights in Jerusalem KUNST
(www.lights-in-jerusalem.com; Ende Juni–Mitte Juli) Riesige Video-Projektionen und 3-D-Lichtinstallationen auf Straßen und wichtigen Gebäuden verstärken die märchenhafte Atmosphäre der Altstadt noch weiter, wenn die uralten Mauern in buntes Licht getaucht werden.

Jerusalem Wine Festival WEIN
(www.imj.org.il; Ende Aug.–Anfang Sept.) Dieses Event findet an vier Abenden im August im Garten des Israel-Museums (S. 91) statt – wahrscheinlich das bedeutendste Weinfest Israels. Neben kleinen Weingütern präsentieren an kultivierten Verkostungsabenden auch bekannte Winzer aus dem Ausland ihre Erzeugnisse; zum Wein werden dabei Kleinigkeiten wie Käse, Oliven oder auch Sushi gereicht.

Jerusalem Opera Festival MUSIK
(http://jerusalem-opera.com; Ende Juni) Bei diesem renommierten Festival finden in ganz Jerusalem an stimmungsvollen Plätzen Freiluft-Opernaufführungen statt. Reservieren!

Jerusalem International Oud Festival MUSIK
(www.confederationhouse.org; Nov.) Auf diesem zehntägigen Winterfestival stellen internationale und israelische Musiker ihr Können an der Oud, einem traditionellen orientalischen Saiteninstrument, unter Beweis. Es wird von dem Confederation House Centre for Ethnic Music and Poetry organisiert und findet an verschiedenen Veranstaltungsorten in ganz Jerusalem statt.

Jerusalem Beer Festival BIER
(www.jerusalembeer.com; Tickets ab 40 NIS; Aug.) Im Gan HaAtsma'ut (Unabhängigkeitspark) in Mamilla werden über 120 israelische und ausländische Biere ausgeschenkt.

Schlafen

Das größte Angebot an Unterkünften bieten das Stadtzentrum und die Altstadt, doch gute Mittelklassehotels sind eher rar gesät. Stimmungsvoller ist die Altstadt, doch das Stadtzentrum punktet mit seiner Nähe zu Restaurants, Bars, Cafés und öffentlichen Verkehrsmitteln.

Je nach Saison und in Zeiten politischer Unruhen können die Zimmerpreise durch die Decke schießen oder auch in den Keller purzeln. Die Hauptsaisonpreise gelten in der Regel von April bis Juni und von September bis Oktober sowie rund um Ostern, Weihnachten und Neujahr.

Altstadt

Die Altstadt wartet mit zahlreichen günstigen und teuren Unterkünften auf, doch dazwischen sieht es mau aus. Wer mit einem Taxi oder Sammeltaxi in Jerusalem ankommt und in der Altstadt ein Zimmer gebucht hat, muss sich an einem der Stadttore absetzen lassen und zu Fuß zum Hotel gehen. (Und wer mit dem Auto unterwegs ist, muss außerhalb der Altstadt nächtigen.) Gut zu wissen: Im Muslimischen Viertel kann der Ruf des Muezzins die Nachtruhe beeinträchtigen. Wer einen leichten Schlaf hat, sollte Ohrstöpsel mitnehmen.

Citadel Youth Hostel   HOSTEL $
(Karte S. 56; 02-628-5253; www.citadelyouthhostel.com; 20 St Mark's Rd, Armenisches Viertel; Matratze auf dem Dach 50 NIS, B 63 NIS, DZ 207 NIS, EZ/DZ mit Gemeinschaftsbad 123/177 NIS; @ 🛜) Das Citadel liegt nur einen Katzensprung von den Märkten entfernt und bietet jede Menge Geschichte, ist aber ein bisschen schmuddelig – das perfekte Beispiel für ein Hostel mit ungenutztem Potenzial. Teile des Gebäudes sind 700 Jahre alt und die Steinmauern verströmen ein gewisses Flair, doch die Betten sind ausgeleiert und die Bäder ungepflegt.

Golden Gate Inn   PENSION $
(Karte S. 56; 02-628-4317; www.goldengate4.com; 10 Souq Khan Al-Zeit St, Muslimisches Viertel; Zi. ab 250 NIS; 🛜) Die familiengeführte Pension beim Damaskustor (S. 74) befindet sich in einem stimmungsvollen Gebäude, das in der einen oder anderen Form schon seit 1155 existiert, macht aber einen verwohnten Eindruck. Es gibt Doppelzimmer mit Bad und Familienzimmer mit leicht angeschimmelten Bädern, und die Deckenventilatoren reichen vielleicht nicht aus, um einen zu kühlen. Aber es ist billig, vom Dach bieten sich nette Ausblicke und es ist direkt im Suk.

Das WLAN funktioniert nur in der Lobby und Alkohol ist verboten.

★ Österreichisches Pilger-Hospiz   GÄSTEHAUS $$
(Austrian Hospice; Karte S. 56; 02-626-5800; www.austrianhospice.com; 37 Via Dolorosa, Muslimisches Viertel; B/EZ/DZ/3BZ 32/97/140/198 €; @ 🛜) Wer diesen abgeschlossenen Komplex betritt, hat das Gefühl, einen Schatz entdeckt zu haben. Die burgartige Herberge wurde 1863 eröffnet und die Gärten, Bögen und Steinwände verströmen jede Menge historisches Flair. Die Privatzimmer sind schlicht eingerichtet, aber geräumig und haben gute Betten. Die nach Geschlechtern getrennten Schlafsäle befinden sich im Untergeschoss, wo auch die blitzblanken Gemeinschaftsbäder liegen. Bei nur einer Übernachtung wird ein Aufpreis von 7 € fällig. Für 16 € pro Person ist auch Halbpension erhältlich.

Das Hospiz befindet sich an der Ecke Al-Wad St/Via Dolorosa. Um hereingelassen zu werden, muss man an der Gegensprechanlage klingeln (die Rezeption ist von 7 bis 23 Uhr besetzt).

Hashimi Hotel   HOTEL $$
(Karte S. 56; 02-628-4410; www.hashimihotel.com; 73 Souq Khan Al-Zeit St, Muslimisches Viertel; EZ/DZ/3BZ ab 80/110/280 US$; @ 🛜) Das Hotel in einem 400 Jahre alten Gebäude, einer echten Oase in der Altstadt, bietet lichtdurchflutete Zimmer mit Blumenmustern – am besten sind die Eckzimmer mit Ausblick. Es gelten einige Regeln (kein Alkohol, keine unverheirateten Paare im selben Zimmer), aber die sind schnell vergessen, wenn man auf der Dachterrasse sitzt, Minzetee schlürft und den Ausblick auf den Felsendom (S. 63) genießt.

Lutherisches Gästehaus   GÄSTEHAUS $$
(Lutheran Guesthouse; Karte S. 56; 02-626-6888; www.luth-guesthouse-jerusalem.com; St Mark's Rd, Armenisches Viertel; EZ/DZ/3BZ/4BZ 71/109/142/185 €; 🛜) Hinter einer schweren Stahltür warten auf die Gäste unterschiedlichste Zimmer, ein Garten, ein Lesesaal auf dem Dach und eine Lounge. Die eher kleinen Zimmer sind einfach, aber gemütlich eingerichtet. Das üppige Frühstücksbuffet bietet für jeden Geschmack etwas. Vom Jaffator geht man die David St hinunter, dann die erste Querstraße rechts eine schmale Treppe hinauf; das Gästehaus liegt ungefähr 100 m weiter auf der linken Seite.

Mittag- oder Abendessen kostet 18 € extra. Vorausbuchen, denn das Gästehaus ist beliebt!

Hotel New Imperial   HOTEL $$
(Karte S. 56; 02-628-2261; www.newimperial.com; Ecke Demetrius Hakadosh & Omar Al-Hatab St, Altstadt; EZ/DZ/4BZ ab 75/140/240 US$; 🛜) Die elegant verwitterte Fassade des New

Imperial nur ein paar Schritte vom Jaffator stammt aus den 1880er-Jahren. Die Gemeinschaftsbereiche, von der Rezeption bis zum Frühstücksraum, sind ein Schatzkästchen voller islamischer Kunstkuriositäten. Die Zimmer sind jedoch Glückssache: Einige sind winzig und schlecht geschnitten – mit einem dachgeschossartigen Schlafbereich über dem Bad –, andere sind schön renoviert.

Christ Church Guesthouse GÄSTEHAUS $$$
(Karte S. 56; 02-627-7727; www.cmj-israel.org; Omar Ibn Al-Khattab Sq, Altstadt; EZ/2BZ/Suite/4BZ 430/645/710/985 NIS; P@☎) Das wunderbar gepflegte Gästehaus punktet mit altmodischer Atmosphäre, mehrsprachigem Personal, fantastischer Lage und schönem Garten. Die schlicht eingerichteten Zimmer haben Steinfußböden, Gewölbedecken und gute Betten. Es gibt Lounges, in denen die Gäste bei einem kostenlosen Tee oder Kaffee relaxen können.

Das Gästehaus gehört zum selben Komplex wie die erste protestantische Kirche im Nahen Osten, die Christuskirche (S. 70). Daher sind die meisten Gäste auch Pilger, die an Gottesdiensten teilnehmen oder im Gebet Einkehr suchen. Das Café (S. 108) wiederum ist ein munterer Treffpunkt für alle möglichen Jerusalem-Touristen.

🛏 Ostjerusalem

Die Gegend direkt östlich vom Damaskustor befindet sich vorwiegend in palästinensischer Hand. Ostjerusalem gilt als besetztes Gebiet, sodass hier einige Dinge zu bedenken sind: Viele Taxis fahren nicht von West- nach Ostjerusalem, die Straßen sind weniger geschniegelt als ihre Pendants in Westjerusalem und viele Einheimische beschwören Touristen, nach Einbruch der Dunkelheit nicht mehr in Ostjerusalem herumzulaufen. Dennoch gibt es hier eine Mischung aus arabischen und multinationalen Hotels, von Mittelklasseläden wie dem angenehmen Legacy Hotel bis zu Luxusherbergen wie dem berühmten American Colony Hotel.

★American Colony Hotel HISTORISCHES HOTEL $$$
(Karte S. 78; 02-627-9777; www.americancolony.com; 1 Louis Vincent St; EZ ab 320 US$, DZ 320–

JERUSALEM MIT KINDERN

Tisch Zoological Gardens (Biblischer Zoo Jerusalem; 02-675-0111; www.jerusalemzoo.org.il; 1 Derech Aharon Shulov, Malcha; Erw./Kind 55/42 NIS; So–Do 9–19, Fr bis 16.30, Sa 10–18 Uhr; P; 26) Eine schöne Abwechslung zu all den archäologischen Stätten und geeignet für Kinder aller Altersstufen. Der Schwerpunkt liegt auf Arten, die in der Bibel erwähnt werden; sie sind um einen hübschen künstlichen See arrangiert.

Bloomfield Science Museum (02-654-4888; www.mada.org.il; Hebräische Universität, Ruppin Rd, Museum Row; Erw./Kind unter 5 J. 49 NIS/frei; Mo–Do 10–18, Fr bis 14 Uhr; ♿; 9, 14) Spiegelsäle und jede Menge naturwissenschaftliche Spiele, wobei die geeignete Altersgruppe jeweils angegeben ist, sowie ein Spielbereich und ein Imbiss.

Time Elevator (Karte S. 88; 02-624-8381; www.time-elevator-jerusalem.co.il; 6 Yitzhak Kariv Rd, Stadtzentrum; 54 NIS, bei Internetbuchung 46 NIS; So–Do 10–17, Fr bis 14, Sa 12–18 Uhr; ♿; City Hall) Ein schöner Zeitvertreib für Kinder über fünf: ein interaktives Kinoerlebnis mit Panoramaleinwand und Spezialeffekten, die mit der Filmhandlung synchronisiert sind. Vorausbuchen!

Davidsstadt (S. 81) Größere Kinder können durch den unheimlichen, mit Wasser gefüllten Hiskia-Tunnel waten – das Wasser ist ca. 70 cm hoch.

Israel-Museum (S. 91) Größere Kinder und Teenager haben möglicherweise Freude am Youth Wing mit zahlreichen historischen Spielzeugen und Werken von kleinen Künstlern.

Smart Tour (Karte S. 78; 02-561-8056; http://smart-tour.co.il; 4 David Remez St, First Station; E-Bike 199 NIS pro Tag; So–Do 9–18, Fr bis 12.30 Uhr) Mit einem Segway oder einem E-Bike macht es gleich viel mehr Spaß, Jerusalem zu entdecken, und dieser Anbieter hat Radtouren für Familien im Programm.

550 US$, Suite 675–875 US$; P@🛜🏊) Dieser Luxuskomplex rund um ein Gebäude von der Mitte des 19. Jhs. ist der Ostjerusalemer Promi-Schuppen. Das American Colony Hotel hat sich viel von seinem historischen Charme bewahrt – mit Möbeln mit Perlmuttintarsien sowie raffiniert verzierten Kacheln – und die Zimmer sind mit genau dem richtigen Schuss Moderne aufgepeppt. Die Standardzimmer frönen mit ihren Hartholzbetten und fließenden Vorhängen dem klassischen Stil, während einige Suiten mit Bleiglasfenstern und Himmelbetten ausgestattet sind.

National Hotel HOTEL $$$
(Karte S. 78; 02-627-8880; www.nationalhotel-jerusalem.com; As Zahra St; EZ/DZ/3BZ/FZ 125/185/250/300 US$; P🛜; Shivtei Israel) Seit seinen Anfängen als Pension mit zwei Zimmern 1948 hat dieses altehrwürdige Hotel einen langen Weg zurückgelegt. Hier haben schon König Hussein von Jordanien und der ehemalige US-Präsident Jimmy Carter ihr Haupt gebettet – der verblichene Glamour des National ist wirklich bezaubernd. Das Hotel liegt fünf Fußminuten vom Herodestor entfernt und verfügt über 121 Zimmer mit schicken marineblau-weißen Betten, kühlen Fliesenböden, Safes und Kühlschränken. Das Personal ist außergewöhnlich freundlich.

St. George's Guesthouse GÄSTEHAUS $$$
(Karte S. 78; 02-628-3302; www.stgeorgesguesthouse.org; 20 Derekh Shchem/Nablus Rd; EZ/DZ Standard 110/150 US$, Deluxe 150/180 US$; P@🛜; Shivtei Israel) Das ruhige Gästehaus neben einer 100 Jahre alten anglikanischen Kirche heißt schon seit 1923 Pilger willkommen – früher waren in dem Gebäude die Chorschule und die Kleriker untergebracht. Die Zweibettzimmer mit schneeweißer Bettwäsche, Satelliten-TV und Wasserkocher sind rund um einen Hofgarten angeordnet. Der Aufpreis für die größeren Deluxe-Zimmer mit Steinwänden, mehr Platz und modernisierten Bädern lohnt sich.

Jerusalem Hotel HOTEL $$$
(Karte S. 78; 02-628-3282; www.jrshotel.com; Derekh Shchem/Nablus Rd; EZ/DZ/FZ 130/160/240 US$; @🛜; Shivtei Israel) Den Eingang zu der Villa aus dem 19. Jh., in dem das kleine, familiengeführte Hotel untergebracht ist, schmücken Zierglas und Weinreben. Die 14 Zimmer mit hoher Decke sind mit bestickten Bettdecken und alten Einrichtungsgegenständen wie großen Spiegeln und andalusischen Beistelltischchen eingerichtet. Einige Zimmer verfügen über eine Klimaanlage, andere über Ventilatoren. Fünf Minuten zu Fuß vom Damaskustor entfernt.

Legacy Hotel HOTEL $$$
(Karte S. 78; 02-627-0800; www.jerusalemlegacy.com; 29 Derekh Shchem/Nablus Rd; EZ/DZ ab 150/185 US$; P@🛜; Shivtei Israel) Das kultivierte Hotel in einem ehemaligen YMCA-Gebäude besticht mit eleganten cremefarbenen Zimmern. Die Bäder könnten etwas mehr Pflege vertragen und das Frühstücksbuffet ist nur ein Abklatsch der Buffets in anderen Hotels, doch das freundliche mehrsprachige Personal und die schicken, großen Zimmer machen das wieder wett. Von der Dachterrasse bietet sich ein herrlicher Blick auf den Sonnenuntergang über der funkelnden Stadt.

Zu den Annehmlichkeiten zählen ein Restaurant im fünften Stock mit tollem Blick über die Altstadt, eine Bar in der Lobby und ein Gartencafé. Die Hotelgäste haben freien Zutritt zum Fitnessraum und Schwimmbad des YMCA nebenan.

🛏 Stadtzentrum

Das Geschäftszentrum des überwiegend jüdischen Westjerusalems bietet zahlreiche Unterkünfte auf allen Preisniveaus sowie eine florierende Hostelszene.

⭐ Abraham Hostel HOSTEL $
(Karte S. 78; 02-650-2200; https://abrahamhostels.com; 67 HaNevi'im St, Davidka Sq; B 85–115 NIS, EZ 270–330 NIS, DZ 300–420 NIS, FZ 490–620 NIS; @🛜; Ha-Davidka) Das lebhafte Abraham Hostel hat sich seine Popularität verdient. Die freundliche Crew erfüllt mit einer rund um die Uhr besetzten Rezeption, Möglichkeiten zum Wäschewaschen (12 NIS) und einer Gemeinschaftsküche alle grundlegenden Traveller-Wünsche und bietet darüber hinaus noch eine schöne Bar und Lounge, allabendliche Events und kulturell bereichernde Touren. Zur Auswahl stehen Männer-, Frauen- und gemischte Dorms sowie einfache, aber saubere Zimmer mit Bad. Hier kann man sich schön unters Volk aus aller Welt mischen und auf dem Dach die Ausblicke genießen.

Wer am Sabbat hier ist: Das Hostel organisiert ein Sabbatabendessen für bis zu

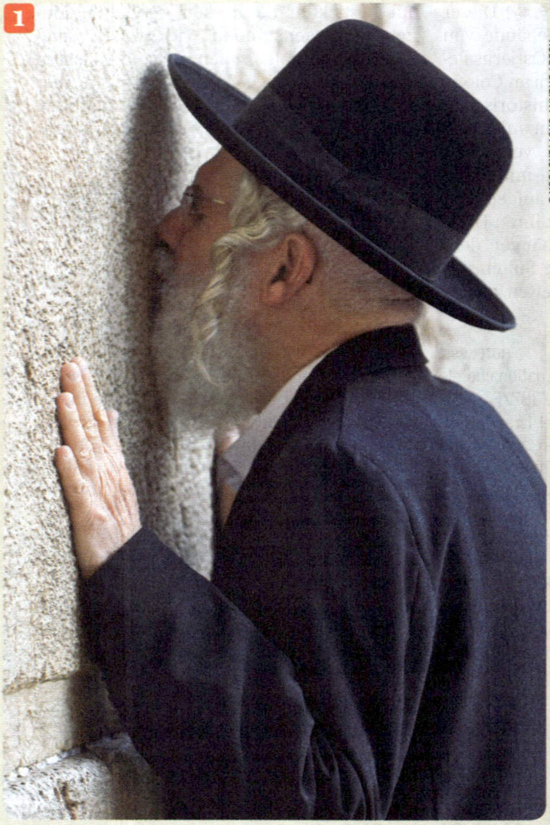

KOBBY DAGAN / SHUTTERSTOCK ©

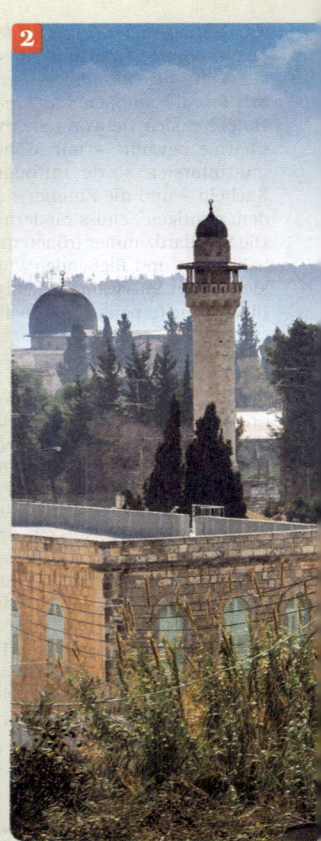

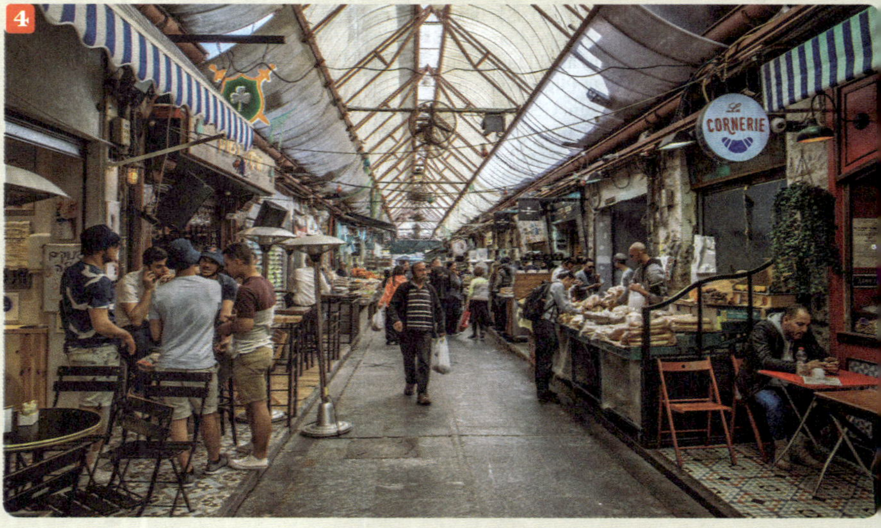

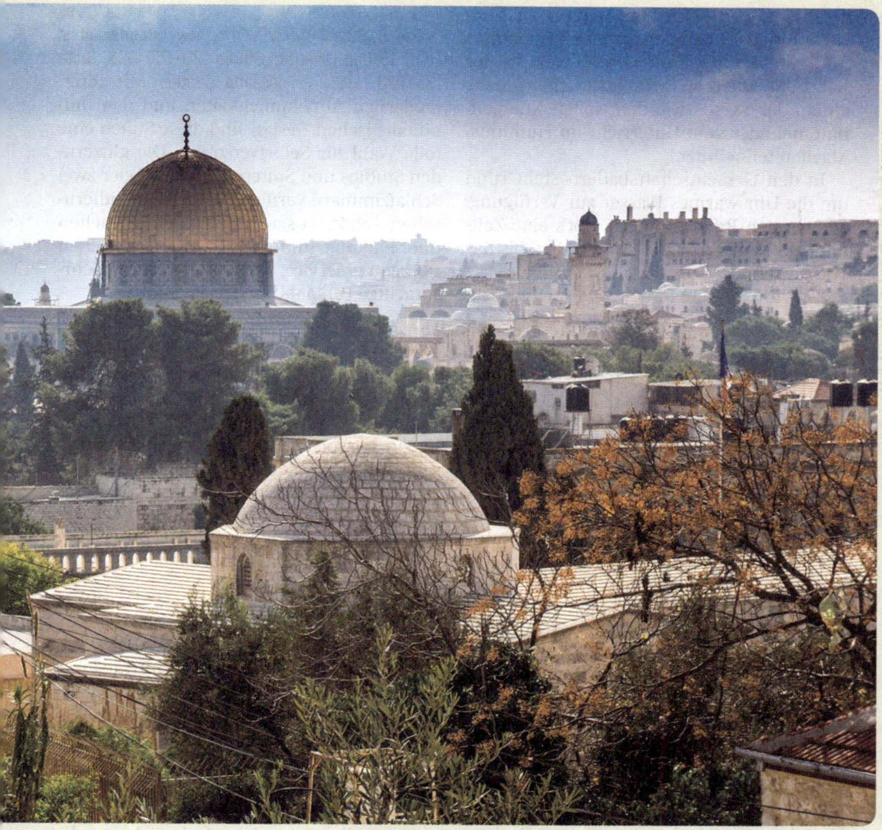

IVOHA / SHUTTERSTOCK ©

1. Klagemauer (S. 71)
Diese 2000 Jahre alte Mauer ist die heiligste Gebetsstätte des Judentums.

2. Felsendom (S. 63)
Die glitzernde Kuppel wird von Muslimen als Schutzdach des Steins, von dem aus der Prophet Mohammed in den Himmel aufstieg, verehrt.

3. Grabeskirche (S. 65)
Eines der bedeutendsten Gotteshäuser des Christentums, errichtet am mutmaßlichen Ort der Kreuzigung und Beerdigung Jesu sowie seiner Auferstehung.

4. Mahane-Yehuda-Markt (S. 87)
Auf dem lebhaften Markt kann man Obst und Gemüse aus der Region und nahöstliche Leckereien probieren.

3

KRYLO GLIVIN / SHUTTERSTOCK ©

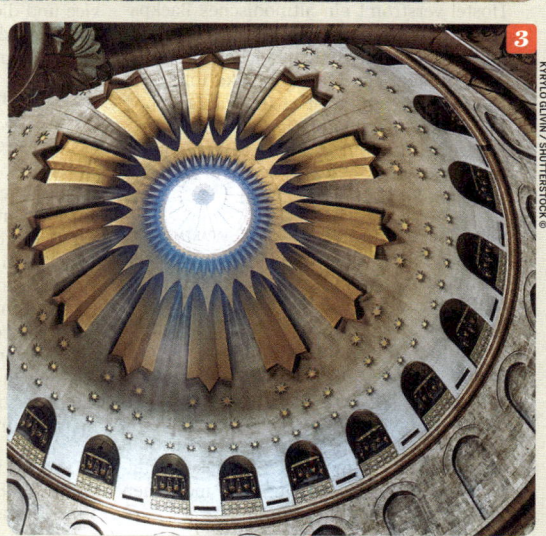

40 Personen (40 NIS). Im Angebot sind darüber hinaus ein Sprachaustausch (montags) und eine Happy Hour (18–20 Uhr) in der Bar. Schließlich sollte man an mindestens einem der Events wie dem tollen Kneipenbummel oder dem Unterricht im Hummus-Machen teilnehmen.

In den Gemeinschaftsbädern steht rund um die Uhr warmes Wasser zur Verfügung, aber in den Privatzimmern gibt's eine Zeituhr und es dauert rund 20 Minuten, bis das Wasser schön warm ist.

Der Eingang befindet sich in der Ha-Nevi'im St in der Nähe der Bushaltestelle.

★ Post Hostel　　　　　　　　　HOSTEL $

(Karte S. 88; 02-581-3222; http://theposthostel.com; 23 Jaffa Rd; B 24–32 US$, DZ 105–125 US$, 3BZ 145 US$; 🛜; 🚋City Hall) Im dritten Stock eines alten Postamts befindet sich dieses luftige und gut geführte Hostel. An die Vergangenheit des Gebäudes erinnern eine Einrichtung in kräftigen Rot- und Marineblautönen sowie Wandbilder mit Postmotto. Die Unterkünfte sind einfach, aber makellos sauber, von den Privatzimmern bis zu den getrennten und gemischten Dorms. Die Bar, die Dachterrasse und der Bereich zum Chillen mit Billardtisch sorgen für eine entspannte gesellige Stimmung.

Jerusalem Hostel & Guest House　　　　　　　　HOSTEL $

(Karte S. 88; 02-623-6102; www.jerusalem-hostel.com; 44 Jaffa Rd, Zion Sq; B 80–90 NIS, DZ 240–330 NIS; @🛜; 🚋Jaffa Center) Das gepflegte Hostel verströmt ein altmodisches Backpacker-Flair. Zwar sind die Zimmer schlicht, aber die Gemeinschaftsbereiche sind durch Antiquitäten, alte Fotos, Judaika und - im Eingangsbereich - große Säulen aufgepeppt. Zur Verfügung stehen Zimmer mit Bad sowie getrennte und gemischte Dorms nebst Gemeinschaftsküche und einer Dachterrasse mit Sofas zum Abhängen.

City Center Hotel　　　　　　APARTMENTS $$

(Karte S. 88; 02-650-9494; www.citycentervacation.com; 17 King George St, Ecke HaHistadrut St; Studio 512–640 NIS, Suite 695–824 NIS; P@🛜; 🚋Jaffa Center) Die übliche Beschreibung für Unterkünfte in dieser Gegend lautet: „viel Charme, aber etwas abgenutzt". Und genau aus diesem Grund sollte man sich über dieses tadellos saubere, moderne Hotel von ganzem Herzen freuen. Die 38 gemütlichen Zimmer mit Kochecke verteilen sich über zwei Gebäude im modernen Stadtzentrum.

Shamai Suites　　　　　　　APARTMENTS $$

(Karte S. 88; 02-579-7705; www.shamaisuites.com; 15 Ben Hillel St; Studio 120–150 US$, Suite 135–220 US$; 🛜; 🚋Jaffa Center) Mit ihren modernen Annehmlichkeiten und dem minimalistischen Design sind diese Suiten eine tolle Wahl für Selbstversorger. Die glitzernden Studios und Suiten mit einem oder zwei Schlafzimmern verfügen über Flachbildfernseher, schön ausgestattete kleine Küchen und Balkone und es gibt einen täglichen Reinigungsservice. Das aufmerksame mehrsprachige Personal rundet das Bild ab.

Jerusalem Inn　　　　　　　　　HOTEL $$

(Karte S. 88; 072-256-6964; http://smarthotels.co.il; 7 Horkanos St; DZ ab 110 US$; 🛜) Das Ganze sieht ein bisschen nach IKEA aus, aber die winzigen Zimmer in diesem Kettenhotel haben hervorragende Betten, kleine Kühlschränke und Bäder mit Glaswand – nicht eben ideal für schüchterne Gäste. Aber das Ganze ist recht behaglich und die Lage des Hotels nur 150 m von der Jaffa Rd ist perfekt zum abendlichen Ausgehen.

Palatin Hotel　　　　　　　　　HOTEL $$

(Karte S. 88; 02-623-1141; www.palatinhotel.com; 4 Agrippas St; EZ/DZ/Suite ab 105/130/180 US$; 🛜; 🚋Jaffa Center) Unweit des Zentrums von Jerusalems Shopping- und Café-Szene gelegen, bietet das heimelige, familiengeführte Palatin 33 kleine, aber recht gemütliche Zimmer mit Schreibtischen und alten Bodenfliesen – die Bäder zeigen ihr Alter allerdings nicht gar so anmutig. Der freundliche Service und die ausgezeichnete Lage lassen die Hellhörigkeit und das Bettzeug aus Polyester jedoch beinahe vergessen.

★ Harmony Hotel　　　　　　　HOTEL $$$

(Karte S. 88; 02-621-9999; www.atlas.co.il/harmony-hotel-jerusalem; 6 Yo'el Salomon St; EZ/DZ ab 180/200 US$; P@🛜; 🚋Jaffa Center) Das Harmony erfreut sowohl mit seinem Ethos als auch mit seinen Zimmern. Die Fotos an der Decke der Lobby verweisen auf die verschiedenen Religionen Jerusalems, und das aufmerksame Personal und die kostenlose Happy Hour (So-Fr 17–19 Uhr) verstärken noch den freundliche Atmosphäre. Die Zimmer warten mit einer königlichen Farbgestaltung in Lila und Smaragdgrün auf und die Bäder bestechen mit ultramodernen Armaturen und schwarz-weißen Bodenfliesen.

★ Arthur Hotel　　　　　　BOUTIQUEHOTEL $$$

(Karte S. 88; 02-623-9999; www.atlas.co.il/arthur-jerusalem; 13 Dorot Rishonim St; DZ ab

184 US$; P @ 🛜; 🚇 Jaffa Center) Mit pelzbesetzten Kissen, bestickten Bettenden und antikem Mobiliar beschwören die Zimmer des nostalgischen Arthur Hotel die 1920er-Jahre herauf. Die juwelenfarbenen Zimmer unterscheiden sich hinsichtlich ihres Stils, aber die gepflegten Bäder funkeln allesamt. Am schönsten sind die Balkonzimmer hinten im Gebäude. Das Frühstück ist beeindruckend und es gibt eine Happy Hour mit kostenlosen Snacks und Drinks.

7 Kook Hotel & Suites BOUTIQUEHOTEL $$$
(Karte S. 88; ☎ 02-580-8068; http://7-kook-boutique-hotel.jerusalem-hotels-il.com/en; Ticho St; ohne Frühstück DZ 160–570 US$, Studio ab 600 US$; 🛜; 🚇 Jaffa Center) Das 7 Kook gehört zu einem noblen Apartmentkomplex und bietet Doppelzimmer und Suiten mit Parkettböden und weißen Wänden sowie toller Geräuschdämmung, hervorragenden Bädern, Espressomaschinen und Wasserkochern. Die Preise schwanken je nach Jahreszeit und Zimmer beträchtlich: Die einfachsten Zimmer haben keine Fenster, die besten sind riesig und haben zusätzlich ein Klappbett – aber alle sind elegant.

Notre Dame Guest House GÄSTEHAUS $$$
(Karte S. 56; ☎ 02-627-9111; www.notredamecenter.org; 3 Paratroopers Rd, nahe der Altstadt; DZ ab 300 US$, Suite ab 430 US$; 🛜; 🚇 City Hall) Die meisten Zimmer in diesem erstklassig gelegenen und vom Vatikan betriebenen Gästehaus bieten einen wunderschönen Blick auf die Altstadt und den Ölberg. Die Zimmer in dem Gebäude aus dem Jahr 1904 sind mit noblem klassischem Flair modernisiert worden. Das Gästehaus sorgt außerdem mit einem mediterranen Restaurant mit Gartenterrasse sowie einem Käse-Wein-Restaurant (S. 110) auf dem Dach fürs leibliche Wohl.

🛏 Mamilla & Yemin Moshe

St. Andrew's Scottish Guesthouse GÄSTEHAUS $$
(Karte S.78; ☎ 02-673-2401; www.scotsguesthouse.com; 1 David Remez St, Yemin Moshe; EZ/DZ/Suite 135/170/380 US$; P @ 🛜) Die luftige Lage und die Steinfassade verleihen dem Gästehaus ein erbauliches Flair. Die Unterkünfte verströmen ein bisschen das Ambiente von Internatsschlafsälen, aber die Zimmer sind groß und haben hohe Decken und penibelst saubere Bäder – und überall scheint der schottische Einfluss durch, u. a. dank dem großzügigen Einsatz von Schottenmustern. Die teureren Zimmer haben einen Balkon – Zimmer 1 beeindruckt mit spektakulären Ausblicken auf die Altstadt.

YMCA Three Arches Hotel HOTEL $$
(Karte S. 78; ☎ 02-569-2692; 26 King David/David HaMelekh St, Yemin Moshe; EZ/DZ/3BZ/Suite ab 137/166/174/200 US$; P @ 🛜 ⛱) Wer im Three Arches nächtigt, kann sich darüber freuen, dass sein Hotel zu den markantesten Wahrzeichen des modernen Jerusalem zählt. Das Hauptgebäude unter dem 46 m hohen Glockenturm wartet mit reich verzierten Decken und riesigen Messinglüstern auf. Die Zimmer sind etwas holzbetonter, aber klassisch eingerichtet.

King David Hotel HOTEL $$$
(Karte S. 78; ☎ 02-620-8888; www.danhotels.com; 23 King David/David HaMelekh St; Zi 550–800 US$, Suite 1020–2700 US$; P @ 🛜 ⛱) Eine der stattlichsten Adressen Jerusalems ist das King David aus den 1930er-Jahren, dessen Art-déco-Einrichtung mit Samtsofas, güldenen Stoffen und Marmortischen einen umhaut, sobald man das Haus betritt. Und das ist nur die Rezeption: Die Zimmer beeindrucken mit thronartigen Betten, großen Marmorbädern und allen modernen Annehmlichkeiten. Die Standardzimmer sind nicht gerade groß, aber die Deluxe-Zimmer verfügen über niedliche Veloursamtsofas und Schreibtische.

Mamilla Hotel DESIGNHOTEL $$$
(Karte S. 88; ☎ 02-548-2222; www.mamillahotel.com; 11 King Solomon/Shlomo HaMelekh St; Zi. 400–475 US$, Suite 585–860 US$; P @ 🛜 ⛱; 🚇City Hall) Für den Jetset könnte dieses elegante Hotel nicht besser gelegen sein: Richtung Osten befindet sich die autofreie Mamilla Mall, während die Restaurants und Bars der Hillel St (und das „Downtown Triangle") unmittelbar westlich liegen. Das pfirsichfarbene Gestein des Baus ahmt die Farbe der Altstadthäuser nach. Drinnen erscheinen die großzügigen Zimmer dank Bädern mit Glaswand noch größer und die Einrichtung in Kastanienbraun, Marineblau und Weiß verleiht den Zimmern ein klassisches Flair. Von den Suiten bieten sich Blicke auf die Altstadt.

Ein Spa mit Hammam, ein Fitnessraum, ein Hallenbad, zwei Bars, ein Café und ein mediterranes Restaurant auf der Dachterrasse runden das Luxuspaket ab.

David Citadel Hotel HOTEL $$$
(Karte S. 88; ☎ 02-621-1111; www.thedavidcitadel.com; 7 King David/David HaMelekh St; Zi. 510–634 US$, Suite 1000 US$; P 🛜 ⛱ 🚇 City Hall) Einige

JERUSALEM AM SABBAT

Exakt 36 Minuten vor Sonnenuntergang dröhnt freitags eine Sirene über die Hügel Jerusalems. Das Signal verkündet den Anbruch des Sabbats – und mit ihm hält eine ausgesprochen spirituelle Atmosphäre Einzug in die Straßen. In der ganzen Stadt sieht man Menschen in ihrer besten Kleidung, die entweder zur Klagemauer oder vollgepackt mit Essen zur Wohnung von Freunden oder Verwandten ziehen, um am traditionellen Sabbatessen am Freitagabend teilzunehmen.

Unser Tipp: sich in Schale werfen und der Menge zur Klagemauer folgen, um beim Singen, Tanzen und Beten zuzuschauen und die Magie des heiligen Ortes zu erleben. Alternativ kann man auch den Sabbatgottesdienst in einer Synagoge besuchen.

Wer die Möglichkeit hat, sollte sich mit einer Jerusalemer Familie zum Sabbatessen verabreden; Übernachtungsgäste des Abraham Hostel (S. 101) im Stadtzentrum können am dortigen Festmahl teilnehmen. Ansonsten muss man sich unbedingt rechtzeitig ein Restaurant aussuchen, da die meisten Restaurants in Westjerusalem freitagabends geschlossen sind. Geöffnet sind z. B. das Adom (S. 111) in der German Colony sowie die Focaccia Bar (S. 109) und das Notre Dame Cheese & Wine Restaurant (S. 110) im Stadtzentrum. Später am Abend sind viele Bars im Stadtzentrum – sehr zum Leidwesen der ultraorthodoxen Juden – geöffnet.

Während im Stadtzentrum und im Jüdischen Viertel in der Altstadt am Samstag alles geschlossen ist, ist dieser Tag für die arabischen Einwohner Jerusalems doch ein ganz normaler Wochentag, weshalb auch die meisten Sehenswürdigkeiten in den anderen Teilen der Altstadt, auf dem Berg Zion, dem Ölberg und in Ostjerusalem geöffnet sind.

Außerdem kann man samstags an zwei kostenlosen Stadtspaziergängen teilnehmen: am dreistündigen Spaziergang (S. 98), der von der Stadtverwaltung angeboten wird, und am von Sandemans angebotenen Spaziergang durch die Altstadt (S. 97).

Egged-Busse und die Straßenbahn stellen am Sabbat ihren Betrieb ein. Es fahren aber ein paar Taxis sowie arabische Busse und Sammeltaxis, die jeweils am Damaskustor starten. Man kann am Sabbat also so gut wie an jedem anderen Tag Städte im Westjordanland wie Jericho oder Bethlehem besuchen. En Gedi, Masada und das Tote Meer sind beliebte Tagesausflugsziele; Tourveranstalter und Hostels bieten Pauschaltouren an. Zudem kann man an der Neveim St ein Sammeltaxi nach Tel Aviv nehmen.

---

große Hotels sind kleine Städte für sich und warten mit so vielen Freizeiteinrichtungen und Speisemöglichkeiten auf, dass man sie gar nicht verlassen muss. Das David Citadel mit seinen 400 Zimmern gehört ohne Frage zu dieser Sorte. Die geräumigen Zimmer sind wunderschön eingerichtet. Es gibt drei Restaurants und zu den Annehmlichkeiten gehören eine VIP-Lounge, ein Pool, ein Kinderspielzentrum, ein Spa und ein Fitnessstudio.

Rehavia

Little House in Rehavia HOTEL $$
(Karte S. 78; 02-563-3344; www.jerusalem-hotel.co.il; 20 Ibn Ezra St; EZ/DZ/4BZ/FZ 139/153/190/243 US$;) Das Little House ist ein echtes Mittelklassejuwel: Es befindet sich in einem Steingebäude mit viel Flair in einem hübschen Wohnviertel. Genauso reizend wie das Haus ist das Personal. Die 28 einfachen, aber sauberen Zimmer verfügen über gepflegte Bäder mit beigefarbenen Kacheln. Das Hotel wirkt ein wenig karg, ist aber mit seiner Dachterrasse, dem kostenlosen Kaffee und einem kosheren israelischen Frühstücksbuffet sehr preisgünstig – das Frühstück nimmt man am besten im von Katzen beherrschten Garten ein.

German Colony, Abu Tor & Baka

Jerusalem Garden Home B&B $$
(050-524-0442; www.jerusalemgardenhome.com; 74 Derech Beit Lehem, German Colony; EZ ab 95 US$, DZ 120–150 US$, 3BZ ab 150 US$; P ; 7, 71, 72, 74, 75) Die aus Jerusalem stammenden Eigentümer Roni und Adi bieten den Gästen in ihrem heimeligen B&B einen herzlichen Empfang. Den einfachen, aber geräumigen Zimmern verleihen alte Kacheln und handbestickte Bettdecken einen Hauch von Eleganz, und es gibt tatsächlich einen hübschen Garten sowie einen gefliesten Patio zum Relaxen. Das Haus liegt fünf Fußminuten von der Hauptstraße der German Colony entfernt.

Ariela's Place
APARTMENTS $$

(☎052-380-7077; 49 Hebron Rd, Abu Tor; Suite ab 355 NIS; 🛜) Diese urigen Suiten warten mit kleinen Küchen und recht gutem WLAN auf und sind erheblich billiger als zentral gelegene Unterkünfte. Zur Altstadt sind es zu Fuß 20 Minuten, in die German Colony und zum Nachtleben in der First Station (S. 113) jedoch erheblich weniger. Der freundliche Empfang und das heimelige Ambiente mit kleinen Balkonen und alten Fliesenböden schaffen einen entspannten Rückzugsort.

Villa Ba'Moshava
BOUTIQUEHOTEL $$$

(☎02-542-3000; http://brownhotels.com/moshava; 13 Yehoshua bin-Nun St, German Colony; DZ/FZ unter der Woche ab 205/240 US$, Wochenende ab 255/290 US$; P @ 🛜; 🚌14, 18) Das 23-Zimmer-Hotel in einem romantischen Sandsteingebäude befindet sich in ruhiger Lage an einer Wohnstraße in der German Colony. Die Standardzimmer sind nicht groß, aber das macht eigentlich nichts: Die Decken sind hoch, es gibt Regenduschen und kleine Kühlschränke, und die Zimmer sind mit goldenen Vorhängen fürstlich ausstaffiert. Das hochwertige Frühstücksbuffet sollte man besser nicht verschlafen! Seinen Gästen stellt das Hotel Fahrräder zur Verfügung.

Dan Boutique Hotel
HOTEL $$$

(Karte S. 78; ☎02-568-9999; www.danhotels.co.il; 31 Hebron Rd, Abu Tor; DZ ab 210 US$; P 🛜) In diesem unverwechselbaren Gebäude, das wie ein gewaltiger nach oben gereckter Betondaumen aussieht, befinden sich 128 moderne Zimmer mit eher düsterer Farbgestaltung in Senfgelb und Ochsenblutrot. Doch die Zimmer sind gut ausgestattet, mit Kaffeemaschinen und guten Betten. Von der Bar und vom kleinen Fitnesscenter bieten sich tolle Ausblicke auf die Stadt.

🛏 Rund um den Zentralen Busbahnhof

Allenby 2 B&B
B&B $

(☎052-396-3160; http://allenby2.com; 2 Allenby Sq, Romema; EZ mit Gemeinschaftsbad 55 US$, DZ ab 95 US$, mit Gemeinschaftsbad ab 80 US$, FZ ab 130 US$; @ 🛜; 🚌Central Station) Das Allenby 2, eines der beliebtesten B&Bs in Jerusalem, verbindet freundliche Atmosphäre mit ausgezeichnetem Service. Mit elf Zimmern, die über mehrere Häuser verteilt sind, ist es zugleich eines der größten Unterkünfte seiner Art in der Stadt. Die Gemeinschaftsküche und die Lage in der Nähe des Zentralen Busbahnhofs und zur Straßenbahn sind weitere Pluspunkte. Vorher anrufen, es gibt keine Rezeption.

 Essen

Jerusalem ist ein erstklassiges Pflaster für zahlungskräftige Gourmets, aber auch für solche mit kleinem Geldbeutel. Im richtigen Falafel-und-Hummus-Laden kostet ein echtes orientalisches Speiseerlebnis nur etwa 15 NIS; besonders gut sind Abu Shukri und Lina. Der Mahane-Yehuda-Markt (S. 87) bietet eine ausgezeichnete Einführung in die örtliche Lebensmittelvielfalt. Wenn die Reisekasse gut gefüllt ist, kann man im Notre Dame (S. 110) auf dem Dach Käse verkosten, im Yudale (S. 111) Fusionsküche schlemmen oder im Modern (S. 112) kreative Küche genießen.

🍴 Altstadt

Die meisten Restaurants in der Altstadt beschränken sich auf Hummus, Kebab, Shawarma und andere nahöstliche Gerichte. Die einzigen Ausnahmen bilden einige Restaurants rund ums Jaffator, die mediterrane Küche anbieten, und am Hurva Sq im Jüdischen Viertel, wo sich amerikanische Fast-Food-Lokale angesiedelt haben. Wer nach Einbruch der Dunkelheit noch etwas zu essen sucht, hat es nicht eben leicht – die Altstadt fällt in einen tiefen Schlummer, sobald sich die Menschenmassen verflüchtigt haben.

Achtung: Viele Restaurants im Muslimischen Viertel sind während des Fastenmonats Ramadan geschlossen.

★ Abu Shukri
NAHÖSTLICH $

(Karte S. 56; ☎02-627-1538; 63 Al-Wad St, Muslimisches Viertel; Hummus 20 NIS; ⏰9–16 Uhr; 🌱) Das Abu Shukri ist so beliebt, dass es inzwischen in ganz Jerusalem Nachahmer gibt. Der Standardteller umfasst eine Schale sämiges, seidiges Hummus – wahlweise mit Kichererbsen, Tahina (Sesampaste), Ful (gekochten Saubohnen) oder Pinienkernen –, knuspriges Gemüse und einen Korb mit Pitabrot. Als Beilage sind Falafelbällchen (10 NIS) zu empfehlen. Nur Barzahlung.

Lina Restaurant
NAHÖSTLICH $

(Karte S. 56; ☎02-627-7230; Aqabat Al-Khanqah St, Muslimisches Viertel; Hummus 20 NIS; ⏰9–17 Uhr) Hauptrivale des legendären Abu Shukri ist dieses ausgezeichnete nahöstliche Restaurant, dessen Hummus, auf dem gewöhnlich das Olivenöl funkelt, zum besten Jerusalems gehört. Auf beiden Straßenseiten gibt es je einen Speiseraum, und doch ist der unscheinbare Laden leicht zu übersehen. Hier kann man sich wunderbar vom Kampf mit den Besuchermassen in der Grabeskirche (S. 65) erholen.

Ja'far Sweets — DESSERTS $

(Karte S. 56; 40–42 Souq Khan Al-Zeit St, Muslimisches Viertel; Desserts ab 15 NIS; ⊙ Sa–Do 8–19 Uhr) Es macht Spaß, dabei zuzuschauen, wie Stücke hellorangefarbenes, vor Sirup triefendes *kunafeh* (Süßspeise aus Quark mit Teigfäden) von einem riesigen Tablett abgeschnitten werden. *Kunafeh* ist die bekannteste Süßspeise dieses renommierten palästinensischen Süßwarenhändlers. Ja'far verkauft außerdem gut verpacktes Baklava und Lokum – die ungewöhnlicherweise mit Festpreisen ausgezeichnet sind. Wer seine süße Leckerei hier verspeist, bestellt am besten ein Glas Tee als Ausgleich zu all dem Zucker dazu.

Zalatimo — DESSERTS $

(Karte S. 56; Souq Khan Al-Zeit St, Muslimisches Viertel; Murtabak 20 NIS; ⊙ unterschiedlich) Das Zalatimo versteckt sich in einem Gewölbe unterhalb des Äthiopischen Klosters und ist berühmt für seine *murtabak*, hergestellt nach einem alten Familienrezept, das über 150 Jahre verfeinert wurde. Nach allerlei Kneten und Wirbeln – das Zuschauen ist Teil des Vergnügens – wird der Filoteig mit geklärter Butter, Zimt und Walnüssen oder ungesalzenem Schafskäse gefüllt, im Ofen knusprig gebacken und mit Zuckersirup beträufelt. Bei der Bestellung nach dem Preis fragen – Rechenfehler sind keine Seltenheit.

Es gibt kein offensichtliches Schild: nach der grauen Metalltür auf halber Strecke der Treppe (hinter einem Saftstand) suchen. Da der Laden auch keine festen Öffnungszeiten hat, muss man vielleicht mehrere Anläufe machen, um ihn offen zu erwischen.

Armenian Tavern — ARMENISCH $$

(Karte S. 56; 02-627-3854; 79 Armenian Orthodox Patriarchate Rd, Armenisches Viertel; Hauptgerichte 65–80 NIS; ⊙ Di–So 11–22.30 Uhr) Schon die Atmosphäre lohnt einen Besuch in der Armenischen Taverne. Wer sich hinunter in das Gebäude aus der Kreuzfahrerzeit begibt, wird empfangen von perlenbesetzten Spiegeln, Eisenlüstern und Antiquitäten, die den Weg zum Tisch zu einem Hindernislauf machen. Die Bedienung ist nicht gerade herzlich, doch die Hausweine sind trinkbar und das Essen kann sich durchaus sehen lassen.

Tipp: *khagoli derev* (Lammhack in Weinblättern, in Joghurt geschmort).

Family Restaurant — NAHÖSTLICH $$

(Karte S. 56; 02-628-3435; Souq Khan Al-Zeit St, Muslimisches Viertel; Hauptgerichte ab 30 NIS) Das orientalische Grill- und Hummus-Restaurant macht alles richtig. Wie der Name schon vermuten lässt, tummeln sich in diesem 1942 gegründeten Cafeteria-artigen Lokal im Muslimischen Viertel jede Menge Familien. Es ist sauber und serviert Essen von gleichbleibender Qualität wie Fleischspieße und halbe Hähnchen vom Grill, dazu Hummus, Pita und Salate. Am besten passt dazu Minzlimonade – Alkohol gibt's keinen, und es werden auch keine Kreditkarten angenommen.

Christ Church Cafe — CAFÉ $$

(Karte S. 56; 02-627-7727; Omar Ibn Al-Khattab Sq, Altstadt; Hauptgerichte 20–60 NIS; ⊙ Mahlzeiten 10.30–15.30 Uhr, Café bis 20 Uhr; 🛜) Das mit Bibelzitaten geschmückte Café beim Jaffator bietet eine gesellige Atmosphäre und ist meist gut gefüllt mit Bewohnern des benachbarten Gästehauses (S. 100). Bis 15.30 Uhr gibt's Pizza, Salate und Sandwiches, danach Softeis und Kuchen wie Käse-, Karotten- und Zitronenkuchen. Eine freundliche Oase in der Altstadt.

Rossini's Restaurant — INTERNATIONAL $$

(Karte S. 56; 02-587-7423; www.rossini-rest.com; 42 Latin Patriarchate Rd, Christliches Viertel; Hauptgerichte 45–130 NIS; ⊙ 12–23 Uhr; 🛜; 🚌 City Hall) Durch mehrere Sachen landet dieses recht mittelmäßige Steak- und Nudelhaus direkt im Visier der Touristen: Es ist am Sabbat geöffnet, serviert Alkohol und ist nur einen Katzensprung vom Jaffator entfernt. Das Rossini's wirkt modern und einladend und die Hauptgerichte mit Fleisch wie das *musakhan* (Huhn auf palästinensische Art, Zwiebeln und Sumak auf Brot) ist nach einem Tag in der Altstadt genau das Richtige.

Ostjerusalem

Al-Mihbash — NAHÖSTLICH $$

(Karte S. 78; 02-628-9185; www.facebook.com/AlMihbashRestaurantAndCafe; 21 Derekh Shchem/Nablus Rd; Hauptgerichte 50–75 NIS; ⊙ 10 Uhr-spät; 🚌 Shivtei Israel) An einem Balkontisch kann man bestens einem Fest mit palästinensischen Gerichten frönen, von Fischkebabs und Falafel bis zu gefülltem Huhn – für Leute mit Heimweh gibt's auch mediterrane Lachsfilets und Steaks. Auf der etwas bunt zusammengewürfelt wirkenden Karte stehen außerdem Avocadopüree und Mandel-Smoothies. Die Bedienung ist eher nachlässig, aber das Essen – und die Ausblicke – sind erstklassig.

Sarwa Street Kitchen   CAFÉ $$
(Karte S. 78; www.facebook.com/sarwastreetkitchen; 42 Salah Ad Din St; Hauptgerichte 15–60 NIS; ⊗11–23 Uhr; 🛜🅿; 🚌Shivtei Israel) Die Sarwa Street Kitchen ist ein chilliges Plätzchen für einen stillen Kaffee, eine Mahlzeit oder ein Bier. Aus der Küche kommen z. B. hausgemachte Pizza und Burritos sowie palästinensische Klassiker wie *makloubeh* (Huhn, Reis, Gemüse und Gewürze, zusammen gekocht und dann gestülpt). Auch vegetarische und vegane Speisen sind im Angebot. Angesichts von WLAN und viel natürlichem Licht kann man hier auch schön länger verweilen.

Al-Diwan Restaurant   NAHÖSTLICH $$$
(📞02-541-2222; www.jerusalemambassador.com; Ambassador Hotel, 5 Derekh Shchem/Nablus Rd; Hauptgerichte 70–120 NIS; ⊗12–23 Uhr; 🚌Shimon Ha-Tsadik) Wer sich den ganzen Tag von Straßenessen ernährt hat, wird das Restaurant des Ambassador Hotel als teuer empfinden, doch es ist eines der besten Speiselokale in Ostjerusalem. Aus dem Holzkohleofen kommt luftiges Pitabrot, das dann stapelweise neben rauchig gegrilltem Fleisch, grüner Weizensuppe und tollen Pizzas auf den Tischen landet. Am besten genießt man sein Mahl nicht im mittelprächtigen Speisesaal, sondern draußen auf der Veranda.

🍴 Stadtzentrum

Im Stadtzentrum – besonders an und rund um die Fußgängerzone Ben Yehuda St – gibt's jede Menge Restaurants und Cafés. Viele servieren koschere Speisen, was zugleich bedeutet, dass sie am Sabbat und an jüdischen Feiertagen geschlossen sind.

Hamarakia   SUPPEN $
(Karte S. 88; 📞02-625-7797; 4 Koresh St; Hauptgerichte 30 NIS; ⊗So-Do 12.30–24, Sa ab 20 Uhr; 🅿; 🚌City Hall) Diese zwischen heimelig und rümpelig changierende Jerusalemer Institution ist auf nährende Suppen spezialisiert, die täglich wechseln. Oft geboten werden Lauch, Linsen und Tomate und es gibt stets vegane Optionen. Wer gerne etwas Festeres zwischen den Zähnen hat, kann sich an Auberginensalate, Hummus und andere vegetarische Gerichte halten. Die langen Gemeinschaftstische und die offene Küche schaffen ein geselliges Ambiente und hinterm Haus gibt's noch eine Veranda.

★ Pinati   NAHÖSTLICH $$
(Karte S. 88; 📞02-625-4540; http://pinati.co.il; 13 King George V St; Hauptgerichte 25–60 NIS; ⊗So-Do 8-19, Fr bis 15 Uhr; 🅿; 🚌Jaffa Center) Die Einheimischen schwören auf das hiesige Hummus, das mit Pitabrot und pikanter Knoblauch-Chili-Paste serviert wird, doch auch die schön gewürzten Hauptgerichte lohnen sich: langsam gekochte Moussaka, Schnitzel, Bohnensuppen und *shakshuka* (Gericht mit pochierten Eiern und Tomaten). Ein entspanntes Ambiente und gutes koscheres Essen sind ein echtes Erfolgsrezept, sodass hier mittags immer sehr viel los ist – an den Wänden hängen Fotos von treuen Gästen aus den letzten 30 Jahren.

T'mol Shilshom   CAFÉ $$
(Karte S. 88; 📞02-623-2758; www.tmol-shilshom.co.il; 5 Yo'el Salomon St; Hauptgerichte 40–55 NIS; ⊗So-Do 8.30–23, Fr bis 14 Uhr; 🛜🅿; 🚌Jaffa Center) Ob im büchergesäumten Speiseraum oder auf der schattigen Terrasse: Das T'mol Shilshom ist eins der lockersten Mittagslokale Jerusalems. Das freundliche koschere Café ist v. a. für sein *shakshuka* bekannt: klassisch, scharf oder mit Käse, aber immer mit viel frischem Brot, Salat und Olivenapenade. Das Café ist nicht leicht zu finden: Man folgt den Schildern durch den Steinbogen auf der Yo'el Salomon St, läuft den Gang hinunter, biegt links ab und läuft dann bis zum Ende des Hofes – das Café befindet sich im Obergeschoss.

Village Green   VEGETARISCH $$
(Karte S. 88; 📞053-944-3273; www.villagegreen.rest-e.co.il; 33 Jaffa Rd; Salatbar ab 45 NIS, Hauptgerichte 30–70 NIS; ⊗So-Do 9–22, Fr bis 15 Uhr; 🅿; 🚌Jaffa Center) Das koschere vegetarische und vegane Café serviert Suppen, Quiches und Salate zum selbst Zusammenstellen, von Roter Bete und Blattsalat bis zu Wurzelgemüse und pikanten Kichererbsen. Selbst der Kuchen ist gesundheitsbewusst: Brownies mit wenig Zucker, Muffins aus Quinoa-Mehl und andere tugendhafte Leckereien.

Das Village Green ist eher eine Cafeteria als ein Restaurant – man bestellt am Tresen, ob man nun vor Ort speist oder sich etwas mitnimmt.

Focaccia Bar   ITALIENISCH $$
(Karte S. 88; 📞02-625-6428; http://bar.focaccia.co; 4 Rabbi Akiva St; Focaccia & Pizza 30–60 NIS, Pasta 45–65 NIS, Hauptgerichte 57–109 NIS; ⊗9–

OTTOLENGHIS JERUSALEM

Der in Israel geborene Yotam Ottolenghi ist nicht nur Chefkoch, Autor und Fernsehmoderator, er ist so ganz nebenbei auch ein Liebling der internationalen kulinarischen Welt und inoffiziell vor allem ein einflussreicher Botschafter der Jerusalemer Kochtradition. Das Kochbuch *Jerusalem*, das er zusammen mit Sami Tamimi veröffentlicht hat, enthält kulinarische Kombinationen, die, wie er sagt, zu bestimmten Gruppen gehören, aber für jedermann bestimmt sind.
Dass dies nicht nur eine inhaltsleere Floskel ist, beweist schon der Umstand, dass Ottolenghi, ein aus Westjerusalem stammender Jude, und Tamimi, ein Palästinenser aus Ostjerusalem, in ihrer Kindheit leicht unterschiedliche Varianten von ein und demselben Gericht gegessen haben. Viele unserer traditionellen Lieblingsrestaurants und -konditoreien werden in diesem Buch beschrieben, u. a. auch Zalatimo (S. 108), Abu Shukri (S. 107) und Azura.

---

24 Uhr; ⏻; Jaffa Center) Die Spezialität in diesem beliebten Ladens ist Focaccia aus dem Tonofen mit z. B. Ziegenkäse, Auberginen oder geräucherter Gans. Außerdem im Angebot: Pizza, Pasta, Salate und Steaks. Das Lokal hat auch eine hübsche Terrasse; drinnen geht's recht munter, teils sogar laut zu, aber hier fühlen sich auch Einzelgäste wohl.

★ Anna Cafe ITALIENISCH $$$

(Karte S. 78; ☎02-543-4144; www.annarest.co.il; Ticho House, 10 HaRav Hagan; Pizza & Pasta 50–70 NIS, Hauptgerichte 80–90 NIS; ⏲So-Do 9–23, Fr bis 14 Uhr; ⏻; Jaffa Center) ✐ Das Anna Cafe im Obergeschoss des eleganten Ticho House ist ein stylisches Plätzchen für einen Kaffee oder ein italienisches Essen. Wer hier etwa Gebäck, *pizza bianca* oder Artischockenomelett speist, tut noch etwas Gutes: Das Café bildet in Not geratene Jugendliche aus.

Darna MAROKKANISCH $$$

(Karte S. 88; ☎02-624-5406; www.darna.co.il; 3 Horkanos St; Hauptgerichte 75–155 NIS, Menüs 175–240 NIS; ⏲So-Do 12–15 & 18.30–24, Sa ab Sabbatende bis 22 Uhr; Jaffa Center) Dieses seit vielen Jahren beliebte koschere Restaurant serviert in stimmungsvollem Ambiente köstliche, aromatische Gerichte aus Marokko; groß ist die Auswahl an Tagines und Couscous. Unbedingt probieren sollte man *pastilla fassia* (Pastete aus Filoteig mit einer Füllung aus Stubenküken und Mandeln) oder *mechoui* (langsam im Ofen gegarte Lammschulter).

Notre Dame Cheese &
Wine Restaurant FRANZÖSISCH $$$

(Karte S. 56; ☎02-627-9177; www.notredamecenter.org; 4. OG, Notre Dame Centre, 3 Paratroopers Rd, nahe der Altstadt; Platten ab 80 NIS; ⏲12–23 Uhr; City Hall) Sobald man aus dem Fahrstuhl tritt, der einen in dieses Dachrestaurant emporträgt, wird die Nase vom Duft von reifem Brie und würzigem Gruyère gekitzelt. Die Aussicht ist atemberaubend, die Klangkulisse bilden läutende Kirchenglocken und die Käseplatten stellen die Hauptgerichte (europäische Kost von Jakobsmuscheln bis zum Lammkarree) klar in den Schatten. Schön ist ein Aperitif zum Sonnenuntergang.

🍴 Mahane Yehuda

In den Gassen in und rund um den Mahane-Yehuda-Markt (S. 87) verstecken sich einige der kreativsten und interessantesten Esslokale der Stadt.

Pasta Basta ITALIENISCH $

(Karte S. 78; http://pastabasta.co.il; 8 HaTut Alley; Pasta 25–38 NIS; ⏲So-Do 11–22, Fr bis 13.30 Uhr; Mahane Yehuda) Diese Kohlehydrate-Schleuder im Mahane-Yehuda-Markt ist nicht gut beschildert, doch irgendwann sieht man, wie Penne, Fettuccine und Fusilli mit viel Elan mit einer der neun zur Auswahl stehenden Saucen vermengt werden. Sättigend und schnell.

Mousseline EISCREME $

(Karte S. 78; ☎02-500-3601; www.mousselinejerusalem.com; HaArmonim 2; Eiscreme ab 15 NIS; ⏲So-Mi 10–24, Do 9–24, Fr 7.30–15, Sa ab 1 Std. nach Sabbatende bis 24 Uhr; Mahane Yehuda) Diese Eisdiele ist ideal am Rand des Mahane-Yehuda-Markts gelegen: Hier kann man sich wunderbar davon erholen, den ganzen Vormittag lang Einkaufswagen und Händlern mit Plastikkisten ausgewichen zu sein. An einem heißen Tag trifft Granatapfel sicher ins Schwarze; wunderbar originell sind Sorbets mit schwarzem Sesam oder Grapefruit und Basilikum.

Azura
NAHÖSTLICH $$

(Karte S. 78; ☎02-623-5204; Iraqi Market; Hummus 22–40 NIS, Hauptgerichte 22–100 NIS; ⊙9.30–16 Uhr, am Sabbat geschl.; ❋; ☐Mahane Yehuda) Mit langsams geköchelter Hausmannskost und einem effizienten Service ist dieses türkisch angehauchte koschere Restaurant abseits der Rehov HaEshkol St beim Mahane-Yehuda-Markt eins der beliebtesten Jerusalems. Schon der Duft von Gulasch und Frikadellen versetzt den Magen in knurrende Vorfreude. Das Vorzeigegericht des Hauses, mit Zimt-Rinderhack und Pinienkernen gefüllte Aubergine, ist pfeffrig und sättigend und kommt blitzschnell auf den Tisch.

Ishtabach
KURDISCH $$

(Karte S. 78; ☎02-623-2997; Ecke Shikma St & Beit Ya'akov St; Hauptgerichte 40–65 NIS; ⊙12–1 Uhr; ☐Mahane Yehuda) Das Ishtabach befindet sich am Rand des Mahane-Yehuda-Markts an einer Straße voller Restaurants, aber nirgends sonst gibt's ein ebenso köstliches – und sättigendes – *shamburak* (kurdische Teigtaschen, gefüllt mit verschiedenem Fleisch oder Gemüse und serviert mit einzigartigen Saucen wie Knoblauchmarmelade). Wer die Füllung *siske* bestellt, sollte schon besonders hungrig sein: Dafür wurde Rindfleisch 15 Stunden lang sehr langsam gegart.

★ Machneyuda
INTERNATIONAL $$$

(Karte S. 78; ☎02-533-3442; www.machneyuda.co.il; 10 Beit Ya'akov St; Hauptgerichte 86–175 NIS, Probiermenü 295 NIS; ⊙So–Do 12.30–16 & 18.30–23, Fr bis 15 Uhr; ☐Mahane Yehuda) New Yorker Seelenfutter, italienische Feinkost oder Haute Cuisine? Dieses erstklassige Restaurant beim Mahane-Yehuda-Markt hat für seine verspielte Karte schon jede Menge Lob geerntet, mit Calamari im katalanischen Stil, schwarzen Linguine mit Krebsfleisch und einem guten alten Steak mit Kartoffeln. Weit im Voraus reservieren – und beten, dass es auch Grießkuchen gibt!

Yudale
ISRAELISCH $$$

(Karte S. 78; ☎02-533-3442; 11 Beit Ya'akov St; Vorspeisen 46–71 NIS, Hauptgerichte 77–175 NIS; ⊙So–Do 18.30 Uhr–spät; ☐Mahane Yehuda) Der frühreife Zwilling vom Machneyuda sieht aus wie eine hawaiianische Strandhütte und serviert die gleiche spannende moderne Fusionskost wie der große Bruder – Rindertatar nach Thai-Art, kurdische Backwaren, Trüffelpolenta –, ist aber lauter und bietet mehr Spaß. An der Bar zu sitzen und den Köchen bei ihrer magisch anmutenden Arbeit zuzuschauen, ist sehr unterhaltsam – wenn man denn einen Platz ergattern kann!

Freitags ist das Restaurant bis zwei Stunden vor Sabbatbeginn geöffnet, samstags ab zwei Stunden nach Sabbatende.

✖ Mamilla & Yemin Moshe

Angelica
INTERNATIONAL $$$

(Karte S. 78; ☎02-623-0056; www.angelicarest.com; 4 George Washington St, Yemin Moshe; Hauptgerichte 92–158 NIS; ⊙So–Do 12.30–22.30, Sa 20.30–23 Uhr) Sandsteinbögen und Fenster mit Steinrahmen schaffen im Angelica ein bodenständiges Ambiente, doch die Speisekarte ist pure Fantasie. Bei den Vorspeisen werden verschiedenste Küchen miteinander vermählt: Vielleicht möchte man seinen Geschmacksknospen mit in einem Taco serviertem und mit Aioli beträufeltem Fisch-Shawarma oder einem Räuchermandel-Nektarinen-Salat mit Sekt-Vinaigrette auf die Sprünge helfen? Unter den Hauptgerichten finden sich Bistroklassiker aus ganz Europa wie Gänsebrust mit Bohnen, Kronfleischsteak und Pilzravioli.

Mamilla Rooftop Restaurant
INTERNATIONAL $$$

(Karte S. 88; ☎02-548-2230; www.mamillahotel.com; 11 King Solomon/Shlomo HaMelekh St, Mamilla; Hauptgerichte 90–186 NIS; ⊙So–Do 18–23, Fr 12–14.30, Sa 19.30–23 Uhr; ☐City Hall) Wer keine Lust hat, sich Ellbogen an Ellbogen mit anderen Gästen in die Hummus-Restaurants der Altstadt zu quetschen, ist in dieser schicken Dach-Brasserie genau richtig. Die koscheren Speisen sind für anspruchsvolle Gaumen ersonnen worden, z. B. Zitrus-Lachs-Sashimi, Gnocchi mit schwarzen Oliven und Gänsebraten mit Schokoladen-Karamell-Sauce. Reservieren!

✖ German Colony

In der Emek Refa'im St gibt es zahlreiche Kettencafés und Burgerlokale, und zum immer ansprechenderen Angebot an Restaurants zählen auch französische Bistros und Italiener.

Adom
MEDITERRAN $$$

(Karte S. 78; ☎02-624-6242; www.adom.rest/en; First Station, 4 David Remez St; Hauptgerichte 70–135 NIS; ⊙12.30–24 Uhr; ❋; ☐71) Das angesagte Bistro mit Tischen draußen im Hof der First Station ist wie ein edler Bahnhofswartesaal ausstaffiert. Auf der Karte steht gehobene europäische Kost wie ein verführerisches Entrecôte vom Grill oder Lachstatar mit Dattelhonig. Bei den vegetarischen Gerichten wird man mit unerwarteten Geschmackskombinationen überrascht, z. B. Kastanien-Gnocchi oder ein Salat mit Artischocke, Ziegenkäse und Feige. Ein schöner Einstieg in einen Jerusalemer Abend!

 Givat Ram

★ **Modern** ISRAELISCH $$$

(02-648-0862;www.modern.co.il;Israel-Museum, Ruppin Rd; Hauptgerichte 70–120 NIS, Tapasplatte 110 NIS; ⊙So–Do 11.30–17 Uhr, Di bis spät; ; 7, 9, 14, 35, 66) Das Hauptrestaurant des Israel-Museums (S. 91) ist so schick, wie es das Ambiente verlangt, und wartet mit einer edlen Auswahl an Speisen auf: Das Artischocken-Sofrito, die gefüllten Ravioli und das Hühner-Kadaifi werden so raffiniert präsentiert, dass sie auch von einem Jackson-Pollock-Gemälde stammen könnten. Heimische Speisen werden auf unerwartete Weise uminterpretiert – israelische Tapas, Rinder-Aprikosen-Kebabs –, und zu allem wird Brot direkt aus dem Ofen gereicht.

 Ausgehen & Nachtleben

In Jerusalems Stadtzentrum gibt es viele Bars. Die besten finden sich in der Gegend um den Mahane-Yehuda-Markt, beim Zion Sq, in der Rivlin St, Ben Shatah St, Hillel St, Heleni HaMalka St und der Dorot Rishonim St. In Ostjerusalem gehören die meisten Bars zu einem Hotel, während die Altstadt in dieser Beziehung fast so ausgedörrt ist wie die Wüste Negev.

 Altstadt

Viennese Café CAFÉ

(Karte S. 56; Österreichisches Hospiz, 37 Via Dolorosa; Kuchen 23 NIS, Hauptgerichte 50–70 NIS; ⊙10–22 Uhr) Barockmusik und Sachertorte sorgen im Österreichischen Hospiz für einen Hauch wienerischen Flairs. Dies ist eine Cafeteria, aber mit Apfelstrudel, gutem Tee und Schnitzel – ein sündiges Vergnügen auf dem stillen Gelände des Österreichischen Hospizes.

Um in das Café zu gelangen, muss man an der Klingel am Tor Ecke Al-Wad St/Via Dolorosa läuten. Nachdem einem Einlass gewährt wurde, geht man zur Lobby des netten Gästehauses und dann nach links. Das Café befindet sich am Ende des Flurs. Man kann drinnen und draußen sitzen.

Versavee BAR, CAFÉ

(Karte S. 56; 02-627-6160; www.versavee.com; Greek Patriarchate Rd; ⊙10 Uhr–open end;) Ob für eine Minzlimonade oder ein Gläschen Wein – die Terrasse des Versavee beim Jaffator ist sehr günstig gelegen für eine schnelle Stärkung. Das Café befindet sich direkt neben dem Hotel New Imperial (S. 99) und ist im selben netten Mix aus Fadenscheinigkeit und Pracht des 19. Jhs. gehalten.

 Stadtzentrum

Cassette Bar BAR

(HaCasetta; Karte S. 88; 1 Horkanos St; ⊙Sa–Do 20–5, Fr 14–6 Uhr; Jaffa Center) Die winzige Bar betritt man von der Straße (nach der mit alten Tonbandkassetten geschmückten Metalltür Ausschau halten) oder von hinten durch die Record Bar nebenan. Das hippe Publikum zecht bis spät in die Nacht und lauscht Alternative Music. Im Obergeschoss ist die beliebte Schwulenbar Videopub.

Kadosh CAFÉ

(Karte S. 88; 02-625-4210; 6 Shlomzion HaMalka St; ⊙7–0.30 Uhr, am Sabbat geschl.; ; City Hall) Seit 1967 kultiviert das Kadosh ein Stückchen Mini-Paris, von der polierten Einrichtung und der Außenbestuhlung bis zum intellektuellen Pläuschchen vor dem Hintergrund französischer Chansons. Der Espresso auf Eis mit Vanille ist ein Erfrischungsgetränk mit echtem Biss, und wenn die Sonne untergeht, werden die Kaffeetassen durch Cocktailflöten ersetzt.

Videopub SCHWULE & LESBEN

(Karte S. 88; https://sites.google.com/site/video pubjerusalem; 1. OG, 1 Horkanus St; ⊙Mo–Do, Sa & So 20–4, Fr ab 22 Uhr; Jaffa Center) Die hiesige schwul-lesbische Gemeinde trifft sich in diesem winzigen Laden über der Cassette Bar, um etwas zu trinken, zu tanzen und gelegentlich einer Drag-Show beizuwohnen (besonders viel los ist donnerstags und samstags). Aus den Boxen kommen nostalgische Electronica und Popmucke aus den 1980er-Jahren, und auch Heteros sind hier gerne gesehene Gäste.

Barood BAR

(Karte S. 88; 02-625-9081; 31 Jaffa Rd; ⊙12 Uhr–open end; Jaffa Center) Eine gute Auswahl an heimischen Weinen, Guinness

EIN OSMANISCHER BAHNHOF IN NEUEM GEWAND

Die **First Station** (Karte S. 78; ☎02-653-5239; www.firststation.co.il; 4 David Remez St, German Colony; Snacks ab 20 NIS, Hauptgerichte ab 55 NIS; ⏱7 Uhr–spät; 🅿🚻), ein Restaurant- und Unterhaltungskomplex in einem hübschen Bahnhof aus dem 19. Jh., ist ein stimmungsvolles Plätzchen für ein Essen oder ein paar Bier. Hier gibt's Läden, Cafés und Eisdielen, außerdem mehrere Restaurants mit u. a. koscheren Steaks (Bread & Meat) und italienischem (Fiori) und asiatischem (Station 9) Essen. Tagsüber kommen gern Familien hierher, abends wird's dann recht lebhaft.

Der Bahnhof wurde 1892 als Endbahnhof der Strecke von Jaffa nach Jerusalem errichtet. Bis zur Stilllegung der Bahnstrecke zwischen Tel Aviv und Jerusalem 1998 war er ununterbrochen in Betrieb. Nach Restaurierungsarbeiten öffnete er dann 2013 seine Tore wieder in der derzeitigen Form.

Pilates-Unterricht, Jazzkonzerte, Stand-up-Comedy und Volkstanz – das alles steht in der First Station auf dem Programm, und viele der zahlreichen Events und Aktivitäten sind kostenlos. Im Sommer findet donnerstags ab 16 Uhr ein Kunsthandwerksmarkt statt. Für Kinder zwischen zwei und zwölf Jahren gibt's gewöhnlich eine Mini-Eisenbahn und ein Karussell sowie andere Vergnügungen. Informationen zu den Veranstaltungen sind auf der Website zu finden.

---

vom Fass und köstlichen Kleinigkeiten vom Balkan und aus Italien lassen die Zeit in diesem kleinen Bar-Restaurant an einem Hof hinter der Jaffa Rd schnell verrinnen. Dank der rot karierten Tischdecken und der verträumten europäischen Plakate an den Steinwänden könnte man sich fast in einem Pariser Bistro wähnen – doch eigentlich gibt es gar keinen Grund, sich an einen anderen Ort zu wünschen.

Sira
BAR, CLUB
(Karte S. 88; ☎02-623-4366; 1 Ben Shatakh St; ⏱16–3 Uhr; 🚇City Hall) Die winzige Bar unweit der Ben Sira St ist dunkel, überfüllt und laut – je nach Abend erklingt hier alles Mögliche von Jazz bis Electronica, und es gibt auch eine Mini-Tanzfläche. Das Bier fließt bis in die frühen Morgenstunden in Strömen und wird v. a. von Studenten vertilgt.

Mazkeka
BAR
(Karte S. 88; www.mazkeka.com; 3 Shoshan St; ⏱21–2 Uhr; 🚇City Hall) Im Mazkeka ist am Wochenende jede Menge los, wenn die Gäste ihre Drinks genießen und sich an den von aufstrebenden Musikern der Stadt fabrizierten Klängen erfreuen. Auf www.facebook.com/Mazkeka lässt sich nachschauen, welche Filme gezeigt werden und welche Künstler im Verlauf der Woche gerade auftreten – oder man kommt einfach vorbei und schaut sich das hippe Jerusalem an.

Jabotinski
PUB
(Karte S. 88; 2 Shim'on Ben Shatah St; ⏱So–Fr 19–2, Sa 13 Uhr–open end; ☎; 🚇City Hall) Die nach dem in Russland geborenen Zionisten Ze'ev Jabotinsky (1880–1940) benannte Kneipe, ein echter Traveller-Treff, ist eine von vielen in der Shim'on Ben Shatah St. Das Essen (Rippchen, Burger u. Ä.) kann man vergessen, dafür aber ist das Bier kalt und es gibt viele Plätze draußen auf dem Gehweg.

Mike's Place
SPORTBAR
(Karte S. 88; ☎054-799-1220; www.mikesplacebars.com; 33 Jaffa Rd; ⏱So–Do 12 Uhr–open end, Fr bis 17, Sa ab 21 Uhr; 🚇Jaffa Center) Guinness vom Fass, Sport auf den Bildschirmen und travellerfreundliches Personal – das gibt's in Dutzenden von Kneipen, aber dieser Ableger einer israelischen Kneipenkette ist ein guter Ausgangs- oder Endpunkt für einen Abend in Jerusalem. Man kann draußen sitzen oder auch drinnen im schön abgenutzten Pub-Interieur – auch unten ist noch überraschend viel Platz.

Am besten läuft man gegen 22 Uhr auf, denn dann beginnt in der Regel das Unterhaltungsevent des Abends: montags offene Bühne, dienstags bis donnerstags Livemusik, u. a. mittwochs Jazz.

🍷 Mahane Yehuda

Beer Bazaar
CRAFT-BIER
(Karte S. 78; ☎02-671-2559; www.facebook.com/Beer.Bazaar.Jerusalem; 3 Haetz Ha em St; ⏱So–Do 11 Uhr–open end, Fr bis 17, Sa ab 20 Uhr; 🚇Mahane Yehuda) Diese ausgesprochen freundliche Bar im Mahane-Yehuda-Markt (S. 87) beeindruckt mit mehr als 100 Craft-Bieren,

LGBTIQ+ IN JERUSALEM

Aufgrund der starken Präsenz gleich dreier Weltreligionen ist die Jerusalemer Schwulen-, Lesben-, Bi- und Transsexuellenszene wesentlich zurückhaltender als in Tel Aviv. In der Öffentlichkeit ausgetauschte Zärtlichkeiten, besonders zwischen gleichgeschlechtlichen Paaren, werden in orthodoxen jüdischen Gegenden und in Ostjerusalem nicht toleriert.

Der Videopub (S. 112) ist eine glitzernde Bar mit winziger Tanzfläche. Infos über Veranstaltungen der schwul-lesbische Gemeinde, die auch teils auf Englisch abgehalten werden, bekommt man per E-Mail beim **Jerusalem Open House** (Karte S. 88; 02-625-3191; www.joh.org.il; 1. OG, 2 HaSoreg St; City Hall).

Ende Juli oder Anfang August zieht die schwul-lesbische Gemeinde beim **Jerusalem March for Pride and Tolerance** durch die Straßen der Stadt. Das ist aber eher eine politische Demo als eine Spaßveranstaltung: Der Umzug erinnert an diejenigen, die 2009 beim Bar-Noar-Attentat getötet oder verletzt wurden, sowie an Shira Banki, die beim Umzug 2015 von einem Ultra-Orthodoxen erstochen wurde, und ruft zu Toleranz auf.

---

darunter Dutzenden israelischen Gerstensäften. Der beliebte Jerusalemer Ableger einer Tel Aviver Craft-Bier-Kette wechselt die Fassbiere ebenso regelmäßig wie das Unterhaltungsangebot, das von „Bier-Yoga" bis zu Livemusik reicht.

Roasters KAFFEE
(Karte S. 78; 054-671-0296; Haetz Ha'em St; So–Do 8 Uhr–Sonnenuntergang, Fr 9–14 Uhr; Mahane Yehuda) In dem enorm beliebten Café mitten im Trubel des Mahane-Yehuda-Markts hocken die Gäste auf wackeligen Hockern oder sogar noch wackeligeren Metallfässern und schlürfen schaumigen Cappuccino oder seidigen Eiscafé mit ein wenig Zuckerwasser für den zusätzlichen Kick.

Casino de Paris BAR
(Karte S. 78; So–Do 12–2, Sa ab 21 Uhr; Mahane Yehuda) Zur Zeit der britischen Mandatsherrschaft war dieses Gebäude ein Offiziersclub. Die Briten verschwanden 1948 von der Bildfläche und daraufhin verfiel das Gebäude, bis sich heimische Unternehmer entschlossen, die guten alten Tage wieder aufleben zu lassen. Heute werden in der Indoor-Outdoor-Bar Tapas, Pizzas, israelische Craft-Biere und nostalgische Cocktails serviert, die an die Glanzzeiten des Hauses in den 1920er-Jahren erinnern.

Etrog Man SAFTBAR
(Karte S. 78; www.etrogman.com; Ha'Egoz St; So–Do 8 Uhr–Sonnenuntergang, Fr 9–14 Uhr; Mahane Yehuda) Teils Smoothie-Bar, teils Mediziner: Der Etrog Man möchte die Zipperlein seiner Kunden mit einem kühlen Glas Ziegenmilch und Passionsfrucht lindern; das „Etrogat" soll einem sogar Frieden am Sabbat bescheren. Angesichts der erfrischenden Drinks für ab 5 NIS ist es schwer, an diesem freundlichen Stand vorbeizugehen.

Talbiyeh & German Colony

Talbiye WEINBAR
(Karte S. 78; 02-581-1927; www.talbiye.com; 5 Chopin St, Talbiyeh; 9.30–16.30 & 17–24 Uhr) Israelische und ausländische Weine finden in dieser Szenebar beim Jerusalem Theatre reißenden Absatz bei dem weltlichen und gut betuchten Publikum. Wie vom Schwester-Lokal des Gourmettempels Machneyuda (S. 111) zu erwarten, gibt's auch hier eine erstklassige Karte mit kleinen Speisen und kompletten Festgelagen aus ganz Europa.

Coffee Mill CAFÉ
(02-566-1665; 23 Emek Refa'im St, German Colony; So–Do 7–23, Fr bis 15, Sa 19–23 Uhr; 4, 18, 21) In dem beliebten und buchaffinen Coffee Mill schlürft eine vielsprachige Gästeschar ihren Milchkaffee inmitten von mit Kaffeebohnen und Titelseiten des *New Yorker* gesäumten Wänden.

Unterhaltung

Theater-, Film- und Musikfreunde können sich in Jerusalem ganz zu Hause fühlen. Besonders von Juni bis August ist der Veranstaltungskalender gut gefüllt. Die großen internationalen Acts steuern eher Tel Aviv an, doch die Musikszene im Jerusalemer Stadtzentrum erweist sich als vielseitig und sehr bunt. Infos zu aktuellen Veranstaltungen bekommt man unter www.itraveljerusalem.com oder in der Freitagsausgabe der *Jerusalem Post*. Karten sind über **Bimot** (Karte

S. 88; 02-623-7000; https://tickets.bimot.co.il; 8 Shamai St, Stadtzentrum; ⊙ So–Do 9–19, Fr bis 13 Uhr; Jaffa Center) erhältlich.

Cinematheque
KINO
(Karte S. 78; 02-565-4333; www.jer-cin.org.il; 11 Hebron Rd, nahe der Altstadt; Tickets 39 NIS) Mit ihren ausgewählten ausländischen Filmen und ihren Mini-Festivals zu Themen von queerem Kino bis zu China ist die Cinematheque eine tolle Adresse für echte Filmkenner und erfreut sich großer Beliebtheit bei säkularen, eher linken Jerusalemern. Hier findet auch das renommierte Jerusalem Film Festival (S. 98) statt.

Yellow Submarine
LIVEMUSIK
(02-679-4040; www.yellowsubmarine.org.il; 13 HaRechavim St, Talpiot) Wie wär's mit orientalischer Tanzmusik oder Balkan-Pop? Oder mit Soft-Jazz, jüdischem spirituellem Gesang oder Stand-up-Comedy (auf Englisch)? Das Yellow Submarine beeindruckt mit einem sehr abwechslungsreichen Programm – siehe Website.

Zappa in the Lab
LIVEMUSIK
(Kasse 03-762-6666; www.zappa-club.co.il; 28 Hebron Rd, Abu Tor; ⊙ Kasse 9–21 Uhr) Die Livemusiklocation befindet sich in einer ehemaligen Lagerhalle der Bahn und wartet inmitten des industriellen Ambientes vor verwittertem Stein mit einer schönen Bar mit Hintergrundbeleuchtung auf. Geboten werden Jazz-, Folk-, Rock- und Popkonzerte sowie manchmal Coverbands und Comedy. Es findet fast jeden Abend etwas statt – Näheres auf der Website, und gewöhnlich ist es besser, sich vorher Karten zu besorgen.

Jerusalem Theatre
DARSTELLENDE KÜNSTE
(Jerusalem Centre for the Performing Arts; Karte S. 78; 02-560-5755; www.jerusalem-theatre.co.il; 20 David Marcus St, Talbiyeh; ⊙ Kasse So–Do 9.30–19.30, Fr bis 13 Uhr) Dieser Komplex umfasst einen Konzertsaal, ein Kino, mehrere Theaterbühnen und ein Café. Das Haus ist auch die Heimat des Jerusalem Symphony Orchestra. Außerdem werden Comedy, Musik, Kindertheater und Tanzvorführungen geboten.

Einige Vorführungen im **Sherover Theatre**, der größten Bühne, haben englische Übertitel.

Shoppen

Jerusalem ist ein gutes Pflaster für Leute auf der Suche nach Judaika, besonders der Cardo (S. 72) in der Altstadt oder die Yo'el Salomon St im Stadtzentrum. Die David St in der Altstadt sollte man besser meiden: Die Waren hier sind meist von minderer Qualität. Ansonsten sind noch feine armenische Töpferwaren und Lebensmittelspezialitäten wie Kaffee, Gewürze und Süßigkeiten aus dem Muslimischen Viertel und vom Mahane-Yehuda-Markt (S. 87) interessant.

Altstadt

Sandrouni Armenian Art Centre
KERAMIK
(Karte S. 56; 02-626-3744; www.sandrouni.com; 4 HaAhkim St; ⊙ Mo–Sa 9.30–19 Uhr) Wer die Jerusalemer Altstadt durch das Neue Tor betritt, kann kaum dem Drang widerstehen, einen Blick in den bunten Keramikladen der armenischen Brüder George und Dorin Sandrouni zu werfen. Seit Gründung ihrer Werkstatt 1983 stellen sie nach traditionellen armenischen Mustern Töpferwaren her: Ornamente in Granatapfelform, Zierteller und Kacheln mit Fisch-, Blumen- und Friedenssymbolmustern.

Heifetz
GESCHENKE & ANDENKEN
(Karte S. 56; 02-628-0061; www.bennyheifetz.com; 24 Tiferet Israel Rd; ⊙ So–Do 10–17, Fr 10–14 Uhr) Im Atelier von Benny Heifetz werden traditionelle jüdische rituelle Gegenstände einer Verjüngungskur unterzogen: Er fertigt silberne Thorazeiger, gezackt geometrische Leuchter und ein hübsches Sortiment an Schmuck mit jüdischen Motiven wie glitzernde Davidsterne und Chais.

Bint Al-Balad Workshop & Café
KUNST & KUNSTHANDWERK
(Karte S. 56; 02-627-7333, 02-628-1377; www.araborthodoxsociety.com; HaAhkim St; ⊙ Mo–Sa 9–15 Uhr; City Hall) Dieser Laden der Arab Orthodox Society verkauft bestickte Kleidungsstücke, Taschen, Geldbeutel und Kissen. Alle Artikel werden von Frauen im Westjordanland hergestellt, um palästinensische Kunsthandwerkstraditionen zu bewahren. Geboten werden außerdem palästinensisches Gebäck und Kaffee.

Alan Baidun
ANTIQUITÄTEN
(Karte S. 56; 02-626-1469; www.baidun.com; 28 Via Dolorosa; ⊙ Sa–Do 10–19 Uhr) Echte Antiquitätenkenner sind sicher von ihren Stöbertouren durch die Altstadt enttäuscht – bis sie den Laden von Alan Baidun entdecken! Hier werden alle Antiquitäten – von ägyptischen Amuletten bis zu feiner islamischer Kunst – mit Zertifikat für den Export und Ursprungszeugnis verkauft.

🔒 Ostjerusalem

Educational Bookshop & Cafe BÜCHER
(Karte S. 78; ☎ 02-628-3704; www.educational bookshop.com; 19 Salah Ad Din St; ⊙ 8–20 Uhr; 📶; 🚌 Shivtei Israel) Der Educational Bookshop ist ein idealer Ausgangspunkt für Streifzüge durch Ostjerusalem – der Buchladen lockt Journalisten, Mitarbeiter von Hilfsorganisationen, Aktivisten und Kulturinteressierte an. Es gibt eine Auswahl an Büchern und DVDs zum Nahostkonflikt sowie eine beachtliche Auswahl an Zeitschriften und palästinensischen Musik-CDs. Im winzigen Café oben kann man bei einem Tee und einem Sandwich verweilen und vielleicht mit einem der mehrsprachigen Gäste ins Gespräch kommen.

Armenian Ceramics KERAMIK
(Karte S. 78; ☎ 02-628-2826; www.armeniancera mics.com; 14 Derekh Shchem/Nablus Rd; ⊙ 8–17 Uhr; 🚌 Shivtei Israel) Das Familienunternehmen ist das alteingesessenste der armenischen Keramikateliers in Jerusalem und wird von Neshan Balian geführt, dem Enkel eines Meistertöpfers aus der Türkei. Die 1922 gegründete Werkstatt wurde im Sechstagekrieg zerstört, aber später wieder aufgebaut und verkauft auch heute noch schöne handbemalte Kacheln.

Das Atelier befindet sich gegenüber vom US-Konsulat in Ostjerusalem. Nach dem Schild mit der Aufschrift „Palestinian Ceramics" Ausschau halten – eventuell muss man klingeln oder anrufen, um hereingelassen zu werden.

Sunbula KUNST & KUNSTHANDWERK
(☎ 02-672-1707; www.sunbula.org; Ecke Derekh Shchem/Nablus Rd & Sheikh Jarah; ⊙ Mo–Do & Sa 12–18 Uhr; 🚌 Shimon Ha-Tsadik) 🍀 Der nicht profitorientierte Laden hilft palästinensischen Kunsthandwerkern durch die Förderung und den Verkauf von traditionellem Kunsthandwerk wie Stickereien, Flechtarbeiten, Webarbeiten, Schnitzereien und Olivenölseife. Es gibt zwei Geschäfte in Jerusalem, eins im St. Andrew's Guesthouse (S. 105) und eins hier in Ostjerusalem. Alle Gegenstände sind handgefertigt.

🔒 Stadtzentrum

Greenvurcel GESCHENKE & ANDENKEN
(Karte S. 88; ☎ 02-622-1620; www.greenvurcel. co.il; 27 Yo'el Salomon St; ⊙ So–Do 10–22, Fr 10–14, Sa ab 1 Std. nach Sabbatende bis 23 Uhr; Jaffa Center) Elegante minimalistische Designs kennzeichnen die Metallarbeiten des vielseitigen Künstlers Yaakov Greenvurcel. Zu seinen Judaika zählen glänzenden Challa-Tabletts und Dreidels; sehr zeitgenössisch mutet sein Schmuck mit Tahiti-Perlen, Halbedelsteinen und abstrakten Formen an.

Arman Darian Ceramic KERAMIK
(Karte S. 88; ☎ 02-623-4802; www.facebook.com/ arman.darian.ceramic; 12 Shlomzion HaMalka St; ⊙ unterschiedlich; 🚌 City Hall) Der in Eriwan geborene Arman Darian ist vielleicht der bekannteste Keramikkünstler Israels – seine Schöpfungen sind in vielen öffentlichen Gebäuden zu finden. Fachkundig verzierte Keramikvasen, -teller und -kacheln sowie größere Stücke wie mit armenischen blau-weißen Kacheln bedeckte Tische füllen seine 1986 gegründete Werkstatt sowie seinen Laden.

Danny Azoulay GESCHENKE & ANDENKEN
(Karte S. 88; ☎ 02-623-3918; www.ketubahazoulay art.com; 5 Yo'el Salomon St; ⊙ So–Do 10–19, Fr bis 14.30 Uhr; 🚌 Jaffa Center) Der aus Marokko stammende Künstler Daniel Azouley fertigt *ketubahs* (jüdische Eheverträge) mit feinen Scherenschnittdesigns. Verkauft werden außerdem hübsche Honigtöpfchen, gerahmte Bilder und weitere Judaika.

Kippa Man MODE & ACCESSOIRES
(Karte S. 88; ☎ 02-622-1255; 5 Ben Yehuda St; ⊙ So–Do unterschiedlich; 🚌 Jaffa Center) Zahlreiche unterschiedlichste Kippot (Jarmulkes, Scheitelkäppchen; ab 15 NIS) schmücken das Geschäft an der verkehrsberuhigten Ben Yehuda St. Neben klassischen Designs wie dem Davidstern gibt's auch Kippot z. B. mit Smileys und Chicago-Bulls-Logo.

Steimatzky BÜCHER
(Karte S. 88; www.steimatzky.co.il; 33 Jaffa Rd; ⊙ Mo–Do 8.30–20, Fr 8.30–15 Uhr; 🚌 Jaffa Center) Die Buchladenkette hat mehrere Filialen in der ganzen Stadt, u. a. diese in der Jaffa Rd und eine andere in der **German Colony** (43 Emek Refa'im St; ⊙ So–Do 8.30–22, Fr bis 15, Sa 21–22.30 Uhr). Gute Auswahl an englischsprachigen Büchern.

Lametayel SPORT & NATUR
(Karte S. 88; ☎ 077-333-4504; www.lametayel.co.il; 5 Yo'el Salomon St; ⊙ So–Do 10–20, Fr 10–14 Uhr; 🚌 Jaffa Center) Karten und Reiseführer – auch von Lonely-Planet – sowie hochwertiges Campingzubehör und Outdoorausrüstung.

Mahane Yehuda

⭐ **Halva Kingdom** LEBENSMITTEL
(Karte S. 78; 12 Haetz Ha'em St; ⊙ So–Do 8 Uhr–Sonnenuntergang, Fr 8–14 Uhr; 🚊 Mahane Yehuda) Hier werden schon seit 1947 Sesamkörner zu einer Paste gemahlen – dieser unverwüstliche Stand ist dank seines kronenförmigen Schilds, riesiger Halva-Rädern und eines Verkäufers, der Kostproben anbietet, nicht zu übersehen. Wer das Halva hier einmal probiert hat, kommt nicht mehr davon los! Zu den möglichen Geschmacksnoten zählen Rose, Pistazie und Schokolade.

Praktische Informationen

GELD

Die besten Wechselkurse bieten die privaten Wechselstuben im Stadtzentrum (rund um den Zion Sq), in Ostjerusalem (Salah Ad-Din St) und in der Altstadt (Jaffator). Sie verlangen alle keine Provision. Achtung: Viele der Wechselstuben in jüdischen Gebieten schließen freitags recht früh und bleiben den ganzen Samstag geschlossen.

Geldautomaten gibt's in der ganzen Stadt, u. a. auch am Zion Sq.

MEDIZINISCHE VERSORGUNG

Hadassah Medical Centre Ein Kerem
(📞 Notaufnahme 02-677-7222, Infos 02-677-6333; www.hadassah.org.il; Kiryat Hadassah) Das altehrwürdige Krankenhaus auf dem Ein-Kerem-Campus hat eine rund um die Uhr geöffnete Notaufnahme. Das Personal spricht teils Englisch und Russisch. Um hierherzukommen, nimmt man am Zentralen Busbahnhof eine Bahn Richtung Westen und steigt an der letzten Haltestelle (Mt. Herzl) aus und in den Bus 27 um.

Hadassah Medical Centre Mount Scopus
(📞 Notaufnahme 02-584-4333, Infos 02-584-4222; www.hadassah.org.il; 🚌 19) Das gemeinnützige Krankenhaus auf dem Skopusberg-Campus hat eine rund um die Uhr geöffnete Notaufnahme und eine kinderärztliche Notaufnahme, die ebenfalls 24 Stunden erreichbar ist.

Super-Pharm (Karte S. 88; 📞 077-888-1450; 9 Mamilla Mall, Stadtzentrum; ⊙ 9.30–23 Uhr, am Sabbat geschl.) Die Apotheke befindet sich zwischen dem Jaffator und dem Stadtzentrum.

Terem (📞 1-599-520-520; www.terem.com; 80 Yirmiyahu St, Romema; ⊙ 24 Std.; 🚊 Central Station) Hervorragende Klinik, in der alles von leichten Beschwerden bis zu Notfällen behandelt wird. Die Klinik ist fünf Gehminuten vom Zentralen Busbahnhof entfernt.

TOURISTENINFORMATION

Wer Servicefragen hat oder Hilfe vor der israelischen Polizei, den Dienststellen des Innenministeriums oder den Flughafenbehörden benötigt, kann die **Touristen-Hotline** unter *3.892 (mit Sternchen!) anrufen. Sie ist rund um die Uhr besetzt.

Christian Information Centre (📞 02-627-2692; www.cicts.org; Omar Ibn Al-Khattab Sq, Altstadt; ⊙ Mo–Fr 9–17.30, Sa 8.30–12.30 Uhr) Dieses Büro gegenüber von der Zitadelle wird von Franziskanern betrieben und erteilt Infos über christliche Stätten in der Stadt.

Touristeninformation Jaffator (📞 02-627-1422; www.itraveljerusalem.com; Jaffa Gate; ⊙ Sa–Do 8.30–17, Fr bis 13.30 Uhr) Haupttouristeninformation Jerusalems. Hier bekommt man kostenlose Stadtpläne, Infos und Tipps und kann sich auch Guides vermitteln lassen. Es ist das zweite Büro hinter dem Jaffator.

WEBSITES

Go Jerusalem (www.gojerusalem.com) Praktische Tourismus-Website mit Infos zu Veranstaltungen, Festivals, Touren und Sehenswürdigkeiten.

i Travel Jerusalem (www.itraveljerusalem.com) Extrem nützliche Website der Stadtverwaltung mit Vorschlägen zu Tagesprogrammen.

Jerusalem.com (www.jerusalem.com) Überblick über die Stadt, ihre Sehenswürdigkeiten und Veranstaltungen. Eine virtuelle Tour führt durch die Stadt.

An- & Weiterreise

BUS

Die Busse in alle größeren Städte und Ortschaften Israels starten am **Zentralen Busbahnhof** (www.bus.co.il; Jaffa Rd). Die Fahrt nach Eilat sollte man im Voraus buchen, da die Busse auf dieser Strecke oft voll sind.

ZIEL	BUS NR.	PREIS (NIS)	DAUER (STD.)	HÄUFIGKEIT
Be'er Sheva	446, 470	27	1¾	alle 2 Std.
Eilat	444	70	5	4-mal tgl.
Haifa	940, 947	37,50	2½–3	alle 15 Min.
Masada	444, 486	37,50	2½	fast stündl.
Tel Aviv (Arlozorov Bus Station)	480	16	1	alle 15 Min.

ZIEL	BUS NR.	PREIS (NIS)	DAUER (STD.)	HÄUFIGKEIT
Tel Aviv (Central Bus Station)	405	16	1	alle 15 Min.
Tiberias	961, 962	37,50	2½	fast stündl.

Busse in die nördlichen Teile des Westjordanlands, z. B. nach Ramallah (Bus 18, 7 NIS), starten am **Arabischen Busbahnhof** (East Jerusalem Central Bus Station; Karte S. 78) in der Derekh Shchem (Nablus) Rd, der Straße direkt vor dem Damaskustor. Die Busse sind grün-weiß.

Nach Bethlehem den Bus 21 (8 NIS) vom **Arabischen Busbahnhof** (Sultan Suleiman St, Ostjerusalem) westlich des Damaskustors bei der Straßenbahnhaltestelle nehmen. Die Busse, die hier abfahren, sind blau-weiß. Nach Hebron geht es mit Bus 21 bis Bab Al-Zqaq, wo man in einen Bus nach Hebron (5 NIS) umsteigen muss.

Aktuelle Informationen bietet die East Jerusalem Transport Association (02-627-2881). Allgemein gilt: Blau-weiße Busse steuern Orte im südlichen Westjordanland an, grün-weiße im nördlichen Westjordanland.

SHERUT (SAMMELTAXI)

Sheruts fahren häufiger als Busse und kosten oft nur ein paar Schekel mehr. Am Sabbat sind sie das einzige öffentliche Verkehrsmittel zu Zielen in Israel. **Sheruts nach Tel Aviv** (Karte S. 88; wochentags ab 24 NIS/Pers., Wochenende und nach Mitternacht ab 30 NIS/Pers.) starten an der Kreuzung HaRav Kook St/Jaffa Rd unweit vom Zion Sq. In Tel Aviv halten sie direkt vor dem Zentralen Busbahnhof.

ZUG

Seit Ende 2019 verbindet eine neue Hochgeschwindigkeitszugstrecke den neuen Bahnhof Jerusalem Yitzhak Navon in einer guten halben Stunde mit Tel Aviv. Weitere Infos siehe www.rail.co.il.

Jerusalems anderer **Bahnhof** (Jerusalem Malcha; 02-577-4000; www.rail.co.il; Yitzhak Moda'i St, Malcha; Ticketschalter So–Do 6–10 & 15.15–19.45, Fr 8.45–14 Uhr) liegt im Südwesten der Stadt bei der Jerusalem Mall. Stündlich fahren Züge zu den Bahnhöfen Savidor HaHagana und HaShalom (20 NIS, 1½ Std.) in Tel Aviv. Nach Haifa und an die Küste muss man in Tel Aviv umsteigen.

Zu diesem Bahnhof fährt von der King George St der Bus 18, vom Zentralen Busbahnhof der Bus 6 (jeweils ca. 45 Min.). Näheres unter der Telefonnummer *5.774 (mit Sternchen!).

Unterwegs vor Ort

Die Jerusalemer Altstadt ist gut zu Fuß zu erkunden, die restlichen Stadtteile sind durch Busse und Straßenbahnen miteinander verbunden. Die Lücken füllen dann Taxis. Wer seine Erkundungen auf den Großraum Jerusalem beschränkt, benötigt kein eigenes Fahrzeug – für Besuche im Judäischen Bergland kann dies jedoch sehr nützlich sein.

AUTO

Häufige Staus, ungeduldige Autofahrer, schwieriges Parken – es lohnt sich zu überlegen, ob man in Jerusalem wirklich ein Auto braucht. Blauweiße Bordsteinkanten kennzeichnen die einzigen – kostenpflichtigen – Parkplätze, die von Nichtjerusalemern genutzt werden dürfen. Wer hier parkt, benötigt einen Parkschein, der an Automaten erhältlich ist (5,70 NIS pro Std.) und aufs Armaturenbrett gelegt werden muss. Abends und am Sabbat ist das Parken in den Straßen Jerusalems im Allgemeinen gratis. Alternativ kann man sich beim Handy-Parksystem Pango (http://en.pango.co.il) registrieren, um freie Parkplätze aufzuspüren und über eine App fürs Parken zu bezahlen – manchmal kann man nur über Pango bezahlen. Knöllchen werden großzügig verteilt und Autos werden recht schnell abgeschleppt, wenn sie falsch geparkt sind.

RAV-KAV-KARTEN

Wer sorgenfrei in der Stadt herumfahren möchte, sollte sich eine Rav-Kav-Karte besorgen, die außer in Ostjerusalem in allen Straßenbahnen und Bussen im Großraum Jerusalem gültig ist. Die „anonyme" *(anonimi)* Rav-Kav-Karte ist für 5 NIS beim Busfahrer oder gegen Vorlage des Reisepasses kostenlos am Egged-Schalter (geöffnet So–Do 7–19, Fr bis 14 Uhr) in der Nähe von Bussteig 22 im Zentralen Busbahnhof erhältlich.

Diese Karte kann man dann mit einer bestimmten Anzahl von Fahrten (à 5,90 NIS, kein Umsteigen) oder gleich mit einem Mehrfachticket (ab 13,50/64 NIS pro Tag/Woche) laden; wenn man in die Straßenbahn oder in einen Bus einsteigt, scannt man die Karte einfach. Die Karte kann an den Fahrkartenautomaten der Straßenbahnhaltestellen, in Bussen oder am Egged-Schalter im Zentralen Busbahnhof weiter aufgeladen werden. Ein Kind unter fünf Jahren kann mit einem zahlenden Fahrgast gratis mitfahren.

Mamilla Parking (17 Kariv St, Stadtzentrum; 1. Std. frei, jede weitere Std. 12 NIS, ganzer Tag 50 NIS; ⊙ 6–2 Uhr) bietet bequemes und sicheres Parken in der Nähe des Jaffators.

BUS

Jerusalem verfügt in ganz Westjerusalem und teils auch in Ostjerusalem über ein gutes Busnetz (5,90 NIS pro Fahrt). Streckeninfos, Fahrpläne und nützliche Netzpläne siehe www.jet.gov.il.

Die Busse in Ostjerusalem werden privat betrieben; Rav-Kav-Karten gelten in den meisten Bussen im Großraum Jerusalem, jedoch nicht in Ostjerusalem. Zuletzt sollte auch in Ostjerusalem eine Art Rav-Kav-Karte eingeführt werden.

Busse zu Zielen in Ostjerusalem wie dem Ölberg (Bus 75, 5 NIS) fahren am **Arabischen Busbahnhof** (Karte S. 78; Sultan Suleiman St, Ostjerusalem) in der Nähe des Herodestors ab; sie sind blau-weiß lackiert.

FAHRRAD

Angesichts der vielen steilen Straßen und der Hektik im Stadtzentrum ist Jerusalem nur für erfahrene Pedalritter zu empfehlen. Die Touristeninformation am Jaffator hält ein Verzeichnis von Fahrradverleihern und Anbietern von Radtouren bereit. **Bike Jerusalem** (☎ 02-579-6353; www.bikejerusalem.com; Leihräder 90 NIS pro Tag) bietet Leihräder mit Abholung im Stadtzentrum (inkl. Helm und Reparaturset), während Smart Tour (S. 100) auch E-Bikes verleiht – sehr gut für die Jerusalemer Hügel! Das Hotel Villa Ba'Moshava (S. 107) im German Colony hat Drahtesel für seine Gäste.

VOM/ZUM FLUGHAFEN

Der Flughafen Ben Gurion liegt 52 km nordwestlich von Jerusalem an der Schnellstraße (Rte 1) nach Tel Aviv. **Nesher Service Taxis** (☎ 02-625-7227, 072-264-6059; www.neshertours.co.il) betreibt rund um die Uhr Minibusse vom Flughafen nach Jerusalem; sie fahren vom Taxistand vor der Ankunftshalle für internationale Flüge ab; die Fahrt kostet 64 NIS pro Passagier. Die Minibusse fahren, wenn sie voll sind – es kann also sein, dass man warten muss. Die Fahrgäste teilen dem Fahrer mit, wo sie in Jerusalem aussteigen möchten, und dann legt er dementsprechend seine Route fest; je nach Fahrziel der einzelnen Fahrgäste kann die Fahrt also eine ganze Weile dauern. Für die Fahrt von Jerusalem zum Flughafen ruft man einen Tag vorher bei Nesher an, um die Abholung mit dem Sammeltaxi zu vereinbaren. Mit großer Freundlichkeit darf man nicht unbedingt rechnen, aber diese Flughafen-Minibusse sind zuverlässig und preiswert.

Inzwischen pendelt für 16 NIS auch stündlich ein Bus (485) zwischen dem Flughafen Ben Gurion und dem Zentralen Busbahnhof (S. 117) in Jerusalem. Er kann nicht reserviert werden – man wartet einfach am entsprechenden Bussteig am Busbahnhof. Ein normales Taxi kostet unter der Woche 268 NIS, am Wochenende 320 NIS.

STRASSENBAHN

Die **Jerusalem Light Rail** (www.citypass.co.il) besteht aus nur einer Linie, die vom Herzlberg im Westen der Stadt zur Endhaltestelle Heyl HaAvir in Pisgat Ze'ev im äußersten Nordosten führt. Die 13,9 km lange Strecke hat 23 Haltestellen, u. a. am Zentralen Busbahnhof, am Mahane-Yehuda-Markt und am Damaskustor. Außer am Sabbat fährt sie täglich von 5.30 bis 24 Uhr alle 10 Minuten; freitags fährt die Bahn bis 90 Minuten vor Sabbatanfang, samstags ab einer Stunde nach Sabbatende. Tickets (5,90 NIS) sind an Automaten in den Haltestellen erhältlich und müssen in der Bahn entwertet werden. Rav-Kav-Karten können mit mehreren Fahrten aufgeladen werden.

TAXI

Taxifahrten innerhalb des Stadtzentrums kosten zwischen 25 und 50 NIS. Man sollte immer darauf bestehen, dass das Taxameter eingeschaltet wird. Außer am Sabbat sollte das Taxameter zwischen 5.30 und 21 Uhr bei 12,30 NIS starten. Taxis bestellen kann man bei **Hapalmach Taxi** (☎ 02-679 2333) oder man sucht Taxiunternehmen (mit Beispielpreisen) nach Stadtteil auf Jerusalem Taxis (http://jerusalemtaxies.com).

Die Taxifahrer am Jaffator sind dafür bekannt, dass sie sich weigern, das Taxameter einzuschalten, um dann den Fahrgästen überhöhte Preise abzuknöpfen. Wer an diesem Tor ein Taxi benötigt, sollte in die Touristeninformation in der Nähe gehen und sich eins rufen lassen. Auch die Fahrer, die beim Mariengrab auf dem Ölberg auf Fahrgäste warten, genießen einen ähnlich schlechten Ruf.

RUND UM JERUSALEM

Schon seit 2000 Jahren ziehen Pilger auf ihrem Weg in die Heilige Stadt durch das Judäische Bergland; unterwegs bauten und stifteten sie Klöster, Kirchen und Schreine. In dieser Landschaft mit felsigen Ebenen, Bergen und Tälern liegen Höhlen und Grabstätten versteckt. Reisenden bietet sich hier eine lohnende Mischung aus landschaftlicher Schönheit und interessanten archäologischen Funden. Alle wichtigen Stätten sind von Jerusalem aus innerhalb eines Tagesausflugs mit dem Auto erreichbar.

Rund um Jerusalem

Abu Ghosh   אבו גוש أبو غوش
📍 02 / 7000 EW.

Alte Kirchen und der Ausblick auf die Hügel locken Reisende ins 12 km westlich von Jerusalem gelegene Abu Ghosh, das sich an einer steilen und trubeligen Hauptstraße erstreckt. Abu Ghosh ist ein munteres arabisches Städtchen mit einigen Hummus-Restaurants und Cafés, in denen man sich für die Erkundung der beiden wichtigsten Sehenswürdigkeiten stärken kann: einer Kirche aus der Kreuzfahrerzeit und einer prächtigen Basilika. Eine frühere Siedlung ganz in der Nähe ist in der Bibel unter dem Namen Kiryat Ya'arim (Stadt der Wälder) bekannt: Dort soll 20 Jahre lang die Bundeslade aufbewahrt worden sein, ehe David sie nach Jerusalem brachte (1 Chr 13,5–8).

👁 Sehenswertes

**Unsere Liebe Frau von
der Bundeslade**   KIRCHE
(Our Lady of the Ark of the Covenant; Ecke Kvish Ha-Shalom & Notre Dame St; ⊙ Mo–Sa 8.30–11.30 & 14.30–17 Uhr; 🅿) Auf einem Hügel erhebt sich diese von einer Marienstatue mit dem Jesuskind gekrönte Kirche – sie steht auf dem Gelände von Kiryat Ya'arim, wo, wie viele Christen glauben, während der Herrschaft der Könige Samuel, Saul und David die Bundeslade verwahrt wurde. Auf dem Kirchenboden ist ein schön erhaltenes Mosaik aus dem 5. Jh. zu sehen: Es stammt von der ursprünglichen byzantinischen Basilika, die wiederholt zerstört und wieder aufgebaut wurde. Die heutige Kirche stammt von 1924 und ist in einem üppigen Art-déco-Stil ausgestattet.

Benediktinerabtei   ABTEI
(Rashid St; ⊙ Mo–Sa 8.30–11.30 & 14.30–17.30 Uhr) Den Kern des Benediktinerklosters bildet die stattliche Auferstehungskirche von der Mitte des 12. Jhs. Diese Kreuzfahrerkirche, eine der besterhaltenen Israels, erwarb um die Wende zum 20. Jh. der französische Staat. Heute gehört sie zu einem kleinen Kloster französischer Benediktiner, die auch Olivenöl und religiöse Bilder verkaufen.

🛏 Schlafen

Die meisten Reisenden kommen im Rahmen eines Tagesausflugs ab Jerusalem hierher; wer es aber gern mal etwas ruhiger mag, kann auch gut in Abu Ghosh übernachten. Neben dem sehr guten **Jerusalem Hills Inn** (📞 077 557-0948; http://jerusalemhillsinn.com; Rehov HaTut 9; EZ/DZ ab 65/95 US$; 🅿 📶) gibt's

noch weitere gute Unterkünfte. Leute mit prall gefüllter Reisekasse – und einem Mietwagen – können ihr Haupt auch im luxuriösen **Cramim Resort** (☏ 08-638-7797; www.isrotel.com/cramim; Zi. ab 330 US$; P @ 🛜 🏊) in Kiryat Anavim 2,5 km östlich betten.

Essen

Kvish HaShalom, die Hauptstraße, wartet mit einer Handvoll Cafés, Mini-Märkte und Restaurants auf. Dazu zählen zwei durchschnittlich gute Hummus-Läden, die beide Abu Shukri heißen, aber auch beide nichts mit dem berühmten Restaurant in der Jerusalemer Altstadt zu tun haben.

★ **Sultan Sweets & Cafe**   DESSERTS $

(Haj Musa 8; Süßspeisen ab 10 NIS; ⊙ Mo–Sa 9–20 Uhr) Dieses freundliche, mit Musikinstrumenten geschmückte Café, in dem im Hintergrund arabische Popmusik läuft, ist ein nettes Plätzchen für ein Wasserpfeifchen und Süßspeisen wie Baklava, Sesam-Halva oder wunderbar vor Sirup triefendes *kunafeh*; dazu passt jeweils bestens ein starker Kaffee.

An- & Weiterreise

Abu Ghosh liegt 12 km westlich von Jerusalem an der Rte 1. Nach Abu Ghosh fahren von einer Haltestelle am Shazar Blvd gegenüber vom Jerusalem International Convention Center nicht weit vom Zentralen Busbahnhof Superbus 185 und 189 (9,60 NIS, 30 Min., halbstündl.).

Latrun   לטרון اللطرون

Das unmittelbar westlich der Rte 1 zwischen Tel Aviv und Jerusalem gelegene Latrun ist zu gleichen Teilen quirlig und still und eigentlich weniger eine Stadt als ein Knotenpunkt von Schnellstraßen. Gesäumt wird es von Olivenhainen und Weinbergen – schon seit der Gründung des Klosters Latrun pressen Mönche hier Olivenöl und keltern Wein. Die wichtigste Sehenswürdigkeit ist neben dem Kloster der nahe Freizeitpark Mini-Israel – insgesamt ist Latrun ein nettes Ziel für einen Tagesausflug von Jerusalem oder Tel Aviv, aber außer den beiden Sehenswürdigkeiten ist hier nichts los.

Sehenswertes

Trappistenabtei   KLOSTER

(www.holy-wine.com; ⊙ Kirche Winter Mo–Sa 8.30–11.30 & 14.30–16 Uhr, Sommer Mo–Sa 8.30–12 & 15.30–17 Uhr, Laden Winter Mo–Sa 8–17 Uhr, Sommer Mo–Sa 8.30–17.30 Uhr; P) Besucher steuern das Kloster von Latrun nicht nur zur stillen Einkehr und für einen Blick in die Kirche an, sondern auch, um das von den Mönchen gepresste Olivenöl und den von ihnen gekelterten Wein zu erwerben. Das Kloster wurde 1890 von französischen Trappisten gegründet, die sich dann an die Urbarmachung des Landes heranwagten. Im Ersten Weltkrieg verließen sie das Kloster, kehrten aber 1926 zurück, um den Klosterkomplex aus Sandstein zu errichten, der hier heute zu sehen ist: Hinter hohen Backsteinmauern verbergen sich so elegante Bögen und Kirchenfenster sowie Blumengärten. Im Klosterladen werden gute Erzeugnisse wie Öle, Wein und Olivenölseife verkauft.

Mini-Israel   FREIZEITPARK

(☏ 1-700-559-559; www.minisrael.co.il; Erw./Stud. & Kind 69/59 NIS; ⊙ ganzjährig So–Do & Sa 10–17 Uhr, Juli & Aug. Fr bis 22 Uhr, Sept.–Juni Fr bis 14 Uhr; P) Mehr als 380 wichtige Sehenswürdigkeiten Israels wurden in diesem freundlichen und kindergerechten Freizeitpark auf Liliputgröße geschrumpft. Auf Pfaden schreitet man durch maßstabsgerechte Modelle von Städten wie Tel Aviv und Haifa, durch die antiken Ruinen von Caesarea sowie merkwürdigerweise auch durch eine Coca-Cola-Fabrik. Am schönsten sind die

Modelle mit sich bewegenden Skifahrern am Berg Hermon und von Betenden an der Klagemauer.

❶ An- & Weiterreise

Die Busse 404, 433, 434 und 435 fahren vom Zentralen Busbahnhof in Jerusalem nach Latrun (16 NIS, 30 Min., häufig).

Neot Kedumim

Das 2,5 km² große Naturschutzgebiet **Neot Kedumim** (Biblischer Landschaftspark; ☎08-977-0777; www.neot-kedumim.org.il; abseits von Rte 443; Erw./Kind 25/20 NIS; ⊗So–Do 8.30–16, Fr 8.30–13 Uhr; P) ist der beste Ort in Israel, um eine Vorstellung davon zu gewinnen, wie die natürliche und die Agrarlandschaft im Heiligen Land zu biblischen Zeiten aussah. Mit einem Führer zur heimischen Fauna und Flora ausgestattet können Besucher vier Naturlehrpfaden (bis 3½ Std.) vorbei an alten Ölpressen und Dattelpalmen folgen.

Das Naturschutzgebiet liegt 9 km südöstlich des Flughafens Ben Gurion und 17 km nördlich von Latrun.

Soreq-Höhle

مغارة سوريك   מערת שורק

Tausende dürre Stalaktiten hängen in der 4800 m² großen Soreq-Höhle (Stalaktitenhöhle, Absalom-Höhle; ☎02-991-1117; www.parks.org.il; Beit-Shemesh; Erw./Stud./Kind 29/25/15 NIS; ⊗April–Sept. Sa–Do 8–17, Fr bis 15 Uhr, Okt.–März Sa–Do 8–16, Fr bis 14 Uhr) von der Decke; Lichteffekte in Blau und Violett lassen die Höhle noch zauberhafter erscheinen. Ein kurzer Film informiert über die Entstehung und zufällige Entdeckung der Höhle durch Steinbrucharbeiter 1967.

Die regelmäßig stattfindenden Führungen über asphaltierte Wege dauern rund 45 Minuten und führen zu einigen der interessanteren Gesteinsformationen.

Nationalpark Beit Guvrin-Maresha

בית גוברין-מרשה פארק לאומי
حديقة وطنية بيت جبرين ماريشا

In den Felsentälern und Hügeln des 5 km² großen **Nationalparks Beit Guvrin-Maresha** (☎08-681-1020; www.parks.org.il; abseits von Rte 35; Erw./Kind 28/14 NIS; ⊗Sa–Do 8–16, Fr bis 15 Uhr) im Judäischen Bergland sind Berggazellen, Hyänen und Singvögel zu Hause – doch die meisten Besucher kommen wegen der Überreste der biblischen Stadt Maresha (Marissa) und wegen der Grabstätten in den Kalksteinhöhlen hierher. Wer sämtliche der als Unesco-Welterbe gelisteten Stätten vom Eingang aus gegen den Uhrzeigersinn abfährt, benötigt dafür etwa zwei Stunden; unterwegs hat man noch Zeit, bei Grabstätten zu halten. Wer auch noch etwas wandern möchte, sollte einen halben Tag einplanen.

Die Stätte **Tel Maresha** auf dem 30 m hohen Huckel beim Parkplatz B birgt die Reste von Stadtmauern, die hier mehr als acht Jahrhunderte lang standen, und zwar vom 9. bis zum 1. Jh. v. Chr., sowie die Fundamente einer großen **Villa** vom Ende dieser Zeitspanne. Dann geht's weiter zum Parkplatz C und zu den atemberaubenden **Sidonischen Grabhöhlen**, in denen die prominentesten Bewohner des alten Marissa bestattet wurden. Drinnen befinden sich sorgfältig restaurierte Darstellungen von Tieren sowie Urnen. Zu den interessantesten Entdeckungen hier zählt die viel diskutierte Inschrift: „Ich schlafe mit jemand anderem, aber dich liebe ich."

Weiter die Straße entlang führt ein Pfad zu den Ruinen der aus der Kreuzzugszeit stammenden **St.-Anna-Kirche**, deren Name sich unter den hiesigen Arabern als „Sandahanna" erhielt. Kurz vorm Ausgang des Parks liegen die **Glockenhöhlen**: Ihre fülligen Formen entstanden in byzantinischer und frühmuslimischer Zeit durch den Abbau von Steinen. Wenn man den Park verlässt, befindet sich unmittelbar westlich auf der anderen Seite der Straße eine Tankstelle; ganz in der Nähe sind die verwitterten Überbleibsel eines **römischen Amphitheaters** und eines 4000 m² großen **Badehauses**.

Archäologische Grabungen
FREIWILLIGENARBEIT

(www.archesem.com; Erw./Kind 30/25 US$; ⊗nach Vereinbarung) Wer gerne einmal in unerkundeten Höhlen graben, sieben und herumkriechen möchte, kann im Nationalpark Beit Guvrin-Maresha an dreistündigen „Dig for a Day"-Programmen teilnehmen. Diese werden vom Archaeological Seminars Institute organisiert und eignen sich auch für größere Kinder.

Tel Aviv-Jaffa (Jafo)
תל אביב–יפו‎   تل ابيب-يافا

📞 03 / 432 892 EW.

Inhalt
Sehenswertes	125
Aktivitäten	143
Kurse	143
Geführte Touren	143
Feste & Events	146
Schlafen	147
Essen	148
Ausgehen & Nachtleben	154
Unterhaltung	156
Shoppen	158
Rund um Tel Aviv	163

Gut essen
➡ Dalida (S. 152)
➡ Kalamata (S. 154)
➡ Miznon (S. 148)
➡ Ouzeria (S. 153)
➡ Port Sa'id (S. 149)

Schön übernachten
➡ Abraham Hostel (S. 145)
➡ Cinema Hotel (S. 145)
➡ Hotel Montefiore (S. 146)
➡ Mendeli Street Hotel (S. 145)
➡ Shenkin Hotel (S. 146)

Auf nach Tel Aviv-Jaffa!
Ein stärkerer Kontrast zum viel älteren Jerusalem ist kaum denkbar: Tel Aviv zeigt sich als moderne, pulsierende und weltoffene Metropole. Hedonismus heißt die Religion in diesem hippen, umtriebigen „Manhattan" am Mittelmeer. Im Hebräischen bedeutet der Name der Stadt „Frühlingshügel" und tatsächlich liegt hier ständig Erneuerung in der Luft: Überall blühen Blumen, eröffnen neue Restaurants und irgendwo steigt immer eine Party.

Der größte Magnet der Stadt sind ihre Strände, aber hier gibt es auch Bauhausarchitektur, das historische Jaffa (Jafo) mit seinem arabischen Erbe, das ruhige Neve Tzedek und das trendige Florentin. Von Kunstgalerien bis zu Militärmuseen, von Edelbistros bis zu Hummusbuden, von stillen Parks bis zu quirligen Bars – hier fehlt es an nichts. Trotz aller futuristischen Kräne und Wolkenkratzer ist Tel Aviv noch immer eine bodenständige Stadt. Ein paar Tage hier sind prima, aber eine Woche kann eine Offenbarung sein – also nichts wie hin!

When to Go
Tel Aviv

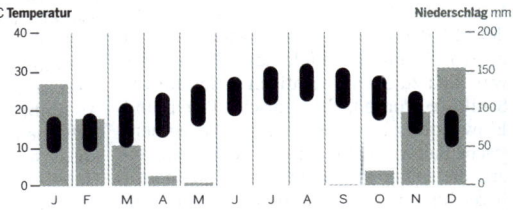

März–Mai Die Bougainvilleen blühen in leuchtendem Rosa; Einheimische sitzen in Straßencafés.

Juni–Mitte Sept. Besucher feiern den Tel Aviv Pride (Juni) und erholen sich am Strand.

Dez.–Anfang März Kühles Wetter und gelegentliche Regenfälle, aber jede Menge Wintersonne.

Geschichte

Antikes Jaffa

Über Jahrtausende, als Tel Aviv nicht mehr als ein paar Sanddünen war, florierte Jaffa bereits als eine der großen Hafenstädte am Mittelmeer. Nach archäologischer Erkenntnis war Jaffa schon seit dem 18. Jh. v. Chr. ein befestigter Hafen. Ein ägyptisches Dokument aus den Jahren um 1470 v. Chr. beschreibt die Eroberung der Stadt durch Pharao Thutmosis III.

Die antike Hafenstadt „Joppa" (die im Tanach erwähnt ist) errang unter der Herrschaft von König Salomo zur Zeit des Tempelbaus in Jerusalem ihre Bedeutung. Im Lauf der Jahrhunderte wurde Jaffa u. a. von den Assyrern (701 v. Chr.), den Babyloniern (586 v. Chr.), Alexander dem Großen (332 v. Chr.), den Ägyptern (301 v. Chr.) und den Makkabäern (Mitte 1. Jh. v. Chr.) erobert, von den Römern jedoch außer Acht gelassen, die ihren eigenen Hafen weiter nördlich in Caesarea hatten. In der griechischen Mythologie wurde Andromeda vor der Küste Jaffas an einen Felsen im Meer gekettet.

Das byzantinische Jaffa fiel 636 n. Chr. in die Hände der Araber. Im Jahr 1100 eroberten die Kreuzfahrer die Hafenstadt und hielten sie fast durchgängig – außer zwischen 1187 und 1191, als Saladin Jaffa eroberte, aber die Stadt dann wieder an Richard I. Löwenherz verlor – bis 1268 die ägyptischen Mamelucken eintrafen. Die vier Jahrhunderte der osmanischen Herrschaft (1515–1917) wurden von Napoleon kurz unterbrochen, der die Stadt 1799 eroberte.

Aufschwung im 19. Jahrhundert

Zu Beginn des 19. Jhs. war Jaffa kaum mehr als ein Dorf, aber der Wiederaufbau begann 1807 unter Muhammad Abu Nabbut. Ab den 1820er-Jahren kamen wieder Juden nach Jaffa, und am Ende des Jahrhunderts war Jaffa zu einem wichtigen Hafen für die Schiffe geworden, die jüdische Pilger und Einwanderer ins Land brachten. Palästinensische Bauern züchteten eine neue Orangenart, die später als Jaffa-Orange (Shamouti) bezeichnet wurde und deren Export von 1845 bis 1870 enorm anstieg.

In der zweiten Hälfte des 19. Jhs. entstanden mehrere neue Viertel nordöstlich der Stadtmauern von Jaffa. 1866 gründete eine Gruppe US-amerikanischer Christen aus Maine die Amerikanische Kolonie; ihnen folgte die Tempelgesellschaft, messianische Protestanten aus Deutschland, die als erste den Jaffa-Orangen ihren Markennamen verliehen. Ende des 19. Jhs. gründeten dann Juden, die die beengten Zustände in Jaffas Altstadt leid waren, auf den Sanddünen die beiden neuen Stadtviertel Neve Tzedek (1887) und Neve Shalom (1890).

Die neue Stadt Tel Aviv

1906 trafen sich 60 jüdische Familien aus Kischinau und Odessa unter der Führung des tatkräftigen zionistischen Pioniers und ersten Bürgermeisters der Stadt Meir Dizengoff (1861–1936) in Jaffa, um eine komplett neue jüdische Stadt zu planen. Sie kauften 12,8 ha kahler Sanddünen nördlich von Jaffa, teilten einen Großteil in 60 Parzellen auf und veranstalteten 1909 eine Lotterie (mit Muscheln), um das Gelände rund um die heutige Kreuzung der Herzl St mit dem Rothschild Blvd zu verteilen. Als Vorbild diente die englische „Gartenstadt", eine geplante, autarke Siedlungsform mit vielen Freiflächen und öffentlichen Parks. Bis zum Ausbruch des Ersten Weltkriegs (1914) wurden 140 Wohnhäuser gebaut.

Der Name der neuen Stadt, Tel Aviv (Frühlingshügel), geht auf den Titel der hebräischen Übersetzung von Theodor Herzls utopischem Roman *Altneuland* zurück, wird aber auch im Tanach (Ezechiel 3,15) erwähnt.

Die Mandatsherrschaft

Tel Avivs Ausbau kam im Ersten Weltkrieg zum Stillstand, und im Frühjahr 1917 vertrieb die osmanische Verwaltung die gesamte jüdische Bevölkerung aus Tel Aviv und Jaffa. Doch nach dem Ersten Weltkrieg setzte sich unter der britischen Mandatsverwaltung Palästinas der rasante Ausbau der Stadt fort. Arabische Aufstände in Jaffa (1921) vertrieben viele Juden nordwärts nach Tel Aviv, was die Einwohnerzahl der neuen Stadt auf rund 34 000 Personen im Jahr 1925 ansteigen ließ.

In den 1930er-Jahren strömten neue Einwanderungswellen in die Stadt, u. a. kamen viele Flüchtlinge aus Nazideutschland. Als arabische Hafenarbeiter in Jaffa ab 1936 jüdische Einwanderer und Frachtgüter boykottierten, baute Tel Aviv einen eigenen Hafen. 1939 war die Bevölkerung Tel Avivs auf 160 000 Personen angewachsen. Unterdessen wurde nur wenige Kilometer weiter nordöstlich in der Templersiedlung Sarona von den deutschen Siedlern die Nazifahne gehisst.

Aus Deutschland geflüchtete Architekten entwarfen Apartmenthäuser in der klaren, modernistischen Formensprache des Bauhauses, der bald zum Markenzeichen der Stadt wurde.

Mit dem Beginn des Zweiten Weltkriegs 1939 meldeten sich viele ortsansässige Juden als Freiwillige zur britischen Armee. Tel Aviv wurde zu einem Stationierungsort der Alliierten, während es gleichzeitig das Zentrum des zionistischen Widerstands gegen die einwanderungsfeindliche Politik der britischen Mandatsregierung war. 1940 wurde die Stadt von der italienischen Luftwaffe bombardiert.

Ende 1947 und 1948, während die Briten ihren Rückzug aus Palästina vorbereiteten, verschärften sich die Spannungen zwischen den jüdischen und den arabischen Einwohnern. Arabische Heckenschützen beschossen vom Minarett der am Strand gelegenen Hassan-Bek-Moschee jüdische Viertel. Daraufhin belagerten die jüdische Untergrundorganisationen Haganah und Irgun Jaffa. Im April 1948 wurde Jaffa von den jüdischen Milizen eingenommen; die meisten der rund 70 000 arabischen Einwohner wurden vertrieben oder flohen, überwiegend nach Gaza oder Beirut.

Von der Stadt zur Metropole

Am 14. Mai 1948 verkündete David Ben-Gurion vom Haus des Bürgermeisters Dizengoff am Rothschild Blvd die Gründung des Staates Israel. Im April 1949 wurden Tel Aviv und Jaffa zu einer einheitlichen Gemeinde zusammengelegt. Die früheren arabischen Einwohner durften nicht in ihre Häuser zurückkehren und viele der leerstehenden Immobilien in Jaffa wurden von jüdischen Immigranten, viele davon vom Balkan, in Beschlag genommen. In den 1950er-Jahren wurde die Altstadt von Jaffa erneut vernachlässigt und entwickelte sich zu einem Viertel mit hoher Kriminalität mit dem Spitznamen „The Wasteland" (Brachland).

In den Jahrzehnten nach der Gründung des Staates Israel wuchs Tel Aviv jedoch in alle Richtungen, sodass Nachbarorte wie Ramat Gan und Giv'atajim im Osten und Bat Jam und Cholon im Süden zu dicht bevölkerten Vorstädten wurden. Die Stadt blühte als wichtigstes Zentrum des israelischen Pressewesens, der hebräischen Literatur, des Theaters und der Künste auf. Frühere Einschränkungen der Gebäudehöhe mussten aufgegeben werden, als die Behörden erkannten, dass ein weiteres Wachstum nur mehr in die Höhe möglich war.

Während des Ersten Golfkriegs (1991) wurde der Großraum Tel Aviv von rund drei Dutzend irakischen Scud-Raketen getroffen, die Tausende Wohnungen beschädigten. Am 4. November 1995 wurde Premierminister Jitzchak Rabin während einer Friedenskundgebung auf dem heutigen Rabin Sq von einem rechtsextremistischen orthodoxen Juden ermordet. Im folgenden Jahr war das Stadtzentrum von einer Welle palästinensischer Selbstmordattentate betroffen. Der zuversichtliche Optimismus der Jahre des Friedensprozesses von Oslo war vorbei.

Auf dem Weg ins 21. Jahrhundert

Das neue Jahrtausend begann mit mehr als einem Dutzend Selbstmordattentaten in der Innenstadt von Tel Aviv während der zweiten Intifada. In derselben Zeit erholte sich aber auch die Wirtschaft, vor allem durch Innovationen im Hightech-Bereich. 2003 bekam die Stadt den Unesco-Welterbestatus für seine Bauhaus-Gebäude der „Weißen Stadt"; deren Restaurierung schreitet voran, wenn auch langsam. Junge Israelis kehrten vermehrt nach Tel Aviv zurück und ältere Viertel wie Neve Tzedek und Teile von Jaffa wurden gentrifiziert.

Im Sommer 2011, als der Arabische Frühling noch die Schlagzeilen beherrschte, kam es vor allem in Tel Aviv zu Demonstrationen für soziale Gerechtigkeit und bezahlbaren Wohnraum. Aber die Proteste verebbten allmählich und in den vergangenen Jahren ist Tel Aviv noch schicker geworden. Heruntergekommene Areale wie der alte Bahnhof und Sarona wurden in luxuriöse Einkaufs- und Unterhaltungsviertel umgewandelt. Auch die Infrastruktur Tel Avivs wird derzeit modernisiert und erweitert; geplant sind u. a. ein Stadtbahnnetz, eine neue Uferpromenade und futuristische Wolkenkratzer. Tel Aviv zehrt heute stark vom Tourismus und seinem Ruf als einer der angesagtesten Strandstädte der Welt.

◉ Sehenswertes

Die Stadt lässt sich am besten zu Fuß oder mit dem Fahrrad erkunden. Empfehlenswert ist es, durch die farbenfrohen und vielfältigen Viertel im und rund um das Stadtzentrum zu schlendern und sich an den wundervollen Stränden am Westrand der Stadt zu entspannen. Im Sommer gilt die einfache Regel, den Tag am Strand zu verbringen und abends die Restaurants und Bars zu erkunden, die zu den besten im Nahen Osten zählen. Im Winter sorgen tagsüber die Museen und Einkaufsmöglichkeiten für Abwechslung, und abends sind die Restaurants und Bars genauso toll wie im Sommer.

Highlights

1 Gordon Beach (S. 133)
Mit Badenden, Sonnenanbetern und Beachvolleyballern Tel Avivs berühmten Strand genießen

2 Jaffas Flohmarkt (S. 141)
Die Szenebars und arabischen Antiquitäten erkunden

3 Tel Aviv Museum of Art (S. 127) Impressionistische Meisterwerke und neueste zeitgenössische Kunst betrachten

4 Rothschild Boulevard (S. 129) Stilvolle Cafés und Unesco-gelistete Bauhausgebäude aufsuchen

5 Neve Tzedek (S. 132) Durch die engen, beschaulichen Straßen des ältesten Viertels der Stadt schlendern

6 Florentin (S. 132) Underground-Bars und Street Art in diesem Hipster-Viertel entdecken

7 Park HaYarkon (S. 137) In der riesigen Grünanlage spazieren gehen, joggen oder Rad fahren

◉ Stadtzentrum

Das Gebiet zwischen der Arlozorov St im Norden und der Sheinken St im Süden wird gemeinhin als das Stadtzentrum (*Merkaz ha-Ir* oder *Lev ha-Ir*) bezeichnet. Hierzu gehören das Kulturviertel rund um den Ha-Bima Sq, der beliebteste Abschnitt des Rothschild Blvd, der beliebtesten Flaniermeile der Stadt, die Einkaufszentren Dizengoff Centre, Sarona (S. 136) und Carmel-Markt (S. 129) sowie die beliebten Laden- und Cafézeilen an der Dizengoff, Allenby und der King George St.

Rabin Square — PLATZ

Die weite Fläche des größten Platzes der Stadt wurde in den vergangenen Jahren neu gepflastert und verschönert. Es gibt dort jetzt einen Ökoteich, in dem Lotusblumen wachsen und Koi schwimmen, einen nachts beleuchteten Springbrunnen und drumherum einige coole Cafés. An der Nordseite steht das massive Rathaus, das wie ein realsozialistischer Klotz aus den 1960er-Jahren aussieht – allerdings nicht, wenn es mit Laserstrahlen beleuchtet wird.

Früher hieß der Rabin Square Malchei Israel Square (Könige-von-Israel-Platz), wurde aber nach der Ermordung des Premierministers Jitzchak Rabin 1995 umgetauft. Auf dem Rabin Square finden auch die meisten Großveranstaltungen in Tel Aviv statt, von den Feierlichkeiten zum Unabhängigkeitstag im Mai bis zu Massenprotesten und Friedenswachen. In der Ibn Gabirol St neben dem Rathaus markiert ein kleines Denkmal die Stelle, an der Rabin erschossen wurde.

Ben-Gurion-Museum — MUSEUM

(Karte S. 134; ☎ 03-522-1010; www.bg-house.org; 17 Ben-Gurion Blvd; ⏱ So & Di–Do 8-15, Mo bis 17, Fr bis 13, Sa 11–14 Uhr) GRATIS Das schlichte, 1930/31 erbaute Haus Richtung Meer war der Tel Aviver Wohnsitz von David Ben-Gurion, Israels erstem Premierminister. In dem Gebäude in einem Arbeiterviertel wurde seit dem Tod des bedeutenden Staatsmanns kaum etwas verändert. Im Erdgeschoss sind Fotos von Treffen Ben-Gurions mit Persönlichkeiten wie Nixon, Kennedy und Einstein ausgestellt, oben befindet sich die Bibliothek des ehemaligen Premierministers mit Tausenden Büchern in verschiedenen Sprachen.

★ Tel Aviv Museum of Art — GALERIE

(Karte S. 130; ☎ 03-607-7020; www.tamuseum.com; 27 Shaul HaMelech Blvd; Erw./Stud./Kind unter 15 J. 50/40 NIS/frei; ⏱ Mo–Mi & Sa 10–18, Di & Do bis 21, Fr bis 14 Uhr; P ♿; 🚍 7, 9, 18, 38, 42, 70, 82) Das moderne Gebäude des US-amerikanischen Architekten Preston Scott Cohen ist einer von vielen Gründen für den Besuch dieser eindrucksvollen Galerie am östlichen Rand des Stadtzentrums. Es gibt ungeheuer viel zu sehen (auch künstlerische Aktivitäten für Kinder), aber das unumstrittene Highlight ist die herausragende Sammlung impressionistischer und postimpressionistischer Kunst im 1. Stock des Hauptgebäudes, zu der Werke von Renoir, Gauguin, Degas, Pissarro, Monet, Picasso, Cézanne, van Gogh, Vuillard, Matisse, Soutine und Chagall gehören.

Helena-Rubenstein-Pavillon — GALERIE

(Karte S. 130; ☎ 03-528-7196; www.tamuseum.com; 6 Tarsat Blvd; 10 NIS; ⏱ Mo, Mi & Sa 10–18, Di & Do bis 21, Fr bis 14 Uhr) GRATIS Die von der gleichnamigen Kosmetikunternehmerin gestiftete Galerie für zeitgenössische Kunst ist ein Anbau des Tel Aviv Museum of Art. Im Obergeschoss gibt es eine Dauerausstellung von Kunstgewerbe, aber die Hauptattraktion sind die Wechselausstellungen im Erdgeschoss, die Werke israelischer und internationaler Künstler zeigen. Das Gebäude im Internationalen Stil wurde 1959 eröffnet und steht gleich abseits des HaBima Sq, an dem sich Israels Nationaltheater befindet.

Jabotinsky-Institut — MUSEUM

(Karte S. 130; ☎ 03-528-6523; www.jabotinsky.org; 38 King George St; ⏱ So–Do 8–16, Mi bis 14 Uhr) GRATIS Das Institut zur Geschichtsforschung hat im 1. Stock ein kleines Museum zu Geschichte und Aktivitäten der Untergrundorganisation Irgun (Etzel), die 1931 von Wladimir Zeev Jabotinsky gegründet wurde. Die Ausstellung konzentriert sich auf Jabotinskys politische, literarische und journalistische Tätigkeit und dokumentiert auch die Schaffung der Jüdischen Legion (fünf aus jüdischen Freiwilligen gebildete Bataillone, die im Ersten Weltkrieg in der britischen Armee kämpften).

Gan-Meir-Park — PARK

(Karte S. 130) Der Gan-Meir-Park an der Westseite der King George St bietet Ruhe vom Trubel der Großstadt. Hier lassen Hundebesitzer ihre vierbeinigen Freunde in einem speziellen Hundeareal frei herumtollen und Eltern machen auf dem Spielplatz das Gleiche mit ihren zweibeinigen Schützlingen. Es gibt genug schattige Plätzchen und Picknicktische für eine geruhsame Mittagspause.

In der Mitte des Parks befinden sich das Tel Aviv Gay Center (S. 155) und eine Filiale des Café Landwer.

TEL AVIV IN ...

... zwei Tagen

Wer nur zwei Tage zur Verfügung hat, muss sich ranhalten. Erst gibt's Frühstück im **Benedict** (S. 149) oder in einem anderen Café am Rothschild Blvd, dann folgt ein Bummel durch die Gegend, um die Bauhausgebäude zu bewundern. Anschließend werden die Läden im historischen Viertel Neve Tzedek (S. 132) durchstöbert, ehe es ins noch geschichtsträchtigere Jaffa geht. Nach einem Mittagessen auf dem **Flohmarkt** (S. 141) steht ein Rundgang durch die Altstadt von Jaffa auf dem Programm. Abends wird dann neue israelische Küche im quirligen **Port Sa'id** (S. 149) oder im feinen **North Abraxas** (S. 152) probiert.

Am zweiten Tag gibt's erst ein warmes Schälchen des besten Hummus der Welt im **Ali Caravan** (S. 154) mit anschließendem Spaziergang auf der Strandpromenade, dann geht es weiter durch den **Carmel-Markt** (S. 129) zum Stadtzentrum und zum wunderbaren **Tel Aviv Museum of Art** (S. 127). Nach einem griechischen Essen abends in der **Ouzeria** (S. 153) folgen ein paar Drinks unter Bäumen auf der Terrasse des supercoolen **Kuli Alma** (S. 155).

... vier Tagen

Zwei zusätzliche Tage machen einen Riesenunterschied und manch einer mag sich bereits dem lässigen Tel Aviver Lebensstil angepasst haben. Ein Vormittag wird am **Hilton Beach** (S. 136) im Norden, ein anderer am **Alma Beach** (S. 137) im Süden verbracht. Danach geht's mit einem Mietfahrrad von **O-Fun** (S. 162) los oder auf eine Segway-Tour mit **SmartTour** (02-561-8056; http://smart-tour.co.il; pro Pers. 195 NIS) vom Hafen in Jaffa die Promenade entlang, mit Pausen in den Cafés. Es folgen ein Besuch im bestens ausgestatteten Museum **Beit Hatfutsot** (S. 137) in der Universität von Tel Aviv und ein Spaziergang durch den grünen **Park HaYarkon** (S. 137) zurück in die Stadt, wo ein Joghurteis im **Tamara** (S. 148) belohnt. Wenn noch Zeit ist, lohnt ein Bummel durch den sanierten Komplex **Sarona** (S. 136) oder die Teilnahme an einem Stadtrundgang mit **Delicious Israel** (S. 143). Etwas Zeit sollte noch bleiben, um sich am Abend in den Bars und Cafés umzutun.

Beit Ha'ir   KULTURZENTRUM

(Rathaus; Karte S. 130; 03-724-0311; http://beit hair.org; 27 Bialik St; Erw./Stud. & Kind 20/10 NIS, inkl. Bialik-Museum Erw. 30 NIS; Mo–Do 9–17, Fr & Sa 10–14 Uhr) Das Kulturzentrum liegt in einer Sackgasse am Ende der Bialik St, an der viele bemerkenswerte Gebäude im Bauhausstil stehen. Es hat zwei Galerien für Wechselausstellungen sowie einer Dauerausstellung, die historische Fotos und Dokumente zur Geschichte der Stadt zeigen. Das 1925 errichtete Gebäude diente bis 1965 als Tel Avivs Rathaus. Auch ein Nachbau des einst von Meir Dizengoff genutzten Büros ist zu sehen.

Bialik-Museum   MUSEUM

(Karte S. 130; 03-525-3403; http://eng.shimur. org/Bialik; 22 Bialik St; Erw./Stud. & Kind 20/ 10 NIS, inkl. Beit Ha'ir Erw. 30 NIS; Mo–Do 11–17, Fr & Sa 10–14 Uhr) Israels Nationaldichter Chaim Nachman Bialik lebte in dieser schönen Villa im Arts-and-Crafts-Stil aus den 1920er-Jahren. Die prächtigen Räume im Erdgeschoss sind mit eigens angefertigten Möbeln, bunten Farben und Keramikfliesen ausgestattet, die die Zwölf Stämme Israels, den Davidsstern und die Tierkreiszeichen darstellen. Im Obergeschoss befinden sich Bialiks Privatbibliothek, sein Arbeitszimmer und sein Schlafzimmer. Im Untergeschoss ist ein Archiv mit seinen Papieren untergebracht.

Rubin-Museum   GALERIE

(Karte S. 130; 03-525-5961; www.rubinmuseum. org.il; 14 Bialik St; Erw./Kind 20 NIS/frei; Mo, Mi, Do & Fr 10–15, Di bis 20, Sa 11–14 Uhr) Der in Rumänien geborene Reuven Rubin (1893–1974), der manchmal als Gauguin Palästinas bezeichnet wird, aber eher an Matisse erinnert, wanderte 1923 nach Palästina ein und malte wunderbare Landschaften und Alltagsszenen in seiner neuen Heimat. In dieser Galerie in seinem ehemaligen Wohnhaus sind Szenen aus Jaffa und viele Porträts ausgestellt, die einen faszinierenden Einblick in die Zeit der jüdischen Einwanderung und in die frühen Jahre Israels vermitteln.

⊙ Südliches Zentrum

Tel Aviv ist eine pulsierende und kultivierte Stadt mit vielen Kunstgalerien, Cafés, Bars und Boutiquen. Doch hier, am südlichen Rand des Stadtzentrums, steht die Kultur ganz besonders im Mittelpunkt, und hier tummeln sich die Avantgarde und die Hipster der Stadt.

Der Hauptabschnitt der Allenby St ist zwar etwas schäbig, aber in den angrenzenden Straßen befinden sich zahlreiche gehobene Restaurants, stilvolle Cafés und Boutiquehotels. Im unteren Teil des Rothschild Blvd gibt es viele Bauhausgebäude (S. 138) und luxuriöse neue Wolkenkratzer. Hier verabreden sich die Tel Aviver mit Freunden und genießen die sehr gesellige Atmosphäre.

★ Carmel-Markt MARKT
(Shuk HaCarmel; Karte S. 130; ⊙So–Do 8 Uhr– Spätnachmittag, Fr bis gegen 15 Uhr) Eingezwängt zwischen den ungepflegten Straßen des jemenitischen Viertels und dem verkehrsberuhigten Abschnitt der Nahalat Binyamin St bildet Tel Avivs geschäftigster Straßenmarkt in vielerlei Hinsicht das Herz der Stadt. Er ist das genaue Gegenteil der gesichtslosen, klimatisierten Einkaufszentren und Supermärkte überall sonst: ein lauter Ort mit viel Gedränge, wo Verkäufer alles von billigen Strandklamotten bis zu Billigkopien von Designer-Accessoires anbieten und wo sich die Einheimischen mit Oliven, Pickles, Nüssen, Obst, Gemüse, Käse und frisch gebackenem Brot eindecken.

Unabhängigkeitshalle HISTORISCHE STÄTTE
(Beit Haatzmaut; Karte S. 130; ⊙03-510-6426; http://eng.ihi.org.il; 16 Rothschild Blvd; Erw./ Student/Kind 24/18/16 NIS; ⊙So–Do 9–17, Fr bis 14 Uhr) Das Gebäude, das dringend einer Restaurierung bedarf, war ursprünglich das Wohnhaus von Meir Dizengoff, eines der Gründungsväter der Stadt und ihr erster Bürgermeister. Hier verkündete am 14. Mai 1948 David Ben-Gurion die Gründung des Staates Israel. Zum Besuch gehört ein kurzer Einführungsfilm und eine Führung durch den Raum, in dem die Unabhängigkeitserklärung Israels unterzeichnet wurde.

Haganah-Museum MUSEUM
(Karte S. 130; ⊙03-560-8624; http://eng.shimur. org/hagana; 23 Rothschild Blvd; Erw./Stud. & Kind 15/10 NIS; ⊙So–Do 8–16 Uhr) Das Museum in prächtiger Lage am Rothschild Blvd zeichnet die Entstehung und die Aktivitäten der Haganah nach, der paramilitärischen Untergrundorganisation und Vorgängerin der heutigen israelischen Armee. Die Miliz beschützte in den 1920er- und 1930er-Jahren die Kibuzzim (landwirtschaftliche Kooperativen) vor Angriffen und half später über 100 000 Juden bei der illegalen Einreise nach Palästina, nachdem 1939 das Weißbuch der britischen Regierung die Einwanderung beschränkt hatte. Nach dem Zweiten Weltkrieg kämpfte die Haganah gegen die Briten.

Chelouche Gallery GALERIE
(Karte S. 130; ⊙03-620-0068; www.chelouchegallery.com; 7 Mazeh St; ⊙Mo–Do 11–19, Fr 10–14, Sa 11–14 Uhr) Die Galerie für zeitgenössische Kunst residiert in dem neoklassizistischen „Zwillingshaus", einem Gebäude mit zwei identischen Flügeln, das Joseph Berlin in den 1920er-Jahren als Wohnhaus für sich und seinen Bruder errichtete. Im Erdgeschoss befindet sich die Buchhandlung Tola'at Sfarim („Bücherwurm") mit ihrem einladenden Café.

Maine Friendship House MUSEUM
(⊙03-681-9225; www.jaffacolony.com; 10 Auerbach St; ⊙Fr 12–15, Sa 14–16 Uhr) Die Amerikanische Kolonie, das erste Viertel außerhalb Jaffas Stadtmauern, wurde in den 1860er-Jahren von US-amerikanischen Christen gegründet. Über die Geschichte des unglückseligen (manche würden sagen hirnrissigen) Siedlungsprojekts informiert dieses spannende Museum. Der Mittelpunkt des heruntergekommenen, aber reizvollen Kolonieviertels ist die Kreuzung der Auerbach und der Be'er Hoffman St, 1 km nordöstlich von Jaffas Altstadt.

Das Museum ist nur an zwei Tagen in der Woche geöffnet, aber die Angestellten lassen auch Besucher ein, wenn diese vorher anrufen.

Immanuelkirche KIRCHE
(www.immanuelchurch-jaffa.com; 15 Be'er Hofman St; ⊙Di–Fr 10–14 Uhr) Die kleine, aber reizende Kirche der deutschen Tempelgesellschaft, heute evangelisch, stammt von 1904. Die schöne Orgel kommt bei Konzerten zum Einsatz. Die Kirche, die sogar nicht nach Tel Aviv passen will, ist ein kleines Stück europäischer Sakralarchitektur im Nahen Osten. Gottesdienste finden samstags um 11 Uhr und sonntags um 10 Uhr statt.

Levinski-Gewürzmarkt MARKT
(Shuk Levinski; Karte S. 130; www.shuktlv.co.il; Levinski St, zwischen Herzl St & HaAliya St) Der duftende, von Promiköchen geschätzte Markt ist

Südliches Zentrum

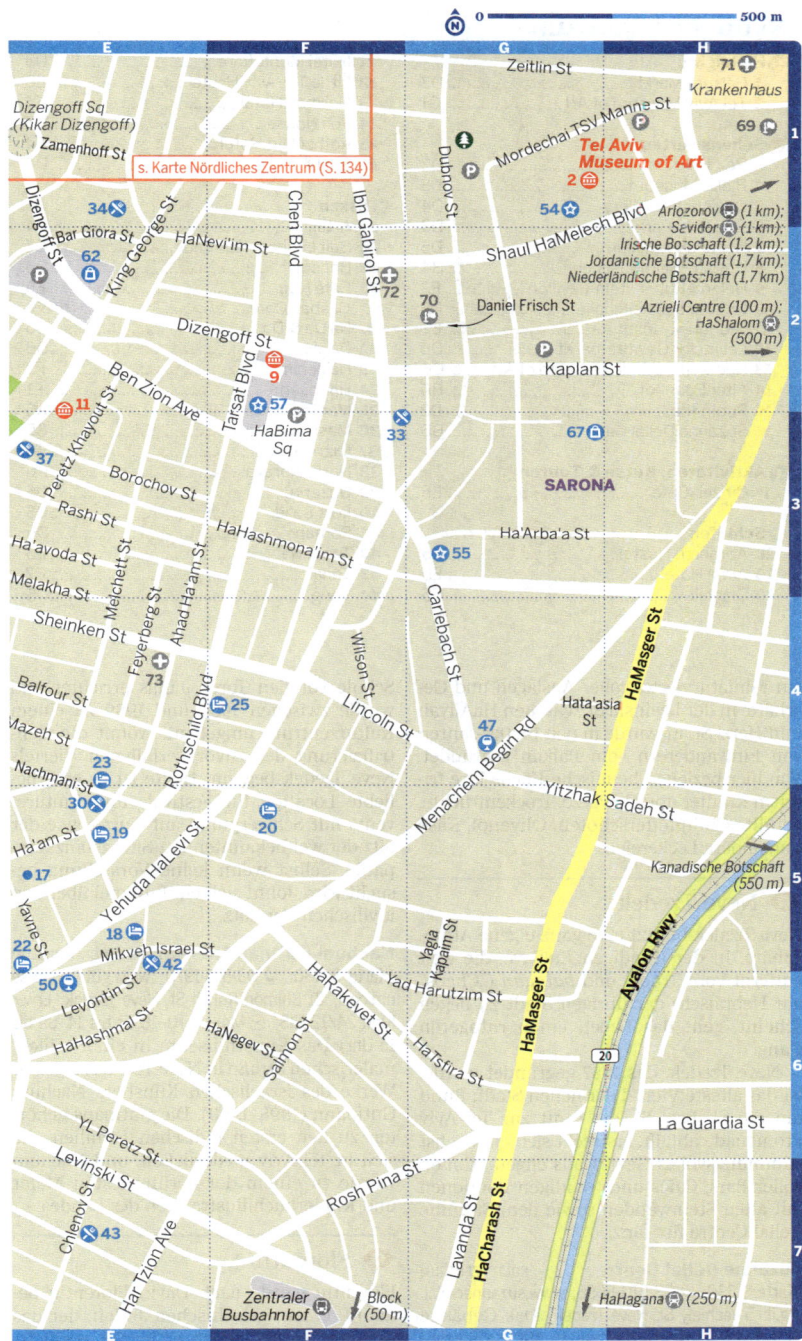

Südliches Zentrum

◎ Highlights
1. Carmel-Markt D3
2. Tel Aviv Museum of Art G1

◎ Sehenswertes
3. Beit Ha'ir D2
4. Bialik-Museum D3
5. Chelouche Gallery D4
6. Gan Meir Park D3
7. Haganah-Museum D5
8. Hassan-Bek-Moschee B4
9. Helena-Rubenstein-Pavilion F2
10. Unabhängigkeitshalle D5
11. Jabotinsky Institute E2
12. Levinsky-Gewürzmarkt D6
13. Nachum Gutman Museum of Art .. C6
14. Alter Bahnhof B6
15. Rubin-Museum D3
16. Suzanne Dellal Centre B6

◎ Aktivitäten, Kurse & Touren
17. Citizen Cafe E5

◎ Schlafen
18. Abraham Hostel E5
19. Alma Hotel E5
20. Diaghilev F5
21. Hotel Montefiore D5
22. Little Tel-Aviv Hostel E5
23. Norman Hotel E4
24. Poli House D3
25. Rothschild Hotel F4
26. Shenkin Hotel D4

◎ Essen
27. Arte D4
28. Beit Lechem Hummus C7
29. Benedict D5
30. Café Noir E5
    Casbah Cafe .... (s. 28)
31. Da Da & Da D5
32. Dalida D6
33. Ha'achim F3
34. HaKosem E1
35. Manta Ray A6
36. Meshek Barzilay C5
37. Miznon E3
38. North Abraxas D6
39. Ouzeria D6
40. Port Sa'id D5
41. Romano D6
42. Taqueria E5
43. Tenat E7
44. Vong D5

ein Miniaturviertel voller Auslagen und Geschäfte in der Levinski St zwischen HaAliyah und Herzl St. Er wurde in den 1920er-Jahren von Einwanderern vom Balkan gegründet. Von hier beziehen heimische Köche ihre frischen Kräuter und Gewürze, Trockenfrüchte, gefüllte Chilipfefferschoten, Olivenöl, Käse und andere Leckereien.

◉ Neve Tzedek

Neve Tzedek besitzt eine ganz eigene Atmosphäre. In der trendigen Enklave, die weit entfernt vom Trubel und *balagan* („Chaos" auf Hebräisch) der übrigen Stadt zu liegen scheint, geht das Leben einen ruhigeren Gang.

Neve Tzedek, das 1887 gegründet wurde, ist das älteste Viertel der neuen Stadt. Rund um die Shabazi St, die sanft zur Tel Aviv Promenade abfällt, erstreckt sich ein höchst stimmungsvolles Gewirr aus engen Straßen voller Bars, Cafés und trendigen Boutiquen mit alten Steinwänden sowie dem Suzanne Dellal Centre für Tanz.

Suzanne Dellal Centre　　　KULTURZENTRUM
(Karte S. 130; ☏ 03-510-5656; www.suzannedellal.org.il; 5 Yechiely St, Neve Tzedek) Das Gebäude in grüner Umgebung wurde 1892 als erste Schule vor den Toren Jaffas errichtet und wurde zwischen 1984 und 1989 zu einem Kulturzentrum umgebaut, womit die Gentrifizierung des zuvor verfallenen Viertels Neve Tzedek begann. Heute ist es eine beliebte Location für Festivals und Kulturevents mit Schwerpunkt auf Tanz sowie der Sitz der weltbekannten Bat-Sheva-Tanzkompanie. Selbst wenn keine Vorstellung besucht wird, lohnt sich ein Bummel über den idyllischen Vorplatz.

Nachum Gutman Museum of Art　　MUSEUM
(Karte S. 130; ☏ 03-516-1970; www.gutmanmuseum.co.il; 21 Shimon Rokah St, Neve Tzedek; Erw./Kind 24/12 NIS; ◯ Mo–Do 10–16, Fr bis 14, Sa bis 15 Uhr) Das Kunstmuseum in einer stillen, malerischen Straße in Neve Tzedek zeigt 200 Werke des israelischen Künstlers Nachum Gutmann (1898–1980). Die Gutmans gehörten zu den ersten jüdischen Familien, die sich in Tel Aviv niederließen, und Nachum wurde zu einem der berühmtesten Maler und Kinderbuchillustratoren des Landes.

◉ Florentin

Florentin wurde nach David Florentin benannt, einem griechischen Juden, der das Areal in den 1920er-Jahren kaufte. Heute ist

Ausgehen & Nachtleben
- 45 Apolo C3
- 46 Beer Bazaar D6
- 47 Beit Maariv G4
- 48 Bicicletta D4
- 49 Hoodna Bar C7
- 50 Kuli Alma E6
- 51 Prince D4
- 52 Shpagat D5

Unterhaltung
- 53 Beit HaAmudim D4
- 54 Cameri Theatre G1
- 55 Cinematheque G3
- 56 Felicja Blumental Music Centre D3
- 57 Habima National Theatre F2
- 58 Suzanne Dellal Centre B6

Shoppen
- 59 Agas & Tamar C5
- 60 Chomer Tov C5
- 61 Contour D4
- 62 Dizengoff Centre E2
- 63 Kunsthandwerksmarkt Nahalat Binyamin D4
- Lametayel .... (s. 62)
- 64 Orit Ivshin
- 65 Ronit B6
- 66 Rothschild-Allenby-Markt D5
- 67 Sarona-Markthalle G3
- 68 Sipur Pashut C6

Praktisches
- 69 Australische Botschaft H1
- 70 Deutsche Botschaft G2
- 71 Ichilov Hospital H1
- 72 Superpharm F2
- 73 Superpharm E4

Praktisches
- 74 O-Fun C3

---

es das szenige Künstlerviertel der Stadt, in dem Designer, Musiker, Fotografen und ein paar talentierte Graffiti-Künstler leben. Die Bars und Cafés in der Vital St sind reinstes „Hipsterville".

Strand & Hafen von Tel Aviv

Bei heißem Wetter zieht es ganz Tel Aviv zum 14 km langen, goldenen Stadtstrand, der in verschiedene Abschnitte mit je eigenem Charakter unterteilt ist. Hier genießen Jung und Alt die Mittelmeersonne, gehen baden und spielen eifrig *matkot* (Paddleball).

Das Wasser ist sauber und es gibt überall Umkleidekabinen und Duschen mit Süßwasser. Bei rauer See müssen Badende aber unbedingt die Warnungen der Rettungsschwimmer beachten: Weht die schwarze Fahne, ist das Schwimmen verboten, und eine rote bedeutet, dass das Schwimmen gefährlich ist. Sichere Badezonen sind mit weißer Fahne markiert. Die Strände werden von Mai bis Oktober bis etwa 18 Uhr überwacht.

Im Sommer sind die Strände stets gut besucht, vor allem samstags, wenn die Massen bereits früh anrücken, um sich einen guten Platz zu sichern. Die Preise für Strandmöbel werden von der Stadt festgelegt: Strandstühle kosten 6 NIS, Sonnenschirme 6 NIS und Strandliegen 12 NIS. Die Stadt stellt Strandbesuchern kostenloses WLAN zur Verfügung.

Gelegentlich läuft ein Typ herum und ruft laut „Arctic" – der spinnt nicht, er verkauft Eis am Stiel.

★ Gordon Beach STRAND
(Karte S. 134; P) Der Gordon Beach südlich vom Hilton Beach ist der Hauptstrand von Tel Aviv. Er ist bestens mit Sonnenliegen, Eiscremeläden, einem Fitnessareal und Strandrestaurants ausgestattet und sehr beliebt bei den Tel Avivern, Touristen und *matkot*-Spielern. Samstags sind oft Volkstanzgruppen auf der Strandpromenade zu sehen. Das Gordon-Freibad (S. 143) befindet sich im benachbarten Jachthafen.

Alter Hafen HAFEN
(Namal; www.namal.co.il; P) Die Geschäfte, Restaurants und Cafés im Alten Hafen, über den Flugzeuge im Tiefflug zur Landung auf dem nahen Flughafen Sde Dov ansetzen, werden gern von Familien besucht. In der Markthalle (S. 158) kaufen die Anwohner ihr frisches Biogemüse, Pasta und Meeresfrüchte. Abends und an Wochenenden zieht es Scharen von Nachtschwärmern in die Bars und nach Mitternacht in die Clubs.

Tel Avivs 1936 eröffneter Hafen erlebte seinen Niedergang, als in den 1960er-Jahren in Ashdod ein besserer, tieferer Hafen angelegt wurde. Zu Beginn der 2000er-Jahre ließ die Tel Aviver Stadtverwaltung das Gebiet

Nördliches Zentrum

Nördliches Zentrum

⊙ Highlights
1 Gordon Beach A5

⊙ Sehenswertes
2 Ben-Gurion-Museum B4
3 Bograshov Beach A7
4 Frishman Beach A6
5 Hilton Beach B2
6 Unabhängigkeitspark B2

⊙ Aktivitäten, Kurse & Touren
7 Gordon Pool A3
8 Tel Aviv Art Studio C5
9 Ulpan Gordon B3

⊙ Schlafen
10 Cinema Hotel D7
11 Dizengoff Avenue Hotel C5
12 Lusky Hotel A7
13 Mendeli Street Hotel B7

⊙ Essen
14 Anastasia D6
15 Barbunia C2
16 Benedict C2
17 Dosa Bar C2
18 Goocha D4
19 Landwer Café A3
20 Sabich Frishman C6
21 Tamara C5

⊙ Ausgehen & Nachtleben
22 Kanta F5

⊙ Shoppen
23 Bauhaus Centre C7
24 Gan Ha'ir Mall F5
25 Steimatzky C6

⊙ Praktisches
26 Polizeiwache Dizengoff D2
27 Französische Botschaft A6
28 Superpharm C5
29 Tel Aviv Doctor F2
30 Türkische Botschaft C2
31 Schweizerische Botschaft C2
32 US-Botschaft A7

schließlich saniert. Ein breiter Holzplankenweg, Spielplätze und Fahrradwege wurden angelegt und aus den leerstehenden Lagerhäusern wurde ein Einkaufszentrum mit Läden von bekannten Marken, das einheimische Kauflustige anlocken sollte.

Metzitzim Beach STRAND
Der nach einer Komödie von 1972 benannte Hof Metzitzim (was so viel wie schmieriger „Spannerstrand" heißt) ist tatsächlich eine familienfreundliche Bucht mit einem klei-

nen Kinderspielplatz. Im Sommer finden hier am Freitagnachmittag auch Strandpartys statt.

Hilton Beach STRAND
(Karte S. 134) Der nach dem nahe gelegenen Hotel benannte Strand ist in drei Abschnitte unterteilt: In der Mitte befindet sich der inoffizielle Schwulenstrand der Stadt, nördlich davon der einzige Strand, an dem Hunde offiziell erlaubt sind, und im Süden praktizieren Surfer nahe der Mole den Hang Ten. Die Bucht dient auch als Tummel- und Übungsplatz für Kajakfahrer und Windsurfer.

Unabhängigkeitspark PARK
(Gan HaAtzma'ut; Karte S. 134) Der Unabhängigkeitspark (Gan HaAtzmaut) hat nichts mit der Unabhängigkeitshalle an der anderen Seite der Stadt zu tun. Er liegt direkt am Meer neben dem Hilton Hotel und bietet Aussichten aufs Mittelmeer und viel Rasen, um herumzulaufen, Frisbees zu werfen oder zu picknicken. Wie die meisten öffentlichen Parks in Tel Aviv ist er beliebt bei Hundebesitzern und wird am Wochenende für Kindergeburtstage genutzt. Zudem gibt's hier einen gut ausgestatteten Kinderspielplatz mit Schaukeln, Rutschen und Klettergerüsten.

Frishman Beach STRAND
(Karte S. 134; P) Der Frishman Beach ist der wohl breiteste Sandstrand in Tel Aviv. Es gibt reichlich Platz und der Badebereich ist gut zu erreichen. Er liegt vor dem kunterbunten Dan Hotel und bietet Schatten in seinen großen Holzpavillons.

Bograshov Beach STRAND
(Karte S. 134) Der Bograshov ist einer der beliebtesten Strände in Tel Aviv und gemeinsam mit den Stränden Gordon und Frishman angesagter Tummelplatz der Partyszene. Unter der Woche ist er zwar relativ ruhig, aber freitags und samstags drängelt sich hier eine Mischung aus tief gebräunten Einheimischen und Touristen mit leichtem Sonnenbrand.

SARONA, EINST & JETZT

1871 gründete eine Gruppe christlicher Pietisten aus Württemberg, die sogenannte Tempelgesellschaft (nicht zu verwechseln mit den Tempelrittern des Mittelalters), eine kleine landwirtschaftliche Kolonie 4 km nordöstlich von Jaffa am Ufer des Flusses Ajalon und nannte sie Sarona. Die von den Siedlern mitgebrachten neuartigen landwirtschaftlichen und sonstigen Geräte beeindruckten die frühen Zionisten, zu denen die Templer gute Beziehungen unterhielten. Die Templer wurden von den Briten gegen Ende des Ersten Weltkriegs nach Ägypten deportiert, kehrten aber 1921 zurück und errichteten Gebäude im Bauhausstil.

Als die Nazis in Deutschland an die Macht kamen, wurden einige Bewohner Saronas zu begeisterten Anhängern Hitlers, was logischerweise zu Spannungen mit den jüdischen Nachbarn führte. Mit Beginn des Zweiten Weltkriegs erklärte man die Templer zu „feindlichen Ausländern". Sarona wurde zu einem Internierungslager; die meisten Templer deportierte man 1943 nach Australien.

Nach dem Krieg wurde das befestigte Internierungslager zu einem Militärstützpunkt der britischen Armee und zum Ziel von Angriffen seitens verschiedener jüdischer Untergrundorganisationen – der Haganah, der Irgun und der Lechi. Als die Briten im Dezember 1947 ihren Abzug vorbereiteten, übergaben sie das Lager an die jüdische Führung. Nach 1948 wurden in den alten Templergebäuden israelische Regierungsstellen untergebracht.

Über 30 der historischen Gebäude der Kolonie wurden in den vergangenen Jahren restauriert und in ein Geschäftszentrum umgewandelt. Inmitten eines grünen Geländes umfasst Sarona jetzt Büros, Restaurants, Bars, Cafés, Modeboutiquen, Kunstgalerien sowie ein Besucherzentrum, das über die faszinierende Geschichte der Kolonie informiert. Die größte Attraktion ist heute die **Sarona-Markthalle** (Karte S. 130; Zentrum 03-609-9028, Markt 03-624-2424; http://saronamarket.co.il/en; Eliezar Kaplan St, Sarona; So–Do 9–22, Fr 8–17, Sa 9–23 Uhr;), eine Arkade mit internationalen Imbissständen, Restaurants von Starköchen und Geschäften, die frische Waren wie Fleisch, Fisch, Käse und dergleichen verkaufen.

Sarona liegt an der Eliezer Kaplan St, 1 km östlich vom Dizengoff Center und gleich östlich des Habima Sq.

TEL AVIV MIT KINDERN

Trotz seines Rufs als Partystadt ist Tel Aviv ziemlich kinderfreundlich. Ein Babyboom in den vergangenen Jahren sorgte dafür, dass heute mehr Familien mit Kindern in der Stadt leben, und dank der Strände, Parks und Alleen ist Tel Aviv mittlerweile eine Spitzendestination für Kids.

Die meisten Kinder werden an Tel Avivs Stränden (S. 133), die von Rettungsschwimmern bewacht werden und Eisverkäufer sowie Strandcafés zu bieten haben, stundenlang Spaß haben. Erholung im Grünen verspricht der Park HaYarkon (S. 137) mit einem kleinen Bauernhof, Tretbooten und Spielplätzen. In der Nähe hat das **Erlebnisbad Meymadion** (03-642 2777; www.meymadion.co.il; Ganei Yehoshua Park, Rokah Ave; 117 NIS, nach 13 Uhr 97 NIS; Juni–Aug. 9–16.30 Uhr, 1. Septemberhälfte nur Sa) Wasserrutschen, die von kleinen Kindern geliebt, von Teenagern aber für zu zahm gehalten werden. Der **Luna Park** (03-642-7080; www.lunapark.co.il; Rokach Ave; Erw./Kind unter 2 J. 117 NIS/frei; Juli & Aug. 10–20 Uhr, sonst nur Sa 10–18 Uhr; 113, 48, 47, 28, 27, 21) auf der anderen Straßenseite ist ein kompakter Themenpark mit Fahrgeschäften für Teenager und kleine Kinder. Seine Öffnungszeiten ändern sich jeden Monat, ein vorheriger Anruf gibt Auskunft. Der **Safaripark Ramat Gan** (03-632-0222; www.safari.co.il; Sederat Hatsvi St, Ramat Gan; Erw./Stud./Kind unter 2 J. 70/63 NIS/frei; Mai–Aug. Sa–Do 9–17 & Fr bis 14 Uhr, Sept.–April kürzere Zeiten; P; 67, 55), eine Art Serengeti in Israel, ist sowohl ein Safaripark zum Durchfahren als auch ein großer Zoo mit Streichelgehege und Workshops für Kinder.

Am tollsten sind jedoch die vielen Spielplätze mit Schaukeln, Rutschen und Klettergerüsten. Kleine Spielplätze gibt es in der ganzen Stadt, größere z. B. im Independence Park, im Gan Meir Park (S. 127) am Nordrand des Alten Hafens, in der Dubnov St hinter dem Tel Aviv Museum of Art (S. 127) und am Ende der Shabazi St in Neve Tzedek.

Viele Einkaufszentren, auch das Gan Ha'ir (S. 158) und das Dizengoff Centre (S. 158), haben Spielecken *(mischakiyot)* für kleine und ganz kleine Kinder.

Das pädagogische Israel Children's Museum (S. 164) außerhalb der Stadt und das Erlebnisbad **Yamit 2000** (03-650-6500; www.yamit2000.co.il; 66 Mifratz Shlomo St; Erw./Kind unter 2 J. 106 NIS/frei; So–Do 9–16, Fr & Sa bis 16.30 Uhr; Dan 89, 96, 163, 172, 201) in Holon sind ein tolles Ausflugsziel für Kinder.

Mit Kindern essen gehen könnte zu jeder Tageszeit nicht einfacher sein. Viele Restaurants und Cafés sind auf kleine Gäste eingerichtet und halten Kinderstühle bereit. Die meisten Filialen des **Landwer Cafés** (Karte S. 134; 03-681-8699; www.landwercafe.co.il; 14 Eliezer Peri St, Marina; Frühstück & Hauptgerichte ab 52 NIS; 8–24 Uhr;) bieten Buntstifte und Speisekarten zum Ausmalen. Es ist üblich, dass Kinder mit ihren Eltern bis spät in die Nacht essen.

Alma Beach
STRAND

(Charles Clore Beach; Karte S. 140; P) Der wohl coolste Strand der Stadt mit spektakulären Aussichten bis Jaffa jenseits des Wassers. Hier befindet sich auch das enorm beliebte Restaurant Manta Ray (S. 153), und am Sabbat trinken die Hipster hier am Strand ihr Goldstar-Bier.

⊙ Park HaYarkon & Ramat Aviv

Nördlich vom Stadtzentrum liegen jenseits des Flusses Yarkon der große, grüne Park HaYarkon und das wohlhabende Wohnviertel Ramat Aviv mit der Universität Tel Aviv sowie etlichen Museen und Kultureinrichtungen.

★ Park HaYarkon
PARK

(Ganei Yehoshua; www.park.co.il; Rokach Blvd; P) Der Park HaYarkon ist Tel Avivs Gegenstück zum Londoner Hyde Park oder Berliner Tiergarten. Der 3,5 km² große Park mit viel Rasenfläche am Yarkon ist Tel Avivs größte Grünanlage und ein Tummelplatz für Jogger, Radfahrer, Skater, Fußballer und Frisbeespieler. Das **Sportek Centre** hat eine Kletterwand, Basketballplätze, einen Skate-Park und Trampolins. Der Park beginnt am Alten Hafen und verbreitert sich Richtung Ramat Gan zu weiten Rasenflächen und einem großen See.

Beit Hatfutsot
MUSEUM

(Museum des jüdischen Volkes; 03-745-7808; www.bh.org.il; Tor 2, Tel Aviv University, 2 Klausner St, Ramat Aviv; Erw./Kind unter 2 J. 45 NIS/frei; So–Mi 10–19, Do bis 22.30, Fr 9–14, Sa bis 15 Uhr; P; Dan 7, 13, 25, 45) Das einstige Diaspora Museum, das jüngst zum Museum des jüdischen Volkes umgestaltet wurde, liegt auf dem begrünten Campus der Universität von Tel Aviv. Das 1978 eröffnete Museum erzählt die epische Geschichte des jüdischen Exils und der weltweiten jüdischen Diaspora mittels Objekten, Fotos, audiovisuellen Darstellungen und Datenbanken. Zu den neuen Dauerausstellungen gehören Heroes („Helden"), eine interaktive Präsentation von jüdischen Berühmtheiten wie Einstein (für Kinder) und Hallelujah! mit aufwendigen Modellen von Synagogen von einst und heute.

Zum Museum gehören das Feher-Zentrum für jüdische Musik, das Douglas-E.-Goldman-Zentrum für jüdische Genealogie (wo jüdische Besucher ihren Familienstammbaum registrieren lassen können) und das Visuelle Dokumentationszentrum, die weltweit größte Datenbank zum jüdischen Leben.

Das Beit Hatfutsot ist Zeugnis für den Glauben und den Mut, die den Judaismus über Jahrhunderte bewahrt haben, und es ist eines der umfassendsten Museen Israels, für das Besucher ein paar Stunden einplanen sollten. Das Museum ist mit der Bahn bis Station Tel Aviv University und dann weiter zu Fuß bis Gate 2 zu erreichen.

Eretz-Israel-Museum MUSEUM
(Museum des Landes Israel; ☏ 03-641-5244; www.eretzmuseum.org.il; 2 Chaim Levanon St, Ramat Aviv; Erw./Stud. 52/32 NIS, Kind unter 18 J. frei, inkl. Planetarium Erw./Kind 84/35 NIS; ⊙ So–Mi 10–16, Do bis 20, Fr bis 14, Sa bis 15 Uhr, Vorführungen im Planetarium So–Do 11.30 & 13.30, Sa 11 & 12 Uhr; 🚌 Dan 7, 13, 24, 25, 45, 127) Das Museum, zu dem auch die archäologische Fundstätte Tel Qasile gehört, eine antike Hafenstadt aus dem 12. Jh. v. Chr., hat eine große und vielfältige Sammlung, für die man mindestens einen halben Tag braucht. Zu den Sehenswürdigkeiten gehören Pavillons, in denen

TEL AVIVS BAUHAUSERBE

Im Zentrum von Tel Aviv stehen mehr Gebäude aus den 1930er-Jahren im Bauhausstil als in jeder anderen Stadt der Welt. Darum wurde die „Weiße Stadt" (die Straßen im Stadtzentrum und im südlichen Zentrum) 2003 von der Unesco zum Welterbe erklärt.

Trotz aller Umbauten in den letzten 70 Jahren ist das bauliche Erbe Tel Avivs unübersehbar. Typisch für diese Gebäude sind horizontale Linien, Flachdächer, weiße Wände und ein fast vollständiger Verzicht auf Bauornamentik.

Das von den Architekten Walter Gropius gegründete und später von Ludwig Mies van der Rohe geleitete Bauhaus war eine ungeheuer einflussreiche Schule für Kunst und Gestaltung, die von 1919 bis 1933 in Weimar, Dessau und Berlin wirkte. Die Nazis verabscheuten den Bauhausstil, den sie als „kosmopolitisch" und „entartet" betrachteten, und erzwangen nach ihrer Machtübernahme die Schließung der Schule.

Deutschjüdische Architekten, die vor den Nazis fliehen mussten, brachten den Modernismus und die Ideale des Bauhauses nach Palästina; 19 dieser Architekten hatten am Bauhaus studiert, zwei hatten mit Erich Mendelsohn (dem Pionier des Streamline-Modernismus) zusammengearbeitet und mindestens zwei weitere auch mit dem berühmten Modernisten Le Corbusier. Beim Ausbau Tel Avivs in den 1930er-Jahren (nach einem von dem schottischen Stadtplaner Sir Patrick Geddes in den späten 1920er-Jahren aufgestellten Masterplan) wurden rund 4000 weiß gestrichene Bauhausgebäude errichtet – die auf typische Art den Modernismus der Mitte des 20. Jhs. verkörperten. Annähernd 1000 dieser Gebäude sind in der Unesco-Liste aufgeführt.

Heute sind viele der Gebäude baufällig (Hitze und Wüstenwinde setzen dem Beton besonders stark zu), doch mehrere Hundert wurden bereits renoviert, und jedes Jahr erstrahlen nach der Restaurierung weitere im alten Glanz. Wunderbare Beispiele des Bauhausstils finden sich am Rothschild Blvd und in dessen Querstraßen (z. B. der Mazeh und der Nahmani St) sowie in der Bialik St nahe dem Gan Meir Park.

Das **Bauhaus Center** (Karte S. 134; ☏ 03-522 0249; www.bauhaus-center.com; 99 Dizengoff St; ⊙ So–Do 10–19.30, Fr bis 14.30 Uhr; 📶) verkauft diverse Architekturbücher und Stadtpläne. Im Angebot sind hier auch der Verleih eines Kopfhörers, der eine Bauhaustour auf eigene Faust im Zentrum erläutert, und eine zweistündige Führung durch dieselben Straßen, die jeden Freitag um 10 Uhr beginnt. Beide Optionen kosten jeweils 80 NIS pro Person. Eine weitere Alternative ist die kostenlose, englischsprachige **Bauhausführung** der Touristeninformation Tel Aviv. Sie beginnt jeden Samstag um 11 Uhr am Rothschild Blvd 46 (Ecke Shadal St).

Gläser und Münzen ausgestellt sind, eine rekonstruierte Getreidemühle und Ölpresse, eine ethnographische Sammlung von Volkskunst und ein Garten rund um ein prachtvolles byzantinisches Vogelmosaik. Eine weitere Attraktion ist das Planetarium.

Palmach-Museum MUSEUM
(☏ 03-643-6393; www.palmach.org.il; 10 Haim Levanon St, Ramat Aviv; Erw./Kind 30/20 NIS; ⊙ So-Fr nur nach Vereinbarung; P) Im Mittelpunkt des multimedialen Museums steht die Geschichte des Palmach von seiner Gründung 1941 bis zum Ende des Palästinakriegs 1948. Ab der Gedenkhalle für Mitglieder des Palmach, die im Kampf für die Unabhängigkeit Israels starben, geht es mit einem hebräisch sprechenden Museumsführer auf eine Tour, die sich hauptsächlich um Geschichten einzelner Kämpfer dieser Elitekampftruppe der Haganah dreht. Kopfhörer sorgen für eine Übersetzung in verschiedene Sprachen.

Yitzhak Rabin Centre MUSEUM
(☏ 03-745-3358; www.rabincenter.org.il; 14 Chaim Levanon St; Rundgang Erw./Student & Kind 50/25 NIS, Führung Erw./Student & Kind 60/35 NIS; ⊙ So, Mo & Mi 9–17, Di & Do bis 19, Fr bis 14 Uhr; P; 🚌 Dan 7, 85, 29) Das 1997 zur Förderung demokratischer Werte und zur Bekämpfung sozioökonomischer Unterschiede und gesellschaftlicher Spannungen gegründete Zentrum ist auch Sitz des **Israelischen Museums**, das mithilfe von 150 Filmen und 1500 Fotos die Geschichte des modernen Israels und die Bemühungen um Frieden mit den Nachbarländern dokumentiert. Besucher können einen Rundgang mit einem Audioguide (in mehreren Sprachen) machen oder sich einer Führung (hebräisch & englisch) anschließen. Das Hauptthema des Museums ist mit der Geschichte des ehemaligen Premierministers Jitzchak Rabin (1922–1995) verwoben, der wegen der Ausarbeitung und Umsetzung des Oslo-Abkommens, das die Palästinensische Autonomiebehörde schuf und dieser Teilbefugnisse über die Verwaltung des Westjordanlands und des Gazastreifens einräumte, von einem rechtsextremistischen, ultraorthodoxen Juden ermordet wurde.

⊙ Jaffa (Jafo)

Jaffa, eine eigenständige Enklave mit ganz eigener Geschichte, hat mehr arabische Einwohner und eine andere Atmosphäre als Tel Aviv. Die drei wichtigsten Attraktionen

---

FITNESS MIT DEN EINHEIMISCHEN

Die Parks der Stadt und die Strandpromenade verwandeln sich täglich in einen riesigen Fitnessparcours, was dazu einlädt, sich den Tel Avivern beim Fitnesstraining anzuschließen.

Gordon Pool (S. 143) Großartiges Meerwasserbecken am Jachthafen Tel Avivs.

Gordon Beach (S. 133) Zentraler Strand für Volleyball, Radfahren auf der Promenade oder für ein Work-out im Fitnesscenter unter freiem Himmel.

Park HaYarkon (S. 137) Basketball- und Fußballplätze, Kletterwände und mehr.

Hilton Beach (S. 136) Eine Bucht mit krachenden Wellen für Surfer und Windsurfer.

Kayak4All (S. 144) Kajakzentrum im alten Hafen von Jaffa.

---

sind der Flohmarkt (S. 141) in der Nähe von Jaffas Wahrzeichen, dem Uhrenturm von 1903, die Altstadt auf dem Hügel und das Einkaufs- und Unterhaltungszentrum im Alten Hafen.

Südlich der Altstadt und des Hafens befindet sich der Bezirk Ajami, in dem immer noch Wohnhäuser aus osmanischer Zeit Seite an Seite mit schäbigen Fischerhütten existieren. Das Viertel war einst für Kriminalität und Drogen berüchtigt. Zum Ufer hin öffnet es sich zu einem großen, grünen Park und einem Plankenweg, der die Altstadt von Jaffa mit Bat Jam verbindet. Die meisten Busse aus dem Stadtzentrum halten an der Sderot Yerushalayim, der südlichen Verlängerung der Uferstraße Herbert Samuel Esplanade.

Uhrenturm WAHRZEICHEN
(Karte S. 140; Yefet St) Der osmanische Uhrenturm wurde von Einwohnern zum 25. Jahrestag der Herrschaft von Sultan Abdulhamid II. (1876–1909) finanziert. Der Turm – einer von sieben, die im osmanischen Palästina errichtet wurden – wurde 1903 fertiggestellt, eine Zeit, in der die wenigsten Untertanen des Sultans eine Uhr besaßen. Er ist ein praktischer Treffpunkt für Reisegruppen.

Besucherzentrum
Old Jaffa ARCHÄOLOGISCHE STÄTTE
(Karte S. 140; ☎ 03-603-7686, 03-603-7000; www.oldjaffa.co.il; Kedumim Sq, Old Jaffa; Erw./Stud. 30/15 NIS; ⊙ Sommer Sa–Do 9–20, Fr bis 17 Uhr, Winter Sa–Do 9–17, Fr bis 15 Uhr) Das kleine Besucherzentrum, manchmal auch „Jaffa Tales" genannt, ist eigentlich eine archäologische Grabungsstätte in einer Kammer unter dem Kedumin Sq. Hier können Besucher teilweise ausgegrabene Reste aus der hellenistischen und römischen Zeit besichtigen und auf anschauliche Weise etwas über die mehr als 4000-jährige, bewegte Geschichte Jaffas erfahren.

Sankt Peter KIRCHE
(Karte S. 140; Kedumim Sq; ⊙ Okt.–Feb. 8–11.45 & 15–17 Uhr, März–Sept. bis 18 Uhr) Die schöne, cremefarbene franziskanische Kirche ist das markanteste Bauwerk in Jaffa. Sie wurde in den 1890er-Jahren auf den Ruinen der Kreuzfahrerzitadelle errichtet und wird noch immer als Gotteshaus genutzt. Im Dezember ist sie einer der wenigen Orte in der Stadt mit einem riesigen Weihnachtsbaum.

HaPisgah-Gärten PARK
(Karte S. 140) Die grüne Anhöhe bietet einen Panoramablick über die Küste von Tel Aviv. Im kleinen **Amphitheater** im Zentrum des Parks finden im Juli und August jeden Samstag ab 21 Uhr kostenlose Konzerte statt. Die merkwürdige weiße mayanisch anmutende Skulptur auf einem der Hügel schildert den Fall Jerichos, die Opferung Isaaks und Jakobs Traum.

Ilana-Goor-Museum GALERIE
(Karte S. 140; ☎ 03-683-7676; www.ilanagoormuseum.org; 4 Mazal Dagim St; Erw./Stud./Kind 30/25/20 NIS; ⊙ So–Fr 10–16, Sa bis 18 Uhr; 🚌 Dan 10, 18, 25, 41) Das imposante Steingebäude gleich südlich vom Kedumim Sq wurde im 18. Jh. als Herberge für jüdische Pilger errichtet, die in Jaffa an Land gingen, und später von

Jaffa (Jafo)

einer Fabrik für Seifen und Parfums genutzt. Heute ist es Wohnsitz der Künstlerin Ilana Goor und der Öffentlichkeit als Kunstgalerie zugänglich. Die Sammlung ist nicht jedermanns Geschmack – im Mittelpunkt stehen Stammeskunst und die Werke Goors –, aber die Innenräume und die Aussichtsterrasse sind außerordentlich schön.

Jaffa Port
HAFEN

(Karte S. 140; www.namalJafo.co.il; Mo–Mi 10–22, Do bis 23, Fr & Sa 9–23 Uhr; P; Dan 10, 18, 25, 41) Der Hafen von Jaffa ist einer der ältesten bekannten Häfen der Welt. Er wird schon in der Bibel erwähnt (als „Joppa") und war einst der Hafen, in dem Pilger, die das Heilige Land besuchen wollten, an Land gingen. Bis in die letzten Jahrzehnte wurden hier auch die Jaffa-Orangen gelagert und in alle Welt exportiert. Heute ist er in erster Linie ein Unterhaltungskomplex mit einer Promenade, Bars, Restaurants, Läden und das gemeinnützige Nalaga'at Centre (S. 157) mit einer Theaterkompanie für Taubblinde zu finden sind.

Besonders viel Trubel herrscht im Hafengebiet an Sommerabenden. Dann gibt es manchmal ein kostenloses Unterhaltungsprogramm, und die Einheimischen drängen sich in den Restaurants an der Promenade. Südlich des Hafens gibt es einen großen, kostenlosen Parkplatz.

★ Flohmarkt
MARKT

(Shuk HaPishpeshim; Karte S. 140; So–Fr 10–15 Uhr, Do bis spät; Dan 10, 18, 25, 41) In den letzten Jahren wurde viel Mühe darauf verwendet, die Altstadt von Jaffa mit Blick auf den Tourismus aufzuhübschen, und die Resultate können sich durchaus sehen lassen. Die Hauptattraktion in diesem Teil der Stadt ist aber etwas weniger Gestriegeltes. Die Straßen südlich vom Uhrenturm sind Schauplatz von Jaffas beliebtem *pishpeshuk* oder *shuk ha-pishpeshim* (Flohmarkt) mit seinen Läden, entspannten Cafés, Pop-up-Bars und bunten Straßenständen, an denen Vintage-Klamotten, Schnickschnack und Möbel angeboten werden.

Einige der Sachen sind Ramsch (wie alte Fernseher oder Bügeleisen), aber in all dem Gerümpel sind auch echte Antiquitäten, Holzhandwerk, arabische Trommeln und dergleichen zu finden. Die Stände und Läden sind samstags geschlossen, aber die Cafés, Bars und Restaurants haben geöffnet. An Sommerabenden gibt es im Hauptmarktbereich manchmal Freiluftunterhaltung, und donnerstags ist der Markt bis spät abends geöffnet.

Hassan-Bek-Moschee
MOSCHEE

(Karte S. 130) Die Moschee aus weißem Kalkstein trägt den Namen des osmanischen Gouverneurs von Jaffa, der sie 1916 an der Grenze zwischen Tel Aviv und Jaffa erbauen ließ. Von jeher besitzt sie eine hohe symbolische Bedeutung für die arabischen Einwohner Jaffas. Im Palästinakrieg 1948 verbargen sich arabische Scharfschützen in ihrem Minarett. Sie ist zwar für Touristen nicht zugänglich, gehört aber zu den besterhaltenen alten Gebäuden der Stadt.

Alter Bahnhof
HISTORISCHE STÄTTE

(HaTachana; Karte S. 130; www.hatachana.co.il; Neve Tzedek; Sa–Do 10–22, Fr bis 17 Uhr; P; 18, 10, 100) Der Bahnhof nahe dem südli-

Jaffa (Jafo)

Highlights
1 Flohmarkt..C3

Sehenswertes
2 Alma Beach..C1
3 HaPisgah-Gärten......................................B2
4 Ilana-Goor-Museum................................B3
5 Hafen...A3
6 Besucherzentrum Old Jaffa..................B2
7 Kloster Sankt Peter................................B2

Aktivitäten, Kurse & Touren
8 Kayak4All..B2

Schlafen
9 Old Jaffa Hostel.......................................C2

Essen
10 Ali Caravan..A4
11 Kalamata...B2
12 Puaa..C3

Unterhaltung
13 Jaffa Theatre..C2
14 Nalaga'at Centre.....................................A3

Shoppen
15 Shelley Dahari...C3
16 Zielinski & Rozen....................................C3

chen Ende der Strandpromenade war die Endstation der Strecke Jerusalem–Jaffa und von 1892 bis 1948 in Betrieb. Später wurde er vom israelischen Militär als Depot genutzt und schließlich zwischen 2005 und 2010 zu einem Geschäfts- und Unterhaltungskomplex umgebaut, den die Einheimischen schlicht HaTachana („der Bahnhof") nennen. Heute befinden sich in den alten Bahnhofsgebäuden Läden, Cafés, Bars und eine Filiale der beliebten Eiscreme-Kette Vaniglia. Der Parkplatz liegt auch günstig für einen Besuch des Stadtteils Neve Tzedek (S. 132). Die Cafés und Restaurants sind freitagabends geöffnet, aber die Geschäfte in dem Komplex schließen um 17 Uhr.

DIE RENAISSANCE DES HEBRÄISCHEN

Für viele Israelis gilt die Wiederbelebung des Hebräischen als eine der größten kulturellen Errungenschaften der zionistischen Bewegung. Die Sprache war seit Jahrtausenden nicht mehr im Alltag verwendet worden.

In der Diaspora übernahmen die Juden die Kultur und Sprache ihrer jeweiligen neuen Heimat. In Kombination mit dem Hebräischen entstanden einzigartige jüdische Sprachen wie das Jiddische, das auf dem Mittelhochdeutschen beruht, und Ladino, das auf dem mittelalterlichen Spanisch basiert. Das klassische Hebräisch blieb in heiligen Schriften und Synagogen-Gebeten erhalten, war im Alltag jedoch nur selten zu hören.

Die Renaissance des Hebräischen wurde eingeleitet, als die ersten Zionisten Mitte des 19. Jhs. damit begannen, säkulare Literatur auf Hebräisch zu veröffentlichen, und sich in den folgenden Jahrzehnten in Palästina ansiedelten. Unter ihnen war der Zeitungsredakteur und Verfasser des ersten modernen hebräischen Wörterbuchs Eliezer Ben-Jehuda, 1858 in Litauen geboren. Wie die meisten jüdischen Kinder jener Zeit kam er während seiner religiösen Erziehung mit dem biblischen Hebräisch in Berührung. Als er 1881 in Palästina ankam, war er entschlossen, Hebräisch in eine weltliche Sprache des Alltags zu verwandeln, mit deren Hilfe Juden auf der ganzen Welt miteinander kommunizieren konnten. Herzl (Begründer des modernen Zionismus) äußerte sich nie dazu, welche Sprache er für den jüdischen Staat vorgesehen hatte, wahrscheinlich war jedoch das Deutsche sein Favorit.

Als Ben-Jehuda damit begann, Hebräisch im Alltag zu sprechen, stand er vor dem Problem, moderne Erfindungen wie Züge oder Glühbirnen zu beschreiben. Er aktualisierte die Sprache und verbreitete sie gleichzeitig unter seinen Mitbürgern.

Ben-Jehudas Ausdauer und die Arbeit von Generationen hebräischer *ulpanim* (Sprachschulen) für neue Einwanderer zahlten sich aus: Heute gibt es rund 9 Mio. Menschen auf der Welt, die Hebräisch sprechen, darunter auch ein paar palästinensische Araber. Kurz vor dem Ausbruch des Zweiten Weltkrieges gab es im Gegensatz dazu rund 11 Mio. Jiddisch sprechende Menschen; heute sind es nicht einmal mehr 1 Mio. Das Hebräische ist die einzige ehemals „tote" Sprache, die komplett wiederbelebt wurde, und wird von sprachlichen Minderheiten oft als Inspiration betrachtet.

Über die Jahrzehnte entstand eine reiche hebräische Literatur – vom ersten israelischen Dichter Bialik bis zu modernen Erzählern wie Amos Oz, David Grossman und Etgar Keret. In nur einem Jahrhundert entwickelte sich Hebräisch von der Sprache der Tora zu einem ganzen Universum aus Kindergeschichten, Liedern und Alltagssprache.

Wie in längst vergangenen Zeiten, als griechische, aramäische, persische und ägyptische Wörter im Hebräischen Einzug hielten, prägt auch die heutige Globalisierung die Sprache in Form von Wörtern und Strukturen aus dem Englischen, Deutschen, Französischen, Russischen und Arabischen. Ein klassisches Beispiel der Adoption ist das @-Symbol, das die Israels wegen der optischen Ähnlichkeit „Strudel" nennen.

Auf den Straßen Tel Avivs, das sich stolz als erste hebräische Stadt bezeichnet, ist auch ein wenig „Hebrish" zu hören, da die Israelis gern englische Ausdrücke (darunter auch Obszönes) mitten in hebräische Sätze platzieren. Viele israelische Slangbegriffe stammen aus dem Arabischen, darunter *sababa* (cool, o. k.) und *achla* (großartig). Eine klassische hebräisch-arabisch-englische Sprachmixtur ist der Abschiedsgruß *tov, yallah, bye* (okay, auf geht's, tschüss).

 Aktivitäten

Gordon Pool SCHWIMMEN
(Karte S. 134; 03-762-3300; www.gordon-pool.co.il; Tel Aviv Marina; Erw./Stud. & Kind So–Fr 69/59 NIS, Sa 79/70 NIS; Mo–Do 6–21, Fr bis 19, Sa 7–18, So 13.30–21 Uhr;) Das 1956 eröffnete Gordon-Freibad wurde 2009 renoviert. In der von Palmen umgebenen Anlage nahe dem Jachthafen gibt es ein 50-m-Meerwasserbecken, dessen Wasser häufig erneuert wird, sowie spezielle Becken für Kinder und Kleinkinder. Gegen Aufpreis kann man auch die Sauna, den Whirlpool und den Fitnessraum nutzen.

 Kurse

Tel Aviv Art Studio KUNST
(Karte S. 134; 052-786-3483; www.telavivartstudio.com; 31 Gordon St; Kurse ab 120 NIS;) In dem einzigartigen Studio, das von den ausgebildeten Kunsttherapeuten und -lehrern Natasha und Michael geführt wird, können Einzelpersonen, Paare und Kinder an verschiedenen, englischsprachigen Malkursen teilnehmen. Die „Paint Night" (Do 19–21 Uhr) ist ein prima Vorwand, sich kreativ zu betätigen und dabei Wein zu trinken.

Citizen Café SPRACHE
(Karte S. 130; www.citizencafetlv.com; 45 Rothschild Blvd; Kurse ab 3320 NIS) Das Citizen Café ist eine *ulpan* (hebräische Sprachschule) mit neuem Konzept und bietet Kurse für Leute an, die wie ein Israeli sprechen lernen wollen. Die Schule im Mindspace, einem superhippen Start-up-Gebäude am Rothschild Blvd, hat zehnwöchige Kurse mit je zwei Terminen pro Woche im Angebot – erfreulicherweise ohne Lehrbücher! Wer sich etwas länger in der Stadt aufhält, wird hier auf vergnügliche Weise etwas „Straßen"-Hebräisch lernen, z. B. „Yalla" (das ist arabisch für „Auf geht's").

Ulpan der Universität Tel Aviv SPRACHE
(03-640-8639; www.international.tau.ac.il; Ramat Aviv) Die angesehenste Universität der Stadt betreibt eine *ulpan*, in der Studierende ihre hebräischen Sprachkenntnisse vertiefen können. Angeboten werden u. a. ein siebenwöchiger Kurs und ein vierwöchiger Intensivkurs. Unterkünfte auf dem Campus sind verfügbar.

Ulpan Gordon SPRACHE
(Karte S. 134; 03-522-3181; www.ulpangordon.co.il; 7 LaSalle St) Die beliebteste *ulpan* in Tel Aviv verlangt von Touristen etwa 750 NIS pro Monat für einen Kurs, der zwei- oder dreimal in der Woche stattfindet und jeweils 2½ bis 4½ Stunden dauert.

Geführte Touren

Die offizielle Touristeninformation Tel Avivs (www.visit-tel-aviv.com) bietet kostenlose Stadtführungen an. Eine führt durch Sarona und beginnt jeden Freitag um 11 Uhr in der Kaplan St 34, eine andere hat die Bauhausarchitektur zum Thema und startet samstags um 11 Uhr am Rothschild Blvd 46. Führungen durch die Altstadt Jaffas werden ebenfalls angeboten. Eine Reservierung ist nicht nötig, aber es lohnt sich, die Touristeninformation Jaffa (S. 160) vorher nach genauen Informationen zu fragen. Individuell maßgeschneiderte und recht teure Stadtführungen können über Pomegranate Travel (https://pomegranate-travel.com) gebucht werden.

Delicious Israel STADTFÜHRUNG
(052-569-9499; www.deliciousisrael.com; pro Pers. ab 110 US$) Die aus den USA stammende Inbal Baum wanderte 2009 nach Israel ein und gründete kurz darauf ihr erfolgreiches Unternehmen, das kulinarische Touren im ganzen Land veranstaltet. In Tel Aviv bietet sie u. a. einen 4½-stündigen Spaziergang durch Jaffa und das Stadtzentrum, eine 2½-stündige Führung rund um den Levinski-Gewürzmarkt (S. 129), eine kürzere Tour über den Carmel-Markt (S. 129), eine Hummus- und eine Straßenimbisstour an.

Alternative Tel Aviv STADTFÜHRUNG
(www.hasayeret.co.il; private Führung für 2/6 Pers. 800/1200 NIS) Alternative Tel Aviv oranisiert verschiedene Führungen zum Thema Street Art und zu Galerien zeitgenössischer Kunst, meist im Stadtteil Florentin. In Tel Aviv gibt es ziemlich beeindruckende Street Art und Teilnehmer der Tour erfahren etwas über die Leute hinter den Tags. Die Führung dauert rund 90 Minuten; freitags ab 11 Uhr werden gelegentlich auch Führungen mit Bezahlung nach eigenem Ermessen angeboten.

Sandemans Tours STADTFÜHRUNG
(www.newtelavivtours.com) GRATIS Zwei Rundgänge – einen durch die Altstadt von Jaffa täglich um 11 Uhr und einen durch Jaffa und die Neustadt am Montag, Mittwoch und Samstag um 14 Uhr – werden von selbstän-

digen Stadtführern angeboten, die für dieses angesehene Unternehmen arbeiten. Die erste Tour ist kostenlos und der Führer auf Trinkgeld angewiesen (50 NIS pro Person ist üblich), die zweite kostet 76 NIS pro Person. Einzelheiten stehen auf der Website.

Kayak4All KAJAKTOUREN
(Karte S. 140; 054-775-7076; www.kayak4all.com; Touren ab 150 NIS) Kayak4All am alten Hafen von Jaffa bietet Kajaktouren auf dem Meer für erfahrene Paddler und Anfänger an. Ein komplettes Verzeichnis der Aktivitäten und Preise steht auf der Website.

Feste & Events

Tel Aviv Pride LGBT
(www.visit-tel-aviv.com; Juni) Zur Feier von Israels LGBT-Gemeinde – dem größten Fest im ganzen Land – kommen in der zweiten Juniwoche Unmengen Besucher aus dem Ausland. Im Mittelpunkt steht die Pride Parade, die am Gan Meir Park beginnt, zu den weiteren Events zählen Partys am Hilton Beach (S. 136) und das LGBT International Film Festival (www.tlvfest.com).

★ Weiße Nacht KULTUR
(Laila Lavan; www.visit-tel-aviv.com; Juni) Jedes Jahr im Juni wird eine Nacht durchgemacht – dann bleiben die Kulturstätten der Stadt abends geöffnet, und es gibt kostenlose Konzerte an verschiedenen Orten, u. a. im HaTachana, in der Sarona-Kolonie, im Hafen von Jaffa, an den Stränden, auf dem HaBima Sq und dem Nachalat-Binyamin-Markt. Die Atmosphäre lässt sich am besten auf dem Rothschild Blvd erleben.

Opera in the Park MUSIK
(www.israel-opera.co.il; Park HaYarkon, Rokach Ave; Juli/Aug.) Die „Oper im Park" ist eines der kulturellen Highlights in Tel Aviv, eine kostenlose Veranstaltung, die von fast 10 000 Menschen aus dem ganzen Land besucht wird. Jeden Juli oder August inszeniert das israelische Opernhaus eine komplette klassische Oper vor einem Publikum, das auf der Rasenanhöhe im Zentrum des Park HaYarkon bei Wein und Essen lauscht. Genauere Informationen stehen auf der Website des Opernhauses; wer auf einen guten Platz hofft, sollte früh da sein.

DocAviv FILM
(www.docaviv.co.il/org-en; 5 Ha'Arba'a St; Mai) DocAviv findet an zehn Tagen im Mai in der Tel Aviv Cinematheque (S. 156) statt und ist das führende Festival für Dokumentarfilme im Nahen Osten. Das umfangreiche Programm mit den besten israelischen und internationalen Dokumentarfilmen auf Englisch und Hebräisch ist ein heißer Tipp, wenn man gerade in der Stadt ist.

Tel Aviv Jazz Festival MUSIK
(www.visit-tel-aviv.com; Nov.) Jährliches Jazzfestival Ende November, in der Regel mit Konzerten in der Cinematheque (S. 156) und einem der Zappa-Clubs. Auf dem wichtigsten Festival nach dem Red Sea Jazz Festival treten drei Abende lang israelische und internationale Jazzmusiker der Spitzenklasse auf.

Israeli Beer Festival BIER
(www.hatachana.co.il; Neve Tzedek; Eintritt inkl. Verkostungen 70–100 NIS; Juni) Das israelische

---

DIE KUNSTSZENE

Im kreativen Tel Aviv haben sich Künstler, Kunststudenten und viele kleine Galerien niedergelassen.

Alternative Tel Aviv (S. 143) Stadtführungen zu den aufregend guten Graffiti in Florentin.

Chelouche Gallery (S. 129) Eine der besten Galerien für zeitgenössische Tel Aviver Kunst in einem schönen Bauhausgebäude.

Nachum Gutman Museum of Art (S. 132) Museum in Neve Tzedek für die Werke des israelischen Malers und Illustrators des 20. Jhs.

Rubin-Museum (S. 128) Zeigt idyllische Ölgemälde des mediterranen Meisters Reuven Rubin.

Tel Aviv Museum of Art (S. 127) Eine spitzenmäßige Sammlung von Kunst, Design und Architektur der Moderne.

Tel Aviv Art Studio (S. 143) Eine vergnügliche Art, Malerei in einem entspannten Umfeld zu lernen.

Bierfestival an zwei Tagen in der zweiten Juniwoche ist nun ein regelmäßiges Event im Alten Bahnhof (S. 141). Biertrinker können bei einem Angebot von über 200 Craft-Bieren in aller Ruhe die besten Biere im Heiligen Land probieren.

🛏 Schlafen

Rund um den Rothschild Blvd sind die meisten hübschen Boutiquehotels zu finden. Ein guter Standort ist auch Jaffa mit seinem lebhaften, arabisch angehauchten Straßenleben. In der Yehuda HaLevi St, in der gerade Bauarbeiten für die Stadtbahn stattfinden, gibt es mehrere beliebte Hostels. Die Türme der größeren Hotelketten stehen überwiegend in Strandnähe an der verkehrsreichen HaYarkon St. Hauseigene Parkplätze sind selten, stattdessen haben die meisten Hotels Vereinbarungen mit Parkplätzen in der Umgebung für rund 70 NIS pro Tag und Auto.

Zu den meisten Zeiten, vor allem aber an Wochenenden im Juli, August und rund um Feiertage wie Rosch HaSchana, Sukkot, Chanukka und Pessach, sollte zuvor reserviert werden. Während der Tel Aviv Pride Week sind alle Hotels der Stadt ausgebucht – zu diesem Anlass so weit wie möglich im Voraus reservieren!

🛏 Stadtzentrum

★ Mendeli Street Hotel   BOUTIQUEHOTEL $$$
(Karte S. 134; ☎ 03-520-2700; www.mendelistreethotel.com; 5 Mendeli St; DZ 250 US$, Superior/Deluxe 300/360 US$; @ 🛜) Im Sommer ist das Leben in diesem Hotel am Frishman Beach unbeschwert und glamourös. Die Lobby und das Restaurant wirken wie einem Designmagazin entsprungen, auch die Zimmer mit zeitgenössischer Ausstattung und schönen Annehmlichkeiten sind stilvoll. Die Standardzimmer sind klein, daher lohnt der Aufpreis für die Deluxe- oder Superior-Varianten. Das junge Personal ist charmant und äußerst hilfsbereit.

Dizengoff Avenue Hotel   BOUTIQUEHOTEL $$$
(Karte S. 134; ☎ 03-694-3000; www.d-avenue.co.il; 133 Dizengoff St; EZ/DZ 550/732 NIS; 🛜) Das hübsche Stadthotel liegt mitten an der Dizengoff Ave, einer der Haupteinkaufsstraßen, ist aber leicht zu übersehen. Eine schlichte Einfahrt mit einem Seiteneingang führt in dieses einfache Boutiquehotel, das etwas preiswerter als seine Konkurrenz ist. Zu den netten Gesten zählen kostenloses Eis am Stil an der Rezeption und eine Happy Hour mit israelischem Wein für Gäste.

Cinema Hotel   HOTEL $$$
(Karte S. 134; ☎ 03-520-7100; www.atlas.co.il; 1 Zamenhoff St; EZ/DZ/Suite ab 196/216/300 US$; 🅿 🛜) Filmfans wird die Ausstattung in diesem umgebauten Kino aus der Bauhaus-Ära gefallen. In den öffentlichen Bereichen finden sich alte Filmprojektoren und Kino-Memorabilia, in den 83 Zimmern Filmplakate und Lampen in Stativform. Das Hotel mutet trotzdem eher funktionell als glamourös an, auch wenn der frühabendliche kostenlose Aperitif auf der Dachterrasse ein gewisses Hollywood-Flair mit sich bringt. Es gibt kostenlose Parkplätze und einen kostenlosen Fahrradverleih.

Lusky Hotel   HOTEL $$$
(Karte S. 134; ☎ 03-516-3030; www.luskyhtl.co.il; 84 HaYarkon St; EZ/DZ/Suite 165/180/300 US$; 🅿 🛜) Das familiengeführte Hotel bietet gut ausgestattete Zimmer mit großen Fenstern, die viel Licht hereinlassen. Die meisten haben eine Kochnische, manche auch einen Balkon mit Blick aufs Meer – das beste ist zweifellos das Penthouse mit einem Schlafzimmer und einem riesigen Balkon mit Blick auf den Strand. Autofahrer freuen sich über die kostenlosen Plätze in der Tiefgarage.

🛏 Südliches Zentrum

★ Abraham Hostel   HOSTEL $
(Karte S. 130; ☎ 03-624-9200; https://abrahamhostels.com; 21 Levontin St; B/EZ/DZ/Suite ab 95/460/470/520 NIS; 🛜) Das Riesenhostel gehört zu den besten Unterkünften, um andere Reisende zu treffen, zudem hat es die wohl saubersten und gepflegtesten Schlafsäle überhaupt. Im Angebot sind auch exzellente Suiten für Familien und Paare mit Bad, Kochnische und TV. Die Angestellten sind freundlich, multikulturell und mehrsprachig (wir trafen palästinensische und Schweizer Rezeptionisten), außerdem werden Touren in Tel Aviv und durch Israel angeboten. Der riesige Speisesaal dient auch als Bühne für (oft laute) Konzerte und Comedy.

Little Tel-Aviv Hostel   HOSTEL $
(Karte S. 130; ☎ 03-559-5050; www.littletlvhostel.com; 51 Yehuda HaLevi St; B/DZ 130/450 NIS; 🛜) Das „Kleine Tel Aviv" in einem renovierten Gebäude mitten im Geschehen ist sehr komfortabel und innen gar nicht so klein. Es hat gemischtgeschlechtliche Schlafsäle für Menschen unter 35 und sehr saubere Dop-

pelzimmer. Die Gäste können im hübschen Garten, der Gemeinschaftsküche und in der Bar abhängen.

Florentine Hostel — HOSTEL $

(☎ 03-518-7551; www.florentinehostel.com; 10 Elifelet St, Florentin; B/DZ ab94/280 NIS, DZ mit Gemeinschaftsbad 240 NIS; @🖥) Auf den ersten Blick kann das keineswegs malerische Viertel, in dem dieses Hostel steht, eher abschreckend wirken. Backpacker erkennen allerdings sehr schnell den Vorteil des Standorts, von dem aus Neve Tzedek, Florentin, Jaffa und der Strand schnell zu erreichen sind. Zur Auswahl stehen acht Schlafsäle mit sechs Betten und neun kleine Privatzimmer; Pluspunkte sind die Dachterrassenbar und das muntere Unterhaltungsprogramm. Achtung, das Hostel nimmt nur Gäste zwischen 18 und 40 Jahren auf.

★Poli House — DESIGNHOTEL $$$

(Karte S. 130; ☎ 03-710-5000; http://thepolihouse.com; 1 Nahalat Binyamin St; EZ/DZ ab 900/1300 NIS; 🖥≋) Das Poli House mit seinen 40 Zimmern ist eine weitere Kreation der Besitzer von Brown TLV und öffnete 2017 seine Türen. Es ist etwas anders als die anderen Brown-Hotels, nämlich schriller, heller und bunter, mit gelben, blauen und grünen Wänden, schwarz-weißen Streifenfußböden und Neonleuchten – alles aus der Feder des Designers Karim Rashid.

★Norman Hotel — BOUTIQUEHOTEL $$$

(Karte S. 130; ☎ 03-543-5555; www.thenorman.com; 23–25 Nachmani St; Deluxe/Loft/Suite ab 570/840/1090 US$; 🖥≋) Das königlichste der Boutiquehotels in Tel Aviv (es gibt z. B. eine King Albert Suite) belegt zwei restaurierte Bauhausgebäude aus den 1920er-Jahren. Kein Detail wird hier außer Acht gelassen; das Zimmerangebot reicht von Loft-Apartments bis zu Gartensuiten. Zur Hotelausstattung gehören ein Fitnessraum, eine Wellnessanlage und ein Infinity-Pool auf dem Dach. Feine Küche wird in der Bibliothek und in der Brasserie serviert.

★Rothschild Hotel — BOUTIQUEHOTEL $$$

(Karte S. 130; ☎ 03-957-8888; www.rothschild-hotel.co.il; 96 Rothschild Blvd; DZ/Suite/3BZ ab 272/382/510 US$; 🖥) ⏎ Ofra Zimbalistas Chorsänger-Skulptur an der Fassade ist nur eines von vielen launigen Merkmalen dieses typischen Boutiquehotels. Das Rothschild entstand noch vor dem jüngsten Boutiquehotel-Boom in Tel Aviv, aber seine Einrichtung hat die Zeitläufe bestens überstanden und in Sachen Service ist das Rothschild immer noch führend. Das hauseigene Restaurant serviert nach eigenen Angaben „zionistische Küche mit französischem Einschlag".

★Hotel Montefiore — BOUTIQUEHOTEL $$$

(Karte S. 130; ☎ 03-564-6100; www.hotelmontefiore.co.il; 36 Montefiore St; EZ/DZ 1420/1560 NIS; 🖥) Das äußerst stilvolle Hotel residiert in einer denkmalgeschützten Villa aus den 1920er-Jahren in einer von Bäumen gesäumten Straße zwischen dem Rothschild Blvd und der Allenby St. Die zwölf eleganten Zimmer bieten hohe Decken, Holzböden, einen Lehnsessel, ein gut bestücktes Bücherregal, Fenster mit Doppelverglasung und großzügige Bäder. Die Wände sind – ebenso wie im schicken Bar-Restaurant im Erdgeschoss – mit moderner israelischer Kunst geschmückt.

★Shenkin Hotel — BOUTIQUEHOTEL $$$

(Karte S. 130; ☎ 03-600-9400; www.shenkinhotel.com; 21 Brener St; EZ/DZ ab 196/270 US$; P@🖥) Das Motto lautet „Die Einheimischen kennen sich am besten aus", und die tollen Empfehlungen, die das freundliche Personal zu bieten hat, bestätigen die Aussage. Das kleine, stilvolle Hotel in toller Lage hinter der Sheinkin St bietet vier attraktive Zimmertypen, Gemeinschaftsbereiche, die mit heimischer zeitgenössischer Kunst geschmückt sind, eine Dachterrasse und eine hübsche Terrasse hinten, wo kostenlos Tee, Kaffee und Gebäck gereicht werden.

Alma Hotel — BOUTIQUEHOTEL $$$

(Karte S. 130; ☎ 03-630-8777; www.almahotel.co.il; 23 Yavne St; EZ/Deluxe/Executive ab 260/280/550 US$; 🖥) Das hübsche, hellgrüne Gebäude aus den 1920er-Jahren, die überkandidelte Einrichtung und das hauseigene Restaurant/Tapasbar sind die größten Pluspunkte dieses Boutiquehotels gleich abseits des Rothschild Blvd. Die Dachterrassenbar und der hübsche Garten im Hinterhof sind ebenfalls nicht zu verachten. Beide Zimmertypen bieten viel Platz, ein großes Bett, eine Espressomaschine und ein schönes Bad mit Luxustoilettenartikeln von Sabon.

Diaghilev — BUSINESSHOTEL $$$

(Karte S. 130; ☎ 03-545-3131; www.diaghilev.co.il; 56 Mazeh St; DZ/Suite ohne Frühstück ab 235/340 US$; 🖥) Gemälde, Grafiken und Skulpturen schmücken die Wände und Gemeinschaftsbereiche in diesem „Kunsthotel", das in einem hübschen Bauhausgebäude abseits des Rothschild Blvd residiert. Die geräumi-

HIGHTECH IN TEL AVIV

In grauer Vorzeit in einer nicht so fernen Galaxie loggten sich Reisende, die online gehen wollten, in Internetcafés ein. Aber in Tel Aviv verschwinden diese sogenannten Cybercafés rapide, da WLAN in Cafés, Hotels und sogar an Stränden bequem verfügbar ist.

Und dann trat der „digitale Nomade" auf den Plan, ein versierterer Hightech-Reisender, der unterwegs noch etwas Geld verdienen will. Plötzlich war Arbeiten aus der Ferne nicht nur etwas für Leute, die in der Businessklasse fliegen, sondern eine Option auch für freischaffende Designer, Entwickler, Blogger und Start-up-Unternehmer.

Mit der Mentalität einer Start-up-Nation gehörte Tel Aviv zu den ersten Städten, die „Co-working Spaces" einrichteten. Diese Hightech-Zentren bieten temporäre Schreibtische und Tagungsräume zu verschiedenen Tarifen, ein kreatives Umfeld, um mit Gleichgesinnten zusammenzuarbeiten, und – ganz wichtig – kostenlosen Kaffee. Im Folgenden ein paar der besten Co-working Spaces in der Stadt:

Mindspace (http://mindspace.me/tel-aviv) Besteht aus zwei benachbarten Gebäuden am Rothschild Blvd und in der Ahad Ha'am St. Mindspace ist mit seiner supercoolen Designereinrichtung ein echtes Hipsterzentrum.

Urban Place (http://urbanplace.me) Der jüngste Co-working Space der Stadt mit einem Großraumbüro am Rothschild Blvd 3.

WeWork (www.wework.com/l/tel-aviv) Vier Standorte in Tel Aviv, u. a. in Sarona, das sich rasant zum neuen Start-up-Zentrum Israels entwickelt.

---

gen Zimmer bieten einen Sitzbereich, eine Kochnische und ein separates Schlafzimmer. Pluspunkte sind die ruhige Lage, die hauseigenen Parkplätze und das hilfsbereite Personal an der Rezeption. Familiensuiten sind ebenfalls im Angebot.

Jaffa (Jafo)

Beit Immanuel HOSTEL $
(03-682-1459; www.beitimmanuel.org; 8 Auerbach St, American Colony; B/EZ/DZ 225/285/410 NIS; P) Das klosterähnliche Hostel befindet sich in einem Gebäude von 1884 gegenüber einer hübschen lutherischen Kirche. Die von einer evangelischen Kirchengemeinde betriebene Herberge hat saubere und komfortable Zimmer sowie einen eigenen Garten und kostenlosen Parkplatz. Sie liegt zwar nur zehn Minuten zu Fuß von der Altstadt Jaffas und dem angesagten Viertel Florentin entfernt, aber in einer unglaublich friedlichen Umgebung.

Das Gebäude war einst ein schickes Hotel – Kaiser Wilhelm II. übernachtete hier 1898 –, das Baron Plato von Ustinov gehörte, dem Großvater des Schauspielers Peter Ustinov. Es steht an einer ruhigen Straße gleich abseits der Eilat St (der Verlängerung der Jaffa Rd).

Old Jaffa Hostel HOSTEL $
(Karte S. 140; 03-682-2370; www.telaviv-hostel.com; 13 Amiad St; B/EZ/DZ 90/250/280 NIS; @ ; Dan 10, 18, 25, 41) Das Hostel in einem Haus aus osmanischer Zeit am Flohmarkt ist die stimmungsvollste Unterkunft in dieser Preisklasse in Tel Aviv, aber nicht die komfortabelste. Die Schlafsaalbetten sind preisgünstig und es gibt ausreichend viele Gemeinschaftsbäder, eine Gemeinschaftsküche und eine große Dachterrasse, von der aus man das Meer sehen kann.

Hafen von Tel Aviv

Port Hotel BOUTIQUEHOTEL $$
(03-544-5544; www.porthoteltelaviv.com; 4 Yirmiyahu St; EZ/DZ 175/185 US$; P) Das „Minihotel" (so bezeichnet es sich selbst) nahe dem Alten Hafen bietet etwas in Tel Aviv sehr Seltenes: stilvolle Unterkunft zu günstigem Preis. Die Zimmer sind zwar klein und haben keine Aussicht, sind aber sauber und komfortabel. Wichtige Pluspunkte sind die Dachterrasse und die Nähe zum Strand.

Park HaYarkon

HI Tel Aviv Hostel HOSTEL $
(02-594-5654; www.iyha.org.il; 36 B'nei Dan St; B/EZ/DZ 162/321/410 NIS, Kind 94 NIS; @) Das saubere und geräumige Hostel, ehemals das B'nei Dan Guest House, wurde jüngst komplett umgestaltet. Es ist die einzige Unterkunft neben dem beschaulichen Park HaYarkon und in Laufnähe zum Alten Hafen, aber für den Weg in die Stadt ist es vielleicht

besser, ein *sherut* (Nr. 5) zu nehmen oder ein Fahrrad zu mieten.

Essen

In Tel Aviv dreht sich alles ums Essen. Da die Stadt mittenmang im Nahen Osten liegt, verbinden sich hier mediterrane, südosteuropäische, arabische und asiatische Einflüsse, außerdem ist sie eine der veganerfreundlichsten Städte der Welt.

Stadtzentrum

★ Miznon ISRAELIISCH $
(Karte S. 130; www.facebook.com/miznon; 30 King George St; Pitas 25–49 NIS; So–Do 12–1, Fr bis 15, Sa ab 19 Uhr;) Die Atmosphäre ist lebhaft, die Preise sind ausgesprochen günstig und die Angestellten freundlich und voller Energie. Und das Wichtigste: Das Essen ist sehr lecker. Es gibt riesige Pitas, gefüllt je nach Wunsch mit Gemüse, Hühnchen, Innereien oder Fleisch, sowie Fish and Chips oder gebratene, pikante Süßkartoffeln und Blumenkohl.

Man stellt sich an, nennt seinen Namen und gibt seine Bestellung auf. Dann trifft man seine Wahl an der Theke mit Tahina, *labneh*, grüner Chilisauce und eingelegtem Gemüse, nimmt Platz und wartet, bis die Bestellung aufgerufen wird. Zu trinken gibt's u. a. Limonade, Bier und Arak.

★ Dosa Bar INDISCH $
(Karte S. 134; 03-659-1961; www.facebook.com/Dosabar; 188 Ben Yehuda St; Hauptgerichte ab 35 NIS; So–Do 12–23, Fr 11–16 Uhr;) Indisch, koscher, vegan und glutenfrei – die Dosa Bar ist gleich alles zusammen. Spezialität des kleinen Restaurants mit freundlichen Angestellten sind *dosa*, indische Pfannkuchen, die süß oder pikant serviert werden. *Masala dosa* ist besonders gut. Freitags gibt es auch indisches Frühstück für Leute, die das Wochenende mit scharf Gewürztem beginnen wollen.

★ Tamara EISCREME $
(Karte S. 134; 96 Ben Yehuda St; kleiner/mittlerer/großer Becher 22/27/32 NIS, Tapioka 15 NIS; So–Fr 9.30–0.30, Sa ab 10.30 Uhr) Das köstliche Joghurteis vom Tamara beim Gordon Beach ist das beste in der Stadt (und es mangelt nicht an Konkurrenz). Das Eis gibt's schlicht oder mit lukullischen Saucen und Garnierungen nach Wahl. Außer Joghurt werden auch erfrischender Tapioka-Pudding mit Obst und *paletas* (mexikanisches Fruchteis) verkauft. Kinder können sich auf Schaukeln niederlassen, während die Erwachsenen sich für ihren Joghurt anstellen.

HaKosem ORIENTALISCH $
(Karte S. 130; 1 Shlomo HaMelech St; Falafel ab 18 NIS; So–Do 10.30–23.30, Fr bis 15 Uhr;) Das HaKosem („Der Zauberer") ist einer der freundlichsten Falafelstände der Stadt und ein beliebter Imbiss an der Ecke King George St. Abgesehen von den grünen Kichererbsenbällchen in Pita gibt es hier auch *sabich* (Ei, Aubergine und Salat in Pita) und Shawarma (vom Grill geschabtes Fleisch, das mit Tomaten und anderen Beilagen in ein großes Brotstück gefüllt wird).

Sabich Frishman ORIENTALISCH $
(Karte S. 134; 42 Frischmann St; Sabich 18 NIS; So–Do 9–23.30, Fr bis 16, Sa ab 20 Uhr;) Der winzige Stand ist auf *sabich* spezialisiert, ein aus dem Irak stammender Imbiss, der aus gebratener Aubergine, hart gekochten Eiern, Salat, Kohl, Kartoffeln, Hummus und scharfer *amba* (Mangosauce) in Pita-Brot besteht. Er steht an der Ecke Dizengoff und Frishman St und ist an der langen Schlange und dem Falafelstand nebenan zu erkennen.

Ha'achim ISRAELISCH $$
(Karte S. 130; 03-691-7171; www.facebook.com/haachim; 12 Ibn Gabirol St; Hauptgerichte 39–62 NIS; So–Do 12–24, Fr & Sa ab 9 Uhr;) Ha'achim, Hebräisch für „die Brüder", hat ein sehr mediterranes Speisenangebot wie Hummus, *labneh*, Tahina, Oliven und dazu kostenloses Pita-Brot mit Olivenöl. Es ist aber nicht nur ein Hummuslokal, sondern es werden auch Spezialitäten des Küchenchefs und gegrillte Fleisch- und Fischgerichte angeboten, außerdem mittags ein Business-Lunch mit zwei Salaten nach Wahl (z. B. Rote Bete oder Aubergine) zu jedem Hauptgericht.

Goocha FISCH & MEERESFRÜCHTE $$
(Karte S. 134; 03-522-2886; www.goocha.co.il; 171 Dizengoff St; Hauptgerichte 64–92 NIS; 12–1 Uhr;) Das Goocha, nicht zu verwechseln mit dem neueren Schwesterrestaurant Goocha Diner in der Ibn Gabirol St, ist das Original und viel besser. Einheimische und Touristen schätzen hier Gerichte wie *moules* und *frites*, Garnelen-Burger und Meeresfrüchte-Risotto. Dank der erstklassigen Lage an der Ecke Ben-Gurion Ave ist es hier immer proppenvoll, Reservierung ist daher ratsam.

Barbunia
FISCH & MEERESFRÜCHTE $$

(Karte S. 134; ☎ 03-527-6965; 163 Ben Yehuda St; Hauptgerichte 58–86 NIS; ⊙ 12–23 Uhr) Das Barbunia ist schon seit fast drei Jahrzehnten gut im Geschäft und älter als die meisten Bewohner Tel Avivs. Die nüchterne Ausstattung und die Papiertischtücher tragen zum Charme des Fischrestaurants bei. Alle Hauptgerichte werden mit scheinbar endlosen Beilagen aus kleinen Salaten, gebratenem Gemüse, Brot und Hummus serviert. Wir empfehlen Seebrasse oder einen gemischten Teller mit gebratenen Garnelen und Calamari und dazu ein israelisches Bier.

Benedict
FRÜHSTÜCK $$

(Karte S. 134; ☎ 03-686-8657; www.benedict.co.il; 171 Ben Yehuda St; Frühstück ab 69 NIS; ⊙ 24 Std.; 🛜) Wen es um fünf Uhr nachmittags oder auch am Morgen nach Blaubeerpfannkuchen, Eiern mit Schinken, *shakshuka* oder Eggs Benedict gelüstet, der ist in dem ständig vollen, rund um die Uhr geöffneten Frühstückslokal genau richtig. Ruhig großen Hunger mitbringen: Die Portionen sind riesig und werden mit einem Brotkorb serviert. Es gibt eine weitere Filiale am **Rothschild Blvd** (Karte S. 130; 29 Rothschild Blvd; Frühstück ab 62 NIS) und eine in **Herzliya** (☎ 09-958-0701; 1 Haetzel St; Frühstück 45–98 NIS).

Anastasia
VEGAN $$

(Karte S. 134; ☎ 03-529-0095; www.facebook.com/cafeanastasia; 54 Frischmann St; Sandwiches/Frühstück ab 39/52 NIS; ⊙ So–Do 8–23.30, Fr bis 17, Sa 9–23 Uhr;) Das Anastasia an der grünen Ecke Frischmann und Reines St ist ein wahrer Traum für Veganer. Das Lokal hat alles zu bieten – Frühstück, Salate, Suppen oder Sandwiches und verkauft zudem vegane Produkte. Auf der Karte stehen Maisomelettes mit Hummus, hausgebackenes, glutenfreies Brot sowie vegane Kuchen und Kekse. Allein schon der Milchshake aus Bananen, Datteln, Kakao und Mandelmilch lohnt einen Besuch.

Südliches Zentrum

★ Port Sa'id
ORIENTALISCH $

(Karte S. 130; 5 Har Sinai St; kleine Portionen 22–52 NIS, Hauptgerichte ab 34 NIS; ⊙ 12 Uhr–spät;) Das Restaurant mit Bar neben der Großen Synagoge, Treffpunkt der innerstädtischen Hipster, ist mit Regalen voller Schallplatten dekoriert und hat heftig tätowierte Stammgäste. Das orientalisch geprägte Essen ist gut, es gibt allerdings keine englische Karte, sodass man die Kellner fragen muss. Auch die Getränkeauswahl kann sich sehen lassen.

FUTTERN IN TEL AVIV

In Tel Aviv gibt es für jeden Geschmack das passende Angebot, von feinen Meeresfrüchten bis zu griechischen Restaurants. In jüngster Zeit boomte auch die asiatische Küche – erwähnenswerte Beispiele sind das thailändische **Nam** (☎ 03-670-8050; www.facebook.com/namrest; 275 Dizengoff St; Hauptgerichte 67–75 NIS; ⊙ 12.30–17 & 18–24 Uhr; 🛜) und das vietnamesische Vong (S. 152). Speisen aus aller Welt gibt's in den Markthallen in Sarona (S. 136) und an der Ecke Rothschild/Allenby.

Im Zuge der Gentrifizierung, die die Stadt erlebt, eröffnen immer mehr Restaurants von Promiköchen und eine ständig wachsende Zahl schicker Brasserien. Der bekannteste Vertreter dieser kulinarischen Prominenz ist Eyal Shani. Als Anhänger der schlichten, saisonalen Küche hat er ein Händchen für zwanglos-schicke Lokale – er eröffnete das Miznon (S. 148), das Port Sa'id (S. 149), das Romano (S. 153) und das North Abraxas (S. 152) –, wo nette Atmosphäre genauso wichtig ist wie gutes Essen.

Wer knapp bei Kasse ist, hat reichlich billige Imbisslokale und -buden zur Auswahl. Zu den Klassikern gehören das israelische Nationalgericht Falafel sowie *sabich* (Fita gefüllt mit hart gekochten Eiern, gebratener Aubergine und Tahina). Bei Hummus denken viele eher an Abu Ghosh oder Akko, aber Jaffa kann dank dem Ali Caravan (S. 154) mehr als mithalten.

Selbstversorger finden das beste frische Obst und Gemüse der Stadt auf dem Carmel-Markt (S. 129). Supermärkte mit einer guten Auswahl von Produkten, günstigen Preisen und langen Öffnungszeiten sind überall in der Stadt verstreut.

Von Sonntag bis Freitag bieten viele Restaurants einen „Business Lunch" an – dann gibt's zu jedem bestellten Hauptgang gratis eine Vorspeise, manchmal sogar eine Vorspeise und ein Glas Wein.

150

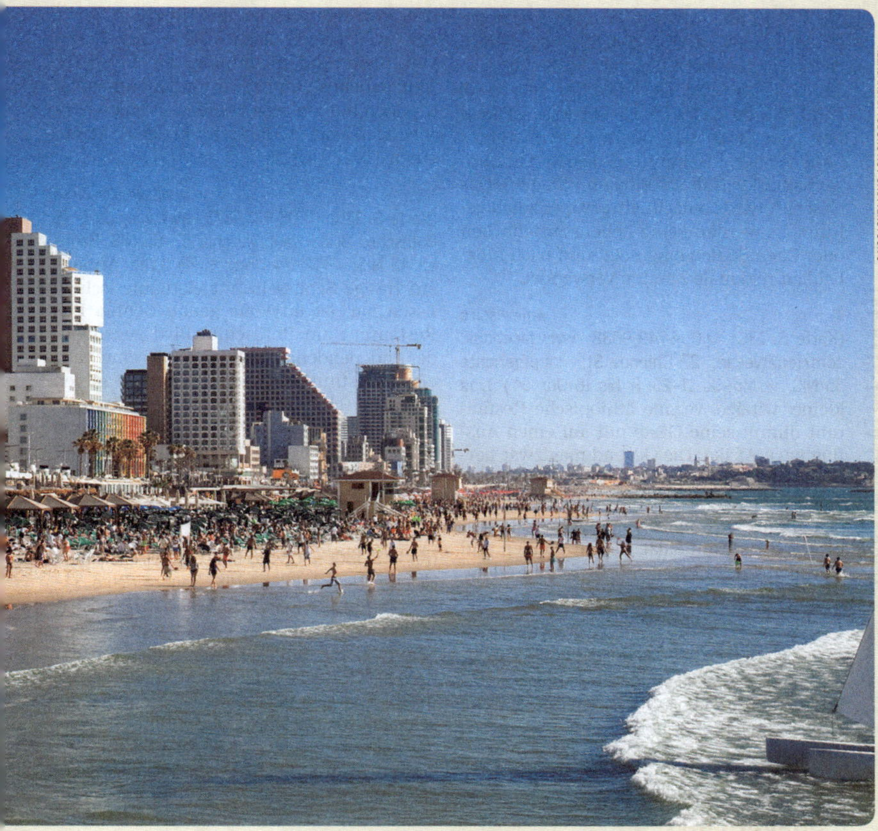

ALEKSANDAR TODOROVIC / SHUTTERSTOCK ©

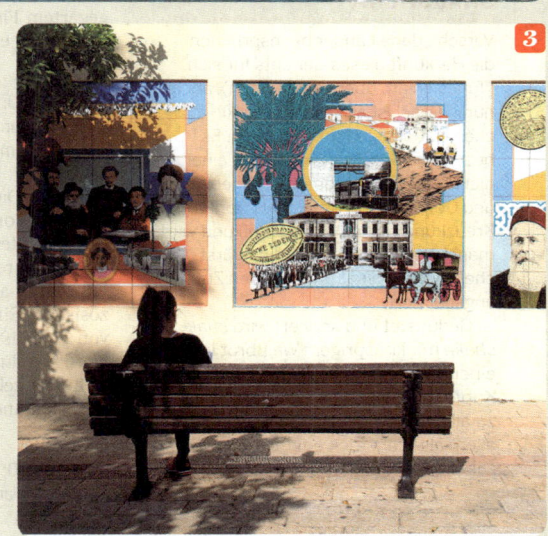

1. Tel Aviv Museum of Art (S. 127)
Das Museum vom Architekten Preston Scott Cohen ist mit seinen tollen Sammlungen und der modernen Architektur innen wie außen beeindruckend.

2. Gordon Beach (S. 133)
Die Bewohner von Tel Aviv strömen zu diesem Stadtstrand, um Sport zu treiben und sich am glitzernden Mittelmeer zu sonnen.

3. Neve Tzedek (S. 132)
Durch die schmalen, stimmungsvollen Gassen des ältesten Viertels von Tel Aviv schlendern.

4. Rothschild Boulevard (S. 129)
In schicken Cafés essen und trinken und die als Weltkulturerbe gelistete Bauhausarchitektur bewundern.

3

INNAFELKER / SHUTTERSTOCK ©

★Arte
EISCREME $

(Karte S. 130; ☎055-895-4868; http://artegli deria.com; 11 Nahalat Binyamin St; Eiscreme ab 22 NIS; ⓒMärz-Okt. 11-23 Uhr, Nov.-Feb. So-Mi 13-19.30 & Do-Sa bis 23 Uhr ⏎) Arte ist kein normaler Eissalon, sondern verkauft echtes italienisches Eis inmitten des Kunsthandwerksmarkts Nahalat Binyamin (S. 158). Das Geschäft wird so nachhaltig wie möglich geführt. Es werden keine Lebensmittelfarben oder Chemikalien eingesetzt und nach Möglichkeit regionale Zutaten verwendet.

Tenat
ÄTHIOPISCH $

(Karte S. 130; ☎054-749-9538; www.facebook. com/tenatvegan; 27 Chlenov St; Hauptgerichte 35 NIS; ⓒMo-Do 11-23, Fr bis 16 Uhr ⏎) Das kleine, witzige, vegane äthiopische Restaurant nimmt seine Gäste mit auf einen Ausflug nach Afrika. Die Gegend mag zwar heruntergekommen sein, aber das Essen lohnt den Abstecher. Zu den Spezialitäten gehören das *injera* (äthiopisches weiches Fladenbrot), serviert mit Salat, dicken Bohnen und Gewürzen, dazu frisch gepresster Rote-Bete- und Möhrensaft.

Taqueria
MEXIKANISCH $

(Karte S. 130; ☎03-600-5280; www.taqueria.co.il; 28 Levontin St; Hauptgerichte 29-39 NIS; ⓒSo-Di 12-24, Mi-Sa bis 1 Uhr; 🛜) Die bei jungen Tel Avivern beliebte Taqueria ist ein bodenständiges mexikanisches Restaurant mit sehr preisgünstigen Tacos und Burritos sowie den wohl besten Nachos der Stadt. Reservierungen sind nicht möglich (außer für freitagabends), unter Umständen muss man draußen mit anderen Leuten mit einer erfrischenden eisigen Margarita in der Hand auf einen Tisch warten.

Vong
VIETNAMESISCH $$

(Karte S. 130; ☎03-633-7171; www.vong.co.il; 15 Rothschild Blvd; Hauptgerichte 57-65 NIS, Banhs ab 42 NIS; ⓒ12-24 Uhr; 🛜⏎) Wer Appetit auf riesige Schüsseln mit vietnamesischem Essen hat, ist im Vong genau richtig. Das Restaurant am Rothschild Blvd gegenüber der Independence Hall ist heute eine ganz eigene Institution. Zu den Gerichten zählen *bok choy* (chinesischer Kohl), scharfe *dien-dien*-Nudeln und *banh*, weiche Brötchen gefüllt mit Rindfleisch, Fisch, Curry oder Tofu. Interessant sind auch die Cocktails mit Namen wie Forrest Jump und Lady Ga.

North Abraxas
ISRAELISCH $$

(Karte S. 130; ☎03-516-6660; 40 Lilienblum St; kleine Portionen 22-52 NIS, Hauptgerichte 34-120 NIS, Pizza 54 NIS; ⓒSo-Do 12-24, Fr & Sa ab 13 Uhr) Das Essen spielt in diesem extravaganten Lokal nur die zweite Geige – hier dreht sich alles um die Atmosphäre. Es macht Spaß, an der Bar zu sitzen und zuzuschauen, wie die Köche und Kellner hacken, flambieren, anrichten, singen und mit den Gästen Arak trinken. Die moderne israelische Speisekarte mit Pizza, bunten Gemüsegerichten und schmackhaftem, langsam gegartem Fleisch bietet für die meisten Geschmäcker etwas Passendes.

★Dalida
FUSIONSKÜCHE $$$

(Karte S. 130; ☎03-536-9627; http://en.dalidatlv. co.il; 7 Zvulun St; Hauptgerichte 84-142 NIS, Servierplatte zum Teilen 159 NIS; ⓒSo-Do 17-2, Fr & Sa ab 12 Uhr; 🛜⏎) Das niveauvolle, aber gemütliche Dalida, eines der besten Restaurants in Florentin, ist nach der ehemaligen Miss Ägypten und berühmten Sängerin der 1960er-Jahre benannt, die genau wie das Essen hier arabische, italienische und französische Einflüsse vereinte. Donnerstags von 17 bis 19 Uhr gibt es ein Menü zum halben Preis. Empfehlenswert ist der arabische Kohl mit gebratenen Calamari oder Lamm, Pistazien und Halloumi-Kebab.

Café Noir
FRANZÖSISCH $$$

(Karte S. 130; ☎03-566-3018; www.cafenoir.co.il; 43 Ahad Ha'am St; Brunch 34-64 NIS, Hauptge-

---

> **SHAKSHUKA**
>
> Verschiedene Länder beanspruchen die Herkunft dieses Gerichts für sich (Tunesien am überzeugendsten), aber nur in Israel ist es zu einem wirklichen Nationalgericht geworden. Es besteht aus pochierten Eiern in einer dicken Sauce aus Tomaten, Zwiebeln und Gewürzen (in der Regel Paprika, Kreuzkümmel und Chilipulver) und wird manchmal auch mit Paprika, Würstchen, Käse, Spinat und anderen Zutaten angereichert.
>
> Gedünstet und serviert wird *shakshuka* mit knusprigem Weißbrot in einer flachen Pfanne aus Gusseisen, Kupfer oder Ton. Das Gericht schmeckt zu allen Tageszeiten, wird aber vor allem als Frühstück oder Brunch verzehrt.

richte 70–128 NIS; ⊙So–Mi 12–24, Do bis 1, Fr 8–1, Sa 9–24 Uhr; 🛜) Die französisch aufgemachte, lebhafte Brasserie ist für ihren Wochenend-Brunch und ihre Schnitzel bekannt. Ersteren können wir unbedingt empfehlen, ziehen aber die stets ausgezeichneten Salate und Pastagerichte dem Schnitzel vor. Es lohnt sich, den Aufpreis für ein Brotkörbchen zu zahlen.

Manta Ray FRÜHSTÜCK, FISCH & MEERESFRÜCHTE **$$$**
(Karte S. 130; ☎03-517-4773; www.mantaray.co.il; südliche Tel Aviv Promenade; Frühstück 39–45 NIS, Hauptgerichte 75–175 NIS; ⊙9–23 Uhr; 🛜) Das Restaurant am Hang direkt über dem Alma Beach ist stilvoll und zwanglos – genau die richtige Mischung für Tel Aviv. Im Sommer strömen Einheimische und Touristen gleichermaßen zum Frühstück und Mittagessen hierher, sodass man reservieren muss (und erwähnen sollte, dass man einen Tisch draußen mit Ausblick haben möchte). Zum Frühstück empfiehlt sich ein Omelett und zu anderen Tageszeiten ein Fischgericht.

✖ Neve Tzedek

Meshek Barzilay CAFÉ **$$**
(Karte S. 130; ☎03-516-6329; www.meshekbarzilay.co.il; 6 Ahad Ha'am St, Neve Tzedek; Frühstück 38–64 NIS, Hauptgerichte 46–68 NIS; ⊙So 7–16, Mo–Fr bis 24, Sa ab 9 Uhr; 🛜✈) Vegetarier und Veganer finden in Tel Aviv viele Angebote, aber hier bemüht man sich ganz besonders darum, sie zufriedenzustellen. Dies ist eines von nur zwei Restaurants in der Stadt, in denen Bioeier aus Freilandhaltung verwendet werden. Auf der Karte stehen viele interessante indisch und asiatisch beeinflusste Gerichte und tolle Frühstücksangebote. Stammgäste schwören auf das vegane Bauernfrühstück.

✖ Florentin

Beit Lechem Hummus ORIENTALISCH **$**
(Karte S. 130; 5 Florentin St; Hummus 18 NIS; ⊙So–Do 10–21, Fr bis 16 Uhr; ✈) Der kostenlose *chai nana* (Minztee) ist eine nette Geste, aber die Stammgäste kommen eigentlich wegen des Hummus. Den gibt's als *fuul* (mit pürierten und gewürzten dicken Bohnen) oder als *masabacha* (mit Kichererbsen und warmer Tahina) und auch mit einem Ei obendrauf (2 NIS). Beit Lechem heißt im Hebräischen „Haus des Brots", der Name des Orts Bethlehem.

> **V STEHT FÜR VEGAN**
>
> Einigen Berichten zufolge gibt es in Israel mehr Veganer pro Kopf als in jedem anderen Land. Das mag zwar schwer zu beweisen sein, aber es stimmt dennoch, dass in Tel Aviv der vegane Trend eingezogen ist. Restaurants, die vom israelischen Verzeichnis Vegan Friendly (www.vegan-friendly.co.il) und von der internationalen Online-Community HappyCow (www.happycow.net) anerkannt sind, haben im Fenster einen entsprechenden Aufkleber.

Casbah Café CAFÉ **$**
(Karte S. 130; ☎03-518-2144; 3 Florentin St; Hauptgerichte ab 34 NIS; ⊙Mo–Sa 8–2, So bis 24 Uhr; 🛜✈) Das Casbah ist eines der beliebtesten Lokale für billiges Essen im angesagten Viertel Florentin und wird von den gleichen Leuten geführt, die die ebenso coole Hoodna Bar (S. 156) gleich um die Ecke betreiben. Es hat eine entspannte, lässige Atmosphäre und viele vegetarische Gerichte, z. B. Balkan-*shakshuka*, Blumenkohlcurry oder der vegane Burger mit Pommes frites aus Süßkartoffeln.

Ouzeria GRIECHISCH **$$**
(Karte S. 130; ☎03-533-0899; 44 Matalon St, Florentin; Mezze 35–60 NIS; ⊙So–Fr 12–24 Uhr; ✈) Das trubelige Eckrestaurant im Gebiet des Levinski-Gewürzmarkts ist bei Einheimischen jedes Alters und jeder Couleur beliebt. Hier ist an jedem Abend etwas los, ganz besonders aber am Freitag nach Marktschluss. Reservierungen sind nicht möglich, man wird sich also vielleicht anstellen müssen. Die griechischen Mezze bestehen aus Gemüse und Meeresfrüchten; sie sind schmackhaft und preisgünstig.

Romano FUSIONSKÜCHE **$$**
(Karte S. 130; ☎054-317-7051; www.facebook.com/romanotlv; 9 Jaffa Rd; Hauptgerichte 41–74 NIS; ⊙Mo–Sa 18–2 Uhr; 🛜) Der Zugang zu dieser verborgenen Hipster-Oase ist verwirrend: Hinter den Graffiti und Toren ist es über einen Innenhof und dann die Treppe hoch zu erreichen. Das Restaurant ist eine der angesagtesten Adressen im südlichen Tel Aviv und eine weitere unkonventionelle Schöpfung des Chefkochs Eyal Shani. Zwischen

Postern von Bruce-Lee-Filmen lassen sich junge und hungrige Leute experimentelle und klassische Gerichte schmecken.

✕ Jaffa (Jafo)

★ Ali Caravan ORIENTALISCH $

(Abu Hassan; Karte S. 140; 1 HaDolphin St; Hummus 20 NIS; ⊙So-Fr 8-15 Uhr; ; Dan 10, 18, 25, 41) Wäre Hummus eine Religion, dann wäre hier wohl das Mekka. In diesem winzigen Restaurant nahe dem Hafen von Jaffa beschränkt sich das Angebot auf drei Versionen: pur, mit *fuul* (pürierten und gewürzten Saubohnen) oder *masabacha* (mit Kichererbsen und warmer Tahina). Das Lokal ist immer voll, Warteschlangengefahr!

★ Kalamata GRIECHISCH $$

(Karte S. 140; 03-681-9998; www.kalamata.co.il; 10 Kedumim Sq; Hauptgerichte 62 NIS; ⊙So-Mi 17-spät, Do-Sa ab 12 Uhr;) Das hübsche Restaurant in einem 500 Jahre alten Haus am touristischsten Platz in Jaffa ist eine echte Tel Aviver Taverne. Es serviert hauptsächlich griechische und zypriotische Küche, aber mit israelischem Einschlag. Jedes Gericht ist lecker: Zu den Vorspeisen gehören gefüllte Weinblätter und Ceviche auf arabische Art, das Angebot an Hauptgerichten reicht von schwarzer Pasta mit Meeresfrüchten bis zu Lamm- oder Fischkebab.

Casino San Remo MEDITERRAN $$

(03-504-2003; 2 Nehama St; Hauptgerichte 46-58 NIS; ⊙8-2 Uhr;) Das Casino San Remo im angesagten Viertel Noga am Rand von Jaffa ist eine relaxte Mischung aus Café, Bar und Restaurant. Zu cooler Musik werden Gerichte wie fleischige Spaghetti Bolognese und Hamburger bis hin zu vegetarischen Lauchfrikadellen und Salaten serviert. Der Falafelteller mit Minzblättern, Tahina und Aubergine ist eine leckere verfeinerte Version des beliebten Straßenimbisses.

Puaa CAFÉ $$

(Karte S. 140; 03-682-3821; www.puaa.co.il; 8 Rabbi Yohanan St; Frühstück 39-48 NIS, Sandwiches 38 NIS, Hauptgerichte 44-58 NIS; ⊙So-Fr 9-1, Sa ab 10 Uhr; ; Dan 10, 18, 25, 41) Das Trödelladenambiente ist hier wirklich authentisch, denn alle Möbelstücke und jeder dekorative Schnickschnack im Lokal stehen zum Verkauf. Mitten im Gewimmel des Flohmarkts serviert das entspannte Puaa den ganzen Tag über Frühstück. Besonders viel los ist am Wochenende, wenn man unbedingt bei *shakshuka*, *sabich* und *bundash* (gebratene Challa-Brote mit Marmelade und Halva oder mit saurer Sahne und Gurke) zuschlagen sollte.

★ Old Man & the Sea FISCH & MEERESFRÜCHTE $$$

(03-681-8699; 85 Kedem St; Hauptgerichte ab 99 NIS; ⊙11-1 Uhr) Dieser „alte Mann", ein Klassiker wie Hemingways gleichnamiger Roman, ist noch immer in Bestform. Die Terrasse am Meer im südlichen Jaffa ist groß genug für Dutzende Kellner, die Hunderte Gäste bedienen. Die großen Portionen mit Fisch oder Meeresfrüchten werden mit etwa 20 kleinen Mezzes wie Falafelbällchen und Hummus serviert.

Ausgehen & Nachtleben

Die Stadt hat ein fantastisches Nachtleben – es gibt Bars für jeden Geschmack, Stil und Geldbeutel. Einige sind besonders bei Hipstern angesagt, aber das Angebot umfasst die gesamte Palette von Weinbars bis zu Craft-Brauereien und von Dachbars bis zu superlässigen Stadtteilkneipen.

Bei den Clubs dominieren Tanzbars und Livemusikschuppen die Szene – allzu viele Megaclubs gibt es in Tel Aviv nicht. In Sachen Kleiderordnung hält man es ziemlich locker – Sportschuhe oder Sandalen sind in fast allen Kneipen oder Clubs akzeptiert, auch ist es nicht ungewöhnlich, im Sommer Leute in Unterhemden, Shorts oder Bikinis zu sehen.

Stadtzentrum

★ Kanta DACHBAR

(Karte S. 134; http://kanta.co.il; 71 Ibn Gabirol; ⊙20-3 Uhr;) Das trendige Kanta auf dem Dach des Einkaufszentrums Gan Ha'Ir („Stadtgarten") hinter dem Rabin Sq hat eine der schönsten Dachterrassen in Tel Aviv. Der von Pflanzen umgebene und nachts beleuchtete urbane Garten ist ein lauschiger Ort im Sommer, aber auch im Winter, wenn er umschlossen wird und die Heizpilze aufgestellt werden. Lohnend sind die kulinarischen Kreationen des bekannten israelischen Kochs Yaron Malka sowie Cocktails wie Lion in Zion, eine merkwürdige, aber erfrischende Mixtur aus Gin, Limone und frischem Basilikum. Wenn der kleine Eingang geschlossen ist, lässt sich das Kanta auch vom Ben Gurion Blvd über die großen Stufen im Park Gan Ha'Ir erreichen.

Südliches Zentrum

★ Bicicletta
BIERGARTEN

(Karte S. 130; ☎ 03-643-3097; www.facebook.com/BiciclettaTLV; 29 Nahalat Binyamin St; ⊗ So–Do 18–1, Fr & Sa ab 12 Uhr; 🐾) Bicicletta (Italienisch für Fahrrad), eine lebhafte, junge Bar in der Nahalat Binyamin St, hat eine der besten Gartenterrassen der Stadt. Das Essen ist super: Zu den vielseitigen Angeboten gehören Sandwich mit geräuchertem Putenfleisch und Brie, Schweinebauch mit Blumenkohl und Dattelhonig sowie das Hausgericht Auberginenfritten. Happy Hour ist von 17.30 bis 20 Uhr. Zu erkennen am Fahrrad im Fenster.

★ Kuli Alma
BAR

(Karte S. 130; ☎ 03-656-5155; http://kulialma.com; 10 Mikveh Israel St; ⊗ 22–5 Uhr; 🐾) Das mystische und absolut coole Kuli Alma ist eine Institution im Tel Aviver Nachtleben mit Betonung auf Kunst und Musik. Hinter dem unscheinbaren Eingang tummeln sich Einheimische und weniger Einheimische auf der Hofterrasse mit ihren Pflanzen, Graffiti und einer Freiluftgalerie. Geboten werden vegetarische Speisen und eine bunte Mischung von DJ- und Livemusikabenden.

★ Prince
DACHBAR

(Karte S. 130; ☎ 058-606-1818; www.facebook.com/theprincetlv; 18 Nahalat Binyamin St; ⊗ Sa–Do 17 Uhr–open end, Fr 12–18 Uhr) Jahrelang war die Bar eines der bestgehüteten Geheimtipps Tel Avivs: eine großartige Dachbar an der Ecke des Kunsthandwerksmarkts Nahalat Binyamin. Heute ist das Geheimnis jedoch gelüftet und das Prince (*HaNasich* auf Hebräisch) wimmelt von Gästen. Wie alle guten Tel Aviver Bars hat es einen dunklen und schäbigen Eingang (mit einigen ganz schön schrägen Graffiti). Aber nach Aufstieg über die Treppe wartet ein Dach, das unschlagbar ist. Das Ambiente ist schlicht und ohne Nobeldesign, eher Hippie als Hipster.

★ Block
CLUB

(www.block-club.com; 157 Shalma/Salame Rd, Neve Sha'anan; Eintritt früh 50–70 NIS, spät 70–90 NIS; ⊗ Do–Sa 23 Uhr–open end) Das Block im Gebäude des Zentralen Busbahnhofs ist aus guten Gründen als Tel Avivs bester Club bekannt. International bekannte DJs legen hier alles von Funk, Hip-Hop und Afrobeat bis zu Drum 'n' Bass, House und Trance auf. Die Musikanlage ist wirklich eindrucksvoll, und es gibt auch eine Raucher-Lounge.

Beit Maariv
CLUB

(Karte S. 130; www.facebook.com/BeitMaariv; 51 Menachem Begin Rd; Eintritt 70–100 NIS; ⊗ Do–Sa 23.30 Uhr–open end; 🚌 26, 89, 189) Im Beit Maariv, einem der besten Clubs der Underground-Tanzszene der Stadt, ist der Sound das A und O. Der Club in dem Gebäude, in dem einst die israelische Zeitung Maariv arbeitete und heute einige der israelischen und internationalen Spitzen-DJs House auflegen, ist ein astrales Erlebnis der Spitzenklasse mit Lasern und riesigen Lautsprechern.

LGBTIQ+ IN TEL AVIV

Tel Aviv hat den Ruf, eines der weltweit besten Ziele für LGBTIQ-Reisende zu sein. Jedes Jahr im Juni findet in der Stadt das einwöchige Tel Aviv Pride (S. 144) statt, das größte und schrillste Schwulen- und Lesbenfestival in der Region. In Cafés und an Stränden wird die Regenbogenflagge hochgehalten und fast alle Hotels in der Stadt sind LGBT-freundlich.

Zu den expliziten Schwulen- und Lesbentreffs zählen die trendige Schwulenbar **Shpagat** (Karte S. 130; ☎ 03-560-1785; 43 Nahalat Binyamin St; ⊗ Sa–Do 19 Uhr–open end, Fr 12–17 Uhr) und der Abschleppclub nur für Männer **Apolo** (Karte S. 130; ☎ 03-774-1106; www.apolo.co.il; 46 Allenby St; ⊗ 22–4 Uhr). Was aktuell los ist, lässt sich über Atraf (www.atraf.com) erfahren, das auch eine App fürs Smartphone hat, sowie über die offizielle Website Tel Aviv Gay Vibe (www.visit-tel-aviv.com/gayvibe).

Der Hilton Beach (S. 136) ist Tel Avivs inoffizieller Schwulenstrand. Events und Clubnächte (viele im HaOman 17 in der Arbarbanel St) sind auf www.gaytelavivguide.com angekündigt.

Das **Tel Aviv Gay Center** (Karte S. 130; ☎ 03-525 2896; www.gaycenter.org.il; Gan-Meir-Park) abseits der King George St organisiert Events, Vorträge, Sportgruppen und Mitbring-Picknicks für Schwule und Lesben.

SABBAT IN TEL AVIV

Wer erlebt hat, wie sich mit Beginn des Sabbats die Stille über Jerusalem legt, und sich fragt, wie er die nächsten 24 Stunden ohne öffentliche Verkehrsmittel, Geldautomaten, Restaurants und Läden überstehen soll, braucht nur nach Tel Aviv zu fahren, denn hier hält man es säkular.

Hier schließen die meisten Läden am Freitagnachmittag und öffnen erst wieder am Samstagabend oder Sonntagvormittag, aber das war's auch schon mit der Feiertagsruhe. Bars, Restaurants und Clubs sind am Freitagabend bis in die Morgenstunden bestens besucht, am Samstag strömen die Einheimischen an den Strand, hängen in Cafés ab, gehen in Restaurants und verbringen den Tag generell aktiv. Die Stadtverwaltung schreibt zwar vor, dass Läden am Sabbat geschlossen bleiben, es gibt aber viele AM:PM-, Tiv Ta'am-, Super Yuda- und kleine Supermärkte, die rund um die Uhr geöffnet sind.

Auf den Straßen ist es am Sabbat ruhiger, weil keine Busse fahren. Wenn man irgendwo hinmöchte, fährt man mit einem *sherut* oder Taxi.

 Florentin

Beer Bazaar — CRAFT-BIER
(Karte S. 130; ☏ 03-917-4590; https://beerbazaar.co.il; 13 Zvulun St; ⏱ So–Do 12–24, Fr bis 18, Sa 20–24 Uhr) Was als Stand für Craft-Bier auf dem Carmel-Markt begann, ist heute ein Imperium. Na ja, vielleicht ein kleines Imperium. Das Beer Bazaar hat vier Filialen in Tel Aviv und eine auf dem Mahane-Yehuda-Markt in Jerusalem. In dieser Bar kann ein eindrucksvolles Angebot von 100 israelischen Craft-Bieren probiert werden, bevor man sich für eines entscheidet. Der Laden verkauft auch Flaschenbier.

Hoodna Bar — BAR
(Karte S. 130; 13 Arbarbanel St, Florentin; ⏱ So–Do 18 Uhr–open end, Fr & Sa ab 13 Uhr; ☏) Das Hoodna (Arabisch für „Waffenstillstand") ist tagsüber ein Gelände mit Tischlerwerkstätten, verwandelt sich aber abends, wenn Tische und Sofas auf die Straße gestellt werden, in eine entspannte Kneipe. Drinnen gibt's fast jeden Abend Livemusik oder DJs. In der letzten Februarwoche findet hier das Indie-Rockfestival Southern Wind statt.

 Unterhaltung

Tickets zu vielen großen Veranstaltungen sind online bei Eventim (www.eventim.co.il/en) erhältlich.

★ Cinematheque — KINO
(Karte S. 130; ☏ 03-606-0800; www.cinema.co.il/english; 1 Ha'Arba'a St; ab 30 NIS; ⏱ So–Fr 10–24, Sa ab 11 Uhr) Das größte einer Kette israelischer Kinos zeigt klassische, alte, ausländische, avantgardistische und experimentelle Filme. Hier finden auch oft Filmfestivals statt, z. B. das DocAviv (S. 144).

★ Barby — LIVEMUSIK
(☏ 03-518-8123; www.barby.co.il; 52 Kibbutz Galuyot St) Diese Institution am südlichsten Rand von Tel Aviv ist ein beliebter Veranstaltungsort für Reggae, Electronica, Funk und Alternativrock. Gelegentlich treten hier auch berühmte Bands auf und die Stimmung ist immer sehr positiv. Das Programm steht auf der Website.

Goldstar Zappa Club — LIVEMUSIK
(☏ 03-762-6666; www.zappa-club.co.il; 24 Raoul Wallenberg St, Ramat HaChayal) Israelische und internationale Musikgrößen treten in diesem kleinen Club mit ausschließlich Sitzplätzen auf, der nach dem legendären Frank Zappa benannt ist. Er befindet sich 8 km nordöstlich vom Zentrum Tel Avivs und ist am besten per Auto oder Taxi zu erreichen. Wer wann auftritt, ist telefonisch oder über Programmzeitschriften zu erfahren.

Shablul Jazz Club — JAZZ
(☏ 03-546-1891; www.shabluljazz.com; Hangar 13, Alter Hafen) Coole Jazz-, Blues-, Salsa- und Weltmusikkonzerte stehen in dem kleinen Club am Alten Hafen im Mittelpunkt. Hier wird jeden Abend Livemusik geboten. Auf der Facebook-Page (www.facebook.com/shabluljazz) steht das aktuelle Programm.

Beit HaAmudim — JAZZ
(Karte S. 130; ☏ 03-510-9228; www.facebook.com/BeitHaamudim; 14 Rambam St; ⏱ So, Mo, Mi & Do 12–2, Di & Fr 9–3, Sa 19–3 Uhr) Der kleine Jazzschuppen in der Nähe des Carmel-Markts wird von den unterschiedlichsten Leuten aufgesucht, wenn fast jeden Abend um 21.30 Uhr die Livekonzerte beginnen. Der Eintrittspreis für Konzerte beträgt 5 NIS pro Musiker, bei einer Band aus fünf Leuten sind es also

25 NIS. Tagsüber ist das HaAmudim ein Café. Genaueres steht auf der Facebook-Page.

Felicja Blumental Music Centre
KLASSISCHE MUSIK

(Karte S. 130; ☎ 03-620-1185; www.fbmc.co.il; 26 Bialik St) Der Saal ist nach der aus Polen stammenden brasilianischen Pianistin Felicja Blumental benannt und wirkt mit seinen 115 Plätzen prächtig, aber doch gemütlich. Auf dem Programm stehen Sinfoniekonzerte, Kammermusik und Jazz.

Suzanne Dellal Centre
TANZ

(Karte S. 130; ☎ 03-510-5656; www.suzannedellal.org.il; 5 Yechieli St) Die führende Tanzschule des Landes in einem Gebäude aus dem Jahr 1892 in Neve Tzedek ist auch ein Theater. Es wurde 1989 von der Londoner Familie Dellal eröffnet und veranstaltet verschiedene Bühnengenres, u. a. modernen Tanz, Konzerte und Ballett. Es ist zudem das Stammhaus der weltberühmten Tanzkompanie Bat Sheva.

Cameri Theatre
THEATER

(Karte S. 130; ☎ 03-606-0960; www.cameri.co.il; 30 Leonardo da Vinci St) Erstklassige Theateraufführungen auf Hebräisch, an manchen Abenden mit simultaner englischer Übersetzung oder englischen Untertiteln.

Habima National Theatre
THEATER

(Karte S. 130; ☎ 03-629-5555; www.habima.co.il; 2 Tarsat Blvd, HaBima Sq) Das Habima, Bühne des nationalen Schauspielensembles Israels, inszeniert in seinem eindrucksvollen, modernen, restaurierten kuppelförmigen Gebäude wöchentliche Aufführungen, die meisten mit englischen Untertiteln.

Jaffa Theatre
THEATER

(Arabisch-Hebräisches Theater; Karte S. 140; www.arab-hebrew-theatre.org.il; 10 Mifratz Shlomo St) Die Bühne, die 1998 in einem mehrbogigen Haus in der Altstadt Jaffas gegründet wurde, um zwei Kulturen zusammenzuführen, zeigt Stücke in hebräischer und arabischer Sprache, manchmal mit englischen Übersetzungen. Das Theater, das sich nicht davor scheut, den israelisch-palästinensischen Konflikt zu thematisieren, veranstaltet auch musikalische Darbietungen und Festivals wie das Arab-Hebrew Women's Festival.

Nalaga'at Centre
THEATER

(Karte S. 140; ☎ 03-633-0808; www.nalagaat.org.il; Hafen Jaffa) Nalaga'at (was „bitte berühren" bedeutet) ist eine einzigartige gemeinnützige Organisation in einer renovierten Verladehalle und die einzige taub-blinde Theaterkompanie der Welt. Bei einer Aufführung ist leicht zu vergessen, dass die Leute auf der Bühne weder hören noch sehen können, während sie Geschichten erzählen, Musikinstrumente spielen und sogar choreografierte Tänze aufführen. In dem Gebäude ist neben dem Theater auch das Restaurant **BlackOut** untergebracht,

---

ESCAPE GAMES: DAS SPIEL UMS ENTKOMMEN

60 Minuten lang in einem fremden Raum eingeschlossen zu sein, mag für einige wie eine Strafe anhören, aber für viele junge Tel Aviver ist es ein Freizeitvergnügen – das Escape-Game-Fieber ist ein fester Bestandteil Tel Avivs. Diese Spiele, beliebt bei der technikerfahrenen Generation Y, sind eher Abenteuerspiele, Schatzsuche und Rätsel, bei denen die Spieler Hinweise entschlüsseln müssen, um dem Raum zu entkommen und „die Welt zu retten".

Wie zu erwarten, haben viele dieser Räume eine militärische und Hightech-Schlagseite. In der ganzen Stadt gibt es Dutzende spannender Spielräume in scheinbar ganz normalen Häusern. Im Folgenden sind drei der größten Netzwerke mit Spielen auf Englisch aufgeführt. Tickets kosten 80 bis 120 NIS pro Person, je nach Größe der Gruppe.

Brainit's (https://brainit.co.il/en) Zum Escape Game gehören ein serienkillender Arzt in der Altstadt Jaffas, eine virtuelle Schießerei und eine Raumstation. Spielräume gibt's auch in Herzliya und Netanya.

Escape Rooms (www.escaperoom.co.il/en/tel-aviv) Verzeichnis von Escape-Räumen für zwei bis sechs Personen, deren Themen von Weltuntergang bis zum Paranormalen, vom Mossad (israelischer Geheimdienst) bis zur *Titanic* reichen.

Locked Games (www.locked-games.com/english) Hat zwei Standorte – in der Tchernihovsky St 26 (nahe dem Meir Park) und in der HaPelech St 3 (im Süden). Kostenpunkt ab 200 NIS.

in dem die Gäste im Dunkeln essen und von blinden Kellnern bedient werden.

Shoppen

Stadtzentrum

Lametayel SPORT & FREIZEIT
(Karte S. 130; 077-333-4501; www.lametayel.co.il; OG, 50 Dizengoff St, Dizengoff Center; So–Do 10–21, Fr bis 14.30 Uhr) Israels größter Laden für Reise und Camping hat die ganze Palette von Lonely Planet Reiseführern auf Lager und ist eine prima Informationsquelle für israelische Backpacker. Auf jeden Fall ist er eine lohnende Adresse – was Ausrüstung und Tipps betrifft –, wenn man campen will, z. B. am Jesus Trail, rund um den See Genezareth oder am Toten Meer.

Steimatzky BÜCHER
(Karte S. 134; 03-522-1513; www.steimatzky.co.il; 109 Dizengoff St; So–Do 9–20, Fr bis 16 Uhr) Die Filiale der Buchhandelskette hat hilfsbereites Personal und eine anständige Auswahl von englischsprachigen Titeln und Kinderbüchern auf Lager.

Südliches Zentrum

Contour SCHMUCK
(Karte S. 130; 03-654-2270; www.contour-studio.com; 25 Gruzenberg St; So–Do 10–18, Fr bis 15 Uhr) Contour wurde 1015 von den beiden preisgekrönten israelischen Designern Lior ShulakHai und Galit Barak gegründet. Der Laden in der Nähe des Kunsthandwerksmarkts Nahalat Binyamin verkauft speziell gefertigten, handgemachten Schmuck, der mit seinen gewagten und schönen Formen einzigartig ist.

Neve Tzedek

Sipur Pashut BÜCHER
(Karte S. 130; 03-510-7040; www.sipurpashut.com/english; 36 Shabazi St, Neve Tzedek; So–Do 10–19, Fr 9.30–16 Uhr) Reizender könnte ein Buchladen gar nicht sein. Das Sipur Pashut (was „einfache Geschichte" bedeutet) inmitten von Neve Tzedek ist ein winziger Laden, der vom Boden bis zur Decke mit hochwertiger hebräischer und englischer Literatur vollgestopft ist. Er veranstaltet auch Dichterlesungen und Buchvorstellungen und

---

MÄRKTE & EINKAUFSZENTREN

Die Einheimischen lieben das Shoppen, und in Tel Aviv gibt's eine große Menge Straßenmärkte und Einkaufszentren. Frisches Obst und Gemüse sowie billige Kleidung findet man auf dem Carmel-Markt (S. 129), *Altezachen* (Jiddisch für „alte Sachen") und Antiquitäten auf Jaffas Flohmarkt (S. 141) und internationale Nobelmarken und hochwertigen Imbiss im historischen Sarona, das von den Templern gebaut wurde. Wer noch Energie und Geld übrig hat, kann es bei folgenden Adressen versuchen:

Gan Ha'ir Mall (Karte S. 134; So–Do 8–20, Fr 8–16 Uhr) In dem Nobeleinkaufszentrum in zentraler Lage gleich nördlich des Rabin Sq gibt es Markenboutiquen und einen Biomarkt, freitags auch Imbissstände mit warmer Küche.

Ramat Aviv Mall (www.ramat-aviv-mall.co.il; 40 Einstein St, Ramat Aviv; So–Do 9.30–21.30, Fr bis 15 Uhr) Das größte und eleganteste Einkaufszentrum der Stadt mit einem großen Angebot von Spitzendesignern. In Universitätsnähe.

Kikar HaMedina (HaMedina Sq) An dem großen, runden Platz befinden sich Läden von Gucci, Tag Heuer und Versace.

Dizengoff Centre (Karte S. 130; 03-621-2400; Ecke Dizengoff & King George St; So–Do 9–24, Fr bis 16, Sa 20–24 Uhr;) Israels erstes Einkaufszentrum bietet Cafés, Schnellimbisse, Stände von Handyanbietern und Kettenläden. Ein beliebter Markt mit israelischem Essen findet jeden Freitag vor dem Sabbat (ab 9 Uhr) statt.

Kunsthandwerksmarkt Nahalat Binyamin (Karte S. 130; www.nachlat-binyamin.com; Di 10–17 Uhr, im Sommer bis 18 oder 19 Uhr, Fr 10–16.30 Uhr) Dienstags und freitags werden Stände mit Kunsthandwerk in dieser Fußgängerzone neben dem Carmel-Markt aufgebaut. Hier lassen sich auch prima kreative Judaika (jüdische Ritualobjekte) entdecken.

Bauernmarkt am Alten Hafen (077-541-1393; http://shukhanamal.co.il/english; Hangar 12, Alter Hafen; So 9–16, Mo–Do & Sa bis 20, Fr 7–17 Uhr) Der Markt in einem restaurierten Hangar mit überwiegend Bioerzeugnissen ist klein, aber das Angebot lecker.

publiziert zudem die israelische Version des weltbekannten Magazins *Granta*.

Chomer Tov
KERAMIK

(Karte S. 130; ☎ 03-516-6229; www.chomertov.co.il; 27 Shabazi St, Neve Tzedek; ⊙ So–Do 10–20, Fr bis 17 Uhr) Das Chomer Tov (was „gutes Material" bedeutet), eine Kooperative von 15 Keramikkünstlern, ist sowohl eine kleine Galerie als auch ein Laden. Das dynamische Unternehmen präsentiert funktionales (z. B. Schüsseln und Tassen) und kreatives Design sowie moderne Judaika.

Agas & Tamar
SCHMUCK

(Karte S. 130; ☎ 03-516-8421; www.agasandtamardesign.com; 43 Shabazi St, Neve Tzedek; ⊙ So–Do 10–19, Fr bis 16 Uhr) Hinter einer alten Metalltür lassen sich der Laden und die Werkstatt von Einat Agassi und Tamar Harel-Klein entdecken, die aus Gold und Silber Schmuckstücke schaffen, „die Geschichten erzählen", d. h. von einem Thema oder einem historischen Artefakt (einer Münze, einem Nagel, einem Siegel etc.) inspiriert sind.

Orit Ivshin
SCHMUCK

(Karte S. 130; ☎ 03-516-0811; www.oritivshin.com; 54 Shabazi St, Neve Tzedek; ⊙ So–Do 10–19, Fr bis 15 Uhr) In seiner Werkstatt in Neve Tzedek fertigt der Juwelier Orit Ivshin schöne Schmuckstücke aus 19-karätigem Gold, von denen viele noch mit Diamanten verziert sind. Einfach prachtvoll!

Ronit
SCHMUCK

(Karte S. 130; ☎ 03-516-2721; http://ronitjewelry.com; 20 Shabazi St, Neve Tzedek; ⊙ So–Do 10–19, Fr bis 15 Uhr) Colliers mit filigranen Blätter- und Bootsmotiven gehören zu den vielen handgefertigten Schmuckstücken in Ronit Cohens Werkstatt. Die meisten sind nicht massiv, sondern mit 24-Karat-Blattgold beschichtet und daher für viele erschwinglich.

🅿 Jaffa (Jafo)

Shelley Dahari
MODE & ACCESSOIRES

(Karte S. 140; ☎ 03-620-8004; www.shelleydahari.com; 14 Rabbi Yohanan St, Jaffa; ⊙ So–Do 9.30–20, Fr bis 16 Uhr) Modebewusste Strandfans finden in dieser Boutique auf Jaffas Flohmarkt Designer-Badeanzüge des israelischen Labels Ugly Duckling und stilvolle *galabiyas* (weite, lange Kaftane) von Karen Shavit, die sie darüber tragen können.

Zielinski & Rozen
KOSMETIK

(Karte S. 140; ☎ 054-774-0566; 10 Rabbi Pinchas St; ⊙ So–Do 10.30–19, Fr 9.30–16 Uhr; 🚍 Dan 10, 18, 25, 41) Blumentöpfe mit süß duftendem Jasmin schmücken die Fassade dieser schicken Parfümerie, die in ihrem Erscheinungsbild an eine alte Apotheke erinnert. Flaschen mit Parfums, Hand- und Körperlotionen sowie Raumdüfte stehen hier zum Verkauf, man kann aber auch eine Beratung buchen, um sich ein individuell abgestimmtes Parfum anfertigen zu lassen.

ℹ Praktische Informationen

GELD

In der Allenby, Ibn Gabirol und Dizengoff St gibt es jede Menge Wechselstuben. Die meisten sind sonntags bis donnerstags von 9 bis 21 Uhr sowie freitags bis 14 Uhr geöffnet.

Geldautomaten gibt es überall in Tel Aviv, allerdings werden sie freitagabends oder samstags nicht befüllt, sodass dann manchmal das Geld ausgeht. Banken haben unregelmäßige Öffnungszeiten und generell höhere Provisionssätze als Wechselstuben.

INTERNETZUGANG

Tel Aviv ist weltweit eine der Städte mit der höchsten IT-Kompetenz, es überrascht also kaum, dass in den meisten Cafés, Restaurants und Hotels WLAN zur Verfügung steht. Zudem gibt es kostenlose Hotspots auf den Hauptstraßen und an der Küste.

MEDIZINISCHE VERSORGUNG

Tel Aviv verfügt über erstklassige medizinische Einrichtungen. Bei Notfällen können die Hotels den Kontakt zu einem Arzt oder Krankenhaus herstellen.

Ichilov Hospital (Tel Aviv Sourasky Medical Centre; Karte S. 130; ☎ 03-697-4444; www.tasmc.org.il; 6 Weizmann St; ⊙ Notaufnahme 24 Std.) Das größte zentrale Krankenhaus liegt nahe dem Stadtzentrum und verfügt über eine rund um die Uhr besetzte Notfallstation sowie eine Reiseambulanz (die Malram-Klinik), die Impfungen durchführt.

Superpharm Die praktische Apothekenkette ist mit mehreren Filialen in der Stadt vertreten, u. a. in der Dizengoff St 129 (Karte S. 134; ☎ 077-888-0730; ⊙ Sa–Do 8–24, Fr bis 18 Uhr), Sheinkin St 62 (Karte S. 130; ☎ 077-888-0830; ⊙ So–Do 8–23.30, Fr bis 17.30, Sa 20–24 Uhr) und Shaul HaMelech Blvd 4 (Karte S. 130; ☎ 077-888-0390; ⊙ So–Do 24 Std., Fr 18–Sa 20 Uhr geschl.). Die Filiale in der Dizengoff St ist am Sabbat geöffnet.

Tel Aviv Doctor (Karte S. 134; ☎ 054-941-4243, gebührenfrei 1-800-201-999; www.telaviv-doctor.com; 46 Basel St, nahe Basel Sq) Eine gut ausgestattete Arztpraxis mit mehrsprachigen Ärzten. Sie macht Vorsorge-, Labor- und Röntgenuntersuchungen und in Notfällen auch Hausbesuche.

> **INFOS IM INTERNET**
>
> **DIY Tel Aviv** (www.diytelavivguide.com/blog) Alternative Tipps zu den Themen Essen, Trinken, Ausgehen, Shoppen und Kultur.
>
> **Midnight East** (www.midnighteast.com/mag) Interessanter Blog zu Kunst und Kultur.
>
> **Secret Tel Aviv** (www.secrettelaviv.com) Programme und Ratschläge von Einheimischen; interessant auch die Facebook-Gruppe.
>
> **Time Out Israel** (http://timeout.co.il/en) Viele Programmauflistungen und Artikel über Tel Aviv.
>
> **Tel Aviv Nonstop City** (https://tel-aviv.gov.il/en) Exzellente Website der Stadtverwaltung.
>
> **Visit Tel Aviv** (www.visit-tel-aviv.com) Offizielle Tourismus-Website.

SICHER UNTERWEGS

Tel Aviv ist eine bemerkenswert sichere Stadt. Trotz der manchmal erschütternden Schlagzeilen lassen sich die Tel Aviver generell nicht von der Bedrohung durch Terrorismus beirren. Die Straßen sind zu jeder Tages- und Nachtzeit sicher.

Fahrraddiebstahl oder jede andere Straftat kann in der **Polizeistation Dizengoff** (Karte S. 134; ☏ 03-545-4444; 221 Dizengoff St) gemeldet werden. Zur Vermeidung von Diebstahl sollten Fahrräder mit einer schweren Kette angeschlossen und wenn möglich im Auge behalten werden. Bei einem Bad im Meer sollten zudem keine Wertsachen am Strand zurückgelassen werden – oder man bittet jemanden, auf die Tasche aufzupassen.

TOURISTENNFORMATION

Die Hauptstelle der Tel Aviver **Touristeninformation** (Karte S. 130; ☏ 03-516-6188; www.visit-tel-aviv.com; 46 Herbert Samuel Esplanade; ⊗ Nov.–März So–Do 9.30–17.30, Fr bis 13 Uhr, April–Okt. So–Do bis 18.30, Fr bis 14 Uhr) hat sehr hilfsbereite Angestellte und stellt Karten, Stadtpläne, Broschüren und viele Tipps zur Verfügung.

Das freundliche und hilfsbereite Personal in der **Touristeninformation Jaffa** (Karte S. 140; ☏ 03-516-6188; www.visit-tel-aviv.com; 2 Marzuk Ve-Azar St, Jaffa; ⊗ April–Okt. So–Do 9.30–17.30, Fr bis 13, Sa 10–15 Uhr, Nov.–März So–Do 9.30–17.30, Fr 9–14 Uhr) nahe dem Uhrenturm hat Tipps und einen kostenlosen Stadtplan von Jaffa.

ⓘ An- & Weiterreise

BUS

Die meisten Fernbusse starten im 6. Stock von Tel Avivs riesigem, unübersichtlichen und dreckigen Hauptbusbahnhof (Karte S. 130); dort befindet sich auch ein Infoschalter. Vorort- und Stadtbusse fahren im 4. und 7. Stock. Fahrkarten sind beim Fahrer und an den Verkaufsschaltern erhältlich. Achtung: Am Sabbat muss man auf ein *sherut* (Sammeltaxi) ausweichen.

Egged-Busse (www.egged.co.il) fahren nach Jerusalem (405; 16 NIS, 1 Std., alle 20 Min.), Haifa (921; 27 NIS, 1½ Std., alle 25 Min.), Tiberias (836; 37,50 NIS, 2½ Std., alle 30 Min.), Nazareth (826; 34 NIS, 2¾ Std., alle 45 Min.) und Eilat (393, 394 und 790; 70 NIS, 5½ Std., stündl.). Fahrkarten nach Eilat müssen im Voraus bestellt werden (Telefon *2.804 oder über www.egged.co.il), da die Busse meist voll besetzt sind. Metropoline-Busse fahren von/nach Be'er Sheva (353, 369 & 370, 15 NIS, 1½ Std., alle 30 Min.).

Der zweite Busbahnhof von Tel Aviv, der offene Arlozorov-Busbahnhof, liegt neben dem Bahnhof Savidor Merkaz nordöstlich vom Stadtzentrum. Man erreicht ihn mit dem Bus 61 (6,90 NIS), der auf der Allenby, der King George, der Dizengoff und der Arlozorov St fährt, oder mit dem Bus 10 auf der Ben Yehuda St. Vom Zentrum oder dem Norden der Stadt aus ist der Egged-Bus 480 (16 NIS, 1 Std., alle 10 Min.) die günstigste Verbindung nach Jerusalem; er fährt vom Parkplatz am Hauptbahnhof ab.

SHERUT

Sheruts (Sammeltaxis, meistens handelt es sich um gelbe Kleinbusse) starten von der Tsemach David St vor dem Zentralen Busbahnhof nach Jerusalem (26 NIS, am Sabbat 36 NIS) und Haifa (30 NIS, am Sabbat 45 NIS).

Am Arlozorov-Busbahnhof warten *sheruts* in der Namir Rd und fahren nordwärts nach Herzliya (15 NIS) und Netanya (20 NIS).

Die *sheruts* am Ben Gurion International Airport (www.iaa.gov.il) fahren nach Jerusalem (ab 42 NIS), Haifa (ab 78 NIS) und Akko (ab 90 NIS). Der Fahrpreis (einschließlich zwei Gepäckstücke) ist werktags genauso hoch wie am Sabbat.

ZUG

Tel Aviv hat vier Bahnhöfe: Savidor (Arlozorov- bzw. Mercaz-Bahnhof), HaHagana, HaShalom und University.

Vom Bahnhof Savidor fahren Züge alle 30 Minuten über Netanya (13,50 NIS, 25 Min.) nach Haifa (27,50 NIS, 1 Std.) und weiter nach Akko (35,50 NIS, 1½ Std.) und Nahariya (39,50 NIS, 1¾ Std.). Züge verkehren sonntags bis donnerstags von 6 bis 20.30 Uhr alle 30 Minuten, von 20.33 bis 23.33 stündlich. Freitags stellen sie gegen 16 Uhr den Betrieb ein und nehmen ihn samstags nach 21 Uhr wieder auf. Der Bahnhof liegt 2,7 km östlich vom Strand und 1,5 km östlich der Ibn Gabirol St am östlichen Ende der Arlozorov St. Der Bahnhof wird manchmal auch Tel Aviv Merkaz (Tel Aviv Zentrum), Tel Aviv Tzafon (Tel Aviv Nord) und Arlozorov genannt.

In Richtung Süden fahren stündlich Züge die Küste hinunter nach Ashkelon (22 NIS, 1 Std.) und Be'er Sheva (27 NIS, 1¼ Std.). Zum Bahnhof Savidor gelangt man aus dem Stadtzentrum mit dem Bus 61 in nördlicher Richtung von der Dizengoff oder Allenby St bis zum Arlozorov-Busbahnhof, der zwei Minuten zu Fuß vom Bahnhof entfernt ist.

❶ Unterwegs vor Ort

AUTO

In der Regel ist es sehr schwierig, in der Innenstadt von Tel Aviv einen Parkplatz zu finden. Das Parken ist nur in Bereichen mit blau-weißen Bordsteinen erlaubt. In den meisten Straßen wird tagsüber eine Gebühr (6,20 NIS/Std.) erhoben, außer am Sabbat (freitags um 13 Uhr bis sonntags 9 Uhr); nachts sind sie von 17 bis 9 Uhr Anwohnern mit entsprechenden Parkaufklebern vorbehalten.

Hinzu kommen weitere verkomplizierende Faktoren: Die gelben Schilder mit den geltenden Vorschriften sind nicht immer auch mit einer englischen Übersetzung versehen. Das Parken an einem rot-weiß markierten Bordstein ist verboten – dort stehende Autos werden ausnahmslos abgeschleppt.

Private Parkplätze und -häuser (oft weisen elektronische Anzeigen darauf hin, ob Plätze frei sind) verlangen ab 60 NIS pro 24 Stunden, öffentliche Parkhäuser beträchtlich weniger (üblicherweise gilt ein Festpreis von 20 NIS von 7 bis 19 Uhr oder 8–10 NIS/Std.). Große, günstig gelegene Parkplätze gibt es vor dem Alten Bahnhof (S. 141) an der Herbert Samuel Promenade und gleich südlich vom Hafen Jaffa (S. 141).

Der größte Parkplatz der Stadt befindet sich am Reading Terminal am Stadtrand von Tel Aviv in der Nähe des Park HaYarkon. Wegen seiner Lage und der guten Busverbindungen wird er oft als „Park and Ride" genutzt.

Parken ist am Sabbat (Freitagabend bis Samstagnachmittag) meist einfacher, da viele Tel Aviver die Stadt für Tagesausflüge verlassen und die meisten Parkplätze geöffnet sind. Günstig gelegene Parkplätze gibt es in der Een Saruk St (nahe der Arlozorov St), in Sarona (Kaplan St), in der Basel St und am HaBima (Rothschild Blvd).

Die meisten großen Autovermieter haben Niederlassungen in der HaYarkon St.

BUS & SHERUT

Tel Avivs Stadtbusse werden von der Kooperative Dan (www.dan.co.il) betrieben; das effiziente Streckennetz wird außer am Sabbat von 5.30 bis 24 Uhr bedient.

Ein Einzelfahrschein kostet 6,90 NIS, eine Tageskarte *(hofshi yomi)* für Tel Aviv und die Vororte 13,50 NIS und eine Wochenkarte *(hofshi shavoui)* 64 NIS.

Tages- und Wochenkarten sind beim Fahrer erhältlich oder man besorgt sich eine persönliche Rav-Kav-Karte (zum Aufladen). Diese ist kostenlos an den Dan-Informationsschaltern (So–Do 8–18, Fr bis 13 Uhr) im Hauptbusbahnhof und im Arlozorov-Busbahnhof erhältlich. Dafür müssen ein ausgefülltes Antragsformular, der Pass und ein Passfoto vorgelegt werden. Bequemer ist es, eine neutrale Rav-Kav-Karte beim Busfahrer zu kaufen (Pass oder Passfoto nicht erforderlich).

Es gibt drei große Terminals für Stadtbusse: den Hauptbusbahnhof (am Bahnhof HaHagana), den Arlozorov-Busbahnhof (am Bahnhof North Tel Aviv/Savidor) und den Carmelit Terminal am unteren Ende des Carmel-Markts. Am Hauptbusbahnhof fahren die Regionalbusse vom 4. und 7. Stock sowie in der Levinski St ab.

An vielen Bushaltestellen werden nun Wartezeiten angezeigt und die sehr praktische App Moovit (https://moovitapp.com) zeigt aktuelle Zeiten in Echtzeit für alle Strecken.

Aktuell sind dies die wichtigsten Busrouten in Tel Aviv die folgenden:

Bus 4 Vom Hauptbusbahnhof (4. Stock) über die Allenby St und die Ben Yehuda St zum Reading-Terminal nördlich des Yarkon. Anfahrt im 4. Stock.

---

❶ STADTPLÄNE VON TEL AVIV

Der englischsprachige Stadtplan *Tel Aviv-Jaffa Tourist* ist eine ausgezeichnete Orientierungshilfe und in der Touristeninformation erhältlich. In den meisten Hotels gibt's zudem kostenlose Touristenstadtpläne. Das Abraham Hostel (S. 145) hat einen besonders guten Stadtplan mit Empfehlungen.

Bus 5 Ab Hauptbusbahnhof (Erdgeschoss) über die Allenby St, den Rothschild Blvd, die Dizengoff St, Nordau Ave, Ibn Gabirol St, Pinkas St, Weizmann St zur HaMaccabi St und dann wieder zurück. Nützlich zum Erreichen des HI Hostels, der ägyptischen Botschaft, des HaBima Sq und des Dizengoff Sq.

Bus 10 Vom Bahnhof Savidor über die Arlozorov St, Ben Yehuda St, Allenby St, Herbert Samuel Esplanade zur Yerushalayim Ave (Jaffa) und weiter nach Bat Yam.

Bus 18 Vom Bahnhof Savidor zum Ichilov Hospital, Rabin Sq, zur King George St, Allenby St, Yerushalayim Ave (Jaffa) und weiter nach Bat Yam.

Bus 25 Von der Universität Tel Aviv über das **Reading Terminal**, den Rabin Sq, die King George St, die Allenby St den Carmel-Markt weiter nach Jaffa und Bat Yam.

Sherut 4 Fährt am Sabbat die Strecke von Bus 4.

Sherut 5 Fährt am Sabbat die Strecke von Bus 5.

City Tour (Bus 100) Dan bietet auch Stadtrundfahrten für Touristen in einem Bus mit offenem Oberdeck an. Die Strecke beginnt am Alten Hafen mit Stops an allen großen Museen und in der Altstadt von Jaffa Der Bus fährt stündlich sonntags bis donnerstags von 9 bis 16 Uhr, freitags bis 13 Uhr.

FAHRRAD

Am schnellsten und leichtesten kommt man in Tel Aviv mit dem Fahrrad herum, teilweise auch dank des 120 km langen Fahrradwegnetzes entlang von Durchfahrtstraßen wie dem Rothschild Blvd, dem Chen Blvd, dem Ben-Gurion Blvd und der Ibn Gabirol St. Für längere Touren bieten sich eine Fahrt vom Park HaYarkon (S. 137) Richtung Osten oder die 10 km lange Uferpromenade an. Fahrräder verleihen u. a. **O-Fun** (☏ 03-544-2292; http://ofun.co.il; 197 Ben Yehuda St; 25/75/130 NIS pro Std./24 Std./Wochenende; ⊙ So–Do 9.30–19, Fr bis 14 Uhr) in der Ben Yehuda St oder eine Filiale von **O-Fun** (Karte S. 130; ☏ 03-522-0488; http://ofun.co.il; 32 Allenby St; ⊙ So–Do 10–19, Fr bis 14 Uhr) in der Allenby St.

TAXI

Für die meisten Fahrten innerhalb des Stadtzentrums ist mit 40 bis 50 NIS zu rechnen. Die beliebteste Taxi-App ist Gett Taxi (https://gett.com).

VOM/ZUM FLUGHAFEN

Die direkteste Verbindung vom Ben Gurion International Airport nach Tel Aviv ist eine Zug-

---

FAHRRADBOOM

Da Tel Aviv eine kompakte Stadt ist, kommt man hier mit dem Fahrrad bestens voran. Die Stadt besitzt heute rund 120 km ausgewiesene Radwege entlang vieler großer Durchfahrtsstraßen, durch den Park HaYarkon und entlang der Küste vom Vorort Bat Yam nordwärts über Jaffa bis nördlich vom Flughafen Sde-Dov. Eine kostenlose Karte des Radwegenetzes ist in den Touristeninformationen erhältlich.

Zu beachten ist, dass Radfahrer wenn möglich auf den Radwegen bleiben müssen und ein Bußgeld erhalten können, wenn sie auf dem Bürgersteig radeln. Die Radwege an den großen Boulevards Ben-Gurion, Chen und Rothschild sowie der Strandpromenade sind miteinander verbunden.

Die städtische **Tel-O-Fun** (www.tel-o-fun.co.il), nicht zu verwechseln mit dem Fahrradverleihgeschäft O-Fun, ist ein stadtweites Verleihsystem für Fahrräder ähnlich wie in europäischen Großstädten.

Über Tel-O-Fun können Radfahrer die grünen Fahrräder an mehr als 75 Stationen abholen und abgeben. Eine Tageskarte kostet 17 NIS (Fr 14 Uhr–Sa 19 Uhr 23 NIS), eine Wochenkarte 70 NIS.

Die ersten 30 Minuten der Nutzung sind kostenlos; danach wird eine Gebühr erhoben, die schrittweise erhöht wird, nämlich erst 5 NIS je 30 Minuten und dann schnell 20, 40, 80 und 100 NIS pro Stunde. Um auflaufende Gebühren zu vermeiden, gibt man einfach sein Rad zurück, wartet mindestens zehn Minuten und leiht sich ein anderes aus. Touristen brauchen kein Leihkonto zu eröffnen, sondern können stattdessen mit der Kreditkarte an jeder Station von Tel-O-Fun zahlen.

Elektroräder sind bei jungen Tel Avivern enorm beliebt und sind natürlich viel schneller. Wer ein solches Fahrrad mieten will, muss über 16 Jahre alt sein, einen Helm tragen und darf die vorgeschriebene Geschwindigkeitsbegrenzung von 25 km/h nicht überschreiten.

fahrt; der Bahnhofseingang befindet sich vor dem internationalen Terminal zur Linken. Außer am Sabbat und an jüdischen Feiertagen fahren zwischen 5.35 und 23.35 Uhr alle 30 Minuten Züge zu allen vier Tel Aviver Bahnhöfen. Nachts verkehren die Züge nur zum Bahnhof Savidor um 0.53, 1.53, 2.53, 3.53 und 4.53. Der Fahrpreis beträgt 14 NIS. Weitere Informationen stehen auf der Website von Israel Railway (www.rail.co.il/en).

Die Taxipreise sind festgelegt; es gilt entweder der Taxameterpreis oder ein offizieller Festpreis. Der offizielle Taxistand befindet sich gleich vor dem internationalen Terminal. Die Fahrt ins Zentrum von Tel Aviv dauert je nach Verkehrslage rund 20 Minuten und kostet 160 NIS (Tagestarif) oder 200 NIS (21–5.30 Uhr). In der Regel wird ein Aufpreis von 5 NIS pro Gepäckstück erhoben.

Die Taxifahrt zwischen dem Flughafen Sde Dov und dem Stadtzentrum sollte unter 50 NIS kosten.

RUND UM TEL AVIV

Rund um Tel Aviv

Gush Dan　גוש דן　غوش دان
3,7 MIO. EW.

Gush Dan, was „Dan-Block" bedeutet, ist ein großes Gebiet in der geographischen Mitte Israels, das für seine goldenen Sandstrände zwischen Tel Aviv und Netanya bekannt ist. Es ist aber auch das wirtschaftliche Herz des Landes, mit Hightech-Gewerbezonen, Einkaufszentren und entsprechend viel Verkehr.

Das Gebiet ist nach dem biblischen Stamm Dan benannt, der in dieser Küstenregion gelebt haben soll, und umfasst den Großraum Tel Aviv sowie ein Geflecht aus Vororten und Stadtbezirken. Die wohlhabenderen Vororte wie Herzliya liegen vornehmlich im Norden Tel Avivs und weniger begüterte wie Ramla im Süden, wobei Rishon LeZion eine Ausnahme von dieser Regel bildet. Gush Dan, in dem über 40 % der Einwohner des heutigen Israel leben, ist der Taktgeber des modernen israelischen Staates.

Herzliya　הרצליה　هرتسليا
♪ 09 / 92 000 EW.

Herzliya, Tel Avivs wohlhabender Nachbar 13 km weiter nördlich, ist wegen seiner schönen, sauberen Strände, des Jachthafens und der Strandcafés beliebt. Es geht hier deutlich ruhiger zu als in Tel Aviv, allerdings hat die Stadt selbst Reisenden weniger zu bieten.

Der nach Theodor Herzl, dem Begründer des modernen Zionismus, benannte Ort wurde 1924 als kleine landwirtschaftliche Gemeinde gegründet und besteht heute aus zwei durch die Fernstraße 2 getrennten Stadtteilen. In Herzliya Pituach (westlich der Fernstraße) befinden sich die meisten Restaurants, Läden und Strände, das Zentrum Herzliyas östlich der Autobahn hingegen ist überwiegend ein Wohn- und Geschäftsgebiet.

In Herzliya Pituach leben einige der reichsten Bürger Israels sowie ausländische Botschafter (wie an den Villen ersichtlich ist). Zudem ist es eines der führenden Zentren der Hightech-Industrie und Standort von Unternehmen wie Apple, Microsoft und Amazon. *Pituach* heißt übrigens „Entwicklung".

🎯 Sehenswertes

★ Herzliya Beach　　　　　　　STRAND
(P) Der lange weiße Sandstrand vom Jachthafen bis zum Nationalpark Apollonia ist der größte Anziehungspunkt für Besucher von Herzliya. Dank seiner Breite bietet er mehr Platz als die manchmal überfüllten Strände in Tel Aviv und ist dennoch von Bars, Hotels und der einen oder anderen Surferbude gesäumt.

Am südlichen Ende des Strands befindet sich der Jachthafen mit seinem etwas in die Jahre gekommenen Einkaufszentrum Arena; im Norden liegen die hinreißenden Dünen und zerklüfteten Klippen des Nationalparks Apollonia. Wer mag, kann hier auch Beachvolleyball spielen, Kajak fahren und surfen.

Nationalpark Apollonia NATIONALPARK
(☎ 09-955-0929; Erw./Kind 22/9 NIS; ⊙ April–Sept. 8–17 Uhr, Okt.–März bis 16 Uhr, schließt am Fr & Feiertagen 1 Std. früher) In dem malerischen Park an der Küste befindet sich die Ruine einer Kreuzritterburg, die an Sommerwochenenden als Bühne für Open-Air-Konzerte dient. Die Aussicht auf das Mittelmeer ist toll und in der Nähe können Besucher die Überreste einer römischen Villa und die gut erhaltene Sidni-Ali-Moschee aus dem 13. Jh. besichtigen.

Der Park kann auf einem 3 km langen Fußmarsch über die Wingate St oder ganz einfach mit dem Auto an der Fernstraße 2 (Abzweig Kfar Shemaryahu) gleich hinter dem kleinen Ort Nof Yam erreicht werden.

🍴 Essen

Viele Restaurants aller Preisklassen befinden sich um den Jachthafen, am Strand und weiter landeinwärts im Geschäftsviertel.

★ Zozobra ASIATISCH $$
(☎ 09-957-7077; www.zozobra.co.il; 7 Shenkar St; Hauptgerichte 49–83 NIS; ⊙ 12–24 Uhr) Zozobra ist mehr als nur eine Nudelbar: Das Restaurant folgt einem Konzept des israelischen Spitzenkochs Avi Conforti, der eine Vorliebe für die fernöstliche Küche hegt. Geboten werden die üblichen Papaya-Salate und Pad-Thai-Gerichte, aber es gibt auch koreanische, indische und japanische Einflüsse. Die Gäste essen an einem langen Gemeinschaftstisch.

Derby Bar FISCH & MEERESFRÜCHTE $$$
(☎ 09-951-1818; http://derbybar.co.il; Einkaufszentrum Arena; Pasta 69–89 NIS, Hauptgerichte 99–135 NIS; ⊙ 12–24 Uhr; 🌐) Wer gerne beim Garnelenessen auf teure Jachten schaut, sollte dieses Restaurant besuchen. Die Derby Bar im manchmal ziemlichlauten Einkaufszentrum Arena verfügt über eine große Uferterrasse, auf der Meeresfrüchte, Fisch und Pastagerichte serviert werden. Dazu trinken die meisten Bier – es gibt hier sechs Sorten vom Fass.

🍷 Ausgehen & Nachtleben

Yam Bar BAR
(☎ 09-959-7102; www.facebook.com/YamBarHerzliya; 100 Ramat Yam St; ⊙ 17–2 Uhr) Das Schönste an der Yam Bar am Nordrand von Herzliya ist die Lage am Strand: Ihre Holzterrasse ist nur ein paar Meter vom Sand entfernt und ein geruhsames Plätzchen, um bei einem kalten Bier dem Sonnenuntergang über dem Mittelmeer zuzuschauen. Happy Hour ist von 17 bis 20.30 Uhr.

ℹ️ An- & Weiterreise

Die Metropoline-Buslinie 90 fährt in Tel Aviv alle 20 Minuten vom Carmelit Terminal und von der Arlozorov St ab (9 NIS, 30 Min.). Die Egged-Busse 501, 502, 524, 525 und 531 starten am Hauptbusbahnhof in Tel Aviv (10,90 NIS, 30 Min.).

Züge verkehren alle 20 Minuten (10 NIS, 10 Min.). Der Bahnhof ist ein ganzes Stück vom Strand entfernt, es ist also ratsam, ein Taxi oder den Bus 29 (7 NIS) bis zum Jachthafen zu nehmen.

Holon חולון حولون

☎ 03 / 188 834 EW.

Die Arbeiterstadt Holon etwa 7 km südöstlich von Jaffa strebt danach, sich als nationales Kulturzentrum zu etablieren, und die Eröffnung des Design-Museums und des angrenzenden Kulturzentrums haben der Stadt ganz zweifellos neues Leben eingehaucht. Holon ist mit seinen Parks und dem Kindermuseum ein perfektes Ausflugsziel für die Familie. In der Stadt, die in den 1930er-Jahren auf Dünen gebaut wurde, leben noch 400 der verbliebenen 800 Samaritaner (der Rest lebt nahe Nablus im Westjordanland).

🔴 Sehenswertes

★ Design-Museum Holon MUSEUM
(☎ 073 215-1500; www.dmh.org.il; 8 Pinhas Eilon St; Erw./Kind 11–17/5–10 J. 35/30/20 NIS; ⊙ Mo & Mi 10–16, Di, Do & Sa bis 18, Fr bis 14 Uhr) Ron Arads langgestrecktes, extrem elegantes, wellenförmiges Gebäude aus rotem Beton und Stahl ist eines der auffälligsten Beispiele zeitgenössischer Architektur im Großraum von Tel Aviv. Das Museum hat zwei Ausstellungsflächen mit regelmäßig erneuerten Wechselausstellungen zu Mode, Mobiliar und anderen Design-Gegenständen. Die Sammlung umfasst zeitgenössisches und historisches Design aus aller Welt. Es gibt hier auch ein Café und einen Design-Laden.

Israel Children's Museum MUSEUM
(☎ 03-650-3000; www.childrensmuseum.org.il; Mifratz Shlomo St, Peres Park; 50–65 NIS/Attraktion;

⊙ So, Mo & Fr 9–13, Di, Mi & Do 9–13 & 16–20, Sa 10–13.30 Uhr; P ♿; 🚌 Dan 89, 96, 163, 172, 201) Zum Kindermuseum, einem experimentellen, interaktiven und informativen Museum für Kinder im Alter von zweieinhalb bis elf Jahren, gehören ein Zauberwald (der sich mit Gefühlen beschäftigt), ein Reich der Zeit (mit Blick auf Wachstum und Veränderung) und ein Schmetterlingsgehege für Kleinkinder sowie eine coole Begegnung mit Außerirdischen (in einem Raumschiff) für größere Kinder. Vorherige Buchung ist erforderlich.

❶ An- & Weiterreise

Von Tel Aviv fahren etliche Busse nach Holon, darunter Dan-Bus 3 ab der Allenby St, Dan-Bus 89 ab der Ibn Gabirol St oder vom Hauptbusbahnhof sowie Egged-Bus 71 ab dem Arlozorov Terminal. Ab Rishon LeZion fährt Bus 2 hierher. Mit dem Taxi sind es vom Zentrum Tel Avivs 15 Minuten, die Fahrt kostet rund 70 NIS. Leider liegt der Wolfson-Bahnhof in Holon ziemlich weit vom Stadtzentrum entfernt.

Netanya   נתניה   נتانيا
📞 09 / 192 160 EW.

Netanya hat die breitesten, saubersten und besten Strände Israels. Die Stadt selbst – die sich als „Israelische Riviera" bezeichnet – mag zwar wie ein alter europäischer Badeort wirken, aber ihre Küste ist sehr viel beschaulicher als die im Süden. Netanya wurde einst gerne von älteren Menschen besucht (besonders Franzosen, Briten und Russen), zieht aber mittlerweile auch jüngere Leute an. Die weiträumige Promenade mit ihren Kinderparks, Blumenrabatten und Wasserspielen, die Konzerte auf dem Stadtplatz sowie ein paar lebhafte Bars tragen dazu bei, Netanya mit neuem Leben zu erfüllen.

⊙ Sehenswertes

Netanyas weitläufige goldene **Strände** locken Israelis von überall her an. Sie sind mit Rettungsschwimmern, Umkleidekabinen,

---

DAS WEIZMANN-INSTITUT FÜR WISSENSCHAFTEN

Das weltbekannte **Weizmann-Institut für Wissenschaften** (📞 08-934-4499; www.weizmann.ac.il; 234 Herzl St, Rehovot; Besucherzentrum frei, Garten Erw./Kind 30/20 NIS, Haus 20/15 NIS; ⊙ Besucherzentrum So–Do 9–16 Uhr, Garten Mo–Do 10–16, Fr bis 13 Uhr) ist ein Lehrinstitut, das öffentlich zugänglich ist und aus einem Besucherzentrum, ökologischen Gärten und dem Weizmann-Haus besteht. Eines der Highlights für Besucher ist der **Clore-Wissenschaftsgarten**, ein Wissenschaftsmuseum im Freien mit einer Ökozone unter einer Glaskuppel. Die interaktiven Exponate befassen sich mit Solarenergie, Wasserkraft und anderen Naturphänomenen. Das **Levinson-Besucherzentrum** hat eine multimediale Ausstellung zur Arbeit des Instituts und bietet kostenlose Führungen über den Campus auf Englisch oder Hebräisch an.

Das Institut, das nach dem ersten Präsidenten Israels Chaim Weizmann, einem führenden Chemiker und Staatsmann, benannt ist, wurde 1934 auf *moshav*-Land (landwirtschaftliche Siedlung) gegründet. Heute besitzt es hochmoderne Forschungseinrichtungen u. a. auf den Gebieten der Biologie, Chemie, Biochemie, Physik und Computerwissenschaften.

Auf dem Institutsgelände befindet sich in der Nähe der Gräber von Chaim Weizmann und seiner Frau Vera auch das Weizmann-Haus. Es wurde vom deutschen Architekten Erich Mendelsohn, der vor den Nazis geflohen war, entworfen und 1936/1937 errichtet. Das Museum im Haus zeigt Weizmanns persönliche Sammlung von Fotos, Büchern und Erinnerungsstücken, darunter auch seinen Pass (den ersten, der in Israel ausgestellt wurde). Weizmanns wissenschaftliche Forschungen leisteten während des Ersten Weltkriegs einen bedeutenden Beitrag zur Kriegsführung der Alliierten; das Wohlwollen, welches ihm deswegen von den Briten entgegengebracht wurde, mag zur Gewährung der Balfour-Deklaration (1917) beigetragen haben.

Wer sich die Attraktionen des Instituts anschauen möchte, sollte sich unbedingt vorher telefonisch anmelden.

Der Campus befindet sich in Rechowot, 25 km südlich von Tel Aviv. Von allen Tel Aviver Bahnhöfen fahren Züge dorthin. Vom Bahnhof in Rechowot sind es zehn Minuten zu Fuß zum Institut. Eine Alternative sind die regelmäßig fahrenden Egged-Busse 201 oder 301 (12,40 NIS, 45 Min.), die am Hauptbusbahnhof abfahren.

Duschen, Liegestühlen und Sonnenschirmen ausgestattet. Die HaRishonim-Promenade, der Felsen oberhalb des Strands, eignet sich wegen der Aussicht wunderbar für Spaziergänge.

★ Netanya Beach　　　　　　　　STRAND
Der Netanya Beach ist einer der gepflegtesten und schönsten Strände Israels und besteht eigentlich aus einer 12 km langen Kette sandiger Strandabschnitte. Mit zunehmender Entfernung vom Stadtzentrum werden sie immer leerer. An Werktagen ist überall viel Platz, aber am Wochenende wird es etwas voller. Die Promenade zieren Blumenrabatten und Springbrunnen, und es gibt einen guten Radweg. Zum Hauptstrand führt am Ende der Herzl St ein Aufzug hinab.

Mikhmoret Beach　　　　　　　　STRAND
(P) Ein spektakulärer Strand, an dem sich schier endlose Sanddünen an der Mittelmeerküste erstrecken. Mikhmoret ist auch ein Moshav (genossenschaftliche Siedlung) und ein stiller Ort, um einen Tag zu vertrödeln. Der Strand liegt 9 km nördlich von Netanya und ist mit genügend Duschen und einer Imbissbude ausgestattet. Dank der Meeresbrise wird er auch gern von Kitesurfern besucht.

Nationalpark
Nahal Alexander　　　　　　　NATIONALPARK
(☎09-866-6230; www.parks.org.il; ⊙April & Okt. 8–17 Uhr, Mai & Sept. bis 18 Uhr, Juli & Aug. bis 19 Uhr; P) GRATIS Das Naturschutzgebiet besteht aus den weiten, weißen Sanddünen, wo der Fluss Alexander ins Mittelmeer mündet. Überraschenderweise lebt in den seichten Flussläufen die größte Population von Weichschildkröten des Landes. Ihre Anzahl nimmt ab, aber von der „Turtle Bridge" lassen sich diese liebenswerten Kreaturen noch immer beobachten – ein absoluter Hit bei Kindern.

Im Nationalpark befinden sich auch auf einer Anhöhe die Reste eines osmanischen Ausgucks aus dem 19. Jh. und der Beit Yanai Beach samt Campingplatz (48 NIS pro Fahrzeug/Nacht). Der Park, der mit öffentlichen Verkehrsmitteln nicht zu erreichen ist, liegt 15 Minuten Fahrt nördlich von Netanya über die Fernstraße 2.

🛌 Schlafen

Hotel Orit　　　　　　　　　HOTEL $$
(☎09-861-6818, 054 657-9212; www.hotelorit.com; 21 Sderot Chen St; EZ/DZ 300/370 NIS) Anders als die meisten anderen Hotels in Netanya ist das Orit ein hübsches, behagliches Haus, das etwas außerhalb des Stadtzentrums in einem ruhigen Wohnviertel liegt. Es wird von einer freundlichen schwedischen Familie geführt und serviert ein köstliches skandinavisch-israelisches Frühstück – Müsli, danach Eier, Käse, Salate und Hummus. Die einfachen, aber komfortablen Zimmer sind mit einem Kühlschrank ausgestattet, manche haben auch einen kleinen Balkon.

Das Hotel hat einen adrett gepflegten Garten und liegt nur 400 m zu Fuß vom Stadtzentrum und 50 m vom Strand entfernt.

🍴 Essen

Die Herzl St, die Hauptstraße, die zum Ha' Atzmaut Sq und zum Meer hinab verläuft, ist von Cafés und Restaurants gesäumt.

Marrakesh　　　　　　　MAROKKANISCH $$
(☎09-833-4797; 5 David HaMelech St; Hauptgerichte 60–125 NIS; ⊙So–Do 12–24, Fr 12–15.30, Sa 20–24 Uhr) Schmackhafte Tajine, Couscous und Fleischgerichte stehen in diesem koscheren marokkanischen Restaurant in Ufernähe auf der Karte. Das Gebäude sieht aus wie eine Kreuzung aus einer riesigen Tajine und einem Beduinenzelt; drinnen ist es mit exotischen Lampen und bequemen Kissen eingerichtet.

❶ Praktische Informationen

Die hilfreiche **Touristeninformation** (☎09-882-7286; www.gonetanya.com; Ha'Atzmaut Sq 12; ⊙So–Do 8.30–16, Fr 9–12 Uhr) befindet sich in einem Kiosk an der Südwestecke des Ha'Atzmaut Sq.

❶ An- & Weiterreise

Nateev-Express-Busse (600, 601 & 605, 11 NIS, 30 Min.) fahren ungefähr alle 15 Minuten vom/zum Tel Aviver Hauptbusbahnhof und über die Namir Rd (Fernstraße 2). Züge von/nach Tel Aviv verkehren zweimal pro Stunde (13,50 NIS, 25 Min.), halten aber am **Bahnhof** 2,5 km westlich des Stadtzentrums an der Westseite der Fernstraße 2. Netanya lässt sich auch sehr gut mit einem *sherut* (gelber Minibus) ab dem Arlozorov-Busbahnhof in der Namir Rd erreichen (20 NIS, 25 Min.).

Ramla　　　　　　　　　رملة الرملة
☎03 / 73 686 EW.

Ramla ist zwar nicht so alt wie das nahe Jaffa – die Geschichte reicht hier „nur" 1300 Jahre zurück –, aber mit seinem wimmeln-

Ramla

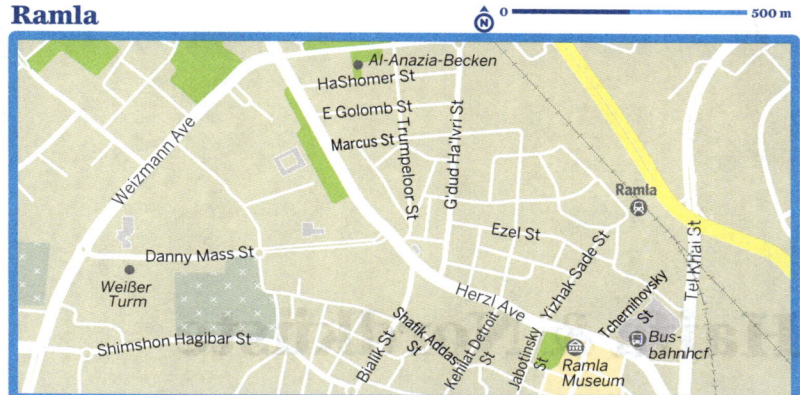

den Markt, den unterirdischen Wasserbecken und der verfallenen muslimischen Architektur bietet sich der Ort zu einem interessanten, halbtägigen Ausflug an. Am besten fährt man mittwochs, denn dann ist der Markt am geschäftigsten.

Die Stadt Ramla („Sandflecken") wurde 716 vom Umayyaden-Kalifen Sulaiman gegründet und war ein Zwischenstopp an der Straße von Ägypten nach Damaskus. Vor dem Erscheinen der Kreuzfahrer im 11. Jh. war sie die Hauptstadt Palästinas und noch im Mittelalter von Bedeutung, da sie die erste Station der Jerusalem-Pilger war, die in Jaffa an Land gingen. Nach dem Palästinakrieg von 1948 flohen die meisten arabischen Einwohner aus der Stadt oder wurden vertrieben. An ihre Stelle traten arme jüdische Einwanderer, hauptsächlich aus Asien und Nordafrika. Heute besteht die Bevölkerung aus muslimischen Arabern (15 %), christlichen Arabern (4 %) und Juden (80 %).

Sehenswertes

Al-Anazia-Becken   HISTORISCHE STÄTTE
(Breichat Hakeshatot; 08-921-6873; www.goramla.com; HaHaganah St; Erw./erm. 14/12 NIS; So-Do 8-16, Fr bis 14 Uhr, Juni-Aug. auch Mi & Do bis 18 Uhr; P) Das stimmungsvolle „Becken der Bögen" im Schatten alter Steinbauten ist ein unterirdisches Wasserreservoir. Es ist das wichtigste Bauwerk aus abbasidischer Zeit, wird aber manchmal auch als Becken der hl. Helena bezeichnet, weil eine christliche Legende seine Errichtung Helena, der Mutter Kaiser Konstantins I., zuschrieb. Besucher können die Anlage vom Ruderboot aus erkunden, das im Preis enthalten ist.

Ramla Museum   MUSEUM
(08-929-2650; 112 Herzl Ave; Erw./erm. 12/10 NIS; So-Do 10-16, Fr bis 13 Uhr) Das kleine Museum in einem Gebäude aus der britischen Mandatszeit gibt einen Überblick über die Geschichte der Stadt. Zu den Exponaten zählen in der Gegend ausgegrabene Goldmünzen aus dem 8. bis 15. Jh., eine Sammlung traditioneller Produkte aus der arabischen Seifenherstellung aus dem frühen 20. Jh. und eine Ausstellung zum Palästinakrieg von 1948 in und um Ramla.

Weißer Turm   HISTORISCHE STÄTTE
(08-921-6873; Danny Mass St; Erw./erm. 10/9 NIS; Sa-Do 8-16, Fr bis 14 Uhr; P) Experten sind sich uneins, ob der Turm aus dem 14. Jh. als Minarett oder als Wachtturm erbaut wurde. Unbestritten ist, dass der 30 m hohe Bau eine Ergänzung der Weißen Moschee (Jamaa Al-Abiad) aus dem 8. Jh. war, von der nur noch Spuren existieren. Die Stätte umfasst drei heute ausgetrocknete Zisternen und den Schrein des Nabi Salih, eines im Koran erwähnten vorzeitlichen Propheten.

An- & Weiterreise

Von Tel Aviv fahren Züge den ganzen Tag über alle 20 Minuten nach Ramla (11 NIS, 25 Min.). Der Bahnhof in Ramla liegt nur ein paar Minuten zu Fuß von der Altstadt entfernt. Die Busse 450 und 451 fahren ebenfalls alle 20 Minuten vom Tel Aviver Hauptbusbahnhof (15 NIS, 40 Min.) zum Busbahnhof in Ramla in der Herzl Ave.

Haifa & Nordküste

Inhalt
Haifa............................169
Daliyat Al-Karmel.......189
Karmeliterkloster
St. Elija.........................191
Ein Hod & Ain Hud......191
Atlit..............................192
Zichron Ya'akov..........194
Mey Kedem.................196
Caesarea.....................197
Akko (Akkon)............200
Kibbuz Lohamei
HaGeta'ot...................206
Nahariya.....................208

Gut essen
➡ Uri Buri (S. 205)
➡ Ma'ayan HaBira (S. 184)
➡ Ein El-Wadi (S. 185)
➡ Helena (S. 200)
➡ Nili Restaurant (S. 196)

Schön übernachten
➡ Villa Carmel (S. 180)
➡ Bat Galim Hotel (S. 181)
➡ Port Inn (S. 181)
➡ Efendi Hotel (S. 205)
➡ Grushka Country Accommodation (S. 199)

Auf nach Haifa und an die Nordküste!

An Israels Nordküste lugt zwischen den Palmen die Antike hervor. Das kobaltblaue Mittelmeer ist von Sandstränden gesäumt und lockt Surfer und Sonnenanbeter an. Aber der heutige Badespaß ist nur ein Wimpernschlag der Geschichte: In Caesarea stehen am Meer die gut erhaltenen Ruinen von Herodes' ambitioniertem Hafen und in den verschlungenen uralten Gassen von Akko geht das Leben weiter wie eh und je.

Die größte Stadt ist Haifa, eine quirlige Hafenstadt am Berg Karmel mit einer gemischten Bevölkerung aus Juden und Arabern und der Top-Attraktion der Region, den Bahai-Gärten. Außerdem wartet Haifa mit jeder Menge Kunst und Kultur und einem munteren Nachtleben auf. Im Landesinneren locken die Katakomben von Beit She'arim und die biblische Endzeitstätte Megiddo. Kunst und Wein bieten Ein Hod und Zichron Ya'akov, Erholung die glitzernden Meeresgrotten von Rosh HaNikra und die goldenen Strände von Akhziv.

Reisezeit
Haifa

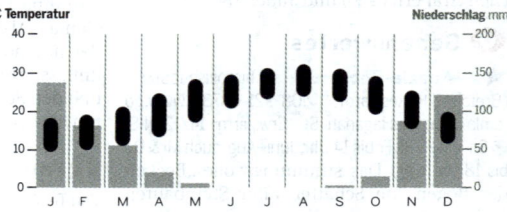

April & Mai Angenehme Temperaturen; die Bahai-Gärten stehen in voller Blüte.

Juli & Aug. Der Künstlerort Ein Hod und die schattigen Bars von Zichron Ya'akov bieten Zuflucht vor der Sommerhitze.

Dez. An den Wochenenden werden in Wadi Nisnas die religiösen Feiertage dreier Religionen gefeiert.

Highlights

❶ **Bahai-Gärten** (S. 171) Akkurat gepflegte Gärten bestaunen, die sich Richtung Mittelmeer hinabziehen

❷ **Akko** (S. 200) Die Gewölbehallen und geheimen Tunnel der Kreuzfahrer in der ummauerten Stadt am Meer erkunden

❸ **Rosh HaNikra** (S. 208) Sich in glänzenden Kalksteingrotten vom Wellengang des Meeres einlullen lassen

❹ **Caesarea** (S. 197) Sich beim Gang durch das Hippodrom der prächtigen Hafenstadt des Herodes das Toben der Zuschauer ausmalen

❺ **Zichron Ya'akov** (S. 194) In einem stilvollen Dorf aus dem 19. Jh. an den Hängen des Karmel den hiesigen Wein genießen

❻ **Nationalpark Megiddo** (S. 194) An der stimmungsvollen biblischen Stätte nach Zeichen des Weltendes suchen

❼ **Beit She'arim** (S. 190) Jahrhundertealte Begräbnishöhlen mit geheimnisvollen Inschriften erkunden

❽ **Ein Hod** (S. 191) In dem exzentrischen Künstlerdorf mit den hiesigen Kunstschaffenden plaudern

Haifa חיפה

📍 04 / 278 900 EW.

Die verschiedenen Stadtteile Haifas bilden ein faszinierendes Kaleidoskop: Die schicke German Colony, das quirlige arabisch-christliche Viertel und die trendige Masada St bereichern die Hafenstadt jeweils um ein ganz eigenes Flair. Über dem tosenden Verkehr und dem Trubel am Hafen thront die wichtigste Sehenswürdigkeit Haifas, der Bahai-Schrein mit seinen tropischen Gärten. Die Gartenanlage zieht sich am Hang des Bergs Karmel (546 m) hinunter und verleiht der komplexen Stadt, in der die Stimmung innerhalb nur weniger Schritte von still in hektisch umschlagen kann, eine wunderbare Symmetrie.

Den britischen Planern schwebte vor, dass Haifa der Haupthafen und Verkehrsknotenpunkt des vorderen Orients sein würde. Diese Vision starb 1948, als ein Großteil der arabischen Stadtbevölkerung vertrieben wurde oder aus der Stadt floh. Heute ist die Stadt stolz darauf, als Modell für das friedliche Zusammenleben von Juden und Arabern zu gelten.

Haifa ist eine hervorragende Basis, um Galiläa mit dem Auto zu erkunden, und liegt jeweils etwa knapp 45 Straßenkilometer von Caesarea, Nazareth und den Rosh-HaNikra-Grotten entfernt.

Geschichte

Einen Hafen gab es an der Stelle des heutigen Haifa schon mindestens seit dem 14. Jh. v. Chr. Während der Römerzeit, sowohl vor als auch nach der Zerstörung des Zweiten Tempels (70 n. Chr.), war Haifa eine gemischte jüdisch-heidnische Stadt und wurde im Talmud mehr als hundert Mal erwähnt. Weil die Einwohner die gutturalen hebräischen Buchstaben *het* und *'ayin* nicht richtig aussprechen konnten, war es ihnen nicht vergönnt, die Thora in der Öffentlichkeit zu rezitieren. Der Berg Karmel, dessen Name „Weingarten Gottes" bedeutet, gilt schon seit der Antike als heilig.

Vor 1000 Jahren war Haifa eine befestigte, überwiegend jüdische Stadt, doch 1110 fiel sie an die Kreuzritter und ihre jüdischen und ägyptischen Verteidiger wurden getötet. Bald übertraf das nahe gelegene Akko Haifa an Bedeutung und zur Zeit der osmanischen Eroberung Palästinas im 16. Jh. war Haifa ein unbedeutendes Dorf. Die Altstadt war zerstört und wurde unten an der Bucht neu errichtet – daraus entwickelte sich „Neu-Haifa" (Haifa Al-Jadida), das zu einem wichtigen Exporthafen für Palästina wurde.

Anfang des 19. Jhs. hatte Haifa zu wachsen begonnen und die Zahl seiner sephardischen Juden nahm zu. 1868 ließen sich hier deutsche Templer nieder; später wurde die Stadt als Zentrum der Bahai-Religion bekannt, nachdem die sterblichen Überreste des Bab hier bestattet worden waren. Doch der moderne Wiederaufstieg der Stadt kam erst 1905 mit der Eröffnung der Bahnstrecke von Haifa nach Damaskus sowie drei Jahre später nach Medina in Schwung. Im September 1918, als die britischen Streitkräfte auf dem Vormarsch nach Norden waren, überrannten drei berittene indische Einheiten, die nur mit Lanzen bewaffnet waren, osmanische Maschinengewehrstellungen.

Während der britischen Mandatsherrschaft entwickelte sich Haifa rasch zum wichtigsten Hafen Palästinas, einem Marinezentrum, Eisenbahnknotenpunkt und Ölexportterminal. 1924 öffnete das Technion-Israel Institute of Technology, dessen Absolventen und Professoren später mit vier Nobelpreisen für Chemie ausgezeichnet wurden, seine Türen. Von den 1920er- bis in die 1950er-Jahre war Haifa für viele jüdische Flüchtlinge, die mit dem Schiff ankamen, der erste Anblick des „Gelobten Landes". Mit der Einwanderungswelle schrumpfte die muslimische Bevölkerungsmehrheit langsam fast zu einer Minderheit. Die Spannungen zwischen Arabern und Juden führten zu Anschlägen von Extremisten beider Seiten. Im April 1948, kurz vor dem Rückzug der Briten, fiel Haifa an die jüdischen Streitkräfte und 65 000 der arabischen Einwohner der Stadt flohen oder wurden vertrieben.

In den nächsten drei Jahrzehnten bildete Haifa die Speerspitze der israelischen Arbeiterbewegung, doch in den 1980er-Jahren war davon schon nicht mehr viel zu spüren. In den vergangenen Jahren hat sich Haifas Wirtschaftsschwerpunkt von der Schwerindustrie auf den Hightech-Sektor verlagert. In einem IT-Park in der Nähe des Busbahnhofs Haifa-Hof HaKarmel befinden sich Niederlassungen von Google, Intel, IBM und anderen internationalen Hightech-Schwergewichten.

Heute hat die überwiegend säkulare jüdische Bevölkerung ein insgesamt gutes Verhältnis zu den arabischen Einwohnern der Stadt (10 % der Einwohner), die vorwiegend Christen sind.

◉ Sehenswertes

◉ Karmel-Zentrum

Von der Kammlinie des Karmel mit seinen exklusiven Residenzen und von Kiefern beschatteten Parks blickt man im Westen aufs Mittelmeer und im Nordosten auf die Bucht von Haifa. Die schönste Aussicht in der Gegend bietet sich von der Yefe Nof St, die parallel zur HaNassi Ave verläuft und zum Besuchereingang der Bahai-Gärten führt.

Haifa

Das Herz der Gegend, besonders was Essengehen, Nachtleben und Kommerz angeht, bildet Karmel-Zentrum (Merkaz HaKarmel), das sich entlang der HaNassi Ave (Sderot HaNassi) erstreckt. Wegen der Höhenlage ist es hier immer ein paar Grad kühler als unten in der Hafengegend.

Die U-Bahn (Carmelit) verbindet Karmel-Zentrum mit Hadar und dem Stadtzentrum (Paris Sq); die Station auf dem Karmel heißt Gan HaEm. Zur German Colony fahren die Busse 28, 37 und 37א.

★ **Bahai-Gärten** GÄRTEN
(Karte S. 172; ☎ 04-831-3131; www.ganbahai.org.il; 45 Yefe Nof St, Panoramatour; ⊙ untere Gärten 9–17 Uhr, an Bahai-Feiertagen & Jom Kippur geschl.; P) GRATIS Diese formellen Gärten sind die Top-Sehenswürdigkeit Haifas. Sie ergießen sich über 19 steile Terrassen hinab, die einen glitzernden Kuppelschrein einrahmen, die letzte Ruhestätte des Propheten und Verkünders des Bahai-Glaubens. Von der

Haifa

⊙ Highlights
1 Museum der illegalen Einwanderung
   & Marinemuseum B1
2 Karmeliterkloster
   Stella Maris B1

⊙ Sehenswertes
3 Bat Galim Beach B1
4 Höhle des Elija B1
5 Nationales Seefahrtsmuseum B1

⊕ Aktivitäten, Kurse & Touren
6 Ulpan Aba Hushi C2

⊕ Schlafen
7 Bat Galim Hotel B1
8 Villa Carmel C4

Plattform (Karte S. 172; €1 Yefe Nof St; ⊙ 9–17 Uhr) ganz oben bieten sich Ausblicke wie aus der Vogelperspektive; sehr zu empfehlen ist

Haifa Zentrum

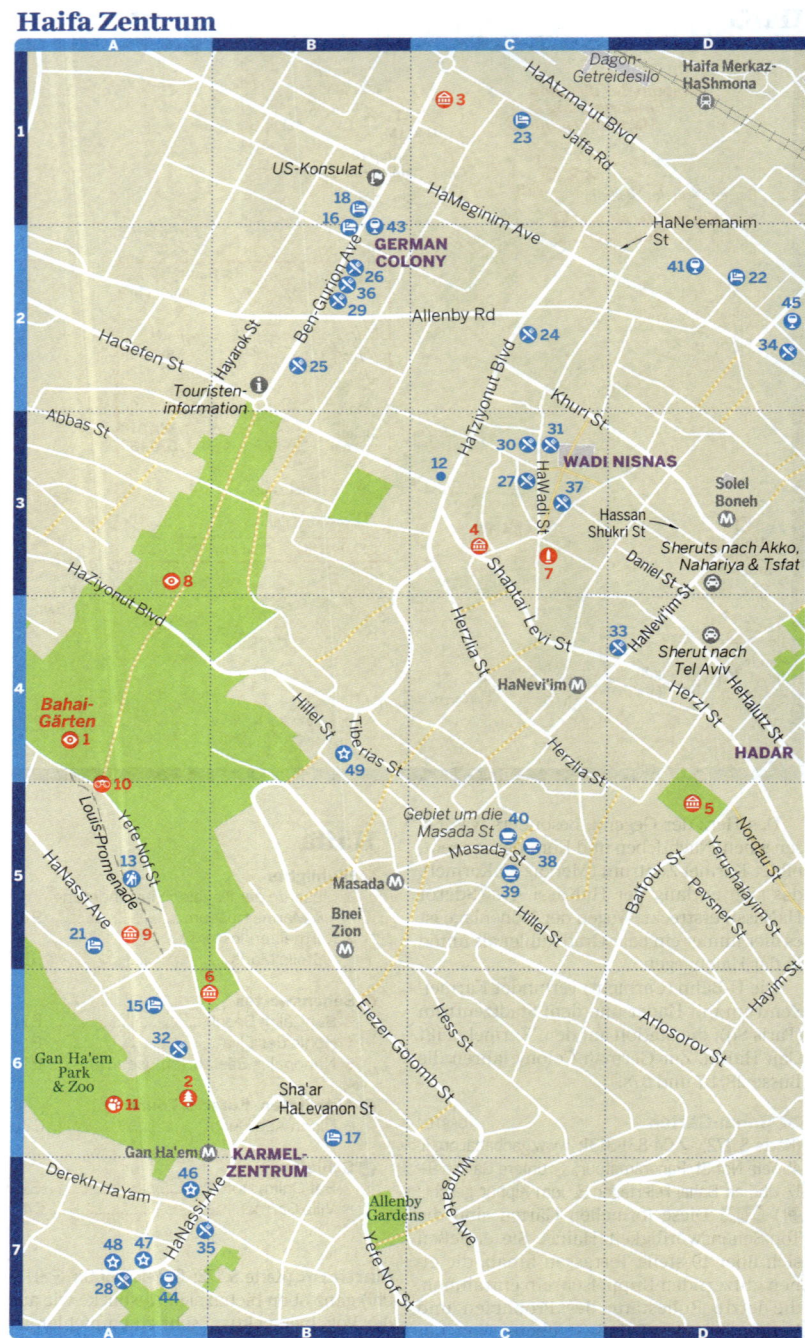

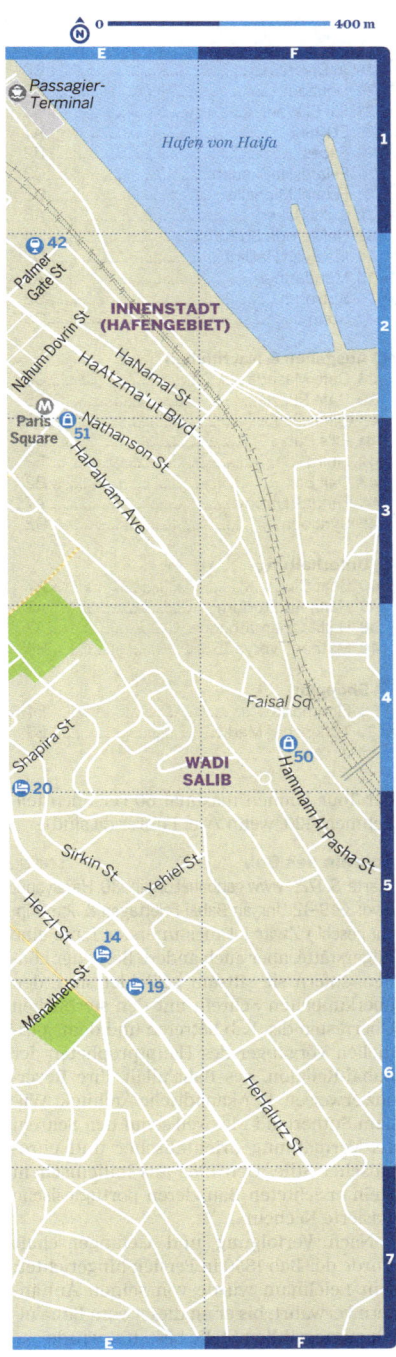

auch die kostenlose 45-minütige **Panoramatour**. Diese Touren finden außer mittwochs täglich um 11.30 Uhr auf Hebräisch und um 12 Uhr auf Englisch statt. Am besten ist man eine halbe Stunde vorher vor Ort, da die Führungen nicht reserviert werden können. Männer wie auch Frauen müssen sich von der Schulter bis zu den Knien bedecken.

Die Gärten befinden sich in der Obhut des **Bahai World Centre**, des Welthauptquartiers der Bahai-Religion. Saftige Rasenflächen und bunte Blumenbeete erstrecken sich hinab zum Schrein des Bab (S. 174), der vor dem Hintergrund der glitzernden Bucht von Haifa umso betörender funkelt. In dem 1953 fertiggestellten Kuppelbau ruhen die Gebeine des Bab, des spirituellen Vorgängers des Bahai-Hauptpropheten Baha'ullah. Nach Verfolgung und Gefangenschaft wurde der Bab 1850 in Persien hingerichtet – seine Anhänger verbargen jedoch seine sterblichen Überreste. 1909 wurden sie dann nach Haifa überführt und der Baha'ullah wählte diesen Ort am Hang für ihre Bestattung aus. Der Schrein verbindet Stile und Proportionen der europäischen Architektur mit Motiven, die von nahöstlichen Traditionen inspiriert sind. Entworfen wurde er von einem kanadischen Architekten, gebaut mit italienischem Stein und dekoriert mit portugiesischen Kacheln.

Die Gärten ober- und unterhalb des Schreins wurden zwischen 1989 und 2001 am Hang des Karmel angelegt. 2008 erhielten sie gemeinsam mit dem Schrein des Baha'ullah (S. 204) in Akko den Status einer Unesco-Welterbestätte. Die beeindruckend symmetrischen und sehr gepflegten Terrassen wirken mit ihren plätschernden Brunnen, Blumenbeeten, Steinadlern, zu achtspitzigen Sternen gestutzten Hecken und akkuraten Rasenflächen durchaus fürstlich. (Plötzlich ergeben die strengen Verhaltensregeln – nicht essen, nicht rauchen und die Rasenflächen nicht betreten – einen gewissen Sinn.) Die Gärten sind die ganze Nacht über erleuchtet – als spiritueller Trost für die jahrelange Gefangenschaft des Bab in fast kompletter Dunkelheit. Der Ausblick auf die nächtlichen Gärten ist von der German Colony zu genießen.

Die für die Öffentlichkeit nicht zugänglichen Gebäude rings um die Gärten beherbergen u. a. das **Haus der Gerechtigkeit**, einen Kuppelbau mit korinthischen Säulen, der das spirituelle und verwaltungstechnische Zentrum der Bahai-Religion ist, und die **Archive**, ein Bauwerk mit einem grünen Dach,

Haifa Zentrum

Highlights
1 Bahai-Gärten A4

Sehenswertes
2 Gan Ha'Em A6
3 Stadtmuseum Haifa C1
4 Kunstmuseum Haifa C3
5 MadaTech D5
6 Mané-Katz-Museum B6
7 Museum ohne Wände C3
8 Schrein des Bab A3
9 Tikotin-Museum für japanische Kunst.. A5
10 Aussichtsbalkon A5
11 Zoo A6

Aktivitäten, Kurse & Touren
12 Kulturzentrum Beit HaGefen C3
13 Louis-Promenade A5

Schlafen
14 Art Gallery Hotel E5
15 Beth Shalom Hotel A6
16 Colony Hotel Haifa B2
17 Crowne Plaza B6
18 Haddad Guesthouse B1
19 Hotel Theodor E6
20 Loui Hotel E4
21 Molada Guesthouse A5
22 Port Inn D2
23 Saint Charles Guesthouse C1

Essen
24 Abd Al Hadi C2
25 Al Diyar B2
26 Douzan B2
27 Ein El Wadi C3
28 El Kheir A7
29 Faces B2
30 Felafel HaZkenim C3
31 Felafel Michelle C3
32 Gal's Bakery A6
33 HaMis'ada Shel Ima D4
34 Ma'ayan HaBira D2
35 Mandarin A7
36 Shtroudl B2
37 Souq C3

Ausgehen & Nachtleben
38 Cafe Masada C5
39 Café Puzzle C5
40 Elika C5
41 Eli's Pub D2
42 Libira E2
43 Oak Bar B2
44 Pundak HaDov A7
45 Syncopa D2

Unterhaltung
46 Beat Club A7
47 Haifa Auditorium A7
48 Haifa Cinematheque A7
49 Matnas Tverya 15 .... B4

Shoppen
50 Flohmarkt F4
51 Türkischer Markt E3

das an den griechischen Parthenon erinnert – hier werden mehr als einhundert verschiedene Übersetzungen des Kitáb-i-Aqdas verwahrt, des heiligen Buchs der Bahai.

Um von Karmel-Zentrum (Carmelit-Station Gan HaEm) zum Ausgangspunkt der Panoramatour zu gelangen, folgt man der Yefe Nof St, von der sich die schönste Aussicht der Stadt auf die Bucht bietet, 1 km in Richtung Norden. Oder man nimmt in Bat Galim den Egged-Bus 136, der sich über den Ben Gurion Blvd hoch zur HaNassi Ave schlängelt, die parallel zur Yefe Nof verläuft. Die Führung endet unten am HaTziyonut Blvd; zurück nach Karmel-Zentrum geht's mit einem der *sheruts* (10 NIS), die hier gewöhnlich warten; ein Taxi kostet etwa 30 NIS. Bus 115 verbindet den unteren Eingang der Gärten am HaTziyonut Blvd mit dem Busbahnhof Haifa-Hof HaKarmel und dem Talpiot-Markt.

Wenn ein Kreuzfahrtschiff oder ein Schiff der US Navy im Hafen liegt, kann die Schlange für die Panoramatour sehr lang werden. An der Tour können maximal 60 Personen teilnehmen (120, wenn zwei Führer da sind).

Schrein des Bab SCHREIN

(Karte S.172; www.ganbahai.org.il; 80 HaTziyonut Blvd; ◉ 9–12 Uhr, an Bahai-Feiertagen & Jom Kippur geschl.) Zwar ist dies in erster Linie eine Pilgerstätte, aber auch andere Besucher können, sofern sie sittsam gekleidet sind, den überkuppelten Schrein mit den sterblichen Überresten des Bab betreten und dem spirituellen Vorgänger des Hauptpropheten der Bahai-Religion, des Baha'ullah, ihre Reverenz erweisen. Der kanadische Architekt William Sutherland Maxwell schuf den Schrein als Vermählung orientalischer und europäischer Stile. Den 1953 aus italienischem Stein errichteten Bau zieren portugiesische glasierte Kacheln.

Nach Verfolgung und Gefangenschaft wurde der Bab 1850 in Persien hingerichtet; sein Leichnam wurde von seinen Anhängern verwahrt, bis er an dieser vom Baha'ullah ausgewählten Stelle bestattet wurde.

Louis-Promenade AUSSICHTSPUNKT

(Karte S. 172; Mt. Carmel) Von der Louis-Promenade, einem Gehweg, der parallel zur Yefe Nof St verläuft und etwa eine Viertelstunde in Anspruch nimmt, bieten sich weite Ausblicke auf die Bucht von Haifa. Der Weg ist mit anderen durch Haifa führenden Pfaden verbunden. Besonders schön ist die Aussicht zum Sonnenuntergang.

Tikotin-Museum für japanische Kunst MUSEUM

(Karte S. 172; 04-838-3554; www.tmja.org.il; 89 HaNassi Ave; Erw./Kind 35/23 NIS; Sa–Do 10–19, Fr bis 13 Uhr) Das kleine, schummrig beleuchtete Museum wurde 1959 vom Kunstsammler Felix Tikotin gegründet und lässt die Besucher in die sinnliche Beschaffenheit japanischer Kunst eintauchen. Ein Besuch hier lohnt sich v. a. für Freunde japanischer Kunst, aber auch für andere Besucher schaffen die Bildrollen, die glasierten Schüsseln und die Schriftkunst aus dem 19. Jh. im Vergleich zu den anderen wichtigen Museen in Haifa eine angenehm entschleunigte Stimmung.

Mané-Katz-Museum MUSEUM

(Karte S. 172; www.mkm.org.il; 89 Yefe Nof St; Erw./Kind 35/23 NIS; So–Mi 10–16, Fr bis 13, Sa bis 15, Do 16–19 Uhr) Der in der Ukraine geborene Künstler Emmanuel Mané-Katz (1894–1962) war im frühen 20. Jh. ein einflussreiches Mitglied der sogenannten Schule von Paris und ist v. a. berühmt für seine farbenfreudigen Darstellungen der osteuropäischen Schtetl. In den späten 1950er-Jahren erhielt er von der Stadtverwaltung Haifas dieses Haus und vermachte der Stadt im Gegenzug seine Werke. Neben Antiquitäten und Judaika sind hier Hunderte seiner Werke zu sehen.

Zwischen Wechselausstellungen schließt das Museum, doch sein Gartencafé bleibt geöffnet – Näheres auf der Website.

Gan Ha'Em PARK

(Karte S. 172; HaNassi Ave; 6–21 Uhr, Do & Fr die ganze Nacht) Auf dem Kamm des Karmel liegt seit 1913 dieser schattige, kinderfreundliche öffentliche Park, dessen Name „Mutters Park" bedeutet. Hier gibt's einen Zoo, einen Spielplatz und ein Amphitheater, in dem an Sommerabenden manchmal kostenlose Konzerte stattfinden. Der Park befindet sich gegenüber der oberen Endstation der Carmelit.

Zoo ZOO

(Haifa Educational Zoo; Karte S. 172; www.haifazoo.co.il; HaNassi Ave; Erw./Stud. 38/25 NIS; April– Okt. Sa–Do 9–18, Sa bis 14 Uhr, Nov.–März Sa–Do 9–16, Sa bis 13 Uhr; P) Die schattigen Hänge unterhalb von Gan Ha'Em beherbergen einen kompakten Zoo mit frei umherstolzierenden Pfauen, einem Vogelhaus, einem Reptilienhaus und Gehegen für Affen, Meerkatzen, Steinböcke, Rotwild und andere Tiere. Die Gehege für die großen Tiere wie Bären und Königstiger erscheinen jedoch etwas klein.

◉ German Colony

Die Ben-Gurion Ave, die direkt unterhalb der Bahai-Gärten liegt und an diese angrenzt, wird von schmucken Häusern aus dem 19. Jh. mit steilen roten Schindeldächern und deutschen Bibelzitaten über den Türen gesäumt. Dies ist die „Deutsche Kolonie", die 1868 von den Templern gegründet wurde (nicht zu verwechseln mit den Tempelrittern aus der Zeit der Kreuzzüge), einer pietistisch-protestantischen Sekte aus Südwestdeutschland, die die Wiederkunft des Herrn beschleunigen wollte, indem sie sich in Palästina niederließ. In der zweiten Hälfte des 19. Jhs. gründeten die Templer sieben Kolonien in Palästina. Ihnen wird die Einführung von verbesserten Transport-, Technologie- und Landwirtschaftsmethoden zugeschrieben.

Auch Baha'ullah, der Gründer der Bahai-Religion, war von der Deutschen Kolonie (hebräisch Moshava Germanit) beeindruckt, und der deutsche Kaiser Wilhelm II. besuchte sie 1898. Die Templer lebten bis 1939 in der Kolonie, dann wurden sie von den Briten als feindliche Ausländer interniert (einige waren in den 1930er-Jahren in die NSDAP eingetreten); die meisten wurden später nach Australien deportiert.

> **❶ KOMBITICKET FÜR HAIFAS MUSEEN**
>
> Museumsfans können in Haifa mit einem Kombiticket (Erw./Stud. 60/30 NIS) viel Geld sparen. Das Ticket gilt eine Woche lang für sechs Museen der Stadt: das Mané-Katz-Museum, das Tikotin-Museum für japanische Kunst, das Kunstmuseum Haifa, das Stadtmuseum Haifa, das Nationale Seefahrtsmuseum (S. 178) und das Hermann-Struck-Museum. Das Ticket wird in allen sechs Museen verkauft.

DIE BAHAI-RELIGION

Die Anhänger der Mitte des 19. Jhs. begründeten Bahai-Religion (www.bahai.org) glauben, dass im Laufe der Geschichte viele Propheten, darunter Abraham, Moses, Buddha, Krishna, Zarathustra, Jesus und Mohammed, in Erscheinung getreten sind. Zentrale Glaubensgrundsätze sind die Existenz eines einzigen Gottes, die Einheit aller Religionen und die Gleichheit und Einheit aller Menschen, auch von Männern und Frauen – in Iran in der Mitte des 19. Jhs. eine wahrhaft revolutionäre Idee.

Die Ursprünge der Bahai-Religion gehen auf Ali Muhammad (1819–1850) zurück, der in Schiras in Iran geboren wurde. 1844 verkündete er, dass er das „Bab" (Tor) sei, durch das sich alle Prophezeiungen offenbaren würden. Der charismatische Ali, genannt Bab, war schnell von Jüngern umgeben, wurde aber schließlich wegen Ketzerei gegen den Islam verhaftet und nach jahrelanger Gefangenschaft in Täbris in Iran von einem Exekutionskommando erschossen.

Eine seiner Prophezeiungen betraf das Kommen „von einem, der Gott offenbaren werde". 1866 erklärte ein Babi namens Mirza Hussein Ali (1817–1992), dass er dieser Prophet sei, und nahm nach einer göttlichen Offenbarung, die er im berüchtigten Teheraner Gefängnis „Schwarzes Loch" hatte, den Titel Baha'ullah an.

Genau wie die Babs waren auch Baha'ullahs Äußerungen in Persien unerwünscht und er wurde zunächst nach Bagdad und danach nach Konstantinopel (Istanbul), Adrianopel (Edirne) und schließlich in die osmanische Strafkolonie Akko verbannt. In seiner Zelle in Akko widmete er sich dem Verfassen der Grundsätze einer neuen Religion namens Bahai, eine Ableitung von dem arabischen Wort *baha* (Herrlichkeit, Glorie).

In seinen Schriften erklärte Baha'ullah, dass niemand in die Bahai-Religion hineingeboren werden kann: Im Alter von 15 Jahren entscheidet eine Person, ob sie die Verpflichtungen der Bahai-Religion annehmen will. Er sprach auch von der Gleichberechtigung der Geschlechter, der Einheit der Menschheit, dem Weltfrieden, der Notwendigkeit einer universellen Pflichtschulbildung und der Harmonie zwischen Religion und Wissenschaft.

Das Baha'i World Centre, das Hauptquartier der Religion, das für seine Gärten (S. 171) berühmt ist, befindet sich in Haifa auf dem Karmel; die heiligste Bahai-Stätte ist der Schrein Baha'ullahs (S. 204) in der Nähe von Akko; beide sind mit Freiwilligen aus der ganzen Welt besetzt. Die Bahai versuchen nicht, ihren Glauben missionarisch zu verbreiten, und möchten daher in Israel auch niemanden bekehren – es gibt auch offiziell keine Bahai-Gemeinschaft in Israel.

Die Bahai-Religion hat heute schätzungsweise 5 bis 6 Mio. Anhänger weltweit. Die Tradition schreibt vor, dass jeder Bahai, der dazu in der Lage ist, eine Pilgerreise nach Akko und Haifa unternehmen soll.

Heute ist die German Colony eine der führenden Restaurantmeilen Haifas. Darüber kann man die Bahai-Gärten (S. 171) sehen, unten oft die Frachtschiffe, die im Hafen liegen. Die Metronit-Busse 1 und 2 halten ganz in der Nähe.

Stadtmuseum Haifa   MUSEUM
(Karte S. 172; 04-911-5888; www.hcm.org.il; 11 Ben-Gurion Ave; Erw./Kind 35/23 NIS; So–Mi 10–16, Do 16–19, Fr 10–13, Sa bis 15 Uhr) Das Stadtmuseum, das sich auf zwei Gebäude verteilt, erzählt von den letzten hundert Jahren der Geschichte Haifas und bietet außerdem wechselnde Ausstellungen zur Gegenwart in der Stadt. Am interessantesten sind die Abteilungen zum „roten Haifa" in den Jahrzehnten ab den 1940er-Jahren, als sozialistische Ideen in der Stadt en vogue waren.

⊙ Wadi Nisnas

Dieses dörfliche, vorwiegend von christlichen Arabern bewohnte Stadtviertel liegt in einem Tal zwischen Hadar und der German Colony. In den engen Gassen, Steinhäusern und dem geschäftigen Lebensmittelmarkt herrscht noch die traditionelle Atmosphäre des Nahen Ostens.

Kulturzentrum Beit HaGefen   KULTUR
(Karte S. 172; 04-852-5252; www.beit-hagefen.com; 2 HaGefen St; Führungen ab 40 NIS; Galerie 10–15, Fr & Sa bis 14 Uhr) GRATIS Dieses Kulturzentrum in einem alten Steingebäude gegenüber vom modernen Arabisch-Jüdischen Zentrum Beit HaGefen hat sich der Förderung sozialer und kultureller interkonfessioneller Aktivitäten verschrieben. Wer an

einer zweistündigen Führung (Street Art, Stadtviertel und spirituelle Orte) teilnehmen möchte, muss vorher anrufen.

Die Galerie im Obergeschoss zeigt Ausstellungen zu den Themenkreisen interkulturelle Koexistenz und gemeinsame Räume und Werte.

Museum ohne Wände — ÖFFENTLICHE KUNST

(Karte S. 172; www.mwwart.com; HaWadi St) GRATIS Mehr als 60 Wandbilder und Skulpturen schmücken die Straßen und Gassen von Wadi Nisnas – von Superheld-Bildern bis zu Mixed-Media-Skulpturen und Pop-Art. Einige sind groß und auffällig, andere so klein, dass man sie leicht übersehen kann – eine Karte ist auf der praktischen Website zu finden.

Kunstmuseum Haifa — MUSEUM

(Karte S. 172; 04-911-5997; www.hms.org.il; 26 Shabtai Levi St; Erw./Kind 45/30 NIS; So-Mi 10-16, Fr bis 13, Sa bis 15, Do 16-19 Uhr) Die drei Ausstellungsflächen des Kunstmuseums zeigen anregende moderne Kunst aller Genres – u. a. Fotografie – von israelischen und ausländischen Künstlern. Wer sich gerne streitlustiger Kunst stellt und debattiert, ist hier genau richtig – und man kann ein bisschen in die hiesige Kunstszene eintauchen.

◉ Hadar

Hadar HaKarmel (kurz Hadar) wurde im Jahr 1920 als „Gartenstadt" gegründet und entwickelte sich in den 1930er-Jahren, als hier großartige Bauhaus-Gebäude entstanden, zum lebhaften Geschäftszentrum Haifas. Eines der architektonischen Juwele der Gegend ist das **Beit HaKranot** an der Nordwestecke der Kreuzung Balfour St/Herzl St, ein stattliches Bürogebäude von 1939. Geschäfte in der Nähe verkaufen preiswerte und mittelteure Kleidung, Accessoires und Schuhe sowie Bücher in russischer Sprache.

Hadar ist eines der ethnisch vielfältigsten Stadtviertel. Über ein Drittel der Einwohner sind Einwanderer aus der früheren Sowjetunion, vor allem aus der Ukraine, ein Viertel sind Araber, und außerdem gibt's in Hadar kleine ultraorthodoxe und philippinische Gemeinden.

Der Bezirk erstreckt sich auf den unteren Hängen des Karmel. Die Herzel St, die Hauptstraße, liegt etwa 1 km südlich vom Kikar Paris und 1,6 km nordöstlich von Karmel-Zentrum. Die Carmelit-Station HaNevi'im befindet sich am nordwestlichen Ende der Herzl St, die – ebenso wie die Parallelstraße HeHalutz St – durch Bus 115 mit den beiden zentralen Busbahnhöfen und durch Bus 112 mit Haifa-Hof HaKarmel verbunden ist.

MadaTech — MUSEUM

(Wissenschaftliches Nationalmuseum; Karte S. 172; 04-861-4444; www.madatech.org.il; 25 Shemaryahu Levin St, Hadar; Erw./Kind 75/65 NIS; So-Mi 10-15, Do & Sa bis 17, Fr bis 13 Uhr; P) Kindgerechte naturwissenschaftliche Ausstellungen füllen dieses elegante Gebäude von 1912, darunter interaktive Exponate in den astronomischen Sälen, optische Spielereien und ein Spiegelsaal – die geeignete Altersgruppe ist jeweils angegeben. Das reizende Gebäude mit seinen hohen Bögen und hallenden Korridoren war die erste Heimat des Technion-Israel Institute. Als Albert Einstein 1923 zu Besuch kam, pflanzte er eine Palme, die noch immer an der Vorderseite steht.

◉ Stella Maris

★ Karmeliterkloster
Stella Maris — KIRCHE

(Karte S. 170; 6.30-12.30 & 15-18 Uhr) Der Karmeliterorden wurde im späten 12. Jh. zur Zeit der Kreuzfahrer gegründet. Damals entschieden sich Pilger, die vom Propheten Elija inspiriert waren, ein abgeschiedenes Leben als Einsiedler am Hang des Karmel zu führen. Heute lebt der Orden auf der ganzen Welt weiter, aber auch im Kloster „Stern des Meeres", dessen jetzige Gebäude 1836 errichtet wurden. Der Blick aufs Meer ist spektakulär. Besucher sollten Kleidung tragen, die die Knie und Schultern bedeckt; Männer müssen ihre Kopfbedeckungen abnehmen.

Die wunderschönen Malereien an der Decke und in der Kuppel der Kirche stellen Elija und den Feuerwagen, mit dem er in den Himmel aufgefahren sein soll, dar; außerdem sind König David mit seiner Harfe, die Heiligen des Ordens, die Propheten Jesaja, Ezechiel und David sowie die Heilige Familie mit den vier Evangelisten darunter zu sehen.

Auf dem Weg, der zum Eingang der Kirche führt, steht zum Gedenken an die 200 kranken und verwundeten französischen Soldaten, die hier untergebracht waren und nach Napoleons Rückkehr nach Paris im Jahr 1799 von den Osmanen niedergemetzelt wurden, ein Denkmal in Form einer Pyramide mit einem schmiedeeisernen Kreuz auf der Spitze.

Zum Kloster Stella Maris fährt von der Meerespromenade in Bat Galim eine Kabinenseilbahn. Man kann auch mit Bus 115 von Hadar und von Haifa-Hof HaKarmel bzw. mit Bus 30 und 31 von Karmel-Zentrum aus fahren oder in der Nähe der Höhle des Elija einen Fußweg nehmen.

◉ Seefahrtsmuseen & Höhle des Elija

Von der German Colony, Wadi Nisnas und Hadar fahren Bus 111 und 112 hierher; Bus 111 fährt auch nach Haifa-Hof HaKarmel.

★ Museum der illegalen Einwanderung & Marinemuseum   MUSEUM

(Clandestine Immigration & Naval Museum; Karte S. 170; ☎04-853-6249; http://eng.shimur.org/clandestine-immigration; 204 Allenby Rd; Erw./Kind 15/10 NIS; ⊙So–Do 10–16 Uhr; P) Das Museum illustriert anhand von eindringlichen Filmzeugnissen die hartnäckigen Bemühungen der zionistischen Bewegung von 1934 bis 1948, während der britischen Blockade Palästinas jüdische Flüchtlinge aus Europa hierherzubringen. Im Mittelpunkt steht ein Schiff aus dem Zweiten Weltkrieg, das damals den hebräischen Namen *Af-Al-Pi-Chen* („Trotzdem") erhielt. 1947 transportierte es 434 Flüchtlinge nach Palästina, doch die Briten fingen das Schiff ab und verbrachten die Passagiere in Internierungslager auf Zypern. Das Museum wird vom israelischen Verteidigungsministerium betrieben, daher müssen Besucher ihren Pass mitbringen.

Am fesselndsten sind die Augenzeugenberichte über das Leben an Bord dieser überflüssig gewordenen Kriegsschiffe: Auf den völlig überfüllten Schiffen herrschten furchtbare Bedingungen, doch es wird auch vom hartnäckigen Optimismus berichtet, mit der die Passagiere hofften, ins Heilige Land gelangen zu können. Viele erreichten es jedoch nie, wie z. B. die Passagiere an Bord der *Exodus*: Dieses schwer überladene Schiff brachte 1947 über 4500 Überlebende des Holocaust nach Palästina, wurde aber von den Briten zur Rückkehr nach Europa gezwungen.

Nationales Seefahrtsmuseum   MUSEUM

(Karte S. 170; ☎04-853-6622; www.nmm.org.il; 198 Allenby Rd; Erw./Kind 35/23 NIS; ⊙So–Mi 10–16, Fr bis 13, Sa bis 15, Do 16–19 Uhr; P) Das 1953 gegründete Museum behandelt auf drei Etagen 5000 Jahre Seefahrtsgeschichte bis hin zur jüngsten Marinegeschichte Israels. Im Erdgeschoss wechseln sich Ausstellungen zu Themen wie Piraterie und Seeschlachten ab. Die archäologischen Schätze wie ägyptische Kanopenkrüge und römische Funde aus der Bucht von Haifa befinden sich in der ständigen Sammlung in den Etagen darüber. Die Beschriftung ist auf Englisch und Hebräisch.

Höhle des Elija   RELIGIÖSE STÄTTE

(Karte S. 170; Allenby Rd; ⊙So–Do 8–18 Uhr, im Winter bis 17 Uhr, Fr bis 13 Uhr, Sa & jüdische Feiertage geschl.) GRATIS In dieser Höhle, die den Juden, Christen, Muslimen und Drusen heilig ist, soll der Prophet Elija gebetet haben, bevor er auf dem Berg Karmel die Baal-Priester herausforderte (Buch der Könige 1,18), und hier soll er sich hinterher vor dem Zorn der Königin Jezebel versteckt haben (Buch der Könige 1,19:1–3). Es gibt separate Bereiche für Männer (rechts) und Frauen (links); die Höhle befindet sich hinter einem Samtvorhang. Heute ist hier nicht mehr viel zu sehen, es sei denn, man interessiert sich für jüdische Pilgerstätten. Besucher sollten sich angemessen kleiden.

Einer christlichen Überlieferung zufolge suchten Maria, Josef und Jesus hier auf ihrer Rückkehr aus Ägypten Schutz. Muslime bringen die Stätte mit Al-Khidr (dem Grünen Propheten) in Verbindung, der manchmal als die islamische Version des Elija oder als dessen Begleiter angesehen wird.

Um vom Nationalen Seefahrtsmuseum hierherzukommen, hält man an der Allenby Rd nach dem asphaltierten Weg Ausschau, der hier hinaufführt. Der Pfad vom Kloster Stella Maris hinunter zur Höhle beginnt am Parkplatz gegenüber der Kirche und führt entlang dem Zaun einer israelischen Marinebasis.

◉ Universität Haifa

Die Universität Haifa, deren 27 Stockwerke hoher Turm auf dem Karmel meilenweit zu sehen ist, liegt 6,5 km südöstlich von Karmel-Zentrum auf dem Kamm des Karmel. Über 30 % der Studenten sind Araber, viel mehr als an allen anderen israelischen Universitäten.

Von Sonntag bis Donnerstag, wenn an der Universität Unterricht stattfindet, dürfen auf dem Campus nur Fahrzeuge mit einer speziellen Genehmigung parken, doch Besucher des Hecht-Museums werden gewöhnlich einfach durchgewunken.

Zur Universität fahren Bus 37 und 37א von Hadar und Karmel-Zentrum, Bus 46 von Haifa-Hof HaKarmel sowie Bus 141 und 171 von Haifa-Merkazit HaMifratz.

★ Hecht-Museum MUSEUM
(04-825-7773; http://mushecht.haifa.ac.il; 199 Abba Hushi Blvd, Haifa University; So, Mo, Mi & Do 10–16, Di bis 19, Fr bis 13, Sa bis 14 Uhr; P) GRATIS Das Universitätsmuseum zeigt spannende archäologische Funde wie z. B. schön restaurierte Mosaiken und ganze Schätze antiker Münzen, doch das Vorzeigeexponat ist das Ma'agan-Michael-Schiff, ein 2400 Jahre altes Handelsschiff, das 1985 ausgegraben wurde. Das ursprünglich 12,5 m lange Schiff konnte 15 t Frachtgut transportieren und verfügte über einen seltenen einarmigen Holzanker.

Im Kunstflügel des Museums sind hauptsächlich impressionistische und postimpressionistische Werke zu finden, ein Teil der Sammlung des Museumsgründers Reuben Hecht, darunter Arbeiten von Größen wie van Gogh und Modigliani.

In der Oscar-Ghez-Sammlung sind die Werke von 18 Pariser Künstlern zu sehen, die im Holocaust umkamen. Die Sonderausstellungen des Hauses kreisen z. B. um Themen wie Porträtmalerei und israelische Künstlerkolonien.

Das Hecht-Museum befindet sich unten im Eshkol Tower.

Eshkol Tower AUSSICHTSPUNKT
(www.haifa.ac.il; 199 Abba Hushi Blvd, Universität Haifa; unterschiedlich; P) GRATIS Ein Aufzug rumpelt hinauf zur Aussichtsplattform im 30. Stock des Eshkol Tower. Das tollkühne Hochhaus auf dem Campus der Universität von Haifa wurde vom berühmten brasilianischen Architekten Oscar Niemeyer entworfen und 1978 fertiggestellt. Heute ist es nicht länger das höchste Gebäude in Haifa, doch die Aussicht von oben ist noch immer atemberaubend – von hier aus wirkt Haifa wie eine Spielzeugstadt. Hier winken nach dem Besuch des Hecht-Museums schöne Fotomotive.

Aktivitäten

Bat Galim Beach STRAND
(Karte S. 170; www.batgalim.org.il; Baden 8–18 Uhr) Sanfte Wellen plätschern an dem von Rettungsschwimmern bewachten Sandstrand in Nordhaifa ein paar Straßen nordöstlich der unteren Seilbahnstation. Der Strand ist klein, aber beliebt bei Sonnenhungrigen und Yoga-Freunden, und oft gibt's auch genug Wellen zum Surfen. Imbissstände und Toiletten sind vorhanden.

Der Strand befindet sich im Mittelschichtsviertel Bat Galim (Endhaltestelle der Metronit-Linie 2), ein paar hundert Meter vom Krankenhaus Rambam.

Dado Beach STRAND
(Karte S. 170; abseits der David Elzara St; Carmel Beach) Der lange Sandstrand mit schönen Wellen ist einer der tollen Strände am Westrand der Landzunge von Haifa. Er liegt in der Nähe der Station Haifa-Hof Ha-Karmel.

Zamir Beach STRAND
(Karte S. 170) Der schöne Sandstrand an der Westflanke von Haifa liegt in der Nähe mehrerer Cafés und ist von einer hübschen Promenade gesäumt.

Kurse

Ulpan der Universität Haifa SPRACHKURSE
(04-824-0766; http://overseas.haifa.ac.il; Universität Haifa) Veranstaltet mit die renommiertesten universitären Sprachkurse in Israel. Die Intensiv-Sommerkurse (Juli & Aug.) in Hebräisch umfassen von Sonntag bis Donnerstag täglich fünf oder sechs Stunden Unterricht (1/2 Monate 1400/2000 US$); im August wird ein ähnlich intensiver Arabischkurs angeboten (1400 US$).

Wer möchte, kann auf dem Campus im Studentenwohnheim nächtigen (ab 320 US$ pro Monat).

Ulpan Aba Hushi SPRACHKURSE
(Karte S. 170; 04-605-5149; 131 HaMeginim Ave) Fünfmonatige Intensivkurse in Hebräisch mit fünf Unterrichtstagen pro Woche.

Geführte Touren

Free Tours Haifa STADTRUNDGANG
(058 604-8428; www.facebook.com/freetourshaifa; meist Mi 10.30 Uhr) GRATIS Engagierte einheimische Guides bieten muntere dreistündige Rundgänge zu den wichtigsten Sehenswürdigkeiten von Haifa. Die kostenlosen Führungen finden an den meisten Mittwochen statt, aber besser schaut man vorher auf der Facebook-Seite nach.

Feste & Events

International Film Festival FILM
(www.haifaff.co.il; 142 Hanassi Ave, Kasse; 45 NIS pro Vorstellung; Mitte Okt.) Israels erstes internationales Filmfestival findet seit 1983 statt und ist ein großer Erfolg. In der ganzen Stadt werden Filme gezeigt, zum Teil unter freiem Himmel, dazu kommen Kunstgewerbemessen, Essensstände und Konzerte, und die Bars haben extralange geöffnet. Tickets

gibt's an den Veranstaltungsorten oder an der zentralen Vorverkaufskasse.

The Holiday of Holidays FEST
(www.haifahag.com; Dez.) Beim „Fest der Feiertage" kommen die verschiedenen Kulturen Haifas einmal wirklich zusammen: Bei einer Kirmes und bei Messen, Essensverkostungen und Konzerten in Wadi Nisnas und der German Colony werden die jüdischen, christlichen und muslimischen Festtage gefeiert. Das Ganze findet an drei Freitagen und Samstagen im Dezember statt.

Schlafen

Karmel-Zentrum

★**Molada Guesthouse** GÄSTEHAUS $
(Karte S. 172; 04-838-7958; http://molada.org.il; 82 HaNassi Ave; EZ/DZ/3BZ 200/350/525 NIS;) Das spartanische, aber makellos saubere Molada zieht jüngere Reisende an, die es gern etwas ruhiger mögen als in einer normalen Backpacker-Herberge. Das Gästehaus im Stil eines Studentenwohnheims hat 16 Doppel- und Dreibettzimmer mit großen gefliesten Bädern. Von einigen Zimmern blickt man auf Kiefern, von den besten aufs Meer – nach Zimmer 14 oder 16 fragen! Telefonisch oder übers Internet buchen und vorher die Modalitäten der Schlüsselabholung verabreden!

Das Gästehaus liegt an einer Zufahrt, die von der HaNassi Ave abzweigt. Die Rezeption (mit unterschiedlichen Öffnungszeiten) befindet sich die Straße hinunter im Ruthenberg Institute for Youth Education (77 HaNassi Ave), wo auch das Frühstück serviert wird. Wer mit dem Auto unterwegs ist, muss vorher die Zufahrt zum versperrten Parkplatz (kostenlos) arrangieren.

Beth Shalom Hotel HOTEL $$
(Karte S. 172; 04-837-7481; www.beth-shalom.co.il; 110 HaNassi Ave; EZ/DZ/3BZ 85/110/140 US$;) Eine Schweizer Familie betreibt dieses sehr preisgünstige Gästehaus, das ein wenig anstaltsmäßig wirkt, aber ansonsten wie geschmiert funktioniert. Die weißwandigen Zimmer mit Kiefernholzakzenten sind kompakt, aber blitzsauber, mit annehmbaren Bädern und Extras wie Safes und Föhnen. Zu den Einrichtungen gehören ein kleiner Kinderspielbereich, eine Tischtennisplatte, eine Bibliothek und eine Lounge mit kostenlosen Heißgetränken.

Crowne Plaza HOTEL $$
(Karte S. 172; 04-835-0801; www.crowneplaza.com; 111 Yefe Nof St; DZ 145–185 US$;) Das Crowne Plaza ist so elegant und gut organisiert, wie man es von Häusern dieser Kette erwartet. Die Zimmer mit großen Betten und polierten Holzböden bieten tolle Ausblicke auf die Bucht von Haifa. Nach einem Abstecher in die Sauna und ins Hallenbad verblasst auch das Business-Flair.

★**Villa Carmel** BOUTIQUEHOTEL $$$
(Karte S. 170; 04-837-5777; www.villacarmel.co.il; 30 Heinrich Heine St; Zi. 167–237 US$; 136) Grammofone und Antiquitäten prägen das nostalgische Ambiente dieses einzigartigen Hotels. Die Zimmer sind geschmackvoll mit einer Mischung aus Originalkunst, hängenden Uhren, Lilienmustern und anspielungsreichen Wandbildern ausgestattet. Ein Whirlpool und eine Sauna auf dem Dach locken dekadente Wochenendausflügler an, doch v. a. das altmodische Flair des 1942 erbauten Hauses sowie der entsprechend gediegene Service heben das Hotel aus der Masse heraus.

German Colony

Colony Hotel Haifa BOUTIQUEHOTEL $$
(Karte S. 172; 04-851-3344; www.colonyhaifa.com; 28 Ben-Gurion Ave; DZ 90–245 US$;) Dieses geschmackvoll modernisierte Templer-Gebäude eignet sich in idealer Weise dazu, die Geschichte und das Flair der Deutschen Kolonie zu genießen. Die 40 Zimmer verfügen über große Fenster, hohe Decken, Marmorbäder und Stilmöbel wie z. B. Himmelbetten. Dazu kommen noch eine Dachterrasse, ein ausgezeichnetes mediterranes Frühstücksbuffet und schwedische Massagen (ab 160 NIS) – insgesamt wird das Colony Hotel so zu einem echten Hit!

Haddad Guesthouse GÄSTEHAUS $$
(Karte S. 172; 077 201-0618; www.haddadguesthouse.com; 26 Ben-Gurion Ave; DZ/3BZ ab 360/460 NIS;) In beneidenswerter Lage mitten im Viertel German Colony befindet sich in einem renovierten Haus aus dem 19. Jh. dieses familiengeführte Hotel mit vier einfachen Zimmern im Erdgeschoss und sieben Zimmern mit Miniküche im zweiten Stock (dazwischen befinden sich Büros). Manche Bäder zeigen schon Alterserscheinungen, aber alle Zimmer sind gut ausgestattet, z. B. mit Föhn, Wasserkocher und Fernseher.

Hadar

Loui Hotel HOTEL $
(Karte S. 172; 054 837-1342, 04-432-0149; www.louihotels.com; 35 HeHalutz St; DZ ohne Frühstück

65–85 US$; 🛜) Die 19 Zimmer des schnörkellosen, aber sehr freundlichen Loui sind angenehm und praktisch und verfügen alle über eine kleine Küche. Das Hotel verströmt das Flair eines knarrenden alten Baus, der seit 1948 wiederholt umgebaut wurde. Aber das sind angesichts des sehr zuvorkommenden Service und der wundervollen Terrasse, wo man sich auf einen Korbstuhl niederlassen und aufs Meer hinausblicken kann, wirklich harmlose Klagen.

Art Gallery Hotel HOTEL $$
(Karte S. 172; ☎ 04-861-6161; www.hotelgallery.co.il; 61 Herzl St; EZ/DZ 336/450 NIS; 🅿@🛜) Originalarbeiten von örtlichen Künstlern zieren sowohl die öffentlichen Bereiche als auch die 40 mit Mahagoni-Möbeln eingerichteten und in Cremetönen gehaltenen Zimmer des Hotels in einem Bauhaus-Gebäude. Einige Zimmer wirken zwar recht klein, sie sind aber alle mit Kühlschrank, Wasserkocher und Safe ausgestattet. Die Superior-Zimmer warten dazu mit größeren Fenstern und fürstlicherem Mobiliar auf. Von der Terrasse im 5. Stock eröffnen sich Ausblicke auf den Hafen.

Das Fitnesscenter des Hauses ist rund um die Uhr zugänglich, und wer möchte, kann sich eine Massage (ab 200 NIS) gönnen. Das Hotel liegt in der Nähe der Metronit-Haltestelle Talpiyot Market.

Hotel Theodor HOTEL $$
(Karte S. 172; ☎ 04-867-7111; www.theodorhotel.co.il; 63 Herzl St; EZ/DZ/3BZ 125/155/215 US$; @🛜) Das 90-Zimmer-Hotel befindet sich in einem 23-stöckigen Hochhaus über einem Einkaufszentrum und scheint eher auf Geschäftsreisende als Touristen zugeschnitten zu sein. Doch die Zimmer sind sauber und modern, sind in neutralen Farben eingerichtet und verfügen über gefliese Bäder und große Fenster, die meisten davon mit Blick auf die Bucht.

Die im ersten Stock gelegene Rezeption des Hotels ist durchs Einkaufszentrum zu erreichen.

🛏 Stadtzentrum & Hafengebiet

⭐ Port Inn GÄSTEHAUS $
(Karte S. 172; ☎ 04-852-4401; www.portinn.co.il; 34 Jaffa Rd, Port Area; B/EZ/DZ/3BZ/4BZ 100/290/340/450/550 NIS, DZ/3BZ mit Gemeinschaftsbad 260/300 NIS; @🛜) Traveller mit kleinem Budget zieht es zu Recht in dieses reizende Gästehaus. Die Bibliothek und die Lounge sind mit türkischen Teppichen, schräger Kunst und Kletterpflanzen eingerichtet, hinterm Haus befindet sich ein Garten mit gekachelten Tischen und die Zimmer sind zwar schlicht, aber makellos sauber. In den gemischten Dorms stehen fünf oder neun Betten, in den nach Geschlecht getrennten neun.

Saint Charles Guesthouse GÄSTEHAUS $
(Karte S. 172; ☎ 04-855-3705; https://saintcharles guesthouse.wordpress.com; 105 Jaffa Rd, Port Area; EZ/DZ/FZ 180/300/390 NIS; 🛜) Bedächtig einherschreitende Nonnen sind die Gastgeberinnen in diesem stillen, internatsähnlichen Gästehaus. Das Saint Charles wird von den Rosenkranz-Schwestern des Lateinischen Patriarchats betrieben und bietet in einem Gebäude von 1880 karge Zimmer mit hohen Decken. Alte Kacheln und ein Innengarten sorgen für ein besinnliches Flair und die Gemeinschaftsküche und die Lage am Hafen runden das preiswerte Paket ab. Um 22 Uhr ist in der Regel Sperrstunde. Nur Barzahlung. Das Tor ist oft verschlossen – einfach klingeln!

⭐ Bat Galim Hotel BOUTIQUEHOTEL $$
(Karte S. 170; ☎ 04-603-7800; www.batgalim-bou tique-hotel.co.il; 10 Yonatan St, Bat Galim; DZ ab 114 US$; 🅿🛜) Das äußerst friedliche Boutiquehotel liegt in einem verschlafenen Wohnviertel in Nordhaifa nicht weit vom Strand von Bat Galim. Mit einer marineblauen Farbgebung, Gesundheitsmatratzen und Kräutertees werden die Gäste in den Schlaf gewiegt, morgens stärkt man sich dann mit Mohnjoghurt und frischem Gebäck. Das Personal könnte nicht freundlicher sein!

Essen

🍴 German Colony
Über ein Dutzend hervorragende Restaurants mit orientalischer und europäischer Küche oder einer Mischung aus beidem säumen die elegante Ben-Gurion Ave in der German Colony. Fast alle haben täglich geöffnet.

Al-Diyar NAHÖSTLICH $$
(Karte S. 172; ☎ 04-852-8939; 35 Ben-Gurion Ave; Hauptgerichte 55–98 NIS; ⊙ 12–24 Uhr; 🍴) Das große familienfreundliche Restaurant ist besonders bei den Arabern Haifas beliebt. Serviert werden normale orientalische Klassiker wie mediterranes Gemüse, Fatoush-Salat und Kebab, dazu Pastagerichte und Meeresfrüchte wie Garnelen mit – viel! – Knoblauch.

SHUJAA_777 / SHUTTERSTOCK ©

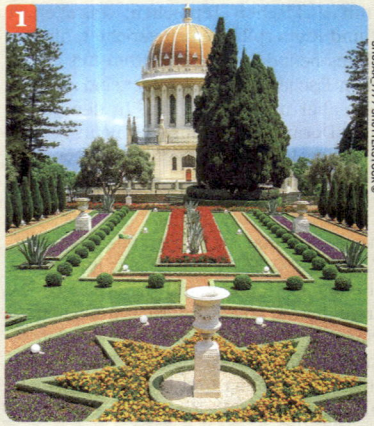

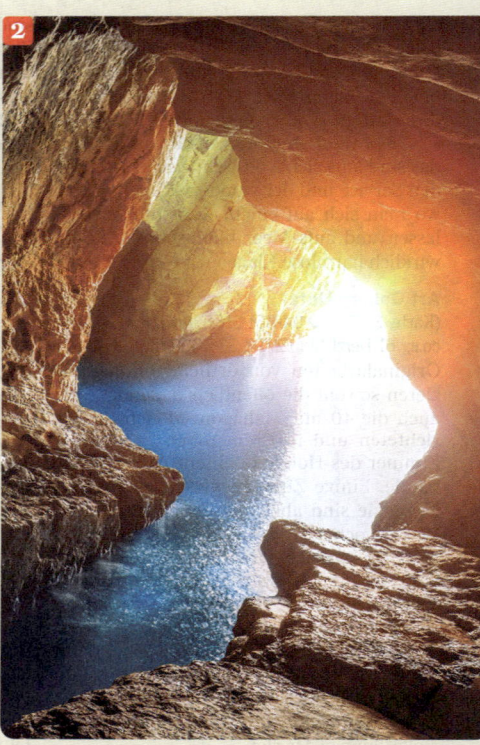

1. Bahai-Gärten (S. 171), Haifa
Spektakuläre Gärten führen zum exquisiten, von einer goldenen Kuppel gekrönten Schrein des Bab.

2. Grotten von Rosh HaNikra (S. 208)
An diesem geologischen Wunder von den Wellen geformte Höhleneingänge und tiefblaue See bestaunen.

3. Hammam Al-Pasha (S. 203), Akko
Das marmorverzierte Badehaus, 1780 erbaut, ist heute ein stimmungsvolles Museum.

4. Nationalpark Caesarea (S. 198)
Ein riesiges herodianisches Amphitheater und weitere Ruinen aus Römer- und Kreuzfahrerzeiten erkunden.

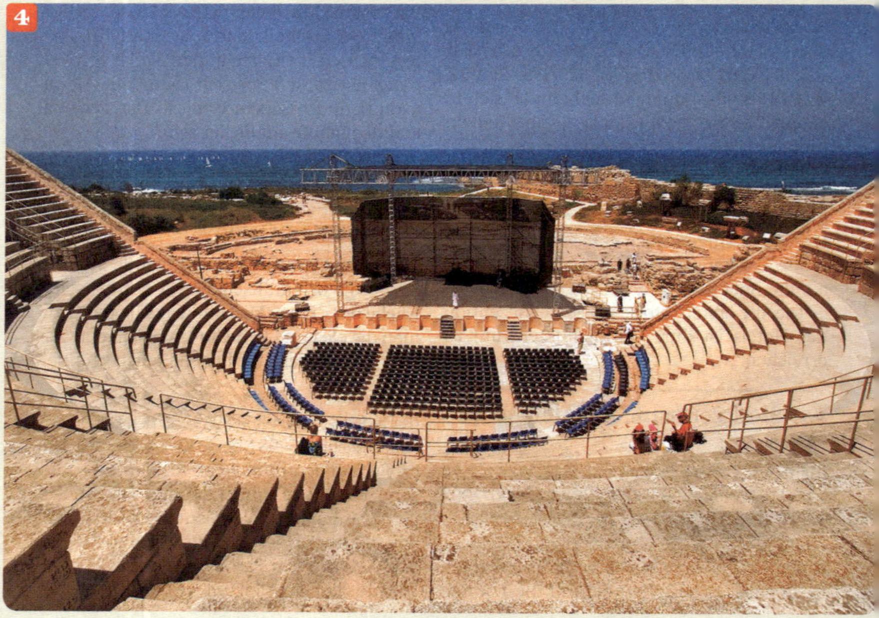

Shtroudl
DESSERTS $$

(Karte S. 172; ☏053 934-4986; www.shtroudl.rest.co.il; 39 Ben-Gurion Ave; Hauptgerichte 42–89 NIS, Desserts 25–39 NIS; ⊙So–Fr 8–1 Uhr) Das Shtroudl kombiniert deutsches und nahöstliches Süßspeisen-Know-how und serviert Desserts in einem Ambiente, das an das Sommerhaus einer exzentrischen Tante erinnert: mit rankendem Efeu, klappernden Windspielen und dem Geräusch von in Käsekuchen oder Apfelstrudel stechenden Gabeln. Wer das *kunafeh* bestellt, sollte den Gürtel ein Loch weiter stellen: Das mit Sirup getränkte schwere Quarkgebäck wird mit einer Kugel Pistazieneis serviert.

Douzan
NAHÖSTLICH $$$

(Karte S. 172; ☏04-852-5444; 35 Ben-Gurion Ave; Hauptgerichte 55–110 NIS; ⊙9–23 Uhr oder später; 🛜🅿) Dieses ebenso originelle wie freundliche Lokal in der German Colony ist teils ein libanesisches Restaurant und teils ein französisches Café. Die Spezialitäten reichen von *sfeeha* (Pasteten mit Hackfleisch, Zwiebeln und Pinienkernen) bis zu Garnelen in mexikanischer Tomatensauce und *rolettini* (in gebratene Auberginenscheiben gerollter Käse). Zu allem passen eiskalte Tamarinden-Limo und der Soundtrack mit Schwerpunkt Gitarrenmusik.

Vielleicht bleibt noch ein wenig Platz für ein orientalisches Dessert wie pochierte Pfirsiche und Milchpudding mit Rosenwasser.

Faces
MEDITERRAN $$$

(Karte S. 172; ☏04-855-2444; www.faces.rest-e.co.il; 37 Ben-Gurion Ave; Hauptgerichte 60–135 NIS; ⊙9–24 Uhr oder später; 🛜🅿) Kalb Stroganoff, Hühnermedaillons im Cordon-Bleu-Stil und Muscheln in Pernod sind Teil eines bunten Angebots an Speisen, das sich bei verschiedenen Mittelmeerküchen bedient. Manchmal schießen die Geschmackskombinationen am Ziel vorbei, doch die Gerichte sind immer frisch und werden sowohl draußen auf der Terrasse als auch drinnen im eleganten Restaurant mit einer dunklen Farbgestaltung in Rot und Schwarz mit viel Flair serviert.

✘ Karmel-Zentrum

Karmel-Zentrum bietet eine nette Mischung aus gehobenen Restaurants, schicken Cafés und Take-aways.

★ Gal's Bakery
CAFÉ $

(Karte S. 172; ☏04-836-2928; http://galsbakery.rest.co.il; Ecke HaNassi Ave & HaTishbi St; Backwaren 15–25 NIS, Hauptgerichte 25–50 NIS; ⊙So–Do 7–22, Fr bis 15 Uhr; 🛜🅿) Gal's Bakery bedient sich bei traditionellen Rezepten aus ganz Europa und so gibt's hier Mohn-*babka*, Cremeschnitten, *chaussons aux pommes* (Apfeltaschen) und zahlreiche weitere süße Leckereien. Im gewächshausartigen Gastraum mit seinen Bastsesseln und Kakteen kann man schön bei einem Kaffee oder einem Brunch mit Sachen wie *shakshuka* verweilen. Koscher (Milchprodukte).

El-Kheir
NAHÖSTLICH $$

(Karte S. 172; ☏04-850-0090; 139 HaNassi Ave; Salate 40 NIS, Hauptgerichte 59–98 NIS; ⊙So–Do 12–16 & 18–22, Fr & Sa 12–22 Uhr; 🅿) Das von Drusen geführte Familienrestaurant bietet neben einem netten Service eine breite Palette an libanesischen und syrischen Gerichten wie gebratene Seebrasse, Kebab mit Bulgur und Paprika sowie die Spezialität *shishbarak* (Fleischklöße in Joghurt). Vegetarier können sich an gebratenem Blumenkohl mit Tahina-Paste, Käse-Granatapfel-Pasteten und gefüllten Weinblättern sattessen.

Mandarin
CAFÉ $$

(Karte S. 172; ☏04-836-3554; 129 HaNassi Ave; Hauptgerichte 45–74 NIS; ⊙8–24 Uhr, Fr & Sa bis später; 🛜🅿) Das hinter der trubeligen HaNassi Ave versteckte Filialcafé serviert alle möglichen Speisen aus Orient und Okzident – mit unterschiedlichem Erfolg. Das Angebot reicht vom *pad ka pao* (Thai-Hackfleisch mit Reis) über Halloumi-Pfanne und vegane Burger bis zum Gulasch. Das gemütliche Café und seine Holzterrasse sind ein schönes Plätzchen für einen Smoothie vor der Erkundung der Bahai-Gärten.

✘ Stadtzentrum & Hafengebiet

In dieser langsam wiederbelebten Gegend funkeln einige kulinarische Juwele.

★ Ma'ayan HaBira
OSTEUROPÄISCH $$

(Karte S. 172; ☏04-862-3193; www.facebook.com/MaayaNHabira; 4 Nathanson St, Stadtzentrum; Hauptgerichte 30–120 NIS; ⊙So–Fr 10–17, Di bis 23, Do bis 20 Uhr) Das Ma'ayan HaBira wurde 1950 als Fleischerei gegründet, und so kommt seine osteuropäische Hausmannskost auch recht fleischlastig daher. Die Einrichtung mit alten Fotos und bayrischen Bierkrügen ist so nostalgisch wie die Rezepte. Die *kostiza* (Schweinefleischscheiben mit Fett) werden mit vampirfeindlichen Mengen Knoblauch serviert. Ebenso deftig sind die geräucherten Bohnen, die gelierten Kalbsfüße und das Gulasch.

Es lohnt sich – auch wenn's schwerfällt –, noch ein bisschen Platz für die Bayrische Creme zu lassen.

Donnerstagabends ist meist Live-Gitarrenmusik zu hören.

Wadi Nisnas

Konkurrierende Falafel-Restaurants säumen die HaWadi St zu beiden Seiten. Drei Blocks nördlich liegen an der Kreuzung Allenby Rd/HaZiyonut Blvd mehrere Shawarma-Läden. Sonntags ist hier fast alles geschlossen.

Felafel HaZkenim   FALAFEL $
(Karte S. 172; 18 HaWadi St; Falafel 15 NIS; ⊙Mo-Sa 8–19.30 Uhr;) Die Schlangen vor der Tür weisen den Weg zur besten Falafel in Haifa, serviert in schmucklosem Ambiente, aber mit einem Lächeln. Das Rezept wird seit 1950 perfektioniert und mit den ersten Bissen Pitabrot mit knusprigen Falafelbällchen und ein wenig Tahina (Sesampaste) ist das lange Warten vergessen.

Felafel Michelle   FALAFEL $
(Karte S. 172; 21 HaWadi St; Falafel 16 NIS; ⊙Mo-Sa 8–19.30 Uhr;) Dieser Hummus- und Falafel-Laden ist einer der beliebtesten kleinen Imbisse in Wadi Nisnas. Genügend Hunger mitbringen!

Abd Al-Hadi   SÜSSSPEISEN $
(Karte S. 172; 3 Sh'hadah Shalach St; Süßspeisen ab 10 NIS; ⊙9–23 Uhr) In den Fenstern dieser Bäckerei stapeln sich verführerische orientalische Backwaren wie *kunafeh* und verschiedene Arten Baklava voller Nüsse. Gegen den Absturz nach dem Zucker-High hilft ein starker türkischer Kaffee.

Suk   MARKT $
(Karte S. 172; Yochanan HaKadosh St; ⊙Mo-Sa 6.30–17 Uhr) Der beste Ort, um in Haifa frisches Obst und Gemüse zu kaufen; andere Leckereien für ein Picknick wie Süßspeisen, Hummus und Backwaren bekommt man hier ebenfalls.

★ **Ein El-Wadi**   LIBANESISCH $$
(Karte S. 172; ☎04-855-3353; 26 HaWadi St; Hauptgerichte 55–80 NIS; ⊙Mo-Sa 10–20 Uhr;) Die Gerichte in diesem tollen Familienrestaurant sind so authentisch wie seine antiken Steinbögen. Nach dem herzlichen Empfang können die Gäste libanesische und palästinensische Spezialitäten wie *fatayer* (mit Spinat gefüllte Pastete), *musakhan* (Hühnchen mit Sumach auf Brot) und – super! – *makloubeh* (Schichten aus duftendem Reis, geschmortem Huhn und Blumenkohl) genießen.

Die Nachspeisen sind extrem sättigend, und eine Portion *kunafeh* oder mit Rosenwasser aromatisierter Grieß reichen für zwei Personen.

Die vegetarischen und glutenfreien Gerichte sind auf der Karte gekennzeichnet.

Hadar

Im nordwestlichen Teil der Herzl St gibt's Falafel- und Shawarma-Läden und anderes preiswertes Essen, in der Masada St trendige Cafés – toll für einen Brunch und kleine Gerichte.

HaMis'ada Shel Ima   ÄTHIOPISCH $
(Mother's Restaurant; Karte S. 172; 20 HaNevi'im St, Ecke Shabtai Levi; Hauptgerichte 35–40 NIS; ⊙So-Fr 12–22, Sa Sonnenuntergang bis 22 oder 23 Uhr;) Wer dieses unprätentiöse Lokal betritt, fühlt sich wie auf einem kurzen Abstecher nach Addis Abeba – inklusive der lauten Klangkulisse. Die wunderbar pikanten äthiopischen Gerichte werden mit *injera* (weiches äthiopisches Fladenbrot aus Teffmehl) serviert und gegessen. Hauptgerichte sind u. a. *doro* (mit Butter, Knoblauch und Ingwer zubereitetes Hühnchen), *kitfo* (rohes oder leicht gekochtes mariniertes Rindfleisch) und für Vegetarier und Veganer *beyaynetu* (ein Kombiteller mit Linsen, Kartoffeln, Mohrrüben und Spinat).

Im Hof des Amisragas-Gebäudes nach dem Schild des Restaurants Ausschau halten!

Ausgehen & Nachtleben

Ein Abend in Haifa lässt sich so lässig oder verrückt gestalten, wie man möchte. In Karmel-Zentrum gibt es viele Kaffeehäuser und auch einige Kneipen zu finden, aber am besten läutet man den Abend in der stimmungsvollen German Colony ein, wo viele Restaurants zugleich als Bars fungieren. Ein bisschen lauter sind die hippen, linkslastigen Cafés rund um die Masada St. Ab 23 Uhr ist dann in den Livemusikläden und Kneipen der angesagten Port Area, des Hafengebiets beim Zentrum, immer mehr los.

Stadtzentrum

Syncopa   BAR
(Karte S. 172; 5 Khayat St; ⊙21–2 Uhr) Die Nightlife-Location auf zwei Etagen bietet

unten eine ochsenblutrote Kneipe und oben eine Bühne mit z. B. Soft Rock, Grunge und anderen gitarrenlastigen Stilen, Drum 'n' Bass, DJs, Comedy und sogar Lesungen. Einige Konzerte sind kostenlos.

Eli's Pub BAR
(Karte S. 172; ☎054 635-4696; www.facebook.com/elis.pub; 35 Jaffa Rd; ☉20–3 Uhr oder später) In dieser lockeren Kneipe, in der elf Biere vom Fass zur Wahl stehen (ab 24 NIS), treffen sich Studenten und Seeleute. Die Bar war zu osmanischen Zeiten ein Hammam; montags (Jamsession), mittwochs (Jazz) und samstags (einheimische Bands) geht ab 22.30 oder 23 Uhr die Post ab.

Libira BIERHALLE
(Karte S. 172; ☎04-374-0251; www.libira.co.il; 26 HaNamal St; ☉12–1 Uhr) Der gesellige Bierpalast mit industriellem Ambiente ist eine der beliebtesten Kneipen am Hafen. Der Renner sind hier die hauseigenen Gebräue: Weizenbier, Double Pilsner, Smoked Stout und starkes Ale. Der Besitzer Leonid Lipkin braut nach eigenen Rezepten ungefilterte, nicht pasteurisierte Biere, und hin und wieder werden auch Gastbiere wie das Palestinian Christmas Ale ausgeschenkt. Im Libira kann man sich auch richtig sattessen, z. B. mit deftigen mitteleuropäischen Speisen wie Schnitzel und geräucherter Gänsebrust oder auch Klassikern wie Burgern (Hauptgerichte 28–90 NIS).

Rund um die Masada Street

In den letzten Jahren hat sich die Masada St und ihre Umgebung in ein Szeneviertel verwandelt. Die mit Graffiti verzierte Straße säumen immer mehr Geschäfte für alternative Bekleidung, Tattoostudios und Cafés, die Frühstück und Alkohol plus eine großzügige Dosis linker Politik offerieren. Von der Herzl St in Hadar sind es 500 m Fußweg bergauf (Richtung Südwesten), oder man fährt mit der Carmelit zur Station Masada und geht dann nach Osten.

Cafe Masada CAFÉ
(Karte S. 172; 16 Masada St; ☉8–2, Sa ab 9 Uhr; 🛜) In diesem engagierten Café, in dem genauso viele Katzen wie Kunstliebhaber und Aktivisten abhängen, kann man bei einem Kaffee die Welt retten. Bei *shakshuka* und Sandwiches sowie einem Bier wird ordentlich diskutiert – in dem freisinnigen Laden lieben die Leute offenbar ein gutes Palaver.

Café Puzzle CAFÉ
(Karte S. 172; ☎04-866-0879; 21 Masada St; ☉So–Fr 10–24, Sa ab 16 Uhr; 🛜) Das Café ist bei Szene-Typen, Studenten und jungen Künstlern beliebt und bietet die heilige Dreifaltigkeit der Cafészene – tollen Kaffee, gute Stimmung und ordentliches WLAN. Wer Kohldampf hat, kann beim Brunch (48 NIS) zuschlagen oder Suppen und Sandwiches (28–38 NIS) oder Halva und hausgemachten Kuchen (32 NIS) verspeisen und dazu klassischem Rock lauschen.

Elika CAFÉ
(Karte S. 172; ☎052 443-3755; 24 Masada St; ☉7–1 Uhr) Das Elika ist ein beliebter Treff besonders der kunstaffinen Araber von Haifa und bringt mit alten Fotos und Che-Guevara-Postern sowie gelegentlichen Sportübertragungen und einer gut sortierten Bar erfolgreich linke Nostalgie und puren Hedonismus zusammen. Man kann am türkischen Kaffee oder einem Bierchen nippen, sich mit Mezze stärken und sich von Jazz und Weltmusik berieseln lassen.

German Colony

Oak Bar BAR
(Karte S. 172; www.facebook.com/oakbarhaifa; 24 Ben-Gurion Ave; ☉12 Uhr–open end) Arabischer Pop und das Klackern der Brettspiele liefern in dieser lockeren Bar an der Hauptstraße der German Colony die Geräuschkulisse. Ein toller Laden zum Leutegucken unter Biereinfluss.

Karmel-Zentrum

Pundak HaDov BAR
(Bear Inn; Karte S. 172; www.pundakhadov.rest-e.co.il; 135 HaNassi Ave; Hauptgerichte 55–90 NIS; ☉17–1 Uhr oder später, Fr ab 12 Uhr) Dieses mehr oder weniger irische Gasthaus zapft für ein Publikum, unter dem sich viele Expats befinden, Staropramen und Guinness und serviert sättigendes Kneipenessen wie Chicken Wings, Hotdogs und Wurstplatten, das am besten mit der Hand verzehrt wird, während man sich eine der regelmäßigen Sportübertragungen anschaut.

Unterhaltung

Während des Fests The Holiday of Holidays (S. 180) im Dezember werden jede Menge Veranstaltungen angeboten, doch dank einer internationalen Studentenschar gibt's auch das restliche Jahr über stets ausreichend Programm. Genaue Informationen zu Kulturevents stehen auf der Seite www.ethos.co.il, die von der Stadtverwaltung Haifas betrieben wird.

Beat Club LIVEMUSIK
(Karte S. 172; 04-810-1961; www.ethos.co.il; 124 HaNassi Ave, Karmel-Zentrum; Eintritt 50–100 NIS) Auf einer der führenden Konzertbühnen Haifas, die mit der städtischen Musikschule verbandelt ist und auch gelegentlich als Club fungiert, spielen israelische und ausländische Bands. Das aktuelle Programm steht auf der Website.

Haifa Cinematheque KINO
(Karte S. 172; 04-833-8888; www.haifacin.co.il; 142 HaNassi Ave, Karmel-Zentrum; Tickets 35 NIS) Zeigt Avantgarde- und Arthouse-Filme und andere unkonventionelle Streifen. Dies ist außerdem die Hauptspielstätte des Filmfestivals (S. 179) von Haifa.

Matnas Tverya 15 LIVEMUSIK
(Gould-Shenfeld Community Center; Karte S. 172; 04-850-7785; tveria15@hadarhaifa.org.il; 15 Tiberias St) Ein Gemeindezentrum, in dem regelmäßig Amateurkonzerte, Theatervorstellungen und Kurse (z. B. Yoga, Pilates und Tango) stattfinden. Die hiesigen Kunstausstellungen wechseln monatlich und man kann hier in freundlicher Umgebung gut Einheimische treffen. Die Busse 115 und 133 halten vor der Tür, man kann aber auch die Carmelit bis Masada nehmen. Was gerade los ist, ist telefonisch oder per E-Mail zu erfahren.

Haifa Auditorium KONZERTSAAL
(Karte S. 172; 04-835-3506; www.ethos.co.il; 140 HaNassi Ave, Karmel-Zentrum) Eine der wichtigsten Bühnen Haifas für Ballett, modernen Tanz und Musik mit 1100 Sitzen. Hier spielt auch das Haifa Symphony Orchestra.

 Shoppen

Flohmarkt MARKT
(Shuk Pishpeshim; Karte S. 172; www.facebook.com/shukpishpeshim.haifa; Kibbutz Galuyot St, Wadi Salib; 9–15 Uhr) Ledertaschen und Bilderrahmen, alte Postkarten und jede Menge Krimskrams und kleine Schätze: Das alles gibt's auf diesem Flohmarkt 700 m südöstlich vom Paris Sq, einem hervorragenden Jagdrevier für Sammler von Kuriositäten. Die Gegend eignet sich auch gut für einen Bummel vorbei an Antiquitätenläden und Straßenhändlern.

Samstags und sonntags ist auf dem Markt am meisten los, unter der Woche ist's etwas ruhiger.

Türkischer Markt MARKT
(HaShuk HaTurki; Karte S. 172; Paris Sq, Stadtzentrum; Fr 10–16 Uhr) Hafenarbeiter aus Thessaloniki hoben diesen Markt in den 1930er-Jahren aus der Taufe, doch dann verschwand er langsam beinahe vollständig. In den letzten zehn Jahren, in denen das Stadtzentrum eine Wiederbelebung erfuhr, wurde ihm als kleiner Kunstgewerbemarkt, auf dem heimische Kunsthandwerker ihre Sachen verkaufen, neues Leben eingehaucht.

Orientierung

In Haifa muss man vertikal denken: Die einzelnen Stadtteile sind quasi am Hang des Karmelgebirges übereinandergestapelt – je höher man hinaufkommt, desto schicker wird es. Die Stadt erstreckt sich außerdem auf einem gewölbten Küstenstreifen: Hier folgen Hauptstraßen der Küstenlinie – am Berg verlaufen die steilen Straßen dagegen im Zickzack. In den meisten Hotels und in der Touristeninformation von Haifa bekommt man kostenlose Stadtpläne.

Die düstere Innenstadt (Ir Tachtit) und das angrenzende Hafengebiet liegen im Flachland neben dem Hafen von Haifa und den Bahnschienen. Etwa 1 km westlich von hier, direkt unterhalb der Bahai-Gärten, befindet sich die Ben-Gurion Ave, die elegante Hauptstraße der German Colony (S. 175). Das überwiegend arabische Viertel Wadi Nisnas (S. 176) liegt in einem kleinen Tal in der Mitte zwischen dem Kikar Paris und der German Colony. Nordwestlich davon, auf der anderen Seite der Bahnschienen, liegt Bat Galim, wo sich das Krankenhaus Rambam und ein Strand befinden. Von der Strandpromenade von Bat Galim fährt eine Seilbahn hinauf nach Stella Maris (S. 177). Etwa 1 km südlich vom Paris Sq liegt bergauf die Herzl St, das Herz von Hadar HaKarmel, gemeinhin Hadar (S. 177) genannt.

Rund um Gan HaEm, die obere Endstation der Carmelit, liegt Karmel-Zentrum (Merkaz HaKarmel; S. 171), das kommerzielle Zentrum der wohlhabenden Stadtviertel, die sich entlang des Kamms des Karmel erstrecken.

Praktische Informationen

GELD

In Hadar und oben in Karmel-Zentrum gibt's viele Banken.

MEDIZINISCHE VERSORGUNG

Rambam Medical Centre (Rambam Health Care Campus; Karte S. 170; 1-700-505-150,

Notaufnahme 04-777-3300; www.rambam.org. il; 8 HaAliya HaShniya St, Bat Galim; ⊙ 24 Std.) Das größte Krankenhaus Nordisraels und eines der am besten ausgestatteten des Landes. Hierher fahren Busse Richtung Bat Galim (43 vom Busbahnhof Hof HaKarmel, 16 und 136 von Lev HaMifratz, 24 und 36 von der Universität).

TOURISTENINFORMATION

Touristeninformation (Haifa Tourist Board; Karte S. 172; ☎ 04-853-5606; www.visit-haifa. org; 48 Ben-Gurion Ave, German Colony; ⊙ So–Do 8.30–18, Fr bis 13 Uhr) Befindet sich am oberen Ende der Ben-Gurion Ave. Hier sind kostenlose Stadtpläne erhältlich.

ℹ️ An- & Weiterreise

BUS

In Haifa gibt es zwei zentrale Busbahnhöfe. Den Busbahnhof Haifa-Hof HaKarmel nutzen Busse, die an der Küste entlang nach Süden fahren (z. B. nach Tel Aviv). Er liegt an der westlichen, dem Meer zugewandten Seite des Karmel in der Nähe des Bahnhofs Haifa-Hof HaKarmel. Von der German Colony am Fuß des Karmel sind es ca. 8 km. Nach Tel Aviv und in andere Küstenstädte kommt man am schnellsten mit dem Zug.

Weitere Fahrtziele sind z. B.: Atlit Detention Camp (Bus 221, 25 Min., 2-mal stündl.), Jerusalem (Egged-Bus 940, 37,50 NIS, 2 Std., alle 30–90 Min. außer Freitagabend bis Sonnenuntergang am Samstag; Egged-Bus 947 braucht 1 Std. länger) und Zichron Ya'akov (Egged-Busse 202 und 921, 14,50 NIS, 1 Std., mind. stündl. außer Freitagabend bis Sonnenuntergang am Samstag).

Der Busbahnhof Haifa-Merkazit HaMifratz, der vom Karmel aus auf der Seite der Bucht von Haifa liegt, wird hauptsächlich von Bussen nach Norden und Osten genutzt. Er liegt 8 km südöstlich der German Colony, einige Hundert Meter – durch das gigantische Einkaufszentrum Lev HaMifratz hindurch – vom Bahnhof Lev HaMifratz. Nach Akko und Nahariya geht es mit dem Zug am schnellsten. Andere Fahrtziele:

Afula (Nateev-Expressbus 301, 40 Min., alle 20 Min. außer Freitagnachmittag bis Sonnenuntergang am Samstag). Regelmäßig fahren Busse von Afula nach Beit She'an.

Akko (Nateev-Expressbusse 271 und 361, 16 NIS, 35–45 Min., alle 10 Min.) Bus 271 fährt weiter zu den Bahai-Gärten, zum Kibbuz Lohamei HaGeta'ot und nach Nahariya.

Beit She'arim (Kreuzung HaShomrim; Nateev-Expressbus 301, 13,50 NIS, 15 Min., 3-mal stündl.)

Jerusalem (Egged-Bus 960, 37,50 NIS, 2 Std., 1- oder 2-mal stündl. außer Freitagnachmittag bis Sonnenuntergang am Samstag)

Kiryat Shmona (Egged-Busse 500 und 505, 37,50–44 NIS, 2 Std., 2-mal stündl. außer Freitagnachmittag bis Sonnenuntergang am Samstag)

Nazareth (Busse 331 und 332, gemeinsam von Nazareth Tourism & Transport und GB Tours; 19–26 NIS, 1 Std., So–Fr 2-mal stündl., Samstag stündl.)

Safed/Tsfat (Nateev-Expressbus 361, 1¾ Std., 2-mal stündl.) Über Akko (45 Min.).

Tiberias (Egged-Bus 430 und 434, 21,50 NIS, 1¼ Std., 3-mal stündl. außer Freitagnachmittag bis Sonnenuntergang am Samstag)

Zwischen den beiden zentralen Busbahnhöfen verkehren die Metronit-Linie 1 (30 Min.), die über die German Colony und das Hafengebiet fährt, und Bus 101 (20 Min.), der durch den mautpflichtigen Karmel-Tunnel fährt.

In allen Fernbustickets nach Haifa ist die Weiterfahrt von den beiden zentralen Busbahnhöfen in die Stadt enthalten, wenn man beim Kauf des Tickets (z. B. beim Fahrer) nach einem kartis hemshech (Transfer-Ticket) fragt. Einziger Nachteil: Dafür benötigt man eine wiederaufladbare Rav-Kav-Smartcard (kann man beim Fahrer kaufen).

FLUGZEUG

Haifa Airport (HFA; ☎ 03-975-8337; www.iaa. gov.il; Derech Yigael Yadin), 7,5 km südöstlich vom Paris Sq, hat mit Arkia (www.arkia.com) Verbindungen nach Eilat, außerdem gibt's Charterflüge zu den griechischen Inseln. Der Egged-Bus 58 fährt vom Zentralen Busbahnhof zum Flughafen.

SCHIFF/FÄHRE

Fähren verbinden den **Hafen von Haifa** (Karte S. 172; www.haifaport.co.il; Kdoshei Bagdad St) unter der Woche zweimal täglich und samstags dreimal mit dem Fährenleger im alten Akko; die Fahrt dauert je nach Bedingungen rund 45 Minuten. Tickets gibt's bis zu einer Stunde vor der Abfahrt.

SHERUT

Sheruts (Sammel- bzw. Servicetaxis) fahren täglich von Hadar und verschiedenen Stellen rund um die Kreuzung Herzlia St/HaNevi'im St nach **Akko** (Karte S. 172; ☎ 04-862-2115), **Nahariya und Safed/Tsfat** (Karte S. 172; ☎ 04-862-2115) und **Tel Aviv** (Karte S. 172; ☎ 04-862-2115) (wochentags/Sabbat 30/45 NIS).

Ein **Sherut zum Flughafen Ben Gurion** (Amal Taxi; ☎ 04-866-2324) ab dem zentralen Abfahrtsort (rund um die Kreuzung Herzlia/HaNevi'im St; 77 NIS) oder vom Hotel (119 NIS) sollte man einen Tag vorher reservieren.

ZUG

In Haifa gibt es vier Bahnhöfe:

Haifa-Hof HaKarmel 8 km von der German Colony, westlich und dann südlich um den Fuß des Karmel herum; in der Nähe des Busbahnhofes Haifa-Hof HaKarmel.

Haifa Merkaz-HaShmona (Haifa-Zentrum-HaShmona; Derech HaAtsmaut, Haifa-Hafen) In der Innenstadt (Hafengebiet), 700 m nordwestlich vom Kikar Paris und 700 m östlich von der German Colony.

Haifa-Bat Galim (Karte S. 170; HaHayil St) Im Viertel Bat Galim, in der Nähe des Krankenhauses Rambam und 1 km südöstlich der Stella-Maris-Seilbahn.

Lev HaMifratz (HaHistadrut) 8 km südöstlich der German Colony, einige Hundert Meter – durch das gigantische Einkaufszentrum Lev HaMifratz hindurch – vom Busbahnhof Merkazit HaMifratz.

Eine Bahnfahrt innerhalb Haifas zwischen diesen vier Bahnhöfen kostet 7,50 NIS (alle 10–20 Min.). Von allen vier Bahnhöfen fahren Züge zum Flughafen Ben Gurion (35,50 NIS, 1¼–1¾ Std., 2-mal stündl.) sowie nach Akko (13,50 NIS, 30 Min., 4-mal stündl.), Nahariya (13,50–17,50 NIS, 35 Min. bis 1 Std., 3-mal stündl.) und Tel Aviv (27,50–32,50 NIS, 1–1¼ Std., 2- oder 3-mal stündl.).

Von Freitagnachmittag bis zum Sonnenuntergang am Samstag fahren keine Züge.

Unterwegs vor Ort

AUTO

Mehrere große Autovermietungsagenturen haben in Haifa Niederlassungen in den Seitenstraßen in der Nähe des Busbahnhofs Haifa-Merkazit HaMifratz.

BUS

Die U-Bahn Carmelit ist toll, um den Berg hinauf und hinunter zu fahren. Doch für die Fahrt um die Flanken des Berges herum benötigt man Busse (betrieben von Egged, Nateev Express und Omni Express). Erheblich schneller ist jedoch die Metronit, ein Bussystem mit drei Linien, das 2013 eingeweiht wurde und dank eigener Busspuren und synchronisierter Ampeln so schnell ist wie eine Straßenbahn. Für die Metrolit-Busse muss man im Gegensatz zu normalen Bussen Fahrkarten (5,90 NIS, 90 Min. gültig) vor dem Einsteigen kaufen – Automaten gibt's an jeder Haltestelle.

Die Metronit-Linie 1 verbindet die beiden zentralen Busbahnhöfe Haifa-Merkazit HaMifratz und Haifa-Hof HaKarmel und fährt dabei über das Hafengebiet und die German Colony. Sie verkehrt rund um die Uhr, sieben Tage pro Woche (ja, auch am Sabbat!) mindestens zweimal pro Stunde (zu Spitzenzeiten alle 5 Min.). Linie 2 fährt von Bat Galim (Krankenhaus Rambam) ebenfalls über das Hafengebiet und die German Colony nach Haifa-Merkazit HaMifratz.

U-BAHN

Die Carmelit (www.carmelithaifa.co.il), Israels einzige U-Bahn – eigentlich ist es eine Standseilbahn –, hat sechs Stationen und fährt vom Kikar Paris in der Innenstadt (Hafengebiet) über Hadar (Station HaNevi'im) nach Karmel-Zentrum (Station Gan HaEm). Die Strecke ist etwa 2 km lang und überwindet auf Steigungen von bis zu 17,5 Grad 268 Höhenmeter. Gewöhnlich verkehrt die Bahn sonntags bis donnerstags von 6 bis 24 Uhr, freitags bis 15 Uhr und samstags ab 20 Uhr.

Daliyat Al-Karmel
دالية الكرمل   דלית אל כרמל

♪ 04 / 16 780 EW.

Das auf charmante Art und Weise leicht schäbige Daliyat Al-Karmel mag zwar mit großen Sehenswürdigkeiten geizen, bietet aber eine faszinierende Möglichkeit, die Kultur der Drusen zu erleben. Ihre Religion ist eine Abspaltung vom Islam, die sich auch von griechischen und anderen Philosophien inspirieren lässt. Drusen dürfen keine Angehörigen anderer Glaubensgemeinschaften heiraten und man kann nicht zum Drusentum übertreten. Daliyat Al-Karmel wurde im 17. Jh. von Drusen aus dem Libanon gegründet und ist die südlichste Drusensiedlung weltweit und die größte in Israel.

Daliyat Al-Karmel ist eine weitläufige Stadt auf dem Kamm des Karmel, etwa 16 km südlich von Haifa. Durch jahrelanges Wachstum ist Daliyat inzwischen fast mit dem kleineren Drusendorf Isfiya (Usfiyeh) gleich nördlich der Stadt zusammengewachsen.

Das „Zentrum" der Stadt bildet ein 200 m langer Abschnitt der Hauptstraße durch die Stadt, der Rte 672. Am Sabbat und an jüdischen Feiertagen ist in der Stadt am meisten los. Fremde werden neugierig, aber freundlich beäugt.

Sehenswertes

Beit Oliphant   HISTORISCHE STÄTTE
In dem als Beit Druze ausgeschilderten Haus lebten von 1882 bis 1887 der christliche Zionist Sir Laurence Oliphant und seine Frau Alice. Die Oliphants gehörten zu den wenigen Nicht-Drusen, die eine enge Beziehung zu der Religionsgemeinschaft pflegten, und taten viel, um ihr zu helfen. Oliphants damaliger Assistent war Naphtali Herz Imber, der Verfasser des Textes der israelischen Nationalhymne „HaTikwa", der 1886 erstmals veröffentlicht wurde.

> ### ABSTECHER
>
> ### BEIT SHE'ARIM
>
> Der faszinierende **Nationalpark Beit-She'arim** (📞 04-983-1643; www.parks.org.il; Erw./Kind 22/10 NIS; ⏰ Sommer 8–17 Uhr, Winter 8–16 Uhr, Fr 1 Std. kürzer, letzter Einlass 1 Std. vor Schließung; 🅿) zwischen Karmelgebirge und Untergaliläa ist mit alten Katakomben gespickt, von denen man viele betreten kann. Im 2. Jh. n. Chr. entwickelte sich die Stadt in ein lebendiges Zentrum für Thorastudien und so sind hier einige spirituelle Geistesgrößen bestattet. Die schön restaurierten Grabhöhlen sind durch Spazierwege miteinander verbunden. Am eindrucksvollsten ist das dreibogige **Grab des Rabbi HaNassi**, der sich um die politischen Beziehungen zwischen den Juden und ihren römischen Herren kümmerte. Eine Karte mit den Wegen ist im Besucherzentrum erhältlich.
>
> In Teilen des späten 2. Jhs. n. Chr. war Beit She'arim der Treffpunkt des Sanhedrin (Hoher Rat der Rabbis) unter Führung des Rabbi Yehuda HaNassi, der jüdische Gelehrte um sich scharte und in Zippori (Sepphoris) die Mischna, die erste jüdische Gesetzessammlung, zusammentrug. Er bat jedoch darum, in Beit She'arim begraben zu werden, woraufhin es ihm andere nachtaten. Im 4. Jh. zerstörten die Römer die Stadt, wahrscheinlich während der Niederschlagung eines jüdischen Aufstandes. In den folgenden 600 Jahren wurden viele der Gräber geplündert und durch Steinschläge verschüttet. Durch Zufall entdeckten Archäologen 1936 die Überreste Beit She'arims.
>
> Bei der Fahrt Richtung Parkeingang sieht man links die Ruinen einer **Synagoge** aus dem 2. Jh. Auf dem riesigen Gelände werden nach wie vor Höhlengräber entdeckt: Die größte Katakombe besteht aus 24 einzelnen Kammern mit insgesamt über 200 Sarkophagen. Besonders bemerkenswert sind die vielfältigen Symbole und Inschriften, die in die Särge eingemeißelt sind, darunter Epitheta auf Hebräisch, Aramäisch, Palmyrenisch und Griechisch. Einige der hier Begrabenen sollen sogar aus dem fernen Persien und Jemen stammen.
>
> Eine andere Stätte im Nationalpark, das **Menorahöhlenareal** mit sechs Kammern, kann nur mit Voranmeldung im Rahmen von Führungen besichtigt werden, lohnt aber mit den komplexen Steinmetzarbeiten, z. B. einer Menora und einem Thoraschrein, den Besuch.
>
> Beit She'arim liegt ca. 23 km südöstlich von Haifa, die Strecke führt hauptsächlich über die Rte 75. Man kann auch mit dem Nateev-Expressbus 301 von Haifa-Merkazit HaMifratz (13,50 NIS, 30 Min., mind. 2-mal stündl.) herkommen; man sagt dem Fahrer, dass man nach Beit She'arim möchte, und wird dann an der Kreuzung HaShomrim herausgelassen – der Park befindet sich 1 km weiter südlich an der Rte 722.

Die antike römische Säule ist eine Gedenkstätte für Alice, die mit 36 Jahren starb – Imber soll wahnsinnig in sie verliebt gewesen sein. Heute dient das Haus als **Drusisches Gedenkzentrum** und erinnert an die 398 Drusen, die seit 1948 während ihres Dienst in den Israel Defense Forces (IDF) den Tod fanden. Zuletzt war es leider für Besucher geschlossen.

Schrein des Abu Ibrahim
ISLAMISCHER SCHREIN

(⏰ unterschiedlich) GRATIS Das quadratische kleine Gebäude mit einer kleinen roten Kuppel und einer Fassade aus Jerusalem-Stein ist der Schrein des Abu Ibrahim, in dem nach drusischem Glauben die Seele Elijas wiedergeboren wurde. Sowohl Männer als auch Frauen müssen sich angemessen kleiden, ihre Arme bedecken und ihre Schuhe ausziehen – man kann sie auf dem Regal an der Tür abstellen. Um zum Schrein zu gelangen, folgt man den Schildern „Holy Place".

Wenn man auf der Haupteinkaufsstraße (Rte 672) Richtung Süden geht, biegt die Straße im rechten Winkel nach links Richtung Südosten ab; hier geht man nach rechts, also Richtung Westen. Zum Schrein sind es dann noch etwa 600 m.

 Essen

Andarin
NAHÖSTLICH $$

(Rte 672; Hauptgerichte 55–120 NIS; ⏰ 10–22 Uhr) Freundlicher Service und wirklich gutes Kebab machen das makellos saubere Andarin zur besten Adresse an der Hauptstraße von Daliyat. Die Grillgerichte wie Huhn und Lammhack werden mit verschiedensten Salaten serviert, darunter einige mit ungewöhnlichen Zutaten wie Kimchi und süß-sauren Karotten.

Abu Anter NAHÖSTLICH **$$**
(04-839-3537; Rte 672; Hauptgerichte 45–140 NIS; 10–17 Uhr) Das bei den Einheimischen beliebte, einladende Restaurant bietet nahöstliche Standardgerichte wie Kebab, Falafel, gefüllte Weinblätter und *labneh* (fester Rahmjoghurt).

 Shoppen

Zwischen und in den Restaurants verkaufen Geschäfte von den Drusen hergestellte Textilien, farbenfrohe Schals und Hosen, Tabla-Trommeln, Töpferwaren und Antiquitäten – doch Vorsicht: Die guten Sachen verstecken sich inmitten aller möglichen Dinge von ungewisser Herkunft.

❶ Anreise & Unterwegs vor Ort

Bus 37 verbindet Daliyat Al-Karmel und Isfiya mit der Universität von Haifa, der German Colony, den Bahai-Gärten und Bat Galim (5,90 NIS, 1–1¼ Std., 2- bis 3-mal stündl. außer Freitagnachmittag bis Sonnenuntergang am Samstag).

An der vollen Hauptstraße von Daliyat kann das Parken schwierig sein, doch ganz in der Nähe der Sehenswürdigkeiten und Restaurants befindet sich ein privat betriebener **Parkplatz** (abseits der Rte 672; 15 NIS pro Auto); ein Wächter taucht auf, um Geld zu kassieren.

Karmeliterkloster St. Elija
מנזר כרמליתי של אליהו הקדוש
دير المحرقة

Karmeliterkloster St. Elija KLOSTER
(Muhraqa; www.muhraqa.org; 4 NIS; Sommer 9–17 Uhr, Winter bis 16.30 Uhr; P) Spektakuläre Aussichten und überraschender Kitsch begrüßen die Besucher in diesem in luftiger Höhe gelegenen Kloster. Das Karmeliterkloster St. Elija heißt bei arabischen und jüdischen Israelis Muhraqa („es brennt"): Hier soll Elija Gott ein Opfer dargeboten haben, was durch ein Feuer aus dem Himmel beantwortet wurde, während das konkurrierende Opfer der 450 Propheten des Baal ignoriert wurde (1 Kön 18). Im Klostergarten sind urige Froschstatuen und Gartenzwerge beheimatet sowie eine von Lichterketten umkränzte Jungfrau Maria. Der Komplex umfasst außerdem eine 1883 errichtete Kapelle und die Unterkünfte von Mönchen vom Orden der Unbeschuhten Karmeliten.

Vom Dach (Eingang über den Laden) kann man das Mittelmeer, bei klarem Wetter auch den Berg Hermon und alles dazwischen sehen. Vor dem Kloster befinden sich ein friedlicher kleiner Garten mit einer Statue des Elija und ein kurzer Spazierweg.

Die Muhraqa liegt 5 km südlich vom Zentrum von Daliyat Al-Karmel; an der ausgeschilderten Y-Kreuzung links halten.

Ein Hod & Ain Hud
עין הוד ועין חוד   عين هود عين حوض

An den verschlungenen Gassen von Ein Hod starren Bronzestatuen aus riesigen Sardinendosen und unter blühenden Bäumen locken üppige Steinskulpturen. Das kleine Künstlerdorf bietet Gelegenheit zu schönen und surrealen Entdeckungen – hier schlägt der Puls der zeitgenössischen israelischen Kunst.

Hinter den reizenden Künstlerateliers aus Sandstein verbirgt sich jedoch eine düstere Vergangenheit: Die Bewohner des ehemals arabischen Dorfes wurden vertrieben und gründeten ihr Dorf weiter den Berg hinauf neu in Ain Hud, das es auch heute noch gibt. Ob als Tagesausflug von Haifa oder auch für einen längeren Aufenthalt – ein Besuch in Ein Hod und Umgebung bietet auf jeden Fall viel Stoff zum Nachdenken.

◉ Sehenswertes

In Ein Hod leben und arbeiten mehrere Dutzend Künstler. Viele Ateliers sind für Gelegenheitsbesucher geschlossen und es wird wieder darüber diskutiert, ob Touristen gut für die Künstler sind oder sie nur von der Arbeit ablenken. Immer mehr Ateliers öffnen jedoch ihre Pforten für Besucher und nach vorheriger Anmeldung kann man Workshops in Bereichen wie Keramik, Aquarell- und Ölmalerei, Lithografie oder Fotografie besuchen. Einzelheiten stehen auf der offiziellen Website Ein Hods, www.ein-hod.org, sowie auf der privat betriebenen Website www.ein-hod.info.

Janco-Dada-Museum MUSEUM
(04-984-2350; www.jancodada.co.il; Erw./Kind 24/12 NIS, inkl. Dada Lab 25/30 NIS; So–Do 10–15, Fr bis 14, Sa bis 15.30 Uhr, Dada Lab Sa & Feiertage 11–14 Uhr; ▴) In diesem 1983 erbauten Museum, das seinem Leben und Werk gewidmet ist, erhält man einen Einblick ins kreative Schaffen von Marcel Janco – das Künstlerdorf geht auf eine Idee Jancos

zurück. In der ständigen Ausstellung sind Kunstwerke der berühmtesten Dadaisten Israels zu sehen. Dazu kommen Ausstellungen örtlicher Künstler. Das wunderbar schräge Highlight ist unten das **Dada Lab**, in dem Kinder ihrer Kreativität freien Lauf lassen und sich z. B. verkleiden können.

Gelegentlich finden im Museum Aufführungen statt.

Ein Hod Gallery   GALERIE
(So & Di–Do 10–16, Fr 10–14, Sa 11–16 Uhr) Die Galerie bietet mit Skulpturen und Gemälden einen guten Überblick über das Schaffen der Künstler von Ein Hod. Die Räumlichkeiten stammen von 1953, als sich das Künstlerdorf noch in seinen Kinderschuhen befand.

Studio Magal   GALERIE
(04-984-2313; 10–17 Uhr) Keramiken (darunter Judaika) und Mosaike sowie expressionistische Aquarelle und Ölgemälde von Ben-Tzion Magal (1908–1999).

Nisco-Museum   MUSEUM
(052 475-5313; Erw./Kind 30/20 NIS; Mo-Sa 10–17 Uhr) Diese ungewöhnliche Sammlung mechanischer Musikinstrumente trug der in New York geborene Nisan Cohen zusammen, der gern bereit ist, Schallplatten aus seinem jiddischen Musikarchiv auf einer alten Victrola abzuspielen. Die Führungen beginnen jeweils zur vollen Stunde. Das Museum liegt vom Tor nach Ein Hod einige Hundert Meter bergab (in Richtung Rte 4).

Geführte Touren

Shuli Yarkony Tours   SPAZIERGANG
(052 645-6072; shuliyarkony@gmail.com) Die lizenzierte Führerin Shuli Yarkony leitet geführte Rundgänge zu Künstlerateliers, die normalerweise nicht öffentlich sind, und dank ihrer familiären Verbindungen zu einigen der Künstler geht es oft recht munter zu. Die Preise schwanken je nach Länge der Führung und Größe der Gruppe. Die Führungen können auch auf Englisch durchgeführt werden. Weit im Voraus buchen!

Essen

Makolet   SUPERMARKT $
(9–17 Uhr oder später) Ein Hods einziger Minimarkt mit frischen Lebensmitteln.

★**HaBayit**   NAHÖSTLICH $$
(Al-Beyt; 053 944-2990; http://albeet.rest.co.il; Ain Hud; Menüs ab 110 NIS; 12–18 Uhr;) Dieses familiengeführte Restaurant liegt in Ain Hud, 4 km bergauf von Ein Hod, und serviert authentische arabische Küche. Die Menüs umfassen verschiedene Salate, Suppen, gefülltes Huhn, langsam gegartes Lamm, hausgemachtes Brot und/oder pikante Okraschoten, alles gewürzt mit Kräutern von den Hängen des Karmel. Eine Karte gibt es nicht – der Koch kocht, was er möchte, jedoch wird auch auf die Wünsche von Vegetariern eingegangen.

Für freitags und samstags sollte man reservieren.

Nof Hvade   NAHÖSTLICH $$
(04-671-2560; http://nofmulhavadi.co.il; Ain Hud; Hauptgerichte 50–80 NIS; 9 Uhr bis der letzte Gast geht;) Von diesem herzlichen Familienrestaurant in dem in luftiger Höhe gelegenen Ain Hud, 4 km die steile Straße hinauf vom Künstlerdorf, genießen die Gäste spektakuläre Ausblicke. Die leckeren Grillgerichte werden z. B. von eingelegtem Blumenkohl und Tahina begleitet, während sich Vegetarier an gefüllten Weinblättern und *mujaddara* (Linsen und Reis mit gebratenen Zwiebeln) gütlich tun können.

Vom Ortseingang folgt man den Restaurantschildern bergab nach links und hält nach dem „Ein Hood"-Mosaik mit Tauben Ausschau; die Treppen hier führen hoch zum Restaurant.

Doña Rosa   ARGENTINISCH $$$
(053 934-5520; www.donarosa.co.il; Hauptgerichte 56–88 NIS, Steaks 94–120 NIS; Mo-Sa 12–23 Uhr) Dies ist die beste Adresse in Ein Hod für ein echtes Festmahl: Das argentinische Steakhaus ist ein fast authentisches Stück Argentinien, vom Fleisch und Wein bis zum Gaucho-Ambiente. Am schönsten sind die Verandatische. Für Donnerstagabend, Freitag und Samstag sollte man reservieren; samstags wird Livemusik geboten.

Atlit

Internierungslager Atlit   HISTORISCHE STÄTTE
(Atlit Detention Camp; 04-984-1980; http://eng.shimur.org/atlit; Erw./Kind 32/27 NIS; So–Do 9–17, Fr bis 13 oder 14 Uhr, Führungen nach Vereinbarung;) 1939, als die Lage der europäischen Juden immer dramatischer wurde, veröffentlichte die britische Regierung ein Weißbuch, das die Zahl der jüdischen Einwanderer nach Palästina auf 10 000 bis 15 000 „Zertifikate" pro Jahr beschränkte. Die Führer der zionistischen Bewegung entschieden, dass die Juden illegal nach Palästina kommen sollten, wenn sie es auf le-

NICHT VERSÄUMEN

STRÄNDE AN DER NORDKÜSTE

An der nördlichen Mittelmeerküste Israels erstreckt sich eine Kette schöner Sandstrände. Zu den schönsten gehören folgende (von Süd nach Nord):

Beit Yanai (Parken 24–33 NIS pro Fahrzeug) Der ausgezeichnete Strand auf halber Strecke zwischen Tel Aviv und Haifa bietet kostenlose Duschen und Toiletten, einen Badebereich mit Rettungsschwimmern und Imbissstände. Hier gibt's jede Menge Platz zum Sonnenbaden und Beobachten der Surfer.

Aqueduct (S. 199) Ein goldener Strand direkt neben einem Abschnitt des römischen Aquädukts von Caesarea. Kein Eintritt. 2,5 Straßenkilometer nördlich des antiken Caesarea.

Dor Der lange Strand mit feinem Sand erstreckt sich südlich des Dorfes Dor und verfügt über überwachte Badebereiche und Gezeitenbecken. Ganz in der Nähe liegen die Ruinen von Dor, einer bedeutenden Hafenstadt, die mehrfach im Alten Testament erwähnt wird. 10 km nordwestlich von Zichron Ya'akov.

Atlit Mit Sand wie braunem Zucker und steifen Brisen und zumeist nicht überwacht, aber gut zum Sonnenbaden und Drachensteigenlassen.

Hof-HaKarmel-Strände Die feinen Sandstrände Dado (S. 179) und Zamir (S. 179) erstrecken sich auf der Westseite der Landzunge von Haifa in der Nähe des Bahnhofs Haifa-Hof HaKarmel.

Bat Galim (S. 179) Kleiner, netter und bei den Einheimischen beliebter Strand ein paar Straßen nordöstlich der unteren Seilbahnstation in Haifa (Endhaltestelle der Metronit-Linie 2).

Argaman (S. 204) Akkos kommunaler Strand liegt 1,5 km südöstlich der Altstadt.

Nationalpark Akhziv (S. 209) Die beiden malerischen Strände des Akhziv etwa 4 km nördlich von Nahariya sind beliebt bei Familien.

---

galem Weg nicht könnten. Tausende Juden, die vor dem Naziregime flohen, schafften es durch die britische Blockade, doch viele wurden festgenommen und im Atlit Illegal Immigrant Detention Camp interniert.

Am 10. Oktober 1945 drang der Palmach (eine Spezialeinheit der Haganah) ins Lager ein und befreite 208 Gefangene. Diese mutige Tat, die vom jungen Jitzchak Rabin angeführt wurde, veranlasste die Briten, das Lager zu schließen. Von 1946 bis 1949 wurden Überlebende des Holocaust und andere Juden, die wegen illegaler Einreise nach Palästina festgenommen wurden, in Lager auf Zypern gebracht.

Besucher können die Stätte auf eigene Faust besichtigen, doch es gibt nur wenige Beschriftungen. Die beste Möglichkeit ist eine 90-minütige Führung – die Zeiten erfährt man telefonisch. Die Führer zeigen die Barracken (nachgebaut), ein schreckliches Waschhaus (weitgehend im Original), in dem die Neuankömmlinge sich entkleiden mussten und mit DDT desinfiziert wurden, sowie ein 34 m langes Schiff von der Art, die benutzt wurde, um *ma'apilim* („illegale" Einwanderer) vor der Gründung Israels nach Palästina zu bringen. (Dieses Schiff ist die in den 1970er-Jahren in Litauen gebaute *Galina*.) Ein Schiff dieser Größe war mit 600 bis 800 Flüchtlingen vollgepackt.

Das Lager Atlit liegt 16 km südlich von Haifa und 20 km nördlich von Zichron Ya'akov. Bus 221 (alle 30 Min.) fährt vom Lager zum Bahnhof Atlit (10 Min.), der 3 km weiter südlich liegt, und zum Busbahnhof Hof HaKarmel in Haifa (25 Min.).

Kreuzfahrerburg   RUINE

Auf einer Landzunge etwa 750 m westlich des Strandes von Atlit steht die Ruine einer einst eindrucksvollen Kreuzritterburg, die im Lateinischen Castrum Pergrinorum und im Französischen Château Pèlerin (Pilgerburg) heißt. Sie befindet sich auf dem Gelände einer Militärbasis, die für die Ausbildung israelischer Marinetruppen genutzt wird und kann daher nicht besichtigt werden. Einen schönen Blick auf die Burg hat man aber vom Strand aus.

MEGIDDO (ARMAGEDDON)

Laut Johannes soll auf diesem von der Sonne verbrannten Hügel im **Nationalpark Megiddo** (Tel Megiddo; ☏ 04-659-0316; www.parks.org.il; Rte 66, Megiddo; Erw./Kind 28/14 NIS; ⊙ Sommer 8–17 Uhr, Winter bis 16 Uhr, schließt Fr jeweils 1 Std. früher), besser bekannt als Armageddon, die letzte große Schlacht auf Erden stattfinden (Offenbarung 16,16). Abgesehen von den vorbeihuschenden Echsen ist es heute jedoch sehr still hier. Durch Wanderwege sind Überreste aus 25 verschiedenen historischen Epochen aus der Zeit zwischen 4000 und 400 v. Chr. miteinander verbunden. Von Gebetsbauten und Zisternen ist nur noch Schutt übrig, doch ein 15-minütiger Film und die Erläuterungen auf der Stätte vermitteln interessante historische Details. Außerdem bieten sich hier weite Ausblicke: Die Vier Reiter der Apokalypse wird man so schon aus großer Entfernung kommen sehen!

Im Lauf der Jahrhunderte war Megiddo Schauplatz vieler Kämpfe. Hieroglyphen an den Wänden des Karnak-Tempels im ägyptischen Luxor beschreiben eine Schlacht, in der Thutmosis III. 1468 v. Chr. in Megiddo einen Aufstand niederschlug. Danach war Megiddo mindestens 100 Jahre lang eine prosperierende ägyptische Bastion, die später erfolgreich den Israeliten widerstand (Richter 1,27) und wahrscheinlich erst von David erobert wurde. Unter dessen Sohn Salomo verwandelte sich Megiddo in ein Juwel des israelitischen Königreiches und wurde als „Wagenstadt" berühmt – Ausgrabungen haben Spuren von Ställen frei gelegt, die groß genug für Tausende Pferde waren.

Eine Zeitlang war Megiddo eine strategische Festung an der wichtigen Handelsroute zwischen Ägypten und Assyrien, doch im 4. Jh. v. Chr. wurde die Stadt aufgegeben. Ihre strategische Bedeutung behielt sie aber – unter den Armeen, die hier kämpften, war im Zweiten Weltkrieg auch die britische. Bei seiner Erhebung in den Adelsstand wählte General Edmund Allenby den Titel „Viscount Allenby von Megiddo". Während des Palästinakrieges von 1948 kam es hier zu Zusammenstößen zwischen jüdischen und palästinensischen Streitkräften.

Der greifbarste Teil der Ausgrabungen ist das Wassersystem aus dem 9. Jh. v. Chr., das aus einem 30 m tiefen Schacht besteht, der durch den massiven Fels hinunter zu einem 70 m langen Tunnel getrieben wurde. Dadurch war die Wasserquelle der Stadt vor feindlichen Truppen geschützt, ähnlich wie beim Hiskia-Tunnel in Jerusalem (S. 82). Heute rauscht hier allerdings kein Wasser mehr hindurch. Den Tunnel sollte man ganz zum Schluss besuchen, denn der Abstieg über 183 Stufen führt einen aus der Stätte hinaus an eine Nebenstraße 600 m vom Besucherzentrum entfernt.

Megiddo liegt rund 37 km südöstlich von Haifa (über Rte 75, 70 und 66), 45 km östlich von Caesarea (über Rte 65) und 13 km südwestlich von Afula im Jesreel-Tal. Der unregelmäßig verkehrende Bus 300 braucht vom Busbahnhof Haifa-Merkazit HaMifratz 40 Minuten bis zur Abfahrt zum Tel Megiddo von der Rte 66; von dort führt ein kurzer Spaziergang zur Stätte. Mit dem Auto ist es ein einfacher Halbtagesausflug von Haifa, Caesarea oder Zichron Ya'akov (jeweils weniger als eine Autostunde Anfahrt).

Zichron Ya'akov

זכרון יעקב   زخرون يعقوب

☏ 04 / 22 500 EW.

Das romantische Zichron Ya'akov, größtenteils eine Wohnstadt, verströmt aus jeder von der Sonne verwöhnten Steinmauer Kultiviertheit. Das 1882 von rumänischen Juden gegründete Städtchen liegt am südlichen Ende des Karmel-Massivs und ist vor allem für seine Pionierrolle in der israelischen Weinindustrie bekannt, in jüngerer Zeit aber auch für seine schöne Altstadt und die gehobenen Mittelklasseviertel. In seinen Anfangstagen wurde Zichron von Baron Edmond de Rothschild aus der französischen Bankiersfamilie unterstützt, der sie nach seinem Vater James benannte (daher Jakob – Ya'akov). Gebäude vom ausgehenden 19. Jh. säumen noch immer die Straßen und in vielen befinden sich heute Künstlerateliers, kleine Geschäfte und Cafés, sodass sich die Stadt schön für einen Bummel anbietet. In der Umgebung sorgen Weingüter für ein genießerisches Ambiente.

⊙ Sehenswertes

Die im späten 19. Jh. entstandene Hauptstraße der Stadt, die HaMeyasdim, ist inzwischen fast vollständig autofrei und von restaurierten Steinhäusern mit Restaurants, Cafés und Geschäften gesäumt.

◎ Stadtzentrum

Carmel Winery
WEINGUT

(04-629-1788; www.carmelwines.co.il; 2 Derech HaYekev; Weinprobe/Führung 25/30 NIS pro Pers.; ⊙ Weingeschäft Mo-Do 9-17, Fr bis 14 Uhr, Kellereiführungen Fr 10 & 12 Uhr) Trockene Rotweine, schön ausbalancierte Rieslinge und leichte Schaumweine bietet dieses 1882 gegründete Weingut. Für die Verkostungen im Geschäft ist keine Buchung erforderlich, doch für die Kellereiführungen am Freitag ist eine telefonische Anmeldung erforderlich, besonders für Besucher, die die Erläuterungen auf Englisch hören möchten.

First Aliya Museum
MUSEUM

(2 HaNadiv St; Erw./Stud. & Kind 20/15 NIS; ⊙ So-Do 9-16, Fr bis 14 Uhr) Im Museum zur „Ersten Alija", zur ersten Rückkehr von Juden ins Heilige Land 1882 bis 1903, wird anhand von interessanten Ausstellungen und kurzen Filmen von den Anstrengungen der ersten zionistischen Pioniere erzählt: Sie flohen vor Pogromen aus ihren Heimatländern, flüchteten bei der Ankunft im Heiligen Land vor der Inhaftierung durch die Osmanen und mussten in dem ungastlichen Klima mit problematischen Bedingungen für Landwirtschaft und Weinbau kämpfen. Mit finanzieller Unterstützung von Baron Edmond de Rothschild konnten jedoch ländliche Siedlungen wie Zichron Ya'akov gegründet werden und florieren.

NILI-Museum
MUSEUM

(04-639-0120; www.nili-museum.org.il; 40 HaMeyasdim St, Ecke Jabotinski St; Erw./Kind 26/20 NIS; ⊙ So-Do 9-15, Fr bis 12 Uhr) Auf Führungen erfahren die Besucher etwas vom turbulenten Leben von Aaron Aaronsohn (1876-1919), einem angesehenen Agronomen und Botaniker, der im Ersten Weltkrieg gemeinsam mit seiner Familie einen pro-britischen Spionagering namens NILI gründete und leitete. Die Führungen durch das einstige Wohnhaus der Familie finden jeweils zur vollen Stunde auf Hebräisch statt, Führungen auf Englisch alle 1½ Stunden – am besten ruft man jedoch vorher an oder erkundigt sich per E-Mail nach den Zeiten.

◎ Rund um Zichron Ya'akov

★ Ramat-HaNadiv-Gärten
GARTEN

(04-629-8111; www.ramat-hanadiv.org.il; ⊙ Sa-Do 8-16, Fr bis 14 Uhr; P) GRATIS In diesem großen botanischen Garten 4 km südwestlich des Zentrums von Zichron Ya'akov winden sich Spazierwege vorbei an Palmenhainen, Rosenbeeten und Sukkulenten. Der Garten ist eine Art Denkmal für Baron Edmond de Rothschild, der in der Frühzeit der zionistischen Bewegung in Palästina dabei half, dass sich Agrarsiedlungen etablieren konnten. Er ist hier in der Krypta beigesetzt.

★ Tishbi Winery
WEINGUT

(04-628-8195; www.tishbi.com; Weinprobe mit/ohne Führung 40/35 NIS; ⊙ Geschäft So-Do 8-17, Fr bis 13 Uhr, Führungen So-Do 10, 12 & 14 Uhr) Auf diesem stimmungsvollen Weingut 4 km südlich des Zentrums von Zichron Ya'akov können Genießer das eine oder andere Gläschen Wein schlürfen. Das Gut wurde am Ende des 19. Jhs. von Einwanderern aus Litauen gegründet und ist seitdem im Besitz derselben Familie. Die Standardverkostung liefert einen Überblick über die Erzeugnisse vom Malbec bis zum Chardonnay, doch schön sind auch die Kombinationen aus Wein und feiner Schokolade (45-55 NIS). Vorausbuchen!

Zum Weingut gehört ein ausgezeichnetes **koscheres Restaurant**; im Zentrum von Zichron Ya'akov ist außerdem eine **Weinbar** (Ecke HaMayesdim St & Sderot Nili; ⊙ So-Do 8-22, Fr bis 15 Uhr) mit dem Gut verbandelt.

🛏 Schlafen

Beit Maimon Hotel
BOUTIQUEHOTEL $$

(04-629-0390; www.maimon.com; 4 Tzahal St; EZ/DZ ab 480/600 NIS; P 🛜 ❄) Hartholzmöbel, Bäder mit Steinfliesen, ein aufrichtig freundlicher Service und ein mediterraner Ausblick von der Frühstücksterrasse: Das Beit Maimon findet genau die richtige Mischung aus Behaglichkeit und Eleganz. Wer sich in ein romantisches „Superior Seaview"-Zimmer (200 NIS extra) gönnt, bekommt einen Whirlpool und einen Blick auf die Küste. Von der HaMeyasdim St ist es eine Viertelstunde zu Fuß Richtung Westen durch von Pfirsichbäumen gesäumte Wohnstraßen. Am Sabbat gilt ein Mindestaufenthalt von zwei Nächten.

Das angeschlossene Casa Barone ist eins der beliebtesten Restaurants der Stadt.

My Place in the Colony
PENSION $$

(054 234-2947; Hanadiv St 32; Zi. ab 380 NIS; P 🛜) In dieser beruhigend altmodischen Pension in einem Steingebäude aus dem 19. Jh. mit soliden Holzmöbeln und großmütterlichen Blumenmustern werden die

ABSEITS DER ÜBLICHEN PFADE

JISR AZ-ZARKA

Die meisten Autofahrer, die auf der Rte 2, der Schnellstraße zwischen Tel Aviv und Haifa, hier vorbeikommen, würdigen Jisr Az-Zarka, das einzige noch existierende arabische Dorf am Meer in Israel, kaum eines Blicks. Soziale Probleme und Kriminalität haben Jisr einen schlechten Ruf beschert, doch einheimische Aktivisten und eine bescheidene Pension versuchen, dem ehemaligen Fischerort wieder auf die Sprünge zu helfen. Langsam, aber sicher trudeln jetzt Backpacker ein, um in die hiesige arabische Kultur einzutauchen und vom stillen Strand aus den Sonnenuntergang zu bestaunen.

Jisr wurde in den 1830er-Jahren von ägyptischen Familien errichtet, die gemeinsam mit den Streitkräften des ägyptischen Herrschers Muhammad Ali Pascha (1769–1849) nach Palästina gekommen waren. Es ist nach einer Steinbrücke über den angrenzenden Al-Wadi Az-Zarka (Blauer Fluss) benannt, die für den Besuch von Kaiser Wilhelm II. im Jahr 1898 gebaut wurde. Dank langjähriger guter Beziehungen zu den nahe gelegenen jüdischen Dörfern erlitt es im Palästinakrieg (1948) keinen Schaden.

Das etwas ungeschliffene **Juha's Guesthouse** (052 862-2088, 058 588-5589; www.zarqabay.com; Markaz Al-Qarya, Rte 6531; B 85 NIS, Zi. 320 NIS, mit Gemeinschaftsbad 250 NIS; P) entwickelt sich bei Backpackern, die die israelischen Touristenpfade verlassen möchten, zu einem Überraschungshit. Die Pension, die vom hier aufgewachsenen Ahmed und der jüdischen Israelin Neta geführt wird, hat einen Dorm mit acht Betten, Doppelzimmer ohne und mit Bad (Letztere in einem einsamen separaten Nebengebäude) sowie eine gemütliche Lounge mit angrenzender Küche.

Zur Straße nach Jisr Az-Zarka, der Rte 6531, kommt man von der Rte 4 (der alten Schnellstraße Tel Aviv–Haifa), aber nicht von der Rte 2 (der neuen Schnellstraße Tel Aviv–Haifa). Der Kavim-Bus 69 verbindet Jisr Az-Zarka mit dem Bahnhof von Binyamina (12 Min., So–Do 4- oder 5-mal tgl., Fr 2-mal)

Gäste herzlichst empfangen. Die Bäder sind nicht allzu groß, doch die Zimmer selbst sind großzügig und verfügen über kleine Küchen. Der Hof hinterm Haus verwandelt sich abends, wenn er beleuchtet ist, in eine zauberhafte Höhle.

Essen

★ Nili Restaurant
EUROPÄISCH, FISCH & MEERESFRÜCHTE $$$

(04-629-2899; www.nilirestaurant.com; 43 HaMeyasdim St; Hauptgerichte 60–110 NIS; So–Do 8–23 Uhr) Das gut geführte koschere Restaurant bietet Fisch in fast allen erdenklichen Zubereitungsarten: So gibt's etwa hausgemachtes Sushi, pikante Ceviche, gebackene Meeräsche und Brasse sowie Tagliatelle mit Lachs. Alles ist schön zubereitet und dargeboten, und die nette Bedienung und gute Auswahl an israelischen Weinen laden zum längeren Verweilen ein.

Shoppen

Viele der Steingebäude an der HaMeyasdim St beherbergen inzwischen Boutiquen und Schmuckgeschäfte. Hier werden einzigartige Damenbekleidung, Accessoires, handgemachte Souvenirs und Kosmetik verkauft. Einige der interessantesten Sachen findet man in Höfen.

❶ An- & Weiterreise

Busse halten in der HaNadiv St zwischen dem First Aliya Museum und der Fußgängerzone in der HaMeyasdim St. Nach Haifa-Hof HaKarmel (14,50 NIS, 30 Min., So–Do 13-mal tgl., Fr 6-mal, plus 1 Bus am Samstagabend) fährt der Egged-Bus 202. Nach Tel Aviv verkehrt der Egged-Bus 872 (21,50 NIS, 2¼ Std., So–Do 8-mal tgl., Fr 5-mal, plus 3 Busse am Samstagabend); in Tel Aviv halten die Busse am Zentralen und am Arlozorov-Busbahnhof.

Mey Kedem

מי קדם مي كيدم

Mey-Kedem-Tunnel ARCHÄOLOGISCHE STÄTTE

(04-638-8622; www.meykedem.co.il; Moshav Amikam; Erw./Kind 30/25 NIS; März–Okt. Sa–Di 9–16, Fr bis 13 Uhr) Um Caesarea mit Wasser zu versorgen, bauten die Römer ein außergewöhnliches, 23 km langes System aus Kanälen, Rohren und Aquädukten – und einen

6 km langen Tunnel. Ein 300 m langer Abschnitt dieses Tunnels ist nun geöffnet und kann erkundet werden, vorausgesetzt, man stört sich nicht daran, durch 70 cm tiefes Wasser waten zu müssen. Taschenlampe, Kleidung zum Wechseln und für das Gehen in Wasser geeignete Schuhe mitbringen. Im Eintritt enthalten ist eine einstündige Führung. Der Tunnel ist ein tolles Erlebnis für Kinder, gerade an heißen Sommertagen, ist jedoch nichts für Klaustrophobiker.

Mey Kedem, Teil des größeren Alona-Parks, liegt in der Nähe der religiösen Gemeinschaft des Moshav Amikam und 18 km von Zichron Ya'akov entfernt.

Caesarea   קיסריה   قيسارية

♪ 04 / 4800 EW.

Ruinen, an denen der Zahn der Zeit genagt hat, säumen in Caesarea (Qeysarya; hebräische Aussprache: keh-*sar*-ih-ja) die Küste des kristallklaren Mittelmeers. Caesarea war einst einer der großen Häfen der Antike und konkurrierte mit legendären Hafenstädten wie Alexandria und Karthago. Heute ist es in einen alten und einen neuen Teil gespalten: Die Überreste der antiken Stadt bilden den Caesarea-Nationalpark, während sich weiter östlich schicke Wohnviertel und der einzige internationale Golfplatz Israels erstrecken.

Trotz der Anstrengungen verschiedener Eroberer, den Hafen zu erhalten, forderten Zeit und Kriege schließlich ihren Tribut, und im 14. Jh. war der größte Teil Caesareas unter Wanderdünen verschwunden. Archäologische Ausgrabungen haben dann beeindruckende römische Stätten zu Tage gefördert, mit denen es in Israel sonst nur Beit She'an mithalten kann. Wer die Augen schließt, kann sich vielleicht im Amphitheater Streitwagen und in düsteren Mithras-Tempeln gemurmelte Gebete vorstellen. Öffnet man die Augen dann wieder, fällt der Blick auf Cafés und Restaurants am Wasser, die bis spätabends geöffnet sind.

Geschichte

Antiken Urkunden zufolge florierte Caesarea zunächst in hellenistischer Zeit als phönizische Siedlung. Im Jahr 30 v. Chr. erhielt Herodes der Große die Stätte und begann ein paar Jahre später damit, die prächtigste nur denkbare Hafenstadt zu bauen. Er widmete sie seinem Schutzpatron, dem römischen Kaiser Cäsar Augustus (Octavius). Zwölf Jahre lang schufteten Hunderte Bauarbeiter und Taucher rund um die Uhr. Um die beiden Wellenbrecher des Hafens zu errichten, die 540 m (Südseite) bzw. 270 m (Nordseite) lang sind, wurden gewaltige Mengen an Steinen im offenen Meer versenkt.

Während er sein gigantisches Bauprojekt verfolgte, entwickelte sich Herodes zunehmend zu einem Tyrannen, und wer seine Befehle nicht befolgte, wurde gewöhnlich hingerichtet. Herodes genießt in der Bibel wegen des Kindermords von Bethlehem (Mt 2,16-18) einen denkbar schlechten Ruf: Er soll die Tötung aller kleinen Knaben in Bethlehem angeordnet haben, um seinen Thron nicht an den neugeborenen König der Juden zu verlieren. Nach Herodes' Tod wurde Caesarea Maritima, das zu seiner Blütezeit 50 000 Einwohner hatte, die Hauptstadt der römischen Provinz Judäa (Iudaea).

Von 26 bis 36 n. Chr. residierte hier Pontius Pilatus als Präfekt. Sein Name ist auf einer Inschrift zu finden, die in den Ruinen des Amphitheaters entdeckt wurde; dies ist das einzige archäologische Zeugnis, dass der Mann, der laut der Bibel die Kreuzigung von Jesus befahl, tatsächlich existierte (das Original ist im Israel-Museum (S. 91) in Jerusalem ausgestellt). Nach dem Neuen Testament (Apostel 10) wurde ein römischer Zenturio namens Cornelius, ein Mitglied der hiesigen Garnison, als erster Nichtjude zum Christentum bekehrt und von Petrus persönlich getauft.

In Caesarea sollen sich auch zum ersten Mal die religiösen Spannungen entladen haben, die schließlich zum Jüdischen Krieg (66-70 n. Chr.) führten, in dem sich die Juden gegen die Römer erhoben. Jedoch wurden sie von diesen vernichtend geschlagen und u. a. aus Jerusalem vertrieben. Tausende Gefangene wurden im Amphitheater von Caesarea hingerichtet. Und etwa 65 Jahre später, als die Römer den Bar-Kochba-Aufstand niedergeschlagen hatten, wurde das Amphitheater erneut Schauplatz von Grausamkeiten: Zehn jüdische Weise, darunter auch Rabbi Akiba (S. 233), wurden in ihm öffentlich gefoltert und hingerichtet.

640 n. Chr. eroberten die Araber die Stadt; danach setzte ihr Verfall ein. 1101 entrissen die Kreuzfahrer und Balduin I. Caesarea den Muslimen und entdeckten in der Stadt den *Sacro Catino,* eine hexagonale grüne Glasschale, die sie für den Heiligen Gral (d. h. das Gefäß, aus dem Jesus beim Letzten Abendmahl trank) hielten. Die Schale befindet sich

Antikes Caesarea

Antikes Caesarea

Sehenswertes
1 Caesarea Experience A2
2 Cardo B2
3 Kreuzfahrerstadt A2
4 Herodianisches Hippodrom A3
5 Kappalast A3
6 Römisches Theater A3
7 Time Tower A2

Aktivitäten, Kurse & Touren
8 Old Caesarea Diving Centre A2

Essen
9 Helena A2

Ausgehen & Nachtleben
10 Beach Bar A2

heute in der Kathedrale San Lorenzo in Genua. Da die Kreuzfahrer Akko und Jaffa als Haupthäfen bevorzugten, wurde nur ein Teil des herodianischen Caesarea wieder instand gesetzt.

Viermal wechselten sich Kreuzfahrer und Araber noch als Herrscher der Stadt ab, ehe König Ludwig IX. von Frankreich sie schließlich eroberte. Im selben Jahr ließ er die meisten der heute sichtbaren Befestigungsanlagen errichten, doch sie erwiesen sich als völlig unzureichend gegen den Ansturm des Mameluckensultans Baibars, der 1265 die Verteidigung der Kreuzfahrer durchbrach und die Stadt zerstörte.

Die Ruinen blieben verwaist und wurden im Lauf der Zeit vom wandernden, vom Wind verwehten Sand begraben. 1878 siedelten die Türken hier bosnische Flüchtlinge an, die vor der österreichischen Eroberung ihres Heimatlandes geflohen waren – aus dieser Zeit stammen die Moschee und das Minarett am Hafen. Ihre Nachkommen flohen oder mussten die Stadt während des Palästinakrieges 1948 verlassen.

Erst mit der Gründung des Kibbuz S'dot Yam im Jahr 1940 erwachte das antike Caesarea wieder zum Leben. Bei der Bodenbearbeitung fanden Bauern Überreste der alten Stadt und danach dauerte es nicht lange, bis die Archäologen auf der Bildfläche erschienen. Ab den 1990er-Jahren unternahmen Archäologen aus den USA und Israel dann genauere Grabungen, die teils heute noch andauern.

Sehenswertes

Nationalpark Caesarea ARCHÄOLOGISCHE STÄTTE
(www.parks.org.il; Erw./Kind 39/24 NIS, nur Hafen 14 NIS; April–Okt. Sa–Do 8–17, Fr bis 16 Uhr, Nov.–März Sa–Do 8–16, Fr bis 15 Uhr, letzter Einlass 1 Std. vor Schließung) Dank der tollen Lage am Meer dieser großen archäologischen Stätte gestaltet sich die Erkundung der römischen und Kreuzfahrerruinen noch einmal umso schöner. Man durchschreitet prächtige Steingewölbe, bummelt durchs riesige herodianische Amphitheater und betrachtet die Ruinen, die zahlreiche Eroberer hinterlassen haben.

Der volle Eintritt beinhaltet die römischen Ruinen und die Multimedia-Präsentationen. Mit dem Ticket nur für den Hafen, das am Nordeingang erhältlich ist, kann man den Hafenbereich und die Kreuzfahrerstadt besuchen. Nach der Schließung des Parks ist der Eintritt zum Hafen mit seinen Restaurants und Bars kostenlos.

Wer die Stätte durch das nördliche Kreuzfahrertor betritt, kommt dann am **Cardo**, einer ausgegrabenen byzantinischen Straße, und dem Gelände einer Kreuzritterstadt vorbei. Unmittelbar südlich befindet sich die **Tempelplattform**; in herodianischer Zeit war hier ein Tempel für Roma und Augustus, doch später gab es verschiedene Gebetsstädten und Gotteshäuser wie etwa eine byzantinische Kirche, eine Moschee und eine Kreuzfahrerkirche, die jeweils auch wieder verschwanden. Am Hafen können sich die Besucher die Multimedia-Ausstellungen über das alte Caesarea anschauen, u. a. den **Time Tower** und die **Caesarea Experience** (Time Trek; April–Okt. Sa–Do 8–17, Fr bis 16 Uhr, Nov.–März Sa–Do 8–16, Fr bis 15 Uhr, letzter Einlass 1 Std. vor Schließung).

Weiter Richtung Süden erstreckt sich das Glanzstück des Parks, das **Herodianische Hippodrom** mit 10000 Plätzen, in dem Sklaven und Gefangene mit wilden Tieren kämpften und Streitwagen um die U-förmige Bahn brausten. Hinter dem südlichen Ende des Amphitheaters ragt der aus römischer Zeit stammende **Kappalast** ins Meer, während östlich ein **Römisches Theater** liegt – Israels ältestes.

Der Nationalpark Caesarea hat zwei Eingänge: den Nordeingang (Kreuzfahrertor), der durch die Befestigungsmauern der Kreuzfahrerstadt zum Hafen und den dortigen Restaurants führt, und den Südeingang (Römisches Amphitheater) 600 m weiter südlich. Reisebusse setzen ihre Passagiere oft an einem Tor ab und holen sie dann am anderen wieder ab, doch wer zu seinem Auto zurück will, sollte besser den Nordeingang nehmen.

Kreuzfahrerstadt ARCHÄOLOGISCHE STÄTTE
(Nationalpark Caesarea) Die alten Mauern aus dem 9. Jh., die die befestigte arabische Stadt hier umgaben, ließ König Ludwig IX. von Frankreich (Ludwig der Heilige), besser bekannt für den Bau der Sainte-Chapelle in Paris, zu einer Kreuzfahrerburg ausbauen. Die 900 m langen und 13 m hohen Festungsmauern wurden zusätzlich durch einen Graben gesichert. Um sich einen Überblick über die Anlage zu verschaffen, geht man am besten den Weg vom Minarett am Hafen hinauf. Der Pfad führt zu den Ruinen (drei gerundete Apsiden) der **Kreuzfahrerkirche** aus dem 13. Jh., die an der Stelle einer älteren byzantinischen Kirche errichtet wurde.

Die Kreuzfahrerstadt liegt zwischen dem Nordeingang des Nationalparks und dem Hafen und kann immer während der Öffnungszeiten des Parks besucht werden.

Caesarea-Maritima-Museum MUSEUM
(04-636-4367; www.caesareamuseum.com; Kibbuz S'dot Yam; Erw./Kind 18/12 NIS; So–Do 10–16 Uhr) Münzen, Amphoren, Schmuck und andere Relikte aus dem alten Caesarea von der römischen bis zur Kreuzfahrerzeit sind in diesem Museum im Kibbuz S'dot Yam zu sehen; es ist rund 600 m südlich des Südeingangs des Nationalparks ausgeschildert. Hier findet man außerdem jüdische Grabsteine und religiöse Objekte aus der alten Synagoge von Caesarea.

Aqueduct Beach STRAND
(Caesarea Beach) GRATIS Wie der Name schon sagt: Dies ist ein goldener Strand an einem Abschnitt des römischen Aquädukts von Caesarea, 2,5 Straßenkilometer nördlich des antiken Caesarea.

Aktivitäten

Old Caesarea Diving Centre TAUCHEN
(04-626-5898; www.caesarea-diving.com; Hafen Caesarea; Ausrüstungsverleih 165 NIS pro Tag, Einführungstauchgang inkl. Ausrüstung 240 NIS, Open Water Certificate 1460 NIS; April–Nov. So–Do 9–17, Fr & Sa 7–17 Uhr, Dez.–März So–Do 10–16, Fr & Sa 7–16 Uhr) Das zertifizierte und sehr renommierte Tauchzentrum bietet halbstündige Taucheinführungen in Tiefen bis zu 6 m (kein Zertifikat notwendig) sowie PADI-Kurse für Anfänger und Fortgeschrittene: Man kann hier also sein Tauchzertifikat erwerben oder erneuern, ehe man sich nach Eilat aufmacht.

Schlafen

★**Grushka Country Accommodation** PENSION $$
(04-638-9810; www.6389810.com; 28 HaMeyasdim St, Binyamina; DZ 385–540 NIS, zusätzl. Person 90 NIS; P@) Die freundliche Vier-Zimmer-Pension wird durch ihren überschwänglichen niederländischen Eigentümer geprägt. Holzdecken, Dachzimmer und der eine oder andere Holzschuh verleihen dem Ganzen ein bisschen holländisches Flair. Hinterm Haus befindet sich ein friedvoller Garten mit Terrassenstühlen. Frühstück kostet extra. Zehn Minuten zu Fuß vom Bahnhof Binyamina.

Dan Caesarea HOTEL $$$
(04-626-9111; www.danhotels.com; 1 Rothschild St; DZ 260–350 US$; P@≋) Dieses 1,5 km landeinwärts vom Nationalpark gelegene Resort ist wunderbar luxuriös. Die Zimmer wirken ein bisschen arg beige, haben aber riesige Betten und moderne Bäder; die meisten haben auch Balkone, die besten solche

zum Meer raus. Neben einem edlen Fitnessraum mit Holzboden gibt's Saunen, einen Whirlpool und Massageräume sowie einen Kinderclub. Inmitten von Liegen und Palmen befindet sich draußen ein Pool (April–Okt.).

 Essen

Der Hafen ist ein wunderbares Fleckchen für ein Essen am Meer; hier gibt's ein halbes Dutzend Restaurants der Mittel- und Oberklasse. Der Weg hierher lohnt sich selbst dann, wenn man gerade gar keine Lust auf Altertümer hat. Die Restaurants servieren alles von Klassikern aus dem Nahen Osten bis zu Fisch und Meeresfrüchten.

★ Helena   MEDITERRAN $$$
(04-610-1018; www.hellena.co.il; Caesarea-Hafen; Hauptgerichte 70–120 NIS; ⊗12–23 Uhr) Die Köche dieses schicken Uferrestaurants machen gerne Anleihen bei der italienischen und griechischen Küche. Die Karte reicht von klassischer Bistrokost (mit Ahornsirup glasiertes Schweinefleisch, gegrillte Seebrasse) bis zu interessanten Geschmackskombinationen wie Fenchel-Pampelmusen-Salat und Muscheln in Apfelcidre. Der Service ist persönlich, aber elegant, genauso wie das steinerne Innere mit moderner Kunst.

Ausgehen & Nachtleben

Beach Bar   BAR
(04-636-3989; www.beach-bar.co.il; Caesarea-Hafen; Bier 28–32 NIS, Hauptgerichte 50–100 NIS; ⊗März–Okt. 9 Uhr–open end, im Winter kürzer) Die Bar liegt an einer geschützten kleinen Bucht, an der es keine Rettungsschwimmer gibt, die aber frei zugänglich ist. Wer ein Getränk oder etwas zu essen bestellt (Salate, Schnitzel mit Pommes, Pizza, Burger), kann die Strandliegen, Sonnenschirme und Umkleideräume umsonst nutzen. Donnerstags erklingt ab 21 Uhr griechische Musik, freitags ab 19 Uhr Jazz und samstags ab 21 Uhr brasilianische Musik.

ⓘ An- & Weiterreise

Caesarea liegt 40 km südlich von Haifa und 57 km nördlich von Tel Aviv. Es ist leicht von Zichron Ya'akov (14 km südwestlich) erreichbar und liegt 10 km südlich von Jisr Az-Zarka (über die Rte 4).

Kavim-Bus 80 verbindet den Nationalpark alle ein bis zwei Stunden mit dem Bahnhof Caesarea-Pardes Hanna (30 Min.); von dort fahren mindestens stündlich Züge nach Tel Aviv (22 NIS, 1 Std.) sowie über Binyamina nach Haifa (20,50 NIS, 45 Min.). Oder man nimmt den Kavim-Bus 68 zum Bahnhof Binyamina: Von dort fahren Züge nach Tel Aviv (22 NIS, 1 Std., 4-mal stündl.) und Haifa (20,50 NIS, 30 Min., halbstündl.).

Ein Taxi nach Binyamina oder zum Bahnhof Caesarea-Pardes Hanna kostet etwa 50 NIS.

Akko (Akkon)   עכו עכא
 04 / 47 675 EW.

Auf einer ins Mittelmeer ragenden Landzunge sind in der Kreuzfahrerstadt Akko Jahrhunderte voller Geschichte versammelt. Über den Mauern, die die Seewinde geglättet haben, ragen schlanke Minarette und bemalte Kirchenkuppeln empor. Die Steinbastionen und tiefen Gräben sind noch dieselben, die auch Marco Polo und zahllose Pilger, Mystiker und Gelehrte begrüßten, die in den vergangenen 750 Jahren hier vorbeikamen.

Akko, seit 2001 Unesco-Weltkulturerbe, verströmt heute das Flair eines Dubrovnik mit Ecken und Kanten. Durch die labyrinthartigen Märkte zieht sich der Duft von Kaffee, Gewürzen und bratendem Fisch, und Besucher, die hier schnell die Orientierung verlieren, werden durch die Zickzackgassen immer tiefer in die Altstadt hineingezogen.

Die Altstadt von Akko lässt sich problemlos im Rahmen eines Tagesausflugs von Haifa aus erkunden, doch es gibt so viele Sehenswürdigkeiten und das Essen hier ist so gut, dass es sich lohnt, in der Stadt zu übernachten. Ganz sicher sollte man hier mal die Karte wegpacken und sich frohen Mutes im Labyrinth der Gassen verlieren.

Geschichte

Akko gilt als eine der am längsten durchgehend besiedelten Städte des Nahen Ostens: Die archäologischen Funde reichen bis in die frühe Bronzezeit zurück. Alexander der Große gewährte der Stadt 333 v. Chr. das Recht, Münzen zu prägen, was sie in den folgenden 600 Jahren auch tat. Nach Alexanders Tod nahmen die ägyptischen Ptolemäer die Stadt ein. 200 v. Chr. verloren sie sie jedoch an die syrischen Seleukiden, die sie nur mit Mühe halten konnten. Schließlich begann unter Pompejus die 200 Jahre währende Herrschaft der Römer.

638 v. Chr. eroberten die Araber Akko. Danach erfreute sich die Stadt relativ friedlicher Zeiten. Diese endeten 1104, als die Kreuzfahrer die Stadt einnahmen und zu ihrem Haupthafen (und ihrer Verbindungs-

stelle nach Europa) machten. Die Händler der rivalisierenden italienischen Seefahrerstädte Genua, Pisa und Venedig lebten in separaten Vierteln. 1187 fiel die Stadt an Salah Ad-Din (Saladin), doch bereits vier Jahre später wurde sie während des Dritten Kreuzzugs unter dem Kommando von Richard I. von England (Richard Löwenherz) und Philipp II. von Frankreich zurückerobert.

Unter den Kreuzfahrern lebte eine der wichtigsten jüdischen Gemeinschaften Palästinas in Akko, das damals etwa 60 000 Einwohner hatte. Der spanische Philosoph, Gelehrte und Arzt Maimonides verbrachte 1165 hier fünf Monate, und der katalanische Philosoph, Kabbalist und Bibelkommentator Nahmanides kam 1267 auf seiner Reise nach Jerusalem durch Akko.

1291 tauchten die Mamelucken mit einer Armee auf, die zehnmal so stark war wie die der Verteidiger. Nach einer zweimonatigen Belagerung, während der die meisten Bewohner Akkos nach Zypern flohen, fiel die Stadt schließlich. Damit sie nicht von den Christen zurückerobert werden konnte, schleiften die Mamelucken sie bis auf die Grundmauern, und in den nächsten 450 Jahren lag sie in Ruinen.

Ihre Wiederauferstehung war das Werk des bosnischen Söldners Ahmed Pascha, wegen seiner Grausamkeit bei der Niederschlagung von Revolten besser bekannt als Al-Jazzar (Der Schlächter). Er nutzte die Schwäche und Bestechlichkeit der osmanischen Verwaltung aus, errichtete einen praktisch unabhängigen Machtbereich und machte den Hafen mit aller Gewalt wieder funktionstüchtig. 1799 war die Stadt schon wieder so bedeutend, dass der 30-jährige Napoleon versuchte, sie zu erobern. Al-Jazzar konnte ihn jedoch mit etwas Hilfe von der englischen Flotte abwehren. Die Entschlossenheit der Verteidiger soll durch Berichte von Napoleons Ermordung osmanischer Kriegsgefangener nach dem Fall von Jaffa noch gestärkt worden sein. Ein überraschender Zeuge der Versuche Napoleons, die Stadt einzunehmen, war der chassidische Mystiker und Visionär Rabbi Nachman von Bratzlaw (1772–1810), der sich gerade am Ende einer Pilgerreise ins Heilige Land befand und auf seinem Weg zurück in die Ukraine hier einen chaotischen Sabbat verbrachte.

Akko blieb in osmanischer Hand, bis die Briten im September 1918 den Norden Palästinas eroberten. Nachdem sie in Haifa moderne Hafenanlagen errichtet hatten, verlor Akko erneut an Bedeutung. Die Zitadelle blieb jedoch als größtes Gefängnis Palästinas erhalten. In den 1930er-Jahren war Akko eine Brutstätte der arabischen Feindseligkeit gegen jüdische Einwanderung, doch die jüdischen Streitkräfte eroberten die Stadt 1948 relativ problemlos; drei Viertel der etwa 17 000 arabischen Bewohner wurden vertrieben oder flüchteten.

Heute ist Akko genau wie Haifa eine gemischte Stadt: Etwa 70 % der Einwohner sind Juden und 30 % Araber. Die Altstadt wird zu 95 % von Arabern bewohnt. In den vergangenen Jahren sind viele arabische Familien aus Dörfern in ganz Galiläa in die traditionell jüdischen Viertel der Stadt gezogen.

◉ Sehenswertes

Um Akkos Kreuzfahrerstätten zu sehen, benötigt man mindestens zwei Stunden. Aber wer mag, kann sich auch mehr als einen Tag Zeit dafür lassen: Die Kombitickets (mit türkischem Badehaus Erw./Kind 62/54 NIS, ohne 40/36 NIS) sind ein Jahr lang gültig. Es gibt auch einige richtig tolle Kombitickets, die z. B. die Rosh-HaNikra-Grotten (Erw./Kind 95/80 NIS; S. 208) und/oder das Holocaust-Museum (72/64 NIS; S. 207) im Kibbuz Lohamei HaGeta'ot enthalten.

◉ Altstadt

Stadtmauern HISTORISCHE STÄTTE
Von Muslimen, Kreuzrittern und Mamelucken befestigt, zerstört und erneuert: Das alte Akko ist im Westen, Süden und Südosten von einer Seemauer sowie von begehbaren Festungsmauern umgeben. Im Norden und Nordosten wurde hauptsächlich zwischen 1750 und 1840 ein Trockengraben angelegt.

In der Nordstecke der Altstadt steht der **Burj Al-Kommander**, eine Festung mit großartigem Blick auf die Silhouette von Akko. Von hier verläuft die **Landmauerpromenade**, zu der eine Treppe aus dem Inneren der Altstadt führt, 200 m nach Süden bis zum **Landtor** aus dem 12. Jh., das einst der einzige Landzugang der Stadt war. Bis 1910 war der einzige andere Zu- und Ausgang Akkos das **Seetor**, das heute gegenüber vom Hafen mit seinen bunten Fischerbooten liegt.

Die Nordwestecke der Altstadt beherrscht der **Burj Al-Karim**, auch Englische Festung genannt. Von hier verläuft eine **Seemauer** aus dem 12. Jh. (im 18. Jh. von Al-Jazzar mit gereinigten Steinen der Kreuzfahrerburg in

Atlit neu verkleidet) parallel zur HaHaganah St Richtung Süden zum schwarz-weiß gestreiften **Leuchtturm** und dann nach Osten (auf diesem Abschnitt führt oben die **Seemauerpromenade** entlang) zum Hafen.

★ Rittersäle HISTORISCHE STÄTTE
(Kreuzritterfestung; Erw./Kind 25/22 NIS; ☺ Sa-Do 8.30–17, Fr bis 16 Uhr) Die wichtigste Sehenswürdigkeit von Akko sind die Rittersäle mit ihren Steingewölben. Wer durch diese stark hallenden Kammern geht, erhält spannende Einblicke in das Leben der mittelalterlichen Ritter, die hier Wache hielten, aßen und beteten. Ein Audioguide (im Eintrittspreis inbegriffen) erweckt die Geräusche und Gerüche des Daseins in der Zitadelle zum Leben, die vor 800 Jahren von den Maltesern (einem geistlichen Militärorden) erbaut wurde. Am eindrucksvollsten erhalten ist der Schöne Saal, in dem Pilger auf dem Weg ins Heilige Land begrüßt wurden.

Hammam Al-Pasha MUSEUM
(Türkisches Badehaus; Erw./Kind 25/21 NIS) Das 1780 von Al-Jazzar erbaute Badehaus wurde bis in die 1940er-Jahre genutzt. Heute wird in den reich verzierten Marmor- und Fliesenkammern eine 30-minütige Multimedia-Show über den letzten Bademeister gezeigt, die auch Einblick in den Alltag im osmanischen Akko gewährt. Die Show ist zwar kitschig, manchmal aber auch nicht unwitzig; sie führt mit Kopfhörern ausgestattete Besucher durch die verschiedenen Kammern des Badehauses, dessen Stimmung in alter Zeit hervorgerufen werden soll.

Tempelrittertunnel TUNNEL
(Erw./Kind 15/12 NIS; ☺ Sa–Do 9.30–18.30, Fr bis 17.30 Uhr, schließt im Winter jeweils 1 Std. früher) Dieser erstaunliche unterirdische Gang, der 350 m lang ist, wurde von den Tempelrittern, einem christlichen Militärorden, gebaut und verband ihre Hauptfestung, die gleich nördlich vom schwarz-weiß gestreiften Leuchtturm an der Südwestspitze der Altstadt Akkos steht, mit dem Hafen (Khan Al-Umdan). Er wurde 1994 durch Zufall entdeckt.

An beiden Enden geht es hinein, und an beiden Enden werden auch Tickets für alle Kreuzfahrerstätten verkauft. Im Inneren kann man per Knopfdruck Filme auf Hebräisch oder Englisch starten.

Mauerschatzmuseum MUSEUM
(Treasures in the Wall Museum; Burj Al-Kommander; Erw./Kind 15/12 NIS; ☺ 10–17 Uhr) Im „Mauerschatzmuseum", einem Museum der traditionellen Handwerke, eingezwängt in den oberen Festungsmauern in der nordöstlichsten Ecke der Altstadt, können Besucher in das Galiläa von vor hundert Jahren zurückkehren. Das Museum ist wie der Suk (Markt) einer galiläischen Stadt in der osmanischen Spätphase angelegt: mit Hufschmied, Blechschmied, Töpfer, Apotheke, Zahnarzt, Goldschmied und Tischlerei sowie mit Möbeln aus Damaskus, die mit Intarsien aus Perlmutt und Knochen verziert sind.

Der Eingang ist oben auf der Landmauerpromenade, zu der von der Straßenebene mehrere Treppen führen.

Al-Jazzar-Moschee MOSCHEE
(☎ 04-991-3039; Al-Jazzar St; 10 NIS; ☺ Winter 8–11, 11.45–15 & 15.30–18 Uhr, Sommer 8–12, 12.45–16 & 16.45–19.30 Uhr, Fr längere Gebetspausen) Die anmutige Silhouette der Al-Jazzar-Moschee mit ihrer grünen Kuppel und ihrem schlanken Minarett, zu dem 124 Stufen hinaufführen, beherrscht das nördliche Ende der Altstadt von Akko. Al-Jazzar selbst entwarf die Moschee im klassisch osmanisch-türkischen Stil und überwachte 1781 auch ihren Bau. Drinnen befinden sich ein wunderbar restaurierter Marmor-Minbar (Kanzel) und ein reich verzierter Mihrab (Gebetsnische), während oben auf den blau-grünen Kacheln feine Kaligrafien zu sehen sind. Besucher müssen sich sittsam kleiden (also sich von den Schultern bis zu den Knien bedecken); Frauen müssen den Kopf mit einem Tuch bedecken.

Die Moschee steht an der Stelle einer früheren Kreuzfahrerkathedrale, deren Keller die Türken als Zisternen nutzten. Die Säulen im Hof wurden vom römischen Caesarea „übernommen".

In dem kleinen Gebäude mit der Doppelkuppel am Fuß des Minaretts befinden sich die Sarkophage von Al-Jazzar und seinem Adoptivsohn und Nachfolger Süleyman.

Museum der inhaftierten
Untergrundkämpfer MUSEUM
(Underground Prisoners Museum; ☎ 04-991-1375; Ecke HaHaganah St & Nordmauer der Altstadt; Erw./Kind 15/10 NIS; ☺ So–Do 8.30–16.30 Uhr) Das Museum widmet sich dem bewaffneten jüdischen Widerstand während der britischen Mandatszeit. Es befindet sich in einem massiven Gebäude, das die Türken Ende des 18. Jhs. auf den Fundamenten von Kreuzfahrerbauwerken aus dem 13. Jh. errichteten und das sowohl die Osmanen als auch die Briten als Gefängnis nutzten. Unter den hier

Akko (Akkon)

Akko (Akkon)

◎ Highlights
1 Rittersäle C2

◎ Sehenswertes
2 Al-Jazzar-Moschee C2
3 Stadtmauer D1
4 Hammam Al-Pasha B2
5 Suk Al Abiad C2
6 Tempelrittertunnel B4
7 Mauerschatzmuseum D1
8 Museum der inhaftierten
   Untergrundkämpfer B1

◎ Aktivitäten, Kurse & Touren
9 Türkisches Bad Ghattas A4

◎ Schlafen
10 Akko Gate Hostel D2
11 Akkotel D2

12 Efendi Hotel B2
13 HI Knights Hostel C2

◎ Essen
14 Abu Suheil C2
15 Doniana B4
16 El Marsa C4
17 Hummus Said C3
18 Uri Buri A4

◎ Ausgehen & Nachtleben
19 El Bourj Cafe C3

◎ Unterhaltung
20 Akko Theatre Centre C2

◎ Shoppen
21 Kurdi Spice & Coffee D2

Inhaftierten waren der revisionistische Zionistenführer Ze'ev Jabotinsky (1920–1921) und acht jüdische Untergrundkämpfer, die durch Erhängen hingerichtet wurden. Das Museum wird vom israelischen Verteidigungsministerium betrieben, daher müssen Besucher ihren Pass vorzeigen.

Graue Statuen bevölkern das Museum vor einer Klangkulisse klirrender Ketten, was die Atmosphäre noch düsterer erscheinen lässt. Ein Film befasst sich mit dem mutigen Massenausbruch der Etzel- bzw. Irgun-Mitglieder im Jahr 1947; die entsprechende Szene des Films *Exodus* wurde hier gedreht.

Baha'ullah, der Begründer der Bahai-Religion, wurde hier im 19. Jh. von den Osmanen gefangen gehalten. Für die Bahai ist seine Zelle ein heiliger Ort; sie ist nur für Bahai-Pilger geöffnet.

Suk Al-Abiad   MARKT
(Weißer Markt; Salah Ad-Din St; ⊙ 8 Uhr bis später Nachmittag) Der Markt aus osmanischer Zeit, der hier ursprünglich bestanden hatte, brannte schon ein Jahr nach seiner Erbauung nieder, der örtlichen Überlieferung zufolge dank eines unvorsichtigen Wasserpfeifenrauchers. Der Markt wurde rasch wieder neu errichtet und strotzt auch heute noch vor Ständen. Zuckerrohr wird zu Saft gepresst, die Säcke mit Safran scheinen aus allen Nähten zu platzen, es wird *kunafeh* geschnitten und die Händler preisen die unübertreffliche Kunstfertigkeit ihrer Sandalen, Laternen und Schals an.

Bahai-Stätten

Akkos wichtigste Bahai-Stätten liegen 4,5 km nordöstlich der Altstadt an der Kreuzung der Straßen 4 und 8510. Zu den Bussen, die hier vorbeikommen, gehören u. a. der Nateev-Expressbus 271 (So–Freitagnachmittag alle 10–15 Min., Samstagabend alle 45–60 Min.), der nach Nahariya (1 Std.), Akko (25 Min.) und Haifa-Merkazit HaMifratz (50 Min.) fährt.

Bahai-Gärten   GARTEN
(www.ganbahai.org.il; Rte 4; ⊙ Mi–Mo 9–16, Di 12–16 Uhr) GRATIS Mit der Ausdehnung der Bahai-Gärten (S. 171) in Haifa können es diese formellen Gärten zwar nicht aufnehmen, doch sind sie mit ihren gepflegten Blumenbeeten, Brunnen und akkurat geschnittenen Rasenflächen sehr malerisch. Sie umgeben den **Schrein Baha'ullahs** (www.bahaullah.com; ⊙ Mo–Fr 9–12 Uhr) GRATIS, in dem der Begründer des Bahai-Glaubens bestattet wurde.

Argaman Beach   STRAND
Der breite öffentliche Sandstrand mit Rettungsschwimmern zählt zwar nicht zu den besten Israels, doch bildet er eine willkommene Abwechslung zur Erkundung der historischen Stätten Akkos. Er befindet sich etwa 1,5 km südöstlich der Altstadt.

Aktivitäten

Am Hafen werden zu lauter arabischer Popmusik spritzige Bootstouren (20 NIS pro Pers.) an den Stadtmauern vorbei geboten.

Türkisches Bad Ghattas   BADEHAUS
(☎ 04-689-7462; www.ghattasbath.com; 11 HaHaganah St; 2 Std. 300–400 NIS pro Pers., mind. 2 Pers.; ⊙ 9.30–19.30 Uhr) Olivenöl-Bodypeelings und Massagen müssen in diesem opulenten türkischen Badehaus mindestens ein paar Tage im Voraus gebucht werden. Das osmanische Gebäude in ein traditionelles Badehaus zu verwandeln war für den in Akko geborenen Emil Ghattas eine echte Herzensangelegenheit, und die Marmorausstattung verweist wirklich auf den Geist einer verlorenen Ära. Das Spa umfasst einen Hammam, eine Trockensauna und einen Whirlpool und bietet traditionelle Anwendungen.

Feste & Events

Alternative Theatre Festival   THEATER
(☎ Tickets 04-838-4777; www.accofestival.co.il) Bei Akkos alternativem Theaterfestival sind an Stränden, auf den Straßen und in alten Gebäuden der Altstadt Aufführungen zu sehen, die gewöhnlich auch einen Bezug zum multikulturellen Erbe der Region haben. Tickets ab 40 NIS.

Schlafen

Ob mit schmaler oder prall gefüllter Reisekasse: Innerhalb der Stadtmauern von Akko findet jeder eine passende Unterkunft. Am unteren Rand des Preisspektrums können die alten Pensionen gleichermaßen reizvoll und unpraktisch sein, mit schlechtem Handy-Empfang und unterschiedlichstem Hygienezustand. Die Top-Hotels dagegen beschwören bis ins kleinste Detail osmanischen Luxus herauf. Unmittelbar südöstlich der Altstadt befinden sich moderne Strandresorts.

Akko Gate Hostel   HOSTEL $
(☎ 04-991-0410; www.akkogate.com; 13/14 Salah Ad-Din St; B/DZ/3BZ/4BZ 20/78/110/125 US$; ⓟ⊛) Das alteingesessene Hostel, das der freundliche Walid betreibt, befindet sich in

beneidenswerter Lage beim Markt und den Falafel-Läden in der Salah Ad-Din St in der Altstadt. Schmiedeeiserne Bettgestelle und geflieste Böden prägen in einem osmanischen Gebäude die verwohnten Zimmer mit kleinem Kühlschrank und Fernseher.

HI Knights Hostel   HOSTEL $$
(02-594-5711, Buchung 1-599-510-511; www.iyha. org.il; 2 Weizmann St; B 135–155 NIS, DZ 380–500 NIS; @🖃) Die IYHA-Herberge mit 76 Zimmern sieht eher aus wie wie Teil der Stadtmauern als ein modernes Hostel, läuft aber wie geschmiert. Die sauberen Dorms und Privatzimmer wirken etwas anstaltsmäßig, aber das Gebäude wartet mit einigen einzigartigen Besonderheiten auf: Ein alter Aquädukt führt mitten hindurch und im Hof befinden sich Ruinen. Das Hostel ist bei Gruppen beliebt, also weit im Voraus buchen!

★ Efendi Hotel   HISTORISCHES HOTEL $$$
(074 729-9799; www.efendi-hotel.co.il; Louis IX St; DZ 320–730 US$; 🖃) Dieses Boutiquehotel hat denselben Eigentümer wie das weltberühmte Restaurant Uri Buri – kein Wunder also, dass es ein Höchstmaß an osmanischem Luxus bietet. Das Efendi residiert in zwei Stadthäusern aus der osmanischen Ära, die unter Aufsicht von Experten sorgfältig restauriert wurden. Die zwölf Zimmer beeindrucken mit Marmorausstattungen, türkischen Teppichen, jungfräulichen weißen Wänden und riesigen Betten mit Bettzeug aus Makobaumwolle.

Annehmlichkeiten sind u. a. ein türkischer Hammam, eine Dachterrasse mit Meerblick und ein Keller aus der Kreuzritterzeit, der heute als Weinbar dient.

Akkotel   HOTEL $$$
(04-987-7100; www.akkotel.com; 1 Salah Ad-Din St; EZ/DZ/3BZ/4BZ 165/200/250/290 US$; P@🖃) Das in die Altstadtmauern eingebettete, familiengeführte Hotel hat 16 individuell eingerichtete Zimmer, darunter fünf Familienzimmer. Die Gewölbedecken und Steinmauern, einige davon einen Meter dick, verleihen den Gemeinschaftsbereichen einen Hauch von Altstadtatmosphäre. Von der Dachterrasse aus bietet sich ein fantastischer Blick auf die Stadt und die Bucht. Es gibt nur wenige Parkplätze, bei Bedarf also reservieren!

✘ Essen

In Akkos Altstadt gibt es einige hervorragende Restaurants, die besonders Liebhaber von Fisch oder Meeresfrüchten begeistern werden. Mehrere Restaurants und Cafés liegen geschützt unter den türkischen Bogengängen des Khan Ash-Shawarda. Günstig essen kann man in diversen Läden in der Salah Ad-Din St, die Hummus, Falafel und Shawarma verkaufen. Die Hummus-Läden sind in der Regel von morgens bis 15 Uhr geöffnet – wenn sie früher schließen, ist das Hummus alle.

Hummus Said   NAHÖSTLICH $
(04-991-3945; Hummus 17 NIS; So-Fr 6–14.30 Uhr; 🍴) Das billige und sehr sättigende Hummus hier ist sehr samtig und das beste in Akko. Serviert wird es mit Pickles, Salaten und Pita sowie Saubohnen oder Knoblauch. Es ist mit Warteschlangen zu rechnen!

Abu Suheil   NAHÖSTLICH $
(Hummus Suheila; 04-981-7318; 14/21 Salah Ad-Din St; Hummus 20 NIS; Mi-Mo 9–17 Uhr) In dem winzigen, völlig unprätentiösen Hummus-Laden werden die Gäste mit einem breiten Lächeln empfangen. Serviert werden große Portionen von cremigem Hummus mit Pinienkernen sowie heiße frische Falafel und unterschiedlichste Salate. Man erkennt das Lokal an dem schwarzen Schild mit hebräischen Buchstaben.

Doniana   FISCH & MEERESFRÜCHTE $$
(04-991-0001; Pisanischer Hafen; Hauptgerichte 48–115 NIS; 12–24 Uhr; 🍴) Mit ausgezeichnetem gegrilltem Fisch und Meeresfrüchten und dem grandiosen Blick aufs Mittelmeer ist dieses Restaurant eine tolle Option für ein romantisches Essen. Wer Fleisch bevorzugt, kann ein zartes Steak und dazu vielleicht einen seltenen Rotwein vom Golan bestellen. Zu allen Gerichten gibt's unbegrenzt Beilagen sowie Salate (45 NIS als eigenständiges Gericht).

Der Name, arabisch „dan-ja-na" ausgesprochen, bedeutet „unsere Welt". Das Doniana liegt am östlichen Ende des Pisanischen Hafens oben die Treppe hinauf.

★ Uri Buri   FISCH & MEERESFRÜCHTE $$$
(04-955-2212; HaHaganah St; Hauptgerichte 82–134 NIS, halbe Portionen 51–78 NIS; 12–24 Uhr; 🍴) Ein Mahl im Uri Buri genügt schon, um Akko auf seine Reiseroute zu setzen. Liebhaber von Fisch und Meeresfrüchten werden schnell verstehen, warum der Koch Uri so einen legendären Ruf genießt. Auf hauchdünnes Lachs-Sashimi, erfrischt durch Wasabi-Sorbet, könnten Riesengarnelen und Artischocken in buttrigen schwarzen Reis-

nudeln folgen oder ein in Kokosmilch und Apfel geschmorter Seebarsch.

Feinschmecker freuen sich sicher auch darüber, dass das Restaurant gerne zwei halbe Portionen statt eines einzigen kompletten Hauptgerichts serviert – und schon die halben Portionen sind recht groß.

Die Mitarbeiter, die sichtlich stolz auf die Speisen des Restaurants sind, bereiten auf Wunsch gern auch vegane, glutenfreie, laktosefreie und andere besondere Gerichte zu. Es lohnt sich, telefonisch zu reservieren, besonders freitags und samstags. Die besten Chancen auf einen Tisch bei einem Spontanbesuch hat man unter der Woche mittags.

El-Marsa   MEDITERRAN $$$
(04-901-9281; www.elmarsa.co.il; Talmi St, Fischerkai; Mittagsmenü 80–90 NIS, Hauptgerichte abends 59–119 NIS; 12–24 Uhr;) Nachdem er in verschiedenen Sternerestaurants gearbeitet hatte, kehrte Koch Alaa Musa in seine Heimatstadt Akko zurück und eröffnete das El-Marsa: Dessen erfindungsreiche Karte mit Zutaten aus Galiläa trifft wirklich ins Schwarze. Besonders hervorzuheben sind Ceviche, gegrillter Barramundi und Salate mit heimischen Kräutern – und auch die Weinkarte kann sich sehen lassen. Das Hafenrestaurant wirkt, obwohl es sich in einem Gebäude aus dem 13. Jh. befindet, klar und modern.

Ausgehen & Nachtleben

El-Bourj Cafe   KAFFEE
(053 937-4925; Khan Ash-Shawarda; 10–24 Uhr) Das El-Bourj Cafe serviert im stimmungsvollen Ambiente einer Karawanserei aus dem 18. Jh. recht guten Kaffee.

☆ Unterhaltung

Akko Theatre Centre   THEATER
(04-991-4222; www.acco-tc.com; 1 Weizmann St) Das Akko Theatre Centre schmiedet Verbindungen zwischen jüdischen und arabischen Künstlern und ist stolz auf sein Programm mit innovativen Aufführungen aller Art für Erwachsene und Kinder sowie insbesondere auf das Alternative Theatre Festival (S. 204).

Shoppen

Türkischer Basar   MARKT
(8–18 Uhr) Der Basar entstand Ende des 18. Jhs. als Akkos Stadtmarkt und beherbergt heute Kunstgewerbe- und Souvenirhändler. Die Qualität schwankt, doch wer möchte, kann sich hier auf die Suche nach Schmuck, Bauchtanztüchern, Körben, Gewürzen und anderen Dingen begeben.

Kurdi Spice & Coffee   ESSEN & TRINKEN
(04-991-6188; Souq Al-Abiad; 10–18 Uhr) Der tief im Suk versteckte, touristenfreundliche Laden verschickt Kräuter, Gewürze und Kaffee in alle Welt.

❶ Praktische Informationen

GELD
In der Altstadt (z. B. rund um die Al-Jazzar St) gibt's mehrere lizensierte Wechselstuben. Banken mit Geldautomaten gibt's in der Neustadt.

SICHER UNTERWEGS
In der Altstadt werden nach Einbruch der Dunkelheit die Bürgersteige hochgeklappt – wer hier abends unterwegs ist, sollte also die üblichen Vorsichtsregeln beherzigen.

Polizei (04-987-6736, 04-987-6808; 1 Weizmann St) Eine Polizeiwache befindet sich auf dem Parkplatz zwischen der Touristeninformation und der Jugendherberge.

TOURISTENINFORMATION
Besucherzentrum (04-995-6706; www.akko.org.il; Sommer 8.30–18.30 Uhr, Winter bis 16.30 Uhr, Fr jeweils 2 Std. kürzer;) Hier gibt's kostenlose Stadtpläne, ein maßstabgerechtes Stadtmodell und einen achtminütigen Film über Akko (in neun Sprachen). Tickets werden an einem Kiosk draußen vorm Haus verkauft; an einem zweiten Kiosk gleich hinter dem Eingang zum Rittersaal kann man sich einen kostenlosen Audioguide ausleihen (Ausweis erforderlich).

Touristeninformation Westgaliläa (04-601-5533; www.westgalil.org.il; Genoa Sq; So–Do 9–17, Fr bis 14, Sa 10–16 Uhr) Die regionale Touristeninformation ist vollgepackt mit Broschüren zu Akko, Tagesausflügen und entfernteren Zielen.

An- & Weiterreise

Die Bahn ist die schnellste und landschaftlich reizvollste Option für die Fahrt nach Nahariya (7,50 NIS, 10 Min., 3-mal stündl.), Haifa Merkaz-HaShmona (13,50 NIS, 30 Min., 3-mal stündl.), Tel Aviv (35,50 NIS, 1¾ Std., 2-mal stündl.) und zum Flughafen Ben Gurion (44 NIS, 2 Std., 2-mal stündl.).

Die Nateev-Expressbusse 271 und 361 verbinden Akko mit Haifa-Merkazit HaMifratz (16 NIS, 35–40 Min., alle 10 Min.); Bus 271 fährt über die Bahai-Gärten und den Kibbuz Lohamei HaGeta'ot weiter Richtung Norden nach Nahariya (8,50 NIS, 35 Min., alle 10–15 Min.).

Fähren (050 52 888-8784; einfach/hin & zurück 30/55 NIS) verbinden den Hafen von Akko unter der Woche zweimal täglich und samstags dreimal mit dem Hafen von Haifa; je nach Bedingungen dauert die Fahrt etwa 45 Minuten. Fahrkarten können bis eine Stunde vor der Abfahrt gekauft werden.

Sheruts (Sammeltaxis) nach Haifa (Hadar) und Nahariya warten vor dem Busbahnhof von Akko und fahren ab, wenn sie voll sind.

🛈 Unterwegs vor Ort

Vom **Bahnhof** (Rte 8510) und benachbarten Busbahnhof sind es zu Fuß rund 20 Minuten (1,5 km) Richtung Südwesten in die Altstadt Akkos; ein Taxi kostet 15 bis 25 NIS. Mit dem Auto in die enge Altstadt von Akko hineinzufahren ist eher nicht zu empfehlen. Rund um die Altstadt gibt's zahlreiche Parkplätze, einige davon kostenpflichtig jeweils im Zwei-Stunden-Takt, andere kosten etwa 20 bis 25 NIS für den ganzen Tag.

Kibbuz Lohamei HaGeta'ot

קיבוץ לוחמי הגטאות
كيبوتس مقاتلون

04

Der Kibbuz Lohamei HaGeta'ot (der Name bedeutet „Kibbuz der Ghettokämpfer") wurde 1949 von Juden gegründet, die während des Zweiten Weltkriegs im Warschauer Ghetto und in den Wäldern Polens und Litauens gegen die Nazis gekämpft hatten. Heute verfügt die kleine Siedlung auf halber Strecke zwischen Akko und Nahariya auf der Ostseite der Rte 4 über zwei Museen mit Zeugnissen unglaublichen Heldenmutes, von tollkühnen Fluchten durch Abwasserkanäle bis zum geistigen Widerstand durch die heimliche Bewahrung von jüdischer Bildung und Kultur – ein bewegender und erhellender Halbtagesausflug von Akko oder Nahariya.

⦿ Sehenswertes

Beit Lohamei HaGeta'ot — MUSEUM
(Museum des Hauses der Ghettokämpfer; 04-995-8014; www.gfh.org.il; Erw./Kind inkl. Yad Layeled 30/15 NIS; So–Do 9–16 Uhr; P) Das erste Holocaust-Museum weltweit wurde im selben Jahr wie der Kibbuz gegründet und widmet sich insbesondere dem Aufstand im Warschauer Ghetto. Die Gründer des Kibbuz sahen es als ihre Pflicht gegenüber zukünftigen Generationen an, den Mut der Partisanenkämpfer zu dokumentieren. Das Museum liefert anhand von Dioramen, Videozeugnissen und Diashows mit von Bewohnern des Warschauer Ghettos angefertigten Kunstwerken einen ausgezeichneten Überblick, sein räumlicher Aufbau ist aber nicht immer leicht zu durchschauen.

Kindergedenkmuseum
Yad Layeled — MUSEUM
(04-995-8044; www.gfh.org.il; Erw./Kind inkl. Beit Lohamei HaGeta'ot 30/15 NIS; So–Do 9–16 Uhr; P) Das Museum ist eine eindringliche Gedenkstätte für die 1,5 Mio. jüdischen Kinder, die während des Holocausts ihr Leben verloren. Das runde Gebäude soll symbolisch ihre Geschichten vereinen. Das für Kinder ab zehn Jahren geeignete Museum führt Besucher vorbei an Augenzeugenberichten von jüdischen Kindern im Zweiten Weltkrieg; die Kinder berichten u. a. darüber, wie sie sich vor den Nazis versteckten und in den Konzentrationslagern lebten.

Aquädukt — HISTORISCHE STÄTTE
Der osmanische Aquädukt, den Al-Jazzar um 1780 herum bauen ließ und der im frühen 19. Jh. rekonstruiert wurde, versorgte einst Akko mit Wasser aus dem Hochland von Galiläa. Vom Eingang zum Beit Lohamei HaGeta'ot bietet sich eine schöne Aussicht auf dieses großartige Bauwerk.

 Essen

★ Alto Dairy Farm — KÄSE $$
(04-985-4802; http://altodairy.co.il; Kibbuz Shomrat; Käse/Hauptgerichte ab 10/60 NIS; So–Do 8.30–17 Uhr) Würziger Tomme, pikanter Blaukäse und schön dicker Joghurt sind nur ein paar der Delikatessen in dieser Ziegenmilchmolkerei 1,5 km südlich von Lohamei HaGeta'ot im kleinen Shomrat. Die Molkerei wird von ortsansässigen Bauern Ariel Mazan geführt, der eine echte Leidenschaft für seine erstklassige und sehr nahrhafte Ziegenmilch hegt, was sich in seinen Erzeugnissen widerspiegelt.

🛈 An- & Weiterreise

Der Kibbuz liegt an der Rte 4 etwa auf halbem Weg zwischen Akko und Nahariya. Viele Busse, die zwischen den beiden Städten verkehren, fahren hier entlang, darunter der Nateev-Express 271 (So bis Freitagnachmittag alle 10–15 Min, Samstagabend alle 45–60 Min.). Die Fahrt nach Akko oder Nahariya dauert 15 Minuten und kostet zwischen 5 und 7 NIS.

Nahariya נהריה نهريا

♪ 04 / 54 305 EW.

Das mit Miami Beach in Florida verschwisterte Nahariya glitzert vielleicht nicht ganz so bunt wie die amerikanische Partnerstadt, ist bei Sonnenanbetern aber ungeheuer beliebt. Das Zentrum der Stadt ist der 1 km lange HaGa'aton Blvd. Er liegt am Ufer des von Eukalyptusbäumen beschatteten Flusses Ga'aton – eigentlich ein betonierter Kanal – und ist von Cafés, Eisständen, Blumengeschäften und Restaurants gesäumt.

In Nahariya, das 1935 von jüdischen Flüchtlingen aus Deutschland gegründet wurde, herrscht noch immer ein wenig die Atmosphäre eines mitteleuropäischen Badeorts in der Zeit zwischen den beiden Weltkriegen.

🛏 Schlafen

Amigo Hotel — HOTEL $$

(♪ 04-992-2967; http://amigohotel-nahariya.weebly.com; 41 Kaplan St; DZ ab 90 US$; [P][📶]) Die Zimmer sind vielleicht etwas spartanisch, doch die Lage am Strand rund 750 m südlich der Hauptstraße HaGa'aton Blvd ist fast unschlagbar. Frühstück ist nicht im Preis inbegriffen.

Essen

Am HaGa'aton Blvd gibt's eine große Auswahl an Fastfood, Sushi, nahöstlicher Küche sowie Cafés und Eisdielen nach europäischer Art. Das Vergnügungsareal beim Strand umfasst Imbiss- und Frozen-Yoghurt-Stände.

❶ An- & Weiterreise

Nahariya liegt 36 km nordöstlich von Haifa, 11 km nördlich von Akko und 10 km südlich von Rosh HaNikra.

Am einfachsten erreicht man die Stadt mit der Bahn. Zwei oder drei Züge pro Stunde fahren vom **Bahnhof** (Ecke HaGa'aton Blvd & Rte 4) von Nahariya Richtung Süden nach Akko (7,50 NIS, 7 Min.) und Haifa Merkaz-HaShmona (17,50 NIS, 35 Min.); halbstündlich verkehren Züge nach Tel Aviv (39,50 NIS, 1¾ Std.) und zum Ben-Gurion-Flughafen (48,50 NIS, 2 Std.).

NICHT VERSÄUMEN

DIE ROSH-HANIKRA-GROTTEN

Schneeweiße Kalksteinklippen scheinen sich urplötzlich aus dem tiefblauen Meer zu erheben: Die **Rosh-HaNikra-Grotten** (♪ 073 271-0100; www.rosh-hanikra.com; Rosh HaNikra; Seilbahn Erw./Kind 45/36 NIS; ⊙ Seilbahn So–Do 9–18, Fr bis 16 Uhr) an der Grenze zwischen Israel und dem Libanon sind eine echte Naturschönheit. Eine steile Seilbahn führt nach unten – die Fahrt dauert eine knappe Minute. Unten betreten die Besucher vom Meer ausgewaschene Höhlenschlünde und lauschen dem Meer, wie es ohne Unterlass auf die Felsen kracht. Und wer sehr genau hinhört, kann vielleicht die Fledermäuse vernehmen, die in den Felsspalten nisten.

In einem von Natur aus kühlen Bahntunnel hinter der unteren Seilbahnstation können Besucher einen **Film** zur Geografie der Gegend und zur Geschichte der Eisenbahn Haifa–Beirut sehen. Die Eisenbahntunnel wurden 1941 und 1942 von neuseeländischen und südafrikanischen Ingenieurseinheiten der britischen Armee angelegt. Es überrascht kaum, dass die Strecke seit 1948 außer Betrieb ist.

Am Ticketschalter kann man auch **Fahrräder** (72 NIS inkl. Grotten) für die 5 km lange Rundfahrt zum **Betzet Beach** ausleihen.

Oben kann man durch ein getarntes Grenztor an der israelisch-libanesischen Grenze spähen und neben einem Schild, das den Weg nach Beirut weist, für ein Foto posieren. Einige Kilometer weiter nördlich befindet sich die Truppenbasis Naqoura für die 12 000 Mann starke Interimstruppe der Vereinten Nationen im Libanon (United Nations Interim Force in Lebanon; Unifil), die die Grenze seit 1978 überwacht.

Auf Hungrige warten unten eine Snackbar und neben dem Grenztor eine Cafeteria und ein Restaurant. Die Seilbahn ist rollstuhlgerecht, die Grotten sind es jedoch nicht. Am besten trägt man robuste Schuhe mit griffigen Sohlen.

Der Nateev-Expressbus 31 verkehrt zwischen Rosh HaNikra und Nahariya (7,40 NIS, 17 Min., alle 1½–2 Std. außer am Sabbat).

Nördlich von Nahariya

Montfort מונטפור مونفورت

Die ursprünglich von der Adelsfamilie De Milly erbaute **Burg Montfort** `GRATIS` ist heute eine stimmungsvolle Ruine, die auf einer netten Wanderung zu erreichen ist. Der Name der Festung wurde von Montfort (französisch für „starker Berg") ins deutsche Starkenberg geändert, als die De Millys sie an den Deutschritterorden verkauften. 1271 nahmen die Muslime, angeführt von Mameluckensultan Baibars, die Festung ein, nachdem ein erster Versuch fünf Jahre zuvor gescheitert war. Die Kreuzritter gaben auf und zogen sich nach Akko zurück.

Die Ruine ist nicht so imposant wie andere Kreuzfahrerfestungen in Israel. Rechts vom Eingang steht die Residenz des Gouverneurs, direkt dahinter erhebt sich der Turm. Die beiden Gewölbekammern auf der rechten Seite sind das Untergeschoss des Rittersaals; daneben befindet sich die Kapelle. Der Fußweg nach Montfort beginnt ca. 18 km nordöstlich von Nahariya am Goren-Park, 9 km östlich der Stadt Shlomi an der Rte 899. Von einem Picknickplatz hier – mit Bänken, Trinkwasser und jeder Menge Schatten – bietet sich ein Ausblick auf die Festung. Die Wanderung zur Festung dauert etwa 45 Minuten bis eine Stunde.

Akhziv אכזיב شاطئ الزيب

Der Küstenstreifen zwischen Nahariya und Rosh HaNikra wird Akhziv genannt.

Nationalpark Akhziv STRAND
(www.park.org.il; Erw./Kind 35/21 NIS; ⊙ Sept.–Juni 8–17 Uhr, Juli & Aug. 8–19 Uhr; Ⓟ) Der Akhziv-Nationalpark 5 km nördlich von Nahariya umfasst weite Rasenflächen, die Spuren eines phönizischen Hafens und einen kleinen, familienfreundlichen Strand. Die Umkleideräume befinden sich auf und um einen kleinen Hügel, wo früher ein arabisches Dorf stand, dessen Bewohner 1948 flohen. Einige Hundert Meter weiter südlich ist ein viel längerer und breiterer Strand mit Sonnenschirmen, Duschen und einer Snackbar.

Auf dem schönen **Campingplatz** (☏ 04-982-3263; Camping Erw./Kind 63/53 NIS, Häuschen ab 450 NIS; ⊙ Rezeption 12–19 Uhr; Ⓟ) am Wasser kann man im Zelt, im Wohnmobil oder in einfachen Häuschen mit Bad übernachten.

Akhzivland GEBIET
(☏ 054 467-9689; nahe Akhziv-Nationalpark; Eintritt Museum 20 NIS; ⊙ unterschiedlich; Ⓟ) Die Anziehungskraft dieses Küstenstreifens ist so unwiderstehlich, dass der nonkonformistische Aktivist Eli Avivi ihn 1971 zu einem unabhängigen Staat erklärte und die israelischen Behörden dadurch piesackte, dass er sein elysisches Refugium mit „Grenzen" versah. Avivi, inzwischen in den Achtzigern, heißt auf seinem schattigen Anwesen noch immer Besucher willkommen. Den Kern bildet ein wunderbar schräges **Museum** mit Antiquitäten, kostümierten Schaufensterpuppen, Tierskeletten und Zeitungsausschnitten und Videos (nur auf Hebräisch) über Akhzivland. Beim Akhziv-Nationalpark weisen Schilder mit der Aufschrift „Eli Avivi" den Weg.

Das ehemalige arabische Dorf an dieser Stelle, Az-Zib, ließen die Bewohner bei ihrer Flucht leer zurück. Eli Avivi entschloss sich 1952, hier einen Kibbuz zu gründen, woraus rasch ein Hippie-Refugium auf der Grundlage utopischer Ideen wurde, das in den 1960er-Jahren sogar Promis wie Sophia Loren als Besucher anlockte.

Avivi geriet bald in Konflikt mit den israelischen Behörden, die diesen strategisch wichtigen Küstenstreifen anfänglich in eine Militärbasis verwandeln wollten. Entscheidend war schließlich, dass die Regierung beschloss, den Akhziv-Nationalpark zu schaffen. Avivi stellte sich auf die Hinterbeine und weigerte sich, sein Land aufzugeben. Als die Behörden ihn durch einen Zaun von seinem geliebten Strand trennten, legte er die israelische Staatsbürgerschaft nieder: Das war die Geburtsstunde von Akhzivland, komplett mit Meerjungfrauflagge und Passstempeln.

Wer in einem der **Zimmer** (☏ 054 467-9689; Zi. ohne Frühstück ab 400 NIS; Ⓟ) auf dem Gelände übernachten oder hier zelten möchte, muss vorher anrufen.

Untergaliläa & See Genezareth

בגליל התחתון ובכנרת   الجليل الاسفل بحيرة طبريا

Inhalt
Nazareth 211
Kafr Kana 220
Sepphoris 221
Rund um den
Berg Tabor 221
Jesreelebene & Ebene
von Beit She'an 225
Tiberias 230
See Genezareth 240

Auf nach Untergaliläa & zum See Genezareth!

Zerklüftete Hügel, archäologische Stätten aus den Anfängen des Christentums und alte Steinsynagogen machen Untergaliläa aus. Es liegt im Norden Israels südlich der Rte 85 (die Akko mit dem See Genezareth verbindet) und ist bei Wanderern, Radfahrern, jüdischen und arabischen Familienurlaubern, Genussmenschen aus Tel Aviv und – natürlich – christlichen Pilgern sehr beliebt.

In der Gegend, in der der Winter grün, frisch und kühl (perfekt für ein Bad in einer Thermalquelle) und der Sommer heiß und trocken ist (Abhilfe schafft der See Genezareth), soll Jesus von Nazareth gelebt, gepredigt und Wunder vollbracht haben. Doch heute ist selbst Nazareth nicht mehr nur ein Wallfahrtsort: Hier finden sich einige der besten Restaurants Israels. Auch der glitzernde See Genezareth (hebr. „Kinneret") lockt mit Urlaubsfreuden und archäologischen Stätten, die mit dem Wirken Jesu verbunden werden.

Gut essen

➜ Magdalena (S. 246)
➜ AlReda (S. 219)
➜ Abu Ashraf (S. 218)
➜ Tibi's Steakhouse & Bar (S. 246)
➜ Cafederatzia (S. 224)

Schön übernachten

➜ Fauzi Azar Inn (S. 217)
➜ Arbel Guest House (S. 234)
➜ Pilgerhaus Tabgha (S. 246)
➜ Ein Harod Guest House (S. 229)
➜ Genghis Khan in the Golan (S. 248)
➜ Setai Sea of Galilee (S. 248)

Reisezeit
Nazareth

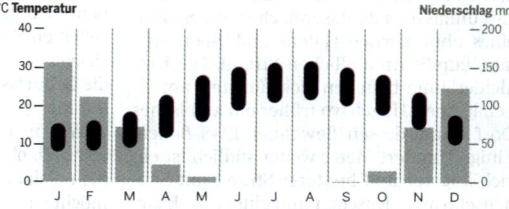

Dez.–März Der Berg Gilboa ist voller Narzissen, Klatschmohn und im März violetten Gilboa-Iris.

Juli–Sept. Am See Genezareth und in der Ebene von Beit She'an wird die Hitze oft unerträglich.

Anfang Dez. & Anfang Mai Zweimal jährlich bringt das Jacob's Ladder Festival Musik ins Kibbuz Ginosar.

Highlights

❶ **Kapernaum** (S. 243) Ein Gebiet besuchen, das zu den bedeutendsten Wirkungsstätten Jesu gezählt haben soll

❷ **Nazareth** (S. 211) In den arabischen Restaurants der kulinarischen Hauptstadt Galiläas Fusionsküche schlemmen

❸ **Beit-Alpha-Synagoge** (S. 228) Auf dem Bodenmosaik Tierkreiszeichen, jüdische Symbole und biblische Personen entdecken

❹ **Jesusweg** (S. 217) Von Nazareth bis zum See Genezareth wandern

❺ **Beit She'an** (S. 225) Beim Erkunden der von Säulen gesäumten Straßen Einblicke in das Leben zu Zeiten der Römer erhalten

❻ **Nationalpark Sepphoris** (S. 221) Die herrlichen Mosaike bewundern, darunter die „Mona Lisa Galiläas"

❼ **See Genezareth** (S. 240) An einem heißen Sommertag im See Abkühlung finden

❽ **Hamat Gader** (S. 247) Sich an einem kalten Wintertag in den dampfenden Mineralbecken räkeln

❾ **Berg Gilboa** (S. 229) Im Frühjahr die Wildblumen bewundern

Nazareth נצרת הנאצרה

♪ 04 / 75 700 EW.

Die Zeiten, in denen Nazareth ein friedliches jüdisches Dörfchen im römisch regierten Galiläa war, sind lange vorbei. Wer also ländliche Idylle erwartet, wird überrascht sein. Heute ist die größte arabische Stadt Israels eine lebendige Minimetropole mit von Geschäften gesäumten Durchfahrtsstraßen, Staus und jungen Männern mit einer Vorliebe für wilde Fahrmanöver. Die Altstadt, in der sich entlang der Kopfsteinpflastergassen verfallene Herrenhäuser aus der Zeit des Osmanischen Reichs reihen, erfindet sich gegenwärtig neu und entwickelt sich zu einer anspruchsvollen Kultur- und Gastrozone.

Dem Neuen Testament zufolge erschien der Erzengel Gabriel Maria in Nazareth (arab. Al-Naasira, hebr. Natzrat oder Natzeret) und verkündete ihr, dass sie Gottes Sohn empfangen und gebären werde. Dieses Ereignis ist als Verkündigung bekannt (Lk 1, 26–38).

Am Sabbat (Freitagabend und Sa) ist in Nazareth alles geöffnet. Sonntags sind die Geschäfte und die meisten Restaurants dagegen geschlossen.

Geschichte

Im 6. Jh. flammte das Interesse der Christen an der Stadt wieder auf, als Berichte von Wundern die Runde machten. Ein Jahrhundert später brachte die persische Invasion allerdings auch Massaker an Christen mit sich, und nachdem der Islam 637 hier Einzug gehalten hatte, trat der Großteil der Einwohner zum Islam über. Eine nicht zu vernachlässigende Minderheit blieb dem christlichen Glauben jedoch treu.

Die Kreuzfahrer machten Nazareth 1099 zu ihrer galiläischen Hauptstadt, wurden ein Jahrhundert später aber von Saladin vertrieben. Mitte des 12. Jhs. verbannte der mameluckische Sultan Baibars die christlichen Geistlichen aus der Stadt, und gegen Ende des Jahrhunderts war Nazareth nicht mehr als ein verarmtes Dorf.

> **TIPP: ENTSPANNT DIE ORIENTIERUNG VERLIEREN**
>
> In den labyrinthischen Gassen der Altstadt wird man sich sowieso verlaufen, also kann man sich auch gleich ganz entspannt ins Getümmel stürzen. Die fehlende Beschilderung macht die Sache auch nicht gerade einfacher. Da die meisten Straßennamen allerdings nur aus vierstelligen Zahlen bestehen, wundert es keinen, dass die Einheimischen sie eigentlich nicht benutzen. Abhilfe schaffen die kostenlosen farbigen Stadtpläne, die gewöhnlich in allen Gästehäusern der Altstadt erhältlich sind.

Im 17. und 18. Jh. wurden in Nazareth wieder erste Kirchen eingerichtet und 1799 wurde es von Napoleon Bonaparte erobert. Am Ende des Osmanischen Reiches war Nazareth eine christliche Gemeinde von ansehnlicher Größe mit einer stetig wachsenden Zahl von Kirchen und Klöstern – heute gibt es etwa 30.

Im Vergleich zu 1949, als noch etwa 60 % der Einwohner Nazareths Christen waren, ist der Anteil heute auf 30 % gefallen (die größten Konfessionsgruppen sind die griechisch-orthodoxen, die melkitischen griechisch-katholischen und die römisch-katholischen Christen). Spannungen zwischen Christen und Islamisten entladen sich gelegentlich und haben einige Christen dazu veranlasst, die Stadt zu verlassen.

⊙ Sehenswertes & Aktivitäten

★**Verkündigungskirche** KIRCHE
(☏04-565-0001; www.nazareth-en.custodia.org; Al-Bishara St; ⊙Oberkirche 8–18 Uhr, Verkündigungsgrotte 5.45–18 Uhr, für stilles Gebet 18–21 Uhr) Die Silhouette der Altstadt wird von der mit Lampen versehenen Kuppel dieser römisch-katholischen Basilika unter Franziskanerführung beherrscht. Das kühne modernistische Bauwerk ist wirklich außergewöhnlich. Es wurde zwischen 1960 und 1969 errichtet und steht nach dem Glauben vieler Christen an Marias Wohnstätte und somit an der Stelle, an der – gemäß vieler Kirchen mit Ausnahme der griechisch-orthodoxen – die Verkündigung stattgefunden haben soll.

Die hoch aufragende Kuppel der **Oberkirche** hat die Form einer umgedrehten Lilie und „verherrlicht Maria als die Mutter Gottes". Mit ihrer nüchternen Betonschale und den leichten Einkerbungen versprüht sie das charmante Flair der Architektur der Mitte des 20. Jhs.

In der schwach beleuchteten Unterkirche wird die **Verkündigungsgrotte**, die Stelle, an der Marias Wohnhaus gestanden haben soll, von einer tiefer liegenden Apsis geschützt. Dort sind auch die Überreste einer Kirche aus der byzantinischen Ära (4. Jh.) und einer Kreuzfahrerkirche (12. Jh.) zu sehen.

Die Mauern des Hofs und der Oberkirche sind mit einer Reihe lebendiger **Mosaiktafeln** versehen, die von katholischen Gemeinden aus der ganzen Welt gespendet wurden. Sie zeigen Maria und das Jesuskind in unterschiedlichen Stilen, die auf plakative Weise die Kultur des jeweiligen Herkunftslandes widerspiegeln. 2016 wurde eine Tafel aus Brasilien hinzugefügt.

Wer die Beichte ablegen möchte, kann dies in allen möglichen Sprachen zwischen 8.30 und 11.30 Uhr und zwischen 15 und 17 Uhr tun. Wöchentliche Veranstaltungen:

Angelusgebet Täglich um 12 Uhr in der Grotte

Marienverehrung Di 20.30 Uhr

Eucharistische Anbetung Do 20.30 Uhr

Lichterprozession Sa 20.30 Uhr

Von einigen Veranstaltungen sind auf www.cmc-terrasanta.com Live-Webcasts zu sehen.

Im **Pilgerbüro** (Mo-Sa 9-12 & 14-18 Uhr), 20 m links vom Haupteingang der Basilika, sind kostenlose Broschüren in vielen verschiedenen Sprachen sowie (gegen Hinterlegung eines Ausweises) Tücher und Röcke erhältlich, mit denen bloße Schultern und Knie verdeckt werden können. Eventuelle Anfragen können per E-Mail eingesandt werden.

Josefskirche KIRCHE

(Al-Bishara St; 8-18 Uhr) Auf der anderen Seite des Hofes und einer Rasenfläche auf der oberen Ebene der Verkündigungsbasilika steht diese neuromanische, franziskanische Kirche aus dem Jahr 1914 an der Stelle, an der sich nach traditionellem Glauben Josefs Zimmermannswerkstatt befunden haben soll. Die heutige Kirche steht auf den Überresten einer Kreuzfahrerkirche. In der unterirdischen Krypta werden anhand von Schildern die vor Ort gemachten archäologischen Ausgrabungen erläutert.

★ **Centre International Marie de Nazareth** KULTURZENTRUM

(04-646-1266; www.cimdn.org; 15 Al-Bishara St; empfohlene Spende 50 NIS; Mo-Sa 9.30-12 & 14.30-18, letzter Einlass 17 Uhr) Dieser beeindruckende Komplex fast direkt gegenüber der Verkündigungskirche wurde von Chemin Neuf erbaut, einer römisch-katholischen Gemeinschaft mit Sitz in Frankreich, und dient als Ort der ökumenischen Arbeit unter Christen und des interreligiösen Dialogs. Der idyllische Dachgarten ist mit in der Bibel erwähnten Pflanzen bewachsen und bietet einen Rundblick über die Umgebung, während im Untergeschoss Ruinen zu sehen sind, die aus der Zeit des ersten Tempels stammen.

In vier Räumen veranschaulicht eine Multimediaausstellung in 14 Sprachen die Höhepunkte des biblischen Zeitalters von der Schöpfung bis zur Auferstehung und lenkt dabei den Fokus auf das Leben von Maria und Jesus. Darüber hinaus werden Filme in 16 Sprachen gezeigt, von denen manche auch auf www.netforgod.tv zu sehen sind. Täglich um 18 Uhr wird ein Gebet (auf Französisch) abgehalten. Rollstuhlgerecht.

Anglikanische Christuskirche KIRCHE

(04-655-4568; www.j-diocese.org) Die 1871 geweihte Steinkirche war erst die zweite anglikanische Kirche im Heiligen Land – die erste wurde in Jerusalem errichtet. Der Turm wurde schließlich 2014 fertiggestellt. Drinnen nehmen gotische Bogen dem kargen weißen Innenraum etwas von seiner Härte und Buntglas sorgt für einen Tupfer Farbe.

Synagogenkirche KIRCHE

(8-12 & 15-19 Uhr außer zu Gebetszeiten, So morgens geschl.) Der bescheidene, in einer Nebenstraße des Suk gelegene Bau aus der Zeit der Kreuzfahrer beherbergt heute eine katholische Kirche. Er steht an der Stelle einer Synagoge, in der der junge Jesus regelmäßig gebetet und später auch gepredigt (Jes 61,1–2 & 58,6) und sich als Erfüllung der Prophezeiungen Jesajas offenbart haben soll (Lk 4,15–30). Die angrenzende **Griechisch-katholische Kirche** (identische Öffnungszeiten) mit ihrer herrlichen Kuppel und den beiden Glockentürmen wurde 1887 von der melkitischen griechisch-katholischen Gemeinde im Ort erbaut.

Weiße Moschee MOSCHEE

(Al-Jaami' Al-Abyad; 6133 St; 9-18.30 oder 19 Uhr außer während der Gebete) Die im späten 18. Jh. unter Scheich Abdullah Al-Fahum erbaute Moschee – sein Grab ist durch eine Glastür am Rand des Heiligtums zu sehen – ist für ihre langjährige Unterstützung der Harmonie zwischen den unterschiedlichen Glaubensgemeinschaften in Nazareth bekannt. Schuhe ausziehen ist nicht nötig, solange man die Gebetsteppiche nicht betritt. In dem Büro rechts der Tür gibt es Kopftücher für weibliche Besucher und Infoblätter auf Englisch. Das Innere der Moschee und der Hof mit einem Brunnen für Waschungen sind größtenteils modern. Die weiße Farbe ist ein Symbol der Einfachheit, Reinheit, Einheit und des Friedens.

Nazareth

Höhle der 40 Heiligen
Mönche HÖHLE

(Nr. 21 6198 St; Spende erbeten; ☉ Führungen Mo–Sa 9–13 Uhr) Unter dem Gelände des griechisch-orthodoxen Bischofsitzes verbirgt sich dieses Höhlensystem, das nach den 40 Mönchen benannt wurde, die hier im 1. Jh. von den Römern getötet worden sein sollen. Den Besuchereingang kennzeichnet das Schild „Ancient Holy Cave".

★**Altes Badehaus** ARCHÄOLOGISCHE STÄTTE
(☎ 04-657-8539; www.nazarethbathhouse.com; Mary's Well Sq; Führung 120 NIS; ☉ Mo–Sa 9–

Nazareth

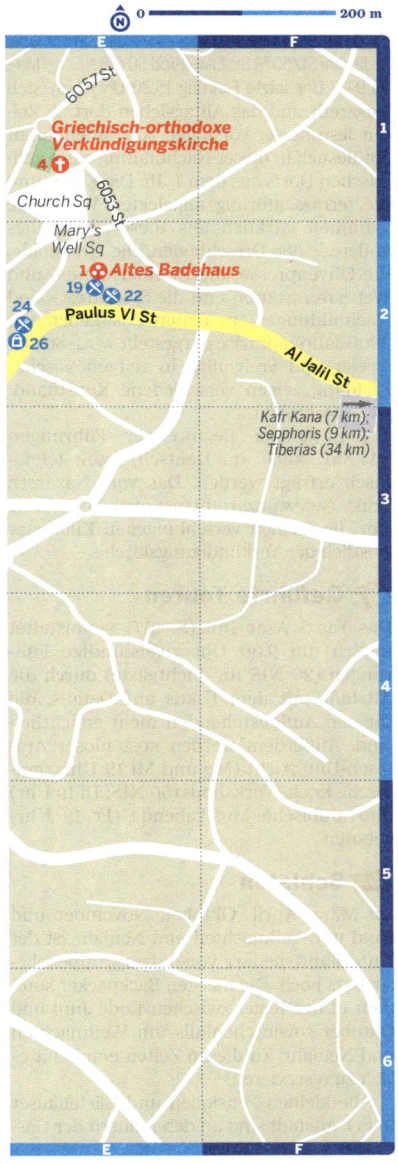

⊙ Highlights
1. Altes Badehaus E2
2. Verkündigungskirche C4
3. Centre International Marie de Nazareth C4
4. Griechisch-orthodoxe Verkündigungskirche E1

⊙ Sehenswertes
5. Basilika zum Jugendlichen Jesus B2
6. Höhle der 40 Heiligen Mönche...........D2
7. Nazareth Village A5
8. Josefskirche C4
9. Synagogenkirche.................................C3
10. Weiße Moschee....................................C3

⊙ Schlafen
11. Al-Mutran Guest House D2
12. AlReda Guesthouse C4
13. Fauzi Azar Inn C3
14. Simsim Backpackers C3
15. Sisters of Nazareth Guest House C4
16. Vitrage Guesthouse C3

⊙ Essen
17. Abu Ashraf C3
18. Al-Taboun D3
    AlReda ....(s. 12)
19. Avra E2
20. Elmokhtar Sweets D4
21. Mahroum Sweets C5
22. Rose Mary E2
23. Suk C4
24. Tishreen E2

⊙ Unterhaltung
Liwan Culture Cafe ....(s. 14)

⊙ Shoppen
Cactus Gallery ....(s. 1)
25. Elbabour Galilee Mill D3
26. Sport Al-Ein E2

19 Uhr, manchmal auch So) Als Elias Shama und seine aus Belgien stammende Frau Martina 1993 ihr Geschäft renovieren wollten, entdeckten sie ein Netzwerk aus 2000 Jahre alten Tonrohren, die beinahe identisch mit jenen in Pompeji waren, und legten anschließend ein nahezu perfekt erhaltenes römisches Badehaus frei, das einst vom Wasser des Marienbrunnens gespeist wurde. Am Ende der 30-minütigen Führung, während der man erfährt, wie spannend eine zufällige Entdeckung sein kann, gibt's noch mit Walnüssen gefüllte Datteln und Kaffee.

Die Führungen kostet 120 NIS für eine bis vier Personen und dann 28 NIS für jede weitere Person.

★ **Griechisch-orthodoxe Verkündigungskirche** KIRCHE
(Gabrielskirche; Church Sq; ⊙ Mo–Sa 7–12 & 13–18, So 7–13 Uhr) Nach griechisch-orthodoxem

Glauben erschien der Erzengel Gabriel Maria, als sie gerade Wasser vom Brunnen direkt unterhalb der mit Fresken reich verzierten Kirche aus dem 17. Jh. holte (anderen Konfessionen zufolge war sie bei der Verkündigung zu Hause). Die **Krypta** mit ihrem Tonnengewölbe wurde ursprünglich unter Konstantin (4. Jh.) erbaut. In ihrem Innern befindet sich Nazareths einzige ganzjährige Quelle – ein Ort also, der von allen im Dorf oft aufgesucht wurde. Rund um die Eingangstür sind von außen jahrhundertealte **Wandmalereien** in den Stein geritzt.

Basilika zum Jugendlichen Jesus KIRCHE

(04-646-8954; Salesian St/5004 St; Mo-Sa 9–12 & 15–18 Uhr) Die zwischen 1906 und 1923 im neugotischen Stil errichtete Kirche bietet eindrucksvolle Blicke auf Nazareth. Im Inneren ist sie aus glattem, fast leuchtendem Kalkstein erbaut, und die filigranen Bögen und hohen Gewölbe verkörpern ganz und gar den französischen Stil. Ihren Namen verdankt die Basilika der Tatsache, dass Jesus den Großteil seiner frühen Jahre in Nazareth verbrachte.

Die Kirche ist Teil des **Jesuswegs** und befindet sich in der École Jésus Adolescent, einer von katholischen Orden Salesianer Don Bosco geführten Schule.

Die Kirche ist einen steilen 2 km langen Spaziergang von der Altstadt entfernt – oder man nimmt in der Paulus VI St den Bus 15. Vom großen stählernen Schiebetor der Schule links die Treppen hinaufsteigen und, oben angekommen, durch die rechte Tür gehen; die Kirche befindet sich am Ende des langen Korridors.

ABSEITS DER ÜBLICHEN PFADE

DER GOSPEL TRAIL

Der vom israelischen Tourismusministerium gesponserte Gospel Trail führt von Nazareth – eigentlich vom Mount Precipice (Abgrundberg) – nach Kapernaum und somit durch Landschaften, durch die einst Jesus gewandert sein soll. Der 62 km lange Weg ist durch aufrecht stehende Felsen mit einem Mosaik eines Ankers – das Logo des Weges – markiert. Er ist für Wanderer, Radfahrer und Reiter gedacht und verläuft größtenteils abseits bebauter Gebiete.

Nazareth Village BAUERNHOF

(04-645-6042; www.nazarethvillage.com; Al-Wadi Al-Jawani St/5079 St; Erw./Kind 50/25 NIS; Mo-Sa 9–17 Uhr, letzte Führung 15.30 Uhr) Um sich Nazareth und das Alltagsleben dort zu Zeiten Jesu besser vorstellen zu können, lohnt ein Besuch in dieser Nachbildung eines galiläischen Dorfs aus dem 1. Jh. Die Kelter und die terrassenförmig angelegten Weinberge stammen wirklich aus dieser Zeit, alles andere – der Dreschboden, die Grabhöhle, die Olivenpresse, die Zimmermanns- und Weberwerkstätten und die Synagoge – sind Nachbildungen, in denen das Leben vor 2000 Jahren präzise dargestellt wird. Schauspieler und Freiwillige in zeitgenössischer Kleidung zeigen verschiedene Kunsthandwerktechniken.

Der genaue Beginn der Führungen (1¼ Std., auch auf Deutsch) kann telefonisch erfragt werden. Das vom Nazareth Trust (www.nazarethtrust.org) betriebene Dorf liegt einen verschlungenen Kilometer westlich der Verkündigungskirche.

👉 Geführte Touren

Das Fauzi Azar Inn (S. 217) veranstaltet täglich um 9.30 Uhr zweistündige Führungen (20 NIS für Nichtgäste) durch die Altstadt mit dem Fokus auf Details, die für den Außenstehenden nicht ersichtlich sind. Außerdem werden kostenloser Arabisch-Unterricht (Mo und Mi 19 Uhr), arabische Koch-Workshops (50 NIS; Di 19 Uhr) und arabische Musikabende (Fr 19 Uhr) geboten.

🛏 Schlafen

Im März, April, Oktober, November und rund um Weihnachten und Neujahr ist der Unterkunftsbedarf von Pilgergruppen besonders hoch. Die meisten Backpacker kommen in der Regel zwischen Ende Juni und Oktober sowie ebenfalls um Weihnachten und Neujahr. Zu diesen Zeiten empfiehlt es sich zu reservieren.

Alle kleinen Pensionen und Gästehäuser in der Altstadt sind an den Mauern der Gassen gut ausgeschildert.

Vitrage Guesthouse B&B $

(052 525-8561, 04-657-5163; www.vitrage-guest house.com; Nr. 4 6083 St; EZ/DZ/3BZ mit Gemeinschaftsbad 210/234/270 NIS, kleine Zimmer 150/198/250 NIS;) Die einfach eingerichtete Pension mit neun Zimmern wird von Bishara, einem pensionierten *vitrage*-Künstler

ABSEITS DER ÜBLICHEN PFADE

DER JESUSWEG

Der 65 km lange Jesusweg (http://de.jesustrail.com bzw. www.jesustrail.com) führt von der Verkündigungskirche in Nazareth nach Tabgha und Kapernaum am See Genezareth. Unterwegs passiert man jüdische, christliche und muslimische sowie Beduinen- und Drusensiedlungen und kommt durch vielfältige Landschaften: schroffe Hügel, Olivenhaine, Wälder und Aussichtspunkte. Zu den Highlights gehören heilige Stätten des christlichen Glaubens, Synagogen, ein Kreuzzugsschlachtfeld und Nebi Shu'eib, der bedeutendste Schrein der Drusen. Wer unterwegs Naturschutzgebiete oder Nationalparks wie Sepphoris oder Arbel betritt, muss Eintritt zahlen.

Für die Strecke, die durch orangefarbene „Lichtstrahlen" markiert ist, benötigt man insgesamt etwa vier Tage; kürzere Abschnitte geben Tageswanderungen ab. Wenn man das richtige Schuhwerk und genug Wasser dabeihat, kann der Weg von Wanderern jeder Verfassung gemeistert werden. Unterwegs kann man zelten, alternativ gibt's viele andere Übernachtungsmöglichkeiten, von B&Bs bis zu Spitzenklassehotels. Die englischsprachige Version der Website informiert über die Route und GPS-Daten; empfehlenswert sind auch die beiden Wanderführer *Jesusweg und Jerusalem* von J. Saar und *Hiking the Jesus Trail* von A. Dintaman und D. Landis.

(„Buntglas" auf Französisch), und seiner Frau geführt. Bishara wuchs hier auf und wurde sogar im Gartenpool getauft. Gern zeigt er Besuchern, wie Buntglas hergestellt wird, und lädt oft Gäste dazu ein, zusammen mit der Familie zu essen. Großartiges Preis-Leistungs-Verhältnis.

Simsim Backpackers GÄSTEHAUS $
(☏077 551-7275; www.simsim-guesthouse.com; 6132 St; B ohne Frühstück 70 NIS; ☎) Das hübsche, von Sami und Silke geführte Gästehaus mit tollem Preis-Leistungs-Verhältnis beherbergt 23 Schlafsaalbetten (größtenteils Etagenbetten), sieben davon in einem Zimmer für Frauen. Zur Ausstattung gehören Kochgelegenheiten. Die Rezeption befindet sich im benachbarten Liwan Cultural Cafe.

Sisters of Nazareth Guest House GÄSTEHAUS $
(☏04-655-4304; acceuilnasra@live.fr; 6167 St; B/EZ/DZ/3BZ ohne Frühstück 85/250/300/430 NIS) Das Gästehaus mit 61 Zimmern in einem Gebäude von 1855 – 2017 wurde ein neuer Flügel errichtet – liegt rund um einen mit Blumen geschmückten Innenhof, unter dem sich archäologische Ausgrabungen befinden, und wird von dem französischen katholischen Orden der Nazareth-Schwestern betrieben. Die nach Geschlechtern getrennten Schlafsäle mit jeweils vier bis sechs Betten sind in makellos sauberen, allerdings etwas kasernenähnlichen Räumen untergebracht. Das Tor wird abends um Punkt 22.30 Uhr geschlossen.

Frühstück kostet 25 NIS. Reservierungen sind per E-Mail oder Fax bis zu einer oder zwei Wochen im Voraus möglich, man kann aber auch einfach vorbeischauen.

★ Fauzi Azar Inn PENSION $$
(☏04-602-0469; www.abrahamhostels.com; B 85–100 NIS, DZ 335–385 NIS, jeweils ohne Frühstück; @☎) In einem herrlichen alten Steinhaus aus dem frühen 19. Jh. versteckt sich in der Altstadt diese Unterkunft, die – genau wie die Mitarbeiter – vor Charme nur so sprüht. Die 14 Zimmer sind einfach, aber geschmackvoll – auch wenn sie nicht so großartig sind wie die Bogenfenster, Marmorböden und die 5 m hohe, mit Fresken verzierte Decke des Aufenthaltsraums. Ein toller Ort, um andere Traveller zu treffen oder freiwillig mitzuarbeiten (s. Website).

Wer einen Einreisestempel aus dem Libanon, dem irakischen Teil Kurdistans oder Iran in seinem Pass hat, muss für die erste Nacht in einem Dorm nichts bezahlen. Kleidung waschen kostet 15 NIS.

★ Al-Mutran Guest House PENSION $$
(☏04-645-7947; www.al-mutran.com; Bishop's Sq; DZ 110–140 US$, 4-Bett-Suite 200 US$; ☎) Gleich neben der Residenz des griechisch-orthodoxen *mutran* (arab. für „Bischof") von Nazareth liegt dieses familiengeführte Juwel mit elf Zimmern in einem 200 Jahre alten Herrenhaus mit 4,5 m hohen Decken, osmanischen Gewölben und antiken Bodenfliesen. Das Frühstück wird in der stilvollen

Lobby mit ihren bestickten Kissen und Beduinenstoffen serviert.

AlReda Guesthouse
B&B $$$

(04-608-4404; alreda2000@hotmail.com; 21 Al-Bishara St; DZ/3BZ/4BZ 800/900/1000 NIS) Das riesige Ein-Zimmer-Apartment im Obergeschoss eines osmanischen Herrenhauses ist ganz aus Holz und bietet grandiose Ausblicke. Unglaublich romantisch!

Essen

Kenner aus Israel und von weiter her wissen, dass sich Nazareth in den letzten Jahren zu solch einer tollen Gastro-Adresse entwickelt hat, dass es sich allein deshalb lohnt, dem Verkehr zu trotzen. Das Schlagwort heißt „Fusion" – europäisch inspirierte Gerichte werden mit hiesigen Gewürzen aufgepeppt und dann in den stimmungsvollen Herrenhäusern der Altstadt oder am Mary's Well Sq mit einem kräftigen Extra arabischer Gastfreundschaft serviert.

Die Einheimischen essen meist sehr spät und fangen oft nicht vor 21 oder 22 Uhr an.

★ Abu Ashraf
NAHÖSTLICH $

(Diwan Al-Saraya; 04-657-8697; 6134 St; Hauptgerichte 20 NIS; Mo-Sa 8-20 Uhr;) Dieses altmodische Kaffeehaus ist für seine *katayef* (süße Pfannkuchen mit Käse- oder Zimtwalnussfüllung mit Geraniensirup), seinen Kaffee (eine Spezialmischung aus fünf Sorten Bohnen und Kardamom) und seine Antiquitätensammlung bekannt. Der überschwängliche Besitzer Abu Ashraf erzählt seinen Gästen gern Geschichten über Nazareth.

Darüber hinaus gibt es auch noch hervorragende Gemüsesalate, *freekeh* (gerösteter grüner Weizen), *labneh* (dicker Joghurt) und *kibbeh* (mit Fleisch gefüllte Bulgurkroketten). Das Café in einem 1730 errichteten Gebäude ist nicht zu verwechseln mit einem gleichnamigen modernen Nachahmer ganz in der Nähe.

Suk
MARKT $

(Market Sq & 6152 St; Mo-Sa ca. 8-15 Uhr) In den schmalen, verschlungenen Gassen des Altstadtmarktes gibt es Obst, Gemüse, Brot und sogar Pita-Pizzas.

Al-Taboun
NAHÖSTLICH $

(Paulus VI St; Hauptgerichte 25-30 NIS; Mo-Sa 9-22 Uhr;) Das Ambiente ist unsagbar kitschig, dafür sind das Shawarma, der Hummus und der vegetarische Brotaufstrich einfach großartig.

Elmokhtar Sweets
BACKWAREN $

(Paulus VI St; 70-90 NIS pro kg; 9-23.30 oder 24 Uhr) Ein hell erleuchtetes Kaufhaus für Süßwaren, das ebenso in Beirut oder Kairo stehen könnte. Hier gibt's eine riesige Auswahl an köstlichem Baklava, großartigem *kunafeh* (zuckersüßes Gebäck mit Frischkäsefüllung) und hausgemachtem Halva.

Mahroum Sweets
BACKWAREN $

(www.mahroum-baklawa.com; Ecke Paulus VI & Al-Bishara St; 80 NIS pro kg; 8-24 Uhr) Der schon seit 1890 von derselben Familie betriebene Laden, der 2017 an einen neuen Ort umzog, ist eine der besten Adressen in Israel, um Baklava und andere vor Sirup triefende Leckereien zu kosten. Auch das *kunafeh* und das Lokum sind hervorragend.

Avra
GRIECHISCH $$

(04-659-1547; Mary's Well Sq; Hauptgerichte 32-86 NIS; Mo-Sa 8.30-24 Uhr oder später) Das griechische Wort „Avra" bedeutet „gute Stimmung" und diese herrscht in diesem Café-Restaurant auch tatsächlich. Gereicht werden köstliche griechische und palästinensische Gerichte, während im Hintergrund traditionelle und moderne griechische Instrumentalmusik läuft. Die Spezialität des Hauses ist der Ouzo-Teller mit griechischen Klassikern wie mit Fleisch gefüllten Weinblättern, Feta und Kalamata-Oliven sowie einem hiesigen oder griechischen Ouzo.

Außerdem gibt's hier Pasta, Sandwiches, griechische Salate und Eiskaffee nach griechischer Art.

Rose Mary
CAFÉ $$

(04-647-1212; www.nrmary.com; Hauptgerichte 38-88 NIS; Di-Sa 9-23.30, Mo ab 18, So 10-23.30 Uhr;) Das gesellige Bistro-Café serviert französische und italienische Gerichte aus erstklassigen Zutaten und frischen Gewürzen aus Galiläa. Die Spezialität des Hauses sind Garnelen und Calamari mit einer Knoblauch-Arak-Sauce. Außerdem werden hier eine in der Gegend hergestellte Schweins-Chorizo, ein ausgezeichneter Salat nach Art des Küchenchefs, Nudelgerichte und Sandwiches aufgetischt.

Tishreen
MEDITERRAN $$

(04-608-4666; www.tishreen.rest.co.il; 56 Al-Bishara St; Hauptgerichte 52-129 NIS; 10-23 Uhr;) Im Holzofen dieses beliebten Restaurants, das Antiquitäten und Weinflaschen schmücken, werden arabisch und mediterran inspirierte Speisen wie mit Pesto und

Käse gefüllte Aubergine sowie exzellente *muhammar* (arabische Pizza mit Hühnchen und Zwiebeln), herzhafte Fleischgerichte, Pasta und große Salate zubereitet. Ebenfalls zu empfehlen ist das galiläische Traditionsgericht *freekeh* aus grünem Hartweizen.

★ AlReda   FUSIONSKÜCHE $$$
(☏ 04-608-4404; 21 Al-Bishara St; Hauptgerichte 50–100 NIS; ⊙ 19–2 Uhr; 🍴) In einem 200 Jahre alten Herrenhaus aus der Zeit des Osmanischen Reichs serviert dieses stimmungsvolle Restaurant, in dem Lieder des legendären ägyptischen Sängers Umm Kulthum für musikalische Untermalung sorgen, traditionelle Nazarether Küche mit mediterranem Touch. Zu den Spezialitäten gehören saisonale Gerichte mit Okra *(bamya)* und wilder Distel *(akub)* sowie frische, mit Rinderhackfleisch, Mandeln und Pinienkernen gefüllte Artischockenherzen.

Besitzer Daher Zeidani ermuntert seine Gäste dazu, sich die großzügigen Portionen zu teilen, um die verschiedenen Gerichte kennenzulernen. Es gibt eine Bar.

Ausgehen & Nachtleben

In den christlichen Gebieten der Stadt sind Wein, Bier und Spirituosen problemlos erhältlich. Viele von Nazareths angesagtesten Restaurants und Bars liegen am oder in der Nähe des Church Sq und des Mary's Well Sq, die auch Mittelpunkt des Nachtlebens der Stadt sind.

Unterhaltung

Liwan Culture Cafe   KULTURZENTRUM
(☏ 04-628-3511; 6132 St; ⊙ 8–20 Uhr oder später) Dieses Café wurde mit dem Ziel gegründet, der Altstadt wieder kulturelles Leben einzuhauchen, und veranstaltet Ausstellungen mit Werken palästinensischer Künstler, die meisten davon aus Galiläa, sowie mehrere kostenlose Kulturevents pro Woche. Mittags ist ein vegetarisches Tagesgericht erhältlich, zubereitet von ortsansässigen Frauen. Zu trinken gibt's u. a. palästinensische Weine und zwei Biere aus dem Westjordanland, Taybeh und Shepherd's.

Das Café ist außerdem ein Informationszentrum für Touristen.

Shoppen

★ Elbabour Galilee Mill   LEBENSMITTEL
(Galilee Mill; ☏ 04-645-5596; www.elbabour-shop.com; Eingang Al-Bishara St & Paulus VI St; 100 g 25 NIS; ⊙ Mo–Sa 8.30–19 oder 19.30 Uhr) Der Duft im Innern dieses Gewürzladens entführt Besucher in eine andere Welt. Hier muss man einfach mal reingeschnuppert haben! Das Elbabour wird schon seit vier Generationen von derselben Familie geführt. Hier sind auf Regalen, in Säckchen, kleinen Behältnissen und Fläschchen über 2600 Produkte ausgestellt, von exotischen Gewürzmischungen (darunter auch Pierinas Gewürz, das auf einem alten Geheimrezept beruht, das von der Mutter des Besitzers Tony an ihn weitergegeben wurde) über Kräutertees und getrocknete Früchte bis hin zu Aromaölen. Der Name Elbabour leitet sich von der lokalen Aussprache von *al-vapeur* („der Dampf" im arabisierten Französisch) ab, der der höllisch lauten, in Deutschland gefertigten Mühle des Unternehmens in den 1890er-Jahren verpasst wurde. Die Produkte können auch übers Internet bestellt werden und werden weltweit versandt.

Cactus Gallery   KUNST & KUNSTHANDWERK
(www.nazarethcactus.com; Mary's Well Sq; ⊙ Mo–Sa 9–19 Uhr, manchmal auch So) Das Geschäft über Nazareths grandiosem altem Badehaus aus der Römerzeit (S. 214) verkauft kreativen, modernen Schmuck und wunderschöne palästinensische Stickereien, die in einem Kloster in Jerusalem aus alten Kleidern hergestellt werden.

Sport Al-Ein   SPORT & NATUR
(Sport HaMa'ayan; ☏ 052 353-5362; Paulus VI St; ⊙ Mo–Sa 8.30–20 Uhr) Wer am Jesusweg oder am Ufer des Sees Genezareth zelten möchte, kann in diesem Geschäft für Anglerbedarf günstige Schlafsäcke, Zelte und Isomatten erstehen. Der Laden liegt vom Marienbrunnen 150 m die Paulus VI St hinab.

ℹ Praktische Informationen

Informationsbüro des Tourismusministeriums (☏ 04-657-0555; www.goisrael.com; 58 Casanova St; ⊙ Mo–Fr 8.30–17, Sa 9–14 Uhr) Hat einen kostenlosen Stadtplan von Nazareth sowie Broschüren über Nazareth und Galiläa in einem Dutzend Sprachen.

Nazareth Cultural & Tourism Association (www.nazarethinfo.org) Hat eine hilfreiche Website.

Pilgerbüro der Verkündigungskirche (S. 212) Hat Infos zu Gebeten und anderen Aktivitäten in der Basilika

❶ An- & Weiterreise

BUS

Nazareth hat keinen eigenen Busbahnhof. Stattdessen halten Fernbusse an der verkehrsgeplagten Paulus VI St zwischen Marienbrunnen und Verkündigungskirche; an der Seite nach Norden stoppen Busse nach Kafr Kana, Tiberias und Akko, an der nach Süden Busse nach Haifa, Tel Aviv und Jerusalem.

Das Busunternehmen **Nazarene Transport & Tourism** (www.ntt-buses.com; Paulus VI St; ⊙ 5.30–18 Uhr) hat ein Büro in der Stadt, das auch mit Fahrplänen dienen kann.

Akko (Bus 353 von Nazareth Tourism & Transport und Egged-Bus 343, 21,50 NIS, 50 Min., stündl. außer Fr abends und Sa vor Sonnenuntergang)

Haifa (Merkazit HaMifratz und/oder Bahnhof Merkaz HaShmona, Busse 332 und 342 von Nazareth Tourism & Transport und GB-Tours-Bus 331, 16 NIS, 50 Min., mind. 2-mal stündl. außer Fr abends)

Jerusalem (Egged-Bus 955, 37,50 NIS, 2 Std., So–Do 2-mal morgens, Fr morgens 1-mal, Sa abends 2-mal)

Tel Aviv (Egged-Bus 826 und Bus 833 von Nazareth Tourism & Transport, 34 NIS, 2¾ Std., mehrmals stündl.) Hält an der Rte 75.

Tiberias (Bus 431 von Nazareth Tourism & Transport, 16 NIS, 1 Std., stündl. außer Fr abends und Sa vor Sonnenuntergang) Einige Busse halten nicht an der Paulus VI St, sondern an der Ringstraße von Nazareth.

Busse nach Amman in Jordanien betreibt **Nazarene Tours** (✆ 04-601-0458; 3 Marj Ibn Amer St; 80 NIS; ⊙ Abfahrt Di, Do & Sa 8.30 Uhr).

SHERUT

Sheruts (Sammeltaxis) fahren an der 4066 St gleich abseits der Paulus VI St (gegenüber Nazarene Transport & Tourism) ab. Das winzige **Büro** (✆ 04-657-1140; 4066 St) liegt rechter Hand und ist an einem verblassten rot-weißen Schild auf Arabisch und Hebräisch zu erkennen.

Jenin (Westjordanland) (25 NIS, 30–40 Min., Abfahrt nach Jenin um 7.30 Uhr, zum Grenzübergang Jalameh/Gilboa 10 km südlich von Afula um 11 Uhr)

Tel Aviv (Zentraler Busbahnhof, So–Fr morgens 32 NIS, Fr nachmittags & Sa 40 NIS, 1½–1¾ Std., Abfahrten 8–15 oder 16 Uhr)

TAXI

Taxis können bei **Mary's Well Taxi** (✆ 04-655-5105, 04-656-0035) gerufen werden.

Kafr Kana   כפר כנא كفر كنا

✆ 04 / 12 300 EW.

Die arabische Stadt Kafr Kana wartet mit zwei malerischen Steinkirchen auf, einer griechisch-orthodoxen und einer katholischen. Hier soll Jesus sein erstes Wunder vollbracht und während einer Hochzeit Wasser in Wein verwandelt haben (Joh 2,1–11). 10 % der Einwohner sind Christen. Die Stadt liegt etwa 8 km nordöstlich des Zentrums von Nazareth an der Straße nach Tiberias und am Jesusweg.

⊙ Sehenswertes

Ein Großteil der christlichen Sehenswürdigkeiten von Kafr Kana findet man an oder in der Nähe der von Souvenirläden gesäumten Churches St. Diese kreuzt die Hauptstraße durch die Stadt (Rte 754) in einem schrägen Winkel – die Kreuzung ist durch ein großes schwarz-weißes Schild markiert und befindet sich 200 m nördlich des zur Rte 754 gerichteten Eingangs der griechisch-orthodoxen Hochzeitskirche.

Griechisch-orthodoxe Hochzeitskirche   KIRCHE

(Griechisch-orthodoxe Georgskirche; Rte 754; ⊙ 10–15 Uhr, an griechisch-orthodoxen Feiertagen geschl.) Die reich verzierte Kirche aus dem späten 19. Jh. mit einem runden Turm und einer kupferfarbenen Kuppel beherbergt zwei antike Kelche, die Jesus bei seinem Hochzeitswunder benutzt haben soll, sowie eine vermeintliche Reliquie des Apostels Simon.

Katholische Hochzeitskirche   KIRCHE

(Churches St; ⊙ Mo–Sa 8–17.30, So ab 12 Uhr) Diese Franziskanerkirche aus dem späten 19. Jh. mit kleinen grünen Kuppeln und den Türmen versehen und steht dort, wo nach katholischem Glauben das Hochzeitswunder Jesu stattgefunden haben soll. Im Souterrain – der Zugang befindet sich an der Seite der Kirche – ist ein Krug zu sehen, der einer der sechs Krüge gewesen sein könnte, die Jesus bei der Verwandlung von Wasser zu Wein benutzte. Unter dem Boden des Kirchenschiffs ist durch eine Glasfliese eine jüdische Inschrift auf Aramäisch aus dem 4. Jh. zu erkennen.

🛌 Schlafen

Cana Guest House   PENSION $

(✆ 04-651-7186, Salman 050 400-7637; www.canaguesthouse.com; B/DZ/3BZ mit Gemeinschaftsbad & ohne Frühstück 120/350/480 NIS; @ 🛜)

Die gastfreundliche Billan-Familie hat vier Apartments in 18 gemütlichen, saubere Zimmer umgewandelt, viele davon recht geräumig; eigene Bäder sind in der Planung. In den Dorms stehen jeweils vier Betten. Gäste können die Küche benutzen und im Hof im Schatten von Zitronenbäumen entspannen. Die Pension befindet sich hinter dem Komplex der Katholischen Hochzeitskirche, von der Churches St 70 m eine Gasse entlang.

Frühstück kostet 35 NIS, ein Lunchpaket 35 NIS und ein herzhaftes hausgemachtes Abendessen 75 NIS.

An- & Weiterreise

Zahlreiche Kurzstreckenbusse verbinden Kafr Kana mit der 8 km südwestlich gelegenen Altstadt von Nazareth (Paulus VI St).

Bus 431 von Nazareth Tourism & Transport verbindet Kafr Kana mit Tiberias (12,50 NIS, 27 Min., stündl. außer Fr abends und Sa vor Sonnenuntergang).

Sepphoris (Zippori)

ציפורי صفورية

Sepphoris, eine der beeindruckendsten römischen Stätten Israels, war nach der Zerstörung des Tempels ein bedeutendes Zentrum jüdischen Lebens. Zu den Glanzlichtern hier zählen stattliche öffentliche Einrichtungen, eine Synagoge und vielleicht die schönsten antiken Mosaike des Landes.

Sehenswertes

★ Nationalpark
Sepphoris ARCHÄOLOGISCHE STÄTTE
(Zippori, Tzipori, 04-656-8272; www.parks.org.il; Erw./Kind 28/14 NIS; 8–16 oder 17 Uhr, Fr 1 Std. kürzer, letzter Einlass 1 Std. vor Schließung) In der Antike war Sepphoris eine wohlhabende und gut entwickelte Stadt mit gepflasterten Straßen – es sind noch immer die von römischen Wagen hinterlassenen Furchen zu sehen –, einem raffinierten Wasserversorgungssystem – man kann teils durch den unterirdischen Aquädukt laufen –, einem Marktplatz, Badehäusern und einem Amphitheater mit 4500 Plätzen. Heute ist der absolute Höhepunkt jedoch das Mosaikporträt einer nachdenklichen jungen Frau, das den Spitznamen **Mona Lisa von Galiläa** trägt, entdeckt in den (heute klimatisierten) Überresten einer römischen Villa.

Zwei siebenminütige Filme liefern den faszinierenden historischen Kontext: Einer wird am Parkeingang gezeigt, der andere in der **Synagoge** (klimatisiert) aus dem 5. bis 7. Jh., deren Mosaikboden mit einem schönen **Tierkreis** verziert ist. Die gesamte Stätte ist rollstuhlgerecht.

Im 2. und 3. Jh. – ein oder zwei Generationen nach dem Bar-Kochba-Aufstand (132–135 n. Chr.) gegen Rom - hat Rabbi Jehuda HaNasi in Sepphoris vermutlich die Mischna (die erste Niederschrift des jüdischen Gesetzes) aufgezeichnet und später haben Gelehrte aus Sepphoris ihren Beitrag zum Jerusalemer (Palästinischen) Talmud geleistet.

Schlafen & Essen

In Moshav Zippori unmittelbar westlich des Nationalparks befindet sich ein kleiner Lebensmittelladen *(tzarchaniya)*.

Zippori Village B&B $$
(04-646-2647; www.zippori.com; Moshav Zippori; DZ ohne Frühstück ab 400 NIS;) Die freundlichen, sachkundigen Betreiber Suzy und Mitch sind in Denver bzw. New York aufgewachsen. Das B&B umfasst fünf Cottages mit je zwei Zimmern, tollen Ausblicken in die Landschaft Galiläas, einer netten, wenn auch altmodischen Einrichtung, einem Whirlpool und einem Schlafbereich für die Kinder, zu erreichen über eine steile Leiter. Die komplett ausgestatteten Kochnischen sind für Milchprodukte koscher. Ein Frühstück kostet 100 NIS für zwei Personen. Anfahrt: Hinter der Einfahrt zum Moshav nach 20 Bodenschwellen links abbiegen.

Ausgehen & Nachtleben

Wer in Zippori ein Nachtleben sucht, kommt rund 1700 Jahre zu spät.

An- & Weiterreise

Das Dorf Zippori/Tzipori und der Nationalpark Sepphoris liegen 11 km nordwestlich von Nazareth und ein paar Kilometer nördlich der Rte 79. Es fahren keine öffentlichen Verkehrsmittel dorthin.

Rund um den Berg Tabor

Berg Tabor جبل الطور הר תבור

Der bemerkenswert symmetrisch geformte Berg Tabor (588 m) erhebt sich über der Jesreelebene und dominiert das Landschaftsbild zwischen Nazareth und dem See Genezareth.

1

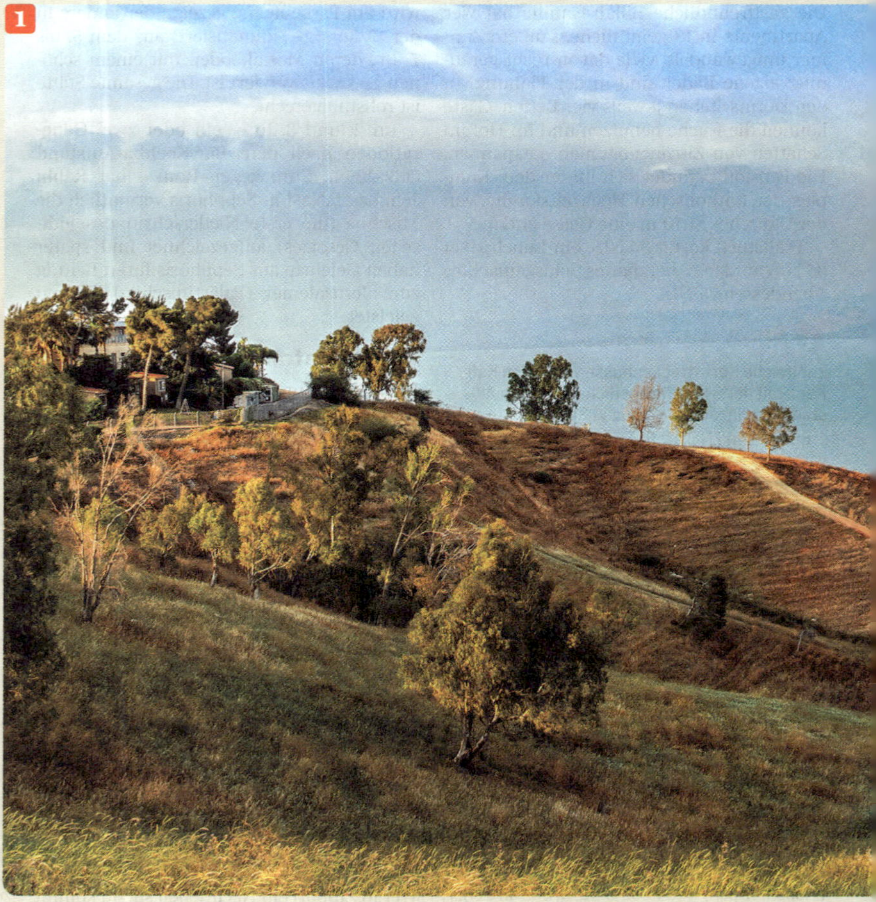

4

RICHARDERNESTYAP / SHUTTERSTOCK ©

3

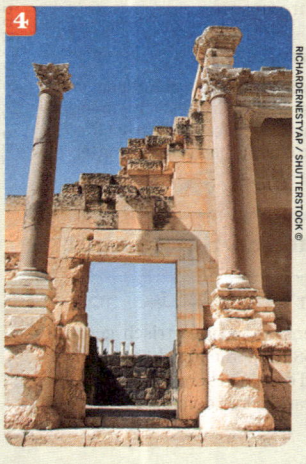

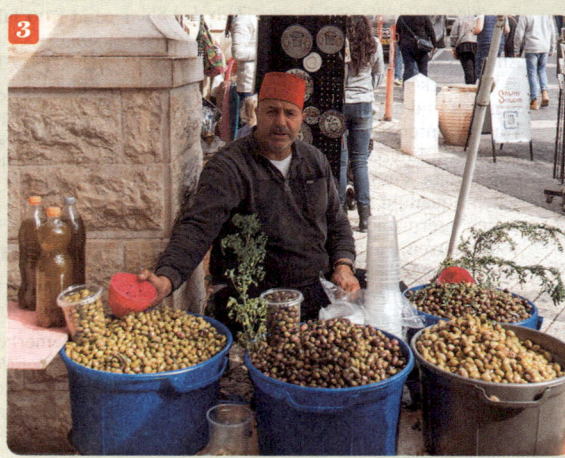

1. See Genezareth (S. 240)
Spektakuläre Blicke über Israels größten
Süßwassersee genießen.

2. Nationalpark Sepphoris (S. 221)
Die Hauptattraktion des faszinierenden
Parks, antike Mosaike, bewundern.

3. Nazareth (S. 211)
Auf einem der Märkte der Stadt Obst und
Gemüse aus der Umgebung naschen.

4. Nationalpark Beit She'an (S. 226)
Auf dem ausgedehnten Gelände
Archäologe spielen und die Ruinen des
römischen Imperiums erkunden.

Hier bieten sich spektakuläre Ausblicke, schöne Wanderwege und Möglichkeiten zum Drachenfliegen.

Man muss kein christlicher Pilger sein, um die Schönheit des Berges Tabor zu erkennen. Dies ist der Ort der Verklärung Christi (Mt 17,1-9, Mk 9,2-8 & Lk 9,28-36), wo „sein Gesicht leuchtete wie die Sonne und seine Kleider […] blendend weiß [wurden] wie das Licht" und er mit den Propheten Mose und Elija gesprochen haben soll. Auf seinem Gipfel stehen eine katholische Franziskanerkirche und eine griechisch-orthodoxe (der Öffentlichkeit nicht zugängliche) Kirche.

Laut der hebräischen Bibel besiegten die von der Prophetin Debora geführten Israeliten am Berg Tabor die kanaanitische Armee unter der Führung von Sisera (Richter 4). Während der Kreuzzüge war der Berg hart umkämpft.

⊙ Sehenswertes & Aktivitäten

Der **Israel National Trail** führt über den Berg Tabor und kreuzt dabei zwei ausgeschilderte Wege, die auch am Berg verlaufen: den **Shvil HaYa'aranim** und oben, nahe dem Gipfel, den vor Kurzem erneuerten **Sovev Har Tabor** (Berg-Tabor-Rundweg). Die beste topographische Karte dafür ist die SPNI-Karte Nr. 3 (*HaGalil HaTachton HaAmakim v'HaGilboa*).

Franziskanerkloster & -kirche KIRCHE
(⊙ Mo-Sa 8-17, So 8-12 & 14-17 Uhr) Eine von Zypressen gesäumte Allee führt durch die katholische Anlage zum Kloster, in dem drei Franziskanermönche leben, denen freiwillige Laien aus Italien unter die Arme greifen. Neben einem kleinen Garten mit Pflanzen aus der ganzen Welt gibt es hier noch die Ruinen eines Klosters aus der byzantinischen Zeit und im römisch-syrischen Stil erbaute **Verklärungsbasilika** zu sehen, eine der schönsten Kirchen des Heiligen Landes.

Sie wurde 1924 geweiht und ist mit hübschen goldenen Mosaiken geschmückt. Die Krypta ist über zwölf breite Stufen zu erreichen. Frauen werden um angemessene Kleidung gebeten (keine ärmellosen Shirts oder Miniröcke); Männer müssen ihre Kopfbedeckungen abnehmen. Rechts oberhalb des Eingangs zur Kirche befindet sich eine **Aussichtsplattform**, von der aus man einen atemberaubenden Blick über den bunten Flickenteppich aus Feldern in der Jesreelebene hat.

ℹ An- & Weiterreise

Der Berg Tabor liegt ungefähr auf halbem Weg zwischen Tiberias und Afula, unmittelbar abseits der Rte 65. Von der Rte 7266, die rund um den Berg herumführt und die arabischen Dörfer Shibli und Daburiyeh an die Rte 65 anbindet, ist es ein anspruchsvoller, 3 km langer Weg mit 16 Haarnadelkurven hinauf zum Gipfel.

Kfar Tavor כפר תבור كفر تافور
♪ 04 / 3800 EW.

Das 1901 gegründete jüdische Dorf Kfar Tavor ist die wichtigste Handels- und Tourismusdrehscheibe der Region um den Berg Tabor. Besucher können hier essen und örtliche Weine probieren.

⊙ Sehenswertes & Aktivitäten

Kfar Tavor und die umliegenden Dörfer wie Kfar Kisch sind optimale Ausgangspunkte für Wanderungen auf dem **Israel National Trail** oder auf einem Abschnitt des **Jesuswegs**, z. B. in Richtung Nordosten zur Taufstelle Yardenit am See Genezareth oder in Richtung Westen auf den Berg Tabor. Teile beider Wege sind auch mit dem Fahrrad zu bewältigen. Für Radfahrer gibt es zudem einen Singletrail durch den **Wald Beit Keshet** nordwestlich von Kfar Tavor und einige gute Routen in den **Hügeln von Sirrin** östlich von Kfar Tavor.

Tabor Winery WEINGUT
(♪ 04-676-0444; www.twc.co.il; Kfar Tavor Industrial Zone; ⊙ So-Do 9-17, Fr im Winter bis 14, im Sommer bis 16 Uhr) Das renommierte Weingut ist für seine Rot- (Merlot, Cabernet Sauvignon, Shiraz, Cabernet Franc) und Weißweine (Chardonnay, Sauvignon Blanc, Roussanne und Gewürztraminer) bekannt. Es produziert rund 2 Mio. Flaschen pro Jahr. 2017 wurden zum ersten Mal Weine aus Tannat- und Marcelin-Trauben vermarktet. Das Weingut bietet kostenlose Proben, Direktverkauf und – für Gruppen ab zehn Teilnehmern – Führungen.

✕ Essen

Cafederatzia CAFÉ $$
(♪ 04-676-6233; Ecke HaMeyasdim & Bar Giyyora St; Hauptgerichte 38-62 NIS; ⊙ So-Do 8.30-23.30, Fr bis 16.30, Sa 10-23.30 Uhr; 🛜🍴) Das freundliche und in jeder Hinsicht reizende Café serviert großzügige Portionen Salat, *shakshuka*, Quiche, Pasta, Hamburger und

Kfar Kama כפר כמא كفر كما

📞 04 / 3200 EW.

Kfar Kama bietet sich ganz wunderbar dafür an, sich mit der Kultur der Tscherkessen vertraut zu machen. Als sich das Russische Reich Mitte des 19. Jhs. nach Süden ausbreitete, mussten die Tscherkessen, ein kaukasisches Volk sunnitisch-muslimischen Glaubens, ihre Häuser im Nordkaukasus zwischen dem Schwarzen und dem Kaspischen Meer verlassen. Im Ort befasst sich ein Museum mit der Kultur und Geschichte der Tscherkessen.

Mindestens eine halbe Million Tscherkessen fanden damals Zuflucht im Osmanischen Reich. 1876 ließen sich dann einige von ihnen in Kfar Kama nieder, einem von nur zwei tscherkessischen Dörfern in Israel (das andere ist Reyhaniye). Die Tscherkessen pflegen gute Beziehungen zu ihren jüdischen Nachbarn und die tscherkessischen Männer, die schon lange Zeit für ihren unerbittlichen Kämpfergeist bekannt sind, dienen in der israelischen Armee (Israel Defence Forces, IDF). Kfar Kama ist ein sauberer, wohlhabender Ort und alles ist auf Hebräisch, Tscherkessisch – die Sprache wird in den Familien gesprochen und auch in der Schule unterrichtet – und Arabisch ausgeschildert.

◎ Sehenswertes

Tscherkessisches Museum MUSEUM
(Circassian Heritage Center; 📞 050 585-7640; www.circassianmuseum.co.il; Erw./Kind 25/20 NIS; ⏱ 9–17 Uhr) In einem Komplex mit über 100 Jahre alten Basalthäusern ermöglicht dieses Museum einen faszinierenden Einblick in die Kultur der hiesigen Tscherkessen und den Alltag des Volkes in osmanischer Zeit. Im Eintritt inbegriffen sind ein 20-minütiger Film mit englischen Untertiteln sowie eine einstündige Führung, auf der z. B. traditionelle tscherkessische Kleidung, Musikinstrumente, Haushaltsgegenstände und landwirtschaftliche Geräte zu sehen sind. Die Zeiten der englischsprachigen Führungen können telefonisch erfragt werden.

ℹ️ An- & Weiterreise

Die Superbus-Busse 30 und 33 verkehren mindestens stündlich zwischen Kfar Kama und Tiberias (10 NIS, 50 Min.).

Jesreelebene & Ebene von Beit She'an
עמק יזרעאל ובית שאן
مرج ابن عامر مرج بيسان

Die stark landwirtschaftlich geprägte Jesreelebene (auch als Tal Esdrelon bekannt) beherbergt eine Reihe von alteingesessenen Kibbuzim und ein spektakuläres Synagogenmosaik aus byzantinischer Zeit. Die Ebene erstreckt sich etwas westlich von Nazareth über rund 45 km in südöstlicher Richtung bis zum Jordan und ist im Süden durch die teils bewaldeten Hänge des Bergs Gilboa begrenzt.

An ihrem östlichen Ende verschmilzt die Jesreelebene mit der Ebene von Beit She'an, wo sich die eindrucksvollsten römischen Ruinen Israels befinden. Diese Gegend gehört sowohl zum Jordantal als auch zum Großen Afrikanischen Grabenbruch.

Beit She'an בית שאן بيسان

📞 04 / 17 300 EW.

Irgendwann im 5. Jt. v. Chr. gegründet, liegt Beit She'an strategisch günstig dort, wo die Jesreelebene auf das Jordantal trifft. Hier befinden sich die flächenmäßig größten römischen Ruinen Israels. Heute hat die Stadt mit anderen Problemen zu kämpfen und ist für Touristen nicht sonderlich interessant – es gibt lediglich eine Jugendherberge und ein paar Restaurants.

RICHTIG, RICHTIG HEISS

Die höchste Temperatur, die je in Asien aufgezeichnet wurde, unglaubliche 53,9 °C, wurde am 21. Juni 1942 im Kibbuz Tirat Tzvi 8 km südlich von Beit She'an gemessen.

ℹ️ An- & Weiterreise

In Kfar Tavor halten die meisten der vielen zwischen Tiberias und Afula verkehrenden Busse.

👁 Sehenswertes

★ Nationalpark
Beit She'an
ARCHÄOLOGISCHE STÄTTE

(📞 04-658-7189; www.parks.org.il; Rte 90; Erw./Kind 28/14 NIS; ⊙ Okt.–März 8–16 Uhr, April–Sept. bis 17 Uhr, Fr 1 Std. kürzer, letzter Einlass 30 Min. vor Schließung) Die außergewöhnlichen römischen Ruinen Beit She'ans sind die beste Möglichkeit in Israel, um einen Einblick in das Leben, Arbeiten und Einkaufen im Römischen Reich zu bekommen. Von Kolonnaden gesäumte Straßen, ein Theater mit 7000 Plätzen, das noch fast so aussieht wie vor 1800 Jahren (mit öffentlichen Original-Toiletten in der Nähe), zwei Badehäuser und riesige Steinsäulen, die noch dort liegen, wo sie bei dem Erdbeben 749 hingestürzt sind, zeichnen ein Bild der Erhabenheit, des Selbstbewusstseins und der Dekadenz des römischen Provinzlebens in der Antike.

Der Weg zum Theater und zum Cardo, der äußerst eindrucksvollen, von Kolonnaden gesäumten Hauptstraße, ist rollstuhlgerecht.

Hoch über der römischen Stadt, die im Griechischen als Scythopolis bekannt war, erhebt sich der Tel Beit She'an. Der Hügel kam durch die Überlagerung von mindestens 20 verschiedenen Besiedelungsschichten zustande. Vom Aussichtspunkt bieten sich tolle Blicke aus der Vogelperspektive auf die römischen Ruinen.

Von März bis November erwecken montags- bis donnerstagabends die She'an Nights, ein nach Einbruch der Dunkelheit stattfindendes Multimediaspektakel auf Englisch oder Hebräisch (Erw./Kind 55/45 NIS), die Ruinen mittels projizierter Bilder zum Leben. Es kann jedoch einen Besuch bei Tag nicht ersetzen – abends ist es zu dunkel, um die Schilder zu lesen, und ein Großteil des Komplexes ist gesperrt. Bei Regen findet die Vorführung nicht statt. Vorab telefonisch reservieren unter 04-648-1122 oder 1222-3639! Um zum Parkeingang zu gelangen, geht man von der Filiale der Bank Leumi in der 81 Sha'ul HaMelech St ein paar Hundert Meter bergabwärts.

🛏 Schlafen

Mehrere Kibbuzim bei Beit She'an wie beispielsweise der Kibbuz Kfar Rupin betreiben Gästehäuser.

HI – Beit She'an
Guest House
HOSTEL $$

(📞 02-594-5644; www.iyha.org.il; 129 Menahem Begin Ave/Rte 90; EZ/DZ 400/530 NIS, zusätzl. Erw./Kind 160/125 NIS; @ 🛜 🏊) Einen kurzen Fußmarsch von Beit She'ans antiken Attraktionen entfernt bietet dieses Hostel mit 80 Zimmern attraktive Gemeinschaftsbereiche, eine tolle Dachterrasse und einen Pool (April bis Sukkot geöffnet). Die praktischen, sauberen Zimmer haben fünf Betten; ein-

---

DIE EISENBAHN DURCH DIE JESREELEBENE DAMALS & HEUTE

Von kurz vor dem Ersten Weltkrieg bis 1951 konnte man morgens um 8 Uhr in Haifa in die legendär langsame Eisenbahn durch die Jesreelebene einsteigen und traf um 11.45 Uhr in Hamat Gader oder – bis 1946 – um 19.47 Uhr in Damaskus ein. Oder man konnte in der syrischen Stadt Daraa, 60 km östlich von Hamat Gader, in die Hejaz-Bahn umsteigen und in Richtung Süden fahren (Daraa ist die Stadt, in der es 2011 zu den ersten Konflikten im syrischen Bürgerkrieg kam). Bevor die Hejaz-Bahn während des Ersten Weltkriegs von Lawrence von Arabien und seinen beduinischen Kämpfern außer Gefecht gesetzt wurde, konnte man mit dem Zug nach Medina fahren, das nun in Saudi-Arabien liegt.

In den 1930er-Jahren wurden mit dieser Bahn Baumaterialien für die 942 km lange Kirkuk-Haifa-Pipeline transportiert, die bis 1948 Rohöl aus dem Irak in die Raffinerien in der Bucht von Haifa brachte. Auf den Golanhöhen sind noch immer Reste der Pipeline zu sehen. Gäbe es Frieden in der Region, wäre der Wiederaufbau der Pipeline ein sehr attraktives Unterfangen, sowohl ökonomisch als auch strategisch – und würde Haifa in den großen Mittelmeerhafen verwandeln, zu dem die Briten ihn machen wollten.

Jahrzehntelang wurden Vorschläge diskutiert, die Bahn wieder in Betrieb zu nehmen, doch 2017 wurde dann endlich eine Normalspurstrecke (die osmanischen Strecken waren schmalspurig) von Haifa nach Beit She'an (61 km, Fahrzeit 45 Min.) in Betrieb genommen. Später soll sie bis nach Irbid in Jordanien erweitert werden und es dem Haschimiten-Königreich somit erlauben, Haifas Hafenanlagen im Mittelmeer zu nutzen.

zelne Schlafsaalbetten gibt es nicht. Die Unterkunft liegt etwas südlich der Fernbushaltestellen. Rollstuhlgerecht.

 Essen

Das Essensangebot in Beit She'an beschränkt sich mehr oder weniger auf Falafel, Shawarma und gegrilltes Fleisch.

Shipudei HaKikar NAHÖSTLICH $$

(04-606-0198; www.shipudey-hakikar.co.il; 1 Shaul HaMelech St; Hauptgerichte 38–120 NIS; So-Do 11.30–24, Sa 30 Min. nach Sonnenuntergang bis 24 Uhr;) Gilt weithin als das beste Restaurant von Beit She'an. Der exzellente Shish-Kebab wird mit frisch gebackenem *laffa* (flache Pita) serviert, davor gibt's 18 superfrische Salate, u. a. mit Aubergine, Hummus und Tahina. Wer kein Hauptgericht bestellt, zahlt für einen Salat 36 NIS – eine wunderbare vegetarische Mahlzeit! Gegrilltes Fleisch im *laffa* oder im Baguette kostet ohne Salat 38 bis 60 NIS.

Das Lokal befindet sich 1 km nordwestlich der römischen Ausgrabungsstätten in einem Gebäude mit einem Uhrenturm (direkt hinter der Polizeiwache).

❶ An- & Weiterreise

BUS

In Beit She'an gibt es keinen Busbahnhof. Stattdessen halten Busse an der Menahem Begin Ave (Rte 90), rund 100 m nördlich der Jugendherberge Beit She'an Guest House.

Afula (Superbus-Busse 411 und 412, 10 NIS, 30 Min., 2–3mal stündl. außer Fr abends & Sa vor Sonnenuntergang)

Jerusalem (Egged-Busse 943, 961 und 966, 37,50 NIS, 2¼ Std., So bis Fr nachmittags und Sa abends alle 30–90 Min.) Durchs Jordantal (Westbank).

Tel Aviv (Egged-Bus 843, 37,50 NIS, 3 Std., So–Do 3-mal tgl., Fr 1-mal, Sa abends 2-mal)

Tiberias (Superbus-Bus 28, 14 NIS, 35 Min., So–Do alle 45 Min., Fr bis nachmittags und Sa ab Sonnenuntergang stündl.) Mit Stopps an der Südwestküste des Sees Genezareth.

Wer nach Nazareth fahren möchte, muss in Afula umsteigen.

Die legendäre Rakevet HaEmek (Eisenbahn durch die Jesreelebene) wurde 2016 wiedereröffnet: Sie verbindet den Bahnhof von Beit She'an 2,5 km nordwestlich des Nationalparks mit **Haifa-Merkaz HaShmona** (20 NIS, 45 Min., stündl.).

Wer nach Jordanien unterwegs ist, kann den Jordan-/Sheikh-Hussein-Grenzübergang 8 km östlich der Stadt nutzen.

> ### ❶ BESUCH IN JENIN
>
> Die Reise nach/ab Jenin im nördlichen Westjordanland durch die israelischen Sperranlagen erfolgt über den **Grenzübergang Jalameh (Gilboa)** der israelischen Streitkräfte (Israel Defence Forces; IDF) 10 km südlich von Afula an der Rte 60.

Belvoir בלווער كوكب الهوا

Auf einem Hügel 550 m oberhalb des Jordans thront die Kreuzfahrerfestung Belvoir (Nationalpark Kochav-HaYarden; 04-658-1766; www.parks.org.il; Erw./Kind 22/9 NIS; 8–16 oder 17 Uhr, Fr 1 Std. kürzer, letzter Einlass 1 Std. vor Schließung) mit einer eindrucksvollen Größe von 110 x 110 m. Sie besteht aus konzentrischen Schutzwällen, Toren, Höfen und Türmen mit spektakulären Ausblicken auf das Jordantal, die Jesreelebene und das jordanische Gebirge Gilead. Zu den Highlights gehören ein Speisesaal mit einer gotischen Gewölbedecke, eine riesige Steinzisterne und ein tiefer Trockengraben an der Westseite. Hier oben ist es spürbar kühler als im Tal. Die englische und hebräische Beschilderung ist hervorragend.

Die 1168 von den Malteserrittern erbaute Festung Belvoir (franz. für „schöne Aussicht"; der hebräische Name Kochav HaYarden bedeutet „Stern des Jordans", der arabische Name „Kawkab Al-Hawa" „Stern des Windes") fiel 1189 nach eineinhalbjähriger Belagerung letztendlich doch in die Hände muslimischer Truppen. Als Anerkennung für ihren Mut durften sich die Malteserritter unversehrt nach Tyros zurückziehen.

Der 1,2 km lange Panoramaweg **Wingate Trail** ist durch Steine gekennzeichnet und führt entlang dem Hang unterhalb der Ruinen. Infokarten erklären die Landschaft auf beiden Seiten der Grenze, darunter Details zur hiesigen Plattentektonik und zur Route der Ölpipeline, die vor 1948 von Kirkuk (Irak) nach Haifa führte.

Neben den Ruinen befindet sich ein **Skulpturengarten** mit Arbeiten aus geschliffenen Stahlplatten des preisgekrönten israelischen Künstlers Yigal (Igael) Tumarkin (geb. 1933), der das Holocaustdenkmal am Rabin Sq in Tel Aviv entwarf.

Belvoir liegt 20 km nördlich von Beit She'an und 20 km südlich des Sees Genezareth, 6 km abseits der Rte 90 an einer einspurigen Straße.

Beit-Alpha-Synagoge
בית הכנסת בית אלפא   كنيس بيت الفا

Niemand war überraschter als die Bewohner des Kibbuz Heftzibah, als 1928 bei den Arbeiten für einen Bewässerungsgraben ein atemberaubender Mosaikfußboden aus byzantinischer Zeit (6. Jh.) entdeckt wurde. Im Zuge weiterer Ausgrabungen kam der Rest der **Beit-Alpha-Synagoge** (04-653-2004; www.parks.org.il; Kibbuz Heftzibah; Erw./Kind 22/9 NIS; 8–16 oder 17 Uhr, Fr 1 Std. kürzer, letzter Einlass 1 Std. vor Schließung) zum Vorschein, deren Mosaike auf eindrucksvolle Weise vergangene Jahrhunderte wiederaufleben lassen.

Die drei Mosaikfelder zeigen traditionelle jüdische Symbole wie einen Thoraschrein, zwei Menora (siebenarmige Leuchter) und einen Schofar (ein Holzblasinstrument aus einem Widderhorn) sowie einen spektakuläreren Tierkreis mit zwölf Feldern – ein heidnisches Element. An der unteren Seite über aramäischen und hebräischen Inschriften ist Jakob mit einem Messer zu sehen, der im Begriff ist, seinen Sohn zu opfern, sowie der Widder, den Gott (in Form einer Hand aus dem Himmel) als Opfer anstelle des Jungen sandte; jede Figur ist auf Hebräisch beschriftet. Ein 14-minütiger Film in sechs Sprachen, der über und auf das Mosaik projiziert wird, sorgt für eine hervorragende Einführung. Rollstuhlgerecht.

Der Kibbuz Heftzibah liegt 8 km westlich von Beit She'an an der Rte 669. Superbus-Bus 412 (2-mal stündl. außer Fr abends und tagsüber samstags) fährt sowohl nach Beit She'an (3,80 NIS, 11 Min.) als auch nach Afula (7,40 NIS, 20 Min.).

Von der Beit-Alpha-Synagoge bergaufwärts wartet im Kibbuz Heftzibah eine etwas überraschende Attraktion in Form eines hübschen, kleinen **japanischen Gartens** (Na'ama 054 663-4348; Kibbuz Heftzibah; Führung Erw./Kind 25/10 NIS) im shintoistischen Stil mit einem idyllischen Koi-Teich. Angelegt wurde er von den Makoya, einer christlichen Bewegung aus Japan, deren Mitglieder seit 1962 in dem Kibbuz Hebräisch studieren. Wer sich für eine Führung interessiert, muss vorher bei Na'ama anrufen.

SOZIALISTISCHE LEIDENSCHAFT

Von seiner Gründung im Jahr 1921 bis in die frühen 1950er-Jahre gestaltete sich das Leben im Kibbuz Ein Harod, auf halbem Weg zwischen Afula und Beit She'an (jeweils ungefähr 14 km entfernt), relativ friedlich. Dann brach ein ideologischer Streit darüber aus, dass der israelische Premierminister David Ben-Gurion die kapitalistischen USA gegenüber Stalins Sowjetunion strategisch bevorzugte, was sich wiederum zu einem richtiggehenden ideologischen Flächenbrand auswuchs. Die Situation wurde angesichts der zu jener Zeit von Stalin inszenierten antisemitischen Schauprozesse noch komplizierter: Darin wurden bekannte Juden erfundener konterrevolutionärer Verbrechen beschuldigt und hingerichtet. Die glühenden Stalinanhänger des Kibbuz, die sozialistischen Hardliner der Riege „Wo gehobelt wird, da fallen auch Späne", rückten von ihrer Unterstützung für ihn nicht ab.

Die Emotionen kochten hoch – es ging immerhin um Menschen, die für ihre sozialistische Ideologie lebten –, und bald wurden im gemeinschaftlichen Speisesaal Barrikaden errichtet, Freunde sprachen nicht mehr miteinander, Fäuste flogen und Paare trennten sich. Am Ende spaltete sich Ein Harod in zwei getrennte Kibbuzim auf: Ein Harod Meuchad, der von loyalen Stalinanhängern geführt wurde, und Ein Harod Ichud, der unter der Kontrolle der Anhänger Ben-Gurions stand (sowohl *meuchad* als auch *ichud* bedeutet „vereint"!).

Der Groll hielt jahrzehntelang an und selbst heute sind einige Mitglieder der älteren Generation über den feigen Verrat ihrer Rivalen verärgert. Erst vor 30 Jahren wurden die ersten „Mischehen" zwischen Ichud- und Meuchad-Einwohnern geschlossen, und vor gerade einmal 20 Jahren wurde die landwirtschaftliche und in begrenztem Maße auch die kulturelle Zusammenarbeit zwischen den beiden Kibbuzim wieder aufgenommen. Heute ist der Ein Harod Ichud noch immer ein traditioneller „kollektiver" Kibbuz – zu den Einnahmequellen gehören Weizen, Baumwolle, Kuh- und Schafsmilch, Fischteiche und die Herstellung hochmoderner autarker Minikühler –, während der Kibbuz Ein Harod Meuchad, vor 60 Jahren noch von den linken Hardlinern regiert, den Weg der Privatisierung eingeschlagen hat.

Gan-Garoo Australian Park

גן גארו האוסטרלי האוסטרלי
حديقة استرالية "جن جرو"

Kinder wird der Gan-Garoo Australian Park (☎04-648-8060; www.nirtours.co.il/gan_garoo; Rte 669, Kibbuz Nir David; Erw./Kind unter 2 J. 48 NIS/frei; ⊙Sept.–Juni So–Do 9–16, Fr bis 15, Sa bis 17 Uhr, Juli & Aug. Sa–Do 9–20, Fr bis 15 Uhr) begeistern, ein hübscher kleiner Fleck Australien: Hier können sie inmitten australischer Vegetation zahme, frei umherhüpfende Kängurus streicheln und füttern. Ein weiteres Highlight ist das Vogelhaus (alle 1–2 Std. für 20 oder 30 Min. geöffnet), in dem die Kids **Loris** und **Nymphensittiche** mit Apfelstücken verköstigen können. Die findigen Tiere haben es sich angewöhnt, auf die T-Shirts von Besuchern zu hüpfen und deren salzhaltigen Nackenschweiß abzulecken.

In dem offiziell akkreditierten, 1996 eröffneten Zoo unter Leitung des Kibbuz Nir David gibt es außerdem Kasuare, Emus, Flughunde und den einzigen Koala in Israel. Der Zoo liegt 6,5 km westlich von Beit She'an neben dem Eingang zum Nationalpark Sachne (Gan HaShlosha).

Ein Harod

עין חרוד   عين حرود

Ein Harod besteht eigentlich aus zwei Kibbuzim, die sich vor 65 Jahren nach einem Streit über ihre sozialistische Gesinnung getrennt haben. Ein Kibbuz beherbergt ein renommiertes Kunstmuseum, das andere ein hübsches Gästehaus in schöner Berglage.

◉ Sehenswertes

Kunstmuseum Ein Harod   MUSEUM

(Mishkan Le'Omanut; ☎04-648-6038; www.museumeinharod.org.il; Kibbuz Ein Harod Meuchad; Erw./Kind 40/20 NIS; ⊙So–Do 9–16.30, Fr bis 13.30, Sa 10–16.30 Uhr) Sowohl das modernistische Gebäude (1948 eingeweiht, mit Anbauten aus den 1950er-Jahren) als auch die hervorragende Kunstsammlung mit Werken vorwiegend israelischer und jüdischer Künstler dieses zukunftsweisenden Museums sind bemerkenswert. In seinen 14 Ausstellungsräumen sind eine Dauerausstellung zum Judentum und hoch angesehene Wechselausstellungen (Erklärungen auf Englisch erhältlich) zu sehen. Mit dem Auto nimmt man die Rte 71 Richtung Kibbuz Ein Harod Meuchad und folgt den Schildern "Museums".

DIE MONGOLEN WAREN HIER

Im Jahr 1260 trafen beim heutigen Kibbuz Ein Harod die Truppen des mächtigen Mongolenreiches und die der ägyptischen Mamelucken aufeinander. In der verheerenden Schlacht, die als **Schlacht von Ein Jalut** in die Geschichte einging, erlitten die Mongolen zum ersten Mal in ihrer Geschichte eine katastrophale und entscheidende Niederlage, die ihren Vormarsch nach Südwestasien schlagartig und für immer beendete.

🛏 Schlafen

★ Ein Harod Guest House   GÄSTEHAUS $$

(☎04-648-6083; www.ein-harod.co.il; Kibbuz Ein Harod Ichud; DZ/Chalet So–Mi ab 500/990 NIS, Do–Sa ab 600/1360 NIS, zusätzl. Kind 160 NIS; @🛜🏊) Das einladende Gästehaus liegt auf einem Berg, von wo aus man an klaren Tagen den Berg Karmel, den Berg Hermon und das Gebirge Gilead in Jordanien sehen kann. Zur Wahl stehen traditionelle Kibbuz-Unterkünfte und romantische „Iris"-Chalets aus Holz, die auf 50 m² Luxus pur bieten. Autofahrer nehmen die Rte 716 zum Kibbuz Ein Harod Ichud; der Eingang liegt 1 km nördlich der Rte 71.

Die Anlage verfügt über 50 Zimmer sowie einen von Mai bis Oktober geöffneten 50-m-Pool. Auf Anfrage gibt es Führungen zu den landwirtschaftlichen Außenstellen des Kibbuz.

❶ An- & Weiterreise

Superbus-Bus 41 verbindet beide Ein-Harod-Kibbuzim mit Afula (7,40 NIS, 25 Min.).

Berg Gilboa

הר גלבוע   جبل فقوعة

Der zerklüftete, 18 km lange Gebirgsgrat, der als Berg Gilboa (höchster Punkt 536 m) bekannt ist und entlang der Südseite der Jesreelebene verläuft, ist ein tolles Ziel für jeden Naturliebhaber. Nach den winterlichen Regenfällen (Dez.–März oder April) ist die Gegend von einem Teppich aus Wildblumen bedeckt, darunter die lilafarbene Gilboa-Iris (Blütezeit Ende Feb.–Anfang März). Gemäß der Bibel wurden hier König Saul und sein Sohn Jonathan in einer Schlacht gegen die Philister getötet (1 Sam 31,1–13).

Die 28 km lange Rte 667 (Gilboa Scenic Rd) ist eine wunderschöne Bergstraße mit traumhaften Blicken auf die Jesreelebene (auf der anderen Seite sind die palästinensischen Dörfer rund um Jenin zu sehen und im Vordergrund die Sperranlagen zwischen Israel und dem Westjordanland). Sie verbindet die Rte 675, 8 km südöstlich von Afula entlang der Rte 71, mit der Rte 90 im Jordantal.

Sehenswertes

Nachmani Winery WEINGUT
(053 772-0369; www.nachmaniwines.com; 329 HaRav David Nuri St, Gan Ner; Führung 30 NIS) Die in Großbritannien gebürtige Frances und ihr aus Marokko stammender Mann David haben ihr Weinhobby zu einem kleinen Weingut ausgebaut, das pro Jahr nur 2100 Flaschen produziert. Ihre preisgekrönten Weine – aus Trauben, die bei Sonnenaufgang per Hand geerntet werden und noch vor 7 Uhr in der Weinpresse landen – können auf einer hübschen Terrasse mit tollem Ausblick in die Jesreelebene verkostet werden. Wer eine 45-minütige Führung wünscht oder zum Wein eine Käseplatte (45 NIS) genießen möchte, muss vorher anrufen.

Essen

Herb Farm on Mt Gilboa BISTRO $$$
(04-653-1093; www.herb-farm.co.il; Rte 667; Hauptgerichte 85–139 NIS; Mo-Sa 12–22, Fr außerdem 9–11 Uhr;) Wer Lust auf eine herzhafte, ländliche Mahlzeit vor rustikaler Kulisse hat, kann sich in dem familiengeführten Restaurant sowohl Fleischgerichte (z. B. kornisches Huhn, Steak, Lammkoteletts) als auch vegetarische und vegane Speisen schmecken lassen und dazu Ausblicke auf die Jesreelebene genießen. Für freitags und samstags sollte man am besten reservieren. Die Farm liegt an der Rte 667, 3,5 km südöstlich der Rte 675; einfach den gelben Schildern zum „Country Restaurant" folgen.

Tiberias טבריה طبريا

04 / 42 600 EW.

Tiberias ist eine der vier heiligen Städte des Judentums, Begräbnisort bedeutender jüdischer Weiser und ein sehr beliebter Ausgangspunkt für christliche Besucher, die die heiligen Stätten rund um den See Genezareth besichtigen möchten. Darüber hinaus gehört es zu den Urlaubsresorts mit den größten Bausünden in Israel – so ist z. B. die sonnige Seepromenade mit architektonischen Monstern aus den 1970er-Jahren verschandelt. Hier trifft also in einem Mix aus Religiosität, Straßenhändlern und Hedonismus Heiliges auf Kitsch – und dazu kommen noch Strände, Thermalquellen und eine wachsende ultraorthodoxe Einwohnerschaft.

Im Juli und August ist es in Tiberias oft drückend heiß.

Geschichte

Schon immer werden erholungsbedürftige Badefreunde von den heißen Quellen von Tiberias angelockt – auch schon lange vor 20 n. Chr., als Herodes Antipas, Sohn von Herodes dem Großen, die Stadt gründete und sie zu Ehren des römischen Kaisers (reg. 14–37 n. Chr.) Tiberias nannte.

Nach dem verheerenden Bar-Kochba-Aufstand der Judäer (132–135) wurde Tiberias zu einem der wichtigsten Zentren jüdischen Lebens in Israel und spielte somit nach dem Sieg der Römer 70 n. Chr. und der Zerstörung des Tempels eine Schlüsselrolle bei der Neudefinition des jüdischen Glaubens. Einige der wichtigsten Weisen aus der Zeit nach dem Zweiten Tempel lebten hier, darunter auch Jehuda HaNasi, der die Niederschrift der Mischna leitete. Auch der Großteil der finalen Überarbeitung des Jerusalemer Talmuds scheint hier stattgefunden zu haben. Zudem verlegte der Sanhedrin (ehemaliges oberstes Gericht Israels) seinen Sitz Ende des 2. Jhs. nach Tiberias und auch das bis heute verwendete System zur Notierung von Vokalen im geschriebenen Hebräisch wurde hier entwickelt und nach der Stadt benannt.

Im Jahr 1099 nahmen die Kreuzritter Tiberias ein und erbauten etwas nördlich des römisch-byzantinischen Zentrums der Stadt eine riesige Festung. Saladin eroberte diese 1187 und schlug in der kurz darauf folgenden Schlacht bei Hattin (8 km westlich von Tiberias) die Armee der Kreuzfahrer vernichtend.

Die kurz zuvor eingetroffenen Osmanen erlaubten 1558 Gracia Nasi (www.donagraciaproject.org), einer in Lissabon geborenen Conversa (nach außen hin Christin, aber heimlich immer noch Jüdin), die vor der Inquisition in Istanbul hierhergeflohen war, die Steuern der Stadt einzutreiben.

Anfang des 18. Jhs. gründete ein Beduinenscheich namens Dhaher Al-Omar ein unabhängiges Lehensgut in Galiläa mit Tiberias als Hauptstadt und bot den jüdischen Familien an, sich in der Stadt niederzulassen. Bei

Tiberias

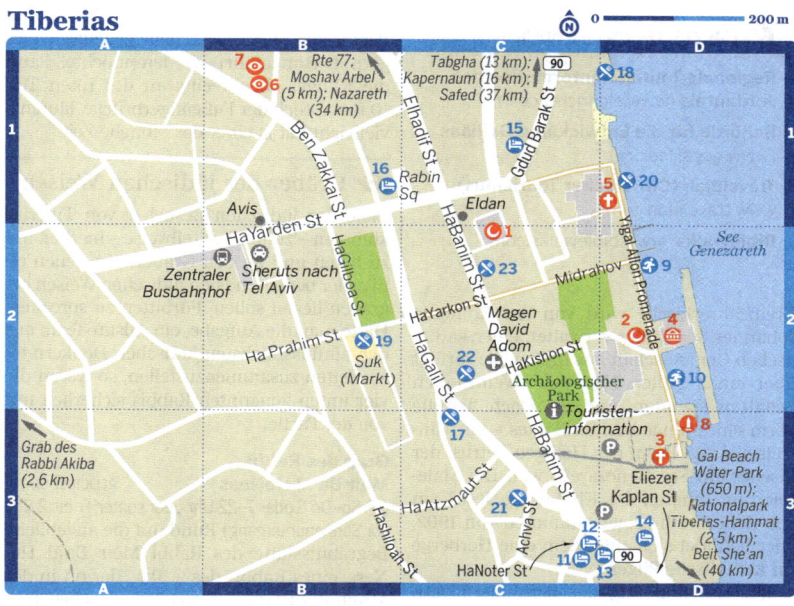

Tiberias

⊙ Sehenswertes
 1 Al-Amari-Moschee C2
 2 Al-Bahri-Moschee D2
 3 Kirche & Kloster der
   Apostel D3
 4 Galilee Experience D2
 5 Pfarrkirche St. Peter D1
 6 Grab des Rabbi Jochanan ben
   Sakkai B1
 7 Grab des Maimonides B1
 8 Wasserstandsanzeige D3

⊕ Aktivitäten, Kurse & Touren
   Aviv Hostel Bike Rental .... (s. 12)
 9 Tiberias Water Sports D2
10 Water Sports Center D2

⊜ Schlafen
11 Aviv Holiday Flats C3
12 Aviv Hostel C3
13 Emily's Boutique Hotel D3
14 Rimonim Galei Kinnereth D3
15 Scots Hotel C1
16 Tiberias Hostel B1

⊗ Essen
17 Baguette Levin C3
18 Decks D1
19 Obst- & Gemüsemarkt B2
20 Galei Gil D1
21 Guy C3
22 Little Tiberias C2
23 Supersol Express C2

Ende des Osmanischen Reiches bildeten die Juden die große Mehrheit der 6500 Einwohner von Tiberias.

Durch das große Erdbeben von 1837 wurde Tiberias fast vollständig zerstört.

⊙ Sehenswertes

⊙ Yigal-Allon-Promenade

Die meisten Sehenswürdigkeiten von Tiberias liegen an der „Promenade", die am Ufer des Sees verläuft. Einiges ist recht kitschig und heruntergekommen und es gibt auch einigen Leerstand. Im Winter kann es hier außerdem recht trist sein – der Blick auf den See Genezareth und die Golanhöhen ist aber immer gleich schön. Die Sehenswürdigkeiten sind im Folgenden von Nord nach Süd aufgelistet.

Pfarrkirche St. Peter KIRCHE
(☏ 04-672-0516; www.saintpeterstiberias.org; Yigal-Allon-Promenade; ☉ Besucher Mo–Sa 8.30–12.30 & 14.30–17.30 Uhr, Messe auf Englisch Di–Do 19, Fr & Sa 18.30, So 8.30 Uhr) Die ungewöhnliche

> **❶ INFOS IM INTERNET**
>
> **Regionale Touristeninformation des Jordantals** (www.ekinneret.co.il)
>
> **Behörde für die Entwicklung Galiläas** (www.gogalilee.org)
>
> **Travelujah (Christlicher Tourismus)** www.travelujah.com
>
> **BibleWalks** (www.biblewalks.com)

Kreuzfahrerkirche wird von der Koinonia Johannes der Täufer verwaltet, einer katholischen Gemeinschaft aus Italien. Sie verfügt über einen stillen Hof, dem Weinranken Schatten spenden, und ihr Dach hat die Form eines umgedrehten Bootes – ein Hinweis auf den Beruf des Heiligen Petrus, der Fischer am See Genezareth war. Die Malereien im Inneren der Kirche, die Jesus am See Genezareth zeigen, stammen von 1902. Hier befindet sich außerdem eine Herberge für katholische Pilger.

Eine Nachbildung der berühmten vatikanischen Statue des Heiligen Petrus steht im Hof in der Nähe des in Stein gehauenen Denkmals zu Ehren der **Schwarzen Madonna von Tschenstochau**, das 1945 von polnischen Soldaten errichtet wurde, die im Zweiten Weltkrieg hier einquartiert wurden.

Galilee Experience MUSEUM
(☎ 04-672-3620; www.thegalileeexperience.com; Yigal-Allon-Promenade; 8 US$; ⊙ So–Do 8.30–22, Fr bis 17, Sa 17–22 Uhr) Im Obergeschoss eines monströsen Gebäudes aus den 1970er-Jahren zeigt das Galilee Experience einen christlich orientierten Film (21 Min. auf Englisch, 36 Min. in zehn anderen Sprachen) zur Geschichte Galiläas.

Al-Bahri-Moschee MOSCHEE
(Seemoschee; Yigal-Allon-Promenade) Die im 18. Jh. aus Basalt errichtete Seemoschee verfügte einst über einen speziellen Eingang für Gläubige, die das Gotteshaus mit dem Boot besuchten.

Kirche & Kloster der Apostel KIRCHE
(Yigal-Allon-Promenade; ⊙ Mo–Sa 8–16 Uhr) Vom idyllischen, mit Blumen geschmückten Hof führen Stufen hinunter zur griechisch-orthodoxen Kirche, deren geheimnisvolle Atmosphäre durch vergoldete Ikonen, Messingleuchten und aufwendige Holzverzierungen unterstrichen wird. Die drei Kapellen sind den zwölf Jüngern, den Heiligen Petrus und Paulus und Maria Magdalena gewidmet. Wer gern herumgeführt werden möchte, kann die Klingel oben rechts an der roten Tür, 10 m westlich der Fußgängerbrücke, läuten – vielleicht hat ja einer der Mönche Zeit.

◉ Gräber der jüdischen Weisen

Viele der jüdischen Besucher von Tiberias kommen – zumindest teilweise – hierher, um zu beten und an den Gräbern, in denen einige der bedeutendsten jüdischen Weisen begraben liegen sollen, Fürbitten zu sprechen. Hätte man die Aufgabe, ein Allstar-Team aus den einflussreichsten jüdischen Denkern aller Zeiten zusammenzustellen, so wären die vier unten genannten Rabbis sicherlich mit von der Partie.

**Grab des Rabbi
Meir Ba'al HaNess** RELIGIÖSE STÄTTE
(⊙ So–Do 6 oder 7–22 Uhr oder später, Fr bis 2 Std. vor Sonnenuntergang) Rund um die angebliche Begräbnisstätte des Rabbi Meir Ba'al HaNess, eines Rabbis des 2. Jhs., der oft in der Mischna zitiert wird (*ba'al ha-ness* bedeutet „Meister der Wunder"), hat sich ein Komplex aus religiösen Gebäuden entwickelt. Das Grab selbst hat getrennte, mit Vorhängen versehene Eingänge für Männer und Frauen und befindet sich in einer überkuppelten sephardischen Synagoge, die ein Stück bergabwärts von ihrem aschkenasischen Gegenstück mit größerer Kuppel steht. Die Anlage befindet sich 2,5 km südlich des Zentrums, vom Nationalpark Tiberias-Hammat 150 m eine Asphaltstraße hinauf.

Hinter dem sephardischen Bereich verkaufen Marktstände heilige Amulette, darunter speziell gesegnetes Olivenöl und Arak (50 NIS). Ganz in der Nähe sind gegen eine kleine Spende persönliche Segnungen erhältlich.

Die *hilula* von Rabbi Meir (eine Feier, die von den Chassidim am Sterbetag eines Weisen gefeiert wird) findet drei Tage vor der *hilula* von Schimon Bar Jochai statt, der am Berg Meron begraben liegt. Fromme Juden verbinden eine Reise an den See Genezareth oft mit der Teilnahme an diesen beiden sehr beliebten Festen.

Grab des Maimonides RELIGIÖSE STÄTTE
(Ben Zakkai St; ⊙ 24 Std.) Rabbi Moshe Ben Maimon (1135–1204), ein im spanischen Córdoba geborener Universalgelehrter – bekannt unter dem Akronym Rambam und als Mai-

monides –, ist für seine rationale Religions- und Lebensanschauung bekannt (er zitierte gern Aristoteles). 2017 wurde eine vermeintliche Begräbnisstätte saniert und mit einem Schatten spendenden Dach versehen.

Maimonides' bekannteste Werke sind die *Mischne Tora,* die erste systematische Aufzeichnung des jüdischen Gesetzes, der *Führer der Unschlüssigen,* eine theologische, noch heute bedeutsame Abhandlung auf Judäo-Arabisch, sowie verschiedene Bücher über Medizin. (Er war Leibarzt des Sultans von Ägypten. In Ägypten verbrachte er auch die letzten Jahrzehnte seines Lebens.)

Grab des Rabbi Jochanan ben Sakkai RELIGIÖSE STÄTTE

(Ben Zakkai St; ⊙24 Std.) Rabbi Jochanan ben Sakkai, der bedeutendste jüdische Weise des 1. Jhs., spielte eine Schlüsselrolle, als es darum ging, die Tradition der Tieropfer – der Hauptzweck, den der 70 n. Chr. zerstörte Jerusalemer Tempel erfüllt hatte – durch das Gebet zu ersetzen. Sein Grab liegt nur wenige Meter den Berg hinunter vom Grab des in Córdoba geborenen Weisen Maimonides entfernt.

Grab des Rabbi Akiba RELIGIÖSE STÄTTE

(HaGevura St; ⊙24 Std.) Rabbi Akiba, ein führender Mischna-Gelehrter und Lehrer von Rabbi Meir Ba'al Hanes, spielte bei der Einführung des Rabbinischen Judentums nach dem Zweiten Tempel eine entscheidende Rolle. Als Folge seiner Unterstützung des Bar-Kochba-Aufstands wurde er von den Römern zu Tode gefoltert. Tatsächlich war seine Begeisterung für den Widerstand gegen die Römer so groß, dass er Bar Kochba kurzerhand zum Messias erklärte. Das angebliche, von einer Kuppel gezierte Grab Akibas befindet sich auf einem Hügel rund drei Straßenkilometer westlich des Stadtzentrums und wartet mit atemberaubenden Ausblicken auf.

⊙ Abseits des Stadtzentrums

Nationalpark Tiberias-Hammat NATIONALPARK

(☏04-672-5287; www.parks.org.il; Eliezer Kaplan Ave/Rte 90; Erw./Kind 15/7 NIS; ⊙im Sommer 8–17 Uhr, im Winter bis 16 Uhr, Fr 1 Std. kürzer, letzter Einlass 1 Std. vor Schließung) Schon zu Zeiten der Römer waren die heißen Quellen von Tiberias so berühmt, dass Kaiser Trajan 110 n. Chr. eine Münze prägen ließ, die den Quellen gewidmet war. Sie zeigt das Bild von Hygeia, der Göttin der Gesundheit – von der das Wort „Hygiene" abgeleitet ist –, die auf einem Felsen sitzt und das Wasser genießt. Heute sind die Highlights hier die 17 kleinen Thermalquellen, ein Becken, in das man seine Zehen tauchen kann, und eine – heute klimatisierte – **Synagoge aus dem 4. Jh.** mit einem wunderschönen **Tierkreiszeichenmosaik**. Der Park liegt 2,5 km südlich vom Zentrum und ist mit dem Stadtbus 5 zu erreichen.

Al-Amari-Moschee MOSCHEE

(HaBanim St) Mit ihren schwarzen Wänden aus Basalt, der weißen Kuppel und dem gestreiften Minarett sieht diese Moschee im Hof eines modernen Einkaufszentrums etwas verloren aus. Sie wurde im Jahr 1743 von Daher Al-Omar erbaut und wird seit der Evakuierung der arabischen Minderheit von Tiberias im April 1948 durch die Briten nicht mehr benutzt.

🏃 Aktivitäten

An der Yigal-Allon-Promenade bietet ein halbes Dutzend Veranstalter, darunter **Tiberias Water Sports** (☏052 307-7740; Yigal-Allon-Promenade; ⊙Sa geschl.) und das **Water Sports Center** (☏052 349-1462; Yigal-Allon-Promenade; ⊙Fr & Sa geschl.), Motorbootverleih (100 NIS für 30 Min.), Wasserski (200 NIS für 15 Min.) und Bananenbootfahrten (40 NIS für 15 Min.). An kalten, regnerischen Tagen, am Sabbat und an jüdischen Feiertagen haben alle geschlossen.

Tiberias Hot Springs THERMALQUELLEN

(Ma'ayanot Hammei Tveriya; ☏04-612-3600; www.hamei-tveria.co.il; Eliezer Kaplan Ave/Rte 90; Erw./Kind 3–12 J. 88/45 NIS; ⊙So, Mo & Mi 8–18, Di & Do bis 19 Uhr, im Winter jeweils 1 Std. kürzer, Sa im Winter/Sommer bis 15.45/17 Uhr) Wer sich nach Art der Römer mit entspannenden Bädern und *shvitz* (Dampfbädern) erholen möchte, ist in diesem modernen Spa richtig. Das Wasser der Mineralquellen sprudelt mit 52 °C aus dem Boden und wird etwas heruntergekühlt, bevor es hierhergepumpt wird. Die Anlage befindet sich 2,5 km südlich des Stadtzentrums auf der gegenüberliegenden Straßenseite vom Nationalpark Tiberias-Hammat. Besucher gelangen mit dem Bus 5 hierher.

Das Spa verfügt auch über zwei Saunas (eine Trocken- und eine Dampfsauna) und vier Mineral- und Frischwasserbecken für Erwachsene und Kinder (ganzjährig geöffnet), zudem lockt eine schwedische Massage (210 NIS für 30 Min.). Schließfächer kosten 15 NIS, ein Handtuch gibt's für 10 NIS. Mit Restaurant.

Gai Beach Water Park WASSERPARK
(04-670-0713; www.gaibeach.com; ab 3 J. 90 NIS, Juli & Aug. 99 NIS; ca. Pessach bis Sukkot 9.30–17 Uhr) Hier gehören ein hübscher, 50 m langer Strand am See, Genezareth, fünf Wasserrutschen (darunter auch eine, die mit einem furchteinflößenden Gefälle von 70 Grad aufwartet), ein Wellenbecken und ein spezieller Bereich für Kleinkinder zum Programm. Der Wasserpark liegt etwa 1 km südlich des Stadtzentrums. Schließfächer kosten 15 NIS.

Schlafen

Die Schlafsaalbetten in Tiberias gehören zu den preiswertesten in Galiläa – genau wie die Hotels hier zu den luxuriösesten im Norden Israels zählen. Im Juli und August, wenn sich bei den heißen Temperaturen nur die kühnsten Ausländer hierherwagen, wird die Stadt von ausgelassenen einheimischen Touristen überrollt.

★ Tiberias Hostel HOSTEL $
(Rabin Sq; B 75–100 NIS, EZ 180–250 NIS, DZ 230–350 NIS; @) Ein weiteres ausgezeichnetes ILH-Hostel: Dieses verfügt über ein echtes Backpackerflair, einen Dachbereich mit Lichterketten zum Chillen, eine komplett ausgestattete Gästeküche und freundliches Personal, das gerne mit Tipps zu Sehenswürdigkeiten und Aktivitäten weiterhilft. Das Frühstück kostet nur 15 NIS; ein weiteres Schnäppchen ist das fleischlose Abendessen am Freitag (15–35 NIS).

Aviv Hostel HOSTEL $
(04-672-0007; 66 HaGalil St; B 20–30 US$, EZ/DZ/3BZ ohne Frühstück 50/60/80 US$; @) Eher ein Billighotel als ein Hostel: ohne Backpackerflair, mit 26 etwas verwohnten Zimmern und Bettwäsche aus Polyester – dafür gibt's aber Balkone mit Seeblick, echte Sprungfedermatratzen und Kühlschränke. In den Dorms stehen durchweg Einzelbetten (keine Etagenbetten) und es gibt Dorms nur für Frauen. Aufzug vorhanden. Das erstklassige Frühstücksbuffet kostet 12 US$.

★ Arbel Guest House PENSION $$
(04-679-4919; www.4shavit.com; Moshav Arbel; B/DZ ohne Frühstück 30/110 US$, Fr, Aug. & Feiertage 37,50/160 US$, zusätzl. Pers. 33 US$;) Moshav Arbel liegt nur 8 km nordwestlich vom Stadtzentrum, dennoch wirkt dieses idyllische B&B wie eine andere Welt. Gäste können sich in einer Hängematte beim 12,5 m langen Pool oder unter Bougainvilleen, Weinlauben und 60 verschiedenen Obstbäumen entspannen. Die sechs Wohneinheiten mit zwei Zimmern für vier oder fünf Personen sind geschmackvoll eingerichtet und mit Whirlpool und Küchenzeile ausgestattet. Exzellentes Preis-Leistungs-Verhältnis.

Das großartige Frühstück kostet 13,50 US$. Arbel liegt 80 m höher als der See, sodass es hier im Sommer kühler ist als in Tiberias und im Winter wärmer als auf den Golanhöhen.

Aviv Holiday Flats HOTEL $$
(04-671-2272; http://aviv-hotel.xwx.co.il; 2 Ha-Noter St; EZ/DZ/3BZ/4BZ ohne Frühstück 300/400/500/600 NIS;) Die 30 hübschen, modernen Ein-Zimmer-Apartments sind mindestens 30 m² groß und verfügen über Balkone, Küchenzeilen sowie angenehme Bettwäsche. Das Preis-Leistungs-Verhältnis gehört zu den besten der Stadt. Das üppige Frühstücksbuffet kostet 50 NIS.

Rimonim Galei Kinnereth HOTEL $$$
(04-672-8888; www.rimonim.com; 1 Eliezer Kaplan St; DZ Sa–Mi ab 280 US$, Do & Fr ab 400 US$;) Der Oldie der Hotelszene von Tiberias – 1946 eröffnet – war schon in den 1950er-Jahren ein Lieblingsziel von David Ben-Gurion und hat sich bis heute etwas vom Charme der späten Zeit des britischen Mandats in Palästina bewahrt. Zu den Annehmlichkeiten gehören ein privater Kieselstrand, ein Wellnessbereich und ein Kinderclub für Kids von fünf bis zehn Jahren (Juli & Aug. tgl., sonst Fr & Sa). Vielleicht erkennt der eine oder andere ja einige berühmte ehemalige Gäste wieder.

Im Hermon-Zimmer gibt's sogar eine kleine Ausstellung zur Geschichte des Hotels (2. Stock).

Scots Hotel HOTEL $$$
(04-671-0710; www.scotshotels.co.il; 1 Gdud Barak St/Rte 90; DZ ab 390 US$; @) Dieser prächtig renovierte Komplex, der in den 1890er-Jahren als Krankenhaus erbaut wurde und sich noch immer im Besitz der Church of Scotland befindet, hat liebevoll gepflegte Gärten, luftige Innenhöfe und einen traumhaften Pool mit Blick auf den See (geöffnet April–Okt.). Neben 69 Zimmern gibt es ein Spa mit türkischem Hamam,

Whirlpool und Massagen. Oftmals werden Preisnachlässe angeboten.

Sonntag bis Mittwoch zwischen etwa 10 und 16 Uhr können Nichtgäste den wunderschönen, idyllischen Garten besuchen.

Emily's Boutique Hotel HOTEL $$$
(04-664-7500; www.emilys-hotel.com; 66 HaGalil St; DZ/3BZ 167/230 US$, zusätzl. Kind 42 US$;) Das von einer ortsansässigen Familie geführte Hotel schnürt ein gutes Gesamtpaket. Die 48 Zimmer sind geräumig (28 m²) und warten mit Parkettböden, hohen Decken, blitzsauberen Bädern mit Fliesen und Messing und Seeblick auf. In der Atriumlobby gibt's einen Koiteich, in den Fluren hängen historische Schwarzweißfotos von Tiberias.

Essen

Obst- und Gemüsemarkt MARKT $
(HaPrachim St; Mo-Do 6–20 Uhr, Fr bis 1 Std. vor Sonnenuntergang, einige Stände auch So geöffnet;) Manche der Standbesitzer sind vielleicht etwas ruppig, ihre Produkte jedoch von höchster Qualität und günstig.

Baguette Levin IMBISS $
(04-857-7762; 32 HaGalil St; So-Do 12–4, Fr 12–6, Sa 10–4 Uhr) Ist auf Shawarma und Schnitzel auf Baguette oder im Pitabrot spezialisiert. Hat sehr lange und auch am Sabbat geöffnet.

Supersol Express SUPERMARKT $
(HaBanim St; So-Do 7.30–20, Fr Sommer bis 16.30, Winter bis 14 Uhr) Kleiner Supermarkt mit Picknickzutaten und Essen für den Sabbat.

Guy ISRAELISCH $$
(04-672-3036; HaGalil St, Ecke Achva St; Hauptgerichte 38–75 NIS; So-Do 12–21 oder 22, Fr Winter bis 14.30, Sommer bis 16 Uhr;) Das unprätentiöse, altmodische Mizrachim-Restaurant (orientalisch-jüdisch) kredenzt rustikale Grillgerichte, Suppen (nur im Winter) und eine köstliche Auswahl von gefülltem Gemüse sowie gehackte Leber nach aschkenasischer Art, irakische *kibbeh* (würzige Fleischbällchen in scharfer Sauce) und *kibbeh* nach libanesischer Art (frittierte, mit Hackfleisch gefüllte Teigtaschen aus Weizenschrot). Nur Barzahlung.

Little Tiberias INTERNATIONAL $$
(04-679-2806; www.littletiberias.com; HaKishon St; Hauptgerichte 59–155 NIS; Sa-Do 12–22.30, Fr bis 23 Uhr;) Serviert Fisch (gegrillt, gebacken oder gebraten), Fleisch, Meeresfrüchte und Pasta an soliden Tischen aus Pinienholz. Am Sabbat geöffnet.

★ Yisrael's Kitchen ISRAELISCH $$$
(04-679-4919; www.4shavit.com Arbel Guest House, Moshav Arbel; Hauptgerichte 76–128 NIS; Frühstück tgl. ab 8–9.20 Uhr, Abendessen ab 18–19.30 Uhr) Eine 8 km lange Autofahrt von Tiberias entfernt (über die Rte 77 und die Rte 7717) bietet dieses rustikale, familiengeführte Restaurant regionale Produkte und warme, ländliche Hausmannskost. Zu den Spezialitäten gehören riesige Portionen (500 g) von Steak und Lamm aus Galiläa in Terrakottaschmortöpfen, gebackener Petersfisch und leckere Desserts wie hausgemachtes Eis. Telefonisch reservieren.

Es gibt eine gute Auswahl von Weinen aus Galiläa und von den Golanhöhen.

Decks STEAK $$$
(04-671-0800; www.decks.co.il; Lido Beach, Gdud Barak St; Hauptgerichte 75–175 NIS; So-Do 12–23, Fr 12 Uhr bis 1½ Std. vor Sonnenuntergang, Sa nach Sonnenuntergang) Das Grillfleisch des Decks – darunter Filet Mignon, Milchlamm und Gänseleber (nicht gestopft) – ist legendär. Es wird im Freien über einem Holzfeuer aus Oliven-, Zitrus-, Kirsch-, Walnuss- und Eukalyptusbaumholz gegrillt. Das Focaccia kommt für jeden Gast frisch aus einem Holzofen. Das Restaurant ist in einer Art Hangar über dem See untergebracht und bietet traumhafte Ausblicke. Exzellente Weinkarte. Koscher.

Galei Gil FISCH & MEERESFRÜCHTE $$$
(04-672-0699; Yigal-Allon-Promenade; Hauptgerichte 68–105 NIS; tgl. 10.30–23 Uhr;) Die Tische auf der romantischen Holzveranda am Ufer warten mit unschlagbaren Seeblicken auf. Auf den Tisch kommen acht verschiedene Fische aus dem See Genezareth und dem Mittelmeer in gegrillter oder gebratener Form, außerdem Fleisch und Suppen. Am Sabbat geöffnet.

ⓘ Praktische Informationen

Banken mit Geldautomaten gibt es rund um die Kreuzung von HaYarden und HaBanim St.

Magen David Adom (04-671-7611; Ecke HaBanim St & HaKishon St; Erste Hilfe So-Do 19–24, Fr 14–24, Sa 10–24 Uhr, Notaufnahme 24 Std.) Die von Malram (www.mrlm.co.il) betriebene Klinik bietet außerhalb der normalen Sprechzeiten Erste Hilfe an und kann Haus- (und Hotel-) Besuche von Ärzten arrangieren.

DYZIO / SHUTTERSTOCK ©

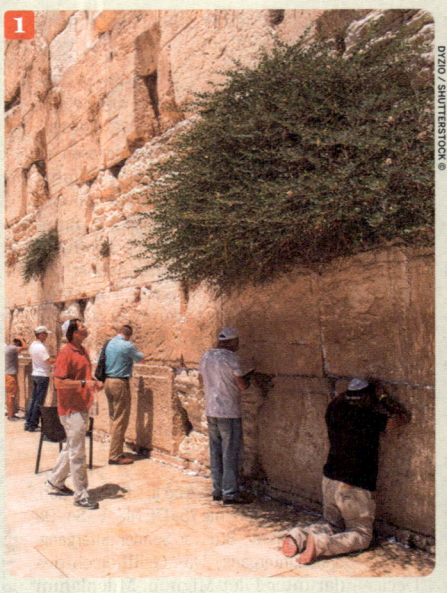

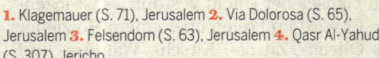

1. Klagemauer (S. 71), Jerusalem **2.** Via Dolorosa (S. 65), Jerusalem **3.** Felsendom (S. 63), Jerusalem **4.** Qasr Al-Yahud (S. 307), Jericho

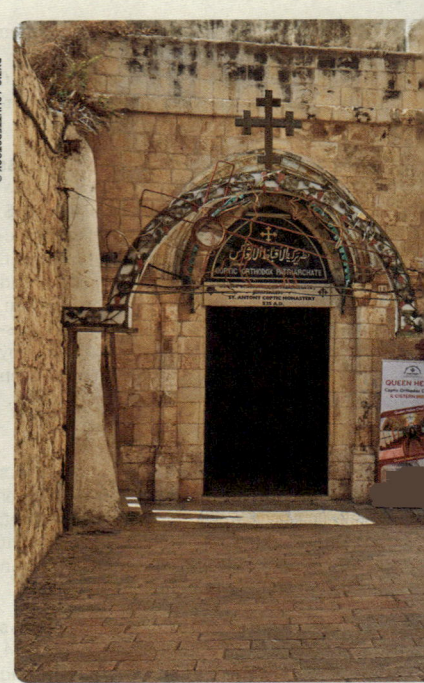

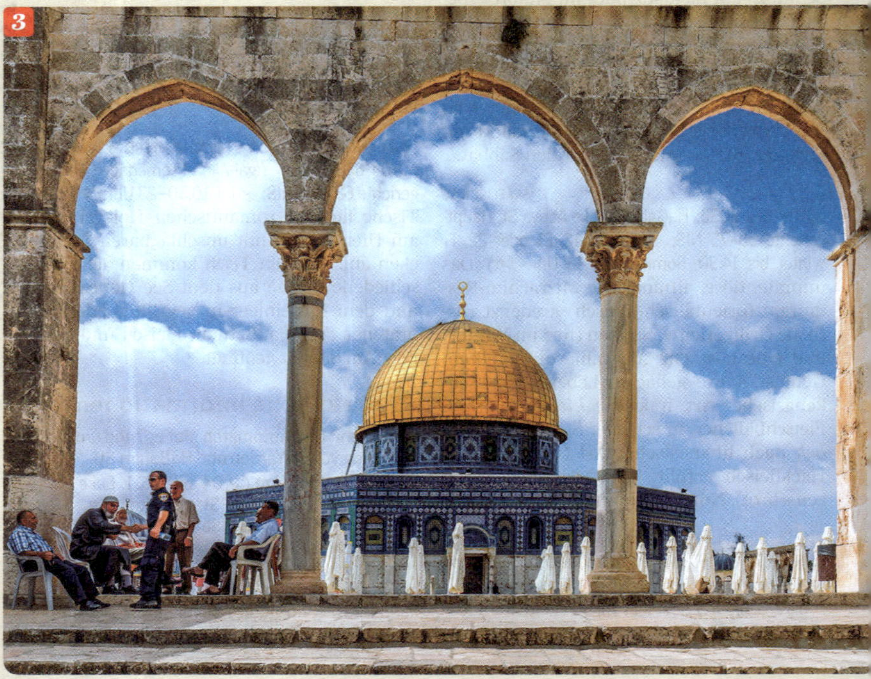

Religiöse Stätten

Der Besucher von heute hat Zugang zu Orten, die für die drei großen abrahamitischen Religionen – Judentum, Christentum und Islam – von zentraler Bedeutung sind. Oftmals überraschen, inspirieren und bewegen die altehrwürdigen Stätten Gläubige und Neugierige gleichermaßen.

Via Dolorosa
Der „Leidensweg" (S. 65) in der Altstadt Jerusalems folgt dem Weg, den Jesus mit dem Kreuz zum Kalvarienberg gegangen sein soll. Die 14 Stationen des Kreuzwegs erinnern an wichtige Ereignisse.

Felsendom
Der islamische Schrein aus dem 7. Jh. (S. 63) wird von einer schimmernden Goldkuppel gekrönt. Er steht auf einem massiven Stein, von dem aus der Prophet Mohammed bei der „Nachtreise" in den Himmel aufgestiegen sein soll.

Klagemauer
Viele besuchen die heiligste Stätte des Judentums (S. 71), um die Hände gegen die Mauer zu drücken und ein Gebet in die Spalten zwischen den Steinen zu stecken.

Ölberg
Juden kommen zum Ölberg (S. 83), um den ältesten jüdischen Friedhof der Welt zu besuchen, christliche Pilger wegen von Kuppeln und Mosaiken geschmückten Kirchen und 2000 Jahre alten Olivenbäumen im Garten Gethsemane.

Jericho
Jericho (S. 306) ist die vielleicht älteste Stadt der Welt und vor allem als der Ort bekannt, an dem Josuas Trompeten die Mauern einstürzen ließen und Jesus vom Teufel in Versuchung geführt und von Johannes dem Täufer getauft wurde.

Grabeskirche

Weihrauch, Kerzen, Ikonen und die geflüsterten Gebete von Pilgern prägen die Stimmung in der heiligsten Stätte des Christentums (S. 65). Mindestens seit dem 4. Jh. gilt sie als der Ort der Kreuzigung, der Beerdigung und der Wiederauferstehung Jesu.

Berg Zion

Ein einziges Gebäude auf dem Berg Zion (S. 77) soll den Abendmahlssaal, eine der bedeutendsten Stätten der Christen, und das für das Judentum heilige Davidsgrab beherbergen.

Grab der Patriarchen

Laut Genesis und Koran liegen Abraham und seine Familie in dem heiß umkämpften Grab der Patriarchen (S. 311) begraben. Es gilt Muslimen und Juden als zweitheiligste Stätte im Heiligen Land.

Ha'ari-Synagoge der Aschkenasim

Die antike Synagoge (S. 255) steht an dem Ort, an dem der große Kabbalist des 16. Jh. Isaak Luria, alias Ari, einst den Sabbat begrüßte.

Geburtskirche, Bethlehem

Der niedrige Eingang aus Stein (S. 291) soll Demut hervorrufen und führt hinab zur traditionellen Stätte der Krippe Jesu, die durch einen silbernen Stein mit 14 Punkten gekennzeichnet ist.

Tabgha

In Tabgha (S. 241) am Ufer des Sees Genezareth soll Jesus wundersamerweise fünf Brotlaibe und zwei Fische vermehrt und damit eine Gemeinde von 5000 Menschen gespeist haben.

1. Davidsgrab (S. 77), Berg Zion, Jerusalem **2.** Brotvermehrungskirche (S. 242), Tabgha **3.** Geburtskirche (S. 291), Bethlehem

2

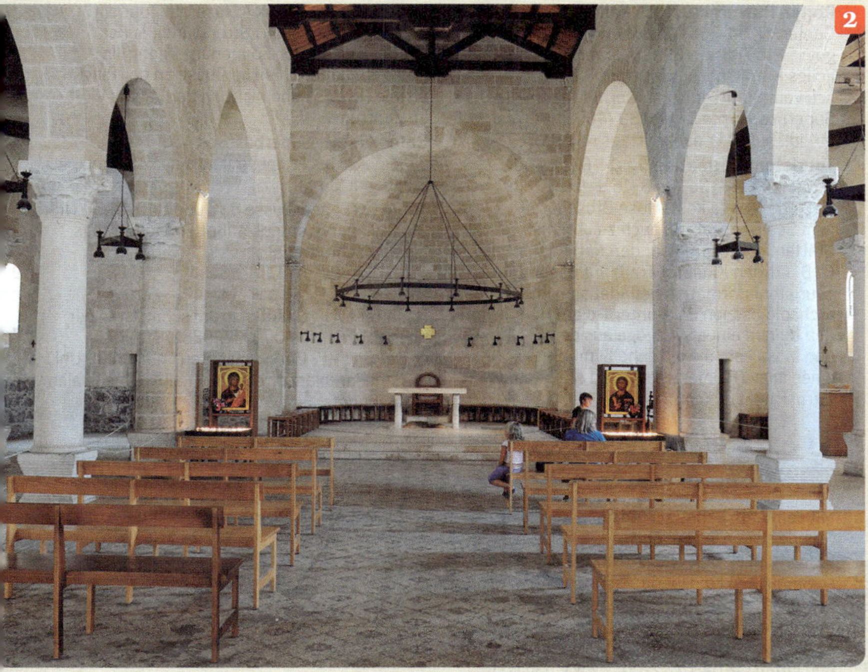

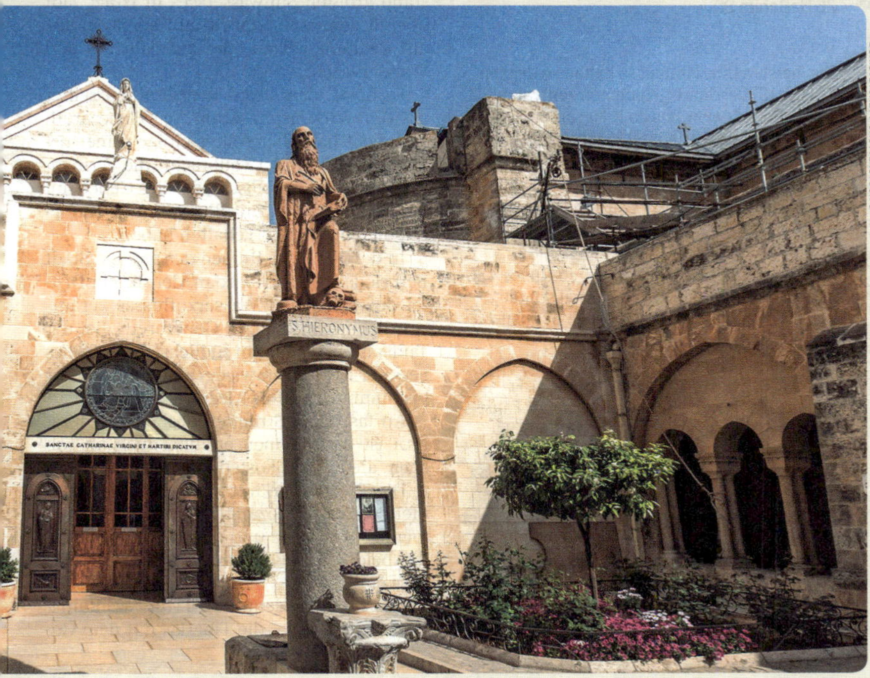

BORISVETSHEV / SHUTTERSTOCK ©

Poriya Hospital (Baruch Padeh Medical Center; ☎ 04-665-2211; www.poria.health. gov.il; Rte 768; ⊙ Notaufnahme 24 Std.) Staatliches Krankenhaus der Stadt 8 km südwestlich vom Stadtzentrum. Hierher fahren die Superbus-Busse 37 und 39 (40 Min., 2-mal stündl. außer Fr nachmittags und Sa).

Touristeninformation (☎ 04-672-5666; HaBanim St; ⊙ So–Do 8–16, Fr bis 12 Uhr) Hat jede Menge kostenlose Broschüren zum See Genezareth, auch zu christlichen Stätten, sowie gute Wander- und Radkarten (z. B. für den Kinneret Trail) auf Lager. Die Touristeninformation befindet sich in einem archäologischen Park unter freiem Himmel mit den Ruinen einer Synagoge aus dem 5. Jh. und Mosaiken, die jüdische Symbole wie einen *lulav* (Palmenwedel) und *etrog* (eine Zitrusfrucht) zeigen.

ⓘ An- & Weiterreise

AUTO

Mit dem Auto benötigt man höchstens eine Stunde zu den Golanhöhen, in den Osten Galiläas, nach Beit She'an, Nazareth und sogar nach Akko. Tiberias ist der beste Ort in Galiläa, um ein Auto zu mieten. Autovermietungen: **Avis** (☎ 04-672-2766; www.avis.co.il; 2 Ha-Amakim St, Ecke HaYarden St) und **Eldan** (☎ 04-672-2831; www.eldan.co.il; 26 HaBanim St).

BUS

Die meisten Überlandbusse halten an dem im Stil der 1970er-Jahre gehaltenen **zentralen Busbahnhof** (www.bus.co.il; HaYarden St), einige Kurzstreckenbusse außerdem an der HaGalil St. Zu den Zielen gehören:

Beit She'an (Superbus-Bus 28; 14 NIS, 35 Min., So–Do alle 45 Min., bis Fr nachmittags und Sa ab Sonnenuntergang stündl.) Fährt entlang des Südwestufers des Sees Genezareth.

Haifa-Merkazit HaMifratz (Egged-Busse 430 und 434; 21,50 NIS, 1¼ Std., 2-mal stündl. außer Fr nachmittags bis Sa nach Sonnenuntergang)

Jerusalem (Egged-Busse 959, 961 und 962, 37,50 NIS, 2¾ Std., alle 1–2 Std. außer Fr abends bis Sa nach Sonnenuntergang) Fährt über Beit She'an und das Jordantal.

Katzrin (Rama-Busse 52 und 57, 35–50 Min., 12-mal tgl. außer Fr nachmittags bis Sa nach Sonnenuntergang) Bus 52 fährt entlang des Nordufers des Sees Genezareth, u. a. nach Kapernaum. Der langsamere Bus 57 verkehrt entlang des Südost- und Ostufers über Ein Gev und den Kursi-Nationalpark.

Kiryat Shmona (Egged-Busse 541 und 840, 27 NIS, 1 Std., stündl.) Über Rosh Pina.

Nazareth (Bus 431 von Nazareth Tourism & Transport, 16 NIS, 1 Std., stündl. außer Fr abends & Sa vor Sonnenuntergang) In Nazareth halten manche Busse an der Ringstraße (Rte 75) und nicht an der Paulus VI St im Zentrum.

Safed/Tsfat (Superbus-Bus 450; 14 NIS, 37 Min., So bis Fr nachmittags alle 40 Min., Sa abends 3-mal)

Tel Aviv (Egged-Busse 836 und 840; 37,50 NIS, 2¾ Std., mind. stündl. außer Fr nachmittags bis Sa nachmittags)

SHERUT

Nach Tel Aviv gelangt man am schnellsten per **sherut** (☎ Moshe 050 755-9282; 40 NIS; ⊙ So–Do 5–19 Uhr oder später, Fr bis 14.30 Uhr) ab dem Parkplatz direkt unterhalb des zentralen Busbahnhofs.

TAXI

Ein Taxiunternehmen in Tiberias ist **Moniyot Tveriya** (☎ 04-655-5550).

SEE GENEZARETH

بحيرة طبريا   ים כנרת

Das Ufer des Sees Genezareth (auf Hebräisch Yam Kinneret oder HaKinneret), des mit Abstand größten Süßwassersees in Israel, lädt überall zum Entspannen ein: an Stränden, auf Campingplätzen oder auf Fahrrad- und Wanderwegen.

Es heißt, dass Jesus den Großteil seiner aktiven Wirkensphase am See Genezareth verbracht hat. Hier soll er einige seiner bekanntesten Wunder vollbracht (die Vermehrung von Brot und Fisch oder das Gehen auf dem Wasser) und, mit Blick auf den Kinneret, die Bergpredigt gehalten haben.

In der Nähe der Ruinen der antiken Stadt Bethsaida fließt der Jordan, der für ein Drittel des jährlichen Wasserzuflusses verantwortlich ist, in den See Genezareth. Bei der Taufstätte Yardenit am südlichsten Zipfel des Sees verlässt er ihn wieder und fließt weiter bis hinunter ins Tote Meer.

An fast allen Stränden des Sees Genezareth ist das Campen erlaubt, auch an solchen, die Eintritt kosten.

Die Rte 90 verläuft am gesamten Westufer des Sees Genezareth entlang, die Rte 92 folgt der Ostküste und die Rte 87 verbindet die beiden Straßen am Nordwestufer des Sees entlang.

Das gesamte Seeufer wird von zwei Rama-Bussen abgedeckt, die Tiberias mit dem Golan-Ort Katzrin verbinden. Bus 52 fährt am West- und Nordwestufer des Sees inklusive Tabgha und Kapernaum entlang, der langsamere Bus 57 folgt dem Südwest- und Ostufer, vorbei an Ein Gev und dem Nationalpark Kursi.

> **KURZINFOS SEE GENEZARETH**
>
> ➤ Fläche bei max. Wasserstand: 170 km²
>
> ➤ Uferlänge: 53 km
>
> ➤ Max. Tiefe: 44 m
>
> ➤ Wasservolumen bei max. Wasserstand: 4,3 km³
>
> ➤ Oberflächentemperatur im Februar: durchschnittlich 14,7 °C
>
> ➤ Oberflächentemperatur im August: durchschnittlich 28,6 °C

Nordwestufer

Die Rte 90 und der parallel verlaufende Kinneret Trail (Shvil Sovev Kinneret) führen am Nordwestufer des Sees Genezareth entlang und passieren dabei einige der bedeutendsten Schauplätze des Neuen Testaments.

An einem als Tabgha (eine arabische Anpassung des griechischen Begriffs *hepta pega*, „sieben Quellen") bekannten Uferabschnitt des Sees Genezareth stehen im Abstand von wenigen Hundert Metern zwei katholische Kirchen. Ein hübscher Fußweg verbindet Tabgha mit Kapernaum, das etwa 3 km entfernt liegt.

Die Orte in diesem Abschnitt sind mehr oder weniger von Südwesten nach Nordosten aufgeführt.

◉ Sehenswertes

Nationalpark Arbel NATIONALPARK
(☎ 04-673-2904; www.parks.org.il; Erw./Kind 22/9 NIS; ⊗ 8–16 oder 17 Uhr, Fr 1 Std. kürzer, letzter Einlass 1 Std. vor Schließung) Hoch über dem See Genezareth mit faszinierenden Blicken auf die Golanhöhen und den Berg Hermon thronen die Arbel-Klippen 181 m über dem Meeresspiegel und somit 390 m über dem gewaltigen Blau darunter. Der Nationalpark ist ein erstklassiges Wanderrevier und liegt sowohl am Israel National Trail als auch am Jesusweg – auch Wanderer müssen übrigens den Parkeintritt bezahlen!

Der Park liegt 11,5 km nordwestlich von Tiberias und ist über die Rte 77, die Rte 7717 und dann über die Zufahrtsstraße zum Moshav Arbel zu erreichen, von wo aus eine Seitenstraße weitere 3,5 km nach Nordosten führt.

Tolle Ausblicke bieten sich nach einem Spaziergang zum **Johannisbrotbaum-Aussichtspunkt** (hin & zurück 30 Min.) sowie vom **Kinneret-Aussichtspunkt**, der einige Minuten entfernt entlang der Klippen liegt. Ein mittelmäßig schwieriger dreistündiger Rundweg (Mindestalter sieben Jahre), bei dem auch etwas Felsenklettern an Metallseilen und Haltegriffen angesagt ist, führt vorbei an einer – wohl von einem drusischen Stammesführer im 17. Jh. erbauten und 2017 restaurierten – **Höhlenfestung**. Ein weiterer Rundweg (5–6 Std.) führt zuerst hinunter zur **Arbel-Quelle** und dann wieder hinauf zur Parkverwaltung, vorbei am Wadi Arbel und an den Ruinen einer **Synagoge** aus dem 6. Jh. (auch mit Rollstuhl zugänglich). Diese liegt an der einzigen Zufahrtsstraße zum Park, etwa 800 m in Richtung des Moshav Arbel.

Saladin fügte den Kreuzrittern 1187 bei den **Hörnern von Hattin** die entscheidende Niederlage zu. Der Bergrücken liegt einige Kilometer westlich der Arbel-Klippen. Wenn man von der Parkverwaltung Richtung Westen schaut, liegt der Grat direkt hinter dem Moshav Arbel.

Magdala ARCHÄOLOGISCHE STÄTTE
(☎ 04-620-9900; www.magdala.org; Migdal-Kreuzung, Rte 90; Erw./Kind 15/10 NIS; ⊗ 8–18 Uhr) Als die Legionäre Christi, eine katholische Gemeinschaft aus Mexiko, 2009 mit dem Bau eines spirituellen Rückzugsortes begannen, staunten sie nicht schlecht, als sie eine Synagoge aus dem 1. Jh. n. Chr. entdeckten. Aufgrund einer hier 29 n. Chr. geprägten Münze konnte sie auf die Zeit Jesu datiert werden. Die Ausgrabungen, die jeden Sommer fortgeführt werden, sind inzwischen als Freiluftmuseum für Besucher zugänglich. Der Komplex befindet sich 6 km nördlich von Tiberias an der Stelle der antiken Stadt Magdala (auf Hebräisch Migdal), dem Heimatort von Maria Magdalena.

In der Synagoge entdeckten Archäologen den **Magdala-Stein**. Diesen rechteckigen Altar, der südwärts in Richtung Jerusalem gewandt ist, schmückt eine siebenarmige Menora, die einzigartig ist, da sie aus der

MIT DEM RAD UM DEN SEE GENEZARETH

Der See Genezareth ist teils ein tolles Gebiet für Radfahrer. Die vollständige Umrundung des Sees (ca. 65 km) dauert etwa sechs Stunden. Für gut zwei Drittel der Strecke kann man dem **Kinneret Trail** (Shvil Sovev Kinneret) folgen, die restlichen Abschnitte (u. a. der von Ein Gev am Ostufer bis zur Arik-Brücke an der Nordspitze des Sees) verlaufen jedoch noch an Straßen entlang. Auf jeden Fall sollte man eine gute Karte dabeihaben (z. B. im Maßstab 1:50 000), denn die Route ist nicht gut beschildert.

Von Tiberias führt eine hübsche Halbtagestour 8 km südwärts nach **Yardenit**, wo ein 8 km langer Rundweg am Jordan entlang verläuft.

Wegen der Hitze empfiehlt es sich, früh aufzubrechen und ausreichend Wasser mitzunehmen. Beim Fahren auf der Straße immer darauf achten, gut sichtbar zu sein und auf dem Seitenstreifen zu bleiben – also so weit weg vom Verkehr wie möglich! Das Radfahren nach Sonnenuntergang ist zu vermeiden.

Aviv Hostel Bike Rental (04-672-0007, Beni 050 728-2052; 66 HaGalil St; 70 NIS pro Tag; Winter 6–18 Uhr, Sommer 7–19 Uhr) verleiht Mountainbikes mit 24-Gang-Schaltung. Im Preis inbegriffen sind Helm, Schloss und Radkarten. Die Angestellten geben gerne Auskunft zu verschiedenen Strecken und Routen. Auch wer eine Panne hat, bekommt hier Hilfe.

UNTERGALILÄA & SEE GENEZARETH NORDWESTUFER

Zeit stammt, als der Jerusalemer Tempel noch stand. Eventuell wurde der Altar zum Lesen der Thora gebraucht. Das Original befindet sich im Israel-Museum in Jerusalem, vor Ort ist eine Replik ausgestellt.

Besucher können darüber hinaus das elegante **Worship Center** mit seinen sechs mit Mosaiken geschmückten Kapellen besichtigen. Ehrenamtliche bieten kostenlose Führungen auf Englisch, Spanisch und teils auch anderen Sprachen an. Derzeit entsteht hier außerdem ein Gästehaus mit 160 Zimmern.

★ **Antikes Boot** HISTORISCHE STÄTTE
(Boot von Jesus; 04-911-9585; www.bet-alon.co.il; Kibbuz Ginosar, Rte 90; Erw./Kind 20/15 NIS; Sa–Do 8–17, Fr bis 16 Uhr) Im Jahr 1986, als der Wasserstand des Sees Genezareth besonders niedrig war, machte ein einheimischer Fischer eine außergewöhnliche Entdeckung: Er fand die Überreste eines Holzboots, das später auf die Zeit des Wirkens Jesu datiert wurde. Das 8,2 m lange Fischerboot ist aus zwölf verschiedenen (offenbar wiederverwerteten) Holzarten gezimmert und kann im **Yigal Alon Center** im Kibbuz Ginosar bestaunt werden. Wandtafeln und drei Kurzfilme erzählen (ebenso wie die Website) die faszinierende Geschichte seiner Entdeckung und Konservierung.

Auf dem hübschen Gelände wächst am Seeufer wogendes Schilf und der Garten ist mit Skulpturen von jüdischen und arabischen Künstlern übersät.

Brotvermehrungskirche KIRCHE
(04-667-8100; www.dvhl.de; Tabgha; Parken 10 NIS; Mo–Fr 8–16.45, Sa bis 14.45, So 11–16.45 Uhr) Die schmucklose, von deutschen Benediktinern unterhaltene Kirche wurde 1982 an der Stelle erbaut, an der sich einst eine byzantinische Kirche aus dem 5. Jh. befand. Der Felsblock unter dem Altar soll jener Ort sein, auf dem Jesus fünf Brote und zwei Fische ablegte, die sich vermehrten und 5000 Zuhörer satt machten. 2015 wurde der Komplex bei einem Brandanschlag, für den ein rechter jüdischer Extremist verurteilt wurde, schwer beschädigt.

Primatskapelle KIRCHE
(Tabgha; 8–16.50 Uhr) Durch einen Schatten spendenden, duftenden Garten gelangt man hinunter zum See und zur 1933 erbauten franziskanischen Kapelle, die von abstrakten Buntglasfenstern in ein lebhaftes Licht getaucht wird. Der flache Steinblock vor dem Altar wurde von byzantinischen Pilgern „Mensa Christi" (Tafel Christi) genannt, da hier Jesus mit seinen Jüngern Fisch zum Frühstück gegessen haben soll (Joh 21,9).

Auf der dem Wasser zugewandten Seite der Kirche sind ein paar Stufen in den Fels gehauen. Hier soll Jesus gestanden haben, als ihn seine Jünger wiedersahen (die Stufen könnten aber auch im 2. oder 3. Jh. entstanden sein, als in der Gegend nach Kalkstein gesucht wurde). Gleich westlich der Kirche führt ein Pfad zu drei ruhigen **Kapellen**, die von Schilf und Bäumen umgeben sind.

★ Berg der Seligpreisungen   KIRCHE

(Har HaOsher; 04-671-1223; Rte 90; 10 NIS pro Auto; Tor & Kirche 8–11.45 & 14–16.45 Uhr) Von diesem Hügel wird seit mindestens dem 4. Jh. angenommen, dass Jesus hier die Bergpredigt (Mt 5–7) hielt. Die Bergpredigt enthält neben den acht Seligpreisungen, die alle mit den Worten „Selig sind …" beginnen, auch das Vaterunser und so oft zitierte Worte wie „Salz der Erde", „Licht der Welt" und „Richtet nicht, auf dass ihr nicht gerichtet werdet".

Die achteckige, von 1936 bis 1938 mit Unterstützung Mussolinis im italienischen Stil erbaute Kirche wird von Franziskanerinnen betreut. Im Inneren der Kirche erinnern Buntglasfenster unterhalb der Kuppel an die Seligpreisungen, während die Symbole am Altar die sieben Tugenden (Gerechtigkeit, Güte, Besonnenheit, Glaube, Tapferkeit, Hoffnung und Mäßigung) darstellen. Von der Galerie und den friedlichen Gärten aus hat man einen wunderbaren Blick auf den See Genezareth. Die Pilgerherberge hier (S. 246) steht Besuchern aller Glaubensrichtungen offen.

Der „Monte delle Beatitudini" – wie er auf Italienisch heißt – ist Teil des Jesuswegs und liegt von Tabghas Brotvermehrungskirche 3,1 km mit dem Auto entfernt auf einem Hügel. Wer lieber zu Fuß geht, beginnt den 1 km langen Weg, der hinunter nach Tabgha führt und etwa 200 m östlich der Primatskapelle auf die Rte 87 trifft, unmittelbar vor dem Haupteingang zum Berg.

Kapernaum   ARCHÄOLOGISCHE STÄTTE

(Kfar Nachum, Kfar Nahum; 5 NIS; 8–17 Uhr, letzter Einlass 16.30 Uhr) Dem Neuen Testament zufolge war Kapernaum (geschätzte 1500 Ew.) – ein wohlhabendes Dorf am Seeufer, direkt an der römischen Hauptverkehrsroute zwischen Tiberias und Damaskus – der Wohnort Jesu während der wichtigsten Phase seines Wirkens in Galiläa (Mt 4,13, Mk 2,1, Joh 6,59). Der Name wird 16-mal erwähnt: Hier soll Jesus in der Synagoge gepredigt (Mk 1,21), Kranke geheilt und seine ersten Jünger angeworben haben, nämlich die Fischer Petrus, Andreas, Jakobus und Johannes sowie den Steuereintreiber Matthäus.

Die Franziskanermönche, die diese Stätte verwalten – zu erkennen an ihren braunen Kutten mit einer weißen Kordel – beantworten gern Fragen. Am Ticketschalter gibt's auch ein Informationsblatt (1 NIS).

Kapernaums berühmte Synagoge, deren Fassade nach Süden Richtung Jerusalem weist, besteht eigentlich aus zwei Gebäuden. Das neu aufgebaute Gebäude, das heute hier zu sehen ist, ist aufgrund seines hellen Kalksteins als „Weiße Synagoge" bekannt. Es wurde im 4. Jh. auf die dunklen Basaltfundamente der „Jesus-Synagoge" gebaut. Trotz ihres Namens wurde diese wohl mindestens ein Jahrhundert nach der Kreuzigung errichtet.

Zehn Meter rechts von einer Olivenpresse, die sich von der Synagoge aus gesehen hinter den Bänken im Schatten befindet, ist am oberen Ende einer Säule eine Menora zu sehen. Auf einer weiteren Säule in der Nähe erinnert eine hebräische Inschrift aus dem 5. Jh. an die Spende eines Mannes mit namens Alpheus, Sohn des Zebidah.

In einer modernen Kirche (aus dem Jahr 1991, inzwischen klimatisiert) mit gläsernen Seitenwänden wird regelmäßig eine mehrsprachige Messe abgehalten. Die Konstruktion „schwebt" gewissermaßen über den Ruinen einer achteckigen Kirche aus dem 5. Jh. und über den Überresten des Hauses des Apostels Petrus, in dem sich Jesus aufgehalten haben soll.

Beim Eingang zur archäologischen Stätte sind eine Reihe von beeindruckenden steinernen Türstürzen zu sehen, die ganz nach dem dritten Gebot (Ex 20,4) nicht mit Bildern von Menschen oder Tieren, sondern mit Obst- und Pflanzenmotiven dekoriert sind.

Kapernaum befindet sich 16 km nordöstlich von Tiberias und 3 km nordöstlich von Tabgha. Auf der Rte 87 sind gleich drei Abfahrten nach Kapernaum angeschrieben. Um zur archäologischen Stätte zu gelangen, nimmt man die westlichste der drei.

Kloster der Zwölf Apostel   KIRCHE

(Kloster der Heiligen Apostel; 052 885-8421; etwa 9–16 Uhr, im Sommer bis 18 Uhr) Pfauen stolzieren durch den idyllischen, sehr schattigen am See gelegenen Garten dieses griechisch-orthodoxen Klosters, 200 m Luftlinie (1,6 km zu Fuß oder mit dem Auto) in nordöstlicher Richtung von der Synagoge

---

❶ PRAKTISCHER TIPP: ANGEMESSEN GEKLEIDET?

Von Besuchern der christlichen Stätten am Nordufer des Sees Genezareth wird erwartet, dass sie sich angemessen anziehen (Shorts oder ärmellose Tops sind tabu).

von Kapernaum entfernt, am östlichen Rand der antiken Stadt. Die 1925 erbaute Kirche mit ihren roten Kuppeln, die nicht größer ist als eine Kapelle, ist schon von fern (auch vom Berg der Seligpreisungen) zu sehen. Der Rest des Komplexes – von den Weintraubengittern bis zur ausgeprägten Ikonografie im Inneren (das anlässlich der Jahrtausendwende restauriert wurde) – versprüht byzantinisches Flair. Hierher führen an der Rte 87 die Schilder „Capernaum (Orthodox)"; dann kurz vor dem Eingang des Kapernaum-Nationalparks rechts abbiegen.

Domus Galilaeae   CHRISTLICHE STÄTTE
(04-680-9100; www.domusgalilaeae.org; Besucher Mo–Sa 9–12 & 15–16.30 Uhr) In diesem schönen modernen Komplex am Gipfel des Bergs der Seligpreisungen können Christen, besonders katholische Seminaristen, etwas über das moderne Judentum und die jüdischen Wurzeln des Christentums erfahren, um Jesus und seine Botschaft besser verstehen zu können. Der im Jahr 2000 von Papst Johannes Paul II. eingeweihte Campus mit einem interessanten modernen Kreuzgang kann im Rahmen von kostenlosen halbstündigen Führungen besichtigt werden.

Nationalpark Korazim   ARCHÄOLOGISCHE STÄTTE
(04-693-4982; www.parks.org.il; Rte 8277; Erw./Kind 22/9 NIS; 8–16 oder 17 Uhr, Fr 1 Std. kürzer, letzter Einlass 1 Std. vor Schließung) Das an einem Hügel mit Blick über den See Genezareth gelegene Korazim vermittelt einen guten Eindruck davon, wie eine mittelgroße, wohlhabende Stadt zu Zeiten Jesu und des Talmuds (3.–5. Jh.) angelegt war. Die Synagoge ist für ihre außergewöhnlichen Basaltreliefs bekannt, die Blumenmuster und geometrische Formen (vom jüdischen Gesetz gestattet) sowie hellenistisch anmutende Abbildungen von Tieren, Menschen (z. B. beim Stampfen von Weintrauben) und Figuren aus der Mythologie (z. B. Medusa) darstellen.

Im Innern der Synagoge wurden zwei herausragende Funde gemacht: eine reich verzierte Säule, von der angenommen wird, dass sie den Tisch stützte, der zum Lesen aus der Thora genutzt wurde, und ein Sessel mit aramäischer Inschrift. Die Originalfundstücke befinden sich mittlerweile im Israel-Museum in Jerusalem (sie wurden durch Nachbildungen ersetzt). Die Bewohner von Korazim wurden – ebenso wie die von Kapernaum und Bethsaida – von Jesus für ihre Kleingläubigkeit angeprangert (Mt 11,20–24).

Der rollstuhlzugängliche Park befindet sich an der Rte 8277, 2,5 km östlich der Rte 90 (Korazim-Kreuzung bzw. Vered HaGalil) und 8 km westlich der Ruinen von Bethsaida im Park HaYarden.

Bethsaida   ARCHÄOLOGISCHE STÄTTE
(Beit Tzayda; 04-692-3422; www.parkyarden.co.il; Rte 888 direkt nördlich der Rte 87; pro Auto bis 19 Uhr 60 NIS, nach 19 Uhr & über Nacht 100 NIS; 24 Std.) Man nimmt an, dass diese Ruinen im Naturschutzgebiet HaYarden Park (Jordan-Park) das alte Fischerdorf Bethsaida sind, in dem Jesus 5000 Menschen mit nur fünf Broten und zwei Fischen gespeist haben soll (Lk 9,10–17), wo er über das Wasser gegangen sein soll (Mk 6,45–51), einen Blinden geheilt haben soll (Mk 8,22–26) und wo er die Menschen zurechtgewiesen haben soll (Lk 10,13–15).

DIE ROTE LINIE

In Zeitung, Radio und Fernsehen verfolgen die Israelis die Schwankungen des Wasserstands des Sees Genezareth so gebannt wie Börsenentwicklungen. Sobald die winterlichen Regenfälle einsetzen, wird über das Ansteigen bis zur vollen Kapazität (208,8 m u. d. M.) berichtet; im Sommer ruft das Absinken des Wasser bis zur und manchmal sogar unter die „rote Linie" (213 m u. d. M.), unterhalb derer das Abpumpen die Wasserqualität beeinträchtigt, eine Flut von Meldungen hervor. Teilweise wird dabei Weltuntergangsstimmung verbreitet. In letzter Zeit lag der Wasserstand des Sees nach einigen trockenen Wintern weit unter der vollen Kapazität – 2017 fehlten ganze 4 m –, wodurch der Salzgehalt noch nie dagewesene Konzentrationen erreichte. Ohne die riesigen Entsalzungswerke an der Mittelmeerküste und ohne die ausgiebige Nutzung von Abwasser für die Landwirtschaft – es werden 85 % recycelt, der bei Weitem höchste Wert weltweit –, würde in Israel ein Wasserversorgungsnotstand ausbrechen.

Über die aktuelle Lage informiert die Wasserstandanzeige (Yigal-Allon-Promenade; 24 Std.), eine 5 m hohe Skulptur mit der Form des Landes rund um den See Genezareth.

Zwei schwarz markierte Rundwege führen über das Gelände: ein 500 m langer Weg rund um die Basaltruinen, in denen ungeübte Beobachter nicht viel erkennen können (Tafeln helfen Besuchern dabei, sich die Originalbauten vorzustellen), und ein 1 km langer Weg zur Quelle hinunter und wieder zurück. Die Stätte ist umgeben von syrischen Schützengräben und Minenfeldern aus der Zeit vor 1967.

Beim Bethsaida Excavations Project (www.unomaha.edu, nach „Bethsaida" suchen) sind für die Ausgrabungen im Sommer freiwillige Helfer willkommen. Es wird von der University of Nebraska in Omaha geleitet.

Bethsaida liegt ganz im Nordosten des Sees Genezareth, etwa 6 km von Kapernaum entfernt. Im Altertum reichte das Wasser des Sees, dessen Ufer heute 2 km entfernt liegt, vermutlich bis an den Fuß des Hügels.

Aktivitäten

Vered-HaGalil-Ställe REITEN
(Gästehaus 04-693-5785, Ställe 050 238-2225; www.veredhagalil.com; Ecke Rte 90 & Rte 8277; 1-/2-stündiger Ausritt 145/250 NIS, Sonnenuntergangsritt 160 NIS, Ponyreiten für Kinder 10 Min. 35 NIS; 9–18 Uhr) Besucher dieser Western-Ranch, die 1961 von einem Einwanderer aus Chicago gegründet wurde, werden von einem Schild mit der englisch-hebräischen Aufschrift „Shalom, y'all" begrüßt. Angeboten werden Ausritte (Mindestalter zehn Jahre) und Schnupperkurse für Kinder (Mindestalter drei Jahre). Buchen kann man telefonisch. Zudem gibt es hier 30 Gästezimmer. Von Tabgha aus sind es (entlang der Straße) 6,7 km den Hügel hinauf.

Feste & Events

Jacob's Ladder MUSIK
(www.jlfestival.com; Erw./Kind 5–12 J. 455/290 NIS, nur Fr 245 NIS, nur Sa 240/140 NIS; Dez. & Mai) Das 1978 von einer Gruppe von Anglo-Saxim (Englisch sprechenden Einwanderern) ins Leben gerufene Musikfestival findet zweimal jährlich statt und bietet Bluegrass, Folk, Country, Blues, irische Volksmusik und Weltmusik. Die Konzerte israelischer und internationaler Künstler finden rund um das Nof Ginosar Hotel 10 km nördlich von Tiberias statt. Die Veranstaltungsorte sind rollstuhlgerecht.

Das Winter Weekend wird jeweils an einem Freitagabend und Samstag Anfang Dezember veranstaltet, das Spring Festival an einem verlängerten Wochenende (Do–Sa) Anfang Mai.

> **❶ PRAKTISCHER TIPP: ZU FUSS RUND UM DEN SEE**
>
> Im Zuge der tatkräftigen Kampagnen von Umweltschützern, die für einen uneingeschränkten und kostenfreien Zugang zum gesamten Ufer des Sees Genezareth kämpfen, wird es irgendwann möglich sein, den ganzen See mit einer Uferlänge von rund 65 km auf diesem Trail – dem **Shvil Sovev Kinneret** – ohne Unterbrechung zu Fuß zu umrunden. Bisher ist der Weg auf etwa 45 km mit blauen, lilafarbenen und weißen Strahlen markiert und kann genutzt werden – so u. a. an der Südhälfte des Sees, von Tiberias nach Ein Gev, und am Nordostufer.

Schlafen

Inbar Country Lodging GÄSTEHAUS $$
(04-698-7302; www.inbar.co.il; Kibbuz Inbar, Rte 806; B ohne Frühstück 100 NIS, DZ ab 350 NIS;) Israels kleinster Kibbuz – der aus nur fünf Familien besteht – betreibt ein charmantes Gästehaus, das zum ILH-Netz gehört. Hier schaukeln inmitten stiller, nach Minze und Rosmarin duftender Gärten Hängematten. Die 19 Zimmer sind geräumig, gepflegt und behaglich und verfügen über komplett gefliese Bäder – und bieten daher ein tolles Preis-Leistungs-Verhältnis. Die Unterkunft liegt 21 km west-nordwestlich des Bergs der Seligpreisungen, 32 km südwestlich von Safed und 38 km östlich von Akko.

HI – Karei Deshe Guest House & Youth Hostel HOSTEL $$
(Kare Deshe; 02-594-5633; www.iyha.org.il; B 130 NIS, DZ 430–530 NIS;) Das strahlend weiße Hostel direkt am See hat 82 Zimmer, einen Sandstrand sowie jede Menge Bäume und Rasen. Dormbetten stehen in Zimmern mit vier bzw. sechs Betten zur Verfügung – außer freitags, samstags, an jüdischen Feiertagen und im Juli und August. Dies sind auch die Zeiten, zu denen das Hostel oft ausgebucht ist. Direkt nebenan liegt der Hukuk-Strand.

Die nächste Bushaltestelle liegt an der Rte 90 neben dem Sapir-Wasserwerk (3 km südwestlich der Kapernaum-Kreuzung). Dort halten alle Busse, die von Tiberias aus nach Norden fahren. Von der Bushaltestelle muss man die letzten 1,2 km zu Fuß gehen.

★Pilgerhaus Tabgha GÄSTEHAUS $$$
(☎04-670-0100; www.dvhl.de; EZ/DZ Sa–Mi 500/680 NIS, Do & Fr 600/880 NIS; @☎) Das 1889 eröffnete, deutsch geführte katholische Pilgerhaus – es richtet sich vor allem an christliche Pilger, steht aber allen Gästen offen – verfügt über 72 Zimmer und ist ein ruhiges Plätzchen mit einem herrlichen Garten direkt am Ufer des Sees Genezareth. 2016 wurde es renoviert und lädt zu Meditation und Besinnung inmitten exemplarischer Sauberkeit und Ordnung ein. Rollstuhlgerecht. Besonders im Frühjahr und Herbst muss man weit im Voraus reservieren. Das Pilgerhaus befindet sich rund 500 m von der Kapernaum-Kreuzung entfernt.

Nof Ginosar Hotel HOTEL $$$
(☎04-670-0300; www.ginosar.co.il; Kibbuz Ginosar, Rte 90; DZ/3BZ ab 180/250 US$; @☎☎) Der Kibbuz-Klassiker von 1964 hat 170 elegante Hotelzimmer, 75 „Country Lodging"-Zimmer, einen Fitnessraum, eine mit Blumen geschmückte Anlage und einen eigenen Strand am See Genezareth. Von April bis Oktober ist außerdem der erdnussförmige Pool geöffnet. Das Nof Ginosar liegt 200 m vom Antiken Boot entfernt und 8 km nördlich von Tiberias.

Mount of the Beatitudes Pilgrims Hostel GÄSTEHAUS $$$
(☎04-671-1200; ospbeat@netvision.net.il; EZ/DZ mit HP 155/220 US$) Einfache Pilgerunterkünfte mit spektakulärem Ausblick auf den See Genezareth vom hübschen Berg der Seligpreisungen.

Essen

Im Einkaufszentrum an der Migdal-Kreuzung (Rte 90) befinden sich ein täglich geöffneter Dabbah-Supermarkt und Imbisse.

Ein Camonim KÄSE $$
(En Kammonim; ☎04-698-9680; www.eincamonim.rest-e.co.il; Rte 85; All-you-can-eat-Mahlzeit 97 NIS, Frühstück für 1/2 Pers. 70/130 NIS; ⊙Restaurant & Laden 9–17 Uhr; ☎) Dieses familiengeführte „Ziegenkäse-Restaurant" mitten im Grünen serviert vegetarische Gourmetplatten mit acht bis zehn verschiedenen israelischen und französischen Ziegenkäsesorten, frisch gebackenem Brot, Salaten und Wein, die man im Freien im Schatten der Bäume genießen kann. Die Kinder können mit Ziegenlämmern auf Tuchfühlung gehen. Freitags und samstags ist eine Reservierung empfehlenswert. Die Käserei befindet sich 20 km nordwestlich von Tabgha, direkt an der Rte 85 (4,8 km westlich der Nahal-Amud-Kreuzung).

Ktzeh HaNahal LIBANESISCH $$
(☎04-671-7776; www.kazehanahal.rest.co.il; Rte 90; Hauptgerichte 70–115 NIS, 4-Gänge-Menü 129 NIS; ⊙12–24 Uhr; ☎) Von außen deutet nichts darauf hin, dass in diesem unauffälligen Restaurant ein mit Sumach veredeltes libanesisches Festessen auf den Tisch kommt. Nach ganzen elf verschiedenen Mezze-Sorten locken *shish barak* (mit Fleisch gefüllte Teigkugeln, die in eingedickter Ziegenmilch gekocht werden) oder ein Antabli-Kebab mit gebratenen Tomaten.

Das Restaurant befindet sich an der Kreuzung der Rte 90 und der Zugangsstraße zum Antiken Boot neben der Delek-Tankstelle (ein rot-grün-weißes Schild weist den Weg).

★Magdalena ARABISCH $$$
(☎04-673-0064; www.magdalena.co.il; Einkaufszentrum, Migdal-Kreuzung, Rte 90; Hauptgerichte 90–165 NIS; ⊙12–22 Uhr) Dieses Restaurant bietet „galiläisch-arabische" Küche. Die Rezepte, die Koch Zuzu Hanna im obergaliläischen Dorf Rameh von seiner Mutter lernte, kombiniert er hier mit modernen Zubereitungstechniken wie dem Sous-vide-Garen.

Die Speisen basieren auf Kräutern und Gemüse aus Galiläa sowie Rindfleisch, Lamm, Huhn, Fisch und Meeresfrüchten und wechseln je nach Jahreszeit. Platz lassen für das preisgekrönte *halawet el jeben* (Grießteig gefüllt mit süßem arabischem Käse und bestreut mit Honig und Pistazien)! Das Restaurant liegt über dem Supermarkt Dabbah; der Zugang ist auf der Rückseite.

Tibi's Steakhouse & Bar STEAKS $$$
(☎04-633-0885; www.tibis.rest.co.il; Ecke Rte 90 & Rte 8277, Vered-HaGalil-Ställe; Steaks 135–160 NIS, Pasta 59–75 NIS; ⊙8–10.30 & 12.30–22 Uhr; ☎) Das schicke Restaurant des renommierten Küchenchefs Chaim Tibi auf dem Gelände des Reiterhofs Vered HaGalil erinnert stilistisch ein bisschen an ein Schweizer Chalet. Spezialität des Hauses sind Steaks von den Golanhöhen, zudem gibt es gute vegetarische Optionen wie Salate und Pasta. Auf der ausgezeichneten Weinkarte sind einige Tröpfchen von feinen kleinen Erzeugern versammelt.

❶ An- & Weiterreise

Alle Busse (Egged und Superbus), die Tiberias mit Orten im Norden über die Rte 90 wie Safed, Rosh Pina und Kiryat Shmona verbinden, passieren Magdala (Migdal-Kreuzung; 8,20 NIS, 11 Min.), Ginosar (mit dem Antiken Boot), die Kapernaum-Kreuzung (Tzomet Kfar Nahum, einen kurzen Fußmarsch von Tabgha entfernt, aber rund 4 km westlich von Kapernaum) und die 1 km lange Zufahrtsstraße zum Berg der Seligpreisungen. Der Rama-Bus 52 (So–Fr 3- oder 4-mal tgl.), der Tiberias und Katzrin auf den Golanhöhen (14,50 NIS, 50 Min.) miteinander verbindet, fährt entlang des Nordwestufers des Sees (Rte 87) und auch durch Kapernaum (10,50 NIS, 15 Min.).

Ostufer

Das Ostufer des Sees Genezareth, an dem die Rte 92 entlang verläuft, bietet Zugang zu den größten Feuchtgebieten des Landes, verschiedenen Stränden – sowohl kostenlosen als auch solchen mit Einrichtungen – und einer bedeutenden neutestamentarischen Stätte. Die Thermalquellen von Hammat Gader liegen 10 km östlich der Südspitze des Sees.

◉ Sehenswertes

Naturschutzgebiet Majrase NATURRESERVAT
(☎ 04-679-3410; www.parks.org.il; Erw./Kind 28/14 NIS; ⊙ 8–16 oder 17 Uhr, Fr 1 Std. kürzer, letzter Einlass 1 Std. vor Schließung) Die von Quellen gespeisten Bäche und das dschungelartige Sumpfland dieses Naturschutzgebietes in der nordöstlichen Ecke des Sees Genezareth sind ein großartiger Ort für eine erfrischende „Wasserwanderung". Die **nasse Route** (es gibt auch eine 20-minütige trockene) dauert 40 bis 60 Minuten; teils steht man dabei nach Regenfällen bis zum Nacken im Wasser, das im Sommer bis zu 60 cm hoch ist. Die Lagunen in der Nähe sind gesperrt, damit sich Fische und Wasserschildkröten in Ruhe fortpflanzen können.

Vor Ort gibt es Umkleidekabinen; notwendig sind Schuhe, die für die Wasserwanderung geeignet sind. Manche Wege sind rollstuhlgerecht. Der Park liegt 2 km abseits der Rte 92 – einfach den Schildern „Daliyyot Estuary" oder „Bethsaida Valley" folgen.

Nationalpark Kursi ARCHÄOLOGISCHE STÄTTE
(☎ 04-673-1983; www.parks.org.il; Ecke Rte 92 & Rte 789; Erw./Kind 14/7 NIS; ⊙ Okt.–März 8–16 Uhr, April–Sept. bis 17 Uhr, Fr 1 Std. kürzer, letzter Einlass 30 Min. vor Schließung) Dieses nichtjüdische Fischerdorf wurde in den frühen 1970er-Jahren zufällig entdeckt und wird im Talmud als ein Ort der Götzenverehrung erwähnt. Hier soll Jesus zwei Männern Dämonen ausgetrieben und in eine Schweineherde geschickt haben (Mk 5,1-13, Lk 8,26-39). Die wunderschön erhaltenen Ruinen stammen von einem beeindruckenden byzantinischen Kloster aus dem 5. Jh.

In der Nähe des Basalttores zu den Ruinen gibt ein Audioguide in fünf Sprachen exzellente historische Hintergrundinformationen. Die gesamte Anlage ist für Rollstuhlfahrer zugänglich. Da sie Christen als heilig gilt, sollten sich Besucher angemessen kleiden (keine Badekleidung). An der Südseite des Sees Genezareth entlang liegt der Park 30 km von Tiberias entfernt, über die Schnellstraße an der Nordseite 33 km.

Aktivitäten

Hamat Gader THERMALQUELLEN
(☎ 04-665-9999; www.hamat-gader.com; Erw./Kind 107/80 NIS; ⊙ Okt.–Ende April Mo–Fr 8.30–22, Sa bis 19, So bis 17 Uhr, Ende April–Sept. Sa–Mi 8.30–17, Do & Fr bis 22, Sa bis 19 Uhr) Als eines der beliebtesten Ziele der Römer, deren beeindruckende **Badeanlage aus dem 2. Jh.** noch immer besichtigt werden kann, bietet die natürliche heiße Quelle mit einer Temperatur von 42 °C und 150 m unterhalb des Meeresspiegels eine tolle Möglichkeit, sich an kalten Wintertagen die Knochen zu wärmen. Es gibt Picknickbereiche, ein Restaurant und Imbisskioske. Spa-Anwendungen müssen normalerweise im Voraus gebucht werden. Die Anlage ist für Rollstuhlfahrer zugänglich.

Die Temperatur des Hauptaußenpools beträgt rund 37 °C – man sollte sich nicht länger als zehn Minuten darin aufhalten.

Kinder freuen sich über die frei umherstolzierenden Pfauen, die Truppe dressierter Papageien und den **Zoo** mit seinen Pavianen, Steinböcken, Straußen, Alligatoren (Fütterung gewöhnlich Mo–Fr um 13.30 Uhr) sowie den kuscheligen Kaninchen in der kühlen **Streichelecke**. Im Sommer können die Kleinen auch im **Planschbecken** herumtollen, das mit einer Wasserrutsche ausgestattet ist (geöffnet etwa Mai–Sept.).

Hamat Gader, Teil des britischen Mandatsgebiets Palästina, wurde 1948 von den Syrern besetzt – in den 1950er- und 1960er-Jahren war die Thermalquelle bei syrischen Armeeoffizieren sehr beliebt, obwohl sie in der entmilitarisierten Zone lag – und 1967 von Israel zurückerobert.

Hamat Gader liegt 9,5 km südöstlich der Samakh-Kreuzung an der Rte 98, von der aus man über einen der wichtigsten Zuflüsse des Jordans, den Jarmuk, hinüber nach Jordanien schauen kann.

🛏 Schlafen

Der grüne Moshav Ramot (www.ramot4u.co.il), 3 km den Berg hinauf von der Rte 92 und ein Favorit einheimischer Touristen, verfügt über mehrere Dutzend gehobener *tzimmerim* (B&Bs); Details liefert die Website (auf Hebräisch). In den Dörfern der Golanhöhen in der Nähe gibt's weitere B&Bs, z. B. in Giv'at Yoav.

★ Genghis Khan in the Golan HOSTEL $$
(📞 052 371-5687; www.gkhan.co.il; Giv'at Yoav; B/Zelt für 6 Pers. 100/750 NIS, Bettwäsche & Handtuch 20 NIS pro Aufenthalt) Die Gastgeber Sara und Bentzi Zafrir sorgen für ein sehr herzliches Willkommen und fantastisches individuelles Urlaubsflair. Inspiriert von den Jurten *(gers)* der mongolischen Nomaden haben sie fünf durch unterschiedliche Farben gekennzeichnete Jurten entworfen und von Hand hergestellt. Darin können jeweils zehn Gäste auf komfortablen Schaumstoffmatratzen übernachten. Leistungsfähige Klimaanlagen sorgen dafür, dass es im Sommer kühl und im Winter warm ist.

Die Bäder liegen jeweils direkt vor jeder Jurte. In der Küche sind die Pfannen, Teller und Kühlschrankfächer – genau wie die Zelte – farblich gekennzeichnet, und die Gäste können mit frischem Thymian, frischem Zitronengras und frischer Minze aus dem Kräutergarten (einer Reihe recycelter Reifen) kochen. Einige Wanderwege führen hier vorbei.

Das Hostel befindet sich am Westhang der Golanhöhen 13 km südöstlich der Kursi-(Kursy-) Kreuzung (der Kreuzung von Rte 92 & 789). Bus 51 fährt zwischen Giv'at Yoav und Tiberias (35 Min., So–Do 8-mal tgl., Fr 6-mal, 1-mal Sa abends); Sara holt die Gäste gern an der Haltestelle ab.

Ein Gev Holiday Resort HOTEL $$$
(📞 04-665-9800; www.eingev.com; Kibbuz Ein Gev, Rte 92; DZ 185–200 US$; @🅿) Von 1948 bis 1967, als die Ostküste des Sees Genezareth größtenteils von Syrien kontrolliert wurde, war der Kibbuz Ein Gev nur mit dem Boot zu erreichen. Heute gibt es hier Bananen-, Zitrus-, Dattel-, Avocado-, Mango- und Litschi-Plantagen, einen Kuhstall und dieses wunderbare Hotel mit 178 Zimmern, das sich mit dem einzigen natürlichen Sandstrand des Sees brüsten kann. Zur Auswahl stehen u. a. sonnige Familienunterkünfte am Strand (268–308 US$) und romantische „Seezimmer" nur für Paare (890–1330 NIS); 30 Zimmer wurden 2017 komplett renoviert. Das Hotel befindet sich rund 1,5 km südlich entlang der Rte 92 von der Zufahrtsstraße zum Kibbuz Ein Gev und dem Hafenviertel.

Setai Sea of Galilee DESIGNHOTEL $$$
(📞 04-843-2222; www.thesetaihotel.co.il; Tze'elon Beach, Rte 92; DZ ab 460 US$; 🅿🏊) Dieser Luxusschuppen erfreut sich einer wundervollen Lage nur einen Katzensprung vom See entfernt. Wer sich nicht gerade im Infinity Pool räkelt oder sich im Wellnessbereich verwöhnen lässt, kann sich im Lounge-Restaurant ein vegetarisches Mittagessen oder im schicken modernen Restaurant, das auch in Miami Beach stehen könnte, wo die Setai-Kette ihren Hauptsitz hat, ein Abendmahl gönnen. Die Anlage verfügt über 110 riesige Zimmer (mind. 46 m²); 43 Villen mit jeweils eigenem Pool befinden sich gerade im Bau.

🍴 Essen

Im Moshav Ramot gibt's mehrere nette Restaurants. Weitere Lokale, darunter ein berühmtes Fischrestaurant, befinden sich am Hafen von Ein Gev.

Moshbutz STEAK $$
(📞 04-679-5095; www.moshbutz.com; Dalyot St, Moshav Ramot; Hauptgerichte 68–159 NIS, Kindermenü 49 NIS; ⊙ So–Mi 13–21, Do–Sa 12–22 Uhr) Das heimelige Fleischrestaurant ist berühmt für seine fabelhaften Steaks von Rindern von den Golanhöhen, seine saftigen Burger und kreativen Salate sowie für Vorspeisen wie gegrillte Aubergine mit würzigem Ziegenmilchjoghurt oder französische Zwiebelsuppe. Dazu gibt's edle Weine von den Golanhöhen, Bier von Mikrobrauereien, charmanten Service und tolle Ausblicke hinab zum See Genezareth. Es ist äußerst ratsam zu reservieren.

Vom Tor zum Moshav nimmt man die dritte Abzweigung rechts.

ℹ An- & Weiterreise

Der Rama-Bus 52 verbindet Tiberias mit Katzrin und kommt auf der Fahrt am Südwest- und Ostufer des Sees entlang auch an Ein Gev und dem Kursi-Nationalpark vorbei.

Südwestufer

Das Südwestufer des Sees Genezareth ist mit kostenlosen öffentlichen Stränden, einer Reihe von interessanten Stätten im Zusammenhang mit den frühen zionistischen Pionieren – hier nahm die Kibbuz-Bewegung ihren Anfang – und der sehr beliebten Taufstätte Yardenit gesegnet. Die Orte in diesem Abschnitt sind von Norden nach Süden aufgeführt.

Sehenswertes

Kinneret-Friedhof FRIEDHOF
(Rte 90; ⏱ 24 Std.) Dieser schattige, ruhige und üppig grüne Friedhof am See wurde 1911 angelegt und ist die letzte Ruhestätte einiger sozialistischer Pioniere des Zionismus, wie etwa **Berl Katznelson** (1887–1944), bekannt als Mittelpunkt einer berühmten Dreiecksbeziehung (rechts und links von ihm liegen die Gräber seiner ersten und zweiten Frau), und **Shmuel Yavnieli** (1884–1961), der sich dafür einsetzte, jemenitische Juden nach Israel zu bringen. Der Friedhof liegt 9 km südlich von Tiberias, 300 m südlich der Kinneret-Kreuzung.

Auch die hebräische Dichterin **Rachel** (Rachel Bluwstein; 1890–1931) liegt hier begraben. In einem Edelstahlbehälter an ihrem Grab befinden sich Bücher mit ihren äußerst beliebten Gedichten, von denen viele auch vertont wurden. Seit Ende 2014 ziert sie die 20-NIS-Banknote der Israelischen Zentralbank.

Im Frühjahr 1917 vertrieben die Osmanen die gesamte jüdische Bevölkerung von Tel Aviv und Jaffa. Von den 2000 Flüchtlingen, die in Galiläa Zuflucht fanden, starben 430, zehn von ihnen liegen hier begraben. Mit einem anonymen Grabsteinen und einer 2003 errichteten Steintafel mit ihren Namen wird an sie erinnert.

Taufstätte Yardenit RELIGIÖSE STÄTTE
(☎ 04-675-9111; www.yardenit.com; Kibbuz Kinneret; ⏱ 8–18 Uhr, Dez.–Feb. bis 17 Uhr, Fr bis 16 Uhr) GRATIS Diese ausgesprochen populäre Taufstätte unter Eukalyptusbäumen, die vom Kibbuz Kinneret betrieben wird, liegt 100 m südlich der Stelle, an der der Jordan den See Genezareth verlässt. Christliche Pilger strömen hierher, um sich in weißen Gewändern (selbst mitbringen oder leihen/kaufen für 10/25 US$, inkl. Handtuch und Urkunde) taufen zu lassen. Vor Ort gibt es Umkleidekabinen (2 NIS).

An der gesamten Stätte wird auf Tafeln aus armenischen Fliesen, die Christen aus aller Welt gespendet haben, in 102 Sprachen – und es werden immer mehr – aus dem Markus-Evangelium (Mk 1,9–11) die Stelle mit der Taufe Jesu zitiert. Bei den pelzigen Nagetieren, die im fischreichen Jordan herumschwimmen, handelt es sich übrigens um aus Südamerika stammende Biberratten *(coypus)*. Es gibt ein täglich geöffnetes Restaurant.

Yardenit liegt 10 km südlich von Tiberias und 200 m westlich der Rte 90. Es befindet sich außerdem 1 km nordwestlich vom **Kibbuz Degania Alef** (http://degania.org.il), dem ersten Kibbuz überhaupt, gegründet 1910.

Bet Gabriel BEMERKENSWERTES GEBÄUDE
(☎ Anschluss 3, 04-675-1175; www.betgabriel.co.il; Rte 92) GRATIS Dieses Kulturzentrum am See – eines der schönsten Gebäude Israels – wurde 1993 erbaut und ist für seine Kunstausstellungen, sein Kino mit den neuesten Filmen und zwei Sälen, für Pop- und Klassikkonzerte, ein Bagel-Café (Fr Abend und Sa geschl.) und traumhafte Seeblicke bekannt. Im November 1994 diente es als Veranstaltungsort für die Feierlichkeiten zur Bekräftigung des Friedensvertrags zwischen Israel und Jordanien. Bet Gabriel liegt an der Südspitze des Sees Genezareth, 300 m östlich der Samakh-Kreuzung.

Im **Friedenssaal** (kostenlose Führungen sind vorab telefonisch zu arrangieren) sind die rot-weiße Kufiya („Palästinensertuch") von König Hussein und ein Schwert zu sehen, das Jassir Arafat Schimon Peres überreichte.

Schlafen

HI – Poriya Sea of Galilee Guesthouse & Hostel HOSTEL $$
(☎ 02-594-5720; www.iyha.org.il; B 27 US$, DZ 430–500 NIS, zusätzl. Erw./Kind 140/120 NIS; @ 🖥) Auf einem Berghang hoch über dem See Genezareth gelegen, bietet der nette Poriya- (Poria-) Campus eine Lobby mit gläsernen Wänden und einer spektakulären Aussicht, 58 eher spartanische Zimmer und die Nähe zum sogenannten Schweizer Wald. Die Schlafsäle haben sechs Betten. Es werden auch Holzhütten mit Ziegeldächern angeboten. Freitags und samstags und manchmal auch an anderen Tagen wird Abendessen (Erw./Kind 83/61 NIS) serviert. Das Hostel liegt 9 km südlich von Tiberias; von der Rte

90 geht's 4 km lang die Rte 7877 steil hinauf. Keine öffentlichen Verkehrsmittel.

 Essen

An der Südspitze des Sees Genezareth befinden sich im Einkaufszentrum unmittelbar südwestlich des Kreisverkehrs, an dem die Rte 90 und die Rte 92 zusammentreffen, einige teils auch am Sabbat geöffnete Cafés und Imbisse.

 An- & Weiterreise

Die Rte 90 zwischen Tiberias und der Samakh-Kreuzung (am südlichen Zipfel des Sees Genezareth; 30 Min.) wird von den Superbus-Bussen 26 und 28, allen Bussen auf der Strecke Tiberias–Beit She'an und dem Rama-Bus 57 angefahren, der weiter am Ostufer des Sees entlang und schließlich nordöstlich nach Katzrin auf den Golanhöhen verkehrt.

Obergaliläa & Golan
הגליל העליון רמת הגולן
الجليل الاولى هضبة الجولان

Inhalt

Safed (Tsfat) 253
Rund um den
Berg Meron 262
Rosh Pina 266
Hulatal 268
Galiläischer Finger 270
Golanhöhen 274
Katzrin 274
Südlicher Golan 276
Mittlerer Golan 278
Nördlicher Golan 280

Gut essen

➡ Dag Al-HaDan (S. 271)
➡ HaAri 8 (S. 262)
➡ Shiri Bistro & Wine Bar (S. 267)
➡ Lishansky Since 1936 (S. 273)
➡ Meatshos (S. 276)

Schön übernachten

➡ Villa Tehila (S. 267)
➡ Lishansky Since 1936 (S. 273)
➡ Ohn-Bar Guesthouse (S. 264)
➡ Golan Heights Hostel (S. 280)

Auf nach Obergaliläa & zum Golan!

Die üppig-grünen Hügel von Obergaliläa, dem Gebiet nördlich der Rte 85, und die rauen Ebenen und Gipfel der Golanhöhen halten für Körper und Seele unglaublich viele Erlebnisse und für Magen und Geist viel Nahrung bereit. Einheimische Touristen strömen in dieses Gebiet – den einen steht der Sinn nach luxuriösen *zimmerim* (B&Bs), Edel-Weingütern und ländlichen Gourmetrestaurants, den anderen nach tollen Wander-, Rad- und Reittouren durch Wiesen, nach Wildwasserrafting und sogar nach Skifahren. Die Region hat aber noch viel mehr zu bieten, z. B. die im Frühling überwältigende Blütenpracht, erstklassige Möglichkeiten zur Vogelbeobachtung oder den spirituellen Zauber Safeds, dem seit fünf Jahrhunderten wichtigsten Zentrum der Kabbala (jüdischen Mystik). Die ganze Region mit ihren im Sommer erfrischend kühlen Bergen ist nur eine kurze Autofahrt von den christlichen Stätten und den Stränden am See Genezareth entfernt.

Reisezeit
Safed (Tsfat)

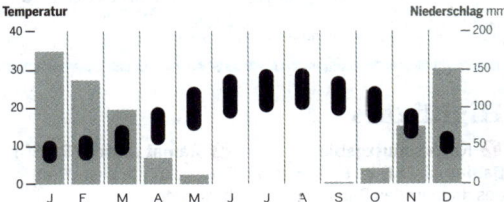

Dez.–März Falls genug Schnee liegt, kann man auf dem Hermon Ski fahren.

Jan.–Okt. Abenteuerkajak- und Raftingtrips auf dem Jordan.

Feb.–Aug. Als erste blühen die Frühlingsblumen im Hulatal, als letzte die auf dem Hermon.

Highlights

① **Naturschutzgebiet Banias** (S. 281) Im Sprühnebel des donnernden Banias-Wasserfalls Abkühlung finden

② **Safed** (S. 253) Im Synagogenviertel in Mystik und uralte Geschichten eintauchen

③ **Berg Hermon** (S. 283) In 2040 m Höhe kühle Bergluft schnuppern

④ **Ramat Dalton** (S. 266) Preisgekrönte Weingüter besuchen

⑤ **Naturschutzgebiet Yehudiya** (S. 277) Auf Schusters Rappen Schluchten, Klippen und Wasserfälle erkunden

⑥ **Agamon HaHula** (S. 268) Vom Safariwagen aus Kraniche ganz aus der Nähe beobachten

⑦ **Rosh Pina** (S. 267) In einem Luxus-B&B in einem alten Steinhaus voller Blumen nächtigen

⑧ **Merom Golan** (S. 279) Mit einem echten israelischen Cowboy auf einen Vulkan reiten

❶ An- & Weiterreise

Die Region lässt sich am besten mit dem Auto erkunden. Die Entfernungen sind recht kurz, und es fahren nur ein paar Busse pro Tag zu den vielen hübschen Dörfern und Naturschutzgebieten. Es gibt eine Autovermietung, **Eldan** (☏ 04-690-3186; www.eldan.co.il; 4 Sinai St), in Kiryat Shmona, aber man mietet besser einen Wagen in Tiberias, Haifa, Tel Aviv oder Jerusalem.

Der größte Busverkehrsknotenpunkt ist Kiryat Shmona.

OBERGALILÄA

In der bergigen Region nördlich der Rte 85 treffen Besucher auf jüdische Mystiker (in Safed), Käse- und Weinproduzenten (auf dem Dalton-Plateau), Tel Aviver Hipster (in Rosh Pina) und Vogelbeobachter (im Hulatal). Die von West nach Ost verlaufende Rte 85 bringt einen in nur 50 Minuten von Akko zum See Genezareth.

Safed (Tsfat) צפת صفد

☏ 04 / 33 350 EW. / 900 M

Das himmlische Safed (Tsfat, Zefat) liegt auf einem Berg – ideal, um ein oder zwei Tage die Seele baumeln zu lassen. Seit dem 16. Jh. ist Safed ein Zentrum der Kabbala, und es beherbergt heute eine Mischung aus chassidischen Juden und gläubigen, aber milder gesinnten ehemaligen Hippies – darunter auch viele Einwanderer aus den USA, die sich seit den 1960er-Jahren auf die Suche nach Spiritualität und Transzendenz dem Mystizismus zugewandt haben.

Die Altstadt ist ein Labyrinth aus kopfsteingepflasterten Gassen und steilen Steintreppen. Man kommt vorbei an uralten Synagogen, verfallenen Steinhäusern mit türkisfarbenen Türen, Kunstgalerien, Künstlerateliers und Jiddisch sprechenden kleinen Jungen mit schwarzen Kaftanen und Melonen. In Teilen wirkt Safed wie ein *schtetl* aus Meleke (weißem Kalkstein), aber die vielen Leute auf der Suche nach Mystik und Spiritualität sorgen für Boheme-Atmosphäre.

Geschichte

Safed entstand zur Zeit der Römer und wurde zu Beginn des Großen Jüdischen Krieges (66–70 n. Chr.) von Joseph ben Mathitjahu (später als Flavius Josephus bekannt), dem Kommandanten der jüdischen Streitkräfte in Galiläa, befestigt. Im Jerusalemer Talmud wird Safed als eine der Bergstationen erwähnt, über die mit Signalfeuern die Sichtung des aufgehenden Neumonds in Jerusalem gemeldet wurde.

Die Kreuzfahrer unter Fulko von Anjou errichteten hier eine große Burg, um die Straße nach Damaskus zu kontrollieren. Sie wurde später (1188) von Saladin eingenommen, unter den Ayyubiden (1220) geschleift, von den Tempelrittern (1240) erneuert und unter der Herrschaft des Mameluckensultans Baibars (nach 1266) ausgebaut.

Während des späten 15. und des 16. Jhs. wuchs die Zahl und Bedeutung der jüdischen Bevölkerung in Safed durch einen Zufluss von sephardischen Juden, die 1492 aus Spanien vertrieben worden waren. Zu den Neuankömmlingen zählten auch ein paar der bedeutendsten Kabbalisten der Welt. In jener Zeit war Safed ein wichtiger Halt auf der Handelsroute von Akko nach Damaskus und berühmt für seine Textilherstellung. 1576 wurde in Safed die erste hebräische Druckerei mit der ersten Druckerpresse im gesamten Nahen Osten gegründet.

Im späten 18. Jh. erlebte Safed einen Zuwachs von Chassidim sowie ihrer litauischen Rivalen aus dem Russischen Reich.

Die Pest dezimierte in den Jahren 1742, 1812 und 1847 die Bevölkerung Safeds stark. Zudem zerstörten 1759 und 1837 Erdbeben die Stadt. Bei dem Beben von 1837 kamen Tausende ums Leben, und fast alle Gebäude wurden dem Erdboden gleichgemacht.

1929 kamen bei antizionistischen Unruhen 18 Juden ums Leben und viele Juden flohen. Diejenigen, die zurückblieben, organisierten Selbstverteidigungseinheiten und befestigten das jüdische Viertel. 1948 übergaben die abziehenden Briten die strategisch günstig gelegene Stadt an die arabischen Truppen, aber nach einem zähen Kampf setzten sich die israelischen Streitkräfte durch, woraufhin die arabische Bevölkerung aus Safed floh – darunter auch der damals 13-jährige Mahmud Abbas, der 2005 Präsident der Palästinensischen Autonomiebehörde wurde.

◉ Sehenswertes

◉ Synagogenviertel

Safeds altes jüdisches Viertel erstreckt sich vom Kikar HaMaginim (Platz der Verteidiger) von 1777 bergab. Von hier aus sind alle historischen Kabbalisten-Synagogen Safeds zu Fuß erreichbar (wenn man nicht die Orientierung verliert). Wer nur wenig Zeit hat, sollte sich auf jeden Fall die Ha'ari-Synagoge

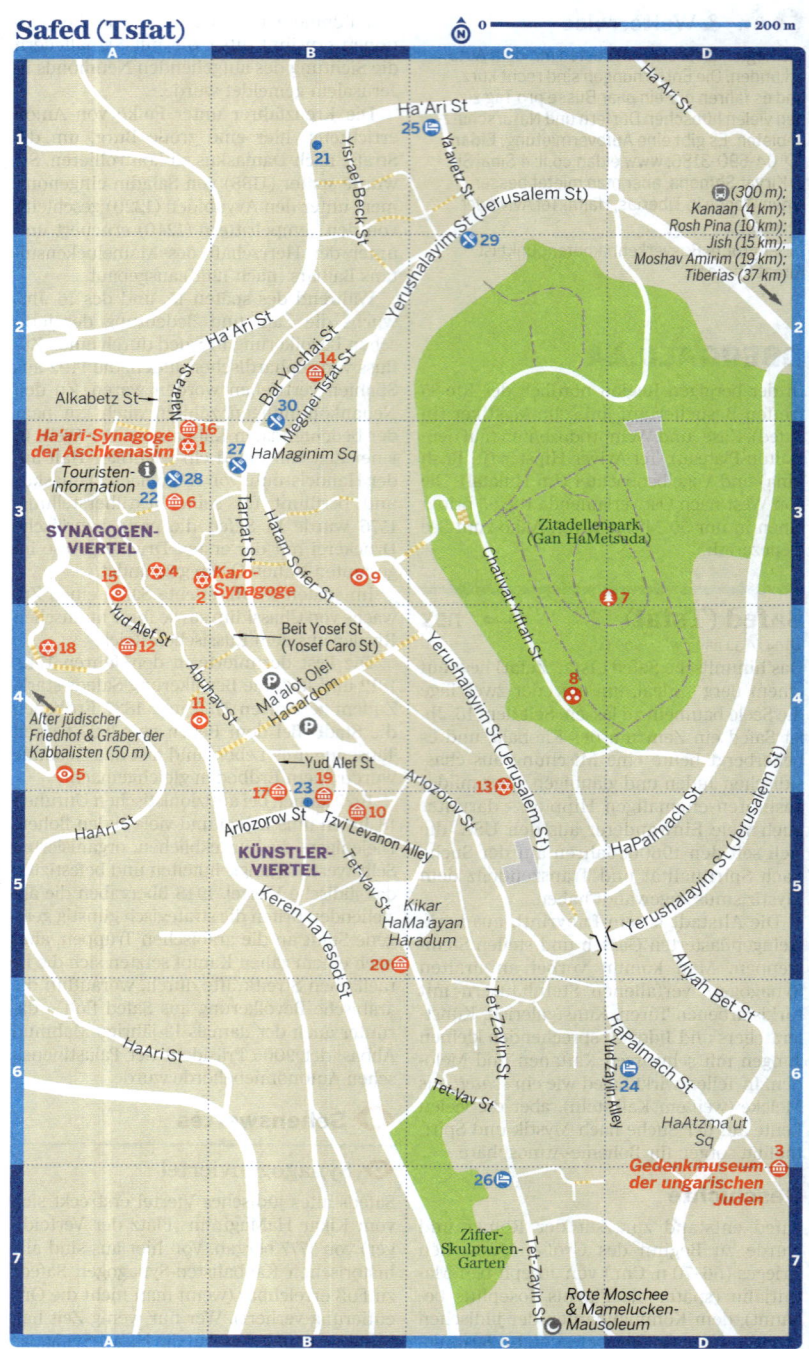

Safed (Tsfat)

◎ Highlights
1 Ha'ari-Synagoge der Aschkenasim A3
2 Karo-Synagoge A3
3 Gedenkmuseum der ungarischen
　　Juden D7

◎ Sehenswertes
4 Aboab-Synagoge A3
5 Mikwe des Ari A4
6 Canaan Gallery und
　　Fig Tree Courtyard A3
7 Zitadellenpark D3
8 Zitadellenruinen & Zisterne C4
9 Davidka-Denkmal B3
10 General Safed Exhibition B5
11 Käserei HaMeiri A4
12 HaMeiri-Museum A4
13 House of Love & Prayer C4
14 Kabbalah Art B2
15 Käserei Kadosh A3
16 Safed Candles Gallery A3
17 Safed Craft Pottery B5
18 Ha'ari-Synagoge der Sepharcim A4
19 Sheva Chaya Glassblowing Gallery B5
20 Tzfat Gallery of Mystical Art B5

◎ Aktivitäten, Kurse & Touren
21 Ascent Institute of Safed B1
22 Livnot U'Lehibanot A3
23 Path of the Heart B5
　　Tzfat Kabbalah Center .... (s. 6)

◎ Schlafen
24 Artist Quarter Guest House D6
25 Carmel Hotel C1
26 Ruth Rimonim C7

◎ Essen
27 Elements Cafe B3
　　HaAri 8 .... (s. 25)
28 Lahuhe Original Yemenite Food
　　Bar A3
29 Supermarkt Rav-Hesed C2
30 Tree of Life Vegetarian Cafe B3

---

der Aschkenasim und die Karo-Synagoge anschauen. Die Hauptstraße, Alkabetz St und Beit Yosef St genannt, ist gesäumt von Galerien voller jüdischer Kunst.

Die Synagogen sind nur unregelmäßig geöffnet, vor allem im Winter. Auch unangekündigte Schließungen (z. B. für Bar-Mizwas am Montag- und Dienstagmorgen) sind nicht unüblich. Besucher sollten angemessen gekleidet sein (keine Shorts oder nackten Schultern); für Männer werden Kopfbedeckungen (Kippot) ausgeteilt (ein Hut tut's aber auch). Hausmeister erwarten eine kleine Spende (5 NIS). Am Sabbat und an jüdischen Feiertagen sind Synagogen für Touristen tabu.

★ Ha'ari-Synagoge der Aschkenasim
SYNAGOGE

(Najara St; ⊙ etwa So–Do 9.30–19, Fr bis 13 Uhr, während der Gebetszeiten geschl.) Die im 16. Jh. von sephardischen Juden aus Griechenland gegründete, altehrwürdige Synagoge sieht noch fast genauso aus wie vor 150 Jahren. Sie steht an der Stelle, an der der Überlieferung zufolge der große Kabbalist Isaak Luria (1534–1572) – oft unter seinem ehrenvollen Beinamen Ari bekannt – den Sabbat verkündete. Seit dem 18. Jh. dient die Synagoge der Gemeinde der chassidischen Aschkenasim Safeds – daher der Name. Übrigens hatte der in Jerusalem geborene Ari eine sephardische Mutter und einen aschkenasischen Vater.

Die Synagoge wurde 1837 bei einem Erdbeben zerstört und in den 1850er-Jahren wieder aufgebaut. Der Löwe oben auf dem von der Mitte des 19. Jhs. stammenden und nach galizischer Tradition prächtig mit Schnitzereien und Bemalung verzierten Thoraschrein hat ein menschliches Antlitz, von dem die Gläubigen meinen, es stelle möglicherweise den Ari (das hebräische Wort *ari* bedeutet „Löwe") dar.

Safed Candles Gallery
GALERIE

(☏ 04-682-2068; Najara St; ⊙ So–Do 9.30–18.30, Fr bis 12.30, im Sommer Fr bis 13.30 Uhr) Wer schon immer mal wissen wollte, wie die Sabbat-, Hawdala- und Chanukka-Kerzen hergestellt und verziert werden, kann hier einer versierten Kerzenmacherin bei der Arbeit zusehen: Sie ist sonntags bis donnerstags oft bis 16 Uhr hier. Weitere Highlights sind die weltgrößte geflochtene Hawdala-Kerze (180 Stränge!) und einige Meisterwerke des Kitsches: David hält den abgeschlagenen Kopf Goliaths in die Höhe, Samson kämpft mit den Philistern; auf einem Schachbrett stehen sich bekannte Chassidim ebenso bekannten Litwaks (Misnagdim) gegenüber. Das Kerzen-Imperium liegt 50 m von der Ha'ari-Synagoge der Aschkenasim an einer kleinen Straße.

★ Karo-Synagoge
SYNAGOGE

(☏ 04-692-3284, Eyal 050 855-0452; Beit Yosef St; Spende 5 NIS; ⊙ So–Do 9–17 oder 18 Uhr, im Winter 1 Std. kürzer, Fr 9–12 Uhr) Die mit orientalischen Bögen, von der Decke hängenden Lampen

> **INSIDERWISSEN**
>
> ### SABBAT IN SAFED
>
> Am Sabbat (von Freitagabend bis Samstag zum Sonnenuntergang) kommt alles zum Erliegen. Das ist zwar nicht gerade praktisch, wenn man essen gehen will. Aber weil auch die Straßen wie leergefegt sind, herrscht eine meditative, spirituelle Sabbat-Atmosphäre, und aus den versteckten Synagogen und den Esszimmern ertönt fröhliche chassidische Musik. Man sollte fromme Juden am Sabbat oder an Feiertagen nicht fotografieren.
>
> Das **House of Love & Prayer** (☎054 804-8602; www.carlebach.intzfat.info/en; 72 Yerushalayim St, unter Bank HaPoalim) veranstaltet Gebetsgesänge in der spirituellen Tradition von Rabbi Schlomo Carlebach – wer am Sabbat beten möchte, ist herzlich willkommen –, und einige chassidische Gruppen halten *farbrengen* (fröhliche Zusammenkunft der Gemeinde) ab.

und Regalen voller religiöser Texte ausgestattete Synagoge wie auch die Straße, an der sie steht, tragen den Namen des in Toledo geborenen Rabbis Josef Karo (1488–1575), des Verfassers des *Schulchan Aruch*, der maßgebenden Auslegung der Thora. Die Synagoge wurde im 16. Jh. als Studierhaus gegründet, nach den Erdbeben von 1759 und 1837 wiederaufgebaut und dann 1903 erneuert.

Im 16. Jh. war Karo als Leiter des Rabbinatsgerichts von Safed die angesehenste rabbinische Autorität nicht nur in Palästina, sondern auch in vielen Teilen der jüdischen Diaspora. Der Legende nach offenbarte ein Engel Karo in dem Haus unterhalb der Synagoge die Geheimnisse der Kabbala. Rechts neben dem Thoraschrein hängen in einem der Fenster die Überreste einer Katjuscha-Rakete aus dem Libanon, die 2006 unmittelbar vor dem Gebäude einschlug.

Aboab-Synagoge SYNAGOGE
(☎04-692-3885; Abuhav St; ⊙gewöhnlich So–Do 9–17, Fr bis 12 Uhr) Die nach dem spanischen Rabbi Isaak Aboab (15. Jh.) benannte Synagoge wurde im 16. Jh. gegründet und nach dem Erdbeben von 1759 an ihren jetzigen Standort verlegt. Der aufwendig mit Reliefs geschmückte Hof wurde im späten 20. Jh. restauriert und wird heute oft für Hochzeiten genutzt.

Im Gebäude symbolisieren die vier zentralen Pfeiler die vier Elemente (Erde, Luft, Wasser und Feuer), aus denen nach Ansicht der Kabbalisten (und der alten Griechen wie Aristoteles) die gesamte Schöpfung besteht. Die ovale Kuppel besitzt entsprechend der Zahl der zehn Gebote zehn Fenster. Außerdem befinden sich hier symbolische Darstellungen der zwölf Stämme Israels, Abbildungen der im Tempel verwendeten Musikinstrumente, von Granatapfelbäumen (die Zahl der Samen in Granatäpfeln soll angeblich genau 613 betragen, so viele, wie es Gebote im Judentum gibt) und eine Darstellung des Felsendoms zur Erinnerung an den Tempel von Jerusalem.

Käserei Kadosh KÄSEREI
(Kadosh Cheese; ☎04-692-0326; 34 Yud Alef St; ⊙So–Do 8–20, Fr 8 Uhr bis 1 Std. vor Sonnenuntergang) Die Kleinkäserei wird seit sieben Generationen von der Familie Kadosh betrieben und produziert in kleiner Anzahl köstlichen, säuerlich-salzigen Gvina Tzfatit (sechs Monate gereiften Safed-Käse) sowie eine Reihe anderer Käsesorten, darunter auch Blauschimmelkäse, *kaschkaval* (halbharter gelber Käse aus Schafsmilch) und Pecorino. Außerdem im Programm: hausgemachte Eiscreme. Man kann auch bei der Käseherstellung zuschauen (So, Di & Do 8–15 Uhr). Vom Synagogenviertel bergab der Ausschilderung *Safed Cheeze* oder *Zefat Cheeze* folgen.

Die Käserei verkauft außerdem Halva aus Honig, gefüllte Weinblätter und Weine aus der Region. Die Käseplatte mit zehn Sorten und Brot für 50 NIS kann eine Mahlzeit ersetzen.

Ha'ari-Synagoge der Sephardim SYNAGOGE
(Synagoge Ha'Ary Sefaradi; Ha'Ari St; ⊙So–Mi ca. 12.15–17, Do bis 15 oder 16 Uhr, Fr geschl.) Safeds älteste Synagoge (sie wird schon in Dokumenten von 1522 erwähnt) wurde bereits von Ari, dem großen Kabbalisten des 16. Jhs., besucht, der sich vom Panoramablick auf den Meron und auf das Grabmal des Schimon ben Jochai inspirieren ließ. In dem kleinen, mit Kerzen erleuchteten Raum links der erhöhten *bima* (Plattform) soll er zusammen mit dem Propheten Elija mystische Texte studiert haben. Das heutige Gebäude wurde teilweise nach dem Erdbeben von 1837 wiederaufgebaut.

HaMeiri-Museum MUSEUM
(☎04-697-1307; 158 Keren Ha-Yesod St; Erw./Kind 20/13 NIS; ⊙So–Do 8.30–14.30, Fr bis

13.30 Uhr) Das Museum befindet sich in einem 150 Jahre alten Gebäude, in dem einst Safeds Rabbinatsgericht seinen Sitz hatte. Es illustriert den jüdischen Alltag in Safed während des 19. und frühen 20. Jhs. Ausgestellt sind u. a. einzigartige Haushaltsgegenstände und jüdische Ritualobjekte, die von einheimischen Blechschmieden aus leeren Petroleumkanistern gefertigt wurden (teilweise tragen sie sogar noch das Shell-Logo). Man gelangt dorthin, wenn man die Treppe des Ma'a lot Olei Ha Gardom bis nach unten nimmt und dann rechts abbiegt.

Im Obergeschoss kann man sich anschauen, wie eine Familie mit sechs Kindern in einer Ein-Zimmer-Wohnung gehaust hat: In dem einzigen Bett durfte die Mutter schlafen, die Dusche besteht aus einem aufgehängten Eimer aus altem Blech mit einem unten angeschweißten Duschkopf.

Besucher werden gebeten, darauf zu achten, mit ihren Rucksäcken nichts umzureißen. Beschilderung auf Englisch.

Käserei HaMeiri   KÄSEREI
(04-692-1431, Yaniv 052 372-1609; www.hameiri-cheese.co.il; Keren HaYesod St; So–Do 11–15, Fr bis 13.30 Uhr) Die kleine Käserei wird seit sechs Generationen von derselben Familie betrieben. Jedes Jahr werden hier rund 80 000 l Schafsmilch zu leckerem Käse verarbeitet – von weichem, cremigem bulgarischen Käse (ein ganzes Jahr gereift) bis hin zu Gvina-Tzfatit-Käse, der härter, salziger und schafsmilchhaltiger ist als der im Supermarkt. Beide Käsesorten werden auch am winzigen Feinkostschalter verkauft.

Künstlerviertel

Das Viertel südlich der Ma'alot-Olei-Ha-Gardom-Treppe war das arabische Viertel Safeds, was man an den Minaretten erkennen kann. Nach dem Krieg von 1948 wurde die Gegend zur Künstlerkolonie umgestaltet. Um das Ganze anzukurbeln, versprach der Staat jedem Künstler, der sich bereit erklärte, mindestens 180 Tage im Jahr in Safed zu leben, kostenlos ein Haus und ein Atelier zur Verfügung zu stellen.

In den 1950er- und 1960er-Jahren eröffneten einige der berühmtesten Maler Israels (darunter Mosche Kastel, Jitzchak Frenkel, Schimschon Holtzman, Arieh Merzer und Menachem Schemi) Ateliers in Safed und stellten ihre Werke aus. Inspirieren ließen sie sich von der atemberaubenden Landschaft und mystischen Traditionen der Stadt. Kunstliebhaber flüchteten vor der Hitze Tel Avivs und verbrachten ihren Sommerurlaub in den etlichen Hotels der Stadt.

Die meisten Galerien und Ateliers im Künstlerviertel sind für Besucher zugänglich; viele Künstler sprechen gerne über ihre Arbeit und verkaufen ihre Werke auch.

Alter jüdischer Friedhof

Das Durcheinander der unkrautüberwucherten und steinübersäten sonnenverbrannten Gräber unterhalb des Synagogenviertels mag nicht verlockend wirken, aber für Anhänger der jüdischen Mystik ist der Friedhof am Hang mit den Gräbern der großen Kabbalisten des 16. Jhs. ein ganz außergewöhnlicher Ort, weil sie hier mithilfe von Gebeten und Meditation den göttlichen Funken spüren können. Ein Bummel über den Friedhof ist zu jeder Zeit eine etwas wundersame Erfahrung. Besonders mystisch erscheint er jedoch am frühen Abend, wenn er ins Flackern der Grablichter getaucht ist und oft auch Gebete und Psalmklänge durch die Luft hallen.

Die Grabsteine von allen auch nur ansatzweise berühmten Kabbalisten, die hier begraben liegen, wurden in „Safed-Blau" angemalt. Der hellblaue Farbton soll die hier vorübergehenden Leute daran erinnern, dass die spirituelle Rolle der Kabbalisten darin besteht, Himmel und Erde zu verbinden.

Damit die betenden frommen Männer nicht von unreinen Gedanken heimgesucht werden, gibt es für Frauen teils separate Gebetsbereiche, auf die Schilder in hebräischer Sprache hinweisen. Wie in jeder heiligen Stätte sollten sich Besucher angemessen kleiden.

Mikwe des Ari   RELIGIÖSE STÄTTE
(abseits der Ha'Ari St; 24 Std.) Auf dem Schild am Tor steht fettgedruckt auf Hebräisch: „Zutritt nur für Männer". Das hat hier aber nichts mit Frauenfeindlichkeit zu tun, sondern ist der Tatsache geschuldet, dass drinnen nackte Männer ein rituell reinigendes Bad im kühlen Wasser einer natürlichen Quelle nehmen. Einigen Überlieferungstraditionen zufolge wurde die Mikwe einst vom Ari genutzt; heute erfreut sie sich besonders bei den Brazlawer Chassidim großer Beliebtheit.

Gräber der Kabbalisten   FRIEDHOF
(abseits der Ha'Ari St; 24 Std.) Die Grabstätten vieler der größten Gelehrten und Kabbalisten Safeds liegen auf dem alten jüdischen Friedhof ungefähr ein Drittel des Weges bergab, gleich unter einer einsamen Kiefer. Hier laufen die zweispurigen Wege zusam-

SAFEDS KUNSTGALERIEN

Safed dient israelischen Künstlern seit den 1950ern als Refugium und Inspiration. Kein Wunder, dass hier eine der größten Ansammlungen von Ateliers und Galerien in Israel entstanden ist. So ist es (neben Jerusalem) der beste Ort im Land, um Judaika zu kaufen. Man findet erstaunliche Originale, kommerziellen Kitsch und alles dazwischen. Fast alle Arbeiten – Menorot, Mesusot, illuminierte hebräische Manuskripte, Schmuck, Werke aus Glas, kurvenreiche moderne Skulpturen, Ölgemälde – sind einfallsreich und schön bunt. Die meisten sind auch gemäß der mystisch-chassidischen Tradition fröhlich.

Im Synagogenviertel findet man Dutzende Galerien an der Alkabetz St, die von der Ha'ari-Synagoge der Aschkenasim südwärts verläuft und weiter südlich Beit Yosef St (Josef Caro St) heißt. Weitere Galerien und Ateliers verstecken sich im Künstlerviertel in den Gassen rund um die General Exhibition, z. B. in der Tet-Vav St.

Die folgenden Galerien sind von Nord nach Süd aufgeführt.

Kabbalah Art (054 202-7832; www.kosmic-kabbalah.com; 38 Bar Yochai St, Synagogenviertel; So–Do 9–19 Uhr, Fr bis 2 Std. vor Sonnenuntergang) Die Kunst des in Denver geborenen David Friedman nutzt die Mysterien des hebräischen Alphabets, kabbalistische Symbole wie den Lebensbaum und die Universalsprache der Farben und der Geometrie, um tolle visuelle Darstellungen der Kabbala zu schaffen. David gibt Gästen gern eine kurze Einführung in die Kabbala. Die Galerie liegt rund 150 m nordwestlich vom HaMaginim-Platz.

Fig Tree Courtyard (28 Alkabetz St, Synagogenviertel; So–Do 9–18, Fr bis 14 Uhr) Rund um einen 100-jährigen Feigenbaum und eine 9 m tiefe Zisterne (die durch Glas zu sehen ist) gruppieren sich vier Galerien – eine der Top-Adressen in Safed! Zu den Glanzstücken hier zählen handgewebte Judaika und exquisiter Silberschmuck. Vom Dachgarten kann man halb Galiläa vom Meron bis zum Tabor mit den Klippen des Flusses Nahal Amud überblicken. Mit Toiletten.

Canaan Gallery (04-697-4449; www.canaan-gallery.com; Fig Tree Courtyard, 28 Alkabetz St, Synagogenviertel; So–Do 9–18, Fr bis 14.30 Uhr) Orna und Yair Moore führen Safeds jahrhundertealte Tradition der Textilproduktion weiter, die die vor der Inquisition fliehenden Juden mitgebracht haben. In ihrem Atelier fertigen sie gemusterte Gobelins, Wandteppiche und jüdische Ritualobjekte (*talitot*, *kippot*, Challa-Decken) sowie Schultertücher und Schals aus Baumwolle und Chenille. Oben in ihrem Atelier kann man den Webern bei der Arbeit über die Schulter schauen.

General Safed Exhibition (Ta'arucha Klalit, 04-692-0087; 1 Tet-Vav St; So–Do 10–17 Uhr, im Sommer bis 18 Uhr, Fr & Sa 10–14 Uhr) Die 1952 eröffnete Galerie einer Künstlergruppe befindet sich in einer ehemaligen Marktmoschee aus der Zeit der Osmanen mit einer weißen Kuppel. Sie zeigt, verkauft und versendet Werke von rund 50 Malern und acht Bildhauern, darunter einige sehr talentierte Einwanderer aus der ehemaligen Sowjetunion. Wer von einem bestimmten Künstler fasziniert ist, kann sich den Weg zu seinem Atelier zeigen lassen.

Safed Craft Pottery (HaAri Pottery; 054 434-5206; www.facebook.com/haaripottery; 63 Yud Alef St, Künstlerviertel; gewöhnlich So–Do 10–17 Uhr, Fr bis 3 Std. vor Sonnenuntergang) Der in Großbritannien geborene Töpfer Daniel Flatauer folgt der englischen Handwerkstradition. Er kreiert Geschirr, Küchenartikel und Judaika – alle Töpferwaren sind praktisch und sehr schön. Flatauer besitzt einen der wenigen Salz-Brennöfen in Israel – einfach nachfragen! Außerdem arbeitet er mit teuflisch schwierigen Kristallglasuren. Wenn die Tür zugesperrt ist, einfach anrufen.

Sheva Chaya Glassblowing Gallery (050 430-5107; www.shevachaya.com; 7 Tet-Vav St, Künstlerviertel; So–Do 10–17, Fr bis 14 Uhr) Die in Denver geborene Malerin und Glasbläserin Sheva Chaya Shaiman widmet sich in ihren Arbeiten kabbalistischen Ideen und dem Thema Frauen im Judentum. Manchmal führt sie die Kunst der Glasbläserei vor – die Termine kann man telefonisch erfragen.

Tzfat Gallery of Mystical Art (04-692-3051; www.kabbalahart.com; 35 Tet-Vav St, Künstlerviertel; meist So–Do 9–17, Fr bis 12 Uhr) Avraham Loewenthal kommt aus Detroit. Gern erläutert er Besuchern die Symbolik seiner inspirierenden Gemälde und Drucke, deren abstrakte Formen in kabbalistischen Ideen verwurzelt sind. Gegenüber vom Ha-Ma'ayan-HaRadum-Platz.

men und sind mit einem durchsichtigen Dach bedeckt. Wer nicht hebräisch lesen kann, bekommt sicher von anderen Passanten Hilfe bei der Suche nach dem Grabmal von Isaak Luria (geb. 1534 in Jerusalem, gest. 1572 in Safed), auch Ha'ari genannt, Vater der modernen jüdischen Mystik (lurianische Kabbala).

In der Nähe von Lurias Grab findet man Schlomo Alkabez (geb. um 1500 in Thessaloniki, gest. 1580 in Safed), der vor allem als Verfasser der Sabbathymne „Lecha Dodi" bekannt ist. Josef Karo (geb. 1488 in Toledo, gest. 1575 in Safed), die größte Autorität des jüdischen Ritualgesetzes, liegt ungefähr 100 m weiter hügelabwärts begraben. 2017 wurde ein Grab entdeckt, das man für jenes des großen spanischen Dichters, Bibelkommentators und Philosophen Abraham ibn Ezra (1089–1167) hält.

◉ Weitere Sehenswürdigkeiten

Davidka-Denkmal DENKMAL
(Yerushalayim St) Dieses Denkmal erinnert an die Rolle, die die selbstgebauten Davidka-Granatwerfer beim jüdischen Sieg in der Schlacht um Safed 1948 spielten. Die 40-kg-Granaten selbst hatten keine große Wirkung, aber ihr ohrenbetäubender Knall war vielleicht der Grund für Gerüchte, dass die Israelis eine Atombombe hätten – und die Gerüchte lösten unter der arabischen Bevölkerung regelrechte Panik aus. Rund 3 km weiter links erzählt ein kostenloser Audioguide die dramatische Geschichte der Schlacht um Safed von 1947 und 1948 – selbstverständlich aus israelischer Perspektive.

Auf der anderen Straßenseite befindet sich die ehemalige britische Polizeiwache, die mit Einschusslöchern von 1948 übersät ist. In dem Gebäude ist heute das Tsfat Academic College untergebracht.

Zitadellenpark PARK
(Gan HaMetsuda; Chativat Yiftach St; ⊙24 Std.) Auf dem höchsten Punkt im Zentrum Safeds (834 m) befindet sich heute ein Park, in dem immer eine frische Brise weht. Einst stand hier die mit einer Ausdehnung von acht Fußballfeldern größte Kreuzritterfestung im Nahen Osten – den einstigen Außenmauern folgt heute die Jerusalem St.

Zitadellenruinen & Zisterne RUINEN
(Chativat Yiftach St; ⊙24 Std.) Von den inneren Mauern der Zitadelle sind an der Chativat Yiftach St am südlichen Rand des Zitadellenparks nur noch Ruinen sichtbar. Von dort führen ein Fußweg und eine Treppe zwischen Kreuzfahrermauern den Hang hinauf zu einem Aussichtspunkt; unter einer alten Wasserleitung hindurch gelangt man zu einem dunklen, flachen 20 m langen Tunnel – aufpassen, wo man hintritt! –, der einen in eine alte steinerne Zisterne führt. Einfach in die Mitte stellen, in die Hände klatschen und schauen, was passiert! Andere Fußwege führen hinauf zur Kammlinie, von wo sich ein herrlicher Panoramablick bietet.

★ Gedenkmuseum der ungarischen Juden MUSEUM
(☏04-692-5881; www.hjm.org.il; HaAzma'ut Sq; Eintritt 20 NIS, mit Führung 35 NIS; ⊙So–Do 9–14, Fr bis 13 Uhr) Das Museum verdeutlicht mit aussagekräftigen Artefakten wie einem Thoraschrein aus Tokaj, Fotos und Dokumenten die Geschichte des im Holocaust untergegangenen ungarischen Judentums. Ein 17-minütiger Film erklärt die Hintergründe. Chava Lustig, die das Museum mitbegründete, schildert Interessenten vielleicht das Leben im Budapester Ghetto (1944/45), das sie als 14-Jährige überlebte. Das Museum hat ein umfangreiches Archiv für Familienrecherchen. Wer eine Führung wünscht, sollte vorher anrufen.

Rote Moschee & Mamelucken-Mausoleum MOSCHEE
(Tet-Zayin St) Die für Besucher nicht zugängliche Rote Moschee ist mit Inschriften verziert, die den mameluckischen Sultan Baibars (1223–1277) verherrlichen, und entstand gegen Ende seiner Herrschaft. Das Mausoleum wurde 1372 als letzte Ruhestätte eines hiesigen Emirs errichtet.

🎓 Kurse

Diverse Organisationen versuchen, jüdischen und in manchen Fällen auch nichtjüdischen Travellern die jüdische Mystik und das traditionelle chassidische Leben näherzubringen. Eine Auswahl findet man unter http://safed.co.il unter „Learning Centers".

Achtung: Manche Einrichtungen verfolgen insgeheim das Ziel, säkulare Juden zur Orthodoxie zu bekehren, und sind vielleicht nicht ganz offen und ehrlich, obwohl das Hinterfragen angeblich erwünscht wird. Wer also auf der Suche nach einem ehrlichen und offenen Gespräch ist, könnte enttäuscht werden.

Tzfat Kabbalah Center RELIGIÖS
(International Center for Tzfat Kabbalah; ☏04-682-1771; www.tzfat-kabbalah.org; 1. OG, Fig Tree Court-

yard, 28 Alkabetz St, Synagogenviertel; ⊙ So–Do 9–18, Fr bis 13 Uhr) Anhänger aller Religionen (oder auch keiner) können vorbeikommen und sich in die jüdische Mystik einführen lassen und vor Ort meditieren. Eyal Riess, der überall auf der Welt Vorträge zur Kabbala-Tradition von Safed hält, bietet einstündige individuelle Workshops (150–250 NIS) an. Es werden auch Filme über Safed in hebräischer, englischer, spanischer und russischer Sprache gezeigt und kabbalistische Amulette und Schmuckstücke verkauft.

Livnot U'Lehibanot RELIGIÖS
(☏ 04-697-0311; www.livnot.org; 17 Alkabetz St, Synagogenviertel) Bietet Juden und Jüdinnen zwischen 21 und 30 Jahren gut beleumundete Kurse, Wanderungen, preisgünstige Unterkunft und gemeinnützige Arbeit. Die 1980 gegründete Einrichtung wird zwar von Orthodoxen betrieben, ist aber offen und pluralistisch. Der Name bedeutet „aufbauen und aufgebaut werden".

Ascent Institute of Safed RELIGIÖS
(☏ 077 360-1101; www.myascent.org; 2 Ha'Ari St; ⊙ Kurse tgl.) Juden, die sich für „spirituelle Erweckung" interessieren, können hier ohne Voranmeldung Kurse – auch Wochenendkurse – zu den Lehren der Thora und der jüdischen Mystik belegen. Die Schule wird von den Chabad-Chassidim betrieben, von denen einige glauben, dass Menachem Mendel Schneerson (1902–1994), auch der Lubawitscher Rebbe genannt, der Messias war.

Für 200 NIS erkauft man sich die Gesellschaft eines Rabbi für etwa eine Stunde (auch telefonisch oder per Skype möglich), um auf der Grundlage des eigenen Geburtstags seinen ganz „persönlichen Thora-Code" zu finden, der – so verspricht das Institut – die wahre Persönlichkeit und den Lebenssinn offenbart und ein Werkzeug für den spirituellen und materiellen Erfolg ist. Ob das ernst zu nehmen ist oder nicht, muss jeder selbst entscheiden.

☞ Geführte Touren

Man kann Safed zwar auch prima auf eigene Faust erkunden, aber die Stadt ist unter ihrer Oberfläche voller Geschichten und Geheimnisse.

Path of the Heart STADTRUNDGANG
(B'Shvil HaLev, Tzfat Experience; ☏ 04-682-6489, 050 750-5695; www.shvilhalev.co.il; 7 Tet-Vav St, Künstlerviertel; 2-stündige Tour für bis zu 10 Pers. 125 US$) Erfahrener Veranstalter von Spaziergängen durch die Altstadt in Begleitung von chassidischen Gitarrenklängen, Geschichten über die Kabbalisten und Erkundung ihrer spirituellen Botschaften.

Yossi Stepansky STADTRUNDGANG
(☏ 052 458-9009; stepansky@bezeqint.net) Yossi ist Archäologe, Autor und lizenzierter Fremdenführer. Seine Rundgänge beschäftigen sich mit der Geschichte der Stadt, Archäologie und Spiritualität.

✹ Festivals & Events

Tsfat International Klezmer Festival MUSIK
(www.klezmerim.info; ⊙ Mitte Aug.) Mitte August ist die Altstadt drei Tage lang von osteuropäischer jüdischer Musik erfüllt. Alle Konzerte sind kostenlos. In dieser Zeit sind Unterkünfte rar – weit im Voraus buchen!

🛏 Schlafen

Da die meisten Anbieter von B&B-Zimmern und Ferienwohnungen den Sabbat einhalten, kann man samstags normalerweise erst nach Sonnenuntergang einchecken; einige B&Bs fordern am Wochenende außerdem einen Mindestaufenthalt von zwei Nächten. Die Zimmerpreise steigen während des Tsfat International Klezmer Festival (Mitte Aug.), rund um den jüdischen Feiertag Lag BaOmer (33 Tage nach Pessach) und in den drei Wochen nach dem Fastentag Tish'a-b'Av (Ende Juli oder Anfang Aug.) stark an – deshalb für diese Zeiten mehrere Monate im Voraus reservieren!

🛏 Stadtzentrum

Carmel Hotel HOTEL $$
(☏ 050 242-1092, 04-692-0053; 8 Ha'Ari St, Ecke Ya'avetz St; EZ/DZ/4BZ ohne Frühstück 300/350/600 NIS; @🕾) Dank des Inhabers Shlomo, der einen sicher seinen Limoncello probieren lassen möchte, fühlt man sich hier wie in einem großen, alten Familienhaus. Einige der zwölf schlichten Zimmer sind romantisch, andere nicht – aber alle sind sauber und praktisch, manche haben eine tolle Aussicht.

Artist Quarter Guest House B&B $$$
(☏ 054 776-4877, 077 524-0235; www.artistquarterguesthouse.com; 43 Yud Zayin Alley, Künstler-

viertel; DZ 600–850 NIS, zusätzl. Pers. 200 NIS; ☎) Die Nordkalifornier Joy und Evan Yisrael heißen ihre Gäste in zwei geräumigen, im osmanischen Stil mit hohen Gewölbedecken und marokkanischen Möbeln versehenen Zimmern willkommen. Für Frauen und Männer werden schwedische Massagen angeboten.

Ruth Rimonim — HOTEL $$$
(☎ 04-699-4666, Buchung 03-675-4594; www.rimonim.com; Tet-Zayin St, Künstlerviertel; DZ 700–800 NIS; @☎≋) Das teilweise in einem ehemaligen Postamt aus der Zeit der Osmanen untergebrachte Hotel hat Gemeinschaftsbereiche mit Steinwänden und schmiedeeiserner Einrichtung, einen großen Garten – in einem Kräutergarten kann man sich Kräuter für einen Tee zusammenstellen –, ein Spa und 77 elegante, moderne Zimmer mit glänzenden Marmorbädern. Nichtgäste können für 50 NIS den Freiluftpool (Juni–Aug.; nur Erw.) nutzen.

🛏 Mount Canaan

Vor dem Aufkommen von Klimaanlagen war der 950 m hohe Kanaan ein Refugium vor der Sommerhitze. Das Gebiet – inzwischen ein Stadtteil von Safed – liegt rund 4,5 km nordöstlich der Altstadt.

⭐ Safed Inn — PENSION $$
(Ruckenstein B&B; ☎ 04-697-1007; www.safedinn.com; Ecke HaGdud HaShlishi St & Merom Kna'an St; B/DZ ohne Frühstück 29/100 US$, So–Mi 29/87 US$, zusätzl. Pers. 29 US$; ☉ Rezeption 8–20 Uhr; @☎) Die 1936 eröffnete Pension hat einen schönen Garten, eine Sauna, einen Whirlpool im Freien (20–23 Uhr), Waschmaschinen und 16 komfortable, von Innenarchitekturtheorien verschonte Zimmer, von denen eines rollstuhlgerecht ist. Riki und Dov erhalten von Gästen begeistertes Feedback für ihre Tipps zur Gegend und das köstliche europäische oder israelische Frühstück (30/60 NIS).

Die Pension ist vom Zentralen Busbahnhof von Safed mit dem Nateev-Express-Bus 3 (4,10 NIS, 20 Min., So–Do bis 21 und Fr bis 14.30 Uhr jeweils 2-mal stündl.) zu erreichen oder man nimmt ein Taxi (tagsüber/abends 20/25 NIS).

🍴 Essen

An der Jerusalem St verkaufen mehr als ein Dutzend kleine Lokale Falafel, *sabich* (mit frittierter Aubergine und Ei gefüllte Pita), Shawarma, Pizza und Gebäck. Rund um den HaMaginim Sq am Rand des Synagogenviertels gibt's weitere Esslokale.

Lahuhe Original Yemenite Food Bar — JEMENITISCH $
(☎ 050 225-4148; 22 Alkabetz St, Synagogenviertel; Hauptgerichte 25–35 NIS; ☉ Sommer So–Do 8.30–19.30, Fr bis 16 Uhr, sonst So–Do 8.30–18, Fr bis 14 Uhr) Ronen, gehüllt in Talar und Kaftan, die Abraham neidisch machen würden, zaubert in ihrer Pfanne frittierte „jemenitische Pizza", *lachuch* genannt. Außerdem gibt's hier jemenitische Suppe und Khat-Saft, der in vielen westlichen Ländern verboten ist, jedoch nicht in Israel.

⭐ Elements Cafe — VEGETARISCH $$
(☎ 054 653-0668; www.elementscafe.co.il; 5 HaMaginim Sq, 3 m eine Gasse hinunter; Hauptgerichte 25–55 NIS; ☉ ganzjährig So–Do 11–18 Uhr oder später, im Sommer auch Fr 11.30–14.30 Uhr; ☎🌿) 🌿 Das Café serviert in einem positiv gestimmten Ambiente zu vernünftigen Preisen für Körper und Seele gleichermaßen gesundes Essen – 100 % vegan und glutenfrei. Zu den Spezialitäten zählen Suppe, Pizza, hausgemachtes Sauerkraut, Pfannengerichte mit Reis oder Quinoa (45 NIS) und Nachspeisen wie Kokos-Chai-Eiscreme und Smoothies aus Mandelmilch, Datteln, Chia-Samen und Johannisbrotschoten.

> ### ℹ️ ESSEN AM SABBAT
>
> Alle Lokale im Zentrum Safeds sind am Sabbat geschlossen. Wer zum Essen nicht in Dörfer wie Rosh Pina, Jish oder Amirim fahren will, kann sich bei mehreren Lokalen an der Yerushalayim St (z. B. bei Araleh's in Nr. 59) fertig zubereitetes, nach Gewicht verkauftes Essen bestellen und freitags am frühen Nachmittag abholen – Näheres erfährt man in der eigenen Unterkunft. Eine weitere Möglichkeit ist es, sich im **Supermarkt Rav Hesed** (13 Yerushalayim St; ☉ So–Di 7.15–20, Mi & Do bis 21 Uhr, Fr bis 2½ Std. vor Sonnenuntergang) einzudecken.
>
> Das Ruth Rimonim Hotel bietet am Sabbat ein koscheres Mittags- und Abendbuffet (120/140 NIS); vorab reservieren und bezahlen!

Gan Eden
ITALIENISCH $$

(☎ 04-697-2434, 053 944-3471; www.seudabegan eden.rest.co.il; 33 HaGdud HaShlishi St, Mt. Canaan; Hauptgerichte 49–95 NIS; ⊙ So–Do 9–22.30, Fr bis 14.30 Uhr; ✍) Das Restaurant ist bekannt für seine köstlichen Antipasti, superfrischen Salate und den im Ofen gebackenen Fisch, zubereitet unter der Aufsicht von Küchenchef Rafi. Für die fabelhaften Desserts, viele mit Schokolade, ist Rafis Frau Yael zuständig. Das koschere Restaurant befindet sich in einem Haus aus dem frühen 20. Jh. mit hübschem Garten und Blick auf den Meron. Von 9 bis 12.30 Uhr wird Frühstück (124 NIS für 2 Pers.) serviert. Die 3 km lange Anfahrt vom Stadtzentrum (Taxi tagsüber/abends 20/25 NIS) lohnt sich auf jeden Fall!

Tree of Life Vegetarian Cafe
VEGETARISCH $$

(☎ 050 696-0239; HaMaginim Sq, Synagogenviertel; Hauptgerichte 38–53 NIS; ⊙ So–Do 10–20 Uhr, Sommer So–Do 9.30–22 Uhr oder später, Fr 9.30 Uhr bis 2 Std. vor Sonnenuntergang; ✍) Wer Appetit auf etwas Gesundes wie Gemüse-Quiche aus Kichererbsenmehl oder Acai-Beeren mit Obst, Müsli und Chia-Samen hat, ist bei der in Los Angeles aufgewachsenen Feiga genau richtig. Viele Gerichte in ihrem kleinen vegetarischen Restaurant wie die Pizza sind vegan und/oder glutenfrei.

Zu den Spezialitäten gehören Quesadillas (aus Mais oder Weizenvollkorn), Quinoa mit sautiertem Gemüse und Kräutern und vegane Eiscreme aus Kokosnuss- und Mandelmilch.

★ HaAri 8
ISRAELISCH $$$

(☎ 04-692-0033; www.haari8.rest.co.il; 8 Ha'Ari St; Hauptgerichte 68–134 NIS; ⊙ So–Do 12–22 Uhr; ✍) Wenn der Bürgermeister wichtige Gäste hat, bringt er sie hierher. Zu den Spezialitäten gehören Grillfleisch, Steak und marokkanische Teig-„Zigarren" und Fisch. Für Vegetarier ist mit frischen Salaten, Suppen, Pasta, Quiche und gegrillten Champignons gesorgt. Es gibt ein Spielzimmer für Kinder.

❶ Orientierung

Die mit Geschäften und Restaurants gesäumte Hauptstraße im Zentrum von Safed ist die in Nord-Süd-Richtung verlaufende Yerushalayim St (Jerusalem St). Westlich von hier trennt ein breiter Treppenaufgang, genannt Ma'alot Olei HaGardom, das im Norden liegende Synagogenviertel von dem Künstlerviertel im Süden. Die Hauptstraße im Synagogenviertel ist berühmt für ihre vielen Kunstgalerien und heißt Alkabetz St und Beit Yosef St (Josef Karo St). Die Kabbalistengräber befinden sich weiter unten am Hang.

❶ Praktische Informationen

MEDIZINISCHE VERSORGUNG
Das 1910 gegründete **Rivka Ziv Hospital** (Sieff Hospital, Ziv Medical Center; ☎ 04-682-8811; www.ziv.org.il; HaRambam St; ⊙ Notaufnahme 24 Std.) mit 331 Betten befindet sich 3 km südwestlich des Zentralen Busbahnhofs. In den letzten Jahren wurden hier Tausende im Bürgerkrieg verwundete Syrer behandelt. Hierher fahren die städtischen Busse 6 und 11.

TOURISTENINFORMATION
Infos zu Safeds Geschichte, Sehenswürdigkeiten, Unterkünften, Studienmöglichkeiten und ein paar bunten Persönlichkeiten aus der Region findet man unter www.safed.co.il. Das Englisch sprechende Personal in der **Touristeninformation** (☎ 04-692-4427; www.livnot. org; 17 Alkabetz St, Synagogenviertel; ⊙ So–Do 8.30–17, Fr 9–13 oder 14 Uhr) gibt gern Infos zum Sightseeing in Safed und zu Freiwilligenjobs für Nichtjuden und Juden in der Gegend. Wird von der Organisation Livnot U'Lehibanot (S. 260) betrieben.

❶ An- & Weiterreise

BUS
Der **Hauptbusbahnhof** (www.bus.co.il; HaAtzma'ut St) befindet sich rund 700 m östlich vom Synagogenviertel. Ziele:

Haifa-Merkazit HaMifratz (Nateev-Express-Bus 361; 22,40 NIS, 1½ Std., 2-mal stündl.) Fährt über Akko (1 Std.).

Jerusalem (Nateev-Express-Bus 982; 37,50 NIS, 3¼ Std., So bis Fr nachmittags und Sa abends 6- bis 9-mal tgl.)

Kiryat Shmona (Nateev-Express-Bus 511; 16 NIS, 1 Std., stündl.) Fährt über Rosh Pina (9,60 NIS, 45 Min.) und das Hulatal.

Tiberias (Superbus-Bus 450; 14 NIS, 37 Min., So bis Fr nachmittags alle 40 Min., Sa abends 3-mal)

Nach Tel Aviv kommt man am schnellsten, wenn man mit dem Egged-Bus 361 nach Akko fährt und von dort den Zug nimmt.

Rund um den Berg Meron
הר מירון جبل الجرمق

Über den sanften Hügeln Nordgaliläas, die immer mehr Weinkenner anlocken, thront der mit Antennen übersäte Berg Meron (1204 m), der höchste Gipfel Galiläas. Ursprünglich war die Gegend mit Obstbäumen wie Pfirsich- und Apfelbäumen bepflanzt, aber inzwischen wird immer mehr Land zum Weinanbau genutzt, besonders im Ramat Dalton, der Dalton-Ebene. Die Besucher entdecken außerdem immer mehr, wie reizvoll es ist, in den am Fuß des mächtigen Bergs verstreuten jüdischen, arabischen und drusischen Dörfern zu speisen.

◎ Sehenswertes

Nationalpark Bar'am ARCHÄOLOGISCHE STÄTTE
(04-698-9301; www.parks.org.il; Rte 8967; Erw./Kind 14/7 NIS; Sa–Do 8–16 oder 17, Fr bis 15 oder 16 Uhr) Vom 1. bis zum 7. Jh. n. Chr. befand sich hier ein wohlhabendes Dorf, aber heute ist der Bar'am-Nationalpark vor allem für seine eindrucksvolle **Synagoge** aus der Talmudzeit bekannt, die um 400 n. Chr. aus fein behauenem Kalkstein errichtet wurde. Oben auf dem Hügel steht umgeben von Feldern und einem Zypressenhain eine **Maronitenkirche**, die von den ehemaligen Bewohnern des christlich-arabischen Dorfes Bir'am noch immer genutzt wird – die Bewohner wurden 1948 während des Kriegs von der israelischen Armee „für zwei Wochen" evakuiert.

Grab des Raschbi JÜDISCHE STÄTTE
(Rte 866; 24 Std.) Die Autorschaft des *Zohar*, des bedeutendsten Schriftwerks der Kabbala, wird traditionell dem jüdischen Rabbi Schimon ben Jochai zugeschrieben, der im 2. Jh. lebte und oft unter seinem Kurznamen Raschbi bekannt ist. (Modernen Wissenschaftlern zufolge wurde das Werk aber erst im 13. Jh. in Spanien zusammengestellt.) Sein Grab soll sich 5 km nordwestlich von Safed an den Berghängen des Bergs Meron irgendwo in einem streng nach Geschlechtern getrennten Komplex (Männer nach links, Frauen nach rechts) befinden, der teilweise so aussieht, als stamme er aus der Zeit der Kreuzfahrer.

Weil der genaue Ort seiner Beisetzung unbekannt ist, gibt es auch keine richtige Grabstätte, nur einen mit blauem Samt bedeckten *ziun* (symbolische Grabstätte) in einer Synagoge mit mehreren Nischen. Über der Stelle flackern Kerzen hinter Milchglas, während drum herum ultraorthodoxe Männer inbrünstig beten.

Auch andere bedeutende Gelehrte sollen in unmittelbarer Nähe begraben sein, darunter der Sohn des Raschbi, der Rabbi Eleasar, der berühmte Gelehrte Hillel der Ältere, der im 1. Jh. v. Chr. lebte und das Judentum mit einem einzigen Satz zusammenfasste („Was du nicht willst, das man dir tu, das füg auch keinem andern zu. Das ist die ganze Thora, alles andere ist Kommentar."), und Hillels stärkster Gegner in Diskussionen über die Gebote, **Schammai**.

Am Abend des **Lag BaOmer** pilgern Zehntausende überwiegend ultraorthodoxe Juden zum Grab des Raschbi und verbringen die ganze Nacht mit leidenschaftlichen Gebeten, Gesang und Tanz rund um Lagerfeuer. Einige Pilger führen auch die Zeremonie durch, die auf Jiddisch *opscheren* und auf jüdisch-arabisch *chalaka* genannt wird und bei der drei Jahre alten Jungen das erste Mal das Haar geschnitten wird.

Der mit einer blauen Kuppel versehene Grabkomplex des Raschbi befindet sich am Hang oberhalb des orthodoxen Moshav Meron (ab dem Sonnenuntergang am Sabbat und an jüdischen Feiertagen ist das Tor verschlossen) und wird mehr oder weniger chaotisch von untereinander zerstrittenen ultraorthodoxen Chareidim betrieben. Darüber hinaus dient der Komplex als Zuflucht für Obdachlose (manche mit psychischen Problemen) und für kürzlich aus der Haft Entlassene. Auf dem Weg zur Grabstätte muss man sich durch eine Armee von Bettlern kämpfen.

🛌 Schlafen

Bikta BeKadita B&B $$$
(04-692-1963; www.kadita.co.il; abseits der Rte 89; Hütte ohne Frühstück So–Mi 650 NIS, Do–Sa 850 NIS; 🛜🏊) Das auf einem abgeschiedenen Hügel thronende künstlerisch-rustikale Bikta BeKadita mit Hippie-Atmosphäre ist von der amerikanischen Zurück-zur-Natur-Bewegung der 1960er-Jahre geprägt und hat sich einer umweltfreundlichen Philosophie verschrieben. Die von Maulbeer- und anderen Obstbäumen umgebenen fünf bunt und sehr kreativ eingerichteten Hütten bestehen aus nachhaltigen Materialien und bieten Platz für zwei bis vier Personen. Alle haben auch kleine Küchen und Hängematten.

Die Gastgeber Doron und Mika produzieren aus den Trauben von ihrem Weinberg im Jahr rund 400 Flaschen Wein. Die Unterkunft befindet sich 4,5 km nordöstlich der Meron-Kreuzung, 1 km abseits der Rte 89 an einer einspurigen Straße, die teils nur geschottert ist.

Moshav Amirim
אמירים מושב אמירים

04 / 800 EW. / 600 M

Amirim wurde 1958 von Pionieren der israelischen Vegetarierbewegung gegründet und ist noch immer zu 100 % vegetarisch bzw.

vegan – keiner hier kocht, isst oder serviert Fleisch, Geflügel oder Fisch. Der wundervolle Ort liegt am Südosthang des Bergs Meron und ist bekannt für seine ausgezeichneten Bioprodukte, seine rustikalen Pensionen und seine spirituell ausgerichteten Bewohner.

Aktivitäten

In einer bezaubernden Schlucht liegt ein 25 m langes **Schwimmbad** (Juli & Aug.). Wege führten zum nahen **Naturschutzgebiet Har Meron**. Alles ist gut ausgeschildert.

Viele Einheimische sind nicht nur leidenschaftliche Vegetarier, sondern auch Anhänger alternativer Heilmethoden. Dementsprechend viele Yogalehrer, Massagetherapeuten, Naturheilkundler und Leute, die Shiatsu, Reflexologie und Tai Chi praktizieren, gibt es auch – Weiteres unter http://amirim.com/health/en.

🛌 Schlafen

In Amirim gibt es ein Überangebot von etwa 170 B&B-Zimmern. Von etwa Dezember bis März fallen die Preise um bis zu 30 %.

⭐ Ohn-Bar Guesthouse GÄSTEHAUS $$
(📞 04-698-9803; www.amirim.com; Mitzpe Kinneret St; DZ/4BZ ohne Frühstück ab 585/795 NIS, zusätzl. Kind 50 NIS; @) 🍴 Diese 14 Holzhütten mit Balkon oder Terrasse, Whirlpool, voll ausgestatteter Küche und Kabel-WLAN schmiegen sich an einen terrassierten Hang. Draußen schaukeln Hängematten unter den Obstbäumen und es gibt auch einen Biogemüsegarten. Das Frühstück im Zimmer kostet 120 NIS für zwei. Die Inhaber Ohn und Anva sind eine exzellente Infoquelle für die Gegend.

Campbell Family Guest Rooms B&B $$
(📞 04-698-9045, 054 532-2640; alitamirim@hotmail.com; HaOranim St; DZ 1/2 Nächte 400/700 NIS; 📶) Der freundliche britische Auswanderer Phillip Campbell und seine Frau Alit vermieten zwei bescheidene Doppelzimmer mit Kamin, Kochnische, Patio und Whirlpool. Ein tolles Fleckchen, an dem man Ruhe und Frieden findet. Im Straßenkarree oberhalb der Synagoge.

🍽 Essen

Die Lieferung von Frühstück oder Abendessen ins B&B kostet in der Regel 130 bzw. 200 NIS für zwei Personen.

Bait 77 VEGETARISCH $
(Bayit 77; 📞 04-698-0984; www.bait77.com; 77 Mitzpeh Menahem St; Hauptgerichte 24–38 NIS; ⓘ Fr–So 8.30–18, Do bis 21 Uhr, Mitte Juli–Aug. tgl. geöffnet; 🌿) Die freundliche kleine Bäckerei mit Café wird von der in Melbourne aufgewachsenen Joy und ihrem Sohn Ariel betrieben und hat sich auf leichte, gesunde Kost spezialisiert: Suppen, Salate, Quiche, Pasta, Pizza und Focaccia, dazu hausgemachten Kuchen, Gebäck und glutenfreie Muffins. Das den ganzen Tag über erhältliche Frühstück kostet 55 NIS; Donnerstag ist Pizza-Abend im Garten. Außerdem werden Vollkornbrot und Pita und freitags süßes Challah (eine Art Hefezopf) verkauft.

El-Galil ARABISCH $$
(📞 052 517-7400; Mitzpe Kinneret St; 4-Gänge-Mahlzeit 100 NIS; ⓘ 9–21 Uhr) Dieses Restaurant, dessen Personal aus dem arabischen Dorf Rama kommt, hat sich auf vegetarische und vegane Versionen levantinischer Klassiker spezialisiert wie *siniya* (mit Gemüse und Tahina gebackene Linsen), *menazali* (Auberginen in Tomatensauce mit ganzen Kichererbsen) sowie gefüllten Kohl und gefüllte Weinblätter. Liegt vom Schwimmbad den Berg hoch.

An- & Weiterreise

Der Nativ-Express-Bus 361 (2-mal stündl.) verkehrt zwischen der Amirim-Kreuzung, 1 bis 1,5 km vom Moshav entfernt, und dem Busbahnhof Merkazit HaMifratz in Haifa (22,40 NIS, 1¼ Std.) sowie Safed (11,50 NIS, 20 Min.).

Jish ג'יש الجش

📞 04 / 3080 EW.

Jish (Gisch) ist das einzige Dorf in Israel mit einer mehrheitlich maronitischen (katholisch unierten) Bevölkerung. Das idyllische Örtchen am Hang bietet sich wunderbar für ein paar Tage Entspannung an: Man kann in den ausgezeichneten Restaurants hier speisen und auch die nahe Dalton-Ebene und ihre Weingüter erkunden.

Jish wurde im 18. und 19. Jh. von Einwanderern aus dem heutigen Libanon besiedelt. Das Aramäische, das auch Jesus als Umgangssprache diente, ist eine wichtige Quelle der maronitischen Identität und wird hier auch heute noch in der Kirchenlithurgie verwendet.

Im Jüdischen Krieg (66–70 n. Chr.) war Jish, das damals wie heute auf Hebräisch Gush Halav hieß, laut Flavius Josephus die letzte Bastion in Galiläa, die an die Römer fiel.

NICHT VERSÄUMEN

WEINTOUREN

Weine aus der Region etablieren sich immer stärker auf dem Markt – und gewinnen begehrte internationale Preise. Inzwischen gibt es rund 300 Weingüter jeglicher Größe, darunter etwa 30 in israelischen Siedlungen auf den Golanhöhen, 90 in Obergaliläa, 30 in Westgaliläa, 30 in Untergaliläa und auf dem Karmel, 70 im Judäischen Gebirge und 30 in der Wüste Negev.

Etliche Weingüter empfangen auch gern Besucher. Anhand folgender Auswahl kann man sich seine eigene Weintour zusammenstellen:

- Adir Winery (S. 266)
- Bahat Winery (S. 278)
- Dalton Winery (S. 266)
- Golan Heights Winery (S. 275)
- Odem Mountain Winery (S. 280)
- Pelter Winery (S. 278)

Für Weinkenner empfehlen sich zwei exzellente Weinführer:

- *The Wine Route of Israel*, 4. Auflage (Eliezer Sacks, Yaron Goldfischer und Adam Montefiore, 2015)
- *The Ultimate Rogov's Guide to Israeli Wines* (Daniel Rogov, 2012) Ein umfangreicher Guide von Israels führendem Weinkritiker, der 2011 verstarb.

Eine nützliche Website zur Weinszene ist www.winesisrael.com. Das Shiri Bistro & Wine Bar (S. 267) in Rosh Pina ist ein toller Ort, um auch mal Kostproben von schwer erhältlichen Boutiqueweinen zu ergattern.

Unter den koscheren Weinen – nicht alle israelischen Weine sind koscher – sind die besten diejenigen, die nicht *mevuschal* (blitzpasteurisiert) sind, denn beim Pasteurisieren können die feinen Geschmacksnuancen eines Weines verlorengehen.

Sehenswertes & Aktivitäten

Am Ortsrand findet man die große, moderne **Maronitische Kirche** und auf der anderen Straßenseite die **Gräber von Schemaija und Avtalion**, zwei jüdischen Weisen, die im 1. Jh. v. Chr. dem Sanhedrin (Hohen Rat) in Jerusalem angehörten. In einem kleinen Tal 800 m östlich von Jish können Wanderer inmitten von wunderbaren Feigen- und Olivenhainen die Überreste einer **alten Synagoge** (3. od. 4. Jh.) erkunden.

Es gibt einen 2,5 km langen, gepflasterten, rollstuhlgerechten (Rad-)Weg von Jish gen Osten über den Dalton-Stausee zum Moshav Dalton, den **Coexistence Trail**.

Besucher können bei den Bauern vor Ort bei der Ernte von Kirschen (Mai), Pfirsichen (ab Juni), Himbeeren (Sommer), Feigen (ab August) und Äpfeln (Ende Aug.–Okt.) mithelfen.

Schlafen

Ruah Glilit   B&B $$
(☏052 281-0433; swojish@yahoo.com; DZ 450 NIS) George Samaan (Saman), ein international bekannter Oud-, *saz*- und Violine-Spieler (YouTube!), und seine Frau Eva bieten ihren Gästen einen warmen, musikalischen Empfang in einem gemütlichen Wohnzimmer mit Klavier, Grammofon und Holzofen. Oben gibt's drei Zimmer, die mit ihren mit Glas eingefassten Holzbalkonen und herrlichem Ausblick punkten. Das Haus befindet sich vom Ortseingang 600 m die Hauptstraße hinauf.

Essen

★ Baladna   ARABISCH $$
(☏054 469-6610; Hauptgerichte 40–80 NIS; ⊙15–3 Uhr, Mo geschl.) Das stimmungsvolle Restaurant versteckt sich in zwei Steinhäusern aus dem 19. Jh. und hat sich auf authentische galiläisch-arabische Küche spezialisiert – so gibt es u. a. Gerichte mit *frikeh* (geröstetem Grünkern). Zum weiteren Angebot von Eigentümer Tony gehören köstliches hausgebackenes Brot, Schweinelende, große Salate, sechs Biere vom Fass und zahlreiche Cocktails. Liegt vom Ortseingang 600 m die Hauptstraße hinauf.

Gelegentlich steht Livemusik (arabisch, hebräisch, Weltmusik) auf dem Programm.

Misedet HaArazim LIBANESISCH $$
(☎Wiam 054 552-5590; Rte 89; Hauptgerichte 50–110 NIS, 4-Gänge-Mahlzeit 85 NIS; ⏱10–22 oder 23 Uhr; 🅿) Hier gibt's authentische libanesische Speisen wie acht Sorten Hummus, gefüllte Weinblätter, Grillfleisch, *shish barak* (Fleischklößchen in Joghurtsauce) und *sheikh al mahshi* (mit Rinder- und Lammhackfleisch gefüllte Zucchini in Joghurtsauce). Eine Auswahl aus zwei Dutzend vegetarischen Salaten kostet 45 NIS pro Person (35 NIS, wenn man noch ein Hauptgericht bestellt; min. 2 Pers.); Fatoush-Salat kostet 30 NIS. Als Dessert bietet sich Schoko-Shawarma (25 NIS) an.

Befindet sich am Ortseingang von Jish; auf dem Schild ist eine grüne Libanon-Zeder abgebildet.

🛈 An- & Weiterreise

Jish liegt 13 km nordwestlich von Safed an der 90-Grand-Kurve der Rte 89. Die Nateev-Express-Busse 43 und 367 fahren nach Safed (11,50 NIS, 20 Min., alle 1 oder 2 Std.); Letzterer fährt weiter nach Nahariya (16 NIS, 50 Min.).

Ramat Dalton
هضبة دالتون   רמת דלתון

Das Ramat Dalton (die Dalton-Ebene) wird manchmal – etwas übertrieben – das „israelische Napa Valley" oder „Israels Toskana" genannt. Von hier stammen einige wirklich ausgezeichnete Weine. Im Industriepark Ramat Dalton, 4 km nordöstlich von Gisch an der Rte 886, und in dessen Umgebung gibt es mehrere Weingüter.

👁 Sehenswertes

Adir Winery WEINGUT
(☎04-699-1039; www.adir-visit.co.il; Rte 886, Ramat Dalton Industrial Park; ⏱So–Do 9–17, Fr bis 14 oder 15 Uhr) Das Weingut Adir hat sich mit seinen hervorragenden Weinen, seinem gleichermaßen guten Ziegenkäse und den tollen Speisen aus Milchprodukten einen ausgezeichneten Ruf erworben. Eine Verkostung von drei Weinen, vier Käsesorten und dem wunderbaren Frozen Yoghurt aus Ziegenmilch kostet 35 NIS. Außerdem gibt's auf einer hübschen Terrasse Frühstück (75/135 NIS für 1/2 Pers.), Brunch (150 NIS für 2 Pers.) und bis 14 Uhr Mittagessen (Quiche oder Käseteller) – reservieren! Das Gut produziert pro Jahr rund 200 000 Flaschen Wein.

Dalton Winery WEINGUT
(☎04-952-7107; www.dalton-winery.com; Rte 886, Ramat Dalton Industrial Park; ⏱So–Do 10–17, Fr bis 14 oder 15 Uhr) Das Weingut Dalton produziert einige ausgezeichnete, preisgekrönte Weine. In einem blockhüttenartigen Verkostungszentrum – die moderne Produktionsanlage ist auf der anderen Seite des Parkplatzes – kann man drei oder vier Weine für 20 NIS probieren. Die 40-minütigen Führungen (möglichst telefonisch anmelden!) beginnen um 10.30, 12 und 14 Uhr. Hinter dem Gut wächst in jeder Reihe des kleinen Weinbergs eine andere Rebsorte.

🍴 Essen

Pitputim BÄCKEREI $
(☎052 612-4962; www.pitputimbakery.com; Rte 886, Ramat Dalton Industrial Park; ⏱So–Do 9–16, Fr bis 14 Uhr) Israels einzige Bäckerei, die nur Dinkel verarbeitet, bietet Brot, Cracker, Kekse und Imbisse – alles köstlich!

Nalchik TSCHERKESSISCH $$
(☎04-699-0548; Nalchik St, Reyhaniye; Hauptgerichte 29–50 NIS; ⏱Mo–Sa 12–21.30 Uhr; 🅿) Zu den tscherkessischen Spezialitäten in diesem familiengeführten Restaurant gehören *majmak* (pürierte Linsen, wird mit Pita gegessen), *shush barak* (mit Hackfleisch gefüllte Klöße in dünner Tomatensuppe), *kulak* (Kichererbsenklöße mit Joghurt), *halozh* (in Olivenöl frittierte, mit tscherkessischem Käse gefüllte Teigtaschen) und *mataza* (mit tscherkessischem Käse und grünen Zwiebeln gefüllte Klöße mit Joghurt). Das Restaurant liegt 4,5 km nördlich vom Industriepark Dalton.

Rosh Pina  ראש פינה روش بينا
☎04 / 2900 EW.

Rosh Pina mit seinen reizvollen Steinhäusern aus dem 19. Jh. wurde schon vor Jahren von mondänen Urlaubern aus Tel Aviv entdeckt. Heute beherbergt die Stadt viele Künstlerateliers und einige der exklusivsten Unterkünfte und Lokale in Obergaliläa.

👁 Sehenswertes

Altstadt HISTORISCHE STÄTTE
(Alte Pioniersiedlung; ☎04-693-6913; www.roshpina.org.il; ⏱Ausstellungen So–Do 9–16, Fr & Sa 10–14 Uhr, einige Galerien Sa geschl.) Die Besiedelung des Orts begann in den 1870ern durch

Juden aus Safed; 1882 kamen Einwanderer aus Rumänien hinzu. Die Altstadt besteht aus gerade mal drei kleinen Kopfsteinpflasterstraßen, von denen eine ziemlich hochgestochen als HaBoulevard bezeichnet wird. Besucher können hier ungestört die ruhigen, von hübschen, teilweise restaurierten Steinhäusern gesäumten Gassen erkunden, die **alte Synagoge** (1887) mit der Original-Holzausstattung besichtigen und die etwa ein Dutzend **Galerien** (www.art.roshpina.co.il) besuchen, in denen teils bekannte Künstler Schmuck, Keramik, Skulpturen und Gemälde verkaufen.

In **Professor Mers Haus** (1887) befindet sich ein kleines Museum zur Arbeit des Professors in der Malaria-Bekämpfung und zu den Anfangsjahren Rosh Pinas – hier bekommt man auch Infos für Touristen. Das **Haus der Würdenträger** (Beit HaPkidut) beherbergt eine Multimedia-Ausstellung, ebenfalls zur reichen Vergangenheit des Orts. Schilder weisen den Weg zum schattigen, am Hang gelegenen **Baron-Garten** (1885) und zum **Alten Friedhof** (über die Ben Arieh St). Am Ende der HaHalutzim St bieten sich neben einem riesigen Windspiel vom **Nimrod-Aussichtspunkt** atemberaubende Ausblicke aufs Hulatal, den Golan und den Hermon – die Ferngläser können kostenlos benutzt werden.

🛏 Schlafen

Die vielen B&Bs von Rosh Pina sind perfekte romantische Refugien. Donnerstag- und freitagabends kommen die meisten Gäste und dann ist es auch am teuersten.

⭐ Villa Tehila   B&B $$$
(📞 04-693-7788; www.villa-tehila.co.il; HaHalutzim St; DZ So-Mi 690 NIS, Do-Sa 890 NIS; @ 🛜 🏊) In den Steinhöfen aus dem 19. Jh. dieses fabelhaften B&B findet man plätschernde Springbrunnen, glitzernde Lichterketten, Buntglas und einen kleinen Zoo: Hinterm Haus sind Lamas und Ponys zu Hause. In der britischen Mandatszeit unterhielt der jüdische Untergrund hier ein geheimes Waffenlager. Heute gibt's hier elf Zimmer mit Whirlpool – alle sind exquisit. Für jüdische Feiertage und den August weit im Voraus buchen!

Pina Barosh   B&B $$$
(📞 04-693-6582; www.pinabarosh.com; HaHalutzim St; DZ So-Mi ab 600 NIS, Do-Sa ab 750 NIS; 🛜) Die sieben stimmungsvollen Zimmer mit Gewölbedecken, Whirlpools und freigelegten Stein- und Ziegelwänden sind rund um einen Innenhof angeordnet, der früher zu einem Stall gehörte. Es gibt auch eine Luxusvilla. Frühstück wird bis 13 Uhr im Shiri Bistro serviert.

Essen

Einige der Restaurants von Rosh Pina verstecken sich oben in der Altstadt, andere, darunter auch ein paar Shawarma-Imbisse, befinden sich 1,5 km bergab im modernen Einkaufszentrum HaGalil gleich abseits der Rte 90 oder in dessen Nähe.

⭐ Shiri Bistro & Wine Bar   BISTRO $$$
(📞 04-693-6582; www.pinabarosh.com; HaHalutzim St; Hauptgerichte 65–145 NIS; ⏰ 8.30–23 Uhr oder später; 🍷) Frische Schnittblumen, flackernde Kerzen und ein spektakulärer Blick begrüßen die Gäste in diesem mediterran anmutenden französischen Bistro, das nach seinem Küchenchef benannt ist, dessen Ur-Ur-Ur-Großeltern das Restaurant in den späten 1870er-Jahren aufbauten. Das Bistro beeindruckt mit einer der besten Weinkarten Israels: Rund 250 Weine aus Galiläa und von den Golanhöhen, darunter ein paar seltene Boutiqueweine, werden auch glasweise ausgeschenkt.

🍷 Ausgehen & Nachtleben

Tangerine   BAR, CAFÉ
(📞 054 477-6361; HaBoulevard; ⏰ So–Fr 9–16, tgl. 20–2 oder 3 Uhr) Das gesellige Lokal mit zwei Räumen eignet sich bestens dafür, mit den Einheimischen in Kontakt zu kommen. Tagsüber serviert es Brunch und tolle vegetarische Sandwiches, abends köstliche „italo-galiläische" Küche, u. a. Pizza. Manchmal gibt's Livemusik. Im Erdgeschoss von Professor Mers Haus – der Eingang ist auf der Rückseite.

ℹ An- & Weiterreise

Die Altstadt liegt am oberen Ortsrand von Rosh Pina, am Ende der HaHalutzim St, die vom Kreisverkehr beim Einkaufszentrum Centre HaGalil an der Rte 90 1,5 km Richtung Westen den Berg hinaufführt.

Alle Fernbusse, die vom Hulatal und Kiryat Shmona kommen oder dorthin fahren (z. B. von/nach Tiberias oder Tel Aviv), passieren den Ortseingang von Rosh Pina an der Rte 90.

Nateev-Express-Bus 511 (stündl.) fährt vom Rand der Altstadt von Rosh Pina nach Safed (über die Rte 8900; 8,50 NIS, 25 Min.) und Kiryat Shmona (15 NIS, 30 Min.).

Hulatal
وادي الحولة   עמק החולה

Die üppigen Feuchtgebiete des Hulatals sind ein wichtiger Zwischenstopp für die halbe Milliarde Zugvögel, die auf dem Weg von Europa nach Afrika und zurück jedes Jahr Israel überfliegen – somit ist dies einer der besten Orte zur Vogelbeobachtung in ganz Asien.

Die Sümpfe des Hulatals waren früher als Malaria-Brutstätte berüchtigt, aber mit dem umfangreichen, 1958 abgeschlossenen Trockenlegungsprogramm wurde die Malariamücke ausgerottet. Doch damit wurde auch eines der bedeutendsten Sumpfgebiete des Landes zerstört. In den letzten Jahren wurden etwa 10 % der alten Seen wieder instand gesetzt, u. a. um die Wasserqualität des Sees Genezareth zu gewährleisten.

1953 gründeten engagierte Menschen, die sich im Zuge der Trockenlegung des Tals zusammentaten, die Society for the Protection of Nature in Israel (SPNI).

◉ Sehenswertes

★ Naturschutzgebiet Hula   PARK
(☏ 04-693-7069; www.parks.org.il; Erw./Kind 35/21 NIS; ⊙ So–Do 8–17, Fr bis 16 Uhr, letzter Einlass 1 Std. vor Schließung) Zugvögel versammeln sich in den Sumpfgebieten des ersten Naturschutzgebiets Israels, das 1964 gegründet wurde. Mehr als 200 Arten kleiner Wasservögel mischen sich fröhlich unter die Kormorane, Reiher, Pelikane, Raubvögel, Störche und Kraniche. Wasserbüffel streifen durch bestimmte Gebiete des Reservats und tragen durch ihr Fressverhalten dazu bei, die offene Flur zu erhalten. Der Swamp Trail, ein 1,5 km langer rollstuhlgerechter Rundweg, führt an Vogelbeobachtungsposten und einem Aussichtsturm vorbei.

Das Besucherzentrum zeigt einen hervorragenden 40-minütigen 3D-Film (die englische Version ist 15 Min. lang) über den Vogelzug und beherbergt außerdem informative Dioramen zur Fauna im Hulatal mit Beschriftung nur auf Hebräisch. In dem flachen See sieht man manchmal eher mit Pelz oder Flossen bestückte Tiere als Federvieh, z. B. Biberratten, Otter, Sumpfschildkröten und bis zu 20 kg schwere Welse. Anders als der Rest von Israel ist das Hulatal im Sommer am grünsten. Im Winter kann man bei Sonnenuntergang die Vögel dabei beobachten, wie sie von ihren Futterstellen zurückkehren. Ferngläser sind ausleihbar (10 NIS).

★ Agamon HaHula   PARK
(☏ 04-681-7137; www.agamon-hula.co.il; Spende 5 NIS; ⊙ Winter 9–17 Uhr, Frühjahr & Herbst bis 18 Uhr, Sommer bis 19 Uhr, Fr & Sa ab 6.30 Uhr, letzter Einlass 1 Std. vor Schließung) Die renaturierten Feuchtgebiete sind einer der besten Orte in Israel, um Kraniche, Pelikane und Störche sowie unglaubliche 400 weitere Vogelarten zu beobachten. Rund um das Sumpfgebiet führt ein 8,5 km langer Weg, den man zu Fuß erkunden kann. Wer will, kann sich aber auch ein Mountainbike (50 NIS), ein vierrädriges Tretauto (max. 5 Pers. 185 NIS) oder ein Golfmobil (149/199/259 NIS für 2/4/6 Pers.) mieten. Die gesamte Anlage ist rollstuhlgerecht.

In den 1980er-Jahren wurden die Baumwollfelder im Hulatal auf den Anbau von Lebensmitteln wie Erdnüssen, Weizen, Kartoffeln, Möhren und Erbsen umgestellt. Leider fressen Kraniche Erdnüsse mit fast genauso viel Hingabe wie die israelischen Kids ihren beliebtesten Snack Bamba (Erdnussflips), sodass der Konflikt zwischen den unter Naturschutz stehenden Vögeln und den Bauern vorprogrammiert war.

Es fand sich aber eine elegante Lösung. Es stellte sich heraus, dass es am besten ist, die Vögel auf ihrem Weg nach Äthiopien und in den Sudan zu füttern, damit sie recht schnell weiterziehen. Denn wenn sie nichts zu fressen finden, bleiben sie länger und vertilgen schließlich umso mehr Winterfrüchte. Oder sie ziehen gar nicht mehr weiter – 40 000 Kraniche spielen inzwischen lieber „Stubenhocker" und überwintern hier. Deshalb wird den Zugvögeln von Ende November bis Ende März ein großes Feld überlassen, auf das täglich per Traktor 6 bis 8 t Mais gebracht werden.

Kraniche aus nächster Nähe zu beobachten, gestaltet sich aber schwierig, da sie sind sehr scheu. Normalerweise fliegt der ganze Schwarm sofort auf, wenn sich jemand nähert, und landet dann sicher auf einem benachbarten (Erdnuss-)Feld. Ein Bauer bemerkte aber, dass das einzige, wovor die Kraniche keine Angst haben, ihr großer Wohltäter ist: der Maistraktor. So kam ihm die brillante Idee, mit dem Traktor nicht nur Mais, sondern auch Vogelbeobachter herzubringen, ohne dass die Kraniche ihnen auch nur die geringste Aufmerksamkeit schenken. Das war die Geburtsstunde des mit 50 Sitzplätzen ausgestatteten Safari-Wagens (Aglat Mistor; Erw./Kind 57/49 NIS, in der Morgendämmerung 85/65 NIS, bei Sonnenuntergang 62/53 NIS; ⊙ Ende Sept.–April 9 Uhr bis 1 Std. vor Dunkelheit stündl., im Sommer oft auch 5.30 oder 6 & 19.30 Uhr). Der getarnte Wagen wird von einem (aus der Sicht der Kraniche) vollkommen unscheinbaren John-Deere-Traktor gezogen und ermöglicht ein unvergleichliches Vogelbeobachtungserlebnis – aus nächster Nähe, und man muss nicht einmal den Kopf anheben. Am besten vorher anrufen und sich nach den genauen Zeiten erkundigen und reservieren!

Auch andere Vögel kann man hier saisonal beobachten. So ziehen 40 000 Pelikane (Sept., Okt. & März–Mitte Apr.l) auf ihrem Weg zwischen dem rumänischen Donaudelta, dem Blauen Nil und dem Victoriasee in Afrika sowie zweimal im Jahr mindestens 500 000 Störche (Aug., Sept., April & Mai) vorbei. Außerdem sind verschiedene Greifvögel zu sehen. Im Sommer wird man aber nicht viele Vögel zu Gesicht bekommen.

2019 eröffnet ein neues, nach dem ehemaligen kanadischen Premierminister Stephen J. Harper benanntes Besucherzentrum.

RAFTEN AUF DEM JORDAN

Wer zum ersten Mal hier ist, wundert sich vielleicht über die kleinen Ausmaße des Jordans, aber wer das erste Mal hier raftet, wird ziemlich durchgeschüttelt und manchmal auch aus dem Boot geworfen – je nach Strömungsintensität. Der wildeste Abschnitt des Flusses ist der 13 km lange sogenannte **Yarden Harari** (Gebirgsjordan) von der B'not-Ya'akov-Brücke (an der Rte 91) bis nach Karkom (rund 6 km nördlich der Arik-Brücke an der Rte 87, in der Nähe des Sees Genezareth). Die Saison beginnt gleich im Frühjahr, wenn die Strömung noch nicht so stark ist, dass sie gefährlich werden könnte.

Alle hier genannten Veranstalter von Raftingtrips haben Umkleidekabinen (Badesachen mitbringen), Duschen und Schließfächer für Wertsachen (10–20 NIS); einige verwahren Autoschlüssel und manchmal auch Handys gratis. Soweit nicht anders angegeben, wird man nass oder gar pitschnass.

Rabatte von 20 % sind möglich, wenn man im Voraus übers Internet bucht (bei manchen Anbietern mindestens 24 Std. im Voraus) oder vor Ort verteilte Rabattcoupons nutzt.

Jordan River Rafting (04-900-7000; www.rafting.co.il; Rte 918; Tourenbeginn So–Fr 9.30–15.30 Uhr, normale Strecke Pessach bis Okt., Yarden Harari Dez. oder Jan.–April) Die Fahrt auf dem wilden, ungezähmten Yarden Harari (3–5 Std., 16 km) kostet 400 NIS pro Person (Mindestalter 15 Jahre). Die normale Strecke (1–1½ Std.; Mindestalter 5 Jahre) kostet 93 NIS pro Person in einem aufpumpbaren Kajak für zwei Personen oder in einem Raftingboot für drei bis acht Personen. Man kann auch seilrutschen (25 NIS) und mountainbiken (80 NIS; nicht möglich, wenn der 8 km lange, 1½ Std. dauernde Weg zu schlammig ist). Der Veranstalter hat auch ein auf Fleisch und Fisch vom Grill spezialisiertes Restaurant. Befindet sich 11 km nordöstlich von Rosh Pina und 1,6 km nördlich der Gadot-Kreuzung an der Rte 91; vom nordöstlichen Ufer des Sees Genezareth nimmt man am besten die Rte 888.

Kfar Blum Kayaks (04-690-2616; www.kayaks.co.il; Beit Hillel; Tourenbeginn 10–15 Uhr, geöffnet etwa Pessach bis Sukkot) Eine erfrischende 4-km-Abfahrt (1¼ Std., Mindestalter 5 Jahre) in einem aufblasbaren Kajak für zwei Personen oder in einem Raftingboot (für 2–6 Pers.) kostet 97 NIS, eine Tour auf einem anspruchsvolleren, 8 km langen Abschnitt (2½ Std., Mindestalter 10 Jahre) 129 NIS. Beide Touren beginnen am Fluss Hasbani und enden am Jordan. Mit Bussen geht's zum Ausgangspunkt, dann auf eigene Faust flussabwärts. Mit Active Amusement Park für Kinder.

Ma'ayan-Hagoshrim Kayaks (077 271-7500; www.kayak.co.il; Kibbuz Ma'ayan Baruch; Tourenbeginn April–Okt. 9 oder 10–15 oder 16 Uhr) Der alteingesessene, von zwei benachbarten Kibbuzim betriebene Veranstalter bietet Trips in aufblasbaren Kajaks (2 Pers.) und Raftingbooten (2–5 oder 6 Pers.). Die 1½-stündige „Family Route" (5 km, Mindestalter 5 Jahre) kostet 97 NIS pro Person, die wildere, zweistündige „Challenge Route" (6 km, Mindestalter 10 Jahre) 117 NIS. Hat auch einen Campingplatz (125 NIS pro Pers., inkl. Zelt und Matratze). Der Anbieter befindet sich nahe der libanesischen Grenze abseits der Rte 99; die Abzweigung zum Kibbuz Ma'ayan Baruch nehmen.

Tel Hazor ARCHÄOLOGISCHE STÄTTE
(☎ 04-693-7290; www.parks.org.il; alte Rte 90, beim Kibbuz Ayalet HaShachar; Erw./Kind 22/9 NIS; ☺ Sa–Do 8–16 oder 17, Fr bis 15 oder 16 Uhr, letzter Einlass 1 Std. vor Schließung) Archäologen konnten hier nicht weniger als 21 Siedlungsschichten freilegen, die aus der Zeit vom 3. Jt. v. Chr. bis zum Jahr 732 v. Chr. stammen, als die israelitische Stadt, deren Tor aus dem 10. Jh. v. Chr. vielleicht von Salomo erbaut worden war, von den Assyrern zerstört wurde. Bei einer Belagerung konnte die Wasserversorgung dank eines ausgeklügelten unterirdischen Wassersammelsystems aufrechterhalten werden. Die Zisterne ist 40 m tief; eine Wendeltreppe führt hinab. Seit 2005 gehört Tel Hazor zum Weltkulturerbe der Unesco.

Die Ausgrabungen, an denen Freiwillige aus aller Welt teilnehmen, werden jeden Sommer fortgeführt. 2016 wurde der Fuß einer Steinstatue eines ägyptischen Beamten (2. Jt. v. Chr.) gefunden. Die Eintrittskarte gilt auch für das archäologische Museum (geöffnet Fr & Sa 9–13 Uhr) im nahen Ayalet HaShachar.

❶ An- & Weiterreise

Alle Busse auf dem Weg von/nach Kiryat Shmona kommen auf der Rte 90 durchs Hulatal.

Galiläischer Finger

Der nördlichste Streifen Galiläas – im Norden und Westen begrenzt vom Libanon, im Osten vom Golan und im Süden vom Hulatal – beherbergt Naturschutzgebiete, ausgezeichnete Museen, gute Restaurants und Dörfer mit zahlreichen Pensionen. Viele der Sehenswürdigkeiten der Region liegen an der Rte 99, die auf ihrem Weg von Kiryat Shmona Richtung Osten nach Mas'ada mehr oder weniger parallel zur libanesischen Grenze verläuft. Das Naturschutzgebiet Banias im Golan liegt 5 km östlich des Naturschutzgebiets Tel Dan.

Das Gebiet ist auf Hebräisch als Etzba HaGalil („Galiläischer Finger") bekannt und verdankt seinen englischen Namen „Galilee Panhandle" (Galiläischer Pfannenstiel) ähnlich aussehenden Regionen in den USA.

◉ Sehenswertes

★ Obergaliläisches Museum für Urgeschichte MUSEUM
(☎ 04-695-4628; www.ugmp.co.il; Kibbuz Ma'ayan Baruch; Erw./Kind 25/20 NIS; ☺ 10–13.30 Uhr, Pessach, Sukkot & Aug. bis 16 Uhr) Israel beherbergt einige der bedeutendsten prähistorischen Stätten der Welt, mehrere davon im Hulatal. Dieses Museumsjuwel, das Urgeschichtler aus aller Welt anlockt, zeigt vor 780 000 bis 6000 Jahren von Menschen gefertigte Gegenstände, darunter eine einmalige Sammlung von altsteinzeitlichen Handäxten und das Skelett einer vor 12 000 Jahren neben einem Hund beerdigten Frau. Im Eintrittspreis ist eine Führung inbegriffen, die gewöhnlich auch auf Englisch angeboten wird.

Naturschutzgebiet Tel Dan PARK
(☎ 04-695-1579; www.parks.org.il; Erw./Kind 28/14 NIS; ☺ Sa–Do 8–16 oder 17, Fr bis 15 oder 16 Uhr, letzter Einlass 1 Std. vor Schließung) Das 50 ha große Naturschutzgebiet liegt 1,6 km nördlich der Rte 99 und punktet mit zwei großen Attraktionen. Die erste ist ein üppiges Waldgebiet, welches das ganze Jahr über von **Quellen** bewässert wird, die in normalen Jahren 8 m³ Wasser pro Sekunde in den Fluss Dan leiten, den wichtigsten Nebenfluss des Jordan. Die zweite Attraktion sind die Überreste einer großen **alten Stadt**, die im 18. Jh. v. Chr. von den Kanaanitern und während der Ersten-Tempel-Periode (ab dem 12. Jh. v. Chr.) von den Israeliten bewohnt war.

Zur Erkundung des Schutzgebiets gibt es drei Wege, die teilweise regelrechte Tunnel durch dichtes Gestrüpp und Unterholz sind: den **Short Trail** (45 Min.), den **Long Trail** (1½ Std.) und den **Ancient Dan Trail** (2 Std.). Große Abschnitte der Wege eignen sich auch für Rollstuhlfahrer. Alle führen an einem 40 cm tiefen Wasserbecken vorbei, das man durchwaten kann – ideal, um sich die Füße abzukühlen (ansonsten ist das Baden im Reservat verboten).

Im Naturschutzgebiet treffen drei Ökosysteme aufeinander. Deshalb gibt es eine erstaunlich große Artenvielfalt in Flora und Fauna. Indische Stachelschweine und gefährdete Feuersalamander leben hier, orange gesprenkelte schwarze Lurche mit fünf Zehen an den Hinterbeinen und nur vier an den Vorderbeinen. Einige der nicht heimischen Baumarten, z. B. der Eukalyptus und die Silberpappel, werden kontrolliert gefällt, um mehr Lebensraum für die heimischen Arten zu schaffen.

Die **Tel-Dan-Stele** (Haus-David-Stele), die 1993 ein Archäologenteam vom Hebrew Union College fand, ist ein Fragment einer Tafel aus dem 9. Jh. v. Chr. mit einer Inschrift in aramäischer Sprache. Dort brüstet sich der König von Damaskus damit, den

„König von Israel" und den König des „Hauses David" besiegt zu haben. Dies ist der früheste bekannte Verweis auf König David in einer außerbiblischen Quelle. Das Original der Stele befindet sich im Israel-Museum in Jerusalem.

Galil Nature Center MUSEUM
(Beit Ussishkin; 04-694-1704; http://museum.teva.org.il; Kibbuz Dan; Erw./Kind 20/15 NIS; So–Do 9–15, Fr bis 14, Sa 10–15 Uhr) Die **archäologische Abteilung** des Museums widmet sich dem nahe gelegenen Naturreservat Tel Dan. In der altmodischen, aber informativen (und auf ihre Weise schön gestalteten) **naturkundlichen Abteilung** sieht man aus nächster Nähe präparierte Säugetiere, Vögel und Schmetterlinge, die man in der freien Natur kaum zu Gesicht bekommt – dies ist die größte und bedeutendste Taxidermiesammlung Israels.

Das Museum zeigt einen 17-minütigen **Film** in acht Sprachen über die Geografie, Ökologie und Geschichte des Hulatals und des Bergs Hermon; zuletzt wurde noch an einem sechsminütigen Film für Familien mit Kindern gearbeitet. Am Parkplatz beginnt der 1040 km lange **Israel National Trail**, der bis zum Roten Meer führt. Der syrische Panzer auf dem Rasen in der Nähe wurde zu Beginn des Sechstagekriegs 1967 von Kibbuz-Mitgliedern außer Gefecht gesetzt.

Das Center liegt 300 m abseits der Zufahrtsstraße zum Naturschutzgebiet Tel Dan.

 Aktivitäten

Mifgash HaOfanayim RADFAHREN
(Bike Place; 04-689-0202, Asaf 050 757-8403; www.bikeplace.co.il; Rte 9888, Moshav Beit Hillel; 4 Std./ganzer Tag 55/90 NIS; So–Do 8–18, Fr bis 14.30, Sa 9–14.30 Uhr) Dieser Laden, eine echte Institution für Radler in Galiläa, vermietet und repariert Fahrräder und versorgt Traveller mit Streckeninfos und Radkarten. Die beiden Brüder, die das Geschäft betreiben, sprechen ausgezeichnet Englisch. Der Laden liegt 2 km südlich der Rte 99.

 Essen

Die meisten Esslokale der Gegend liegen an der Rte 99 oder in deren Nähe. Im Einkaufszentrum Gan HaTzafon (HaTzafon-Garten) an der Rte 99, 4 km östlich der Rte 90, gibt es Fast-Food-Läden für z. B. Falafel und Sushi sowie mehrere ordentliche Restaurants, die sieben Tage die Woche geöffnet sind. Für Freitagabend und Samstag sollte man am besten reservieren.

Minimarkt Nofit HaHermon SUPERMARKT $
(Nofit HaHermon Mall, Rte 99; 24 Std.) Verkauft Picknickzutaten und Campingausrüstung und ist immer geöffnet.

Lechem'keh BÄCKEREI $
(Little Bakery; 04-644-1978; Nofit HaHermon Mall, Rte 99; Sandwiches 18–45 NIS, kleine Gerichte 44–55 NIS, Frühstück 41–65 NIS; So–Do 8–18, Fr bis 14 Uhr) Die beste Bäckerei der Gegend hat sich zu einem freundlichen kleinen Feinschmeckercafé mit köstlichen Backwaren entwickelt. Sie befindet sich in einem heruntergekommenen kleinen Einkaufszentrum, der Nofit HaHermon Mall, auf der Südseite der Rte 99, 1,5 km östlich der Kreuzung von Rte 99 und 90.

Thali INDISCH $$
(04-607-7764; Nofit HaHermon Mall, Rte 99; Hauptgerichte 31–59 NIS; So–Do 12–22, Fr bis 16 Uhr;) Das 2016 eröffnete indische Restaurant ist mit Stickereien aus Rajasthan eingerichtet und 100 % vegetarisch. Das leckere Aushängeschild unter den Speisen des Ladens, der Thali Platter, umfasst Dhal, *aloo gobi* und Karotten-*matar* und wird auf einem Metalltablett serviert. Außerdem im Angebot: Biryani und zahlreiche vegane und glutenfreie Gerichte.

Cheese ITALIENISCH $$
(04-690-4699; Rte 9888, Beit Hillel; Hauptgerichte 42–114 NIS, Frühstück 44–60 NIS, Mittagsmenü 59–89 NIS; 9 oder 9.30–23 Uhr;) Das von zwei Brüdern geführte, luftige Restaurant serviert köstliche „italo-galiläische" Gerichte, darunter eine feine Auswahl an Pasta und Pizza (auch vegan und glutenfrei), sowie *shakshuka*. Befindet sich in Beit Hillel, rund 2,5 km südlich der Rte 99.

★ **Dag Al-HaDan** FISCH & MEERESFRÜCHTE $$$
(04-695-0225; www.dagaldan.co.il; abseits der Rte 99; Hauptgerichte 52–135 NIS; 12–22 Uhr;) Dies ist eines der besten Fischrestaurants in Israel. Außer bei Regen sitzen die Gäste draußen unter herrlichen Feigenbäumen, wo der kalte, klare Dan vorbeifließt – einfach zauberhaft! Das Restaurant ist berühmt für seine gegrillten und geräucherten Forellen, die in den Becken gleich 50 m weiter aufwachsen (für Gäste zugänglich) und mit hervorragenden im Ofen gebackenen Kartoffeln serviert werden. Vegetarier haben die Wahl zwischen mit Ziegenkäse gefüllten Pilzen, Quiche und Gnocchi.

Von Sonntag bis Donnerstag sind die Speisen koscher. Von Juli bis Sukkot sollte man für Samstagmittag reservieren. Das Lokal befindet sich 1 km nördlich der Rte 99, vom Kibbuz HaGoshrim aus gesehen auf der anderen Seite der Fernstraße.

ℹ An- & Weiterreise

Bus 58 von **Rama** (📞 04-373-2099; www.golanbus.co.il) verbindet Kiryat Shmona über die Rte 99 mit Majdal Shams.

Kiryat Shmona & Tel Hai

קריית שמונה ותל חי   كريات شمونة تل حاي

📞 04 / 23 100 EW.

Kiryat Shmona ist eine sonnenverbrannte, ertragsarme „Entwicklungsstadt" – eine in den 1950er-Jahren für jüdische Flüchtlinge aus arabischen Ländern angelegte Stadt –, die Besuchern kaum etwas zu bieten hat außer der Aussicht, vom veralteten, schäbigen Busbahnhof aus weiterzureisen. Am Sabbat ist hier fast alles geschlossen.

Der Name der Stadt bedeutet „Siedlung der Acht", was sich auf die acht zionistischen Siedler um Josef Trumpeldor bezieht, die 1920 im 3 km nördlich gelegenen Tel Hai getötet wurden.

⊙ Sehenswertes

Open Museum of Photography   MUSEUM
(📞 04-681-6700; www.omuseums.org.il; Tel Hai Industrial Park, Ostseite der Rte 90; Erw./Kind 3–18 J. 22/18 NIS; ⊗ Mo–Do 8–16, Sa 11–14 Uhr) Das Museum zeigt pro Jahr zwei Wechselausstellungen renommierter israelischer und ausländischer Fotografen. In einer interaktiven Abteilung können Kinder etwas über Fotografie lernen, mitsamt begehbarer Camera obscura und einer Camera lucida. Die Beschriftung ist auf Hebräisch und Arabisch, aber Museumsführer können Erläuterungen liefern. Vom Zentrum Kiryat Shmonas fährt man auf der Rte 90 3 km nach Norden und folgt dem Schild mit der Aufschrift „Photography".

ℹ An- & Weiterreise

BUS

Kiryat Shmona ist das größte Drehkreuz des Busverkehrs im „Galiläischen Finger". Busse fahren u. a. nach:

Haifa-Merkazit (Egged-Busse 500 und 505; 37,50 NIS, 2 Std., 2- oder 3-mal stündl.)

Jerusalem (Egged-Bus 963; 42,50 NIS, 3¼ Std., So–Do 2-mal tgl., Fr 1-mal) Über die Rte 6.

Katzrin (Rama-Busse 54 und 59; 16 NIS, 70 Min., So–Do 10-mal tgl., Fr 4-mal, Sa abends 1-mal) Über Merom Golan und Ein Zivan.

Majdal Shams (Rama-Bus 58; 14,15 NIS, 30 Min., So–Do 7-mal tgl., Fr bis zum frühen Nachmittag 3-mal, Sa abends 1-mal) Hält an der Rte 99 und der Rte 989, u. a. am Banias-Naturschutzgebiet, an der Nimrodburg und in Neve Ativ.

Safed (Nateev-Express-Bus 511; 16 NIS, 1 Std., stündl.) Fährt durch die Altstadt von Rosh Pina (15 NIS, 40 Min.) sowie vorbei den Abzweigungen zum Agamon HaHula (12,50 NIS, 9 Min.), zum Naturschutzgebiet Hula (12,50 NIS, 12 Min.) und nach Tel Hazor.

Tel Aviv – Zentraler Busbahnhof (Egged-Busse 840 und 845, 42,50 NIS, 3¾ Std., mind. stündl.)

Tiberias (Egged-Busse 541 und 840; 27 NIS, 1 Std., stündl.) Fährt über Rosh Pina.

TAXI

Die am Busbahnhof stationierten Taxis sind unter 04-694-2333 und 04-694-2377 zu erreichen.

Metula

מטולה   مطولة

📞 04 / 1600 EW. / 442 M

Das pittoreske Metula liegt oben auf einem Hügel ganz im Norden des „Galiläischen Fingers" und grenzt zu drei Seiten an den Libanon. Hier bieten sich neben schönen Ausblicken ins Nachbarland auch einige hervorragende Speisemöglichkeiten.

Metula wurde 1896 mithilfe des französischen Zweigs der Rothschilds gegründet. Dass dieser Ort existierte, war 1920 der entscheidende Grund dafür, dass der nördliche Teil Galiläas dem britischen Mandatsgebiet Palästina und nicht dem französischen Mandatsgebiet Libanon zugeteilt wurde. Heute ist die Wirtschaft Metulas vor allem von Touristen abhängig, denen der Sinn nach Alpenstimmung und Obsternte auf den Apfel-, Kirsch-, Birnen-, Pfirsich-, Pflaumen-, Nektarinen-, Kiwi- und Litschiplantagen steht.

⊙ Sehenswertes

Wer über die idyllische Hauptstraße von Metula schlendert, kommt an massiven Steinhäusern vorbei, die vor 100 oder mehr Jahren gebaut wurden. An manchen hängen Keramiktafeln, auf denen die Geschichte des Hauses erzählt wird.

★ Naturschutzgebiet
Nahal Iyyun   NATURSCHUTZGEBIET
(📞 04-695-1519; www.parks.org.il; Erw./Kind 28/14 NIS; ⊗ 8–16 oder 17 Uhr, Fr 1 Std. kürzer) Einer

der schönsten Uferwege in Galiläa folgt 3 km dem Flusslauf des Iyyun (Ayun) von der libanesischen Grenze landeinwärts. Man läuft durch eine von Klippen gesäumte Schlucht und gelangt zu vier Wasserfällen, u. a. zum 31 m hohen Wasserfall Tanur („Schornstein"). Der Park hat zwei Eingänge – einen an der nordöstlichen Ecke Metulas, 100 m vom Grenzzaun entfernt (letzter Einlass 1½ Std. vor Schließung), und einen an der Rte 90, 3 km südlich der Stadt (letzter Einlass 1 Std. vor Schließung), von dem aus man eine einfache Runde bis zum Wasserfall Tanur wandern kann.

Vom unteren Parkeingang führt ein kurzer Weg zu drei Planschbecken für Kinder – anderswo im Naturschutzgebiet darf man nicht ins Wasser! Außerdem gibt es einen rollstuhlgeeigneten Weg.

Aussichtspunkt Dado   AUSSICHTSPUNKT

(⊙ 24 Std.) Dieser oft windumtoste Aussichtspunkt oben am Hügel südwestlich der HaRishonim St – erkennbar an dem rotweißen Antennenturm auf der Spitze – bietet einen spektakulären Panoramablick. Im Süden sieht man das Hulatal, im Osten die Golanhöhen (mit dem Hermon und den Vulkanen Avital und Bental) und im Norden die Felder und Hügel des Libanon. Im Vordergrund liegt das Ayun-Tal, das zu Israels nördlichem Nachbarn gehört, und am Horizont erkennt man auch die **Kreuzritterburg Beaufort**.

🏃 Aktivitäten

Canada Centre   EISLAUFEN

(☎ 04-695-0370; www.canada-centre.co.il; 1 HaRishonim St; Eisbahn 1½ Std. 70 NIS, Schwimmbad 60 NIS, Bowling 30–33 NIS pro Spiel, Billard 30 Min. 10 NIS, Kombiticket 139 NIS, mit Trampolinen 155 NIS; ⊙ außer Juli & Aug. So geschl.) Die Einrichtungen hier zeigen Spuren ihres Alters, aber dennoch kann mit vor allem mit Kindern hier jede Menge Spaß haben, z. B. auf der mit Olympiamaßen gesegneten Eisbahn (10–16 oder 17 Uhr), im Schwimmbad mit Innen- und Außenbecken (10–20, Fr bis 18, Sa bis 19 Uhr), in der Bowlinghalle mit zehn Bahnen (10–18 Uhr) sowie an den Billardtischen und auf den Trampolinen.

🛏 Schlafen & Essen

Alle fünf Hotels des Orts liegen an der HaRishonim St. Die vier ausgezeichneten rustikalen Restaurants des Städtchens befinden sich allesamt in alten Häusern ebenfalls an der HaRishonim St.

Travel Hotel Metulla   HOTEL $$

(☎ 04-688-3040; www.travelhotels.co.il; 52 HaRishonim St; DZ/Apt. ab 500/650 NIS, Do & Fr 100 NIS teurer, zusätzl. Kind 100 NIS; 🛜) Das attraktive, durch und durch moderne Hotel mitten im Ortszentrum richtet sich vor allem an Naturfreunde und bietet 23 Zimmer und vier Apartments, Letztere mit Platz für vier oder fünf Personen. Die Gäste können gratis das Schwimmbad des Canada Centre nutzen und das Personal hilft den Gästen gerne dabei, Ausflüge und Wanderungen zu planen. Rollstuhlgeeignet.

★ Lishansky Since 1936   HISTORISCHES HOTEL $$$

(Villa Lishansky; ☎ 04-699-7184, Cléry 050 833-4552; 42 HaRishonim St; DZ 600–750 NIS; ⊙ Restaurant Mo–Sa 8.30–12 & 18.30–22 Uhr oder später; 🛜) Das Haus wurde 1936 von der Familie eines berühmten Spions des Ersten Weltkriegs im Bauhaus-Stil erbaut und hat sich sein ursprüngliches Aussehen samt Einrichtung bewahrt. Die vier geräumigen Gästezimmer bieten Zugang zu einem Wohnzimmer, das sehr authentisch im Stil der 1930er-Jahre eingerichtet ist.

Das Hotelrestaurant serviert herzhafte Rindfleisch-, Enten- und Fischgerichte, vor Ort geräucherte Forelle und Pilzsuppe, alles zubereitet mit galiläischen Kräutern und Gewürzen. Die Hauptgerichte kosten 86 bis 115 NIS, das Frühstück 60 NIS.

HaTachanah   STEAKS $$$

(☎ 04-694-4810; www.hatachana.rest.co.il; 1 HaRishonim St; Hauptgerichte 65–215 NIS; ⊙ Mo–Sa 13–22 Uhr oder später; 🛜) Das moderne, luftige Restaurant mit einer Einrichtungsmischung aus Wildem Westen und Schweizer Berghütte sowie schönem Panoramablick ist sehr renommiert und serviert erstklassige Steaks (aus Kfar Szold) sowie Hamburger, Suppen, Salate und Lammkoteletts, alles gut hinunterzuspülen mit einem Bier vom Golan. Es gibt auch Kinderportionen. Für donnerstagabends, freitags, samstags, Feiertage und Mitte Juli bis Ende August vorab reservieren!

ℹ An- & Weiterreise

Die Egged-Busse 20 und 20 אfahren von Metula über Tel Hai nach Kiryat Shmona (10,50 NIS, 24 Min., So–Do 8-mal tgl., Fr 5-mal).

GOLANHÖHEN

هضبة الجولان   רמת הגולן

Bei den Golanhöhen handelt es sich um ein Hochplateau vulkanischen Ursprungs mit tollem Blick auf den See Genezareth und das Hulatal. Im Sommer erscheint der Golan trocken und sonnenverbrannt, im Frühjahr üppig grün und von einem Teppich aus Wildblumen bedeckt. Zwischen den Feldern mit Felsbrocken aus Basalt und den tiefen Schluchten am westlichen Rand findet man Rinderfarmen, Obstplantagen, Weinberge und mittelständische kleine israelische und drusische Dörfer.

1967 besetzte Israel im Sechstagekrieg die damals syrischen Golanhöhen – was seitdem einen Zankapfel zwischen Israel und Syrien darstellt. Während des hart ausgefochtenen Jom-Kippur-Kriegs übernahmen die syrischen Streitkräfte 1973 kurzzeitig wieder die Kontrolle über das Gebiet, wurden dann aber bis zu den heutigen Grenzen zurückgeschlagen. Überall in der Region sieht man Zeugnisse dieser Konflikte: verlassene syrische Bunker an der vor 1967 bestehenden Demarkationslinie, alte, wie Mahnmale wirkende Panzer nahe den Schlachtfeldern von 1973 und israelische Bunker vor der von Blauhelmsoldaten der UN Disengagement Observer Force bewachten Pufferzone. 1981 annektierte Israel die Golanhöhen, was weder von der internationalen Gemeinschaft noch von den Vereinten Nationen anerkannt wurde, und gründete hier Siedlungen. Trotz der fortwährenden politischen Streitereien bestehen die drusischen und israelischen Gemeinden hier in harmonischer Koexistenz und als Reisender braucht man vor Ort nicht mit Spannungen zu rechnen.

❶ Anreise & Unterwegs vor Ort

Das in Katzrin ansässige Busunternehmen **Rama** (S. 272) bedient die Golanhöhen bis hinunter nach Kiryat Shmona, Hazor HaGlilit (nahe Rosh Pina) und das gesamte Ufer des Sees Genezareth (darunter Kapernaum, Kursi und Tiberias). Auf den wichtigsten Strecken, die von verschiedenen Buslinien mit leicht unterschiedlichen Streckenverläufen bedient werden, gibt es sonntags bis donnerstags bis zu zehn Verbindungen am Tag; freitags fahren bis zum Nachmittag bis zu fünf Busse und samstags am Nachmittag oder Abend einer.

Viele Israelis trampen auf den Golanhöhen – wir empfehlen Trampen grundsätzlich nicht.

❶ SICHER WANDERN AUF DEM GOLAN

In den meistbesuchten Naturschutzgebieten der Golanhöhen erhält man beim Zahlen des Eintritts auch ausgezeichnete Wanderkarten. Wer aber noch weiter querfeldein wandern will, sollte sich unbedingt – schon um die Minenfelder und die Übungsplätze der israelischen Streitkräfte in der Gegend zu umgehen – die nur auf Hebräisch verfügbare **SPNI-Karte Nr. 1** besorgen. Diese topografische Karte im Maßstab 1:50 000 umfasst das Gebiet um den Hermon, die Golanhöhen und Nordgaliläa (also das Hulatal und Umgebung). Die Karte wird in den meisten Nationalparks in der Gegend verkauft.

In eintrittspflichtigen Naturschutzgebieten erhält man von den freundlichen Rangern an den Informationsschaltern aktuelle Infos zum Zustand der Wanderwege. Bei manchen Strecken muss man sich registrieren lassen und möglicherweise im Auto auf dem Armaturenbrett eine Karte hinterlassen, damit – falls man nach Einbruch der Dunkelheit noch nicht zurück ist – die Parkwächter, die das Auto finden, sofort wissen, wohin sie ein Rettungsteam aussenden müssen.

Katzrin   קצרין كتسرين

📞 04 / 6900 EW.

Katzrin (Qazrin), die „Hauptstadt der Golanhöhen", ist ein idealer Ausgangspunkt für Erkundungstouren im mittleren und südlichen Golan. Hier kann man sich auch prima mit Picknickvorräten versorgen. Das 1977 gegründete Städtchen ist die bei Weitem größte israelische Siedlung der Region.

Das lebhafte kleine Geschäftszentrum **Merkaz Eitan** ist ein typischer 1970er-Jahre-Komplex, der vor ein paar Jahren erheblich aufgehübscht wurde – durch eine mit Fliesen bedeckte **Skulptur**, die so seltsam wie bunt ist. Außerdem gibt's hier eine Bank, eine Apotheke, ein paar Restaurants und ein erstklassiges Museum. Außer einem Lebensmittelladen ist am Sabbat alles geschlossen.

⦿ Sehenswertes

★ Archäologisches Museum des Golan   MUSEUM

(📞 04-696-1350; Merkaz Eitan; Erw./Kind 19/16 NIS, mit Antikenpark Katzrin 28/20 NIS; ⊙ So–Do 9–16, Fr bis 14 Uhr) Ein echtes Museumsjuwel! Zu den Highlights zählen ungewöhnliche Türstürze aus Basalt, aramäische Inschriften aus 32 regionalen Synagogen aus byzantinischer Zeit, Münzen, die während des Jüdischen Kriegs geprägt wurden, ein Modell von Rujm Al-Hiri, mysteriösen jungsteinzeitlichen Steinkreisen mit einem Durchmesser von 156 m, die vor 4500 Jahren angelegt wurden, sowie ein Film (verfügbar in neun Sprachen) über die römische Belagerung von Gamla. Das rollstuhlgerechte Museum liegt 100 m westlich vom Geschäftszentrum Merkaz Eitan neben der Bibliothek.

Antikenpark Katzrin ARCHÄOLOGISCHE STÄTTE
(Alt-Qazrin; 04-696-2412; Erw./Kind 26/18 NIS, mit Archäologischem Museum des Golan Erw./Kind 28/20 NIS; So–Do 9–16, Fr bis 14, Sa 10–16 Uhr, Aug. 1 Std. länger) Die teilweise restaurierte byzantinische Siedlung gewährt einen Einblick in den Alltag während der Talmud-Zeit (3.–6. Jh.), als es auf den Golanhöhen Dutzende jüdische Dörfer gab. Highlights sind eine Basalt-Synagoge, eine funktionsfähige Olivenölpresse, eine audiovisuelle Präsentation in klimatisierter Umgebung zu den Koryphäen der Talmud-Ära (wird nicht am Sa gezeigt) und frei umherstolzierende Pfauen.

Im August und an jüdischen Feiertagen wie Pessach oder Sukkot gibt es Vorführungen mit Darstellern in zeitgerechten Kostümen. Im *beit lehem* (Brothaus) ist oft frisches Pitabrot erhältlich. Die rollstuhlgerechte Stätte liegt 1,6 km östlich vom Geschäftszentrum Merkaz Eitan.

Golan Heights Winery WEINGUT
(04-696-8435; www.golanwines.co.il; Katzrin Industrial Park; Verkostung 10 NIS, inkl. Führung 20 NIS; So 8.30–17.30, Mo–Do bis 18.30, Fr bis 14 oder 15 Uhr, letzte Führung So–Do 16.30, Fr 12.30 oder 13 Uhr) Das sehr renommierte, vielfach international ausgezeichnete Weingut mit einer Jahresproduktion von 5,5 Mio. Flaschen bietet Führungen durch seinen Weinkeller (Anmeldung empfohlen) und Weinproben. Der Laden verkauft mehr als 50 verschiedene Weine, die unter den weinguteigenen Labels Yarden, Gamla, Hermon und Galil Mountain abgefüllt werden. Alle Weine sind koscher, aber zum Glück nicht *mevuschal* (blitzpasteurisiert).

Kesem Hagolan MUSEUM
(Golan Magic; 04-696-3625; www.magic-golan.co.il; Hutzot HaGolan Mall, Katzrin Industrial Zone; Erw./Kind 26/21 NIS; Vorführungen Sa–Do 9–17, Fr bis 16 Uhr) Eine exzellente Einführung in Sachen Golanhöhen: Das Zentrum nimmt Besucher mit auf eine halbstündige virtuelle Tour durch die Region, die auf einer 180°-Leinwand ausgestrahlt wird (auf Englisch 1-mal stündl. immer zur halben Stunde). Hier steht auch ein topografisches Modell der Golanhöhen im Maßstab 1:5000. Das Ganze befindet sich in dem Einkaufszentrum neben dem Industriegebiet 2 km östlich vom Merkaz Eitan.

🛏 Schlafen

Golan Garden Hostel HOSTEL $
(053 430-3677; www.golangarden.com; 12 Hukuk St; B/DZ mit Gemeinschaftsbad 100/300 NIS; @ 🛜) Das lockere 18-Betten-Hostel wird von den superfreundlichen Betreibern Alon und Daniel geführt. Neben einer Lounge mit Sitzsäcken und einer komplett eingerichteten Gästeküche gibt es hier Dorms mit vier oder sechs Betten, eine Hängematte auf der hinteren Terrasse sowie Gitarren und Trommeln, auf denen die Gäste spielen können. Mountainbikes werden für 50 NIS pro Tag vermietet. Insgesamt alles sehr günstig! Die Nutzung der Waschküche inklusive Trockner kostet 15 NIS. Es wird auch Campingausrüstung vermietet (Schlafsack 15 NIS pro Tag).

Blueberry Rooms PENSION $$
(04-696-2103; blueberrygolan@gmail.com; Merkaz Eitan; DZ ohne Frühstück 350 NIS, zusätzl. Kind 50 NIS; 🛜) Diese Unterkunft – die im Ort einem Hotel am nächsten kommt – bietet im Einkaufs- und Restaurantviertel von Katzrin zehn einfache, aber geräumige Zimmer mit Holzdecken und Parkettböden. Zu den Einrichtungen zählen Kühlschränke und Mikrowellen. Die Rezeption befindet sich im Blueberry Cafe & Restaurant, wo auch das Frühstück (40 NIS) serviert wird.

SPNI Golan Field School HOSTEL $$
(04-696-5030; www.natureisrael.org; 2 Zavitan St; DZ 375–503 NIS, zusätzl. Erw. 127–157 NIS, Kind 84–113 NIS; 🛜) Der bescheidene Komplex aus den 1970er-Jahren liegt am Ortsrand. Die 33 schlichten Zimmer für vier bis neun Personen sind alle mit Kühlschrank ausgestattet und eignen sich prima für Familien und Gruppen. Einzelne Schlafsaalbetten werden nicht angeboten. WLAN gibt's nur in der Lobby. Das Hostel befindet sich 1 km vom Geschäftszentrum Merkaz Eitan entfernt – die Daliyot St hinunter und dann links in die Zavitan St gehen.

Hin und wieder (z. B. an jüdischen Feiertagen und im August) finden kostenlose Gruppenwanderungen statt.

🍴 Essen

Fast Food (Hummus, Shawarma, schlechte Pizza und Hamburger) bekommt man im Geschäftszentrum Merkaz Eitan. Am Sabbat beschränkt sich das Angebot allerdings auf einen Lebensmittelladen und zwei Restaurants im Industriegebiet, 2 oder 3 km östlich.

HaMakolet Shel HaRusim
SUPERMARKT $

(Merkaz Eitan, gegenüber der Lev Katzrin Mall; So–Do 9–21, Fr 8–23, Sa 10–22 Uhr) Dieser täglich geöffnete „russische" Lebensmittelladen wird von einem Paar aus Usbekistan betrieben und verkauft Brot, Käse, *lox,* Matjesheringe und Wein, darunter viele Produkte aus der ehemaligen Sowjetunion. An Bieren gibt's z. B. Baltika aus Russland und Obolon aus der Ukraine. Obst und Gemüse sind nicht im Angebot. Am Sabbat geöffnet.

Golan Brewhouse
KNEIPENKOST $$

(04-696-1311; www.golanbeer.co.il; Hutzot HaGolan Mall, Katzrin Industrial Zone; Hauptgerichte 52–139 NIS; 11–22.30 Uhr;) Das beliebte Gasthaus mit einer runden Holztheke und Panoramafenstern serviert Steaks von Golan-Rindern, Hamburger, Geflügel- und Fischgerichte, Salate, vegetarische Gerichte und im Winter auch Suppen sowie ausgezeichnete Bazelet-Craft-Biere.

Wer hier den Brewhouse Beer Sampler (14 NIS) bestellt, bekommt je ein Whiskeyglas von allen vier Bieren, die hier in den Kupferkesseln in der Ecke gebraut werden (helles Ale, Pils, Doppelbock und Weizen). Meistens wird auch ein saisonales Bier ausgeschenkt. Für 48 NIS kriegt man jeweils 200 ml von diesen Biersorten plus Oliven und Sauerkraut.

★ Meatshos
STEAKS $$$

(04-696-3334; www.meatshos.co.il; Katzrin Industrial Zone; Hauptgerichte 59–159 NIS; Mo–Do 12–18, Fr 13–22, Sa 12–19 Uhr) Das Restaurant ist bekannt für seine schmackhaften Steaks, Koteletts und Hamburger (250–750 g) mit Fleisch von anderthalbjährigen Kälbern und Lämmern von den Golanhöhen. Außerdem wird eine vegetarische Lasagne angeboten. Hier wird auch der Salokiya-Boutiquewein (Glas Rot-/Weißwein 42/32 NIS) serviert, der auf dem Gelände hergestellt wird. Das Meatshos befindet sich am nördlichen Ende des Industriegebiets neben der Feuerwache, 1 km hinter der Golan Heights Winery.

ⓘ Praktische Informationen

Die von der Bezirksverwaltung betriebene **Touristeninformation** (04-696-2885; www.tourgolan.org.il; Hutzot HaGolan Mall, Katzrin Industrial Zone; So–Do 9–16 Uhr) hat Broschüren sowie kostenlose Stadtpläne auf Hebräisch, Englisch und Russisch. Außerdem kriegt man Infos zu Unterkunft, Wanderungen und Weingutbesuchen. Befindet sich 2 km östlich vom Stadtzentrum im Einkaufszentrum hinter dem runden Springbrunnen.

SPNI-Wanderinfos (Merkaz Hadracha; 04-770-9460; www.teva.org.il; SPNI Golan Field School, 2 Zavitan St; So–Do 8.30–17 Uhr): Erfahrene SPNI-Guides bieten kostenlose Beratungen zu Wanderungen in den Golanhöhen. Man kann auch telefonisch Auskünfte einholen. Hier sind außerdem Wanderkarten im Maßstab 1:50 000 erhältlich (90 NIS).

ⓘ An- & Weiterreise

BUS

Katzrin ist das einzige wirkliche Drehkreuz für Busse auf den Golanhöhen. Busse von Rama (S. 272) fahren fast in jede Ecke der Golanhöhen (besonders gute Verbindungen hat Ein Zivan) und darüber hinaus nach Tiberias, Rosh Pina und Kiryat Shmona. Bus 57 fährt am Ost- und Südwestufer (z. B. Kursi) des Sees Genezareth entlang bis nach Tiberias, Bus 52 am Nordwestufer des Sees (z. B. Kapernaum) nach Tiberias. Wer nach Neve Ativ, Majdal Shams und zu anderen Ortschaften am Hermon fahren will, muss gewöhnlich in Kiryat Shmona umsteigen – einzige Ausnahme: Bus 87 (2-mal tgl.).

Es bestehen u. a. folgende Fernverbindungen:

Haifa – Lev HaMifratz (Bus 503; 37,50 NIS, 2½ Std., So–Do 4-mal tgl., Fr 2-mal)

Jerusalem (Bus 966; 42,50 NIS, 4 Std., 1- bis 3-mal tgl.)

Tel Aviv – Zentraler Busbahnhof (Bus 843; 42,50 NIS, 3½ Std., So–Do 4- oder 5-mal tgl., Fr 1-mal, Sa 1-mal)

Südlicher Golan

Südlich von Katzrin blickt man von Osten auf den See Genezareth, die funkelnden Lichter von Tiberias und die Hügel von Galiläa. Außerdem bieten sich hier ausgezeichnete Wandermöglichkeiten, besonders in den Naturschutzgebieten Yehudiya und Gamla und deren Umgebung, und es gibt mehrere faszinierende historische Stätten zu erkunden.

Naturschutzgebiet Yehudiya
שמורת טבע יהודיה   محمية طبيعية يهودية

Im 66 km² großen **Naturschutzgebiet Yehudiya** (📞Meshushim-Eingang 04-682 0238, Yehudiya-Eingang 04-696 2817; Erw./Kind 22/9 NIS; ⊙Ende Okt.–Ende März Sa–Do 8-16, Fr bis 15 Uhr, Ende März–Ende Okt. Sa–Do 7-17, Fr bis 16 Uhr) gibt es Wanderwege für gemütliche Spaziergänge sowie solche für erfahrene Wanderer, vor allem für solche, die nichts dagegen haben, nass zu werden. Unterwegs könnte man auf Säugetiere wie Gazellen und Wildschweine treffen; in den Klippen tummeln sich Raub- und Singvögel. In den natürlichen Becken des Reservats darf auch gebadet werden – sehr erfrischend an einem heißen Tag!

Die meisten Wege folgen drei von Klippen gesäumten Wadis mit ganzjährig Wasser führenden Flussläufen, die in die nordöstliche Ecke des Sees Genezareth fließen. Vom Parkplatz Yehudiya (Chenyon Yehudiya) an der Rte 87 auf halber Strecke zwischen Katzrin und dem See Genezareth aus sind das **Wadi Yehudiya** und das **Wadi Zavitan** am einfachsten zu erreichen.

Vom Parkplatz Meshushim kommt man am leichtesten zum **Wadi Meshushim**. Der Parkplatz befindet sich 8 km nordöstlich der neutestamentarischen Stätte Bethsaida und ist über eine 2,8 km lange Schotterpiste erreichbar, die von der parallel zum Jordan verlaufenden Rte 888 abgeht.

Die Ranger an beiden Eingängen des Yehudiya-Reservats sind äußerst sachkundig und weisen einem die richtige Richtung. Zur eigenen Sicherheit wird man hier auch registriert. Die einzige Karte, die man benötigt, ist die ausgezeichnete farbcodierte Karte, die an den Ticketschaltern erhältlich ist.

Auf jeden Fall sollte man sich an die ausgewiesenen Wanderwege halten. Viele Leute sind bereits in den Tod gestürzt, weil sie tückische provisorische Wege ausprobiert haben. Außerdem gibt es östlich des Wadi Yehudiya eine militärische Sperrzone (gegenüber Rte 87).

Die Busse 52 und 57 (So–Fr 8- bis 10-mal tgl.) von Rama (S. 272), die zwischen Katzrin und Tiberias verkehren, halten am Parkplatz Yehudiya (4,40 NIS, 20 Min. ab Katzrin). Egged-Bus 843 zwischen Katzrin und Tel Aviv kommt hier ebenfalls vorbei.

Der Busfahrplan ist gewöhnlich am Informationskiosk am Yehudiya-Parkplatz angeschlagen.

Naturschutzgebiet Gamla
שמורת טבע גמלא   محمية طبيعية جملا

Gamla war in der Zeit des Zweiten Tempels eine bedeutende jüdische Siedlung. Im Jüdischen Krieg (66–70 n. Chr) entschied sich die Stadt für den Widerstand gegen die Römer und wurde daraufhin von den Legionen Vespasians belagert. Die Ruinen der Stadt lassen sich heute im Naturschutzgebiet Gamla (📞04-682-2282; www.parks.org.il; Rte 808; Erw./Kind 28/14 NIS; ⊙Sa–Do 8-16 oder 17 Uhr, Fr 1 Std. kürzer, letzter Einlass 2 Std. vor Schließung) besichtigen, von dem aus sich spektakuläre Ausblicke auf das Umland eröffnen. Die Wanderung von der Parkverwaltung hinunter zum alten Gamla und seine Erkundung dauern etwa zwei bis drei Stunden.

Der Historiker Flavius Josephus berichtet von einer sieben Monate andauernden Belagerung durch die Römer im Jahr 67 n. Chr., vom tapferen Standhalten der Verteidiger, von der blutigen Entscheidungsschlacht und von dem Massenselbstmord Tausender Juden wie in Masada – dafür gibt's allerdings keine archäologische Zeugnisse. Nachdem Gamla – das auf einem felsigen Kamm in Form eines Kamelhöckers thronte (*gamla* ist das aramäische Wort für Kamel) – 1968 anhand von Flavius' präzisen Beschreibungen hatte identifiziert werden können, förderten Ausgrabungen Unmengen Waffen von der römischen Belagerung (einige kann man in Katzrin im Archäologischen Museum des Golan bewundern; S. 274) und eine der weltweit ältesten Synagogen (die auf das 1. Jh. v. Chr. datiert wurde, also auf die Zeit des Zweiten Tempels) zutage.

Gamla ist auch für seine vielen **Gänsegeier** mit einer Flügelspannweite von ganzen 2,7 m bekannt, die in den Klippen nisten und majestätisch über dem Tal kreisen. Leider werden sie immer seltener; Hochspannungsleitungen, Quadrokopter und vergiftetes Aas, das einige Bauern – verbotenerweise – auslegen, um Wölfe und Schakale zu töten, setzen ihnen arg zu. Vor 15 Jahren gab es noch 200 Exemplare im Golan; heute sind es nur noch 15. Um der hiesigen Population unter die Arme zu greifen, wurden Geier aus Spanien hierhergebracht und ausgesetzt. Täglich um 11 und 13 Uhr gibt es am **Geier-Aussichtspunkt** gewöhnlich halbstündige Vorträge auf Hebräisch über die Vögel.

Vom **Wasserfall-Aussichtspunkt** (Tatzpit HaMapal) ist ein toller 51 m hoher Wasserfall zu sehen. Der Weg zum Aussichtspunkt dauert hin und zurück eineinhalb Stunden und führt vorbei an einem Feld voller **Dolmen** (Basalt-Grabsteinen), die Nomaden vor 4000 Jahren errichteten.

Auf dem Plateau rund um den Parkplatz bietet der rollstuhlgerechte **Geier-Weg** (Shvil HaNescharim; 20–30 Min.) einen tollen Blick auf die alte Stadt.

Gamla liegt 20 km südlich von Katzrin.

Umm-Al-Kanatir-Synagoge

בית הכנסת אום אל קנטיר כניس ام القناطر

Das wirklich Außergewöhnliche an der Umm-Al-Kanatir-Synagoge (Ein-Kshatot-Synagoge; abseits der Rte 808, unmittelbar westlich des Moshav Natur) aus dem 6. Jh. ist die Tatsache, dass ihr Standort, nachdem sie 749 n. Chr. durch ein Erdbeben zerstört worden war, aufgrund seiner Abgeschiedenheit bis ins 21. Jh. vollständig unberührt blieb. Da keiner der Basaltblöcke zum anderweitigen Gebrauch fortgeschafft wurde, konnten Archäologen mit Hilfe von 3-D-Laserscans, Mikrochip-Labels und einem gelben Kran den gesamten prächtigen Bau aus den Originalsteinen wieder zusammensetzen.

Der nach Jerusalem ausgerichtete Thoraschrein ist reich mit Adlern, die ihre Flügel spreizen, Weintrauben und jüdischen Symbolen wie Menora, *lulav* (Palmenwedel) und *etrog* (eine Zitrusfrucht) verziert. Zuletzt befand sich ein neues unterirdisches Besucherzentrum mit herrlichem Ausblick auf den See Genezareth noch im Bau.

Künstlerdorf Ani'am

📞 04 / 500 EW.

In dieser ruhigen israelischen Siedlung findet man neun hübsche Ateliers und Galerien an einer mit Ziegeln gepflasterten Fußgängerstraße. Die Künstler – darunter zwei Töpfer und der in New York geborene Goldschmied Joel Friedman von Golan Gold, der erlesenen Goldschmuck herstellt – erklären Besuchern gern ihr Handwerk. Die meisten Ateliers sind montags bis donnerstags von 11 bis 16 oder 17 Uhr (im Aug. länger) sowie freitags und samstags normalerweise von 11 bis etwa 15 Uhr (Sommer bis 16 Uhr) geöffnet.

In Ani'am gibt es zwei koschere Restaurants – eins für „milchige", eins für „fleischige" Lebensmittel –, die freitagabends und samstags geschlossen sind.

Mittlerer Golan

Der dünn besiedelte Mittlere Golan auf dem felsigen Vulkanplateau, dem die Golanhöhen ihren Namen verdanken, beherbergt Rinderfarmen, Weinberge und -güter, eine kleine Schokoladenfabrik, Bauernhöfe, wo man selbst Beeren und Obst pflücken kann, und die beiden Vulkane Avital und Bental, die über der syrischen Stadt Quneitra und der UN-Schutzzone thronen. Begrenzt wird das Gebiet im Süden durch Katzrin, im Norden durch Odem und im Osten durch die Waffenstillstandslinie von 1974.

Ein Zivan עין זיוון عين زيوان

📞 04 / 280 EW.

Dank zwei Weingütern und einer Schokoladenfabrik lässt sich im Kibbuz Ein Zivan, einer 1968 gegründeten israelischen Siedlung, gut ein Nachmittag verbringen.

⊙ Sehenswertes

Pelter Winery WEINGUT
(📞 054 248-6663; www.pelter.co.il; ⊙ 10–16 Uhr) Nachdem er sich in Australien die Weinerzeugung angeschaut hatte, gründete Tal Pelter 2001 ein Weingut, das inzwischen u. a. aus Syrah- und Chenin-blanc-Trauben 300 000 Flaschen Rot- und Weißwein im Jahr keltert. Die kostenlosen Führungen (15–30 Min.) enden mit einer Weinprobe. Eine Platte mit vier Sorten Pelter-Ziegenkäse (hergestellt von Tals Frau Inbar), Brot und Olivenöl kostet 25 NIS; freitags und samstags ist frische Focaccia (55 NIS für 2 Pers.) erhältlich.

Bahat Winery WEINGUT
(📞 04-699-3710; www.bahatwinery.co.il; Führung Erw./Kind 25/10 NIS; ⊙ So–Do 10–18, Fr bis 16 Uhr, im Winter 1 Std. kürzer) Das Bahat ist ein echtes Edel-Weingut. Es befindet sich in einer ehemaligen Fabrik für Plastiksandalen und produziert pro Jahr gerade mal 20 000 Flaschen Wein, darunter einen Portwein, der zum ersten Mal 2017 verkauft wurde, und einen interessanten Verschnitt aus Cabernet Sauvignon und Syrah. Jede halbe Stunde finden kurze Führungen (hebräisch und englisch) durch die aus nur einem Raum bestehende Produktionsanlage mit anschließender Verkostung statt. An Essbarem gibt's Käseplatten, Pizza und Salate. Kinder können selbst etikettierte und professionell verkorkte Flaschen mit Traubensaft (25 NIS) herstellen.

❶ An- & Weiterreise

Ein Zivan liegt 20 km nordöstlich von Katzrin. Die Busse 14, 59 und 87 von **Rama** (S. 272) verbinden Ein Zivan alle ein oder zwei Stunden mit Katzrin.

Aussichtspunkt Quneitra
תצפית קוניטרה   موقع المراقبة القنيطرة

Vom Gipfel des Avital späht die israelische Armee elektronisch weit nach Syrien hinein. Aber auch vom Aussichtspunkt Quneitra (Rte 98; ◷24 Std.) an den tieferen Flanken des Vulkans hat man einen weiten Blick ins gepeinigte nördliche Nachbarland Israels. Diese Stätte, an der eine Audiostation die Geschichte der hier ausgefochtenen Schlachten von 1973 erzählt, überblickt die 2 km entfernten Ruinen von Quneitra, der einstigen syrischen „Hauptstadt der Golanhöhen".

Am Ende des Sechstagekriegs wurde Quneitra, das zu jener Zeit eine Garnisonsstadt zur Verteidigung des 60 km nordöstlich liegenden Damaskus war, Hals über Kopf von der syrischen Armee verlassen, als das syrische Staatsradio fälschlicherweise verkündete, die Stadt sei gefallen. Im Jom-Kippur-Krieg von 1973, wo zunächst nur 177 israelische den angreifenden 1500 syrischen Panzern gegenüberstanden, wechselte Quneitra zweimal den Besitzer. Seit 2014 wird der Ort, der seit 1974 in der UN-Pufferzone liegt, von syrischen Rebellen kontrolliert.

Rund 150 m weiter an der Rte 98 markiert der Geschützturm eines in den USA gebauten israelischen Panzers ein **Denkmal** für den Jom-Kippur-Krieg samt Audio-Informationsstation. Ein Weg führt vom Aussichtspunkt den Abhang hinunter zum **Golan-Vulkanpark Avital** (HaPark HavVolkani; Rte 98; ◷10–16 Uhr) in einem alten Steinbruch, dessen freigelegte Gesteinsschichten die bewegte geologische Geschichte der Golanhöhen offenbaren. Es gibt Infotafeln auf Hebräisch, Arabisch und Englisch.

Der Aussichtspunkt und der Park befinden sich auf der Ostseite der Rte 98, 1,3 km nördlich der Zivan-Kreuzung.

Merom Golan   מרום גולן   مروم جولان
📞 04 / 675 EW. / 977 M

Diese israelische Siedlung am Fuß der westlichen Abhänge des Bental ist für die hiesigen Reitmöglichkeiten und ein Steakrestaurant bekannt – und für das Café, das die Siedlung auf dem Bental unterhält.

> ### ❶ AUSWIRKUNGEN DES SYRISCHEN BÜRGERKRIEGS
>
> Der brutale syrische Bürgerkrieg war teils auch hier in der Region zu spüren: Ein paar fehlgeleitete Geschosse und Raketen landeten auf der israelischen Seite der Waffenstillstandslinie. Seit einem Waffenstillstand Mitte 2017 scheint das nicht mehr vorgekommen zu sein, doch sollte man sich über die örtliche Sicherheitslage informieren, bevor man sich in die Nähe der Grenze aufmacht, insbesondere an der Rte 98 und im Gebiet um den Bental und den Aussichtspunkt Quneitra.

🏃 Aktivitäten

Havat HaBokrim REITEN
(📞052 851-4434; www.meromgolantourism.co.il; 1½ Std. 150 NIS, Kinder 5 Min. 30 NIS; ◷Ausritte So–Do 10–16 Uhr etwa alle 2 Std., Fr & Sa um 10, 12 & 15 Uhr) Auf dem Rücken eines Pferdes kann man mit den *bokrim* (Cowboys) der Golan-Ranch Havat HaBokrim die Vulkanberge erkunden. Vorab telefonisch reservieren!

🛏 Schlafen & Essen

Merom Golan Resort Village GÄSTEHAUS $$$
(📞04-696-0267; www.meromgolantourism.co.il; DZ 159–196 US$; 🛜🏊) Nach dem Ausritt kann man seinem durchgeschüttelten Körper in diesem attraktiven und sehr komfortablen Resortdorf Erholung gönnen. Die mit Whirlpool ausgestatteten Holz- und Basalthütten und die Gästezimmer sind umgeben von einem hübschen Garten und weiteren Zimmern im Boutiquestil. Die Anlage ist rollstuhlgerecht.

★ HaBokrim Restaurant STEAKS $$$
(📞04-696-0206; www.meromgolantourism.co.il; Hauptgerichte 66–142 NIS, Fr Buffet Erw./Kind 125/60 NIS; ◷So–Do 12–22, Fr 12–15 & 19–21 Uhr) Das 1989 eröffnete Fleischrestaurant ist bekannt für seine köstlichen Steaks und Hamburger von Tieren von den Golanhöhen, serviert aber auch Fisch, vegetarische Gnocchi, Bazelet-Bier vom Fass und einige Kindergerichte. Weine aus der Region kosten 25 NIS pro Glas. Das Essen ist koscher; freitags gibt's daher abends nur ein Buffet.

ℹ An- & Weiterreise

Die Busse 14, 59 und 87 von Rama (S. 272) verbinden Merom Golan mit Katzrin (10,50 NIS, 30 Min., stündl.).

Berg Bental   جبل بنطل   הר בנטל
1165 M

Vom Gipfel des zu einem Naturschutzgebiet gehörenden inaktiven Vulkans hat man einen fantastischen Panoramablick. Von den alten israelischen Schützengräben und Bunkern sieht man das Hulatal, den Hermon und den Zwillingsvulkan des Bental, den Avital, und kann in den Libanon und in den von Syrien kontrollierten Teil der Golanhöhen hinüberspähen. Den besten Blick auf das Gebiet um Quneitra hat man am späten Nachmittag. Die UN-Truppen haben einen Teil der Stätte in einen Beobachtungsposten verwandelt, um von hier aus ein Auge auf den syrischen Bürgerkrieg zu haben; zur Zeit der Recherche berichteten Besucher, dass in der Ferne Geschützfeuer zu hören war. Der Gipfel ist außer bei Schneefall rund um die Uhr zugänglich.

Wer möchte, kann den etwas muffigen unterirdischen Teil des zuletzt im Jom-Kippur-Krieg genutzten Grabensystems erkunden. Über der Erde liefern zwei Audio-Infostationen historische Hintergründe auf Hebräisch und Englisch, und teils ausgeblichene Schilder weisen gen Damaskus (60 km), Haifa (85 km), Amman (135 km), Jerusalem (240 km), Bagdad (800 km) und Washington D. C. (11 800 km).

🍴 Essen

Coffee Anan   SANDWICHES $$

(📞 04-682-0664; www.meromgolantourism.co.il; Sandwiches 35–39 NIS; ⏱ 9–17 Uhr, bei Schnee geschl.) Das nach dem früheren UN-Generalsekretär Kofi Annan, der einst die unten patrouillierenden UN-Blauhelme kommandierte, benannte Coffee Anan serviert Sandwiches, Salate, hausgemachten Kuchen, Börek, *shakshuka* und Eis. Auf Hebräisch bedeutet der Name übrigens „Café in den Wolken".

Odem   اودم   אודם

📞 04 / 150 EW. / 1050 M

Die kleine israelische Siedlung ist ein toller Ort, um Weine aus der Region zu probieren, im Sommer Obst und Beeren zu pflücken und andere Reisende zu treffen.

⊙ Sehenswertes

Odem Mountain Winery   WEINGUT

(📞 04-687-1122; www.harodem.co.il; ⏱ So–Do 9–17, Fr bis 16 Uhr) Das familienbetriebene Boutiqueweingut produziert vielversprechende sommerliche Rosés aus Cabernet Sauvignon und Syrah, rote Cabernets francs und Gewürztraminer. Zwei Weine können kostenlos verkostet werden, vier/sechs kosten 20/35 NIS – wenn man ein Fläschchen kauft, sind auch diese umsonst. Die Führungen (20 NIS) umfassen auch eine Weinprobe. Das Weingut produziert jährlich 105 000 Flaschen.

Ya'ar HaAyalim   ZOO

(📞 050 522-9450; www.yayalim.co.il; Kind 2–12 J./begleitender Erw. 60/35 NIS; ⏱ 9–17 Uhr, Juli & Aug. bis 19 Uhr; 👶) Kinder lieben die mit Kies bestreute und von Bäumen beschattete Anlage an einem Hang. Hier gibt es drei Arten von Hirschen (aus Nordeuropa, dem Himalaja und aus Japan), Steinböcke, 85 cm große Miniponys, auf denen die Kids reiten können, einen Streichelzoo, Tretautos, fünf Trampoline und einen Park mit einer 15 m langen Seilrutsche.

🛏 Schlafen

★ **Golan Heights Hostel**   HOSTEL $

(📞 054 260-0334; www.thegolanheightshostel.com; B 100 NIS, DZ 350 NIS, mit Gemeinschaftsbad 270 NIS; @ 📶) So sollte ein Hostel aussehen: mit tollen Bereichen zum geselligen Chillen, einer großen Küche, einer Bibliothek mit englischsprachigen Büchern, Einrichtungen zum Wäschewaschen und fröhlichen Wandbildern. Die Fußbodenheizung ist im Winter ein Segen. Es gibt neun Zimmer, drei davon Dorms mit sechs oder acht Herbergsbetten. Liad, der enthusiastische und freundliche Betreiber, hat einen Führer mit Einzelheiten zu Wanderungen und Aktivitäten in der Umgebung zusammengestellt, den man sich auf der Website herunterladen kann.

Nördlicher Golan

Die nördlichen Golanhöhen erstrecken sich an den Flanken des hoch aufragenden Hermon, vom Skigebiet Hermon bis zu den Drusendörfern Majdal Shams, Mas'ada und Ein Kinya. Viele der malerischsten Stätten der Gegend wie die mächtige Kreuzfahrerburg Nimrod und das Naturschutzgebiet Banias liegen an der Rte 99, die Richtung Westen durch den „Galiläischen Finger" nach Kiryat Shmona führt, oder nicht weit von ihr entfernt.

Nimrodsburg
מבצר נמרוד   قلعة الصبيبة

Die märchenhaft wirkende Burgruine der **Nimrodsburg** (📞 04-694 9277; www.parks.org.il; Rte 989; Erw./Kind 22/9 NIS; ⊗ Sa–Do 8–16 oder 17 Uhr, Fr 1 Std. kürzer, letzter Einlass 1 Std. vor Schließung), die im 13. Jh. wohl von Muslimen erbaut wurde, um die Handelsstraße von Tyros nach Damaskus zu schützen, thront auf einem langen, schmalen Kamm in 815 m Höhe an den Südwesthängen des Hermon. Die Arbeit, die in die Errichtung einer so gewaltigen Festungsanlage – sie ist 420 m lang und bis zu 150 m breit – auf der Spitze eines einsamen Bergkamms gesteckt wurde, erregt Staunen. Wer auf seiner Reise nur eine einzige Kreuzzugsfestung besichtigen kann, sollte sich diese anschauen.

Die Details ihrer wechselvollen mittelalterlichen Geschichte – die Burg wurde auch einmal von den Mongolen zerstört – sind der ausgezeichneten englischen Broschüre mit Karte zu entnehmen, die man am Ticketschalter erhält. Zu den Highlights zählt ein erhaltener Saal aus dem 13. Jh. mit Schießscharten für Bogenschützen im **Nordturm**.

Die Burg ist vom gesamten Hulatal aus zu sehen. Steilwände und schwindelerregende Schluchten schützen sie von drei Seiten. Südlich der Nimrodsburg befindet sich das Wadi Sa'ar, das das Basaltplateau der Golanhöhen (im Süden) von den Kalksteinflanken des Hermon (im Norden) abgrenzt. Die Festung erreicht man mit dem Rama-Bus 58 auf dem Weg zwischen Kiryat Shmona und Majdal Shams.

Naturschutzgebiet Banias
שמורת טבע הבניאס   محمية طبيعية بنياس

Sprudelnde Quellen, Wasserfälle und Bäche unter Schatten spendender Vegetation machen den Reiz des **Naturschutzgebiets Banias** (📞 Eingang Banias-Quellen 04-690-2577, Eingang Banias-Wasserfall 04-695-0272; www.parks.org.il; Rte 99; Erw./Kind 28/14 NIS; ⊗ Sa–Do 8–16 oder 17, Fr bis 15 oder 16 Uhr, letzter Einlass 1 Std. vor Schließung) aus, das zu den schönsten und beliebtesten Naturreservaten Israels zählt. Der Park hat zwei Eingänge an der Rte 99 in einem Abstand von ungefähr 3,5 km (zu Fuß 1½ Std.). Der Name „Banias" leitet sich von

> **NICHT VERSÄUMEN**
> ### WILDBLUMEN IM FRÜHJAHR
> Die Felder, Berge und Täler in den Golanhöhen stehen von Februar bis April (hängt immer auch vom Regen ab) in voller Blüte. Je höher man auf den Hermon steigt, desto später blühen die Wildblumen (bis Aug.). In den Naturschutzgebieten der Region führen ausgezeichnete Wege zu mit Blumenmeeren bedeckten Hängen. Wohin man am besten geht, wissen die Ranger der Schutzgebiete.

Pan ab, dem griechischen Gott des Waldes und der Natur, dem hier in römischer Zeit einst ein Tempel geweiht war.

Viele Abschnitte der vier Wanderwege im Park (eine Wegekarte wird gestellt) verlaufen im Schatten von Eichen, Platanen, Feigen- und Johannisbrotbäumen. Der **Suspended Trail**, ein Plankenweg, der über den rauschenden, kristallklaren Banias (Hermon) auskragt, vermittelt einen guten Eindruck davon, wie man sich früher vielleicht den Garten Eden vorstellte. Eine Viertelstunde zu Fuß flussaufwärts befindet sich der 10 m hohe **Banias-Wasserfall**, der sein Wasser über die steile Klippe tosend in ein tiefes Becken ergießt. So verlockend es sein mag, Baden ist hier – und auch anderswo im Reservat – nicht erlaubt. Beide Stätten können auf einem 45-minütigen Rundweg vom Eingang zum Banias-Wasserfall erkundet werden, der bis 1967 in einer entmilitarisierten Zone lag.

Nahe dem Eingang zu den Banias-Quellen eröffnet ein 45-minütiger Rundweg den Blick auf die ausgegrabenen Ruinen eines **Palastkomplexes**, den Herodes Agrippa II., ein Enkel Herodes des Großen, erbauen ließ.

An beiden Eingängen zum Naturschutzgebiet oder in ihrer Nähe sind gewöhnlich köstliche drusische Pitas erhältlich. Beide Eingänge erreicht man mit dem Rama-Bus 58, der zwischen Kiryat Shmona und Majdal Shams verkehrt.

Nimrod
נמרוד نمرود

📞 04 / 20 EW.

Die einsame israelische Siedlung auf einer Hügelspitze abseits der Rte 98 (am Golan Trail) ist wegen der atemberaubenden Aussicht und der Winter mit Schneefall ein toller Ort zum Abschalten. In dem auch als Nahal Nimrod bekannten Dörfchen wohnen gerade einmal fünf Familien.

🛏 Schlafen

Ohel Avraham ZELTCAMP $

(Abrahams Zelt; ☏ 052 282-1141, 04-698-3215; Tipi 100 NIS plus 60 NIS pro Pers., Camping 60 NIS pro Pers., DZ in Fertighütten 400 NIS; ⊗ etwa Pessach bis Sukkot, Fertighütten ganzjährig) In der hippiemäßigen Camp-Unterkunft mit vier Tipis, vier mongolischen Zelten, einem großen Beduinenzelt und mehreren Hütten könnte die Zeit 1969 stehengeblieben sein – ein tolles Plätzchen zum Chillen! Außer in den Hütten werden die Bäder und Kocheinrichtungen gemeinschaftlich genutzt. Schlafsack mitbringen; Matratzen gibt's vor Ort! Sehr einfach.

Bikta BaArafel PENSION $$

(☏ 052 269-7718; www.bikta.net; DZ ohne Frühstück 500 NIS, zusätzl. Pers. 100 NIS, Camping 50 NIS pro Pers.; 🛜) Die zehn rustikalen Zimmer, zumeist aus wiederverwertetem Holz errichtet und jeweils mit kleiner Küche, Whirlpool und Balkon ausgestattet, sind von Bio-Kirsch-, Apfel- und Aprikosenbäumen umgeben. Frühstück kostet 60 NIS; fürs Abendessen kann man Fleisch- oder Gemüseeintöpfe (70 NIS) bestellen. Zum Campen bringt man sein eigenes Zelt und seinen Schlafsack mit; eine Matratze kann man sich für 15 NIS ausleihen.

Majdal Shams
مجدل شمس   מג׳דל שמס

☏ 04 / 10 640 EW.

Majdal Shams ist die größte der vier drusischen Ortschaften in den Golanhöhen und das kommerzielle und kulturelle Zentrum der Drusen des Golan. Drusenfahnen – mit fünf horizontalen Streifen – flattern im Wind, und oft sieht man Männer mit kunstvollen Schnurrbärten in der traditionellen Tracht, zu der ein schwarzer *sirwal* (Pluderhose) und ein weißer Fez gehören. Allerdings ist der Ort deutlich weniger konservativ als viele andere drusische Dörfer der Region: Die jungen Leute hier kleiden sich wie typische säkulare Israelis; in diversen Kneipen wird sogar Alkohol ausgeschenkt.

Im Zentrum des Orts steht in der Mitte eines Kreisverkehrs eine **Reiterstatue** von Sultan Pasha Al-Atrash, dem drusischen Helden des Aufstands von 1925 gegen die französische Kolonialherrschaft in Syrien.

> **INSIDERWISSEN**
>
> ### KÖSTLICHE KONKURRENZ
>
> In Majdal Shams befinden sich an der Rte 989 ein paar hundert Meter nach der Kreuzung mit der Rte 98 zwei Läden mit köstlicher Baklava und weichem, warmem *kunafeh*: **Abu Jabal** (☏ 04-687-1515; Rte 989; Baklava/Kunafeh 65/50 NIS pro kg; ⊗ 8–21 Uhr), mit einem rot-weißen Schild mit hebräischem und russischem Schriftzug, und 250 m weiter den Berg hinunter **Abu Zeid** (☏ 04-698-4846; Rte 989; Baklava/Kunafeh 65/50 NIS pro kg; ⊗ 8–21 Uhr) mit einem Schild mit rosafarbener hebräischer Aufschrift.

Höhere Bildung spielt hier eine große Rolle. Bevor der Bürgerkrieg in Syrien ausbrach, studierten rund 400 drusische Studenten aus dem Golan an Universitäten in Syrien. Heute setzen die meisten jungen Leute von hier ihr Studium in Israel oder in Deutschland fort.

🛏 Schlafen

Narjis Hotel HOTEL $$

(Malon Butik Narkis; ☏ 04-698-2961; www.narjishotel.com; Rte 98; DZ Sommer/Winter 500/680 NIS; ⊗ Rezeption 9–18 Uhr; 🛜) Das stilvolle Hotel, das einer Familie aus Majdal Shams gehört, hat 18 große, romantische Zimmer mit moderner Einrichtung, Whirlpool, Balkon und Kühlschrank – reservieren! Es befindet sich an der Straße zum Hermon, 200 m von der Hermon-Kreuzung entfernt, dem Kreisverkehr an der Kreuzung Rte 989 und Rte 98.

Sanabl Druze Hospitality B&B $$$

(☏ 050 577-8850; sanabl.tal@gmail.com; Ein Kinya; DZ 650–850 NIS, zusätzl. Erw./Kind 300/200 NIS; 🛜) Das familienfreundliche B&B im drusischen Dorf Ein Kinya 9 km südwestlich von Majdal Shams bietet drei Doppelzimmer und zwei große Apartments mit schönem Blick auf die Burg Nimrod und das Hulatal. Das Haus hat eine schokoladenbraune, mit Jerusalemer Kalkstein verblendete Fassade und liegt im Norden des Ortes, von der Hauptstraße den Hügel hinauf – den Schildern mit dem grün-rot-weißen Logo folgen!

🍴 Essen

Am westlichen Ortseingang von Majdal Shams gibt's in der Nähe der Kreuzung von Rte 98 und Rte 989 eine Reihe von Lokalen mit Falafel, Hummus, Shawarma, drusischer Pita *(pita Druzit)* – mit Labneh-Rahmjoghurt gefüllte Pita – und Sahlep, einem warmen Getränk u. a. aus gemahlenen Orchideenzwiebeln. In zwei Kneipen wird westliches Essen serviert.

Ausgehen & Nachtleben

Why? PUB
(054 793-7187; Rte 98; 11 Uhr–open end) Eine sympathische Bar für ein Bierchen (es gibt sechs Sorten vom Fass) oder einen kleinen Happen (Grillfleisch, Hummus, Ravioli) vor einer Klangkulisse, die oft aus sanftem Blues besteht. Liegt 50 m östlich vom Narjis Hotel.

Green Apple Bar & Cafe PUB
(04-687-1400; www.046871400.com; Rte 98; 11–23, Do & Fr bis 2 oder 3 Uhr) Der Pub im irischen Stil könnte auch in Chicago stehen. Gezapft werden fünf Biere, darunter auch Guinness. Manchmal gibt's donnerstags ab 21 Uhr Livemusik. Neben dem Narjis Hotel.

ⓘ An- & Weiterreise

Majdal Shams liegt 30 km östlich von Kiryat Shmona und ist erreichbar mit dem Bus 58 von Rama (s72) ab Kiryat Shmona; seine weiteren Stopps sind u. a. Neve Ativ, die Burg Nimrod und das Naturschutzgebiet Banias.

Berg Hermon
خبل الشيخ   הר החרמון

Der mächtige Hermon ist für frische Bergluft (sogar im Sommer), schöne Bergblumen und unvorhersagbaren Schneefall bekannt. Der 2814 m hohe Gipfel des Berges gehört zu Syrien, der höchste Punkt, den Israel kontrolliert, liegt auf 2236 m.

Aktivitäten

Skifahren

Das Skifahren an den Hängen des Hermon kann recht teuer werden – aber für Israelis ist es immer noch billiger, als nach Österreich zu fliegen (vor 1948 fuhren palästinische Juden mit einer Leidenschaft für den Wintersport in den Libanon).

Im Winter liegen für gewöhnlich 3 bis 4 m Schnee auf dem Hermon, im Rekordjahr 1992 betrug die Schneehöhe stolze 10 m! Auskunft zu den aktuellen Skibedingungen gibt's online oder telefonisch.

Wer Ski fahren will, muss darauf achten, dass die Reiseversicherung Risikosport und einen eventuellen Heimtransport abdeckt.

Skigebiet Hermon SKIFAHREN
(1-599-550-560; www.skihermon.co.il; Rte 98; Winter Erw./Kind 39/34 NIS, Sommer frei; 8–16 Uhr, letzter Zutritt 15 Uhr, manchmal auch später) Die Einrichtungen am Hermon erinnern an einen nicht hoch gelegenen, nicht besonders exklusiven Skiort in den Alpen um das Jahr 1975, weshalb man wohl auch vor kitschigen Riesen-Schneemännern aus Styropor begrüßt wird. In guten Jahren kommen zwischen Dezember und März 30 bis 40 Skitage zusammen – das reicht nicht aus, um die Nachfrage zu befriedigen, weswegen die Pisten oft absolut überfüllt sind. In schlechten Jahren sind die Pisten vielleicht gar nicht geöffnet.

Das Skizentrum hat drei blaue (leichte), sieben rote (schwere) und zwei schwarze (sehr schwere) Abfahrtspisten. Die längste ist 1248 m lang und hat eine Höhendifferenz von 376 m; die höchste Piste beginnt bei 2036 m. Es gibt elf Skilifte, die einen raufbringen, darunter Sessel- und Schlepplifte.

Im Winter kommen zum Eintritt (zahlbar an den Mauthäuschen an der Straße) noch die Kosten für den Skipass (ganzer Tag/Nachmittag 250/200 NIS) und die Leihgebühren für Skier (Erw./Kind 140/120 NIS), Snowboard (140 NIS) und Skihosen oder -jacken (je 60 NIS) hinzu.

Wenn man das Skigebiet erst einmal erreicht hat, kann man gewöhnlich bis Sonnenuntergang bleiben.

Aktivitäten im Sommer
In der warmen Jahreszeit kommt man mit dem **Sessellift** (Erw./Kind 3-12 Jahre 49/42 NIS; erste Bergfahrt 8 Uhr, letzte Talfahrt 15.30 Uhr) nach oben, wo man die blühenden Bergblumen bewundern kann. Die Fahrt macht Spaß und man hat einen tollen Bergblick, aber oben sieht man nicht viel mehr als israelische Bunker in der Ferne. Am besten timt man den Aufstieg so, dass man an der kostenlosen eineinhalbstündigen **geführten Wanderung** (Juni & Juli Fr & Sa 11 & 13 Uhr, Aug. & Pessach- und Sukkotferien tgl.) in Begleitung eines SPNI-Guide teilnehmen kann, bei der man sich die Blumen und sonstigen Pflanzen anschaut und etwas über die örtliche Kriegsgeschichte erfährt. Dazu braucht man sich nur eine halbe Stunde vor Beginn am Lift einzufinden. Die Blütezeit liegt hier zwischen Ende Mai und August – also drei oder vier Monate später als an der Küste.

ⓘ An- & Weiterreise

Das Skigebiet befindet sich vor Majdal Shams aus 9 km bergauf an der Rte 98.

Westjordanland
הגדה המערבית   الضفة الغربية

Inhalt
Bethlehem	290
Ramallah	299
Taybeh	305
Jericho	306
Hebron	309
Nablus	312
Jenin	315

Gut essen
- Fadwa Cafe & Restaurant (S. 298)
- Hosh Al-Jasmine (S. 297)
- Abu Omar (S. 308)
- La Vie Cafe (S. 301)
- Al-Aqsa (S. 315)

Schön übernachten
- Hosh Al-Syrian Guesthouse (S. 297)
- Area D Hostel (S. 301)
- Khan Al-Wakalah (S. 314)
- Sami Youth Hostel (S. 308)

Auf ins Westjordanland!
„Welcome" ist ein Wort, das man im Westjordanland häufig hört. Ob der geschäftstüchtige Händler im Basar, der Kellner mit einem Teller Falafel in der Hand oder der Fahrer eines Taxis mit arabischer Musik – die Palästinenser tun alles, damit sich die Touristen in ihrem Land wohlfühlen.

Angesichts der weit verbreiteten Vorstellung vom Westjordanland als Paradebeispiel für Unruhen und Gewalt dürfte diese Herzlichkeit überraschen. Doch abgesehen vom politischen Pulverfass Westjordanland gibt es noch ein anderes Palästina: mit geschäftigen Basaren und chaotischem Verkehr, sanften Hügeln und kalkweißen Wüsten, starkem schwarzem Kaffee in feinen Porzellantassen und Städten mit wahrhaft biblischer Geschichte.

Genau dieses manchmal schwer zu fassende, manchmal überschäumende Palästina verzaubert die Besucher heute noch so sehr wie vor tausend Jahren.

Reisezeit
Bethlehem

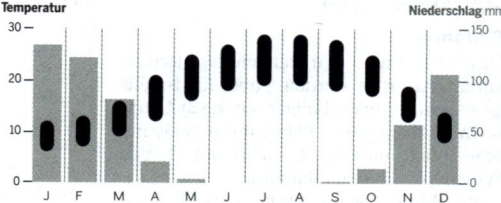

Okt. Es herrscht Festtagsstimmung, denn die Städter fahren zur Olivenernte in ihre Heimatdörfer.

Nov. Anfang Nov. wird in Burqi'in das Erntedankfest gefeiert.

Ende Dez. Bethlehem erstrahlt im weihnachtlichen Lichterglanz, um die Geburt Christi zu feiern.

Highlights

❶ **Bethlehem** (S. 291) Über die gepflasterten Straßen der Altstadt zum Krippenplatz und zur Geburtskirche spazieren

❷ **Ramallah** (S. 304) In der Hauptstadt des Westjordanlandes die berühmt-berüchtigte Partyszene Palästinas erleben

❸ **Alt-Jericho** (S. 306) In einer Seilbahn über die älteste durchgehend bewohnte Siedlung der Welt schweben

❹ **Hebron** (S. 309) Die heiß umkämpfte Stadt mit dem Grab der Patriarchen besuchen

❺ **Nablus** (S. 314) In einem Hammam im berühmten Seifenort Körper und Seele reinigen

❻ **Freedom Theatre** (S. 316) Die engagierten Schauspieler des weltberühmten Theaters bewundern

❼ **Berg Garizim** (S. 312) Zur Aussichtsplattform hinaufsteigen, der nach der Überlieferung der Samariter das erste von Gott erschaffene Stück Erde war

> **REISEWARNUNG**
>
> In den letzten Jahren ist das Reisen im Westjordanland für westliche Besucher relativ sicher geworden, und die Gefahr, in eine kritische Situation zu kommen, ist sehr gering. Dennoch ist das Westjordanland ein militärisch besetztes Gebiet, und die Lage kann sich jederzeit ändern. Es kommt immer wieder zu Zusammenstößen zwischen israelischen Soldaten und Steine werfenden Palästinensern, insbesondere an Freitagen.
>
> Man sollte die aktuellen Nachrichten verfolgen und Reisehinweise beachten. Und sich auch nicht scheuen, ein bereits gebuchtes Hostel oder Hotel vorab per E-Mail nach der Sicherheitslage zu erkundigen. Es versteht sich von selbst, dass sich Touristen von Protesten fernhalten sollten. Das gilt insbesondere für die Umgebung von israelischen Kontrollpunkten und Siedlungen sowie in der gesamten Stadt Hebron, wo die Lage schnell eskalieren kann.
>
> Bei der Einreise nach Israel werden Touristen nach den geplanten Besuchszielen gefragt und ob sie auch ins Westjordanland reisen wollen. Wer dies bejaht, muss damit rechnen, eine Zeitlang festgehalten zu werden.

Geschichte

Der geografische Begriff Westjordanland – 22 % des Mandatsgebiets Palästina – entstand als Ergebnis des arabisch-israelischen Kriegs von 1948, als die Gebiete nördlich, östlich und südlich von Jerusalem an Jordanien fiel. Der Name leitet sich von seiner Lage westlich des Jordans ab.

Historisch haben die Juden das Gebiet Judäa (Yehuda) und Samarien (Shomron) genannt, in Anspielung auf die südlichen und nördlichen Zipfel des Westjordanlands. Die zeitgenössische Verwendung dieser Begriffe durch jüdische Siedler und rechtsorientierte Israelis ist jedoch umstritten, da es bedeutet, dass die moderne israelische Politik auf den biblischen Grenzen des Landes Israel beruht. Weitere geläufige Bezeichnungen sind „Besetzte Palästinensische Autonomiegebiete" und einfach nur „Autonomiegebiete".

Die palästinensische Kultur des Westjordanlands ist immer noch von der 400 Jahre langen türkisch-osmanischen Herrschaft geprägt. In dieser Zeit war das Gebiet Teil der osmanischen Provinz Syrien. Aber auch kürzere Besatzungszeiten wie die britische Mandatszeit (1917–1948) haben ihre Spuren hinterlassen (Englisch wird heute noch in vielen palästinensischen Schulen unterrichtet).

Noch in der osmanischen Zeit lebten – wenn auch nur wenige – Juden im Westjordanland, vor allem in Hebron. Ende des 19. Jhs. und im 20. Jh. wanderten viele Juden aus Russland, Jemen und anderen Ländern in Palästina ein, doch nur wenige ließen sich in der Gebirgsregion nieder, die später das Westjordanland werden sollte.

Im ersten arabisch-israelischen Krieg besetzte Jordanien 1948 das Westjordanland und annektierte es kurz darauf. Doch schon 1967 gelang es Israel im Sechstagekrieg, das Gebiet zurückzuerobern. In den 1970er- und 1980er-Jahren versuchte Jordanien erfolglos, das Westjordanland mit dem Königreich zu vereinigen, und trat 1988 schließlich alle Gebietsansprüche an die Palästinensische Befreiungsorganisation PLO ab.

Infolge der Ersten Intifada (nach dem arabischen Wort für „Erhebung" oder „Abschütteln") von 1987 bis 1993 wurde das Oslo-Abkommen unterzeichnet. Mit dieser vorläufigen Vereinbarung zwischen der israelischen Regierung und der PLO wurde die Verantwortung über bestimmte Gebiete wie Jericho, Ramallah und Jenin der neu gegründeten Palästinensischen Autonomiebehörde übertragen.

Doch keine Seite wurde wirklich glücklich mit dieser Vereinbarung und ihren Folgen. Die gewalttätigen Auseinandersetzungen gingen weiter und forderten unendlich viele Tote auf israelischer und palästinensischer Seite. Das Scheitern der Friedensgespräche, die auf Vermittlung der USA 2000 in Camp David stattfanden, führte noch im gleichen Jahr zum Ausbruch der Zweiten Intifada.

Während dieser Zweiten Intifada (2000–2005) kam es zu den schlimmsten Gewaltausbrüchen seit mehreren Jahrzehnten. Aufsehenerregende Morde und Attentate hielten beide Seiten in Atem. In blutigen Auseinandersetzungen und militärischen Angriffen im Westjordanland und Gazastreifen kamen Tausende ums Leben, ganz zu schweigen von den Selbstmordattentätern, die mitten in Israel unzählige Menschen mit in den Tod rissen. Als Antwort auf diese Selbstmordattentate errichtete Israel einen meterhohen Sicherheitszaun und baute ihn zur hoch gesicherten Sperranlage aus (S. 295), um das Westjordanland gegenüber Israel abriegeln zu können. Nach dem Tod von Jassir Arafat 2004 wurde Mahmud Abbas 2005 zum Präsidenten der Palästinensischen Autonomiebehörde gewählt.

2006 gewann die Hamas, eine paramilitärische, islamische Gruppierung, die Parlamentswahlen in den palästinensischen Autonomiegebieten. Da viele Länder die Hamas für eine Terrororganisation halten, führte dieser Wahlsieg zur sofortigen Einschränkung der internationalen Unterstützung und zur Streichung der Finanzhilfen. Ein Jahr später kam es zum Bürgerkrieg zwischen der Hamas und der Fatah, in dessen Folge der Gazastreifen nun von der Hamas und das Westjordanland von der Fatah kontrolliert wird.

Während des Krieges 2014 im Gazastreifen, der nur 60 Tage dauerte, aber 1200 Todesopfer auf palästinensischer und 73 auf israelischer Seite forderte, nahmen auch die Proteste im Westjordanland massiv zu. Die gewalttätigen Auseinandersetzungen dauerten bis weit ins Jahr 2015 an, und zahllose Menschen in Jerusalem und dem Westjordanland wurden von palästinensischen Angreifern getötet.

Zur Zeit der Recherche wurden alle Hoffnungen auf Friedensgespräche zunichte gemacht, als US-Präsident Trump Jerusalem als Hauptstadt Israels anerkannte, was die Palästinenser zutiefst verärgerte und verletzte. Zudem gibt es Spekulationen über die baldige Nachfolge von Palästinenserpräsident Mahmud Abbas, der schon über 80 Jahre alt ist.

In den Städten des von der Fatah regierten Autonomiegebietes sind überall große Spruchbänder zu sehen, auf denen ein Sitz der Palästinenser bei der UNO und das Recht auf Rückkehr der Palästinenser in Gebiete, die sie 1948 aufgeben mussten, gefordert wird.

Außerdem protestieren sie gegen die ständige Ausweitung der israelischen Siedlungen in ihrem Gebiet. Gleichzeitig bemühen sich die Palästinenser, eigene Institutionen aufzubauen und ihre Wirtschaft anzukurbeln – und endlich ein souveräner Staat zu werden.

Klima

Genau wie in Jerusalem kann es auch in Bethlehem im Winter durchaus schneien und selbst mitten im ansonsten heißen Sommer ist es hier kühler. Wer Weihnachten in Bethlehem feiern möchte, sollte sich auf knackige Kälte einstellen und dicke Pullover mitbringen.

Nicht ganz so kalt ist es in Jericho, wo es aber im Sommer drückend heiß werden kann. Für Wanderungen im Wadi Qilt und in anderen Regionen sind das Frühjahr und der Herbst die beste Reisezeit.

Geführte Touren

Jugendherbergen in Jenin, Nablus, Ramallah oder Bethlehem erteilen Auskünfte über geführte Touren und bieten Alleinreisenden eine gute Möglichkeit, Gleichgesinnte kennenzulernen und solche Touren gemeinsam zu unternehmen.

Wer schon vor Antritt der Reise eine Tour buchen möchte, sollte sich an einen der unzähligen Veranstalter wenden. Besonders empfehlenswert ist **Green Olive Tours** (www.greenolivetours.com). Das in Beit Sahur ansässige **Siraj Center for Holy Land Studies** (www.sirajcenter.org) organisiert Rad- und Wandertouren. **Bike Palestine** (www.bikepalestine.com) organisiert siebentägige Radtouren von Jenin nach Jerusalem. **Walk Palestine** (www.walkpalestine.com) organisiert drei- bis 14-tägige Wanderungen auf einem Teil des **Abraham Path** (www.abrahampath.org). Übernachtet wird bei Einheimischen.

An- & Weiterreise

Ob mit Bus, Auto oder zu Fuß, jeder Besucher des Westjordanlands muss einen israelischen Kontrollpunkt passieren. Da israelische Taxis und Busse nicht in die (entsprechend markierte) Zone A fahren dürfen, muss man entweder einen arabischen Bus (etwa von Ost-Jerusalem) nehmen oder mit einem israelischen Bus oder Taxi bis zum Kontrollpunkt fahren, zu Fuß über die Grenze gehen und auf der anderen Seite mit einem palästinensischen Taxi oder Bus weiterfahren.

Wer lieber selber fahren möchte, sollte bedenken, dass man mit den meisten israelischen Mietwagen nicht in die Palästinenser-Gebiete fahren darf. Eine Ausnahme stellen die Wagen von **Dallah** (☏ 02-627-9725, 057-756-9405; www.dallahrentacar.com) und Goodluck (www.goodluckcars.com) dar. Beide Firmen haben ihre Büros in der Nähe des American Colony Hotel in Jerusalem.

Vom Ben Gurion Airport zum Damaskustor (Jerusalem) Vor der Ankunftshalle warten (rund um die Uhr) gelb-weiße *sheruts*, mit denen man vom Flughafen in der Nähe von

KONTROLLPUNKTE

Die Kontrollpunkte (hebräisch *machsomim*) sind die „Grenzübergänge" zwischen dem Westjordanland und Israel. Es gibt auch Kontrollpunkte im Westjordanland, doch diese werden oft verlegt oder ganz geschlossen.

Die meisten Kontrollpunkte stehen unter Aufsicht der israelischen Armee (IDF), einige wurden auch an private Unternehmen vergeben. An diesen scheint es öfter Ärger zu geben: Sie befragen Ausländer eindringlicher und durchsuchen oft ihr Gepäck.

Die Öffnungszeiten der Kontrollpunkte sind sehr unterschiedlich, doch die wichtigsten Ein- und Ausgänge des Westjordanlandes sind mittlerweile rund um die Uhr geöffnet. Zu diesen gehören der Checkpoint 300 in Bethlehem und der Kontrollpunkt Qalandia bei Ramallah. Dagegen ist der Kontrollpunkt Jalameh, nördlich von Jenin, nur tagsüber von 8 bis 19 Uhr geöffnet.

Bei der Einreise ins Westjordanland werden Touristen normalerweise nicht kontrolliert, wohl aber, wenn sie wieder zurück nach Israel kommen.

Ausländische Staatsbürger dürfen durch die Kontrollpunkte der IDF in alle der Palästinensischen Autonomiebehörde unterstehenden Gebiete reisen. Israelischen Staatsbürgern ist dies aufgrund des Militärrechts untersagt.

Das Passieren der Kontrollpunkte ist kostenlos und Inhaber von ausländischen Reisepässen benötigen keine weiteren Papiere. Sie müssen lediglich ihren Pass zeigen und das Gepäck durchleuchten lassen. Das geht im Allgemeinen recht schnell, alles in allem dauert das Ganze mit Wartezeit etwa 15 bis 20 Minuten (bei großem Andrang auch etwas länger).

Am frühen Morgen (von 7 bis 9 Uhr) und an muslimischen oder jüdischen Feiertagen ist mit langen Wartezeiten zu rechnen.

Ausländer dürfen mit dem Auto ins Westjordanland fahren und auch wieder zurück. Bei Mietwagen muss man vorab sicherstellen, dass die Versicherungspolice auch im Palästinensischen Autonomiegebiet gilt, was zumeist nicht der Fall ist. Für die Rückfahrt nach Israel sollte man viel Zeit einplanen, denn die israelischen Soldaten werden das Fahrzeug sehr wahrscheinlich nach Sprengstoff absuchen.

Hier sind einige der wichtigsten Kontrollpunkte für die Ein- und Ausreise ins Westjordanland aufgeführt:

Qalandia zwischen Jerusalem und Ramallah. Über diesen Kontrollpunkt reist man nach Ramallah, Nablus und Jenin. Hier ist am meisten los. Dabei sieht er mit dem hässlichen Metallzaun und den verriegelbaren Drehkreuzen eher wie ein Hochsicherheitsgefängnis aus. Außerdem kommt es hier immer wieder zu gewalttätigen Auseinandersetzungen zwischen israelischen Soldaten und Steine werfenden Palästinensern, insbesondere an Freitagen oder in Zeiten größerer politischer Spannungen.

Checkpoint 300 ist südlich von Jerusalem beim Eingang zu Rahels Grab. Eine Straße führt zum Kontrollpunkt für Autos, eine zu dem für Fußgänger. Der Kontrollpunkt ist überdacht und die Bedingungen sind besser als in Qalandia. Er ist auch rund um die Uhr geöffnet.

Bethlehem (Schnellstraße) Diesen Kontrollpunkt an der Schnellstraße passiert Bus 231 aus Bethlehem. Er sieht aus wie eine Mautstation und ist nicht sehr stark gesichert. Während der Passkontrolle dürfen Touristen im Bus sitzen bleiben, palästinensische Fahrgäste müssen aussteigen. Der Kontrollpunkt ist rund um die Uhr geöffnet.

Jalameh Der Kontrollpunkt 10 km südlich von Afula gehört in puncto Bequemlichkeit und Erreichbarkeit zu den besten. Allerdings soll es immer wieder lange Warteschlangen geben, und er ist auch nur von 8 bis 19 Uhr geöffnet.

Abu Dis Über diesen Kontrollpunkt zwischen Ostjerusalem und Abu Dis können Touristen nach Jericho reisen. Er kann jedoch nur zu Fuß passiert werden.

Weitere Infos über die Bedingungen an den einzelnen Kontrollpunkten stehen auf der Internetseite der linksgerichteten israelischen Gruppe Machsom Watch (www.machsomwatch.org).

Tel Aviv nach Jerusalem fahren kann. Man muss dem Fahrer nur den Namen eines Hotels oder die gewünschte Ausstiegsstelle nennen. Wer direkt ins Westjordanland möchte, sollte am Damaskustor aussteigen.

Vom Damaskustor (Jerusalem) nach Ramallah Am Damaskustor überquert man die Straße und geht die Nablus St direkt gegenüber hinauf bis zur Haltestelle des arabischen Busses (auf der linken Seite). Von dort fahren die Busse 218 und 219 über den Kontrollpunkt Qalandia nach Ramallah. Die Fahrgäste müssen am Kontrollpunkt nicht aussteigen. Im Sommer fahren die Busse nach Ramallah bis 21.30 Uhr, im Winter nur bis spätestens 18 oder 19 Uhr. Endstation ist der Busbahnhof der Stadt direkt gegenüber dem Area D Hostel (7 NIS).

Vom Damaskustor (Jerusalem) nach Bethlehem Von der Bushaltestelle direkt gegenüber der Altstadt fahren die Busse nach Bethlehem ab. Bus 231 fährt ohne Zwischenstopp direkt in die Stadt, Bus 234 fährt über den Checkpoint 300, wo die Fahrgäste aussteigen und zu Fuß über die Grenze gehen müssen. Zum Walled Off Hotel fährt man am besten mit dem Bus 234 bis zum Kontrollpunkt. Von dort sind es 15 Minuten zu Fuß zum Hotel oder man nimmt ein Taxi, das nicht mehr als 10 NIS kostet. Ansonsten fährt man am besten mit Bus 231 und dann weiter mit dem Taxi (maximal 20 NIS).

Von der King Hussein Bridge (Jordanien) zum Damaskustor (Jerusalem) Vor der Einreisehalle warten *sheruts*, die nach Jerusalem fahren. Vom Damaskustor geht es weiter mit dem Bus nach Ramallah und Bethlehem.

Von Nazareth/Afula nach Jenin Mit dem Sammeltaxi fährt man zum Kontrollpunkt Jalame, geht zu Fuß über die Grenze und fährt auf der palästinensischen Seite mit dem Bus oder Taxi weiter nach Jenin (25 Min.).

Wenn keine Busse mehr von Jerusalem nach Ramallah oder Bethlehem fahren, kann man auch mit einem israelischen Taxi zum Kontrollpunkt Qalandia oder Checkpoint 300 fahren und dann weiter mit einem palästinensischen Taxi. In beiden Fällen muss man mit dem Fahrer hart verhandeln.

ⓘ Unterwegs vor Ort

Das Westjordanland verfügt über ein ausgezeichnetes und benutzerfreundliches Nahverkehrsnetz. Busse und Sammeltaxis (die hier *services* heißen) verkehren zwischen den größeren Städten und den meisten, wenn auch nicht allen, Stätten und Dörfern, die für Besucher interessant sind. Schilder und Aufschriften sind zumeist nur in Arabisch, doch wer den entsprechenden Ortsnamen kennt, findet relativ leicht den richtigen Bus oder ein passendes Sammeltaxi, das wesentlich preiswerter als ein normales Taxi ist.

Eine Busfahrt, selbst zwischen größeren Städten, kostet zumeist zwischen 5 und 20 NIS.

Da die Entfernungen gering (und örtliche Straßenkenntnisse unabdingbar) sind, mieten viele Besucher stunden- oder tageweise ein Taxi. Die Tourveranstalter können zuverlässige Fahrer vermitteln.

Die meisten Taxifahrer in Bethlehem sind an Touristen gewöhnt und spontan bereit, sie einen ganz Tag lang durchs Westjordanland zu fahren. Die Taxis stehen am Bab iz-Qaq und vor dem Kontrollpunkt Bethlehem. Unbedingt verhandeln!

Der Verkehr auf den palästinensischen Straßen ist absolut chaotisch. Neben Schlaglöchern und miserabler Beschilderung stellt der Fahrstil der Einheimischen die größte Herausforderung dar, insbesondere für Reisende, die zum ersten Mal auf den Straßen des Nahen Ostens unterwegs ist. Hier ist sich jeder selbst der Nächste.

Israelische Kfz-Kennzeichen sind gelb, palästinensische grün-weiß. Auch wenn man mit einem gelben Kennzeichen – zumindest in ruhigeren Zeiten – fast überall im Westjordanland problemlos fahren darf, könnte man für einen Israeli oder jüdischen Siedler gehalten und entsprechend feindselig behandelt werden. Deshalb legen viele Touristen eine *Kufija* („Palästinensertuch") auf das Armaturenbrett, um unnötigen Ärger in kritischen Gegenden zu vermeiden. Besonders vorsichtig sollte man in Hebron und einigen Flüchtlingslagern sein.

Da ständig Straßen gesperrt, neue israelische Siedlungen gebaut werden und am Sicherheitszaun gearbeitet wird, können sich Zufahrten und Straßenverhältnisse schnell ändern. Daher sollte man sich unbedingt eine aktuelle Straßenkarte besorgen, wobei die in Israel verkauften Straßenkarten auch das Westjordanland beinhalten. Navigationssysteme sind auf der palästinensischen Seite der grünen Grenze nahezu nutzlos. Da hilft es nur, jemanden nach dem Weg zu fragen.

ⓘ ENGLISCHSPRACHIGE MEDIEN

This Week in Palestine (www.thisweekinpalestine.com) ist ein kostenloses Monatsmagazin über das Westjordanland mit verschiedenen Verzeichnissen, Artikeln, Berichten, Veranstaltungskalender und Karten.

> ### DAS WESTJORDANLAND NACH DEM OSLO-ABKOMMEN: ZONEN A, B & C
>
> Das Westjordanland ist in drei Gebietszonen unterteilt, die jeweils festlegen, wie viel zivile und militärische Macht die Israelis und die Palästinenser dort ausüben.
>
> Zone A (ca. 17 % des Westjordanlands) steht ganz unter der zivilen und militärischen Verwaltung der Palästinenser. Hebräische Schilder untersagen Israelis den Zutritt. Zu diesem Gebiet gehören die Städte Ramallah, Nablus, Tulkarem, Jenin, Qalqilya, Bethlehem, Jericho, Teile von Hebron und mehrere kleine Städte und Dörfer.
>
> Zone B (etwa 24 % des Westjordanlands) steht unter ziviler Verwaltung der Palästinenser und militärischer Verwaltung Israels. Dazu gehören viele ländliche Gegenden in Palästina.
>
> Zone C (ca. 59 % des Westjordanlands) steht vollständig unter israelischer Militärverwaltung. Hierbei handelt es sich um weniger dicht besiedelte Gegenden sowie die Außenbezirke von Städten und Dörfern und auch alle Schnellstraßen im Westjordanland.

Bethlehem בית לחם بيت لحم

♪ 02 / 47 000 EW.

Bethlehem ist schon lange nicht mehr der „kleine Ort" der Weihnachtslieder, doch überall in der geschäftigen Stadt stolpert man über Geschichten von Maria und Josef, die Sterne, Krippen und Jesus Christus, der in Pflastersteinen, Straßen und Kirchen verewigt ist.

Die Stadt brummt nur so von Aktivitäten, in den kurvigen Straßen staut sich der Verkehr und der Hauptplatz quillt über von fotografierwütigen Touristen, die versuchen, mit ihren Guides Schritt zu halten. Wie in Jerusalem sind auch hier alle christlichen Konfessionen wie Lutheraner, Katholiken, Altsyrer und Orthodoxe vertreten.

Aber auch für Nichtreligiöse gibt es jede Menge zu sehen und zu entdecken. Neben der geschäftigen Altstadt und dem Basar in der Stadt befinden sich zahlreiche historische Stätten in ihrer unmittelbaren Umgebung, darunter auch das legendäre Kloster Mar Saba. Nicht zu vergessen die bekannten Wandmalereien, vor allem einige Gemälde des britischen Künstlers Banksy, die den israelischen Sperrzaun zwischen Bethlehem und Jerusalem in eine riesige Galerie verwandelten.

Geschichte

Die uralte Stadt, die Maria und Josef wegen einer Volkszählung aufsuchten und mit einem Sohn wieder verließen, ist dauert seit der Altsteinzeit besiedelt. Im 14. Jh. v. Chr. soll sich die Siedlung zu einem Stadtstaat namens Beit Lahmu (nach der Schutzgöttin Lahmu) entwickelt haben, bevor sie unter dem hebräischen Namen Ephrata in der Bibel erwähnt wird.

300 Jahre nach Christi Geburt erhob der römische Kaiser Konstantin 313 das Christentum zur offiziellen Staatsreligion. Bethlehem wurde schnell zu einem populären und wohlhabenden Wallfahrtsort, in dem Klöster und Kirchen blühten und gediehen. Selbst nach der islamischen Eroberung der Stadt 638 bewahrten die Christen ihre vertraglich zugesicherten Eigentumsrechte und die Religionsfreiheit, sodass Bethlehem ein weiteres Jahrtausend des Wohlstands erleben konnte.

Nach dem ersten arabisch-israelischen Krieg 1948 sorgten palästinensische Flüchtlinge aus dem neu gegründeten jüdischen Staat für eine Bevölkerungsexplosion in Bethlehem. Bis heute leben viele ihrer Nachkommen in den Flüchtlingslagern Aida, Dheisheh und Al-Azzah, die rund um die Stadt entstanden.

Wie in den mehr als 1700 Jahren zuvor lebt auch das heutige Bethlehem von Touristen und Pilgern. Es ist die am meisten besuchte Stadt im Westjordanland, und insbesondere an christlichen Feiertagen strömen die Menschen zu den Ostergottesdiensten und der traditionellen Mitternachtsmesse am Heiligen Abend.

⊙ Sehenswertes

In den engen Sandsteinstraßen mit den exotischen kleinen Geschäften am Manger Sq (Krippenplatz) und in der Altstadt und insbesondere in der Pope Paul VI St, Star St und den schmalen Gässchen dazwischen scheint die Zeit stehen geblieben zu sein. Jeden Sonntag finden unzählige Gottesdienste statt. Die Kirchgänger sind zumeist Palästinenser sowie Mönche und Nonnen der umliegenden Klöster, doch auch Touristen sind herzlich willkommen.

Die Öffnungszeiten von Kirchen und anderen historischen Stätten in und um Bethlehem können sich ohne vorherige Ankündigung ändern, doch im Allgemeinen sind die Sehenswürdigkeiten im Westjordanland von frühmorgens bis Sonnenuntergang oder eine Stunde davor geöffnet.

Die meisten Sehenswürdigkeiten sind vom Stadtzentrum gut zu Fuß zu erreichen. Wer das Hirtenfeld, das Kloster Mar Saba oder Herodium besuchen will, kann von Manger St oder Manger Sq mit einem Taxi dorthin fahren.

Zum Manger Sq geht man vom Bab iz-Qaq, wo Bus 231 aus Jerusalem hält, fünf Minuten die Pope Paul VI St entlang bis zum Cinema Sq. Von dort sind es weitere zehn Minuten zu Fuß. Man kann auch mit dem Bus bis zum Kontrollpunkt fahren und von dort mit einem Taxi (20 NIS) in die Stadt.

Wer mit dem Taxi zum Manger Sq fährt, geht von dort in der geschäftigen Pope Paul VI St (am Basar auf der linken Seite vorbei) bis zu ihrem Ende, biegt nach rechts ab und folgt der bezaubernden Star St zurück in die Altstadt.

◉ Altstadt

Geburtskirche KIRCHE
(☼Frühjahr–Herbst 6.30–19.30 Uhr, Winter 6.30–18 Uhr) GRATIS Die Millionen von Pilgern, die jedes Jahr ins Heilige Land strömen, kommen vor allem wegen der Geburtskirche nach Bethlehem. Die Kirche, die direkt über dem Ort von Jesus Geburt stehen soll, wurde 326 von Kaiser Konstantin errichtet und seitdem unzählige Male umgebaut und verändert. Auch zurzeit wird die Kirche umfassend restauriert, um sie zu schützen.

Man kann die Kirche auf eigene Faust besichtigen, doch es lohnt sich, einen der draußen wartenden Führer zu engagieren, um mehr zu erfahren.

Man betritt die Kirche durch eine extrem niedrige Tür aus osmanischer Zeit, die passenderweise **Demutspforte** genannt wird. Die ursprüngliche Eingangstür war wesentlich größer, doch bereits die Kreuzfahrer verkleinerten sie, um mögliche Angreifer von ihren Pferden zu zwingen. Später verkleinerten sie die Mamelucken oder Osmanen auf ihre heutige Größe, doch die Umrisse der Originaltür aus dem 6. Jh. und der Tür der Kreuzfahrer sind noch deutlich zu erkennen.

Auf dem Weg von der Tür zum Hauptschiff sieht man unter hölzernen Falltüren den ursprünglichen Mosaikboden von Kaiser Konstantin aus dem 4. Jh., der erst 1934 wieder entdeckt wurde.

Im 6. Jh. ließ Kaiser Justinian die Kirche fast vollständig neu aufbauen, nachdem der Großteil bei einem Aufstand der Samariter zerstört worden war. Die riesigen rot-weißen Kalksteinsäulen des Mittelschiffs sind vermutlich die letzten Überbleibsel der ersten Originalkirche. Manche sind mit Malereien von Heiligen geschmückt, die die Kreuzfahrer im 12. Jh. anbringen ließen. Rechts neben der Demutspforte führt eine Tür ins armenische Kloster, in dem heute noch sechs Mönche leben, die sich um die 300 Mitglieder der armenischen Gemeinde von Bethlehem kümmern. Diese gehen auf die große armenische Gemeinde im 17. Jh. zurück, die für ihre bunt illustrierten Abschriften der Bibel bekannt waren.

DAS WESTJORDANLAND KENNENLERNEN

Folgende Organisationen vermitteln einen tieferen Einblick in das Westjordanland:

Alternative Tourism Group (www.patg.org) bietet jede Menge Infos und empfehlenswerte Tagesausflüge nach Hebron und Bethlehem.

Palestine Fair Trade Association (www.palestinefairtrade.org) vermittelt Übernachtungen bei Familien und Freiwilligenarbeit bei palästinensischen Familien und Bauern, vor allem während der Olivenernte.

Palestinian Association for Cultural Exchange (www.pace.ps) organisiert Tagesausflüge und längere Touren nach Nablus, Hebron, Qalqilya und Umgebung. Dabei werden örtliche Kooperativen unterstützt und auch Vorträge gehalten.

Siraj Center for Holy Land Studies (www.sirajcenter.org) organisiert und vermittelt verschiedene Aktivitäten und Begegnungen im gesamten Westjordanland.

Bethlehem

Bethlehem

⦿ Sehenswertes
1. Bethlehem-Museum B2
2. Geburtskirche C3
3. International Center of
   Bethlehem A2
4. Ev.-lutherische Weihnachtskirche A2
5. Milchgrotte D3
6. Umar-Moschee B3
7. Suk B3
8. Katharinenkirche C3

🛏 Schlafen
Dar Annadwa .... (s. 3)

9. Grand Hotel Bethlehem A1
10. Hosh Al Syrian Guesthouse C3
11. Manger Square Hotel C2

⊗ Essen
12. Afteem C3
13. Fadwa Cafe & Restaurant C2
14. Peace Center Restaurant C3
15. Square C3

🌙 Ausgehen & Nachtleben
16. Star Bucks C3

Im vorderen Teil des Hauptschiffs führen einige Stufen in die **Geburtsgrotte** hinunter. Sie ist äußerst beliebt bei Reisegruppen, und am Wochenende steht man oft eine Stunde oder noch länger an. Wer hingegen mittags an einem Wochentag kommt, hat die Grotte beinahe für sich allein. Über die Grotte wacht ein recht eifriger Sicherheitsbeamter, der nicht davor zurückschreckt, Pilger, die sich zu lange dort aufhalten, persönlich hinauszuwerfen.

Auf dem Boden der mysteriösen, stimmungsvoll mit Laternen beleuchteten Grotte markiert ein **silberner Stern mit 14 Zacken** den genauen Ort, wo Jesus angeblich geboren wurde. In der **Krippe** (Chapel of the Manger) auf der einen Seite der Grotte ist die Geburtsszene dargestellt. In der Kapelle gegenüber steht der Altar der Anbetung durch die drei Weisen Kaspar, Balthasar und Melchior. Bei der Eroberung Palästinas 614 verschonten die Perser angeblich die Kirche und die Grotte, weil die drei Weisen in traditioneller persischer Kleidung dargestellt waren.

Zwar mag die Grotte heute friedlich und ruhig wirken, doch war sie im Laufe der Jahrhunderte immer wieder Schauplatz heftiger Auseinandersetzungen. So wurde 1847 der silberne Stern gestohlen, was die drei christlichen Gemeinden der griechisch-orthodoxen, armenischen und katholischen Kirche, die schon immer erbittert um die Zuständigkeit für die Grotte kämpften, den jeweils anderen vorwarfen. Auch als der Stern durch eine Kopie ersetzt wurde, hielten die Streitereien an und die Verwaltung wechselte immer wieder zwischen Orthodoxen und Katholiken hin und her.

Bis heute ist die Verwaltung der Geburtskirche exakt unter den orthodoxen, katholischen und armenischen Geistlichen aufgeteilt. Dieses System der Verwaltung heiliger Stätten wird einfach als „Status quo" bezeichnet. So gehören von den Laternen in der Grotte sechs der griechisch-orthodoxen, fünf der armenischen und vier der katholischen Gemeinde.

Katharinenkirche KIRCHE
(Manger Sq; ⊗ Frühjahr–Herbst 6.30–19.30 Uhr, Winter 6.30–18 Uhr) GRATIS Die Mitternachtsmesse, die jedes Jahr zu Weihnachten in der rosafarbenen Kirche neben der Geburtskirche gefeiert wird, wird zwar in alle Welt übertragen, doch es geht nichts über das persönliche Erlebnis der stimmungsvollen, wenn auch recht langatmigen Weihnachtsmesse vor Ort.

Wer die Kirche über die Geburtskirche betreten möchte, muss das Franziskanerkloster aus der Zeit der Kreuzzüge durchqueren.

Milchgrotte KIRCHE
(Milk Grotto St; ⊗ Sommer 8–18 Uhr, Winter 8–17 Uhr) GRATIS Ein paar Schritte vom Krippenplatz entfernt ist die weit weniger bekannte Milchgrotte. Nach der Überlieferung sollen Maria und Josef bei ihrer Flucht nach Ägypten hier Rast gemacht haben, um das Baby zu stillen. Als dabei ein Tropfen Milch auf den roten Stein fiel, färbte er ihn weiß.

Umar-Moschee MOSCHEE
(Manger Sq; ⊗ 10–11, 13.30–14 & 17–19 Uhr) GRATIS Gegenüber der Geburtskirche befindet sich die einzige Moschee der Altstadt von Bethlehem. Sie ist nach dem zweiten Kalifen Omar Ibn Al-Khattab benannt. Er war auch der Schwiegervater des Propheten und betete in der christlichen Geburtskirche, nachdem er 637 das damals byzantinische Jerusalem erobert hatte.

Dabei erklärte er in seinem *Pakt des Omar*, dass auch unter muslimischer Herrschaft die Basilika eine christliche Kirche bleiben werde, und sicherte den Christen die freie Ausübung ihrer Religion zu.

Bethlehem-Museum MUSEUM
(☏ 02-274-2589; www.arabwomenunion.org; Star St; 10 NIS; ⊗ Mo–Sa 8–13 & 14–17 Uhr) Das Museum in einem typisch palästinensischen Wohnhaus des 19. Jhs. besteht aus drei Räumen, die wie das Heim einer traditionellen Familie in Bethlehem eingerichtet sind. Viele der Ausstellungsstücke sind mehr als 200 Jahre alt. Im Eintrittspreis enthalten ist eine recht oberflächliche Führung durch eine der Mitarbeiterinnen und der Zugang zum Museumsshop, in dem die von der Bethlehem Arab Women's Union hergestellten Stickereien und Spitzenarbeiten verkauft werden.

Suk MARKT
GRATIS Auf dem Markt werden Obst und Gemüse, Fleisch und Fisch, Trödel, Schuhe und himmlisch leckere Snacks verkauft. Der von den Einheimischen auch als „Grüner Markt" bezeichnete Suk wurde 1929 eröffnet.

International Center of Bethlehem KULTURZENTRUM
(Dar Annadwa; ☏ 02-277-0047; www.annadwa.org; Pope Paul VI St, Madbasseh Sq) Das von Lutheranern geführte Zentrum bietet Konzerte, Theaterstücke, Filme und Dokumentationen in Englisch, Vorträge und Workshops. Außerdem gibt's ein Café, eine Pension, Kunstgalerie und den Souvenirshop **Cave**, wo Künstler aus der Region ihre Arbeiten präsentieren. Wegen privater Veranstaltungen ist das Zentrum oft geschlossen.

Evangelisch-lutherische Weihnachtskirche KIRCHE
(☏ 02-274-2312; www.bethlehemchristmaslutheran.org; Pope Paul VI St, Madbasseh Sq; ⊗ Mo–Fr 9.30–15, So 10.30–12 Uhr) Die lutherische Kirche, die zum International Center of Bethlehem (S. 293) gehört, wurde im 19. Jh. errichtet und 1898 von Kaiser Wilhelm II. bei seinem Besuch im Heiligen Land eingeweiht. Dabei spendete er einige Buntglasfenster, die er selbst in Auftrag gegeben hatte. Der protestantische Gottesdienst findet sonntags um 10.30 Uhr statt. Besucher sollten sich mit der Kirche im Voraus in Verbindung setzen (per Internet).

⊙ Außerhalb der Stadt

Rahels Grab RELIGION
(www.rachelstomb.org; ⊗ So–Mi 12.30–22.30, Do 24 Std.) GRATIS In einem durch den Sicherheitszaun entstandenen öden Korridor liegt in der Nähe des Hauptkontrollpunkts der Stadt auf israelischer Seite das Grab der Ra-

hel. Als Rahel hier bei der Geburt ihres Kindes starb, soll ihr Mann Jakob „ein Steinmal über ihrem Grab" errichtet haben.

Der Besuch der Grabstätte ist sehr schwierig. Obwohl der Eingang nur ein paar Meter vom Checkpoint 300 entfernt ist, darf man nicht zu Fuß hingehen, sondern muss mit einem eigenen Fahrzeug oder einem israelischen Taxi hinfahren. Aber auch der israelische Egged-Bus 163 fährt vom zentralen Busbahnhof in Jerusalem direkt bis zum Grab.

Am Grab angekommen, müssen Männer und Frauen getrennte Eingänge benutzen (die für Männer vorgeschriebene Kippa ist am Eingang erhältlich).

Das von Gläubigen aller drei monotheistischen Religionen, insbesondere aber von Juden und Muslimen verehrte Heiligtum hatte im Laufe der Jahrhunderte schon viele Besitzer und Hüter: vom byzantinischen Kaiser über die islamischen Sultane bis zu den Rittern der Kreuzzüge und schließlich den Osmanen und Israelis.

Hirtenfeld   PARK
(Shepherds' Field; ☉ Mo–Sa 9–15 Uhr) GRATIS Auf dem Gelände des heutigen Parks außerhalb von Beit Sahour sollen die biblischen Hirten „nachts bei ihren Herden gewacht haben". Hier befindet sich auch eine Höhle mit einer byzantinischen Kapelle und die 1953 von einem italienischen Architekten entworfene Engelskapelle.

Von Bethlehem zum Hirtenfeld fährt man am besten mit einem Taxi (20 NIS).

Teiche Salomos   PARK
(Solomon's Pools; 10 NIS; ☉ 8–24 Uhr) Die Römer sammelten das Wasser der hiesigen Quellen in drei riesigen rechteckigen Becken und leiteten es über Aquädukte nach Jerusalem und Herodium. König Salomo ruhte sich gerne bei den Quellen aus und soll an ihrem ruhigen Ufer sein Hohelied der Liebe geschrieben haben. Nachdem verschiedene Armeen hier ihr Lager aufgeschlagen hatten, wurden die Quellen bis weit ins 20. Jh. zur Bewässerung der Felder in dem fruchtbaren Tal genutzt. Eine osmanische Festung diente lange als letzter Stopp der Pilger auf ihrem Weg nach Jerusalem.

Heute sind die Becken leider eingezäunt und die Quellen weitgehend versiegt, doch am Wochenende ist der Park immer noch ein beliebtes Ausflugs- und Picknickziel der Einheimischen.

Ein Taxi von Bethlehem zu den Teichen Salomos kostet zwischen 20 und 30 NIS.

Museum of Palestinian Heritage   MUSEUM
(☉ Sa–Do 8–16 Uhr) GRATIS Das beeindruckende Museum im nagelneuen Gebäudekomplex gegenüber den Teichen Salomos beherbergt die private Sammlung von Ishaq al Hroub, der 50 Jahre lang Unmengen von Ausstellungsstücken des traditionellen Palästina im Keller seines Hauses in Dura bei Hebron zusammengetragen hatte. Er führt die Besucher auch selbst durch die riesige Sammlung, die von osmanischer Keramik bis zu traditionellen Hochzeitsgewändern der Beduinen reicht.

Al-Rowwad Centre   KULTURZENTRUM
(☏ 02-275-0030; www.alrowwad.org; ☉ Do–Di 9–17 Uhr) GRATIS Das Zentrum liegt versteckt

---

BESUCH IN EINEM FLÜCHTLINGSLAGER

Bei dem Wort „Flüchtlingslager" denken die meisten Menschen an überfüllte Zeltlager, bitterste Armut und grassierende Seuchen, doch die Flüchtlingslager im Westjordanland, die es zumeist schon seit 1948 gibt, sind längst zu richtigen Stadtvierteln mit Geschäften, Restaurants und Cafés geworden.

Die Lager wurden einst vom Hilfswerk der Vereinten Nationen errichtet und werden bis heute von ihm verwaltet. Im Allgemeinen sind die Lager sicher und einige wie Dheisheh in Bethlehem und Aqbat Jabr in Jericho verfügen mittlerweile sogar über eine touristische Infrastruktur mit Hostels und Besucherzentren.

Dennoch sollte man die Flüchtlingslager bis auf wenige Ausnahmen nur mit einem palästinensischen Führer besuchen, der die Hintergründe erklären kann und die Sicherheitslage kennt. In einem Moment ist noch alles in Ordnung, im nächsten liefern sich Demonstranten und israelische Soldaten heftige Gefechte mit Tränengas, Steinen und Gummigeschossen.

Deshalb ist es am allerbesten, die Lager im Rahmen einer geführten Tour zu besuchen. Besonders empfehlenswert sind die Touren des Walled Off Hotel (S. 296) in Bethlehem ins Lager Aida.

ISRAELS SICHERHEITSZAUN

Von 1967 bis zur Zweiten Intifada (2000–2005) konnten die meisten Palästinenser jederzeit problemlos aus dem Westjordanland nach Israel fahren. Viele pendelten täglich zur Arbeit in Israel.

Doch Mitte der 1990er-Jahre und mehr noch während der Zweiten Intifada kamen auch zahlreiche Selbstmordattentäter aus dem Westjordanland nach Israel und töteten Hunderte israelischer Zivilisten. Israel antwortete mit militärischen Übergriffen auf die von der Palästinensischen Autonomiebehörde verwalteten Gebiete, und sowohl Sicherheitsexperten als auch die israelische Bevölkerung forderten den Bau eines Sicherheitszaunes, um diese Unterwanderung zu verhindern.

Während aus Sicht der israelischen Linken ein solcher Grenzzaun den Osloer Friedensprozess mit dem Ziel der Errichtung zweier eigenständiger Staaten weiter voranbringt – ganz nach dem Motto „gute Zäune sorgen für eine gute Nachbarschaft" –, wehrten sich die jüdischen Siedler vehement gegen einen solchen Zaun, denn sie wollten nicht außerhalb der Grenzen Israels leben. Auch die Palästinenser im Westjordanland wollten eine Mauer durch ihre Dörfer und Felder nicht hinnehmen, die ihnen im Übrigen den Zugang nach Jerusalem erschwert, wenn nicht gar verwehrt.

Außer in Jerusalem verläuft der Sicherheitszaun, der nur zu 5 % aus einer 8 m hohen Betonmauer zum Schutz vor Scharfschützen besteht, mehr oder weniger entlang der Grünen Demarkationslinie zwischen Israel und Jordanien von 1949, einige wenige Abschnitte machen einen Bogen um jüdische Siedlungen. Viele Palästinenser sind von ihren Gemeinden, Geschäften, Schulen und Feldern abgeschnitten. Die Palästinenser bezeichnen den Sicherheitszaun als „Apartheidsmauer" und betrachten ihn als Teil einer konzertierten Aktion Israels mit dem Ziel, immer mehr Land an Israel zu reißen. Israel, das den Zaun als Erfolg seiner Sicherheitspolitik wertet, betont, dass der Verlauf des Zaunes jederzeit verändert werden könne, beispielsweise, wenn es eine endgültige Vereinbarung über den tatsächlichen Grenzverlauf gebe.

Wo der Sicherheitszaun ganze Dörfer im Westjordanland teilt, kommt es regelmäßig zu Demonstrationen und Protesten, bei denen die israelische Armee (IDF) ebenso regelmäßig Tränengas und Gummigeschosse einsetzt. Da sie nach übereinstimmenden Aussagen von einheimischen und internationalen Nichtregierungsorganisationen auch mit scharfer Munition schießt, wurden Demonstranten schon oft verletzt oder sogar getötet.

---

in den engen Gassen des Flüchtlingslagers Aida und sollte am besten im Rahmen einer geführten Tour besucht werden. Es informiert ausführlich über die Geschichte des Lagers und die palästinensischen Flüchtlinge allgemein. Wer das Zentrum auf eigene Faust besuchen möchte, sollte vorher eine E-Mail schreiben.

Darüber hinaus bietet das Zentrum Schauspiel- und Musikunterricht, Computer- und Kunstkurse sowie spezielle Kurse und Workshops nur für Frauen, für Blinde und Menschen mit Behinderungen an.

Rund um Bethlehem

★ Kloster Mar Saba KLOSTER

(☉ Sa–Di & Do 8–17 Uhr) Fester Bestandteil einer Reise in das Heilige Land ist das Kloster Mar Saba, das sich eindrucksvoll in der kargen Landschaft 20 km östlich von Bethlehem (hinter Beit Sahour) erhebt.

Das spektakulär an Felswänden klebende Kloster mit der weithin sichtbaren Kupferkuppel wurde 439 gegründet. Heute leben hier noch 15 Mönche, die das Kloster gerne den Besuchern zeigen. Allerdings dürfen nur Männer das Kloster betreten, Frauen müssen sich mit dem Anblick von außen begnügen.

Weitere (eher zeitlose) Bewohner des Klosters sind die Überreste des Asketen und Heiligen Sabas, der das Kloster im 5. Jh. gegründet hat und dessen Grab sich in der zweiten Kapelle der Kirche befindet, sowie die Schädel jener 120 Mönche, die 614 bei einem Überfall auf das Kloster getötet wurden.

Wer mit dem eigenen Auto anreist, folgt der Beschilderung ab Beit Sahour. Ansonsten muss man mit einem Taxi von Bethlehem direkt zum Kloster fahren. Das dauert etwa 3 Stunden und kostet zwischen 120 und 150 NIS.

Von 12 bis 13 Uhr ist das Kloster geschlossen, denn dann essen die Mönche zu Mittag.

> **NICHT VERSÄUMEN**
>
> ### WALLED OFF HOTEL
>
> Zehn Jahre lang hat der britische Straßenmaler Banksy die Mauer zwischen Bethlehem und Jerusalem bemalt. 2017 eröffnete er dann direkt gegenüber der Mauer das **Walled Off Hotel** (02-277-1322; www.walledoffhotel.com; 182 Caritas St; B 30 US$, DZ 215–265 US$, Suite 965 US$; P), das die „schlimmste Aussicht der Welt" verspricht. Die Aussicht ist sicher ungewöhnlich, doch das Hotel ist schick und stylish – und ein bisschen surreal (eine Suite hat eine eigene Hawaii-Bar).
>
> Neben einem Museum, einer Pianobar und einer Kunstgalerie verfügt das Hotel auch über einige der nobelsten Schlafsäle des Nahen Ostens, wenn nicht der ganzen Welt, mit frischen Handtüchern, Mini-Kühlschränken und Hintergrundmusik.
>
> Das Hotel wurde im Geheimen gebaut und sollte ursprünglich nur ein Jahr lang geöffnet sein, doch es blieb. Es bietet außerdem praktische, aufschlussreiche Touren ins benachbarte Flüchtlingslager Aida sowie in die Städte der Umgebung wie Jericho und Hebron.

Herodium PALAST

(Herodion; Erw./Kind 29/15 NIS; ⊘April–Sept. 8–17 Uhr, Okt.–März 8–16 Uhr) König Herodes' spektakulärer Festungspalast wurde von 23 bis 15 v. Chr. errichtet und war bei der arabischen Bevölkerung jahrhundertelang als „Berg des Paradieses" bekannt. 9 km südlich von Beit Sahour erhebt sich der Palast aus der judäischen Wüste wie die flach abgesägte Karikatur eines Vulkans, dessen Spitze tatsächlich für den Palast abgetragen wurde.

Im Inneren befinden sich die beeindruckenden Überreste von Herodes' persönlichem „Landclubhaus" mit Badehaus und Swimmingpool sowie seinem Grab, das erst 2007 entdeckt wurde.

Trotz der Plünderung durch römische Truppen im Jahre 71 ist der Palast größtenteils noch erhalten und wird weiter ausgegraben, wie z. B. das weitläufige Tunnelsystem, das jüdische Aufständische in ihrem Kampf gegen Rom benutzt haben. Viele dieser Tunnels sind bereits begehbar.

Das Herodium liegt in „Gebiet C" und steht damit unter alleiniger israelischer Kontrolle. Am Fuß des Berges ist ein Militärstützpunkt. Die Stätte selbst wird von der Israeli Parks and Nature Authority verwaltet. Das bedeutet, dass man von Jerusalem entweder mit dem eigenen Fahrzeug (nach der Beschilderung ab Rte 60) oder mit einem (deutlich teureren) israelischen Taxi hierherfahren kann, ohne den Checkpoint 300 passieren zu müssen.

Wer mit dem Taxi von Bethlehem kommt, sollte mit dem Fahrer eine Wartezeit von mindestens 1 Stunde vereinbaren. Freitags ist der ungünstigste Tag für einen Besuch, da das Herodium dann von jeder Menge Reisegruppen aus Israel besucht wird.

🛏 Schlafen

In Bethlehem gibt es jede Menge Unterkünfte für Touristen, die allerdings zumeist recht einfach sind, da sie ursprünglich für die Aufnahme der Pilgermassen gedacht waren. Dies ändert sich langsam, sodass mittlerweile viele gute Budget- und Mittelklasseunterkünfte zur Auswahl stehen.

Ibdaa Cultural Centre Guesthouse PENSION $

(02-277-6444; www.ibdaa48.org; Dheisheh Refugee Camp; B/DZ 50/100 NIS; @) Das kleine Hostel im gleichnamigen Kulturzentrum befindet sich in den engen Gassen des Flüchtlingslagers Dheisheh außerhalb der Stadt, 20 Minuten mit dem Auto in Richtung Hebron. Das Hostel ist sehr einfach, bietet jedoch einen einzigartigen Einblick in das Leben der Palästinenser weitab vom Tourismus.

Das Ibdaa Cultural Centre ist neben dem Taxistand an der Straße zwischen Jerusalem und Hebron.

Habibi Hostel HOSTEL $

(www.bethlehemyhostel.com; Palestine St; B 75 NIS, DZ 150–250 NIS;) Das einfache, aber gemütliche Hostel befindet sich im 2. Stock eines Mehrfamilienhauses, 15 Minuten oberhalb des Manger Sq. Es ist besonders beliebt bei freiwilligen Helfern, Aktivisten und Rucksacktouristen und die einzige echte Budgetunterkunft in Bethlehem. Die Schlafsäle sind nach Geschlechtern getrennt, und es gibt auch mindestens ein Privatzimmer.

Dar Al-Balad HOTEL $
(info@daralbalad.ps; Beit Sahour; EZ/DZ 150/ 250 NIS; ☎) Das ruhige, gemütliche Hotel im benachbarten Beit Sahour hat 12 Zimmer, die rund um den schattigen Innenhof eines restaurierten Wohnhauses angeordnet sind. Viele Zimmer haben Blick auf die Altstadt von Beit Sahour.

★ Hosh Al-Syrian Guesthouse BOUTIQUEHOTEL $$
(☎ 02-274-7529; www.hoshalsyrian.com; DZ 70– 140 US$; ☎) Das zauberhafte Hotel im syrischen Viertel ist nur 2 Gehminuten vom Krippenplatz entfernt. Einige der Zimmer haben eine eigene Terrasse mit Blick auf die Dächer der Altstadt.

WLAN steht nur in den Gemeinschaftsbereichen zur Verfügung, denn schließlich soll man sich hier ja entspannen.

Manger Square Hotel HOTEL $$
(www.mangersquarehotel.com; Manger St; EZ/DZ/ 3BZ 90/130/150 US$; ☎) Das Vier-Sterne-Hotel gegenüber dem Krippenplatz wurde 2012 erbaut und bietet angesichts der Lage ein ausgezeichnetes Preis-Leistungs-Verhältnis. Die Zimmer haben teilweise Blick auf das Tal hinter Bethlehem oder die Altstadt. Das Personal ist höflich und hilfsbereit, und im Sommer ist der Swimmingpool auf dem Dach geöffnet.

Grand Hotel Bethlehem HOTEL $$
(☎ 02-274-1440; www.grandhotelbethlehem.com; Pope Paul VI St; EZ/DZ 55/85 US$; ☎) Das nette, saubere und gut geführte Hotel mitten im Geschehen sprüht zwar nicht gerade vor Charme, doch die Zimmer sind gemütlich, und die zentrale Lage ist unschlagbar.

Das Frühstück wird in der Mariachi Bar des Hotels serviert, im Café gibt's täglich Mexikanisches und Meeresfrüchte bis Mitternacht.

Dar Annadwa PENSION $$
(Abu Gubran; ☎ 02-277-0047; www.diyar.ps; 109 Pope Paul VI St; EZ/DZ 72/102 US$; ☎) Das gemütliche Hotel der lutherischen Gemeinde befindet sich im gleichen Gebäude wie das International Center of Bethlehem (S. 293). Die 13 Zimmer sind jeweils nach einem Dorf in den palästinensischen Gebieten benannt. Es ist etwas altmodisch, aber ruhig, trotz der zentralen Lage, und im Vergleich zu den anderen Unterkünften in der Gegend auch ziemlich teuer.

Unbedingt im Voraus buchen, da die Rezeption oft geschlossen ist!

 Essen

Fast-Food-Lokale befinden sich vor allem in der Manger St und auf dem kleinen Suk in der Nähe der Pope Paul VI St. Hier gibt's riesige Falafel, frisch zubereitetes Shawarma und jede Menge leckerer Köstlichkeiten für Picknicks und Selbstversorger.

Afteem NAHÖSTLICH $
(Manger Sq; Hauptgerichte 6–35 NIS) Die alteingesessene Institution in Bethlehem bietet erstklassiges Hummus und *Msabacha* (warmes Hummus mit ganzen Kichererbsen). Das beliebte Restaurant ist in der Nähe des Krippenplatzes.

Peace Center Restaurant SANDWICHES, ITALIENISCH $
(Manger Sq; Hauptgerichte 20–45 NIS; ◎ Mo-Sa 9–23 Uhr) In dem Restaurant am Krippenplatz gibt's das beste traditionelle palästinensische Essen der Innenstadt. Auf der umfangreichen Speisekarte stehen Gerichte wie *makloubeh* („verkehrtes Hühnchen", das unter dem Reis gekocht und mit Nüssen und Gewürzen serviert wird) und *mansaf* (Hühnchen oder Lamm auf Reis mit einer dicken, braunen Bratensauce).

Das Personal ist freundlich und hilfsbereit. Wer nichts essen will, kann auf der schönen Terrasse auch nur eine Pfefferminzlimonade trinken oder Shisha rauchen.

Square NAHÖSTLICH, EUROPÄISCH $
(Manger Sq; Hauptgerichte ab 35 NIS; ◎ 9–24 Uhr; ☎) Das Lokal gegenüber dem Peace Center ist im Stil einer Bar gehalten und ideal, um am frühen Abend ein kühles Bier mit Blick auf die Geburtskirche zu genießen. Zu essen gibt's eine Auswahl an arabischen und europäischen Gerichten, darunter die *Palestinian Temptation Platter*, eine Mischung aus palästinensischen und libanesischen Vorspeisen.

★ Hosh Al-Jasmine NAHÖSTLICH $$
(Beit Jala; Hauptgerichte 30–55 NIS) In dem Restaurant an einem Hügel in Beit Jala gibt's original palästinensisches Essen, Bier und Wein. Es befindet sich mitten auf einem Biobauernhof, wo die Hühner frei herumlaufen, Vögel zwitschern und man einen tollen Blick auf die Hügel des südlichen Westjordanlands hat. Mittag- und Abendessen wird auf den klapprigen Holztischen auf der Terrasse über dem Tal serviert, während Sofas und baumhausähnliche Plattformen zum Entspannen und Shisha-Rauchen einladen. Am schönsten ist es hier bei Sonnenuntergang.

Zentrales Westjordanland

Das Restaurant ist schwer zu finden. Deshalb sollte man unbedingt sicherstellen, dass der Taxifahrer es kennt, bevor man losfährt.

Fadwa Cafe & Restaurant ARABISCH $$
(www.hoshalsyrian.com/fawda-cafe-restaurant; Hosh Al-Syrian Guesthouse; Hauptgerichte 30–70 NIS; nur nach Voranmeldung, mittags 12.30–14, abends 18.30–20.30 Uhr, Café 8–22 Uhr) Im Café-Restaurant des Hosh Al-Syrian Guesthouse bringt Inhaber Fadi Kattan sensationelle französisch-palästinensische Gerichte auf den Tisch. Da er nur die frischesten Zutaten dafür verwendet, muss man sich 24 Stunden im Voraus zum Essen anmelden.

Die Speisekarte richtet sich streng danach, welches Fleisch und Gemüse die Bauern aus der Region gerade liefern können, doch einige Gerichte sind immer im Angebot, wie etwa die einzigartige palästinensische Nachspeise *kunafeh* (gedünsteter Pfirsich auf einem Bett aus Weizenmehlteig).

Ausgehen & Nachtleben

Alkohol wird in vielen Restaurants in Bethlehem ausgeschenkt, es gibt auch ein paar Bars, die jedoch zumeist unterhalb der Altstadt liegen und schon nach Einbruch der Dunkelheit schließen.

★ Rewined BAR
(Do–So 19 Uhr–open end) In der supertrendigen Bar 15 Gehminuten unterhalb der Altstadt gibt's eine große Auswahl an Bieren und Weinen aus der Region, Cocktails und Shisha-Pfeifen. Das zumeist einheimische Publikum lässt es sich auf den Sofas der Terrasse an der Manger St gutgehen.

Star Bucks CAFÉ
(Manger Sq; 8–23 Uhr) Nicht zu verwechseln mit der berühmten Starbucks-Filiale in Ramallah! Das winzige Café mit Kiosk steht direkt am Krippenplatz, mit freiem Blick auf die Geburtskirche. Ein kühler Frappuccino ist eine herrliche Erfrischung an einem heißen Nachmittag.

ⓘ Praktische Informationen

Peace Center (02-276-6677; Mo–Do & Sa 8–15 Uhr;) Am Informationsschalter gibt's kostenlose Stadtpläne und nützliche Infos zu Unterkünften und Verkehrsmitteln. Zudem finden hier oft Kunst- und Fotoausstellungen statt.

ⓘ An- & Weiterreise

Vom Busbahnhof am Damaskustor in Jerusalem startet zwischen 6 und 21 Uhr (im Winter nur bis 18.30 Uhr) alle 15 Minuten Bus 231 nach Bethlehem (30 Minuten).

Oder man fährt mit Bus 234 von Jerusalem zum Hauptkontrollpunkt von Bethlehem und von dort mit dem Taxi in die Stadt.

Zu den Sehenswürdigkeiten rund um Bethlehem fährt man am besten mit dem Taxi. Die Fahrer bieten lautstark die Besichtigung von mehreren Stätten zum Festpreis an. Dieser liegt in der Regel bei 50 NIS pro Stunde. Unbedingt verhandeln! Solche „privaten" Besichtigungstouren sind eine gute und recht preiswerte Sache, vor allem, wenn man in einer kleinen Gruppe unterwegs ist. Außerdem sprechen viele Fahrer ganz gut Englisch und können Fragen ihrer Fahrgäste beantworten. Im Allgemeinen stehen die Taxis am Checkpoint 300, am Manger Sq und an der Haltestelle von Bus 231 aus Jerusalem.

Eine andere Möglichkeit ist es, mit einem Sammeltaxi vom Busbahnhof nach Jericho oder Hebron zu fahren.

Ramallah   רמאללה رام الله

📞 02 / 65 000 EW.

In einer Region, in der es von jahrtausendealten Städten nur so wimmelt, ist Ramallah richtig jung, denn es war noch Ende des 19. Jhs. wenig mehr als ein kleines Dorf. Doch seitdem hat die inoffizielle Hauptstadt der palästinensischen Gebiete kräftig aufgeholt und ist heute eine lebhafte, geschäftige und kosmopolitische Stadt, in der das politische und wirtschaftliche Herz des Westjordanlandes schlägt.

Ramallah ist längst nicht so religiös wie Nablus, Hebron und natürlich Jerusalem, aber die allgegenwärtigen palästinensischen Flaggen und Parolen an den Wänden lassen keinen Zweifel daran, wo man sich befindet. Doch in Ramallah dreht sich nicht alles nur um die Politik. Die Hauptstraßen, die vom zentralen Al-Manara Sq mit den Statuen der vier Löwen abgehen, sind gesäumt mit kleinen Geschäften, Cafés und Restaurants. Und das angrenzende Stadtviertel Al-Masyoun ist das Zentrum des berühmt-berüchtigten Nachtlebens von Ramallah.

⦿ Sehenswertes

Ein Stadtspaziergang durch Ramallah beginnt zumeist am Al-Manara Sq, der nur wenige Schritte vom Busbahnhof entfernt ist, wo die Busse aus Jerusalem ankommen.

Die Straßen, die vom Al-Manara Sq abgehen, führen in die angrenzenden Stadtteile. Die Al-Ra'eesy St oder Main St und die Palestine St direkt gegenüber führen in die Altstadt und zum Eingang des offenen Basars.

In beiden Straßen wimmelt es von Cafés und Kebab-Läden.

In der auf einem steilen Hügel gelegenen Stadt kann man schon mal die Orientierung verlieren, doch die Einheimischen bringen Besucher gerne auf den richtigen Weg zurück. Eine Fahrt mit dem Taxi ist relativ preiswert und sollte innerhalb der Stadt nicht mehr als 10 bis 20 NIS kosten.

★ Jassir-Arafat-Museum   MUSEUM
(Muqata'a; Al-Itha'a St; 5 NIS; ⊕ Di–So 10–18 Uhr) Das neue Museum steht direkt neben dem reich verzierten Grabmal des legendären Palästinenserführers. Im ersten der beiden Museumsteile wird Arafats Leben anhand seiner Fatah-Bewegung und anderer palästinensischer Bewegungen erzählt.

Alle, die sich nicht so sehr für Politik und die palästinensische Befreiungsbewegung interessieren, können sich auf den zweiten Teil freuen. Hier verbrachte Arafat die letzten Jahre seines Lebens unter israelischer Besatzung (2001–2004). Zu sehen sind sein Schlafzimmer, wo die khakifarbene Uniform immer noch im Schrank hängt.

Der letzte Ausstellungsraum ist den zahlreichen toxikologischen Gutachten gewidmet, denen zufolge Arafat vergiftet wurde, bevor er 2004 in einem Pariser Krankenhaus starb. Dies beweist, wie wichtig Jassir Arafat für die palästinensische Politik selbst nach seinem Tod noch ist.

Vor dem Eingang zum Museum steht sein Mausoleum aus Steinen rund um Jerusalem, das von zwei finster dreinschauenden Soldaten bewacht wird (die sich aber trotzdem fotografieren lassen).

Da das Museum auch Regierungsgebäude ist, sind die Sicherheitskontrollen sehr streng. Am Eingang muss man einen Lichtbildausweis vorlegen, und die Museumsmitarbeiter folgen den Besuchern auf Schritt und Tritt.

Es liegt etwa 1 km vom Al-Manara entfernt an der Straße von Birzeit nach Nablus und ist von der Innenstadt gut zu Fuß zu erreichen.

Dar Zahran Heritage Building   GALERIE
(www.darzahran.org; ⊕ Mo–Sa 11–19 Uhr) GRATIS Eines der ältesten Gebäude in Ramallah wurde 1990 sorgfältig restauriert und in eine Galerie mit Museum verwandelt. Das Gebäude wurde vor 250 Jahren errichtet, als Ramallah noch ein winziges Dorf war. Heute sind hier Fotografien aus dieser Zeit bis 1850 und Ausstellungen zu moderner palästinensischer Kunst zu sehen. Im Obergeschoss soll noch ein Café eingerichtet werden.

Ramallah

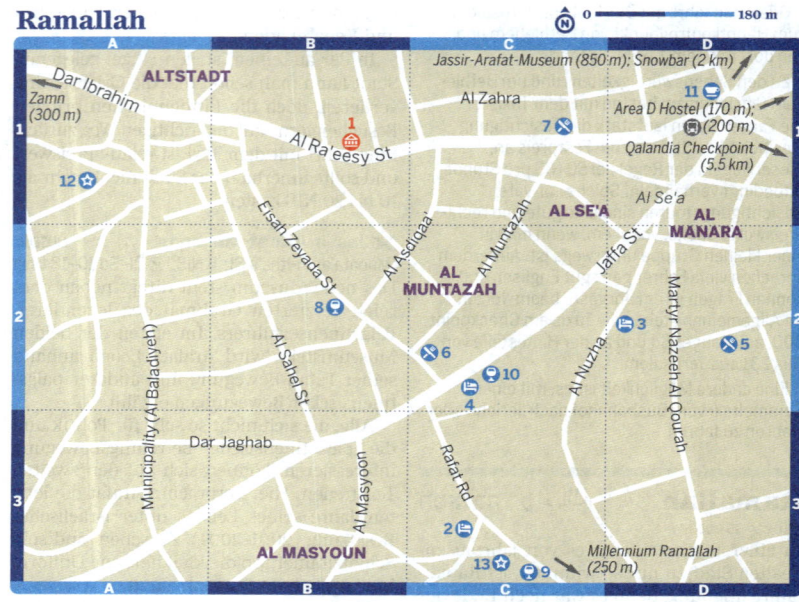

Ramallah

⊙ Sehenswertes
1. Dar Zahran Heritage Building B1

🛏 Schlafen
2. Beauty Inn C3
3. Hostel in Ramallah D2
4. Royal Court Suites Hotel C2

✖ Essen
5. La Vie Cafe D2
6. Pronto Resto-Café C2
7. Rukap's Ice Cream C1

● Ausgehen & Nachtleben
8. Berlin Pub B2
9. Radio C3
10. Sangria's C2
11. Stars & Bucks D1

● Unterhaltung
12. Al Kamandjati A1
13. Khalil Sakakini Centre C3

Nelson Mandela Square   DENKMAL

Zu einem Besuch in Ramallah gehört seit 2016 unbedingt auch ein Stopp an der meterhohen Statue von Nelson Mandela und das obligatorische Selfie mit ihm. Die 6 m hohe Statue war ein Geschenk von Johannesburg an seine Partnerstadt in Palästina.

Madiba mit seiner erhobenen Faust steht auf einem Kreisverkehr außerhalb der Stadt, der in 15 Minuten mit einem *service* von der Al-Tira St oder einem Taxi zu erreichen ist.

Mahmud-Darwisch-Museum   MUSEUM

(☏02-295-2809; www.darwishfoundation.org; 5 NIS; ⊙10–18 Uhr) Nach seinem Tod 2008 wurde der palästinensische Dichter Mahmud Darwisch auf diesem Hügel in Al-Masyoun begraben. Das vor Kurzem über seinem Grab fertiggestellte Gebäude ist eine großartige Würdigung seines Lebens und Wirkens. Das Museum selbst ist nicht so beeindruckend (zu sehen sind Darwischs letzte Boarding-Karte, Brieftasche und sein Schreibtisch), doch es lohnt sich, durch die Gärten zu spazieren und den Blick vom Freilufttheater auf die Stadt zu genießen.

Eine Fahrt mit dem Taxi von der Innenstadt kostet zwischen 15 und 20 NIS, mit einem *sherut* sind es nur 3 NIS.

🛏 Schlafen

Ramallah bietet eine ausgezeichnete Auswahl an Unterkünften, darunter mindestens zwei gute Jugendherbergen, eine Reihe von Mittelklassehotels und das Luxushotel Millennium (früher Mövenpick). Die Unterkunft sollte so nahe wie möglich am Al-Manara oder Arafat Sq sein.

★ Area D Hostel   HOTEL $

(02 056 934-9042; http://ramallahhostel.com; Vegetable Market St; B/DZ/Apt. 70/200/250 NIS; P @ ⊛) Das Hostel ist eines der wenigen mit internationalem Standard im Westjordanland und das beste für Besucher von Ramallah. Die blitzsauberen Schlafsäle und Doppelzimmer sind zwar einfach, doch der gemütliche Gemeinschaftsbereich ist ideal zum Entspannen, andere Reisende kennenzulernen und Ausflüge zu planen.

Das Hostel befindet sich über dem Parkhaus der Sammeltaxis gegenüber der Haltestelle der Busse nach Jerusalem. Es werden auch gute Touren in andere Städte wie Hebron organisiert, und das Personal ist eine unerschöpfliche Quelle für Infos zu Reisen im Westjordanland und darüber hinaus.

Hostel in Ramallah   HOTEL $

(02-296-3555; www.hostelinramallah.com; Al-Nuzha St; B/EZ/DZ 50/105/130 NIS; ⊛) Das abgefahrene Hostel ist 5 Gehminuten vom Yasser Arafat Sq entfernt und erstreckt sich über drei Stockwerke eines Mehrfamilienhauses. Es gibt sechs Schlafsäle und mehrere Einzel- und Doppelzimmer. Die Dachterrasse ist eine der schönsten in der Stadt. Das Personal besteht aus ständig wechselnden Freiwilligen aus aller Welt.

Beauty Inn   HOTEL $$

(02-246-4040; www.beautyinn.ps; Al-Muntazah; EZ/DZ/Suite 90/120/180 US$; P @ ⊛) Das hübsche saubere Mittelklassehotel hat einen Swimmingpool und Fitnessraum. Die Wände der Korridore sind mit Bildern der palästinensischen Gebiete geschmückt. Die Zimmer sind von unterschiedlicher Qualität, deshalb sollte man sich erst einige ansehen, bevor man sich entscheidet.

Royal Court Suites Hotel   HOTEL $$

(02-296-4040; www.rcshotel.com; Jaffa St; EZ/DZ 280/370 NIS; @ ⊛) Das ordentliche Mittelklassehotel neben dem Sangria's liegt 15 Gehminuten unterhalb des Stadtzentrums. Die meisten Zimmer haben eine Küchenzeile und Balkon, alle haben WLAN. Die Zimmer auf der Rückseite des Hotels sind wesentlich ruhiger.

Millennium Ramallah   HOTEL $$$

(02-298-5888; Emil Habibi St; EZ/DZ 185/200 US$; P @ ⊛) Das ehemalige Mövenpick (wie es Taxifahrer heute immer noch nennen) ist wohl das luxuriöseste Hotel in Ramallah und besonders beliebt bei Geschäftsreisenden. Die Zimmer sind riesig, das Personal ausgezeichnet und die Einrichtungen vom Feinsten, darunter auch ein Fitnessraum und Swimmingpool (nur im Sommer). Von 9 bis 18 Uhr dürfen auch Nichtgäste für 100 NIS im Pool planschen.

Essen

Die ständig wechselnden Restaurants in Ramallah sind für Einheimische und Touristen gleichermaßen interessant. Von italienisch über mexikanisch bis hin zu Sushi ist alles dabei. Bei weitem am besten und günstigsten isst man aber in den einheimischen Restaurants rund um den Al-Manara Sq. Schicke Cafés, Bars und Restaurants gibt's in Al-Muntazah.

Rukap's Ice Cream   EISDIELE $

(Eis 10–24 IILS; ⊙8 Uhr–spät) Das auf beiden Seiten der Grenze hochgeschätzte Eis ist für Ramallah, was *kunafeh* (die warme Süßspeise aus Käse und Sirup) für Nablus ist. Die Portionen reichen von einer kleinen Eistüte (10 NIS) über große Waffeln (16 NIS) bis hin zu riesigen Eisbechern, von denen eine ganze Armee satt werden könnte. Neben den üblichen Geschmackssorten gibt es auch die Lieblingssorten der Einheimischen wie Gummi arabicum, Zitrone und Tutti-Frutti.

★ La Vie Cafe   INTERNATIONAL $$

(02-296-4115; Castel St; Hauptgerichte 35–70 ILS; ⊙Sa-Do 10–24, Fr 16–24 Uhr) Das Café liegt versteckt in einer ruhigen Straße zehn Gehminuten vom Al-Manara Sq entfernt. Auf der vielseitigen Speisekarte stehen Pasta, Pizza und Sandwiches, die zum größten Teil mit Zutaten aus dem Dachgarten der Besitzer zubereitet werden. Am Wochenende wird es zum beliebten Nachtclub mit einer großen Auswahl an Bieren, Weinen und Cocktails.

Obwohl das Café ziemlich früh aufmacht, ist meist erst am späten Nachmittag richtig was los.

Pronto Resto-Café   ITALIENISCH $$

(Al-Muntazah; Hauptgerichte 45–75 NIS; ⊙7–23 Uhr) Das Pronto ist zwar schon lange

1

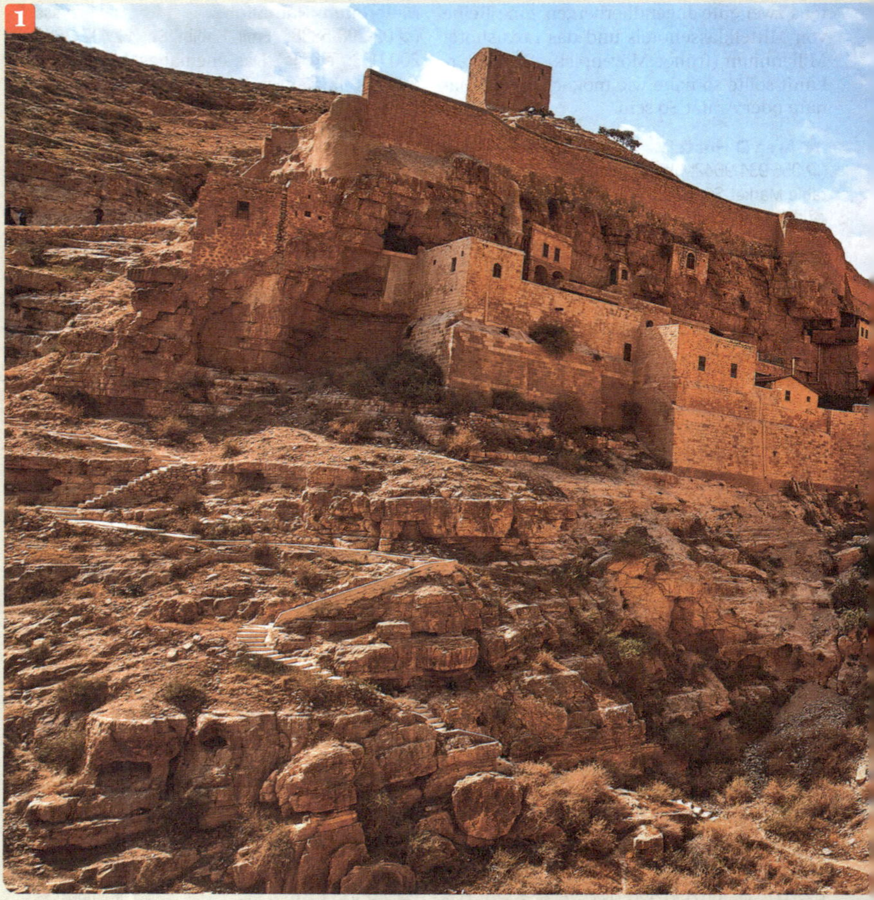

4

RYAN RODRICK BEILER / SHUTTERSTOCK ©

3

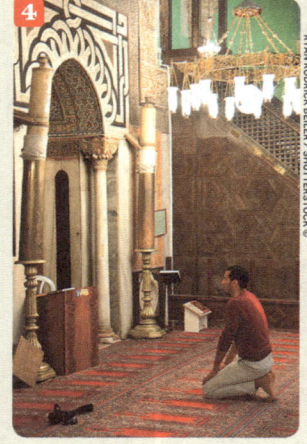

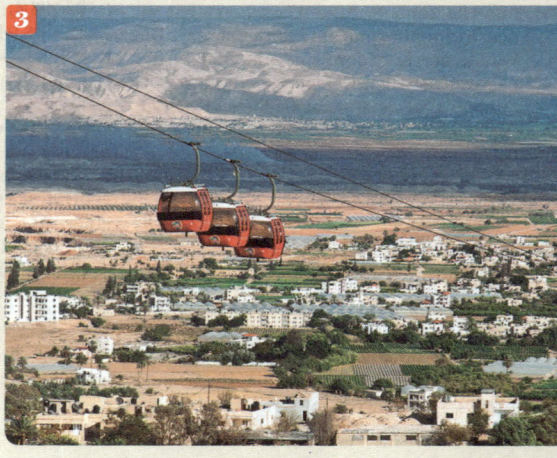

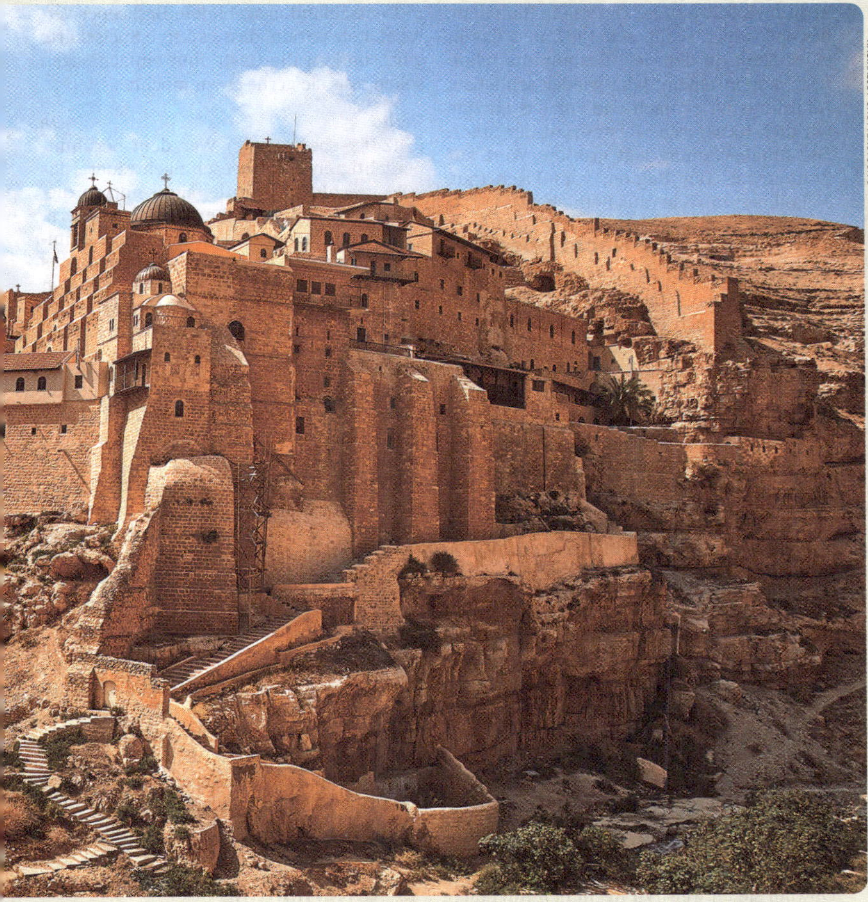

RASIKA108 / SHUTTERSTOCK ©

1. Kloster Mar Saba (S. 295)
Die Einsiedelei, die sich dramatisch an einen Felsen klammert, wurde vor über 1500 Jahren gegründet.

2. Kunsthandwerk in Hebron (S. 309)
Die Stadt im Westjordanland ist berühmt für ihre handbemalten Töpferwaren, die ideale Souvenirs abgeben.

3. Jericho (S. 306)
Eine Seilbahnfahrt bietet herrliche Aussicht auf die „älteste, durchgehend bewohnte Stadt der Welt".

4. Ibrahim-Moschee/Grab der Patriarchen (S. 311)
Der Komplex ist als Ruhestätte der Familie Abrahams Muslimen wie Juden heilig.

ELEONORA TUVERI / SHUTTERSTOCK ©

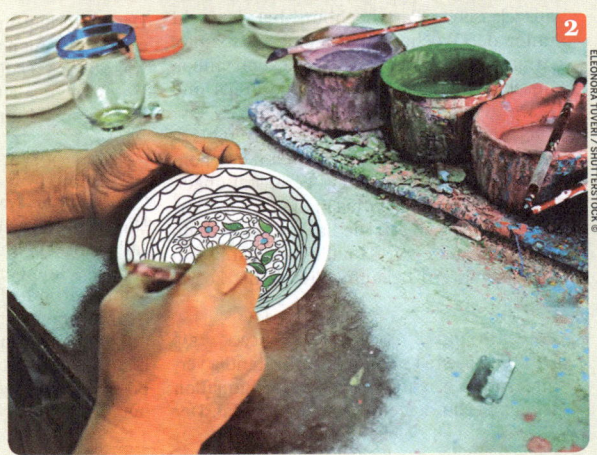

nicht mehr die einzige Pizzeria in Ramallah, besteht jedoch schon seit 1997, und das in einer Stadt, in der viele Restaurants schon nach knapp einem Jahr wieder schließen. Allerdings ist es nach wie vor das einzige wirklich italienische Restaurant der Stadt. Die Inhaberfamilie legt größten Wert auf Zutaten aus der Region, vom Fisch (aus Jaffa) bis zum Wein (aus Bethlehem).

Ausgehen & Nachtleben

Ramallah ist die einzige Party-Stadt im Westjordanland, obwohl es in Bethlehem mittlerweile auch ein paar gute Bars gibt. Ob supertrendige Cocktail-Lounges oder winzige Bars, hier ist für jeden etwas dabei. Sowohl das Area D Hostel (S. 301) als auch das Hostel in Ramallah (S. 301) organisieren einmal in der Woche, zumeist am Donnerstagabend, eine Kneipentour.

★ Birzeit Brewery   BRAUEREI
(◉ 9–17 Uhr) Seit der Gründung 2015 hat das *Shepherds beer* dieser Brauerei das Westjordanland im Sturm erobert und die jahrelange Vorherrschaft der Taybeh-Brauerei in den palästinensischen Gebieten beendet. Die von drei Brüdern geführte Brauerei in dem christlichen Dorf Birzeit kann besichtigt werden, bevor man eines oder mehrere der Biere vor Ort verkostet. Es gibt auch einen ausgezeichneten Souvenirshop.

★ Snowbar   BAR
(☏ 02-296-5571; www.al-snowbar.com; ◉ Mai–Okt. 12 Uhr–open end) Schon seit 20 Jahren strömen die Einwohner von Ramallah in diese Bar, um zu sehen und gesehen zu werden. Obwohl sie teilweise zu Recht den Ruf einer ausgelassenen Partyhochburg hat, herrscht unter der Woche zumeist eine entspannte Atmosphäre, in der das überwiegend einheimische Publikum gemütlich Cocktails und Biere genießt und Shisha raucht. Es gibt auch einen Swimmingpool, der von 10 bis 17 Uhr geöffnet ist, und vor allem am Wochenende werden regelmäßig Veranstaltungen angeboten und Partys bis in die frühen Morgenstunden gefeiert. Die Bar liegt außerhalb der Innenstadt von Ramallah und ist bei allen Taxifahrern bekannt. Eine Fahrt kostet 20 NIS.

★ Berlin Pub   COCKTAILBAR
(◉ 17 Uhr–open end; 🛜) In der sich ständig verändernden Nachtclub-Szene von Ramallah ist das Berlin derzeit die angesagte Bar. Der in Deutschland ausgebildete Barkeeper verweist stolz darauf, dass es keine Speisekarte gibt, sondern die Gäste ihm einfach sagen sollen, was sie gerne essen möchten.

Radio   BAR
(◉ 12 Uhr–open end; 🛜) Wer dem berühmt-berüchtigten Beit Aneesh nachtrauert, das 2014 geschlossen wurde, kann nun in diesem Partylokal im selben Gebäude feiern. Es herrscht eine ähnlich anrüchige Stimmung; Livemusik, Shishas und preiswertes Bier gibt es drinnen oder im Garten. Den Eingang findet man auf der Rückseite des Gebäudes, während die Vordertür in der Regel verschlossen ist.

Sangria's   BAR
(☏ 02-295-6808; Jaffa St; ◉ 12–24 Uhr; 🛜) Der alteingesessene Biergarten ist vor allem donnerstag- und samstagabends ein beliebter Treffpunkt. Die mexikanisch-internationale Küche ist sehr gewagt, aber man kommt ja wegen der Getränke her – und die gehören hier zum Besten, was die Stadt zu bieten hat. Das Angebot reicht vom örtlichen Taybeh-Bier über verschiedene Cocktails bis hin zur obligatorischen Sangria.

Stars & Bucks   CAFÉ
(Al-Manara; ◉ 8 Uhr–open end) Das Café ist eine Institution in Ramallah und das nicht nur wegen der Anlehnung an das Logo – und das gesamte Konzept – des US-amerikanischen Kaffeegiganten. Es ist einfach ein toller Ort, um guten Kaffee und alkoholfreie Cocktails mit Blick auf den geschäftigen Al-Manara Sq zu genießen.

☆ Unterhaltung

Das Unterhaltungsangebot in Ramallah ist riesig, aber man muss wissen, wo und wann was los ist. Dafür fragt man entweder im Hotel nach, surft im Internet oder studiert den Veranstaltungskalender in *This Week in Palestine*.

Al-Kamandjati   KUNSTZENTRUM
(☏ 02-297-3101; www.alkamandjati.com; Altstadt) Die kleine Musikakademie hinter der Fassade mit einem uralten Steinbogen und einer hochmodernen Tür aus Kupfer bietet Konzerte und Musikveranstaltungen in einem intimen Rahmen. Da außerhalb dieser offiziellen Veranstaltungen hier praktisch nichts stattfindet, sollte man sich vor einem Besuch unbedingt das Programm im Internet ansehen.

Khalil Sakakini Centre
KULTURZENTRUM

(02-298-7374; www.sakakini.org; Al-Muntazah) Hier finden Ausstellungen von regional und international bekannten Künstlern sowie zahlreiche kulturelle Veranstaltungen statt. Der Veranstaltungskalender findet sich im Internet.

❶ An- & Weiterreise

Vom alten arabischen Busbahnhof in Ost-Jerusalem fahren die Busse 218 und 219 direkt nach Ramallah (30 Min.).

Als Faustregel gilt: Je kleiner der Bus, desto schneller fährt er. Die Busse von und nach Ramallah verkehren im Sommer zwischen 6 und 21 Uhr, im Winter nur bis 19 Uhr. Außerhalb dieser Zeiten kann man mit einem Sammeltaxi von Ramallah nach Qalandia und mit dem Taxi weiter nach Jerusalem und umgekehrt fahren.

Bei der Fahrt ins Westjordanland können die Passagiere im Bus sitzen bleiben, bei der Rückfahrt müssen alle aussteigen und eine Sicherheitskontrolle wie auf dem Flughafen passieren. Die Soldaten hinter den Panzerglasfenstern wollen die Pässe und israelischen Visa der Reisenden sehen. Auf der anderen Seite des Kontrollpunkts muss man dem Busfahrer beim Einsteigen den Fahrschein zeigen.

Der Busbahnhof in Ramallah ist 5 Gehminuten vom Al-Manara Sq und 2 Gehminuten vom Parkhaus der Sammeltaxis entfernt. Sammeltaxis fahren zu Zielen im ganzen Westjordanland.

Ramallah ist das ideale Basislager, denn es liegt mitten im Westjordanland und verfügt über ausgezeichnete Busverbindungen in den Norden (nach Nablus und Jenin) und den Süden (Jericho).

❶ Unterwegs vor Ort

Alle Ziele im Großraum von Ramallah sind mit dem Taxi in maximal zehn Minuten zu erreichen und die Fahrt kostet zumeist zwischen 10 und 20 NIS. Allerdings sollte man vor dem Einstieg den Endpreis mit dem Fahrer vereinbaren.

Noch preiswerter fährt man tagsüber mit Sammeltaxis. Diese kann man überall anhalten und einsteigen, wenn die Richtung stimmt. So kostet etwa eine Fahrt zum Al-Manara Sq nur 3 NIS.

Taybeh   טייבה הטיבה

02 / 1400 EW.

Das kleine Dorf an einem abgelegenen Hügel 15 km außerhalb von Ramallah war ein Dorf wie jedes andere im Westjordanland, bis ein gewisser Nadim Khoury nach seinem Studium aus den USA zurückkehrte und eine Brauerei gründete.

Heute ist Taybeh Beer ein riesiges Imperium, dessen Bier nicht nur im Westjordanland und zunehmend auch jenseits der Grenze in Israel, sondern auch in Deutschland, Schweden sowie in den USA getrunken wird.

Zum alljährlichen Oktoberfest strömen Tausende von Einheimischen, hier lebenden Ausländern und Touristen hierher. Seit Kurzem betreibt die Familie Khoury auch eine moderne Weinkellerei und ein Hotel, damit die Besucher noch etwas länger in dem Dorf bleiben, wo Jesus mit seinen Jüngern die letzten Stunden vor der Kreuzigung verbracht hat.

So verfügt Taybeh auch über eine Reihe interessanter Kirchen und Kapellen sowie byzantinischer Ruinen. Nach Taybeh fahren die Sammeltaxis des Parkhauses unter dem Area D Hostel in Ramallah.

⊙ Sehenswertes

Taybeh Winery WEINKELLEREI

(02-289-9440; www.taybehwinery.com; 100 Main St; 8–16 Uhr; P) Seit 2013 produziert die Brauereifamilie Khoury in der modernen Kellerei unter dem Taybeh Golden Hotel drei Rot- und zwei Weißweine. Die Weinkellerei kann besichtigt werden, und danach können die Besucher drei (50 NIS) oder fünf (80 NIS) Weine mit dem passenden Essen dazu probieren. Am besten meldet man sich per E-Mail an.

☞ Geführte Touren

★ Taybeh Brewing Company BRAUEREI

(02-289-8868; www.taybehbeer.net; 8–16 Uhr) **GRATIS** Die täglichen kostenlosen Brauereiführungen werden oft von Braumeister Madees Khoury persönlich geleitet. Die Besucher können bei der Herstellung – und gelegentlich auch Abfüllung – des Biers zusehen und erfahren, wie es dazu kam, dass dieses winzige christliche Dorf heute Bier ins gesamte Westjordanland, nach Israel und in die ganze Welt exportiert.

Die 1994 von Madees' Vater Nadim Khoury gegründete Brauerei produziert heute sechs Biersorten und plant – neben Pils, hellem und dunklem Ale – auch endlich ein India Pale Ale zu brauen.

Schlafen

Taybeh Golden Hotel HOTEL $$
(02-289-9440; www.taybehgoldenhotel.com; 100 Main St; DZ/Suite 110/160 US$; P@🛜) Das Hotel über der Weinkellerei (S. 305) ist ein supermoderner Familienbetrieb nur wenige Gehminuten vom Ortszentrum entfernt. Einige der Zimmer bieten einen grandiosen Blick auf die Berge und Olivenhaine der Umgebung. Das 2015 gebaute Hotel hat 80 Zimmer, zumeist Doppelzimmer und Suiten, und zwei Restaurants.

An- & Weiterreise

Vom 2. Stock des Parkhauses unter dem Area D Hostel in Ramallah (gegenüber dem Busbahnhof für die Busse von und nach Jerusalem) fahren Sammeltaxis direkt nach Taybeh.

Für die Rückfahrt kann man in der Main St von Taybeh ein Sammeltaxi nach Ramallah oder zum Kontrollpunkt Qalandia anhalten, wenn man weiter nach Jerusalem fahren will.

Jericho

02 / 20 300 EW.

Ob in uralten Ruinen oder spektakulären Höhlenklöstern in den Bergen von Judäa, überall in Jericho ist der Atem der Geschichte zu spüren. Die örtlichen Behörden bezeichnen Jericho auch stolz als „die älteste ständig besiedelte Stadt der Welt".

Und das zu Recht: Archäologen datieren die erste Besiedelung auf mehr als 10 000 Jahre zurück. Noch heute sind überall in der Stadt die Überreste der Reiche zu sehen, die Jericho im Laufe der Jahrtausende erobert und beherrscht haben.

Die Stadt mag mit der Zeit moderner geworden sein, wirkt jedoch schmuddelig und ungepflegt. Die meisten Einwohner leben immer noch von der kleinbäuerlichen Landwirtschaft. Doch mit ihren Palmen und Dattelplantagen sowie ihrer freundlichen Atmosphäre hebt sich die Stadt deutlich vom restlichen Westjordanland ab und es lohnt sich durchaus, hier ein paar Tage zu verbringen.

Geschichte

Die Geschichte Jerichos beginnt etwa 10 000 v. Chr., als sich Gruppen von Jägern und Sammlern an einer der Quellen niederließen und die ersten Lehmhütten errichteten. Um das Jahr 9 400 v. Chr. sollen schon 1000 Menschen hier gelebt haben.

Nach biblischer Überlieferung war Jericho die erste Stadt, die die Israeliten nach ihrer 40-jährigen Wanderung durch die Wüste eroberten. Vom Schall der Posaunen und Schreien der Israeliten erschüttert, stürzten die Stadtmauern ein (Jos. 6). Nach der Eroberung des Landes durch Alexander den Großen im 4. Jh. v. Chr. machte er Jericho zu seinem persönlichen Lehnsgut.

Weitere Eroberer kamen und gingen, bis die Stadt schließlich an Marcus Antonius fiel, der sie Kleopatra zur Hochzeit schenkte. Später pachtete sie Herodes von Kleopatra und verbesserte die Infrastruktur, indem er Aquädukte und eine Reitbahn errichten ließ. Im 1. Jh. wurde Jericho zum Winterkurort der Jerusalemer Aristokratie.

Für die Christen ist Jericho vor allem der Ort, wo Johannes der Täufer selbst im Jordan getauft wurde und wo die Versuchung Jesu auf dem Berg stattfand.

Nach der Unterzeichnung des Oslo-Abkommens 1993 war sie eine der ersten Städte, die an die Palästinensische Autonomiebehörde übergeben wurde.

Sehenswertes

Tel Es-Sultan RUINEN
(Alt-Jericho; Erw./Student/Kind 10/7/5 NIS; 8–17 Uhr) Über den Grabhügeln und Ruinen von Tel es-Sultan spürt man den Atem der Geschichte. Die hier ausgegrabenen Gebäude und Befestigungsanlagen sind gut 10 000 Jahre alt. Unter dünenähnlichen Gebilden und den weltweit ältesten bekannten Treppenstufen liegen die Siedlungsschichten uralter Kulturen übereinander.

Die auf 8000 v. Chr. datierten Überreste eines runden Turms belegen, dass Jericho wohl die erste befestigte Stadt der Welt war. Nach der Überlieferung soll dieser Turm sieben Erdbeben überstanden haben.

Auch wenn bis jetzt nur ein kleiner Teil von Alt-Jericho ausgegraben ist, gehört Tel es-Sultan unbedingt zum Besuchsprogramm der Stadt. Die Ausgrabungen sind auch sehr gut beschildert und erklärt.

Berg der Versuchung &
Kloster Quarantal RELIGION
(Mo–Fr 8–16, Sa & So 8–14 Uhr) GRATIS Das Kloster Quarantal wurde an der Stelle errichtet, wo Jesus nach seiner 40-tägigen Fastenzeit in der Wüste vom Teufel versucht worden sein soll. Es gehört zu den eindrucksvollsten Sehenswürdigkeiten in Jericho und sogar im ganzen Westjordanland.

Das Kloster klebt regelrecht an den steilen Felswänden und bietet einen atemberaubenden Blick über das Tote Meer bis nach Jordanien.

Es ist nur sporadisch geöffnet, doch wie alle Sehenswürdigkeiten in Palästina sollte man es möglichst entweder frühmorgens oder einige Stunden vor Sonnenuntergang besuchen. Sollte es geschlossen sein, lohnt es sich durchaus, eine Weile zu warten. Wenn große Besuchsgruppen das Kloster besichtigen, verschließt der Verwalter das Tor.

Eine Seilbahn fährt zwar bis zum Kloster hoch, doch selbst der kurze Anstieg über die Treppen zum Haupttor kann in der Mittagshitze zur Tortur werden. Unterwegs kann man bei den Saftverkäufern und kleinen Restaurants eine Verschnaufpause einlegen.

★ **Hisham-Palast** RUINE
(Khirbet Al-Mafjar; 10 NIS; ☺8–18 Uhr) Die Ruinen, die nur eine kurze Autofahrt nördlich des Tel es-Sultan liegen, sind ein absolutes Muss. Die weitläufige Winterresidenz im Jagdrevier des Kalifen Hisham Ibn Abd al-Malik muss im 8. Jh. ein prachtvoller Märchenpalast gewesen sein. Mit luxuriösen Bädern, Mosaikfußböden und Säulen ausgestattet, wird er von den Archäologen auch das „Versailles des Orients" genannt. Leider sollte er nicht lange bestehen – schon kurz nach Fertigstellung wurde er bei einem Erdbeben zerstört.

Die Besucher werden zunächst in ein Kino geführt, wo ein 20-minütiger Film die Geschichte des Palastes und seiner Ausgrabung erläutert. So kann man sich die ehemalige Pracht anhand der noch vorhandenen Ruinen besser vorstellen. Höhepunkt des Rundgangs ist ein erstaunlich gut erhaltenes Mosaik in der Badehalle, das den Baum des Lebens zeigt. Auf der einen Seite des Baumes grasen ganz friedlich zwei Gazellen, während auf der anderen Seite ein Löwe eine dritte Gazelle reißt. Die verschiedenen Interpretationen des Mosaiks reichen vom Kampf zwischen Gut und Böse über Krieg und Frieden bis hin zu guter und schlechter Regierung.

Russisches Museum & Baum des Zachäus MUSEUM
(Erw./Kind 20/10 NIS; ☺9–17 Uhr) Ein paar Schritte vom Stadtzentrum entfernt wird im Russischen Museum die Geschichte der russisch-orthodoxen Kirche im Heiligen Land erzählt und eine interessante Sammlung von archäologischen Fundstücken, darunter beeindruckende Mosaiken, Münzen und religiöse Artefakte, gezeigt. Im Garten des Museums steht der Baum des Zachäus. Auf diese Sycamore soll Zachäus vor mehr als 2000 Jahren geklettert sein.

Nach der Überlieferung war der wohlhabende Zöllner zu klein, um Jesus in der Menschenmenge zu sehen, und so kletterte er auf diesen Baum. Als Jesus den Mann auf dem Baum entdeckte, bat er Zachäus, in seinem Haus einkehren zu dürfen. Dies bewegte Zachäus so sehr, dass er fortan seinen gesamten Besitz für wohltätige Zwecke verwendete.

Wer nur den Baum sehen, das Museum aber nicht besuchen möchte, geht einfach ein Stück die Ein Al-Sultan St entlang bis zum Gitterzaun des Museumsgartens.

Qasr Al-Yahud RELIGIÖSE STÄTTE
(☺9–16 Uhr) GRATIS Irgendwo am Jordan, an der Grenze zwischen Jordanien und dem Westjordanland, befindet sich angeblich die Stelle, an der Jesus von Johannes getauft wurde und der Geist Gottes ihn erfüllte. Johannes der Täufer soll diese Stelle gewählt haben, weil es ein wichtiger Knotenpunkt war, an dem sich die Wege von Händlern und Soldaten kreuzten. Davon kann heute keine Rede mehr sein. Wer sie besuchen möchte, muss zuerst einen streng bewachten israelischen Kontrollpunkt passieren und dann durch die Minenfelder bis zum Parkplatz fahren. Von dort führt ein kurzer Fußweg zum Fluss.

Auf diesem Weg sind Scharen von Pilgern zumeist in weißen T-Shirts oder einfachen Kitteln unterwegs, die immer wieder zum Fluss hinuntergehen und ins Wasser steigen. Auf israelischer Seite ist die Grenze am Rand der Taufstelle deutlich markiert, damit übereifrige Pilger hier nicht durch den Jordan waten. Wenige Meter entfernt sitzen schwer bewaffnete jordanische Soldaten auf einer Bank und beobachten das Treiben auf israelischer Seite.

Auch wenn man nicht sonderlich religiös ist, lohnt sich ein Besuch dieses schönen Ortes. Zumal es hier mittlerweile Umkleideräume, einen Souvenirladen, einen Verkaufskiosk mit Snacks und Getränken sowie schattige Plätzchen gibt, um die herrliche Aussicht zu genießen.

Nabi Musa MOSCHEE
(☺8 Uhr–Sonnenuntergang) GRATIS Nach islamischer Überlieferung wurde an dieser Stelle, 10 km nördlich des Toten Meeres, Moses (ara-

bisch Musa, hebräisch Moshe) begraben. 1269 ließ der Mamelucken-Sultan Baibars an dieser Stelle eine Moschee errichten, die zwei Jahrhunderte später massiv erweitert wurde, und begründete damit die alljährlichen Pilgerreisen von Jerusalem zum Nabi Musa, die bis heute stattfinden.

Kloster St. Georg KLOSTER

(☉ 9–13 Uhr) GRATIS Das Kloster aus dem 5. Jh. klebt spektakulär an den steilen Felswänden des Wadi Qelt. Während des zehnminütigen steilen Anstiegs vom Parkplatz zum Kloster versuchen Eseltreiber ständig, die Besucher auf die Rücken ihrer Esel zu locken. Nach dem Anstieg wird man mit herrlichen Wandmalereien in der Hauptkapelle und Teilen von Originalmosaiken unter Glas belohnt. Eine weitere Treppe führt zur wunderbaren Höhlenkirche.

Im Kloster ist Trinkwasser erhältlich. Entlang des Weges verweisen Schilder zwar auf die drei großen Quellen Ein Qelt, Ein Farah und Ein Fawwar, doch deren Wasser ist nicht genießbar.

Die einzige Möglichkeit, zum Kloster zu kommen, ist, wie bei so vielen Sehenswürdigkeiten rund um Jericho, mit dem Taxi (in der Regel ab Bethlehem) oder mit einem eigenen Fahrzeug. Damit ist es auch gut von Jerusalem aus zu erreichen.

Gasthaus des Barmherzigen Samariters HISTORISCHE STÄTTE

(Erw./Kind 22/10 NIS; ☉ 8–17 Uhr) An dieser Stätte unweit der Hauptverbindungsstraße zwischen Jerusalem und Jericho soll sich die bekannte Geschichte ereignet haben. Nachdem der hilfsbereite Samariter den überfallenen Reisenden versorgt und seine Wunden verbunden hatte, soll er ihn in dieses Gasthaus gebracht haben.

Tatsächlich haben Archäologen hier einen Palast aus der Zeit von Herodes, eine byzantinische Kirche und ein Gasthaus aus der Zeit der Kreuzzüge gefunden. Die interessante Stätte ist sehr gut erklärt, und auch ein Audioguide ist im Eintrittspreis enthalten.

 Aktivitäten

Jericho Cable Car SEILBAHN

(www.jericho-cablecar.com; 60 NIS; ☉ Mo–Do 8–19, Fr 8–22 Uhr) Die von einer Schweizer Firma errichtete Jericho-Seilbahn schwebt vom Tel es-Sultan zum Berg der Versuchung hinauf. Auch wenn die weithin sichtbaren roten Gondeln schon etwas veraltet aussehen, bieten sie während der 20-minütigen Fahrt einen tollen Blick auf Jericho und die landwirtschaftlichen Betriebe rund um die Stadt. Selbst wenn nicht viel los ist, fährt die Bahn relativ regelmäßig.

Schlafen

★ Sami Youth Hostel PENSION $

(☏ 02-232-4220; eyad_alalem@live.com; Zi. 120–150 NIS; ✱) Eine der besten Budgetunterkünfte im Westjordanland liegt mitten im Flüchtlingslager am Stadtrand von Jericho. Ein gutes Dutzend ruhiger und sauberer Zimmer ist in einem merkwürdig eingerichteten, zweistöckigen Gebäude untergebracht. Mit Abstand der größte Pluspunkt ist aber Sami selbst, der fließend Englisch spricht und seine Gäste eher wie Familienangehörige als Kunden behandelt.

Wer auf dem Highway 90 nach Jericho kommt, fährt beim ersten Kreisel links ab und dann geradeaus weiter, bis die Pension auf der rechten Seite auftaucht. Notfalls fragt man einfach die Einheimischen nach dem Weg zum „Hotel Sami".

Oasis Hotel HOTEL $$$

(☏ 02-231-1200; www.oasis-jericho.ps; EZ 450–550 NIS, DZ 550–650 NIS; @ ✱ ≋) Das ehemalige Intercontinental, dessen Name immer noch auf einer Seite des Gebäudes steht, ist immer noch sehr teuer, doch die sauberen, modernen Zimmer, das hilfsbereite Personal und zwei Swimmingpools machen es dennoch zu einem recht beliebten Hotel. Außerdem liegt es an der Straße von Jerusalem nach Jericho und damit sehr günstig für die Erkundung von Jericho, des Toten Meeres und der gesamten Umgebung.

✗ Essen

Die Straßen rund um den zentralen Hauptplatz von Jericho sind gesäumt von Kebab- und Falafel-Ständen sowie kleinen Cafés. Ein Fleischspieß oder Sandwich sollte nicht mehr als 10 NIS kosten. Die Grünanlage in der Mitte des Verkehrskreisels lädt zum Sitzen, Essen und Leute beobachten ein. In den Cafés spielen die Einheimischen Karten und rauchen Shisha.

★ Abu Omar NAHÖSTLICH $

(Ein Al-Sultan St; Hauptgerichte 20–50 NIS; ☉ 6–24 Uhr) In dem Lieblingslokal der Einheimischen neben dem Hauptplatz gibt's die mit Abstand besten Grillhähnchen im Westjordanland. Wer das Hähnchen vor Ort isst, bezahlt doppelt so viel wie beim Mitnehmen, doch das Geld ist gut angelegt.

❶ Praktische Informationen

Tourist Information Centre (☏ 02-231-2607; Main Sq; ⊗ 8–17 Uhr; 🕾) An dem Stand auf dem Hauptplatz sollten alle, die auf eigene Faust unterwegs sind, unbedingt vorbeischauen. Das ausgezeichnete Personal spricht perfekt Englisch und ist eine unerschöpfliche Quelle von Infos zu allen Sehenswürdigkeiten und Verkehrsmitteln. Es werden auch Touren angeboten, Hotels empfohlen und Tipps zu Aktivitäten und Unternehmungen, auch bei einem längeren Aufenthalt in Jericho, gegeben.

❶ Anreise & Unterwegs vor Ort

Sammeltaxis nach Jericho (12 NIS) fahren in Jerusalem am Kontrollpunkt Abu Dis ab, sind aber schwer zu bekommen, sodass viele Reisende über Ramallah (18 NIS) oder Bethlehem (21 NIS) fahren.

In Bethlehem und Ramallah kann man auch ein Taxi für einen ganzen Tag mieten, um die Sehenswürdigkeiten in Jericho und Umgebung zu besichtigen. Ein solches Taxi kostet in der Regel mindestens 200 bis 250 NIS pro Tag. Von Jerusalem aus kann es doppelt so teuer sein.

Alles außerhalb der Innenstadt von Jericho ist nicht gut zu Fuß zu erreichen, denn es ist staubig und feuchtheiß, und viele Sehenswürdigkeiten liegen auf der anderen Seite der Stadt. Zu den meisten Sehenswürdigkeiten fahren zwar Sammeltaxis (für rund 3 NIS), doch schneller und einfacher ist es, mit einem eigenen Taxi zu fahren (was etwa 20–30 NIS/Std. kostet).

Selbst Tagesausflügler sollten unbedingt ihren Pass nach Jericho mitnehmen, denn auf den Straßen außerhalb der Stadt gibt es jede Menge israelische Kontrollpunkte.

Hebron חברון الخليل
☏ 02 / 183 000 EW.

Die Stadt ist für alle drei monotheistischen Religionen von größter Bedeutung, denn hier sollen sich die Gräber Abrahams (oder Ibrahim im Islam), seiner Söhne und seiner Frauen befinden.

Leider kann auch diese allen so heilige Stätte nicht zum Frieden zwischen Muslimen und Juden in Hebron (Al-Khalil auf Arabisch) beitragen, denn die Stadt ist immer wieder Schauplatz religiöser Gewalt.

Was Hebron heute von anderen Städten im Westjordanland unterscheidet, sind die jüdischen Siedler, die mitten in der Stadt leben (anstatt weit entfernt am Stadtrand) und die von den palästinensischen Wohnhäusern durch Brandschutzmauern, Stacheldraht und Tausende schwer bewaffnete israelische Soldaten getrennt sind.

Bereits in der Antike war Hebron für feinstes Leder, mundgeblasenes Glas und bemalte Keramiken von höchster Qualität bekannt.

Die meisten Besucher kommen im Rahmen einer geführten Tour nach Hebron, doch auch wer auf eigene Faust reist, kann die Stadt gut in einem Tagesausflug von Bethlehem aus besuchen.

Geschichte

Der Biblia Hebraica zufolge wurde Hebron um 1730 v. Chr. gegründet. Der biblische Name Kiryat Arba (Dorf der Vier) mag seiner Lage auf vier Hügeln geschuldet sein, auf denen vier kanaanitische Stämme siedelten.

Lange vor dem 20. Jh. war Hebron die Heimat einer kleinen jüdischen Gemeinde, doch 1929 wurden die allesamt nichtzionistischen, ultraorthodoxen Juden von arabischen Nationalisten angegriffen und 67 von ihnen getötet. Der Rest der Gemeinde konnte fliehen.

Nach 1967 kehrten orthodoxe Juden in die Stadt zurück. Ein besonderes Merkmal des heutigen Hebron ist die Anwesenheit der israelischen Soldaten, die die jüdischen Enklaven im Stadtzentrum schützen. Hier leben einige der kompromisslosesten Siedler des Westjordanlandes. Im daran angrenzenden, neu gegründeten Vorort Kiryat Arba leben heute mehr als 7000 Juden.

1994 schoss der in Brooklyn geborene Arzt Baruch Goldstein am jüdischen Feiertag Purim im muslimischen Fastenmonat Ramadan auf betende Palästinenser in der Ibrahim-Moschee, tötete dabei 29 Männer und Jungen und verletzte weitere 200 Menschen.

Während gemäßigte Siedler Goldstein als kaltblütigen Killer betrachten, ist er für die extremistischen Siedler, die die Palästinenser als fremde Eindringlinge im Lande Israel sehen, ein Held. Seine Grabstätte wurde zu einem beliebten Wallfahrtsort.

Viele Straßen in Hebron sind gesperrt und dürfen von Palästinensern nicht betreten

JÜDISCHE SIEDLUNGEN

Als „Siedlungen" werden gemeinhin die israelisch-jüdischen Kolonien bezeichnet, die auf palästinensischem Gebiet errichtet werden. Derzeit leben etwa 350 000 israelische Siedler in den mehr als 100 Siedlungen im Westjordanland. Weitere Hunderttausende leben in den 1967 von Israel annektierten Teilen von Jerusalem.

Die Größe der Siedlungen reicht von ein paar Wohnwagen auf einem entlegenen Hügel bis hin zu großen Städten wie Ma'ale Adumim bei Jerusalem, wo Zehntausende von Israelis leben und die mittlerweile de facto ein Vorort von Jerusalem ist. Für die Siedler gibt es viele Gründe, sich für ein Leben im Westjordanland zu entscheiden. An erster Stelle stehen die günstigeren Immobilienpreise, während sich religiöse Israelis auf die Erfüllung der biblischen Prophezeiung und den Willen Gottes berufen.

Nach internationalem Recht, das das Ansiedeln von Zivilisten auf Land unter militärischer Besatzung verbietet, sind die israelischen Siedlungen im Westjordanland und in Ostjerusalem illegal. Das israelische Recht bestreitet jedoch diese Auslegung internationalen Rechts. Die Palästinenser beklagen insbesondere, dass die jüdischen Siedlungen oft auf Privateigentum und nicht auf staatseigenem Grund und Boden errichtet und den palästinensischen Städten und Dörfern der Umgebung das kostbare Wasser abgraben würden. Am schlimmsten sei jedoch die Zerstückelung des Westjordanlands, die den Aufbau eines zusammenhängenden und lebensfähigen palästinensischen Staates unmöglich mache.

Sowohl die USA als auch die EU sehen in den Siedlungen ein bedeutendes Hindernis auf dem Weg zum Frieden, doch Israels rechtskonservative Regierungskoalition unter Premierminister Benjamin Netanjahu fördert bis heute nachdrücklich den Ausbau der Siedlungen im Westjordanland und in Ostjerusalem.

Mehr zu diesem Thema findet man auf den Internetseiten der palästinensischen Nichtregierungsorganisation Al-Haq (alhaq.mits.ps) und der linken israelischen Organisation B'Tselem (www.btselem.org). Infos aus Sicht der jüdischen Siedler bieten das Besucherzentrum und Museum der Siedlung Gush Etzion in der Nähe von Bethlehem (www.gush-etzion.org.il).

---

werden. Nachdem Ende der 1990er-Jahre viele Türen der Geschäfte im Suk zugeschweißt wurden, gleicht dieses historische Stadtviertel nun einer Geisterstadt.

Noch immer patrouillieren israelische Soldaten durch die Altstadt, und diese Soldaten werden regelmäßig, vor allem aber freitags, von Palästinensern mit Steinen beworfen.

2017 nahm die Unesco sowohl die Altstadt von Hebron als auch die Ibrahim-Moschee und das Grab der Patriarchen in die Liste des palästinensischen Weltkulturerbes auf, klassifizierte sie aber gleichzeitig als „stark gefährdet". Zutiefst verärgert warf Israel der UNO vor, damit die jahrhundertealten Verbindungen der Juden zu der Stadt missachtet zu haben.

◉ Sehenswertes

Für Besucher besonders interessant sind die folgenden drei Stadtteile: zunächst das Gebiet rund um das Ras Al-Jora (Jerusalem Sq) an der Hebron Rd, die auch „Shari'a Al-Quds" heißt, weil sie nach Bethlehem führt. Die Gegend ist ein wichtiges Geschäftszentrum mit zahlreichen Restaurants und Werkstätten, in denen Glas- und Keramikwaren hergestellt werden.

3 km weiter südlich wird die Hebron Rd zur Ein Sarah St, die schließlich in den Al-Manara Sq mündet, der eigentlich nur eine Straßenkreuzung ist. Biegt man beim Al-Manara Sq rechts ab, erreicht man nach etwa 200 m den Busbahnhof; nach links geht es zum Bab Al-Zawieh, dem Eingang zum Suk der Altstadt, und weiter zur Ibrahim-Moschee.

Der jüdische Teil Hebrons liegt südlich der Altstadt hinter hohen Mauern und Stacheldrahtzäunen. Er ist nur wenige Schritte entfernt vom Grab der Patriarchen bzw. der Ibrahim-Moschee. In den jüdischen Teil gelangt man auch über den Kontrollpunkt am Al-Manara Sq. Wie an allen Kontrollpunkten zwischen den arabischen und jüdischen Teilen der Stadt muss man hier den Pass vorzeigen.

◉ Altstadt

In der Altstadt mit ihren spektakulären, zumeist verfallenden osmanischen Gebäuden im Stil der Mamelucken befindet sich auch ein traditioneller Suk. Wegen der Spannungen mit den jüdischen Siedlern bieten die Händler ihre Waren aber mittlerweile auf einem anderen Platz unter freiem Himmel an.

In den engen Gassen sind überall Netze gespannt, damit der (von jüdischen Siedlern) aus den oberen Stockwerken geworfene Müll nicht in den Läden der Palästinenser darunter landet.

Der früher weit über die Region hinaus bekannte Gold-Suq ist nun mit Stacheldraht abgesperrt und nicht mehr zugänglich.

Ibrahim-Moschee/
Grab der Patriarchen MOSCHEE, SYNAGOGE

(☉ So–Do 8–16 Uhr, außer zu den Gebetszeiten) Für die meisten Besucher von Hebron ist die wichtigste Sehenswürdigkeit das Grab der Patriarchen (Höhle von Machpelah), das die Muslime als Ibrahim-Moschee bezeichnen (Abraham auf Arabisch ist Ibrahim). Die Stätte ist Juden und Muslimen gleichermaßen heilig. Es gibt strenge Sicherheitskontrollen und strikt voneinander getrennte Gebetsräume für die Gläubigen der beiden Religionen. Der Weg von der Altstadt zum Grab führt über einen israelischen Kontrollpunkt, wo man sich mit dem Pass ausweisen muss.

Die zumeist aus der Mamelucken-Zeit stammenden Kenotaphen der Patriarchen Abraham, Isaak und Jakob sowie ihrer Frauen sehen eher wie geschmückte Zelte aus. Dabei glauben Juden und Muslime, dass Abraham selbst die Höhle darunter als letzte Ruhestätte für seine Familie bestimmt hatte.

Die Höhle ist durch das Metallgitter in einer Ecke der Moschee zu sehen. In dem Raum, von dem aus man das Kenotaph Abrahams sieht, befindet sich neben der Tür eine kleine Nische mit einem Fußabdruck. Für die Muslime ist dies der Fußabdruck von Mohammed, für die Juden der von Adam.

Zu der unter Herodes errichteten Anlage (am Mauerfuß befinden sich herodianische Steine) fügten die Byzantiner im 6. Jh. eine Kirche hinzu. Daneben wurde eine Synagoge angebaut. Als die Araber 100 Jahre später das Gebiet eroberten, verwandelten sie die Kirche in eine Moschee, ließen die Synagoge aber intakt. Nach der Vertreibung der Kreuzfahrer bauten die Mamelucken eine weitere Moschee.

Vor dem Betreten der Moschee müssen alle die Schuhe ausziehen und die Frauen ihren Kopf mit einem am Eingang erhältlichen Tuch bedecken. Beim Betreten der Synagoge erhalten die Männer eine Kippa und die Frauen ein Tuch, um ihre Schultern zu bedecken.

◉ Außerhalb der Stadt
Glas- und Keramikfabrik
Hebron FABRIK

(Hebron Glass and Ceramics Factory; Natsheh Brothers; ☎ 02-222-8502; hebronglass@yahoo.com; Ras Al-Jora; ☉ 8–18 Uhr, Fr morgens geschl.) GRATIS
Die Fabrik am Stadtrand von Hebron, an der Hauptstraße in Richtung Norden, ist seit 350 Jahren im Besitz der Familie Natsheh. Die Besucher können zusehen, wie die Glasbläser feine Weingläser und bunte Flaschen herstellen. Die Glas- und Keramikwaren werden im hauseigenen Souvenirshop für einen Bruchteil der Preise in Bethlehem und Jerusalem verkauft.

🛏 Schlafen

Wer bei einer einheimischen Familie übernachten möchte, sollte dies im Voraus organisieren, entweder über ein Hostel oder Hotel in Bethlehem, Ramallah oder Jerusalem oder über eine Organisation wie die französische Association d'Échanges Culturels Hebron-France (www.hebron-france.org).

ℹ An- & Weiterreise

Von Jerusalem nach Hebron fährt man am besten über Bethlehem, denn auf dieser Strecke verkehren regelmäßig Sammeltaxis. Am Busbahnhof in Hebron starten von 5 bis 18 Uhr Sammeltaxis nach Jericho, Bethlehem und Ramallah. Allerdings fahren sie erst los, wenn sie voll sind.

Wer Hebron aus Sicht der jüdischen Siedler erleben will, steigt im zentralen Busbahnhof in Jerusalem in den Egged-Bus 160, der direkt zur Ibrahim-Moschee bzw. zum Grab der Patriarchen fährt. Von dort kann man auch in den arabischen Teil der Stadt gehen.

Am besten ist es jedoch, Hebron im Rahmen einer geführten Tour zu besuchen. Solche

Touren werden von vielen Hostels und Hotels in Bethlehem, Jerusalem oder Ramallah mindestens zweimal pro Woche angeboten. Besonders empfehlenswert sind die Touren des **Area D Hostel** in Ramallah (S. 301).

Nablus שכם نابلس

♪ 09 / 126 000 EW.

Die an einer wichtigen Handelsroute von Damaskus nach Jerusalem gelegene Stadt wurde lange vor Ankunft der Römer gegründet, und so besteht das Land im Tal unterhalb des modernen Nablus aus jahrtausendealten Schichten von Unrat und glorreichen Überresten.

Der von den Bergen Garizim und Ebal eingerahmte Ort heißt auf Hebräisch „Schechem". Seit alters her war er bekannt als Exporteur von Olivenöl, Baumwolle und Johannisbrot, heute ist die Stadt eher für ihre Seifenfabriken und *kunafeh* bekannt, die in Sirup schwimmende Süßspeise aus Weizenmehl und Käse, die im ganzen Nahen Osten heiß geliebt wird.

Nablus ist eine quirlige, lebendige und aufregende Metropole mit einer wunderschönen Altstadt, die selbst dem alten Jerusalem Konkurrenz macht – nicht zuletzt, weil ihre engen Gassen nicht ständig von Reisegruppen verstopft sind. Nablus ist aber auch eine Hochburg militanter Palästinenser, und so verschwindet der zentrale Platz immer wieder unter Fahnen, Bannern und Fotos von Märtyrern, die im jahrzehntelangen Kampf gegen Israel ihr Leben ließen.

Geschichte

Nachdem sich die zwölf Stämme Israels im 10. Jh. v. Chr. in zwei rivalisierende Königreiche aufgeteilt hatten, wurde Schechem für kurze Zeit die Hauptstadt der Gruppe im Norden, d. h. der zehn Stämme, die später untergehen sollten.

70 n. Chr. zerstörten die Römer das antike Schechem und gründeten an seiner Stelle Flavia Neapolis (die neue Stadt), die die Araber später Nablus nannten.

In der neuen Stadt entwickelten sich griechisch-römische Kulte, die bei der Eroberung durch die Araber 636 wieder ausgelöscht wurden. Christliche Schreine wurden in Moscheen verwandelt, und Nablus entwickelte seinen heutigen Charakter. Die Altstadt geht zwar auf die Zeit des Osmanischen Reiches zurück, doch sind auch heute noch Überreste aus der römischen Besatzungszeit zu entdecken.

Rund um Nablus befinden sich nun viele Siedlungen der kompromisslosesten Siedler Israels. So sind die Siedlungen Bracha, Itamar, Yitzhar und Elon Moreh auf den Hügeln der Umgebung oft in den Schlagzeilen, weil es wieder Auseinandersetzungen zwischen jüdischen Extremisten und Palästinensern oder auch israelischen Soldaten gab.

◉ Sehenswertes

Die wichtigste Sehenswürdigkeit in Nablus ist die **Al-Qasaba** (auch Casbah oder Old City) aus osmanischer Zeit, ein Labyrinth aus kleinen Geschäften, Ständen und Imbisswagen, Gewürzsäcken und Gemüsebergen. Mitten im Gewühl stehen Dutzende von ruhigen Moscheen, darunter auch die **Al-Kebir-Moschee** (⊙7–22 Uhr, während der Gebetszeiten geschl.).

Weitere Infos über Sehenswürdigkeiten und Aktivitäten in Nablus findet man auf www.nablusguide.com.

Seifenfabrik Touqan FABRIK
(Touqan Soap Factory; Martyrs Sq; ⊙Sa–Do 6–15 Uhr) GRATIS Eine der vielen Seifenfabriken, die besichtigt werden können, wurde schon 1872 gegründet, und bei der Seifenherstellung hat sich seit damals nicht viel geändert. Die Führungen sind kostenlos, Seifen kosten ab 7 NIS.

Im Erdgeschoss werden die Zutaten in riesigen, dampfenden Steinbottichen miteinander vermischt, bevor die Seife im Stockwerk darüber ausgebreitet und von barfüßigen Arbeitern mit langen Metallsicheln in Stücke geschnitten wird. Im nächsten Raum werden die Seifenstücke zu mannshohen Stapeln aufgetürmt, bevor sie von Hand verpackt werden, wobei die Arbeiter unglaubliche 1000 Stück pro Stunde schaffen.

Archäologischer Park Tel Balata RUINEN
(Erw./Student/Kind 10/7/5 NIS; ⊙So–Do 8–17, Fr & Sa 10–17 Uhr) Die Ruinen sind die Überreste der wahrscheinlich ersten Siedlung in Nablus, der kanaanitischen Stadt Schechem im 1. und 2. Jh. v. Chr. Schechem war rund um eine Quelle zwischen den Bergen Garizim und Ebal angelegt. In der Nähe des Jakobsbrunnens befinden sich weitere interessante Ruinen und ein ausgezeichnetes kleines **Museum**.

Der noch recht neue archäologische Park entstand mit Unterstützung der Unesco. Die Ausgrabungen sind auch noch lange nicht abgeschlossen. Am beeindruckendsten sind bis jetzt die Überreste eines befestigten Tempels, der wahrscheinlich als öffentliche Kult-

Nablus

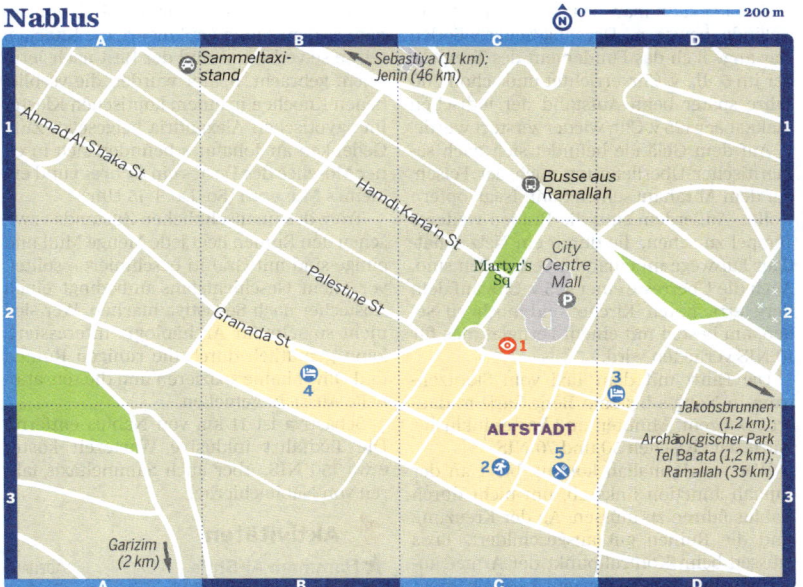

Nablus

◎ Sehenswertes
1 Seifenfabrik Touqan C2

✚ Aktivitäten, Kurse & Touren
2 Hammam Al Shifa C3

🛏 Schlafen
3 Al Yasmeen Hotel D2
4 Khan Al Wakalah B2

✖ Essen
5 Al Aqsa C3
Zeit ou Zaatar .... (s. 3)

stätte diente. Rund um die Ausgrabungsstätte wurde ein Fußweg angelegt, der dem Verlauf der früheren Stadtmauer folgt.

Ab der Straße von Ramallah ist der Park gut ausgeschildert. Nur wenige Besucher finden den Weg hierher, sodass man meistens alleine durch die Ruinen spaziert. Andererseits ist deshalb auch oft das Museum geschlossen. Man kann jedoch kräftig an die Tür hämmern, damit der Musuemswärter aufschließt.

Jakobsbrunnen   KIRCHE
(Spende erwünscht; ⊙ 8–12 & 14–16 Uhr) In der Nähe des Eingangs von Balata, dem größten Flüchtlingslager im Westjordanland, befindet sich die Stelle, an der nach der Bibel eine samaritische Frau Jesus Wasser zu trinken gab und er ihr offenbarte, dass er der Messias sei (Joh. 4, 25-26). Die hier errichtete byzantinische Kirche wurde beim Aufstand der Samariter 529 zerstört. Daraufhin bauten die Kreuzritter eine zweite Kirche, die aber noch im Mittelalter verfiel. Die heutige Kirche St. Photina die Samariterin wurde in den 1860er-Jahren vom griechisch-orthodoxen Patriarchat errichtet.

Die schöne Kirche steht inmitten eines üppig grünen Gartens, dessen friedliche Ruhe nur von den Katzen der Nachbarschaft gestört wird. Die Treppe neben dem Altar führt zum Brunnen hinunter.

Gut 300 m südöstlich des Brunnens befindet sich das Grab Josephs, das in den letzten Jahren immer wieder zu Auseinandersetzungen zwischen Palästinensern und Juden führte. Kommen Juden hierher zum Beten, werden sie (in Abstimmung mit der palästinensischen Autonomiebehörde) von israelischen Streitkräften eskortiert.

Samaritische Ruinen   HISTORISCHE STÄTTE
(Erw./Kind 22/10 NIS; ⊙ Sa–Do 8–16, Fr 8–15 Uhr) Die Überreste des samaritischen Tempels auf dem Berg sind zehn Gehminuten vom Dorf entfernt. An dem verschlossenen Tor muss man läuten, um vom Wärter eingelassen zu werden.

Danach kann man sich völlig frei auf dem Gelände bewegen. Der abgesenkte Boden war angeblich das Fundament des Tempels, der im 5. Jh. v. Chr. errichtet und schon 200 Jahre später beim Aufstand der jüdischen Makkabäer 125 v. Chr. wieder zerstört wurde.

Auf dem Gelände befindet sich nach samaritischer Überlieferung auch der Felsen, auf dem Abraham seinen Sohn Isaak opfern wollte. Außerdem sind die Ruinen weiterer Tempel zu sehen, die durch ein Netz schattiger Fußwege miteinander verbunden sind. Auch die Überreste einer 475 v. Chr. auf dem Berg errichteten Kirche sind noch zu sehen, am besten mit einem Fernglas, das für 10 NIS verliehen wird.

Die Fahrt mit dem Taxi vom Stadtzentrum in Nablus bis zum Berg Garizim dauert etwa zehn Minuten und kostet inklusive Wartezeit zwischen 50 und 70 NIS.

Wer von Ramallah kommt, biegt an der Tapuah Junction links ab, um nicht durch Nablus fahren zu müssen. Ab der Kreuzung sind die Ruinen gut ausgeschildert. Taxis müssen beim Kontrollpunkt der Armee außerhalb des Dorfes warten. Deshalb muss man den Fahrer evtl. im Voraus bezahlen, damit er auch wirklich wartet.

Samaritisches Museum MUSEUM
(02-237-0249; 15 NIS; So-Fr 9-15 Uhr) Die Samariter, deren uralte Religion nahe verwandt mit dem Judentum ist, glauben, dass der Berg Garizim nicht nur als Allererstes von Gott erschaffen wurde, sondern auch, dass Gott diesen Berg für den Bau seines Tempels auserwählt habe (im Gegensatz zum jüdischen Tempelberg in Jerusalem). Dies und vieles mehr über die Samariter erfährt man in dem ausgezeichneten Museum. Ein Englisch sprechender Mitarbeiter zeigt einen Film und beantwortet alle Fragen zu dieser Religion und ihrer heiligen Stätte.

Sebastiya RUINEN
GRATIS Die Ruinenstätte liegt hoch über dem gleichnamigen Dorf, das als einer der ältesten durchgehend besiedelten Ort im Westjordanland gilt.

Christen und Muslime sind davon überzeugt, dass sich in dem Dorf, das schon in der griechischen und römischen Antike weithin bekannt war, das Grab von Johannes dem Täufer befindet. Die Ruinenstätte auf dem Hügel, die ein Amphitheater (für ehemals 7000 Zuschauer) und die Überreste einer byzantinischen Kirche umfasst, bietet einen fantastischen Blick über das Westjordanland.

Mitte des 4. Jhs. wurde das Grab von Johannes dem Täufer geplündert, die Knochen teilweise verbrannt und der Rest nach Jerusalem gebracht. Später wurden die verbliebenen Knochen in einem koptischen Kloster im ägyptischen Alexandria beigesetzt. Zum Gedenken an Johannes befinden sich in einer Moschee des Dorfes ein **Schrein** und ein kleines **Museum** (So-Do 8-15 Uhr).

Trotz des unansehnlichen Zustands – zwischen den Ruinen liegt jede Menge Müll und einige sind mit Graffiti beschmiert – sollten vor allem Geschichtsfans unbedingt einen Abstecher nach Sebastiya machen. Wer sich nicht so sehr für Archäologie interessiert, kann gemütlich durch die ruhigen Ruinen und Olivenhaine spazieren und die sensationelle Aussicht genießen.

Sebastiya ist 11 km von Nablus entfernt. Die Taxifahrt inklusive Wartezeit kostet etwa 150 NIS. Aber auch Sammeltaxis fahren von Nablus hierher.

Aktivitäten

Hammam Al-Shifa BADEHAUS
(35 NIS; Männer 8-22 Uhr, Frauen nur So & Di 8-17 Uhr) Vor dem Entkleiden gibt man alle Wertsachen ab und hüllt sich dann in ein Handtuch – oder zieht Badebekleidung an, sofern man welche dabeihat. Das Hammam besteht aus einem Ruheraum (mit einer warmen Liegefläche zum Entspannen, einer Sauna und einem Dampfbad. Die Massagen sind alles andere als sanft. Es ist nicht ganz einfach, das Bad zu finden, doch die Einheimischen helfen gerne weiter.

Das Hammam aus dem 13. Jh. ist eines der ältesten in Nablus. Bis auf zwei Tage in der Woche ist es den Männern vorbehalten.

Schlafen

Khan Al-Wakalah HOTEL $$
(EZ/DZ 180/250 NIS, DZ ohne Klimaanlage 100 NIS) Das Hotel befindet sich in einem wunderbar restaurierten Geldwechslerhaus aus der mameluckisch-osmanischen Zeit, das jahrhundertelang von Reisenden zwischen Damaskus und Jerusalem sowie Pilgern auf ihrem Weg nach Mekka und Medina angesteuert wurde. Rund um einen schattigen Innenhof sind 24 Zimmer mit bequemen Betten und spektakulärer Ausstattung mit Holz und traditionellem Stein aus Nablus angeordnet.

Nachdem das Gebäude während der Zweiten Intifada fast komplett zerstört worden war, wurde es bis 2008 mit einer Spende der Europäischen Union in Höhe von 2,5 Mio. € sorgfältig restauriert. Bevor es 2017 schließlich als Hotel eröffnet wurde, wurde es als Veranstaltungszentrum genutzt. Das einzige Einzelzimmer im 2. Stock des Hotels ist eines der besten.

Al-Yasmeen Hotel HOTEL $$
(☎09-233-3555; www.alyasmeen.com; EZ/DZ/3BZ 60/75/90 US$; @☎) Das Hotel mitten in der Altstadt ist ein beliebter Klassiker bei einheimischen ebenso wie bei ausländischen Touristen. Das Personal ist höflich und hilfsbereit, die Zimmer sind sauber, ruhig und preiswert, viele müssten aber dringend renoviert werden. Deshalb sollte man sich unbedingt ein paar ansehen, bevor man sich entscheidet.

✗ Essen

Neben den vielen Konditoreien, die Lokum (aus gelierter Sirupmasse), Halva (Früchte und Nüsse in einer Paste aus Sesammehl und Sirup) und andere mit Sirup und Honig hergestellte Süßigkeiten verkaufen, wimmelt es in Nablus von Cafés, in denen man Kaffee trinken und Shisha rauchen kann. Unbedingt probieren sollte man *kunafeh*, die palästinensische Süßspeise, für die Nablus im ganzen Nahen Osten berühmt ist.

★ Al-Aqsa ARABISCH $
(Altstadt; Kunafeh 6 NIS; ⊙Sa–Do 13–19.30 Uhr) Das winzige Restaurant neben der Al-Kebir-Moschee in der Altstadt stellt eindeutig die beste *kunafeh* in ganz Palästina her. Jeden Tag wird die warme Süßspeise aus geschmolzenem Käse, Sirup und Weizenmehl auf riesigen runden Blechen frisch zubereitet und von den wartenden Kunden zumeist direkt vor dem Laden im Stehen gegessen.

Zeit ou Zaatar ARABISCH $$
(Hauptgerichte 35–70 NIS; ⊙12–24 Uhr) Das Restaurant in der Eingangshalle des Al-Yasmeen Hotel lohnt unbedingt einen Besuch, denn es bietet eine ausgezeichnete Auswahl an palästinensischen und libanesischen Gerichten, darunter auch *mansaf* (in Joghurt gekochtes Lammfleisch mit Reis). Außerdem ist es eines der wenigen Restaurants der Stadt, die freitags geöffnet haben. Aber Achtung: Die Portionen sind riesig.

❶ Praktische Informationen

Good Samaritan Center (⊙So–Fr 9–16 Uhr) Bietet ausgezeichnete Infos zum Berg Garizim.

❶ An- & Weiterreise

Es gibt keine direkte Busverbindung von Jerusalem nach Nablus. Mit öffentlichen Verkehrsmitteln ist Nablus am besten von **Ramallah** aus zu erreichen. Am dortigen Busbahnhof fahren den ganzen Tag regelmäßig Busse ab. Ein Taxi vom Kontrollpunkt Qalandia kostet rund 100 NIS. Einen **Sammeltaxistand** gibt's im Norden des Martyrs Sq. Die Sammeltaxis fahren nach Ramallah und Jenin.

Zu den Samaritern fährt man von der Innenstadt mit dem Taxi. Das kostet zwischen 50 und 70 NIS. Der Preis muss mit dem Fahrer ausgehandelt werden.

Jenin ג'נין جنين
☎04 / 40 000 EW.

Die Stadt im äußersten Norden des Westjordanlands kann weder mit uralten historischen Stätten wie Nablus und Bethlehem, einem Nachtleben wie Ramallah oder der religiösen Bedeutung (und Konfliktträchtigkeit) von Hebron und Jerusalem aufwarten, dafür aber mit dem verwegenen Charme des Verfalls.

Seit dem Ende der Zweiten Intifada kämpft Jenin mit den Folgen der gewalttätigen Auseinandersetzungen und macht auf Besucher immer noch den Eindruck einer schwer gebeutelten Stadt. Dank finanzieller Unterstützung aus Deutschland konnte 2010 das Kino wiedereröffnet werden, es warf jedoch keinen Gewinn ab und wurde vor Kurzem abgerissen. Damit starb ein Projekt, das den Wiederaufbau der Stadt belegen sollte.

Doch bei einem Bummel durch die engen Gassen des rappelvollen Suks, dem Besuch des weltberühmten Freedom Theatre oder der Übernachtung bei einem Olivenbauern in der Umgebung erlebt man eine Stadt weitab vom üblichen Tourismus.

◉ Sehenswertes

Gegenüber der **Jenin Al-Kabir-Moschee** beginnt das Gewirr der **Altstadt**, in deren kleinen Gassen heute vor allem Möbelschreiner, Barbiere und Maschinenschlosser ihrem Handwerk nachgehen. Zwei Häuserblocks südlich der Moschee befindet sich die King Talal St, die zum Jerusalem Sq, dem zentralen Busbahnhof und dem Cinema Guesthouse führt. Nördlich der King Talal St lohnt sich ein Bummel durch den äußerst geschäftigen Suk.

Das christliche Dorf Burqi'in, in dem die viertälteste Kirche der Welt steht, liegt 20 Autominuten außerhalb der Stadt. Sammeltaxis fahren an der Haltestelle neben dem Cinema Guesthouse ab.

★ Freedom Theatre
THEATER

(☏ 04-250-3345; www.thefreedomtheatre.org; ⊙ 9–17 Uhr) GRATIS Trotz unvorstellbarer Widrigkeiten hat das Freedom Theatre mitten im Flüchtlingslager bis heute überlebt. So wurde 2011 der Gründer Juliano Mar Khamis von einem Maskierten erschossen. Palästinensische Filmemacher, Regisseure und Schauspieler, die seit seiner Gründung mit und in dem Theater arbeiteten, wurden von Israel drastisch in ihrer Bewegungsfreiheit eingeschränkt. Trotzdem finden hier regelmäßig Theateraufführungen statt, und Besucher sind auch außerhalb der Vorstellungszeiten herzlich willkommen. Vor dem Besuch sollte man sich per E-Mail anmelden.

Neben den Theateraufführungen, die auf der Homepage angekündigt werden, finden auch Foto-Ausstellungen und Film-Workshops statt. Für all diese Projekte werden ständig Freiwillige gesucht.

Das Freedom Theatre, seit dem Abriss des Kinos die Hauptsehenswürdigkeit von Jenin, befindet sich 25 Gehminuten südlich des Jerusalem Sq.

Griechisch-Orthodoxe Kirche St. Georg
KIRCHE

(⊙ 8–18 Uhr, So 13–15 Uhr geschl.) GRATIS Die Kirche am Stadtrand von Burqi'in wurde angeblich an der Stelle errichtet, wo Jesus die zehn Leprakranken heilte. Die im 4. oder 5. Jh. errichtete Kirche gilt als eine der ältesten noch erhaltenen Kirchen der Welt und wurde über der Höhle gebaut, in der die Leprakranken gelebt hatten. Im Innenhof sind mehrere Schächte zu sehen, die zu einer Höhle unter der Kirche führen, in der sich die Christen während der Verfolgung durch die Römer versteckten. Auf Wunsch öffnen Mitarbeiter die Deckel, damit die Besucher an Leitern in die Höhle hinuntersteigen können.

Sammeltaxis (3 NIS) fahren von einer Haltestelle 300 m westlich der Großen Moschee in Jenin bis zur Kirche.

Canaan Fair Trade
FABRIK

(☏ 04-243-1991; www.canaanfairtrade.com) In der Fabrik 2 km außerhalb von Buqi'in wird das Olivenöl der Umgebung zu fairen Bedingungen verarbeitet. Zur Werksbesichtigung gehört auch eine Verkostung, und manchmal können auch Unterkünfte bei den Olivenbauern vermittelt werden. Am schönsten ist ein Besuch am ersten Freitag im November, wenn die Fabrik ihr alljährliches Erntedankfest feiert. Wer wissen möchte, welches Angebot aktuell für Besucher besteht, sollte anrufen oder auf der Website nachschauen.

🛏 Schlafen & Essen

★ Cinema Guesthouse
PENSION $

(☏ 059 931-7968; www.cinemajenin.org; 1 Azzaytoon St; B/EZ/DZ 75/125/250 NIS; @🛜) Die ruhige Unterkunft mitten im chaotischen Jenin ist ideal, um andere Traveller oder NGO-Mitarbeiter, Journalisten, Aktivisten usw. zu treffen und die Seele baumeln zu lassen. Es gibt drei große Schlafsäle, ein paar winzige Zimmer und eine schöne Gemeinschaftsküche. Frühstück kostet 10 NIS extra. Der Englisch sprechende Inhaber ist eine unerschöpfliche Quelle für Infos über die Region. Die Pension liegt gegenüber dem Busbahnhof.

Aawtar
INTERNATIONAL, NAHÖSTLICH $

(Cinema Circle; Hauptgerichte 20–60 NIS; ⊙ 8–24 Uhr) Eine gute Auswahl an arabischen und europäischen Gerichten wird auf der großen Dachterrasse unter dem Sternenhimmel serviert. Selbst an kühlen Abenden drängen sich hier die Kunden, um etwas zu trinken, zu essen und Shisha zu rauchen. Im Erdgeschoss des Restaurants gibt's einfache arabische Gerichte, Pizza, Burger und riesige Salate. Durch die großen Fenster kann man prima das bunte Treiben auf der Straße beobachten.

ℹ Praktische Informationen

Von dem baufälligen Wohnturm sollte man sich nicht abschrecken lassen, denn das 2013 mit finanzieller Unterstützung der spanischen Regierung eröffnete **Jenin Tourism Office** (⊙ Sa–Do 10–14 Uhr) besteht aus mehreren interessanten Räumen, in denen u. a. eine Zeitleiste der Geschichte Jenins von 7000 v. Chr. bis 2002, eine Fotoausstellung mit Touchscreens und Kunstgewerbe zu sehen sind. Das Englisch sprechende Personal ist sehr hilfsbereit und bietet eine Fülle von Infos über Sehenswürdigkeiten und mögliche Aktivitäten in Jenin und der Umgebung.

ℹ An- & Weiterreise

Von Nablus nach Jenin fahren regelmäßig Busse (15 NIS). Ebenfalls fahren Busse von Jenin zum Kontrollpunkt Jalameh im Norden (4–5 NIS), von wo es weiter nach Afula, Haifa oder Nazareth geht.

Im Gegensatz zu anderen Kontrollpunkten des Westjordanlandes, die rund um die Uhr besetzt sind, ist Jalameh nur tagsüber von 8 bis 19 Uhr geöffnet. Wer mit einem eigenen Fahrzeug unterwegs ist, muss vor allem am Wochenende mit langen Warteschlangen und scharfen Sicherheitskontrollen beim Verlassen des Westjordanlandes rechnen.

Totes Meer
البحر الميت   ים המלח

Inhalt
Ein Gedi 320
Nordwestküste 325
Masada 326
Ein Bokek 329
Sodom 334
Neot HaKikar 335

Schön übernachten
➜ Shkedi's Camplodge (S. 336)
➜ Ein Gedi Kibbutz Hotel (S. 324)
➜ Hod HaMidbar (S. 333)

Tolle Familienwanderungen
➜ Wadi David (S. 322)
➜ Wadi Arugot (S. 323)
➜ Wadi Bokek (S. 333)

Auf ans Tote Meer!
Der Wasserspiegel des Toten Meeres ist die am tiefsten gelegene Fläche der Erde. Hier treffen Naturschönheit, historische Orte und moderne Mineralbäder, in denen man sich verwöhnen lassen und diverse Leiden kurieren kann, zusammen. Das kobaltblaue Meer, das einen extrem hohen Salz- und Mineraliengehalt hat, liegt am Rand der Judäischen Wüste mit ihren zerklüfteten Steilwänden und ausgetrockneten Schluchten, in denen nach einem Wolkenbruch reißende, gelbbraune Ströme fließen. Quellen versorgen Oasen wie Ein Gedi mit so viel Wasser, dass die üppige Vegetation oft mit der des Gartens Eden verglichen wird. An ihrem oberen Ende gehen die Steilwände in die karge Mondlandschaft der Judäischen Wüste über, während unten seit Jahrtausenden Menschen arbeiten, sei es bei der Errichtung von Masada oder in den Höhlen von Qumran oder in jüngerer Zeit beim Bau von Wander- und Radwegen, Kibbuzim, Hotels und eines weltberühmten botanischen Gartens.

Reisezeit
Ein Gedi

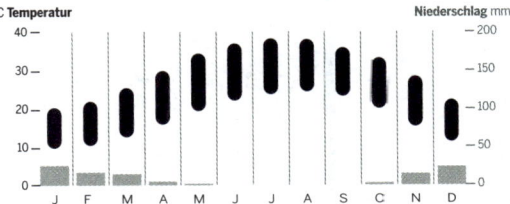

Nov.–April Warm und sonnig. Platzregen in der judäischen Wüste sorgen für Springfluten in den Wadis.

Juli–Mitte Sept. Sengend heiß, Temperaturrekord: 49,2 °C! Wanderungen im Morgengrauen beginnen.

Ende März–April & Sept.–Okt. In den Wochen des Pessach- und Sukkot-Festes ist alles von israelischen Touristen belegt.

Highlights

1. Sich am **Ein Bokek Beach** (S. 332) im wohltuenden Salzwasser des Toten Meers treiben lassen

2. Im Morgengrauen den **Schlangenpfad** (S. 328) nach Masada hochsteigen und den Sonnenaufgang beobachten

3. Im **Naturschutzgebiet Ein Gedi** (S. 322) in die Becken der Wasserfälle abtauchen

4. Im **Masada-Museum** (S. 327) die römische Belagerung der Festung nachempfinden

5. In **Neot HaKikar** (S. 335) durch die breiten Wadis radeln

6. Im **Nationalpark Qumran** (S. 325) den Spuren der alten Essener folgen, die die Schriftrollen vom Toten Meer schrieben und versteckten

7. Am Lagerfeuer der **Shkedi's Camplodge** (S. 336) den Tag ausklingen lassen

8. Sich in einem Wellness-Hotel in **Ein Bokek** (S. 333) verwöhnen lassen

Geschichte

Die einzigartigen Qualitäten des Toten Meeres sind mindestens schon seit dem 4. Jh. v. Chr. bekannt: Schon Koryphäen wie Aristoteles, Plinius und Galen haben auf die physikalischen Eigenheiten des Sees hingewiesen. Die Nabatäer sammelten Bitumen von der Wasseroberfläche des Sees und verkauften es an die Ägypter, die es wiederum zur Einbalsamierung verwendeten.

Die meiste Zeit in der Geschichte wurde das Tote Meer, dessen Ufer sich heute Israel, das Westjordanland und Jordanien teilen, jedoch als etwas Ungesundes betrachtet und daher gemieden (dem Volksglauben zufolge könnte kein Vogel über sein Wasser fliegen, ohne vom Himmel zu fallen). So wurde das Gebiet zu einem beliebten Rückzugsort für religiöse Asketen und politische Flüchtlinge. Die späteren Könige David und Herodes, Jesus und auch Johannes der Täufer sollen an seiner Küste oder in den Höhlen der nahe gelegenen Berge Zuflucht gesucht haben.

Da das Tote Meer als „Meer des Teufels" galt, blieb die Gegend unerforscht, bis sie schließlich 1848 von einem internationalen Team unter Leitung der US Navy erkundet wurde. Moshe Nowomeisky, ein in Sibirien geborener Ingenieur und zionistischer Pionier, gründete 1930 die Palestine Potash Company (heute Dead Sea Works). Nach dem Krieg von 1948 fiel ein Viertel der Küste des Toten Meers an Israel, der Rest ging an Jordanien. Das Nordwestufer des Sees wurde 1967 von Israel erobert.

Geografie

Das Tote Meer (hebr. Jam haMelach = Salzmeer; arab. al-Bahr al-Mayyit = Meer der Toten), das mit derzeit 431 m unter dem Meeresspiegel der am tiefsten gelegene Punkt der Erde ist, war bis vor ca. 2 Mio. Jahren über die Jesreel-Ebene noch mit dem Mittelmeer verbunden und gehört zum 6000 km langen Großen Afrikanischen Grabenbruch, der sich vom libanesischen Bekaa-Tal über den See Genezareth und das Rote Meer bis nach Mosambik erstreckt.

Das Tote Meer ist rund 65 km lang und bis zu 18 km breit. Gespeist wird es vor allem vom Jordan sowie von unterirdischen Quellen, Wasser aus den Wadis (je nach Saison) und Springfluten. Einen Abfluss gibt es nicht, doch seit jeher gleicht sich der jährliche Zufluss mehr oder weniger durch Verdunstung aus. Diese erreicht bis zu 1000 Milliarden Liter pro Jahr. Das Wasser erreicht das Tote Meer mit einer normalen Mineralienkonzentration (vor allem Magnesium, Natrium, Kalzium und Kaliumchlorid). Im Lauf der Jahrtausende sind jedoch große Wassermengen verdunstet. Zurückgeblieben ist alles andere, was die Mineralienkonzentration im Wasser erheblich erhöht hat. So ist der Salzgehalt (ca. 34 %) hier zehnmal höher als im normalen Meer.

In Israel, Jordanien, Syrien, dem Westjordanland und Libanon werden heute etwa 90 % des Wassers aus dem Jordanbecken zu landwirtschaftlichen Zwecken abgeleitet. Dadurch trocknet das Tote Meer langsam aus: Jedes Jahr sinkt sein Pegel um etwa 1 m, während sich die Wasserlinie um ca. 5 m zurückzieht. Seit den 1930er-Jahren hat sich die Wasseroberfläche um mehr als ein Drittel verringert.

In den 1980er-Jahren sollte mit Hilfe des Med-Dead Project das Tote Meer wieder mit dem Mittelmeer verbunden werden, um das Gefälle von 400 m für die Stromerzeugung zu nutzen. Aufgrund der hohen Kosten wurde das Projekt jedoch nie realisiert. 2013 unterzeichneten Israel, Jordanien und die Palästinensische Autonomiebehörde ein Abkommen zum Bau des 180 km langen Zweimeereskanals in Jordanien, um überschüssiges Wasser aus der Meerentsalzung von Aqaba ins Tote Meer einzuleiten. Umweltschützer wie Friends of the Earth Middle East (EcoPeace Middle East; www.ecopeaceme. org) protestierten heftig gegen die Pläne.

Das Ufer des Toten Meers ist von Quellen und Oasen gesäumt, die über 90 Vogelarten, 25 Reptilien- und Amphibienarten sowie 24 verschiedene Säugetierarten mit Wasser versorgen. Hinzu kommen 400 Pflanzenarten, manche von ihnen leben hier am nördlichsten bzw. südlichsten Punkt ihres natürlichen Verbreitungsgebiets.

Heute besteht das Tote Meer aus zwei getrennten Seen, die durch einen künstlichen Kanal miteinander verbunden sind. Das größere Becken im Norden ist ein echter – wenn auch schrumpfender – See mit einem maximalen Tiefpunkt von 300 m unter dem Meeresspiegel. Der seichte Abschnitt im Süden, an dessen Ufer Ein Bokek liegt und der eigentlich eine Aneinanderreihung künstlicher Verdunstungsbecken ist, wäre ohne das durch die Firma Dead Sea Works hineingepumpte Wasser komplett ausgetrocknet. Während der Wasserspiegel des nördlichen Teils momentan fällt, steigt das Wasser im südlichen Abschnitt durch die Anhäufung von Salzablagerungen am Boden der Verdunstungsbecken hingegen wieder an. Die beiden Seen sind durch eine Halbinsel voneinander getrennt, die vom Ostufer aus ins Tote Meer hineinragt und im Hebräischen als HaLashon, im Arabischen als Al-Lisan (beides bedeutet „die Zunge") bekannt ist.

Essen

Die meisten Touristen am Toten Meer buchen ihr Hotel oder Hostel mit Frühstück und Abendessen. Deshalb gibt es in der ganzen Gegend nur eine Handvoll Restaurants, die meisten davon in Ein Bokek, eines im Kibbuz Ein Gedi und eines im Qumran National Park. In Masada gibt es einen Food Court. Geschäfte für Selbstversorger finden sich im Kibbuz Ein Gedi und in Neot HaKikar.

An- & Weiterreise

AUTO

Auf der Rte 90 kann man entlang des gesamten Westufers des Toten Meers fahren. Die längste Schnellstraße Israels führt von der libanesischen Grenze im Norden bis zur ägyptischen Grenze bei Taba im Süden. 14 km nördlich von Ein Gedi befindet sich eine Straßensperre des Militärs.

Die Gegend hat Anschluss an drei Schnellstraßen, die alle von Ost nach West verlaufen:

Rte 1 Dank dieser modernen, in der Mitte geteilten Schnellstraße (und eines Abschnitts der Rte 90) ist Ein Gedi gerade einmal eine 75 km lange Fahrt von Jerusalem entfernt. Die Rte 1 verläuft zwar durch das Westjordanland, es gibt aber selten Sicherheitsprobleme. In Fahrtrichtung Jerusalem passiert man zwischen der israelischen Siedlung Ma'ale Adumim und Jerusalem eine Straßensperre.

Rte 31 Verbindet Arad mit der Rte 90, einige Kilometer südlich von Ein Bokek. Von Arad führt auch die Rte 3199 zur römischen Rampe an der Westseite von Masada.

Rte 25 Verläuft auf ihrem Weg zum südlichsten Zipfel des Toten Meeres in der Nähe von Neot HaKikar durch Be'er Sheva und Dimona. Von Tel Aviv nach Ein Gedi fährt man am besten auf dem Hwy 6, nach Ein Gedi geht es über Jerusalem etwas schneller.

Einheimische raten dazu, die Gegend rund um das Tote Meer immer mit vollem Tank zu besuchen, da sich die einzigen Tankstellen (von Nord nach Süd) an der Lido-Kreuzung (40 km nördl. von Ein Gedi nahe Jericho), bei Ein Gedi Beach, an der Neve-Zohar- und an der Arava-Kreuzung (8 bzw. 33 km südlich von Ein Bokek) befinden.

Die meisten Wanderungen sind Rundwege, die dort enden, wo sie angefangen haben. Wer eine Wanderung mit unterschiedlichem Ausgangs- und Endpunkt plant, wendet sich an die freundlichen Inhaber der B&Bs in Neot HaKikar, die Gäste (gegen Bezahlung) zum Startpunkt bringen und auch wieder abholen.

Am Toten Meer ist nur ein einziger Autovermieter vertreten: Hertz in Ein Bokek.

BUS

Es ist möglich, aber sehr umständlich, die Umgebung des Toten Meers mit öffentlichen Bussen zu erkunden. Um lange Wartezeiten in der glühenden Sonne zu vermeiden, sollte man die Fahrten im Voraus planen.

Die Egged-Busse (www.egged.co.il) verkehren auf der Rte 90 und fahren dabei Orte wie Qumran, das Ein Feshkha Nature Reserve, das Ein Gedi Nature Reserve und den Kibbuz Ein Gedi, das Ein Gedi Spa, Masada, Ein Bokek und Hamei Zohar an. Es besteht Anschluss zu folgenden Zielen:

Be'er Sheva Egged-Bus 384 (27 NIS, 1½ Std. bis Ein Bokek, So–Do 5-mal tgl, Fr 3-mal tgl)

Eilat Egged-Bus 444 (42,50 NIS, 2¾ Std. bis Ein Bokek, So–Do 8-mal tgl., Fr 3-mal tgl., Sa nachmittags und abends 3-mal)

Jerusalem Egged-Busse 444 und 486 (34 NIS, 1 Std. bis Ein Gedi, So–Do stündl. von 6.30–16.45 Uhr, Fr 6.30–14 Uhr, Sa abends mind. 1-mal)

Tel Aviv Egged-Bus 421 (48,40 NIS, 2½ Std. bis Ein Bokek, So–Do 3-mal tgl, Fr 1-mal tgl.). In Tel Aviv fahren die Busse vom Hauptbahnhof (Arlozorov/Savidor) über den Hwy 6.

Alle diese Busse eignen sich gut, um auf der Rte 90 nach Norden oder Süden zu reisen, z. B. von Masada nach Ein Bokek oder ins Ein Gedi Nature Reserve.

Abraham Hostels (https://abrahamtours.com) bietet von Jerusalem und Tel Aviv Tagesausflüge zum Toten Meer an (150–280 NIS).

Ein Gedi עין גדי عين جدي

Eingebettet zwischen zwei dramatischen Schluchten, die von der Mondlandschaft der Judäischen Wüste zum Toten Meer hin tief abfallen, liegt das Naturschutzgebiet Ein Gedi, eine der zauberhaftesten Oasen in Israel. Vier ganzjährig Wasser führende Quellen speisen Süßwasserbecken, erfrischende Ströme und paradiesische Wasserfälle und versorgen eine üppige Vegetation mit Wasser – ein Garten Eden für Tiere wie den Syrischen Steinbock (hebr. *ya'el*) und den zwischen den Felsen lebenden Schliefer (hebr. *shafan sela*; auch als Klippschliefer bekannt). Beide werden in dieser Gegend oft gesichtet (den Steinbock kann man am besten in der ersten und letzten Stunde der Öffnungszeiten des Naturschutzgebiets beobachten). Ein Gedi ist der nördlichste Lebensraum einer Reihe von Pflanzen, die eher in den Savannen Ostafrikas anzutreffen sind, also Tausende Kilometer weiter südlich, am anderen Ende des Großen Afrikanischen Grabenbruchs.

Auf einem kleinen Hügel 3 km südlich des Naturschutzgebiets Ein Gedi liegt der Kibbuz Ein Gedi.

Geschichte

Ein Gedi (wörtlich „Quelle des Zickleins") wurde erstmals kurz nach der Steinzeit, also während der Kupferzeit (vor 5000 Jahren), besiedelt, als hier ein Tempel gebaut wurde. In der Bibel wird beschrieben, wie David nach Ein Gedi flieht, um dem Zorn Sauls zu entkommen (1 Sam 23,29), und die Oase taucht noch einmal in Hohelied Salomos (1,14) auf, wo es heißt: „Mein Freund ist mir eine Traube von Zyperblumen in den Weinbergen zu Ein Gedi". Ein Ereignis aus etwas jüngerer Zeit: Die erotische Wasserfallszene eines der schlechtesten Filme mit Brooke Shields, nämlich *Sahara* (1983), wurde in Ein Gedi gedreht.

Sehenswertes & Aktivitäten

Das Plateau oberhalb des Naturschutzgebiets Ein Gedi am südlichen Ende der Judäischen Wüste liegt 200 m über dem Meeresspiegel und 630 m über dem Toten Meer. Fünf Wanderwege führen vom Naturschutzgebiet zum Plateau hinauf, von wo sich ein spektakulärer Panoramablick abseits der nervenden Massen bietet.

Der schwierigste Wanderweg führt in sechs bis acht Stunden vom Wadi Arugot über das Plateau, den **Aussichtspunkt Ein Gedi** (Mitzpeh Ein Gedi) und die Ein-Gedi-Quelle ins Wadi David. Der mit schwarzen Flammen markierte Weg sollte nur von sehr erfahrenen Wanderern begangen werden.

Von Norden nach Süden führen die folgenden fünf anspruchsvollen Wanderwege zum Plateau hinauf: Der **Yishay-Aufstieg** (Ma'aleh Yishai) zum Berg Yishai beginnt bei der Ein Gedi Field School; der **Ein-Gedi-**

> ### ⓘ SICHER WANDERN
>
> Hier einige Tipps, um im speziellen Klima und der einzigartigen Landschaft um das Tote Meer sicher unterwegs zu sein und gesund zu bleiben:
>
> ➤ Eine topografische Wanderkarte von SPNI im Maßstab 1:50 000 (87 NIS) sollte bei keiner Wanderung fehlen (in Ein Gedi nicht nötig, außer für Wanderungen auf das Plateau). Ein Gedi und das Gebiet südlich davon werden von Karte 11 *(Ein Gedi v'Daroma)*, Ein Gedi und das Gebiet nördlich davon von Karte 8 *(Tzfon Midbar Yehuda v'Yam HaMelach)* abgedeckt (beide nur hebräisch). Beide Karten sind in der Ein Gedi Field School und am Wadi-Arugot-Eingang zum Naturschutzgebiet (S. 323) erhältlich.
>
> ➤ Unbedingt *sehr viel* Wasser mitnehmen – mindestens 5 l pro Person und Tag.
>
> ➤ Um der Sommerhitze zu entkommen, sollte man immer kurz nach der Morgendämmerung aufbrechen (bzw. sobald das Naturschutzgebiet öffnet). An besonders heißen Tagen sollte man aus Sicherheitsgründen nur im Wadi David wandern.
>
> ➤ Sturzfluten können die ausgetrockneten Schluchten oberhalb des Toten Meeres in reißende Ströme verwandeln. Im Spätherbst, Winter und Frühjahr sollte man deshalb immer die Wettermeldungen verfolgen und sich bei vorhergesagten Güssen in der Judäischen Wüste von engen Rinnen fernhalten.
>
> ➤ Im Winter können die Temperaturen nachts stark fallen, sodass zur Vermeidung von Unterkühlung – sollte man irgendwo feststecken – eine gefütterte Jacke ins Gepäck gehört.
>
> ➤ Von Gebieten fernhalten, in denen auf Schildern vor Erdfällen *(bol'anim)* oder „open pits" gewarnt wird. Diese können sich ohne Vorankündigung öffnen und arglose Touristen verschlucken (das ist tatsächlich schon passiert).
>
> ➤ Die Höhlen der Umgebung (wie die im Berg Sodom) auf keinen Fall betreten! Sie alle (einschl. der berühmten Mehlhöhle) sind für die Öffentlichkeit nicht zugänglich, da aufgrund verschiedener Faktoren, z. B. des hohen Salzgehalts, ein Einsturz jederzeit möglich ist.

Aufstieg beginnt bei der Ein-Gedi-Quelle, auf der Hügelseite zwischen dem Wadi David und Wadi Arugot; der **Bnei-HaMoshavim-Aufstieg** ist ein besonders schwieriger Weg, der im oberen Teil des Wadi Arugot beginnt; der **Ha'Isiyyim-Aufstieg** beginnt in der Nähe der höchsten Stelle des Wadi Arugot; und der **Tzruya (Zeruya)-Aufstieg** beginnt in der Nähe des Kibbuz Ein Gedi.

Unbedingt erforderlich ist eine SPNI-Wanderkarte im Maßstab 1:50 000, die am Eingang zum Wadi Arugot erhältlich ist, denn die Wege werden bei extremer Hitze oder drohenden Springfluten gesperrt. Die Mitarbeiter der Parkverwaltung geben gern Tipps und Infos zur Wanderung. Es empfiehlt sich auch, ihnen den geplanten Weg mitzuteilen und eine Telefonnummer zu hinterlassen.

★ **Naturschutzgebiet**
Ein Gedi   NATURSCHUTZGEBIET
(☏08-658-4285; www.parks.org.il; ⊙8–16 oder 17 Uhr) Das Naturschutzgebiet besteht aus den fast parallel verlaufenden Schluchten des Wadi David und des Wadi Arugot, die beide über einen eigenen Eingangsbereich mit Kassenhäuschen verfügen. Außerdem befindet sich hier eine uralte Synagoge.

Im Eintrittspreis sind eine Broschüre und Karte mit den farbig markierten Wanderwegen und vielen nützlichen Infos enthalten. So ist bei jedem Weg die Länge angegeben, ebenso die Uhrzeit, zu der man spätestens aufbrechen sollte, um rechtzeitig vor Schließung des Parks wieder zurück zu sein.

Die Parkwächter achten genau darauf, dass niemand den Park vor der offiziellen Öffnung betritt oder sich nach der Schließung noch dort aufhält (Zuwiderhandlungen werden mit einer Geldbuße von 365 NIS bestraft). Der Grund für diese rigorosen Maßnahmen sind die hier lebenden Wüstentiere wie Wolf, Schakal und Fuchs, die nachts ihre Ruhe brauchen, um auf Nahrungssuche zu gehen. Schließlich befinden sich in dem Naturschutzgebiet die einzigen ganzjährig Wasser führenden Quellen der Gegend.

Als 2006 zum letzten Mal ein vom Aussterben bedrohter Arabischer Leopard (*Panthera pardus nimr*) in Ein Gedi beobachtet wurde, hatte dieser gerade ein paar Nutztiere im Kibbuz Ein Gedi gerissen. Seitdem gilt diese Art hier als ausgestorben.

Essen, Rauchen und Haustiere sind im gesamten Naturschutzgebiet verboten.

Wadi David   WANDERN
(Nahal David; Ein Gedi Nature Reserve; Erw./Kind mit alter Synagoge 28/14 NIS; ⊙8–16 oder 17 Uhr, letzter Einlass 1 Std. vor Schließung) Die am besten zugänglichen – und beliebtesten – Schwimmbecken und Wasserfälle befinden sich im **Unteren Wadi David** (Nahal David Tachton), d. h. flussabwärts vom **David-Wasserfall** (Mapal David; 1 Std. hin & zurück). Im Eingangspavillon gibt's Toiletten und Umkleideräume mit kostenlosen Schließfächern (Schlüssel beim Personal) und ebenfalls kostenlosem Trinkwasser.

An einer Theke und im Laden nebenan werden Sandwiches, Eis, Snacks, Getränke und sogar Espresso verkauft. Wer keine Trinkflasche zum Auffüllen dabei hat, kann das Personal um eine der zurückgegebenen Pfandflaschen bitten.

Um zum wesentlich ruhigeren **Oberen Wadi David** (Nahal David Elyon) zu gelangen, steigt man den Weg an der Südwand der Schlucht hinauf. Ein Stück hinter der kleinen **Shulamit-Quelle** (Ma'ayan Shulamit) befindet sich eine T-Kreuzung. Der Weg nach rechts führt hinunter zu dem Teil des Wadi David oberhalb des Wasserfalls und der **Dodim-Höhle** („Höhle der Liebenden"). Der linke Weg führt zum **chalkolithischen Tempel** (3000 v. Chr.), den Becken der **Ein-Gedi-Quelle** (deren mineralhaltiges Wasser

---

INSIDERWISSEN

FESTIVALS

Die spektakuläre Wüstenlandschaft und das zumeist gute Wetter machen das Tote Meer zur idealen Bühne für Freiluftveranstaltungen.

Tamar Festival (☏03-723-0883; www.tamarfestival.com; ⊙während des Sukkot) Das viertägige Festival der israelischen Musik findet Ende September/Anfang Oktober in und um Masada, im Kibbuz Ein Gedi und in Neot HaKikar statt.

Ein Gedi International Half Marathon (Ein Gedi Experience; www.eingedi-run.co.il; ⊙Ende Jan.) Der Halbmarathon wird seit 1983 gelaufen. Mittlerweile gibt es auch einen Lauf über 10 km und einen 2 km langen Lauf für Kinder.

INSIDERWISSEN

VORSICHT: ERDFÄLLE!

Zählten die israelischen Landvermesser 1990 noch 100 Erdfälle entlang der Küsten des nördlichen Toten Meeres, so sind es heute mehr als 6000, wobei jedes Jahr mehr als 500 neu entstehen. Einige dieser Löcher sind nur so groß wie ein Whirlpool, andere sind 30 m tief und haben einen Durchmesser von 50 m. Alle zusammen stellen sie eine große Gefahr für die Umwelt dar.

Die Erdfälle entstehen durch den ständig sinkenden Wasserspiegel des Toten Meers. Wenn die Küstenlinie zurückgeht, löst das Süßwasser im Untergrund die Salzablagerungen auf, die sich zwischen 5 m und 60 m unter dem Meeresboden befinden. Dadurch bilden sich Höhlen, die wie eine Art Luftblasen an die Oberfläche steigen. Schließlich versinkt die gelöste Erde in den Höhlen.

In den letzten Jahren mussten der Ein Gedi Beach, Mineral Beach und ein Teil des Hwy 90 bei Ein Gedi gesperrt werden, weil Teile davon ohne Vorwarnung im Boden versanken. Da niemand weiß, wo sich der nächste Krater plötzlich öffnet, befindet sich der einzige Zugang zur Küste des Toten Meers zwischen der Nordspitze (am Kalya und Biankini Beach im Westjordanland) und Ein Bokek beim Ein Gedi Spa. Und auch dieser Zugang ist nicht für immer gesichert.

Auf YouTube sind spektakuläre Luftaufnahmen der Erdfälle zu sehen.

---

zum größten Teil vom Kibbuz Ein Gedi abgeleitet und in Flaschen gefüllt wird), und der archäologischen Stätte von **Tel Goren** (7.–5. Jh. v. Chr.) am Boden des Wadi Arugot.

Vor allem an jüdischen Feiertagen kann das Wadi David stark überlaufen sein. Dasselbe gilt, wenn hier ganze Busladungen lärmender Schulkinder herumtollen. Die ersten 400 Meter des Weges zum Wasserfall sind rollstuhlgeeignet.

Wadi Arugot   NATURSCHUTZGEBIET

(Nahal Arugot; Ein Gedi Nature Reserve; Erw./Kind inkl. alte Synagoge 28/14 NIS; ⊘8–16 oder 17 Uhr, letzter Einlass 2 Std. vor Schließung) Das Wadi Arugot ist genauso schön wie das Wadi David, aber weniger überlaufen. Eine Vielzahl von Wanderwegen verläuft entlang des Flusses, dessen üppige Vegetation einen ausgezeichneten Einblick in die Geografie und Ökosysteme der Oase bietet. Einige Wege sind recht anspruchsvoll.

Die Wanderer müssen die oberen Bereiche des Wadi Arugot (Nahal Arugot) oberhalb des Verborgenen Wasserfalls (HaMapal HaNistar) und auch die Oberen Becken (Ha-Breichot HaElyonot) bis spätestens 14 Uhr (während der Sommerzeit bis 15 Uhr) verlassen, um rechtzeitig vor Schließung wieder am Ausgang zu sein. Der Eingangspavillon ist 20 bis 30 Gehminuten (bzw. fünf Autominuten) vom Parkplatz des Wadi David entfernt. Es gibt kostenlose Schließfächer und eine kleine Imbisstheke mit Eis und kalten Getränken sowie einen Laden, in dem auch SPNI-Wanderkarten im Maßstab 1:50 000 verkauft werden.

Alte Synagoge   ARCHÄOLOGISCHE STÄTTE

(Ein Gedi Nature Reserve; Erw./Kind 14/7 NIS, mit Naturschutzgebiet 28/14 NIS; ⊘8–15 oder 17 Uhr) Etwa auf halbem Weg zwischen den Eingängen zum Wadi David und zum Wadi Arugot steht diese Synagoge aus dem 5. Jh. Ihren wunderschönen Mosaikboden zieren die zwölf Tierkreiszeichen und drei aramäische Inschriften. Eine davon belegt streitsüchtige, verleumderische und diebische Besucher mit einem Fluch. Seit 2016 zeigt ein Modell, wie die Synagoge vor 1600 Jahren aussah.

Botanischer Garten Ein Gedi   GARTEN

(☏08-659-4726; Kibbuz Ein Gedi; Erw./Kind 20/15 NIS; ⊘Sa–Do 9 oder 9.30–15.30 oder 16 Uhr, Fr 9 oder 9.30–14 Uhr) Der berühmte botanische Garten liegt in der Nähe des Eingangs zum Kibbuz. Das Spektrum der mehr als 1000 einheimischen und exotischen Pflanzenarten reicht von fast schon mythologischen Gewächsen aus der Bibel wie Weihrauch und Myrrhe über den hochgiftigen Sodomsapfel bis hin zu riesigen Affenbrotbäumen und winzigen Kleinpflanzen, die mit einem Minimum an Wasser überleben können.

Ein Gedi Spa   SPA

(☏08-620 1030; www.eingedisea ofspa.co.il; Rte 90; Erw. ohne/mit Mittagessen 95/155 NIS, Kind 5–12 Jahre 56/110 NIS; ⊘Sa–Do 9–17, Fr 8–16.30 Uhr) Das beliebte Mineralbad liegt 3 km südlich des Kibbuz Ein Gedi, dem es auch gehört. Hier kann man sich im Toten Meer treiben lassen und sich mit belebendem schwarzen Schlamm einreiben. Seit Eröffnung des Bades 1984 ging die Küstenlinie um 1,3 km zurück, sodass die Badegäste heute mit einem kleinen Zug, der alle 20 bis 30 Minuten fährt, zum Wasser gebracht werden. Behindertengerecht.

Das Bad hat sechs Schwefelbecken und ein Süßwasserbecken. Außerdem werden Behandlungen mit Naturkosmetik und Massagen angeboten, und es gibt auch ein Café und ein Restaurant. Ein Schließfach und ein Handtuch kosten jeweils 18 NIS.

🛏 Schlafen

Ein Gedi Youth Hostel   HOSTEL $
(Beit Sarah; ☎02-594-5600; www.iyha.org.il; beim Naturschutzgebiet Ein Gedi; B/EZ/DZ 132/321/410 NIS, zusätzl. Erw./Kind 120/94 NIS; @🛜) Die sensationelle Lage und 87 einfache, moderne Räume mit drei bis fünf Betten sind der Grund für die große Beliebtheit dieses Hostels. An den meisten Tagen wird auch ein Abendessen für 62 NIS (freitags 71 NIS) angeboten. Außerdem erhalten die Gäste 15–20 % Ermäßigung bei vielen Sehenswürdigkeiten in der Umgebung. Das Haus steht 200 m oberhalb der Abzweigung von der Rte 90 ins Naturschutzgebiet Ein Gedi. Unbedingt vorher reservieren!

Khan Ein Gedi   HÜTTEN $
(Ein Gedi Camp Lodge; ☎Avi 052 606-3666, Ben 052 933-1019; www.facebook.com/eingedicamplodge; Kibbuz Ein Gedi; B in Hütte 120 NIS; ⊙ganzjährig; 🛜) Die acht einfachen Hütten stehen direkt vor dem Eingang zum Kibbuz Ein Gedi. Geschlafen wird auf Matratzen, von denen jeweils fünf auf dem Boden einer Hütte liegen. Es gibt ein Gemeinschaftsbad und eine Küche. Im Aufenthaltsbereich gibt's WLAN und eine Bar aus Holz, die rund um die Uhr geöffnet ist und auch Pizza verkauft.

SPNI Ein Gedi Field School   HOSTEL $$
(☎08-658-4288; www.natureisrael.org/EinGedi; beim Naturschutzgebiet Ein Gedi; B/EZ/DZ 132/329/379 NIS, zusätzl. Erw./Kind 7–14 J. ab 123/84 NIS; 🛜) Die 46 Zimmer mit jeweils fünf oder sechs Betten sind nicht so schick wie das Hostel an sich, aber eine ausgezeichnete Ausgangsbasis für Wanderungen in die Umgebung. SPNI-Wanderkarten sind an der Rezeption erhältlich. Hier steht auch WLAN zur Verfügung. An den meisten Tagen gibt's Abendessen für 57 NIS (freitags 71 NIS). Das Haus steht 500 m oberhalb der Abzweigung von der Rte 90 ins Naturschutzgebiet Ein Gedi.

★ Ein Gedi Kibbuz Hotel    HOTEL $$$
(☎08-659-4220; www.ein-gedi.co.il; Kibbuz Ein Gedi; DZ ab 200–245 US$; @🛜🏊) Die wunderbare Anlage mit niedrigen Häusern ist einem üppigen Park mit exotischen Pflanzen und Bäumen, darunter auch zwei riesigen Affenbrotbäumen, umgeben und verfügt über ein eigenes Spa und einen herrlichen Swimmingpool. Die 160 ausgezeichneten Zimmer, die sich teilweise auch für Familien mit bis zu zwei Kindern eignen, sind in vier Kategorien unterteilt. Im Preis der Deluxe-Zimmer ist der Eintritt ins Ein Gedi Spa enthalten. Der Anfang der 1950er-Jahre gegründete Kibbuz Ein Gedi war jahrelang nur über eine Schotterpiste von Arad aus zu erreichen.

🍴 Essen

Da es in dieser Gegend kaum Restaurants gibt, sollte man sich entweder auf ein Picknick einstellen oder versuchen, im Hotel oder Hostel zu essen. Im Ein Gedi Spa (S. 323) gibt's Mittagessen.

Das täglich geöffnete Café *(dairy)* im Ein Gedi Kibbutz Hotel (S. 324) ist ein beliebter Treffpunkt für Touristen und Kibbuzbewohner. Das reichhaltige koschere Abendbüffet mit Fleisch kostet 110 NIS (freitags 140 NIS). Tagesgäste sind ebenfalls willkommen, sofern Plätze frei sind, was mit Ausnahme der jüdischen Feiertage eigentlich immer der Fall ist.

Kolbo Grocery   SUPERMARKT $
(Kibbuz Ein Gedi; ⊙So–Do 7.30–20, Fr 7.30–14, Sa 11–14 Uhr) Der einzige Lebensmittelladen in der ganzen Gegend befindet sich neben der Kantine des Kibbuz Ein Gedi.

ℹ Praktische Informationen

Einen Geldautomaten gibt es im Ein Gedi Kibbuz Hotel.

SPNI Ein Gedi Field School Information Office (☎08-658-4288; www.natureisrael.org/EinGedi; beim Naturschutzgebiet Ein Gedi; ⊙So–Do 8.30–16 Uhr) Hier informieren ausgewiesene Fachleute (sofern anwesend) kostenlos über Wanderungen in der Gegend, darunter auch die familienfreundlichen Wanderungen zum Wadi Mishmar und Wadi Tze'elim. Außerdem werden topografische SPNI-Wanderkarten im Maßstab 1:50 000-für 87 NIS verkauft. Das Büro ist 800 m oberhalb der Ausfahrt von der Rte 90 ins Naturschutzgebiet Ein Gedi.

ⓘ An- & Weiterreise

Busfahrpläne sind an beiden Eingängen des Naturschutzgebiets Ein Gedi (S. 322), beim SPNI Ein Gedi Field School Information Office, neben den Computern in der Eingangshalle des SPNI Ein Gedi Field School youth hostel (S. 324) und im Ein Gedi Kibbutz Hotel (S. 324) ausgehängt.

Nordwestküste

Zu den Highlights an der nordwestlichen Küste des Toten Meeres zählen die Höhlen von Qumran, in denen die Schriftrollen vom Toten Meer entdeckt wurden, und einige abgeschiedene, unberührte Flecken Natur. Dieses 1967 von den Israelis eroberte, Jordanien abgezwackte Gebiet gehört zum Westjordanland und ist so gut wie unbewohnt. Es liegt nur eine kurze Autofahrt von Jericho entfernt.

◉ Sehenswertes

Nationalpark Qumran ARCHÄOLOGISCHE STÄTTE
(☏ 02-994-2235; www.parks.org.il; Rte 90 bei Kalya; Erw./Kind 29/15 NIS; ⊙ Sa–Do 8–16 oder 17, Fr 8–15 oder 16 Uhr, letzter Einlass 1 Std. vor Schließung) Qumran ist weltberühmt für die **Schriftrollen vom Toten Meer**, die hier fast 2000 Jahre lang verborgen waren. Zu Zeiten Jesu war Qumran seit Ende des 1. Jhs. v. Chr. eine kleine essenische Siedlung, die im Jahre 68 von den Römern zerstört wurde. Das Äquadukt, die Kanäle und Zisternen für die Wasserversorgung der Gemeinschaft sind von einem erhöhten Holzsteg noch zu sehen.

Außerdem sind noch die rituellen Bäder (für die Essener war rituelle Reinheit sehr wichtig) und das Refektorium erhalten, in dem die gemeinsamen Mahlzeiten eingenommen wurden. Im Skriptorium entstanden vielleicht einige der berühmten Schriftrollen. Alle Ruinen wurden gesichert, aber nichts hinzugefügt.

Das kleine Museum bietet viele Hintergrundinfos über die Menschen und ihren Glauben im alten Qumran. Dazu wird eine siebenminütige Multimediashow (in 16 Sprachen) gezeigt und einige uralte Fundstücke wie ein Teil einer Sandale präsentiert. Audioguides sind in Hebräisch und Englisch erhältlich. Das Gelände ist rollstuhlgerecht, und es gibt ein Restaurant.

Qumran ist auch ein sicherer Aussichtspunkt zur Beobachtung der winterlichen Springfluten. Es liegt 35 km östlich von Jerusalem und 35 km nördlich von Ein Gedi. Alle Busse von Jerusalem ans Tote Meer fahren hier vorbei.

Ein Feshkha NATURSCHUTZGEBIET
(Einot Tsukim; ☏ 02-994-2355; www.parks.org.il; Rte 90; ⊙ 8–16 oder 17 Uhr, Juli & Aug. 8–19 Uhr,

---

DIE SCHRIFTROLLEN VOM TOTEN MEER

Nur wenige archäologische Funde haben weltweit so viel langanhaltende Faszination ausgelöst wie die Schriftrollen vom Toten Meer – 1947 in Tonkrügen in Qumran zufällig von einem jungen Beduinenhirten entdeckt, der nach einer entlaufenen Ziege suchte. Schließlich fand man in elf Höhlen 950 verschiedene Dokumente aus Pergament und Papyrus, die während der Zeit des Zweiten Tempels und in den ersten Jahren des Christentums (200 v. Chr.–68 n. Chr.) verfasst wurden. Darunter sind z. B. die ältesten bekannten Manuskripte des Tanach, Beschreibungen des Lebens in Judäa zu Zeiten Jesu und Texte, die es nicht in die Bibel geschafft haben. Die Dokumente sind fast alle auf Hebräisch verfasst (z. T. aber auch auf Aramäisch und Griechisch). Der Großteil davon ist zu winzigen Fragmenten zerfallen, wodurch sich das Zusammensetzen und Entschlüsseln der Texte langwierig und beschwerlich gestaltete.

Die Schriftrollen sollen von den Essenern stammen. Diese jüdische Separatistengruppe – auch in den Schriften des Josephus Flavius erwähnt – lebte asketisch und war in die Wüste gezogen. Dort wollte sie der Dekadenz entfliehen, die ihrer Ansicht nach die anderen Juden ins Verderben stürzte.

Das Israel Museum in Jerusalem zeigt ein paar der Qumran-Rollen. Mithilfe von Google betreibt es das Dead Sea Scrolls Digital Project (http://dss.collections.imj.org.il), das hochauflösende Digitalbilder von den Dokumenten öffentlich zugänglich macht (inkl. Suchfunktion).

Weitere interessante Fakten zu den Rollen gibt's unter www.centuryone.com/25dssfacts.html.

letzter Einlass 1 Std. vor Schließung) Von glasklarem Quellwasser gespeist, erstreckt sich die üppige Oase über 6,5 km am Fuß des Steilhangs, der hier das westliche Ufer des Jordantals bildet. Schattige Wege führen zu den leicht brackigen Wasserbecken (Ende März–Nov. Fr & Sa, Juli & Aug. tgl. geöffnet). Das schöne **Poplar-Becken** ist von Salzwasserpflanzen wie Tamarisken umgeben.

Zur schnell rückläufigen Küstenlinie des Toten Meers besteht kein Zugang, doch 2 km vom Wasserrand entfernt steht ein Schild mit der Aufschrift: „1967 stand das Wasser noch bis hier." Zu sehen ist noch ein **Bauernhof** aus der Zeit des Zweiten Tempels, auf dem die Essener von Qumran wahrscheinlich Schafe und Ziegen züchteten sowie Dattelwein und Afarsemon-Öl produzierten.

Der „biologische Kern" und damit der Großteil des Naturschutzgebietes ist für die Öffentlichkeit nicht zugänglich, doch das **Verborgene Reservat** im Süden des Parks kann im Rahmen einer einstündigen **Führung** (Mitte Sept.–Juni Fr & Sa 11 und 13 Uhr auf Englisch) besucht werden.

Ein Feshkha liegt etwa 3 km südlich von Qumran.

🛏 Schlafen

Metzukei Dragot GÄSTEHAUS $$
(☎ 052 247-4378, Reservierungen 1-700-707-180; www.metzoke.co.il; DZ ab 350 NIS, B in großem Zelt ohne Frühstück 27 US$; ⊙ Rezeption 8–20 Uhr; 🛜) Auf den Klippen 600 m über dem Toten Meer thront das einfache Feriendorf mit Hippie-Flair, in dem auch Festivals, kulturelle Veranstaltungen und New-Age-Konferenzen stattfinden. Die 53 einfachen sauberen Zimmer wurden erst vor Kurzem renoviert. Daneben gibt es Hunderte von Schlafplätzen in riesigen Beduinenzelten.

ℹ An- & Weiterreise

Auf ihrem Weg von Jerusalem ans Tote Meer durchqueren alle Egged-Busse diese Gegend.

Masada מצדה مسعدة

Kein anderer Ort in Israel erinnert so stark an das Leben unter den Römern im Judäa des 1. Jhs., als sich im Jahr 73 die letzten jüdischen Widerstandskämpfer in der abgelegenen Wüstenfestung Masada nach einer überaus blutigen Belagerung der römischen Übermacht ergeben mussten. Heute sind in der Festung noch die von König Herodes gebauten Paläste, die von den jüdischen Verteidigern errichteten Gebäude sowie die Überreste des Lagers der Zehnten Legion zu sehen. Besonders romantisch ist die Atmosphäre bei Sonnenuntergang auf den Festungsmauern.

⊙ Sehenswertes

★ Nationalpark
Masada ARCHÄOLOGISCHE STÄTTE
(Metzada; ☎ 08-658-4207, 08-658-4208; www.parks.org.il; Erw./Kind 28/14 NIS; ⊙ Sa–Do 8–16 oder 17, Fr 8–15 oder 16 Uhr, letzter Einlass 1 Std. vor Schließung) Das 550 x 270 m große Plateau des Tafelbergs liegt 60 m über dem Meeresspiegel und damit 490 m über der Wasseroberfläche des Toten Meeres. Der einfachste Weg nach oben ist mit der **Seilbahn** (hin & zurück/einfache Fahrt 74/56 NIS, Kind 43/28 NIS; ⊙ Sa–Do 8–16 oder 17, Fr 8–15 oder 16 Uhr alle 15 Min.). Es gibt aber auch einen Fußweg über die römische Belagerungsrampe (S. 328) auf der Westseite oder den Schlangenpfad (S. 328) auf der Ostseite. Innerhalb der Ruinen sind die rekonstruierten Teile (oben) durch schwarze Linien von den original erhaltenen Überresten (unten) getrennt.

Besucher erhalten eine ausgezeichnete Broschüre mit einem Plan der Ruinen. Weitere Infos über den historischen Hintergrund bietet der Audioguide für 20 NIS (inkl. Eintritt in das Masada-Museum, S. 327). Die Broschüre und der Audioguide sind – in acht Sprachen – jeweils an der Kasse der Festung und des Museums erhältlich. Zur Einführung in den blutigen letzten Kampf um Masada wird zwischen den Ticketschaltern und der Seilbahn auf der Ostseite ein achtminütiger Film mit dramatischen Szenen einer amerikanischen Kleinserie mit Peter O'Toole von 1961 gezeigt.

Hier kann auch Trinkwasser in mitgebrachte Flaschen gefüllt werden. Essen ist in der Festung verboten, ebenso dürfen keine großen Rucksäcke mit nach oben genommen werden, sondern sind in den Schließfächern (10 NIS) bei den Ticketschaltern an der Ostseite zu deponieren.

Egal in welcher Himmelsrichtung – beim Talblick erspäht man wahrscheinlich die römische Belagerungsmauer und mindestens eines der acht Militärlager. Die Legionen Roms trieben bei der Belagerung einen unglaublich hohen Aufwand. So überrascht es nicht, dass sie zum Gedenken an ihren Sieg über die judäischen Rebellen einen monumentalen Triumphbogen im Zentrum des Kaiserreichs errichteten: den **Titusbogen**,

DIE GESCHICHTE VON MASADA

Nachdem die Römer 70 n. Chr. Jerusalem erobert hatten, lehnten sich fast 1000 jüdische Männer, Frauen und Kinder in einem letzten verzweifelten Versuch gegen sie auf und zogen sich nach Masada zurück, einem von kargen Steilwänden umgebenen Tafelberg in der Wüste, der ab 72 n. Chr. zum Machtzentrum der Zehnten Römischen Legion wurde. Kurz bevor die römischen Rammböcke die Wände durchbrachen, begingen die Verteidiger Selbstmord, denn sie zogen den Tod der Versklavung vor. Als die römischen Soldaten in die Plateaufestung eindrangen, schlug ihnen nichts als Stille entgegen.

Bis zum Beginn der archäologischen Ausgrabungen 1963 war Flavius Josephus die einzige Quelle für Informationen über den heldenhaften Widerstand der Masada-Verteidiger. Er war jüdischer Kommandant und wurde im Jüdischen Krieg (66–70 n. Chr.) festgenommen, lief zum Gegner über und verstand sich fortan als römischer Historiker. Er schreibt Folgendes: Als die römische Belagerungsrampe fast ganz an die Festung heranreichte, begannen die Verteidiger von Masada – Zeloten, die aufgrund ihrer Gewohnheit, ihre (jüdischen) Rivalen mit einem unter ihrem Umhang verborgenen Krummdolch (griech. *sica*) zu töten, als Sicarii (hebr. Sikrikin) bekannt waren – damit, ihre Häuser und ihren gesamten Besitz in Brand zu stecken, damit den Römern nichts davon in die Hände fiele. Danach wurden zehn Männer ausgelost, welche die Aufgabe erhielten, alle anderen zu töten. Neun der Zehn wurden wiederum von einem ihrer Kameraden hingerichtet, bevor der Letzte sich selbst tötete. Als die Römer die Mauer durchbrachen, waren alle Bewohner mit Ausnahme von zwei Frauen und fünf Kindern, die sich versteckt und dadurch überlebt hatten, tot.

der später zum Vorbild des Arc de Triomphe in Paris werden sollte.

2001 wurde Masada in die Welterbeliste der Unesco aufgenommen. Bis auf den Nordpalast ist das gesamte Gelände rollstuhlgerecht.

★ **Masada-Museum** MUSEUM
(Besucherzentrum; inkl. Audioguide für die Festung 20 NIS; ⊙ Sa–Do 8.30–16 oder 17, Fr 8.30–15 oder 16 Uhr, letzter Einlass 30 Min. vor Schließung) Mit 500 Originalfundstücken (nur die Münze und vier Papyri sind Nachbildungen) bietet das Museum eine bemerkenswert anschauliche Einführung in die Ausgrabungen und die Geschichte von Masada. Zudem werden die für Masada wichtigsten Persönlichkeiten vorgestellt: Herodes der Große, der hier im 1. Jh. seinen Palast baute, der Historiker Josephus Flavius, der zum Überläufer wurde, und der jüdische Oberbefehlshaber Eliezer ben Yair. So werden die dramatischen Ereignisse von 73 n. Chr. wieder überaus lebendig. Die Audioguides mit Kopfhörer sind in acht Sprachen erhältlich.

Zu den Ausstellungsstücken gehören römische Pfeilspitzen, die Ledersandale einer Rebellin, Überreste von Datteln, Weizen, Gerste und Oliven sowie elf Tonscherben, die mit den Namen der Männer beschriftet sind, von denen zehn ausgelost wurden, um alle anderen zu töten, sobald die Römer begannen, in die Festung einzudringen.

Wer nicht schon zum Sonnenaufgang zur Festung hochgestiegen ist, sollte unbedingt zuerst dieses Museum besuchen.

🏃 Aktivitäten

Bis heute verteilen sich die Überreste von acht **römischen Militärlagern** rund um Masada. Sie sind durch Pfade miteinander verbunden, was eine (teilweise) Umrundung des Tafelbergs ermöglicht. Einen Einblick in die Topografie der Gegend bietet die 3-D-Karte gegenüber den Ticketschaltern des Besucherzentrums.

Ab dem Besucherzentrum führt ein Pfad an der Westflanke des Bergs Eleazar hinauf zum **Camp H** (1 Std.) Von diesem Lager konnten die römischen Legionäre auf Masada hinunterblicken und die Aktivitäten der Widerstandskämpfer von oben beobachten. Der Weg endet am Fuß der Belagerungsrampe an der Westseite von Masada.

Alternativ kann man vom Besucherzentrum aus in Richtung Norden laufen und dem Verlauf der Belagerungsmauer entlang des **Shvil HaRatz** (Läuferpfad) folgen. Dieser endet nach gut 3 Stunden ebenfalls an der Belagerungsrampe auf der Westseite.

Ein weiterer Weg verbindet das **Camp D** (nördlich von Masada) mit der außerordentlich lohnenden Wanderung durch das **Wadi Tze'elim** 4 km weiter nördlich.

Für alle Wanderungen sollte man sich die SPNI-Wanderkarte im Maßstab 1:50 000 besorgen, die neben den Ticketschaltern des Besucherzentrums am Osteingang verkauft wird.

Schlangenpfad WANDERN
(Snake Path; Nationalpark Masada) Der weithin bekannte Weg, der in der Nähe des Besucherzentrums beginnt, schlängelt sich in beachtlichen Serpentinen an der Ostseite von Masada hinauf. Der Aufstieg dauert 45 bis 60 Minuten, für den Abstieg sind etwa 30 Minuten zu veranschlagen. Um zum Sonnenaufgang auf dem Gipfel zu sein, sollte man eine Stunde vor Sonnenaufgang am Startpunkt sein, also zwischen 4.30 (im Juni) und 5.30 Uhr (im Dezember).

Vor 8 Uhr ist der Zugang (und Ticketverkauf) beim Absperrgitter in der Nähe der Jugendherberge.

An besonders heißen Tagen und bei ungünstigen Wettervorhersagen (starker Regen oder Wind) wird der Weg von der Parkverwaltung gesperrt. Im Juli und August muss man spätestens um 8 Uhr losgehen und bis 9 Uhr mit dem Abstieg beginnen.

Rampenpfad WANDERN
(Nationalpark Masada) Wer wie die Römer kneifen will, folgt direkt dem Rücken der Belagerungsrampe bergauf (10–15 Min.). Der Haken dabei: Die Rampen- bzw. Westseite von Masada ist nur über den Ort Arad erreichbar, der 68 km vom Besucherzentrum entfernt liegt (über Rte 31 & Rte 3199).

Wer ganz oben den Sonnenaufgang genießen will, sollte spätestens eine halbe Stunde vorher unten losmarschieren.

Feste & Events

Sound & Light Show TON & LICHT
(08-995-9333; Erw./Kind 45/35 NIS; März–Okt. Di & Do 21 Uhr) Unter freiem Himmel wird hier auf spannende Weise die Geschichte Masadas nacherzählt. Normalerweise schaut man sich die Show vom Fuß der römischen Belagerungsrampe (Westseite) aus an. Per Leihkopfhörer (15 NIS) gibt's Simultanübersetzungen des hebräischen Kommentars in fünf Sprachen. Zuschauer sollten sich um spätestens 20.30 Uhr einfinden. Hierher geht's über Arad und die Rte 3199 (68 km ab dem Besucherzentrum).

Schlafen

Am Osteingang von Masada gibt's eine moderne Jugendherberge. Weitere Unterkünfte befinden sich in Ein Bokek, 16 km weiter südlich. Wer über die Belagerungsrampe (Rampenpfad) an der Westseite zur Festung hochsteigen möchte, sollte besser in Arad übernachten.

Dead Sea Adventure Hostel HOSTEL $
(058-496-0748; www.deadseaadventurehostel.com; 68 Odem St, Arad; B 85–115 NIS, DZ 380 NIS;) In dem einladenden, vegetarischen „Abenteuerhostel" herrscht eine herrlich altmodische Backpacker-Stimmung. Die tollen Gemeinschaftsbereiche laden zum Entspannen ein. Die Einrichtung ist einfach, aber die Stockbetten sind bequem. Zum Frühstück gibt's Pfannkuchen. Außerdem werden empfehlenswerte Touren nach Masada und zu anderen Sehenswürdigkeiten in der Region angeboten (ausführliche Infos auf www.wild-trails.com).

Das Hostel liegt am nördlichen Stadtrand von Arad, 2,5 km vom Busbahnhof entfernt. Von dort fahren Bus 1 und 11 zum Hostel.

Chenyon Layla Metzada Ma'arav CAMPINGPLATZ $
(Campsite Masada West; 08-628-0116, ext 1 08-628-0404; www.parks.org.il; Westeingang, Nationalpark Masada; Stellplatz Erw./Kind 53/42 NIS, Matratze in großem Zelt 75/65 NIS, Zimmer für 5 Pers. mit Bad 450 NIS; Büro So–Do 8–16 Uhr geöffnet) Der moderne, gut ausgestattete Camping-

---

> **DIE HEUTIGE BEDEUTUNG VON MASADA**
>
> Im letzten Jahrhundert wurde Masada für die Israelis zum Ausdruck der Haltung „Sie werden uns niemals lebend bekommen". Während des Zweiten Weltkriegs, bevor die Briten 1942 Rommels deutsche Divisionen in El-Alamein (Ägypten) stoppen konnten, planten einige palästinensische Juden den letzten Widerstand auf dem Berg Karmel, und einige Einheiten der israelischen Streitkräfte halten hier ihre Vereidigungszeremonien ab und schwören dabei, dass „Masada nie wieder fallen soll". (Eine eher weniger apokalyptische Herangehensweise: Es ist bekannt, dass die israelische Luftwaffe Gruppen ihrer Offiziere bei Sonnenaufgang zum Yoga hierher schickt!)

platz auf der Westseite von Masada liegt in der Nähe des Fußes der Belagerungsrampe. Im Preis enthalten sind die Benutzung der Küche und der Eintritt in Masada. Es werden auch Schlafsäcke und Matratzen für 10 NIS pro Nacht verliehen. Einchecken kann man von 16–22.30 Uhr, auschecken bis 11 Uhr. Die Zufahrt erfolgt über Arad.

HI – Masada Guest House HOSTEL $$
(02-594-5623; www.iyha.org.il; B/EZ/DZ 170/400/530 NIS; @ 🖥 ☎) Das Hostel mit 89 Zimmern ist ideal für alle, die über den Schlangenpfad zum Sonnenaufgang nach Masada aufsteigen wollen. Die Unisex-Schlafsäle mit fünf bis sechs Betten sind fast schon luxuriös. Von Pessach bis Sukkot ist auch der Swimmingpool geöffnet (8–17.45 Uhr). Freitags und an den meisten anderen Tagen gibt's Abendessen.

Die Mitarbeiter tun alles, um die Horden lärmender Schulkinder von den Reisenden fernzuhalten. Da das Hostel vor allem freitags oft ausgebucht ist, sollte man unbedingt im Voraus reservieren. Es befindet sich ein paar Hundert Meter unterhalb des Besucherzentrums (auf der Ostseite) von Masada und ist rollstuhlgerecht.

HI – Arad Youth Hostel HOSTEL $$
(Blau Weiss Youth Hostel; 02-594-5599; www.iyha.org.il; 34 Atad St, Arad; B/EZ/DZ 150/355/450 NIS; ☎) Das Hostel in einem Flachbau inmitten einer grünen Gartenanlage, das nur fünf Minuten vom Busbahnhof in Arad entfernt liegt, hat 53 saubere, gemütliche Zimmer und hilfsbereites Personal. Alle Zimmer sind mit Kühlschrank, Wasserkessel und Kabelfernsehen ausgestattet. Das leckere Frühstücksbüffet wartet mit der für Israel typischen Mischung aus Gemüse, Oliven und Käse auf. So kann man gut gestärkt den Weg zur Belagerungsrampe am Westeingang von Masada in Angriff nehmen.

Yehelim BOUTIQUEHOTEL $$$
(077 563-2806; www.yehelim.com; 72 Moav St, Arad; DZ/Suite ab 800/1300 NIS; ☎) Das mit Abstand komfortabelste und stilvollste Hotel in Arad liegt wunderschön am Stadtrand. Neben dem fantastischen Blick auf die Wüste bietet es ein gutes Dutzend großer, individueller Zimmer und ein unglaubliches Frühstück. Die geschmackvoll eingerichteten Zimmer haben Balkon und Wellnessbad, die Suiten auch eine Espressomaschine. Das Hotel wird allgemein in den höchsten Tönen gelobt.

Essen

Gastrobereich im Besucherzentrum GASTROBEREICH $
(Osteingang, Nationalpark Masada; Hauptgerichte ab 25 NIS; ⊗8–16 oder 16.30 Uhr; 🚻) An den Ständen im Food Court gibt's Falafel, Shawarma, Sandwiches, Salate und kaltes Bier. In der Cafeteria kostet ein Gericht mit Getränk 65 NIS (vegetarisch 55 NIS). Beides befindet sich im Stockwerk unter den Ticketschaltern.

An- & Weiterreise

Rund 21 km südlich des Naturschutzgebiets Ein Gedi steht das Besucherzentrum von Masada auf der Ostseite des Tafelbergs. Von der Rte 90 aus führt eine Zufahrtsstraße hierher (3 km). Alle Fernbusse zum Toten Meer halten ein paar hundert Meter vor dem Besucherzentrum, wo Fahrpläne an den Ticketschaltern aushängen.

Die römische Belagerungsrampe auf Masadas Westseite ist von Arad aus erreichbar (über Rte 3199). Sie liegt knapp über 1 km (Luftlinie) vom Besucherzentrum entfernt. Selbstfahrer müssen aber insgesamt 68 km zurücklegen! Da öffentliche Verkehrsmittel nicht hierherfahren, ist die einzige Alternative, ein **Taxi** (08-997-4444; einfache Fahrt tagsüber/abends 150/200 NIS) ab Arad zu nehmen.

Ein Bokek עין בוקק عين بوقيق
08

Zwischen dem türkisblauen Wasser des südlichen Toten Meers und einer spektakulären gelbbraunen Klippe liegt die Fünf-Sterne-Hotelmeile in Ein Bokek. In Ein Bokek (oder auch En Boqeq) lassen sich die schönsten kostenlos begehbaren Strände des Toten Meeres genießen. Zudem ist es das Zentrum des Gesundheitstourismus am Toten Meer. Hier werden Leiden wie Schuppenflechte, Arthritis und Atembeschwerden mit Mineralien und Naturpräparaten behandelt.

Die Sprachen, die man hier am häufigsten hört, sind Hebräisch, Englisch und Russisch, da in der Gegend sowohl viele Israelis (Juden, Araber und Drusen) als auch viele Einwanderer aus der ehemaligen Sowjetunion leben.

Anders als an den Stränden weiter im Norden liegt vor Ein Bokek nicht das offene Meer, sondern eine Reihe von Verdunstungsbecken, die dank der Pumpen der Dead Sea Works immer gefüllt sind. Deshalb geht das Ufer hier auch nicht zurück, und es gibt keine Probleme mit Erdfällen.

1. Auf dem Toten Meer floaten (S. 317)
Mit seinem hohen Gehalt an Magnesium, Jod und Brom beruhigt das salzige Wasser Haut und Nerven.

2. Naturschutzgebiet Ein Gedi (S. 322)
Eine von Israels zauberhaftesten Wüstenoasen, mit Süßwasserbecken, paradiesischen Wasserfällen und üppiger Vegetation.

3. Totes Meer (S. 317)
Der tiefstgelegene Ort der Welt bietet eine umwerfende Kulisse.

KAVRAM / SHUTTERSTOCK ©

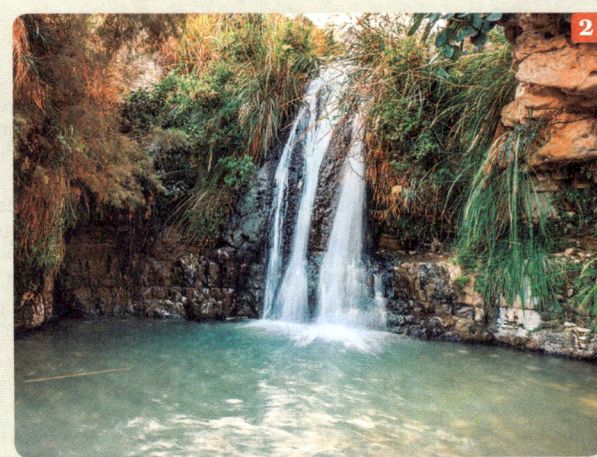

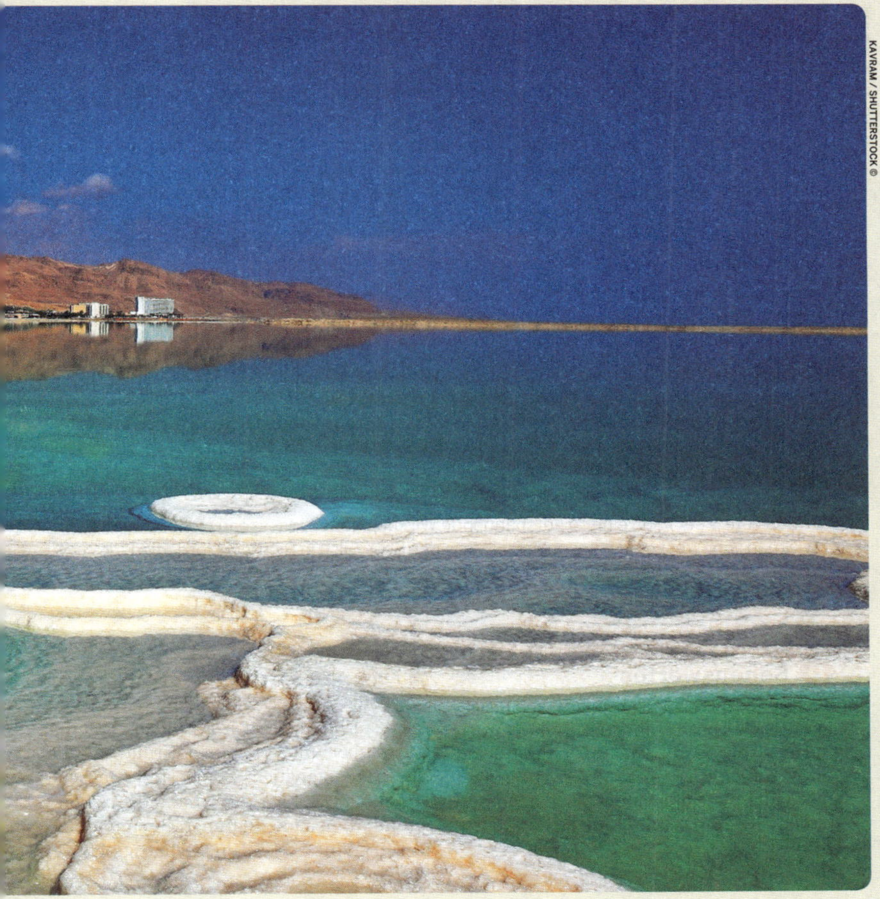

KAVRAM / SHUTTERSTOCK ©

ℹ TIPPS ZUM SICHEREN BADEN IM TOTEN MEER

Das Wasser des Toten Meers hat eine fantastische Heilkraft. Wer all dem Brom und Salz jedoch nicht mit dem nötigen Respekt begegnet, für den wird das Bad im Toten Meer zur schmerzvollen – wenn nicht sogar gefährlichen – Erfahrung. Aus diesem Grund sind ein paar vorbereitende Maßnahmen ganz angebracht, ehe man in die Salzbrühe steigt.

➡ Zuallererst gilt, dass man am Tag vorher auf die Rasur verzichten sollte, sofern man nicht am eigenen Leib erfahren möchte, was es bedeutet „Salz in die Wunde zu streuen". Auch andere Kratzer und kleine Schnitte – egal, ob man sich ihrer vorher bewusst war oder nicht – werden sich schneller bemerkbar machen, als einem lieb ist.

➡ Keinen Schmuck tragen – Silber wird schnell rabenschwarz (kann aber wieder gereinigt werden), und auch andere Metalle (z. B. Gold unter 24 Karat) können leiden.

➡ Zum Schutz der Füße vor den scharfen Steinen im und am Wasser sowie vor dem Verbrennen der Fußsohlen im glühend heißen Sand sollte man wasserfeste Sandalen tragen.

➡ Sonnenschutzmittel nicht vergessen. Immerhin aber wirkt die Luft am Toten Meer aufgrund des hohen Drucks und der geringen Höhe wie ein natürlicher Filter für die schädlichen ultravioletten Sonnenstrahlen. Somit bekommt man hier trotz der brütenden Hitze weniger schnell einen Sonnenbrand als auf Meereshöhe.

Damit man sich beim Dümpeln und Planschen im Toten Meer nicht in Gefahr bringt, sind ein paar Sicherheitsmaßnahmen mehr zu beachten als beim Baden im Mittelmeer.

➡ Unter keinen Umständen den Kopf unter Wasser tauchen! Wer Salzwasser in die Augen bekommt, wird erst ein höllisches Brennen spüren und dann vorübergehend nichts mehr sehen. In diesem Fall nicht wild herumstrampeln, sondern ruhig aus dem Wasser gehen und jemanden um Hilfe beim Ausspülen der Augen unter einer Dusche oder einem Wasserhahn bitten (an den Stränden von Ein Bokek gibt's spezielle Augenspülstationen).

➡ Schon das Verschlucken – und Inhalieren – von nur einer kleinen Menge des Wassers kann äußerst gefährlich, wenn nicht sogar tödlich sein. Ist es dennoch passiert, sollte man sich unverzüglich medizinisch behandeln lassen (z. B. von den Rettungsschwimmern).

➡ *Richtig viel* Trinkwasser trinken, da nicht nur die Hitze der Umgebung austrocknet, sondern auch das Wasser des Toten Meers selbst, das so mineralhaltig ist, dass es einem die Körperflüssigkeiten buchstäblich aus dem Körper herauszieht. Da werden Erinnerungen an den Physikunterricht wach, als das Thema Osmose behandelt und eine Kartoffel im Salzwasser versenkt wurde.

➡ Das Tote Meer kann eine so entspannende Wirkung haben, dass man nicht bemerkt, wie man vom Westwind langsam in die Mitte des Sees (also in Richtung Jordanien) getrieben wird. Besonders gefährdet sind Zeitungsleser, da so ein großes Blatt Papier ein hervorragendes Segel abgibt!

◉ Sehenswertes

Die beiden Hotelzonen am Ein Bokek Beach, nämlich die größere Ein Bokek im Norden und **Hamei Zohar**, sind über eine 3 km lange **Strandpromenade** für Fußgänger und Radfahrer miteinander verbunden. Außerdem verkehren gelegentliche Stadtbusse (8,20 NIS)

★ Ein Bokek Beach   STRAND

(⏱ 24 Std.) GRATIS Der herrliche Sandstrand vor der Hotelmeile von Ein Bokek ist breit und sauber und seit Kurzem rund um die Uhr frei zugänglich. Der beste israelische Strand am Toten Meer hat eine schöne Strandpromenade, Rettungsschwimmer (7–18 Uhr, Winter 7–16 Uhr), schattige Plätze,

Strandduschen, Fitnessgeräte, Umkleidekabinen, Toiletten und Beleuchtung am Abend. Liegestühle und Ähnliches gehören aber zu den jeweiligen Hotels.

Aktivitäten

Fast jedes Hotel in Ein Bokek hat einen Wellnessbereich mit Schwimmbecken, Saunen, Whirlpools, vielen verschiedenen Anwendungen und einer ganzen Armee vorwiegend russischer Therapeuten. Reine Tagesgäste bezahlen für die Nutzung zumeist 140–220 NIS (inkl. Liegestuhl, aber ohne besondere Anwendungen). Manche Angebote beinhalten auch Mittagessen.

Wadi Bokek   WANDERN
(Nahal Bokek) Dies ist eines der drei Wadis (die beiden anderen sind bei Ein Gedi) am Westufer des Toten Meers, die ganzjährig mit Quellwasser gespeist werden. Die engen Schluchten mit üppiger Vegetation und Wasserlöchern sind ideal für leichte, erfrischende Wanderungen von einer Stunde. Der Zugang erfolgt über einen Fußgängertunnel unter der Rte 90, der sich zwischen dem David Dead Sea Resort und dem Leonardo Inn Hotel befindet, oder über den Parkplatz beim Startpunkt.

🛏 Schlafen

In den beiden Hotelzonen Ein Bokek und Hamei Zohar gibt es nicht ein einziges Budget- oder Mittelklassehotel, dafür aber Dutzende von teuren Hotels mit Klimaanlage, Swimmingpools, modernen Wellnessbereichen und üppigen Büffets. Direkten Zugang zum Strand haben allerdings nur einige wenige Hotels an der Ostseite der Zufahrtsstraße.

Hochsaison ist hier von April bis Mitte Juni und von September bis Mitte November. Bei Buchung übers Internet gibt's teilweise ordentliche Rabatte, vor allem in der Nebensaison.

Gut 1,5 km südlich von Hamei Zohar liegt Neve Zohar (oder auch Newe Zohar), das zwar keinen Strand hat, dafür aber einige der preiswertesten B&Bs am Toten Meer. Hier kostet ein Zimmer zwischen 350 und 500 NIS, es lässt dann aber jeden Charme vermissen. Für Infos siehe www.sdom-deadsea.co.il.

Kostenlos am Strand campen ist nur an zwei Abschnitten des Ein Bokek Beach erlaubt: am nördlichen Ende der neuen Strandpromenade gegenüber dem David Dead Sea Resort und auf halbem Weg zwischen den beiden Hotelzonen Ein Bokek und Hamei Zohar. Die Stellen sind entsprechend ausgeschildert.

Hod HaMidbar   HOTEL $$$
(☎ 08-668-8222; www.hodhotel.co.il; DZ inkl. Halbpension 1000–1800 NIS; @ 🕸 ≋) Das Hotel mit 203 Zimmern steht direkt an der Strandpromenade und ist bekannt für seinen überdurchschnittlichen Service. Vom Swimmingpool blickt man direkt aufs Meer. Im verglasten Wellnessbereich im Untergeschoss befinden sich ein Schwefelbecken und mehrere Saunen. Fahrräder werden kostenlos verliehen, Auslandsgespräche sind ebenfalls kostenlos.

Oasis Dead Sea
Hotel   HOTEL $$$
(☎ 08-668-8000; www.prima.co.il; DZ ab 650 NIS; @ 🕸 ≋) Das gut geführte Hotel hat eine kleine, blitzsaubere Eingangshalle, 142 Zimmer, einen äußerst gepflegten Garten und je einen Swimmingpool für Erwachsene und Kinder. Der Wellnessbereich befindet sich im Oasis Spa Club Hotel nebenan, in dessen 98 Zimmer keine Kinder erlaubt sind. In der Eingangshalle gibt's ab 21 Uhr oft Livemusik. Das Hotel ist nur durch die Straße vom Strand getrennt.

Essen

Die meisten Restaurants in Ein Bokek gehören zu den Hotels und bieten üppige, aber teure Büffets. Preiswerter sind die Cafés, in denen es Sandwiches gibt, und der McDonald's im Petra Shopping Center. In diesem Einkaufszentrum und der Sky Blue Mall gibt's auch kleine Supermärkte mit einer guten Auswahl an Zutaten für ein leckeres Picknick.

Taj Mahal   NAHÖSTLICH $$
(☎ 053 650-6502; www.taj-mahal.co.il; Hauptgerichte 59–119 NIS; ⊗ 12–24 Uhr; 🕸 🍴) Das beste Restaurant am Ort besteht aus einem unklimatisierten Beduinenzelt mit Teppichen, Sitzkissen und niedrigen Sofas, in dem (koschere) nahöstliche Grillgerichte, Hummus, *shakshuka* und Baklava aus Ost-Jerusalem serviert werden. Außerdem gibt's *nargilehs* (Wasserpfeifen) und sechs Biere vom Fass. Das Zelt steht auf dem Geländes des Leonardo Inn Hotel gegenüber vom Isrotel Ganim.

Freitags ab 22 Uhr schwingt eine Bauchtänzerin die Hüften.

INSIDERWISSEN
LINDERND & HEILSAM

Das Wasser des Toten Meers enthält 20-mal so viel Brom, 15-mal so viel Magnesium und 10-mal soviel Jod wie Ozeane. Brom entspannt die Nerven und ist Bestandteil vieler Beruhigungsmittel. Magnesium wirkt Hautallergien entgegen und reinigt die Bronchien. Jod hat angeblich eine positive Auswirkung auf bestimmte Drüsenfunktionen.

Zudem ist der Luftdruck am Toten Meer so hoch wie nirgendwo sonst. Dadurch enthält die Luft 10 % mehr Sauerstoff als auf Höhe des Meeresspiegels. Gesundheitsfördernd (vor allem bei Atemproblemen) sind u. a. auch die hohen Temperaturen, der geringe Niederschlag, die geringe Luftfeuchtigkeit und die pollenfreie Luft.

Shoppen

Sky Blue Mall — EINKAUFSZENTRUM
(Kanyonit Ein HaT'chelet) Das Zentrum mitten in der Hotelzone ist die beste Adresse in ganz Israel, um Pflegeprodukte vom Toten Meer zu kaufen. Es gibt auch Läden für Strandutensilien und Flipflops. Direkt nebenan hat inzwischen ein neues, viel größeres Einkaufszentrum eröffnet.

❶ Praktische Informationen

Geldautomaten gibt es in der Sky Blue Mall und dem Petra Shopping Center (gegenüber dem Gang zu McDonald's). In den Einkaufszentren gibt's auch Wechselstuben, doch die Kurse sind nicht gut.

Dead Sea Tourist Information (✆ 08-997-5010; www.sdom-deadsea.co.il; Solarium -400; ⊙ So–Do 8–17.30, Fr 9–13 Uhr; 🛜) Das Büro ist eine ausgezeichnete Quelle für Karten und Infos über Hotels, B&Bs, Restaurants, Outdooraktivitäten und Busfahrpläne in dem Gebiet zwischen Neot HaKikar und Ein Gedi. Die Region nördlich davon liegt schon im Westjordanland und gehört zu einem anderen Verwaltungsbezirk. Hier werden auch die SPNI-Wanderkarten im Maßstab 1:50 000-für 110 NIS verkauft (in der SPNI Field School in Ein Gedi kosten sie nur 87 NIS). Das Büro befindet sich im Solarium-400-Komplex gegenüber dem Daniel Hotel.

❶ An- & Weiterreise

Straßenparkplätze in der Hotelzone von Ein Bokek sind an blau-weißen Randsteinen erkennbar und kosten von 8–19 Uhr (Fr 8–18 Uhr) 5 NIS pro Stunde oder 25 NLS pro Tag. Es gibt auch Tarife für mehr als einen Tag. Die Hotels bieten kostenlose Abstellmöglichkeiten mit Zeitbegrenzung. Eine Gepäckaufbewahrung gibt es in Ein Bokek nicht.

Sodom   סדום سدوم

Der Überlieferung zufolge befanden sich in diesem Gebiet die Städte Sodom und Gomorra. Diese biblischen Orte wurden von Gott zur Strafe für die Verdorbenheit der Menschen durch einen Sturm aus Feuer und Schwefel vernichtet (Gen 18–19). Heutzutage ist Sodom eher für seine tollen Wander- und Radfahrmöglichkeiten in der Wüste bekannt.

Wenn tagsüber die (von der salzigen Luft) rostigen Schornsteine, Rohrleitungen und Vorratstanks der Dead Sea Works (DSW) zu sehen sind, erscheint die Stadt südlich des Bergs Sodom wie ein industrieller Alptraum des 20. Jhs. Doch wenn die weitläufigen Anlagen nachts von Tausenden Lampen angestrahlt werden, ist sie überirdisch schön. Aus dem Wasser des Toten Meers, das neben der Sonnenenergie und den Erdgasfeldern vor der Küste der einzige nennenswerte natürliche Rohstoff Israels ist, wird Magnesiumchlorid, Aluminiumchlorid, Pottasche (für Dünger), Tafelsalz und Grundstoffe für die Kosmetikindustrie gewonnen,

⊙ Sehenswertes

Lots Frau — FELSFORMATION
Etwa 11 km südlich von Ein Bokeks Südende ragt hoch über dem Westrand der Rte 90 eine markante Säule aus salzreichem Gestein an der Flanke des Bergs Sodom empor. Sie ist weithin als „Lots Frau" bekannt: Gemäß der Bibel wurde Lots Frau zur Strafe in eine Salzsäule verwandelt, nachdem sie sich trotz Verbots umgedreht hatte, um das brennende Sodom zu sehen (Gen. 19,17 und 19,26).

The Human Condition — SKULPTUR
(Matzav HaAdam; Rte 90; ⊙ 24 Std.) Die moderne Skulptur steht auf einer Klippe hoch über den Dead Sea Works. Sie besteht aus einer rostigen Stahlsäule, an der alte Schienenstücke wie verzweifelte Würmer versuchen hochzuklettern.

Vom **Aussichtspunkt** daneben blickt man direkt auf das widersprüchliche Nebeneinander von rauchenden Schornsteinen der Schwerindustrie, stahlblau schimmernden Verdunstungsbecken, grünen Feldern (auf jordanischer Seite) und der wilden, gelbbraunen Schönheit der Wüste. Am schönsten ist die Aussicht am späten Nachmittag, wenn das Moab-Gebirge in Jordanien wie im Feuerschein erglüht.

250 m nördlich des Haupteingangs der Dead Sea Works zweigt die 600 m lange Zufahrtstraße von der Rte 90 ab. Die Abfahrt ist mit einem braunen Schild mit der Aufschrift „Plant Viewing Point" gekennzeichnet. Die gelben „No trespassing" (Duchfahrt verboten)-Schilder kann man getrost ignorieren und den grünen Schildern mit hebräischer Schrift folgen, die zum Aussichtspunkt führen. Hinter der Skulptur beginnt eine Offroad-Strecke zum Amiaz-Plateau.

 Aktivitäten

Berg Sodom WANDERN, RADFAHREN

Der Berg Sodom ist eine der merkwürdigsten geologischen Formationen der Welt. Sein Gipfel liegt 176 m unter dem Meeresspiegel und besteht fast ausschließlich aus Steinsalz, einem extrem löslichen Material, das sich in jedem anderen Klima schon lange aufgelöst hätte. Vom Aussichtspunkt auf dem Gipfel, der nur mit Allradantrieb zu erreichen ist, führen zwei Wege an den Steilflanken des Bergs nach unten. Am schönsten ist die Aussicht am späten Nachmittag.

Der Berg Sodom ist 250 m hoch, 11 km lang und bis zu 2 km breit. Der Ma'aleh Ha-Sulamot (Stufen-Aufstieg; bergab 1½ Std.) ist nach seinen zahlreichen Stufen benannt und trifft gegenüber den sonnengebleichten Hütten des ersten DSW-Arbeitslagers (gegr. 1934) auf die Rte 90. Ein weiterer Abstieg zur Rte 90 ist der Shvil HaDagim (Fischpfad; 1½ Std. bergab), dessen Name auf die zahlreichen versteinerten Fischfossilien hindeutet, die in den Felsen zu sehen sind.

Über die Jahrtausende haben die seltenen Regenfälle der Region Teile des Salzes aufgelöst, wodurch tief im Innern des Bergs ein Labyrinth aus bis zu 5,5 km langen Höhlen (nicht öffentlich zugänglich) entstand. In manchen der Höhlen hängen zahllose grazile, furchteinflößende Stalaktiten. Viele von ihnen sind durch eine Art Schacht mit der Oberfläche verbunden, Wanderer müssen aufpassen, dass sie nicht hineinfallen.

Westlich des Bergs Sodom verläuft das Wadi Sodom, das sich perfekt für eine Mountainbike-Abfahrt eignet. Wer an seinem oberen Ende beginnt (mit einem Jeep zu erreichen), baucht für die Strecke (vorwiegend Downhill) etwa zwei Stunden nach Neve Zohar. Eine weitere Option ist ein Rundweg, der auch durch das wunderschöne Wadi Pratzim (Wadi Perazim) führt, in dessen oberem Teil sich die berühmte Mehlhöhle (nicht öffentlich zugänglich) befindet.

 An- & Weiterreise

Für die Erkundung dieser Gegend sollte man über ein eigenes Fahrzeug, am besten mit Allradantrieb, verfügen. Anbieter von Jeeptouren in Neot HaKikar und anderen Orten können einen Bring- und Abholservice sowie Touren organisieren.

Neot HaKikar
ناؤت هاكيكار   נאות הכיכר

08 / 900 EW.

In einer der abgelegensten Ecken Israels schmiegt sich dieser landwirtschaftliche Moshav (Genossenschaftsdorf) an die jordanische Grenze. Er ist der ideale Ausgangspunkt für die Erkundung der Wadis, Plateaus und Steilwände des südlichen Toten Meers. In Neot HaKikar und dem benachbarten Moshav Ein Tamar geht es ruhig und entspannt zu. Es gibt einige ruhige B&Bs und viele Optionen zum Mountainbiken, Wandern, zur Vogelbeobachtung und für eine Erkundung der Wüste mit dem Jeep. Der nächste Strand liegt 30 Minuten entfernt in Ein Bokek. Aufgrund der extremen Hitze im Sommer haben zwischen Juli und Mitte September viele Einrichtungen geschlossen.

 Aktivitäten

Etwa 20 Jeepminuten entfernt laden mehrere Wadis *(nechalim)* zum Wandern und Radfahren ein – darunter Arava, Tzin (Zin), Amatzya (Amazyahu), Peres, Tamar, Tzafit und Ashalim. Der Berg Sodom und das Amiaz-Plateau (Mishor Amiaz) sind ebenfalls super für Touren per pedes oder Drahtesel.

Nur eine 30-minütige Autofahrt von Neot HaKikar entfernt gibt es eine Vielzahl unterschiedlichster Offroad-Radrundwege, darunter eine mit dem Namen HeCharitz („der Spalt") und eine andere, die entlang dem Wadi Sodom und dem Wadi Pratzim verläuft. Nach Meinung der Einheimischen ist es von Juni bis Mitte September aber einfach zu heiß zum Wandern oder Radfahren.

Nach 30 Minuten Fahrt in Richtung Westen erreicht man mit dem Kleinen Makhtesh (HaMakhtesh HaKatan) den kleinsten von Israels drei großen Erosionskratern. Die eigene Unterkunft vermittelt gebührenpflichtige Geländewagen-Shuttles zu den Trail- bzw. Weganfängen. Innerhalb des *makhtesh* sind keine Fahrzeuge erlaubt.

Zum Moshav gehören Tennis- und Basketballplätze, ein Kinderspielplatz und ein öffentliches Freibad (geöffnet von Pessach bis Sukkot).

Einige Bauern veranstalten Touren über ihre Felder und geben Teilnehmern dabei eine Einführung in die Wüstenlandwirtschaft. Örtliche Künstler stellen Schmuck, Keramik und Metallskulpturen her.

Cycle Inn RADFAHREN
(052 899-1146; uzicycleinn@gmail.com; Leihgebühr für 5 Std. 75 NIS; Mitte Sept.–Mai) verleiht Mountainbikes inklusive Helm. Uzi und Barak versorgen Biker auch gern mit Karten und aktuellen Infos zu den Trails der Umgebung.

Geführte Touren

Barak Horwitz ABENTEUERTOUREN
(052 866-6062; barakhorwitz@gmail.com; 2-stündige Jeeptour mit 8 Pers. 800 NIS) Der offiziell zugelassene Fremdenführer Barak Horwitz aus Neot HaKikar kennt die Region des Toten Meers wie seine Westentasche. Er organisiert vor allem Jeeptouren, gibt aber auch gerne (kostenlose) Tipps zu anderen Outdooraktivitäten wie z. B. Wandern. Einfach anrufen oder eine E-Mail senden. Außerdem bietet er Touren nach Masada und zu anderen Sehenswürdigkeiten am Toten Meer an.

Schlafen

Neot HaKikar hat insgesamt etwa 50 B&Bs. Frühstück gibt's dort aber jeweils nur auf ausdrückliche Bestellung (60/100 NIS pro Erw./ 2 Pers.).

★ **Shkedi's Camplodge** LODGE $
(Khan Shkedi; 052 231-7371; www.shkedig.com; B/DZ/4BZ mit Gemeinschaftsbad & ohne Frühstück 100/350/450 NIS; Juli–Mitte Sept. geschl.;) In der wunderbaren Lodge in der Wüste lässt es sich gut ein paar Tage aushalten. Abends sitzen alle am Lagerfeuer oder trinken ihr Bier im Gemeinschaftszelt. An heißen Tagen kann man sich mit einem kühlen Getränk in der Hängematte entspannen.

Die Betten stehen in großen, gemütlichen Schlafsälen in Lodges aus Holz. Auf dem Boden liegen Matratzen. Freitags und samstags ist oft alles ausgebucht. Der moderne saubere Sanitärbereich sieht irgendwie mexikanisch aus. Selbstversorgern steht eine komplett ausgestattete Küche zur Verfügung.

Korin's Home B&B $$$
(HaBayit Shel Korin; 050 680-0545; www.korins.co.il; DZ ohne Frühstück 700 NIS, zusätzl. Pers. 100 NIS;) Hier fühlt man sich wie in einer Dreizimmerwohnung mit Wellnessbad. Jede der drei Wohneinheiten bietet Platz für sechs Personen.

Essen

In Neot HaKikar und Ein Tamar gibt's jeweils einen Lebensmittelmarkt mit Geldautomat, der samstagabends für ein paar Stunden geöffnet hat.

Mittag- und Abendessen kann man einen Tag im Voraus bei einer Familie im Ort bestellen. Ein Hauptgericht kostet zwischen 70 und 100 NIS.

An- & Weiterreise

Neot HaKikar liegt 8 km südöstlich der gleichnamigen Rte-90-Ausfahrt und 11 km südöstlich der Arava-Kreuzung, an der die Rte 25 aus Richtung Dimona und Be'er Sheva auf die Rte 90 trifft.

An der Arava-Kreuzung halten alle Busse, die zwischen Eilat und Be'er Sheva, Tel Aviv, dem Toten Meer oder Jerusalem (bzw. in Gegenrichtung) unterwegs sind. Örtliche Unterkunftsbetreiber holen Gäste normalerweise gern hier ab.

Nur Bus 321 fährt direkt nach Neot HaKikar hinein. Er verkehrt täglich je einmal frühmorgens sowie am frühen oder späten Nachmittag auf einer Rundroute, die Neot HaKikar mit Dimona (16 NIS, 40 Min.) und Ein Bokek (16 NIS, 45 Min.) verbindet.

Negev

הנגב النقب

Inhalt

Be'er Sheva 339
Negev-Gebirge 342
Mitzpe Ramon 346
Arava 352
Eilat 356

Gut essen

- Fish Market (S. 363)
- Kornmehl Farm (S. 345)
- Pastory (S. 362)
- Lasha Bakery (S. 351)

Schön übernachten

- Midbara (S. 355)
- Carmey Avdat Winery (S. 347)
- iBex Hotel (S. 350)
- Kibbutz Lotan Guesthouse (S. 353)
- Khan Be'erotayim (S. 343)
- Shivta National Park (S. 343)

Auf in den Negev!

Schon seit Abrahams Zeiten wird die Region mit ihren felsigen Hügeln und ausgetrockneten Wasserläufen, die sich über 250 km nördlich des Roten Meeres erstreckt, von Reisenden, Händlern und Nomaden durchquert. Heute strömen Sonnenhungrige, Sporttaucher, Wanderer und Vogelbeobachter in den Ferienort Eilat, wo die Sonne an 360 Tagen im Jahr scheint. Nördlich davon ziehen die Kibbuzim in der Arava, einem Teil des Großen Afrikanischen Grabenbruchs, Umweltschützer und Besucher an, die an einer nachhaltigen Entwicklung der Wüste interessiert sind. Andere Touristen folgen den Spuren der Nabatäer, die ihre beeindruckenden Bauten nicht nur in Petra, das gut von Eilat aus besucht werden kann, sondern auch in Avdat, Shivta und Mamshit hinterließen – Städte, die heute zum Weltkulturerbe gehören. Dagegen ist das hippe Mitzpe Ramon am Rand des mehrfarbigen „Grand Canyon" von Israel ein Treffpunkt kreativer Köpfe, unkonventioneller Unternehmer und Menschen auf der Suche nach Ruhe und Gelassenheit.

Reisezeit
Eilat

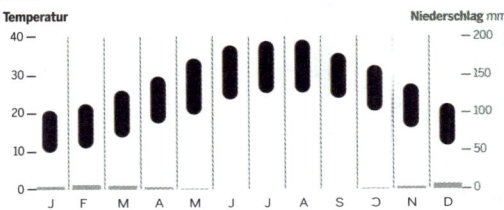

März–Mai & Ende Sept.–Nov. Ideal für Wanderungen in der Wüste: tagsüber ist es sonnig und nachts kalt.

Aug. Das Red Sea Jazz Festival beschert dem drückenden Sommer in Eilat etwas Coolness.

Dez.–Feb. Nach heftigen Regenfällen wälzen sich braune Wassermassen durch die trockenen Wadis.

Highlights

❶ In **Avdat** (S. 342) die Ruinen einer Nabatäerstadt an der Weihrauchstraße besichtigen

❷ Durch ein Wüstenwadi im **Nationalpark Ein Avdat** (S. 344) zu Quellen mit Naturschwimmbecken und Wasserfällen wandern

❸ Die **Ramat-Ha-Negev-Weinstraße** (S. 347) entlangfahren und die außergewöhnlichen Weine des Negev-Gebirges verkosten

❹ Im **Makhtesh Ramon** (S. 346) durch die weite, in allen Farben schillernde Landschaft des größten Erosionskraters der Welt wandern

❺ Die Kibbuzim der **Arava** (S. 352) besuchen und erfahren, wie es sich in Harmonie mit der Wüste leben lässt

❻ Im wunderbaren Korallenriff von **Eilat** (S. 356) schnorcheln und tauchen

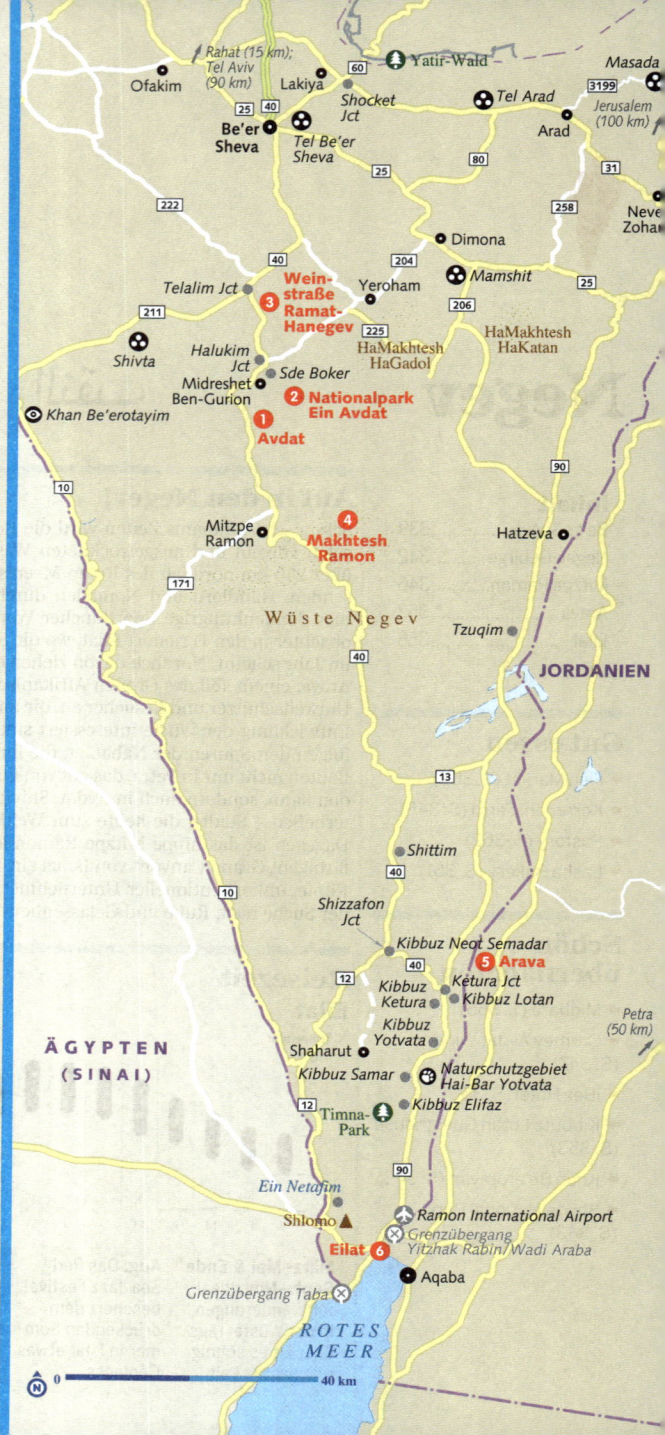

Be'er Sheva באר שבע بئرالسبع

📍 08 / 203 600 EW.

Nachdem die „Hauptstadt des Negev" lange als Touristenziel vernachlässigt wurde, lockt sie die Besucher nun vor allem mit ihrer wiederbelebten Altstadt, deren enge schmuddelige Straßen von Museen und ursprünglichen Gebäuden aus der osmanischen Zeit gesäumt sind. Leider wurde 2017 der berühmte Beduinenmarkt nach 112 Jahren geschlossen.

Be'er Sheva ist Israels südliches Zentrum für Handel, Industrie und Gesundheitswesen sowie Universitätsstadt und wichtiger Verkehrsknotenpunkt. Mit seinen Arbeitsplätzen, Geschäften, dem Soroka Hospital und der berühmten Ben-Gurion University of the Negev übt es eine starke Anziehungskraft auf israelische Juden wie auf Beduinen aus.

Geschichte

Schon im Tanach wird Be'er Sheva als bedeutende Stadt der Israeliten mehrmals erwähnt. Der Name könnte „Brunnen des Eides", „Brunnen der sieben" oder „Brunnen sieben" bedeuten. Die heutige Stadt wurde in den frühen 1900er-Jahren von den Osmanen gegründet, u. a. um den britischen Einfluss auf dem Sinai zurückzudrängen. Ihre Sorgen waren durchaus berechtigt, denn Ende 1917 kam der staubige Außenposten unter britische Herrschaft, nachdem die Stadt in einer altmodischen Kavallerieattacke von australischen Streitkräften eingenommen worden war. Nach dem Zweiten Weltkrieg, in dem die Ägypter vorübergehend die Stadt besetzt hatten, wuchs Be'er Sheva schnell, vor allem an den vielen jüdischen Flüchtlingen und Einwanderern aus arabischen Ländern lag.

🎯 Sehenswertes

Die Sehenswürdigkeiten von Be'er Sheva befinden sich alle in der Altstadt, einem schmuddeligen Arbeiterviertel, das 1 km südwestlich des Bahnhofs und Busbahnhofs liegt und von dort gut zu Fuß zu erreichen ist. Die Hauptverkehrsstraße ist die HaAtzma'ut St. Ein Teil der parallel verlaufenden Kakal St wurde in eine moderne Fußgängerzone verwandelt.

Negev-Kunstmuseum & Museum für islamische & nahöstliche Kulturen   MUSEUM

(📞 08-699-3535; www.negev-museum.org.il; 60 Ha' Atzmaut St; Kunstmuseum Erw./Kind 20/10 NIS, beide Museen 35/20 NIS; ⊙ Mo, Di & Do 10–16, Mi 12–19, Fr & Sa 10–14 Uhr) Das Kunstmuseum im eleganten Herrenhaus des osmanischen Gouverneurs von 1906 zeigt drei Wechselausstellungen pro Jahr (weitere Infos auf der Homepage). Die Architektur der eleganten osmanischen Moschee von 1906 nebenan ist von Deutschland, dem damaligen Verbündeten des Osmanischen Reiches, inspiriert. Hier findet jedes Jahr eine Ausstellung zur islamischen Kultur statt.

Türkischer Bahnhof   HISTORISCHES GEBÄUDE

(Engine 70414 Compound; 📞 Durchwahl 2, 08-623-4613; Ecke Eli David St & David Tuvyahu St; Minimuseum & Salonwagen Erw./erm. 30/20 NIS; ⊙ So–Do 9–17, Fr 9–13 Uhr) In dem 1915 errichteten Bahnhof ist nun eine faszinierende Fotoausstellung über Be'er Sheva im osmanischen Reich und unter britischem Mandat untergebracht. Zu sehen sind auch Fotos von der Einnahme der Stadt durch die Kavallerie der ANZAC-Truppen im Ersten Weltkrieg. Außerdem ist eine der Dampflokomotiven ausgestellt, die bis 1956 auf der Strecke nach Be'er Sheva im Einsatz waren. Weitere Bestandteile des Museums sind das interaktive Minimuseum, ein luxuriöser Salonwagen von 1922 und ein türkisches Denkmal zum Ersten Weltkrieg von 2002. Am Kassenschalter gibt's auch Karten und Infos über Be'er Sheva.

Commonwealth-Kriegsgräberfriedhof   FRIEDHOF

(www.cwgc.org; Ecke HaAtzma'ut St & Hartzfeld St; ⊙ 24 Std.) Auf diesem ehrwürdigen Soldatenfriedhof aus dem Ersten Weltkrieg mit seinen Gartenanlagen und gepflegten Grabsteinen fanden 1241 Angehörige des Commonwealth ihre letzte Ruhestätte, darunter 174 Australier, 31 Neuseeländer und 67 Männer, die nicht identifiziert werden konnten.

Negev-Künstlerhaus   GALERIE

(📞 08-627-3828; 55 Ha'Avot St; ⊙ Mo–Fr 10–13.30, Mo–Do 16–19.30, Sa 11–14 Uhr) GRATIS In der großartigen Villa aus der britischen Mandatszeit (1933) ist eine Galerie untergebracht, die in vier Räumen die überwältigenden Werke von Künstlern des Negev zeigt.

Tel Be'er Sheva   ARCHÄOLOGISCHE STÄTTE

(📞 08-646-7286; www.parks.org.il; Erw./Kind 14/7 NIS; ⊙ 8–16 oder 17 Uhr, Fr 1 Std. früher, letzter Einlass 1 Std. vor Schließung) Im 10. Jh. v. Chr. befand sich hier eine große befestigte Stadt der frühen Israeliten. Sie war ein hervorragendes Beispiel für die Städteplanung in biblischer Zeit: Das ausgeklügelte Wassersam-

Be'er Sheva

Be'er Sheva

◉ Sehenswertes
1. Be'er Avraham B3
2. Commonwealth-Kriegsgräberfriedhof A1
3. Negev-Künstlerhaus A2
4. Negev-Kunstmuseum &
   Museum für islamische &
   nahöstliche Kulturen B2
5. Türkischer Bahnhof A1

🛏 Schlafen
6. Beit Yatziv A1
7. Hotel Aladdin B3

melsystem bestand aus einer Zisterne mit fünf Kammern, die in den Felsen geschlagen worden war und bei einer Belagerung die Wasserversorgung sicherstellen sollte. Zusammen mit den alten Städten Hatzor und Megiddo wurde Tel Be'er Sheva 2005 in die Welterbeliste der Unesco aufgenommen. Die Ruinenstätte liegt 7 km östlich von Be'er Sheva bei der Beduinenstadt Tel Sheva (direkt vor dem Bogen am Eingang abbiegen).

Im Ersten Weltkrieg konnten die britischen Streitkräfte eine türkische Artilleriestellung in Tel Be'er Sheva erobern, wobei sie von den 11. North Auckland Mounted Rifles unterstützt wurden.

Vom Busbahnhof in Be'er Sheva fahren die Metropoline-Busse 10 und 15 hierher (4,80 NIS, 30 Min., 1- bis 2-mal pro Std.).

Be'er Avraham
MUSEUM

(Abraham's Well International Visitors Center; ☎ 08-623-4613; www.abraham.org.il; 2 Hebron Rd; Führung Erw./erm. 34/20 NIS; ⊙ So–Do 8.30–17, Fr 9–13 Uhr, letzte Führung 1 Std. vor Schließung) Gemäß der Bibel war es in Be'er Sheva, wo Gott Abraham erschien und Abraham seinen Vertrag mit Abimelech schloss (Gen. 21,25–34). Deshalb ist dieses Besucherzentrum ganz dem Leben und der Zeit des Patriarchen der drei monotheistischen Religionen gewidmet.

Es gibt jedoch keinen Beweis dafür, dass Abraham jemals an dem Brunnen im Hof war, der in der osmanischen Zeit umfassend restauriert wurde und im Mittelpunkt der 45- bis 60-minütigen Führung steht. Zu der Führung gehört auch ein 15-minütiger Film (in Hebräisch und Englisch mit Untertiteln in sieben Sprachen). Das Museum liegt am Südwestrand der Altstadt.

Museum der Israelischen Luftwaffe
MUSEUM

(☎ 08-990-6888; Hatzerim; Erw./Kind inkl. Führung 30/20 NIS; ⊙ So–Do 8–16.30 Uhr) Auf dem Rollfeld stehen rund 120 historische Flugzeuge in Reih und Glied, darunter eine Spitfire aus dem Krieg von 1948, von Syrern und Irakern erbeutete MiGs, Kampfflugzeuge und Armeehubschrauber. Sie alle illustrieren die Geschichte der legendären israelischen Luftwaffe. An den Tagen rund um Pessach und Sukkot gehen die historischen Flugzeuge auch in die Luft. Außerdem sind aktuelle Flugzeuge der israelischen Streitkräfte zu bewundern. Ein größerer Museumsbau für die vielen Flugzeuge ist in Planung. Am Eingang muss der Pass vorgelegt werden.

Das Museum steht am Rand des Luftstützpunkts Hatzerim (Khatserim) 10 km westlich von Be'er Sheva. Vom Busbahnhof fahren Dan BaDarom-Busse 40 und 41 hierher (hin & zurück 9,50 NIS, 10 Min., 2-mal pro Std.).

Schlafen

Hotel Aladdin HOTEL $$
(08-866-0828; www.aladdin-negev.com; 1. Stock, 25 Ha'Atzmaut St; EZ/DZ 300/400 NIS;) Das schöne Hotel in der Altstadt ist ganz in der Nähe von Sehenswürdigkeiten und Restaurants. Von der düsteren Umgebung sollte man sich nicht abschrecken lassen, denn das von einer Familie aus der ehemaligen Sowjetunion geführte Hotel hat 19 hübsche, blitzsaubere Zimmer.

Beit Yatziv HOSTEL $$
(08-627-7444; www.beityatziv.co.il; 79 Ha'Atzmaut St, Altstadt; EZ/DZ 300/400 NIS, Deluxe-Zi. 450 NIS; Rezeption So-Do 7-19, Fr 7-11 Uhr;) Die Jugendherberge gehört zu einem Kultur- und Ausbildungszentrum. Die 76 Standardzimmer sind klein und mit zwei Einzelbetten, Kühlschrank, Fernseher und Wasserkocher ausgestattet. Die 24 Deluxe-Zimmer sind neuer und größer und haben auch einen Schreibtisch. Außerdem gibt's einen Swimmingpool (nur für Gäste im Juli und August). Unbedingt telefonisch oder per E-Mail reservieren. Wer außerhalb der Öffnungszeiten der Rezeption ankommt, kann den Schlüssel beim Wachmann hinterlegen lassen. Zum Hostel fährt Bus 13. Samstags ist die Rezeption geschlossen.

ABSEITS DER ÜBLICHEN PFADE

TAGESAUSFLÜGE VON BE'ER SHEVA

Be'er Sheva ist ein gutes Basislager für die Erkundung des nördlichen Negev. Zu den Highlights gehören Stätten, die das Leben und die Kultur der in der Region lebenden Beduinen erläutern.

Museum für Beduinenkultur (08-991-3322; www.joealon.org.il; 15 NIS; So-Do 8-16 Uhr) Das Museum bietet eine gute Einführung in das Leben der Beduinen im Negev. Zu den Ausstellungsstücken gehören traditionelle Kleidung, Haushaltswaren, Teppiche, Werkzeuge und Schmuck sowie Fotografien. In einem Gästezelt können sich die Besucher mit einem Beduinen aus der Region unterhalten und dabei Kaffee trinken. Das Museum befindet sich im Joe Alon Center, 27 km nordöstlich von Be'er Sheva, direkt hinter bzw. westlich des Kibbuz Lahav. Im Eintrittspreis ist ein Audioguide enthalten.

Sidreh – Lakiya Negev Weaving (08-651-9883; www.sidreh.org; House 92, Neighbourhood 3, Lakiya; Führung 20 NIS; So-Do 9-16 Uhr) Das soziale Unternehmen wurde 1991 gegründet, um beduinischen Frauen ein Arbeitseinkommen zu ermöglichen und die traditionellen Spinn- und Webtechniken zu erhalten. Eine Führung durch das Unternehmen muss im Voraus gebucht werden. Außerdem werden die schönen Teppiche, Kissen und Accessoires, die hier hergestellt werden, auch verkauft. Es befindet sich 18 km nordöstlich von Be'er Sheva in dem Beduinendorf Lakiya (Laqya). Man folgt einfach den Schildern mit der Aufschrift „Negev Weaving" bis zu dem Gebäude hinter der Abu-Bakr-Moschee mit ihrer gelben Kuppel.

Nationalpark Tel Arad (08-699-2444; www.parks.org.il; Erw./Kind 14/7 NIS; 8-16 oder 17 Uhr, Fr 1 Std. früher, letzter Einlass 1 Std. vor Schließung) In der frühen Bronzezeit (3100-2650 v. Chr.) war Tel Arad eine von einer Stadtmauer umgebene Stadt der Kanaanäer. Überreste der Stadtmauer sind heute noch zu sehen. Nachdem die Stadt gut 1500 Jahre nicht bewohnt war, ließen sich im 11. Jh. v. Chr. die Israeliten hier nieder. Anfang des 6. Jhs. v. Chr. wurde die Stadt erneut zerstört, dieses Mal von den Babyloniern. Zu den Highlights aus dieser Zeit gehören die Überreste eines israelitischen Tempels. Der Park befindet sich 39 km östlich von Be'er Sheva.

ABSEITS DER ÜBLICHEN PFADE

DIE WEIHRAUCHSTRASSE

Jahrhundertelang kontrollierten die Nabatäer die gewinnträchtigen Karawanenstraßen zwischen Arabien und dem antiken Griechenland und Rom. Das Nomadenvolk der Nabatäer kam etwa im 4. Jh. v. Chr. aus dem Norden der Arabischen Halbinsel in den Negev.

Um 100 n. Chr. wurde das Reich der Nabatäer, die selbst unter den unwirtlichsten Wüstenbedingungen überleben konnten, von den Römern erobert, und die Nabatäer begannen, sich an deren Lebensweise anzupassen. Sie übernahmen den gregorianischen Kalender, bauten feste Siedlungen und nahmen schließlich auch den christlichen Glauben an. Ihre Sprache war mit dem Aramäischen verwandt, der damaligen Verkehrssprache in der Region. Aufgrund der harten Bedingungen in der Wüste wurden sie zu erfinderischen Ingenieuren, die ein raffiniertes Bewässerungssystem entwickelten, das heute wieder zum Einsatz kommt. Als Beweis für ihren Erfindungsreichtum verschwendeten ihre Könige vor Besuchern großzügig Wasser in rauen Mengen.

Auf ihrem Höhepunkt erstreckte sich der Weihrauch- und Gewürzhandel der Nabatäer vom Jemen und Oman über das heutige Saudi-Arabien, Jordanien (Petra), Israel und Gaza bis zum Mittelmeer. Dadurch blühten ihre Städte Avdat, Mamshit, Shivta und Haluza im Negev auf, aber den Nabatäern gelang es auch, die trockenen Flussbetten und Wüstenlandschaften ihrer Umgebung erfolgreich zu bewirtschaften. Die abgelegenen Ruinen von drei ihrer Siedlungen wurden 2005 unter der Bezeichnung „Weihrauchstraße – Wüstenstädte im Negev" zum Weltkulturerbe der Unesco erklärt.

Avdat

Die uralte Stadt liegt 650 m über dem Meeresspiegel, ist wunderschön erhalten und dominiert die „Wüsten-Skyline" der Umgebung. Sie ist nach dem nabatäischen Monarchen Obada benannt und entstand im 3. Jh. v. Chr. als Karawanenstation an der Straße von Petra zum Mittelmeer. Während der gesamten byzantinischen Zeit florierte die Stadt. Nach dem Erdbeben von 630 n. Chr. und der muslimischen Eroberung des Negev sechs Jahre später wurde sie jedoch aufgegeben.

Eintrittskarten gibt's im **Besucherzentrum** (08-655-1511; www.parks.org.il; Erw./Kind 18/14 NIS; 8–16 oder 17 Uhr, Fr 1 Std. früher, letzter Einlass 1 Std. vor Schließung) neben der Tankstelle. Vor dem Aufbruch in den Park kann man sich einen zehnminütigen Film (in zehn Sprachen) über die Weihrauchstraße ansehen. Danach steht ein Besuch im byzantinischen Badehaus an, bevor man den steilen Hügel zu den Ruinen hinauffährt (oder -geht). Zu den

ℹ️ An- & Weiterreise

BUS

Der Busbahnhof von Be'er Sheva ist der wichtigste Busverkehrsknotenpunkt im Negev. Folgende Ziele werden angefahren:

Zentraler Busbahnhof Tel Aviv (Metropoline-Busse 369 und 370; 18,50 NIS, 1¾ Std., mehrmals stündl.)

Jerusalem (Egged-Bus 470; 34 NIS, 1¾ Std., 3-mal pro Std.)

Mitzpe Ramon (Metropoline-Busse 60, 64 und 65; 15 NIS, 1¼ Std., 2- bis 4-mal pro Std.), über Sde Boker und Ein Avdat.

Totes Meer (Egged-Bus 384; 27 NIS, 1½ Std. bis Ein Bokek, So–Do 5-mal tgl., Fr 3-mal tgl.), über Arad.

Eilat (Egged-Busse 392, 393 und 397; 42,50 NIS, 3½ Std., alle 1–2 Std.). Die Busse fahren freitags bis zum späten Nachmittag, samstags am frühen Nachmittag.

ZUG

Vom **Bahnhof Be'er Sheva-Merkaz** (Be'er Sheva Zentrum; www.rail.co.il) fahren Direktzüge nach Tel Aviv (27 NIS, 1¼ Std., 2-mal pro Std.), Haifa (53 NIS, 2¼ Std., stündl.), Akko und Nahariya. Im Winter fährt der letzte Zug freitags um 13.16 Uhr, im Sommer um 15.16 Uhr. Samstags fährt der erste Zug nach Sonnenuntergang.

Negev-Gebirge
هضبة النقب   הר הנגב

Das Negev-Gebirge (Ramat HaNegev), das rund 20 % der Landfläche Israels bedeckt, umfasst spektakuläre Wüstenlandschaften, ab-

Highlights gehören ein römisches Badehaus, Katakomben, mehrere Kirchen aus dem 4., eine Töpferwerkstatt und eine byzantinische Kelter.

An der Rte 40 liegt Avdat 10 km südlich von Sde Boker (Midreshet Ben-Gurion) und 23 km nördlich von Mitzpe Ramon. Auf ihrem Weg von Be'er Sheva (15 NIS, 45 Min.) nach Mitzpe Ramon (11, 50 NIS, 12 Min.) kommen die Metropoline-Busse 64 und 65 von Sonntag bis Donnerstag hier zweimal pro Stunde und freitags einmal pro Stunde bis zum späten Nachmittag vorbei.

Mamshit

Die kleinste, aber am besten erhaltene Stadt der Nabatäer in ganz Israel, **Mamshit** (08-655-6478; www.parks.org.il; Erw./Kind 22/9 NIS; 8–16 oder 17 Uhr, Fr 1 Std früher, letzter Einlass 1 Std vor Schließung), wurde im 1. Jh. v. Chr. gegründet und im 4. Jh. als einzige Stadt des Negev komplett mit einer Stadtmauer umgeben. Bei den Ausgrabungen wurden alte Vorratsbehälter, Wachtürme, zwei Kirchen aus dem 4. Jh. sowie römische und byzantinische Friedhöfe gefunden. Absolutes Highlight ist der große Mosaikfußboden im Hof der Kirche des Hl. Nilus. Mamshit liegt an der Rte 25 etwa 8 km südöstlich von Dimona. Alle Busse, die von Be'er Sheva über Dimona nach Eilat fahren (wie z. B. Bus 397) können an der 1 km langen Zufahrtsstraße zur Ruinenstätte (21,50 NIS, 30 Min.) anhalten.

Shivta

Die Stadt **Shivta** (050 738-3802; www.parks.org.il; Sonnenaufgang–Einbruch der Nacht) GRATIS gehört zu den einsamsten und abgelegensten Orten ganz Israels. Sie wurde in der frühen Römerzeit im 1. Jh. v. Chr. gegründet. Zu den gut erhaltenen Ruinen gehören drei Kirchen, mehrere Häuser, mit Fliesen belegte Straßen und ein beeindruckendes Bewässerungssystem aus der byzantinischen Zeit (5.–7. Jh.), als die Stadt eine bedeutende Karawanenstation an der Straße von Ägypten nach Anatolien war. Shivta liegt 60 km südwestlich von Be'er Sheva, 8 km abseits der Rte 211.

Am besten erlebt man die abgeschiedene Lage in der Wüste, wenn man in dem **B&B** (www.nabato.co.il; DZ inkl. Frühstück Sept.–Mai 420–550 NIS, Juni–Aug. 380–480 NIS) übernachtet, das ein anglo-amerikanisches Archäologenteam in den 1930er-Jahren in einem Steinhaus eröffnete.

Vom israelischen Artilleriestützpunkt 5 km weiter nördlich fährt der Metropoline-Bus 44 (13 NIS) sonntags bis freitags drei- bis fünfmal täglich nach Be'er Sheva. Inhaber Ami holt seine Gäste gerne an der Bushaltestelle ab.

NEGEV NEGEV-GEBIRGE

gelegene Kibbuzim, erlesene Weingüter und mehrere bedeutende Stätten der Nabatäer. Ganz in der Nähe liegt das hippe Mitzpe Ramon so hoch am Rand des Makhtesh Ramon, dass es dort manchmal sogar schneit.

Die Rte 10, die entlang der ägyptischen Grenze verläuft, ist aus Sicherheitsgründen für den zivilen Verkehr gesperrt, wird aber manchmal zu Pessach, Sukkot und Chanukka geöffnet.

Schlafen

Khan Be'erotayim BUNGALOWS $$
(Be'erotayim Desert Lodge; 08-655-5788; www.beerotayim.co.il; 2 km nordwestlich von Ezuz; Erw./Kind 3–13 J. inkl. Halbpension 295/165 NIS) Irgendwo im Nirgendwo liegt diese umweltfreundliche Anlage auf 360 m Höhe in der Nähe der ägyptischen Grenze. Hier kann man die unglaubliche Stille der Wüste genießen, entspannt am Lagerfeuer (auf dem ständig Kräutertee und arabischer Kaffee köcheln) sitzen und nachts den Sternenhimmel beobachten. Die einfachen Lehmziegel-Bungalows stehen 85 km südwestlich von Be'er Sheva und 14 km südlich von Nitzana.

Geschlafen wird auf Matratzen auf dem Boden, es gibt einen Holzofen, die Stühle und Tische wurden von Beduinen des Sinai gefertigt. Es gibt nur Gemeinschaftsbäder. Für die Mahlzeiten werden möglichst nur Zutaten aus der Region verwendet, Strom wird mit Sonnenenergie erzeugt. Außerdem werden geführte Kamelritte angeboten (1 Std. Erw./Kind 80/60 NIS).

...rreise
60 und 64, die von
Ramon fahren, halten
entlang der Rte 40,
Boker, Midreshet
...nalpark Ein

...ker   שדה בוקר   سديه بوكير

📞 08 / 2230 EW.

Der Kibbuz Sde Boker ist weithin bekannt als Altersruhesitz des ersten israelischen Premierministers David Ben-Gurion, dessen bescheidenes Wohnhaus zur Pilgerstätte von Schulkindern aus ganz Israel wurde. Der Kibbuz wurde 1952 von jungen Pionieren gegründet, die in der Wüste Vieh züchten wollten. Deshalb nannten sie ihn auch „Feld des Cowboys".

Midreshet Ben-Gurion 5 km südwestlich des Kibbuz ist für seine spektakuläre Wüstenlandschaft bekannt. Das Wadi Tzin und der Nationalpark Ein Avdat sind gleich nebenan. Außerdem wird hier Spitzenforschung zur Wüstenökologie, Landwirtschaft in Trockengebieten und Sonnenenergie betrieben. Das hübsche Dorf wurde als regionales akademisches Zentrum gegründet und ist eine Außenstelle der Ben-Gurion University of the Negev in Be'er Sheva.

⊙ Sehenswertes

Ben-Gurion-Wüstenhaus   MUSEUM

(📞 08-656-0469; www.bgh.org.il; Kibbuz Sde Boker; Erw./erm. 20/15 NIS; ⊙ So–Do 8.30–16, Fr 8.30–14, Sa 10–16 Uhr) In seinem Testament verfügte der Staatsgründer, dass das unscheinbare Kibbuzhaus, in dem er mit seiner Frau Paula lebte, genau so erhalten bleiben sollte, wie es zu seinen Lebzeiten war. So sind noch heute die bescheidenen Möbel aus den 1950er- und 1960er-Jahren zu sehen, die vollgestopfte Bibliothek und eine Karte von 1952, die Israel in den Grenzen nach 1948 zeigt. Das Haus steht am südlichen Rand des Kibbuz Sde Boker. Von der Rte 40 biegt man bei der Delek-Tankstelle ab.

Es werden auch zwei Filme über Ben-Gurion gezeigt. Der erste handelt von seiner festen Entschlossenheit, die nationale Selbstbestimmung der Juden durchzusetzen, was durch eine sehr gute Imitation seiner charakteristischen Stimme untermalt wird (12 Min.). Der zweite Film erläutert die Herausforderungen seiner Führerschaft (15 Min.).

Ben-Gurion Gräber   DENKMAL

(Midreshet Ben-Gurion; ⊙ 24 Std.) Die Gräber von David (1886–1973) und Paula (1892–1968) Ben-Gurion liegen auf einer spektakulären Klippe hoch über dem wunderbaren Wadi Tzin (Zin) und der Avdat-Ebene. In der Nähe der Gräber wurde ein Wüstenblumenpark angelegt, in dem oft wilde Steinböcke umherstreifen.

★ Nationalpark Ein Avdat   NATIONALPARK

(📞 08-655-5684; www.parks.org.il; Erw./Kind 28/14 NIS; ⊙ Winter 8–16 Uhr, Sommer 8–17 Uhr, schließt Fr 1 Std. früher) Der Nationalpark erscheint wie eine Fata Morgana in der ansonsten knochentrockenen Wüste: das ganze Jahr über sprudelnde Süßwasserquelle strömt über einen Wasserfall in eine enge Schlucht mit hohen Steilwänden aus weißem Kalkstein. Entlang des Weges durch die Schlucht befinden sich viele Höhlen, in denen einst byzantinische Mönche lebten. Um den Lebensraum von Steinböcken und anderen Tieren zu schützen, ist das Baden hier verboten.

Der Park hat zwei Eingänge. Der nördliche an der Zinim (Tzinim)-Steilwand ist direkt neben dem großen gelben Tor von Midreshet Ben-Gurion, der südliche ist an der Rte 40, 4 km nördlich der nabatäischen Ruinen des Nationalparks. Der südliche Eingang bietet zwar einen tollen Panoramablick, aber keine Wanderwege ins Wadi hinunter. Mit Ausnahme der ausgewiesenen Picknickplätze ist das Essen im ganzen Park verboten. Toiletten gibt es nur bei den Eingängen und auf dem unteren Parkplatz.

Zwei sehr beliebte Wanderwege beginnen beim unteren Parkplatz, 3 km vom nördlichen Eingang entfernt. Die **Kurze Route** ist ein 1,6 km langer Rundweg zum Ein-Avdat-Becken und -Wasserfall. Starten sollte man spätestens 1½ Std. vor Schließung des Parks. Die **Lange Route** führt zum südlichen Eingang des Parks. Der Weg kann nur in einer Richtung gegangen werden, da es in einem Abschnitt Stufen gibt, die man nur hinaufsteigen kann. Diesen Weg sollte man spätestens 2½ Std. vor Schließung des Parks in Angriff nehmen. Beim Endpunkt am südlichen Eingang fahren viele Busse in Richtung Norden und Süden ab. Ein sehr langer Weg von 15 km führt nach **Ein Akev**, eine Süßwasserquelle, in der man schwimmen darf, und weiter ins Wadi Zin hinunter. Für diese Wanderung sollte man sechs bis sieben Stunden veranschlagen.

Die beste Zeit für diese Wanderungen ist im Frühjahr und Herbst. Bei der Parkverwaltung sind eine Karte und Infos zu den Wanderungen erhältlich.

 Aktivitäten

Geofun Desert Cycling RADFAHREN
(☏ 08-655-3350; www.geofun.co.il; Midreshet Ben-Gurion; Mountainbike Erw./Jugendl. 80/60 NIS pro Tag; ⊙ Mo-Do 9-18, Fr 9-14 Uhr, Sa & So geschl.) Der Laden im kleinen Einkaufszentrum von Midreshet Ben-Gurion verleiht und repariert Fahrräder und verkauft auch Fahrradausrüstung. Es sind auch Radkarten erhältlich, und die Mitarbeiter helfen gerne bei der Routenplanung.

 Schlafen

Krivine Guesthouse B&B $$
(☏ 052 271-2304; www.krivine-guesthouse.com; No 15, Ortsteil Neve Tzin, Midreshet Ben-Gurion; DZ/4BZ 550/750 NIS, an Wochenenden & Feiertagen zzgl. 50 NIS/Pers.) Die vom französisch-englischen Paar Marion und John geführte Pension am Ende einer Straße in einem ruhigen Wohngebiet verfügt über einen Gemeinschaftsbereich, drei Suiten mit eigener Terrasse und ein weiteres Zimmer. Alle Zimmer sind mit farbenfroher Bettwäsche und echten Kunstwerken an den Wänden ausgestattet.

 Essen

Im Einkaufszentrum aus den 19.. in Midreshet Ben-Gurion gibt's ein Delikatessengeschäft mit Café (Knaan), eine Pizzeria (Domino), eine Falafelbude, eine Bäckerei (der bekannten Lasha-Kette aus Mitzpe Ramon) und einen Supermarkt. Freitagabends, samstags und an jüdischen Feiertagen haben sämtliche Restaurants geschlossen.

❶ Praktische Informationen

Sde Boker Field School Field Study Center (☏ 08-653-2016; http://sdeboker.co.il; Midreshet Ben-Gurion; ⊙ So-Do 8-16.30 Uhr) Die hiesigen Fremdenführer kennen sich bestens mit den heimischen Säugetieren, Reptilien und Raubvögeln aus. Außerdem können sie über Wanderwege und Wanderungen informieren. Der Eintritt ins Schlangenhaus kostet 10/7 NIS pro Erw./Kind (vorher anrufen!).

❶ An- & Weiterreise

Die Metropoline-Busse 60 und 64, die ein- bis zweimal pro Stunde von Be'er Sheva (13 NIS, 40-50 Min.) nach Mitzpe Ramon (13 NIS, 40 Min.) fahren, halten im Kibbuz Sde Boker, beim Ben-Gurion-Wüstenhaus, am Haupttor von Midreshet Ben-Gurion und an der Tankstelle unterhalb der Avdat-Ruinen. Der doppelt so schnelle Bus 65 hält dagegen nur entlang

---

ABSTECHER

ZIEGEN FÜR FEINSCHMECKER

Seit Jahrtausenden leben im Negev-Gebirge Ziegen, und so überrascht es nicht, dass sich in den letzten Jahren immer mehr Ziegenfarmen auf die Vermarktung von Gourmetprodukten verlegt haben, vor allem an oder in der Nähe der Weinstraße. Die folgenden Farmen liegen 12 bis 15 km nördlich von Sde Boker.

Naot Farm (☏ 054 421-8789; www.naotfarm.co.il; Rte 40; ⊙ Sonnenaufgang-Sonnenuntergang) Die Farm hat 50 Ziegen, eine Molkerei und einen Laden, in dem hausgemachtes Ziegen-*labneh* (Joghurt), *dulce de leche* und Käse nach französischer Art (180-200 NIS/kg) verkauft werden. Die Besucher können sich auf der Farm frei bewegen. Gemolken wird um 6 und 15 Uhr. Außerdem sind Weine aus der Region erhältlich. Es werden auch fünf Hütten mit tollem Blick auf die Wüste vermietet. Die Farm liegt 3 km südlich der Tlalim-Kreuzung, 400 m westlich der Rte 40.

Kornmehl Farm (☏ 08-655-5140; www.kornmehl.co.il; Rte 40; Hauptgerichte 44-66 NIS; ⊙ Di-So 10-18 Uhr; 🌿) Die Farm hat 60 Ziegen, eine Molkerei und einen zur Hütte umgebauten Eisenbahnwaggon, in dem Käseplatten, Pizza und Calzone mit Ziegenkäse und hausgemachte Joghurtdrinks serviert werden, während die Gäste die Wüstenlandschaft bestaunen können. Die Farm liegt 2,5 km südlich der Tlalim-Kreuzung, an der östlichen Straßenseite der Rte 40.

מצפה רמון

Das hebräische Wort *mitzpe* bedeutet „Aussichtspunkt", und so trägt Mitzpe Ramon seinen Namen völlig zu Recht, denn der Ort liegt spektakulär am nördlichen Rand des „Grand Canyon" von Israel. Diese atemberaubende Lage und Aussicht zieht gleichermaßen Künstler und Visionäre an, die ihr Leben mit weniger Stress und mehr Kreativität verbringen wollen. Die daraus erwachsende innovative Energie ist überall in der Stadt zu spüren, vor allem aber im Gewürzrouten-Viertel.

Rund um Mitzpe (wie es oft nur genannt wird) herrscht endlose, leere Weite ohne Menschenmassen und Lichter der Stadt, was Urlaubern auf der Suche nach Ruhe und Einsamkeit ebenso entgegenkommt wie adrenalinsüchtigen Aktivmenschen.

Obwohl die Stadt mitten in der Wüste liegt, ist es doch einer der kältesten Orte in ganz Israel. Das liegt an der Höhe von 900 m über dem Meeresspiegel, deshalb unbedingt warme Kleidung mitnehmen.

⊙ Sehenswertes

Das lebhafte **Gewürzrouten-Viertel** (Spice Route Quarter) besteht aus unzähligen Hangars und Lagerhäusern, die vor Jahrzehnten für die Industrie gebaut wurden. Heute ist hier die unglaublich kreative Energie von Mitzpe am deutlichsten zu spüren. Es wimmelt nur so von Kunsthandwerksbetrieben, Künstlerateliers, winzigen Boutiquehotels, Yogastudios, Cafés und Pubs. Daneben gibt es auch ein Webereimuseum, eine hervorragende Bäckerei und einen landesweit bekannten Jazzclub.

★ Naturschutzgebiet Makhtesh Ramon
NATURSCHUTZGEBIET

(www.parks.org.il; ⊙24 Std.) GRATIS Der Makhtesh Ramon wird gerne als Israels „Grand Canyon" bezeichnet. Gleichzeitig ist es das größte Naturschutzgebiet des Landes mit einer Vielzahl von Wander-, Rad- und Reitwegen sowie tollen Abseilmöglichkeiten an den Steilwänden. Die Schlucht ist 300 m tief, 9 km breit und 40 km lang. Sie besteht aus mehrfarbigem Sandstein und Vulkangestein und ist reich an Fossilien.

Makhtesh-Ramon-Besucherzentrum
MUSEUM

(☎08-658-8691; www.parks.org.il; Erw./Kind 28/14 NIS; ⊙8–16 oder 17 Uhr, Fr 1 Std. früher, letzter Einlass 1 Std. vor Schließung) Das Besucherzentrum auf dem Rand des *makhtesh* hat extrem hilfsbereites Personal, das gerne alle Fragen zum Naturschutzgebiet Makhtesh Ramon, den verschiedenen Lebensräumen und den möglichen Outdooraktivitäten beantwortet. Der Großteil des Museums, den man *nicht* unbedingt gesehen haben muss, ist dem israelischen Astronauten Ilan Ramon gewidmet, der bei der Columbia-Katastrophe der NASA ums Leben kam. Im letzten Raum und mit mehreren Filmen wird aber auch die Geografie und Naturgeschichte des *makhtesh* erläutert. Alle 15 Minuten beginnt eine einstündige Führung (manche davon auf Englisch).

Lookout
AUSSICHTSPUNKT

(Nahal Grofit St; ⊙24 Std.) Von hier bietet sich ein spektakulärer Blick auf den Makhtesh Ramon. Dabei kann man auch oft Steinböcke beobachten, die auf dem Rand entlang streifen.

Bio-Ramon
WILDSCHUTZPARK

(Hai Ramon Living Desert Museum; www.parks.org.il; Erw./Kind 22/9 NIS; ⊙8–16 oder 17 Uhr, Fr 1 Std. früher) In dem winzigen Wildschutzpark lassen sich Wüstentiere beobachten, die man sonst nicht zu sehen bekommt, weil sie nachtaktiv, vom Aussterben bedroht oder beides sind. Zu den Tieren, die seit ihrer Rettung hier leben, gehören (zumeist giftige) Schlangen, Skorpione, Schildkröten, Nagetiere wie die Fette Sandratte, Eidechsen (z. B. Dornschwanzagame), Igel, Stinktiere und Eulen. Ein kurzer Film (in vier Sprachen) zeigt, wie die Natur sich auch unter lebensfeindlichen Bedingungen behaupten kann. Wer die Eintrittskarte vom Ramon-Besucherzentrum vorlegt, bekommt 25 % Ermäßigung.

EthnoCenter
MUSEUM

(☎052 882-3895; www.ethnocenter.co.il; Gewürzrouten-Viertel; Erw./Kind inkl. Führung 25/15 NIS; ⊙Mo–Sa 10–22 Uhr) Das von einer Familie aus Dagestan geleitete Museum hat nur einen Raum, in dem die traditionelle Web- und Knüpftechnik von Teppichen im Kaukasus anhand von Ausstellungsstücken und Vorführungen gezeigt wird.

ABSTECHER

DIE RAMAT-HANEGEV-WEINSTRASSE

In den letzten Jahren ist die Zahl der Weingüter in den Tälern und Hügeln zwischen Mitzpe Ramon und Be'er Sheva deutlich gestiegen. Seitdem die alten Nabatäer in Shivta und Avdat ihren Wein pressten, stehen diese Winzer für den ersten Versuch, Trauben in der Wüste zu kultivieren. Mit computergesteuerten Bewässerungsanlagen und der alten Technik der Nabatäer haben die Weinbauern von heute das extrem trockene Land in üppig grüne Weinberge verwandelt.

Die familiengeführte **Carmey Avdat Winery** in einem Tal voller Oliven- und Obstbäume (08-653-5177; www.carmey-avdat.co.il; Rte 40 beim Nationalpark Ein Avdat) wurde auf den Überresten einer uralten landwirtschaftlichen Siedlung erbaut. Das 1998 gegründete Weingut produziert nun Rosé-, Merlot- und Cabernet-Sauvignon-Weine sowie einen Cuvée aus Cabernet Sauvignon und Merlot. Im Laden werden auch Käse und andere Erzeugnisse aus der Region verkauft. Zudem kann man hier sehr schön übernachten (DZ 156–237 US$). Die sechs rustikalen Hütten, vier davon mit Kieselboden, bieten einen tollen Wüstenblick, eine Küche und ein eigenes Planschbecken. Die Gäste werden auch mit einem Frühstück verwöhnt.

Bei der von einer freundlichen israelisch-holländischen Familie geführten **Boker Valley Vineyards Farm** (052 862-2930, 052 578-6863; www.bokerfarm.com; Rte 40) ist der Genossenschaftskeller voller schwerer Rotweine. Sieben Weine aus der Region können für 25 NIS verkostet werden, beim Kauf einer Flasche ist die Verkostung gratis. Es werden auch Weintrauben, Oliven und Obst (für Marmelade) angebaut und Erzeugnisse aus der Region wie etwa Käse verkauft. Fünf rustikale, gemütliche Holzhütten (DZ 165 US$) für zwei bis fünf Personen verteilen sich auf dem felsigen Hügel und bieten jeweils eine kleine Küche, Hängematte und Grillplatz im Freien. Außerdem gibt es eine Wellness-Hütte und üppiges frisch zubereitetes Frühstück. Die Farm liegt 5 km nördlich des Kibbuz Sde Boker an der Rte 40, an der westlichen Straßenseite zwischen der Telalim- und der Halukim-Kreuzung.

Weitere gute Weingüter in der Region sind Ashba, Derech Eretz, Nana (mit einem eindrucksvollen Chardonnay), Ramat Negev, Rota und Rujum. Für ausführliche Infos zur Weinregion Ramat HaNegev siehe www.negevtour.co.il.

NEGEV MITZPE RAMON

Aktivitäten

In Mitzpe und Umgebung beginnen einige der besten Wanderwege des Landes, darunter auch ein Abschnitt des großen Israel Trail. Der einfache **Green Trail** (einfache Strecke 5,5 km, 2½ Std.) führt in den *makhtesh* hinunter. Dabei kommt man an der einzigen Stelle vorbei, wo man etwas von dem farbigen Sand mitnehmen darf. Ein mittelschwerer Weg (einfache Strecke 5–6 km) führt zur **Ammonitwand**, einer Fossilienfundstätte. Besonders zu empfehlen ist die Wanderung von Mitzpe zur **Hemet-Zisterne** (einfache Strecke 16 km bzw. 5 Std.). Der Weg verläuft entlang der Klippenkante, dann hinunter in eine üppig grüne Schlucht und zu der 4000 Jahre alten Zisterne. Vor dem Start sollte man im Makhtesh-Ramon-Besucherzentrum vorbeischauen, wo es Infos zum Weg und Wandertipps gibt.

Weitere Wanderwege in der Region sind ein 3,5 km langer Rundweg ins **Wadi Ardon**, ein 7 km langer Rundweg ins Wadi Ardon und zum **Nekarot-Bogen** sowie der sehr anspruchsvolle Auf- und Abstieg zum **Mt Ardon**, der fünf bis sechs Stunden dauert.

Von Shvil Net (www.shvilnet.net) gibt's eine praktische Rad- und Wanderkarte im Maßstab 1:40 000, die die Region des Makhtesh Ramon abdeckt und beim Ramon-Besucherzentrum erhältlich ist.

Alpaca Farm REITEN
(052 897-7010; www.alpaca.co.il; Eintritt (Mindestalter 3 Jahre) 30 NIS, 1½ Std. Reiten 175–195 NIS;) Das ist einfach genial: 1988 wurden 170 Alpakas von Peru eingeflogen, um in Mitzpe Ramon die begehrte Wolle zu produzieren, denn das Klima hier ist dem in den Anden sehr ähnlich. (Nur wenige Monate später verboten Chile, Peru und Bolivien die

Mitzpe Ramon

Mitzpe Ramon

◎ Sehenswertes
1 Bio-Ramon B4
2 EthnoCenter A1
3 Makhtesh-Ramon-Besucherzentrum B4

✪ Aktivitäten, Kurse & Touren
iBex Excursions .... (s. 7)

☾ Schlafen
4 Beresheet B3
5 Desert Shade Eco-Camp B2
6 HI – Mitzpe Ramon Youth Hostel B4
7 iBex Hotel A1
8 InnSense Suites A1

✕ Essen
9 HaKatze A1
10 HeHavit A4
11 Lasha-Bäckerei A1

✪ Unterhaltung
Mitzpe Ramon Jazz Club .... (s. 2)

Ausfuhr von Alpakas.) Die Wolleproduktion war nicht sonderlich rentabel, und so leben die Alpakas heute in einem Streichelzoo. Wer will, kann sich auch die alten Anlagen zur Wollerzeugung ansehen.

Oder man reitet auf den Alpakas am Rand und Boden des *makhtesh* entlang. Dies ist für Anfänger und Fortgeschrittene gleichermaßen geeignet. Kinder bis zu sechs Jahren können in einem Doppelsattel mit einem Elternteil reiten. Kinder, die weniger als 25 kg wiegen, können auf einem Lama auf der Farm reiten (20 NIS).

Desert Archery ABENTEUERSPORT
(☏050 534-4598, 08-658-7274; www.desertar chery.co.il; 50 NIS/Pers. bei mind. 4 Pers.) „Wüstenbogenschießen" ist eine Art Golf, bei dem jedoch mit Pfeil und Bogen auf Ballons geschossen wird. Im Voraus buchen. Das Spielfeld befindet sich neben dem Silent Arrow Hostel.

iBex Excursions OUTDOORAKTIVITÄTEN
(☏052 436-7878, 052 361-1115; www.ibexhotel.co.il; 4 Har Ardon St, Gewürzrouten-Viertel) Der Veranstalter organisiert Radtouren, Reiten und Kamelreiten sowie Touren zum *makhtesh* und ins Negev-Gebirge, bei denen die Radler und die ganze Ausrüstung zum Startpunkt gebracht werden. Oder sie versorgen alle, die auf eigene Faust unterwegs sein wollen, mit tollen Tipps und Infos.

Geführte Touren

★ Astronomy Israel TOUREN
(☏052 544-9789; www.astronomyisrael.com; Erw./Kind 150/75 NIS; ⊙ Sa–Do abends) Bei den zweistündigen Gruppentouren des selbsternannten „Sternenmannes von Mitzpe Ramon" Ira Machefsky werden mit bloßem Auge und durchs Teleskop die Sterne am klaren, dunklen Nachthimmel beobachtet. Machefsky verfügt über sehr viel Humor, und seine kompetenten Vorführungen sind drastisch und mit vielen Witzen, faszinierenden Infos und Musikeinlagen gespickt.

Adam Sela ABENTEUERTOUREN
(☏050 530-8272; www.adamsela.com) Der Veranstalter hat sich auf Abenteuertouren in der Wüste spezialisiert und bietet Jeeptouren, Trekking, Canyoning, Abseilen und

Mountainbikefahrten. Eine zwei-/vierstündige Jeeptour für acht Personen kostet zwischen 850 und 1200 NIS.

🛏 Schlafen

In Mitzpe und Umgebung gibt es jede Menge Unterkünfte, die von Boutiquehotels bis zu Wüstenlagern aus Lehmziegelbauten reichen.

Manchmal können Rucksacktouristen in Budgethotels oder Hostels auch ein paar Stunden für Kost und Logis arbeiten.

Green Backpackers HOSTEL $
(📞08-653-2319; www.thegreenbackpackers.com; 2/2 Nahal Sirpad St; B 88–100 NIS, DZ 385 NIS, DZ mit Gemeinschaftsbad 285 NIS; @🛜) In dem von zwei begeisterten Wanderern geführten Hostel mit 24 Betten am Stadtrand fühlt man sich gleich wie zuhause. Es ist der größte Treffpunkt für Rucksacktouristen der Gegend. Im winzigen Gemeinschaftsbereich gibt's eine DVD-Bibliothek, eine Bücherbörse, Gemeinschaftsküche und Waschmaschinen (25 NIS/Ladung). Tee und Kaffee sind kostenlos, das einfache Frühstück kostet 10 NIS.

Wer mit dem Bus kommt, kann an der Haltestelle Nahal Sirpad/Har Gamal direkt vor dem Hostel aussteigen.

Silent Arrow LODGE $
(Hetz BaSheket; 📞052 661-1561; http://silentarrow.com; Mitzpe HaKochavim St; B/EZ/DZ/4BZ mit Gemeinschaftsbad & ohne Frühstück 90/170/270/470 NIS) Wer die Stille und Einfachheit der Wüste sucht, findet sie in diesem Lager. Die einfache Unterkunft mit einem blitzsauberen Sanitärblock, entspannenden Innenhof, komplett ausgestatteter Gemein-

---

WANDERN IM NEGEV

Die Wanderwege des Negev führen durch eine erstaunliche Vielfalt an Wüstenlandschaften. Besonders zu empfehlen sind die Wege rund um Sde Boker, Mitzpe Ramon, Timna Park und Eilat.

Die SPNI (Society for the Protection of Nature in Israel) unterhält sogenannte Field Schools mit Unterkünften in Mitzpe Ramon, Eilat und Hatzeva in der nördlichen Arava. Diese sind zwar hauptsächlich auf Schulklassen eingestellt, doch das Personal kann auch aktuelle Tipps zu den Wanderwegen geben und verkauft zudem Wanderkarten im Maßstab 1:50 000. Sehr hilfreich ist es auch, sich mit dem Personal der Hostels zu unterhalten. Hier sind die Mitarbeiter von Green Backpackers (s. o.) in Mitzpe Ramon besonders hilfsbereit. Bei den Mitarbeitern der Israelischen Natur- und Parkbehörde im Ramon-Besucherzentrum in Mitzpe Ramon sind ebenfalls gute Infos und Karten erhältlich.

Die Negev-Wüste ist unerbittlich. Deshalb sollten Wanderer unbedingt die folgenden Sicherheitshinweise beachten:

➡ Eine Wanderkarte der SPNI im Maßstab 1:50 000 mitnehmen.

➡ Nur auf markierten Wegen laufen.

➡ Reichlich Wasser mitnehmen (und trinken).

➡ Sonnenschutzmittel auftragen.

➡ Den Kopf bedecken.

➡ Nicht im Sommer und nicht in der Mittagshitze (12–15 Uhr) wandern.

➡ Das israelisch-ägyptische Grenzgebiet meiden.

➡ Im Winter die Wettervorhersage beachten, um nicht von einer Sturzflut überrascht zu werden.

➡ In der Gruppe wandern und Infos über das Ziel der Wanderung hinterlassen, damit man gesucht werden kann, wenn man nicht wie geplant zurückkehrt.

Wer sich verirrt, sollte versuchen, die Hotline der Israelischen Natur- und Parkbehörde unter der Nummer 3639 anzurufen, damit sich ein Ranger auf die Suche machen kann. Im Notfall die 100 (= Polizei) wählen.

WAS IST EIN MAKHTESH?

Makhtesh wird normalerweise mit „Krater", manchmal auch mit „Schlucht" übersetzt. Die genaue Definition lautet „Erosionskessel" – eine große, asymmetrische Vertiefung, die entstand, als der Negev vom Ozean zur Wüste wurde. Die *Makhteshim* im Negev und Sinai (in Ägypten) erlauben äußerst interessante Einblicke in die Erdkruste. Sie gelten als einzigartige geologische Phänomene, da sie jeweils von einem Wadi (Tal) entwässert werden.

In Israel gibt es drei große *Makhteshim*:

Makhtesh Ramon Der größte *Makhtesh* der Welt ist 40 x 9 km groß. Auf seinem Rand liegt die Stadt Mitzpe Ramon.

HaMakhtesh HaGadol Der Eingang zum „Großen Makhtesh" liegt 6 km südöstlich des verschlafenen Städtchens Yeroham. Die schöne Rte 225 führt quer durch den mehrfarbigen Sand des Kraters.

HaMakhtesh HaKatan Der fast kreisrunde „Kleine Makhtesh" liegt abseits der Rte 25, die Dimona mit dem Toten Meer verbindet. In den *Makhtesh* selbst dürfen keine Fahrzeuge einfahren.

---

schaftsküche und Kräutergarten ist 1,5 km oder 20 Gehminuten von der Stadt entfernt. Geschlafen wird auf Matratzen in einem großen Zelt für 30 Leute oder einem eigenen Kuppelzelt. Strom wird mit Sonnenenergie erzeugt.

Desert Shade Eco-Camp LODGE $
(☎ 08-658-6229, 054 627-7413; www.desert-shade. com; B 90 NIS, EZ/DZ/3BZ/4BZ im Zelt 180/280/ 360/445 NIS, an Wochentagen günstiger; ☐) Das Lager am Rand des *makhtesh* bietet einen spektakulären Ausblick, vor allem bei Sonnenaufgang. Es gibt ein großes Beduinenzelt für 20 Personen, kleinere Schlafsäle und kleine „Ökozelte", die mit Lehm bedeckt sind. Duschen und Toiletten befinden sich in einem kasernenartigen Gebäude am Rand des Geländes. Zu den Gemeinschaftsbereichen gehören eine schöne Lounge-Bar, ein Küchenhaus und eine große Feuerstelle direkt am Kraterrand.

Das leichte Frühstück kostet 30 NIS. Als vermutlich einziges Hostel der Welt verfügt das Desert Shade auch über ein eigenes Weingut, das den hervorragenden *Rujum Red Blend* erzeugt.

★ iBex Hotel HOTEL $$
(☎ 052 436-7878, 052 361-1115; www.ibexhotel. co.il; 4 Har Ardon St, Gewürzrouten-Viertel; EZ/DZ/ Suite 477/530/665 NIS; ☐) Gemäß dem Motto des freundlichen Hotels geht es hier nicht um die Unterkunft, sondern um das Erlebnis. Die Inhaber sind begeisterte Radfahrer und bieten sieben kleine Zimmer, die in Wüstentönen gehalten sind, drei Gartensuiten mit kleiner Küche, einen luftigen Aufenthaltsbereich und einen großen Esstisch, auf dem nicht nur hausgemachtes Frühstück und hervorragender Kaffee serviert, sondern auch Tipps zu Outdooraktivitäten gegeben werden. Am Wochenende ist es teurer.

InnSense Suites BOUTIQUEHOTEL $$
(☎ 08-653-9595; www.innsense.co.il; 8 Har Ardon St, Gewürzrouten-Viertel; DZ So–Mi 500–650 NIS, Do–Sa 600–780 NIS, zusätzl. Kind 37 US$; ☐) Für das erste Boutiquehotel von Mitzpe wurde eines der düsteren Industriegebäude im Gewürzrouten-Viertel sehr kreativ umgebaut. Die sechs riesigen Suiten mit hohen Decken sind schön modern eingerichtet. Drei der Suiten haben sogar zwei Ebenen.

HI – Arad Youth Hostel HOSTEL $$
(☎ 02-594-5566; www.iyha.org.il; 4 Nahal HaEla St; B 145 NIS, EZ 326–375 NIS, DZ 430–480 NIS; ☐) Das große Hostel steht zwar nur 200 m vom Makhtesh-Ramon-Besucherzentrum entfernt direkt am Kraterrand, doch nur wenige Zimmer haben Blick auf die Schlucht. Wie alle IHYA-Hostels ist auch dieses vorwiegend auf Gruppen eingestellt und bietet ein ausgezeichnetes Frühstück. Die 47 Zimmer sind sauber und mit Satellitenfernsehen, Wasserkocher und Kühlschrank ausgestattet.

Beresheet RESORT $$$
(☎ 08-569-8000, Reservierungen 08-638-7799; www.isrotel.com; 1 Beresheet Rd; DZ 350–510 US$, Haus ab 700 US$; ☐☐) Das Luxusresort direkt

am Rand des *makhtesh* bietet einen absolut spektakulären Infinity-Pool, ein Hallenbad, zwei Restaurants und Unmengen von Aktivitäten. Am weithin bekannten Frühstücksbüffet dürfen sich für 150 NIS auch Tagesgäste bedienen. Es lohnt sich, eines der teureren Zimmer mit Blick auf den Krater zu nehmen und dann den Sonnenuntergang mit einem Sundowner auf dem eigenen Balkon zu genießen.

Am Wochenende, in den Ferien und im Sommer gilt oft eine Mindestaufenthaltsdauer von zwei bis drei Nächten.

Desert Home   B&B $$$
(Bait BaMidbar; 052 322-9496; www.baitbamidbar.com; 70 Ein Shaviv St; DZ So–Mi 160 US$, Do & Sa 170 US$, Fr 205 US$;) Die Pension am Rand eines ruhigen Wohnviertels ist ideal für anspruchsvolle Reisende. Alle fünf Wohneinheiten haben eine kleine Küche und sind recht minimalistisch mit Kunsthandwerk aus der Region ausgestattet. Weitere Pluspunkte sind der Blick auf die Wüste, der Whirlpool und das gute israelische Frühstück.

Alpaca Farm B&B   B&B $$$
(052 897-7010, 08-658-8047; www.alpacas-farm.com; DZ 650–750 NIS;) Die vier Zimmer am Hügel sind groß und gemütlich. Sie haben Holzfußboden, Satellitenfernsehen, eine kleine Küche und eine Terrasse mit Hängematte. Vor allem Kinder werden begeistert sein von den Alpakas, Lamas, Kamelen und Pferden, die auf der Farm leben. Am Wochenende gilt eine Mindestaufenthaltsdauer von zwei Nächten.

Essen

Restaurants befinden sich vor allem im Gewürzrouten-Viertel.

★ Lasha Bakery   BÄCKEREI $
(08-865-0111; www.lashabakery.com; abseits HarBoker St, Gewürzrouten-Viertel; So–Do 9–19, Fr 8–ca. 15 Uhr) Die hervorragende Bäckerei ist im ganzen Negev-Gebirge für ihr köstliches Brot bekannt, das noch ganz traditionell aus Vollkornweizen, Roggen und Dinkel hergestellt wird und keinerlei Konservierungsstoffe enthält. Außerdem gibt's hier köstliches Gebäck und Challa-Brot für den Sabbat.

HaKatze   ISRAELISCH $$
(08-659-5273; 2 Har Ardon St, Gewürzrouten-Viertel; Hauptgerichte 50–65 NIS; Mi–Mo 12–20 oder 21 Uhr;) Das einfache Restaurant wird von den Einheimischen sehr gelobt. Auf der Speisekarte steht vor allem Hausmannskost wie hausgemachtes *labneh* (cremiger Joghurt mit Knoblauch und Minze) und Hummus, Salate, Currys und Fleischeintöpfe, die mit Reis oder Couscous serviert werden. Hinter dem Haus befindet sich eine schattige Terrasse.

HeHavit   INTERNATIONAL $$
(053 944-1856; www.hahavit.rest.co.il; Nahal Tziya St; Hauptgerichte mit Fleisch 60–130 NIS, Pasta 45–55 NIS, Salate 48–58 NIS; So–Do 12–24, Fr 12–15 Uhr, Sa auch nach Sonnenuntergang;) „Das Fass" serviert riesige Portionen von zehn verschiedenen Salaten, Steaks, Burger, Schnitzel, Sandwiches und Pasta. Es wirkt eher wie ein Pub, ist aber das einzige richtige Restaurant im Stadtzentrum. Es gibt eine große Auswahl an Bier vom Fass und spätabends oft laute Rockmusik.

☆ Unterhaltung

Im Gewürzrouten-Viertel gibt's mehrere Pubs und Kneipen.

★ Mitzpe Ramon Jazz Club   JAZZCLUB
(050 526-5628; https://jazzramon.wordpress.com; HaBoker St, Gewürzrouten-Viertel; 30–40 NIS; Mi, Do & Fr 21.30–ca. 2 Uhr) Der kleine, angesehene Jazzclub ist sehr beliebt bei Livebands aus ganz Israel. So stehen die großen Stars hier ebenso auf der Bühne wie Künstler aus der Region. Das Spektrum der Konzerte reicht gewöhnlich von Jazz über Blues und Reggae bis hin zu afrikanischer Musik und Rock. Für ausführliche Infos siehe die Homepage oder Facebook. Jeden Donnerstag gibt's eine kostenlose Jam Session, die um 23 oder 24 Uhr beginnt. Der Club ist gleichzeitig auch eine Bar.

ⓘ Praktische Informationen

Wer zu einer Wanderung aufbrechen möchte, sollte vorher unbedingt im Makhtesh-Ramon-Besucherzentrum (S. 346) vorbeischauen. Das kompetente Personal hält nicht nur Wanderkarten bereits, sondern gibt auch nützliche Tipps.

ⓘ An- & Weiterreise

Zwischen Mitzpe und Be'er Sheva (15 NIS, 1¾ Std., mind. stündl.) verkehren die Metropoline-Busse 60 und 64 von 5 bis 21.30 Uhr, mit Halt am Nationalpark Ein Avdat und in

Midreshet Sde Boker. Bus 65 (1¼ Std. bis Be'er Sheva) ist schneller, hält aber nur entlang der Schnellstraße. Am Sabbat fährt keiner der Busse.

Nach Eilat (39,50 NIS, 2¼ Std., So–Do 4- bis 6-mal tgl., Fr 1-mal) fährt Egged-Bus 392 ab Be'er Sheva. Er hält unterwegs in Mitzpe an der Rte 40.

Arava הערבה وادي عربة

Die wunderschöne karge und kaum besiedelte Arava-Senke erstreckt sich vom Roten bis zum Toten Meer. Es ist eine der schönsten Wüstenlandschaften Israels, vor allem im Timna Park und rund um den Kibbuz Lotan. In den letzten Jahren hat sich die Region zu einem Forschungszentrum für nachhaltige Wüstenentwicklung gemausert. Ein gutes Beispiel für nachhaltiges Leben in der Wüste ist dabei der Kibbuz Lotan.

Die Arava bietet Gelegenheit zu jeder Menge Outdooraktivitäten. So ist der Timna-Park ideal für eine Wüstenwanderung. Radfahrer können auf einem beliebten 33 km langen Weg von Tzofar durch das Wadi nach Paran (Faran) fahren. Der Radweg ist Teil des Israel National Bike Trail.

Die Arava gehört zum Großen Afrikanischen Grabenbruch, der sich über gut 6000 km vom libanesischen Bekaa-Tal bis ins zentrale Mosambik erstreckt. Östlich davon erhebt sich eine mehrfarbige jordanische Gebirgskette, die die Israelis als Edom-Berge bezeichnen.

⊙ Sehenswertes

★ Naturschutzgebiet Hai-Bar Yotvata   WILDSCHUTZPARK

(☏ 08-637-3057; www.parks.org.il; Rte 90; Erw./Kind 29/14 NIS; ⊙ 8.30–16 oder 17 Uhr, Fr 1 Std. früher, letzter Einlass 1 Std. vor Schließung) Der 32 km² große Park wurde 1968 gegründet, um in Israel ausgestorbene Tiere wieder in der Salzwüste von Yotvata anzusiedeln, wo eine Vielzahl von Wüstentieren heimisch ist. Wie bei einer Safari kann man durch den Park fahren, allerdings nur mit dem eigenen Fahrzeug. Das dauert etwa zwei Stunden. Zu den Tieren, die hier leben, gehören die Dorkasgazelle, der nubische Steinbock, Somali-Wildesel, die Säbelantilope und die Weiße Mendesantilope.

Im Park langsam fahren, nicht aussteigen und vor allem die Tiere nicht füttern! Man kann die Fenster öffnen, sollte sich aber vor neugierigen Straußen in Acht nehmen, die oft ihren Kopf auf der Suche nach Essbarem ins Auto stecken. Die Einrichtungen zur Wiedereingliederung von verletzten Tieren und Reptilien sind nicht mehr öffentlich zugänglich. Die Mitarbeiter des Parks verkaufen Wanderkarten im Maßstab 1:50 000 und bieten Infos über Wanderungen in der Arava und im Eilat-Gebirge. Der Parkeingang befindet sich 35 km nördlich von Eilat an der Rte 90 in Richtung des Kibbuz Samar.

Timna-Park   PARK

(☏ 08-631-6756; www.parktimna.co.il; 3-Tage-Pass Erw./Kind 49/39 NIS; ⊙ Sept.–Juni Sa–Do 8–16, Fr 8–15 Uhr, Juli & Aug. tgl. 8–13 Uhr) Hier befinden sich die ältesten Kupferminen der Welt (etwa 5000 v. Chr.). Das Timna-Tal ist eine atemberaubende Wüstenlandschaft mit Steilwänden und Felsformationen in allen Farbschattierungen von Orangerot, Rosa und Gelbbraun. Die Landschaft und archäologischen Stätten können auf über 20 Wanderwegen (ab 1 Std. Dauer) erkundet werden. Viele davon sind Rundwege, auf denen man bis zu zwölf Stunden unterwegs ist. Besucher dürfen bis Sonnenuntergang im Park bleiben.

Im Besucherzentrum werden kurze Film über die Geografie des Timna-Tals und die uralten Methoden der Kupfergewinnung gezeigt. Außerdem wird eine empfehlenswerte Broschüre für 10 NIS verkauft. Das Besucherzentrum verleiht auch Fahrräder (20/60 NIS pro Std./Tag), mit denen man zu dem künstlich angelegten See mit Restaurant und Tretbootverleih fahren kann. Zu den sehenswerten historischen Stätten gehören die alten Bergwerke und Überreste der Schmelzöfen, Tempel sowie Felsmalereien, die Strauße, Steinböcke und Streitwagen zeigen und aus der Pharaonenzeit stammen.

Man kann gut einen ganzen Tag lang in dem Park wandern, doch besser ist es, das weitläufige Gelände mit einem Fahrzeug zu erkunden. Der Park liegt 30 km nördlich von Eilat.

⤴ Geführte Touren

Kibbuz Lotan   ÖKOTOUREN

(☏ 054 979-9030; www.kibbutzlotan.com; Tour 30 NIS) ⚐ Der Kibbuz hat sich mit der nachhaltigen und erschwinglichen Erzeugung von Lebensmitteln und der Errichtung von Gebäuden ohne großen technischen Aufwand große internationale Anerkennung erworben. Bei den Führungen (1½ Std., tgl. um 9.30 Uhr) wird den Besuchern der Prototyp eines **Ökocampus** gezeigt, wo sie selber eine Waschmaschine mit Fahrradenergie betreiben können, sowie der **Ökopark**, in dem Ideen für ein nachhaltiges Leben in der Wüste ausprobiert werden – und teilweise schon recht weit entwickelt sind.

Außerdem erkunden die Besucher Häuser, die aus mit Lehm bedeckten Strohballen bestehen, sowie Komposttoiletten und ihre Nebenerzeugnisse, einen Parabolspiegel als Solarherd, mit dem in Sekundenschnelle ein Palmwedel entzündet werden kann, und verspielte Skulpturen aus bemaltem Ton.

Das **Center for Creative Ecology** in Lotan bietet Kurse an, in denen die Teilnehmer praktische Fähigkeiten in Permakultur, umweltfreundlicher Müllentsorgung und regenerativen Systemen erwerben. Die **Eco-Experience** (65 US$/Tag für mind. 4 Tage) ist eine Mischung aus praktischer Arbeit bei Projekten zur Nachhaltigkeit, Kursen und Vorführungen. Absolventen der vierwöchigen **Green Apprenticeship** (2030 US$) betreiben heute Dutzende von Lehmbaufirmen auf der ganzen Welt. In den Kursgebühren beider Programme ist die Unterkunft (in geodäsischen, mit Lehm bedeckten Kuppelbauten) und Vollpension enthalten.

Der Regionalbus 20 aus Eilat hält beim Kibbuz, die Egged-Busse von und nach Eilat halten an der Rte 90, 1,5 km vom Kibbuz entfernt.

Kibbuz Neot Semadar ÖKOTOUREN
(054 979-8966; www.neot-semadar.com; Shizafon-Kreuzung, Rte 40; Führung Erw./Kind unter 12 Jahren 25 NIS/frei; Galerie & Führungen So–Fr 10–13 Uhr) Der vegetarische Kibbuz mit 200 Bewohnern liegt auf einem Plateau hoch über der Arava (420 m) und ist in ganz Israel für seine ökologische Landwirtschaft und Biosäfte bekannt sowie für sein **Kunstzentrum**, ein außergewöhnliches Gebäude, an dem Gaudí seine wahre Freude gehabt hätte und dessen Bauzeit 15 Jahre betrug. Neot Semadar besichtigt man am besten auf eigene Faust. Dafür muss man nichts im Voraus reservieren, sondern einfach während der Öffnungszeiten hinfahren und sich am Eingangstor anmelden.

Die Führungen beginnen jeweils mit einem 18-minütigen Film über die Geschichte und Philosophie des Kibbuz und gehen dann den Kühlturm hinauf, an der Ziegenmolkerei vorbei zum Weingut mit kostenloser Verkostung, wo immerhin 10 000 Flaschen Wein pro Jahr erzeugt werden. In der **Galerie** sind handgemachter Schmuck, Keramik, Web- und Metallarbeiten sowie Holzschnitzereien zu bewundern und zu kaufen (auch online unter www.etsy.com).

Der rosarote 36 m hohe Turm des Kunstzentrums ist nicht nur dekorativ, sondern dient auch als Kühlturm für die Werkstätten der Kunsthandwerker des Zentrums. Infos zur Freiwilligenarbeit (mind. 1 Monat) finden sich auf der Homepage.

Neot Semadar ist 60 km nördlich von Eilat und 90 km südlich von Mitzpe Ramon (sowie 12 km nordwestlich des Kibbuz Lotan). Hier halten alle Busse, die zwischen Eilat und Mitzpe Ramon verkehren.

Kibbuz Ketura ÖKOTOUREN
(08-635-6658; www.ketura.org.il; Rte 90) Der Kibbuz liegt 50 km nördlich von Eilat und ist aus zwei Gründen außergewöhnlich: Zum einen hat er sich vom rein landwirtschaftlichen Kibbuz zu einem Marktführer für innovative Ökotechnologie entwickelt, zum anderen hat er eine sehr pluralistische Einstellung zum Judentum. Außerdem ist hier der Sitz des weltweit anerkannten **Arava Institute for Environmental Studies** (http://arava.org), wo Themen wie die Biodiversität der Wüste, erneuerbare Energien, nachhaltige Landwirtschaft und grenzüberschreitendes Wassermanagement erforscht werden. Für Gäste des Gästehauses sind die Führungen (1½ Std.) kostenlos, alle anderen Besucher bezahlen 250 NIS pro Gruppe.

Die Ben-Gurion University bietet Umweltstudiensemester am Arava Institute an, damit Studenten aus aller Welt gemeinsam hier forschen können. Der 1973 gegründete Kibbuz betreibt auch eine Dattelplantage, das älteste Solarzellenfeld Israels und eine Algenfabrik zur Erzeugung des starken Antioxidationsmittels Astaxanthin.

🛏 Schlafen

In der südlichen Arava gibt es sechs Kibbuzim mit Gästehäusern: Eilot, Elifaz, Ketura, Lotan, Neot Smadar und Yahel. In der nördlichen Arava verfügen eine Reihe von Moshavim (Kooperativen) über je ein B&B, die teilweise recht stylish sind.

Kibbutz Lotan Guesthouse GÄSTEHAUS $$
(054 979-9030; www.kibbutzlotan.com; EZ 350–420 NIS, DZ 430–510 NIS, DZ/3BZ im Öko-Kuppelbau 260/360 NIS;) Die ökolo-

ISRAELS KIBBUZIM

Als der erste Kibbuz 1910 am Ufer des Sees Genezareth gegründet wurde, war die Idee ebenso pragmatisch – in solch harscher Umgebung musste man für den Anbau von Feldfrüchten gemeinsam anpacken – wie utopisch. Das Wort „Kibbuz" bedeutet Gemeinschaft oder Zusammenkunft, und die ersten Kibbuzniks (Bewohner) trieb zu gleichen Teilen der Glaube an den Sozialismus und den Zionismus um. Sie wollten die nationale Selbstbestimmung der Juden erreichen und glaubten, dass das Bewirtschaften von Gemeinschaftsbesitz eine solide wirtschaftliche und politische Grundlage für die erhoffte Gründung eines jüdischen Staates darstellte.

Bei Ausbruch des Zweiten Weltkriegs gab es in Palästina 79 Kibbuzim, die als Lebensgrundlage alle auf die Landwirtschaft angewiesen waren. In den 1950er- und 1960er-Jahren erreichte die Bewegung ihren Höhepunkt, als im Zuge des Nahal-Programms der israelischen Streitkräfte viele neue Kibbuzim entstanden. Das Programm verband den Militärdienst mit der Gründung neuer landwirtschaftlicher Siedlungen.

In den 1980er-Jahren, als sich eine eher individualistische Stimmung breitmachte, zog es immer mehr Kibbuzniks in die sich schnell entwickelnden Städte Israels, wo sie sich ein neues Leben und eine Karriere aufzubauen wollten. Infolgedessen verschuldeten sich einige Kibbuzim und sahen schließlich die Privatisierung als letzten Ausweg. Die anderen hatten keine andere Wahl, als sich neu zu erfinden, indem sie die wirtschaftliche Struktur des Kibbuz neu ordneten und neue Einkommensquellen ausmachten. Viele wagten sich in neue, nicht landwirtschaftliche Gefilde wie etwa Manufakturen, handwerkliche Betriebe, den Tourismus oder in innovative Unternehmungen wie den Umweltschutz vor.

Heute gibt es in Israel etwa 270 Kibbuzim, von denen drei Viertel gemäß einem neuen Wirtschaftsmodell funktionieren, das mit dem etwas beschönigenden Attribut „erneuernd" (*mitchadesh*) beschrieben wird. Demnach verdienen Kibbuzniks ihr eigenes Einkommen und dürfen dieses auch behalten. Das verbleibende Viertel wird weiterhin nach dem traditionellen Kollektivmodell (*kibbutz shitufi*) geführt, wonach die Mitglieder alle dasselbe erhalten, egal welche Arbeit sie verrichten. Acht dieser Kollektiv-Kibbuzim befinden sich in der Arava, und die meisten von ihnen verfolgen ein Geschäftsmodell, das auch nachhaltige Landwirtschaft und Tourismus einschließt.

---

gische Pioniersiedlung bietet zwei Arten von Unterkünften: 26 Zimmer in traditionellen Gästehäusern, die einfach, aber gemütlich sind, und zehn „Öko-Kuppeln", mit Lehm bedeckte geodäsische Kuppelbauten mit gemeinschaftlich genutzten Komposttoiletten. Zudem verfügt der Kibbuz über einen Swimmingpool, schattige Gärten, einen Spielplatz, ein Basketballfeld und Discgolf. Das Frühstück besteht zumeist aus Gemüse und Datteln aus eigenem Anbau und wird im Tea House serviert.

Die Egged-Busse, die von und nach Eilat (45 Min.) unterwegs sind, können am Hwy 90 anhalten. Dort beginnt die 1,5 km lange Zufahrtsstraße zum Kibbuz. Bus 20 des Regional Council fährt bis zum Kibbuz.

Kibbutz Ketura
Guesthouse KIBBUZ **$$**
(08-735-6658; www.keren-kolot.co.il; Kibbuz Ketura; EZ 350–400 NIS, DZ 420–530 NIS; P@🛜🏊)

Das Gästehaus des Kibbuz ist gemütlich und sehr gepflegt. Außerdem gibt's einen Fahrradverleih und ein Café (tgl. außer am Sabbat 8–23 Uhr). Übernachtungsgäste erhalten eine kostenlose Führung durch den Kibbuz und dürfen am fleischlosen Sabbat-Essen am Freitagabend (Erw./Kind 50/45 NIS) und dem Mittagessen mit Fleisch am Samstag (45/40 NIS) in der Kantine teilnehmen. Am Sabbat-Gottesdienst in der Synagoge dürfen auch Angehörige anderer Religionen teilnehmen.

Egged-Busse, die auf dem Hwy 90 unterwegs sind, lassen die Besucher auf Wunsch hier aussteigen (unbedingt Kibbuz Ketura und nicht Ketura Junction angeben). Bus 20 des Regional Council aus Eilat hält hier ebenfalls.

Desert Days HÜTTEN **$$**
(Y'mei Midbar; 052 617-0028; www.desert-days.com; Tzukim; DZ/3BZ 570/770NIS; P🛜🏊)

In 14 Hütten aus Strohballen und Lehm können Stadtbewohner die Stille der Wüste genießen. Die Umgebung ist steinig und karg, doch drei Planschbecken sorgen für Abwechslung. Die Hütten für bis zu sechs Personen haben teilweise eine Außenküche. Die Anlage ist sehr umweltfreundlich, denn es gibt Komposttoiletten, eine Abwasseraufbereitung und Strom aus Sonnenenergie. Sie liegt 114 km nördlich von Eilat, 1 km abseits der Rte 90.

Neot Semadar Guesthouse GÄSTEHAUS $$
(054 979-8957, 054 979-8433; www.neot-semadar.com; Kibbuz Neot Smadar; DZ ohne Frühstück 420–450 NIS) Die zwölf hübschen, nachhaltig gebauten Hütten stehen in einem ruhigen Garten an einem kleinen Hügel 1,5 km östlich des Kibbuz und zeichnen sich durch eine minimalistische Ästhetik aus. Jede Hütte hat einen Kühlschrank und einen Wasserkocher. Mittag- und Abendessen sowie Frühstück gibt's im Neot Semadar Inn.

★ Midbara BOUTIQUEHOTEL $$$
(052 426-0320; www.midbara.co.il; Tzukim; DZ 650–1000 NIS, Do–Sa 800–1200 NIS; P@≋) Das Hotel besteht aus 13 schicken, gemütlichen und geräumigen Hütten, die in einem Wadi voller Obstbäume stehen. Alle Hütten haben eine Küche, die meisten einen eigenen kleinen Swimmingpool, der im Winter mit Holz beheizt wird, und eine Hängematte, einige haben auch einen offenen Kamin. Die Unterkunft ist ideal für Familien, denn für Kinder gibt's kostenlose Fahrräder und Tiere wie Hühner, ein Kamel und einen Pfau. Das Hotel liegt etwa 114 km nördlich von Eilat, 1,5 km abseits der Rte 90.

Desert Routes Inn HOSTEL $$$
(Shvilim BaMidbar; 03-500-4266, 052 366-5927; www.shvilimbamidbar.co.il; Hatzeva; DZ ohne Frühstück Wochentag/Wochenende 488/650 NIS, Sommer ab 400 NIS; P@≋) Das Hostel mit 14 Zimmern befindet sich mitten in der Wüste in der nördlichen Arava ganz in der Nähe der jordanischen Grenze. Die Inhaber sind eine unerschöpfliche Quelle von Infos über die Region und können Wanderungen, Jeep- und Abseiltouren organisieren. Es gibt Schlafsäle und Doppelzimmer sowie einen Campingplatz in der Nähe. Selbstversorgern stehen ein Gemeinschaftszelt und eine Küche zur Verfügung.

Das Hostel liegt 150 km nördlich von Eilat und 65 km südlich von Ein Bokek (am Toten Meer).

Essen

In der Nähe des Kibbuz Neot Semadar gibt's einige Restaurants, und entlang der Rte 90 in der nördlichen Arava befinden sich mehrere Rasthäuser im Stil eines amerikanischen Diners.

Neot Semadar Inn CAFÉ $$
(Pundak Neot Semadar; 054 979-8908, 08-635-8180; www.neot-semadar.com; Shizafon-Kreuzung, Rte 40; Käseplatte 48 NIS, Labneh 26 NIS, Hauptgerichte 45 NIS; ⊙So–Do 7–19, Fr 7–15, Sa 12–18 Uhr; ✏) Das Café des vegetarischen Kibbuz Neot Semadar ist durch und durch biodynamisch und serviert im Kibbuz hergestellten Ziegenkäse, Eiscreme und *labneh* (Joghurt) sowie Salate, Eiergerichte, Hummus, Pasta und Kuchen. Hinter dem Haus befindet sich ein üppig grüner Garten. Sehr zu empfehlen sind auch die Fruchtsäfte aus eigener Produktion.

❶ An- & Weiterreise

Fast alle Egged-Busse, die zwischen Eilat und dem zentralen und nördlichen Israel verkehren, durchqueren die Arava. Wer nach Tel Aviv oder Jerusalem fahren möchte, sollte unbedingt einen Sitzplatz im Voraus reservieren.

Eilat אילת ايلات

08 / 49 700 EW.

Der Urlaubsort am Roten Meer erfreut sich bei israelischen Familien auf der Suche nach Strandurlaub und bei europäischen Touristen, die vor dem eisigen Winter zu Hause flüchten, großer Beliebtheit. Eilat ist ein aufdringlicher, hässlicher und so gut wie immer überfüllter Ort, an dem spärlich bekleidete, sonnenverbrannte Touris eher die Regel als die Ausnahme sind.

Nichtsdestotrotz muss auch gesagt werden, dass Eilat ein Ort ist, an dem man einen Riesenspaß haben kann, und vor allem Kinder sind hier oft glückselig. Das türkisfarbene Wasser des Roten Meers mit spektakulären Korallenriffen lädt zum Schnorcheln, Tauchen und Baden ein, und es gibt zahlreiche weitere Attraktionen wie etwa ein Aquarium und steuerfreie Einkaufsgelegenheiten sowie eine bunte Vielfalt von Outdooraktivitäten, bei denen man die spektakuläre Wüstenlandschaft ringsum hautnah erleben kann. Bis jetzt sind die Riffe des Roten Meeres hier auch kaum von der Korallenbleiche betroffen, was vielleicht daran liegt, dass die hiesigen Korallen schon lange an die hohen Wassertemperaturen gewöhnt sind.

Sehenswertes

Der Strand von Eilat erstreckt sich über 14 km von der jordanischen bis zur ägyptischen Grenze. Der von Ost nach West verlaufende North Beach ist von Hotelhochhäusern gesäumt. Der South Beach hingegen verläuft von Nord nach Süd, er beginnt bei der Mall HaYam, dem Einkaufszentrum im Süden des alten Flughafens, und endet beim Grenzübergang Taba.

Zwei Abschnitte des South Beach (der Hafen und der Marinestützpunkt) sind gesperrt, zwei Strände (Dolphin Reef und das Naturschutzgebiet Coral Beach) sind gebührenpflichtig. Die restlichen Strände, die zumeist nur unter ihrem inoffiziellen Namen bekannt sind, sind öffentlich. An den Stränden des South Beach gibt es teilweise Cafés, Liegestühle und andere Einrichtungen.

North Beach STRAND
(Karte S. 360; 24 Std.) Der kieselige North Beach und die Strandpromenade sind oft total überfüllt, was für viele Leute aber gerade den besonderen Reiz ausmacht. So ist dies auch der beliebteste Ort in Eilat, um zu sehen und gesehen zu werden. Ein weiterer Anziehungspunkt sind die Restaurants, Cafés und Bars an der Promenade, wo bis in die frühen Morgenstunden etwas los ist. Am Rand des Strands befinden sich Duschen, Toiletten und ein paar Umkleidekabinen.

★Naturschutzgebiet
Coral Beach TAUCHSPOT
(Karte S. 358; 08-632-6422; www.parks.org.il; Erw./Kind 35/21 NIS; 9–17 oder 18, Fr 1 Std. früher, letzter Einlass 1 Std. vor Schließung; 15) Das glasklare Wasser des 1 km langen Naturschutzgebiets ist der schönste Abschnitt der israelischen Küste des Roten Meeres, um zu schnorcheln. Der Zugang zum Riff führt über zwei Fußgängerbrücken aus Holz und eine Bahn im Meer. Die Schnorchelzone ist mit Bojen markiert. Die Schnorchelausrüstung kann für 23 NIS (+ 100 NIS Kaution) geliehen werden. Im Supermarkt auf der anderen Straßenseite kann man sich mit Zutaten für ein Picknick eindecken.

Underwater Observatory
Marine Park AQUARIUM
(Karte S. 358; 08-636-4200; www.coralworld.co.il; Coral Beach; Erw./Kind 109/89 NIS; Kasse 8.30–16 Uhr, Aquarium Sommer 8.30–16 Uhr, übriges Jahr 8.30 Uhr–Sonnenuntergang; 15) Das Markenzeichen des bei Familien äußerst beliebten Aquariums ist das Observatorium, in dem man wie ein Taucher 12 m unter dem Meeresspiegel die Fische und Korallen des Roten Meeres bewundern kann. Weitere Highlights sind Shark World, ein 7 m tiefes Becken, in dem Haie und Stachelrochen schwimmen, und das ausgezeichnete Rare Fish Aquarium. Die Eintrittskarte ist drei Tage lang gültig, doch wer wiederkommen möchte, benötigt ein (kostenloses) Mehrfachticket mit Foto.

Alle 30 Minuten kann man bei der Fütterung der Fische und teilweise riesigen Schildkröten (Grüne Meeresschildkröten und Echte Karettschildkröten) zusehen. Von 10.25 bis 13.25 Uhr startet jede Stunde das Glasbodenboot Coral 2000 zu einer Rundfahrt über das Riff (Erw./Kind 28/22 NIS). An Bord beantworten die Fremdenführer in ihren türkisfarbenen T-Shirts geduldig alle Fragen. Das Aquarium befindet sich an der Südspitze des Naturschutzgebiets Coral Beach. Ein Taxi von der Stadt hierher kostet rund 40 NIS.

Dolphin Reef
Eilat STRAND
(Karte S. 358; 08-630-0111; www.dolphinreef.co.il; South Beach; Erw./erm. 67/46 NIS; 9–17 Uhr, Sommer 9–18 Uhr oder länger; 15) Der von Privatleuten betriebene Strand ist berühmt für seine vielen schattigen Bäume, freilaufenden Pfaue und halbwilden Delfine vor der Küste. Die vom Schwarzen Meer stammenden Delfine können gemütlich von schwimmenden Plattformen aus beobachtet werden. Oder man schwimmt Seite an Seite mit ihnen bei einer Schnorcheltour (Erw./Kind 290/260 NIS; Mindestalter 10 Jahre) oder einer Taucheinführung (Erw./Kind 339/309 NIS; Mindestalter 8 Jahre). Es ist aber verboten, die Delfine zu berühren. Die Tour und der Kurs müssen im Voraus reserviert werden. Am Strand gibt es zwei Restaurants, von denen das eine auch eine Strandbar hat. Der Strand befindet sich südlich des Hafens.

Dekel Beach STRAND
(Palm Beach; Karte S. 358) Der Strand zwischen dem Hafen und dem Marinestützpunkt, 1,5 km südlich des Stadtzentrums, ist ideal zum Schnorcheln und nicht so überlaufen wie der North Beach.

NICHT VERSÄUMEN

SCHNORCHELN & TAUCHEN

Die Korallenriffe des Roten Meers zählen zu den aufregendsten Tauchgebieten der Welt. Direkt unter der Wasseroberfläche sind schon alle möglichen Arten von außergewöhnlichen Fischen und Korallen zu beobachten (hier sollen 1200 verschiedene Fischarten und 250 Korallenarten leben). So ist Eilat der ideale Ort für Kinder und Erwachsene, um einen Anfängerkurs oder auch PADI-Kurs im Tauchen zu machen. Die schönsten Tauchgebiete sind das Naturschutzgebiet Coral Beach, Lighthouse Reef, Neptune's Tables (bzw. Veronica's Reef), die Höhlen und zwei Schiffswracks vor der Küste. Optimale Schnorchelbedingungen findet man im Naturschutzgebiet Coral Beach (dort wird auch Ausrüstung verliehen), am öffentlichen Strand beim Princess Hotel (nördlich von Taba) und am Lighthouse Beach (Verleih von Ausrüstungen).

Die Preise variieren, liegen durchschnittlich jedoch bei 230 NIS für einen Anfänger-Tauchkurs und 550 NIS für die halbtägige „PADI Discover Scuba Diving Session" jeweils inkl. Leihausrüstung. Wer auf eigene Faust tauchen oder schnorcheln will, bezahlt etwa 40 NIS Leihgebühr für Schnorchel, Maske und Flossen (ein Nassanzug kostet 40–60 NIS extra). Das komplette Scuba-Set kostet 155 NIS, eine Flaschenfüllung 25 NIS.

In Eilat gibt's mehr als ein Dutzend Tauchschulen, die Kurse anbieten und Ausrüstung verleihen. Fast alle befinden sich am South Beach. Die meisten sind täglich von 8 oder 8.30 Uhr bis 17 oder 17.30 Uhr geöffnet.

Aqua Sport International (Karte S. 358; 08-633-4404; www.aqua-sport.com; nördliches Ende von Coral Beach; 8.30–17.30 Uhr) Das 1962 gegründete Unternehmen eines Briten bietet alle PADI-Tauchkurse (und auch Anfängerkurse) sowie einen ganztägigen Schnorchelausflug (250 NIS). Es befindet sich südlich der Fußgängerbrücke des Coral Beach Club. Es gibt auch eine Filiale jenseits der Grenze in Taba. Dort starten die Fahrten in den Sonnenuntergang.

Deep Siam (Karte S. 358; 08-632-3636; www.deepdivers.co.il; Coral Beach; 8–17 Uhr) Der hoch angesehene Veranstalter bietet Taucheinführungen und eine Vielzahl von Gerätetauchkursen.

Manta Isrotel Diving Center (Karte S. 358; 08-633-3666; www.divemanta.com; nördlich des Coral Beach; Sommer 8.30–17 oder 18 Uhr) Der alteingesessene Veranstalter bietet Taucheinführungen (220/360 NIS für 25/40 Min., Mindestalter 8 Jahre), Schnorchelausflüge (225–270 NIS bei bis zu 3 Pers.) und SDI-TDI-Kurse. Das Büro, das sich im Isrotel Yam Suf Hotel befindet, bietet dort auch eine Kinderbetreuung an.

Reef Diving Group (08-630-0111; www.reefdivinggroup.co.il) Die angesehene Tauchschule hat zwei Filialen in Eilat und eine in Tel Aviv.

Snuba (Karte S. 358; 08-637-2722; www.snuba.co.il; South Beach 1 km nördlich von Taba) Der insbesondere bei russischen Touristen beliebte Veranstalter bietet PADI-Kurse, Taucheinführungen (220 NIS) im benachbarten Caves Reef und ein einstündiges „Snuba Adventure" für Anfänger (200 NIS; Mindestalter 8 Jahre). Beim „Snuba-Tauchen" (ein aus „snorkel" und „scuba" gebildeter Kunstbegriff) kommt die Atemluft wie beim Schnorcheln von der Wasseroberfläche, sodass hierfür kein Tauchschein erforderlich ist.

Village Beach STRAND

(Karte S. 358) Der nördlich des Coral Beach gelegene Abschnitt des South Beach wartet mit kostenlosen Sonnenschirmen, klarem Wasser mit ausgezeichneten Schnorchelbedingungen und einer Bar auf, in der im Sommer regelmäßig lautstarke Partys gefeiert werden.

Eilat-Museum MUSEUM

(Karte S. 360; 08-634-0754; www.eilat-history.org.il; Erw./Kind 10/5 NIS; Mo–Do 10–20, Fr 10–14, Sa 12–20 Uhr, Juni–Sept. Mo–Do & Sa 10–22 Uhr) Das Stadtmuseum erzählt die faszinierende Geschichte dieses israelischen Außenpostens am Roten Meer. Die Ausstellungsstücke zeigen die Eroberung Eilats 1949 und einige

Eilat

Eilat

◉ Highlights
1 Naturschutzgebiet Coral Beach..........B5

◉ Sehenswertes
2 Botanischer Garten Eilat A1
3 Dekel Beach...B3
4 Dolphin Reef Eilat...............................B4
5 International Birding &
   Research Center in Eilat B1
6 Underwater Observatory
   Marine Park B5
7 Village Beach B4

◉ Aktivitäten, Kurse & Touren
8 Aqua Sport International B4
9 Camel Ranch A4
   Deep Siam ....(s. 8)
10 Manta Isrotel Diving Center B4
11 Snuba B5

◉ Schlafen
   Orchid Reef Hotel ....(s. 7)

◉ Essen
12 Fish Market B4
13 HaLev HaRachav A2
   Last Refuge ....(s. 7)
14 The Brewery A1

übergang Yitzhak Rabin–Wadi Araba folgt man der Beschilderung 400 m nach Süden. Das Personal ist freundlich und sehr kompetent.

Die besten Zeiten sind von März bis Mai und von September bis November. Dann sollte man direkt nach Tagesanbruch oder in den drei Stunden vor Sonnenuntergang da sein. Ist das Büro geöffnet, bietet das Zentrum kostenlose Infos für Vogelbeobachter und gibt Tipps, wo bestimmte Vögel zu finden sind.

Infos zu den 1½-stündigen Führungen (35 NIS bei Anschluss an eine gebuchte Gruppe) sind per E-Mail oder Telefon erhältlich. Vom 15. Februar bis 15. Mai und vom 15. August bis 30. November ist auch die Beringungsstation für vier Stunden nach Tagesanbruch besetzt. Hier können die Besucher zuschauen, wie die Vögel markiert und wieder in die Freiheit entlassen werden.

der Pioniere der Stadt in den 1940er- bis 1960er-Jahren. Es sind auch Filme zu sehen, die zumeist in Englisch sind.

International Birding & Research Center in Eilat
WILDSCHUTZGEBIET
(IBRCE; Eilat Birding Center; Karte S. 358; ☎ 050 767-1290; www.eilatbirds.com; ⊙ Park 24 Std., Büro So–Do 8–16 Uhr) GRATIS Riesige Schwärme von Zugvögeln machen auf ihrem Weg von Europa nach Afrika und zurück zweimal im Jahr Station in Eilat. Am besten beobachten kann man sie in diesem Zentrum direkt am See, 6 km nordöstlich der Stadt. Vom Grenz-

Botanischer Garten Eilat
BOTANISCHER GARTEN
(Karte S. 358; ☎ 08-631-8788; www.botanicgarden.co.il; Carmel St, Industrial Zone; Erw./Kind 28/22 NIS; ⊙ Sommer 8.30–19 Uhr, Winter So–Do 8.30–17, Fr 8.30–15, Sa 9.30–15 Uhr; 🚌 5 & 6) Der schöne,

privat betriebene botanische Garten war ehemals eine Baumschule. Heute gibt es hier mehr als 1000 verschiedene Arten von tropischen Bäumen, Büschen und Pflanzen aus aller Welt, Wasserfälle, Spazierwege und sogar einen tropischen Nebelwald mitten in der trockenen Wüste. Ein Taxi von der Innenstadt hierher kostet rund 22 NIS.

Aktivitäten

Eilat bietet Aktivitäten am, im, auf und über dem Wasser für jedes Alter und jedes Leistungsniveau. Außerdem kann man in den rötlichen Hügeln wandern auf Wegen, die von ganz einfach bis zu sehr anspruchsvoll reichen.

Eine Vielzahl von Veranstaltern bietet auch Tagestouren nach Petra an. Diese kosten etwa 315 US$, wovon 130 US$ alleine auf die Ein- und Ausreisegebühren entfallen.

Camel Ranch KAMELREITEN
(Karte S. 358; 08-637-0022; www.camel-ranch.co.il; Nachal Shlomo; Kamelsafari Erw. 150–245 NIS, Kind von 7–12 J. 110–180 NIS, Hochseilgarten Erw./Kind unter 12 J. 106/96 NIS; Pessach–Rosch Ha-Schana Mo–Sa 16–20 Uhr, Rosch HaSchana–Pessach Mo–Sa 10–20 Uhr) Die Kamelfarm bietet einen Hauch von Wüstenabenteuer. Die Kamelsafaris dauern zwischen 1½ und 4 Std., wobei es unterschiedliche Angebote gibt: Bei der Tour zum Sonnenuntergang ist eine beduinische Teepause, Abendessen und/oder Lagerfeuer enthalten. Kinder unter sieben Jahren reiten bei den Eltern mit. Man sollte telefonisch oder online reservieren, wobei es online auch 15 % Ermäßigung gibt.

Wer im **Rope Park** (Hochseilgarten) klettern will, muss mindestens 1,20 m groß sein und darf nicht mehr als 120 kg wiegen. Der Park liegt 1,7 km abseits der Mitzrayim Rd/Rte 90. Die Ausfahrt ist 600 m südlich des Dolphin Reef.

Ice Park Mall EISLAUFEN
(Karte S. 360; Ecke Kampen St & Piestany St; inkl. Schlittschuhe 76 NIS; 11–23 Uhr, Juli & Aug.11–24 Uhr) Das namensgebende Markenzeichen des Einkaufszentrums ist tatsächlich die größte Eislaufbahn Israels, wo man sich nach einem heißen Sommertag herrlich abkühlen und entspannen kann.

Geführte Touren

Desert Eco Tours ABENTEUERTOUREN
(08-632-6477, 052 276-5753; www.desertecotours.com) Dieser Veranstalter bietet Jeeptouren in die Umgebung von Eilat (z. B. zum Red Canyon für 158 NIS/Pers.) und in den Negev, z. B. nach Makhtesh Ramon. Ebenfalls im Angebot sind die sehr beliebten Touren nach Petra und ins Wadi Rum in Jordanien.

Feste & Events

★ Red Sea Jazz Festival MUSIK
(Tickets 03-511-1777; https://redseajazz.co.il; Jan. & Aug.) Das angesehene Jazzfestival in der letzten Augustwoche ist seit 1987 fest etabliert. Die Freiluftveranstaltungen finden rund um den Seehafen von Eilat statt. Die legendären, nächtlichen Jamsessions sind kostenlos. Mittlerweile findet auch ein Winterfestival im Januar statt.

Eilat Chamber Music Festival MUSIK
(www.eilat-festival.co.il; Feb.) Bei dem viertägigen internationalen Festival Anfang Februar sind Kammermusikensembles, neue Produktionen, angesehene Solisten und Meisterklassen zu hören.

Schlafen

In Eilat gibt's rund 50 Hotels mit insgesamt 15 000 Zimmern. Einige der gemütlichsten

---

WASSERSPORT

An der North Beach Promenade und vor dem Royal Beach Hotel bietet ein halbes Dutzend Veranstalter eine Vielzahl von Aktivitäten auf und manchmal auch über dem Wasser an. Die Büros sind von 9 Uhr bis Sonnenuntergang geöffnet.

So gibt es zweistündige Bootsausflüge, z. B. in einem Glasbodenboot (Erw./Kind 80/50 NIS) einen Motorbootverleih (150/250 NIS für 30/60 Min. in einem Boot für 5 Pers.), Bananenboote (45 NIS/Pers.), Jetski (150 ILs für 15 Min. mit Lehrer), Parasailing, Wasserski (180 NIS für 15 Min., 250 NIS inkl. Kurs) und Flyboarden (auf einer Plattform, die mittels eines von einem Jetski angetriebenen doppelten Wasserstrahls in die Luft geschossen wird; 390 NIS für 20 Min., inkl. Kurs).

Eilat Zentrum

befinden sich an der North Beach Promenade. Je weiter man ins Landesinnere geht, desto günstiger wird es. Auch in den Nebenstraßen rund um den Busbahnhof, 1,5 km nordwestlich des North Beach, befinden sich gute preiswerte Unterkünfte. Am Wochenende steigen die Preise um gut 25 %, in den israelischen Schulferien sowie im Juli und August sogar um 50 %.

Motel Aviv   HOTEL $

(Karte S. 360; 08-637-4660; www.avivhostel.co.il; 126 Ofarim St; DZ ohne Frühstück 170–210 NIS, Suite ohne Frühstück 300–350 NIS;) Das fünfstöckige Hotel ist definitiv kein Motel, aber dennoch eine ausgezeichnete Budgetunterkunft, die sogar über einen winzigen Swimmingpool verfügt. Der Familienbetrieb hat 40 Zimmer. Während die Standardzimmer klein sind und nur ein winziges Fenster haben, sind die Suiten richtig groß, mit schönem Blick aufs Meer.

Arava Hostel   HOSTEL $

(Karte S. 360; 08-637-4687; www.aravahostel.com; 106 Almogim St; B/EZ/DZ 80/200/240 NIS;) Das einzige echte Backpackerhostel in Eilat hat 100 Betten in spartanischen Zimmern und dunklen, engen Schlafsälen. Auch die Lage ist nicht schön. Doch es hat auch einige Vorzüge, wie die Gemeinschaftsküche, Waschmaschinen (20 NIS/Ladung), kostenlose Parkplätze und den Garten vor dem Haus, wo man unter schattigen Dattelpalmen ein Bier zum Sonnenuntergang genießen kann. Ein Gepäckschließfach kostet 10 NIS.

Blue Hotel   HOTEL $$

(Karte S. 360; 08-632-6601; www.bluehotel.co.il; 123 Ofarim St; EZ 216–342 NIS, DZ 240–380 NIS;) Das von einem freundlichen israelisch-irischen Paar geleitete Hotel hat 34 preiswerte, unspektakuläre Zimmer, die über Außenkorridore zu erreichen sind und

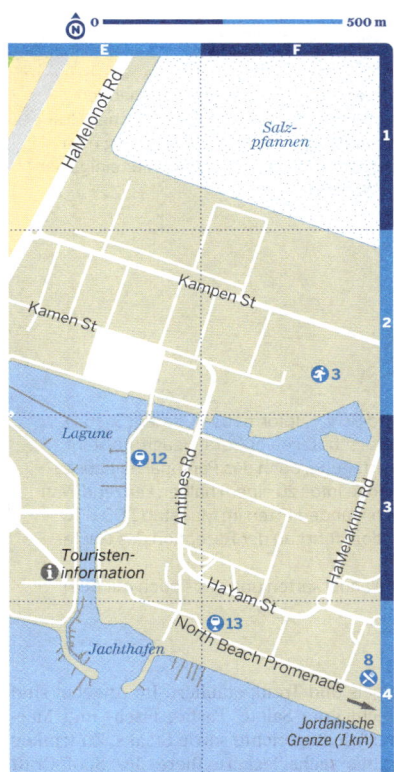

Eilat Zentrum

◎ Sehenswertes
1 Eilat-Museum C3
2 North Beach D3

◆ Aktivitäten, Kurse & Touren
3 Ice Park Mall F2

🛏 Schlafen
4 Arava Hostel D1
5 Blue Hotel C1
6 Eilat Youth Hostel &
  Guest House C4
7 Motel Aviv C1

✕ Essen
8 Giraffe F4
9 New Tourist
  Center C3
10 Pastory D3
11 Uga Chaga B1

◆ Ausgehen & Nachtleben
12 Mike's Place E3
13 Three Monkeys
   Pub F4

🛍 Shoppen
14 Mall HaYam C4

ⓘ Praktisches
15 Zentraler
   Busbahnhof D2

über nützliche Annehmlichkeiten wie Kühlschrank, Kabelfernsehen und Wasserkocher verfügen. Außerdem werden Fahrräder verliehen, und die Gäste erhalten eine Ermäßigung auf die Tauchangebote der Reef Diving Group.

**Eilat Youth Hostel &
Guest House**   HOSTEL $$
(Karte S. 360; ☎02-594-5605; www.iyha.org.il; 18 Mitzrayim Rd/Rte 90; B 126–155 NIS; EZ 300–376 NIS; DZ 380–500 NIS; @ ☎) Das Hostel mit 107 Zimmern ist dank seiner Lage und der modernen, sauberen, gemütlichen Zimmer und Schlafsäle eine lohnende Unterkunft. Allerdings wird es häufig von Schulklassen gebucht. Sogar ein Swimmingpool ist geplant.

Orchid Reef Hotel   HOTEL $$$
(Karte S. 358; ☎08-636-4444; www.orchidhotels.com; Coral Beach; DZ Standard/mit Meerblick 675/ 800 NIS, Do & Fr 1250 NIS; ☎ ☀) Das Hotel steht direkt am schönen Sandstrand in der Nähe des Naturschutzgebiets Coral Reef. Es hat einen 10 m langen Swimmingpool sowie Fitnessraum, Wellnessbereich und Restaurant. Zu den angebotenen Strandaktivitäten gehören Schnorcheln, Windsurfen und Meerkajakfahren. Fahrräder dürfen kostenlos benutzt werden. Die 79 gemütlichen Zimmer sind geräumig und in Wüstenfarben gehalten, teilweise auch mit Terrasse und Meerblick.

✕ Essen

Öffentliche Restaurants, Cafés und Kneipen gibt es vor allem an der North Beach Promenade und in den Straßen rund um die Lagunen. Auch im New Tourist Center (S. 363) befinden sich einige Restaurants mit vernünftigen Preisen. Kleine Supermärkte für Selbstversorger sind einen Häuserblock weit im Landesinneren vom North Beach und entlang des South Beach (Mitzrayim Rd/Rte 90) zu finden.

> **NICHT VERSÄUMEN**
>
> ## WANDERUNGEN IN DER WÜSTE
>
> Westlich von Eilat erheben sich die wild zerklüfteten, aus rotem Felsen bestehenden Eilat-Berge, die einst durch tektonische Verschiebungen des Großen Afrikanischen Grabenbruchs entstanden. Das vor allem bei Sonnenaufgang und Sonnenuntergang rosa und rotbraun leuchtende Gebirge lädt zu wunderbaren Wanderungen ein. Hier einige der beliebtesten Ziele für eine einfache bis schwere Wanderung:
>
> **Red Canyon** (einfach; 2 km, 2 Std.)
>
> **Mt Tzfachot** (einfach; 4 km, 2½ Std.)
>
> **Sh'choret Canyon** (einfach; 3 km, 3 Std.)
>
> **Ein Netfim** (mittelschwer; 2,5 km, 3 Std.)
>
> **Wadi Gishron** (einfach; 3 km, 3 Std.)
>
> **Mt Shlomo** (schwer; 8 km, 6 Std.)
>
> Wanderkarten und Infos gibt's im SPNI Eilat Field School Information Center (S. 364) in der Mitzrayim Rd/Rte 90 gegenüber dem Naturschutzgebiet Coral Beach. Es steht nicht immer ein erfahrener Wanderführer zur Verfügung, doch das Personal hält ausgezeichnete Merkblätter in Englisch mit ausführlichen Infos zu einem halben Dutzend Wanderwegen in der Region bereit und verkauft auch Wanderkarten im Maßstab 1:50 000 (85 NIS). Der Weg zum Büro am Ende des Korridors führt an der Rezeption des Gästehauses vorbei nach oben.
>
> In der Touristeninformation von Eilat dürfen Wanderkarten und Infos auch mit dem Handy fotografiert werden.

HaLev HaRachav FALAFEL $
(Karte S. 358; HaTemarim Blvd; falafel 19 NIS, Shawarma 32 NIS; ⊙ So–Do 11–23, Fr 11–15 oder 16 Uhr) Nach Meinung vieler Einheimischer gibt es hier die besten Falafel und Shawarma der ganzen Stadt. Das Schild enthält neben der hebräischen Inschrift die Zahl „1978", das Jahr der Eröffnung, und das lateinisch geschriebene Wort „kosher".

Uga Chaga GEBÄCK $
(Karte S. 360; 050 996-7100; 173 Eilot Ave; Hauptgerichte 32–45 NIS ⊙ So–Do 8–20, Fr 8–15 oder 16 Uhr;) Das alteingesessene Lieblingslokal der Einheimischen ist mit roten Sofas und kleinen weißen Tischen eingerichtet. Zu essen gibt's Gebäck und Kuchen nach französischer Art, Sandwiches, Salate, *shakshuka* und Pasta. Genau das Richtige für ein gutes Frühstück und leichtes Mittagessen.

The Brewery KNEIPENESSEN $$
(HaMavshela; Karte S. 358; 08-935-0550; www.soof.co.il; 2 HaOrgim St, Industriegebiet; Hauptgerichte 58–125 NIS; ⊙ So–Do 17–2, Fr & Sa 13–2 Uhr;) Die 2015 gegründete Kleinbrauerei war die erste in Eilat und hat sich bei den Einheimischen schnell als gute Adresse für Speis und Trank etabliert. Im Angebot sind recht gute Salate, Pasta-, Fisch- und Meeresfrüchtegerichte sowie Steaks. Zu trinken gibt's sechs leckere Biere der Soof Craft Brewery.

★ Pastory ITALIENISCH $$
(Karte S. 360; 08-634-5111; http://pastory.co.il; 7 Tarshish St; Hauptgerichte 48–158 NIS; ⊙ 13–23 Uhr) *Mamma mia*! Solch eine echte italienische Trattoria mit *molto-delizioso*-Essen hätte man kaum in einer Nebenstraße des North Beach vermutet. Das familienfreundliche Restaurant hinter dem Leonardo Plaza Hotel serviert Antipasti-Teller voller leckerer Köstlichkeiten, Pasta al dente mit rustikalen Saucen, erstklassig belegte Pizza und unwiderstehliche hausgemachte Desserts und Eiscreme.

Campania ISRAELISCH $$
(Colonia; 08-933-4993; www.colonia.co.il; 160 Mitzrayim Rd/Rte 90; Hauptgerichte 44–98 NIS; ⊙ 9 Uhr–spät;) Das Freiluft-Restaurant liegt nur 300 m nördlich des Grenzübergangs Taba und bietet neben köstlichem mediterran angehauchtem Essen einen tollen Blick aufs Meer. Die hausgemachte Focaccia

ist himmlisch, aber auch Pizza und *shakshuka* sind sehr gut. Alle Gerichte werden mit erstklassigen Zutaten zubereitet. Nach dem Essen kann man in einem der acht Luxuszelte übernachten.

Giraffe
ASIATISCH $$

(Karte S. 360; 08-631-6583; www.giraffe.co.il; Herods Promenade; Sushi 16–45 NIS, Nudeln 53–62 NIS, Hauptgerichte 54–69 NIS; 12–23 Uhr) Diese Filiale der beliebten kleinen Kette asiatischer Nudelrestaurants bietet tolle vegetarische und vegane Gerichte sowie Kindermenüs und europäische Desserts. Und das alles in bester Lage an der Strandpromenade.

New Tourist Center
ISRAELISCH $$

(Karte S. 360; Ecke Rte 90 & Yotam Rd; Hauptgerichte 35–110 NIS) Im ältesten Geschäftszentrum von Eilat befinden sich preiswerte Restaurants und verschiedene Bars, darunter auch eine irische.

Fish Market
SEAFOOD $

(Shuk HaDagim; Karte S. 358; 08-637-9830; http://shokdagim.rest.co.il; Almog Beach, Rte 90; Hauptgerichte und Salate 79–119 NIS; 12.30–23 Uhr) Ganz oben auf der Speisekarte stehen frischer Fisch aus dem Roten Meer, Mittelmeer und Nildelta sowie Rindfleisch vom Golan. Viele halten es für das beste Fischrestaurant in Eilat. Zu den Spezialitäten des Hauses gehört Barramundi. Jede Mahlzeit beginnt mit einer Auswahl an mediterranen Salaten. Die Einrichtung mit blauweißen Sitzbänken und karierten Tischtüchern wirkt sehr griechisch. Auch die Musik im Hintergrund ist griechisch.

Last Refuge
SEAFOOD $$$

(Karte S. 358; 08-637-3627; www.rol.co.il/sites/hamiflat; nördliches Ende des Coral Beach; Hauptgerichte 92–140 NIS; 12.30–22.30 Uhr) Das Restaurant ist ganz im Stil der 1970er-Jahre eingerichtet: Fischernetze an der Decke, französische Chansons über die Sehnsucht nach Paris, viel Knoblauchbutter auf der Speisekarte. Auf den ersten Blick ist das alles nicht vielversprechend, doch wer sich davon abschrecken lässt, verpasst den leckeren Fang des Tages, der auf Holzkohle gegrillt wird, und auch Raritäten wie den hier gefangenen Schwertfisch.

Ausgehen & Nachtleben

Die Ausgehszene Eilats wird von den lärmenden Pubs am und rund um den North Beach und im New Tourist Center dominiert. Die Clubszene ist lebhaft, die Locations überdauern aber oft nur kurze Zeit und die Favoriten wechseln jährlich. Die Angestellten der Hotels können Auskunft über die aktuell angesagteste Location geben.

Mike's Place
PUB

(Karte S. 360; 08-864-9550; www.mikesplacebars.com; HaMayim St; 12–2 Uhr oder länger;) Im südlichsten der fünf Pubs von Mike ist montags (ab 22 Uhr) Open-Mic Night, dienstags (ab 22 Uhr) Jamsession, mittwochs Ladys' Night und donnerstags, freitags und samstags Livemusik ab 22 oder 22.30 Uhr. Den genauen Veranstaltungskalender findet man im Internet.

Three Monkeys Pub
PUB

(Karte S. 360; 08-636-8888; North Beach Promenade; 20.30–2 Uhr) Der Pub gehört zum Royal Beach Hotel von Isrotel und ist immer voller Touristen mit Sonnenbrand. Seine Beliebtheit verdankt er der Lage direkt am Weg zum Strand und den Livebands, die hier fast jeden Abend von 21.30 bis 0.30 Uhr aufspielen. Die Getränke sind sehr teuer und der Service oft langsam und schroff.

Shoppen

Eilat ist von der Mehrwertsteuer befreit (deshalb gibt es hier auch so viele Computerläden). Dadurch sollten die Preise hier um 17 % niedriger liegen als im Rest des Landes. Das ist aber nicht immer der Fall. Doch zumindest bieten die Einkaufszentren einen Schutz vor der Mittagshitze, der besonders von Kindern dankbar angenommen wird.

Mall HaYam
EINKAUFSZENTRUM

(Karte S. 360; 1 HaPalmach St; Sa–Mi 9–23, Do 9–24, Fr 9–18 Uhr) Das Einkaufszentrum direkt am Meer ist bei Einheimischen und Touristen gleichermaßen beliebt, denn hier sind alle angesagten Marken wie Zara, Mango und die israelische Castro vertreten.

❶ Praktische Informationen

Geld wechselt man am besten in den Wechselstuben beim zentralen Busbahnhof (HaTemarim Blvd). Die Post bietet zwar auch gute Kurse, doch die Warteschlangen sind dort oft sehr lang.

Ägyptisches Konsulat (Karte S. 360; 08-637-6882; www.egyptembassy.net; 68 Efroni St; So–Do 9.30–12 Uhr)

Touristeninformation (Karte S. 360; 08-630-9111; www.goisrael.com; Bridge House, North Beach Promenade; So–Do 8.30–17,

> **ⓘ DAS KLIMA IN EILAT**
>
> Im Juli und August erreichen die Tagestemperaturen im Durchschnitt 40 °C, was aufgrund der extrem geringen Luftfeuchtigkeit von 10–15 % aber gut und ohne großes Schwitzen zu ertragen ist. Im Dezember und Januar wird es tagsüber höchstens 20 °C warm. Im Durchschnitt regnet es hier nur an 18 Tagen im Jahr.

Fr 8–13 Uhr; 📞) Das Büro des Tourismusministeriums hat äußerst hilfsbereites Personal, das Fragen persönlich, telefonisch und per E-Mail beantwortet, kostenlose Karten und Broschüren und sogar gebrauchte Bücher in Englisch, Französisch, Deutsch und weiteren Sprachen bereithält. Zudem ist es erlaubt, Infos über acht große Wanderwege mit dem Handy zu fotografieren. Handys und Tablets kann man auch kostenlos aufladen, ebenso steht kostenloses WLAN zur Verfügung.

SPNI Eilat Field School Information Center (Karte S. 358; ☎ 08-632-6468; www.spni.org.il; in der Mitzrayim Rd/Rte 90 gegenüber dem Naturschutzgebiet Coral Beach; ☉ So–Do 8–15 Uhr) Das Büro ist zwar nicht von erfahrenen Fremdenführern besetzt, doch das Personal bietet ausgezeichnetes Infomaterial zu einer Handvoll Wanderwege in Englisch und verkauft auch Wanderkarten im Maßstab 1:50 000 (85 NIS). Die Infoblätter dürfen teilweise auch fotografiert werden. Der Weg zum Büro am Ende des Korridors führt an der Rezeption des Gästehauses vorbei nach oben.

Yoseftal Medical Center (Karte S. 358; ☎ 08-635-8015; Yotam Rd, westlich der Argaman Ave; ☉ Notaufnahme 24 Std) Das Krankenhaus von Eilat hat 68 Betten.

ⓘ An- & Weiterreise

BUS

Eilats **zentraler Busbahnhof** (Karte S. 360; www.bus.co.il; HaTemarim Blvd) liegt 1,5 km nordwestlich des North Beach und bietet ausgezeichnete Verbindungen nach ganz Israel.

Be'er Sheva (Egged-Bus 392, 393 und 397; 42,50 NIS, 3½ Std., alle 1–2 Std.) Die Busse fahren bis zum späten Nachmittag am Freitag und dann wieder ab dem frühen Nachmittag am Samstag.

Totes Meer (Egged-Bus 444; 42,50 NIS, 2¾ Std. nach Ein Bokek, So–Do 8-mal tgl., Fr 3-mal, Sa 3-mal nachmittags und abends).

Jerusalem (Egged-Bus 444 und 445; 70 NIS, 4¼–5 Std., So 10-mal, Mo–Mi 4-mal tgl., Do 7-mal, Fr 3-mal, Sa 3-mal nachmittags und abends). Bus 445 ist ein Expressbus.

Mitzpe Ramon (Egged-Bus 392; 39,50 NIS, 2¼ Std., So–Do 4- bis 6-mal tgl., Fr 1-mal).

Tel Aviv (Egged-Bus 390, 393, 394 und 790; 70 NIS, 5–5¾ Std., alle 1–2 Std.) Von Sonntag bis Donnerstag starten die Busse von 4 oder 5 Uhr bis 19 oder 20 Uhr sowie der Nachtbus um 1 Uhr. Freitags fährt der letzte Bus gegen 15 Uhr. Der erste Bus am Samstag fährt um 11 Uhr. Man sollte unbedingt einen Platz bis zu zwei Wochen im Voraus reservieren unter www.egged.co.il (auf „Book Tickets Online" klicken) oder Tel. *2.796.

FLUGZEUG

Der **Ramon International Airport** (www.iaa.gov.il) in der Arava 18 km nördlich von Eilat wurde 2019 eröffnet und ersetzt seitdem sowohl den Flughafen im Zentrum von Eilat und als auch den Ovda Airport, der lange das Drehkreuz für Charterflüge aus Europa war. Er ist der zweitgrößte internationale Flughafen des Landes.

Der neue Flughafen ist nach Ilan Ramon benannt, dem israelischen Astronauten, der beim Absturz der Weltraumfähre Columbia ums Leben kam, und auch nach seinem Sohn Assaf, der als israelischer Luftwaffenpilot beim Absturz einer F16 starb.

Sowohl Arkia (www.arkia.com) als auch Israir (www.israirairlines.com) fliegen mehrmals täglich von Eilat die Flughäfen Ben Gurion (35 Min.) und Sde Dov in Tel Aviv an. Arkia fliegt auch nach Haifa. Die Flugpreise variieren in Abhängigkeit von der Nachfrage.

Von vielen europäischen Großstädten fliegen Billigfluggesellschaften wie Finnair, Ryanair, Scandinavian, Transavia und Wizz direkt nach Eilat, oft aber nur im Winter und Frühjahr.

GRENZÜBERGÄNGE

Der Grenzübergang Yitzhak Rabin–Wadi Araba zwischen Israel und Jordanien liegt ca. 5 km nordöstlich von Eilat. Der Grenzübergang nach Ägypten in Taba liegt 8,5 km südwestlich.

ⓘ Unterwegs vor Ort

Das Zentrum kann problemlos zu Fuß erkundet werden, zum South Beach und anderen Orten entlang der Mitzrayim Rd/Rte 90, die zur ägyptischen Grenze bei Taba führt, sollte man mit dem Auto, Bus oder Taxi fahren.

AUTO

Autovermietungen befinden sich in der Nähe des neuen Ramon Airport sowie im Shalom Center gegenüber dem alten Flughafen.

Parken in Eilat kostet zumeist 5 NIS pro Stunde bzw. 25 NIS pro Tag. Die Parkuhren können nur mit Münzen gefüttert werden. Ein Tagesticket ist überall in der Stadt gültig.

BUS

Egged-Bus 15 fährt vom Busbahnhof an den Hotels in North Beach und South Beach vorbei zum Grenzübergang Taba (4,20 NIS, 36 Min.). Von Sonntag bis Donnerstag verkehrt er stündlich von 8 bis 21 Uhr, freitags von 8 bis 15 oder 16 Uhr und samstags von 9 bis 19 Uhr. Auf dem Rückweg von Taba wird er zu Bus 16.

TAXIS

Trotz der kurzen Entfernungen in Eilat ist es aufgrund der Hitze oft eine gute Idee, sich ein Taxi zu nehmen. Eine Taxifahrt vom (alten) Flughafen zu den meisten Adressen im Stadtzentrum oder in North Beach kostet zwischen 15 und 20 NIS; wer nach Coral Beach will, muss mit etwa 35 NIS rechnen. Der Grenzübergang Yitzhak Rabin–Wadi Arava nach Jordanien ist nur mit dem Taxi erreichbar (50 NIS).

Petra

البتراء

Inhalt
Die antike Stadt 368
Wadi Musa 372
Siq Al-Barid
(„Klein-Petra") 379

Gut essen

➡ Al-Saraya Restaurant (S. 378)
➡ Petra Kitchen (S. 373)
➡ Oriental Restaurant (S. 375)
➡ Basin Restaurant (S. 370)

Schön übernachten

➡ Mövenpick Hotel (S. 375)
➡ Rocky Mountain Hotel (S. 373)
➡ Cleopatra Hotel (S. 373)
➡ Peace Way Hotel (S. 373)
➡ Petra Guest House Hotel (S. 375)

Auf nach Petra!

Die antike Stadt Petra, die halb verborgen in der windzerzausten Landschaft Südjordaniens liegt, ist eine der kostbarsten Unesco-Welterbestätten der Welt. Sie wurde in einer öffentlichen Abstimmung 2007 zu einem der „Neuen Sieben Weltwunder" gewählt und hat ihre Anziehungskraft trotz aller schweren Konflikte im Nahen Osten niemals eingebüßt.

Als Petra im 19. Jh. von Jean Louis Burckhardt wiederentdeckt wurde, konnte die Stadt nur in Verkleidung, mit Kenntnissen des lokalen Dialekts und mit Zustimmung der hier ansässigen Stämme besucht werden. Heute sind Besucher immer willkommen, sowohl bei den Beduinen, die die antike Stadt noch immer als Heimat betrachten, als auch bei den Bewohnern im benachbarten Wadi Musa, dessen Infrastruktur einen mehrtägigen Besuch Petras angenehm gestaltet. Zusammen mit dem Besuch nabatäischer Attraktionen im „Kleinen Petra", Wüstencamps und Wanderungen sollten mindestens zwei Tage für Petra eingeplant werden.

Reisezeit
Wadi Musa

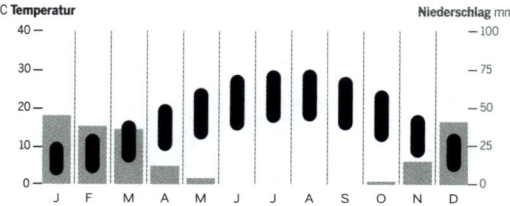

März–Mai Touristische Hochsaison mit sicheren Wanderwegen und blühendem Oleander.

Mitte Okt.–Ende Nov. Zumeist noch gutes Wetter, danach sind einige Wege wegen Regens gesperrt.

Dez. & Jan. Petra ist fast menschenleer. Eiskalte Nächte, strahlend blauer Himmel bei Tag.

Highlights

1 Siq (S. 368) Auf den Spuren eines Pilgerwegs durch die steilwandige Schlucht in eine antike Welt laufen.

2 Schatzhaus (S. 368) Frühmorgens das Spiel der Sonnenstrahlen auf den Säulen dieses Stars von Petra am Ende des Siq erleben.

3 Hoher Opferplatz (S. 368) Über den Prozessionsweg hinaufsteigen und in den Wildblumengärten einen Tee mit Beduinen trinken.

4 Königsgräber (S. 368) Nach den Geistern suchen, die in den regenbogenbunten Höhlen lauern.

5 Kloster (S. 369) Von der berühmten Kulthöhe in Petra bei Sonnenuntergang das verwitterte Gestein aufleuchten sehen.

6 Petra by Night (S. 373) Geleitet von Musik und Kerzenlicht die Seele durch die Schatten des Siqs gleiten lassen.

7 Petra Kitchen (S. 373) In Wadi Musa unter Anleitung von Experten mit anderen Reisenden ein traditionelles jordanisches Abendessen zubereiten.

8 „Klein-Petra" (S. 379) Nabatäische Gräber und Tempel in einem kleinen Siq außerhalb der antiken Stadt besichtigen, die oft von Reisegruppen übergangen werden.

Geschichte

Petra wurde im 4. Jh. v. Chr. von den Nabatäern gegründet, einem Nomadenstamm aus Arabien. Zu ihrer Blütezeit lebten in der Stadt rund 30 000 Menschen, unter ihnen Schreiber und Baumeister, die eine Stadt mit hochentwickelter Kultur errichteten, mit Schwerpunkt auf dem Leben nach dem Tod. Um 100 n. Chr. erlangten die Römer die Macht über Petra und hinterließen typische Bauwerke wie die Säulenstraße.

Erdbeben in den Jahren 363 und 551 zerstörten einen Großteil der Stadt. Petra wurde zu einem vergessenen Außenposten, den nur noch heimische Beduinen kannten, die seinen Standort lieber für sich behielten. 1812 war es mit der Abschottung Petras vorbei, nachdem der junge Schweizer Orientreisende Jean Louis Burckhardt als muslimischer Pilger verkleidet in die Stadt geritten war.

In den 1950er-Jahren erlangte Petra in Israel einen geradezu mythologischen Stellenwert. Einige junge Israelis riskierten ihr Leben bei dem Versuch, die Stätte heimlich zu besuchen – und verloren es manchmal. Seit dem Friedensvertrag zwischen Jordanien und Israel von 1994 können Israelis wie auch Touristen, die von Israel aus einreisen, die Stadt ganz legal besuchen.

🛈 An- & Weiterreise

Petra liegt zwei Stunden Fahrt von Aqaba (120 km) und dem dortigen israelisch-jordanischen Grenzübergang Wadi Araba/Yitzhak Rabin entfernt. Eine organisierte Tagestour ab Eilat kostet rund 315 US$, einschließlich 130 US$

Grenzgebühren. Öffentliche Minibusse nach Wadi Musa fahren zwischen 6.30 Uhr und 8.30 Uhr in Aqaba ab, ein letzter Bus am Nachmittag.

Wer vom Westjordanland über die König-Hussein-/Allenby-Brücke nach Jordanien einreist, kann ab dem südlichen Busbahnhof (Wahadat) in Amman mit einem Minibus nach Wadi Musa fahren. Sie verkehren zwischen 6 und 12 Uhr.

Die antike Stadt

◉ Sehenswertes

Es gibt mehr als 800 registrierte Stätten in Petra, darunter rund 500 Gräber, aber die schönsten Sehenswürdigkeiten sind leicht zu finden und zu erreichen. Vom Haupttor windet sich ein etwa 800 m langer Pfad bergab durch ein Areal namens Bab As-Siq (Tor zum Siq), wo hier und da bereits die ersten Zeichen auf die antike Stadt weisen.

Startpunkt für einen Besuch Petras ist das Petra Visitor Center (S. 373), das Besucherzentrum in Wadi Musa gegenüber dem Mövenpick Hotel. Dort gibt es Eintrittskarten, Faltblätter und eine Karte, auch sollten die Toiletten benutzt werden (es gibt aber auch einige innerhalb der antiken Stadt).

Empfehlenswerte Wanderungen sind die vom Wadi Muthlim zu den Königsgräbern (1½ Std.; nur mit Führung), die zum Umm Al-Bayara (3 Std. einfache Strecke) und zum Jebel Haroun (6 Std. hin & zurück).

★ Siq SCHLUCHT

Der 1,2 km lange Siq (Schlucht) mit seinen engen, senkrechten Wänden ist zweifellos eines von Petras Highlights. Schon der Weg durch diesen magischen Gang zur verborgenen Stadt lässt erahnen, welche Wunder noch vor einem liegen. Dessen waren sich schon die Nabatäer bewusst, die diese Passage mit seinen spirituell bedeutsamen Stätten zu einem heiligen Weg machten.

★ Schatzhaus GRABMAL

(Khazne Al-Firaun) Beim Anblick des sogenannten Schatzhauses verlieren die meisten Besucher ihr Herz an Petra. Die in den eisenhaltigen Sandstein gehauene hellenistische Fassade zeugt von erstaunlicher Handwerkskunst. Zwar diente das Bauwerk als Grab des Nabatäerkönigs Aretas III. (erbaut ca. 100 v. Chr.–200 n. Chr.), den Namen Schatzhaus erhielt es jedoch aufgrund der Geschichte, dass ein ägyptischer Pharao während der Verfolgung der Israeliten sein Gold in der Urne der Fassade versteckte.

Straße der Fassaden RUINEN

Hinter dem Schatzhaus verbreitert sich die Passage zum Äußeren Siq. In seine Wände schlugen die Nabatäer mehr als 40 Gräber und Häuser mit Stufengiebelfassaden, die an die assyrische Bauweise erinnern. Im Gegensatz zu vielen anderen Gräbern in Petra ist die gemeinhin als Straße der Fassaden bekannte Passage sehr leicht zugänglich.

★ Hoher Opferplatz AUSSICHTSPUNKT

(Al-Madbah) Die gut erhaltene Stätte ist von all den „Kulthöhen" Petras am einfachsten zu erreichen. Sie liegt auf der Kuppe des Jebel Madbah und verfügt über Rinnen, über die das Blut der Opfertiere ablaufen konnte. Unmittelbar vor dem Theater führt eine ausgeschilderte Treppe zur Kultstätte: einfach an den Obelisken nach rechts gehen. Es besteht auch die Möglichkeit, den Weg auf einem Esel (einfache Strecke etwa 10 JD) zurückzulegen. Dabei opfert man allerdings das Erfolgsgefühl, den Gipfel aus eigenen Kräften erreicht zu haben, sowie die gute Laune des armen Reittiers.

★ Theater THEATER

Die Nabatäer, nicht die Römer, schlugen dieses Bauwerk vor mehr als 2000 Jahren aus dem Fels. Dabei wurden viele Höhlen und auch Gräber zerstört. Kurz nachdem die Römer 106 n. Chr. nach Petra kamen, erweiterten sie das Bauwerk, das schließlich 8500 Zuschauern Platz bot (rund 30 % der Bevölkerung Petras). Bei einem Erdbeben im Jahr 363 n. Chr. wurde das Theater schwer beschädigt und in der Folge teilweise abgetragen, um mit dem Material noch andere Bauten zu errichten. Trotzdem gehört es immer noch zu den Highlights in Petra.

★ Königsgräber GRABMAL

Unterhalb des Theaters erweitert sich das Wadi zu einem größeren Durchgang. Auf der rechten Seite erhebt sich über dem Tal das Massiv des Jebel Al-Khubtha. Innerhalb der nach Westen gerichteten Wand befinden sich einige der imposantesten Grabstätten Petras: die Königsgräber. Besonders im goldenen Licht der untergehenden Sonne sind sie ein atemberaubender Anblick.

Säulenstraße ARCHÄOLOGISCHE STÄTTE

Die Säulenstraße, die unterhalb des Theaters verläuft, bildet das Zentrum der antiken Stadt. Sie wurde um 106 n. Chr. nach römischem Vorbild als Ost-West-Achse angelegt *(decumanus)*, allerdings ohne den üblichen *cardo maximus* (Nord-Süd-Achse).

Ursprünglich säumten in Marmor gekleidete Sandsteinsäulen die 6 m breite Straße. Überdachte Säulengänge führten zu den Geschäften.

Großer Tempel TEMPEL

Der bedeutende nabatäische Tempel aus dem 1. Jh. v. Chr. wurde durch ein Erdbeben kurz nach seiner Errichtung schwer beschädigt, wurde aber weiterhin bis in die spätbyzantinische Zeit genutzt, wenn auch für verschiedene Zwecke. Ein *theatron* (Miniaturtheater) steht in seiner Mitte. Einst war der Tempel 18 m hoch und die Anlage maß 40 mal 28 m. Der Innenraum war ursprünglich mit auffallendem roten und weißen Gipsputz bedeckt.

Qasr Al-Bint TEMPEL

Das Qasr Al-Bint, eines der wenigen frei stehenden Gebäude in Petra, wurde um 30 v. Chr. von den Nabatäern erbaut. Später diente er der Huldigung römischer Kaiser. Im 3. Jh. n. Chr. wurde er zerstört. Zwar nannten die Beduinen das Bauwerk „Palast der Pharaonentochter" – aber es war zu Ehren nabatäischer Götter errichtet worden und gehörte zu den wichtigsten Tempeln der Stadt.

★ Kloster GRABMAL

(Ad-Deir) Das Kloster hoch in den Bergen gehört zu den legendären Bauwerken Petras. Es ähnelt dem Schatzhaus, ist aber weitaus größer (50 m breit und 45 m hoch) und wurde im 3. Jh. v. Chr. als nabatäische Grabstätte erbaut. Den Namen „Kloster" hat die Stätte den Kreuzen zu verdanken, die in die Wände im Innern geritzt sind und darauf hindeuten, dass das Gebäude in byzantinischer Zeit als Kirche genutzt wurde. Der alte in den Stein geschlagene Pfad vom Basin Restaurant bis hinauf zum Kloster zählt mehr als 800 Stufen und folgt dem alten Prozessionsweg.

> **❶ VORSICHT: KEINE GELÄNDER**
>
> Die antike Stadt steckt voller „Kulthöhen", die einst für Opfer oder andere Rituale genutzt wurden. Sie alle bieten herrliche Ausblicke und sind ein Highlight des Besuchs in Petra, erfordern jedoch einen steilen Aufstieg über Stufen auf eine Kuppe, wo es keine Geländer oder andere Sicherheitsvorkehrungen gibt.

Feste & Events

★ Geschichte von Petra AUFFÜHRUNG

(Jordan Heritage Revival Company; ☏ 06 581 0808; www.jhrc.jo; ⏱ Sa–Do) Die Aufführung der Jordan Heritage Revival Company ist im Eintrittspreis für Petra enthalten. Die Schauspieler in dieser Nachstellung sind als römische Centurien gekleidet, deren Stahlhelme in der Sonne funkeln, manche auch in voller Rüstung und zu Pferd. Sie bilden ein recht prächtiges Spektakel vor den normalerweise geruhsamen Monumenten der antiken Stadt.

LAUFZEITEN

Nur zu Fuß lässt sich Petra wirklich voll auskosten. Aber keine Sorge, niemand muss ein strammer Wanderer sein, um einen „Burckhardt-Moment" zu erleben – es ist nur wichtig zu wissen, wohin und wann. Die Zeiten in der folgenden Tabelle beziehen sich auf die einfache Strecke (wenn nicht anders angegeben) in gemächlichem Tempo. Bei schnellerem Tempo ohne Anhalten sind es vom Petra Visitor Center bis zum Schatzhaus 20 Minuten und zum Basin Restaurant 40 Minuten über den Hauptweg. Nicht vergessen, die Zeit für den Rückweg bergauf mitzurechnen.

STRECKE	ZEIT (MIN.)	SCHWIERIGKEITSGRAD
Vom Besucherzentrum bis zum Siq-Eingang	15	leicht
Vom Siq-Eingang bis zum Schatzhaus	20	leicht
Vom Schatzhaus bis zu den Königsgräbern	20	leicht
Vom Schatzhaus bis zum Obelisken am Hohen Opferplatz	45	moderat
Vom Obelisken bis zum Basin Restaurant (über den Hauptweg)	45	leicht
Vom Schatzhaus bis zum Basin Restaurant	30	leicht
Vom Basin Restaurant bis zum Kloster	40	moderat

Petra

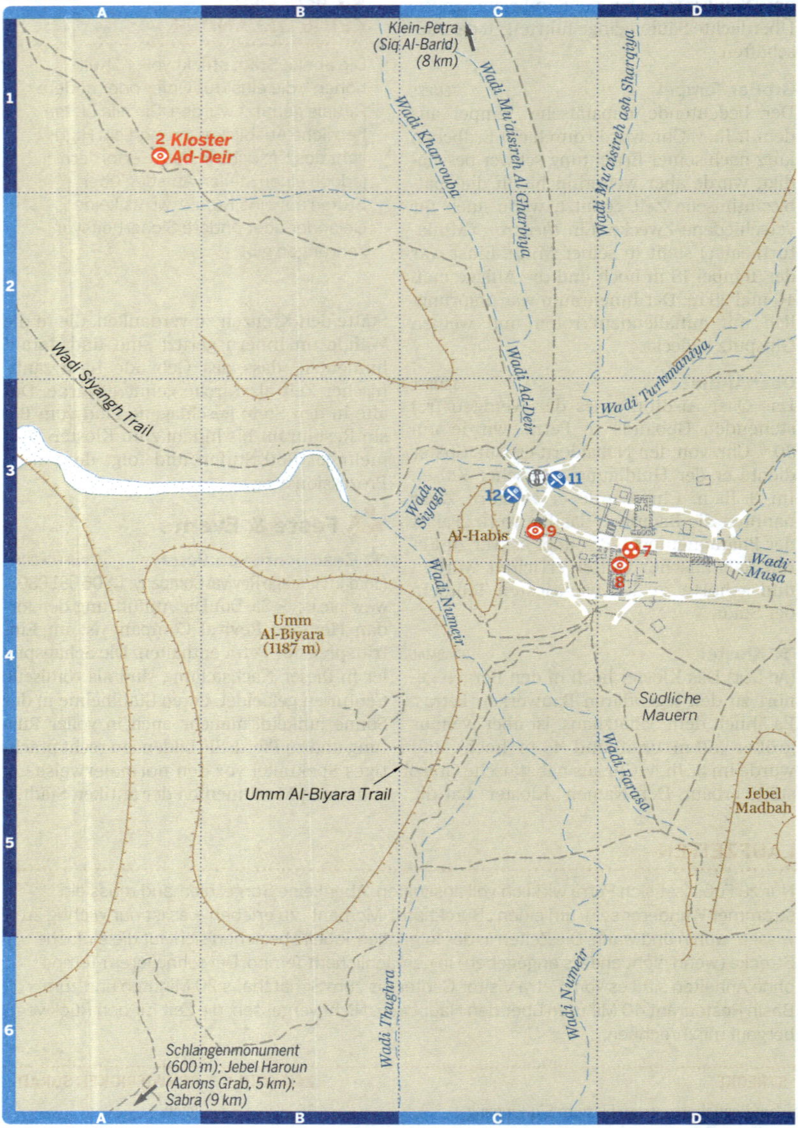

Map of Petra showing:
- 2 Kloster Ad-Deir (B1)
- Klein-Petra (Siq Al-Barid) (8 km)
- Wadi Kharrouba
- Wadi Mu'aisreh Al-Gharbiya
- Wadi Mu'aisreh ash Sharqiya
- Wadi Siyangh Trail
- Wadi Ad-Deir
- Wadi Turkmaniyya
- Wadi Siyagh
- Al-Habis
- 9, 12, 11, 7, 8
- Wadi Musa
- Wadi Numeir
- Umm Al-Biyara (1187 m)
- Südliche Mauern
- Umm Al-Biyara Trail
- Wadi Farasa
- Jebel Madbah
- Wadi Thughra
- Wadi Numeir
- Schlangenmonument (600 m); Jebel Haroun (Aarons Grab, 5 km); Sabra (9 km)

 Essen

Die meisten Besucher der antiken Stadt nehmen sich von ihrem Hotel ein Lunchpaket mit oder essen in einem der beiden Restaurants nahe dem Qasr Al-Bint. Ein einfaches Buffet gibt es im **Nabataean Tent Restaurant** (Mittagsbuffet 10 JD, Lunchpaket 7 JD; ⊙10–15.30 Uhr); im **Basin Restaurant** (Mittagsbuffet 16 JD, frischer Orangensaft 4 JD; ⊙12–16 Uhr; ⍁) wird draußen oder im klimatisierten Gastraum ein üppigeres Mittagessen serviert. Wasser, Tee und Snacks sind in den meistbesuchten

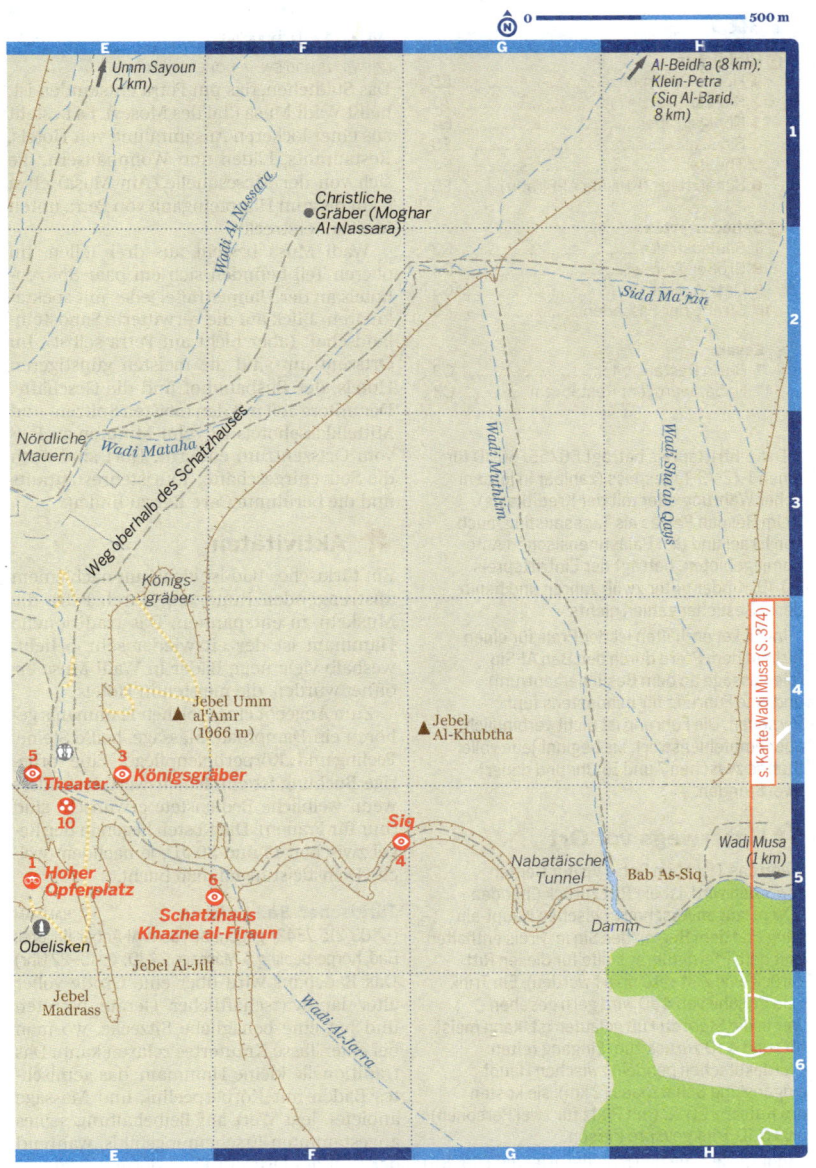

Teilen der antiken Stadt an Buden mit Sitzgelegenheiten erhältlich.

🛈 Praktische Informationen

Der **Kartenschalter** (📞 03 215 6044; Tourism St; ⏱ 6–16 Uhr, im Sommer bis 18 Uhr) befindet sich im Petra Visitor Center (Besucherzentrum) kurz vor dem Eingang nach Petra in Wadi Musa. Eintrittskarten werden zwar nur bis 16 Uhr verkauft, trotzdem kann man bis Sonnenuntergang (im Sommer bis 19 Uhr, im Winter bis 17 Uhr) in Petra bleiben.

Petra

⦿ Highlights
1. Hoher Opferplatz E5
2. Kloster (Ad-Deir) A1
3. Königsgräber E4
4. Siq F5
5. Theater E4
6. Schatzhaus (Khazne Al-Firaun) F5

⦿ Sehenswertes
7. Säulenstraße D3
8. Großer Tempel D4
9. Qasr Al-Bint C3
10. Straße der Fassaden E5

⦿ Essen
11. Basin Restaurant C3
12. Nabataean Tent Restaurant C3

Der Eintrittspreis beträgt 50/55/60 JD für einen 1-/2-/3-Tagespass (zahlbar in jordanischer Währung oder mit der Kreditkarte). Beim Besuch Petras als Tagesausflug, auch von Israel und den Palästinensischen Autonomiegebieten, beträgt der Eintrittspreis 90 JD. Kinder unter zwölf Jahren und behinderte Besucher zahlen nichts.

Im Ticket enthalten ist der Preis für einen Ritt auf dem Pferd durch den Bab Al-Siq (die Passage ab dem Besucherzentrum) und eine Führung für mindestens fünf Personen. Die Führung ist nicht verbindlich, aber empfehlenswert; sie beginnt jede volle Stunde zwischen 7 und 15 Uhr und dauert zwei Stunden.

ⓘ Unterwegs vor Ort

Wenn das Ticket im Petra Visitor Center erworben wird, ist ein Ritt zurück über den 800 m langen Abschnitt zwischen Haupteingang und dem Beginn des Siq im Preis enthalten (mit dem Pferdeführer sollte für diesen Ritt zurück eine Zeit vereinbart werden). Ein Trinkgeld in Höhe von 4 JD wird gern gesehen. Wer in der Stadt zu Fuß gelaufen ist, kann meist für rund 4 JD zurück zum Eingang reiten. Pferdekutschen pendeln zwischen Haupteingang und Schatzhaus (2 km); sie kosten pro Kutsche 20 JD (mit Platz für zwei Personen) plus 5 JD Trinkgeld pro Person.

Inoffizielle Esel- und Maultierritte (mit Führern) werden überall in Petra zu verhandelbaren Preisen angeboten. Esel schaffen es bis zum Hohen Opferplatz (einfache Strecke ab 10 JD) und bis hoch zum Kloster (hin & zurück 20 JD). Maultiere können auch für längere Ritte bis zum Schlangenmonument (ab 25 JD), Jebel Haroun (50 JD) und nach Sabra (100 JD) gemietet werden.

Wadi Musa وادي موسى

📞 03 / 18 000 EW. / HÖHE 1150 M

Das Städtchen, das um Petra entstanden ist, heißt Wadi Musa (Tal des Moses). Es besteht aus einer lockeren Ansammlung von Hotels, Restaurants, Läden und Wohnhäusern, die sich von der Mosesquelle (Ain Musa) etwa 5 km bis zum Haupteingang von Petra unten im Wadi erstreckt.

Wadi Musa besteht aus drei Teilen. Im oberen Teil befinden sich ein paar Spitzenhotels an der Hauptstraße, jedes mit spektakulärem Blick auf die verwitterte Sandsteinlandschaft (aber nicht auf Petra selbst). Im Ortszentrum sind die meisten günstigeren Hotels, der Busbahnhof und die Geschäfte. Der untere Teil mit den meisten Spitzen- und Mittelklassehotels ist zehn Minuten zu Fuß vom Ortszentrum entfernt. Dort sind auch die Souvenirgeschäfte, Touristenrestaurants und die berühmte Cave Bar zu finden.

Aktivitäten

Ein türkisches Bad ist ideal, um nach einem anstrengenden Rundgang durch Petra die Muskeln zu entspannen. Das traditionelle Hammam ist derzeit wieder sehr beliebt, weshalb viele neue Bäder in Wadi Musa eröffnet wurden, die meisten in Hotels.

Zum Angebot eines solchen Hammams gehören ein Dampfbad, Massage, heiße Steine, Peeling und „Körpertiefenpflege". Eine vorherige Buchung ist empfehlenswert, besonders wenn weibliche Bedienstete erwünscht sind (nur für Frauen). Die Kosten liegen in der Regel zwischen 15 und 30 JD, je nachdem welche Dienstleistungen man bucht.

Türkisches Bad Salome   HAMMAM
(📞 03 215 7342; gegenüber dem Al-Anbat II Hotel; Bad, Körperpeeling & Massage 24 JD; ⏰ 15–22 Uhr) Das Badehaus wird über eine Grotte voller alter landwirtschaftlicher Geräte betreten und hat eine behagliche Sitzecke, wo man bei einer Tasse Kräutertee relaxen kann. Das traditionelle kleine Hammam, das gemischtes Baden mit Körperpeeling und Massage anbietet, legt Wert auf Beibehaltung seines angestammten Erscheinungsbilds, während der Rest des Orts auf Veränderung setzt.

Türkisches Bad Sella   HAMMAM
(📞 03 215 7170; www.sellahotel.com; King's Highway; ⏰ 17.30–22 Uhr) Das Badehaus Sella hat ein umfassendes Angebot, u. a. Sauna und separate Bäder für Männer und Frauen. Hier werden auch Kosmetikprodukte vom Toten Meer verkauft.

Kurse

★ Petra Kitchen KOCHEN
(☎ 03 215 5900; www.petrakitchen.com; Tourism St; Kochkurs pro Pers. 35 JD; ⊙ 18–21 Uhr) Wer immer schon wissen wollte, wie wundervolles Hummus oder perfektes Baklava zubereitet werden, kann dies im Petra Kitchen an einem einzigen Abend im Rahmen eines praxisnahen Kurses lernen. Die Kochschule liegt an der Hauptstraße, 100 m oberhalb des Mövenpick Hotels, und bietet jeden Abend Kurse an, bei denen Teilnehmer in entspannter familiärer Atmosphäre lernen, jordanische Mezze, Suppen und Hauptgerichte zuzubereiten.

Geführte Touren

Die meisten Hotels bieten die eine oder andere Führung an, sei es durch Petra oder (öfter) in der näheren Umgebung. Das Rocky Mountain Hotel (s. u.) z. B. arrangiert Zugang nach Petra durch die Hintertür, das Cleopatra Hotel (s. u.) führt seine Gäste ins Wadi Rum mit Übernachtung. Um Petra gibt es zudem viele hervorragende unabhängige Tourenführer, aber die sollten am besten über das **Petra Visitor Center** (☎ 03 215 6044; www.visitpetra.jo; Tourism St; ⊙ Mai–Sept. 6–18 Uhr, Okt.–April bis 16 Uhr) GRATIS gebucht werden.

★ Petra by Night FÜHRUNGEN
(Petra Visitor Center, Tourism St; Erw./Kind unter 10 J. 17 JD/frei; ⊙ Mo; Mi & Do 20.30–22.30 Uhr) Die äußerst beliebte Tour Petra by Night wurde im Zuge zahlreicher Anfragen von Besuchern eingeführt, die den Siq und das Schatzhaus einmal im Mondlicht besuchen wollten. Die „Tour" beginnt im Petra Visitor Center (bei Regen findet sie nicht statt) und dauert zwei Stunden.

Raami Tours FÜHRUNGEN
(☎ 07 9620 3790, 03 215 4551; www.raamitours.com; Umm Sayoun Rd) Dieser Reiseanbieter in der Hauptstraße im Beduinendorf Umm Sayhoun organisiert Touren, die auf alle Zeitpläne, Interessen und Budgets zugeschnitten sind. Anmeldung mindestens drei Tage vor der Ankunft per E-Mail.

Petra Moon Tourism Services FÜHRUNGEN
(☎ 07 9617 0666; www.petramoon.com; Tourism St; ganztägige Ausritte zum Jebel Haroun 100 US$, mind. 3 Pers.) Für Touren in Petra und durch Jordanien (einschließlich Wadi Rum und Aqaba) ist Petra Moon der professionellste Anbieter in Wadi Musa. Er bietet Ausritte zum Jebel Haroun, rundum betreute Trecks nach Dana (drei Übernachtungen), Wanderungen von Tayyibeh nach Petra und Kamelritte im Wadi Rum an. Beliebt sind auch die 14-tägigen Rundreisen durch Jordanien für zehn bis 26 Personen.

Schlafen

Es gibt über 70 Hotels fast jeder Preiskategorie, aber keines innerhalb der antiken Stadt selbst. Außerhalb der Hochsaison (April–Mitte Mai & Okt.–Nov.) werden Übernachtungen erheblich billiger als die offiziellen Preise angeboten, besonders wenn für mindestens drei Nächte gebucht wird.

Ortszentrum Wadi Musa

Die Hotels im Ortszentrum sind günstig zum Busbahnhof, den billigeren Cafés und den Supermärkten gelegen. Es ist durchaus möglich, von hier zum Petra Visitor Center zu laufen, doch es lohnt sich, seine Energie für die Erkundung der antiken Stadt aufzusparen.

★ Peace Way Hotel BOUTIQUEHOTEL $
(☎ 03 215 6963; peaceway_petra@yahoo.com; Main St; EZ/DZ/3BZ 16/22/35 JD; 🕸🍴) Das Hotel hat eine erstaunliche Wandlung vom Billig- zum Boutiquehotel durchlaufen. Beeindruckend sind vor allem die blau angestrahlten Decken, die Holztüren mit Schnitzereien und die schöne, schokoladenbraune Farbgestaltung der Korridore und Zimmer, die von cremefarbenem Marmor untermalt wird. Noch erstaunlicher ist es, dass das Hotel seine niedrigen Preise beibehalten hat, weshalb diese Unterkunft in zentraler Lage eine sehr gute Budgetwahl ist. Ungewöhnlicherweise sind hier auch Haustiere willkommen.

★ Rocky Mountain Hotel HOTEL $
(☎ 07 9694 1865, 03 215 5100; www.rockymountainhotel.com; King's Highway; EZ/DZ/3BZ/4BZ 26/39/50/60 JD; @🕸) Das Backpacker-Hotel hat genau die richtige Atmosphäre, um es zur erfolgreichsten Unterkunft für Individualreisende zu machen. Es gibt einen behaglichen Gemeinschaftsraum mit kostenlosem Tee und Kaffee, und die gemeinschaftliche Dachterrasse bietet weite Ausblicke. Der kostenlose Transport zum Eingang von Petra startet um 7.30 und 8.30 Uhr und, die Rückfahrt ist um 16 und 17 Uhr.

★ Cleopatra Hotel HOTEL $
(☎ 03 215 7090; www.cleopatrahotel.com; Main St; EZ/DZ/3BZ 18/25/32 JD; @🕸) Das Cleopatra ist mit seinen hellen, frischen Zimmern ei-

Wadi Musa

PETRA WADI MUSA

374

Tourism St / Al-Beidha Rd

Raami Tours (1,3 km);
Umm Sayhoun (3 km);
Al-Beidha (8 km)

Antike Stadt Petra (2,5 km)

Kartenschalter

Eingang zur Antiken Stadt Petra

Petra-Besucherzentrum

Tourism St

Al-Anbat Hotel I (1 km);
Mosesquelle ('Ain Musa, 2 km)

King's Hwy

Shaheed Roundabout

Wadi Musa Pharmacy

Arab Bank

Main St

Police Roundabout

Oberes Wadi Musa & Luxushotels (2 km);
Tayyibeh (10 km)

s. Karte Petra (S. 370)

Wadi Musa

⊕ Aktivitäten, Kurse & Touren
1. Petra by Night B2
2. Petra Kitchen....................................C2
3. Petra Moon Tourism Services C2
4. Türkisches Bad Salome E3
5. Türkisches Bad Sella..........................F4

🛏 Schlafen
6. Cleopatra Hotel F4
7. Mövenpick Hotel B2
8. Peace Way Hotel F3
9. Petra Guest House Hotel A2
10. Rocky Mountain Hotel........................F3

🍴 Essen
11. Al-Qantarah......................................B1
    Al-Saraya Restaurant......................(s. 7)
12. Oriental Restaurant...........................B2
13. Red Cave Restaurant........................B2
14. Sanabel Bakery.................................E3

🍷 Ausgehen & Nachtleben
    Al-Maqa'ad Bar..............................(s. 7)
    Cave Bar ....(s. 9)

🛍 Shoppen
15. Made in Jordan C2

nes der freundlichsten und am effizientesten geführten Budgethotels im Ort. In der Lobby mit ihren Sitzecken gibt es WLAN für 2 JD. Das Hotel organisiert auch Jeeptouren mit Übernachtung durch das Wadi Rum (50 JD pro Pers. ab mind. 3 Pers.). Der stets zuvorkommende Mosleh kann auch für andere Transportmittel sorgen.

🛏 Unteres Wadi Musa

Die meisten Spitzen- und Mittelklassehotels befinden sich im unteren Teil des Orts, das in Laufweite zum Eingang von Petra ist. Dort gibt es auch viele Restaurants und Souvenirgeschäfte. Die Nähe zum Petra Visitor Center kann ein Segen sein nach einem langen Marsch durch die antike Stadt.

★ Petra Guest House Hotel   HOTEL $$
(✆03 215 6266; www.guesthouse-petra.com; abseits der Tourism St; Zi. ab 75 JD; P 🛜) Näher geht es nicht zum Eingang nach Petra, ohne in einem Grabmal zu übernachten – tatsächlich befindet sich die Hotelbar (die berühmte Cave Bar) in einer solchen Höhle. Die Unterkunft besteht aus geräumigen, motelähnlichen Häuschen oder sonnigen, wenn auch beengten Zimmern im Haupthaus. Die Angestellten sind stets freundlich und das Frühstücksbuffet hier ist besser als das der meisten anderen Unterkünfte. Das Preis-Leistungs-Verhältnis ist hervorragend.

★ Mövenpick Hotel   HOTEL $$$
(✆03 215 7111; www.moevenpick.com; Tourism St; Zi. ab 500 JD P @ 🛜 ♨) Das wunderschön gestaltete Haus im arabischen Stil liegt nur 100 m vom Eingang nach Petra entfernt. Allein der Anblick der Intarsienmöbel, Marmorbrunnen, hölzernen Wandschirme und Messingtabletts ist einen Besuch wert. Aufgrund seiner Lage am Ende des Tals gibt's hier zwar keinen tollen Ausblick, die großen, überaus luxuriösen Zimmer haben aber dennoch sämtlich übergroße Fenster. Das Buffet zum Frühstück und Abendessen ist ausgezeichnet.

Essen

Die billigsten Imbisse sind um die Shaheed-Kreuzung und die Bäckerei Sanabel zu finden. Die meisten haben ein ähnliches Speisenangebot, meist Falafel und Shawarma. Restaurants der mittleren Preisklasse mit einer breiteren Auswahl an jordanischen Gerichten befinden sich nahe dem Eingang nach Petra. Internationale Küche mit Alkohol wird weitgehend nur in Fünf-Sterne-Hotels angeboten. In Wadi Musa gibt es viele Lebensmittelläden, in denen man sich mit Proviant eindecken kann, die meisten Hotels sorgen auch für Lunchpakete.

Sanabel Bakery   BÄCKEREI $
(abseits der Main St; ⏰5–24 Uhr) In der Bäckerei Sanabel gibt es prima Zutaten für ein Picknick, vor allem die leckeren arabischen Süßwaren.

★ Oriental Restaurant   JORDANISCH $$
(✆03 215 7087; Tourism St; Hauptgerichte 6 JD; ⏰11–21.30 Uhr) Das beliebte Restaurant an der Hauptstraße serviert leckere Grillgerichte und jordanische Spezialitäten, z. B. *mensaf* (Lamm und Reis). Die Straßenterrasse mit ihren dorischen Säulen ist ein geselliger Treffpunkt nach einem langen Marsch zurück aus Petra.

Red Cave Restaurant   JORDANISCH $$
(✆03 215 7799; Tourism St; Hauptgerichte ab 5 JD; ⏰9–22 Uhr) Das geräumige, freundliche Restaurant serviert traditionelle Beduinengerichte wie *mensaf* und *maqlubbeh* (gedämpfter Reis mit Fleisch, gegrillten Toma-

Petra

RUNDGANG

So prächtig das Schatzhaus ist, es ist nicht der Schlusspunkt eines Besuchs in Petra, wie ihn sich viele Leute vorstellen. Es ist quasi nur das Semikolon – eine kleine Atempause zwischen dem anstrengenden Marsch durch den Siq und der Erkundung der anderen herrlichen Sehenswürdigkeiten gleich um die Ecke.

Selbst wer nur wenig Zeit hat oder befürchtet, dass der Bus nicht wartet, sollte versuchen, wenigstens zwei Stunden freizuschaufeln, um diesen Rundgang machen zu können. Die Abbildungen zeigen die wichtigsten Highlights der Strecke durch das Wadi Musa vom ❶ **Siq** zum ❷ **Schatzhaus** und weiter zu den Gräbern des breiteren ❸ **äußeren Siq**. Der Aufstieg zum ❹ **Hohen Opferplatz** verlangt etwas Ausdauer und festes Schuhwerk, bietet aber einen herrlichen Blick über Petra. Von dort geht es zurück zur ❺ **Straße der Fassaden** und zum ❻ **Theater**. Gegenüber führen Stufen zum ❼ **Urnengrab** und dem angrenzenden ❽ **Seidengrab** hinauf. Diese Königsgräber sehen im goldenen Licht des Sonnenuntergangs besonders grandios aus.

Wen der Gedanke an all das Laufen abschreckt: Es gibt Esel, die beim steilen Aufstieg hilfreich sind und Beduinenstände, die erfrischenden Kräutertee reichen. Wer wirklich erschöpft ist, kann sich für den Rückweg zum Schatzhaus auf ein Kamel schwingen.

TOP-TIPPS

➡ Ab ca. 7 Uhr morgens im Sommer und 8 Uhr im Winter gleitet die aufgehende Sonne über die Fassade des Schatzhauses.

➡ Bei Sonnenuntergang gegenüber den Königsgräbern (um 16 Uhr im Winter und um 17 Uhr im Sommer) wird klar, weshalb Petra auch die Rosenrote Stadt genannt wird.

➡ Im Mai blüht in Petra der Oleander.

Schatzhaus
Wenn das Sonnenlicht auf die Fassade trifft, treten die Leitern, die Petras berühmtestes Gebäude flankieren, deutlich zutage. Sie wurden wahrscheinlich beim Gerüstbau verwendet

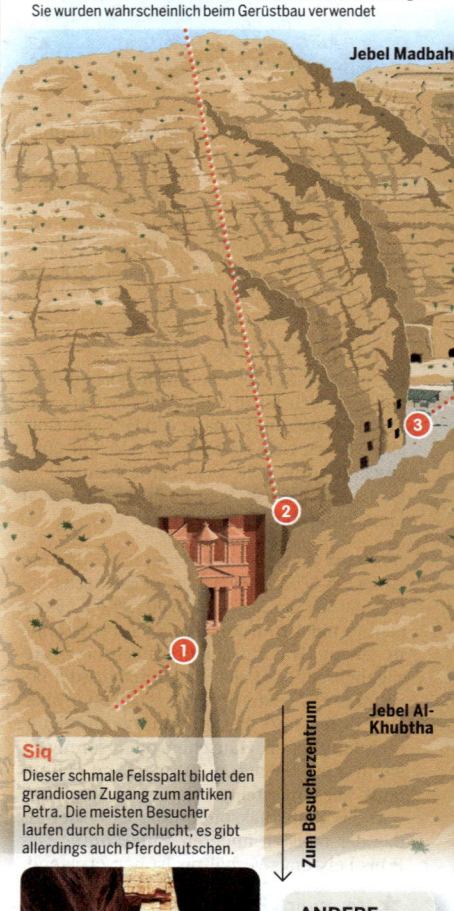

Siq
Dieser schmale Felsspalt bildet den grandiosen Zugang zum antiken Petra. Die meisten Besucher laufen durch die Schlucht, es gibt allerdings auch Pferdekutschen.

ANDERE ABSTIEGE
Ein großartiger Weg führt vom Hohen Opferplatz am Gartengrab vorbei hinab ins Zentrum Petras.

Hoher Opferplatz

Die Vorstellung, dass schon die Menschen des Altertums diese Steinstufen betraten, lenkt vom steilen Aufstieg ab. Die Plattform oben wurde für Räucherwerk und Trankopfer zu Ehren längst vergessener Götter genutzt.

Äußerer Siq

Interessant sind die Gräber gleich hinter dem Schatzhaus. Einige scheinen ein Untergeschoss zu haben, aber das zeigt nur, wie sehr der Talboden im Lauf der Jahrhunderte angewachsen ist.

Straße der Fassaden

Beim Blick in die oberen Bereiche einiger Gräber ist eine kleine Öffnung zu sehen. Die Bestatttung der Toten ganz oben sollte Räuber abschrecken – was leider nicht funktionierte.

Stufen zum Hohen Opferplatz

Souvenirläden, Teestuben & Toiletten

Wadi Musa

Wadi Musa

Antikes Stadtzentrum

Jebel Umm al'Amr (1066 m)

Königsgräber

Königsgräber

BLICK VON OBEN

Einen majestätischen Blick über Petra bieten die über eine Treppe erreichbaren Felsen hoch den Königsgräbern.

Urnengrab

Das imposante, auf Bogengängen ruhende Gebäude verdankt seinen Namen dem urnenförmigen Gebilde über dem Giebeldreieck und wurde wohl für den Mann gebaut, der in der zentralen Nische durch die in eine Toga gehüllte Büste dargestellt ist.

Seidengrab

Die nabatäischen Erbauer waren vielleicht von der farbigen Schönheit der Felsen des Wadi Musa fasziniert. Die ist nirgends offensichtlicher als im verwitterten, streifigen Sandstein des Seidengrabs.

Theater

Die meisten Amphitheater sind freistehend, aber dieses wurde nahezu vollständig aus solidem Fels gehauen. Oberhalb der oberen Sitzreihen befinden sich die Reste älterer Gräber, deren Fassaden der Unterhaltung geopfert wurden.

ten und Pinienkernen). Es ist beliebt bei Individualreisenden und ein behaglicher Treffpunkt an einem kühlen Abend oder um an einem heißen Sommertag die kühle Brise zu genießen.

★ Al-Qantarah   JORDANISCH $$$
(03 215 5535; www.al-qantarah.com; Unteres Wadi Musa; mittags/abends 10/12 JD; ⊙11.30–16.30 & 19–22 Uhr; P) Das beste Restaurant in Wadi Musa ist auf jordanische Küche spezialisiert und versorgt an einem einzigen Mittagsdurchgang bis zu 500 Gäste. Es gibt keine Speisekarte – mittags wie abends steht ein Buffet mit 15 verschiedenen Salaten und Mezze, acht Fleischgerichten und Suppen sowie acht verschiedenen Desserts zur Verfügung. Im schönen, traditionellen Gastraum gibt es eine offene Küche und jeden Tag Livemusik.

★ Al-Saraya Restaurant   INTERNATIONAL $$$
(03 215 7111; www.moevenpick.com; Mövenpick Hotel, Tourism St; Abendbuffet 20 JD; ⊙11–15, 19–22 Uhr; P) Das Nobelrestaurant im Mövenpick Hotel mit erstklassigem internationalem Buffet im eleganten Bankettsaal serviert hochwertige Speisen, die der Opulenz des Hotels entsprechen. Lohnenswert danach sind im Winter ein Schlummertrunk in der prächtigen, holzvertäfelten Bar mit knisterndem Kamin oder im Sommer ein Cocktail auf dem Dach.

> ### ⓘ SICHER UNTERWEGS
> ➤ Alleinreisende Frauen müssen in Budgethotels in Wadi Musa vorsichtiger sein als in anderen Orten in Jordanien. Sie sollten sich auf jeden Fall vergewissern, dass die Türen richtig abschließbar sind und dass es keine Gucklöcher gibt.
>
> ➤ Versuche, sich mit Alleinreisenden anzufreunden, sind in der Regel nett gemeint, aber Versprechen von unsterblicher Liebe und Zuneigung sollten mit angemessenem Misstrauen behandelt werden.
>
> ➤ Rucksackreisende werden beim Aussteigen aus dem Minibus in Wadi Musa häufig von hartnäckigen Schleppern dazu gedrängt, in einem bestimmten Hotel abzusteigen. Hilfreich ist es, sich schon vorher ein paar Hotels auszusuchen.

Ausgehen & Nachtleben

★ Cave Bar   BAR
(03 215 6266; www.guesthouse-petra.com; Petra Guesthouse, beim Petra Visitor Center; ⊙15–23 Uhr) Es ist fast schon ein Verbrechen, Petra zu besuchen und die älteste Bar der Welt auszulassen. Die stimmungsvolle Kneipe in einem 2000 Jahre alten nabatäischen Felsengrab ist in betriebsamen Sommernächten schon mal bis 4 Uhr morgens geöffnet. Hier inmitten der Geister, alkoholischer oder anderer Art, entsteht ein Eindruck von Petra, der in lebendigem Kontrast zu den antiken Ursprüngen der Bar steht.

Al-Maqa'ad Bar   BAR
(03 215 7111; www.moevenpickhotels.com; Mövenpick Hotel, Tourism St; ⊙16–23 Uhr) Die Bar des Mövenpick Hotels besticht durch ihre herrliche marokkanische Inneneinrichtung mit geschnitzten Holzverkleidungen und einem prächtigen Kronleuchter. Hier genießt man nicht nur seinen Cocktail oder sein leckeres Eis, sondern auch das Ambiente. Auf den Preis werden noch 26 % für Steuern und Servicegebühren aufgeschlagen. Im gleichen Hotel gibt es noch eine weitere Bar, den Roof Garden, die bei schönem Wetter lockt.

Shoppen

Um den Eingang nach Petra gibt es viele Souvenirgeschäfte, die Schals, Mützen und Kühlschrankmagneten verkaufen. Überall in Wadi Musa rieseln Kunsthandwerker geduldig bunten Sand in Glasflaschen; sie „schreiben" auch einen Namen in den Sand, wenn man ihnen genug Zeit lässt. Bücher über Petra werden in den Läden im Besucherzentrum und in der Tourism Street im unteren Wadi Musa verkauft.

Made in Jordan   KUNSTHANDWERK
(03 215 5900; Tourism St; ⊙8.30–23 Uhr) Dieses Geschäft verkauft qualitativ hochwertiges Kunsthandwerk aus jordanischen Unternehmen: Olivenöl, Seife, Papier, Keramik, Tischläufer, Naturprodukte aus dem Wild Jordan in Amman, Schmuck aus Wadi Musa, Stickereien aus Safi, Kamelhaarschals, Taschen aus Aqaba sowie Handwerksarbeiten der Jordan River Foundation. Hier findet man einzigartige Wertarbeit zu festgesetzten Preisen; Kreditkarten werden akzeptiert.

Praktische Informationen

In Wadi Musa gibt es mehrere Geldautomaten, auch in der **Arab Bank** (Main St) im Orts-

> ### ⓘ DAS EIGENE TEMPO IN PETRA FINDEN
>
> Statt zu versuchen, alles „abklappern" zu wollen (der schnellste Weg zur „Monumentenerschöpfung"), sollte Petra auf ganz eigene Faust und mit etwas Zeit erkundet werden, um zwischen namenlosen Gräbern zu schlendern und Tee an einem Stand der Beduinen zu trinken.
>
> **Halber Tag** (fünf Stunden) Ein gemächlicher Spaziergang durch den Siq, um seine besondere Atmosphäre aufzunehmen und den Moment zu genießen, wenn das Schatzhaus ins Blickfeld rückt. Statt gleich weiter zum Theater zu laufen, ist es reizvoller, die Stufen zwischen vielfarbigen Felsformationen zum Hohen Opferplatz hinaufzusteigen.
>
> **Ein Tag** (acht Stunden) Nach der Halbtagsroute, aber diesmal mit Picknickproviant, folgt der Besuch der Königsgräber, dann geht's am Qasr al-Bint entlang und durch das breite Wadi, das zum Jebel Harun und dem Schlangenmonument führt – ein idealer Platz zum Verweilen und für eine kleine Brotzeit. Man sollte sich noch ein bisschen Energie für den Aufstieg zum Kloster aufsparen – der perfekte Abschluss für jeden Besuch in Petra.
>
> **Zwei Tage** Der zweite Tag beginnt mit einer Kraxeltour durch das spannende Wadi Muthlim (wenn geöffnet). Für frische Energie sorgt dann ein Grillgericht im Basin Restaurant. Danach folgt die Erkundung der verborgenen Schönheit des Wadi Siyagh mit seinen Wassertümpeln, mit anschließender Rückkehr über die Straße der Fassaden. In der Nähe des Theaters lässt sich schließlich der Sonnenuntergang über den Königsgräbern gegenüber beobachten – das schönste Schauspiel in Petra.

zentrum und im Mövenpick Hotel beim Petra Visitor Center. Viele Hotels wechseln auch Geld, allerdings zu einem schlechten Kurs. Banken sind sonntags bis donnerstags von etwa 8 bis 14 Uhr, manchmal auch freitags von 9 bis 11 Uhr geöffnet.

Das **Queen Rania Hospital** (☏ 03 215 0635; am King's Highway) bietet Krankenversorgung auf hohem Niveau und versorgt Notfälle auch ohne Überweisung. Es liegt 5 km von der Kreuzung an der Polizeistation entfernt an der Straße nach Tayyibeh.

Die **Wadi Musa Pharmacy** (Main St; ⊙ 24 Std.), eine Apotheke nahe der Shaheed-Kreuzung, führt ein breites Angebot an Medikamenten und Toilettenartikeln.

ⓘ Unterwegs vor Ort

Die Bushaltestelle von Wadi Musa liegt im Zentrum, zehn Minuten zu Fuß oberhalb des Eingangs von Petra. Gelbe Taxis fahren zwischen beiden hin und her (rund 4 JD). In Petra selbst sind die meisten Stätten nur zu Fuß zu erreichen (feste, komfortable Schuhe sind ein Muss!), entferntere Plätze oder Stätten auf Anhöhen auch mit dem Kamel, Esel oder Maultier.

Siq Al-Barid („Klein-Petra")

البتراء الصغيرة (السيق البارد)

Der Siq Al-Barid (kalte Schlucht) wird hier oft nur als „Klein-Petra" bezeichnet und lohnt auf jeden Fall einen Besuch. Es wird angenommen, dass es einst als landwirtschaftliches Zentrum, Handelsvorort und Karawanserei für Petra diente. Die Umgebung ist malerisch und reizvoll, zudem befinden sich hier einige der ältesten Siedlungen der Welt, u. a. auch Al-Beidha.

⊙ Sehenswertes

★ Siq Al-Barid
RUINEN

(„Kleines Petra" ⊙ bei Tageslicht) GRATIS Ein nicht zu übersehender Pfad führt durch den 400 m langen Siq Al-Barid, der sich zu flachen Sandflächen hin öffnet. Auf der ersten steht ein **Tempel**, auf der zweiten vier **Triklinia** (eine links, die anderen drei rechts), die vermutlich als Speiseraum für hungrige Händler und Reisende dienten. Etwa 50 m weiter durch den Siq steht das **Bunte Haus**, ein weiterer kleiner Speisesaal, der über einige Außenstufen erreicht werden kann.

Al-Beidha
RUINEN

(⊙ bei Tageslicht) GRATIS Die neolithischen Ruinen von Al-Beidha sind 9000 Jahre alt und gehören neben Jericho zu den ältesten archäologischen Stätten im Nahen Osten. Die Reste von etwa 65 runden (und später rechteckigen) Bauten sind besonders bedeutsam, da sie den konkreten Übergang vom Jäger und Sammler zum sesshaften Hirten und Bauern markieren. Die Siedlung wurde um 6000 v. Chr. aufgegeben, weswegen sie noch

> **TIERSCHUTZ**
>
> Wenn es etwas gibt, was Besucher verständlicherweise mehr als alles andere in der antiken Stadt empört, dann ist es die schlechte Behandlung von Tieren. Viele Besucher sind tatsächlich mittlerweile schnell bereit, jeden Vorfall von Tiermisshandlung anzuprangern, besonders durch kleinere Jungen, die Tiere oftmals so rüde behandeln, wie sie es in einem rauen Umfeld an sich selbst erleben. Das ist natürlich keine Entschuldigung, und so taten sich die Einwohner und die Verwaltung von Petra in den letzten Jahren zusammen, um das Wohlergehen jener Tiere zu verbessern, die ein wichtiger Teil des Lebensunterhalts der Beduinen sind. Dieser Vorsatz trägt allmählich Früchte und die Tiere scheinen in besserem Zustand zu sein, sind besser ernährt und werden insgesamt besser behandelt als in früheren Zeiten.
>
> Die meisten Besitzer nehmen die Verantwortung für ihre Tiere zwar sehr ernst, aber Misshandlungen kommen hin und wieder immer noch vor. Einige Besucher hatten angeregt, die Nutzung von Tieren zu verbieten, aber das kann letztlich zu deren Vernachlässigung führen, da das Einkommen der Beduinen sehr gering ist und keinen Spielraum bietet, ein überflüssiges „Familienmitglied" durchzufüttern. Einige beduinische Tierhalter nehmen es zwar übel, wenn Touristen sich in ihre Behandlung der Tiere einmischen, aber die meisten sind sich mittlerweile bewusst, dass ihr Verhalten genau beobachtet wird. Eine freundliche Anregung über eine andere Art, wie der Halter sein Tier auf Trab bringen kann, wird eher angenommen als eine Tirade über Tierquälerei. Alle Misshandlungen sollten der Touristenpolizei im Petra Visitor Center gemeldet werden, am besten mit Fotos und Videoaufnahmen als Beweis.
>
> Touristen sollten sich überlegen, ob sie nicht zu schwer für ihr Reittier sind, auch sollten sie den angemessenen Preis für die entsprechende Dienstleistung zahlen (wie vom Besucherzentrum vorgegeben). Überwiegend sind es die heruntergehandelten Preise, die Tierhalter dazu zwingen, schneller zum Ausgangspunkt zurückzukehren (und damit ihre Tiere zu gefährden), um den Verlust durch eine weitere Fuhre wieder reinzuholen.

immer ihre ursprüngliche Ausprägung hat. Links vom Eingang zum Kleinen Petra führt ein 15-minütiger Fußweg zu den Ruinen.

Schlafen

In der Gegend gibt es mehrere einfache Camps, die ein wunderbares ländliches Refugium für Leute sind, die dem stark besuchten Wadi Musa entkommen wollen. Wer mit Kindern unterwegs ist, sollte sich nach Ermäßigungen für die Kleinen erkundigen – einige Camps verlangen nur den halben Preis für Kinder unter zwölf Jahren.

Seven Wonders Bedouin Camp   ZELTLAGER $

(07 9795 8641; www.sevenwondersbedouincamp.com; abseits der Al-Beidah Rd; Zelt inkl. HP pro Pers. 30 JD, B&B 20 JD) Das zwanglose und preiswerte Camp, das unauffällig in einen Berghang eingebettet ist, sieht besonders magisch aus, wenn nachts die Lagerfeuer flackern und die Felsen dahinter beleuchten. Die Unterkunft besteht aus einfachen, aber gemütlichen Zelten mit elektrischem Licht, Teppichen und Moskitonetzen. Heißes Wasser und Handtücher sind auch erhältlich.

Ammarin Bedouin Camp   ZELTLAGER $$

(07 9975 5551; www.bedouincamp.net; HP pro Pers. im Zelt 52 JD) Das Camp im Siq Al-Amti liegt verborgen in einem spektakulären Amphitheater aus Sand und Bergen, in den Minuten zu Fuß vom „Kleinen Petra" (von der Zugangsstraße ausgeschildert), und wird vom heimischen Stamm der Ammarin geführt. Die Unterkunft besteht aus Matratzen mit Decken auf einem zementierten Boden in einem abgeteilten Beduinenzelt. Zum Camp gehört auch ein sauberes Sanitärgebäude. Reservierung (über E-Mail) ist erforderlich.

An- & Weiterreise

Private Taxis ab Wadi Musa kosten 10 JD für eine Strecke und zwischen 20 und 25 JD hin und zurück, einschließlich einer Stunde Wartezeit. Die 8 km über die Straße sind aber auch gut zu Fuß zu bewältigen.

Israel & Palästina verstehen

GESCHICHTE 382
Ein kurzer Abriss über Reiche, Könige und Konflikte von der Antike bis in die Gegenwart.

VOLKSGRUPPEN IN ISRAEL & PALÄSTINA 401
Ein Überblick über die vielfältigen religiösen und kulturellen Gruppen des Landes.

DER GAZA-STREIFEN 407
Ein dicht bevölkerter Landstreifen, der für Reisende nicht zugänglich ist.

REGIONALE KÜCHE 412
Israelis und Palästinenser sind sich in vielem uneins, nicht aber darüber, was gut schmeckt.

LEBENSART 417
Wie gestaltet sich das Leben israelischer und palästinensischer Familien jenseits der Politik?

REGIERUNG & POLITIK 421
Die Politik hat einen großen Einfluss auf das tägliche Leben.

RELIGION 425
Hier werden die verschiedenen religiösen Traditionen vorgestellt.

KÜNSTE 429
Trotz – oder wegen – einer komplizierten Vergangenheit und unübersichtlichen Gegenwart haben israelische und palästinensische Künstler eine Menge zu sagen.

NATUR & UMWELT 436
Wie wirken sich Bevölkerungs- und Wirtschaftswachstum auf Flora, Fauna und deren Lebensräume aus?

Geschichte

Die Region, in der sich Israel und Palästina heute befinden, ist seit Urzeiten bewohnt – und hart umkämpft. Die Liste der Herrscher und Reiche, die hier das Sagen hatten, liest sich wie ein Who's who der europäischen und nahöstlichen Geschichte: Ägypter und Kanaaniter, Israeliten und Philister, Griechen, Judäer, Römer und Byzantiner, Araber und Kreuzfahrer, Mongolen (ein kurzes Intermezzo), Osmanen und Briten wechselten sich in der Herrschaft ab. Und alle hinterließen faszinierende Zeugnisse ihrer Hoffnungen und Torheiten, die heutige Traveller erkunden können.

Antike

Das Land, das sich heute Israel und Palästina teilen, ist seit rund 2 Mio. Jahren bewohnt. Zwischen 10 000 und 8000 v. Chr. – etwas später als im nahe gelegenen Mesopotamien – gingen die in dieser Gegend lebenden Menschen in Siedlungen wie Jericho von der Jagd zu Ackerbau und Viehzucht über.

Im 3. Jt. v. Chr. lebten halbnomadische Stämme im Land, die hier Weidewirtschaft betrieben. Im späten 2. Jt. v. Chr. gab es städtische Zentren und aus ägyptischen Quellen ist bekannt, dass die Pharaonen beträchtliche Interessen und großen Einfluss in dieser Region hatten. Um 1800 v. Chr. soll Abraham mit seinem Nomadenstamm aus Mesopotamien in das Land gezogen sein, welches die Bibel nach den ansässigen kanaanitischen Stämmen „Kanaan" nennt. Aufgrund von Dürren und Missernten sahen sich die Nachkommen allerdings gezwungen, nach Ägypten weiterzuziehen. Laut der Bibel führte Mose sie dann gegen 1250 v. Chr. aus der Sklaverei in das Land Israel zurück. Konflikte mit den Kanaanitern und Philistern brachten die Israeliten dazu, ihren lockeren Stammesverbund aufzugeben und sich unter König Saul (1050–1010 v. Chr.) und dessen Nachfolgern, den Königen David und Salomo, zu einem Volk zu vereinen.

Auf dem großen, abgeflachten Felsen, auf dem sich in Jerusalem heute der Felsendom mit seiner goldenen Kuppel erhebt, vermischen sich Mythen und Geschichte. Auf dem Tempelberg stand ursprünglich ein

ZEITLEISTE	2 Mio. Jahre v. Chr.	9000 v. Chr.	4500–3500 v. Chr.
	Hominiden siedeln am Tel Ovadia, 3 km südlich vom See Genezareth. Rund 780 000 v. Chr. leben ihre Nachfahren am Jordan, 13 km nördlich vom See Genezareth.	Wasservorkommen und gutes Klima locken die Menschen der Jungsteinzeit nach Jericho, wo sie eine mit einer Mauer umgebene Siedlung gründen, Getreide und Flachs anbauen und Ziegen hüten.	Während der Kupfersteinzeit gibt es im Jordangraben und auf dem Golan Dörfer, deren Bewohner töpfern und Steinwerkzeuge herstellen. Sie betreiben Landwirtschaft und domestizieren Ziegen und Schafe.

Altar für Baal oder eine andere heidnische Gottheit. Für die Juden ist er der Ort des „Grundsteins", wo die Weltschöpfung begann und Adam aus der Erde geformt wurde. Dort soll Abraham seinen Sohn Isaak beinahe – als Zeichen seines Gehorsams gegenüber Gott – geopfert haben. Im 10. Jh. v. Chr. errichtete Salomo hier den Ersten Tempel (den Salomonischen Tempel) als Zentrum des jüdischen Opferdienstes.

Nach Salomos Herrschaft (965–928 v. Chr.) kam es unter den Israeliten zu Teilungen und zur Vorherrschaft auswärtiger Mächte. Das Land spaltete sich nun in zwei rivalisierende Königreiche auf: Das Königreich Israel, dessen Territorium den nördlichen Teil des heutigen Westjordanlands sowie Galiläa umfasste, und das südliche Königreich Juda mit der Hauptstadt Jerusalem. Nachdem der assyrische Herrscher Sargon II. (reg. 722–705 v. Chr.) im Jahr 720 v. Chr. das Königreich Israel ausgelöscht hatte, verschwanden die zehn nördlichen Stämme aus der Geschichte (noch heute berufen sich Gruppen in aller Welt auf die Abkunft von den „zehn verlorenen Stämmen").

Im Jahr 586 v. Chr. eroberten die Babylonier Jerusalem, zerstörten den Ersten Tempel und führten das judäische Volk in die Babylonische Gefangenschaft (im heutigen Irak). 50 Jahre später eroberte der persische Großkönig Kyros II. Babylon und erlaubte den Juden die Rückkehr in das Land Israel. Die heimgekehrten Juden machten sich sofort daran, den Zweiten Tempel zu bauen, der dann 516 v. Chr. geweiht wurde.

> Die früheste außerbiblische Erwähnung Israels ist auf der Israel-Stele (1230 v. Chr.) im Ägyptischen Museum erhalten. Auf ihr findet sich eine Siegeshymne des Pharaos Merenptah: „Geplündert ist Kanaan, Aschkelon herbeigeführt, Israel verwüstet."

Griechen & Makkabäer, Römer & Christen

Als Alexander der Große im Jahr 323 v. Chr. starb, beanspruchte Ptolemaios, einer seiner Generäle, Ägypten und begründete jene Diadochendynastie, die mit Kleopatra enden sollte (die Nachfolger Alexander des Großen bezeichnet man als Diadochen). Auch Israel kam zunächst unter die Herrschaft der Ptolemäer, bis es im Jahr 200 v. Chr. es an die Seleukiden gelangte, eine weitere Diadochendynastie, deren Machtzentrum Syrien war.

Die „hellenistische" Epoche – so benannt nach der griechischen Herkunft der Seleukiden und des von ihnen geförderten Kults der olympi-

EIN LAND, VIELE NAMEN

Das Land, auf dem sich Israel und Palästina befinden, ist unter vielen Namen bekannt. Zu den gebräuchlicheren gehören „Kanaan", das „Land Israel" (Eretz Jisra'el) und „Juda" (Jehudah) in der hebräischen Bibel, „Judäa" (Provincia Iudaea) und nach 135 „Syria Palaestina" in römischen, „Ash-Sham" (Syrien) und „Filastin" (Palästina) in arabischen Quellen und schließlich „Heiliges Land" (lateinisch Terra Sancta) und „Palästina" in christlichen, muslimischen und jüdischen Texten.

1250 v. Chr.	10. Jh. v. Chr.	spätes 10. Jh. v. Chr.	586 v. Chr.
Der geschätzte Zeitpunkt des biblischen Auszugs aus Ägypten. Archäologen haben für Knechtschaft in Ägypten und Wüstenwanderung aber keine Beweise. Sie vermuten, dass die Israeliten aus Kanaan stammen.	Der für seine Weisheit berühmte König Salomo herrscht über Israel und errichtet in Jerusalem den Ersten Tempel als Ort für die Bundeslade mit den Tafeln der Zehn Gebote.	Das nördliche Königreich Israel spaltet sich vom südlichen Königreich Juda mit der Hauptstadt Jerusalem ab. Die Spur der zehn nördlichen Stämme verliert sich; heutige Juden stammen von den Judäern ab.	Nebukadnezar II., der König Babylons, zerstört den Ersten Tempel und führt die Juden in die Babylonische Gefangenschaft. 48 Jahre später gestattet ihnen der persische Großkönig Kyros II. die Rückkehr nach Judäa.

> Die Israelis bezeichnen die Einwanderung nach Israel als *alija*, das sich von dem hebräischen Wort für „aufsteigen" ableitet. Der Umzug von Israel in ein anderes Land wird zuweilen verächtlich als *jerida* („Abstieg") bezeichnet.

schen Götter – war vom Konflikt zwischen den Sadduzäern und den Pharisäern geprägt: Während die Sadduzäer, überwiegend städtische Juden der Oberschicht, den kultivierten griechischen Lebensstil annahmen, widersetzten sich die Pharisäer hartnäckig der Hellenisierung. Als der seleukidische König Antiochos IV. Epiphanes den Opferdienst im Tempel, den Sabbat und die Beschneidung verbot, begehrten die Juden unter der Führung des Judas Makkabäus auf. Mit Guerillataktik eroberten sie Jerusalem und den Tempel erneut.

Die Hasmonäer – die von den Makkabäern begründete Herrscherdynastie – wurden für das Römische Reich zu einem nützlichen Puffer gegen die plündernden Parther, deren Machtzentrum im heutigen Iran lag. Aber die Hasmonäer bekämpften sich auch untereinander, sodass Rom 63 v. Chr einschritt. Die Römer beherrschten die Region, aus der die römische Provinz Judäa (lat. Iudaea) wurde, danach entweder über einen Prokurator, deren berühmtester Pontius Pilatus war, noch lieber jedoch durch starke Klientelkönige – wie Herodes der Große (reg. 37-4 v. Chr) es war, zu dessen wichtigen Bauprojekten die Erweiterung des Tempels gehörte.

Das 1. Jh. n. Chr. war eine Zeit ständigen Aufruhrs in der römischen Provinz Judäa, so auch in den Jahren 26 bis 29, in der Jesus von Nazareth gewirkt haben soll. Die Spannungen entluden sich schließlich im Jahr 66, als die Juden den Aufstand gegen die Römer probten. Der große Jüdische Krieg wurde vier Jahre später durch Titus, den späteren Kaiser, niedergeschlagen. Jerusalem wurde erobert und der Zweite Tempel zerstört. Übrig blieb nur die westliche Außenmauer des Tempelbezirks, die heute als Klagemauer bekannt ist. Mit dem Fall Masadas im Jahr 73 endete jegliche jüdische Souveränität für fast 1900 Jahre. Am Ende des Krieges wurden die Juden zwar aus Jerusalem vertrieben, aber in anderen Teilen Israels, in der Diaspora, lebte noch eine große jüdische Bevölkerung.

Nur 60 Jahre nachdem Flavius Josephus seine pro-römische Darstellung *Der Jüdische Krieg* verfasste, brach ein neuer Aufstand los. Der Bar-Kochba-Aufstand (132–135) wurde von Simon Bar Kochba angeführt,

TITUSBOGEN

82 n. Chr. setzten die Römer Kaiser Titus nach dessen hart umkämpften Sieg über Judäa mit dem Bau einen eindrucksvollen Triumphbogens neben dem Forum Romanum ein Denkmal. Auf den Friesen des bis heute erhaltenen Bogens ist eine Prozession römischer Legionäre dargestellt, die Gegenstände aus dem Jerusalemer Tempel davontragen, darunter eine siebenarmige Menora (Leuchter). Über 17 Jahrhunderte später diente der Titusbogen als Inspiration für den Entwurf des Arc de Triomphe in Paris.

516 v. Chr.	4. Jh. v. Chr.	167–161 v. Chr.	63 v. Chr.
In Jerusalem wird der Zweite Tempel geweiht. Die Bundeslade bleibt nach der Plünderung des Ersten Tempels verschollen, trotzdem wird der neue Tempel zum spirituellen Zentrum des Judentums.	Die Nabatäer, ein Verband nordwestarabischer Nomadenstämme, gründen Petra (heute in Jordanien). Sie werden reich mit dem Handel von Weihrauch, der so zu den Griechen und Römern kommt.	Wegen der Einführung heidnischer Opfer durch Seleukidenkönig Antiochos IV. rebellieren die Juden unter Judas Makkabäus. Der Sieg (an ihn erinnert Chanukka) begründet die Herrschaft der Hasmonäer.	Nach der Einnahme Jerusalems durch Pompejus wird das unabhängige Königreich Judäa eine römische Provinz. Römische Prokonsuln regieren Judäa – nur der Tempeldienst bleibt bestehen.

dessen Kämpfer in Höhlen beim Toten Meer lebten. Manche Juden sahen in ihm den Messias. Die Römer unter Hadrian unterdrückten die Erhebung brutal: Fast die gesamte jüdische Bevölkerung Judäas wurde umgebracht.

Nach seinem Sieg versuchte Hadrian das Judentum und alle Spuren der jüdischen Unabhängigkeit zu beseitigen: Auf der Stätte des Tempels wurden Statuen Jupiters und des Kaisers aufgestellt, Juden wurde der Aufenthalt in „Aelia Capitolina", wie Jerusalem fortan hieß, verboten, und die römische Provinz Judäa wurde nach den Philistern in „Syria Palaestina" umbenannt, jenen Erzfeinden der Israeliten, die nach neuerer Forschung mykenisch-griechischen Ursprungs gewesen sein könnten.

Nach der Zerstörung des Tempels und dem Ende der in der Thora ausführlich beschriebenen Tieropfer befand sich das religiöse Leben der Juden in einer schweren Krise. Im Versuch, sich an die neuen Verhältnisse anzupassen, gründeten jüdische Religionsgelehrte im römischen Palästina und in Galiläa Lehrhäuser und stellten das Gebet und den Gottesdienst in der Synagoge in den Mittelpunkt – allerdings blieb das Gebet (wie auch heute) auf Jerusalem ausgerichtet. Das aktuell praktizierte „rabbinische Judentum" ist fast vollständig das Ergebnis der Lehren, Vorschriften und Präzedenzfälle, die von den Weisen und Rabbinern nach der Zerstörung des Zweiten Tempels aufgestellt wurden.

In den Jahren nach der Kreuzigung Jesu, die nach Ansicht mancher Forscher im Jahr 33 n. Chr. stattfand, verrichteten Juden, die ihn für den Messias hielten, ihre Gebetspflicht Seite an Seite mit solchen, die nicht daran glaubten. Jene Judenchristen hielten sich peinlich an die jüdischen Gebote. Aber in der Zeit, als die Evangelien verfasst wurden (spätes 1. Jh.), kam es zu theologisch-politischen Unstimmigkeiten. Die beiden Gemeinden trennten sich. Die polemischen Traktate der damaligen Christen, die sich gegen das Judentum richteten, entstanden in einer Position der Schwäche, denn das Christentum wurde von den Römern als eine Art Sekte verfolgt. In späteren Jahrhunderten wurden diese Texte dann zur Rechtfertigung von Antisemitismus herangezogen.

Das Christentum wurde vom Römischen Reich vielfach unterdrückt und verfolgt, bis 313 im Toleranzedikt von Mailand allen zuvor verfolgten Religionen, auch dem Christentum, Duldung gewährt wurde. Kurze Zeit später, wohl um 326, bemühte sich Helena, die Mutter Kaiser Konstantins des Großen, Stätten zu finden, die mit Jesu Leben und Leiden zu tun hatten. Viele der wichtigsten christlichen Stätten stammen aus dieser Epoche.

Das Byzantinische Reich, der christliche Nachfolgestaat der Osthälfte des Römischen Reichs, hielt die Herrschaft über Palästina bis ins frühe 7. Jh. aufrecht. In diesen Jahrhunderten gab es drei Aufstände – einen der Juden in Galiläa und zwei der Samaritaner. Die prächtigen Ruinen

> Der Jerusalemer Tempel war für das jüdische Leben so bedeutend, dass nach Einschätzung mancher Gelehrter von den 613 Geboten, die gläubige Juden beachten müssen, heute nur 270 anwendbar sind, weil sich die übrigen auf die Tieropfer und den Priesterdienst im Tempel beziehen.

37 v. Chr.	ca. 4 v. Chr.	66–70 n. Chr.	67
Der römische Senat ernennt Herodes den Großen zum König Judäas. Um sich beim Volk beliebt zu machen, erweitert er den Zweiten Tempel und errichtet die Paläste von Masada und Herodium.	Ein Jude, den die Geschichte als Jesus kennt, wird in Bethlehem geboren. Er wächst in Nazareth auf, predigt in Galiläa und wird in Jerusalem unter Pontius Pilatus verurteilt und gekreuzigt.	Die römische Unterdrückung führt zum Großen Jüdischen Krieg, den die Legionen Vespasians und Titus' gewinnen. Der Zweite Tempel und Jerusalem werden zerstört, der Opferdienst endet.	Josef ben Mathitjahu, ein jüdischer Militärkommandeur in Galiläa, wird von den Römern gefangen genommen, wechselt die Seiten und wird zu dem berühmten Historiker Flavius Josephus.

von Beit She'an und die vielen schönen Synagogen aus byzantinischer Zeit in Galiläa beweisen jedoch, dass wohl die meiste Zeit Friede und Wohlstand geherrscht haben.

Im Jahr 611 marschierten sassanidische Perser ein, eroberten Jerusalem, zerstörten Kirchen und raubten die Kreuzesreliquie. 628 wurde die byzantinische Herrschaft wiederbelebt, doch sie sollte nicht lange währen.

Muslime & Kreuzfahrer

Der Islam und die arabische Kultur gelangten zwischen 636 und 638 nach Palästina. 638 mussten die Byzantiner Jerusalem an den Kalifen Umar, den zweiten Nachfolger Mohammeds übergeben, sechs Jahre nach dessen Tod. Mohammed hatte seinen Anhängern zunächst das Gebet Richtung Jerusalem vorgeschrieben, erst ab 624 wandte man sich nach Mekka.

Der Tempelberg/Al-Haram Ash-Sharif war den muslimischen Neuankömmlingen heilig, weil sie glaubten, er sei die Stätte, an der Mohammed nachts in den Himmel aufgefahren sei *(miradsch)*, um die Herrlichkeit des Himmels zu betrachten. Im Koran heißt es, dass diese Nachtreise an einem „fernen Ort" stattgefunden habe, den die Muslime mit Jerusalem identifizieren. Deshalb ist Jerusalem die drittheiligsten Stadt des sunnitischen Islam (nach Mekka und Medina).

Umars Nachfolger errichteten den Felsendom und die Al-Aqsa-Moschee auf dem Tempelberg/Al-Haram Ash-Sharif, der in byzantinischer Zeit eine verlassene Schutthalde gewesen war. Juden wurde nun gestattet, sich wieder in Jerusalem niederzulassen. Da das Christentum als eine Vorgängerreligion des Islam betrachtet wurde, blieben die Heiligtümer der früheren Generationen erhalten. Im Lauf der Jahrhunderte konvertierten allerdings viele Christen zum Islam und die Bevölkerung ging langsam zum Arabischen als Umgangssprache über.

In einem Dekret garantierte Umar den Christen Jerusalems „die Sicherheit ihres Lebens, ihres Besitzes, ihrer Kirchen und ihrer Kreuze". Das Versprechen wurde größtenteils gehalten, bis 1009 der – möglicherweise geisteskranke – Fatimidenkalif al-Hakim viele Kirchen zerstören und Christen und Juden verfolgen ließ.

Christliche Pilgerfahrten zu den heiligen Stätten in Jerusalem blieben bis 1071 möglich, als die seldschukischen Türken die Stadt eroberten und die Reise aufgrund politischer Unruhen schwierig und gefährlich wurde. 1095 rief Papst Urban II. zu einem Kreuzzug auf, um die Stätten von Jesu Leben und Leiden wieder unter christliche Herrschaft zu bringen. Als die Kreuzzüge begannen, hatten die Fatimiden die Seldschuken zurückgeschlagen. Sie waren bereit, die alten Pilgerwege wieder zu öffnen. Aber es war zu spät: 1099 überwanden die Kreuzfahrer die Befestigungsmauern

---

In dem sehr lesenswerten Buch *Der heilige Krieg der Barbaren* beschäftigt sich der libanesische Schriftsteller Amin Maalouf mit der arabischen Sicht der Kreuzzüge.

73	132–135	2. Jh.	313
Drei Jahre nach dem Fall Jerusalems wird auch die Wüstenfestung Masada von den römischen Legionen erobert. Damit endet der letzte jüdische Widerstand in Judäa.	Nachdem Hadrian die Beschneidung verbietet, bricht unter Führung Bar Kochbas der Bar-Kochba-Aufstand aus. Nach dem Sieg der Römer sind die jüdischen Gemeinden Judäas nahezu vernichtet.	Nachdem Jerusalem zerstört und der Opferdienst eingestellt ist, entstehen Zentren des Judentums in Jawne, Sepphoris (Zippori) und Bet She'arim. Die Thora wird in der Mischna und im Talmud schriftlich fixiert.	Konstantin der Große, Kaiser des römischen Reiches, erlässt das Toleranzedikt von Mailand, das die freie Ausübung aller Religionen – auch die der christlichen – gestattet.

MYSTISCHES JUDENTUM

Die führenden Denker der illustren jüdischen Gemeinde Spaniens waren rationalistische Philosophen, deren Interessen sich auch auf Naturwissenschaft und Medizin erstreckten. 1492 vertrieben Spaniens christliche Herrscher alle Juden und lösten damit eine Glaubenskrise aus, auf welche die Rationalisten keine Antwort hatten. (Die Vertreibung war schließlich ein zutiefst irrationaler Akt – sofern man das spanische Königspaar außen vor lässt, das sich an den Habseligkeiten der Vertriebenen bereicherte.) Daraufhin entwickelten manche Juden ein neues, mystisches Verständnis für die Ursachen des Unglücks, das ihnen widerfuhr. Das Zentrum dieser neuen Mystik wurde die in den Hügeln Galiläas gelegene Stadt Safed, wo bedeutende spanische Rabbiner eine neue Heimat fanden. Ihr wichtigster Vertreter war der in Jerusalem geborene Isaak Luria (1534–1572), der die als Kabbala bezeichnete alte Mystik so weiterentwickelte, dass sie Antworten auf die spirituellen Fragen geben konnte, die Juden nach der Vertreibung bewegte.

Die lurianische Kabbala (das Wort bedeutet so viel wie „Übernahme") stützte sich auf ältere Texte wie den aus dem 13. Jh. stammenden Zohar, doch Lurias Anpassungen und Neuerungen hatten solche Wirkung, dass viele von ihnen in die gemeine jüdische Lehre übergingen. Luria selbst hinterließ keine Schriften, doch sein Gehilfe zeichnete den Kern seiner Ideen auf. Luria war der Meinung, dass sich das Unbegrenzte (En-Sof) für die Schaffung der Welt beschädigen musste, um der Schöpfung Raum zu geben. Infolgedessen fielen Funken des göttlichen Lichts aus ihrer ursprünglichen Lage, sodass die Gefahr bestand, dass sie für böse Zwecke missbraucht wurden. Die Juden könnten laut Luria das göttliche Licht wiederherstellen und das Unbegrenzte heilen, wenn sie die 613 Gebote (die zehn auf Moses' Tafel sowie 603 weitere) erfüllten. Durch diese mystische Herangehensweise konnten die Juden die Schrecken der Vertreibung aus Spanien, der Inquisition und späterer Verfolgungen als Teil des Bösen verstehen, das der Welt innewohnt. Zudem wurden sie dazu geleitet, nach innen zu blicken, um ein höheres spirituelles Bewusstsein zu erlangen und somit die „Welt zu heilen".

Jerusalems – sie schlachteten Muslime und Juden brutal ab. Erst 200 Jahre später sollte das gegenseitige Blutvergießen enden.

Als die Kreuzfahrer Jerusalem erobert hatten, gründeten sie dort ein Königreich, das selbst arabische Chronisten als einen wohlhabenden Staat mit effizienter Verwaltung beschreiben, der dem Vorbild des europäischen Feudalsystems folgte. Der erste König, Balduin I. (reg. 1100–1118), sah sein Reich als die Wiederherstellung des biblischen Königreichs Davids an und ließ sich deshalb am Weihnachtstag in Davids Geburtsstadt Bethlehem krönen.

1187 schlug der berühmte kurdisch-muslimische Söldnerführer Saladin (Salah ad-Din) eine Kreuzfahrerarmee bei den Hörnern von Hattin in Galiläa (unweit des Berges Arbel) und nahm anschließend Jerusalem ein. Selbst Saladins Feinde bescheinigten ihm, dass er Gefangene

614–628	638	749	1095–1099
Palästina wird vom persischen Sassanidenreich besetzt.	Nur sechs Jahre nach dem Tod ihres Propheten Mohammed erobern muslimische Armeen Jerusalem von den Byzantinern und bringen den Islam sowie die arabische Sprache und Kultur nach Palästina.	Bei einem massiven Erdbeben werden Bet She'an und Tiberias zerstört. In Jerusalem werden Tausende getötet und die Al-Aqsa-Moschee schwer beschädigt.	Im Ersten Kreuzzug erobern Christen das muslimisch beherrschte und von Muslimen und Juden verteidigte Jerusalem. Indessen kommt es in Europa und im Heiligen Land zu Pogromen an Juden.

menschlich behandelte und Waffenstillstände einhielt – was bei Christen und Muslimen sonst allgemein nicht unbedingt verbreitet war.

Die letzten Kreuzfahrer verließen 1291 nach dem Fall Akkos den Nahen Osten, aber die Kreuzzug-Symbolik lebte weiter: Als der britische General Edmund Allenby 1917 als erster christlicher Herrscher seit Saladins Sieg in Jerusalem einzog, erklärte er: „Nun sind die Kreuzzüge zu Ende."

Osmanen, Zionisten & Briten

1453 eroberten die Osmanen Konstantinopel. In der Folgezeit errichteten sie ein Reich, das sich bis zum Balkan, in den Nahen Osten und nach Nordafrika erstreckte. 1516 gewannen sie Palästina hinzu, zwei Jahrzehnte später ließ Sultan Süleyman I. (reg. 1520–1566), der Prächtige, die noch heute vorhandenen Stadtmauern um Jerusalem erbauen. Während der 400 Jahre währenden osmanischen Herrschaft war Palästina ein vernachlässigtes Hinterland, dessen Gouverneure mehr an Steuererhebung als an guter Verwaltung interessiert waren.

Das Fehlen einer effektiven Verwaltung in Palästina spiegelte den schleichenden Niedergang des Osmanischen Reiches wider, das im Ersten Weltkrieg unterging. Doch in den letzten Jahrzehnten des Reiches traten andere Kräfte in Palästina auf den Plan, die noch heute wichtig sind. Der Zionismus entstand hauptsächlich als Reaktion auf den in Westeuropa im Gefolge der Napoleonischen Zeit aufkeimenden Nationalismus und auf eine Welle von Pogromen in Osteuropa. Während zumindest eine kleine Zahl von Juden seit römischer Zeit ununterbrochen in Palästina gelebt hatte (z. B. in der galiläischen Kleinstadt Peki'in) und fromme Juden auch früher schon eingewandert waren, wann immer die politischen Umstände dies zuließen, begannen ab 1882 zionistische Juden mit dem Aufbau landwirtschaftlicher Siedlungen. Aus anderen Gründen startete im gleichen Jahr auch die Einwanderung von Juden aus dem Jemen. Auf diese Einwanderungswelle, die als Erste Alija bezeichnet wird (das hebräische Wort für die Auswanderung in das Land Israel, *alija*, bedeutet „Aufstieg"), folgte ab 1903 die Zweite Alija, die hauptsächlich von jungen, säkular und sozialistisch gesinnten Juden getragen wurde. Doch bis nach dem Ende des Ersten Weltkriegs gehörte die Mehrheit der palästinensischen Juden der orthodoxen Gemeinde an. Deren Mitglieder hatten meist kein Interesse am Zionismus und lebten in den vier heiligen Städten des Judentums: Hebron, Safed, Tiberias und Jerusalem, wo die Juden seit etwa 1850 die größte Bevölkerungsgruppe bildeten.

1896 verkündete ein aus Budapest stammender österreichisch-jüdischer Journalist namens Theodor Herzl seine Ideen in dem Buch *Der Judenstaat*. Die entehrende Behandlung des Hauptmanns Alfred Dreyfus, der in Paris aufgrund falscher Anschuldigungen als Hochverräter

> Der baptistische Laienprediger Thomas Cook führte 1869 eine Gruppe englischer Touristen aus der Mittelschicht nach Jerusalem. Zu jener Zeit wurden Kriminelle noch vor dem Jaffator öffentlich mit dem Schwert enthauptet.

1187
Saladin (Salah ad-Din) schlägt die Kreuzfahrer in der Entscheidungsschlacht von Hattin in Galiläa und erobert Jerusalem. Er erlaubt den Juden die Rückkehr in die Stadt.

1291
Mit der Eroberung Akkos, des letzten Vorpostens der Kreuzfahrer, endet – jedenfalls bis zur Ankunft der Briten im Jahr 1917 – die Herrschaft der Christen in Palästina.

1483
Der Ulmer Mönch Felix Fabri reist (wie viele andere) auf Pilgerfahrt ins Heilige Land und hinterlässt mit seinem „Evagatorium" einen der faszinierendsten Berichte einer mittelalterlichen Pilgerfahrt überhaupt.

16. Jh.
Safed wird mit der Ankunft sephardischer, der spanischen Inquisition entkommener Rabbiner und des Isaak Luria zum Zentrum jüdischer Gelehrsamkeit und der Kabbala (jüdische Mystik).

ZIONISMUS

Die Jewish Virtual Library (www.jewishvirtuallibrary.org) definiert Zionismus als die „nationale Bewegung für die Rückkehr des jüdischen Volkes in sein Heimatland und zur Wiederherstellung der jüdischen Souveränität im Land Israel." Das biblische Wort „Zion" (Tziyon) bezieht sich sowohl auf Jerusalem, in dessen Richtung Juden seit den Zeiten des Ersten Tempels ihr Gebet verrichten, als auch auf das Land Israel.

Der Historiker Binyamin Neuberger schreibt: „Der politische Zionismus, die nationale Befreiungsbewegung des jüdischen Volkes, entstand im 19. Jahrhundert im Rahmen eines liberalen Nationalismus, der Europa überrollte. Zentrales Moment der zionistischen Ideologie ist das Konzept vom Land Israel als der historischen Geburtsstätte des jüdischen Volkes und der Glaube, dass jüdisches Leben anderswo ein Leben im Exil ist."

Dieses Thema wird auch in der Israelischen Unabhängigkeitserklärung (1948) angesprochen. Dort heißt es:

„Im Land Israel entstand das jüdische Volk. Hier prägte sich sein geistiges, religiöses und politisches Wesen. Hier lebte es frei und unabhängig. Hier schuf es eine nationale und universelle Kultur und schenkte der Welt das Ewige Buch der Bücher. Durch Gewalt vertrieben, blieb das jüdische Volk auch in der Verbannung seiner Heimat in Treue verbunden. Nie wich seine Hoffnung. Nie verstummte sein Gebet um Heimkehr und Freiheit."

Zu den praktischen Zielen des Zionismus gehörte es, dem jüdischen Volk, das die Zionisten im gleichen Sinn als ein Volk betrachten wie z. B. Tschechen, Ungarn oder Franzosen, in einer aus Nationalstaaten bestehenden Welt nationale Selbstbestimmung zu verschaffen und gleichzeitig allen Juden einen Zufluchtsort vor antisemitischer Diskriminierung und Verfolgung zu bieten.

verurteilt worden war, hatte ihn überzeugt, dass die Juden ohne nationale Selbstbestimmung nie eine faire Behandlung und bürgerliche Rechte erlangen könnten. Im nächsten Jahr eröffnete er in Basel den Ersten Zionistenkongress. Angeregt vom politischen Zionismus, begannen junge Juden – die meisten stammten aus Polen und Russland, und viele hatten säkulare und sozialistische Überzeugungen – nach Palästina auszuwandern.

Im November 1917 erklärte die britische Regierung in der Balfour-Deklaration, dass sie „die Schaffung einer nationalen Heimstatt für das jüdische Volk in Palästina mit Wohlwollen" betrachte. Kurz darauf eroberten britische Truppen unter Führung von Edmund Allenby Jerusalem.

Unmittelbar nach dem Ende des Ersten Weltkriegs setzte eine neuerliche Einwanderung von Juden nach Palästina ein, das jetzt unter einer britischen, vom Völkerbund gebilligten fortschrittlichen und kompetenten Mandatsregierung stand. Im Zuge der Dritten Alija (1919–1923)

1536	1799	1837	1882
Der osmanische Sultan Süleyman I. beginnt mit dem Bau der bis heute erhaltenen Mauern von Jerusalems Altstadt.	Napoleon erobert Gaza, Jaffa (wo er Tausende Gefangene massakrieren lässt) und Haifa, scheitert aber an der Eroberung Akkos. Er verlässt heimlich seine Armee und kehrt nach Frankreich zurück.	Ein großes Erdbeben verwüstet Galiläa. Safed wird weitgehend zerstört und mehr als 2000 Einwohner sterben; in Tiberias werden 600 Menschenleben ausgelöscht.	Pogrome in Russland lösen die Erste Alija aus, die erste organisierte zionistische Einwanderung nach Palästina. Bald entstehen landwirtschaftliche Siedlungen wie Metulla, Zichron Ya'acov und Rishon LeZion.

kamen hauptsächlich junge, idealistische Sozialisten ins Land, von denen viele Kibbuzim auf Randländereien gründeten, die sie zum Teil im Ausland lebenden arabischen Großgrundbesitzern abgekauft hatten. Dabei kam es gelegentlich zu Vertreibungen arabischer Pächter. Die Vierte Alija (1924–1929) brachte hauptsächlich Kaufleute und Händler der Mittelschicht ins Land – nicht gerade die engagierten Pioniere, auf die die zionistische Führung gehofft hatte. In den 1930er-Jahren folgte schließlich die Fünfte Alija, die überwiegend aus Flüchtlingen aus Hitlerdeutschland bestand, von denen viele einen großbürgerlichen Hintergrund hatten.

Die Zunahme der jüdischen Einwanderung erregte den Zorn der palästinischen Araber, die ihrerseits eine arabisch-nationalistische Identität entwickelten und die wachsende jüdische Bevölkerung Palästinas als Bedrohung ansahen. Antizionistische Erhebungen gab es 1921 und 1929, während die jüdische Einwanderung nach Palästina ungebrochen anhielt, insbesondere nach der Machtübernahme Hitlers im Jahr 1933. Machten im Jahr 1931 die 174 000 Juden noch 17 % der Gesamtbevölkerung Palästinas aus, war ihre Zahl bis 1941 schon auf 474 000 bzw. 30 % der Gesamtbevölkerung gewachsen.

Der wachsende palästinisch-arabische Widerstand gegen den Zionismus und die Politik der britischen Mandatsverwaltung, besonders in der Frage der jüdischen Einwanderung, gipfelte im Arabischen Aufstand (1936–1939), bei dem rund 400 jüdische Zivilisten und 200 britische Armeeangehörige ermordet wurden. Die Mandatsverwaltung unterdrückte den Aufstand mit großer Gewalt und tötete rund 5000 palästinische Araber. Die Juden Palästinas nutzten den arabischen Wirtschaftsboykott, um ihre wirtschaftliche Unabhängigkeit auszubauen – so gründeten sie beispielsweise einen eigenen Hafen in Tel Aviv. Allerdings zeitigte der Arabische Aufstand insofern Erfolg, als er die Briten – die für den drohenden Krieg mit Deutschland auf arabisches Öl und gute politische Beziehungen zu den Arabern angewiesen waren – dazu brachte, die jüdische Einwanderung nach Palästina stark einzuschränken. Gerade als die Situation der europäischen Juden immer verzweifelter wurde und sie dringend eine Fluchtmöglichkeit brauchten – bis Ende 1941 erlaubten die Nazis den Juden, Deutschland zu verlassen, sofern sie ein Aufnahmeland fanden –, wurden die Tore Palästinas für sie geschlossen. Selbst nach dem Zweiten Weltkrieg hinderten die Briten Überlebende des Holocaust daran, nach Palästina zu gelangen, was der jüdischen öffentlichen Meinung in Palästina und den USA nicht gerade zuträglich war: Flüchtlinge, die versuchten, die Blockade zu durchbrechen, wurden in Zypern interniert.

1947 brachte das vom Zweiten Weltkrieg erschöpfte Großbritannien, das die Gewalttaten von Arabern und Juden in Palästina leid war, das

In dem exzellenten Werk Es war einmal ein Palästina *(2005) schildert Israels führender Populärhistoriker Tom Segev auf anschauliche Weise die Geschichte Palästinas während der britischen Mandatsherrschaft anhand individueller Erlebnisse.*

1909
Unter Führung von Meir Dizengoff gründen 66 Familien auf Sanddünen nördlich von Jaffa die Stadt Tel Aviv. Die Parzellen des von der Gruppe gekauften, 5 ha großen Geländes werden zugelost.

1910
Degania wird als erster Kibbuz von sozialistischen „Pionieren" aus Weißrussland am südlichen Ende des Sees Genezareth gegründet. Das Land war 1904 erworben worden.

1916
Im geheimen Sykes-Picot-Abkommen wird das Osmanische Reich in Einflussgebiete aufgeteilt. Palästina, Transjordanien und der südliche Irak sollen an Großbritannien, der Libanon und Syrien an Frankreich fallen.

1917
In der Balfour-Deklaration erklärt die britische Regierung ihre Unterstützung für eine „jüdische Heimstatt" in Palästina. Britische Truppen unter General Allenby erobern jedoch Jerusalem.

Problem vor die zwei Jahre zuvor gegründeten Vereinten Nationen. In einem Augenblick seltener Übereinstimmung zwischen den USA und der UdSSR stimmte die Vollversammlung der UNO im November 1947 für die Teilung Palästinas in zwei unabhängige Staaten, einen jüdischen und einen arabischen; Jerusalem sollte unter eine „internationale Sonderverwaltung" gestellt werden. Die Juden Palästinas akzeptierten diesen Plan im Prinzip, während die palästinischen Araber und fast alle arabischen Staaten die Zustimmung versagten. Arabische Einheiten gingen unverzüglich zum Angriff auf jüdische Ziele über. Die Verteidigung der jüdischen Gemeinden Palästinas, der ökonomischen Interessen und Transportwege wurde von der Haganah angeführt, einer im Untergrund operierenden militärischen Organisation, aus der bald die israelischen Streitkräfte hervorgingen.

Noch am Tag der Beendigung der britischen Mandatsherrschaft, am 14. Mai 1948, proklamierten die Juden den unabhängigen jüdischen Staat, der nur wenige Stunden später von den Armeen Ägyptens, Syriens, Jordaniens, des Libanon und des Irak angegriffen wurde. Der britische Feldmarschall Bernard Montgomery, der durch seine Erfolge auf dem nordafrikanischen Kriegsschauplatz im Zweiten Weltkrieg berühmt geworden war, attestierte Israel, höchstens drei Wochen überleben zu können. Doch zur Überraschung der arabischen Angreifer – und der Welt – wurden die 650 000 palästinischen Juden nicht geschlagen, sondern erlangten die Kontrolle über 77 % des ehemaligen Mandatsgebiets (laut dem Teilungsplan sollten sie 56 % erhalten). Jordanien besetzte (und annektierte) das Westjordanland und Ostjerusalem, die Bewohner des jüdischen Viertels der Altstadt wurden vertrieben. Und Ägypten erlangte die Kontrolle über jenes Gebiet, das unter dem Namen „Gazastreifen" bekannt wurde.

Unabhängigkeit & Katastrophe

Der Israelische Unabhängigkeitskrieg von 1948 brachte Israel die staatliche Existenz, den Holocaust-Überlebenden und den jüdischen Flüchtlingen aus arabischen Ländern eine Zufluchtsstätte und allen Juden der Erde die Garantie, dass sie bei antisemitischen Verfolgungen immer ein Aufnahmeland haben würden. Für die palästinensischen Araber war der Krieg von 1948 dagegen *an-Nakba*, „die Katastrophe".

Rund 700 000 palästinensische Araber flohen aus dem Heiligen Land oder wurden bis zum Ende des Jahres vertrieben. Die Auswirkungen dieses Schlüsselmoments des Nahostkonflikts sind dramatisch: Er führte zu einer humanitären Katastrophe und dem bis heute ungelösten Problem der palästinensischen Flüchtlinge.

Gleich mehrere Ursachen lösten die Massenflucht aus. In vielen Fällen vertrieben jüdische Militärschläge auf Städte und Dörfer sowie Angriffe

1918	1925	1929	1939–1945
Britische Truppen erobern das nördliche Palästina von den Osmanen. Bei einer der letzten Reiterschlachten der Weltgeschichte nimmt eine indische Kavalleriebrigade Haifa ein.	Die Hebräische Universität von Jerusalem wird auf dem Berg Skopus gegründet. Ihrem ersten Leitungsgremium gehören Albert Einstein, Sigmund Freud und Martin Buber an.	Um die Nutzung der Klagemauer gibt es zwischen Arabern und Juden brutale Auseinandersetzungen. In Hebron werden zwar viele Juden von muslimischen Nachbarn versteckt, 67 aber von Arabern ermordet.	6 Mio. europäische Juden werden von den Nazis ermordet. Viele palästinensische Juden treten freiwillig der britischen Armee bei. Zionisten schleusen jüdische Flüchtlinge nach Palästina.

mit Mörsergranaten und Scharfschützen die Araber aus ihrer Heimat. Schnell machten Berichte über gefallene Städte und Grausamkeiten die Runde, darunter das Massaker von Deir Yasin, bei dem zionistische Milizen über 200 Dorfbewohner töteten. Eingeschüchtert und voller Angst, ein ähnliches Schicksal zu erleiden, flohen weitere in der Annahme, später zurückkehren zu können. Ende 1948 befanden sich 80 % der palästinensischen Araber auf der Flucht. Kurz nach dem Massenexodus erließ die israelische Regierung mehrere Gesetze, die vertriebenen Arabern innerhalb Palästinas und im Ausland die Rückkehr in ihre Heimat untersagten.

Nachdem Israel unabhängig geworden war, setzte ein Zustrom verarmter jüdischer Flüchtlinge ein: aus den britischen Internierungslagern auf Zypern, wo die Briten Juden untergebracht hatten, die sie an der Einreise nach Palästina gehindert hatten; aus den Lagern für „Displaced Persons" Nachkriegseuropas, darunter Hunderttausende Holocaust-Überlebende; aus Ländern, die schon bald hinter dem Eisernen Vorhang verschwinden sollten (z. B. Bulgarien); sowie aus arabischen Ländern, deren alteingesessene jüdische Gemeinden Ziel antisemitischer Ausschreitungen wurden (z. B. Irak, Jemen und Syrien). In der Folge wuchs die jüdische Bevölkerung Israels innerhalb von drei Jahren auf mehr als das Doppelte an.

Krieg & Terrorismus

Im Frühjahr 1967 hallten die Straßen der arabischen Hauptstädte – vor allem in Kairo – von panarabisch-nationalistischen Aufrufen zur „Befreiung" des gesamten historischen Palästinas von der „illegalen Besetzung" durch die Israelis wider. Der ägyptische Präsident Gamal Abdel Nasser ließ die Straße von Tiran für die israelische Schifffahrt wie auch für Öllieferungen aus Iran schließen, das seinerzeit ein Verbündeter Israels war. Nasser befahl den UN-Friedenstruppen den Abzug aus dem Sinai und hielt blutrünstige Reden, mit denen er Millionen Araber in der ganzen arabischen Welt aufhetzte. Jordanien und Syrien ließen ihre Truppen an den Grenzen Israels aufmarschieren. Die entsetzten Israelis nahmen die Drohungen Nassers sehr ernst, der am 3. Mai erklärt hatte, „unser grundlegendes Ziel ist die Vernichtung Israels". Sie fragten sich, ob ihnen ein ähnliches Schicksal bevorstände wie einst den Juden in Europa während des Zweiten Weltkriegs.

Am 6. Juni unternahm Israel einen Präventivschlag gegen arabische Feindstaaten, zerschlug deren Luftwaffe und rückte in einem Dreifrontenkrieg gegen Syrien, Ägypten und Jordanien vor. In weniger als einer Woche – darum der Name Sechstagekrieg (aus israelischer Sicht, s. www.sixdaywar.co.uk) – eroberte Israel den Sinai und den Gazastreifen von Ägypten, das Westjordanland und Ostjerusalem von Jordanien und die Golanhöhen von Syrien.

Der heroische Monumentalfilm Hollywoods der 1960er-Jahre machte auch vor dem Zionismus nicht halt. Paul Newman war der Star in *Exodus* (1960), einem Film nach Leon Uris' Bestseller über ein Schiff mit illegalen jüdischen Einwanderern. Und Kirk Douglas spielte in *Der Schatten des Giganten* (1966) einen amerikanischen Kriegshelden, der sich dem Kampf um Israels Unabhängigkeit anschließt.

1946	1947	1948	1948–1970er-Jahre
Paramilitärische Untergrundkämpfer der Irgun unter Menachem Begin zerstören Teile des King David Hotel, wo eine britische Kommandostelle untergebracht war. 91 Menschen sterben.	Die UNO stimmt für die Teilung Palästinas in einen jüdischen und einen arabischen Staat. Der Plan wird von den Zionisten angenommen, von den Arabern abgelehnt. Heftige Kämpfe erschüttern Palästina.	Die Briten verlassen Palästina. Die zionistischen Streitkräfte behaupten sich gegen Milizen und Armeen fünf arabischer Staaten, 700 000 palästinische Araber fliehen. Der Staat Israel wird ausgerufen.	Rund 600 000 Juden flüchten aus arabischen Ländern wie dem Jemen, Syrien, dem Irak, Ägypten, Libyen und Marokko oder werden vertrieben. Sie finden Aufnahme in Israel. Viele verbringen Jahre in Transitlagern.

DIE JÜDISCHE DIASPORA

Während der letzten rund 3300 Jahre, seit die Kinder Israels nach Kanaan kamen – laut der Bibel geschah das nach dem Auszug aus Ägypten –, haben immer Juden im Land Israel gelebt. Ungefähr zwei Drittel dieses Zeitraums lebten aber die meisten Juden außerhalb des Heiligen Landes in Gemeinden in anderen Ländern, die man in ihrer Gesamtheit als Jüdische Diaspora (nach dem griechischen Wort für „Zerstreuung") bezeichnet.

Die erste große Diasporagemeinde bildete sich in Babylonien (dem heutigen Irak), nachdem Nebukadnezar II. 586 v. Chr. den Ersten Tempel zerstört und die Judäer ins Exil gezwungen hatte. Als der persische Großkönig Kyros II. ihnen 48 Jahre später die Rückkehr gestattete, blieben viele in ihrer neuen Heimat Babylonien.

Vom 3. bis zum 6. Jh. rivalisierten die Rabbiner Palästinas und Babyloniens um die Vorherrschaft bei der Auslegung der jüdischen Gebote, wobei sich die babylonischen Juden durchsetzten.

Im 11. Jh. verlagerte sich der Sitz der wichtigsten geistlichen Autoritäten des Judentums nach Nordafrika (Kairo und Kairuan in Tunesien) sowie ins Rheinland, ein entlegenes Land, das die Juden Aschkenas nannten. Zwischen dem 13. und 15. Jh. lebten viele bedeutende jüdische Gelehrte in Spanien, das auf Hebräisch „Sefarad" genannt wurde.

Aufgrund von Verfolgungen in Westeuropa zogen die aschkenasischen Juden ab dem 14. Jh. ostwärts in die von Slawen bewohnten Länder, wobei sie ihre deutsche, mit hebräischen Wörtern durchsetzte Umgangssprache, das Jiddisch, mitnahmen. Bis ins 17. Jh. hatten sich Polen und Litauen zum Zentrum des jüdischen Geisteslebens entwickelt und im 18. Jh. lebten erstmals in der Geschichte des jüdischen Volkes mehr Juden in Europa als in Nordafrika und Asien.

Die Juden Osteuropas wurden wieder zerstreut, als viele im späten 19. Jh. vor den Pogromen im zaristischen Russland flohen. Nach der Vertreibung der Juden aus Spanien 1492 zogen die Sephardim in die Länder des Osmanischen Reichs (wo sie freundlich aufgenommen wurden) und in die Niederlande; einige machten sich von dort weiter nach England auf. Von den Juden, die in Europa blieben und im Zweiten Weltkrieg unter die Nazi-Herrschaft gerieten, starb die große Mehrheit im Holocaust. Die meisten wurden erschossen oder in Gaskammern getötet und in Massengräbern verscharrt.

Ein kleiner Teil der Sephardim lebte vor 1776 in den britischen Kolonien Nordamerikas, die große Mehrheit der jüdischen Gemeinden Amerikas stammt jedoch von aschkenasischen Einwanderern des 19. Jhs. ab. Heute rivalisieren die Juden in den USA und in Israel, mit jeweils rund 6 Mio. Gläubigen, um den Vorrangstellung im kulturellen und religiösen Leben der jüdischen Welt, nicht anders als ihre Vorfahren in Babylonien und Israel vor 1700 Jahren.

Die Israelis reagierten auf ihren Sieg euphorisch, verbreitet war die Meinung, der Sieg sei nur mit Gottes Hilfe möglich gewesen. Manche sahen darin einen Beweis für ihre messianischen Hoffnungen und siedelten in den neu eroberten Gebieten. Zu jener Zeit sahen nur wenige

1950
Jordanien annektiert das Westjordanland und Ostjerusalem, das es im Krieg 1948 besetzte. Das Haschemitische Königreich gibt 1988 seine Gebietsansprüche auf.

1951
Jordaniens König Abdallah I. wird auf dem Tempelberg/Al-Haram Ash-Sharif von einem palästinensischen Nationalisten ermordet. Sein Enkel Hussein wird König und regiert bis 1999.

1953
Die wichtigste Gedenkstätte für die Opfer des Holocaust weltweit, Yad Vashem, wird ins Leben gerufen. Einige Jahre später wird sie am Herzlberg im Westen Jerusalems eröffnet.

1956
Als Ägypten das Rote Meer für israelische Schiffe sperrt, rückt Israel in den Sinai ein. Großbritannien und Frankreich wollen den Konflikt nutzen, um den Sueskanal wieder unter ihre Kontrolle zu bringen.

voraus, welche demografischen, politischen und moralischen Probleme die israelische Besetzung dieser Gebiete mit sich bringen würde.

1973 unternahmen Ägypten und Syrien einen Zweifronten-Überraschungsangriff auf Israel an Jom Kippur, dem höchsten jüdischen Feiertag. Aufgrund des Versagens seiner Geheimdienste war Israel, vom Sieg von 1967 noch berauscht, unvorbereitet und musste anfangs zurückweichen, schlug dann aber unter großen Verlusten auf beiden Seiten die arabischen Armeen zurück. Wegen der ägyptischen Anfangserfolge gelang es dem ägyptischen Präsidenten Anwar as-Sadat aber, den Jom-Kippur-Krieg als Erfolg darzustellen. In taktischer und strategischer Hinsicht ging Israel zwar als Sieger hervor, doch niemand in Israel betrachtete diesen Krieg als israelischen Triumph.

Durch die Fehler im Jom-Kippur-Krieg vollständig diskreditiert und im Angesicht von Korruption und Unentschlossenheit in ihrer Arbeitspartei, trat Ministerpräsidentin Golda Meir 1974 zurück. Drei Jahre später wurde die Arbeitspartei, die seit 1948 stets den Regierungschef gestellt hatte, aus dem Amt gewählt – zum Teil auch aufgrund des Zorns der Mizrachim (Juden aus Asien und Nordafrika) über ihre wirtschaftliche und politische Marginalisierung. Neuer Ministerpräsident wurde der Vorsitzende des Likud-Blocks, Menachem Begin, ein rechtsgerichteter, ehemaliger Untergrundkämpfer (den viele aufgrund der Anschläge seiner Organisation auf arabische Zivilisten und Symbole der britischen Besatzung als Terroristen bezeichnen). Doch als der ägyptische Präsident Anwar as-Sadat die Welt mit seiner Reise nach Jerusalem (1977) verblüffte und Israel für den Rückzug vom Sinai Frieden und (nicht eingelöste) Fortschritte auf dem Weg zur Gründung eines Autonomen Palästinenserstaats anbot, lenkte Begin ein. Unter den Augen des strahlenden US-Präsidenten Jimmy Carter unterzeichneten Begin und Sadat 1978 das Camp-David-Abkommen.

Israel vollendete seinen Abzug aus dem Sinai, bei dem 7000 Siedler teilweise unter Zwang repatriiert wurden, im Frühjahr 1982 – nur sechs Wochen, bevor unter dem israelischen Verteidigungsminister Ariel Scharon eine Invasion in den Libanon erfolgte. Als Rechtfertigung dienten schwelende Spannungen zwischen aus dem Libanon operierenden PLO-Kämpfern und Israel sowie ein gescheiterter Mordanschlag auf den israelischen Botschafter in Großbritannien durch eine PLO-feindliche palästinensische Splittergruppe. Ziel des Militärschlags war es, die PLO aus dem Land zu vertreiben und ein pro-israelisches, christliches Regime in Beirut zu installieren. Dieser Krieg aber spaltete die israelische Öffentlichkeit wie keiner zuvor, zumal er sich über Jahre (nämlich bis 1985) hinzog – und auch danach hielten die Israelis bis Mai 2000 eine „Sicherheitszone" im Südlibanon besetzt. Viele Israelis meinten, der Krieg sei ohne einen eigentlichen Kabinettsbeschluss zustande gekommen. Vor

---

Israels arabische Einwohner – palästinensische Araber, die 1948 ihre Heimat nicht verließen, und deren Nachkommen – lebten bis 1966 unter Militärrecht. Heute beträgt ihre Zahl rund 1,6 Mio., die meisten davon sind in Galiläa ansässig. Arabische Bewohner Ostjerusalems sind im Besitz blauer israelischer Ausweise; die meisten lehnten Israels Angebot ab, die Staatsbürgerschaft anzunehmen.

1961
Das Jerusalemer Bezirksgericht verurteilt den früheren SS-Obersturmbannführer Adolf Eichmann, der im Dritten Reich für die Steuerung der Deportationen zuständig war, zum Tod durch den Strang.

1964
Die Arabische Liga gründet bei einer Konferenz in Kairo die Palästinensische Befreiungsorganisation (PLO). Israel und Syrien streiten um Wasserrechte im Jordangraben.

1967
In sechs Tagen schlägt Israel Ägypten, Jordanien und Syrien und besetzt nahezu das Doppelte seines Staatsgebiets. Zum ersten Mal seit 1948 können Israelis an der Klagemauer beten.

1972
Palästinensische Terroristen von Arafats Fatah ermorden bei den Olympischen Spielen in München elf israelische Sportler und Betreuer. Golda Meir, israelische Mnisterpräsidentin, befiehlt, die Attentäter zu finden und zu töten.

allem aber betrachteten sie es als Schande für ihr Land, dass israelische Soldaten tatenlos zusahen, als ihre christlich-libanesischen Verbündeten im September 1982 ein Massaker in den Beiruter Flüchtlingslagern Sabra und Shatila verübten. 400 000 Menschen beteiligten sich in Tel Aviv bei der bis dahin größten Demonstration der israelischen Geschichte gegen den Krieg und das Massaker. (Israels anhaltende Traumatisierung durch den Ersten Libanonkrieg war Thema des 2008 für den Oscar nominierten dokumentarischen Trickfilms *Waltz with Bashir*.)

Unterdessen warteten die palästinensischen Flüchtlinge im Westjordanland und im Gazastreifen, in Flüchtlingslagern in den Nachbarländern und überall in der arabischen Welt auf die Lösung für ihr Schicksal. 1964 rief die Arabische Liga, Vertreterin von 22 arabischsprachigen Ländern, die Palästinensische Befreiungsorganisation (PLO) ins Leben. Aber erst nach der arabischen Niederlage im Sechstagekrieg (1967) trat ein palästinensischer Anführer an die Spitze der PLO, der bereit war, der Arabischen Liga zu trotzen.

Der 1929 in Kairo geborene Jassir Arafat arbeitete in den späten 1950er-Jahren als Ingenieur in Kuwait, als er die Fatah gründete, ein umgekehrtes arabisches Akronym für „Bewegung zur Befreiung Palästinas" und das arabische Wort für „Sieg". Mittels der Fatah-Fraktion übernahm er 1969 die Kontrolle über die PLO. Aus seinem Exil in Jordanien und später im Libanon und in Tunesien führte er eine Kampagne von Entführungen, Bombenattentaten und Angriffen gegen zivile Ziele durch, deren Sinn es war, Israel zu schwächen. Israel antwortete darauf mit Kommandooperationen im Ausland und gezielten Tötungen. Die PLO-Operationen sollten das Palästinenserproblem in den Schlagzeilen der Weltpresse halten.

1987 brach ein Volksaufstand gegen die israelische Besetzung im Westjordanland und im Gazastreifen aus. Diese Erste Intifada (das arabische Wort für „Erhebung") war eine spontane Welle aus Streiks und Ausschreitungen, bei denen Steine und Molotow-Cocktails geworfen wurden. Arafat, dessen Hauptquartier sich in Tunis befand, hatte zunächst keinen Einfluss auf die Massenbewegung in den Palästinensergebieten, setzte sich dann aber schnell an deren Spitze und erwarb weltweit Sympathien für die palästinensische Sache.

1988 schwor Arafat dem Terrorismus ab und erkannte Israel an. Fünf Jahre später unterzeichneten Israel (unter Jitzchak Rabin) und die PLO das Oslo-Abkommen, so benannt nach den Geheimverhandlungen in der norwegischen Hauptstadt, die die Grundlage der Vereinbarung bildeten. Nach dieser sollte Israel schrittweise die Kontrolle über verschiedene Gebiete auf die Palästinenser übertragen, angefangen mit den größeren Städten im Westjordanland und im Gazastreifen. Die schwierigsten Fragen – die Zukunft Jerusalems und das „Rückkehrrecht" für palästinen-

---

GESCHICHTE KRIEG & TERRORISMUS

Arabische Männer werden häufig als Abu (d. h. „Vater von"), gefolgt von Namen des ältesten Sohnes, angesprochen. Arafat war im Volk als Abu Ammar bekannt, obwohl er keinen Sohn hatte. Seinen Kampfnahmen wählte er nach einem Gefährten des Propheten Mohammed.

1973	1978	1982	1985
Ägypten und Syrien starten an Jom Kippur, dem höchsten jüdischen Feiertag, einen Überraschungsangriff auf Israel. Der folgende Jom-Kippur-Krieg, den Israel militärisch gewinnt, kostet auf beiden Seiten viele Opfer.	Israel und Ägypten unterzeichnen das Camp-David-Abkommen. Israel eröffnet eine Botschaft in Kairo, Ägypten eine Botschaft in Tel Aviv, der Sinai geht wieder an Ägypten.	Israel marschiert im Libanon ein und belagert Beirut. Phalangistische Libanesen massakrieren Palästinenser. Jassir Arafat und PLO-Kämpfer fliehen übers Meer aus Beirut und verlegen ihren Hauptsitz nach Tunis.	Als erster deutscher Bundespräsident besucht Richard von Weizäcker am 8. Oktober das Land Israel. In Israel sieht man den Staatsbesuch als „Wendemarke" im Verhältnis der Völker.

sische Flüchtlinge – sollten erst am Ende einer fünfjährigen Übergangsperiode verhandelt werden. Die Formel für das Oslo-Abkommen lautete im Wesentlichen „Land gegen Frieden", basierend auf der Zwei-Staaten-Lösung, die die UNO im Jahr 1947 vorgeschlagen hatte.

Die Oslo-Ära

Jassir Arafat kam im Juli 1994 nach Gaza, um an die Spitze der neugeschaffenen Palästinensischen Autonomiebehörde (PA) zu treten. Israel trat in den folgenden fünf Jahren die Hoheit über einen Großteil von Gaza und die meisten Städte im Westjordanland ab, die unter palästinensischer Kontrolle waren. Doch wirklichen Frieden brachte das Oslo-Abkommen nicht. Vielmehr stachelte es auf beiden Seiten diejenigen, die gegen alle Kompromisse waren, zu immer größeren Gewalttaten an. Der Terrorismus der Hamas und des Islamischen Dschihad erreichte mit Selbstmordattentaten gegen israelische Zivilisten neue Höhepunkte. Israel schlug mit gezielten Tötungen von Führungspersonen der Hamas und des Islamischen Dschihad zurück, eine Taktik, bei der häufig auch unbeteiligte Zivilisten verletzt oder getötet wurden. Die Zahl militärischer Strafaktionen und der Gewalttaten jüdischer Siedler gegen Araber nahm zu, während die Hoffnung auf eine verbesserte wirtschaftliche Lage und die Möglichkeit, sich frei zu bewegen, unerfüllt blieb.

Der vielleicht größte Schlag gegen den Friedensprozess ereignete sich im November 1995, als ein orthodoxer israelischer Extremist den Ministerpräsidenten Jitzchak Rabin nach einer Kundgebung in Tel Aviv niederschoss. Die jahrelange Hetze nationalistischer Israelis (insbesondere jüdischer Siedler) gegen Rabins Zustimmung zur Aufgabe von Teilen des historischen „Landes Israel" gipfelte nun in seiner Ermordung. Viele orthodoxe Juden (allerdings nicht die ultraorthodoxen, die nicht- oder sogar antizionistisch sind) glauben, dass die biblischen Länder, die sie als Judäa und Samaria bezeichnen (nämlich das Westjordanland), wie auch der Gazastreifen als Teil des göttlichen Heilsplans unter israelische Herrschaft gerieten und dass das Messianische Zeitalter unmittelbar bevorstünde. Die Aufgabe der Herrschaft über jenes Land, das Gott Israel beschert haben soll, würde nach ihrer Ansicht das Kommen des Messias verhindern. Ein größeres Verbrechen ist in den Augen dieser Apokalyptiker gar nicht denkbar.

Für die meisten Israelis war die Ermordung Rabins eine nationale Katastrophe, letztendlich bewirkte sie jedoch größtenteils das, was der Attentäter bezweckt hatte: Der Friedensprozess war eines Fürsprechers beraubt, dessen militärischer Hintergrund als Brigadekommandeur 1948 und Stabschef im Krieg von 1967 vielen Landsleuten Vertrauen in Sicherheitsfragen vermittelte.

Jassir Arafat machte die *kufiya*, das karierte arabische Tuch, in der Welt bekannt. Er trug seins in Schwarz und Weiß, den Farben der Fatah, und legte die Falten so, dass sie ein längliches Dreieck bildeten – die Form Palästinas. Die rot-weiße Variante wird oft von jordanischen Beduinen, linken Palästinensergruppen und Angehörigen der Hamas getragen.

1987–1993
Die palästinensische Verzweiflung über die Besetzung entlädt sich in der Ersten Intifada. Die hohe Zahl verletzter und getöteter Palästinenser wird international verurteilt.

1988
Arafat distanziert sich in einer Rede vor der Generalversammlung der UNO in Genf vom Terrorismus.

1991
Israel wird von 39 irakischen Raketen getroffen. Arafat unterstützt Saddam Husseins Annexion von Kuwait; im Gegenzug stellen Kuwait und andere Golfstaaten Zahlungen an die PLO ein und weisen Palästinenser aus.

1993
Der israelische Ministerpräsident Jitzchak Rabin und der PLO-Vorsitzende Jassir Arafat besiegeln im Weißen Haus mit einem unsicheren Händeschütteln das Oslo-Abkommen.

Auf Rabins Tod folgte eine Reihe von Selbstmordanschlägen der Hamas, die einer rechtsgerichteten Koalition unter Benjamin Netanjahu zur Macht verhalfen. 1999 kam eine Mitte-Links-Koalition unter Führung des ehemaligen Stabschefs Ehud Barak ins Amt. Barak und Arafat stimmten einem Gipfeltreffen mit US-Präsident Bill Clinton in Camp David zu, um eine endgültige Friedensregelung zu finden. Die Verhandlungen scheiterten vor dem Hintergrund anhaltender Unzufriedenheit seit dem Oslo-Friedensprozess. Es kam vielerorts zu Gewaltausbrüchen, angefeuert durch einen umstrittenen Besuch von Ariel Scharon, dem Führer des israelischen Parteienbündnisses Likud, auf dem Tempelberg/Al-Haram Ash-Sharif in Jerusalem. Sowohl Scharon als auch Arafat wurden beschuldigt, die Unruhen anzuheizen.

Zunächst betrachtete Arafat die Gewaltausbrüche als Mittel, Israel zu Konzessionen zu zwingen, allerdings verlor er schnell die Kontrolle über junge Fatah-Führer, die ihm vorwarfen, ihnen nach der Rückkehr aus dem Exil zu wenig Einfluss gegeben zu haben. Sie beschuldigten ihn, alle Spitzenpositionen in Militär und Politik an korrupte, alte Parteigefährten zu vergeben, die mit ihm in Beirut und Tunis gewesen waren. Die jungen Fatah-Führer verbündeten sich schnell mit der Hamas und dem Islamischen Dschihad – eine Welle von Selbstmordattentaten und die nächste Stufe der Eskalation waren die Folge.

2001 mündete die wachsende antiarabische Stimmung in Israel in der Wahl Ariel Scharons zum Ministerpräsidenten. Der ehemalige General galt als Hardliner, der die Intifada vertraulich als „existenzielle Bedrohung" Israels bezeichnete und Baraks Versuchen, eine Vereinbarung mit Arafat zu erreichen, entgegengetreten war. Scharon schickte Panzer, um Städte im Westjordanland zu besetzen, die zuvor Arafat übergeben worden waren. Er ordnete zahlreiche blutige Vorstöße in den Gazastreifen an und befahl „gezielte Tötungen" mutmaßlicher führender Terroristen. Er internierte Arafat praktisch in seinem Regierungssitz in Ramallah, indem er diesen mit Panzern umstellen ließ. Der depressive und kranke Arafat verlor immer mehr an Einfluss und – laut einiger Berater – auch an Realitätssinn, bis er zur Behandlung nach Frankreich ausgeflogen wurde, wo er schließlich im November 2004 starb. Laut der israelischen Menschenrechtsorganisation B'Tselem (www.btselem.org) wurden im Verlauf der Zweiten Intifada (2000–2005) über 1000 Israelis, 70 % davon Zivilisten, von palästinensischen Arabern sowie rund 4700 Araber, darunter über 2000 Zivilisten, von Israelis getötet.

Nachdem sein alter Feind aus dem Weg geräumt war, machte sich Scharon entgegen seinem Ruf als unbelehrbarer Hardliner an einen radikalen Plan zur „Befreiung" von den Palästinensern. Gegen starken Widerstand der jüdischen Siedler wurden Sperranlagen um den größten

> Mahmud Darwisch (1941–2008) gilt vielen als der Nationaldichter Palästinas. Seine Werke drücken das Leid der Palästinenser über Enteignung und Vertreibung aus. Von 1973 bis in die 1990er-Jahre war er in der PLO aktiv. In einem seiner bekanntesten Gedichte schreibt er: „Wir haben ein Land aus Worten."

1994	1995	2000–2005	2004
Israel und Jordanien unterzeichnen einen Friedensvertrag, der den Verlauf der langen Grenze festlegt und Jordanien einen Anteil am Jordan garantiert. In Amman und Ramat Gan werden Botschaften eröffnet.	Nach einer Friedenskundgebung in Tel Aviv wird der Ministerpräsident Israels, Jitzchak Rabin, von einem israelischen Rechtsextremisten ermordet. Die Tat trägt letztlich zum Scheitern des Friedensprozesses bei.	Die Zweite Intifada ist von palästinensischen Selbstmordattentaten geprägt. Zur Vergeltung unternehmen israelische Streitkräfte blutige Vorstöße. Die Verbitterung auf beiden Seiten nimmt zu.	Jassir Arafat stirbt mit 75 Jahren in einem Pariser Krankenhaus und wird in Ramallah begraben. Verschwörungstheorien, nach denen der Palästinenserführer vergiftet worden sei, machen die Runde.

Teil des Westjordanlands errichtet und isolierte Siedlungen aufgelöst. Im August 2005 vollendete er die heiß umkämpfte Rückführung aller 8600 israelischen Siedler aus dem Gazastreifen und die Auflösung von vier Siedlungen im nördlichen Westjordanland. Im Januar 2006 erlitt Scharon einen schweren Schlaganfall; jüdische Siedler sahen darin eine Strafe Gottes für seinen Verrat am Land Israel. Bis zu seinem Tod 2014 lag er im Koma.

Das neue Jahrtausend

Mit dem Versprechen auf einen weiteren Rückzug aus großen Teilen des Westjordanlands wurde Scharons Stellvertreter Ehud Olmert im März 2006 zum zwölften Ministerpräsidenten Israels gewählt, seine Pläne wurden jedoch nie umgesetzt. Einige Monate zuvor hatte die Hamas die palästinensischen Parlamentswahlen gewonnen und im Folgejahr übernahm sie mit Waffengewalt die Kontrolle über den Gazastreifen; Fatah-Offizielle, die nicht fliehen konnten, wurden gefoltert und zum Teil getötet – manche warf man einfach aus hohen Gebäuden. Die USA und EU leisten weiterhin beträchtliche finanzielle Unterstützung an die Fatah-geführte Palästinensische Autonomiebehörde im Westjordanland, während Iran trotz Meinungsverschiedenheiten über den Bürgerkrieg in Syrien der Hamas im Gazastreifen mit Waffen und Geld unter die Arme greift. Olmert indes wurde nach seinem Rücktritt 2008 und Neuwahlen 2009 der Korruption angeklagt und schließlich 2014 zu sechs Jahren Gefängnis verurteilt.

Im Sommer 2006 entführten Hisbollah-Freischärler zwei israelische Soldaten, die auf der israelischen Seite der israelisch-libanesischen Grenze patrouillierten. Die Folge war ein kurzer Krieg zwischen Israel und der von Iran gestützten libanesischen Miliz, bei dem diese tausende Raketen auf israelische Städte, Ortschaften und Dörfer abschoss. Nordisrael befand sich im Ausnahmezustand, 43 Zivilisten starben. Die Ausmaße der israelischen Gegenangriffe auf libanesische Städte stießen weltweit auf Kritik und der Krieg entpuppte sich als diplomatisches Desaster für Israel. Der Waffenstillstand, der zu Kriegsende vereinbart wurde, hat auch über zehn Jahre später noch Bestand.

2001 begannen die Hamas und der Islamische Dschihad damit, Raketen aus dem Gazastreifen auf israelische Gebiete in der Nähe abzuschießen. Diese Angriffe eskalierten nach dem Rückzug Israels aus Gaza 2006. Selbst gebastelte Kassam-Raketen wurden verbessert und das von Iran bereitgestellte BM-21-Raketensystem mit einer Reichweite bis nach Be'er Sheva, Rishon LeZion und sogar Tel Aviv ergänzt. Die Hauptlast der Angriffe hatten allerdings die Einwohner von Sderot und nahe gelegenen Kibbuzim zu tragen. Ende 2008 startete Israel gegen die Raketenangriffe die groß angelegte Operation Gegossenes Blei. Die Kämpfe dauerten

---

Es gibt 20 Flüchtlingslager des Hilfswerks der Vereinten Nationen für Palästina-Flüchtlinge im Nahen Osten (UNRWA) im Westjordanland, acht im Gazastreifen und eines in Ostjerusalem. Über 50 % der palästinensischen Araber werden bei den UN als Flüchtlinge geführt.

2005
Israel zieht sich aus dem Gazastreifen zurück und löst die 21 jüdischen Siedlungen dort auf. Die Siedler radikalisieren sich; die Palästinenser lehnen Israels Kontrolle des Gaza-Land-, Schiff- und Luftverkehrs ab.

2005
Seit 2005 zieht der iranische Präsident Mahmud Ahmadinedschad immer wieder öffentlich in Zweifel, dass es den Holocaust gegeben hat. Seine Aussagen sorgen international für Empörung.

2006
Angriffe auf Galiläa durch die Hisbollah führen zu Israels Zweitem Libanonkrieg. Die Hamas besiegt die für eine Zwei-Staaten-Lösung eintretende Fatah bei den Wahlen zum Legislativrat.

2008–2014
Radikale jüdische Siedler führen „Price-Tag"-Angriffe gegen Palästinenser und die IDF, um die israelische Regierung von nachteiligen Entscheidungen für jüdische Siedlungen im Westjordanland abzuhalten.

drei Wochen an, sie zerstörten große Teile der Infrastruktur im Gazastreifen und machten Tausende obdachlos. Laut der israelischen Menschenrechtsorganisation B'Tselem wurden während der Operation 1397 palästinensische Araber von Israelis (laut Israel waren davon nur wenige Zivilisten) und fünf israelische Soldaten von Arabern getötet. Die Hamas behielt jedoch die Oberhand und legte neue Schmuggeltunnel an, um die viel kritisierte Blockade des Gazastreifens durch Israel zu umgehen (erst 2010 wurde diese für zivile Güter erheblich gelockert). Ägypten verriegelte die Grenze zwischen Gaza und Sinai; 2013 und 2014 zerstörte die ägyptische Armee rund 1200 Schmuggeltunnel und schnitt damit eine wichtige Nachschubquelle der Hamas ab.

Die israelischen Parlamentswahlen 2013 bestätigten eine Koalition unter der Führung des Likud-Vorsitzenden Benjamin Netanjahu. Diese konzentrierte sich zunächst darauf, männliche Angehörige der wachsenden ultraorthodoxen Gemeinde zum Dienst in der israelischen Armee zu verpflichten und in die Arbeitswelt zu integrieren. Von den USA forcierte Friedensgespräche zwischen Israelis und Palästinensern scheiterten auch am andauernden Siedlungsbau der Netanjahu-Regierung. Als Reaktion darauf beantragte die Palästinensische Autonomiebehörde die vollwertige Mitgliedschaft als unabhängiger Staat in verschiedenen internationalen Organisationen und verärgerte damit Israel. 2014 wurde der israelische Präsident Schimon Peres (mit 90 Jahren ältestes Staatsoberhaupt der Welt) in seinem vor allem repräsentativen Amt vom rechtsgerichteten Reuven „Ruby" Rivlin abgelöst, der für seinen Einsatz für Menschenrechte bekannt ist.

2014 setzten die Fatah, die weite Teile des Westjordanlands regiert, und die Hamas, die den Gazastreifen kontrolliert, eine Regierung der nationalen Einheit ein, die Unterschiede und das Misstrauen zwischen beiden Gruppen blieben jedoch bestehen. Ägypten unter dem Präsidenten Abd al-Fattah as-Sisi ist der Hamas gegenüber durchweg feindlich eingestellt, teils wegen des Widerstands des ägyptischen Militärs gegen die Muslimbrüder.

Im Juni 2014 wurden drei israelische Teenager von Palästinensern entführt und getötet, was eine rasche Eskalation der Gewalt auslöste. Israel reagierte auf den Vorfall mit einer Großoffensive gegen die Hamas im Westjordanland. Zehn Palästinenser starben bei Angriffen, Hunderte wurden verhaftet. Raketen wurden in den Gazastreifen und vom Gazastreifen nach Israel abgefeuert. Bei dem folgenden 50-tägigen Gazakrieg zwischen Hamas und Israel starben über 2100 Palästinenser (laut Schätzungen der UNO 69 % davon Zivilisten) und 73 Israelis (67 davon Soldaten). Große Teile des Gazastreifens, darunter 17 200 Wohnhäuser, wurden zerstört und Hunderttausende von Zivilisten, vor allem Kinder, traumatisiert, während Israels Raketenabwehrsystem Iron Dome die

GESCHICHTE DAS NEUE JAHRTAUSEND

Manche Juden glauben, dass mit der Ankunft des Messias der Tempel auf dem Jerusalemer Tempelberg/Al-Haram Ash-Sharif wiederaufgebaut wird. Im jüdischen Viertel in der Altstadt sind künstlerische Darstellungen des „Dritten Tempels" zu sehen. Muslime hingegen wollen natürlich, dass der Felsendom dort bleibt, wo er ist.

2014	2015	2017	2021
Gazakrieg: Nach der Ermordung dreier israelischer Jugendlicher startet Israel eine Großoffensive gegen die Hamas. Die Gefechte dauern 50 Tage und enden am 26. August mit einem unbefristeten Waffenstillstand.	Ministerpräsident Benjamin Netanjahu gewinnt die Wahlen und bildet eine Koalition rechtgerichteter Parteien, darunter ultraorthodoxe Gruppen und Vertreter der Siedler.	Nachdem US-Präsident Donald Trump Jerusalem als Hauptstadt Israels anerkannt hat, wird am 14. Mai die US-Botschaft offiziell dorthin verlegt. Das führt zu Protesten in der gesamten arabischen Welt.	Israels Impfquote ist höher als die jedes anderen Landes (abgesehen von den winzigen Seychellen).

Bedrohung für die israelische Bevölkerung durch die Hamas quasi neutralisierte.

Der Krieg verbesserte die Beziehungen zwischen Israel und den Palästinensern ebenso wenig wie die zwischen der Fatah und der Hamas. 2015 wurde Netanjahu als Ministerpräsident wiedergewählt und er stellte eine Koalition von rechtsgerichteten Parteien, darunter ultraorthodoxe Gruppen und solche, die die Ausweitung der jüdischen Siedlungen befürworten. Im selben Jahr kam es zu einer Reihe von Morden in Israel und dem Westjordanland, zumeist verübt von palästinensischen Einzeltätern.

Als Reaktion auf einen Anschlag dreier palästinensischer Brüder auf israelische Soldaten auf dem Gelände der Al-Aqsa-Moschee 2017 wurden Metalldetektoren an den Eingangstoren installiert. Das hatte wochenlange Proteste von Palästinensern außerhalb der Altstadt zur Folge, die Israel schließlich zwangen, die Detektoren wieder abzubauen.

In März 2019 erkannte US-Präsident Donald Trump die Golanhöhen als Teil Israels an. Als im August 2020 Israel, die VAE, Bahrain und die USA die Abraham Accords unterzeichneten, war das ein Meilenstein in der Nahostpolitik. Es war die erste öffentliche Normalisierung der Beziehungen zwischen Israel und Ländern des Mittleren Ostens seit 1994.

Als 2020 die Coronapandemie zuschlug, erließ Israel frühzeitig Einreiseverbote, und die Regierung sorgte für eine frühzeitige Verfügbarkeit von Impfstoffen. Viele Länder beneideten Israel um seine Impfkampagne, die Versorgung palästinensischer Gemeinden mit Impfstoff verlief allerdings etwas schleppend.

Nach der Zwangsräumung palästinensischer Familien im Ostjerusalemer Viertel Sheikh Jarrah 2021 führten zunehmende Proteste zu Gewalt, darunter einem Angriff israelischer Polizisten auf Palästinenser auf dem Gelände der Al-Aqsa Moschee. Militante Palästinensergruppen feuerten Raketen auf Israel und Israel übte Vergeltung mit Angriffen auf Gaza mit Hunderten Todesopfern.

Volksgruppen in Israel & Palästina

Beinahe 13 Mio. Menschen leben in Israel und Palästina. Rund 75 % der Einwohner sind Juden, 17,6 % Muslime 1,7 % Christen und 5,7 % Sonstige. Die Bevölkerung im Westjordanland setzt sich aus etwa 83 % sunnitischen Muslimen, 13 % Juden, 2 % Christen und 2 % Sonstigen zusammen. Die Bevölkerung im Gazastreifen besteht nahezu ausschließlich aus sunnitischen Muslimen. Laut dem Statistischen Amt der Palästinensischen Autonomiebehörde gibt es weltweit rund 11 Mio. Palästinenser, von denen die Vereinten Nationen 5 Mio. als Flüchtlinge klassifiziert.

Juden

In der osmanischen Zeit lebten die meisten Juden Palästinas in den heiligen Städten Jerusalem, Hebron, Tiberias und Safed (Tsfat). Ab den 1880er-Jahren begannen Juden, in größerer Zahl nach Palästina einzuwandern, nicht nur aus religiösen oder spirituellen Gründen, sondern auch, um die Selbstbestimmung des jüdischen Volks voranzutreiben, hier ihre Kinder großzuziehen und ein Leben ohne Furcht vor Antisemitismus zu führen. In Palästina geborene Juden werden als „Sabras" benannt – nach den Kaktusfeigen, einer genügsamen, aus Mexiko stammenden Kaktusart *(Opuntia ficus-indica),* deren Frucht außen stachelig, innen aber süß und saftig ist.

Sephardim

Im Jahr 1492 wurden die Juden von Sefarad (dem hebräischen Namen für Spanien) vor die Wahl gestellt, sich taufen zu lassen, auszuwandern oder zu sterben. Einige sephardische Juden (Sephardim) flohen nach Nordafrika, andere fanden Zuflucht im Osmanischen Reich, dessen Sultan sie mit offenen Armen willkommen hieß. Bis ins späte 19. Jh. bestand die Mehrzahl der Juden im osmanischen Palästina aus Sephardim. Diese waren nicht nur durch die gemeinsame Herkunft aus Spanien verbunden, sondern auch durch ihre religiöse Liturgie, ihre Sprache, ihre Riten und Musik. Viele der führenden Kabbalisten im Safed des 16. Jhs. waren Sephardim.

Viel wurde über die Geringschätzung geschrieben, mit der manche Aschkenasim ihre nichteuropäischen Glaubensbrüder betrachteten. Doch eine Gruppe blickte lange im Gefühl kultureller Überlegenheit auf den Rest der jüdischen Welt herab: die „reinen" Sephardim, die ihre Abstammung bis ins Spanien des Mittelalters zurückführen konnten. Fünf Jahrhunderte lang blieb die Umgangssprache dieser „reinen" Sephardim in Ländern wie der Türkei, Griechenland, Bosnien und Bulgarien das Ladino (Juden-Spanisch), ein spätmittelalterlich anmutendes Spanisch, das durchmischt ist mit hebräischen Wörtern und – je nach Wohnort des Sprechenden – türkischen, griechischen, arabischen oder französischen Elementen.

Weitere Infos zur Geschichte und Kultur der Sephardim finden sich unter www.sephardicstudies.org. Nützliche Links finden sich zudem

---

Seit 1948 hat Israel im Verhältnis zu seiner Einwohnerzahl mehr Einwanderer aufgenommen als jedes andere Land der Erde. Rund 900 000 Juden kamen allein in den 1990er-Jahren aus der ehemaligen Sowjetunion ins Land. In letzter Zeit sind Tausende Juden wegen antisemitischer Übergriffe aus Frankreich ausgewandert.

auf der Website www.aki-yerushalayim.co.il/ay, die dank der fürs Ladino gebräuchlichen lateinischen Schrift jeder lesen kann, der Spanisch versteht.

Aschkenasim

> Das halachische Judentum zerfällt in drei liturgische und rituelle Haupttraditionen: die der Aschkenasim, der Sephardim und der Edot HaMizrach (Mizrachim). Hinzu kommen diverse lokale Traditionen wie die der Juden Roms oder aus dem Elsass.

Die Vorfahren der heutigen Aschkenasim gelangten im 10. Jh. nach Aschkenas (hebräisch für Deutschland). Infolge mehrerer Vertreibungen flohen aschkenasische Juden ostwärts nach Polen, Russland und Österreich-Ungarn. Um das Jahr 1000 waren lediglich 3 % der weltweiten Juden Aschkenasim; in den 1930er-Jahren stellten sie 92 %! Heute führen die Hälfte der israelischen Juden (und drei Viertel der jüdischen Weltbevölkerung) ihre Herkunft – entweder direkt oder über nord- und südamerikanische Abstammungslinien – auf Mittel- und Osteuropa zurück, insbesondere auf Russland, Polen, die Ukraine, Weißrussland, Litauen, Ungarn, Rumänien sowie auf Österreich und Deutschland.

Ab 1882 führten Pogrome und Antisemitismus dazu, dass Millionen aschkenasischer Juden aus Osteuropa nach Amerika und Mittel- und Westeuropa flohen. Kleine Gruppen rumänischer und russischer Juden zogen es vor, ins osmanische Palästina zu emigrieren und dort landwirtschaftliche Siedlungen (z. B. Zichron Ya'akov) aufzubauen. Schnell entwickelten sich Spannungen zwischen den Zionisten, von denen manche sozialistische Ziele verfolgten, und den traditionalistischen, ultraorthodoxen jüdischen Gemeinden in Palästina – ein Konflikt, der bis heute andauert.

Eine der kulturellen Eigenheiten der Aschkenasim war das Jiddische, eine auf der Grundlage spätmittelalterlicher mitteldeutscher Dialekte und ererbter hebräischer Wörter und Wendungen gebildete Sprache, die später im Osten durch Wörter slawischer Herkunft bereichert wurde. Das Jiddische wird in hebräischer Schrift geschrieben.

Wurde Jiddisch 1939 noch von ca. 11–13 Mio. Juden gesprochen, sind es heute infolge von Holocaust und sprachlichen Anpassungen in Ländern wie Israel, den USA, den ehemaligen Sowjetrepubliken und Argentinien nur mehr vielleicht 1 Mio. Jiddisch ist vor allem als Umgangssprache in vielen ultraorthodoxen Gemeinden zu hören, so z. B. in israelischen Vierteln wie Jerusalems ultraorthodoxem Stadtteil Me'a She'arim.

Mizrachim

Juden, deren Familien als Flüchtlinge aus Nordafrika (Marokko, Algerien, Tunesien und Libyen), dem Nahen Osten (z. B. aus dem Irak,

DAS RÜCKKEHRGESETZ

Das 1950 von der Knesset (dem israelischen Parlament) verabschiedete israelische Rückkehrgesetz gewährt allen Juden sowie ihren gesetzlichen Ehepartnern (seit 2014 auch gleichgeschlechtlichen Paaren) auf Ersuchen die israelische Staatsbürgerschaft. Als Juden gelten demnach Personen mit mindestens einem jüdischen Großelternteil oder Personen, die zum Judentum konvertiert sind. Da dieses Gesetz allen Juden auf der Welt bei Verfolgungen eine Zuflucht garantiert – die ihnen während des Holocaust von der Welt oft verwehrt wurde –, gilt dieses Gesetz als Grundpfeiler des Staates Israel als Heimstätte des jüdischen Volks.

2013 und 2014 verabschiedeten Portugal und Spanien eigene „Rückkehrgesetze", die den Nachkommen der Sephardim, die vor 500 Jahren von der Iberischen Halbinsel vertrieben wurden, das Bürgerrecht in diesen Ländern anbietet. Mehrere Länder, darunter Armenien, China, Griechenland und Deutschland, haben Gesetze, die den Nachkommen von jüdischen Auswanderern und Flüchtlingen die Staatsbürgerschaft oder ein Aufenthaltsrecht einräumen.

aus Syrien, Jemen, Iran oder Afghanistan) sowie aus Zentralasien (z. B. Usbekistan, Aserbaidschan oder Georgien) oder Indien nach Israel kamen, werden als Edot haMizrach („Gemeinden des Ostens") bzw. Mizrachim („Leute des Ostens") bezeichnet. Diese Bezeichnung spiegelt die Herkunft und gemeinsame liturgische Traditionen wider.

Jemenitische Juden begannen 1881, ins osmanische Palästina auszuwandern. Die Zahl der Mizrachim schwoll nach 1948 gewaltig an, als rund 600 000 Juden aus arabischen Ländern nach Israel kamen, vielfach als Flüchtigen vor antisemitischen Gewalttaten und judenfeindlichen Gesetzen. In den letzten Jahren beginnen einzelne Mizrachim-Gruppen, Entschädigungen für verlorenen privaten oder Gemeindebesitz zu fordern.

In Israel wurden die Mizrachim lange von den Aschkenasim diskriminiert; nach 1948 verbrachten viele Jahre in Eingliederungslagern oder wurden in entlegenen „Entwicklungsstädten" im Negev oder in Galiläa angesiedelt. In den letzten Jahren allerdings sind Eheschließungen zwischen Mizrachim, Sephardim und Aschkenasim sehr viel häufiger geworden. Die Mizrachim – insbesondere die Nachfahren der Einwanderer aus Marokko – sind zwar immer noch an Universitäten unter- und in Israels Gefängnissen überrepräsentiert, aber die israelische Alltagskultur ist insgesamt viel integrativer geworden. Die ultraorthodoxe Schas-Partei findet ihre Anhänger fast ausschließlich unter religiös sehr traditionsbewussten Mizrachim.

Die Mizrachim verwendeten Jahrhunderte lang verschiedene Dialekte und Sprachen im Alltag, darunter maghrebinisches Judäo-Arabisch, irakisches Judäo-Arabisch (Jahudi) und Judäo-Tat (Juhuri), eine iranische Sprache, die von den Bergjuden Aserbaidschans gesprochen wurde.

Weil sich Liturgie und Riten der Mizrachim und der Sephardim ähneln, werden die Mizrachim mitunter zu den Sephardim gerechnet, obwohl die Juden aus Bagdad, Damaskus, Sanaa oder Buchara nie auch nur in die Nähe der Iberischen Halbinsel kamen.

Beta Israel

Die als Beta Israel (Haus Israel) oder auch unter dem diskriminierenden Namen Falaschas („Fremde" oder „Exilierte") bekannten äthiopischen Juden führen ihren Ursprung auf König Salomo und die Königin von Saaba (1. Könige 10:1-13) zurück, während andere Traditionen vermuten lassen, dass die Vorfahren der Beta Israel vor fast 2000 Jahren von jüdischen Händlern aus dem Jemen zum Judentum bekehrt wurden. Wie und wann genau Juden nach Äthiopien gelangten, ist aber unbekannt.

Die ersten äthiopischen Juden gelangten in den 1960er-Jahren nach Israel, die Einwanderung im großen Maßstab erfolgte aber erst mit zwei Luftbrücken, der Operation Moses (1984/85) und der Operation Solomon (1991). Heute leben rund 121 000 Juden äthiopischer Abstammung in Israel (rund 2 % der jüdischen Gesamtbevölkerung des Landes).

Der Übergang zum Leben in Israel erwies sich für viele Beta Israel als schwierig; sie zählen zu den ärmsten im Land, ihr Bildungsniveau liegt weit unter dem Durchschnitt. Zu den bekannten äthiopischen Israelis zählen das Model Esti Mamo, die in *Elle* and *Vogue* zu sehen war, und Yityish Titi Aynaw, die Miss Israel 2013. Sechs Mitglieder der Knesset (des israelischen Parlaments) gehörten bislang dieser Gruppe an.

Obwohl die Juden nur 0,2 % der Weltbevölkerung ausmachen, haben jüdische Wissenschaftler 27 % der Nobelpreise für Chemie, Physik, Medizin und Ökonomie gewonnen.

Muslime

Sunnitische Muslime stellen 17,4 % der Bevölkerung Israels, rund 97 % der arabischen Bevölkerung des Westjordanlands und mehr als 99 % der Bevölkerung des Gazastreifens. Rund 90 % der israelischen Araber sind Muslime; die Muslime machen 38 % der Bevölkerung Galiläas aus. Die größte Stadt mit muslimischer Bevölkerungsmehrheit in Israel ist Nazareth (66 000 Ew.). Rund ein Drittel der Einwohner Jerusalems sind Muslime.

Traditionell waren die Muslime Palästinas in ihrer Glaubensausübung gemäßigt. Die Zunahme des islamischen Fundamentalismus unter den

Palästinensern seit den 1970er-Jahren, die sich besonders im Gazastreifen, aber auch in einigen Teilen des Westjordanlands (z. B. in Hebron) beobachten lässt, wird auf mehrere Faktoren zurückgeführt: die Islamische Revolution in Iran, die Enttäuschung durch säkulare Palästinenserorganisationen wie Jassir Arafats Fatah, auf die herrschende Korruption und schließlich auf den wachsenden Einfluss islamistischer Gruppierungen überall in der arabischen und muslimischen Welt. Die Hamas, die den Gazastreifen dominierende islamistische Organisation, ist der palästinensische Ableger der ägyptischen Muslimbruderschaft. In Israel entstand durch die Muslimbruderschaft die Islamische Bewegung, die in einen radikalen „nördlichen" und einen moderateren „südlichen" Zweig gespalten ist. Letzterer unterstützte das Oslo-Abkommen und ist über die „Vereinigte Arabische Liste" mit Abgeordneten in der Knesset vertreten.

Die palästinischen Muslime in Israel und Palästina betrachten sich als Wächter der drittheiligsten Stätte des Islam, der Jerusalemer Al-Aqsa-Moschee sowie von weiteren Stätten wie des Haram Al-Ibrahimi (Abrahamsmoschee, Höhle der Patriarchen) in Hebron. Die muslimischen heiligen Stätten, darunter der Haram Ash-Sharif (Tempelberg) in Jerusalem, werden von muslimischen Stiftungen *(waqf)* autonom verwaltet.

Islam und Judentum haben – in ihren Ritualen, Gebetsformen und ihrer Rechtsprechung – mehr miteinander gemeinsam als mit dem Christentum. Hierfür einige Beispiele:

→ Muslime beten fünfmal am Tag, Juden traditionellerweise dreimal.

→ Die muslimischen Speisevorschriften, die festlegen, welche Tiere gegessen werden dürfen und wie sie geschlachtet werden müssen, um halal (erlaubt) zu sein, sind den jüdischen Kaschrut-Vorschriften sehr ähnlich (viele Muslime gehen davon aus, dass diesen Vorschriften entsprechendes koscheres Fleisch auch halal ist).

→ Der erste Teil des muslimischen Glaubensbekenntnisses Schahada („Es gibt keinen Gott außer Gott") ist dem jüdischen Schma Jisrael („Höre, Israel, der Herr ist dein Gott, der Herr ist einer") sehr ähnlich – beide betonen die absolute Einzigkeit und Einheit Gottes.

→ Das arabische und eines der bibelhebräischen Wörter für Gott, Allah und Elohim, sind von derselben semitischen Wurzel abgeleitet.

Beduinen

Rund ein Sechstel aller israelischen Araber sind Beduinen: Nachfahren von arabischsprachigen, sunnitisch-muslimischen Nomadenstämmen, die früher überall in arabischen Wüstengebieten Schafe und Ziegen züchteten. Rund 220 000 Beduinen leben im Negev in sieben vom Staat errichteten Ortschaften und rund 45 nicht anerkannten Dörfern, weitere 60 000 Beduinen in galiläischen Dörfern. Obwohl Beduinen nicht der israelischen Wehrpflicht unterliegen, leisten viele freiwillig Dienst in den Streitkräften; sie werden häufig als Fährtensucher eingesetzt.

Spannungen bestehen zwischen den Beduinen des Negev und dem israelischen Staat, weil dieser – wie die britischen und die osmanischen Herren zuvor – versucht, die Beduinen in dauerhaften Siedlungen unterzubringen und sie dazu zu bewegen, die nomadische Lebensweise aufzugeben.

Einige Beduinen praktizieren weiterhin die Polygamie, obwohl sie nach israelischem Recht verboten ist.

Tscherkessen

Mitte des 19. Jhs. expandierte das Russische Reich in den Nordkaukasus, das Gebiet zwischen dem Schwarzen und dem Kaspischen Meer. In der Folge sahen sich Hunderttausende des kaukasischen, sunnitisch-musli-

---

Fast alle israelischen und palästinensischen Araber sind Sunniten. Eine Ausnahme bildet das alawitisches Dorf Ghajar, das 4 km östlich von Metulla liegt und zur Hälfte im Libanon und zur anderen Hälfte in einem Landstreifen liegt, den Israel mitsamt den angrenzenden Golanhöhen 1967 besetzte.

In Haifa im Stadtteil Kababir auf dem Karmel leben rund 2000 der als tolerant bekannten Ahmadiyya-Muslime, einer Religionsgemeinschaft, die im späten 19. Jh. in Indien gegründet wurde. Um ihre Beziehungen zu den jüdischen Nachbarn zu verbessern, brachten sie 1987 eine jiddische Übersetzung des Korans heraus.

mischen Volkes der Tscherkessen gezwungen, ihre Heimat zu verlassen. Viele fanden Zuflucht im Osmanischen Reich, manche davon im Gebiet des heutigen Israel.

Heute leben rund 4000 Tscherkessen in den beiden galiläischen Dörfern Kfar Kama und Rehanije. Tscherkessische Männer sind die einzigen Muslime in Israel, für die Wehrpflicht in der israelischen Armee besteht.

Christen

Während 1920 Christen rund 10 % der Einwohner im heutigen Gebiet Israels und Palästinas stellten, ist der Anteil der Christen bis heute in Israel auf rund 2 % und in Palästina auf 0,8 % zurückgegangen. Der starke Rückgang ist teilweise auf die starke Zunahme der jüdischen und muslimischen Glaubensgemeinschaften zurückzuführen, doch auch die Auswanderung von Christen in mehrheitlich christliche Länder in Europa und Nord- und Südamerika spielte eine bedeutsame Rolle. In jüngerer Vergangenheit bewog vor allem das Anwachsen des islamischen Fundamentalismus Christen zur Auswanderung aus dem Westjordanland und dem Gazastreifen.

80 % aller Christen in Israel sind Araber, die meisten übrigen Einwanderer aus der ehemaligen Sowjetunion. Die größten christlichen Konfessionen in Israel sind: die Melkiten (eine mit Rom unierte Kirche mit ostkirchlichem Ritus; 53 %); die Griechisch-Orthodoxen (27 %); die Katholiken mit lateinischem Ritus (10 %) und die Maroniten (eine mit Rom unierte Ostkirche; 7,5 %). Unter allen religiösen Gruppen in Israel haben die Christen prozentual den höchsten Anteil an Menschen mit Hochschulbildung. In den letzten Jahren leistet eine wachsende Zahl israelischer christlicher Araber freiwillig Dienst in den Verteidigungsstreitkräften des Landes.

Zu den wichtigsten christlichen Zentren zählen Nazareth und Bethlehem. Allerdings schrumpfte auch in Nazareth der Bevölkerungsanteil der Christen von 60 % im Jahr 1949 auf heute weniger als 30 %, in Bethlehem gar von 80 % der Einwohnerschaft auf weniger als 25 %. Größere christliche Gemeinden gibt es überdies noch u. a. in Jerusalem, Haifa und Nazareth.

Drusen

Die Drusen sprechen arabisch, betrachten sich aber in der Mehrheit nicht als Araber. Sie glauben an einen einzigen Gott und akzeptieren viele der gleichen Propheten wie der Islam, sehen sich aber überwiegend nicht als Muslime an. Seit der Gründung ihrer Religion, eines Seitenzweigs des schiitischen Islam, in Kairo im frühen 11. Jh. wurden die Drusen des Öfteren von orthodoxen Muslimen als Häretiker verfolgt.

Um der Verfolgung zu entgehen, zogen sich die Drusen vor rund 1000 Jahren in die entlegenen Bergregionen des Südlibanon zurück. Um sich den Vorwürfen der Häresie zu entziehen, halten sie ihre Lehren (zu denen die Seelenwanderung gehört) und die Texte ihrer Religion geheim. Die drusischen Gläubigen werden in Unwissende *(juhhal)* und Eingeweihte *(uqqal)* unterschieden; nur letztere (sowohl Männer als auch Frauen) nehmen an den Gottesdiensten donnerstagnachts teil. Seit der Mitte des 11. Jh. sind die Abkehr vom drusischen Glauben ebenso verboten wie die Missionierung Andersgläubiger; auch ein freiwilliger Übertritt zu dieser Religion ist nicht möglich.

Die israelischen Drusen leben hauptsächlich im Karmelgebirge (z. B. in Daliyat Al-Karmel), in verschiedenen Dörfern Galiläas sowie auf den Golanhöhen. Die meisten Drusen des Golan betrachten sich – zumindest nominell – als syrische Bürger; das größte drusische Dorf dort ist Majdal Shams. Die Tradition schreibt vor, dass sich die Drusen dem Land gegenüber, in dem sie leben, loyal verhalten müssen. Deswegen

---

Israels rund 200 Mitglieder zählende vietnamesische Gemeinde geht auf das Jahr 1977 zurück. Damals hieß Premierminister Menachem Begin Bootsflüchtlinge willkommen, die von israelischen Handelsschiffen im Südchinesischen Meer gerettet worden waren.

In drusischen Dörfern ist häufig die horizontal gestreifte drusische Fahne zu sehen. Wie der drusische Stern hat sie fünf Farben: Grün (für den Geist), Rot (für die Seele), Gelb (für das Wort, den Vermittler zwischen dem Göttlichen und dem Materiellen), Blau (für den Willen und das Reich der Möglichkeit) und Weiß (für den umgesetzten Willen).

> **BLACK HEBREWS**
>
> Bei dieser auch als African Hebrew Israelites of Jerusalem (www.africanhebrewisraelites ofjerusalem.com) bekannten Gruppe handelt es sich um Afroamerikaner, die nach eigenem Selbstverständnis vom antiken israelischen Stamm Juda abstammen und deshalb Israel als ihre Heimat betrachten. Nachdem sie einige Zeit in Liberia verbracht hatten, begannen sie, sich ab 1969 unter der Führung von Ben Carter alias Ben Ammi Ben-Israel in Israel anzusiedeln. Obwohl die Black Hebrews von keiner Richtung des Judentums als Juden anerkannt werden, wurden ihnen 2004 das Daueraufenthaltsrecht und 2009 ein Verfahren zur Erlangung der Staatsbürgerschaft zugestanden; zu ihren Bräuchen zählen eine vegane Ernährung, das Fasten am Sabbat und die Polygamie. Viele leisten freiwillig Wehrdienst in der israelischen Armee.
>
> Rund 2500 Black Hebrews leben in der Stadt Dimona im Negev. Die Gemeinde ist bekannt für ihren Gospel-Chor und den Sänger Eddie Butler, der Israel 1999 und 2006 beim Eurovision Song Contest vertrat.

werden drusische Männer in Israel zum Wehrdienst eingezogen; viele machen Karriere in der Armee oder bei der Grenzpolizei. Während des Gaza-Kriegs zwischen der Hamas und Israel im Jahr 2014 kommandierte ein drusischer Oberst die Golani-Eliteinfanteriebrigade der Israelischen Verteidigungsstreitkräfte.

Samaritaner

Die Samaritaner sind eine Religionsgemeinschaft, die wie das Judentum aus der Religion des Volkes Israel hervorgegangen ist. Das heilige Buch der Samaritaner ist die Thora in hebräischer Sprache, jedoch in eigener, von der althebräischen abgeleiteten Schrift und eigener Aussprachetradition. Zudem existieren einige Unterschiede zur jüdischen Thora: So wird beispielsweise der Ort, an dem Gott befahl, ihm einen Opferaltar zu errichten, mit dem Berg Garizim bei Nablus identifiziert. Während die Juden der Antike ihren Tempel in Jerusalem bauten, errichteten die Samaritaner ihren auf jenem Berg.

In römischer Zeit waren die Samaritaner noch mächtige religiöse und politische Rivalen der Juden, weshalb die neutestamentliche Parabel vom Guten Samariter (Lukas 10:25–37) auch als so scharfe Kritik an der jüdischen Priesterelite Jerusalems gelten darf. Heute werden die Samaritaner, deren Gesamtzahl sich auf gerade einmal 760 Personen beläuft, nicht als Juden angesehen, aber auch nicht als Nichtjuden. Ihre Religion und ihre Geschichte sind so eng mit dem Judentum verknüpft, dass sie nach dem Rückkehrgesetz Anspruch auf die israelische Staatsbürgerschaft haben, gleichzeitig aber betrachten sie sich – und das Oberrabbinat sie – als eigenständige religiöse Gemeinschaft.

Die heutigen Samaritaner (www.thesamaritanupdate.com) leben in zwei Gemeinden: in Kiryat Luza auf dem Berg Garizim, nahe der Stadt Nablus im Westjordanland, sowie in der Tel Aviver Vorstadt Holon. Während die israelischen Samaritaner zu den Israelischen Verteidigungsstreitkräften eingezogen werden, sind ihre Glaubensbrüder und Verwandten in Kirjat Luza palästinensische Bürger. Doch alljährlich trifft sich die gesamte Gemeinde zum Pessach auf dem Garizim, um Schafe zu opfern – so war das vor 1967, als die beiden Zentren des Gemeindelebens in Jordanien und in Israel lagen, und so ist es auch heute, trotz des komplizierten Verhältnisses zwischen den Israelis und den Palästinensern.

Rund 60 000 Afrikaner, überwiegend aus Eritrea oder dem Sudan, kamen über die ägyptische Grenze nach Israel und beantragten hier Asyl. 2014 begann Israel damit, Eriträer und Sudanesen ins Wüstengefängnis Holot zu bringen und Prämien für die Ausreise nach Uganda oder Ruanda zu zahlen.

Der Gazastreifen

Seit 2007, als die islamistische Hamas die Herrschaft über den Gazastreifen an sich riss und Israel mit der Abriegelung zu Land, See und in der Luft reagierte, ist das Gebiet für Touristen gesperrt. Selbst wenn Touristen nach Gaza einreisen dürften, wäre dies nicht zu empfehlen: Bis 2014 bekämpften sich die Hamas und Israel in drei Kriegen, und noch immer ist der Gazastreifen höchst unsicher und gefährlich. Im Mai 2021 führten Proteste in Ostjerusalem zu Luftangriffen, die mehr als 10 Israelis und über 200 Palästinenser im Gazastreifen töteten.

Gaza ist eins der am dichtesten besiedelten Gebiete der Welt – und auch eines der ärmsten, denn Hunderttausende Menschen leben entweder in armseligen Flüchtlingslagern oder zerbombten Häusern. So können die Einwohner des von drei Seiten mit schwer befestigten israelischen Mauern umgebenen Landes mit einer geschlossenen Grenze zu Ägypten im Süden nur hoffen, dass ihre Anführer, ihre Gegner und ihre internationalen Verbündeten irgendwann einen Ausweg in Richtung Frieden finden.

Geschichte
Händler & Eroberer

Die Region Gaza ist seit der Bronzezeit besiedelt und war schon zur Zeit der alten Ägypter ein Handelszentrum; eine Inschrift am Tempel von Karnak, die um 1500 v. Chr. entstand, bezeichnet Gaza als „blühende Stadt".

Als Alexander der Große 332 v. Chr. nach Gaza kam, hatten sich bereits die Philister, die Israeliten (unter den Königen David und Salomo), die Assyrer und die Perser in der Herrschaft abgelöst. 63 v. Chr. wurde Gaza Teil der römischen Provinz Judäa (die später in Syria Palaestina umbenannt wurde), und die Verwaltung der Stadt lag in den Händen eines unterschiedlich zusammengesetzten, 500-köpfigen Senats. Im späten 4. Jh. zwang Bischof Porphyrios die Einwohner, das Christentum anzunehmen, und brannte den Tempel des Marnas nieder, an dessen Stelle eine Kirche errichtet wurde.

635 wurde Gaza von den Muslimen erobert, die die Kirchen in Moscheen umwandelten. Das änderte sich kurzfristig, als die Stadt 1100 in die Hände der christlichen Kreuzfahrer fiel, die eine Kathedrale erbauten, die heute Teil der Großen Moschee ist. Im 14. Jh. herrschten die Mamelucken in Gaza, aber in den 1340er-Jahren entvölkerte eine Pestepidemie die Stadt. 1516 wurde Gaza Teil des Osmanischen Reiches, bei dem es verblieb, bis 1917 die Briten kamen.

Rückzug & Krieg

Während der Eroberung des damals türkischen Palästina im Ersten Weltkrieg ließ General Edmund Allenby Gaza von der britischen Luftwaffe bombardieren und legte den Großteil der Stadt in Schutt und Asche. Was danach noch stand, fiel 1927 mehrheitlich einem starken Erdbeben zum Opfer.

Bis 1948 stand Gaza unter britischer Mandatsverwaltung. Nach der Ausrufung des Staates Israel strömten palästinensische Flüchtlinge in

Bücher

Gaza, a History
(Jean Pierre-Filiu, 2014)

Gaza (Joe Sacco, 2009; deutsch 2011)

Gaza Writes Back: Short Stories from Young Writers in Gaza (hrsg. v. Refaat Alareer, 2014)

Book of Gaza: a City in Short Fiction (Reading the City) (hrsg. v. Atef Abu Saif, 2014)

das Gebiet, wodurch die Bevölkerungszahl in wenigen Monaten von 35 000 auf 170 000 anstieg. Ägypten reagierte prompt auf die Erklärung der israelischen Unabhängigkeit (1948) und besetzte den Gazastreifen. Unter der ägyptischen Besatzung ging der Wohnungsbau voran, doch als Präsident Nasser 1967 die Straße von Tiran sperrte, begann der Sechstagekrieg, woraufhin Israel die Kontrolle in Gaza übernahm.

In den 1970er-Jahren trafen israelische Siedler ein; die wachsenden Spannungen führten zu Unruhen und einer Radikalisierung der Palästinenser. 1987 wurde die radikalislamische Organisation Hamas gegründet. Im selben Jahr begann die Erste Intifada. Nach dem Oslo-Friedensprozess kehrte kurzzeitig Ruhe ein. 1994 übernahm die Palästinensische Autonomiebehörde (PA) die Verwaltungshoheit in Teilen von Gaza. Doch Gespräche über die dauerhafte Machtübernahme durch die PA scheiterten. Im September 2000 begann die Zweite Intifada, in deren Verlauf es zu mehreren Selbstmordattentaten der Hamas und Vergeltungsschlägen der israelischen Luftwaffe kam.

Unter internationalem Druck und in der Hoffnung auf eine Verbesserung der nationalen Sicherheitslage ordnete Ministerpräsident Ariel Sharon im August 2005 den israelischen Abzug aus Gaza an. Gleichzeitig ließ er alle 21 Siedlungen mit ihren insgesamt 8000 Einwohnern räumen. Daraufhin brach ein Machtkampf innerhalb der Palästinenser aus,

GAZA IN FRIEDENSZEITEN

Gaza unterscheidet sich von den anderen Palästinensergebieten: Die verstopften Straßen und das allgemeine Chaos erinnern eher an Kairo als an Ramallah. Doch selbst in Friedenszeiten ist dies ein höchst politischer Ort: Hier finden recht häufig Pro-Hamas-Kundgebungen unter Teilnahme bewaffneter Kämpfer statt. An einer der Hauptdurchgangsstraßen von Gaza-Stadt ehrt ein Denkmal die erste Hamas-Rakete, die 2012 auf Tel Aviv abgefeuert wurde. Viele Wohnhäuser sind von Geschosssplittern und Kugeln gezeichnet. Zudem hängen überall Plakate von „Märtyrern", die im Kampf gegen Israel starben.

Gazas Bevölkerung ist auch unglaublich jung. Mehr als 43 % der Einwohner sind unter 14 Jahre alt, der allgemeine Altersdurchschnitt liegt bei 18 Jahren (verglichen mit 40 Jahren in den meisten europäischen Ländern). Die Hamas legt großen Wert darauf, dass die einheimische Jugend an ihren berüchtigten „Sommerlagern" teilnimmt, bei denen bereits Kleinkinder mit Maschinengewehren posieren und militärisch gedrillt werden. Doch ansonsten träumt Gazas Nachwuchs zumeist davon, statt Kämpfer einmal Unternehmer, Geschäftsmann oder Journalist zu werden.

Der Gazastreifen ist fußballverrückt: Hier gibt's rund 30 Vereine. Spiele europäischer Mannschaften werden bis zu später Stunde in Dutzenden Shisha-Bars am Strand gezeigt. Wie in Israel und vielen anderen arabischen Ländern ist der Großteil der Bevölkerung in Hardcore-Fans von Real Madrid oder Barcelona gespalten. So kochen auch hier die Emotionen hoch, wenn die beiden spanischen Clubs aufeinandertreffen.

Gaza bietet eigentlich alle Voraussetzungen für ein viel angenehmeres Leben. Gut 97 % der Einwohner können lesen und schreiben, und im Meer vor seiner Küste befinden sich unberührte Erdgasvorkommen im Wert von bis zu 7 Mrd. US$. Die historischen Stätten im Gazastreifen sind gut 3000 Jahre alt, und er verfügt über eine der schönsten Küsten des Mittelmeers.

So ist Gazas Lebensmittelpunkt in Friedenszeiten auch der Strand: Mütter in langen schwarzen Gewändern planschen hier abends mit ihren Kleinkindern im seichten Wasser. Daneben sitzen ganze Familien in Zelten, während einheimische Kids kreischend in der donnernden Brandung spielen.

In diesen Momenten bekommen Gazas Einwohner einen Eindruck vom früheren Leben vor dem Einzug von Krieg, Hass und Gewalt, das *insh'allah* (so Gott will) irgendwann wieder Alltag sein wird.

der im Sieg der Hamas bei den Wahlen zum Palästinensischen Legislativrat im Januar 2006 gipfelte. Infolgedessen wurden die meisten internationalen Hilfszahlungen eingestellt.

Im Juni 2006 wurde der israelische Soldat Gilad Shalit an der Grenze zum Gazastreifen entführt. Einige Tage später startete Israel mit der „Operation Sommerregen" eine Reihe von Vergeltungsschlägen. Dabei verloren rund 280 palästinensische Kämpfer und mehr als 100 Zivilisten ihr Leben. 2007 kam es zu gewalttätigen Konflikten innerhalb der Palästinenser; die Hamas übernahm die Macht von der Fatah.

Gleichzeitig wurden von 2005 bis 2008 Tausende Kassam- und Grad-Raketen sowie Mörsergranaten aus dem Gazastreifen auf den Süden Israels abgefeuert, darunter allein 87 Raketen am 24. Dezember 2008. Als Vergeltung folgte die israelische „Operation Gegossenes Blei" mit Luft- und Bodenstreitkräften. Dabei starben über 1400 Palästinenser, zahllose weitere wurden obdachlos. Auf israelischer Seite kamen zehn Soldaten und drei Zivilisten ums Leben. Viele NGOs sprachen von einer humanitären Krisensituation. Nach dreiwöchigen Kämpfen erklärte Israel schließlich einen Waffenstillstand..

Gaza in Zahlen

Gesamtbevölkerung: 1,96 Mio.

Geschätzte Zahl der Flüchtlinge: 1,46 Mio.

Gesamtfläche: 360 km²

Durchschnittsalter: 18 Jahre

Arbeitslosenrate: 28 %

Gaza unter der Hamas

2011 wurde der entführte Soldat Shalit im Austausch gegen 1027 Palästinenser freigelassen, die in israelischen Gefängnissen einsaßen. Der Austausch war ein großer Erfolg für die Hamas, die wegen der anhaltenden Wirtschaftsprobleme im Gazastreifen immer unbeliebter geworden war.

Weiteren Zulauf erhielt die islamistische Partei im Juni 2012, als der Anführer der Muslimbruderschaft Mohammed Mursi zum Staatspräsidenten Ägyptens gewählt wurde. Dank des stark zunehmenden Güterstroms durch Verbindungstunnel zum Sinai erlebte der Gazastreifen eine seltene Periode des Wirtschaftswachstums.

Doch der Aufschwung war so kurzlebig wie Mursis Regierung.

Am 10. November 2012 traf eine aus Gaza abgefeuerte Mörsergranate einen israelischen Armeejeep, wobei vier Soldaten verwundet wurden. Beim anschließenden Vergeltungsschlag der israelischen Luftwaffe starben vier palästinensische Jugendliche, die gerade Fußball spielten. Dies provozierte Dutzende Raketenangriffe, auf die Israel mit der Ermordung von Ahmed Jabari (militärischer Befehlshaber der Hamas) reagierte. Als Ägypten am 21. November einen Waffenstillstand vermitteln konnte, waren über 100 Einwohner Gazas getötet und fast 1000 verwundet worden.

Dank der ägyptischen Verbündeten der Hamas und großzügiger Finanzhilfe aus Qatar gestaltete sich der Wiederaufbau der zerstörten Infrastruktur nach diesem Krieg einfacher als im Jahr 2009. Doch nach dem erfolgreichen Putsch gegen Mursi im Juli 2013 kam in Kairo eine Militärregierung an die Macht. Dies bedeutete einen Tiefschlag für die Hamas: Die Tunnel wurden schrittweise stillgelegt, der Grenzübergang Rafah wurde wieder geschlossen. Im weiteren Verlauf des Jahres erlitt die Hamas erneut einen Popularitätsverlust im Gazastreifen.

Anfang 2014 wuchs der palästinensische Zorn gegen die Hamas in Gaza und die Fatah im Westjordanland, da beide in ihren jeweiligen Gebieten keine Verbesserung der Lebenssituation bewirken konnten. Daraufhin schlossen die beiden Organisationen nach sieben Jahren der Trennung ein Vereinigungsabkommen. Auf dieses reagierte der israelische Premierminister Benjamin Netanjahu mit Entsetzen und warf dem Präsidenten der Palästinensischen Autonomiebehörde Mahmud Abbas vor, die Hamas einem Frieden mit Israel vorzuziehen.

Die Friedensgespräche zwischen Israel und der PA standen inzwischen unter einem schlechten Stern und scheiterten Ende April endgültig. Als im Juni 2014 erneut Krieg zwischen Israel und der Hamas ausbrach, hatten die Beziehungen zwischen Israel und den Palästinensern ihren tiefs-

> **GEFAHREN & REISEWARNUNGEN**
>
> Momentan ist der Gazastreifen nur für ganz wenige Journalisten und Mitarbeiter von Hilfsorganisationen zugänglich. Die meisten Länder warnen ihre Bürger auch generell vor Reisen nach Gaza.
>
> Sowohl Israel als auch die Hamas – bzw. die oft noch extremistischeren Splittergruppen in Gaza – brechen laufend die getroffenen Waffenstillstandsvereinbarungen, wobei Israel gezielt hochrangige militante Palästinenserführer ermordet und die Hamas weiterhin ihre Raketen abfeuert, auf die Israel wiederum mit Vergeltungsschlägen reagiert.
>
> Bei ihrer Arbeit in Gaza verloren in den letzten Jahren auch ausländische Journalisten und Entwicklungshelfer ihr Leben, darunter ein italienischer Aktivist, der 2011 von einer islamistischen Gruppe entführt und ermordet wurde, sowie ein Kameramann von *Associated Press*, der nach dem Krieg von 2014 bei der Explosion eines israelischen Blindgängers getötet wurde.
>
> Die israelischen Behörden haben auch unmissverständlich erklärt, dass sie jegliche Durchbrechung der Seeblockade verhindern werden. Von der Beteiligung an Protestaktionen auf See ist daher dringend abzuraten. Als 2010 ein israelisches Spezialkommando ein türkisches Protestschiff enterte, kamen neun Menschen ums Leben und ein zehnter Aktivist starb vier Jahre später, ohne aus dem Koma wieder erwacht zu sein.
>
> Ausländische Journalisten und Mitarbeiter von Hilfsorganisationen benötigen für die Einreise nach Gaza eine Genehmigung sowohl von Israel als auch von der Hamas, die die Ein- und Ausreise auf der anderen Seite des stark befestigten Grenzübergangs Erez kontrolliert. Gelegentlich ist auch der Grenzübergang Rafah in Ägypten geöffnet, doch dessen Überquerung ist eine lange, komplizierte und oft gefährliche Angelegenheit, nicht zuletzt wegen der instabilen Lage im Norden des Sinai.

ten Punkt seit der Zweiten Intifada (2001–2005) erreicht. Während der folgenden 50 Tage starben 73 Israelis und mehr als 2100 Palästinenser, Zehntausende wurden obdachlos. Parallel zerstörten israelische Luftangriffe die geringe Infrastruktur, die seit dem letzten Konflikt vor Ort aufgebaut worden war.

2017 wählte die Hamas den Hardliner Yahya Sinwar zum Nachfolger von Ismail Haniyeh, der seit der Machtübernahme der Hamas im Gazastreifen 2007 Premierminister gewesen war. Es wurde befürchtet, dass mit Sinwar als ehemaligem Leiter der Al-Qassam-Brigaden, des militärischen Arms der Hamas, der Konflikt mit Israel wieder eskalieren würde. Er lehnte seit jeher Verhandlungen mit Israel ab und wollte sich 2011 auch nicht austauschen lassen.

Gleichzeitig musste sich die Hamas, die von den USA und vielen europäischen Ländern als Terrororganisation betrachtet wird, auch zunehmend mit radikaleren Gruppen im Gazastreifen auseinandersetzen, die unter dem Einfluss von Isis und derem prominenten Ableger im Süden des Sinai standen..

Gaza im Lauf der Geschichte

1516–1917:
Osmanisches Reich

1917–1948:
Britisches Mandatsgebiet

1948–1967:
Ägyptische Besatzung

1967–2005:
Israelische Besatzung

seit 2006:
Herrschaft der Hamas

Gaza aktuell

In den letzten zehn Jahren hat sich das Leben im Gazastreifen kontinuierlich verschlechtert. Nach Schätzungen der UNO wurden allein im Krieg mit Israel von 2014 weitere 100 000 Einwohner obdachlos, als israelische Bomben in Gaza-Stadt ganze Stadtviertel wie Beit Lahia und Shejaiya in Schutt und Asche legten.

So gilt dieser Krieg auch als Wendepunkt im Konflikt zwischen Israel und Gaza. Selbst Langzeitbeobachter waren schockiert über die Reichweite und Schlagkraft der Raketen, die die Hamas und andere militante Palästinenser auf weit nördlich gelegene Städte wie Netanya und Jerusalem abfeuerten.

Bei den anschließenden Friedensverhandlungen in Kairo verlangte die Hamas ein Ende der Seeblockade und die Erlaubnis, einen Hafen und Flughafen zu bauen, doch selbst drei Jahre später hatte sie nur eine minimale Ausweitung der Fischereizone vor dem Gazastreifen erreicht, was in den Augen vieler Palästinenser ein sehr hoher Preis für die vielen Toten war.

Nach dem Krieg beschuldigte Israel die Hamas, den Beton, die sie angeblich für den Wiederaufbau der Infrastruktur eingeführt hatte, in Wirklichkeit für den Bau von Tunneln zu verwenden, um wieder Anschläge auf israelische Städte und Dörfer verüben zu können. Gleichzeitig war die Hamas in Gaza selbst immer mehr verbalen – und auch gewalttätigen – Angriffen radikaler Dschihadisten ausgesetzt.

Mit der Fatah und der Autonomiebehörde gleichermaßen zerstritten, international isoliert und zunehmend ohne Unterstützung von gemäßigten und radikalen Palästinensern, sieht sich die Hamas mit den 1,8 Mio. Einwohnern in Gaza, über die sie herrscht, seit dem Krieg von 2014 immer mehr in einer ausweglosen Situation. Düstere Prognosen bezüglich zukünftiger Konflike bestätigten sich 2021, als eskalierende Spannungen in Raketenangriffen der Hamas auf Israel gipfelten, die das Feuer ihrerseits mit Luftangriffen und Artilleriebeschuss auf Gaza erwiderten. Obwohl man sich am 21. Mai 2021 auf einen Waffenstillstand einigte, flackerten die Feindseligkeiten im Juni wieder auf, was die Dringlichkeit einer dauerhaften Einigung noch einmal verdeutlichte.

Regionale Spezialitäten

Von traditionellem nahöstlichen und mediterranen Essen bis zu französisch-israelischer Fusionsküche – Israel ist ein Gourmetparadies. Und mit all den kleinen Imbisslokalen, trendigen Bistros und Edelrestaurants kann sich das Land mit jeder europäischen Stadt messen. Die Restaurants bieten eine reiche Vielfalt köstlicher Gerichte, einige davon außerhalb der Region kaum bekannt, viele vegetarisch – aber alle, auch die innovativen Fusionsgerichte, sind ein spannendes Gaumenerlebnis.

Gerichte

Himmlisches Hummus

Ali Caravan (Tel Aviv)

Hummus Said (Akko)

Abu Shukri (Jerusalem)

Felafel HaZkenim (Haifa)

➜ **Hummus** Die cremige Paste aus gekochten Kichererbsen wird über alle religiösen, politischen und kulturellen Grenzen hinweg geschätzt. Auf den Tisch kommt sie als Dip oder Beilage zu frischem Pita-Brot – oft zusammen mit warmen *ful* (Favabohnen), ganzen gekochten Kichererbsen oder Tahina (Paste aus Sesamsaat). Die Araber servieren Hummus manchmal zu Hackfleisch und essen es traditionell (warm) am Morgen oder frühen Nachmittag. Israelis genießen das Gericht dagegen ganztägig.

➜ **Oliven** Sie sind vor allem morgens und abends beliebt. Es gibt sie in vielen verschiedenen Sorten, die sich stark von denen in Griechenland, Spanien oder Italien unterscheiden. Märkte und Supermärkte verkaufen aus Bottichen die besonders leckere Variante *surim d'fukim* (aufgebrochene Tyros-Oliven).

➜ **Falafel** Die frittierten Bällchen aus Kichererbsenmehl schmecken siedend heiß am besten. Serviert werden sie üblicherweise in Pita- oder Fladenbrot *(laffa)*. Dazu gibt's Hummus und/oder Tahina, Tomate, Gurke, eingelegtes Gemüse, scharfe Gewürze (z. B. jemenitisches *s-chug*) und manchmal auch Sauerkraut.

➜ **Sabich** Der neue Rivale der Falafel besteht aus Pita-Brot, das mit frittierten Auberginen, Eiern, gekochten Kartoffeln, Gurke, Tomate, gehackter Petersilie und Tahina gefüllt wird. Irakische Juden essen Sabich traditionell am Morgen des Sabbat.

Morgens wird in Israel oft nach der gewünschten Zubereitungsart des Frühstückseis gefragt: *betzei ayin* (Spiegelei), *beitzim mekushkashot* (Rührei), *chavita* (Omelette) oder einfach *beitza kasha* (hartgekocht)?

➜ **Shawarma** Hühner-, Puten- oder Lammfleisch, das an einem großen Spieß gegrillt, in dünne Streifen geschabt und dann in Pita-Brot gefüllt wird – der ultimative Straßenimbiss.

➜ **Grillfleisch** An sonnigen Wochenenden sieht man in den Parks oft Familien, die rotes Fleisch auf einem *mangal* (tragbaren Grill) garen und dann zusammen mit Pita-Brot und Hummus essen. Viele jüdische und arabische Restaurants sind auf Grillfleisch spezialisiert – lecker sind Kebab (Spieß mit Hackfleischbällchen), *shishlik* (Spieß mit Huhn- oder Lammstückchen), *me'urav yerushalmi* („gemischter Grillteller auf Jerusalemer Art": Herz, Leber, Milz und weitere Hühnerteile, auf einer heißen Platte gegart) und Gänseleber.

➜ **Labneh** Cremig-saurer Frischkäse, der an Joghurt erinnert und mit Pita- oder Fladenbrot gegessen wird. Das Brot wird mit Olivenöl bestrichen und mit Zatar bestreut (eine arabische Gewürzmischung aus Ysop, Sumach und Sesam).

➜ **Bourekas** Pikante Blätterteigtaschen, oft dreieckig, gefüllt mit bulgarischem Salzlakenkäse, Kartoffelpüree, Pilzen oder Spinat.

➜ **Shakshuka** Pikanter Eintopf mit Eiern und Tomaten, der in der Regel zum Frühstück serviert wird.

➜ **Kibbeh** Lamm- oder Rinderhack in einem Teigmantel aus Bulgurweizen und geformt wie ein eiförmiger Kloß. Irakische und kurdische Juden bereiten Kibbeh mit Grieß zu und genießen es in einer würzigen Suppe.

➜ **Jachnun** Teigröllchen mit viel Butter, die langsam in einem Topf gebacken und dann zusammen mit geriebenen Tomaten und scharfer *s'chug*-Paste verzehrt werden (traditionell von jemenitischen Juden am Morgen des Sabbat).

➜ **Datteln** Unter den Varianten sind gelbliche, durchscheinende *dekel nur (deglet nur)* und riesige *medjoul*. Im Herbst sind die prallen, unreifen Golddatteln erhältlich – kurzes Einfrieren vor dem Verzehr nimmt ihnen die leichte Säuerlichkeit.

Koscher & Halal

Juden und Muslime befolgen traditionell verblüffend ähnliche Speisevorschriften – bei Ersteren muss das Essen koscher *(kasher)*, bei Letzteren halal sein. Beide Religionen erlauben nur den Verzehr bestimmter Tierarten, wobei Schweine jeweils als unreinste aller Kreaturen gelten. Auch die Schlachtvorschriften entsprechen sich: Nach dem Rezitieren eines Segens wird den Tieren ohne Betäubung mit der zahnlosen Klinge eines scharfen Messers die Kehle durchgeschnitten.

Koscher bedeutet auch:

➜ Nicht verspeist werden dürfen Säugetiere, die weder Paarhufer noch Wiederkäuer sind (Rinder, Schafe und Ziegen sind in Ordnung), Meeresfrüchte (z. B. Garnelen, Hummer, Tintenfisch), Amphibien, Reptilien und Insekten (bis auf Heuschrecken), Vögel außer Enten, Gänsen und ein paar anderen sowie die wenigen Fischarten ohne Flossen und/oder Schuppen (z. B. Aal, Wels).

➜ Fleisch- und Milchprodukte dürfen nicht vermischt werden (Cheeseburger und Pizza Salami fallen daher weg). Was weder Fleisch noch Milch enthält (z. B. Fisch, Gemüse), wird *parveh* (parve) genannt und kann zusammen mit Milch- oder Fleischprodukten gegessen werden. Der Begriff *kasher l'mehadrin* bezeichnet Lebensmittel, für die besonders strenge Regeln gelten. Fleisch der Kategorie „glatt kosher" stammt von Säugetieren, deren Lungen nachweislich „glatt" (frei von Anhaftungen) sind.

Per Gesetz müssen israelische Restaurants nicht koscher sein: Der jeweilige Inhaber entscheidet selbst darüber, ob er gegen Gebühr ein entsprechendes Zertifikat des örtlichen Rabbinats einholen möchte. Koschere Lokale müssen am Sabbat und an jüdischen Feiertagen geschlossen sein. Fast immer ist ihre Küche entweder *basari* (jiddisch *fleyshig*; „mit Fleisch") oder *chalavi* (jiddisch *milchig*; „mit Milchprodukten", z. B. vegetarisch plus Fisch). In Tel Aviv sind koschere Restaurants eher die Ausnahme, während Westjerusalem am Sabbat mitunter ein schwieriges Pflaster für Hungrige ist.

Anders als im Judentum ist Alkohol im Islam streng verboten *(haram)*. Dies bedeutet, dass er nicht einmal spurenweise enthalten sein oder bei der Zubereitung (z. B. von Vanille-Extrakt) verwendet werden darf.

> Zu den beliebtesten Käsesorten in Israel zählen *gvina Bulgarit* (bulgarischer Käse, ähnlich wie Feta), *gvina tsfatit* (Weichkäse, ursprünglich aus Safed), *gvinat emek* (ein gelber Käse) und herrlich cremiger Hüttenkäse. Letzterer wird hier so gern gegessen, dass vor ein paar Jahren Preisanstiege zu einem Konsumentenboykott und Ermittlungen durch die Knesset führten.

> *Im hareef v'amba?* Mit dieser Frage will der geschäftige Imbissverkäufer wissen, ob *s'chug* (scharfe jemenitische Chilipaste) und *amba* (Mango-Chutney im irakischen Stil) in das Innere der Falafel gestrichen oder stattdessen daraufgeträufelt werden sollen. Wer kein alter Hase oder Masochist ist, antwortet dann vorsichtshalber mit *ktzat* (ein wenig).

EIN PARADIES FÜR VEGETARIER

Nur wenige Länder bieten eine bessere vegetarische Auswahl als Israel: Straßenimbisse verkaufen Falafel, *sabich* und *boureka*. Fast alle Restaurants servieren üppige und häufig einfallsreiche Salate. Selbst in Grilllokalen und fleischorientierten arabischen und levantinischen Restaurants können Mezze-Vorspeisen als außerordentlich günstige vegetarische Mahlzeit dienen.

FRÜHSTÜCK IN ISRAEL

Beim Frühstück trumpfen Hotels, Pensionen und sogar Hostels richtig auf. Die meisten servieren eine üppige Auswahl von Eiern, Matjes- und Bismarckhering, Weich- und Hartkäse, Gemüsesalaten, grünen Oliven, Marmeladen, Broten, Zerealien und heißen Getränken.

In der Tradition der Essgewohnheiten der Kibbuzim, deren Mitglieder oft vor dem Frühstück ein paar Stunden lang auf den noch kühlen Feldern arbeiteten, ist das „israelische Frühstück" ein beliebter Bestandteil des regionalen Hotelangebots geworden. Varianten davon können auch in Cafés und Restaurants bestellt werden.

Essen am Sabbat

Unabhängig von ihrer jeweiligen Frömmigkeit pflegen israelische Familien bis heute die uralte Tradition, sich am Abend des Sabbat (Erev Shabbat) zu einem Festmahl zu versammeln. Oft zanken sich die beiden Schwiegerparteien darum, bei wem die verheirateten Kinder (und eventuell Enkel) dann zu Gast sein sollen. Auch in vielen säkular orientierten Familien beginnt das Ganze mit dem Anzünden der Sabbatkerzen und dem Kiddusch (Segensspruch über einem Becher Wein). Zu den traditionellen Hauptgerichten der Aschkenasim (Juden mit mittel-, ost- oder nordeuropäischen Wurzeln) zählt Hühnerfleisch, während Familien nordafrikanischer Abstammung typischerweise Couscous servieren.

Kochen ist am Sabbat verboten. Die einzige warme Mahlzeit, die daher traditionell am Samstagmittag zu haben war – in den Zeiten vor der Erfindung des Elektrokochers –, waren langsam gegarte Gerichte, die schon am Vorabend aufs Feuer gestellt wurden. So führten jüdische Gemeinden in aller Welt irgendwann den reichhaltigen und kalorienreichen Eintopf *hamin* (jiddisch Tschulent) ein, der normalerweise Kartoffeln, Fleisch, Bohnen, Gerste, Kichererbsen und hartgekochte Eier enthält.

Beduinen, Drusen und palästinensische Araber backen ihr Brot oft in einem taboun *(Lehmziegelofen), der in Israel und Palästina auch für Pizzas und* bourekas *(gefüllte Blätterteigtaschen à la Balkan) verwendet wird.*

Feste & Feiertage
Jüdische Feiertage

Ob allgegenwärtig (z. B. zu Pessach, bei Hochzeiten) oder durch Abwesenheit glänzend wie an Jom Kippur (Versöhnungstag mit Fastenpflicht): Essen ist ein zentrales Element aller jüdischen Feste und Feiertage.

Ein paar Wochen vor allen jüdischen Feiertagen tauchen spezielle Lebensmittel in Läden und auf Märkten auf.

➜ **Rosch HaSchana** Das jüdische Neujahr nimmt seinen süßen Anfang mit in Honig getunkten Äpfeln, Honigkuchen, Granatäpfeln und süßem rundem *challah*-Brot. Zusätzlich essen die Sephardim und Mizrahim z. B. Lauch, Kürbis, Rote Bete, Schmalzgebackenes und einen Fischkopf. Vor jedem Gang wird ein wortspielerischer Segen gesprochen.

➜ **Jom Kippur** An diesem Tag gibt's gar nichts zu essen: Etwa zwei Drittel der israelischen Juden (ob gläubig oder säkular) verzichten 25 Stunden lang auf Essen und Getränke. Anschließend wird das Fasten mit einem gemeinsamen Festessen gebrochen.

➜ **Sukkot** Das achttägige Laubhüttenfest erinnert an die 40-jährige Wüstenwanderung der Israeliten nach dem Auszug aus Ägypten. Was dabei gegessen wird, ist weniger interessant als der Ort: Gläubige Juden nehmen ihre Mahlzeiten, sofern es das Wetter erlaubt, in einer *sukka* (Hütte mit einem Flachdach aus Zweigen) ein. Wer es ihnen gleichtun möchte, begibt sich zu einem koscheren Hotel oder Restaurant.

➜ **Chanukka** Zum Lichterfest gibt's *levivot* (jiddisch *latkes*; Kartoffelpuffer) mit Schmand oder Apfelmus und *sufganiot* (Krapfen mit Marmeladenfüllung).

→ **Tu BiSchevat** Am Neujahrsfest der Bäume pflanzen Groß und Klein nicht nur Setzlinge, sondern knabbern auch Trockenfrüchte und Nüsse.

→ **Purim** Zu diesem Anlass gibt es *oznei haman* (jiddisch *hamantaschen*; "Hamans Ohren"): Das dreieckige Gebäck mit Mohn-, Pflaumen- oder Dattelfüllung ist nach dem Schurken der Purim-Geschichte benannt.

→ **Pessach (Passah)** Petersilie, Salzwasser, bittere Kräuter (normalerweise Meerrettich oder Römersalat), *haroset* (süße Paste aus geriebenen Äpfeln und Walnüssen, gehackten Datteln und süßem Wein), der Knochen einer Lammkeule und ein gebratenes hartgekochtes Ei: All dies symbolisiert jeweils einen Teil der Exodus-Geschichte. Jegliches Brot und alle anderen Nahrungsmittel aus gesäuertem Teig sind verboten (das israelische Gesetz untersagt sogar den Verkauf in jüdischen Gegenden). Stattdessen gibt's Matzen (ungesäuerte Fladen), die nur aus Mehl und Wasser gemacht werden. Zu einem typischen Festessen der Aschkenasim gehören auch Gefilte Fisch (Bällchen aus pochiertem Karpfen oder Dorsch) und Hühnersuppe mit Matzen-Bällchen (jiddisch *kneydlakh*), deren Teig aus zermahlenen Matzen, Eiern und Öl oder Hühnerfett besteht.

→ **Schawuot** Der vegetarischste Feiertag des Judentums steht im Zeichen von Milchprodukten. Zu den beliebtesten Gerichten auf Käsebasis zählen *blintzes* (Blini; gefüllte und eingerollte dünne Pfannkuchen), die oft mit Sauercreme garniert werden.

Muslimische Feiertage

Während des einmonatigen Ramadan verzichten gläubige Muslime tagsüber auf Essen und Trinken (auch auf Tabak und Sex). Doch vor und vor allem nach dem Fasten wird der Ramadan zu einem kulinarischen Fest, das viele Muslime tatsächlich an Gewicht zulegen lässt. Viele stehen dann vor Sonnenaufgang auf, um etwas zu essen, denn bis zum Fastenbrechen, dem *iftar* (familiäres Festmahl bei Sonnenuntergang), kommt nichts mehr auf den Tisch. Mancherorts (z. B. im israelischen Küstenort Jisr Az-Zarka) gibt's sogar organisierte Programme, die Nichtmuslime gegen Eintritt zum *iftar* einladen. Die bekannteste Köstlichkeit ist *qatayif*, eine Pfannkuchentasche mit Nusssplittern oder etwas Frischkäse gefüllt und dann mit Zuckersirup beträufelt.

Zum Opferfest (Eid Al-Adha) opfern Muslime traditionell ein Tier (oft ein Lamm oder Schaf), um sich für Gottes Gnade zu bedanken. So überrascht es nicht, dass dann oft Lamm oder Hammel auf der Karte stehen.

Zur Geburt eines Kindes bereiten Verwandte oft einen stark gewürzten Reisauflauf *(mughly)* zu, der den Milchfluss anregen soll. Während einer Trauerzeit ersetzt bitterer arabischer Kaffee die gezuckerte Variante.

An hohen Fest- und Feiertagen gibt's überall süßes Gebäck wie die leckeren *maamoul* (körnige Grießkekse mit viel Butter, gefüllt mit Datteln oder Nüssen). Hinzu kommen viele Back- und Süßwaren mit Honig – darunter Baklava, das auf abgedeckten Backblechen zu Freunden und Verwandten mitgenommen wird.

Wohin zum Essen & Trinken?

Tel Aviv und das benachbarte Jaffa haben sich zu Feinschmeckerzielen von internationalem Rang entwickelt. Für jeden Geldbeutel wird etwas geboten, darunter zahlreiche Nobelbrasserien und *mis'adot shef* (Restaurants, deren Einrichtung und Gerichte die extravagante Persönlichkeit des Küchenchefs repräsentieren). Jerusalems Restaurantauswahl ist ebenfalls groß, erreicht aber, mit wenigen Ausnahmen, nicht den Standard von Tel Aviv. Probierenswert in anderen Teilen des Landes sind z. B. Meeresfrüchte in Akko, arabische Traditionsküche in Haifa und Galiläa, Steak von heimischen Rindern auf den Golanhöhen und die fleischlosen Mahlzeiten des vegetarischen Moshav Amirim (Oberes Galiläa).

Regionale Biere

Goldstar, dunkles Lager

Maccabee, helles Lager

Taybeh, palästinensisches Bier

Bazelet Amber Ale, von den Golanhöhen

Alexander, Ale aus der Kleinbrauerei

Dancing Camel, aus einer Kleinbrauerei in Tel Aviv

Shapiro, Ales und Stouts aus Beit Shemesh

Negev, aus dem Süden Israels

Zu den libanesischen und palästinensischen Spezialitäten gehören die „drei M": *majadra* (Reis und Linsen, garniert mit gebratenen Zwiebeln), *mansaf* (in saurem Joghurt gekochtes Lamm auf Reis) und *makloubeh* (Schichten aus Reis, Gemüse und geschmortem Hühner- oder Lammfleisch, die vor dem Servieren „umgestülpt" werden).

Restaurants & Bars im Internet

www.restaurants-in-israel.co.il

www.restaurants.co.il

Die meisten jüdischen Restaurants in Jerusalem sind koscher und haben darum am Sabbat geschlossen, sofern sie nicht zu Hotels gehören. Auf den Großteil der Spitzenlokale im übrigen Land trifft dies jedoch nicht zu: Sie haben an allen sieben Wochentagen geöffnet – viele servieren Milch und Fleisch zusammen, auch Meeresfrüchte und manchmal sogar „weißes Fleisch" (israelische Umschreibung für Schweinefleisch).

Die meisten preisgünstigen und mittelpreisigen Restaurants im Westjordanland servieren hauptsächlich levantinisch-arabische Küche wie *shish taouk* (marinierte und gegrillte Hühnerspieße) und Köfte (Lamm-Kebab) sowie eine riesige Vielfalt köstlicher Mezze: Hummus und *muttabal* (Auberginenpüree mit Tahina, Joghurt und Olivenöl), Salate, *kibbeh* (fleischgefüllte Bulgur-Kroketten) und frittierter Käse.

Im Westjordanland (besonders in Bethlehem) haben etliche Restaurants traditionelle palästinensische Gerichte im Angebot wie *mansaf* (buchstäblich „explodiertes" Huhn oder Lamm auf Reis mit einer sämigen Fleischbrühe) und *makloubeh* („umgestülptes" Huhn unter einer Reisschicht mit Nüssen und Gewürzen). Kein Ausflug ins Westjordanland ist vollständig, ohne *kunafeh* probiert zu haben, eine Süßspeise aus Grieß und Frischkäse, die aus Nablus im Norden des Landes stammt.

Lebensart

Natürlich erfährt man beim Besuchen von historischen Stätten, Nationalparks und Museen ein bisschen was über ein Land, aber der einzige Weg, um wirklich ein Gespür dafür zu bekommen, wie ein Land tickt, ist, die Einheimischen mit ihren Werten, Vorlieben und Lebensstilen kennenzulernen.

Israelis

Israel ist zwar eine westlich orientierte liberale Demokratie mit einer boomenden Hightech-Wirtschaft., aber die unglaubliche Vielfalt von ethnischen Gruppen, Religionen, Sprachen und Familienbanden sorgt für ein großes Spektrum von Weltanschauungen, persönlichen Vorlieben und Lebensstilen.

Werte & Lebensstil

Die israelische Gesellschaft wurde vor einem Jahrhundert auf dem Prinzip des Sozialismus aufgebaut, für das beispielhaft das Gemeinschaftsleben im Kibbuz stand (allerdings lebten selbst auf dem Höhepunkt der Kibbuz-Bewegung nur 3 % der jüdischen Bevölkerung in einer solchen Landkommune). Heute pflegt die große Mehrheit der Israelis einen entschieden bürgerlichen, individualistischen Lebensstil mit Ansprüchen (z. B. Auslandsreisen), deren Verwirklichung zum großen Teil von guten und gut bezahlten Mittelklassejobs abhängt.

In Tel Aviv, einer Welt für sich, gehen säkulare Juden – neben einer Minderheit moderner orthodoxer Juden und israelischer Araber – Arbeit, Handel, Gastronomie, Unterhaltung und Kunst mit einer Intensität und Energie nach, die sehr viel mit Silicon Valley, Berlin und den boomenden Städten Ostasiens gemein hat. Zur gleichen Zeit versuchen die Bewohner der ultraorthodoxen (charedischen) Viertel wie dem Jerusalemer Stadtteil Me'a She'arim, den alten osteuropäischen Lebensstil des 18. Jhs. zu erhalten (oder wiederherzustellen). Die meisten Kibbuzim wurden zwar „privatisiert" – die Wohnungen gehören den Kibbuz-Mitgliedern, und das Einkommen richtet sich nach der Wertschöpfung des einzelnen Mitglieds –, trotzdem leben die Bewohner der gut 70 noch verbliebenen „kommunalen" Kibbuzim des Landes immer noch nach den sozialistischen Gleichheitsidealen der 1950er-Jahre.

Die hebräische Kultur und Kunst spielen eine große Rolle. Bücher lesen und ins Konzert, Theater oder Kino gehen sind daher ein fester Bestandteil im Leben vieler israelischer Juden. Dank der alten Liebe zur Natur sind viele Israelis auch ziemlich aktiv: So sind Wandern, Radfahren, Windsurfen, Rucksacktouren, Campen und andere Freizeitaktivitäten äußerst populär.

Familie spielt für fast alle Israelis eine große Rolle. Junge Juden verlassen das heimische Nest mit 18 Jahren, um Wehrdienst zu leisten und danach mit dem Rucksack durch Südostasien zu reisen. Aber selbst in den säkularsten Kreisen stehen sowohl Männer als auch Frauen unter dem beständigen – manche würden sagen unerbittlichen – Druck, einen Lebenspartner zu finden und Kinder in die Welt zu setzen.

> Schwule und Lesben können in Tel Aviv einen offenen und, wenn sie wollen, auch extravaganten Lebensstil pflegen, aber die kleinere Schwulenszene im konservativeren Jerusalem verhält sich vorsichtiger und unauffälliger.

DIE ROLLE DES JUDENTUMS

Das Judentum hat – als Religion, als nationale Identität und als Kultur – einen beträchtlichen Einfluss auf das Alltagsleben aller israelischen Juden. Für die Orthodoxen und insbesondere für die Ultraorthodoxen (Charedim) hängen praktisch alle Handlungen und Entscheidungen von der Halacha ab, dem jüdischen Gesetz, das sich auf Präzedenzfälle der Rechtsprechung aus mehr als 2000 Jahren stützt. Säkulare Juden messen zwar den täglichen religiösen Pflichten keine große Bedeutung bei, aber auch ihr Leben wird von dem Rhythmus des wöchentlichen Sabbat und der jährlichen jüdischen Feiertage bestimmt. Viele jüdische Israelis sehen sich selbst nicht als „säkular" (als ideologische Säkularisten), sondern als „traditionsorientiert" *(masorti)*. Da kann es vorkommen, dass junge Leute am Sabbat (Samstag) mit ihren Eltern zu Mittag essen und anschließend zum Fußball gehen.

Das exponentielle Wachstum der charedischen Gemeinde ruft alle möglichen Spannungen hervor, z. B. wenn neu hinzugezogene Charedim in einem früher säkularen Viertel fordern, dass am Sabbat die Straßen gesperrt werden und in Schwimmbädern die Geschlechtertrennung eingeführt werden soll.

Die meisten der von Ultraorthodoxen betriebenen Schulen unterrichten nur religiöse Themen, sodass Wissenschaft, Mathematik, Geschichte, Literatur oder Fremdsprachen völlig auf der Strecke bleiben. So wächst eine Generation heran, die kaum eine Chance hat, eine Arbeit zu finden. Eine große Mehrheit der ultraorthodoxen Männer arbeitet nie, sondern geht mithilfe staatlicher Unterstützung Studien in *jeschiwot* (religiösen Seminaren) und *kolelim* (Seminaren für verheiratete Männer) nach. Charedische Frauen unterliegen nicht dem halachischen Gebot, jede Minute dem religiösen Studium zu widmen. Daher gehen immer mehr von ihnen arbeiten und werden so zum einzigen Brötchenverdiener in der Familie – obwohl sie sich noch um die sechs, acht oder mehr Kinder kümmern müssen.

Wehrdienst

Die israelische Armee ist seit der Gründung des Staates ein Teil des Alltagslebens. Für die meisten jüdischen Israelis gehört der Wehrdienst – drei Jahre für Männer, zwei für Frauen – zum Erwachsenwerden dazu. Der Wehrdienst bei den Israelischen Verteidigungsstreitkräften (IDF) ist auch für drusische und tscherkessische Männer Pflicht, und einige beduinische und christlich-arabische Männer leisten ihn freiwillig. Zum Ärger vieler sind der Großteil der ultraorthodoxen jüdischen Männer sowie die meisten orthodoxen und alle ultraorthodoxen jüdischen Frauen vom Wehrdienst befreit.

Reservisten können alle ein bis zwei Jahre zu Wehrübungen einberufen werden – Männer bis zum Alter von 40 Jahren und Frauen bis zum Alter von 24 Jahren (oder bis zur Geburt ihres ersten Kindes). Das geschieht aber nur selten.

Auf die Frage, warum so viele Soldaten mit Maschinengewehren in den Straßen zu sehen sind, antworten viele Israelis, dass es zwar nicht ideal sei, bis an die Zähne bewaffnet zu sein, aber allemal besser, als sich wie ihre Großeltern vor den Kosaken in Russland oder dem judenfeindlichen Mob im Irak verstecken zu müssen.

Frauen

Die israelischen Frauen genießen die gleiche Freiheit, den gleichen gesellschaftlichen Status und die gleichen beruflichen Chancen wie ihre Geschlechtsgenossinnen in Europa und spielten eine große Rolle in Wirtschaft und Politik (wie Golda Meir). Jedoch liegen, wie zu osmanischen Zeiten, Ehe und Scheidung nach wie vor in den Händen des orthodox dominierten Großrabbinats, dessen ausschließlich männliche religiöse Richter traditionell männliche Vorrechte über die Frauenrechte stellen.

Unter den israelischen Juden sehen sich 42 % als „säkular", 38 % als mehr oder weniger „traditionsverbunden", 12 % als modern-orthodox und 8 % als ultraorthodox (charedisch). Quelle: Umfrage des israelischen Amts für Statistik von 2009.

Überdies sind einige der ultraorthodoxen Gemeinschaften Israels in den letzten Jahren deutlich radikaler (manche würden sagen besessener) in Sachen „Sittlichkeit" geworden und versuchen, striktere Regeln zur Trennung von Männern und Frauen durchzusetzen. Versuche, die Geschlechtertrennung in öffentlichen Verkehrsmitteln (Frauen werden im Bus nach hinten verwiesen) und sogar auf Bürgersteigen einzuführen sowie Bilder von Frauen generell aus Werbeplakaten zu verbannen, stießen auf große Proteste, in deren Folge ein Gesetz erlassen wurde, das den Ausschluss von Frauen und Darstellungen von Frauen im öffentlichen Raum verbietet.

Schließlich ist da noch die anhaltende Diskussion zur Trennung von Frauen und Männern an der Klagemauer in Jerusalem, die seit 1967 besteht (vor 1948 beteten hier Frauen und Männer seit jeher gemeinsam). Seit 1988 setzt sich die Frauenrechtsorganisation Women of the Wall für die Abschaffung von Verboten für weibliche Gläubige ein (Frauen dürfen die Tora nicht laut lesen und auch nicht den Gebetsmantel tragen). 2017 verwarf Netanjahu nach Protesten von ultraorthodoxen Parteien in seiner Koalition eine Vereinbarung von 2016, nach der ein gemischter Gebetsbereich an der Mauer geschaffen werden sollte.

> Hunderttausende ultraorthodoxe Israelis nutzen „koschere" Handys, die den Zugang zu „unangemessenen" Inhalten blockieren und keine Kamera- und SMS-Funktion haben, um unerlaubtes Flirten zu verhindern. Einige Modelle bieten ein jiddisches Display und chassidischen Gesang als Klingeltöne.

Palästinenser

Der Alltag in den Palästinensischen Autonomiegebieten gestaltet sich von Stadt zu Stadt und sogar von Straße zu Straße höchst unterschiedlich. Aber ob im konservativ-muslimischen Stadtteil von Hebron oder in einem christlichen Viertel im lockeren Ramallah, charakteristisch für palästinensische Städte sind vollgepackte Gehwege, wuselige Märkte und Verkehrschaos auf den Straßen. Auf dem Land geht es zwischen den sanften Hügeln und Olivenhainen gemächlicher zu.

Werte & Lebensstil

Die Höhen und Tiefen des Alltagslebens in Palästina hängen weitgehend von der aktuellen Sicherheits- und Wirtschaftslage ab. Besonders schlimm ist die Lage im Gazastreifen. Ursache dafür sind die israelischen und ägyptischen Blockaden, die Tatsache, dass Ägypten 2013/2014 Hunderte Schmugglertunnel versiegelt hat, und die wiederholten Konfrontationen der Hamas mit Israel.

Im Westjordanland hat Israel in den letzten Jahren die meisten Kontrollpunkte abgebaut, sodass für Palästinenser der Weg von Zuhause zur Arbeit oder zur Schule einfacher geworden ist. Aber das Alltagsleben kann trotzdem frustrierend sein, denn die Einwohner müssen immer mit demütigenden – oder zumindest zeitraubenden – Auseinandersetzungen mit israelischen Sicherheitskräften oder Siedlern rechnen.

Trotz allem sind die Palästinenser fest entschlossen, das Beste aus ihrer schwierigen Lage zu machen. Die Familienbande sind äußerst eng und werden oft durch innerfamiliäre geschäftliche Partnerschaften zusätzlich gestärkt. Viele Großfamilien investieren ihr Einkommen in den Bau eines großen Hauses, wo dann alle unter einem Dach leben, wobei jede Kernfamilie ihre eigene Wohnung hat. Palästinensische Männer verbringen ihre Freizeit oft im örtlichen Kaffeehaus, wo die Älteren Backgammon spielen.

> Nach Angaben des Entwicklungsprogramms der Vereinten Nationen nimmt Israel im Human Development Index von 2016 unter 187 Ländern den 19., Palästina den 114. Platz ein.

Das Leben im Gazastreifen wird streng von den Richtlinien des fundamentalistischen Islams bestimmt, während das Westjordanland eine moderatere Einstellung hat. Besonders in Ramallah sind die typischen Attribute des modernen, westlichen Lebensstils wie schicke Autos, Fitnessstudios und Nachtlokale überall präsent. Beliebte Sportarten sind Fußball und Basketball, und überall im Westjordanland und im Gazastreifen spielen junge Palästinenser auf improvisierten Plätzen.

Palästinenser haben eine sehr enge Bindung zu ihrem Land, insbesondere zu ihren Olivenhainen. Deshalb kehren viele in der Stadt lebende Palästinenser im Oktober und November in ihre Heimatdörfer zurück, um bei der Ernte mitzuhelfen.

Arbeit & Einkommen

Palästinenser verdienen noch immer weit weniger als Israelis (das durchschnittliche Jahreseinkommen in den Palästinensischen Gebieten beträgt nur 3200 US$ im Vergleich zu 36190 US$ in Israel). Das Fehlen von wirtschaftlichen Chancen – vor allem für junge Leute – trägt enorm dazu bei, dass die Palästinenser mit ihrem Schicksal hadern. Angesichts einer Arbeitslosenrate von 27 % im Westjordanland und von 42 % im Gazastreifen und einer der höchsten Geburtenraten der Welt (muslimische Palästinenserinnen haben durchschnittlich sieben Kinder, ebenso viele wie ultraorthodoxe jüdische Frauen in Israel) ist die durchschnittliche palästinensische Familie sehr groß und sehr arm.

Frauen

Obwohl Palästinenserinnen traditionell die Rolle der Hausfrau einnehmen, haben in den letzten Jahren immer mehr Frauen eine Hochschulbildung erworben und stehen im Erwerbsleben. Abgesehen von fundamentalistischen Gebieten haben Frauen auch langsam den Weg in die Politik gefunden – in Ramallah beispielsweise hatte von 2005 bis 2012 eine Frau, Janet Michael, das Bürgermeisteramt inne, und Hanan Ashrawi ist als wortgewandte Sprecherin für die Rechte der Palästinenser bekannt.

Regierung & Politik

Im Leben von Israelis und Palästinensern spielt die Politik eine überaus wichtige Rolle, denn der jahrhundertealte Konflikt entlädt sich immer wieder in unberechenbaren und oft gewalttätigen Vorfällen.

Israels Regierungssystem

Da sich Israel bisher nicht auf die grundlegendsten Aspekte seiner Identität einschließlich der Rolle der Religion einigen konnte, hat der Staat bis heute keine Verfassung. Stattdessen hat die Knesset, das israelische Parlament, eine Reihe von Verfassungsgesetzen erlassen, die sogenannten „Grundgesetze", in denen zum Teil auch Grundrechte der Bevölkerung verankert sind. Der Oberste Gerichtshof hat das Recht, alle von der Knesset verabschiedeten Gesetze juristisch zu überprüfen und ihre Verfassungsmäßigkeit festzustellen.

Parlament & Staatspräsident

Israel ist eine parlamentarische Demokratie. Die Legislative ist das Einkammer-Parlament der Knesset, deren 120 Abgeordnete nach dem Verhältniswahlrecht für vier Jahre gewählt werden. Allerdings kann es schon vor Ablauf einer Legislaturperiode zu Neuwahlen kommen, wenn die Regierungskoalition an einem Misstrauensvotum scheitert. So sind israelische Regierungen durchschnittlich nur etwas mehr als zwei Jahre im Amt.

Aufgrund der großen religiösen, ideologischen, ethnischen und sprachlichen Vielfalt der israelischen Gesellschaft und der Tatsache, dass bereits eine Partei, die nur 3,25 % der Wählerstimmen erreicht, in der Knesset vertreten ist, setzt sich das Parlament immer aus einem guten Dutzend oder mehr Parteien zusammen. Um die erforderliche Regierungsmehrheit von 61 Sitzen zu erhalten, müssen Koalitionen gebildet werden, in denen die kleineren Parteien dann oft das entscheidende Zünglein an der Waage sind.

Wahlberechtigt sind alle Israelis ab 18 Jahren. Mit Ausnahme von Angehörigen des diplomatischen Corps und der Handelsmarine darf nicht per Briefwahl gewählt werden, sodass im Ausland lebende Israelis am Wahltag persönlich anwesend sein müssen, um ihre Stimme abgeben zu können. Es werden die einzelnen Parteien, nicht die jeweiligen Kandidaten gewählt. Wenn eine Partei z. B. 10 % der Wählerstimmen erhält, ziehen die ersten zwölf Kandidaten ihrer Liste ins Parlament ein.

Staatsoberhaupt ist der Präsident, der vorwiegend repräsentative Aufgaben erfüllt. Lediglich nach Wahlen bestimmt er den Parteichef, der eine Regierungskoalition bilden darf. Außerdem muss der Staatspräsident der Auflösung des Parlaments zustimmen und kann verurteilte Straftäter begnadigen. Die Knesset wählt den Staatspräsidenten für eine einmalige Amtszeit von sieben Jahren.

Regierung

Die Regierung besteht aus dem Premierminister und dem Kabinett, dessen Mitglieder, die Minister, vom Regierungschef ernannt werden, wobei er auch die Zahl der Mandate der jeweiligen Parteien berücksichtigen

---

Golda Meir (1898–1978), die dritte Premierministerin (1969–1974) der Welt, wurde in Kiew geboren und wuchs in Milwaukee und Denver auf. Dort lernte sie den sozialistischen Zionismus kennen und wanderte 1921 nach Palästina aus.

muss. Die ernannten Minister müssen von der Knesset bestätigt werden. Die meisten Kabinettsmitglieder leiten ein Ministerium, doch es gibt auch Minister ohne Geschäftsbereich.

Das Kabinett entscheidet über die vom Premierminister vorgelegten Beschlüsse in der Sicherheits-, Außen- und Innenpolitik. Gemäß dem Prinzip der „ministeriellen Verantwortung" müssen die Minister alle vom Kabinett beschlossenen Entscheidungen unterstützen, auch wenn sie dagegen gestimmt haben. Die wöchentliche Kabinettsitzung, über die oft in der Presse berichtet wird, findet immer sonntags statt.

Einige Minister wie die Minister für Verteidigung, Äußeres, Nationale Sicherheit, Inneres und Finanzen gehören auch dem mächtigen Sicherheitskabinett an, das unter Leitung des Premierministers über dringende Angelegenheiten der Verteidigungs- und Außenpolitik entscheidet.

Seit Ende 2022 ist wieder Benjamin Netanjahu israelischer Premierminister.

Präsident ist Isaac Herzog.

Rechtssystem

Israels unabhängige Gerichtsbarkeit besteht aus drei Instanzen: den Amtsgerichten für zivil- und strafrechtliche Prozesse, den Bezirksgerichten als Berufungsinstanz und dem Obersten Gerichtshof (das sogenannte *Bagatz*) als höchstem Appellationsgericht, das auch Maßnahmen der Regierung und Behörden auf ihre Rechtmäßigkeit überprüfen kann.

Für Personenstandsfragen wie Eheschließung und Scheidung sind die religiösen Gerichte der jeweiligen Religionsgemeinschaften – Juden, Muslime, Christen – zuständig. Zivilrechtliche Eheschließungen sind nach israelischem Recht nicht möglich. Da keines der religiösen Gerichte eine interkonfessionelle Eheschließung durchführt, können Paare mit unterschiedlicher Religionszugehörigkeit nur im Ausland, z. B. auf Zypern, heiraten. Eine im Ausland zivilrechtlich geschlossene Ehe wie auch die gleichgeschlechtliche Ehe werden in Israel aber anerkannt.

Die Palästinensische Autonomiebehörde

Die Palästinensische Autonomiebehörde (Palestinian National Authority, PA oder PNA) wurde 1994 als Interimsverwaltung in Teilen des Westjordanlandes und des Gazastreifens eingerichtet. Nach den Verträgen von Oslo sollte sie fünf Jahre bis zur Gründung eines palästinensischen Staats im Amt bleiben. Die Verhandlungen über den endgültigen Status von Palästina gehen weiter – und die PNA ist weiterhin im Amt.

Im Rahmen des Oslo-Friedensprozesses wurde der PNA die Verantwortung für die zivile Verwaltung und Sicherheitsfragen in den größeren Städten im Westjordanland, der sogenannten *Area A*, übertragen. Diese Gebietszone umfasst etwa 3 % der Fläche des Westjordanlands. Weitere 25 % des Westjordanlands (meist kleine geschlossene Ortschaften) stehen als sogenannte *Area B* unter der zivilen Verwaltung der PNA, während für Sicherheitsfragen weiterhin Israel zuständig ist. Der überwiegende Teil des Westjordanlands (72 %) ist als *Area C* ausgewiesen, die vollständig unter der zivilen und militärischen Verwaltung Israels steht. In dieser Gebietszone C leben gut 300 000 Palästinenser in winzigen, von der PNA kontrollierten Enklaven, die von jüdischen Siedlungen, Militärstützpunkten und Umgehungsstraßen der Israelis umgeben sind.

Seit 2007, als die Hamas den Gazastreifen gewaltsam unter ihre Kontrolle brachte, haben das Westjordanland und der Gazastreifen jeweils eine eigene Regierung. Die international anerkannte und finanziell unterstützte PNA unter Führung der Fatah übt die Regierungsfunktion in großen Teilen des Westjordanlandes aus, während die Hamas-Regierung in Gaza von Israel, Ägypten, den USA sowie vielen arabischen und europäischen Staaten nicht anerkannt wird.

Der Palästinensische Legislativrat PLC ist das Parlament der PNA. Die 132 Abgeordneten werden in 16 Wahlkreisen im Westjordanland und im

> ### PALÄSTINENSISCHE PARTEIEN UND GRUPPIERUNGEN
>
> **Palästinensische Befreiungsorganisation (PLO)** Die 1964 gegründete PLO ist ein Zusammenschluss verschiedener palästinensischer Fraktionen. Von der UNO-Vollversammlung wurde sie 1974 als „legitimer Repräsentant des palästinensischen Volkes" anerkannt und erhielt 2012 den Status eines „Dauerhaften Beobachters ohne Stimmrecht".
>
> **Fatah** Die lange Zeit dominierende politische Partei innerhalb der PLO, die eine säkulare, nationalistische Linie vertritt, wurde 1959 von Jassir Arafat (1929–2004) und anderen jungen palästinensischen Flüchtlingen gegründet. In den 1970er- und 1980er-Jahren agierte die Fatah (arabisch „Eroberung, Sieg") als internationale Terrororganisation, schwor 1988 aber der Gewalt ab und erkannte 1993 das „Recht des Staates Israel auf eine Existenz in Frieden und Sicherheit" an. Nach den Verträgen von Oslo stand die Fatah unter Arafat im Ruf der Korruption und undemokratischer, undurchsichtiger Machenschaften.
>
> **Hamas** Die derzeit in Gaza herrschende Hamas ist militante Bewegung und politische Partei zugleich. In ihrer Satzung fordert sie die Zerstörung des Staates Israel durch den „bewaffneten Kampf" und die Errichtung eines islamischen Staates in Palästina auf dem Gebiet des heutigen Israel, des Gazastreifens und des Westjordanlandes.
>
> **Islamischer Dschihad** Die militante islamistische Organisation wurde im Gazastreifen gegründet und konkurriert dort mit der Hamas. Von Israel und den meisten westlichen Staaten wird sie als Terrororganisation betrachtet.

Gazastreifen gewählt. Die letzten Parlamentswahlen fanden 2006 statt und wurden von der Hamas gewonnen.

Der Präsident der PNA wird alle vier Jahre für eine – theoretisch – einmalige Amtszeit direkt gewählt. Von 1994 bis zu seinem Tod 2004 bekleidete Jassir Arafat dieses Amt. Im Januar 2005 wurde Mahmud Abbas (alias Abu Mazen) zum Präsidenten gewählt und ist es bis heute, da es danach keine Wahl mehr gab. Der Präsident ernennt den Premierminister, der vom Parlament bestätigt werden muss.

Die parlamentarische Arbeit des PLC ist aber deutlich erschwert, da die Abgeordneten, vor allem die der Hamas, unter israelischen Einschränkungen zu leiden haben aber auch wegen der Spaltung von Fatah und Hamas 2007.

Die Hamas

1987 gründeten Islamisten in Gaza den palästinensischen Flügel der ägyptischen Muslimbruderschaft, die sie *Harakat Al-Muqawama Al-Islamiya* („Islamische Widerstandsbewegung") nannten. Die unter dem Akronym „Hamas" bekannt gewordene islamistische Organisation hat die Gründung eines islamischen Staates Palästina zum Ziel, der sich auf das gesamte Staatsgebiet von Israel sowie das Westjordanland und den Gazastreifen erstrecken soll. Da sie sich weigert, auf Gewalt gegen israelische Zivilisten (in Form von Selbstmordattentaten und Raketenangriffen) zu verzichten, wird die Hamas von einigen Ländern, darunter Israel, den USA, Großbritannien und der EU, als „terroristische Vereinigung" eingestuft.

Anfang der 1990er-Jahre gewann die von den Golfstaaten und später Iran finanzierte Hamas an Ansehen unter den Palästinensern, und zwar nicht nur wegen ihrer kompromisslosen Haltung gegenüber Israel, sondern auch durch den Aufbau von Jugendclubs, Krankenhäusern und Schulen in Armenvierteln. Während Arafats Fatah als durch und durch korrupt wahrgenommen wurde, galt die Hamas als rechtgläubig und ehrlich.

> In *Hamas: From Resistance to Government* (2012) erläutert Paola Caridi die komplexe Geschichte der Organisation.

> **AUSSÖHNUNG ZWISCHEN FATAH UND HAMAS**
>
> Nach den palästinensischen Parlamentswahlen 2006, bei denen die Hamas 76, die Fatah nur 43 Sitze gewann, wollten sich die militärischen Befehlshaber der Fatah nicht dem Kommando ihrer Konkurrenten unterstellen. So konnten sich Hamas und Fatah nicht auf die Bildung einer gemeinsamen Regierung einigen. Stattdessen kam es auf beiden Seiten bald zu gegenseitigen Entführungen, Überfällen und Attentaten. In einem blutigen Staatsstreich mit offenen Straßenschlachten und Hinrichtungen auf beiden Seiten vertrieb die Hamas 2007 die Fatah aus Gaza. Die Fatah ging daraufhin energisch gegen die Hamas und ihre Einrichtungen im Westjordanland vor. Seitdem hat jedes der beiden Palästinensergebiete eine eigene Regierung.
>
> Ende 2017 gab es erneute Bemühungen um eine Versöhnung, aber mehrere frühere Versuche waren wegen ideologischer Differenzen, Verbitterung über vergangene Gewalttaten und tiefen Misstrauens fehlgeschlagen. Bei ihren Verhandlungen mit Israel sitzen die Palästinenser zwischen Baum und Borke. Israel will einerseits kein Friedensabkommen verhandeln, solange es keine einheitliche palästinensische Position gibt, weigert sich aber andererseits, mit der Hamas zu reden (und umgekehrt) und wehrt sich gegen die Teilnahme der islamistischen Gruppe am Verhandlungstisch.
>
> Was immer geschehen mag, die Unterstützung für die Hamas im Westjordanland und in Gaza kann nicht außer Acht gelassen werden. Die Gruppe gewann 2006 Wahlen, weil sie eine Alternative zur Fatah darstellte, die von einigen Palästinensern als korrupt und ineffektiv betrachtet wird. Durch die Verschlechterung der humanitären Lage in Gaza (das letzte Kraftwerk schloss 2017 und stürzte das Gebiet in Dunkelheit) schwindet der Rückhalt für die Hamas, aber das stärkt lediglich extreme islamistische Elemente, im Gazastreifen ebenso wie im Westjordanland.

2005 verständigte sich die Hamas mit Arafats Nachfolger Mahmud Abbas auf eine Teilnahme an den Parlamentswahlen der PNA. Bei diesen Wahlen im Januar 2006 gewann die Hamas überraschend die Mehrheit der Parlamentssitze, da viele Wähler enttäuscht waren über die Korruption innerhalb der Fatah und die noch immer ausstehende Gründung eines eigenen Staates Palästina.

Die neue Hamas-Regierung weigerte sich nicht nur, Israel anzuerkennen, sondern auch der Gewalt abzuschwören und die von der PNA und Israel unterzeichneten Vereinbarungen einzuhalten. Da dies zentrale Forderungen der westlichen Länder waren, geriet sie international in die Isolation. Zudem gab es internen Widerstand von Mitgliedern der Fatah, die ihren nichtislamistischen Nationalismus sowie ihre Privilegien und Machtbefugnisse nicht aufgeben wollten. Mit einem blutigen Staatsstreich vertrieb die Hamas 2007 schließlich die Fatah aus dem Gazastreifen, griff gegen Abweichler rigoros durch und begann mit Raketenangriffen auf israelische Städte und Dörfer. Daraufhin verhängte Israel eine weitgehende Blockade über den Gazastreifens und wurde darin von Ägypten (aus ganz eigenen Gründen) unterstützt. In den folgenden Jahren kam es dreimal zu blutigen Zusammenstößen zwischen der Hamas und Israel: Anfang des Jahres 2009, Ende 2012 und im Sommer 2014.

Die Autorität der Hamas-Führung in Gaza wird von der radikalen Al-Qaida und dem IS nahestehenden Gruppierungen in Frage gestellt, aber auch von extremistischeren Organisationen wie dem Islamischen Dschihad.

Religion

Wo heutzutage Israel und Palästina liegen, befinden sich auch die Geburtsorte von zwei der drei großen monotheistischen Religionen, nämlich die des Judentums und des Christentums. Die dritte Glaubensrichtung, der Islam, betrachtet Jerusalem immerhin als drittheiligste Stadt. Eine weitere weltweit verbreitete Religion, die der Bahai, sieht ihre heiligsten Stätten in Haifa und Akko. Religion ist in Israel und Palästina ebenso allgegenwärtig wie Politik – auch Besucher, die nicht explizit aus religiösen Motiven hierherkommen, werden feststellen, dass das Thema bei ihrem Besuch eine bedeutende Rolle spielt.

Judentum

Das Judentum ist eine der ältesten noch praktizierten Religionen der Welt und beruht auf dem Glauben an den Bund des jüdischen Volkes mit dem Einen Gott. Die prägnanteste Zusammenfassung jüdischer Theologie und des strikten Monotheismus im Judentum findet sich im *Schma Jisrael* (dem Bekenntnis der göttlichen Einheit): „Höre, Israel, *Adonai* ist unser Gott, *Adonai* ist eins".

Nach der Thora (der hebräischen Bibel mit den fünf Büchern Mose) begann der Bund zwischen Gott und dem jüdischen Volk mit Abraham (im 19. Jh. v. Chr.). Der ist sowohl für Juden als auch für Muslime der Stammvater. Besagter Bund wurde am Berg Sinai ausgearbeitet und bestätigt (im 13. Jh. v. Chr.), wo die Israeliten nicht nur die Zehn Gebote empfingen, sondern außerdem von einer Stammesgruppierung zu einem Volk wurden. Das jüdische Volk ist für ewig an dieses Abkommen gebunden. Das bedeutet, „auserwählt" zu sein – und damit ist man nicht nur angehalten, sich nach Gottes *mitzwot* (Geboten) zu richten, sondern auch dazu, die Einzigartigkeit Gottes durch das eigene gute Beispiel der restlichen Menschheit zu vermitteln.

Juden glauben, dass Gott in der Geschichte und den Taten der Menschen gegenwärtig ist. Böses geschieht, wenn Menschen vorsätzlich und bewusst Gottes Willen missachten, Gutes dagegen, wenn sie seine Gebote achten. Menschen haben einen freien Willen und eine Moral: Sie können demnach wählen, ob sie ihren bösen Impulsen oder ihrer besseren Natur folgen.

Jüdische Geschichte kann in zwei Perioden unterteilt werden: vor und nach der Zerstörung des Zweiten Tempels in Jerusalem im Jahr 70 n. Chr. Vor diesem bedeutsamen Jahr richteten sich jüdische Rituale und Gottesdienste auf Tieropfer, die von den *kohanim* (Mitgliedern der Priesterkaste, auf welche die Juden mit Familiennamen Cohen oder Kohen zurückgehen) durchgeführt wurden. Nach der Zerstörung von Jerusalem gab es keine Opferungen mehr, das Judentum wandte sich dem Gebet, der Meditation und dem Schriftstudium zu, um mit dem Göttlichen zu kommunizieren. Während der nächsten Jahrhunderte wurden die mündlich überlieferten Gesetze der Israeliten in der *Mischna* niedergeschrieben und dann zum *Talmud* ausgearbeitet. Große Teile

> Vor dem Holocaust lebten etwa 18 Mio. Juden überall auf der Welt. Heute gibt es schätzungsweise nur noch 13 Mio. Juden, von denen jeweils ca. 6 Mio. in Israel und den USA leben.

KOPFBEDECKUNGEN JÜDISCHER MÄNNER

Wer einem Mann mit einem kreisrunden Käppchen auf dem Kopf begegnet, hat in der Regel einen gläubigen Juden vor sich (außer es ist der Papst).

Es gibt zwar kein entsprechendes Gebot für jüdische Männer, doch eine *kippa* (jiddisch: *yarmulke*) zu tragen, ist eine fest verwurzelte Tradition. Männliche Besucher jüdischer Gedenkstätten und Heiligtümer werden gebeten, ihren Kopf zu bedecken – entweder mit einer Kippa oder jeder anderen Art von Hut.

Vom Aussehen der Kippa kann man manchmal auf Herkunft, religiöse Überzeugung und selbst politische Ansichten eines Juden schließen. Zionistisch-orthodoxe Juden (einschließlich der Siedler im Westjordanland) tragen gewöhnlich gehäkelte *kippot* mit Verzierungen an den Rändern, während die *kippot* der ultraorthodoxen (Charedim) Männer sowohl der chassidischen als auch der litauischen Strömungen meist aus schwarzem Samt oder Leinen und von mittlerer Größe sind. Bucharische Juden aus Zentralasien tragen Pillbox-Käppchen mit Stickereien. Eine sehr große gehäkelte Kippa zeigt, dass der Träger wahrscheinlich entweder ein Anhänger des Bratslaver Chassidismus oder ein messianisch-jüdischer Siedler im Westjordanland ist. (Solche *kippot* sollte man nicht mit den weißen, gehäkelten Käppchen verwechseln, wie sie die Hadschi tragen, also die Muslime, die nach Mekka gepilgert sind.)

des auf aramäisch verfassten *Talmud* lesen sich wie ein Kurzprotokoll rechtlicher Erwägungen.

In den 1500 Jahren darauf diskutierten Generationen von Weisen – die z. B. in Babylon (Irak), Ägypten, Spanien, Safed (in Galiläa) und Litauen Gesetze erarbeiteten und lehrten – sowohl die jüdische Theologie als auch die 613 Gebote der *Halacha* (jüdische Gesetze) und verfeinerten sie. Das orthodoxe Judentum (die konservativste der religiösen Strömungen) hält daran fest, dass den Israeliten die gesamte mündliche Überlieferung am Berg Sinai gegeben wurde, während das liberale und das konservative Judentum sowie die Strömung des Rekonstruktionismus viel mehr betonen, dass der jüdische Glauben schon immer dynamisch war und – wenn er mit neuen Ideen und Umständen konfrontiert wurde – die Initiative ergriffen hat, um sich über die Generationen hinweg zu verändern und zu entwickeln.

Heute haben die ultraorthodoxen (charedischen) Rabbiner durch das Oberrabbinat die ausschließliche Kontrolle über die staatlich unterstützten jüdischen Religionspraktiken in Israel, und das, obwohl ihre Anhänger nur eine kleine Minderheit in der jüdischen Bevölkerung des Landes stellen. Viele von ihnen sind Nicht-Zionisten und stehen damit der geschichtlichen Rolle des Staates Israel – bestenfalls – ambivalent gegenüber. In der Diaspora gehört die überwältigende Mehrheit der Juden den liberalen (progressiven) Bewegungen an oder lebt säkular.

Jerusalem, Zion und Israel haben im Judentum schon immer eine tragende Rolle gespielt, denn laut Thora hat Gott den Kindern Israels dieses Land versprochen. Beim Gebet wenden sich Juden Richtung Jerusalem und in fast allen Synagogen weist der Thoraschrein auf die Heilige Stadt.

> 1920 war noch einer von zehn palästinensischen Arabern Christ, heute ist es nur noch einer von 75 Einwohnern Palästinas. In Bethlehem lebten 1948 zu 85 % Christen, heute sind drei Viertel seiner Bewohner Muslime.

Christentum

Das Christentum basiert auf dem Leben und der Lehre seiner Gründerfigur Jesus von Nazareth, einem Juden, der während des 1. Jh. n. Chr. in Judäa und Galiläa lebte, sowie auf dessen Kreuzigung und seiner Auferstehung drei Tage später, wovon das Neue Testament berichtet.

Das Christentum begann als Strömung innerhalb des Judentums. Die meisten Anhänger Jesu, die Apostel, waren Juden. Wie viele Juden stand Jesus der Dekadenz der herrschenden Klasse Jerusalems jedoch kritisch gegenüber. Als Jesu Anhänger nach seinem Tod darauf beharrten, dass er der Messias gewesen sei, spaltete sich das Christentum aber immer weiter vom Judentum ab. Die antijüdische Polemik mancher früher Christen, verfasst zu einer Zeit, als das Christentum eine von den Römern missbilligte „Sekte" war, hatte noch Jahrhunderte später Folgen, als nämlich das Christentum in Europa allmächtig wurde.

Nach dem Neuen Testament erschien der Erzengel Gabriel Maria in Nazareth („Mariä Verkündigung") – und eröffnete ihr, dass sie den Sohn Gottes empfangen und gebären würde. Jesus wurde schließlich in Bethlehem geboren (in christlicher Terminologie als „Geburt Christi" bezeichnet), wuchs aber in Nazareth auf, wo er später auch predigte. Vor allem rund um den See Genezareth wirkte er und tat seine biblischen Wunder – etwa in Kapernaum, Korazim, Bethsaida und Kursi. Die Bergpredigt hielt Jesus oberhalb von Kapernaum auf dem Berg der Seligpreisungen und die Verklärung des Herrn fand auf dem Berg Tabor statt. Die mutmaßlichen Schauplätze des Geschehens können heute noch besucht werden.

Im Alter von 33 Jahren wurde Jesus, dessen wachsender Einfluss inzwischen jüdische und römische Machthaber gleichermaßen beunruhigte, wegen Aufruhrs angeklagt und von Pontius Pilatus, dem römischen Statthalter in Judäa, zum Tode verurteilt. Nach dem Neuen Testament wurde Jesus nach dem Letzten Abendmahl in Gethsemane verhaftet, vor dem *Sanhedrin* (dem jüdischen Hohen Gericht), Pontius Pilatus und Herodes Antipas vor Gericht gestellt und zum Tode verurteilt. Römische Soldaten verhöhnten ihn auf dem Weg nach Golgatha, wo er gekreuzigt wurde. Drei Tage nach seiner Bestattung (der Grablegung Christi), heißt es im Neuen Testament, wurde das Grab leer vorgefunden und seine Auferstehung verkündet.

Die Anhänger Jesu wurden als Christen bezeichnet („Christ" ist ein vom Griechischen abgeleiteter Titel und bedeutet „der Gesalbte"), sie sahen in ihm den Sohn Gottes und den Messias (das vom hebräischen *mashiach* kommt, das ebenfalls „der Gesalbte" bedeutet). Die Juden akzeptieren Jesus bis heute weder als Messias noch als Gottes Sohn – dies ist der entscheidende theologische Unterschied zwischen den beiden Glaubensrichtungen. Für Muslime wiederum ist Jesus ein Bote Gottes und ein Prophet, sie glauben jedoch weder an seine Kreuzigung noch daran, dass er für die Sünden der Menschheit büßte.

Etwa 325 n. Chr. glaubte die hl. Helena (die Mutter Konstantin I.), den Ort von Jesu Kreuzigung und Begräbnis gefunden zu haben. Sie ließ dort einen Vorläufer der Grabeskirche errichten. Der erste Kreuzzug (1095–1099) sollte den Christen u. a. den Zugang zu diesen Stätten ermöglichen.

Die verschiedenen Glaubensgemeinschaften in Israel und Palästina streiten schon lange darüber, wem die heiligen Stätten gehören. Einige der Stätten in Jerusalem und Bethlehem stehen noch immer unter der „Status-Quo-Regelung" einstiger osmanischer Herrscher. Mehr als die Hälfte der Grabeskirche in Jerusalem und ein großer Teil der Geburtskirche in Bethlehem untersteht der größten Glaubensgemeinschaft im Heiligen Land, der griechisch-orthodoxen Kirche (deren Mitglieder vor Ort fast alle arabisch sprechende Palästinenser sind).

Islam

Der Islam wurde vom Propheten Mohammed (570–632 n. Chr.) gegründet, der im Gebiet des heutigen Saudi-Arabien lebte. Die Religion basiert auf dem Glauben an die absolute Einzigartigkeit Gottes (Allah) und die Offenbarungen seines letzten Propheten Mohammed. Das arabische Wort *islam* bedeutet „völlige Hingabe" an (oder Unterwerfung unter) Gott und sein Wort.

Mohammed begann etwa ab 610 n. Chr., zu den Menschen in Mekka zu predigen. Er rief sie auf, der Bilderverehrung abzuschwören, an den

---

Heute leben im Gazastreifen nur noch ca. 1400 Christen. Nach der Machtübernahme der Hamas haben islamistische Hardliner u. a. den Besitzer einer christlichen Buchhandlung in Gaza-Stadt wegen seines angeblichen Bekehrungseifers getötet (2007), das YMCA in Gaza-Stadt bombardiert (2008) und verschiedene Kirchen angegriffen.

Ausgezeichnete Einführungen in den muslimischen Glauben bieten *Inside Islam* (2002) von John Miller und Aaron Kenedi oder die *Kleine Geschichte des Islam* (2000) von Karen Armstrong. *No God But God: The Origins, Evolution, and Future of the Islam* (2005) wurde von Reza Aslan geschrieben, die für ihre liberale Interpretation des Islams von der Kritik gefeiert wurde.

DIE FÜNF SÄULEN DES ISLAM

→ **Schahada** Mit dem islamischen Glaubensbekenntnis bezeugen die Muslime, dass sie an die Einheit Allahs und Mohamed als seinen letzten Propheten glauben: „Es gibt keinen Gott außer Allah und Mohamed ist Sein Gesandter." Um Muslim zu werden, muss dieses Glaubensbekenntnis, das auch Teil der Staatsflagge von Saudi-Arabien ist, dreimal vor Zeugen gesprochen werden.

→ **Gebete** Muslime beten fünfmal täglich – vor Sonnenaufgang, zur Mittagszeit, am Nachmittag, nach Sonnenuntergang und in der Nacht – direkt und ohne Mittler zu Allah. Die Gebete können überall und müssen in Richtung Mekka verrichtet werden. Ausnahme ist das Mittagsgebet am Freitag, dem islamischen Ruhetag, das die Männer gemeinsam in der Moschee verrichten sollen.

→ **Almosensteuer** Muslime sind verpflichtet, den 40. Teil ihres Vermögens an Arme und Bedürftige zu geben. Im Westjordanland und Gazastreifen gibt es rund 80 *zakat*-Büros, die sich um die Verteilung dieser Spenden kümmern.

→ **Fasten** Im Ramadan, dem neunten Monat des islamischen Kalenders, darf von Sonnenaufgang bis Sonnenuntergang nichts die Lippen berühren. So ist essen, trinken und rauchen untersagt und auch Geschlechtsverkehr ist verboten.

→ **Pilgerfahrt** Alle Muslime, die dazu in der Lage sind, sollten mindestens einmal im Leben die Pilgerfahrt nach Mekka unternehmen.

Einen Gott zu glauben und sich auf das Jüngste Gericht vorzubereiten, bei dem alle Menschen für ihre Taten zur Rechenschaft gezogen würden.

Die Heilige Schrift des Islam ist der Koran, der Mohammed über zwei Jahrzehnte hinweg offenbart wurde. Er besteht aus 114 Suren (Versen), geschrieben in hochkomplexem – und oft poetischem – klassischem Arabisch, die für Muslime Gottes unfehlbares Wort sind. Der Koran stellt Gott als allgegenwärtigen Schöpfer und Bewahrer der Welt dar, unendlich in seiner Weisheit und Macht. Die Sprüche und Taten, die dem Propheten zugeschrieben werden und die islamisches Verhalten und den Glauben illustrieren sollen, werden *hadith* genannt.

Islam und Judentum haben gemeinsame Wurzeln. Muslime sehen Adam, Noah, Abraham, Isaak, Jakob, Josef und Moses als Propheten an. So teilen sich Juden und Muslime auch einige heilige Stätten, u. a. den Haram Ash-Sharif/Tempelberg in Jerusalem und die Höhle Machpelah (Grab der Patriarchen) in Hebron. Da sie so eng verbunden sind, werden Juden und Christen von Muslimen als *Ahl al-Kitab*, Volk des Buches, bezeichnet. Das Judentum wiederum hat den Islam wegen seiner monotheistischen Struktur immer als Bruderglauben gesehen (beim Christentum war man sich da wegen des Dreifaltigkeitsdogmas nicht so sicher).

Muslime glauben, dass Mohammed Jerusalem auf seiner „Nachtreise" besuchte, auf der ihn sein Ross Buraq in einer einzigen Nacht von Mekka nach Jerusalem trug. Dann stieg er von jenem Fels, um den herum später der Felsendom gebaut wurde, in den Himmel auf, und kehrte mit den Offenbarungen für die Gläubigen zurück. Für kurze Zeit lehrte Mohammed auch, Muslime sollten Richtung Jerusalem beten.

Nahezu alle palästinensischen Muslime sind Sunniten und gehören damit der größten islamischen Strömung an, genau wie die große Mehrheit der Ägypter, Jordanier und Syrer. Die Mitglieder der libanesischen Hisbollah-Bewegung sind ebenso wie ihre Förderer in Iran Schiiten. Syriens regierende Elite gehört einem andersgläubigen Ableger der schiitischen Strömung an, dem der Alawiten.

1993 stellte der inzwischen verstorbene König Hussein von Jordanien die Mittel zur prestigeträchtigen Sanierung der goldenen Kuppel des Felsendoms in Jerusalem zur Verfügung – und kam damit den Saudis zuvor. Insgesamt 80 kg von 24-karätigem Blattgold wurden auf die Kuppel aufgebracht.

Kunst & Kultur

Die Vielfalt der israelischen Bevölkerungsgruppen – Araber, Drusen, mizrachimische und aschkenasische Juden – fand stets auch ihren Ausdruck in Literatur, Musik, Film und bildender Kunst. In den meisten Städten gibt es kleine Galerien, die die neueste israelische Kunst ausstellen. Im Bereich der Musik sind auch internationale Größen wie Guns N' Roses und die Rolling Stones in Israel aufgetreten. Im Westjordanland blüht die Kunstszene, und Kulturzentren in Großstädten zeigen oft sowohl Wechselausstellungen als auch ständige Sammlungen von hauptsächlich heimischen Künstlern. Straßenkunst israelischer und internationaler Künstler (auch von Banksy) erscheint an langen Abschnitten auf der palästinensischen Seite der Sperranlagen bei Bethlehem.

Literatur
Israelische Literatur

Israelis aller politischen Couleur betrachten die Wiederbelebung der hebräischen Sprache und die Schaffung einer modernen hebräischen Literatur als die Krönung der kulturellen Errungenschaften des Staates Israel. Hier ein paar Namen, nach denen man Ausschau halten sollte (viele der Werke gibt's auch in deutscher oder englischer Übersetzung):

Samuel Joseph Agnon (1888–1970) Der israelische Nobelpreisträger widmete sich den Widersprüchen zwischen der traditionell jüdischen und der modernen Lebensweise.

Jehuda Amichai (1924–2000) Seine Gedichte in umgangssprachlichem Hebräisch begeistern mit ihrer freundlich-ironischen Schilderung des Alltagslebens die Leser.

Ephraim Kishon (1924–2005) Die Werke des brillanten, aus Ungarn stammenden Satirikers nehmen die israelische Gesellschaft und allgemeine menschliche Schwächen aufs Korn.

Aharon Appelfeld (1932–2018) In Romanen wie *Badenheim* (1978) schwingen die Schrecken des Holocaust mit.

Abraham B. Jehoshua (geb. 1936) Gefangen zwischen ihren Absichten und deren Verwirklichung, versuchen Jehoshuas Figuren aus ihrer Einsamkeit auszubrechen.

Amos Oz (geb. 1939) Seine Werke zeichnen ein fesselndes, manchmal düsteres Bild von einem Israel, das nur wenige Besucher so kennen lernen.

Meir Shalev (geb. 1948) Shalevs gefeierte Romane spielen oft in Israels jüngster Vergangenheit und handeln von Vergeltung und Männlichkeit.

David Grossman (geb. 1954) Der Autor wurde durch seinen Roman *Der gelbe Wind* (1987) berühmt, eine kritische Auseinandersetzung mit der israelischen Besetzung der Palästinensergebiete.

Zeruya Shalev (geb. 1959) Anhand des Innenlebens ihrer Figuren untersucht Shalev die Familienbande, die Sehnsüchte, die Kompromisse der Menschen und den Einfluss der Vergangenheit.

Orly Castel-Bloom (geb. 1960) Mit Ironie und postmodernem Feingefühl erzählt sie von Figuren, die zwischen Sinnlosigkeit und Zugehörigkeitsgefühl schwanken.

Etgar Keret (geb. 1967) Von der „Stimme seiner Generation" stammen oft humorvolle postmoderne Kurzgeschichten, Drehbücher und Comicromane.

> Bei der ungeheuer populären Hebräischen Buchwoche (www.sfarim.org.il) bauen Verlage Mitte Juni auf öffentlichen Plätzen und in Buchläden in mehreren Dutzend Städten in Israel Stände auf, an denen Bücher zu Schnäppchenpreisen winken.

Die von 600 Verlagen aus 30 Ländern besuchte, riesige internationale israelische Buchmesse (www.jerusalembookfair.com) findet seit 1963 in den Jahren mit ungerader Jahreszahl in Jerusalem statt. Dabei wird auch der angesehene Jerusalem-Preis für Literatur verliehen.

Dorit Rabinyan (geb. 1972) Israelische Autorin, deren umstrittener Roman *Wir sehen uns am Meer* wegen seiner Schilderung einer arabisch-jüdischen Liebesgeschichte vom israelischen Bildungsministerium verboten wurde.

Sayed Kashua (geb. 1975) Der israelisch-arabische Humorist ist für seine ironischen Porträts vom Leben und den Mühen der arabischen Israelis bekannt.

Palästinensische Literatur

Lang war Lyrik die bevorzugte Gattung der palästinensischen Literatur, deren führende Stimme nach wie vor Mahmud Darwisch (1941–2008) ist. Seine Lyrikbände wie *Warum hast du das Pferd allein gelassen?* (1995) oder *Unfortunately, It Was Paradise* (2003) handeln von Verlust und Exil. Wiederkehrende Themen in der Dichtung von Tawfiq Ziad (Zayyad; 1929–1994) sind Freiheit, Solidarität und die Bindung der Palästinenser an ihr Land.

Erst in den 1960er-Jahren entwickelte sich eine palästinensische Erzählliteratur. Von Emil Habibi (1922–1996), der wie Ziad als Abgeordneter der Israelischen Kommunistischen Partei in der Knesset saß, stammen sieben Romane, darunter *Der Peptimist oder von den seltsamen Vorfällen um das Verschwinden Saids des Glücklosen* (1974; deutsch 1992), eine fulminante, tragikomische Geschichte über die Schwierigkeiten von Palästinensern, die nach 1948 zu israelischen Staatsbürgern wurden.

Das erstaunliche Debütwerk von Ghassan Kanafani (1936–1972), *Männer in der Sonne* (1963), besteht aus einer Erzählung und einer Sammlung von Kurzgeschichten über das Leben, die Hoffnungen und zerstörten Träume der palästinensischen Protagonisten. In *The Inheritance* (2005) vermittelt die in Nabul geborene Sahar Khalifeh (geb. 1942) häufig schaurige Einblicke in das Leben von Palästinenserinnen in der Heimat und im Ausland.

Musik

Zu den Musikevents in Israel gehören das alle zwei Jahre stattfindende Abu Gosh Vocal Music Festival (www.agfestival.co.il), das Red Sea Jazz Festival in Eilat (www.redseajazzeilat.com) und in Sachen Dance die alljährliche Love Parade in Tel Aviv.

Israelische Musik

Die israelische Musik ist ein bunter Mix aus Melodien, Tonarten und Gesangsstilen, die von musikalischen Traditionen aus Ost und West inspiriert sind.

Israelis aller Altersstufen hören jahrzehntealte Songs, ohne sie unbedingt als „retro" zu empfinden. Zu den immer noch populären Größen aus der Mitte des 20. Jhs. gehört die aus dem Jemen stammende Sängerin Shoshana Damari (1923–2006), die für ihre unvergleichliche Artikulation des Kehllautes *ajin* bekannt ist. Viele israelische Ohrwürmer der 1960er-, 1970er- und 1980er-Jahre stammen von Naomi Schemer (1930–2004), darunter auch das berühmte, wenn auch kaum gespielte Lied *Jerusalem of Gold* (1967).

TRADITIONELLER & MODERNER TANZ

In Israel gibt es mehrere weltbekannte professionelle Tanzkompanien. Die berühmte, 1964 von Martha Graham gegründete Bat Sheva Dance Company (www.batsheva.co.il) hat ihren Sitz im Suzanne Dellal Centre (S. 132) in Tel Aviv und stand von 1990 bis 2017 unter der Leitung des gefeierten Choreografen Ohad Naharin (geb. 1952). Die Kibbutz Contemporary Dance Company (www.kcdc.co.il) tritt überall im Land auf.

Im Bereich des Volkstanzes ist Israel berühmt für die *hora*, die im 19. Jh. mit Einwanderern aus Rumänien ins Land kam. Den besten Einblick gewinnt man beim dreitägigen Karmiel Dance Festival (www.karmielfestival.co.il) Anfang Juli in Zentralgaliläa.

Der populärste palästinensische Volkstanz ist der Reihentanz *dabke*. Eines der besten palästinensischen Tanzensembles ist El-Funoun (www.el-funoun.org) mit Sitz in Al-Bireh im Westjordanland.

Obwohl Israels Kulturkommissare 1965 eine Tour der Beatles durch das Land verboten, hat sich die Rockmusik dank Gruppen wie Poogy (Kaveret), Mashina, Teapacks (benannt nach der Korrekturflüssigkeit Tipp-Ex) und Benzin doch in der hiesigen Musikszene durchgesetzt. Vom Rock sind viele Hymnen der klassischen israelischen Popmusik inspiriert – zu nennen sind hier Shlomo Artzi, Arik Einstein, Matti Caspi, Shalom Hanoch, Jehudit Ravitz, Assaf Amdursky und Aviv Geffen. Idan Raichel brachte dem Durchschnittspublikum äthiopische Melodien nahe.

Unter den israelischen Hip-Hop-Künstlern begegnen einem Shabak Samech, HaDag Nachash, Subliminal und der rechtsmilitante Rapper The Shadow. Eine der schrillsten Darstellerinnen in der Dance-Szene ist die halbjemenitische Transsexuelle Dana International (www.danainternational.co.il), die 1998 den Eurovision Song Contest gewann.

Die Mizrachi-Musik, eine orientalische Musik mit nahöstlichen und mediterranen Tonarten und Rhythmen, ist in der Volksmusik Nordafrikas (vor allem Ägyptens zur Zeit der Sängerin Umm Kulthum und Marokkos aus der Mitte des vorigen Jahrhunderts), des Irak und des Jemen verwurzelt. Viele moderne Stücke sind aber auch von Musikstilen aus dem Mittelmeerraum inspiriert, vor allem aus der Türkei und Griechenland. Jahrzehntelang war Mizrachi-Musik im Radio verboten, da die aschkenasische kulturelle Elite eine „Levantinisierung" befürchtete. Wollte man die Musik von Zohar Argov (1955–1987) oder Haim Moshe (geb. 1956) hören, musste man in die schmuddeligen Kassettenläden rund um den (alten) Zentralen Busbahnhof von Tel Aviv abtauchen.

Heute ist die Mizrachi-Musik das wohl populärste Musikgenre in Israel. Die von der traditionellen jüdischen Musik Marokkos bzw. des Irak inspirierten Altmeister Shlomo Bar (www.shlomobar.com) und Yair Dalal (www.yairdalal.com) treten immer noch auf. Daneben gibt es jüngere Superstars wie Sarit Hadad (www.sarit-hadad.com), die israelische Britney Spears, und Amir Benayoun, der in seinen Genregrenzen sprengenden Konzerten Liebeslieder mit mittelalterlichen jüdisch-liturgischen Gesängen und grellem Nationalismus verbindet. Auch Moshe Peretz liebt es, die Grenzen zwischen der Mizrachi-Musik und dem Mainstream auszutesten.

Ein weiterer populärer Trend besteht darin, jüdisches religiöses Vokabular mit dazu passenden Klanglandschaften zu zitieren, um verborgene religiöse Gefühle auszudrücken. In den letzten Jahren haben sich Musiker wie Etti Ankri, Ehud Banai, David D'Or, Kobi Oz, Berry Sakharof und Gilad Segev traditionellen liturgischen Melodien – hauptsächlich der Sephardim und Mizrachim – zugewandt und mit ihren Werken enorme Aufmerksamkeit beim Publikum gefunden.

Der Klezmer, das traditionelle aschkenasische Gegenstück der Mizrachi-Musik, erfreut sich keiner so übergreifenden Popularität. Der aus den Schtetls (Gettos) Osteuropas stammende „jüdische Soul" kann einen aus höchster Begeisterung in tiefste Verzweiflung versetzen. Hören kann man diese Musik beim Tsfat Klezmer Festival.

Dank der Musiker, die wegen ihrer jüdischen Herkunft aus Nazideutschland flüchten mussten, und dank der Zuwanderer aus der ehemaligen Sowjetunion ist die Musik in Israel von starken Traditionen westlicher klassischer Musik geprägt. Das Israel Philharmonic Orchestra (www.ipo.co.il), dessen erstes Konzert im Jahr 1936 Arturo Toscanini dirigierte, ist weltberühmt.

Palästinensische Musik

Neben dem eingängigen arabischen Pop aus Beirut und Kairo können Besucher im Westjordanland und in den arabischen Gebieten Israels auch traditioneller Volksmusik lauschen, die von den Klängen der *oud* (einer Laute mit birnenförmigem Resonanzkörper), des *daf* (Tamburin) und der *ney* (Flöte) geprägt ist.

Die besten Orte, um kreative Judaika (jüdische Ritualobjekte) zu finden, sind Jerusalem (z. B. in der Yoel Moshe Salomon Street), Safed (im Synagogenviertel und im Künstlerviertel) und Tel Aviv auf dem Kunsthandwerksmarkt Nahalat Binyamin (Di & Fr).

Echte palästinensische Volksmusik gibt's auf der Website www.barghouti.com/folklore/voice. Viele der Lieder wurden live bei palästinensischen Hochzeiten aufgenommen, wo diese Musik besonders gern gespielt wird. Ein prominenter palästinensischer Volkssinger ist Reem Kelani, der in Großbritannien lebt.

Ganz anders hingegen sind die Liebesballaden und nationalistischen Hymnen von Mohammed Assaf aus dem Gazastreifen, dem Gewinner der zweiten Staffel von *Arab Idol* (der arabischen Version von *Deutschland sucht den Superstar*).

Das Genre, das in der alternativen Musik am stärksten mit den Palästinensischen Autonomiegebieten assoziiert wird, ist der Hip-Hop, dessen Vorreiter die Rapper DAM aus Lod und später Künstler wie Palestinian Rapperz (aus Gaza) und Ramallah Underground waren. Konzerte im Westjordanland sind selten (in Israel finden sie häufiger statt), aber ein unglaubliches Erlebnis für alle, die das Glück haben, eines zu erwischen.

Theater
Israelisches Theater
Israelis gehen öfter ins Theater als Menschen in den meisten anderen Ländern. In Tel Aviv, Jaffa, Jerusalem und Haifa gibt es unzählige große und kleine Ensembles, Spielstätten und Festivals. Das Acco Festival of Alternative Israeli Theatre (www.accofestival.co.il) bringt jeden Herbst innovative Inszenierungen der Off-Szene nach Akko.

Die meisten Vorstellungen sind auf Hebräisch; man findet aber auch Stücke auf Arabisch, Russisch und Jiddisch. Manche Truppen spielen einmal pro Woche oder öfter auch mit englischen Untertiteln.

Viele zeitgenössische israelische Theaterstücke greifen heikle politische Themen und aktuelle gesellschaftliche Fragen auf. In den letzten Jahren wurden etwa der Holocaust, *refuseniks*, die Besetzung des Westjordanlands und die Themen Selbstmord und Homosexualität innerhalb der orthodoxen Gemeinden auf die Bühne gebracht. Zu den Dramatikern, deren Stücke man sich anschauen sollte, gehören Hanoch Levin (1942–1999), von dessen provokanten Stücken mehrere in den 1970er-Jahren zensiert wurden, Nissim Aloni (1926–1998), Jehoschua Sobol (geb. 1939), Hillel Mittelpunkt (geb. 1952) und Schmuel Hasfari (geb. 1954).

Der Besuch einer Musicalaufführung der jiddischen Truppe Yiddishpiel (www.yiddishpiel.co.il) ist wie eine Reise ins Warschau vor dem Holocaust, auch wenn die Aufführungen ausgesprochen nostalgisch und auf Hebräisch und Russisch übertitelt sind.

Ungewöhnlich und anrührend sind Aufführungen im Nalaga'at Centre (S. 157) in Jaffa, wo die wohl einzige taubblinde Theatergruppe der Welt ihr Zuhause hat.

> Israels grösstes Festival für darstellende Kunst ist das jedes Jahr im Mai und Juni in Jerusalem stattfindende Israel Festival (www.israel-festival.org.il).

Palästinensisches Theater
Das palästinensische Theater ist seit Langem ein wichtiger Ausdruck der palästinensischen nationalen Hoffnungen. Es wurde von den Briten zensiert, von den Israelis unterrückt und gegängelt, von Konflikten und Theaterschließungen getroffen und wird aktuell von Islamisten angefeindet.

Aber die palästinensischen Schauspieler und Regisseure geben nicht auf. Juliano Mer-Khamis (1958–2011), der palästinensisch-israelische Gründer des Freedom Theatre (S. 316) in Jenin, wurde dort von maskierten Amokschützen ermordet, aber bis heute ist das Theater im Flüchtlingslager der Stadt aktiv.

Bildende Kunst
Israelische Bildende Kunst
Die Bezalel Academy of Arts & Design (www.bezalel.ac.il) in Jerusalem wurde 1906 gegründet, um Künstler und Kunsthandwerker aus Europa und dem Jemen auszubilden. Die Kunst- und Designhochschule entwickelte einen besonderen Stil, der biblische Motive mit der sinnlichen Formensprache des Jugendstils verband. Auch heute noch ist sie einer der spannendsten Orte der israelischen Kunstszene.

BANKSY IM WESTJORDANLAND

Der öffentlichkeitsscheue Künstler Banksy aus dem britischen Bristol kam erstmals 2005 in die Palästinensischen Autonomiegebiete und sprayte dort sein erstes Kunstwerk nahe den jüngst fertiggestellten israelischen Sperranlagen, die seit der Zweiten Intifada (2000–2005) Bethlehem von Jerusalem trennen.

In jenem Jahr schuf Banksy neun Kunstwerke im Westjordanland, darunter eine Taube in kugelsicherer Weste mit einem Olivenzweig im Schnabel, einen israelischen Soldaten, der von einem kleinen Mädchen durchsucht wird, und ein Mädchen, das mit einer Traube Luftballons die Mauer hochfliegt.

Banksy berichtete, dass er von einem israelischen Soldaten bedroht und von einem älteren palästinensischen Mann kritisiert wurde, der meinte, dass es falsch sei, die Mauer mit Kunst zu verschönern.

2015 ließ sich Banksy über illegale Tunnel unter der ägyptischen Grenze nach Gaza schmuggeln, sprayte dort etliche Werke und veröffentlichte über seine Website einen fiktionalen Dokumentarfilm über die Zerstörungen des Kriegs von 2014.

Zwei Jahre später eröffnete Banksy das Walled Off Hotel (S. 296), das über 14 Monate nur ein paar Meter von den Sperranlagen entfernt errichtet worden war. Neben seinen eigenen Kunstwerken präsentierte es auch heimische und internationale Künstler mit dem Ziel, die Not der Palästinenser zu verdeutlichen.

Seit Banksy in Palästina mit seinen Arbeiten begann, hieß es mehrfach, dass manche Palästinenser sein Werk als Verharmlosung ihres Kampfs gegen die israelische Bevölkerung empfänden. Aber in Bethlehem selbst ist diese Meinung kaum zu hören.

Die meisten Palästinenser glauben, dass das Walled Off Hotel und Banksys Werke – die fast alle noch zu sehen sind – generell dazu beigetragen haben, Bethlehem Aufmerksamkeit und Touristen zu verschaffen, was Taxifahrern, Restaurants und zahllosen Stadtführern, die Touren zu seinen Werken anbieten, mehr Geld einbringt.

Banksy hat auch neben heimischen und internationalen Künstlern dazu beigetragen, dass in Bethlehem und anderen Orten im Westjordanland eine Straßenkunstszene entstand. Das führte immerhin dazu, dass die hohen israelischen Sperranlagen und ihre Auswirkungen jedes Jahr auf Zehntausenden Urlaubsfotos erscheinen.

Jeder Taxifahrer in Bethlehem wird sich darum reißen, Besucher zu den verschiedenen Banksy-Werken in der Stadt zu fahren. Im Walled Off Hotel oder im Banksy Shop nebenan werden jedoch organisiertere Touren angeboten.

In den 1930er-Jahren flohen deutsch-jüdische Künstler vor den Nazis und brachten die kühne Formensprache des deutschen Expressionismus ins Land. Nach 1948 entstand die Gruppe „Neue Horizonte", die Kunst entsprechend europäischer Strömungen schaffen wollte und bis in die 1960er-Jahre eine vorherrschende Rolle spielte. Der aus Rumänien stammende Marcel Janco, ein Mitbegründer des Dadaismus, kam 1941 nach Palästina und rief später das Künstlerdorf Ein Hod ins Leben, wo es heute ein Museum für ihn gibt.

In Israels Städten lohnt es sich, nach modernen Skulpturen Ausschau zu halten, die mal provokant, mal skurril ausfallen.

Israels führende Kunstmuseen sind das Israel-Museum (S. 91) in Jerusalem und das Tel Aviv Museum of Art (S. 127). Beide besitzen hervorragende Sammlungen und zeigen oft Werke moderner israelischer Künstler. Infos über die vielen Museen im Land stehen auf der Website www.ilmuseums.com.

Palästinensische Bildende Kunst

Die zeitgenössische palästinensische Kunst setzte sich ab den 1960er-Jahren vom traditionellen Kunsthandwerk ab. Um sich darüber einen Eindruck zu verschaffen, besucht man im Westjordanland am besten das Khalil Sakakini Centre (S. 305) in Ramallah und das International Center of Bethlehem (S. 293).

Kino
Israelische Filme

Jeden Herbst wählt die Israelische Akademie für Film und Fernsehen (www.israelfilmacademy.co.il) die Gewinner des Ophir Award, des israelischen Äquivalents des Oscar.

Das israelische Kino hat sich seit den Stummfilmen der spätosmanischen Zeit, den heroischen Dokumentarfilmen der 1930er- und 1940er-Jahre und den seichten *bourekas*-Komödien (benannt nach den Blätterteigtaschen vom Balkan), die in den 1970er-Jahren die Leinwände beherrschten, enorm weiterentwickelt. In den letzten Jahren haben Spielfilme und Dokumentationen aus Israel – von denen viele einen sehr kritischen Blick auf die israelische Politik und Gesellschaft werfen – bei großen Filmfestivals, z. B. in Cannes, Berlin, Toronto und beim Sundance Film Festival in Utah, viele Preise eingeheimst. Zu den zehn oscarnominierten israelischen Filmen gehören Ephraim Kishons *Sallah – oder: Tausche Tochter gegen Wohnung* (*Sallach Shabati*; 1964), eine Komödie, die in einem Durchgangslager für jüdische Mizrachi-Zuwanderer in den 1950er-Jahren spielt, und Ari Folmans *Waltz with Bashir* (2008), ein ungewöhnlicher dokumentarischer Trickfilm über den Ersten Libanonkrieg Israels 1982.

Das erste Kino des Landes, das Eden, wurde 1914 in Tel Aviv am Rand von Neve Tzedek eröffnet. Heute gibt es erfolgreiche Kinematheken in Haifa (www.haifacin.co.il), Jerusalem (www.jer-cin.org.il) und Tel Aviv (www.cinema.co.il).

Zu den Festivals, die in Israel der Siebten Kunst huldigen, gehören:
Docaviv International Documentary Film Festival (www.docaviv.co.il) In Tel Aviv.
Haifa International Film Festival (www.haifaff.co.il)
Tel Aviv International Student Film Festival (www.taufilmfest.com)
Jerusalem Film Festival (www.jff.org.il)
Other Israel Film Festival (www.otherisrael.org) Schwerpunkt auf Minderheiten in Israel, u. a. auch der arabischen.
Tel Aviv International LGBT Film Festival (www.tlvfest.com)

FILME ZUM KONFLIKT

Vor dem Hintergrund des israelisch-palästinensischen Konflikts sind ein paar starke, preisgekrönte Dokumentarfilme von Palästinensern und Israelis entstanden – teilweise sogar in Zusammenarbeit:

➜ *Arna's Children* (Juliano Mer-Khamis; 2003) Über eine Kindertheatergruppe in Jenin.

➜ *Death in Gaza* (James Miller; 2004) Ein erschütternder Film über das Leben palästinensischer Kinder und den Tod des Regisseurs, der während der Dreharbeiten von einem Soldaten der israelischen Armee erschossen wurde.

➜ *5 Days* (Yoav Shamir; 2005) Über den israelischen Abzug aus dem Gazastreifen im Jahr 2005.

➜ *Precious Life* (Shlomi Eldar; 2010) Über die Beziehungen, die während der medizinischen Behandlung eines Babys aus Gaza in Israel geknüpft wurden.

➜ *Law in These Parts* (Ra'anan Alexandrowicz; 2011) Über die israelische Militärjustiz im Westjordanland.

➜ *5 Broken Cameras* (Emad Burnat; 2011) Über die Proteste gegen die israelischen Sperranlagen in Bil'in.

➜ *Töte zuerst – Der israelische Geheimdienst* (Dror Moreh; 2012) Basiert auf den Interviews mit sechs ehemaligen Führungskräften des israelischen Inlandsgeheimdiensts Schin Bet. Dass den Spannungen auch mit Komik begegnet werden kann, beweist Ari Sandels verrückte *West Bank Story* (2005; www.westbankstory.com), eine Parodie des Musicals *West Side Story*.

Eine komplette Datenbank aller in Israel produzierten Filme findet man auf der Website des in Manhattan ansässigen Israel Film Center (www.israelfilmcenter.org).

Palästinensische Filme

Der palästinensische Film wird durch den Mangel an Mitteln und Filmschulen, fehlende Finanzierung sowie die Bedrohung durch Islamisten behindert.

Die meisten palästinensischen Spielfilme sind internationale Koproduktionen. Der erste palästinensische Film, der für den Oscar nominiert wurde, war der umstrittene Film *Paradise Now* (2005) des aus Nazareth stammenden, aber in den Niederlanden lebenden Regisseurs Hany Abu-Assad, der palästinensischen Selbstmordattentätern ein menschliches Gesicht gab.

Elia Suleimans *Göttliche Intervention – Eine Chronik von Liebe und Schmerz* (2002) erzählt die Geschichte zweier Liebender aus Jerusalem und Ramallah, die für ihre heimlichen Treffen Kontrollpunkte überwinden müssen.

Der ebenfalls von Hany Abu-Assad stammende Film *Omar* ist ein politischer Thriller über Vertrauen und Verrat, der 2014 für den Oscar nominiert wurde.

> Die palästinensische NGO Shashat (www.shashat.org) widmet sich den Frauen im Kino und veranstaltet jedes Jahr im Herbst ein palästinensisches Frauenfilmfestival.

Natur & Umwelt

Am Treffpunkt zweier Kontinente (Asien und Afrika) und in unmittelbarer Nähe zu einem dritten (Europa) gelegen, bestehen Israel und Palästina aus einzigartigen Ökosystemen. Asiatische Säugetiere wie das Indische Stachelschwein sind hier ebenso heimisch wie tropische Säugetiere aus Afrika wie der Klippschliefer. In den mediterranen Wäldern von Galiläa beschwören Eichen und Ahorne biblische Landschaften herauf, während die trockenen Wüsten des Negev Arten beherbergen, die man gemeinhin in Afrika verortet.

Habitate & Tiere

Ein Dutzend Fledermausarten, zwei davon vom Aussterben bedroht, haben in den verlassenen Bunkern der israelischen Armee am Jordan, die seit dem Friedensvertrag zwischen Israel und Jordanien von 1994 verlassen sind, eine kühle, abgeschiedene Zuflucht für den Sommer gefunden.

Seit Beginn der Geschichtsschreibung wirkt sich menschliches Tun auf die Lebensräume und tierischen Bewohner Israels und Palästinas aus, besonders zerstörerisch waren jedoch die Entwicklungen der letzten Jahrhunderte. Die Einführung von Schusswaffen im 19. Jh. hatte verheerende Auswirkungen auf die Großsäuger und Vögel des Landes. Zu den vielen Tieren, die in der Gegend durch Jagd ausgerottet wurden, gehören Geparden, Bären, Strauße und Krokodile. Seit den 1950er-Jahren setzen sich israelische Ökologen für den Schutz der verbliebenen Biodiversität des Landes ein und siedelten sogar ein paar Säugetierarten wieder an.

Große Teile der üppigen (und malariaverseuchten) Sumpfgebiete, die sich einst weitflächig über Zentral- und Nordisrael erstreckten, trockneten im 20. Jh. aus, wodurch wichtige Lebensräume für Säugetiere und vor allem für Vögel zerstört wurden. Heute bewahren kleine Reservate wie das Naturschutzgebiet Hula, das Agamon HaHula und das Naturschutzgebiet En Afek (nördlich von Haifa) einige der ursprünglichen Feuchthabitate, die Zugvögeln als wichtiger Zwischenstopp und Nahrungsquelle dienen. Wie viele andere Areale im Land bietet sie erstklassige Bedingungen für Vogelbeobachter.

Die Israel Nature & Parks Authority (www.parks.org.il) verwaltet einen Großteil von Israels Nationalparks und Naturschutzgebieten. Geld sparen lässt sich mit der für sechs Parks gültigen „Green Card" für 110 NIS und einer Karte für alle Parks für 150 NIS; beide gelten 14 Tage.

Israels 128 verbliebene heimische Säugetierarten verdanken ihr Überleben vor allem Jagdbeschränkungen und einem System von Naturreservaten und Schutzgebieten, die rund 25 % der Fläche Israels ausmachen. Diese sind jedoch kein Allheilmittel gegen den Verlust von Artenvielfalt. Viele Reservate sind recht klein und isoliert und bieten bedrohten Spezies nur beschränkten Schutz. Zudem werden viele davon im Süden für Militärübungen genutzt. Teils profitiert die Natur von dieser Zweckentfremdung, da zivile Besucher nur an Wochenenden und feiertags erlaubt sind, allerdings sorgen Soldaten, Panzer und Jets für empfindliche Störungen, vor allem bei Säugetieren.

Wildblumen

Die Berghänge Israels und Palästinas bedecken von etwa Januar bis März (in höheren Lagen wie auf dem Hermon später) gelbe, orangefarbene, rote, rosa und weiße Wildblumen. Besonders eindrucksvoll sind die Anemonen und Alpenveilchen im Be'eri-Wald im nördlichen Negev und der Wald von Beit Keshet nahe Nazareth. Schwertlilien wachsen auf dem Gilboa, heimische Orchideen in den Hügeln bei Jerusalem.

In den 1960er-Jahren versuchte die landesweit erste Umweltschutzkampagne Israelis davon abzubringen, Wildblumen zu pflücken. Bis heute ist dies verboten.

Wasser, Quelle des Lebens

Im trockenen Nahen Osten ist kein Rohstoff kostbarer als Wasser, das für das Überleben von Mensch, Tier und Pflanzen essenziell ist. So setzte sich König Hiskija im 8. Jh. v. Chr. für den Bau eines Tunnels ein, um Jerusalems Wasserversorgung während Belagerungen sicherzustellen. Eine ähnliche Technologie wandten die Israelis im 9. Jh. v. Chr. in Tell Hazor an; beide Stätten sind der Öffentlichkeit zugänglich. In Friedensverhandlungen zwischen den Palästinensern und Israel widmete man sich den drei schwierigsten Themen regelmäßig zum Schluss: Jerusalem, dem Schicksal palästinensischer Flüchtlinge und ... dem Wasser.

Mit Erklärung der Unabhängigkeit begann Israel, den Transport von Wasser aus dem relativ niederschlagsreichen Galiläa in den trockeneren Süden zu planen. Bereits in den 1960er-Jahren wurden gewaltige Wassermengen mittels Stauseen, Tunnels und offener Kanäle des 130 km langen National Water Carrier, der bei der Fahrt durch das untere Galiläa zu sehen ist, ins zentrale Israel und in die Negev-Wüste gepumpt.

Wasser war jedoch noch immer knapp – heute deckt Regen nur die Hälfte des landesweiten Bedarfs. Aufgrund dieses chronischen Mangels erfanden israelische Forscher die moderne Tröpfchenbewässerung, die mittlerweile auf Feldern weltweit zum Einsatz kommt. Zudem wurde eine Infrastruktur entwickelt, die gewährleistet, dass fast 90 % von Israels Abwasser für die Landwirtschaft recycelt wird.

Seit 2005 baute Israel an der Mittelmeerküste fünf riesige Umkehrosmose-Entsalzungsanlagen, die bald für 40 % von Israels Trinkwasser sorgen werden – und rund 10 % der Elektrizität des Landes nutzen. Erstmals in der Geschichte des Nahen Ostens ist das Thema Wasser kein Nullsummenspiel. Mitte der 1960er-Jahre führten Konflikte über Wasserrechte zwischen Israel und Syrien fast zu einem Krieg. Auseinandersetzungen

In The Natural History of the Bible *(2007) untersucht Daniel Hillel, ein weltbekannter Experte für Bodenphysik und Wasserwirtschaft (er war an der Entwicklung der Tröpfchenbewässerung beteiligt) die Auswirkungen der hiesigen Ökologie auf die Menschen und Welt der Heiligen Schrift.*

BIBLISCHE TIERE

Eine Initiative namens Hai-Bar (wörtl.: „Wildtiere") engagiert sich seit 1968 für die Wiedereinführung von Tierarten, die in der Bibel vorkommen und später im Heiligen Land ausstarben.

Um dieses Ziel zu erreichen, vereint das Hai-Bar-Programm eine kleine Anzahl von Tieren aus anderen Teilen der Regionen und züchtet sie in Gefangenschaft, bis die Nachkommen allmählich wieder in ihren natürlichen Lebensräumen angesiedelt werden können. Im Rahmen einer ähnlichen Initiative wurden Raubvögel, die durch Pestizide stark gefährdet waren, aufgezogen und ausgewildert.

Obwohl einige Zoologen bei manchen der ausgewählten Säugetierarten an der historischen Exaktheit zweifeln, ist das Hai-Bar-Programm größtenteils ein Erfolg. Beginnend mit dem Asiatischen Esel, der in Jesajas Prophezeiungen auftaucht, wurden fast unbemerkt verschiedene bedrohte Tierarten in freien Flächen wieder angesiedelt. Eine kleine Herde persischer Damhirsche brachte man 1978 heimlich mit dem letzten El-Al-Flug vor der Chomeini-Revolution aus Teheran ins Land; die scheuen Tiere siedelten sich im Schutzgebiet Akhziv in Galiläa und in den Hügel westlich von Jerusalem an. Auch die Arabische Oryx, deren nicht gekrümmte, parallele Hörner von der Seite auf Kreuzfahrer den Eindruck von Einhörnern erweckten, ist wieder zurück.

Die zwei Aufzucht- und Auswilderungszentren der Hai-Bar-Initiative, eines davon in Jotvata in der Aravasenke, das andere auf dem Berg Karmel nahe Haifa, werden verkleinert, da fast alle geplanten Wiederansiedelungen geglückt sind. Für alle, die sich für nahöstliche Säugetiere interessieren, lohnt sich dennoch ein Besuch.

> ### MIGRATION: EINE MILLIARDE VÖGEL PRO JAHR
>
> Zweimal pro Jahr ziehen 500 Mio. Vögel unglaublicher 283 Arten durch Israel und Palästina, im Herbst von Europa und Nordwestasien südwärts zum Überwintern nach Afrika und im Frühjahr auf dem Rückweg zu ihren sommerlichen Brutplätzen.
>
> Die meisten Zugvögel fliegen über Landflächen, wo sie mithilfe der Thermik Energie sparen können. Deswegen strömen riesige Vogelschwärme auf ihrem Weg nach Afrika vom Mittelmeer und dem Kaspischen Meer zu Israels Mittelmeerküste und ins Jordantal (im nördlichen Teil des Großen Afrikanischen Grabenbruch); letztere ist damit die größte Zugvogelroute der Welt, eine Art „Superhighway" für Vögel.
>
> Wegen der zahllosen Vögel, die durch einen schmalen Korridor entlang dem Ostrand Israels und Palästinas fliegen, finden Ornithologen hier mit die besten Bedingungen der Welt vor. Nützliche Websites:
>
> **Israel Birding Portal** (www.birds.org.il) – Infos zu Israels sechs bedeutendsten Vogelbeobachtungszentren.
>
> **Naturreservat Agamon HaHula** (www.agamon-hula.co.il) – Das wiedergewonnen Sumpfland im oberen Galiläa ist bei Kranichen auf Wanderschaft so beliebt, dass sie den ganzen Winter bleiben.
>
> **Natur- & Vogelreservat Lotan** (www.kibbutzlotan.com) – Der Kibbuz Lotan bietet Zugvögeln ein grünes Schutzgebiet im Herzen der Arava-Wüste.
>
> **Internationales Vogelbeobachtungs- & Forschungszentrum** (www.eilat-birds.org) – Eine alte Mülldeponie nahe Eilat wurde in eine Salzmarsch verwandelt, wo sich erschöpfte Vögel ausruhen können.

um Wasser herrschen zwischen Israel und Jordanien, das Wasserrechte am Jordan hat, sowie den Palästinensern, die Israel vorwerfen, den Löwenanteil des Wassers aus dem Westjordanland zu nutzen. Entsalztes Wasser im Überfluss – zu einem Preis von rund 0,60 US$ pro 1000 l – könnte einen Hauptgrund für regionale Spannungen abmildern und sogar politische und wirtschaftliche Zusammenarbeit zwischen Arabern und Israelis ermöglichen. Zudem würde es das gesamte Gebiet von der Abhängigkeit von unzuverlässigem Niederschlag befreien und das Problem der durch einsickerndes Salzwasser bedrohten Grundwasserleiter lösen (Gazas Grundwasser ist bereits aufgrund des hohen Gehalts von Salz, Dünger und Abwasser ernsthaft bedroht).

Israelische Wissenschaftler haben zudem nach weniger teuren Methoden zur optimalen Wassernutzung gesucht. In der Antike entwickelten vor allem die Nabatäer ausgefeilte Techniken, um durch die Kanalisierung der seltenen Wolkenbrüche in der Wüste Landwirtschaft auch im trockenen zentralen Negev zu ermöglichen. Nahe den Ruinen des antiken Avdat begannen Wissenschaftler in der Even-Ari-Forschungsstation in den 1960er-Jahren damit, die Techniken der Nabatäer zur Terrassierung und Wasserlagerung wiederzubeleben.

Israels erstes Solarkraftwerk, der Solar Flower Tower, besteht aus einem 30 m hohen Turm und 30 selbstausrichtenden Spiegeln (Heliostaten), die die Sonnenstrahlen bündeln. Es befindet sich 34 km nördlich von Eilat im Kibbuz Samar und erzeugt genügend Strom für 50 Haushalte.

Schutz von Sumpfgebieten

In den 1950er-Jahren, einer Zeit des unbegrenzten Glaubens an Fortschritt durch Technologie, wurden die Sümpfe des Hulatals im nordöstlichen Galiläa trockengelegt, um Landwirtschaftsflächen zu schaffen. Dabei wurden sehr bedeutende Lebensräume von Vögeln und eine wesentliche Nährstoffsenke des Beckens des Sees Genezareth zerstört. Die Umleitung von Quell- und winterlichem Abflusswasser für Landwirtschaft, Industrie und Haushalte hat die Wasserhabitate vieler Bäche und Flüsse Israels und Palästinas, darunter der Jordan, geschädigt. Für eine Verschärfung der Lage sorgt der Abfluss von Abwasser aus palästinensischen Städten im Westjordanland.

Es gibt jedoch auch Hoffnung für die Feuchtgebiete Israels. Teile der Sümpfe des Hulatals konnten neu angelegt werden, zudem wurde der Alexanderfluss (www.restorationplanning.com/alex.html) 13 km südlich von Caesarea gesäubert und renaturiert. 2003 gewann letzteres Projekt den renommierten Thiess International Riverprize der International River Foundation (www.riverfoundation.org.au) mit Sitz in Australien.

Stirbt das Tote Meer?

Da Israel, Jordanien und Syrien Wasser aus dem Jordan, seinen Nebenflüssen und dem See Genezareth pumpen, liegt die Wassermenge, die jährlich in das Tote Meer fließt, 1 Mrd. m³ (über 90 %) unter der natürlichen Menge. Die Folge ist Verdunstung, die zum schnellen Schrumpfen des Sees führt: Der Wasserpegel fällt pro Jahr um rund 1,2 m und die Seeoberfläche sank in den letzten 20 Jahren um 30 %. Rund um das Ufer entstanden tausende Dolinen, die ein Sicherheitsproblem darstellen und sowohl Landwirtschaft als auch Sehenswürdigkeiten bedrohen.

Seit Jahren gibt es Pläne, das Tote Meer mit Meerwasser aufzufüllen. Zu den Vorschlägen gehören der Bau eines Kanals zwischen Totem Meer und Mittelmeer oder Rotem Meer. Den Höhenunterschied (über 400 m) könnte man zur Stromerzeugung und zum Herstellen von entsalztem Wasser nutzen.

2013 unterzeichneten Israel, die Palästinensische Autonomiebehörde und Jordanien eine Vereinbarung zum Bau eines 110 km langen Kanals durch Jordanien, durch den 100 Mio. m³ Wasser zum Toten Meer transportiert und eine ähnliche Menge Wasser in einem Werk in Aqaba entsalzt werden sollen. Umweltschützer befürchten, dass das Auffüllen des Toten Meeres durch Meerwasser mit einem unterschiedlichen Mix an Mineralien und Organismen negative Auswirkungen haben könnte.

> Tel Aviv überzeugte seine Bewohner mit beträchtlichem Erfolg davon, das Auto zugunsten des Fahrrads stehenzulassen. Anteil daran hat das 20-jährige Engagement des Israelischen Fahrradverbands (www.bike.org.il). Heute gibt es in der Stadt rund 120 km ausgewiesene Radwege.

INFOS IM INTERNET

Weitere Infos zum Thema Umwelt und Umweltschutz in Israel und Palästina bieten die Websites folgender Umweltschutzorganisationen:

Adam Teva v'Din (www.adamteva.org.il) – Israels wichtigste Umweltschutzorganisation kämpft vor Gericht mit harten Bandagen gegen Umweltsünder und träge Regierungsbehörden.

Applied Research Institute of Jerusalem (www.arij.org) – Unabhängige palästinensische Forschungs- und Interessenvertretungsorganisation.

Arava Institute for Environmental Studies (www.arava.org) – Das Lehr- und Forschungszentrum bringt Israelis, Palästinenser und Jordanier ins Kibbuz Ketura in der Nähe von Eilat.

Friends of the Earth Middle East (www.foeme.org) – Fördert die Zusammenarbeit zwischen israelischen, palästinensischen und jordanischen Umweltschützern.

Israelisches Umweltschutzministerium (www.sviva.gov.il) – Das zunehmend einflussreiche Ministerium ist für umweltpolitische Gesetze und deren Einhaltung verantwortlich.

Life & Environment – The Israeli Union of Environmental NGOs (www.sviva.net) – Dachverband für über 130 israelische Umweltschutzorganisationen.

Palestine Wildlife Society (www.wildlife-pal.org) – Die NGO zur Bildung und Forschung konzentriert sich auf den Naturschutz.

Palästinensisches Umweltschutzministerium (www.mena.gov.ps) – Ist für Gesetze und Aufklärung in Sachen Umwelt zuständig.

Society for the Protection of Nature in Israel (www.natureisrael.org) – Israels älteste und größte Umweltschutzorganisation.

Schattenseiten des Fortschritts

Die Bevölkerung Israels und Palästinas ist seit 1948 in jedem Jahrzehnt um über 2 Mio. angewachsen, somit ist die Einwohnerzahl rund siebenmal so groß als noch vor 70 Jahren. Im selben Zeitraum entwickelte sich Israel von einem armen Entwicklungsland zu einer wohlhabenden westlichen Wirtschaft. Industrialisierung, Bauboom und die Vorliebe für Schnellstraßen haben zu Verschmutzung und Zersiedelung geführt, die mit denen anderer westlicher Staaten vergleichbar sind. Aufgrund der geringen Größe des Landes sind Auswirkungen auf die Umwelt jedoch oftmals schneller akut. Während Israel in Sachen Wassermanagement eine weltweit führende Rolle einnimmt, ist es in anderen Bereichen weit abgeschlagen.

Die Luftverschmutzung ist in vielen israelischen und palästinensischen Städten schlimmer als in weiten Teilen Europas und erreicht regelmäßig kritische Werte. Auf dem Gebiet der Solarenergie hat sich seit den 1970er-Jahren nur wenig getan; damals wurde festgelegt, dass alle israelischen Wohnungen und Häuser mit passiven Solarkollektoren zur Erhitzung von Wasser ausgestattet sein müssen. Die hiesige Abfallwirtschaft ist überraschend unterentwickelt, so liegen die Recyclingquoten weit unter denen in Westeuropa. Müllentsorgung auf günstigen städtischen Deponien ist trotz des schwindenden Wohnraums Standard (vielleicht denken die Politiker ja auch nur im Sinne zukünftiger Archäologen ...).

Zersiedelung entwickelt sich ebenfalls zu einem ernstzunehmenden Problem, da der steigende Wohlstand eine ineffiziente Landnutzung zur Folge hat. In der Vergangenheit lebten die meisten Israelis in Wohnblöcken, doch der Wunsch nach schicken Einfamilienhäusern im Grünen hat zu dünn besiedelten Gemeinden geführt, in denen zwei Autos pro Familie Usus sind. Auf freien Flächen entstanden Straßen und Vororte. Umweltschützer kämpfen engagiert gegen diesen Trend, jedoch nur mit begrenztem Erfolg. Dennoch hatte eine Kampagne zur Eindämmung von Bauprojekten in der Nähe von Stränden große Auswirkungen: Heute schützt der Gesetzgeber die Küste, verbietet größtenteils Bauten im Umkreis von 300 m vom Wasser und stellt somit die öffentliche Nutzung aller Strände sicher.

Israels Umweltbewegung wurde in den letzten Jahren mutiger und einflussreicher, und auf kommunaler Ebene gewinnen ökologische Parteien zunehmend an Boden.

Konflikte mit Israel, Treibstoffknappheit und politische Rivalitäten unter den Palästinensern ließen das Abwassersystem im Gazastreifen kollabieren. Nun sind die Straßen teils mit menschlichen Exkrementen verunreinigt und jeden Tag fließen 100 000 m³ ungeklärten Abwassers ins Mittelmeer.

Praktische Informationen

SICHERHEIT **444**

ALLGEMEINE INFORMATIONEN .. **446**
Arbeiten in Israel 446
Barrierefrei reisen 446
Botschaften & Konsulate............... 446
Ermäßigungen 447
Essen 447
Etikette................. 447
Feiertage 447
Frauen unterwegs 448
Freiwilligenarbeit 449
Geld 449
Internetzugang......... 450
Karten & Stadtpläne 450
Post.................... 450
Rauchen................ 450
Rechtsfragen............ 450
Schwule & Lesben unterwegs 450
Steuern & Rückerstattungen 451
Strom...................451
Telefon 451
Touristeninformation.... 452

Unterkunft.............. 452
Versicherung............ 453
Visa.................... 454
Zeit 455
Zoll 455

VERKEHRSMITTEL & -WEGE........... **456**
AN- & WEITERREISE 456
Flugzeug 456
Auf dem Landweg 457
Übers Meer 457
UNTERWEGS VOR ORT ...457
Auto & Motorrad 457
Bus 458
Fahrrad................. 459
Flugzeug 459
Geführte Touren 459
Nahverkehr 460
Sherut 460
Trampen................ 460
Zug 460

GESUNDHEIT **461**

SPRACHE.......... **464**

Sicherheit

Ist Israel denn sicher? Diese Frage wird wohl häufig zu hören bekommen, wer von einer geplanten Reise nach Israel und Palästina erzählt. Die Antwort hängt natürlich immer von der aktuellen Lage ab. Eines ist aber sicher: Es ist stets ratsam, die Reisehinweise des Auswärtigen Amtes zu beachten. Vor der Abreise sollte man sich nach möglichen Kontakten und Anlaufstellen in diesem Teil der Welt informieren.

Reisehinweise & Informationen

Diverse staatliche Websites geben Reisehinweise und Informationen über aktuelle Gefahrenherde. Allen Reisenden wird empfohlen, ihren Aufenthalt in Israel bei den Behörden des eigenen Landes zu registrieren; so erhalten sie auch während der Reise aktuelle Hinweise. Weitere Informationen sind hier erhältlich:

Auswärtiges Amt der Bundesrepublik Deutschland (www.auswaertiges-amt.de)

Bundesministerium für Europa, Integration und Äußeres der Republik Österreich (www.bmeia.gv.at)

Eidgenössisches Departement für auswärtige Angelegenheiten (www.eda.admin.ch)

Nachrichten auf Englisch

Während einer Reise durch diese Region sollte man sich regelmäßig über mögliche Sicherheitsrisiken informieren.

Haaretz (www.haaretz.com) Die englische Ausgabe der israelischen liberalen Tageszeitung wird an den meisten Zeitungsständen verkauft.

Israeli Public Broadcasting Corporation (www.kan.org.il) In größeren Städten werden täglich von 20 bis 21 Uhr Radiosendungen auf Englisch ausgestrahlt.

Jerusalem Post (www.jpost.com) Konservativ und überall erhältlich.

Jerusalem Report (www.jpost.com/Jerusalem-Report) Erscheint zweimal wöchentlich und berichtet über das aktuelle Geschehen.

Yediot Aharonot (www.ynetnews.com) Hat eine englischsprachige Website.

Sicherheitsmaßnahmen in Israel

Die Sicherheitsbestimmungen Israels gehören zu den schärfsten weltweit. Straßen, Autobahnen, Märkte und öffentliche Einrichtungen werden beim geringsten Anzeichen von Gefahr gesperrt (z. B. bei Verdacht auf ein Selbstmordattentat). Bombenräumroboter beseitigen herrenlose Einkaufstüten, Rucksäcke und Pakete und sprengen sie. Fahrzeuge können von der Armee angehalten und nach Waffen oder Flüchtlingen durchsucht werden, vor allem in der Nähe von Kontrollpunkten. In den letzten Jahren ist die Zahl von Terroranschlägen in Israel zurückgegangen, trotzdem empfiehlt es sich, wachsam zu bleiben und auf verdächtige Personen oder Pakete zu achten – dies gilt ganz besonders in öffentlichen Verkehrsmitteln.

Beim Betreten von Bahnhöfen, Busbahnhöfen, Einkaufszentren, Supermärkten und anderen öffentlichen Einrichtungen werden häufig die Taschen durchsucht oder durchleuchtet. Mitunter werden auch Personen mit Metalldetektoren abgetastet und gefragt „*Yesch lecha neschek?*" („Sind Sie bewaffnet?"). Es ist erstaunlich, wie schnell man sich daran gewöhnt.

2011 setzte Israel zum ersten Mal das mobile Flugabwehrsystem Iron Dome (Kipat Barzel) ein. Es schützt bewohnte Gegenden – besonders Städte wie Ashdod, Ashkelon, Be'er Sheva, Tel Aviv und Jerusalem – vor dem Beschuss mit Kurzstreckenraketen und Artilleriegranaten, die aus einer Entfernung von 4 bis 70 km abgefeuert werden. Es hat sich als sehr effektiv erwiesen und wurde flächendeckend während des Konflikts zwischen Israel und der Hamas im Jahr 2014 eingesetzt: 735 aus Gaza abgefeuerte Raketen – und damit 90 % aller auf bewohnte Gebiete abgefeuerten Raketen – wurden abgefangen und zerstört.

Sicherheit in den Palästinensischen Autonomiegebieten

Der Gazastreifen ist für Reisende gesperrt, aber ein Besuch im Westjordanland ist generell sehr sicher, zudem sind Palästinenser Touristen gegenüber aufgeschlossen. Wie in anderen wenig besuchten Regionen werden Ausländer oft mit Neugier betrachtet, Feindseligkeit gegenüber Besuchern ist im Westjordanland fast gänzlich unbekannt.

Allerdings steht das Westjordanland unter militärischer Besatzung, weshalb es an Kontrollpunkten und in einigen unruhigen Städten zu Zusammenstößen zwischen dem israelischen Militär und palästinensischen Jugendlichen kommen kann, vor allem freitags und nach großen Veranstaltungen wie palästinensischen Beerdigungen.

Besucher sollten sich von Demonstrationen und wenn möglich generell von Gebieten fernhalten, in denen Unruhen häufig ausbrechen. Dazu zählen auch einige Dörfer neben israelischen Siedlungen im Hebron-Gebirge und gelegentlich der Kontrollpunkt in Qalandia. Vor dem Aufbruch sollte man sich in seinem Hotel oder Hostel über die aktuelle Lage informieren.

Organisierte Touren mögen zwar eine großartige Möglichkeit sein, das Westjordanland zu bereisen, aber Ausflugsangebote zu den wöchentlichen Protesten in Bilin (oder eigentlich zu jeglicher Demonstration) sollten abgelehnt werden.

Hier einige Tipps für Reisen durchs Westjordanland:

➧ Immer den Pass dabeihaben. Er ist zwar zur Einreise ins Westjordanland nicht nötig, dafür aber bei der Ausreise (genauso wie der Zettel mit dem israelischen Visum).

➧ Flüchtlingslager sollten nicht auf eigene Faust, sondern nur in Begleitung eines lokalen Führers besucht werden.

➧ Wer sichtbar jüdische Symbole trägt, kann fälschlicherweise für einen israelischen Siedler gehalten werden (die meisten Palästinenser hassen Siedler).

➧ Gebiete, in denen Demonstrationen stattfinden, sollten immer vermieden werden. Unter keinen Umständen dürfen palästinensische

---

RAKETENANGRIFF – WAS TUN?

Ertönt der Fliegeralarm, eine Sirene mit steigendem und fallendem Ton, sollte man sich schleunigst zum nächsten *mamad* (Stahlbetonzimmer) bzw. einem herkömmlichen Luftschutzbunker begeben und alle Türen und Fenster schließen. Je nachdem, wie weit entfernt man von der Abschussstelle im Gazastreifen, im Südlibanon oder in Syrien ist und um welche Art von Rakete es sich handelt, bleiben vielleicht nur zehn Sekunden Zeit, um sich auf den Aufschlag vorzubereiten (in Tel Aviv z. B. beträgt die Warndauer für eine aus Gaza abgefeuerte Rakete 90 Sekunden).

Wer sich in einem Gebäude ohne *mamad* befindet (solche Zimmer gibt es nur in Gebäuden, die nach dem Ersten Golfkrieg im Jahr 1991 gebaut wurden), sollte ein Zimmer aufsuchen, das am weitesten von der Richtung entfernt ist, aus der mit der Bedrohung zu rechnen ist, und das die wenigsten Außentüren, -fenster und -öffnungen besitzt: In Eilat kommt die Gefahr in der Regel aus dem Sinai, in Tel Aviv aus dem Gazastreifen und im Norden aus dem Libanon. Alternativ sucht man Schutz in einem so weit wie möglich von Fenstern und Türen entfernten Treppenhaus oder Flur. Wer sich gerade im obersten Stockwerk eines Hauses aufhält, sollte zwei Etagen nach unten gehen – allerdings nicht bis ganz nach unten ins Erdgeschoss.

Im Freien oder in einem Fahrzeug sucht man sofort das nächste Gebäude auf und folgt den obigen Anweisungen. In offenem Gelände legt man sich weit vom Auto entfernt flach auf den Erdboden und bedeckt den Kopf mit den Händen.

Sofern es keine zusätzlichen Anweisungen (z. B. übers Radio) gibt, kann man nach zehn Minuten den Bunker verlassen oder wieder ins Auto steigen.

Diese Hinweise gelten ständig und nicht nur während eines aktuellen Konflikts. Auf der Website des israelischen Heimatfront-Kommandos (www.oref.org.il) stehen Hinweise, was bei einem Angriff mit Raketen, Granaten, chemischen oder biologischen Waffen zu tun ist, sowie Trainingsvideos und eine Karte mit Frühwarnsystemen.

Demonstranten oder israelische Soldaten ohne ihre ausdrückliche Erlaubnis fotografiert werden.

➡ Reisen sind nur bei Tageslicht ratsam. Schlecht ausgeschilderte Straßen, Straßensperren und Kontrollpunkte erschweren schon tagsüber die Orientierung im Westjordanland; im Dunkeln wird es dann noch verwirrender.

➡ Vorsicht ist bei der Annäherung an Straßensperren und Kontrollpunkten angesagt – israelische Soldaten sind ständig in höchster Alarmbereitschaft und sie unnötig zu beunruhigen, kann zu allen möglichen Schwierigkeiten und Konfrontationen führen. Die Soldaten können nicht wissen, dass sie es lediglich mit einem neugierigen Besucher zu tun haben.

Politische Proteste

Israel ist eine Demokratie, in der Demonstrationsfreiheit herrscht. Das gilt allerdings nicht für Bewohner der Gebiete des Westjordanlands, die unter israelischer Militärherrschaft stehen. Daher kommen gegen palästinensische Demonstranten und mit ihnen sympathisierende Israelis oft harte Maßnahmen wie Schlagstöcke, Tränengas, Blendgranaten und Gummigeschosse zum Einsatz.

Wer sich – selbst als neugieriger Beobachter – bei einer Protestkundgebung zeigt, ist plötzlich kein unschuldiger Außenstehender mehr, sondern befindet sich mitten in dem Konflikt.

Demonstrationen können außer Kontrolle geraten. Das ist besonders dann der Fall, wenn in Orten wie dem Jerusalemer Viertel Me'a She'arim oder in Beit Shemesh ultraorthodoxe Juden mit der Polizei aneinandergeraten. In der Vergangenheit kam es auch vor, dass Mitglieder rechtsextremer Gruppen linke Aktivisten angriffen, die für die territoriale Einigung oder gegen die jüdische Siedlungspolitik demonstrierten.

Der Tempelberg (Al-Haram Ash-Sharif) in der Jerusalemer Altstadt ist ein Brennpunkt für Demonstrationen. Zwar hat Jordanien die Verwaltungskontrolle über diese heilige Stätte, aber die Israelis sind für die Sicherheit zuständig und verweigern manchmal muslimischen Männern unter 45 Jahren den Zugang zur Anlage und zur Al-Aqsa-Moschee, wenn die Sicherheitslage prekär erscheint. Das kann zu gewalttätigen Demonstrationen im Muslimischen Viertel der Altstadt um das Damaskustor und in Ostjerusalem führen, vor allem freitags nach dem Mittagsgebet. Am besten meidet man diese Gegenden, wenn die politische Lage angespannt ist.

Nichtmuslime dürfen in dem Gebiet nicht beten, was jüdische Ultranationalisten in Wut versetzt und in der Vergangenheit zu gewalttätigen Auseinandersetzungen zwischen Sicherheitskräften und Demonstranten führte.

Palästinenser begehen etliche Gedenktage, oft begleitet von Protestaktionen. An solchen Tagen kommt es manchmal zu gewalttätigen Ausschreitungen (von beiden Seiten). Reisende sollten also darauf achten, wenn sie sich im Westjordanland oder nahe der Grenze aufhalten.

Tag des Bodens Seit 1976 ein Protesttag gegen den israelischen Siedlungsbau. Der Yaum Al-Ard (Arabisch) bzw. Jom HaAdama (Hebräisch) findet am 30. März statt.

Tag der palästinensischen Gefangenen Die Palästinenser gedenken am 17. April ihrer Landsleute, die in israelischen Gefängnissen sitzen.

Nakba-Tag Der Gedenktag für An-Nakba („die Katastrophe" für Palästinenser) findet am 15. Mai statt, dem Tag nach dem Unabhängigkeitstag Israels.

Naksa-Tag Gedenktag am 5. Juni für den *naksa* (für Palästinenser der „Rückschlag") des Sechstagekriegs von 1967.

Minenfelder

Einige Teile Israels und Palästinas – vor allem an der jordanischen Grenze und am Rand der Golanhöhen – sind noch immer übersät mit Tretminen. Glücklicherweise sind die bekannten verminten Gebiete auf topografischen Karten rosa eingezeichnet und mit Stacheldraht abgesperrt, an dem rote oder rostfarbene Warndreiecke und/oder gelb-rote Schilder mit der Aufschrift „Danger Mines!" (Vorsicht Minen) angebracht sind.

Wanderer sollten niemals von den markierten Wanderwegen abweichen oder über bzw. durch einen Stacheldrahtzaun klettern. Im Jordantal und in der Arava-Senke waschen Sturzfluten manchmal alte Minen frei und spülen sie in Gegenden, die außerhalb der bekannten Minenfelder liegen. Also: Niemals, wirklich niemals etwas berühren, das eine alte Artilleriegranate, ein Sprengkopf oder eine Mine sein könnte!

Wer sich dennoch inmitten eines verminten Geländes wiederfindet, sollte langsam wieder zurückgehen – aber nur, wenn die eigenen Fußstapfen deutlich zu erkennen sind. Wenn nicht, sollte man stehenbleiben und um Hilfe rufen. Wird jemand in einem Minenfeld verletzt, wäre es völlig falsch, hinzulaufen, um Hilfe zu leisten. Stattdessen sollte eine Person ausfindig gemacht werden, die weiß, wie ein Minenfeld sicher betreten werden kann.

Diebstahl

Diebstahl ist in Israel und Palästina nicht mehr und nicht weniger verbreitet als in anderen Ländern, es gelten also die üblichen

Vorsichtsmaßnahmen: Wertgegenstände sollten nicht im Fahrzeug oder im Hotelzimmer verbleiben, wichtige Dokumente und Bargeld in einem Geldgürtel mitgeführt werden. In Hostels ist es ratsam, die wichtigsten Wertsachen und Dokumente im Safe der Rezeption aufzubewahren. In Überlandbussen ist es kein Problem, das große Gepäck im Laderaum zu verstauen, Wertsachen sollte man jedoch am Leibe behalten. Taschendiebe lauern oft in vielbesuchten Touristenattraktionen und auf unübersichtlichen Märkten. Vorsicht und ein wachsames Auge aufs Umfeld sind also ratsam. Fahrraddiebstahl ist weit verbreitet, ein massives, stählernes Kettenschloss (kein Kabelschloss) ist daher empfehlenswert. Zudem sollte niemals ein teures Fahrrad über Nacht auf der Straße bleiben.

Verkehrsunfälle

Die Zahl der Verkehrsopfer in Israel ist in den letzten Jahrzehnten deutlich zurückgegangen (365 Verkehrstote im Jahr 2017 im Vergleich zu durchschnittlich über 600 pro Jahr in den 1990er-Jahren). Prozentual gesehen ist die Zahl der Verkehrstoten gemessen an der Bevölkerungszahl wesentlich niedriger als in vielen anderen Ländern. Trotzdem ist Autofahren hier nicht ganz ungefährlich, vor allem auf Landstraßen und Autobahnen, wo die Einheimischen oft zu schnell und beim Überholen zu risikofreudig fahren. Also unbedingt die Geschwindigkeitsbeschränkungen beachten und defensiv fahren!

Allgemeine Informationen

Arbeiten in Israel

Legales Arbeiten in Israel erfordert eine Genehmigung des Innenministeriums, die jedoch wie in Europa oder Nordamerika nur schwer zu bekommen ist – mit einer Ausnahme: Wer mindestens einen jüdischen Eltern- oder Großelternteil hat (Nachweis durch Dokumente erforderlich) und somit gemäß dem Rückkehrgesetz für ein Einwanderervisum (oleh) infrage kommt, erhält ein Arbeitsvisum recht problemlos.

Da die Palästinensischen Autonomiegebiete unter Besatzungsrecht stehen, brauchen alle, die im Westjordanland arbeiten wollen, sowohl eine israelische Arbeitserlaubnis als auch eine Genehmigung der Palästinensischen Autonomiebehörde (PA). Israel verweigert bekanntermaßen eine Arbeitserlaubnis für Ausländer, die für palästinensische NGOs arbeiten wollen. Daher reisen einige Mitarbeiter mit einem Touristenvisum ins Land, dort weiter ins Westjordanland und verlassen Israel alle drei Monate, um ihr Visum zu verlängern. Es ist allerdings schon vorgekommen, dass Personen die Einreise nach Israel untersagt wurde, wenn die Behörden vermuteten, dass sie ohne Visum arbeiteten.

Barrierefrei reisen

Die Barrierefreiheit öffentlicher Einrichtungen in Israel erreicht inzwischen westeuropäisches Niveau: Fast alle Hotels und HI-Hostels müssen nun über mindestens ein rollstuhlgerechtes Zimmer verfügen. Auch viele Touristenattraktionen (z. B. Museen, Strände, archäologische Stätten) sind auf Besucher mit Handicap eingerichtet. In diversen Naturschutzgebieten nimmt die Anzahl rollstuhlgerechter Wege jedes Jahr zu (siehe www.parks.org.il und www.kkl.org.il). Bei Restaurants verhält sich die Sache unterschiedlich: Nur wenige haben wirklich behindertengerechte Toiletten. Bordsteine in Israel sind häufig abgesenkt.

Die Website von Access Israel (www.aisrael.org) liefert Informationen zur Barrierefreiheit. Die Yad Sarah Organisation (www.yadsarah.org) verleiht gratis Rollstühle, Krücken und andere Gehilfen (gegen Kaution).

In Palästina sind behindertengerechte Einrichtungen seltener als in Israel. Zudem wird die Bewegungsfreiheit durch Straßenkontrollposten der israelischen Armee erschwert, die normalerweise zu Fuß durchschritten werden müssen. Teilweise sind auch Sperrelemente zu überqueren oder zu umrunden.

Den kostenlosen Führer Accessible Travel von Lonely Planet gibt es über https://shop.lonelyplanet.com/categories/accessible-travel.com.

Botschaften & Konsulate

Israel beansprucht zwar Jerusalem als Hauptstadt, wegen der ungeklärten politischen Lage ließen sich die meisten diplomatischen Vertretungen jedoch in oder um Tel Aviv nieder. Ein paar Länder unterhalten auch Konsulate in Jerusalem, Haifa und/oder Eilat.

Ägyptische Botschaft (03-546-4151; www.egyptembassy.net; 54 Basel St; So–Di 9–11 Uhr) Ägypten unterhält auch ein Konsulat in **Eilat** (Karte S. 360; 08-637-6882; 68 Efroni St; So–Do 9.30–12 Uhr).

Deutsche Botschaft (Karte S. 130; 03-693-1313; www.tel-aviv.diplo.de; 19. Stock, 3 Daniel Frisch St; Mo, Di, Do & Fr 8–11.30 Uhr)

Jordanische Botschaft (03-751-7722; 10. Stock, 14 Abba Hillel St, Ramat Gan; So–Do 9.30–15 Uhr)

Österreichische Botschaft (03-612-0924; www.bmeia.gv.at/oeb-tel-aviv; 4. Stock, Sason Hogi Tower, 12 Abba Hillel St, Ramat Gan; Mo 9–14, Di–Fr 9–12 Uhr)

Schweizerische Botschaft (Karte S. 134; 03-546 4455; www.eda.admin.ch; 228 Hayarkon St, Tel Aviv; Mo 13–16, Di–Fr 8–11.30 Uhr)

Ermäßigungen

Mit einem Internationalen Jugendherbergsausweis gibt's Rabatt in offiziellen Hostels von HI (Hostelling International). Der Internationale Studentenausweis (International Student Identity Card; ISIC) bringt längst nicht mehr so viele Ermäßigungen wie einst – u. a. nicht mehr bei öffentlichen Verkehrsmitteln.

Manche Museen und Sehenswürdigkeiten gewähren Rabatte für Senioren. Diese müssen aber eventuell nachweisen, dass sie nicht nur Senioren, sondern auch israelische Staatsbürger sind.

Wer viele Nationalparks und historische Stätten unter Verwaltung der israelischen Natur- und Parkschutzbehörde (INPA – Israel Nature & Parks Authority; www.parks.org.il) besuchen möchte, spart Geld mit einer sogenannten Green Card. Damit können 14 Tage lang entweder alle INPA-Stätten (150 NIS) oder insgesamt sechs Parks (110 NIS) besucht werden. Durch die Mitgliedschaft bei der Israel Society for the Protection of Nature in Israel (Israelischer Naturschutzverband; www.natureisrael.org) erhält man Ermäßigungen bei Unterkunft in Field Schools und Ausflügen.

Essen

Genauere Informationen zum Essen in Israel und Palästina siehe S. 412.

Etikette

Israel und Palästina kommen einem in Sachen Etikette manchmal wie ein Minenfeld vor, aber es gibt ein paar Regeln, mit deren Hilfe Fettnäpfchen vermieden werden können.

➡ **Keine Politik** Außer bei wirklich guten Bekannten zahlt es sich meist aus, mit seiner Meinung zum Konflikt hinterm Berg zu halten – oder zumindest zu überlegen, wem gegenüber man sie äußert. Proisraelische Standpunkte kommen im Westjordanland nicht gut an und sollten besser nicht vertreten werden.

➡ **Höflich sein** Selbst wenn der Eindruck entsteht, dass es sonst niemand ist! Israelis sind bekanntermaßen schroff – fast mit einem gewissen Stolz. Es sollte also nicht überraschen, wenn der Umgang nicht gerade von ausgesuchter Höflichkeit ist.

➡ **Angemessene Kleidung** In jüdisch-orthodoxen und traditionell muslimischen Vierteln sowie in allen religiösen Stätten ist sittsame Bekleidung ein Muss, besonders für Frauen. In Tel Aviv und vielen anderen israelischen Städten wird das jedoch lockerer gesehen.

Feiertage

Israel

Bei den unzähligen jüdischen und muslimischen Festen und religiösen Feiertagen, die (offiziell und inoffiziell) begangen werden, entsteht oft der Eindruck, dass es kaum einen Tag im Kalender gibt, der nicht irgendein Feiertag ist.

Zu beachten ist, dass an jüdischen Feiertagen wie Pessach die meisten Restaurants, Bars und sogar Supermärkte in Jerusalem und anderen religiösen Gegenden geschlossen sind und dass am Jom Kippur Reisen über Land überall in Israel praktisch unmöglich ist.

Neben den religiösen Festtagen gibt es noch etliche gesetzliche Feiertage, die den Aufenthalt beeinträchtigen können.

Holocaust-Gedenktag Jom HaSho'ah gedenkt feierlich der 6 Mio. Juden, einschließlich 1,5 Mio. Kinder, die im Holocaust umkamen. Alle Vergnügungsstätten sind geschlossen. Um 10 Uhr ertönen Sirenen und alle Israelis bleiben stehen und schweigen, wo immer sie sich gerade befinden.

Jom HaSikaron Gedenktag für die Soldaten, die für Israel gefallen sind, und für die Opfer von Terrorismus. Vergnügungsstätten sind geschlossen. Um 20 und um 11 Uhr ertönen Sirenen und Israelis bleiben stehen und schweigen, wo immer sie sich gerade befinden. Fällt auf den Tag vor dem Unabhängigkeitstag.

Unabhängigkeitstag Ha'Atzma'ut feiert Israels Unabhängigkeitserklärung im Jahr 1948. Wird mit offiziellen Feierlichkeiten und öffentlichen Festen mit Livemusik, Picknicks und Wanderungen begangen.

> **PREISKATEGORIEN: ESSEN**
>
> Israel: Die folgenden Preiskategorien beziehen sich auf ein Hauptgericht. Die Preise sind in Tel Aviv im Vergleich zum übrigen Land etwas höher.
>
> **$** unter 35 NIS
> **$$** 35–70 NIS
> **$$$** über 70 NIS
>
> Palästinensische Autonomiegebiete: Die folgenden Preiskategorien beziehen sich auf ein Hauptgericht.
>
> **$** unter 35 NIS
> **$$** 35–55 NIS
> **$$$** über 55 NIS

WAS AM SABBAT GEÖFFNET IST

Der Sabbat (hebr. *shabbat*) beginnt freitags 18 Minuten (in Jerusalem 36 Min.) vor Sonnenuntergang und endet samstags eine Stunde nach Sonnenuntergang.

Die Halacha (das jüdische Gesetz) verbietet jegliche Geschäftstätigkeit am Sabbat. In größtenteils jüdischen Gebieten wie Westjerusalem oder Tel Aviv dürfen Restaurants, Unterhaltungseinrichtungen (u. a. Theater, Kinos, Diskos, Bars), Museen und kleine Lebensmittelgeschäfte dank „existenzsichernder" Vereinbarungen am Sabbat öffnen. Für Einzelhändler und große Supermärkte gilt dies allerdings nicht.

In Kibbuzim (z. B. Shefayim) und in Teilen von Tel Aviv (z. B. Namal, Hafenbereich) sind manche Läden und Boutiquen dennoch am Sabbat geöffnet: Diese setzen dann nichtjüdisches Personal ein, um Geldstrafen des Arbeits- und Sozialministeriums zu umgehen. Dieses schickt übrigens selbst nur nichtjüdische Kontrolleure (normalerweise Drusen) los, um Sabbatarbeit für Juden zu vermeiden.

Generell sind öffentliche Verkehrsmittel in Israel von Freitagnachmittag (die genaue Zeit hängt vom Sonnenuntergang ab) bis Samstagnachmittag oder -abend außer Betrieb. Die Ausnahme bilden bestimmte Buslinien im religiös gemischten Haifa, die seit der britischen Mandatszeit an allen sieben Wochentagen fahren. Ebenso unterwegs sind manche Fernbusse (z. B. nach Eilat) und Buslinien, die größtenteils nichtjüdische Städte bedienen. Viele *sherut* auf Fernstrecken sowie normale Taxis verkehren ebenfalls am Sabbat.

In vorwiegend muslimischen Gebieten (Ostjerusalem, Altstadt von Akko, Westjordanland, Gazastreifen, Teile von Jaffa) sind viele Geschäfte samstags geöffnet, aber freitags zu. Läden in hauptsächlich christlichen Gebieten (z. B. Wadi Nisnas in Haifa, Nazareth, Bethlehem und die armenischen und christlichen Viertel in Jerusalems Altstadt) haben normalerweise sonntags geschlossen.

Nationalparks, Naturschutzgebiete und die meisten Museen in Israel sind die ganze Woche über geöffnet, schließen aber am Freitagnachmittag ein oder zwei Stunden früher. Manche christliche Stätten sind am Sonntagmorgen zu, Moscheen oft freitags.

Jom Kippur Das jüdische Versöhnungsfest ist ein feierlicher Tag der Besinnung und des Fastens – und des Radfahrens auf leeren Straßen. In jüdischen Gebieten sind alle Geschäfte geschlossen und jeglicher Verkehr (auch in privaten Autos) wird komplett eingestellt; auch israelische Flughäfen und Grenzen schließen.

Chanukka Während des jüdischen Lichterfestes gelten nur am ersten und letzten Tag Schließzeiten wie am Sabbat. Einige Israelis machen dann Urlaub, Unterkünfte sind daher schwer zu finden und die Zimmerpreise steigen.

Palästinensische Autonomiegebiete

Die wichtigsten islamischen Feiertage haben variable Termine und hängen vom Mondjahr ab.

Islamisches Neujahr Erster Tag des Muharram.

Geburtstag des Propheten Wird am 12. Rabi' Al-Awal gefeiert.

Lailat Al-Miradsch Gedenktag an die „Nachtreise" des Propheten Mohammed von Mekka nach Jerusalem und von dort in den Himmel. Zu einem der heiligsten Tage im Islam strömen Tausende zum Felsendom in Jerusalem.

Ramadan Heiliger Monat, an dem Muslime von Sonnenaufgang bis Sonnenuntergang fasten. Viele Geschäfte und Restaurants in Ostjerusalem (auch in der Altstadt), im Westjordanland und in arabischen Ortschaften in Israel schließen tagsüber. Aber nach Sonnenuntergang herrscht eine lebhafte Atmosphäre, wenn Muslime zum Essen ausgehen.

Eid Al-Fitr Das Ende des Ramadan wird ein bis drei Tage lang mit Familie und Freunden gefeiert. In arabischen Gebieten sind die meisten Läden und Dienstleistungsbetriebe geschlossen.

Eid Al-Adha Gedenkfeier an das Ereignis, als Allah Ibrahim (in der Bibel Abraham) die Opferung seines Sohns Isaak erließ. Es ist auch das Ende des Hadsch.

Frauen unterwegs

Frauen werden sich im Allgemeinen so wohl und sicher fühlen wie in allen westlichen Ländern. An manchen Stränden erhalten Ausländerinnen eventuell unerwünschte Aufmerksamkeit.

Bei der Tagesplanung sind die lokalen Kleiderregeln zu beachten. Eng anliegende, aufreizende Klamotten sind in urbanen Zentren wie Tel Aviv üblich. In konservativen Gegenden ist das jedoch unangemessen und führt in ultraorthodoxen jüdischen Stadtteilen wie Me'a She'arim in Jerusalem oft zu unverhohlener Feindseligkeit. In solchen Gegenden und beim Besuch religiöser Stätten (jüdisch, muslimisch, christlich, drusisch oder

Bahai) sollten Knie und Schultern stets bedeckt sein. In muslimischen und christlichen Gegenden sind auch lange Hosen in Ordnung. Manche jüdische Viertel und alle heiligen Stätten des Judentums können jedoch nur mit einem langen Rock besucht werden.

Es ist ratsam, immer ein Kopftuch oder einen großen Schal mitzuführen: Beim Besuch von heiligen Stätten der Muslime (Moscheen, Gräber und der Tempelberg/Al-Haram Ash-Sharif) können Frauen damit wie erforderlich Kopf und Schultern bedecken. Zudem ist er praktisch, falls das Aufsichtspersonal religiöser Stätten eine andere Vorstellung von angemessener Kleidung haben sollte.

In Bussen und *sheruts* fühlen sich ultraorthodoxe jüdische Männer eventuell unwohl, wenn Frauen neben ihnen sitzen. Je nach Perspektive ist das dann entweder deren eigenes Problem oder eine lokale Gegebenheit, die respektiert werden sollte.

Freiwilligenarbeit

Israel bietet zahlreiche Möglichkeiten für Freiwillige. Dazu gehören oft Mitarbeit bei archäologischen Ausgrabungen, in ILH-Hostels oder bei Umweltorganisationen. Infos stehen auf den Websites von The National Council for Volunteering in Israel (www.ivolunteer.org.il) und Israel Hostels (www.hostels-israel.com/volunteer-in-a-hostel). Auch deutsche Organisationen wie Aktion Sühnezeichen Friedensdienste (www.asf-ev.de) sind in Israel tätig und entsenden junge Menschen, die sich für einen zwölfmonatigen Freiwilligendienst im Land verpflichten möchten.

Wer zwischen 18 und 35 Jahre alt ist, kann sich außerdem in einem traditionellen israelischen Kibbuz engagieren. Freiwillige, die Interesse am Leben in einer solchen Landwirtschaftskommune haben, verbringen zwei bis sechs Monate mit körperlicher Arbeit, z. B. Gartenarbeit, Geschirrspülen oder Kühemelken. Unterkunft und Essen werden gestellt; manchmal wird auch noch ein geringer Wochenlohn gezahlt. Weitere Informationen stehen auf www.kibbutz.org.il/eng. Unter www.kibbutzvolunteer.com schildert ein Brite seine persönlichen Erfahrungen im Kibbuz.

In den Palästinensischen Autonomiegebieten besteht Freiwilligenarbeit oft aus Mithilfe bei den vielen NGOs, die sich für die Verbesserung der Alltagssituation der Palästinenser einsetzen, z. B. Medical Aid for Palestinians (www.map-uk.org). Gruppen, die Freiwillige aufnehmen:

Al-Rowwad Centre (www.alrowwad.org)

Freedom Theatre (www.thefreedomtheatre.org)

Hope Flowers School (www.hopeflowersschool.org)

Ibdaa Cultural Centre (http://en.ibdaa1948.org)

Palestinian Circus School (www.palcircus.ps)

Tent of Nations (www.tentofnations.org)

Freiwillige, die im Westjordanland arbeiten wollen, müssen sich vorher sorgfältig informieren, da nicht alle Organisationen als seriös gelten.

Geld

Bargeld

Ein Schekel besteht aus 100 Agorot (Singular Agora). Münzen gibt's zu 10 und 50 Agorot (Prägung ½ Schekel) sowie zu 1, 2 und 5 NIS. Banknoten haben einen Wert von 10, 20, 50, 100 oder 200 NIS.

Ende 2017 wurden neue Banknoten mit Porträts von Autorinnen herausgegeben. Die Dichterin Rachel Bluwstein (1890–1931) erscheint auf dem 20 NIS-Schein, Leah Goldberg (1911–1970) auf dem 100 NIS-Schein.

Feilschen

Am häufigsten wird in Suks, auf Flohmärkten und in Taxis gefeilscht, die zwar gesetzlich verpflichtet sind, ein Taxameter zu verwenden, aber sich selten die Gelegenheit entgehen lassen, Touristen um ein paar zusätzliche Schekel zu erleichtern. Wie überall beim Feilschen lohnt es sich, einen kühlen Kopf zu bewahren und besonders bei Souvenirs daran zu denken, dass der Käufer letztlich immer im Vorteil ist.

Geldautomaten

Israels zahlreiche Geldautomaten akzeptieren neben Visa und MasterCard zunehmend auch Karten von American Express oder Diners Club. Auch die EC-Karte (Maestro) wird immer häufiger akzeptiert.

Bitte beachten: An den Grenzübergängen nach Jordanien und Ägypten gibt es keine Geldautomaten.

Geldwechsel

Banken verlangen hohe Bearbeitungsgebühren. Die besten Konditionen bieten normalerweise Postämter mit Wechselschalter und freie Wechselstuben, die jeweils keine Gebühren erheben.

Trinkgeld

In den meisten Fällen wird kein Trinkgeld erwartet. Jedoch breitet sich die Gewohnheit in Israel und in touristischer Orten im Westjordanland zunehmend aus.

Hotels 10–20 NIS pro Nacht für den Zimmerservice ist eine nette Geste.

Kneipen In der Regel stehen Trinkgeldgefäße auf dem Tresen; angemessen sind 10–15 % des Rechnungsbetrags.

Reiseleiter Es ist immer gut, den Führern ein Trinkgeld zu geben. Gruppenteilnehmer können eine Sammlung organisieren; 10–20 NIS pro Person ist wohl angemessen.

Internetzugang

WLAN-Hotspots gibt's in ganz Israel, z. B. in fast allen Cafés, vielen Restaurants und zahlreichen Fernbussen bzw. -zügen, wo es allerdings recht langsam ist. Dutzende öffentlicher Räume und Einrichtungen in Tel Aviv haben kostenloses WLAN. HI-Hostels sowie etliche schicke Hotels verlangen Gebühren für die Benutzung von WLAN und internetfähigen Computern. Für Gäste von ILH-Hostels, B&Bs und Mittelklassehotels ist WLAN meist gratis.

Im Westjordanland können israelische und palästinensische SIM-Karten verwendet werden, die israelischen funktionieren allerdings nur in Gegenden in der Nähe von israelischen Siedlungen oder der Grenze. SIM-Karten sind preisgünstig in größeren Städten erhältlich (gegen Vorlage des Reisepasses), Kosten für Datentransfer sind im Vergleich zu Europa relativ niedrig. WLAN steht in Cafés, Restaurants, Bars und Hotels im ganzen Westjordanland weitgehend zur Verfügung.

Karten & Stadtpläne

Karten und Stadtpläne von Touristeninformationen sind, falls erhältlich, meist recht rudimentär. Die Firma Mapa (www.mapa.co.il/maps) mit Sitz in Tel Aviv produziert spitzenmäßige Straßenkarten, die in allen Buchläden in Israel verkauft werden. Die Mapa-Website umfasst eine detaillierte hebräischsprachige Israelkarte. Die Datenbanken von Google Maps und GPS-basierten Navigationsgeräten sind hier nicht so umfangreich wie in den meisten westlichen Ländern.

Die Israelische Naturschutzgesellschaft (Society for the Protection of Nature in Israel; www.natureisrael.org) alias *HaChevra l'Haganat HaTeva* auf Hebräisch gibt für Wanderer eine 20-teilige Reihe von topografischen, aber rein hebräischsprachigen Wegekarten *(mapot simun shvilim)* im Maßstab 1:50 000 heraus. Darauf sind nicht nur Naturschutzgebiete (grün markiert, jeweiliger Name in Violett) und alle ausgeschilderten Wanderrouten vermerkt, sondern auch militärische Übungsschießplätze mit scharfer Munition *(shitchei esh*; rosa markiert) und alte Minenfelder *(sdot mokshim*; rosa markiert mit Rand aus roten Dreiecken). Die Karten sind in Buchläden oder direkt bei der SPNI (z. B. bei den Field Schools) erhältlich und auch wasserdicht.

Post

Mit der israelischen Post (www.israelpost.co.il) verschickte Postkarten oder Briefe erreichen europäische Empfänger in höchstens sieben bis zehn Tagen; Pakete brauchen sehr viel länger. Sendungen aus Europa sind nach drei bis vier Tagen in Israel.

Für Expresssendungen empfehlen sich Kurierdienste wie DHL (www.dhl.co.il) oder UPS (www.ups.com); der Express-Mail-Service (EMS) der israelischen Post ist günstiger, aber langsamer und weniger zuverlässig.

Postämter im Westjordanland gibt es in den meisten größeren Städten, aber am besten ist es, im Hotel oder Hostel nachzufragen.

Rauchen

Rauchen ist im Westjordanland weit verbreitet, Nichtraucherecken in Bars und Restaurants sind daher die Ausnahme. Allerdings verbieten mehr und mehr Hotels und Hostels das Rauchen in Zimmern und sogar in den allgemeinen Räumlichkeiten.

Rechtsfragen

Trotz offizieller Toleranzpolitik hat die israelische Polizei schon öfter Verhaftungen wegen des Besitzes geringer Drogenmengen vorgenommen.

Im Gegensatz zu israelischen Staatsbürgern dürfen ausländische Besucher nicht missionarisch tätig werden: Religion ist ein heikles Thema. Ein leidenschaftliches Verbreiten jeglicher „froher Botschaft" kann daher zu Ärger mit Einheimischen und der Polizei führen.

Die palästinensische Polizei darf Touristen nicht verhaften, kann sie aber bis zum Eintreffen israelischer Sicherheitskräfte festhalten.

Bei einer Verhaftung kann die eigene Botschaft während des Ermittlungs- und Gerichtsverfahrens kaum etwas unternehmen, außer den Besuch eines niedrigrangigen Diplomaten zu arrangieren.

Schwule & Lesben unterwegs

Israel hat eine sehr lebendige Schwulen- und Lesbenszene. In Tel Aviv gibt's Szenetreffs, reichlich Regenbogenfahnen und jährlich eine riesige Gay-Pride-Parade. Die homosexuellen Gemeinden von Haifa und Jerusalem sind kleiner. Die Szene des schwulenfreundlichen Eilat besteht vor allem aus israelischen Touristen. Die meisten heimischen Organisationen mit Hilfe, Infos, Kontaktdaten und Veranstaltungsdetails findet man in Tel Aviv oder Jerusalem.

Orthodoxe Juden und Muslime sowie fast alle christlichen Kirchen sind kompromisslos schwulenfeindlich eingestellt. Somit ist in religiös geprägten Vierteln stets Vorsicht angebracht. Homosexualität ist in Israel völlig legal. Das Gesetz ermöglicht zwar keine gleichgeschlechtlichen Ehen, erkennt diese aber an, wenn sie im Ausland geschlossen wurden.

Das Westjordanland ist außerhalb von Ramallah konservativ, Homosexualität und Schwulenkultur sind daher absolut tabu. Selbst in Ramallah und Bethlehem gibt es kein eigentliches Nachtleben für die LGBT-Szene, und wie überall in der arabischen Welt sind öffentliche Zuneigungsbekundungen absolut verpönt – und können ziemlich riskant sein.

Steuern & Rückerstattungen

Die Mehrwertsteuer in Israel beträgt 17 % und ist in allen Preisen enthalten. Israelische Bürger zahlen für Hotelübernachtungen Mehrwertsteuer, Touristen jedoch nicht.

Erstattung der Mehrwertsteuer

Wer als ausländischer Tourist für mindestens 400 NIS in bestimmten Geschäften einkauft, kann sich die Mehrwertsteuer erstatten lassen (auf den Hinweis *tax refund for tourists* im Schaufenster achten). Die Einkäufe mit der Rückerstattungsrechnung (ein einfacher Kassenzettel reicht nicht) müssen in teilweise durchsichtigem Plastik versiegelt werden. Bei der Ausreise auf dem Land- oder Luftweg wird dann die Mehrwertsteuer gegen eine Bearbeitungsgebühr von bis zu 15 % rückerstattet. Am Ben Gurion Airport befindet sich der zuständige Schalter in der Abflughalle.; die Steuerbeamten müssen alle Käufe in Augenschein nehmen, daher sollten alle Formalitäten für die Rückerstattung vor dem Durchqueren der Sicherheitskontrolle erledigt sein.

Strom

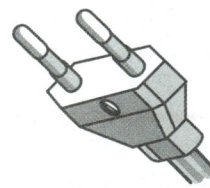

Typ C
220 V / 50 Hz

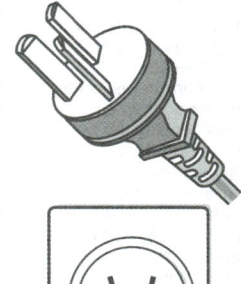

Typ H
230 V / 50 Hz

Telefon

Festnetztelefonate innerhalb Israels sind recht günstig. Wer vom Festnetz oder Handy aus ein Mobiltelefon anruft, bezahlt aber eventuell 0,80 NIS pro Minute oder mehr (je nach Netzbetreiber und Tarifgestaltung). Vorsicht bei der Benutzung von Zimmeranschlüssen: Hotels verlangen dafür oft exorbitante Gebühren.

Handys

Ausländische Handys bzw. Smartphones der Frequenzbereiche 900 und 1800 Mhz funktionieren in Israel, können aber unbezahlbar hohe Roaming-Kosten verursachen. Zum Glück bieten verschiedene Mobilfunkanbieter wie Orange (www.orange.co.il), Pelefone (www.pelephone.co.il), Cellcom (www.cellcom.co.il), Hot Mobile (www.hotmobile.co.il) und Golan Telecom (www.golantelecom.co.il) Prepaid-SIM-Karten und günstige Monatsverträge mit unterschiedlichen Datenpaketen an. Mehrere Firmen verkaufen israelische SIM-Karten online in alle Welt.

Einheimische Handynummern beginnen stets mit 05 und einer dritten Ziffer. Bei Handytelefonaten ins Festnetz ist immer zuerst die Ortsvorwahl einzugeben.

In Grenznähe (vor allem zu Jordanien) wechseln Handys eventuell automatisch zu einem jordanischen Netz. Wer dann kein teures Roaming bezahlen möchte, sollte sein Gerät schnellstens wieder manuell in einem israelischen Netz einloggen.

In den Palästinensischen Autonomiegebieten sind SIM-Karten von den beiden palästinensischen Mobilfunknetzen Jawwal oder Wataniya überall erhältlich und können in entsperrten Handys benutzt werden.

Telefonkarten

Israelische Postämter, Lotto-Kioske oder Zeitungsstände verkaufen diverse Prepaid-Telefonkarten für In- und Auslandsgespräche.

Vorwahlen

Israels Ländercode lautet 972. Palästina verwendet 972 und 970. Um aus dem Ausland nach Israel zu telefonieren, wählt man zuerst 00. Dann folgen der Ländercode, die Orts- bzw. Handyvorwahl (jeweils ohne Null am Anfang) und die eigentliche Anschlussnummer.

Mehrere konkurrierende Firmen in Israel, jede mit eigenem dreistelligen internationalen Zugangscode, bieten Auslandsgespräche an. Die Preise können bis zu 3,80 NIS pro Minute betragen, aber wer zuvor einen Vertrag abschließt, kommt sehr viel billiger weg (oft nur 0,05 NIS pro Minute). Zu den Anbietern zählen 012 Smile (www.012.net), Netvision (http://netvision.cellcom.co.il), Golan Telecom (www.golantelecom.co.il) und Hot Mobile (www.hotmobile.co.il).

Touristeninformation

In fast jeder größeren Stadt Israels gibt es eine Touristeninformation mit Broschüren, Karten und Stadtplänen; einige bieten auch Stadtrundgänge an.

Jaffa Gate (02-627-1422; www.itraveljerusalem.com; Jaffa Gate; Sa-Do 8.30-17, Fr bis 13.30 Uhr) Hilfreiche Information in Jerusalem.

Free Tours Haifa (058 604-8428; www.facebook.com/freetourshaifa; fast immer Mi um 10.30 Uhr) Sehr gut als erster Anlaufpunkt für den Besuch in Haifa.

Nützliche Websites:

→ www.goisrael.com – Israelisches Tourismusministerium.

→ www.igoogledisrael.com – Tipps zum Reisen und Leben in Israel.

→ www.parks.org.il – Israelische Naturschutz- und Parkbehörde.

→ www.travelujah.com – Umfassende Information für christliche Reisende.

→ In den meisten Städten im Westjordanland gibt es heute Tourismusinformationen, manche davon sind außerordentlich gut, z. B. in Jenin, Jericho und Bethlehem. Hotels und Hostels bieten eine Fülle an Informationen zu Aktivitäten und Besichtigungen.

Unterkunft

B&Bs (Tzimmerim)

Die häufigste Unterkunftsform in Obergaliläa und auf den Golanhöhen ist das sogenannte *tzimmer* (alias Zimmer). Niemand weiß genau, warum dieses deutsche Wort in Israel für eine idyllisch gelegene Hütte auf dem Land steht – eventuell ist der Begriff von den „Zimmer frei"-Schildern vieler deutscher Pensionen inspiriert. Die Preise liegen generell im oberen Mittelklasse- oder Spitzenklassebereich. Es ist nicht immer möglich, noch spätabends einzuchecken.

Ein *tzimmer* ist oft ein Zimmer oder eine Hütte in ländlicher Gegend mit rustikaler Einrichtung aus lackiertem Kiefernholz, Satellitenfernsehen und Kochnische. Luxuriösere Varianten haben zusätzlich eigene Whirlpools. Mancherorts gibt's ein tolles Frühstück, während anderswo von Selbstversorgung ausgegangen wird.

Tzimmer sind über Schilder an der Straße oder folgende Websites zu finden:

→ www.zimmeril.com

→ www.israeltours.co

→ www.weekend.co.il (hebräisch)

→ www.zimmer.co.il (hebräisch)

Camping

Durch Übernachtung im Zelt (oder zumindest im Schlafsack) können Reisende mit kleinem Geldbeutel prima viel Bares sparen.

In Naturschutzgebieten ist Camping verboten. Allerdings unterhalten diverse staatliche und private Träger landesweit rund 100 günstige Campingplätze (www.campingil.org.il). Die israelische Naturschutz- und Parkbehörde (Israel Nature & Parks Authority; sehr www.parks.org.il) betreibt 22 davon direkt am Rand von Naturschutzgebieten. Einige sind mit Schutzdächern (ein Zelt ist daher nicht nötig), elektrischem Licht, Toiletten, Duschen und Grillplätzen ausgestattet. Auf Hebräisch fragt man einfach nach einem *chenyon laila* oder einem *orchan laila*.

Besonders beliebt ist das Ufer des Sees Genezareth. Dort gibt's einige erschlossene Strände mit Toiletten, anständigen Duschen und Sicherheitsvorkehrungen. Manche erheben eine Zugangsgebühr pro Person, andere sind kostenlos für Fußgänger (Besucher mit Fahrzeug zahlen pro Auto).

In den Palästinensischen Autonomiegebieten sollte aus allgemeinen Sicherheitsgründen nicht gezeltet werden.

Hostels & Field Schools

Fast drei Dutzend unabhängige Jugendherbergen und Gästehäuser gehören zu Israel Hostels (www.hostels-israel.com). Sie bieten Schlafsaalbetten für 100 NIS, preiswerte Doppelzimmer und beste Gelegenheiten, andere Reisende zu treffen.

Die 19 offiziellen HI-Hostels und Gästehäuser in Israel – seit den Tagen spartanischer Schlafsäle und Gemeinschaftsduschen mit Zeitschaltuhr enorm modernisiert – bieten blitzsaubere, nüchterne Zimmer, die ideal für Familien sind, sowie ein reichliches Frühstück. Einzelheiten stehen auf der Website des israelischen Jugendherbergsverbands (Israel

---

UNTERKÜNFTE ONLINE CHECKEN

Auf www.lonelyplanet.com gibt's weitere Informationen zu Unterkünften und Empfehlungen unserer Autoren.

Youth Hostels Association; http://ger.iyha.org.il).

Der israelische Naturschutzverband (Society for the Protection of Nature in Israel; www.natureisrael.org) betreibt neun sogenannte Field Schools (Naturschutzschulen; hebräisch *beit sefer sadeh*) in ökologisch bedeutsamen Gegenden. Diese einfachen, aber zweckmäßigen Unterkünfte sind bei Familien und Schülergruppen sehr beliebt. Vor allem während der Schulferien sollten Interessenten daher frühzeitig reservieren.

Pilgerherbergen, die von religiösen Organisationen geführt werden, zielen hauptsächlich (aber nicht ausschließlich) auf gläubige Reisende ab. Erwartungsgemäß herrscht dort nicht die Partystimmung mancher unabhängiger Hostels, aber sie sind sehr preisgünstig.

Hotels

Israel und Palästina haben Unterkünfte für jeden Geldbeutel und jede Art des Reisens. In Israel liegen die Preise (wenn auch nicht immer der Standard) etwa auf westeuropäischem Niveau. In den vergangenen Jahren eröffneten außerdem immer mehr kleine, stilvolle Boutiquehotels. Das Westjordanland ist ein gutes Stück günstiger, wobei sich viele der besten Optionen auf Ramallah und Bethlehem konzentrieren.

Israelische Hotels sind für ihre opulenten Frühstücksbuffets berühmt. Die meisten Hotelrestaurants servieren nur koschere Küche, haben aber am Sabbat und an jüdischen Feiertagen geöffnet.

Kibbuz-Gästehäuser

Ziemlich viele Kibbuzim profitieren von ihrer schönen, meist ländlichen Lage und betreiben Mittelklassegästehäuser. Diese Quartiere haben sich seit ihrem Bau in sozialistischer Zeit deutlich verbessert. So gewähren sie Nutzung aller Kibbuz-Einrichtungen (inkl. Pool), haben eine entspannte Atmosphäre und servieren leckeres, frisches Kibbuz-Frühstück. Doppelzimmer ohne Frühstück sind hier z. T. schon ab 350 NIS zu haben. Für Details und Reservierungen empfiehlt sich die Website Kibbutz Hotels Chain (www.kibbutz.org.il).

Saisonpreise
ISRAEL

Israelische Unterkunftspreise hängen stark von Wochentag und Saison ab.

Allgemein gelten „Werktagstarife" von Samstag- oder Sonntagabend bis Mittwoch- oder Donnerstagabend. Wochenendtarife bezahlt man freitags (wenn viele Israelis nicht arbeiten), z. T. schon donnerstags und/oder auch am Samstagabend.

Im Großteil des Landes werden im Juli und August Hauptsaisonpreise verlangt. Ausnahmen sind extrem heiße Ecken wie das Tote Meer und der See Genezareth.

Jüdische Feiertage bzw. Feste wie Rosch HaSchana (Neujahr), Schawuot (Wochenfest), Pessach oder Sukkot (jeweils eine Woche) lassen die Tarife am heftigsten steigen, vor allem in beliebten Urlaubsgebieten wie Galiläa,

> ### PREISKATEGORIEN: SCHLAFEN
>
> Israel: Die folgenden Preise gelten für Doppelzimmer mit Frühstück an Wochenenden und in der Hochsaison. Die Preise sind in Tel Aviv im Vergleich zum übrigen Land etwas höher.
>
> $ unter 350 NIS
>
> $$ 350–600 NIS
>
> $$$ über 600 NIS
>
> Palästinensische Autonomiegebiete: Die folgenden Preise gelten für Doppelzimmer mit Frühstück an Wochenenden in der Hochsaison
>
> $ unter 200 NIS
>
> $$ 200–400 NIS
>
> $$$ über 400 NIS

Eilat und den Golanhöhen. In diesen Zeiten muss frühzeitig reserviert werden.

Alle aufgeführten Preise in Schekel enthalten 17 % Mehrwertsteuer, die ausländische Touristen aber nicht bezahlen müssen. Wer kein israelischer Staatsbürger ist, zahlt daher in den meisten Unterkünften (aber nicht in einigen B&Bs) erheblich weniger als den angegebenen Preis.

Preisangaben in US-Dollar und auf Websites für Hotelbuchungen verstehen sich stets ohne Mehrwertsteuer.

PALÄSTINENSISCHE AUTONOMIEGEBIETE

Die Zimmerpreise bleiben ganzjährig recht konstant. Die Ausnahme ist Bethlehem, wo man rund um Weihnachten und Ostern mehr hinblättert. Sehr frühzeitige Reservierung ist zu diesen Zeiten erforderlich.

Versicherung

Auch für Israel empfiehlt sich grundsätzlich eine gute Reiseversicherung. Zusätzlich zur üblichen Krankenversicherung (vor allem Notfallbehandlungen können sehr teuer sein) und Diebstahlschutz sollte die Police stets an die eigenen

Bedürfnisse angepasst sein: Alle geplanten Aktivitäten (z. B. Sporttauchen, Skifahren, Fallschirmspringen) sollten unbedingt vollständig abgedeckt werden. Fast alle Versicherer bezahlen nicht bei Personen- oder Sachschäden, die durch „kriegerische Handlungen" entstehen.

Bei mindestens drei- bis sechsmonatigen Aufenthalten in Israel (selbst mit Touristenvisum) bieten einheimische HMO- bzw. Privatversicherer einen ziemlich umfassenden Krankenversicherungsschutz zu recht erschwinglichen Tarifen an. Details gibt's z. B. bei Niederlassungen von:

Maccabi Healthcare Services (www.maccabi4u.co.il) Bietet das Well-Come-Programm an.

Me'uchedet (www.meuhedet.co.il) Versicherungsschutz per Foreign Members Plan.

Visa
Israel
Israel stempelt die Reisepässe von Touristen momentan nicht mehr ab (behält sich allerdings vor, dies jederzeit wieder einzuführen). So gibt's jetzt nur noch eine kleine Einreisekarte, die gut aufbewahrt werden sollte, da sie der einzige Nachweis ist, dass der Aufenthalt im Land legal ist (man braucht sie auch, um z. B. keine Mehrwertsteuer im Hotel zu zahlen und um Straßensperren vom/zum Westjordanland passieren zu können).

Berichten zufolge erteilen israelische Beamte am Grenzübergang Allenby/King Hussein Bridge und am Ben Gurion Airport Einreisegenehmigungen der Kategorie Palestinian Authority Only („Nur Palästinensische Autonomiegebiete") für Reisende mit familiären oder persönlichen Beziehungen im Westjordanland. Dies macht es schwierig oder gar unmöglich, durch die Straßensperren der Armee zu kommen, die den Verkehr zwischen Israel (inkl. Jerusalem) und dem Westjordanland regulieren.

Studenten brauchen ein Studentenvisum (Kategorie A/2), ehrenamtliche Kibbuz-Mitarbeiter ein Freiwilligenvisum (Kategorie B/4; über die gastgebende Organisation).

AUSLANDSPALÄSTINENSER & -ISRAELIS

Im Ausland geborene Kinder israelischer Eltern werden von Israel offiziell als israelische Staatsbürger betrachtet. Somit benötigen sie für die Ein- bzw. Ausreise einen israelischen Pass und unterliegen zudem den Einberufungsbestimmungen der israelischen Armee. Palästinenser, die im Westjordanland oder in Gaza geboren wurden – in manchen Fällen auch deren Kinder und Enkel –, werden als palästinensische Staatsbürger behandelt, die nur mit einem palästinensischen Pass ein- oder ausreisen dürfen, selbst wenn sie einen ausländischen Pass besitzen.

Falls sie keine Sondergenehmigung haben, müssen Personen, die von Israel als palästinensische Staatsbürger erachtet werden, über die Allenby/King Hussein Bridge ins Land ein- oder ausreisen statt z. B. über den Ben Gurion Airport. Personen, die als israelische Staatsbürger betrachtet werden, können hingegen jeden israelischen Flughafen oder Grenzübergang nutzen, außer der Allenby/King Hussein Bridge.

Touristenvisa bei der Einreise
Generell erhalten Besucher aus westlichen Ländern direkt bei Ankunft gratis ein Visum der Kategorie B/2 (Details für verschiedene Länder unter www.mfa.gov.il; auf „Consular Services" und „Visas" klicken). Der Reisepass muss ab Einreise noch mindestens sechs Monate lang gültig sein. Die Beamten können zusätzlich den Nachweis ausreichender finanzieller Mittel und ein Rückreise- bzw. Anschlussticket verlangen (in der Praxis aber kaum der Fall).

Bei Ankunft erteilte Visa sind normalerweise 90 Tage lang gültig. Wer auf dem Landweg einreist (z. B. aus Jordanien oder Ägypten), bekommt aber eventuell nur 30 Tage oder zwei Wochen genehmigt – je nach Ermessen des israelischen Grenzpersonals vor Ort. Beim geringsten Verdacht auf illegale Arbeitssuche, missionarische Tätigkeit oder Teilnahme an pro-palästinensischen Protesten ist mit sofortiger Ausweisung zu rechnen.

Visumsverlängerung
Für die Verlängerung eines Touristenvisums (B/2) gibt es ein paar Möglichkeiten:

➜ Einen „Visumsausflug" nach Ägypten, Jordanien oder Übersee unternehmen; das bringt eventuell drei zusätzliche Monate – oder auch nur einen. Am besten aktuelle Infos bei anderen Reisenden einholen.

➜ Einen Verlängerungsantrag stellen (90 NIS). Für solche Verlängerungen ist die Population & Immigration Authority (Einwohner- und Einwanderungsamt; www.piba.gov.il) als Teil des Innenministeriums zuständig. Sie unterhält u. a. Büros in Jerusalem, Tel Aviv und Eilat. Für eine Aufenthaltsverlängerung muss der Reisepass nach Ablauf des gewünschten Zusatzzeitraums noch mindestens sechs Monate lang gültig sein. Zudem braucht man ein aktuelles Passfoto, den Nachweis ausreichender Geldmittel für den Verlängerungszeitraum und ein Schreiben (inkl. Belegmaterial), das den Verlängerungsgrund erklärt. PIBA-Büros in kleineren Städten erledigen das Prozedere oft schneller und stressfreier. Wer z. B. mindestens einen jüdischen Großelternteil hat oder zum Judentum übergetreten ist und dies jeweils offiziell schriftlich belegen kann, kommt gemäß dem israelischen Rückkehrgesetz für ein Einwanderervisum *(oleh)* in Frage. In diesem Fall ist es einfach, ein Touristenvisum beliebig zu verlängern oder sogar israelischer Staatsbürger zu werden.

Ein Überschreiten der Visumsgültigkeit kann eine Geldbuße zur Folge haben. Reisende, die die genehmigte Dauer nur wenige Tage überzogen haben, berichten zwar bislang nichts von Bußgeld oder anderem Ärger. Man sollte es aber lieber nicht riskieren.

Jordanien

Besucher aus den meisten westlichen Ländern erhalten an den drei Grenzübergängen mit Jordanien ein drei Monate gültiges Visum für Israel für die einmalige Einreise.

Ein jordanisches Visum wird bei der Einreise von Israel nach Jordanien nur am Grenzübergang Jordan/Sheikh Hussein Bridge 30 km südlich des Sees Genezareth ausgestellt.

Seit 2017 gibt es an den Grenzübergängen Yitzhak Rabin–Wadi Araba, ein paar Kilometer nördlich von Eilat und Aqaba, und Allenby/King Hussein Bridge keine jordanischen Visa mehr.

Eine jordanische Auslandsvertretung (in der Heimat oder in Ramat Gan bei Tel Aviv) um ein Visum ersuchen sollte, wer:

➡ über den Grenzübergang Allenby/King Hussein Bridge nach Jordanien einreisen will

➡ ein Visum zur mehrfachen Einreise braucht

➡ direkt an der Grenze kein Visum für seine Nationalität bekommt

➡ Visa zur ein-/zwei-/mehrfachen Einreise, gültig für zwei/drei/sechs Monate ab Ausstellungsdatum, kosten happige 40/60/120 JD.

Übrigens: Wer ins Westjordanland und/oder nach Jordanien zurückkehrt, braucht kein neues jordanisches Visum – vorausgesetzt, die Rückkehr erfolgt innerhalb der Gültigkeits- bzw. Verlängerungsdauer des Visums. Daher unbedingt den abgestempelten Ausreisebeleg aufbewahren, um ihn auf dem Rückweg vorzeigen zu können.

Zeit

In Israel und Palästina ist es eine Stunde später als in Deutschland, Österreich und der Schweiz. Beginn und Ende der Sommerzeit in Israel decken sich fast mit jenen in Europa – Ende März und Ende Oktober.

Zoll

Reisende ab 18 Jahren, auch jene ins Westjordanland, dürfen 1 l Spirituosen, 2 l Wein, 250 ml Parfum, 250 g Tabakprodukte (200 Zigaretten) und Geschenke im maximalen Gesamtwert von 200 US$ zollfrei nach Israel einführen.

Die Einfuhr von Haustieren ist theoretisch möglich. Allerdings muss dafür vorab viel Papierkram mit dem israelischen Landwirtschaftsministerium geregelt werden.

Importverbote gelten für Drogen, Drogenutensilien, Pfefferspray oder Tränengas zur Selbstverteidigung, Laserjammer (Störgeräte für Laserradarpistolen der Verkehrspolizei), Frischfleisch und Pornografie.

Verkehrsmittel & -wege

AN- & WEITER- REISE

Israel hat Friedensabkommen mit Ägypten und Jordanien geschlossen, es ist daher einfach, einen Besuch mit einem Abstecher nach Petra und/ oder zur Sinai-Küste des Roten Meeres zu verbinden. Westliche Regierungen raten aus Sicherheitsgründen von allen Reisen in den Norden des Sinai ab.

Flugzeug

Das wichtigste Zugangstor zu Israel ist der **Ben Gurion International Airport** (TLV; www.iaa.gov.il), der 50 km nordwestlich von Jerusalem und 18 km südöstlich von Tel Avivs Zentrum liegt. Der Flughafen fertigt pro Jahr rund 20 Mio. Passagiere ab. Aktuelle Ankunfts- und Abflugszeiten stehen auf der englischsprachigen Website des Flughafens.

Der **Ramon International Airport** (www.iaa.gov.il) im Arava-Tal 18 km nördlich von Eilat ging 2019 als Israels zweiter internationaler Flughafen in Betrieb. Er ersetzte den innerstädtischen Flughafen von Eilat (keine Turboprop-Flugzeuge mehr im Tiefflug über dem Nordstrand!) und fertigt die Billigflieger ab, die zuvor den Militärflughafen **Ovda** nutzten. Der Flughafen Ramon dient auch als Ausweichflughafen für Flüge zum Ben Gurion, die z. B. wegen Raketengefahr umgeleitet werden müssen.

Die israelischen Sicherheitsmaßnahmen auf Flughäfen sind ausgesprochen streng. Internationale Passagiere sollten daher mindestens drei Stunden vor dem Abflug einchecken (gilt gleichermaßen für An- und Abflüge).

Israels privatisierte Fluggesellschaft El Al (www.elal.co.il) hat Direktverbindungen zu mehreren Dutzend Großstädten in Europa und aller Welt.

El Al ist für die strengsten Sicherheitsstandards der Passagierflugbranche bekannt. Wie die Flugzeuge anderer israelischer Gesellschaften haben die Maschinen angeblich Abwehrtechnologien gegen Raketen mit hitzesuchenden Gefechtsköpfen.

Die einzigen nahöstlichen Städte mit direkter Flugverbindung nach Tel Aviv sind Amman (mit Royal Jordanian; www.rj.com), Istanbul (mit Turkish Airlines; www.turkishairlines.com) und Kairo (mit Air Sinai; ziemlich kleine, aber überraschend teure Tochtergesellschaft von Egyptair).

In den Palästinensischen Autonomiegebieten gibt es keinen Flughafen. Die einzige Möglichkeit, mit dem Flugzeug ins Westjordanland zu reisen, ist via Israel oder Jordanien.

KLIMAWANDEL & REISEN

Jedes Verkehrsmittel, das von Treibstoff auf Kohlenstoffbasis abhängig ist, erzeugt CO_2, die Hauptursache des von Menschen verursachten Klimawandels. Modernes Reisen ist von Flugzeugen abhängig, die zwar weniger Treibstoff pro Kilometer als die meisten Autos verbrauchen, aber größere Entfernungen zurücklegen. Auch die Höhe, in der Flugzeuge Treibhausgase (auch CO_2) und Feinstaub freisetzen, wirkt sich auf den Klimawandel aus. Viele Websites bieten „CO_2-Rechner" an, mit denen jeder ermitteln kann, wie viel CO_2 seine Reise erzeugt. Wer will, kann die Auswirkung der jeweiligen Treibhausgase dort auch gleich mit einem Beitrag für Projekte klimafreundlicher Initiativen in der ganzen Welt ausgleichen. Lonely Planet gleicht die CO_2-Bilanz der Reisen aller Mitarbeiter und Autoren aus.

Auf dem Landweg

Nähere Infos zum Landweg nach/von Jordanien oder Ägypten gibt's ab S. 38.

Das Westjordanland hat einen gemeinsamen Grenzübergang mit Jordanien an der Allenby-Brücke, aber da es ein von Israel besetztes Gebiet ist, gilt er als Grenzübergang mit Israel.

Übers Meer

Es ist nicht möglich, auf dem Seeweg nach Israel einzureisen, es sei denn mit der eigenen Jacht.

UNTERWEGS VOR ORT

Auto & Motorrad

Auto- oder Motorradfahrer brauchen lediglich ihren heimischen Führerschein; ein internationaler Führerschein ist nicht erforderlich. Israels Automobilclub heißt Memsi (www.memsi.co.il).

Die Hauptstraßen zwischen den israelischen Siedlungen im Westjordanland sind in der Regel modern und schnell. Aber auf Nebenstraßen wird der Verkehr oft von Eselskarren, Staus und militärischen Kontrollpunkten beeinträchtigt.

Mietwagen

Mit dem eigenen Fahrzeug lässt sich das Reisetempo individuell bestimmen, in abgeschiedenen B&Bs übernachten, Nebenrouten ausgiebig erkunden und (falls nötig) lange Strecken in recht kurzer Zeit zurücklegen. Aufgrund der schlechten Parkplatzsituation ergibt ein Auto in Tel Aviv oder Jerusalem nicht viel Sinn, dafür aber im hügeligen Haifa, in Galiläa, auf den Golanhöhen und in der Wüste Negev, wo viele Städte und Dörfer täglich nur von wenigen Bussen bedient werden.

Die größte Konzentration von Autovermietungen befindet sich in der HaYarkon St in Tel Aviv (einen Block hinter dem Strand), aber die meisten Verleihfirmen sind auch in ganz Israel vertreten. Beispiele:

Avis (www.avis.co.il)

Budget (www.budget.co.il)

Cal Auto (www.calauto.co.il)

Eldan (www.eldan.co.il) Die einzige Firma mit Filiale in Kiryat Shmona.

Green Peace (www.greenpeace.co.il) In Ostjerusalem ansässig; Fahrzeugabholung an der Allenby-Brücke möglich.

Hertz (www.hertz.co.il) Die einzige Firma mit einer Filiale am Toten Meer.

Inklusive Versicherung und unbegrenzter Kilometerzahl kosten Leihwagen ab 140 NIS pro Tag, 200 US$ pro Woche und 600 US$ pro Monat (die spottbilligen Angebote auf manchen Websites beinhalten keine Versicherung). Ausländische Reisende müssen die israelische Mehrwertsteuer von 17 % nicht bezahlen. Kräftige Rabatte gibt's z. B. über Online-Plattformen, die auch Flugtickets verkaufen. Benzin kostet ca. 2 US$ pro Liter.

Bei Fahrzeugabholung am Flughafen wird ein Zuschlag fällig. Falschparker und Temposünder müssen damit rechnen, dass die Mietwagenfirma alle Strafbescheide an sie weitergibt und dafür jeweils eine Bearbeitungsgebühr von 60 NIS verlangt. Bei manchen Vermietern müssen Kunden mindestens 25 Jahre alt sein.

Auf das Kleingedruckte im Versicherungsvertrag ist unbedingt zu achten. Dies gilt vor allem für die Selbstbeteiligung, die 400 US$ oder mehr betragen kann. Allerdings lässt sich diese Summe gegen Aufpreis (z. B. 18 US$) auf null senken. Manche Kreditkarten bieten einen kostenlosen Versicherungsschutz für Kollisionsschäden (Collision Damage Waiver;

AUSREISEGEBÜHR

Wer mit dem Flugzeug Israel verlässt, muss keine Ausreisegebühr zahlen, aber an Grenzübergängen zu Land mit Ägypten und Jordanien.

CDW). Dieser ist jedoch um eine Haftpflichtversicherung zu ergänzen – nähere Informationen hat die jeweilige Kreditkartengesellschaft. Selbst Versicherungspolicen von Autovermietern decken normalerweise keine Fahrwerks- und Reifenschäden ab.

Zu beachten ist, dass Verleihfirmen generell eine Fahrzeugmitnahme in Teile des Westjordanlands (im Oslo-Friedensprozess als Areas A und B bezeichnet) untersagen. Dallah (www.dallahrentacar.com) und Goodluck (www.goodluckcars.com) sind bemerkenswerte Ausnahmen. Man kann aber problemlos von Jerusalem zum Toten Meer (Rte 1) oder vom Toten Meer zum See Genezareth fahren (Rte 90).

Im Innenstadtbereich von Tel Aviv lassen sich Autos von Car2Go (www.car2go.co.il) stundenweise ausleihen. Bei einer Jahresmitgliedschaft (140 NIS) werden zusätzlich 20 NIS pro Stunde (180 NIS/Tag) und 2 NIS pro Kilometer fällig (1 NIS/km nach den ersten 50 km).

Straßenzustand

Die Straßen sind zumeist recht gut in Schuss. Die größte Sicherheit bieten jedoch neuere Strecken, die den aktuellsten Standards entsprechen. Eine spürbare Minderheit der Israelis fährt aggressiv und unberechenbar. Somit ist vorsichtiges und defensives Verhalten im Straßenverkehr stets angebracht.

Die von Norden nach Süden verlaufenden Autobahnen und Schnellstraßen haben gerade ihre Pendants in Ost-West-Richtung jeweils ungerade Nummern. Generell steigen die Nummern von Süden nach Norden und von Westen nach Osten an. So verläuft die Schnellstraße 2 entlang der Mittelmeerküste, während die Rte 90 im Osten der Grenze mit Jordanien folgt. Israels nördlichste Straße ist die Rte 99 in unmittelbarer Nähe zur libanesischen Grenze. Eine Ausnahme innerhalb des Nummerierungssystems bildet die Schnellstraße 1, die Tel Aviv mit Jerusalem und dem Toten Meer verbindet.

In Israel gibt's drei mautpflichtige Straßen:

Schnellstraße 6 (Kvish Shesh; www.kvish6.co.il) Verläuft 140 km durch die Mitte des Landes. Die Adresse des Fahrzeughalters wird anhand einer nationalen Kennzeichenkartei ermittelt; die Rechnung für die Maut (bis zu 33 NIS) kommt dann per Post. Einige Autovermieter berechnen einen Aufschlag für die Zahlung der Mautgebühr, manche bis zu 60 NIS. Das lässt sich nur vermeiden, wenn man sie selbst über die Website zahlt.

Karmel-Tunnel (www.carmel tunnels.co.il; 1/2 Abschnitte 7,50/14,90 NIS) Verlaufen südlich von Haifa unter dem Karmel-Gebirge; die Mautgebühr kann bar oder per Kreditkarte bezahlt werden.

Fast Lane (Nativ Mahir; www.fastlane.co.il) Eine 13 km lange Expressspur vom Flughafen Ben Gurion nach Tel Aviv; die Gebühren hängen vom Verkehrsaufkommen ab (je höher, desto teurer).

Verkehrsregeln

In Israel wird auf der rechten Straßenseite gefahren. Anschnallen ist Pflicht. Handytelefonate am Steuer sind nur mit Freisprechanlage erlaubt. Das Bußgeld bei Verstößen beträgt 1000 NIS.

Straßenschilder sind auf Englisch, Hebräisch und meist auch Arabisch beschriftet. Dabei weicht die englische Schreibweise mitunter seltsam vom Gewohnten ab. Die besten Straßenkarten stammen von Mapa (www.mapa.co.il/maps) und sind in allen Buchläden erhältlich.

Von November bis März ist bei Fahrten auf Überlandrouten stets das Abblendlicht einzuschalten.

Polizeiautos fahren immer mit Blaulicht (teilweise auch mit Rot-Blau-Licht). Wenn man hinter sich einen Streifenwagen mit Blinklichtern sieht, bedeutet es nicht zwangsläufig Ärger – falls doch, wird einem dies unmissverständlich per Lautsprecher mitgeteilt.

FAHREN AM SABBAT

Laut dem jüdischen Religionsgesetz (Halacha) verletzt das Fahren eines Kraftfahrzeugs die Heiligkeit des Sabbats, da es u. a. gegen das Verbot des Feueranzündens und der Fortbewegung über mehr als 2000 Ellen verstößt. Demzufolge sind bestimmte Straßen, Stadtviertel und Dörfer, in denen fast ausschließlich orthodoxe und ultraorthodoxe Juden wohnen, ab Sonnenuntergang am Freitag bis nach dem Sonnenuntergang am Samstag für den Verkehr gesperrt, ebenso an vielen jüdischen Feiertagen. Wer daher an eine Straßensperre kommt, sollte keinesfalls um diese herumfahren. Andernfalls ist damit zu rechnen, dass Anwohner wütend werden oder sogar mit Steinen werfen.

Die Tradition (nicht jedoch das Gesetz) schreibt vor, dass niemand – mit Ausnahme von Notdiensten – in jüdischen Gebieten an Jom Kippur ein Fahrzeug fährt.

Bus

Alle Gegenden in Israel und alle Viertel in Großstädten sind mit Bussen erreichbar. Aber wer kein Hebräisch lesen kann, wird Schwierigkeiten haben, die Busstrecken rauszufinden – Einheimische oder Busfahrer geben auf Anfrage Auskunft.

Fast alle Städte, Dörfer und Kibbuze werden zumindest ein paar Mal täglich mit Bussen angesteuert. Vom Freitagnachmittag bis zum späten Nachmittag bzw. Abend am Samstag verkehren die meisten Überlandlinien allerdings nicht (ausgenommen Verbindungen z. B. nach Eilat und Majdal Shams).

Fahrkarten bekommt man direkt bei den Fahrern oder an den Verkaufsschaltern von Busbahnhöfen; exaktes Kleingeld ist nicht nötig. Auf manchen Routen (z. B. nach Eilat) sind Rückfahrscheine 15 % günstiger als zwei einfache Varianten.

Voraussetzung für die meisten Ermäßigungen ist eine Rav-Kav-Chipkarte. Deren personalisierte Version (ishi) erfordert ein Lichtbild und das Ausfüllen eines Antragsformulars. Die anonyme Alternative (anonimi), erhältlich im Busbahnhof (5 NIS) und beim Busfahrer (10 NIS), ist übertragbar, bringt aber nur begrenzt Rabatt. Bei beiden Karten gibt's 20 % Ermäßigung auf alle Busfahrkarten. Momentan ist allerdings für jedes Busunternehmen ein separates Rav-Kav-Konto erforderlich (maximal acht Konten pro Karte).

Früher teilten sich die Kooperativen Egged und Dan landesweit das Busmonopol. Diese Zeiten sind vorbei: Heute gibt es rund 20 Firmen, die bei Routenausschreibungen des Verkehrsministeriums miteinander konkurrieren. Die Website des **Informationszentrums für öffentliche Verkehrsmittel** (www.bus.co.il) lässt sich leicht handhaben, sobald man das System einmal durchschaut hat. Sie liefert englischsprachige Details zu allen Busgesellschaften (Routen, Fahrtzeiten, Preise) und ermöglicht obendrein den Download von Apps für Android oder iPhone. Wer Fahrplaninfos per SMS anfordern möchte, schickt seine Anfrage (auf Hebräisch) mit dem ersten Wort *otobus* an die Nummer 4949.

Die größeren Busunternehmen:

Afikim (www.afikim-t.co.il)

Dan (www.dan.co.il)

Egged (www.egged.co.il)

Kavim (www.kavim-t.co.il)

Metropoline (www.metropoline.com)

Nateev Express (www.nateevexpress.com)

Nazareth Tourism & Transport (www.ntt-buses.com)

Rama (www.golanbus.co.il)

Lediglich für Egged-Busse nach/ab Eilat ist eine Reservierung erforderlich bzw. ratsam. Die Fahrkarten können bis zu 14 Tage im Voraus über www.egged.co.il, Smartphone-App oder telefonisch (2800 oder 03-694 8888) gebucht werden. Hinweis: Das System akzeptiert eventuell nur israelische Kreditkarten oder PayPal.

In Ostjerusalem und dem Westjordanland gibt's einige kleine arabische Busunternehmen, die für den öffentlichen Nahverkehr zuständig sind. Im Gegensatz zu denen in Israel fahren die arabischen Busse das ganze Wochenende durch.

Fahrrad

Israel lässt sich hervorragend mit dem Fahrrad erkunden. Die Distanzen zwischen den Großstädten, Dörfern, Naturschutzgebieten und archäologischen Stätten sind relativ klein. Darüber hinaus haben viele Überlandstraßen breite Randstreifen (wenngleich Autofahrer unberechenbar sind, um es mal höflich zu formulieren, und Radeln auf manchen Intercity-Routen verboten ist). Außerdem entstehen vor Ort immer mehr Geländetrails und Panoramastrecken. Unterwegs trifft man zudem Einheimische und erlebt das Land aus einer ganz anderen Perspektive – gratis und umweltfreundlich.

Abgesehen vom Risiko, umgefahren zu werden, ist das größte Problem für Radfahrer die Hitze. Es ist daher ratsam, immer so früh wie möglich zu starten und unbedingt ausreichend Wasser mitzunehmen. Zudem ist eine sorgfältige Routenplanung sinnvoll: Während die Küstenregion flach genug ist, haben Obergaliläa, die Golanhöhen und die Umgebung des Sees Genezareth viele steile Hügel und die Wüste Negev und das Jordantal können gnadenlos heiß sein. Eine besonders schöne Radtour ist die Strecke um den See Genezareth (Leihfahrräder gibt's in Tiberias).

Fahrräder können gratis in allen Fernbussen und Zügen mitgenommen werden – auch in jenen zum Flughafen Ben Gurion. Ausnahmen hierzu bilden der Hauptverkehrszeiten an Werktagen (So–Do 6–9 & 15–19 Uhr) und der Samstagabend. Freitags und am Vorabend von jüdischen Feiertagen gibt es keine Rushhour, Fahrräder können also in allen Zügen mitgenommen werden.

Einige Fahrradläden verleihen Räder wochenweise und kaufen manchmal zu einem angemessenen Preis ein Rad zurück, wenn es neu bei ihnen erworben wurde. Viele Fahrradläden gibt's in Tel Aviv (z. B. in der HaHashmona'im St), Jerusalem, Haifa und anderen Städten. Die beiden größten Ketten heißen Rosen & Meents (www.rosen-meents.co.il) und Matzman & Merutz (www.matzman-merutz.co.il).

Manche Fluglinien transportieren Fahrräder recht günstig, andere verlangen dafür ein kleines Vermögen – daher Infos unbedingt schon vor dem Buchen einholen.

In allen Städten Israels wurden Fahrradwege angelegt, aber das ausgedehnteste Wegenetz gibt es in Tel Aviv, das auch ein städtisches Verleihsystem namens O-Fun (http://ofun.co.il) unterhält.

Palästinensische Straßen sind zum Radfahren nicht geeignet und Fahrräder sind im Westjordanland ein relativ seltener Anblick. Aber immer mehr Reiseunternehmen bieten Touren für Radfahrer an, darunter Bike Palestine (www.bikepalestine.com).

Flugzeug

Arkia (www.arkia.com) und Israir (www.israirairlines.com) verbinden Eilat täglich mit dem Inlandsterminal des Flughafens Ben Gurion. Arkia fliegt auch nach Haifa.

Online gibt's oft Sonderangebote, bei denen die einfache Strecke manchmal nur so viel wie ein Busticket kostet (z. B. 25 US$ vom/zum Flughafen Ben Gurion).

Geführte Touren

Geführte Touren (z. B. für einen kurzen Ausflug nach Petra) sind super, wenn man wenig Zeit hat oder sich für bestimmte Themen interessiert.

Society for the Protection of Nature in Israel (http://natureisrael.org) Der Naturschutzverband unternimmt hoch angesehene Naturwanderungen (z. B. um Wildblumen im Frühling zu sehen), die für die ganze Familie geeignet sind. Da sie vor allem auf Israelis abzielen, sprechen die Wanderführer Hebräisch. Nur auf der hebräischsprachigen Website sind Touren aufgelistet.

Abraham Hostel (www.abrahamtours.com) Großartige Tagestouren durch Jerusalem, zum Toten Meer, nach Masada, Haifa, Galiläa, zu den Golanhöhen und in das Westjordanland (einschließlich Bethlehem, Nablus und einer Führung durch Hebron mit Kommentar aus der

Sicht beider Parteien). Ausflüge nach Petra werden ebenfalls angeboten.

Bein Harim Tours (www.beinharimtours.com) Individuelle Touren und Ausflüge nach Petra in Jordanien.

Touring Israel (www.touringisrael.com) Luxuriöse Individualtrips.

United Tours (www.unitedtours.co.il) Großer Anbieter von ein- und zweitägigen Touren durchs ganze Land.

Verschiedene Unternehmen bieten Touren (S. 287) durch das Westjordanland an.

Nahverkehr

Taxi

„Spezielle" Taxis (hebräisch *speshel;* d. h. keine Sammeltaxis) können sehr praktisch sein. Manchmal gibt's jedoch Probleme mit skrupellosen Fahrern, die von Touristen überzogene Preise verlangen. Um nicht übers Ohr gehauen zu werden, gibt man selbstbewusst wie ein alter Hase den jeweiligen Straßennamen (inkl. einer Querstraße) an. Zudem ist es fast immer ratsam, auf die Benutzung des Taxameters zu bestehen (bei Aufforderung sind die Chauffeure gesetzlich dazu verpflichtet). Dann aber nach dem Einsteigen darauf achten, dass das Gerät auf die Grundgebühr zurückgestellt wird.

In Israel beträgt die Grundgebühr 12,30 NIS (10,50 NIS in Eilat). Tarif 2 (25 % teurer als Tarif 1) gilt von 21 bis 5.30 Uhr, am Sabbat und an jüdischen Feiertagen. Wartezeit wird mit 94 NIS pro Stunde berechnet. Zulässige Aufpreise sind u. a.

➡ Abholen am Flughafen Ben Gurion – 5 NIS

➡ Großes Gepäckstück – 4,90 NIS

➡ Dritter und vierter Fahrgast – 4,90 NIS pro Person

➡ Telefonische Bestellung – 5,20 NIS

Viele Israelis nutzen nunmehr die Smartphone-App GetTaxi (www.gettaxi.co.il; für Android und iPhone erhältlich), um Taxis in allen Landesteilen (bis auf Eilat) anzufordern und zu bezahlen. Obendrein steht Uber seit 2014 auch in Israel zur Verfügung.

Taxifahrer erwarten kein Trinkgeld. Wer nicht abgezockt wurde, kann aber ruhig ein paar Schekel drauflegen.

Sherut

Sheruts (sche-*ruts*), in den Palästinensischen Autonomiegebieten *servees* (ser-*wies*) genannt, sind ein praktisches Verkehrsmittel. Diese Fahrzeuge (oft Minivans mit 13 Sitzplätzen) verkehren zu Festpreisen auf vorgegebenen Strecken. Sie sind wie Busse, nur dass sie keine festen Haltestellen haben. Wer den Fahrpreis nicht kennt, fragt einfach andere Passagiere.

Sheruts (hebräische Pluralform *moni'ot sherut* – *sherutim* bedeutet „Toiletten"!) sind allgemein schneller als Busse und starten an ausgewiesenen Taxiständen, aber erst, wenn alle Plätze belegt sind – somit ist stets mit etwas Wartezeit zu rechnen (normalerweise max. 20 Min.). Passagiere können unterwegs jederzeit aussteigen, müssen aber zumeist den vollen Preis bis zum Endziel berappen. Viele *sheruts* fahren täglich rund um die Uhr. Am Sabbat und an jüdischen Feiertagen sind sie die einzigen öffentlichen Verkehrsmittel in Israel (z. B. zwischen Tel Aviv und Jerusalem). Die Fahrpreise sind die gleichen oder geringfügig niedriger als die der Busse, nur am Sabbat liegen sie leicht darüber.

Trampen

Trampen war zwar früher üblich, ist aber seit jüngsten Berichten von Gewaltverbrechen, auch Entführungen, ein großes Risiko, weswegen wir es nicht empfehlen. Israelis halten einen Wagen an, indem sie mit dem Zeigefinger auf die Straße zeigen. Am häufigsten wird in Obergaliläa und auf den Golanhöhen getrampt.

Zug

Israel Railways (www.rail.co.il) betreibt ein praktisches Netzwerk mit komfortablen Personenzügen. Fahrplaninformationen liefert auch das Public Transportation Info Center (www.bus.co.il). Der Bahnbetrieb ruht ab Freitagnachmittag bis Samstag nach Sonnenuntergang. Rückfahrkarten sind 10 % billiger als zwei Einzeltickets. Kinder zwischen fünf und zehn Jahren erhalten 20 % Ermäßigung. Im Gegensatz zu den Bussen sind Israels Züge rollstuhlgerecht.

2018 eröffnete eine neue Bahnlinie, die die Reisezeit zwischen Tel Aviv und Jerusalem dank einer 1,8 Milliarden Euro schweren neuen Hochgeschwindigkeitsstrasse auf eine knappe halbe Stunde verkürzte und auch den Flughafen Ben Gurion anbindet. Eine Bahnverbindung zwischen Haifa und Beit She'an ging 2016 in Betrieb.

Die älteste Bahnlinie des Landes (sie wurde 1892 eröffnet) ist malerisch und verbindet drei Bahnhöfe in Tel Aviv mit Südjerusalem (23,50 NIS, 1½ Std.). Die stark frequentierte Hauptstrecke verkehrt mindestens zweimal stündlich entlang der Küste mit toller Aussicht aufs Mittelmeer und verbindet Tel Aviv mit folgenden Zielen:

Akko (41,50 NIS, 1½ Std.)

Haifa (32 NIS, 1 Std.)

Nahariya (46,50 NIS, 1½ Std.) Weitere nützliche Verbindungen ab Tel Aviv:

Be'er Sheva (31,50 NIS, 1½ Std., stündl.)

Im Westjordanland gibt es seit den 1940er-Jahren keinen Zugverkehr mehr.

Gesundheit

Verletzungen oder Krankheiten sind nie angenehm, schon gar nicht im Urlaub. Aber es beruhigt zu wissen, dass die medizinische Versorgung in Israel erstklassig ist.

Trotz der exzellenten Versorgung gibt es aber ein paar Besonderheiten, die zu beachten sind, vor allem Dehydrierung, Hitzeschäden und Sonnenbrand.

VOR DER REISE

Impfungen

Informationen über Anforderungen bzgl. Corona-Impfungen siehe corona.health.gov.il.

Krankenversicherung

Krankenversicherungen decken Besuche in den Grenzregionen mit Gaza und dem Libanon unter Umständen nicht ab, die Golanhöhen sind jedoch in der Regel eingeschlossen.

Eine Krankenversicherung für Israel gilt generell nicht für die Palästinensischen Autonomiegebiete, aber einige Versicherer bieten die Deckung für beide Gebiete an.

Websites

Es ist meist ratsam, sich vor der Abfahrt Tipps zur Gesundheit vom jeweiligen Amt für auswärtige Angelegenheiten einzuholen.

Deutschland (www.auswaertiges-amt.de)

Österreich (www.bmeia.gv.at/)

Schweiz (www.eda.admin.ch)

World Health Organization (www.who.int/ith/en) Hier steht das Buch *International Travel & Health* zum Download bereit (auf Englisch).

IN ISRAEL & DEN PALÄSTINENSISCHEN AUTONOMIEGEBIETEN

Medizinische Versorgung & Kosten

In Israel gibt es neben zahlreichen privaten Krankenhäusern und Arztpraxen erstklassige staatliche Krankenhäuser. Eine Liste aller Einrichtungen gibt's auf www.science.co.il/hospitals.asp.

Apotheken *(beit merkachat)* sind in israelischen Städten zahlreich vorhanden. Die Apotheker sprechen Englisch und geben Empfehlungen, wenn man ihnen sein Problem beschreibt. In Städten hat mindestens eine Apotheke Notdienst *(beit merkachat toran)*. Weitere Informationen gibt's unter 106 (kommunale Hotline) oder auf www.onlineisrael.info/search-internet/health/city (auf Hebräisch). Einige Filialen von Super Pharm haben rund um die Uhr geöffnet. In den Palästinensischen Gebieten kann es passieren, dass einem abgelaufene Medizin verkauft wird, also unbedingt das Haltbarkeitsdatum prüfen.

Wer verschreibungspflichtige Medikamente benötigt, sollte diese in ausreichender Menge von zu Hause mitbringen. Auch eine Kopie des Rezepts ist ratsam, falls Nachschub benötigt wird. Wichtig: Israelische Apotheken akzeptieren nur von israelischen Ärzten ausgestellte Rezepte.

Private Zahnarztpraxen sind überall zu finden, ob in Vorstädten oder in Einkaufszentren. Der Standard in der Zahnmedizin ist hoch. Aber nicht vergessen, die Reisekrankenversicherung deckt möglicherweise nur Notfalleingriffe ab.

Die medizinische Versorgung in den Palästinensischen Autonomiegebieten ist nicht ganz so hoch entwickelt wie in Israel, aber immerhin ist im Notfall ein Krankenhaus in Israel nie allzu weit entfernt. Palästinensische Krankenhäuser sind keineswegs so schlecht wie in einigen anderen Teilen der arabischen Welt, aber Ausländer müssen im Voraus und bar bezahlen und die Kosten dann bei der Versicherung einfordern.

Infektionskrankheiten

Leishmaniose

Übertragung durch die Stiche infizierter Sandmücken – tritt häufig in der Region auf. In der Haut kann sich eine langsam wachsende Beule oder ein Geschwür bilden. In manchen Fällen entwickelt sich ein ernstes, lebensbedrohliches Fieber, meist begleitet von Anämie und Gewichtsverlust. Auch Hunde und Tiere wie der murmeltierähnliche Schliefer (*hyraxes* oder *dassies*) können die Erreger in sich tragen. Sandmückenstiche sollten möglichst vermieden werden.

Middle East Respiratory Syndrome

Seit 2012 gab es bestätigte Fälle von MERS (Middle East Respiratory Syndrome) auf der Arabischen Halbinsel, in Jordanien und im Libanon, bisher aber nicht in Israel. Zu den Symptomen von MERS gehören Fieber, Husten und Kurzatmigkeit; die Krankheit wird nur durch engen Kontakt übertragen, für die meisten ist das Ansteckungsrisiko also gering. Fast ein Drittel derer, die sich nachweislich mit MERS infiziert haben, starben, die meisten davon waren jedoch gesundheitlich vorbelastet. Weitere Infos siehe www.cdc.gov/coronavirus/mers.

Tollwut

Tollwut ist selten, aber dennoch präsent. Der Kontakt mit streunenden Hunden und wilden Tieren, wie Füchsen, ist daher zu meiden.

Tollwut kann durch Bisse oder Lecken infizierter Tiere an verletzten Hautpartien übertragen werden und ist unbehandelt tödlich. Wer viel mit Tieren in Kontakt kommt, lässt sich besser impfen. Das Gleiche gilt für Reisende, die in abgelegene Gebiete fahren, wo sich innerhalb von 24 Stunden nach dem Biss kein Impfstoff auftreiben lässt. Im Zeitraum von einem Monat sind drei Injektionen nötig. Wer nicht geimpft ist, braucht nach einem Biss fünf Spritzen. Die erste davon ist innerhalb von 24 Stunden bzw. so schnell wie möglich nach der Verletzung fällig.

Eine Impfung sorgt nicht für Immunität, aber man gewinnt damit etwas Zeit, um die richtige medizinische Hilfe zu finden.

Reisedurchfall

Reisende können schon durch eine leichte Änderung der Ernährung Durchfall bekommen. Obwohl Essen und Wasser generell unbedenklich sind, kann man sich doch den Magen verderben, weil der Körper nicht an die fremden Speisen gewöhnt ist; das kann ein paar Tage dauern. Zu bedenken ist, dass im Sommer draußen gelagertes Essen schneller verdirbt – in dieser Zeit sind die kleinen Shawarma- und Falafel-Imbissbuden zu meiden, denn Hummus verdirbt schnell (wer auf Hummus dennoch nicht verzichten mag, isst ihn besser im Restaurant).

Wer trotzdem Durchfall bekommt, benötigt jede Menge Flüssigkeit. Sehr gut ist eine orale Rehydrierungslösung mit Salz und Zucker. Wer ein paarmal weichen Stuhl hatte, muss nicht gleich behandelt werden. Erst wenn das öfter als vier- oder fünfmal am Tag vorkommt, sind Antibiotika (z. B. ein Chinolon-Präparat) und Durchfallmittel (z. B. Loperamid) angebracht. Bei blutigem Durchfall, der länger als 72 Stunden anhält und von Fieber, Schüttelfrost oder starken Bauchschmerzen begleitet wird, muss man einen Arzt konsultieren.

Gesundheitsrisiken

Hitzebedingte Erkrankungen

Hitzeschäden sind die am weitesten verbreiteten Leiden bei Reisenden. Sie entstehen nach starkem Schwitzen und übermäßigem Flüssigkeitsverlust mit

---

> **IM MEDIZINISCHEN NOTFALL**
>
> Für Erste Hilfe oder eine Ambulanz zu einem Krankenhaus in Israel ruft man den landesweiten medizinischen Notfalldienst Magen David Adom an, zu erreichen über die Nummer 101 von jedem Telefon. Magen-David-Adom-Stationen bieten rund um die Uhr Erste Hilfe an.
>
> Bei weniger dringenden Angelegenheiten ist eine der folgenden Maßnahmen ratsam:
>
> ➡ Im Hotel nach einer Arztpraxis in der Nähe fragen.
>
> ➡ Bei der Deutschen Botschaft in Tel Aviv nach deutschsprachigen Ärzten fragen (📞 00972 3 6931 328 oder E-Mail pr-s1@tela.diplo.de).
>
> ➡ Sich in Jerusalem oder Umgebung an die Terem Emergency Medical Centers (www.terem.com) oder das Family Medical Center – Wolfson (http://fmcwolfson.com) wenden.
>
> ➡ In Tel Aviv **Tel Aviv Doctor** (Karte S. 134; 📞 054 941 4243, gebührenfrei 1-800-201 999; www.telaviv-doctor.com; 46 Basel St, nähe Basel Sq) kontaktieren.
>
> Wer ernsthaft erkrankt, kann sich mit der Botschaft oder dem Konsulat in Verbindung setzen.

unzureichender Zufuhr von Flüssigkeit und Salzen. Das passiert, wenn sich Leute in großer Hitze zu sehr anstrengen, ohne sich vorher akklimatisiert zu haben. Symptome sind Kopfschmerzen, Schwindel und Müdigkeit. Erstes Anzeichen für eine Dehydrierung ist Durst – also immer genug Wasser trinken, sodass der Urin hell und wässrig ist. Bei Hitzeerschöpfung heißt es sehr viel Wasser oder Fruchtsaft trinken und sich mit kaltem Wasser oder durch Luftzufächeln abkühlen. Den Salzverlust mit salzigen Flüssigkeiten wie Suppe oder Brühe und etwas mehr Salz im Essen als sonst ausgleichen.

Ein Hitzschlag ist weit gefährlicher. Er tritt ein, wenn die körpereigene Wärmeregulierung zusammenbricht. Die Körpertemperatur steigt so stark an, dass der Organismus nicht mehr schwitzen kann. Es kann zu irrationalem und hyperaktivem Verhalten und schließlich zur Bewusstlosigkeit und zum Tod kommen. Hier ist schnelle Abkühlung angesagt – am besten den Körper mit Wasser bespritzen und Luft zufächeln. Im Notfall werden Flüssigkeiten und Elektrolyte intravenös am Tropf verabreicht.

Insektenbisse & -stiche

Mückenstiche verursachen nicht gleich Malaria, aber Hautreizungen und Infektionen. Insektensprays auf DEET-Basis halten die Biester fern. Mücken übertragen auch das Denguefieber.

Bienen- und Wespenstiche sind nur für Leute mit schwerer Allergie (Anaphylaxie) gefährlich. Betroffene sollten immer eine Adrenalinspritze o. Ä. dabeihaben.

Sandmücken, vor allem an den Mittelmeerstränden, hinterlassen meist nur unerträglich juckende Stiche, aber es besteht das Risiko einer seltenen Hautreizung, der Hautleishmaniose. Insektensprays auf DEET-Basis helfen, Stiche zu vermeiden.

Die Zahl der Quallen ist wegen der Überfischung des Mittelmeers in den letzten Jahren gestiegen (Fische fressen Quallen, mit Abnahme der Jäger steigt deren Population stark an). Eine Quallenberührung ist hautreizend, was aber meist nach zehn bis 15 Minuten abklingt. Bei einer Nesselung im Gesicht oder an den Genitalien oder wenn sie sehr stark ist, sollte ein Arzt aufgesucht werden.

Skorpione lieben trockenes Klima. Ihre Bisse sind schmerzhaft, aber selten lebensbedrohlich.

Wanzen sind gelegentlich in Jugendherbergen und billigen Hotels zu finden. Ihre Bisse jucken stark und verursachen Beulen. Wer das Bett aber mit einem Insektenvernichter einsprüht, hat gute Chancen, die Biester loszuwerden.

Die Krätze kann man sich manchmal in billigen Unterkünften holen. Die winzigen Milben leben in der Haut, vor allem zwischen den Fingern, und verursachen einen stark juckenden Ausschlag. Krätze lässt sich leicht mit einer Lotion aus der Apotheke behandeln. Menschen, mit denen man in Kontakt kommt, müssen ebenfalls behandelt werden, da sich die Krankheit auch ohne Symptome überträgt.

Schlangenbisse

Die meisten Schlangenarten sind nicht giftig. Aber einige – beispielsweise die Palästinaviper *(tzefa; Vipera palaestinae)* – sind es durchaus. Also: Niemals barfuß gehen oder die Hände in irgendwelche Löcher oder Spalten stecken.

> ### BÜCHER ÜBER GESUNDHEIT
>
> Zur empfehlenswerten Fachliteratur gehören *Traveller's Health*, herausgegeben von Dr. Richard Dawood (Oxford University Press), und *The Travellers' Good Health Guide* von Ted Lankester (Sheldon Press), ein besonders nützlicher Leitfaden für freiwillige Helfer und Expats, die im Nahen Osten arbeiten.

Bei einem Schlangenbiss aber keine Panik – die Hälfte der Gebissenen bekommt das Gift nicht eingespritzt, wird also nicht vergiftet. Das betroffene Körperteil mit einer Schiene (z. B. einem Stock) ruhigstellen und verbinden. Dabei schön fest wickeln, wie bei einer Verstauchung. Ein Druckverband ist allerdings nicht geeignet. Den Biss auch nicht herausschneiden oder aussaugen. Das Opfer muss vielmehr schnellstmöglich zum Arzt, der bei Bedarf ein Antiserum verabreicht.

Wasser

Leitungswasser kann in Israel bedenkenlos getrunken werden, hat aber manchmal einen unangenehmen Geschmack (in einigen Gegenden ist es leicht salzig). Viele Israelis benutzen deshalb zu Hause einen Filter oder Mineralwasserspender. Wasser aus Flüssen oder Seen sollte man nicht trinken. Es enthält oft Bakterien oder Viren, die Durchfall oder Erbrechen verursachen können.

Die meisten Menschen im Westjordanland trinken Flaschenwasser, das billig ist und überall verkauft wird.

Sprache

NEUHEBRÄISCH (IVRIT)

Neuhebräisch ist die Landessprache von Israel und wird weltweit von 7 bis 8 Mio. Menschen gesprochen. Es wird von rechts nach links geschrieben und hat ein eigenes Alphabet.

Liest man unsere farbigen Aussprachehilfen mit deutscher Aussprache, wird man verstanden werden. Sowohl kh als auch r (ähnlich gerollt wie das französische „r") sind gutturale Laute, die im hinteren Teil der Kehle gebildet werden. Der Apostroph (') ist als kurze Trennung innerhalb eines Wortes zu verstehen (wie die Pause in der Mitte von „oh-oh"). Die betonten Silben sind kursiv gekennzeichnet.

Konversation & Nützliches

Hallo	שלום.	sha·*lom*
Auf Wiedersehen	להתראות.	le·hit·ra·*ot*
Ja	כן.	ken
Nein	לא.	lo
Bitte	בבקשה.	be·va·ka·*sha*
Danke	תודה.	to·*da*
Entschuldigung/ Tut mir leid!	סליחה.	sli·*kha*

Wie geht es Ihnen?
מה נשמע? — ma nish·*ma*

Danke, gut. Und Ihnen?
טוב, תודה. — tov to·*da*
ואתה/ואת? — ve·a·*ta*/ve·*at* (m/f)

NOCH MEHR GEFÄLLIG?

Zusätzliche Infos zur Sprache und nützliche Wendungen für alle, die fit in Englisch sind, gibt's im *Middle East Phrasebook* von Lonely Planet. Es ist online auf **shop.lonelyplanet.com** erhältlich.

Wie heißen Sie?
איך קוראים לך? — ekh kor·*im* le·*kha*/lakh (m/f)

Ich heiße ...
שמי ... — shmi ...

Sprechen Sie Englisch?
אתה מדבר אנגלית? — a·*ta* me·da·*ber* ang·*lit* (m)
את מדברת אנגלית? — at me·da·*be*·ret ang·*lit* (f)

Ich verstehe nicht.
אני לא מבין/מבינה. — a·*ni* lo me·*vin*/me·vi·*na* (m/f)

Essen & Ausgehen

Können Sie mir ein ... empfehlen?	אתה יכול להמליץ על ...? את יכולה להמליץ על ...?	a·*ta* ya·*khol* le·ham·*lits* al ... (m) at ye·cho·*la* le·ham·*lits* al ... (f)
Café	בית קפה	bet ka·*fe*
Restaurant	מסעדה	mis·a·*da*

Was können Sie empfehlen?
מה אתה ממליץ? — ma a·*ta* mam·*lits* (m)
מה את ממליצה? — ma at mam·li·*tsa* (f)

Was ist die Landesspezialität?
מה המאכל המקומי? — ma ha·ma·*'a*·khal ha·me·ko·*mi*

Haben Sie vegetarische Gerichte?
יש לכם אוכל צמחוני? — yesh la·*khem* o·khel tsim·kho·*ni*

Ich hätte gerne die ..., bitte.	אני צריך/ צריכה את ..., בבקשה.	a·*ni* tsa·*rikh*/ tsri·*kha* et ... be·va·ka·*sha* (m/f)
Rechnung	החשבון	ha·khesh·*bon*
Speisekarte	התפריט	ha·taf·*rit*

Notfall

| Hife! | הצילו! | ha·*tsi*·lu |
| Verschwinde! | לך מפה! | lekh mi·*po* |

HINWEISSCHILDER – NEUHEBRÄISCH

Eingang	כניסה
Ausgang	יציאה
Geöffnet	פתוח
Geschlossen	סגור
Information	מודיעין
Verboten	אסור
Toiletten	שירותים
Männer	גברים
Frauen	נשים

Rufen Sie ...! תתקשר ל ...! tit·ka·sher le ...
  einen Arzt רופא ro·fe/ro·fa (m/f)
  die Polizei משטרה mish·ta·ra

Ich habe mich verlaufen.
אני אבוד. a·ni a·vud (m)
אני אבודה. a·ni a·vu·da (f)

Wo sind die Toiletten?
איפה השירותים? e·fo ha·she·ru·tim

Ich bin krank.
אני חולה. a·ni kho·le/kho·la (m/f)

Shoppen & Service

Ich suche ...
אני מחפש ... a·ni me·kha·pes ... (m)
אני מחפשת ... a·ni me·kha·pe·set ... (f)

Kann ich das ansehen?
אפשר להסתכל ef·shar le·his·ta·kel
על זה? al ze

Haben Sie noch andere?
יש לך אחרים? yesh le·kha/ lakh a·khe·rim (m/f)

Wie viel kostet das?
כמה זה עולה? ka·ma ze o·le

Das ist zu teuer.
זה יקר מדי. ze ya·kar mi·dai

Auf meiner Rechnung ist ein Fehler.
יש טעות בחשבון. yesh ta·ut ha·khesh·bon

Wo ist ein Geldautomat?
איפה יש כספומט? e·fo yesh kas·po·mat

Unterkunft

Wo befindet sich ein/e ...? איפה ...? e·fo ...
  Campingplatz אתר הקמפינג a·tar ha·kem·ping
  Pension בית ההרחה bet ha·'a·ra·kha
  Hotel בית המלון bet ma·lon
  Hostel נוער אכסניית a·kh·sa·ni·yat no·ar

Haben Sie ein ...? יש לך חדר ...? yesh le·kha/ lakh khe der ... (m/f)
  Einzelzimmer ליחיד le·ya·khid
  Doppelzimmer זוגי zu·gi

Wie viel kostet es pro ...? כמה זה עולה ל ...? ka·ma ze o·le le ...
  Nacht לילה lai·la
  Person אדם a·dam

Verkehrsmittel & -wege

Ist das der/das ... nach (Haifa)? האם זה/ זאת ה ... ל(חיפה)? ha·im ze/ zot ha ... le·(khai·fa) (m/f)
  Schiff אוניה o·ni·ya (f)
  Bus אוטובוס o·to·bus (m)
  Flugzeug מטוס ma·tos (m)
  Zug רכבת ra·ke·vet (f)

Wann fährt der ... Bus? באיזו שעה האוטובוס ה ...? be·e·ze sha·a ha·o·to·bus ha ...
  erste ראשון ri·shon
  letzte אחרון a·kha·ron

Einen ... Fahrschein bitte. כרטיס ... אחד בבקשה. kar·tis e·khad ... e·khad ... be·va·ka·sha

ZAHLEN – NEUHEBRÄISCH

1	אחת	a·khat
2	שתיים	shta·yim
3	שלוש	sha·losh
4	ארבע	ar·ba
5	חמש	kha·mesh
6	שש	shesh
7	שבע	she·va
8	שמונה	shmo·ne
9	תשע	te·sha
10	עשר	e·ser
100	מאה	me·a
1000	אלף	e·lef

In modernen neuhebräischen Texten werden die bei uns gebräuchlichen arabischen Ziffern verwendet.

einfach	לכיוון אחד	le·ki·*vun* e·khad
hin & zurück	הלוך ושוב	ha·*lokh* va·*shov*

Wie viel kostet es nach ...?
כמה זה ל ...?   *ka*·ma ze le ...

Bitte bringen Sie mich zu (dieser Adresse).
תיקח/תיקחי אותי   ti·*kakh*/tik·*khi* o·ti
(כתובת הזאת)   (lak·to·*vet* ha·*zot*)
בבקשה.   be·va·ka·*sha* (m/f)

Wo ist der (Markt)?
איפה ה (שוק)?   e·fo ha (shuk)

Können Sie mir das zeigen (auf der Karte)?
אתה/את   a·*ta*/at
יכול/יכולה להראות   ya·*khol*/ye·kho·la le·har·*ot*
לי (על המפה)?   (li al ha·ma·*pa*) (m/f)

Wie lautet die Adresse?
מה הכתובת?   ma hak·*to*·vet

ARABISCH

Die in den palästinensischen Gebieten gesprochene Variante des Arabischen ist das Levantinische Arabisch (und um diese Variante geht es in diesem Abschnitt). Die Unterschiede zwischen dieser Umgangssprache und dem Hocharabischen, der offiziellen Schriftsprache der arabischen Welt, die in Schulen, Verwaltung und Medien verwendet wird, sind signifikant. Arabisch wird von rechts nach links geschrieben.

In unseren Aussprachehilfen ist das gh ein gutturaler Ton (wie beim „r" im Französischen), das r wird gerollt, dh wird wie das englische „th" in „this, the, that" ausgesprochen, dh wie das englische „th" in „thin", ch wie in „doch" (kehlig, nicht wie in „ich"). Der Apostroph (') ist als kurze Trennung innerhalb eines Wortes zu verstehen (wie die Pause in der Mitte von „oh-oh").

Konversation & Nützliches

Hallo	مرحبا.	*mär*·hä·*bä*
Auf Wiedersehen	خاطرك.	*khaa*·träk (m)
	خاطرك.	*khaa*·trik (f)
Ja	ايه.	'ieh
Nein	لا.	laa
Bitte	اذا بتريد.	'i·zä bit·*ried* (m)
	اذا بتريدي.	'i·zä bit·*rie*·die (f)
Danke	شكراً.	*schuk*·rän
Entschuldigung	عفواً.	'*äf*·wän
Tut mir Leid!	آسف.	'*aa*·sif (m)
	آسفة.	'*aas*·fe (f)

Wie geht es Ihnen?
كيفك؟/كيفك؟   ki·*fäk*/ki·fik (m/f)

HINWEISSCHILDER – ARABISCH

Eingang	مدخل
Ausgang	مخرج
Geöffnet	مفتوح
Geschlossen	مغلق
Information	معلومات
Verboten	ممنوع
Toiletten	دورات المياه
Männer	الرجال
Frauen	النساء

Gut, danke. Und Ihnen?
منيح./منيحة.   mnieh/*mnie*·hä (m/f)
وأنت/أنتِ؟   uh 'ent/'en·tie (m/f)

Wie heißen Sie?
شو اسمك؟   schuh 'es·mäk (m)
شو اسمك؟   schuh 'es·mik (f)

Ich heiße ...
اسمي ...   '*es*·mie ...

Sprechen Sie Englisch?
بتحكي إنكليزي؟   *btaa*·kie ing·*lie*·zie

Ich verstehe nicht.
ما فهمت.   maa fä·*he*·met

Essen & Ausgehen

Können Sie mir ein ... empfehlen?	بتوصي بـ...؟	bit·*waa*·sie bi·...
Café	مقهى	*mä*'·hä
Restaurant	مطعم	*mät*·äm

Was würden Sie empfehlen?
بشو بتوصي؟   bi·schuh *btuh*·sie

Was ist die Landesspezialität?
شو الوجبة الخاصة؟   schuh il·*waj*·be il·*khaa*·se

Haben Sie vegetarisches Essen?
في عندكن   fie '*ind*·kun
طعام نباتي؟   tä·'aam nä·*baa*·tie

Ich hätte gerne die ..., bitte.	بدي ...، لو سمحت.	*bid*·die ... lo sä·*maht*
Rechnung	الحساب	il·hi·*saab*
Speisekarte	قائمة الطعام	'*äh*·'i·met it·tä·'*aam*

Notfall

Hilfe!	ساعدني!	saa·'id nee (m)
	ساعديني!	saa·'i·die nee (f)
Verschwinde!	روح!/	ruhh (zu einem Mann)
	روحي!	*ruh*·hie (zu einer Frau)

Rufen Sie …!	اتصل بـ…!	'it·ta·sil bi·…
einen Arzt	دكتور	duk·tuhr
die Polizei	الشرطة	isch·schur·tä

Ich habe mich verlaufen.

	أنا ضائع.	'a·nä daa·'i' (m)
	أنا ضائعة.	'a·nä daa·'i·'e (f)

Wo sind die Toiletten?

	وين الحمامات؟	wen il·häm·maa·maat

Ich bin krank.

	أنا مريض.	'ä·nä mä·ried (m)
	أنا مريضة.	'ä·nä mä·rie·de (f)

Shoppen & Service

Ich suche …

	بدور عن …	bi·do·wer 'än …

Kann ich mir das ansehen?

	ورجني ياه؟	wär·ji·nie yaah (m)
	ورجيني ياه؟	wär·jie·nie yaah (f)

Haben Sie noch andere?

	في عندكن غيره؟	fie 'ind·kun ghey·ru

Wie viel kostet das?

	قديش هقه؟	'äd·diesch ha'·'u

Das ist zu teuer.

	هيدا غالي اكتير.	hä·dä ghaa·lie 'ik·tier

Auf meiner Rechnung ist ein Fehler.

	في خطأ بالحساب.	fie khä·tä' bil·hi·saab

Wo ist der nächste Geldautomat?

	وين جهاز الصرافة؟	wen je·hähz is·sä·raa·fe

Unterkunft

Wo befindet sich ein/eine …?

	وين …؟	wen …
Zeltplatz	مخيّم	mu·khey·yäm
Pension	بيت الضيوف	beyt id·du·yuhf
Hotel	فندق	fun·du'
Hostel	فندق شباب	fun·du' schä·baab

Haben Sie

	في عندكن غرفة …؟	fie 'ind·kun ghur·fe …
Einzelzimmer	بتخت منفرد	bi·takht mun·fä·rid
Doppelzimmer	بتخت مزدوج	bi·takht muz·do·wej

Wie viel kostet es pro …?

	قديش هقه؟	'äd·diesch li·…
Nacht	ليلة	ley·le
Person	شخص	schäkhs

ZAHLEN – ARABISCH

1	١	واحد	waa·hed
2	٢	اثنين	'it·neyn
3	٣	ثلاثة	tä·laa·te
4	٤	اربع	'är·bä'
5	٥	خمسة	khäm·se
6	٦	ستة	sit·te
7	٧	سبعة	säb·'ä
8	٨	ثمانية	tä·maa·ne
9	٩	تسعة	tis·'a
10	١٠	عشرة	'äsh·rä
100	١٠٠	مية	mi·'e
1000	١٠٠٠	الف	'elf

Arabische Ziffern werden im Gegensatz zu Buchstaben von links nach rechts geschrieben.

Verkehrsmittel & -wege

Ist das der/das … nach (Petra)?

	هذا الـ… لـ(بيترا)؟	hä·dä il· … lä·(bie·trä)
Schiff	سفينة	sfie·ne
Bus	باص	baas
Flugzeug	طائرة	taa·'i·re
Zug	قطار	'i·taar

Wann fährt der … Bus?

	أمتى الباص…؟	'em·tä il·baas il·…
erste	اول	'o·wel
letzte	اخر	'aa·khir

Einen Fahrschein …, bitte!

	تذكرة …، اذا بتريد.	täz·ki·re … 'i·zä bit·ried
einfach	ذهاب	zä·haab
hin & zurück	ذهاب واياب	zä·haab uh 'ie·yaab

Wie viel kostet es bis …?

	قديش الاجرة لـ…؟	'äd·diesch il·'uj·re lä …

Bitte bringen Sie mich (zu dieser Adresse).

	اوصلني عند (هيدا العنوان).	'uh·säl·nie 'ind (hä·dä il·'un·waan)

Wo ist der (Markt)?

	وين الـ(سوق)؟	wen il·(suh')

Können Sie mir das zeigen (auf der Karte)?

	بتورجني (عالخريطة)؟	btwär·ji·nie ('äl·khä·rie·te)

Wie lautet die Adresse?

	شو العنوان؟	schuh il·'un·waan

GLOSSAR

Die Sprachherkunft der nicht-deutschen Begriffe ist in Klammern vermerkt: (NH) für neuhebräisch und (A) für arabisch. Singular und Plural sind mit (Sg.) und (Pl.), männliche und weibliche Begriffe mit (m.) und (f.) gekennzeichnet.

ablaq (A) – Borte aus abwechselnd hellen und dunklen Dekorsteinen, ein Element in der arabischen Architektur
abu (A) – Vater (von), oft Teil des Namens, s. auch *umm*
Agorot (NH) – kleinste Einheit des Schekel; 1 Schekel = 100 Agorot
ain (A) – Wasserquelle oder Quelle; auch *ein* oder *en* geschrieben
al (A) – der, die, das
aliya (NH) – nach Israel einwandern (wörtlich „aufsteigen")

b'seder (NH) – o. k.
bab (A) – Tür, Tor
Bakashot *(NH)* – Sammlung von Kabbala-Texten, die in den Wintermonaten am Sabbat in den frühen Morgenstunden gesungen werden
be'er (NH) – Brunnen
beit knesset (NH) – Synagoge
beit merkachat (NH) – Apotheke
beit/beth (NH) – Haus
bimah (NH) – erhöhtes Podium in einer Synagoge
bir (A) – Brunnen
burj (A) – Festung, Turm

caravanserai (A) – s. *khan*
Chared/Charediya/Charedim/Charediyot (NH, m. Sg./f. Sg./m. Pl./f. Pl.) – Ultra-orthodoxer, entweder ein Chassid, oder ein Mitglied einer der Gruppen, die den auch als Mitnagdim bekannten Chassidismus ablehnen

Chasid/Chasidim (NH, m. Sg./m. Pl.) – Mitglied einer ultraorthodoxen Bewegung (Chassidismus) mit Tendenz zum Mystischen; sie wurde im 18. Jh. vom Rabbi Israel ben Elieser in Polen gegründet

daf (A) – Tamburin
derekh (NH) – Straße

ein (NH) – Quelle
Eretz Yisra'el (NH) – das Land Israel
Eretz Yisra'el HaShlema (NH) – Großisrael; dieser Begriff wird von Israels rechtem Flügel in Bezug auf seine Forderung, der Gazastreifen, das Westjordanland und die Golanhöhen sollen zum israelischen Territorium gehören, benutzt

gadol (NH) – groß
gan (NH) – Garten, Park

Haganah (NH) – wörtlich „Verteidigung"; die jüdische Untergrundbewegung zu Zeiten des Britischen Mandats, der Vorgänger der modernen Israelischen Streitkräfte (Israel Defense Forces)
Hadsch (A) – jährliche muslimische Wallfahrt nach Mekka
Hamas (A) – (Harakat Al-Muqaama al-Islamiya) militante islamische Organisation, deren Ziel es ist, auf dem palästinensischen Territorium aus der Zeit vor 1948 einen islamischen Staat zu gründen
Hammam (A) – öffentliches Badehaus
har (NH) – Berg
haraam (A) – wörtlich „verboten"; heilige Stätte
hazzanut (NH) – jüdischer Kirchengesang
Hisbollah (A) – wörtlich „Partei Gottes"; von Iran unterstützte schiitische Guerillagruppe, die im Südlibanon aktiv ist
hof (NH) – Strand
hurva (NH) – Ruine

IDF – Israelische Streitkräfte (Israel Defense Forces, IDF)
iftar (A) – im Ramadan tägliches Fastenbrechen bei Abenddämmerung
Intifada (A) – wörtlich „Abschütteln". Diesen Begriff benutzen Palästinenser, um den Aufstand gegen Israel zu beschreiben; die Erste Intifada dauerte von 1987 bis 1990, die Zweite Intifada von 2001 bis 2005
Islam (A) – wörtlich „die freiwillige Unterwerfung unter Gott (Allah)"; Religion der großen Mehrheit des palästinensischen Volkes
isra (A) – „Nachtreise" des Propheten Mohammed von Mekka nach Jerusalem

juhhal (A) – Unwissender; nicht zum inneren Kern der Drusen gehörende Person; s. auch *uqqal*

kafr (A) – Dorf
kashrut (NH) – die jüdischen Speisegesetze, die auch festlegen, was koscher ist
katan *(NH)* – klein
ketuba (NH) – jüdischer Ehevertrag
kfar – Dorf
khan (A) – auch *caravanserai* genannt; Gasthaus für Reisende an den Haupthandelsrouten; im oberen Stockwerk sind Zimmer, im Erdgeschoss befinden sich um einen zentralen Hof herum angelegte Stallungen und Lagerräume
khirbet (A) – Ruinen (von)
Kibbuz/Kibbuzim (NH, Sg./Pl.) – Kollektivsiedlung, die von ihren Mitgliedern gemein-

sam geleitet wird; Kibbuze lebten früher nur von der Landwirtschaft, haben sich heute aber viele Industriebereiche erschlossen; s. auch *Moshav*

Kibbutznik (NH) – Mitglied in einem Kibbuz

kikar (NH) – Platz; Kreisverkehr

Kippa/Kippot (NH, Sg./Pl.) – runde Kopfbedeckung, die von praktizierenden Juden (bei Reform- und konservativen Juden manchmal auch von Frauen) getragen wird; auf jiddisch heißt sie *yarmulke*

Klezmer (NH) – traditionelle Musik der osteuropäischen Juden, oft als traditioneller jüdischer Soul bezeichnet

Knesset (NH) – israelisches Parlament

Koran (A) – das heilige Buch des Islams

koscher (NH) – nach den jüdischen Speisegesetzen zubereitete Lebensmittel; s. auch *kashrut*

kufiya (A) – auch *keffiyeh*; das schwarz-weiß karierte palästinensisch-arabische Kopftuch

ma'ayan (NH) – Quelle, Wasserbecken

majdal (A) – Turm

makhtesh (NH) – Erosionskrater

matkot *(NH)* – israelische Version von Tennis am Strand

Medresa (A) – religiöse Schule, meist einer Moschee angegliedert

Menora (NH) – siebenarmiger Leuchter, der alte Tempel in Jerusalem schmückte und seitdem ein jüdisches Symbol ist; offizielles Symbol des Staates Israel

miradsch (A) – der Aufstieg des Propheten Mohammed von Jerusalem aus in den Himmel

midrahov (NH) – Fußgängerzone

mihrab (A) – Gebetsnische in einer Moschee, zeigt die Gebetsrichtung (gen Mekka) an

Mikwe (NH) – rituelles, jüdisches Tauchbecken

Minarett (A) – Turm einer Moschee, von dem traditionell zum Gebet gerufen wird

mitzvah (NH) – religiöse Pflicht; Befolgung der Gebote

Mizrahi/Mizrahim (NH, Sg./Pl.) – Juden, die einer jüdischen Gemeinschaft aus dem Nahen Osten angehören, z.B. aus islamischen Ländern wie Marokko, dem Jemen oder dem Irak; der Begriff wird auch für Sepharden benutzt, die aber eigentlich nur die Nachfahren der aus Spanien vertriebenen Juden sind

Moshav/Moshavim (NH, Sg./Pl.) – genossenschaftlich organisierte Siedlung mit privaten und kollektiven Unterkünften, wirtschaftlich aktiv; s. auch *Kibbuz*

Moshavnik (NH) – Mitglied eines *Moshav*

muqarna (A) – Stilelement der islamischen Architektur, das an Stalaktiten erinnert

nahal (NH) – Fluss

Nakba (A) – wörtlich „die Katastrophe"; so nennen die Palästinenser den Arabisch-Israelischen Krieg von 1948

nargileh (A) – Wasserpfeife; s. auch *shisha*

ney (A) – Flöte

oleh/olah/olim/olot (NH, Sg. m. /Sg. w. /Pl m. /Pl. w.) – Einwanderer nach Israel

PA – Palästinensische Autonomiebehörde

PFLP – Volksfront zur Befreiung Palästinas (Popular Front for the Liberation of Palestine)

PLO – Palästinensische Befreiungsorganisation (Palestine Liberation Organisation)

PNC – Palästinensischer Nationalrat (Palestinian National Council), oberstes, legislatives Organ der PLO

Quran (A) – s. *Koran*

ras (A) – Landzunge

refusenik (NH) – israelische Wehrdienstverweigerer

rehov (NH) – Straße

ribat (A, NH) – Hostel oder Hospiz für Pilger

Sabbat (NH) – der jüdische Sabbat beginnt freitagabends mit Sonnenuntergang und endet samstags eine Stunde nach Sonnenuntergang

sabra (NH) – wörtlich „Kaktusfeige"; gebürtiger Israeli

Scharia (A) – muslimisches Gesetz

Schechina (NH) – Wohnstatt Gottes in Israel

Schekel/Sch'kalim (NH, Sg./Pl.) – israelische Währung

Schma (NH) – jüdisches Glaubensbekenntnis

Schofar (NH) – Holzblasinstrument; wird an Rosch HaSchana und Jom Kippur benutzt

Schtetl (NH) – kleines, traditionelles Dorf (oder Ghetto) von osteuropäischen Juden

sebil (A) – öffentlicher Trinkbrunnen

servees (A) – von den Palästinensern verwendeter Ausdruck für Kleinbus oder Sammeltaxi; s. auch *sherut*

sha'ar (NH) – Tor

shabab (A) – lediger, junger Mann; wörtlich „Jugend"; junge palästinensische Steinewerfer und Agitatoren, das Rückgrat der Intifada

shalom (NH) – Hallo

sheikh (A) – gelehrter oder alter Mann

sherut (NH) – israelischer Begriff für Kleinbusse oder Sammeltaxis, die eine bestimmte Strecke zu einem festen Preis fahren, ähnlich einem Langstreckenbus

Shisha (A) – in Ägypten benutzter Ausdruck für Wasserpfeife; s. auch *nargileh*

shiva (NH) – einwöchiges Trauerritual beim Tod eines Verwandten ersten Grades

Siedler – Ausdruck für Israelis, die während des Sechstagekriegs 1967 neue Gemeinschaften in dem von Jordanien, Ägypten und Syrien besetzten Territorium errichteten; das hebräische Wort für Siedler ist *mitnachel*

sukkah/sukkot (NH, Sg./Pl.) – kleine Hütte, die für das Sukkot-Fest (das Laubhüttenfest im Herbst) eingerichtet wird

taboun (NH) – Lehmofen

Tanach – das Alte Testament

tell (NH) – Hügel; in der Archäologie Aufschüttung, die über die Jahrhunderte des städtischen Wiederaufbaus entstand

Tora (NH) – die Fünf Bücher Mose, d. h. die ersten fünf Bücher des Alten Testaments; auch Pentateuch genannt

Tzahal (NH) – hebräischer Name der israelischen Armee (Israel Defense Forces)

tzimmer (NH) – wörtlich „Zimmer"; B & B, Ferienwohnung

tzitzit (NH) – die weißen Troddel an den vier Ecken eines quadratischen Unterkleids, das von orthodoxen Juden getragen wird; die geknoteten Fransen an einem Gebetsschal heißen genauso

ulpan/ulpanim (NH, Sg./Pl.) – Sprachschule

umm (A) – Mutter (von); die weibliche Entsprechung von *abu*

UNRWA – Hilfswerk der Vereinten Nationen für Palästina-Flüchtlinge im Nahen Osten (UN Reliefs & Works Agency for Palestine Refugees)

uqqal (A) – Wissender; zum inneren Kern der Gemeinschaft der Drusen gehörende Person; s. auch *juhhal*

Wadi (A) – ausgetrocknetes Flussbett

WZO – Zionistische Weltorganisation (World Zionist Organisation)

ya'ar (NH) – Wald

yad (NH) – Denkmal

yeshiva/yeshivot (NH, Sg./Pl.) – religiöse jüdische Bildungsanstalt oder Schule

Hinter den Kulissen

WIR FREUEN UNS ÜBER EIN FEEDBACK

Post von Travellern zu bekommen ist für uns ungemein hilfreich – Kritik und Anregungen halten uns auf dem Laufenden und helfen, unsere Bücher zu verbessern. Unser reiseerfahrenes Team liest alle Zuschriften genau durch, um zu erfahren, was an unseren Reiseführern gut und was schlecht ist. Wir können solche Post zwar nicht individuell beantworten, aber jedes Feedback wird garantiert schnurstracks an die jeweiligen Autoren weitergeleitet, rechtzeitig vor der nächsten Auflage.

Wer Ideen, Erfahrungen und Korrekturhinweise zum Reiseführer mitteilen möchte, hat die Möglichkeit dazu auf www.lonelyplanet.com/contact/guidebook_feedback/new. Anmerkungen speziell zur deutschen Ausgabe erreichen uns über www.lonelyplanet.de/kontakt.

Hinweis: Da wir Beiträge möglicherweise in Lonely Planet Produkten (Reiseführer, Websites, digitale Medien) veröffentlichen, ggf. auch in gekürzter Form, bitten wir um Mitteilung, falls ein Kommentar nicht veröffentlicht oder ein Name nicht genannt werden soll. Wer Näheres über unsere Datenschutzpolitik wissen will, erfährt das unter www.lonelyplanet.com/privacy.

DANK VON LONELY PLANET

Vielen Dank an die folgenden Leser, die mit der letzten Ausgabe unterwegs waren und uns wertvolle Hinweise, Tipps und interessante Anekdoten geschickt haben: Aileen Gerloff, Anna Thanou, Bill Davis, Caroline Guibet Lafaye, Dominik Armellini, Eran Globus, Frederik de Smedt, Isabela Vera, Jannik Zijlstra, Jay Givens, Jeroen van der Zeeuw, Kirsty Westra, Marlies, Nikolaj Albrecht, Paisley Woodward, Paula Oas, Petra Bischofberger, Sophie Millner, Thorsten Nieberg, Vibhor Gar

DANK DER AUTOREN

Daniel Robinson

Besonderer Dank geht an (von Süd nach Nord): Chini Da-Silva, Gili Bat-Sara, Eran Hejams, Jody Sirota und Michael Chen (Eilat); Yair Sela (Samar); Alex Cicelsky, Doria Pinkas und Maya Galimidi (Lotan); Anat Sha'ul (Ne'ot Smadar); David und Ofra Faiman (Sde Boker); Gil Shkedi (Ne'ot HaKikar); David Lew (Masada); Lee, Meitar und Shani (Ein Gedi Field School); Sliman (Naturschutzgebiet Ein Gedi); Eldad Hazan (Ein Feshkha/Einot Tzukim); Nisim Bados (Beit She'an); Nati und Ofer (Banias); Rachel Eshkol (Sepphoris); Ido Itai und Amir Aviram (Gamla); Gregory und Hanoch (Yehudiya); Alon Malichi (Katzrin); Omer Feldman und Ya'akov Leiter (Safed); Ron Tsvi, Amihai und Tehila (Rosh Pina); HaKupa'it Vera (Tel Hatzor); Mordechai Kohelet Israel (Dalton); Tony (Jish); Inbar Rubin (Agamon HaHuleh); Anat Nissim (Galil Nature Museum); Shadi (Tel Dan); Talal (Berg Hermon); und vor allem an meine Frau Rachel und meine Söhne Yair und Sasson für ihre Unterstützung, ihr Verständnis und ihre Geduld.

Orlando Crowcroft

Ich möchte meinen Freunden Nigel Wilson und Mary Pelletier in Ramallah, MC in Jerusalem und Heidi Levine in Tel Aviv danken. Einen Riesenapplaus für alle Mitarbeiter vom Area D Hostel, Ayman vom Cinema Guesthouse in Jenin, Canaan Khoury und Familie in Taybeh und alle, die mir während meines Aufenthalts in Palästina das Gefühl gaben, willkommen zu sein. Auch meiner Redakteurin Lauren Keith und den Autorenkollegen Anita Isalska, Daniel Robinson und Dan Savery Raz möchte ich danken. Und meiner Frau Helen für alles.

Anita Isalska

Unzählige zufällige Begegnungen und Unterhaltungen haben meine Recherche bereichert; danke an alle, die mich wissentlich oder unwissentlich auf meiner Reise geleitet haben. Besonders dankbar bin ich für die Vorschläge und Einblicke von Noga Tarnopolsky, Riman Barakat, Linda Gradstein, das Team vom Educational Bookshop & Cafe, und die exzellenten Empfehlungen von Slavica und Einav. Tiefer Dank gebührt Anna Heijblok, deren Geschichten über ihr Jerusalem ich nie vergessen werde. Und, wie immer, innigster Dank an Normal Matt für den Ansporn aus dem Hintergrund.

ÜBER DIESES BUCH

Dies ist die 5. deutsche Auflage von *Israel & Palästina*. Sie basiert auf der 10. englischen Auflage von Daniel Robinson, Orlando Crowcroft, Anita Isalska, Dan Savery Raz und Jenny Walker, die auch die vorangehende Auflage verfassten. Dieser Reiseführer wurde produziert von:

Titelredaktion Lauren Keith
Leitung Produktredaktion Sandie Kestell
Produktredaktion Carolyn Boicos, Sasha Drew, Elizabeth Jones, Anne Mason, Saralinda Turner
Kartografie Hunor Csutoros, Valentina Kremenchutskaya
Layout Nicolas D'Hoedt, Katherine Marsh
Redaktionsassistenz Sarah Bailey, Carly Hall, Gabrielle Innes, Helen Koehne, Lou McGregor, Rosie Nicholson, Charlotte Orr, Christopher Pitts, Gabrielle Stefanos
Kartografieassistenz Gabe Lindquist, Alison Lyall
Titelbildrecherche Ania Bartoszek
Dank an Hannah Cartmel, Nicholas Colicchia, Gwen Cotter, Helen Elfer, Bruce Evans, Virginia Moreno, Ilana Myers, Lauren O'Connell, Martine Power, Alison Ridgway, Kathryn Rowan, Jacqui Saunders, Maureen Wheeler

Dan Savery Raz

Dank an Titelredakteurin Lauren Keith dafür, dass sie dieses Projekt angestoßen und dafür gesorgt hat, dass alles so glatt lief. Danke auch an Maoz Inon (Reiseunternehmer und Friedenskämpfer), Yoram Hai (für vegane Tipps) und Bea Hemming (für die Bicicletta-Empfehlung). Ein dickes Dankeschön an meine Frau Shiri, die sich um die Kinder gekümmert hat, während ich auf meinem Laptop herumgetippt hab, und an meine beiden Mädels, Hila und Maya, die mich immer zum Lächeln bringen.

QUELLENNACHWEIS

Die Angaben auf der Klimakarte stammen von Peel MC, Finlayson BL & McMahon TA (2007) „Updated World Map of the Köppen-Geiger Climate Classification", *Hydrology and Earth System Sciences*, 11, 1633-44.

Titelfoto: Masada, Fabrice Peresse/Getty Images ©

Illustrationen S. 60–61 von Javier Zarracina, S. 376–377 von Michael Weldon

Register

A
Abendmahlssaal 77
Abu Dis 288
Abu Ghosh 120
Abu Gosh Vocal Music Festival 430
African Hebrew Israelites of Jerusalem 406
Agamon HaHula 268
Ägypten, Grenzübergänge 42
Ain Hud 191
Akhziv 209
Akhzivland 209
Akko (Akkon) 200, **203**
Aktivitäten 24, 33, *siehe auch einzelne Aktivitäten*
Al-Anazia-Becken 167
Al-Aqsa-Moschee 63
Al-Beidha (Petra) 379
Al-Haram Ash-Sharif 59, **60-61**, **9**, **60-61**
Alija 388, 389, 390
Alma Beach 137
Alter Hafen (Tel Aviv) 133
An-Nakba 391
An- & Weiterreise 456
Ani'am, Künstlerdorf 278
Apollonia-Nationalpark 164
Aquarien 356
Arabisch 466
Arafat, Jassir 395, 396, 397
 Grabmal 299, **31**
 Museum 299
Arava 352
Arbeiten in Israel 446
Arbel-Nationalpark 241
Archäologische Grabungen 34, 122
Archäologische Stätten
 Al-Beidha 379

Kartenverweise **000**
Fotoverweise **000**

Altes Badehaus (Nazareth) 214
Antikenpark Katzrin 275
Archäologischer Park Jerusalem & Davidson Center 72
Archäologisches Museum Wohl 73
Beit She'an-Nationalpark 17, 226, **222**
Besucherzentrum Old Jaffa 140
Bethsaida 244
Caesarea 17, 197, **198**, **17**, **182**
Davidsstadt 81
Herodesviertel-Museum 73
Kapernaum 243
Klagemauer-Tunnel 72
Kreuzfahrerstadt 199
Kursi-Nationalpark 247
Magdala 241
Masada-Nationalpark 17, 326
Mey-Kedem-Tunnel 196
Petra 368, **376-377**, **376-377**
Qumran-Nationalpark 325
Sepphoris-Nationalpark 221, **223**
Tel Balata Archaeological Park 312
Tel Be'er Sheva 340
Tel Hazor 270
Architektur 75, 138
Armageddon 194
Armenische Keramik 77
Aschkenasim 393, 402
Äthiopische Juden 403
Atlit 192
Ausreisegebühr 457
Autofahren 457
 Sabbat 458
 Sicherheit 445
Avdat 342

B
Babylonische Gefangenschaft 383
Badehäuser
 Akko (Akkon) 204, **183**
 Nablus 314
 Wadi Musa (Petra) 372
Bahai-Gärten (Akko) 204
Bahai-Gärten (Haifa) 171, **182**
Bahai-Religion 176
Bahnfahren 460
Balfour-Deklaration 389, 390
Banias-Naturschutzgebiet 281
Banksy 296, 433
Bar'am-Nationalpark 263
Bar-Kochba-Aufstand 384, 386
Bar Kochba, Simon 384, 386
Barrierefrei reisen 446
Bauhausarchitektur 138
Baum des Zachäus 307
B&Bs 452
Beduinen 404
Be'er Sheva 339, **340**
Begin, Menachem 392, 394
Behinderung, Reisen mit 446
Beit-Alpha-Synagoge 228
Beit-Guvrin-Maresha-Nationalpark 122
Beit-Keshet-Wald 224
Beit She'an 17, 225, **222**
Beit-She'arim 190
Belvoir 227
Ben-Gurion, David 344
Berg Bental 280
Berg der Seligpreisungen 243
Berg der Versuchung 306
Berg Gilboa 229
Berg Hermon 283
Berg Meron 262
Berg Sodom 335

Berg Tabor 221
Berg Zion 77, 238
Bet Gabriel 249
Beta Israel 403
Bethesda-Teich 74
Bethlehem 290, **292**
 An- & Weiterreise 298
 Ausgehen & Nachtleben 298
 Essen 297
 Sehenswertes 291
 Unterkünfte 296
Bethsa da 244
Bevölkerung 401, 417
Bier 415
Bildende Kunst 432, 433
Bio-Ramon 346
Black Hebrews 406
Bograshov Beach 136
Botschaften 446
Britisches Mandatsgebiet 389, 391
Bücher 437
 Gazastreifen 407
 Geschichte 384
 Gesundheit 463
 Literatur 429
 Regierung & Politik 423
 Religion 427
Budget 447, 453
Busfahren 458
Byzantinisches Reich 385

C
Caesarea 197, **198**
Caesarea-Nationalpark 17, 198, **17**
Camp-David-Abkommen 394, 395
Camping 452
Cardo Maximus 72
Centre International Marie de Nazareth 213
Chagall-Fenster 97
Charedim 94, 426
Checkpoint 300 288

Christen 405
Christentum 426
Coral-Beach-Naturschutz-
   gebiet 356
COVID-19 3
Co-working Spaces 147

D
Dado-Aussichtspunkt 273
Daliyat Al-Karmel 189
Damaskustor 74
Darwisch, Mahmud 397
Davidka-Denkmal 259
David, König 382
Davidsstadt 81
Davidsturm 64
Diaspora, Jüdische 393
Diebstahl 444
Domus Galilaeae 244
Drusen 405

E
Ebene von Beit She'an 225
Eilat 355, **358**, **360-361**
Ein-Avdat-Nationalpark 344
Ein Bokek 329
Ein Feshkha 326
Ein Gedi 15, 320, **15**
Ein-Gedi-Naturschutzgebiet
   322, **331**
Ein Harod 229
Ein Hod 191
Ein Kerem 96
Einreise 42
Ein Zivan 278
Eislaufen 273
Entwicklung 440
Erdfälle 323
Ermäßigungen 436, 447
Escape Games 157
Essen 412, *siehe auch*
   einzelne Orte
   Falafel 413
   Feste & Events 415
   Gebäck 12, **12**
   Halal 413
   Hummus 412
   Infos im Internet 416
   Käse 413
   Koscher 413
   Preiskategorien 447
   Sabbat 414
   shakshuka 152
   Sprache 464, 466

Kartenverweise **000**
Fotoverweise **000**

Etikette 447
Events 24

F
Fahrrad *siehe* Radfahren
Fatah 395, 397, 398, 423, 424
Feiertage 447
Feilschen 449
Felsendom 63, 237, **8**, **103**, **236**
Feste 24, 414
Festungen & Paläste
   Herodium 296
   Hisham-Palast 307
   Kreuzfahrerfestung
      Belvoir 227
   Montfort 209
   Nimrodsburg 281
   Palast der Prinzessin
      Tunshuq 75
Field Schools 452
Filme 392, 434
First Station 113
Flavius Josephus 384, 385
Fledermäuse 436
Flüchtlingslager 294, 398
Flugreisen 456, 459
Frauen in Israel 418
Frauen in Palästina 420
Frauen unterwegs 448
Freedom Theatre 316
Freiwilligenarbeit 449
Freizeit- & Wasserparks
   Erlebnisbad Meymadion
      137
   Mini-Israel 121
   Tel Aviv 137
   Tiberias 234
Friedhöfe *siehe auch*
   Gräber & Grabstätten
   Alter jüdischer Friedhof
      (Safed) 257
   Commonwealth-Kriegs-
      gräberfriedhof 339
   Kinneret-Friedhof 249
Frishman Beach 136

G
Galiläa *siehe* Untergaliläa,
   Obergaliläa
Gamla-Naturschutzgebiet 277
Gan-Garoo Australian
   Park 229
Gänsegeier 277
Gärten *siehe* Parks &
   Gärten
Gay Pride Parade 26

Gazastreifen 407
Gebäck 12, **12-13**
Geburtskirche 238, 291, **238**
Gefahren *siehe* Sicherheit
Geführte Touren 459
Geld 20, 21, 447, 449
Geldautomaten 449
Geschichte 382
   Britisches Mandatsgebiet
      389, 391, 392
   Bücher 384, 386, 390
   Byzantinisches Reich 385
   Erster Libanonkrieg 394
   Gaza 407
   Hasmonäer 384
   Hellenistische Zeit 383
   Holocaust 94, 193, 207, 390, 393
   Intifada, Erste 395, 396
   Intifada, Zweite 397
   Islam 386
   Israelischer Unabhängig-
      keitskrieg 391, 392
   Jom-Kippur-Krieg 394, 395
   Kreuzzüge 387, 388
   Machtergreifung der
      Hamas 398
   Oslo-Abkommen 396
   Osmanisches Reich 388, 390
   Römisches Reich 384, 385
   Schlacht von Ein Jalut 229
   Sechstagekrieg 392, 394
   Teilung Palästinas 391, 392
   Vorgeschichte 382
   Zionismus 388, 389, 392
   Zweite Intifada 397
Gesundheit 461
Gisch 264
Golanhöhen 47, 252, 274, **252**
Gordon Beach 133, **151**
Gospel Trail 216
Gottesdienste 96
Grab der Patriarchen 238
Gräber & Grabstätten
   Ben-Gurion-Gräber 344
   Davidsgrab 77
   Gartengrab 86
   Grab der Patriarchen 311
   Grab der Prinzessin
      Tunshuq 75
   Grab der Turkan Khatun
      75

Grab des Joschafat 83
Grab des Maimonides 232
Grab des Rabbi Akiba 233
Grab des Rabbi Jochanan
   ben Sakkai 233
Grab des Rabbi Meir
   Ba'al HaNess 232
Grab des Raschbi 263
Gräber der Kabbalisten 257
Gräber der Propheten 84
Grab von Jassir Arafat
   299, **31**
Grab von Oskar Schindler 81
Grab von Rachel Bluw-
   stein 249
Grab von Sacharja 83
Kloster (Petra) 369
Königsgräber (Petra) 368
Mariengrab 85
Rahels Grab 293
Schatzhaus 368
Grabeskirche 65, 238, **67**, **103**
Grenzübergänge 39, 455
Griechisch-orthodoxe
   Verkündigungskirche 215
Großer Jüdischer Krieg 384
Gush Dan 163

H
Ha'ari-Synagoge der
   Aschkenasim 238, 255
Haas-Promenade 91
Hadrian 385, 386
Haganah 129, 139, 193, 391
Hai-Bar-Yotvata-Natur-
   schutzgebiet 352
Haifa 46, 169, **171**, **172-173**
   Aktivitäten 179
   An- & Weiterreise 188
   Ausgehen & Nachtleben 185
   Essen 181
   Feste & Events 179
   Geführte Touren 179
   Geschichte 170
   Kurse 179
   Medizinische Versorgung 187
   Sehenswertes 170
   Shoppen 187
   Touristeninformation 188

Unterhaltung 186
Unterkünfte 180
Unterwegs vor Ort 189
Halacha 426
Halal-Speisen 413
HaMakhtesh HaGadol 350
HaMakhtesh HaKatan 350
Hamas 396, 398, 409, 423
Hamat Gader 247
HaMeiri-Käserei 257
Hammams
  Akko (Akkon) 204, **183**
  Nablus 314
  Wadi Musa (Petra) 372
Handy 20, 451
Har Hazikaron 94
Hasmonäer 384
Hebräisch 464
Hebräische Buchwoche 429
Hebräische Sprache 142
Hebräische Universität von Jerusalem 391
Hebron 309
Hecht-Museum 179
Herodes der Große 384, 385
Herodium 296
Herzliya 163
Herzl, Theodor 388
Hilton Beach 136
Himmelfahrt Mohammeds 386
Hisbollah 398
Hisham-Palast 307
Historische Stätten
  Al-Anazia-Becken 167
  Alter Bahnhof (Jaffa) 141
  Antikes Boot 242
  Beit Oliphant 189
  Cardo Maximus 72
  Gasthaus des Barmherzigen Samariters 308
  Internierungslager Atlit 192
  Mauerwanderung 65
  Muristan 68
  Rittersäle 202
  Russian Compound 87
  Stadtmauern von Akko 201
  Türkischer Bahnhof 339
  Unabhängigkeitshalle 129
  Weißer Turm 167
Hitzeschäden 462
Höhlen
  Dodim-Höhle 322
  Glockenhöhlen 122

Höhle der 40 Heiligen Mönche 214
Höhle des Elija 178
Höhle von Machpelah 311
Rosh-HaNikra-Grotten 208, **15, 182**
Sidonische Grabhöhlen 122
Soreq-Höhle 122
Holocaust 94, 193, 207, 390, 393
Holon 164
Hostels 452
Hotels 453
Hulatal 268
Human Condition, The 334
Hummus 412

I
Ibrahim-Moschee 311, **302**
Infos im Internet 21
  Essen & Trinken 416
  Gesundheit 461
  Umwelt 439
Insektenbisse & -stiche 463
Internetzugang 450
Intifada, Erste 395, 396
Intifada, Zweite 397
Islam 427
Islamischer Dschihad 396, 423
Israel Festival 26, 432
Israel-Museum 91
Israel National Trail 16, 35, 224, 271, **16**
Israelis 417
Israelischer Unabhängigkeitskrieg 392

J
Jaffa (Jafo) 46, 124, 139, 147, 154, 159, **140**
Jaffator 64
Jakobsbrunnen 313
Jalameh 288
Jassir-Arafat-Museum 299
Jenin 227, 315
Jericho 237, 306, 382, **302**
Jerusalem 46, 50, **52-53**, **78-79**
  Abu Tor 106
  Altstadt 58, 99, 107, 112, 115, **56-57, 4**
  An- & Weiterreise 117
  Armenisches Viertel 76
  Ausgehen & Nachtleben 112
  Baka 106
  Berg Zion 77

Christliches Viertel 65
Ein Kerem 96
Essen 50, 107
Feste & Events 98
Geführte Touren 97
German Colony 90, 106, 111, 114
Geschichte 51
Givat Ram 91, 112
Har Hazikaron 94
Highlights 52
Jaffator 64
Jüdisches Viertel 70
Kidrontal 81
Kinder 100
King David Street 89
Klima 50
Kurse 97
Mahane Yehuda 110, 113, 117, **18, 31, 102**
Mamilla 105, 111
Me'a She'arim 92
Medizinische Versorgung 117
Muslimisches Viertel 74
Ölberg 83, 237
Ostjerusalem 85, 100, 108, 116
Rehavia 90, 106
Reisezeit 50
Sehenswertes 57
Shoppen 115
Sicherheit 86
Spaziergänge 67, 68, **67, 68**
Stadtzentrum 87, 101, 109, 112, 116, **88-89**
Tagesplanung 55
Talbiyeh 90, 114
Talpiot 91
Touristeninformation 117
Unterhaltung 114
Unterkünfte 50, 98
Unterwegs vor Ort 118
Yemin Moshe 105, 111
Jerusalem-Syndrom 70
Jesreelebene 225
  Eisenbahn 226
Jesus von Nazareth 384, 385, 424, 427
Jesusweg 217, 224
Jish 264
Jisr Az-Zarka 196
Jom-Kippur-Krieg 395
Jordan 269
Jordanien, Grenzübergänge 39, 455
Judaika 431
Juden 401

Judentum 418, 425
Jüdische Feiertage 414
Jüdische Kleidung 94, 426
Jüdische Siedlungen 310

K
Kabbala 387
Kadosh-Käserei 256
Kafr Kana 220
Kajakfahren 269
Kamelreiten 359
Kapernaum 243
Karmeliterkloster St. Elija 191
Karmeliterkloster Stella Maris 177
Karo-Synagoge 255
Karten & Stadtpläne 450
Käse 413
Käsereien 257
Katzrin 274
Keramik 77, 258
Kfar Kama 225
Kfar Tavor 224
Kibbuz-Gästehäuser 453
Kibbuzim 354
  Ein Harod 229
  Kibbuz Ketura 353
  Kibbuz Lohamei HaGeta'ot 207
  Kibbuz Lotan 352
  Kibbuz Neot Semadar 353
Kidrontal 81
Kinder 44-45
  Jerusalem 100
  Tel Aviv 137
King David Street 89
Kinneret-Friedhof 249
Kinneret Trail 242
Kino 434
Kippa 426
Kirchen
  Andreaskirche 89
  Anglikanische Christuskirche 213
  Basilika zum Jugendlichen Jesus 216
  Benediktinerabtei Abu Ghosh 120
  Berg der Seligpreisungen 243
  Brotvermehrungskirche 242, **239**
  Christuskirche 70
  Dormitio-Kirche & Kloster 80
  Dreifaltigkeitskirche 87
  Erlöserkirche 68

Evangelisch-lutherische Weihnachtskirche 293
Franziskanerkloster & -kirche 224
Geburtskirche 238, 291, **9, 238-239**
Georgskathedrale 86
Grabeskirche 65, 238, **67, 103**
Griechisch-katholische Kirche (Nazareth) 213
Griechisch-orthodoxe Hochzeitskirche 220
Griechisch-Orthodoxe Kirche St. Georg 316
Griechisch-orthodoxe Verkündigungskirche 215
Himmelfahrtskirche 84
Himmelfahrtsmoschee/ Himmelfahrtskapelle 84
Immanuelkirche 129
Jakobsbrunnen 313
Jakobuskathedrale 76
Johanneskirche (Ein Kerem) 96
Josefskirche 213
Karmeliterkloster Stella Maris 177
Katharinenkirche 293
Katholische Hochzeitskirche 220
Kirche & Kloster der Apostel 232
Kirche aller Nationen 85
Kirche der Heimsuchung 96
Kirche Unserer Lieben Frau von der Bundeslade 120
Kloster der Zwölf Apostel 243
Markuskapelle 76
Milchgrotte 293
Paternosterkirche 84
Pfarrkirche St. Peter 231
Primatskapelle 242
Russisch-orthodoxe Maria-Magdalena-Kirche 85
Russische Himmelfahrtskirche 84
Sankt Peter 140
St. Peter in Gallicantu 81
St.-Anna-Kirche 74
Synagogenkirche 213

Kartenverweise **000**
Fotoverweise **000**

Verklärungsbasilika 224
Verkündigungskirche 212
Kirkuk-Haifa-Pipeline 226
Kiryat Shmona 272
Klagemauer 9, 71, 237, 384, **9, 102, 236**
Klagemauer-Tunnel 72
Klein-Petra 379
Klima 20, 24, *siehe auch einzelne Regionen*
Klimawandel 456
Klöster
 Äthiopisches Kloster 68
 Dormitio-Kirche & -Kloster 80
 Franziskanerkloster & -kirche 224
 Karmeliterkloster St. Elija 191
 Karmeliterkloster Stella Maris 177
 Kirche & Kloster der Apostel 232
 Kloster der Zwölf Apostel 243
 Kloster Mar Saba 295, **302**
 Kloster Quarantal 306
 Kloster St.-Georg 308
 Kreuzkloster 93
 Trappistenabtei Latrun 121
Knesset 93
Kochkurse 373
Konstantin der Große 385
Kontrollpunkte 288
Kopfbedeckungen 426
Koran 428
Korazim-Nationalpark 244
Kornmehl Farm 345
Koscheres Essen 413
Kosten 21, 447, 453
Kreditkarten 449
Kreuzwegstationen 68
Kreuzzüge 386
kufiya 396
Kultur 417
Künste 429, **303**
Künstlerdorf Ani'am 278
Kunstmuseen & Galerien
 Beit Ha'ir 128
 Canaan Gallery 258
 Chelouche Gallery 129
 Dar Zahran Heritage Building 299
 Ein Hod Gallery 192
 Fig Tree Courtyard 258
 General Safed Exhibition 258

Helena-Rubenstein-Pavilion 127
 Ilana-Goor-Museum 140
 Kabbalah Art 258
 Kulturzentrum Beit HaGefen 176
 Museum ohne Wände 177
 Museum on the Seam 86
 Negev Artists' House 339
 Negev-Kunstmuseum 339
 Safed Candles Gallery 255
 Sheva Chaya Glassblowing Gallery 258
 Studio Magal 192
 Tel Aviv Museum of Art 127
 Tzfat Gallery of Mystical Art 258
Kurse
 Kochen 373
 Religion 260
 Sprache 97, 143, 179
Kursi-Nationalpark 247

L
Latrun 121
Lebensart 417
Leishmaniose 462
LGBTIQ+ unterwegs 450
 Jerusalem 114
 Tel Aviv 155
Libanonkrieg, Erster 394
Libanonkrieg, Zweiter 398
Lights in Jerusalem 26
Literatur 429, *siehe auch Bücher*
Lots Frau 334
Löwentor 75
Luftverschmutzung 440
Luna Park 137

M
Magdala 241
Mahane-Yehuda-Markt 87, **18, 31, 102**
Majdal Shams 282
Majrase-Naturschutzgebiet 247
makhteshim 350
Makhtesh Ramon 14, 346, **14-15**
Makkabäus, Judas 384
Mamelucken-Architektur 75
Mamshit 343
Märkte 18, 222, **18**
 Bauernmarkt am Alten Hafen 158

Carmel-Markt 129
 Flohmarkt (Jaffa) 141
 Kunsthandwerksmarkt Nahalat Binyamin 158
 Levinski-Gewürzmarkt 129
 Mahane-Yehuda-Markt 18, 87, **18, 31, 102**
 Sarona-Markthalle 136
 Suk Al-Abiad 18, 204
 Suk Al-Qattanin 76
 Suk in Bethlehem 293
Mar-Saba Kloster 295, **302**
Masada 326, 384, 386
Masada-Nationalpark 17, 326
Me'a She'arim 92
Medizinische Versorgung 461, 462
Megiddo 194
Megiddo-Nationalpark 194
Meir, Golda 394, 421
Merom Golan 279
MERS (Middle East Respiratory Syndrome) 462
Metula 272
Metzitzim Beach 135
Mey Kedem 196
Midburn 26
Mietwagen 457
Mikhmoret Beach 166
Mikwe des Ari 257
Minenfelder 444
Mini-Israel 121
miradsch 386
Mitzpe Ramon 346, **348**
Mizrachim 403
Mohammed, Prophet 62, 386, 387, 427
Monteiore-Windmühle 89
Montfort 209
Moscheen
 Al-Amari-Moschee 233
 Al-Aqsa-Moschee 63
 Al-Bahri-Moschee 232
 Al-Jazzar-Moschee 202
 Hassan-Bek-Moschee 141
 Ibrahim-Moschee 311, **302**
 Nabi Musa 308
 Rote Moschee 259
 Umar-Moschee 293
 Weiße Moschee 213
Moshav Amirim 263
Motorradfahren 457
 Sicherheit 445
Muristan 68

REGISTER M–P

Museen siehe auch Kunstmuseen & Galerien
Archäologisches Museum des Golan 274
Archäologisches Museum Wohl 73
Be'er Avraham 340
Beit Hatfutsot 137
Beit Lohamei HaGeta'ot 207
Ben-Gurion-Museum 127
Ben-Gurion-Wüstenhaus 344
Bethlehem-Museum 293
Bialik-Museum 128
Bible Lands Museum 93
Bloomfield Science Museum 100
Caesarea-Maritima-Museum 199
Centre International Marie de Nazareth 213
Design-Museum Holon 164
Eilat-Museum 357
Eretz-Israel-Museum 138
Ethno Center 346
First Aliya Museum 195
Galilee Experience 232
Galil Nature Center 271
Gedenkmuseum der ungarischen Juden 259
Haganah-Museum 129
HaMeiri-Museum 257
Hammam Al-Pasha 202, **183**
Hecht-Museum 179
Herodesviertel-Museum 73
Herzl-Museum 95
Israel Children's Museum 164
Israel-Museum 91
Israeli Museum 139
Jabotinsky-Institut 127
Janco-Dada-Museum 191
Jassir-Arafat-Museum 299
Kesem Hagolan 275
Kindergedenkmuseum Yad Layeled 207
Kunstmuseum Ein Harod 229
Kunstmuseum Haifa 177
L.-A.-Mayer-Museum für Islamische Kunst 90
MadaTech 177
Mahmud-Darwisch-Museum 300
Maine Friendship House 129
Mané-Katz-Museum 175
Masada-Museum 327
Mauerschatzmuseum 202
Museum der illegalen Einwanderung & Marinemuseum 178
Museum der inhaftierten Untergrundkämpfer 202
Museum des Israelischen Luftwaffe 340
Museum für Beduinenkultur 341
Museum für Holocaust-Kunst 95
Museum für islamische & nahöstliche Kulturen 339
Museum für italienisch-jüdische Kunst 87
Museum of Palestinian Heritage 294
Museum zur Geschichte des Holocaust 95
Museum zur Geschichte Jerusalems 64
Nachum Gutman Museum of Art 132
Nationales Seefahrtsmuseum 178
NILI-Museum 195
Nisco-Museum 192
Obergaliläisches Museum für Urgeschichte 270
Open Museum of Photography 272
Palestinian Heritage Museum 85
Palmach-Museum 139
Ramla Museum 167
Rockefeller-Museum 87
Russisches Museum 307
Samaritisches Museum 314
Stadtmuseum Haifa 176
Tikotin-Museum für japanische Kunst 175
Tscherkessisches Museum 225
Verbranntes Haus 73
Weizmann-Institut für Wissenschaften 165
Yad Vashem 94
Yigal Alon Centre 242
Yitzhak Rabin Centre 139
Musik 430
Muslime 403
Muslimische Feiertage 415

N
Nabatäer 384
Nablus 312, **313**
Nachrichten 442
Nachtreise, Die 428
Nahariya 208
Nahla'ot 91
Nahverkehr 460
Naot Farm 345
Napoleon Bonaparte 389
Nasser, Gamal Abdel 392
Nationalparks 436
  Akhziv 209
  Apollonia 164
  Arbel 241
  Bar'am 263
  Beit Guvrin-Maresha 122
  Beit She'an 17, 226, **222**
  Beit-She'arim 190
  Caesarea 198, **17**, **182**
  Ein Avdat 344
  Korazim 244
  Kursi 247
  Masada 17, 326
  Megiddo 194
  Nahal Alexander 166
  Qumran 325
  Sepphoris 221, **223**
  Tel Arad 341
  Tiberias-Hammat 233
Natur 436
Naturschutzgebiete 436
  Banias 281
  Ein Feshkha 326
  Ein Gedi 322, **331**
  Gamla 277
  Hai-Bar Yotvata 352
  HaYarden Park 244
  Hula 268
  Majrase 247
  Makhtesh Ramon 14, 346, **14-15**
  Nahal Iyyun 272
  Tel Dan 270
  Yehudiya 277
Nazareth 211, **214-215**
Nazareth Village 216
Nebukadnezar II. 383
Negev 48, 337, **338**
  Essen 337
  Highlights 338
  Klima 337
  Reisezeit 337
  Unterkünfte 337
Negev-Gebirge 342, **35**
Nelson Mandela Square 300
Neot HaKikar 335
Neot Kedumim 122
Netanjahu, Benjamin 399
Netanya 165
Nimrod 281
Nimrodsburg 281
Nordküste 46, 168, **169**
  Essen 168
  Highlights 169
  Klima 168
  Reisezeit 168
  Unterkünfte 168
Notfälle 21
  Sprache 464, 466

O
Obergaliläa 47, 251, 253, **252**
  Essen 251
  Highlights 252
  Klima 251
  Reisezeit 251
  Unterkünfte 251
Odem 280
Öffnungszeiten 21
Ölberg 83, 237
Oslo-Abkommen 396
Osmanisches Reich 388, 390
Ottolenghi, Yotam 110

P
Palästinenser 419
Palästinensische Autonomiebehörde 396, 422
Palästinensische Befreiungsorganisation 395, 423
Palestinian Heritage Museum 85
Parks & Gärten
  Bahai-Gärten (Akko) 204
  Bahai-Gärten (Haifa) 171, **182**
  Bic-Ramon 346
  Botanischer Garten Eilat 359
  Botanischer Garten Ein Gedi 323
  Gan Ha'Em 175
  Gan-Meir-Park 127
  Garten Gethsemane 85
  Gartengrab 86
  HaPisgah-Gärten 140
  Hirtenfeld 294
  Japanischer Garten 228
  Park HaYarkon 137
  Ramat-HaNadiv-Gärten 195
  Teiche Salomos 294

Timna-Park 352, **33**
Unabhängigkeitspark 136
Zitadellenpark 259
Pessach 415
Petra 48, 366, **367, 370-371**, **376-377**
　Essen 366
　Highlights 367
　Klima 366
　Reiserouten 379
　Reisezeit 366
　Unterkünfte 366
Petra by Night 373
Pilatus, Pontius 384
PLO 395, 423
Politik 421
Post 450
Preise 447, 453
Proteste 444
Purim 24, 415

Q
Qalandia 288
Qasr Al-Yahud 307, **237**
Qumran-Nationalpark 325
Quneitra-Aussichtspunkt 279

R
Rabin, Jitzchak 139, 395, 396
Rabin Square 127
Radfahren 23, 34, 242, 459, **33**
　Beit-Keshet-Wald 224
　Berg Sodom 335
　Kinneret Trail 242
　Neot HaKikar 335
　See Genezareth 242
　Sirrin-Hügel 224
　Yardenit 242
Rafting 269
Rahels Grab 293
Raketenangriffe 443
Ramadan 415
Ramallah 299, **300**
Ramat Dalton 266
Ramat HaNegev 347
Ramla 166, **167**
Rauchen 450
Rav-Kav Smart Card 118
Rechtsfragen 450
Red Sea Jazz Festival 27

Kartenverweise **000**
Fotoverweise **000**

Regierung, Israel 421
Reisedurchfall 462
Reisehinweise 442
Reisepass 43, 454
　Israelische Stempel 43
Reiseplanung *siehe auch einzelne Regionen*
　Eventkalender 24
　Grenzübergänge 39
　Grundlagen 20
　Infos im Internet 21
　Israel und Palästina im Überblick 46
　Kinder 44
　Kosten 21, 447, 453
　Neuigkeiten 22
　Reiserouten 29, **29, 30, 32**
　Reisezeit 20, 24
　Sabbat 36
Reiserouten 29, **29, 30, 32**
Reiten 245, 279, 348
Religion 425, *siehe auch einzelne Religionen*
Religiöse Kurse 260
Ribat Bayram Jawish 75
Rittersäle 202
Römisches Reich 384
Rosh-HaNikra-Grotten 15, 208, **15, 182**
Rosch HaSchana 27
Rosh Pina 266
Rückkehrgesetz 402
Ruinen
　Hisham-Palast 307
　Kreuzfahrerburg Atlit 193
　Montfort 209
　Samaritische Ruinen 314
　Sebastiya 314
　Siq Al Barid 379
　Straße der Fassaden 368
　Tel es-Sultan 306

S
Sabbat 36, 96, 448
　Essen 414
　Fahren 458
　Jerusalem 106
　Safed 256
　Tel Aviv 156
Safaripark Ramat Gan 137
Safed 253, **254**
　An- & Weiterreise 262
　Essen 261
　Feste & Events 260

Geführte Touren 260
Geschichte 253
Kurse 259
Medizinische Versorgung 262
Sehenswertes 253
Touristeninformation 262
Unterkünfte 260
Saladin 388
Salomo, König 382, 383
Samaritaner 406
Sarona 136
Saul, König 382
Schiff/Fähre 457
Schindler, Oskar 81
Schlangenbisse 463
Schrein des Abu Ibrahim 190
Schrein des Bab 174
Schriftrollen vom Toten Meer 91, 325
Schwule unterwegs 450
　Jerusalem 114
　Tel Aviv 155
Sde Boker 344
Sechstagekrieg 392, 394
See Genezareth 47, 210, 240, 242, **211, 222**
　Highlights 211
　Radfahren 242
　Wandern 245
　Wasserstand 244
Senioren unterwegs 447
Sephardim 393
Sepphoris 221, **223**
shakshuka 152
sherut 460
Shivta 343
Sicherheit 442
　Erdfälle 323
　Gazastreifen 410
　Golan 274
　Jerusalem 86
　Straßenverkehr 457
　Tel Aviv 160
　Totes Meer 321, 323, 332
　Trampen 460
　Wadi Musa 378
　Westjordanland 286
Sicherheitszaun 295
Sidonische Grabhöhlen 122
Sidreh – Lakiya Negev Weaving 341
Siedlungen, jüdische 310
Siq 368
Siq Al-Barid 379

Sirrin-Hügel 224
Skifahren 283
Sodom 334
Soreq-Höhle 122
Spas 324
Spaziergänge
　Grabeskirche 67, **67**
　Petra 376, **376-377**
　Via Dolorosa 68, **68**
Sprache 20, 464
　Arabisch 466
　Hebräisch 142, 464
　Kurse 97, 143, 179
Steuern 451
Strände 10-11
　Alma Beach 137
　Aqueduct Beach 199
　Argaman Beach 204
　Atlit 193
　Bat Galim Beach 179
　Beit Yanai 11, 193, **11**
　Bograshov Beach 136
　Coral Beach 356
　Dado Beach 179
　Dekel Beach 356
　Dolphin Reef Eilat 356
　Dor 193
　Ein Bokek Beach 332
　Frishman Beach 136
　Gordon Beach 133, **150-151**
　Herzliya Beach 163
　Hilton Beach 136
　Metzitzim Beach 135
　Mikhmoret Beach 166
　Netanya Beach 166
　North Beach 356
　Tel Aviv 133, **150-151**
　Village Beach 357
　Zamir Beach 179
Streetart 433
Strom 451
Sumpfgebiete 438
Suzanne Dellal Centre 132
Sykes-Picot-Abkommen 390
Synagogen
　Aboab-Synagoge 256
　Ades-Synagoge 87
　Beit-Alpha-Synagoge 228
　Eliahu Hanavi 73
　Emtza'i-(Mittel)-Synagoge 73
　Ha'ari-Synagoge der Aschkenasim 255
　Ha'ari-Synagoge der Sephardim 256
　Hurva-Synagoge 73

Istanbuli-Synagoge 73
Karo-Synagoge 255
Synagoge von Kapernaum 243
Umm-Al-Kanatir-Synagoge 278
Yokhanan Ben Zahai 73

T

Tabgha 238
Tal Joschafat 83
Tanz 430
Tauchen & Schnorcheln 11, 34
　Caesarea 199
　Eilat 356, 357
　Naturschutzgebiet Coral Beach 356
　Rotes Meer 357
Taxis 460
Taybeh 305
Teilung Palästinas 391, 392
Tel-Arad-Nationalpark 341
Tel Aviv 23, 46, 124, **126**, **134-135**, **150-151**
　Aktivitäten 143
　An- & Weiterreise 160
　Architektur 138, **150**
　Ausgehen & Nachtleben 154
　Essen 123, 148
　Feste & Events 144
　Florentin 132, 153
　Geführte Touren 138, 143
　Geschichte 124, 125
　Highlights 126
　Infos im Internet 160
　Internetzugang 159
　Jaffa (Jafo) 139, 147, 154, 159, **140**
　Klima 123
　Kurse 143
　Medizinische Versorgung 159
　Neve Tzedek 132, 153, 158, **151**
　Park HaYarkon 137, 147
　Ramat Aviv 137
　Reisezeit 123
　Sehenswertes 125
　Shoppen 158
　Sicherheit 160
　Stadtzentrum 127, 145, 148, 154, 158
　Südliches Zentrum 129, 145, 149, 155, 158, **130-131**, **151**
　Tagesplanung 128
　Tel Aviv Strand & Hafen 147
Touristeninformation 160
Unterhaltung 156
Unterkünfte 123, 145
Unterwegs vor Ort 162
Tel Aviv Museum of Art 127, **151**
Tel Balata, Archäologischer Park 312
Tel-Dan-Naturschutzgebiet 270
Tel-Dan-Stele 270
Telefon 20, 451
Tel Es-Sultan 306
Tel Hai 272
Tel Hazor 270
Tempel
　Erster Tempel 51, 383
　Großer Tempel (Petra) 369
　Qasr Al Bint (Petra) 369
　Zweiter Tempel 51, 383, 384, 385
Tempelberg 59, **60-61**, **9**, **60-61**
Tempelrittertunnel 202
Terrorismus 395, 396
Theater 432
Thermalquellen
　Hamat Gader 247
　Tiberias 233
Thora 425
Tiberias 230, **231**
Tiberias-Hammat-Nationalpark 233
Tiere 436, 437, siehe auch einzelne Arten
Tisch Zoological Gardens 100
Titusbogen 384
Toleranzedikt von Mailand 385, 386
Tollwut 462
Totes Meer 10, 47, 317, 439, **318**, **10**, **10-11**, **330**
　An- & Weiterreise 320
　Essen 320
　Feste & Events 322
　Geografie 319
　Geschichte 319
　Highlights 318
　Klima 317
　Reisezeit 317
　Sicherheit 332
　Unterkünfte 317
　Wandern 317
Touristeninformation 452
Trampen 460
Transport 456
Trinkgeld 449
Tröpfchenbewässerung 437
Tscherkessen 225, 404
Tsfat siehe Safed
Tzimmerim 452

U

Umweltprobleme 440
Underwater Observatory Marine Park 356
Universität Haifa 178
Unsere Liebe Frau von der Bundeslade 120
Untergaliläa 47, 210, **211**
　Essen 210
　Highlights 211
　Infos im Internet 232
　Klima 210
　Reisezeit 210
　Unterkünfte 210
Unterkunft 452, siehe auch einzelne Orte
　Sprache 465, 467
Unterwegs vor Ort 459

V

Vegetarier & Veganer 153, 413
Verkehrsmittel & -wege 456
Verkehrsregeln 458
Verkündigungskirche 212
Versicherung 453
　Gesundheit 461
Via Dolorosa 68, 237, **68**, **236-237**
Visa 454
Vögel 438
Vogelbeobachtung 34, 438
　Agamon HaHula 268
　International Birding & Research Center in Eilat 358
　Naturschutzgebiet Gamla 277
　Naturschutzgebiet Hula 268
Vorwahlen 451

W

Wadi Arugot 323
Wadi David 322
Wadi Musa 372, **374**
Währung 20
Walled-Off Hotel 296
Wandern 16, 22, 34, **35**
　Berg Sodom 335
　Berg Tabor 224
　Coexistence Trail 265
　Eilat 16, 352, **16**
　Golan 275
　Gospel Trail 216
　Israel National Trail 16, 224, **16**
　Jesusweg 16, 217, 224, **16**
　Kfar Tavor 224
　Masada 328
　Mitzpe Ramon 347
　Nationalpark Ein Avdat 344
　Nationalpark Masada 328
　Naturschutzgebiet Ein Gedi 322
　Naturschutzgebiet Tel Dan 270
　Naturschutzgebiet Yehudiya 277
　Negev 349
　Rampenpfad 328
　Schlangenpfad 328
　See Genezareth 245
　Timna-Park 352
　Totes Meer 321
　Wadi Arugot 323
　Wadi Bokek 333
　Wadi David 322
Wasser 437
Wechselkurse 21
Wehrdienst 418
Weihrauchstraße 342
Weingüter & -kellereien 19, 265, 347
　Adir Winery 266
　Bahat Winery 278
　Boker Valley Vineyards Farm 347
　Carmel Winery 195
　Carmey Avdat Winery 347
　Dalton Winery 266
　Golan Heights Winery 275
　Nachmani Winery 230
　Odem Mountain Winery 280
　Pelter Winery 278
　Tabor Winery 224
　Taybeh Winery 305
　Tishbi Winery 195
Weizmann-Institut für Wissenschaften 165
Westjordanland 47, 284, **285**
　An- & Weiterreise 287
　Essen 284
　Geführte Touren 287
　Geschichte 286

Highlights 285
Klima 284, 287
Reisezeit 284
Sicherheit 286
Unterkünfte 284
Unterwegs vor Ort 289
Wetter 20, 24, *siehe auch einzelne Regionen*
Wildblumen 436
Windsurfen 35

Y
Ya'ar HaAyalim 280
Yad Vashem 94
Yamit 2000 137
Yardenit 242
Yardenit-Taufstätte 249
Yehudiya-Naturschutzgebiet 277
Yitzhak Rabin Centre 139

Z
Zefat *siehe* Safed
Zehn verlorene Stämme 383
Zeit 455
Zichron Ya'akov 194
Zionismus 389, 392
Zionstor 74
Zippori 221
Zitadelle 64
Zoll 455

Zoos
  Gan-Garoo Australian Park 229
  Haifa 175
  Hamat Gader 247
  Tisch Zoological Gardens 100
  Ya'ar HaAyalim 280
Zugfahren 460
Zweiter Tempel 425

Kartenverweise **000**
Fotoverweise **000**

NOTIZEN

Kartenlegende

Sehenswertes
- Strand
- Vogelschutzgebiet
- buddhistisch
- Burg/Schloss/Palast
- christlich
- konfuzianisch
- hinduistisch
- islamisch
- jainistisch
- jüdisch
- Denkmal
- Museum/Galerie/histor. Gebäude
- Ruine
- shintoistisch
- Sikh
- taoistisch
- Weingut/Weinberg
- Zoo/Wildschutzgebiet
- sonstige Sehenswürdigkeit

Aktivitäten, Kurse & Touren
- bodysurfen
- tauchen
- Kanu/Kajak fahren
- Kurs/Tour
- Sento/Onsen
- Ski fahren
- schnorcheln
- surfen
- Swimmingpool
- wandern
- windsurfen
- sonstige Aktivität

Schlafen
- Hotel/Pension/Hostel
- Camping
- Hütte/Unterstand

Essen
- Restaurant

Ausgehen & Nachtleben
- Bar/Kneipe/Club
- Café

Unterhaltung
- Unterhaltung

Shoppen
- Shoppen

Praktisches
- Bank
- Botschaft/Konsulat
- Krankenhaus/Arzt
- Internet
- Polizei
- Post
- Telefon
- Toilette
- Touristeninformation
- sonstige Informationen

Geografie
- Strand
- Tor
- Hütte/Unterstand
- Leuchtturm
- Aussichtspunkt
- Berg/Vulkan
- Oase
- Park
- Pass
- Rastplatz
- Wasserfall

Städte
- Hauptstadt (Staat)
- Hauptstadt (Provinz)
- Großstadt
- Stadt/Ort

Transport
- Flughafen
- Grenzübergang
- Bus
- Seilbahn/Standseilbahn
- Radweg
- Fähre
- Metrostation
- Schwebebahn
- Parkplatz
- Tankstelle
- S-Bahnstation
- Taxi
- Bahnhof/Bahnlinie
- Straßenbahn
- U-Bahnstation
- sonstiger Transport

Hinweis: Nicht alle in der Legende aufgeführten Symbole sind Bestandteil der Karten dieses Buches.

Verkehrswege
- Mautstraße
- Autobahn
- Hauptstraße
- Landstraße
- Verbindungsstraße
- sonstige Straße
- unbefestigte Straße
- Straße im Bau
- Platz, Promenade
- Treppe
- Tunnel
- Fußgängerbrücke
- Spaziergang
- Abstecher vom Spaziergang
- Weg/Pfad

Grenzen
- Staatsgrenze
- Provinzgrenze
- umstrittene Grenze
- Regional-/Bezirksgrenze
- Meeresschutzgebiet
- Kliff
- Mauer

Gewässer
- Fluss, Bach
- periodischer Fluss
- Kanal
- Gewässer
- Salzsee/trockener/ periodischer See
- Riff

Gebietsform
- Flughafen/Flugplatz
- Strand/Wüste
- christlicher Friedhof
- sonstiger Friedhof
- Gletscher
- Watt
- Park/Wald
- Sehenswertes (Gebäude)
- Sportplatz
- Sumpf/Mangroven

DIE LONELY PLANET STORY

Ein ziemlich mitgenommenes, altes Auto, ein paar Dollar in der Tasche und Abenteuerlust – 1972 war das alles, was Tony und Maureen Wheeler für die Reise ihres Lebens brauchten, die sie durch Europa und Asien bis nach Australien führte. Die Tour dauerte einige Monate, und am Ende saßen die beiden – erschöpft, aber voller Inspiration – an ihrem Küchentisch und schrieben ihren ersten Reiseführer *Across Asia on the Cheap*. Innerhalb einer Woche hatten sie 1500 Exemplare verkauft. Lonely Planet war geboren. Heute hat der Verlag Büros in den USA, Irland und China, mit einem Netzwerk von über 2000 Mitarbeitern in sämtlichen Ecken des Globus. Sie alle teilen Tonys Überzeugung, dass ein guter Reiseführer drei Dinge tun sollte: informieren, bilden und unterhalten.

Lonely Planet Global Limited
Digital Depot
The Digital Hub
Dublin D08 TCV4
Ireland

Obwohl die Autoren und Lonely Planet alle Anstrengungen bei der Recherche und bei der Produktion dieses Reiseführers unternommen haben, können wir keine Garantie für die Richtigkeit und Vollständigkeit dieses Inhalts geben. Deswegen können wir auch keine Haftung für eventuell entstandenen Schaden übernehmen.

Verlag der deutschen Ausgabe:
MAIRDUMONT, Marco-Polo-Str. 1, 73760 Ostfildern,
www.lonelyplanet.de, www.mairdumont.com, lonelyplanet-online@mairdumont.com

Redaktion: Bintang Buchservice GmbH, www.bintang-berlin.de (Katharina Grimm)
An der Übersetzung früherer Auflagen haben mitgewirkt: Anne Cappel, Julie Bacher, Dorothee Büttgen, Petra Dubilski, Berna Ercan, Tobias Ewert, Derek H. Frey, Marion Gref-Timm, Eva-Maria Hilble, Jürgen Kucklinski, Laura Leibold, Britt Maaß, Marion Matthäus, Gunter Mühl, Ulle Ferchtold, Dr. Christian Rochow, Frauke Sonnabend, Katja Weber

Israel & Palästina
5. deutsche Auflage Juli 2023, übersetzt von *Israel & the Palestinian Territories*,
10th edition, April 2022, Lonely Planet Global Limited

Deutsche Ausgabe © Lonely Planet Global Limited, Juli 2023

Fotos © wie angegeben 2022

Printed in Poland

MIX
Paper | Supporting responsible forestry
FSC® C018236
www.fsc.org

Alle Rechte vorbehalten. Das Werk einschließlich all seiner Teile ist urheberrechtlich geschützt und darf weder kopiert, vervielfältigt, nachgeahmt oder in anderen Medien gespeichert werden, noch darf es in irgendeiner Form oder mit irgendwelchen Mitteln – elektronisch, mechanisch oder in irgendeiner anderen Weise – weiterverarbeitet werden. Es ist nicht gestattet, auch nur Teile dieser Publikation zu verkaufen oder zu vermitteln, ohne schriftliche Genehmigung des Herausgebers. Lonely Planet und das Lonely Planet Logo sind eingetragene Marken von Lonely Planet und sind im US-Patentamt sowie in Markenbüros in anderen Ländern registriert. Lonely Planet gestattet den Gebrauch seines Namens oder seines Logos durch kommerzielle Unternehmen wie Einzelhändler, Restaurants oder Hotels nicht. Bitte informieren Sie uns im Fall von Missbrauch unter www.lonelyplanet.com/legal/intellectual-property

DIE AUTOREN

Daniel Robinson
Untergaliläa & See Genezareth, Obergaliläa & Golanhöhen, Totes Meer, Negev
Daniel wuchs in der Nähe von San Francisco und in Chicago auf. Einen Teil seiner Kindheit verbrachte er in Jerusalem, als Jugendlicher lebte er eine Zeit lang im Kibbuz Lotan und später viele Jahre in Tel Aviv. Hier arbeitete er an seiner Doktorarbeit über Spätosmanische Geschichte, berichtete für die Associated Press über Selbstmord-Attentate und setzte sich bei der Critical-Mass-Kampagne für Radwege ein. Für Lonely Planet schreibt er seit 1989. Seinen Bachelor für Nahoststudien hat er in Princeton erworben, den Master für Jüdische Geschichte an der Universität von Tel Aviv. Seine Lieblingsbeschäftigung in Israel ist es, durch Tel Avivs historische Straßenzüge zu radeln, durch die Wadis von Ein Gedi zu wandern und Vögel im Hula- und Aravatal zu beobachten

Orlando Crowcroft
Westjordanland Orlando Crowcroft ist leitender Redakteur bei *Newsweek*, Autor und ehemaliger Auslandskorrespondent und besuchte die Palästinensergebiete erstmals 2012, um über ein Fußballturnier zu berichten. Seitdem berichtet er regelmäßig aus Israel, dem Westjordanland und Gaza. 2014 begann er, für Lonely Planet zu arbeiten – damals lebte er gerade in Tel Aviv und berichtete als freier Korrespondent für den *Guardian*. 2017 veröffentlichte er sein erstes Buch, *Rock in a Hard Place: Music and Mayhem in the Middle East*. Zu seinen Leidenschaften gehört es, örtliche Feuerwassersorten zu probieren und Spritztouren mit dem Auto zu unternehmen (idealerweise nicht gleichzeitig) und er hat noch keine Spelunke gefunden, die ihm nicht gefallen hätte. Orlando schrieb auch das Kapitel zum Gazastreifen.

Anita Isalska
Jerusalem, Haifa & die Nordküste Anita ist Reisejournalistin, Redakteurin und Werbetexterin. Ihre Arbeit für Lonely Planet hat sie von griechischen Stränden bis in den malaysischen Dschungel und in diverse Orte dazwischen geführt. Nach mehreren vergnüglichen Jahren als Inhouse-Redakteurin und Autorin – mehrere davon im Londoner Büro von Lonely Planet – arbeitet Anita jetzt frei abwechselnd von Großbritannien, Australien und jedem beliebigen Hostel auf dem Balkan mit vernünftigem WLAN aus. Anita schreibt für eine ganze Reihe von Websites und Magazinen über Reisen, Essen und Kultur. Mehr auf www.anitaisalska.com.

Dan Savery Raz
Tel Aviv Dan Savery Raz ist Journalist und Redakteur aus Essex, England. Von 2008 an lebte Dan mit seiner Frau in Tel Aviv und hat an mehreren Auflagen von *Israel & the Palestinian Territories* mitgearbeitet. Er schrieb Beiträge für diverse Lonely Planet Publikationen, darunter *Best in Travel*, *Happy*, *Street Food*, *Global Beer Tour* und *Great Escapes*, ebenso wie für BBC.com, *BBC History Magazine*, *HaAretz*, *Time Out*, *EasyJet Traveller* und *The Jerusalem Report*. Zurück in Großbritannien war Dan Deputy Editor für das Magazin *Flybe* und Senior Staff Writer für *A Place in the Sun* in Zusammenarbeit mit Channel 4. Mehr unter www.danscribe.com.

Jenny Walker
Petra Obwohl sie über 120 Länder von Mexiko bis zur Mongolei und von Lettland bis Lesotho bereist hat, gilt Jenny Walkers Hauptinteresse doch dem Nahen und Mittleren Osten: Sie war viele Jahre Associate Dean (PD) am Caledonian College of Engineering in Maskat, Oman. Als Mitglied der British Guild of Travel Writers und der Outdoor Writers and Photographers Guild hat Jenny seit über zehn Jahren für Lonely Planet umfassend über den Nahen Osten geschrieben.